CURSO DE
**DIREITO AMBIENTAL**
DO **TRABALHO**

## CONSELHO EDITORIAL MATRIOSKA EDITORA

Álvaro Luiz Travassos de Azevedo Gonzaga, Pontifícia Universidade Católica – PUC/SP

Alysson Leandro Mascaro, Universidade de São Paulo – USP

André Araújo Molina, ESMATRA – MT

Angela Issa Haonat, Universidade Federal do Tocantins – UFT

Armando Luiz da Silva, Escola Superior de Administração, Marketing e Comunicação – ESAMC

Carmem Lúcia Costa, Universidade Federal de Goiás – UFG, Campus Catalão

Fernando de Almeida Santos, Pontifícia Universidade Católica – PUC/SP

Fernando Gustavo Knoerr, Centro Universitário Curitiba – Unicuritiba

Fernando Rovira Villademoros, Universidade de la Empresa (UDE) – Uruguai

Fernando Fita, Universidad de Valencia – Espanha

Flávio Leão Bastos Pereira, Universidade Presbiteriana Mackenzie – São Paulo

Lucas Gonçalves da Silva, Universidade Federal de Sergipe – UFS

Marcelo Lamy, Universidade Santa Cecilia – UNISANTA, Santos – SP

Motauri Ciocchetti de Souza, Pontifícia Universidade Católica de São Paulo – PUC/SP

Norma Suely Padilha, Universidade Federal de Santa Catarina – UFSC

Óscar Requena Montes, Universitat Rovira i Virgilli, Espanha

Reginaldo de Souza Vieira, Universidade do Extremo Sul Catarinense – Unesc

Ricardo Maurício Freire Soares, Universidade Federal da Bahia – UFBA

Sandra Mara Campos Alves, Fiocruz/Brasília-DF

Sandra Regina Martini, Universidade UNIRITTER, Rio Grande do Sul

Sérgio Salomão Schecaira, Universidade de São Paulo – USP

Sonia Francisca de Paula Monken, Universidade Nove de Julho – Uninove, São Paulo

Thereza Christina Nahas, Pontifícia Universidade Católica de São Paulo – PUC/SP COGEAE

Viviane Coelho de Sellos Knoerr, Centro Universitário Curitiba – Unicuritiba

Viviane Gonçalves Freitas, Universidade Federal de Minas Gerais – UFMG

Guilherme Guimarães Feliciano
Mariana Benevides da Costa

(Coordenadores)

# CURSO DE
# DIREITO AMBIENTAL
# DO TRABALHO

MATRIOSKA
EDITORA

© 2021, Guilherme Guimarães Feliciano e
Mariana Benevides da Costa

Todos os direitos reservados e protegidos
pela Lei nº 9.610/1998.

Publisher – Editorial: Luciana Félix
Publisher – Comercial: Patrícia Melo
Copidesque: Renato Mello Medeiros
Revisão: Ana C. Moura
Editoração e capa: Leandro Guerra

**Matrioska Editora**

Atendimento e venda direta ao leitor:
www.matrioskaeditora.com.br
contato@matrioskaeditora.com.br
facebook.com/matrioskaeditora
instagram.com/matrioskaeditora

**Dados Internacionais de Catalogação na Publicação (CIP)**
**(Câmara Brasileira do Livro, SP, Brasil)**

Curso de direito ambiental do trabalho/Guilherme Guimarães
Feliciano, Mariana Benevides da Costa, (coordenadores). –
São Paulo: Matrioska Editora, 2021.

Vários colaboradores.
Bibliografia.
ISBN 978-65-86985-29-0

1. Ambiente de trabalho 2. Direito ambiental
3. Direito do trabalho I. Feliciano, Guilherme Guimarães.
II. Costa, Mariana Benevides da.

21-67001                        CDU-34:331.042

**Índices para catálogo sistemático:**

1. Direito ambiental do trabalho 34:331.042

Cibele Maria Dias - Bibliotecária - CRB-8/9427

*"A humanidade – pelo menos a sua maioria – detesta refletir, mesmo que em benefício próprio. Magoa-se, como se fora um insulto, ao mais humilde convite para sair por um momento das velhas e batidas veredas e, a seu critério, ingressar em um novo caminho para seguir em alguma outra direção".* (Helena P. Blavatsky. *A Doutrina Secreta*)

*"Todas as coisas foram feitas por intermédio dEle;*
*sem Ele, nada do que existe teria sido feito."* (João 1:3)

# COLABORADORES

**ADIB PEREIRA NETTO SALIM**
Doutorando pela Faculdade de Direito da Universidade de São Paulo – USP (2019). Mestre em Direito pela Universidade Federal de Santa Catarina (2001). Professor Adjunto da Universidade Federal do Espírito Santo, em exercício contínuo desde 2013. Juiz do Trabalho Substituto – TRT 17ª Região.

**AGNES MARIAN GHTAIT MOREIRA DAS NEVES**
Mestra em Direito de Trabalho pela Faculdade de Direito da Universidade de São Paulo (USP). Pesquisadora junto ao Núcleo de Pesquisa e Extensão "O trabalho além do Direito do Trabalho", vinculado à Faculdade de Direito da Universidade de São Paulo (USP). Bacharel em Direito pela Universidade Presbiteriana Mackenzie. Advogada em São Paulo.

**ALEXANDRE ALLIPRANDINO MEDEIROS**
Bacharel em Direito (Universidade Estadual Paulista – UNESP, 1996). Especialista em Direito Processual do Trabalho (Universidade Federal do Mato Grosso do Sul – UFMS, 2000). Mestre em Direito (Universidade Estadual Paulista – UNESP, 2010). Doutor em Direito do Trabalho (Universidade de São Paulo – USP, 2018). Professor eventual na Escola Superior de Direito (Ribeirão Preto, SP), da Escola Judicial da Magistratura do Tribunal do Trabalho da 15ª Região (TRT 15 – Campinas, SP) e da Escola da Bíblia (Franca, SP). Juiz do Trabalho Titular na 2ª Vara do Trabalho de Araraquara, SP.

**ANA CAROLINA BIANCHI ROCHA CUEVAS MARQUES**
Especialista em Economia do Trabalho e Sindicalismo pelo Instituto de Economia da UNICAMP e em Direito e Processo do Trabalho pela FDUSP. Servidora do TRT da 2ª Região.

**ANA PAULA DA SILVA CAMPOS MISKULIN**
Juíza do Trabalho. Especialista em Direito e Processo do Trabalho pela Universidade Federal de Goiás e mestra em Direito do Trabalho pela Universidade de São Paulo. Pesquisadora voluntária no Núcleo de Estudos "O trabalho além do Direito do Trabalho: dimensões da clandestinidade jurídico-laboral", junto à Faculdade de Direito da Universidade de São Paulo. Professora.

**ANDREA DA ROCHA CARVALHO GONDIM**
Procuradora do Trabalho. Mestra em Direito do Trabalho pela USP. Gerente do Projeto estratégico do Ministério Público do Trabalho Liberdade no Ar. Representante da Conaete na PRT 16ª Região. Vice-representante da Coordinfância na PRT 16ª Região.

**ÂNGELO ANTÔNIO CABRAL**
Mestre em Direito do Trabalho e da Seguridade Social pela Universidade de São Paulo. Cursou Especialização em "Relações Laborales para Expertos Latinoamericanos" (Universidad de Castilla-La Mancha); Direitos Fundamentais (Universidade de Coimbra/IBCCRIM) e Direito do Trabalho (USP). Bacharel em Ciências Jurídicas e Sociais pela Universidade de Taubaté. Parecerista da Revista da Escola Judicial do Tribunal Regional do Trabalho da 4ª Região. Advogado e professor. E-mail: daseinaac@gmail.com

**CAMILLA DE OLIVEIRA BORGES**
Analista Judiciário – Área Judiciária no TRT da 2ª Região. Especialista em Direito do Trabalho e da Seguridade Social pela Universidade de São Paulo (USP) e mestranda em Direito Constitucional pela Universidade de Fortaleza (UNIFOR). Pesquisadora voluntária do Núcleo de Estudos "O trabalho além do Direito do Trabalho" (USP).

**CARLA LIGUORI**
Pesquisadora CAPES. Autora do livro *As multinacionais de capital privado e o combate à corrupção internacional* e de diversos artigos científicos em níveis nacional e internacional. Doutoranda em Direito Ambiental Internacional pela Universidade Católica de Santos e pela Osaka University (Osaka School of International Public Policy), com ênfase na pesquisa sobre a poluição das águas internacionais e as políticas nacionais de gerenciamento de resíduos sólidos. Mestra em Direito Internacional pela Universidade Católica de Santos. Pós-graduada em Direito Empresarial pela Escola Paulista de Direito. Docente da Universidade Anhembi Morumbi, na Faculdade de Direito, nas áreas de Direito Internacional Público e Privado, de Direito Ambiental, de Direito Empresarial e de Propriedade Intelectual. Diretora jurídica do escritório de advocacia LIGUORI & VITAL Sociedade de Advogados

em que é sócia-proprietária e atua, com maior ênfase, nas esferas de Direito Ambiental, Direito Marítimo e Direito Internacional Econômico.

**CAROLINE PEREIRA DOS SANTOS**
Mestranda do Programa de Pós-graduação em Ciência Ambiental pelo Instituto de Energia e Ambiente da Universidade de São Paulo. Especialista em Direito Ambiental pela Universidade Federal do Paraná. Graduação em Direito pela Faculdade de Direito da Universidade de São Paulo. Intercâmbio semestral na Faculdade de Direito da Universidade de Coimbra. Advogada.

**CLAUDIRENE ANDRADE RIBEIRO**
Doutoranda em Direito do Trabalho e Seguridade Social-USP/SP. Mestra em Direito Agroambiental e em Educação pela UFMT. Especialista em Direito do Trabalho pela PUC-SP. Graduada em Direito e em Geografia, também pela UFMT. Docente na área jurídica. Atualmente é Juíza do Trabalho Titular da 1ª Vara do Trabalho de Tangará da Serra – MT.

**CYNTIA SANTOS RUIZ BRAGA**
Mestra em Direito do Trabalho e pesquisadora voluntária do Núcleo de Pesquisa "O trabalho além do Direito do Trabalho: dimensões da clandestinidade jurídico-laboral", da Faculdade de Direito da Universidade de São Paulo (FDUSP). São Paulo (SP), Brasil. Advogada. Professora universitária. Especialista em Contratos pelo CEU e em Direito Empresarial do Trabalho pela FGV.

**DANIELA DE LIMA AMORIM**
Advogada. Especialista em Direito do Trabalho e Direito Previdenciário pela Centro Universitário Antônio Eufrásio de Toledo de Presidente Prudente/SP. Pesquisadora voluntária do Núcleo de Pesquisa e Extensão "O trabalho além do Direito do Trabalho: dimensões da clandestinidade jurídico-laboral" desenvolvido na Faculdade de Direito da Universidade de São Paulo (USP).

**DANILO ULER CORREGLIANO**
Mestre e Doutor pela Faculdade de Direito da USP. Advogado e professor. Coordena o Grupo de Pesquisa Trabalho e Capital da Universidade São Judas/SP.

**DENISE VITAL E SILVA**
Doutora e Mestra em Direito Político e Econômico pela Faculdade de Direito da Universidade Presbiteriana Mackenzie (UPM) – cursos de Pós-Graduação Stricto Sensu (Doutorado e Mestrado); Especialista em Direito Contratual pela Pontifícia Universidade Católica de São Paulo (PUCSP) – curso de Pós-Graduação Lato Sensu (Especialização). Advogada graduada pela mesma Faculdade de Direito da Universidade Presbiteriana Mackenzie (UPM). Ministra aulas de Direito e Processo do Trabalho no curso de Pós-Graduação Lato Sensu (Especialização) da Universidade Presbiteriana Mackenzie (UPM). Diretora jurídica do escritório de advocacia LIGUORI & VITAL Sociedade de Advogados em que é sócia-proprietária e atua, com maior ênfase, nas esferas Cível, Empresarial e Trabalhista.

**FLÁVIO LEME GONÇALVES**
Mestrando e Especialista em Direito do Trabalho e da Seguridade Social pela Faculdade de Direito da Universidade de São Paulo (USP). Pesquisador junto ao Núcleo de Estudos "O trabalho além do Direito do Trabalho", vinculado à Faculdade de Direito da Universidade de São Paulo. Advogado.

**GABRIELA MARCASSA THOMAZ DE AQUINO**
Doutoranda e Mestra em Direito do Trabalho e da Seguridade Social pela Faculdade de Direito da Universidade de São Paulo (USP). Graduada em Direito pela Faculdade de Ciências Humanas e Sociais da Universidade Estadual Paulista (UNESP). Pesquisadora junto ao Núcleo de Estudos "O trabalho além do Direito do Trabalho", vinculado à Faculdade de Direito da Universidade de São Paulo. Pesquisadora junto ao Núcleo de Pesquisa e Observatório Jurídico "(Re)pensando o Direito do Trabalho Contemporâneo", vinculado à Faculdade de Ciências Humanas e Sociais da Universidade Estadual Paulista.

**GUILHERME GUIMARÃES FELICIANO**
Professor Associado II do Departamento de Direito do Trabalho da Faculdade de Direito da USP (admitido em 1º lugar por concurso de provas e títulos 01/2009). Livre-Docente em Direito do Trabalho e Doutor em Direito Penal pela Faculdade de Direito da Universidade de São Paulo. Juiz do Trabalho Titular da 1ª Vara do Trabalho de Taubaté (São Paulo, Brasil). Doutor em Ciências Jurídicas pela Faculdade de Direito da Universidade Clássica de Lisboa (2014). Coordenador do Curso de Especialização (Pós-Graduação lato sensu) em Direito do Trabalho e Processual do Trabalho da UNITAU. Extensão Universitária em Economia Social e do Trabalho (Universidade Estadual de Campinas

– UNICAMP). Presidente da ANAMATRA (biênio 2017/2019). Vice-Presidente da ANAMATRA (Associação Nacional dos Magistrados da Justiça do Trabalho), gestão 2015-2107. Presidente da AMATRA-XV (Associação dos Magistrados da Justiça do Trabalho da 15ª Região), gestão 2011-2013. Membro do Conselho Editorial da Revista ANAMATRA de Direito e Processo do Trabalho (ANAMATRA / LTr). Membro do Conselho Editorial da Revista do Tribunal Regional do Trabalho da 15ª Região. Juiz do Trabalho auxiliar da Vice-Presidência Judicial, de julho a dezembro de 2011, no TRT15. Membro Vitalício da Academia Taubateana de Letras (cadeira nº 18). Coordenador do NTADT – Núcleo de Pesquisa e Extensão "O trabalho além do Direito do Trabalho" (FDUSP). Entre 2005 e 2010, Professor Assistente Doutor do Departamento de Ciências Jurídicas da Universidade de Taubaté (admitido em 1º lugar por concurso público de provas e títulos). Titular da Cadeira nº 53 da Academia Brasileira de Direito do Trabalho (ABDT).

**INGRID SORA**
Bacharel em Direito pela Universidade Presbiteriana Mackenzie. Advogada. Pesquisadora voluntária do Núcleo de Pesquisa e Extensão "O trabalho além do Direito do Trabalho: dimensões da clandestinidade jurídico-laboral", desenvolvido na Faculdade de Direito da Universidade de São Paulo (USP).

**JOÃO DIOGO URIAS DOS SANTOS FILHO**
Mestre em Direito do Trabalho pela Faculdade de Direito da Universidade de São Paulo. Doutorando em História Econômica pela Universidade de São Paulo. Advogado do Sindicato dos Trabalhadores Rurais de Pindamonhangaba, Taubaté e Região. Advogado no Vale do Paraíba e em São Paulo.

**JOSÉ ANTÔNIO RIBEIRO DA SILVA**
Juiz Titular da 6ª Vara do Trabalho de Ribeirão Preto. Doutor em Direito do Trabalho e da Seguridade Social pela Universidad Castilla-la Mancha (Espanha) – Título revalidado pela Universidade de São Paulo (USP). Mestre em Direito Obrigacional Público e Privado pela UNESP. Professor da Escola Judicial do TRT-15.

**KÁTIA REGINA CEZAR**
Doutora em Direito do Trabalho pela Faculdade de Direito da Universidade de São Paulo. Analista judiciária lotada no segundo grau de jurisdição do Tribunal Regional do Trabalho da 2ª Região. Membro efetivo da Comissão Permanente de Acessibilidade e Inclusão do Tribunal Regional do Trabalho da 2ª Região.

**LARISSA LOPES MATOS**
Advogada. Professora. Pesquisadora voluntária do NTADT – Núcleo de Estudos "O trabalho além do Direito do Trabalho: dimensões da clandestinidade jurídico-laboral". Doutoranda em Direito do Trabalho pela Faculdade de Direito da Universidade de São Paulo. Mestra em Direito do Trabalho pela Universidad de Palermo (UP), com diploma revalidado pela UFRN. Especialista em Direito do Trabalho pela Universidade Potiguar. Graduada em Direito pela UFRN.

**LARISSA MEDEIROS ROCHA**
Advogada. Mestra e especialista em Direito do Trabalho e da Seguridade Social pela Faculdade de Direito da Universidade de São Paulo (USP). Graduada em Direito pela Universidade Federal do Pará (UFPA). Pesquisadora junto ao Núcleo de Estudos "O trabalho além do Direito do Trabalho", vinculado à Faculdade de Direito da Universidade de São Paulo (USP). Membro da Comissão Especial de Direito do Trabalho da OAB/SP – Coordenadoria de Direito Internacional do Trabalho.

**MANOELA ROSSI KEUNECKE VECCHIA**
Mestra em Direito do Trabalho e da Seguridade Social pela USP. Pesquisadora do Grupo de Estudos de Direito Contemporâneo do Trabalho e da Seguridade Social (GETRAB- USP). Advogada e professora. E-mail: manoellakeunecke@usp.br.

**MÁRCIO RICARDO PARRA**
Graduado em Direito pela Pontifícia Universidade Católica de Campinas – PUC-Campinas (2002). Especialista (Pós-graduação lato sensu) em Direito Tributário pela Pontifícia Universidade Católica de Campinas – PUC - Campinas (2004). Especialista (Pós-graduação lato sensu) em Direito do Trabalho e Processual do Trabalho pela Universidade de Taubaté – UNITAU (2016). Advogado em Brasília-DF, com ênfase em direito societário e bancário.

**MARCO ANTÔNIO DE FREITAS**
Mestre em Direito pelo Departamento de Direito do Trabalho e da Seguridade Social da Faculdade de Direito da Universidade de São Paulo (USP). Coordenador e professor da Pós-Graduação lato sensu em Direito do Trabalho e Processo do Trabalho do INSTED/EMATRA-MS. Juiz do Trabalho no Tribunal Regional do Trabalho da 24ª Região.

**MARIA MAENO**
Médica e pesquisadora da Fundacentro. Mestre e doutora pela Faculdade de Saúde Pública da USP. Coordenadora do Centro de Referência em Saúde do Trabalhador da Secretaria de Estado da Saúde de São Paulo durante 16 anos.

**MARIANA BENEVIDES DA COSTA**
Especialista e mestra em Direito do Trabalho pela Faculdade de Direito da Universidade de São Paulo. Pesquisadora voluntária do Núcleo de Pesquisa "O trabalho além do Direito do Trabalho: dimensões da clandestinidade jurídico-laboral". Pesquisadora voluntária do GPTC – Grupo de Pesquisa Trabalho e Capital.

**MARIANA DEL MÔNACO**
Advogada trabalhista. Professora universitária. Doutoranda em Direito pela Universidade de São Paulo – USP (Largo São Francisco). Mestra em Direito e Especialista em Direito do Trabalho pela mesma instituição. Bacharel em Direito pelo Centro Universitário Salesiano de São Paulo – Unidade de Lorena (UNISAL).

**MARILU FREITAS**
Pós-doutoranda do Programa de Pós-Graduação em Direito Político e Econômico da Universidade Presbiteriana Mackenzie. Doutora em Direito do Trabalho e da Seguridade Social, Mestra e Especialista em Direito do Trabalho pela Universidade de São Paulo. Advogada. Professora universitária e pesquisadora.

**MAURÍCIO EVANDRO CAMPOS COSTA**
Bacharel em Direito (Universidade Presbiteriana Mackenzie, 2010) Especialista em Direito do Trabalho (Pontifícia Universidade Católica de São Paulo – PUC/SP, 2015) e Mestre em Direito do Trabalho (Universidade de São Paulo – USP, 2019). Juiz do Trabalho Substituto do Tribunal Regional do Trabalho da 14ª Região. Foi Procurador da Procuradoria-Geral da Universidade de São Paulo (2012-2020).

**NEY STANY MORAIS MARANHÃO**
Professor Adjunto do Curso de Direito da Universidade Federal do Pará (UFPA). Doutor em Direito do Trabalho e da Seguridade Social pela Universidade de São Paulo (USP), com estágio de Doutorado-Sanduíche junto à Universidade de Massachusetts (Boston/EUA). Mestre em Direitos Humanos pela Universidade Federal do Pará (UFPA). Especialista em Direito Material e Processual do Trabalho pela Universidade de Roma – La Sapienza (Itália). Ex-bolsista CAPES. Professor convidado do Centro Universitário do Estado do Pará (CESUPA) e da Universidade da Amazônia (UNAMA) (em nível de pós-graduação). Professor convidado das Escolas Judiciais dos Tribunais Regionais do Trabalho da 2ª (SP), 4ª (RS), 8ª (PA/AP), 12ª (SC), 14ª (RO/AC), 15ª (Campinas/SP), 18ª (GO), 19ª (AL), 23ª (MT) e 24ª (MS) Regiões. Membro do Instituto Goiano de Direito do Trabalho (IGT) e do Instituto de Pesquisas e Estudos Avançados da Magistratura e do Ministério Público do Trabalho (IPEATRA). Membro fundador do Conselho de Jovens Juristas/Instituto Silvio Meira, sendo Titular da Cadeira de nº 11. Membro do Conselho Editorial da Revista de Direito do Trabalho – RDT (São Paulo, Editora Revista dos Tribunais). Membro do Comitê Gestor Nacional do Programa Trabalho Seguro (TST/CSJT – Ato GP nº 08, de 10/03/2016). Juiz Titular da 2ª Vara do Trabalho de Macapá (AP) (TRT da 8ª Região/PA-AP).

**NOA PIATÃ BASSFELD GNATA**
Mestre e Doutor pela Faculdade de Direito da USP (Largo São Francisco). Professor voluntário na Faculdade de Direito da Universidade de Brasília – UnB. Professor em cursos de especialização em direito previdenciário. Advogado, consultor e parecerista.

**OLÍVIA QUINTANA FIGUEIREDO PASQUALETO**
Doutora e mestra em Direito do Trabalho pela Faculdade de Direito da Universidade de São Paulo. Graduada em Direito pela Faculdade de Direito de Ribeirão Preto da Universidade de São Paulo – FDRP/USP. Bolsista TT3 - FAPESP no projeto de pesquisa "Evidências empíricas sobre a regulação do Comércio Internacional e do Investimento Estrangeiro em Perspectiva Brasileira", desenvolvido pela DIREITO-SP (FGV) em parceria com a UFRGS. Pesquisadora voluntária no Núcleo de Pesquisa e Extensão "O trabalho além do Direito do Trabalho: dimensões da clandestinidade jurídico-laboral" desenvolvido na Faculdade de Direito da Universidade de São Paulo. Advogada.

**PAULO ROBERTO LEMGRUBER EBERT**
Advogado. Professor universitário. Doutor em Direito do Trabalho e da Seguridade Social pela Universidade de São Paulo (USP). Especialista em Direito Constitucional pela Universidade de Brasília (UnB). Especialista em Direito e Processo do Trabalho pelo Centro Universitário de Brasília (UniCEUB).

## COLABORADORES

**PAULO DE CARVALHO YAMAMOTO**
Doutorando em Direito do Trabalho e Seguridade Social pela FDUSP. Membro do GPTC-USP. Professor no Instituto Federal de São Paulo.

**RENAN FERNANDES DUARTE**
Bacharel e mestre em Direito pela Universidade Estadual Paulista "Júlio de Mesquita Filho" (UNESP), doutorando na Faculdade de Direito da Universidade de São Paulo (USP).

**RENATA DO NASCIMENTO RODRIGUES**
Mestra e especialista em Direito do Trabalho pela Universidade de São Paulo (USP). Graduada em Direito pela Universidade de São Paulo (USP). Advogada atuante na área de Direito do Trabalho.

**RODOLFO ANDRADE DE GOUVEIA VILELA**
Engenheiro de Segurança, ergonomista e professor universitário. Mestre e doutor em Saúde Coletiva pela UNICAMP, Pós-doutor pela Universidade de Helsinque. Professor Sênior pela Faculdade de Saúde Pública da USP e ex-coordenador do CEREST Piracicaba.

**RODRIGO BORGES NICOLAU**
Professor. Advogado. Mestre em Direito do Trabalho e da Seguridade Social pela Faculdade de Direito da Universidade de São Paulo.

**SANDRA REGINA CAVALCANTE**
Advogada e professora universitária. Mestra e doutora pela Universidade de São Paulo (Faculdade de Saúde Pública e Direito – interdisciplinar) Especialista em Direito do Trabalho (ESA-SP) e em Direito Ambiental (FSP-USP). Graduada em Ciências da Computação pela PUC-SP. Membro externo do Comitê de Ética da Escola de Enfermagem da USP. Pesquisadora voluntária no Núcleo de Pesquisa e Extensão "O trabalho além do Direito do Trabalho: dimensões da clandestinidade jurídico-laboral", desenvolvido na Faculdade de Direito da Universidade de São Paulo. Revisora dos periódicos RBSO (Revista Brasileira de Saúde Ocupacional), Revista Brasileira de Crescimento e Desenvolvimento Humano e Revista Saúde, Ética & Justiça (Medicina-USP).

**TÚLIO MACEDO ROSA E SILVA**
Mestre e doutor em Direito do Trabalho pela Faculdade de Direito da Universidade de São Paulo. Professor Adjunto da Escola de Direito da Universidade do Estado do Amazonas, no curso de Graduação e no Programa de Pós-Graduação em Direito Ambiental (Mestrado). Juiz do Trabalho do Tribunal Regional do Trabalho da 11ª Região.

**VICTOR EMANUEL BERTOLDO TEIXEIRA**
Mestre em Direito do Trabalho e Seguridade Social pela FDUSP. Juiz do Trabalho da 2ª Região.

**VICTOR ALEXANDRE ESTEVES DE CASTRO**
Mestre em Direito do Trabalho e da Previdência Social pela Universidade de São Paulo. Especialista em Direito Empresarial do Trabalho, Gestão de Pessoas e Compliance Trabalhista pela Fundação Getúlio Vargas e em Direito do Trabalho pela Universidad de Castilla-La Mancha (Espanha). Advogado e professor em cursos de pós-graduação. Pesquisador fundador do Grupo de Estudos de Direito Contemporâneo do Trabalho e da Seguridade Social (GETRAB-USP). Membro da Comissão Especial de Direito do Trabalho da OAB-SP.

**VITOR VITORELLO DE FREITAS MARIANO DA SILVA**
Bacharel em Direito pela Faculdade de Direito da Universidade de São Paulo. Advogado. Pesquisador integrante do Núcleo de Pesquisa e Extensão "O trabalho além do Direito do Trabalho" (USP).

**WALTER ROSATI VEGAS JÚNIOR**
Juiz do Trabalho Substituto do Tribunal Regional do Trabalho da 2ª Região. Mestre e Especialista em Direito do Trabalho pela Faculdade de Direito da Universidade de São Paulo. Especialista em Direito Processual Civil pela Escola Paulista da Magistratura. Professor Universitário na Associação Educacional Nove de Julho. Ex-Procurador da Fazenda Nacional.

# APRESENTAÇÃO

Este volume encerra, caro leitor, a primeira iniciativa regular de elaboração abrangente e sistemática de um *Curso de Direito Ambiental do Trabalho*, apto a organizar dogmaticamente todos os principais temas de saúde e segurança do trabalho (e os seus correlatos) a partir do paradigma jurídico-ambiental, com horizontalidade e didatismo, visando à utilização em cursos de graduação e de pós-graduação em Direito (*"lato sensu"* e também *"stricto sensu"*). O volume é assim versátil, a propósito, porque apresenta níveis progressivos de dificuldade e profundidade; e, exatamente para surtir esse efeito, foi concebido com duas partes (uma parte geral e uma parte especial), que por sua vez se subdividem em dez seções e quarenta e um capítulos. E, para tal resultado, muitas horas foram consumidas, tanto deste subscritor como da advogada Mariana Benevides da Costa, querida aluna que coordenou comigo este denso volume e com quem partilho os ideais ínsitos ao presente esforço. A ela, desde logo, todos os agradecimentos e todos os encômios.

Optamos, uma vez mais, por seguir os sete eixos semânticos daquilo que denominamos "Teoria Geral do Direito Ambiental do Trabalho" – i.e., as suas dimensões propedêutica, jusfundamental, preventiva, repressiva, reparatória, instrumental e transversal – e que temos desenvolvido, já há oito anos, no curso de pós-graduação *"stricto sensu"* da Faculdade de Direito da Universidade de São Paulo, sob a rubrica *"Saúde, Ambiente e Trabalho I: novos rumos para a regulação jurídica"*, em semestres alternados. Os autores deste *Curso* são, em maioria, docentes, pesquisadores e profissionais do Direito que frequentaram, com êxito e destaque, as aulas daquela disciplina.

A *transversalidade*, como se sabe, perfaz um dos mais notáveis predicamentos do Direito Ambiental. Por esse predicamento – também identificado como princípio da transversalidade ou da ubiquidade –, a variável ambiental deve ser considerada em qualquer processo decisório relacionado ao desenvolvimento humano, sempre em perspectiva holística, sistêmica e dialogal. Somente por essa via será possível conceber, compreender e aplicar um *Direito Ambiental do Trabalho* (como, de resto, cuida-se alhures de um Direito Penal Ambiental, de um Direito Constitucional Ambiental, de um Direito Internacional do Meio Ambiente etc.). E, para esse efeito, é curial ressignificar as questões de saúde e segurança do trabalho à luz das normas, dos institutos e da própria discursividade do Direito Ambiental, sem descurar da principiologia e do arcabouço jurídico-positivo próprios do Direito do Trabalho. É a nossa proposta metodológica.

Como dissemos alhures, e nos vemos instados a repetir ainda uma vez:

> o repto do direito ao meio ambiente humano ecologicamente equilibrado, radicado no art. 225, *caput*, da Constituição, exige muito mais do que boas intenções e retóricas eruditas. Exige tenacidade, engajamento, esforços contínuos de conscientização, investimentos em políticas públicas, saberes articulados.
> (FELICIANO, G. G. MARANHÃO, Ney S. M. SARLET, I. FERNSTERSEIFER, T. **Direito Ambiental do Trabalho:** Lineamentos para uma teoria geral. São Paulo: LTr, 2020. v. 5)

Pensar o Direito Ambiental do Trabalho é, nesse diapasão, construir a reflexão jurídica na zona crítica de intersecção entre o Direito Ambiental e o Direito do Trabalho, que deita raízes no art. 200, VIII, da Constituição. É como deve ser. E é o que inspira este *Curso*.

Sabemos que a ideia de um Direito Ambiental do Trabalho não é pacífica, nem isenta de críticas. Mas era preciso ousar. A robustez dos fundamentos desta obra se comprovará – ou não – pela longevidade de suas lições; e nós apostamos nessa positiva ambivalência. O tempo dirá. Por ora, amigo leitor, o que lhe pedimos é a disposição da leitura e a predisposição da mente aberta. Você verá o Direito do Trabalho através de lentes para as quais talvez nunca tenha atinado.

São Paulo, verão de 2020/2021.

**Guilherme Guimarães Feliciano**

Professor Associado II do Departamento de Direito do Trabalho e da Seguridade Social da Faculdade de Direito da Universidade de São Paulo

Presidente da Associação Nacional dos Magistrados da Justiça do Trabalho – ANAMATRA (gestão 2017-2019)

Titular da Cadeira nº 53 da Academia Brasileira de Direito do Trabalho

Juiz Titular da 1ª Vara do Trabalho de Taubaté/SP (15ª Região)

Juiz Auxiliar da Vice-Presidência Judicial do TRT-15 (2021-2022)

# SUMÁRIO

*COLABORADORES*, vii
*APRESENTAÇÃO*, xiii

## PARTE GERAL
### SEÇÃO I
### MEIO AMBIENTE DO TRABALHO: DIMENSÃO HISTÓRICO-FILOSÓFICA, CONCEITO E APLICAÇÕES

**CAPÍTULO 1**
**RUDIMENTOS DE DIREITO AMBIENTAL. CONEXÕES COM O DIREITO DO TRABALHO**
1.1. Direito Ambiental: Breves considerações teóricas, 4
1.2. Proteção internacional do meio ambiente, 6
1.3. Evolução normativa do Direito Ambiental no Brasil, 7
1.4. Princípios de Direito Ambiental, 10
1.5. Conexões entre Direito Ambiental e Direito do Trabalho, 11
1.6. Evolução normativa da temática labor-ambiental, 13
*Considerações finais*, 14

**CAPÍTULO 2**
**MEIO AMBIENTE DO TRABALHO: DESCRIÇÃO JURÍDICO-CONCEITUAL. LINHAS RESTRITIVAS**
*Introdução*, 16
2.1. Meio ambiente do trabalho – elementos nucleares: ambiente, técnica e homem, 17
2.2. Meio ambiente do trabalho – fatores de risco: condições de trabalho, organização do trabalho e relações interpessoais, 19
2.3. Meio ambiente do trabalho: proposta conceitual, 22
2.4. Meio ambiente do trabalho e atual estado da arte: análise crítica e proposta conceitual, 26

**CAPÍTULO 3**
**MEIO AMBIENTE: DESCRIÇÃO JURÍDICO-CONCEITUAL. ABORDAGEM SISTÊMICO-GESTÁLTICA**
*Introdução*, 32
3.1. Meio ambiente: aproximação descritiva e compreensão geral, 32
3.2. Meio ambiente: opção constitucional brasileira e dimensões ambientais reconhecidas, 42
3.3. Meio ambiente: proposta conceitual constitucionalmente adequada, 45
3.4. Meio ambiente: análise crítica do conceito legal, 47
*Considerações finais*, 51

**CAPÍTULO 4**
**MEIO AMBIENTE DO TRABALHO: CONCEITO. APLICAÇÕES CONCEITUAIS**
4.1. Meio Ambiente: Acepções e conceitos, 52
4.2. Aspectos do Meio Ambiente, 53

**CAPÍTULO 5**
**MEIO AMBIENTE DO TRABALHO: ESCORÇO HISTÓRICO**
5.1. Os primórdios, 61
5.2. A Revolução Industrial, 64
5.3. As primeiras regulamentações e a Lei dos Aprendizes de 1802, 66
5.4. A Lei de fábricas de 1833 e os primeiros inspetores de condições do trabalho, 67
5.5. A criação da Organização Internacional do Trabalho, 69
5.6. O século XX, 73
5.7. O desenvolvimento no Brasil, 73

## CAPÍTULO 6
## ALGUNS DESAFIOS À PROTEÇÃO DO MEIO AMBIENTE DO TRABALHO E A NECESSÁRIA ABORDAGEM INTERDISCIPLINAR DO TEMA
*Introdução, 77*
6.1. Trabalho e Saúde: centralidade e interdependência, 77
6.2. Os acidentes do trabalho e seus desafios para a Saúde Pública e para o Direito, 78
6.3. Aplicação do Direito Ambiental do Trabalho em questões da SST, 81
6.4. O paradoxo da investigação de acidentes: prevenção x punição, 84
6.5. Fragilidade no modelo normativo brasileiro de SST, 85
6.6. O baixo cumprimento espontâneo da lei, 86
6.7. A fiscalização do meio ambiente do trabalho e a insuficiente ação estatal, 87
6.8. A estrutura institucional da Saúde do Trabalhador e a necessidade de articular suas ações, 88
6.9. A necessária construção interdisciplinar e interinstitucional, 89
*Considerações finais, 92*

## SEÇÃO II
## MEIO AMBIENTE DO TRABALHO: REGULAMENTAÇÃO, PRINCÍPIOS E ANTINOMIAS

## CAPÍTULO 7
## MEIO AMBIENTE DO TRABALHO, DIREITOS HUMANOS E DIREITOS FUNDAMENTAIS: EFICÁCIA VERTICAL E HORIZONTAL DOS DIREITOS FUNDAMENTAIS LABOR-AMBIENTAIS
7.1. Conceito e evolução dos direitos fundamentais, 96
7.2. Direitos fundamentais e direitos humanos: semelhanças e dessemelhanças, 98
7.3. Aplicabilidade e eficácia dos direitos fundamentais, 99
7.4. A tutela internacional do meio ambiente do trabalho, 101
7.5. A proteção ambiental no constitucionalismo brasileiro, 106
7.6. O meio ambiente do trabalho equilibrado como direito fundamental e as possibilidades de sua defesa, 109

## CAPÍTULO 8
## PRINCÍPIOS DE DIREITO AMBIENTAL DO TRABALHO. O MEIO AMBIENTE DO TRABALHO, A NORMA JURÍDICA LABOR-AMBIENTAL E OS DIREITOS LABOR-AMBIENTAIS
8.1. Meio ambiente do trabalho: ainda o conceito e seus consectários. Interesses individuais, individuais homogêneos, coletivos e difusos em seara labor-ambiental, 112
8.2. A norma jurídica labor-ambiental. Os princípios jurídico-ambientais e sua aplicação no Direito Ambiental do Trabalho, 116
8.3. Os direitos labor-ambientais em espécie: um catálogo não exaustivo, 124

## CAPÍTULO 9
## PREVENÇÃO E PRECAUÇÃO EM SEDE LABOR-AMBIENTAL: TEORIA E PRÁTICA. FISCALIZAÇÃO DO TRABALHO E CASUÍSTICA
*Introdução, 128*
9.1. Prevenção e precaução em sede labor-ambiental, 128
9.2. Fiscalização do trabalho e casuística, 132
*Considerações finais, 137*

## CAPÍTULO 10
## ANTINOMIAS NO DIREITO AMBIENTAL DO TRABALHO
*Introdução, 138*
10.1. Direito Ambiental do Trabalho como subsistema, 139
10.2. Antinomia: o que é isto?, 141
10.3. Redução dos riscos *vs.* adicionais remuneratórios. Solução da antinomia no Direito Ambiental do Trabalho, 142

# SEÇÃO III
MEIO AMBIENTE DO TRABALHO: PROGRAMAS, CIPA, INSALUBRIDADE, PERICULOSIDADE, ERGONOMIA E HIGIDEZ MENTAL

## CAPÍTULO 11
**PROGRAMA DE PREVENÇÃO DE RISCOS AMBIENTAIS – PPRA. PROGRAMA DE CONTROLE MÉDICO DE SAÚDE OCUPACIONAL – PCMSO. LAUDO TÉCNICO DAS CONDIÇÕES AMBIENTAIS DO TRABALHO – LTCAT. PERFIL PROFISSIOGRÁFICO PREVIDENCIÁRIO – PPP. ASPECTOS JURÍDICOS E TÉCNICOS**

11.1. Programa de Controle Médico de Saúde Ocupacional – PCMSO.
Programa de Prevenção de Riscos Ambientais – PPRA, 146
11.2. Laudo Técnico das Condições Ambientais do Trabalho – LTCAT.
Perfil Profissiográfico Previdenciário – PPP, 154

## CAPÍTULO 12
**ASPECTOS GERAIS DA COMISSÃO INTERNA DE PREVENÇÃO DE ACIDENTES – CIPA E SUA ATUAÇÃO NO MEIO AMBIENTE DE TRABALHO**

*Introdução, 158*
12.1. Norma Regulamentadora nº 05, 160
12.2. Atuação da CIPA na proteção do meio ambiente de trabalho.
Acidentes de trabalho e riscos ambientais, 167
*Considerações finais, 169*

## CAPÍTULO 13
**TRABALHO PERVERSO: INSALUBRIDADE**

*Introdução, 170*
13.1. Direito do trabalho, meio ambiente do trabalho e insalubridade, 171
13.2. Antinomia e insalubridade, 174
13.3. Insalubridade e a realidade nacional, 176
*Considerações finais, 183*

## CAPÍTULO 14
**TRABALHO PERVERSO: PERICULOSIDADE**

*Introdução, 184*
14.1. Do trabalho perverso, 184
14.2. A periculosidade trabalhista, 185
14.3. Impactos da periculosidade sobre o contrato de trabalho, 193
14.4. Periculosidade trabalhista e meio ambiente do trabalho, 195
*Considerações finais, 199*

## CAPÍTULO 15
**MEIO AMBIENTE DO TRABALHO E ERGONOMIA**

*Introdução, 202*
15.1. Evolução conceitual histórica da ergonomia, 203
15.2. A ergonomia na CLT e nas Convenções Internacionais de Trabalho, 204
15.3. A ergonomia e as Normas Regulamentadoras do Ministério do Trabalho e Emprego, 206
*Considerações finais, 216*

## CAPÍTULO 16
**ASSÉDIO MORAL ORGANIZACIONAL NO MEIO AMBIENTE DO TRABALHO**

*Introdução, 218*
16.1. A ideologia gerencialista do pós-fordismo como pano de fundo para o assédio moral organizacional, 219
16.2. Os elementos conformadores do *meio ambiente do trabalho*, 220
16.3. Assédio moral organizacional como a desvirtuação da esfera da *organização dos fatores de produção* e das *relações socioprofissionais*: quando a gestão de pessoas configura poluição labor-ambiental, 222
16.4. Consequências da gestão poluidora: o estresse e as doenças psicossomáticas, 225

16.5. Assédio moral organizacional e responsabilidade civil objetiva. Aplicação do art. 225, § 3º, da Constituição Federal e do art. 14, § 1º, da Lei nº 6.938/1981. Causalidade sistêmica, 227
*Considerações finais, 229*

## CAPÍTULO 17
### O MEIO AMBIENTE DO TRABALHO E O ADOECIMENTO MENTAL DO TRABALHADOR
*Introdução, 231*
17.1. A ascensão da depressão enquanto mal do século, 232
17.2. O trabalhador como elemento do meio ambiente do trabalho e da sociedade, 233
17.3. Riscos psicossociais: conceito, 234
17.4. O meio ambiente do trabalho e o adoecimento mental, 238
*Considerações finais, 240*

## CAPÍTULO 18
### POLUIÇÃO LABOR-AMBIENTAL: CONCEITO E APLICAÇÕES. RESPONSABILIDADE CIVIL LABOR-AMBIENTAL
18.1. Ainda as antinomias aparentes do Direito Ambiental do Trabalho. A poluição labor-ambiental: conceito, 242
18.2. Poluição labor-ambiental e responsabilidade civil do empregador, 244
18.3. Indícios da causalidade sistêmica, 248
*Considerações finais, 249*

# SEÇÃO IV
## DIREITO INTERNACIONAL, DIREITO COMPARADO E MEIO AMBIENTE DO TRABALHO

## CAPÍTULO 19
### O MEIO AMBIENTE DO TRABALHO E O CONFLITO DE LEIS NO ESPAÇO
*Introdução, 252*
19.1. A internacionalização das relações jurídicas e o conflito de leis no espaço, 252
19.2. Harmonia entre o Direito Público e o Direito Privado, 255
19.3. Legislação aplicável no decorrer do contrato de trabalho (lei da constituição, lei do local de execução ou lei mais benéfica), 257
19.4. O meio ambiente do trabalho no contrato de trabalho internacional, 261
*Considerações finais, 264*

## CAPÍTULO 20
### MEIO AMBIENTE DO TRABALHO: NOTAS DE DIREITO COMPARADO
*Introdução, 265*
20.1. Breves considerações sobre Direito Comparado, 266
20.2. Meio ambiente do trabalho como direito humano fundamental e efetivo frente ao Direito Comparado, 269
*Considerações finais, 278*

## CAPÍTULO 21
### DIREITO INTERNACIONAL PÚBLICO: O SISTEMA INTERNACIONAL DE DIREITOS HUMANOS E O MEIO AMBIENTE DO TRABALHO
*Introdução, 280*
21.1. O Sistema Global de Direitos Humanos, 281
21.2. O Meio Ambiente do Trabalho Sadio e Seguro como um Direito Humano Fundamental do Trabalhador, 288
21.3. O Meio Ambiente do Trabalho nas Normas Internacionais de Direitos Humanos, 291
*Considerações Finais, 300*

# PARTE ESPECIAL
## SEÇÃO V
### PROBLEMAS DO MEIO AMBIENTE DO TRABALHO, DIREITO AO MEIO AMBIENTE DO TRABALHO EQUILIBRADO, DESDOBRAMENTOS E CONCREÇÕES

### CAPÍTULO 22
### MEIO AMBIENTE DO TRABALHO E TRABALHO RURAL: AGROTÓXICO
*Introdução, 306*
- 22.1. Dos agrotóxicos, 310
- 22.2. Da NR-31 e do meio ambiente do trabalho rural, 312
- 22.3. Da NR-31 e dos agrotóxicos, 314

*Considerações finais, 316*

### CAPÍTULO 23
### MEIO AMBIENTE DO TRABALHO E TRABALHOS VERDES
*Introdução, 319*
- 23.1. Sustentabilidade e a origem dos trabalhos verdes, 320
- 23.2. O que são trabalhos verdes?, 322
- 23.3. Trabalhos verdes e meio ambiente do trabalho, 328

*Considerações finais, 332*

### CAPÍTULO 24
### MEIO AMBIENTE DO TRABALHO E AMIANTO
*Introdução, 334*
- 24.1. Amianto: breve conceituação e classificação, 335
- 24.2. Amianto e poluição labor-ambiental, 337
- 24.3. O princípio da prevenção para a promoção do meio ambiente do trabalho, 345

*Considerações finais, 348*

### CAPÍTULO 25
### MEIO AMBIENTE DO TRABALHO NA CONSTRUÇÃO CIVIL
*Introdução, 351*
- 25.1. Abrangência e dimensão do meio ambiente do trabalho na construção civil, 351
- 25.2. Dados econômicos e das relações de trabalho na indústria da construção civil no Brasil, 353
- 25.3. Precariedade da mão de obra na construção civil: capacitação, terceirização, informalidade, fragmentação e rotatividade, 354
- 25.4. Riscos a que se submetem os trabalhadores da construção civil, 357
- 25.5. Acidentes do trabalho na construção civil, 359
- 25.6. Intervenções no meio ambiente do trabalho da construção civil para diminuição da sinistralidade, 362

*Considerações finais, 365*

### CAPÍTULO 26
### O MEIO AMBIENTE DE TRABALHO DOS PORTUÁRIOS E DOS MARÍTIMOS
*Introdução, 367*
- 26.1. Trabalhadores portuários, 368
- 26.2. Trabalhadores marítimos, 375

*Considerações finais, 383*

### CAPÍTULO 27
### TERCEIRIZAÇÃO E O MEIO AMBIENTE DO TRABALHO
*Introdução, 385*
- 27.1. Da terceirização, 385

*Considerações finais, 397*

## CAPÍTULO 28
### O MEIO AMBIENTE DO TRABALHO E A PESSOA COM DEFICIÊNCIA: ASPECTOS GERAIS
28.1. O conceito jurídico de pessoa com deficiência e sua evolução, 399
28.2. A Convenção nº 159 da Organização Internacional do Trabalho, 400
28.3. A Lei nº 7.853/1989 e o seu Decreto nº 3.298/1999 como medidas de apoio às pessoas com deficiência, 401
28.4. A Lei nº 8.213/1991 e as cotas de emprego para pessoas com deficiência, 402
28.5. O Projeto de Lei nº 6.159, de 11 de novembro de 2019, e o retrocesso proposto na política de cotas para pessoas com deficiência, 404
28.6. A Lei Brasileira de Inclusão da Pessoa com Deficiência (Estatuto da Pessoa com Deficiência) e o direito ao trabalho, 404
28.7. O meio ambiente do trabalho e a pessoa com deficiência, 406
28.8. A metodologia do emprego apoiado, como medida de colocação da pessoa com deficiência e de garantia de um meio ambiente de trabalho favorável, 408

## CAPÍTULO 29
### O MEIO AMBIENTE DO TRABALHO E A PESSOA COM DEFICIÊNCIA: ABORDAGENS ESPECÍFICAS
*Introdução, 410*
29.1. Meio ambiente de trabalho aberto, inclusivo e acessível, 410
29.2. Gestão inclusiva, 412
29.3. Cotas para contratação e emprego apoiado, 414
29.4. Participação e representação no local de trabalho, 416
*Considerações finais, 418*

## CAPÍTULO 30
### O MEIO AMBIENTE DO TRABALHO DOS PROFISSIONAIS DA ÁREA DE SAÚDE
*Introdução, 419*
30.1. As condições gerais de trabalho dos profissionais de saúde, 419
30.2. Acidentes do trabalho em relação aos profissionais de saúde, 420
30.3. O estresse dos profissionais de saúde: causas e consequências, 422
30.4. Os profissionais de saúde frente à pandemia do novo coronavírus, 423
30.5. O trabalhador do setor saúde e seus direitos sociais relativos ao meio ambiente do trabalho saudável, 426
*Considerações finais, 429*

## CAPÍTULO 31
### SEGURANÇA E SAÚDE NO TRABALHO DOMÉSTICO
31.1. A casa, ambiente de trabalho, 431
31.2. Direitos e deveres labor-ambientais no âmbito do emprego doméstico, 433
31.3. A responsabilidade por danos labor-ambientais e a prova da culpa e do nexo causal, 436
*Considerações finais, 440*

## SEÇÃO VI
### DIREITO AMBIENTAL DO TRABALHO. INTERFACES ENTRE DIREITO E CIÊNCIA: UM DIREITO EM CONSTRUÇÃO. NANOTECNOLOGIA E RELAÇÕES DE TRABALHO

## CAPÍTULO 32
### NANOTECNOLOGIA E OUTROS ASPECTOS DA PRODUÇÃO DO SÉCULO XXI
32.1. Breve panorama da nanotecnologia, 442
32.2. Os riscos na utilização da nanotecnologia, 444
32.3. Responsabilidade civil decorrente de danos gerados durante a relação de emprego, 447
32.4. Responsabilização pelo uso de nanotecnologia, 450

## SEÇÃO VII
### MEIO AMBIENTE DO TRABALHO: POLÍTICAS PÚBLICAS. DIMENSÃO ADMINISTRATIVA. DIMENSÃO PREVIDENCIÁRIA

**CAPÍTULO 33**
**OS TRÊS PODERES E AS POLÍTICAS PÚBLICAS PARA O MEIO AMBIENTE DO TRABALHO**
*Introdução, 454*
33.1. O Poder Executivo, 456
33.2. Poder Legislativo, 470
33.3. Poder Judiciário, 471
*Considerações finais, 473*

**CAPÍTULO 34**
**IMPACTOS PRESENTES E FUTUROS DO DIREITO AMBIENTAL DO TRABALHO NO DIREITO PREVIDENCIÁRIO**
*Introdução, 475*
34.1. Proteção previdenciária dos trabalhadores expostos a agentes nocivos à saúde, 476
34.2. Impacto do direito ambiental do trabalho na proteção previdenciária das incapacidades temporária e permanente para o trabalho, 486
34.3. Efeitos estruturais das reformas sobre a proteção relativa ao ambiente do trabalho, 490
*Considerações finais, 491*

## SEÇÃO VIII
### FORMAÇÃO HUMANA E REPERCUSSÕES NA TUTELA LABOR-AMBIENTAL

**CAPÍTULO 35**
**EDUCAÇÃO AMBIENTAL: PASSO ESSENCIAL À CONCRETIZAÇÃO DOS DITAMES CONSTITUCIONAIS E CUMPRIMENTO DOS PACTOS INTERNACIONAIS**
35.1. Consciência ambiental: conceito e importância, 494
35.2. A necessidade de se debater sobre o tema, 495
35.3. Mudança de paradigma e marcos históricos do Direito Ambiental, 497
35.4. O Direito Ambiental na Constituição de 1988, 499
35.5. A educação ambiental como instrumento para a formação da consciência ambiental, 501
*Considerações finais, 503*

## SEÇÃO IX
### TUTELA LABOR-AMBIENTAL NA PERSPECTIVA DO DIREITO COLETIVO DO TRABALHO

**CAPÍTULO 36**
**SINDICATO E MEIO AMBIENTE DO TRABALHO**
36.1. O problema, 506
36.2. Os caracteres do sindicato de Estado, 507
36.3. As vicissitudes do meio ambiente do trabalho e as organizações sindicais: poderá o sindicato de Estado promover um meio ambiente de trabalho equilibrado?, 512
*Considerações finais, 520*

**CAPÍTULO 37**
**NORMA COLETIVA COMO INSTRUMENTO DO MEIO AMBIENTE DO TRABALHO HÍGIDO**
*Introdução, 522*
37.1. Meio Ambiente do Trabalho por inteiro: uma visão sociojurídica, 522
37.2. Proteção e destruição do MAT: potências e limites da negociação coletiva, 527
37.3. Avaliação de situações práticas, 537
*Considerações finais, 541*

## CAPÍTULO 38
## GREVE AMBIENTAL
*Introdução, 542*
38.1. A greve, 543
38.2. Uma greve toda especial, 547
38.3. Casos concretos, 558
*Considerações finais, 561*

## SEÇÃO X
### MEIO AMBIENTE DO TRABALHO: ENDEMIAS, EPIDEMAIS E PANDEMIAS

## CAPÍTULO 39
## CORONAVÍRUS E MEIO AMBIENTE DO TRABALHO
39.1. A pandemia global: escalada do desalento, 564
39.2. A pandemia, a Constituição e o meio ambiente do trabalho. Coronavírus e poluição labor-ambiental. A MP nº 927/2020, 565
39.3. Holismo, prevencionismo, solidarismo. Deveres e responsabilidades patronais, 571
39.4. A pandemia e as desonerações patronais, 579
*Considerações finais, 582*

## CAPÍTULO 40
## A VACINA CONTRA A COVID-19 NAS RELAÇÕES DE TRABALHO
*Introdução, 585*
40.1. O meio ambiente de trabalho: medidas de proteção, 587
40.2. O direito de recusa do trabalhador para a proteção da sua saúde, 590
40.3. Colisão de direitos em torno da vacinação: direito de recusa *vs.* poder hierárquico patronal, 593
40.4. A "ratio decidendi" no que concerne às chamadas atividades essenciais: a busca da equidade. Breves reflexões sobre normas-regras de nexo causal em sede de pandemias, 603
*Considerações finais, 605*

## CAPÍTULO 41
## NOVO CORONAVÍRUS, ESTIGMA E DISCRIMINAÇÃO LABORAL. COVID-19 E DANO MORAL TRABALHISTA
*Introdução, 608*
41.1. A circulação ocupacional do novo coronavírus como espécie de poluição labor-ambiental e a dinâmica dos danos dela decorrentes. O *efeito dominó*, 609
41.2. O estigma inerente à Covid-19 e a materialização do dano moral, 612
*Considerações finais: o estigma da Covid-19 e a "constitucionalidade" da Súmula 443 do C. TST, 617*

## REFERÊNCIAS, 621

# PARTE GERAL

# SEÇÃO I

## MEIO AMBIENTE DO TRABALHO: DIMENSÃO HISTÓRICO-FILOSÓFICA, CONCEITO E APLICAÇÕES

# CAPÍTULO 1
## RUDIMENTOS DE DIREITO AMBIENTAL. CONEXÕES COM O DIREITO DO TRABALHO

*Caroline Pereira dos Santos*

Os problemas ambientais têm provocado importantes reflexões sobre aspectos estruturantes da vida contemporânea, revelando a necessidade de proteção do meio ambiente para consecução de uma vida digna. Essa proteção deve ser compreendida de maneira ampla, contemplando o meio ambiente em suas diferentes perspectivas, nele incluso o ambiente laboral.

Nesse contexto, o presente capítulo tem como objetivo delinear um panorama sobre o Direito Ambiental, apresentando aspectos teóricos e conceituais estruturantes dessa disciplina, com uma perspectiva evolutiva da abordagem dada à matéria, em âmbito internacional e nacional. Além disso, pretende evidenciar os pontos de comunicação existentes com o Direito do Trabalho, sob o prisma do meio ambiente laboral, com breves considerações acerca do desenvolvimento normativo dado à temática labor-ambiental.

### 1.1. DIREITO AMBIENTAL: BREVES CONSIDERAÇÕES TEÓRICAS

A relação do ser humano com a natureza tem se modificado ao longo da história, influenciada principalmente pelos modelos de crescimento e desenvolvimento econômico, resultando, nas últimas décadas, na intensificação dos debates acerca dos problemas ambientais.

Um importante marco histórico na abordagem da questão ambiental é a Revolução Industrial, que acelerou os processos produtivos por meio da mecanização e do uso de combustíveis fósseis e, também, evidenciou a existência de diversos problemas ambientais, como a poluição atmosférica, o exercício do labor fabril em condições insalubres e o crescimento desordenado das cidades.

Atualmente, as problemáticas ambientais envolvem discussões nacionais e internacionais acerca das mudanças climáticas, da contaminação dos mares, do desmatamento, da ausência de saneamento básico, do gerenciamento indevido de resíduos, entre outros.

Diante desse contexto, marcado por incontáveis adversidades decorrentes da deterioração do meio ambiente, impõe-se reflexão acerca da natureza dos problemas ambientais, e de modo a melhor compreendê-los, estes serão analisados sob três perspectivas: a natureza física, econômica e jurídica (NUSDEO, 2005a).

A natureza física do problema ambiental está diretamente ligada aos processos de acumulação, como nos casos de alta concentração de fuligem na atmosfera, mas esses processos também podem se manifestar em uma perspectiva negativa de acumulação, como nos casos de desmatamento. Em relação à natureza econômica dos problemas ambientais, verifica-se que o funcionamento do sistema econômico capitalista é permeado por diversas falhas, algumas delas com conexão direta com a questão ambiental, como é o caso das externalidades negativas, que correspondem aos custos não assimilados pelo mercado, que recaem sobre o conjunto social.

Por fim, a última perspectiva é a natureza jurídica, que contempla a investigação das causas dessas falhas de mercado, de modo a melhor solucioná-las (NUSDEO, 2005a).

Nesse cenário marcado pela necessidade de enfrentamento dos problemas ambientais, somada à crescente preocupação social com a temática, foram impulsionados estudos jurídicos voltados à proteção do meio ambiente, conduzindo assim o surgimento do Direito Ambiental, em meados do século XX (GRANZIERA, 2009).

Aprofundando-se a análise do Direito Ambiental, verifica-se que diferentes autores têm se dedicado à investigação da temática, resultando na diversidade de concepções doutrinárias, bem como na diversidade metodológica de análise e apresentação desses estudos jurídicos.

De maneira concisa, o Direito Ambiental pode ser compreendido como um complexo de normas jurídicas voltadas à regulação da relação do ser humano com os recursos ambientais, tendo por objetivo a maior tutela possível do meio ambiente, concretizando um dever de cuidado também com as futuras gerações (GRANZIERA, 2009).

Outra perspectiva do conceito de Direito Ambiental pode ser observada com a definição apresentada por Antunes (2010, p. 11):

> Entendo que o Direito Ambiental pode ser definido como um direito que tem por finalidade regular a apropriação econômica dos bens ambientais, de forma que ele se faça levando em consideração a sustentabilidade dos recursos, o desenvolvimento econômico e social, assegurando aos interessados a participação nas diretrizes a serem adotadas, bem como padrões adequados de saúde e renda.

Essa definição evidencia a interdisciplinaridade do Direito Ambiental, que é perpassado por questões econômicas, ecológicas e sociais, e reforça aspectos relevantes deste ramo jurídico, como a importância da participação social, do direito à saúde e à renda digna. Registre-se ainda que o entendimento apresentado fez alusão aos bens ambientais, de modo a melhor compreendê-los, segue esclarecimento da abordagem do tema pelo texto constitucional brasileiro.

Os bens ambientais foram apresentados pela Constituição estruturando-se em dois aspectos; o primeiro refere-se à abrangência, pois este bem pode ser usado por toda coletividade, e o segundo aspecto refere-se ao caráter de essencialidade, demonstrando a relevância deste bem para a concretização da adequada qualidade de vida das pessoas. Assim sendo, os bens ambientais devem ser compreendidos como aqueles capazes de integrar os dois aspectos elucidados (FIORILLO, 2013).

Observe-se que a defesa dos bens ambientais é dever de toda sociedade, na medida em que o texto constitucional brasileiro preceituou o compartilhamento das responsabilidades de proteção do meio ambiente com toda sociedade civil, entretanto, deve-se atentar que ao Estado foi conferida importante função de combate à degradação ambiental.

Nessa perspectiva, com fundamento nos valores constitucionais relativos ao meio ambiente, verifica-se que o Estado tem papel diretivo e estrutural no desenvolvimento e implementação de políticas públicas ambientais, surgindo assim a noção de um Estado Democrático de Direito Ambiental (D'ISEP, 2009).

A concretização desse modelo de Estado perpassa a implementação, pelo Poder Público, dos princípios norteadores do Direito Ambiental, destacando-se aqui algumas das importantes ações que devem ser adotadas na concretização da tutela do meio ambiente:

> [...] o Estado deve adotar, dentre outras, as condutas: informativa, devido ao direito universal de informação ambiental, ressalvadas as razões geopolíticas; receptiva e participativa, isto é, não só informa, mas recepciona a participação social na gestão ambiental, respeitando a titularidade ambiental da coletividade; preventiva e reparatória, fazendo uso do seu poder de polícia ambiental para concretizar os comandos de prevenção e de reparação dispostos no art. 225 da Carta Constitucional; pacificadora, pois lhe caberá gerenciar raridade, internalizar o custo ambiental do uso dos recursos naturais, exercendo a sua função distributiva ambiental e de educador ambiental. (D'ISEP, 2009, p. 158)

Tal entendimento pode ser alinhando ao princípio da obrigatoriedade da intervenção do Poder Público, que envolve a criação e o aprimoramento de legislações e instrumentos de controle, de modo que o Estado assegure os direitos à saúde e ao meio ambiente com qualidade, ao mesmo tempo que garante as liberdades econômicas (MACHADO, 2013, p. 142).

Nesse contexto, o Direito Ambiental apresenta-se como elemento propulsor desse novo modelo de Estado, estruturado no desenvolvimento sustentável, que equaciona as perspectivas econômicas, sociais e ambientais. Além disso, o caráter democrático desse modelo de Estado assegura o direito ao meio ambiente a toda coletividade, com informação ambiental e participação social nos processos decisórios (D'ISEP, 2009).

Realizadas essas considerações sobre o Direito Ambiental, com apresentação de conceitos e reforçando a importância da função do Estado no enfrentamento dos problemas ambientais, passa-se ao aprofundamento da evolução dada a temática no cenário internacional.

## 1.2. PROTEÇÃO INTERNACIONAL DO MEIO AMBIENTE

A preocupação com a intensificação dos problemas ambientais progressivamente cresceu dentro da comunidade internacional, resultando na realização, no ano de 1972, da primeira conferência global sobre o meio ambiente, preparada pela Organização das Nações Unidas, na cidade de Estocolmo.

Esse importante encontro resultou no desenvolvimento da Declaração das Nações Unidas sobre Meio Ambiente Humano, que se tornou um marco internacional voltado à preservação e melhoria do meio ambiente.

O documento reconheceu expressamente como um direito fundamental o direito à vida em um ambiente com qualidade, tornando-se uma premissa essencial à consecução de uma vida digna. O texto também realizou breves considerações acerca do impacto dos problemas ambientais na saúde humana, sob a ótica física, mental e social, contemplando também o ambiente de trabalho (ONU, 1972).

Após 20 anos, houve a segunda conferência internacional sobre meio ambiente, que resultou na Declaração do Rio sobre Meio Ambiente e Desenvolvimento, datada de 1992. Esta declaração reiterou os princípios estabelecidos em Estocolmo e fortaleceu o princípio da cooperação entre os Estados, ao declarar ser de responsabilidade comum a proteção do meio ambiente. Registre-se que as exigências de proteção ambiental ponderaram as diferenças de desenvolvimento existentes entre os países (ONU, 1992a).

Dentre os diversos princípios estabelecidos nesta declaração, vale o destaque do compromisso dos Estados com a promoção da participação social no desenvolvimento das políticas públicas ambientais, conscientizando e viabilizando o acesso às informações, principalmente daquelas relacionadas às atividades e aos materiais perigosos.

Ao final desta conferência, diversos Estados assumiram o compromisso formal, por meio da assinatura da Agenda 21, de mover esforços para a construção de uma sociedade sustentável, atentando-se às peculiaridades do desenvolvimento econômico de cada país e envolvendo diferentes atores sociais para a efetivação do programa.

A Agenda 21 contemplou uma série de temáticas envolvendo o meio ambiente e o desenvolvimento sustentável, como o combate à pobreza, a proteção da atmosfera, o manejo adequado de resíduos perigosos, destacando-se a abordagem em capítulos próprios do fortalecimento do papel dos trabalhadores e sindicatos, do comércio e da indústria, bem como dos agricultores, reforçando o caráter de soluções integradas entre os diferentes atores sociais para concretização do direito ao meio ambiente (ONU,1992b).

Destaca-se ainda a ocorrência de outras duas convenções internacionais sobre o meio ambiente, a Cúpula Mundial sobre o Desenvolvimento Sustentável, na cidade de Joanesburgo, em 2002, com revisão da Agenda 21, e a Conferência das Nações Unidas sobre o Desenvolvimento Sustentável, na cidade do Rio de Janeiro, em 2012, ambas marcadas por intenso processo de diálogo entre os Estados na busca pela efetivação do desenvolvimento sustentável.

Por fim, ressalta-se a ocorrência, em 2015, da Cúpula de Desenvolvimento Sustentável, por meio da qual se estabeleceu nova agenda de trabalho com prazo de vigência até 2030. Desta agenda, cabe destacar o aprimoramento da abordagem da temática labor-ambiental por meio de um capítulo específico destinado ao trabalho decente e ao crescimento econômico, com menção expressa ao dever de promoção de um ambiente de trabalho seguro, em especial aos trabalhadores migrantes e aos que exercem trabalhos precários (ONU, 2015).

Dessa análise, verifica-se que a comunidade internacional tem promovido esforços coletivos para assegurar a proteção do meio ambiente e promover o desenvolvimento sustentável, ressaltando-se ainda a abordagem da temática do meio ambiente do trabalho pelas convenções realizadas.

## 1.3. EVOLUÇÃO NORMATIVA DO DIREITO AMBIENTAL NO BRASIL

Ao longo da história do Brasil, diferentes documentos legislativos foram desenvolvidos com objetivo de regular a relação do ser humano com os recursos naturais, podendo-se destacar o Código de Águas, datado de 1934, o primeiro Código Florestal, também de 1934, e o Código de Minas, de 1940.

Essas normas ambientais encontravam-se dispersas pelo ordenamento jurídico, sem que houvesse uma sistematização das informações apresentadas ou o estabelecimento de princípios e diretrizes nacionais de atuação. Tratavam assim de questões singulares relacionadas ao meio ambiente, para atender demandas específicas.

Diante desse cenário, e somando-se aos movimentos internacionais que deram maior ênfase às questões ambientais, no ano de 1981, foi promulgada a Política Nacional do Meio Ambiente, um importante marco legislativo brasileiro responsável pela sistematização da temática ambiental em uma política pública nacional, com definição de princípios, objetivos, instrumentos e a criação de uma estrutura de órgãos públicos voltados à proteção do meio ambiente.

Esta legislação também foi responsável por apresentar o conceito de meio ambiente, no art. 3º, inc. I, definindo-o como "conjunto de condições, leis, influências e interações de ordem física, química e biológica, que permite, abriga e rege a vida em todas as suas formas" (BRASIL, 1981).

A Constituição de 1988 também se apresentou como importante marco nos estudos de Direito Ambiental, por ser o primeiro texto constitucional a tratar deliberadamente da temática, reconhecendo a importância do meio ambiente ao longo de seu texto, através de remissões explícitas e implícitas, bem como destinando um capítulo específico ao tema (SILVA, 2010).

Observe-se que o texto constitucional assegurou tratamento abrangente à temática ambiental, contemplando as perspectivas do meio ambiente natural, artificial, cultural e do trabalho, de modo que o conceito de meio ambiente apresentado pela Política Nacional do Meio Ambiente foi recepcionado pela Constituição (FIORILLO, 2013).

Importa registrar, que o meio ambiente não deve ser reduzido aos bens naturais individualmente considerados, tais como a água, o solo, o ar, mas deve ser compreendido como "o conjunto de relações e interações que condiciona a vida", evidenciando-se a existência de uma perspectiva imaterial, que transcende a consideração individualizada dos bens e promove uma tutela ambiental ampla e eficaz (LEMOS, 2011, p. 80).

Passando-se à análise do capítulo destinado ao Meio Ambiente, constituído exclusivamente pelo art. 225, observa-se que o *caput* assim dispõe: "Todos têm direito ao meio ambiente ecologicamente equilibrado, bem de uso comum do povo e essencial à sadia qualidade de vida, impondo-se ao Poder Público e à coletividade o dever de defendê-lo e preservá-lo para as presentes e futuras gerações" (BRASIL, 1988).

Verifica-se com clareza que o meio ambiente ecologicamente equilibrado foi delineado como um direito de todos, essencial à consecução de uma vida digna. O texto constitucional também revela o caráter cooperativo, ao imputar a responsabilidade de defesa e preservação do meio ambiente aos diferentes atores sociais, bem como o caráter intergeracional, ao apresentar um valor de cuidado com as futuras gerações.

Além disso, os parágrafos e incisos deste importante artigo impuseram uma série de obrigações ao Poder Público, podendo-se destacar o dever de exigência de Estudo Prévio de Impacto Ambiental, para as atividades e obras que possam gerar deterioração do meio ambiente, a obrigação de promoção da educação ambiental, bem como o dever de controle das atividades que envolvam risco à vida, à qualidade de vida e ao meio ambiente (BRASIL, 1988).

Acrescente-se ainda, a previsão constitucional de responsabilidade penal, cível e administrativa, de pessoas físicas ou jurídicas que lesionarem o meio ambiente, assegurando a proteção ambiental por meio da aplicação de sanções aos infratores e exigindo reparação dos danos (BRASIL, 1988).

Aprofundando-se a análise nos quatro aspectos estruturantes do meio ambiente, o natural, artificial, cultural e do trabalho, constata-se que todas essas perspectivas foram abordadas pelo art. 225, de maneira direta ou indireta, mas devem ser compreendidas em uma interpretação sistematizada do texto constitucional, que contemplou o meio ambiente em diferentes dispositivos. Esta classificação não pretende segmentar o meio ambiente, eis que arraigado na interdisciplinaridade, mas tem como objetivo facilitar os estudos por meio da identificação precisa das causas e do objeto da degradação ambiental (FIORILLO, 2013).

O meio ambiente natural é compreendido como a proteção do ambiente físico, contemplando a atmosfera, os recursos hídricos, a fauna, a flora, entre outros, cuja tutela pode ser evidenciada, por exemplo, pelo art. 225, I, da Carta Magna, por meio do dever de preservação dos processos ecológicos essenciais (BRASIL, 1988).

A abordagem do meio ambiente artificial envolve os espaços construídos e habitáveis, diretamente relacionado ao universo das cidades, sem excluir a perspectiva rural. A temática foi contemplada em capítulo próprio do texto constitucional relativo à Política Urbana, que objetiva a implementação da função social das cidades e a garantia de bem-estar à coletividade, mas também pode ser evidenciada em outros artigos da Constituição, como no art. 21, XX, que trata das diretrizes para o desenvolvimento urbano, nele incluso, por exemplo, o saneamento básico (FIORILLO, 2013).

O meio ambiente cultural está diretamente relacionado à preservação da memória de um povo, envolvendo elementos de sua história, formação e cultura (FIORILLO, 2013). Contemplado pelo art. 216 da Constituição Federal, dedica-se à tutela de formas de expressão, formas de criar, ao patrimônio histórico, artístico, arqueológico, paisagístico, entre outras inúmeras concepções de manifestações artístico-culturais (BRASIL, 1988).

Por fim, aborda-se o meio ambiente do trabalho, que envolve o local de exercício das atividades laborais, visando a salubridade do meio e a garantia da integridade física e mental dos trabalhadores (FIORILLO, 2013).

O tema foi contemplando em diferentes dispositivos do texto constitucional, podendo-se destacar o art. 200, inc. VIII, que trata expressamente da proteção do meio ambiente do trabalho como uma das atribuições do Sistema Único de Saúde, e o art. 7º, inc. XXI, que contempla como direito do trabalhador a redução dos riscos das atividades desenvolvidas, através de normas de saúde, segurança e higidez.

Com efeito, há que se atentar que a referida classificação quadripartite se encontra em constante processo de aprimoramento, devido às modificações decorrentes da evolução social. Nesse sentido, recapitulando o conceito de meio ambiente, como o conjunto de elementos que influenciam a vida em suas diferentes formas, para Fiorillo (2013) a classificação quadripartite deve ser atualizada acrescentando-se a perspectiva do patrimônio genético e do meio ambiente digital.

A perspectiva do patrimônio genético envolve a utilização de material genético no desenvolvimento de novas vidas, podendo-se destacar, por exemplo, a aplicação desses estudos na agricultura. Quanto ao meio ambiente digital, este se apresenta como uma subdivisão do meio ambiente cultural, envolvendo novas formas de criação, expressão e informação, caracterizado pela relação humana com a tecnologia (FIORILLO, 2013).

Desse modo, constata-se a complexidade e interdisciplinaridade da evolução normativa ambiental brasileira que ainda envolve uma série de políticas públicas ambientais, tais como a Política Nacional de Recursos Hídricos, de Educação Ambiental, de Segurança e Saúde no Trabalho, além das inúmeras contribuições legais dos estados, municípios e distrito federal, bem como as contribuições jurisprudenciais.

Portanto, as breves considerações apresentadas revelam a importância do tratamento normativo brasileiro dado à temática ambiental, com amplas garantias constitucionais em seus diferentes dispositivos, constituindo um sistema normativo em evolução, na defesa do meio ambiente em suas diferentes perspectivas.

## 1.4. PRINCÍPIOS DE DIREITO AMBIENTAL

Em breves considerações, a evolução dos estudos jurídicos constitucionais, ao longo dos anos, modificou a função desempenhada pelos princípios dentro do sistema jurídico, eis que foram reconhecidos como normas, dotados de eficácia, tornando-se elementos estruturantes do ordenamento jurídico (BONAVIDES, 2011).

Tendo em vista esse reconhecimento, que conferiu aos princípios relevante posição dentro do universo jurídico, passa-se à análise de alguns dos princípios que fundamentam o Direito Ambiental.

Inicialmente destaca-se o princípio do desenvolvimento sustentável, que diante da constatação da finitude dos recursos naturais, estabelece um modelo de desenvolvimento planejado, que equaciona os vetores econômico, social e ambiental, e tem como objetivo a consecução de maior qualidade de vida para as presentes e futuras gerações (FIORILLO, 2013).

Passando-se ao exame do princípio da precaução, verifica-se que a Declaração do Rio de Janeiro, de 1992, fez menção expressa ao referido princípio, recomendando aos Estados a aplicação desta medida de cautela quando houver riscos de dano ao meio ambiente (ONU, 1992a).

Esse princípio preconiza um dever de proteção, diante de dúvidas científicas quanto à possibilidade de concretização de um dano à saúde humana ou ao ambiente, por meio da análise dos riscos existentes. Deve ser feito um juízo de ponderação acerca dos riscos aceitáveis e daqueles que representam perigo aos valores constitucionais, de modo que sejam adotadas medidas protetivas de maneira preventiva, em um cenário no qual não há certeza científica quanto à ocorrência do dano (MACHADO, 2013).

O princípio da prevenção também se revela uma medida eficaz na proteção do meio ambiente, antes que o dano ambiental ocorra. Neste caso, diferentemente do princípio da precaução, são contempladas situações nas quais há embasamento teórico-científico identificando os impactos de uma conduta no meio ambiente, ou delimitando com segurança os danos prováveis de materialização (ANTUNES, 2010).

Outro princípio relevante do Direito Ambiental é o princípio do poluidor pagador, que tem como objetivo coibir lesões ao meio ambiente, por meio da individualização da responsabilidade decorrente dos danos ambientais, de modo que o poluidor arque com ônus de sua conduta. Em outras palavras, trata-se da transformação de um custo social, poluição do meio ambiente, em um custo privado, que integre o patrimônio do poluidor (NUSDEO, 2005b).

Na perspectiva de atuação após a ocorrência do dano ambiental, destaca-se o princípio da reparação, que no contexto brasileiro reflete na responsabilização objetiva do causador do dano e na esfera internacional depende da existência de convenção que identifique a modalidade de responsabilidade aplicável ao caso (MACHADO, 2013).

A vedação ao retrocesso também se apresenta como um relevante princípio nos estudos de Direito Ambiental, por meio do qual são afastadas medidas arbitrárias que possam desencadear a redução dos direitos fundamentais já assegurados. Nessa perspectiva, sendo o meio ambiente um direito de toda coletividade, reconhecido como fundamental, pois essencial à consecução da vida digna, não se admite a adoção de medidas que signifiquem retrocesso à proteção ambiental já assegurada (FIORILLO, 2013).

Destaca-se ainda, o princípio da participação, que revela a importância de integração da coletividade nos processos decisórios, envolvendo os diferentes setores da sociedade civil, como os empresários, sindicatos, ambientalistas, Poder Público, com vistas a obtenção de uma atuação eficaz na abordagem das questões ambientais (FIORILLO, 2013).

Por fim, registre-se que o princípio da participação engloba outros dois, que são a informação e a educação ambiental, reiterando o caráter de interligação existente nos estudos jurídicos ambientais. O primeiro revela a importância da transparência na abordagem das questões ambientais, assegurando o direito de ser informado, e o segundo busca o desenvolvimento de uma consciência ecológica em toda sociedade (FIORILLO, 2013).

Dessa maneira, em sucinta análise, verifica-se a multiplicidade de princípios existentes que desempenham importante função normativa nos estudos de Direito Ambiental, impulsionando a atuação dos diferentes atores sociais, na busca pela efetiva concretização do direito ao meio ambiente ecologicamente equilibrado.

## 1.5. CONEXÕES ENTRE DIREITO AMBIENTAL E DIREITO DO TRABALHO

Diante das reflexões realizadas, observa-se que o Direito Ambiental é marcado pela interdisciplinaridade, tendo em vista sua comunicação com diferentes áreas do saber, tais como economia, saúde pública, urbanismo, além das conexões existentes com outros ramos do universo jurídico, por exemplo, com o Direito Administrativo, Direito Internacional, entre outros (GRANZIERA, 2009).

Tratando-se especificamente das conexões existentes entre o Direito Ambiental e o Direito do Trabalho, verifica-se que os estudos jurídicos dedicados à análise dessa relação têm revelado pluralidade de entendimentos acerca do tema.

Para Rocha (2002, p. 120), essas disciplinas jurídicas possuem peculiaridades próprias que constituem adversidades a efetiva comunicação entre ambas, de modo que o conteúdo de uma dificilmente adentra na outra. Entretanto, elas possuem um objeto em comum, definido como meio ambiente do trabalho, fazendo-se necessária uma nova abordagem jurídica, que incorpore os elementos essenciais dessas disciplinas na composição de outra, denominada Direito Ambiental do Trabalho.

Registre-se que para Rocha (2002, p. 120), essa nova abordagem jurídica deve ser compreendida como uma disciplina em construção, responsável pela tutela do meio ambiente do trabalho e da saúde do trabalhador, sem afastar as influências normativas de outros ramos jurídicos.

Por outro lado, para Padilha (2010, p. 138), há um campo de diálogo e interdisciplinaridade existente entre o Direito Ambiental e o Direito do Trabalho, que conecta essas disciplinas através do meio ambiente do trabalho e revela a importância de uma atuação cooperativa entre essas áreas de estudo, visando a ampliação da tutela da qualidade de vida do trabalhador.

Feitas essas considerações, passa-se ao exame dos pontos de conexão existentes. Inicialmente verifica-se que o direito ao meio ambiente e os direitos trabalhistas foram reconhecidos constitucionalmente como direitos fundamentais, de modo que ambos se encontram estruturados sob a égide do princípio da dignidade da pessoa humana.

Outro ponto de conexão é o marco histórico da Revolução Industrial como impulsionador das questões ambientais e trabalhistas, na medida em que as problemáticas enfrentadas tinham como origem um mesmo contexto socioeconômico. Entretanto, os avanços jurídicos normativos se deram com maior rapidez no universo trabalhista, que podem ser evidenciados com o surgimento da Organização Internacional do Trabalho em 1919, enquanto o importante marco internacional para o Direito Ambiental só ocorreria em 1972, com a realização da primeira convenção internacional sobre meio ambiente (PADILHA, 2010, p. 140).

Importa também registrar que, embora haja conexão direta entre os estudos de direito ao meio ambiente laboral e o Direito do Trabalho, eis que integrados à temática trabalhista, os enfoques são distintos. A diferenciação entre o Direito do Trabalho e o direito labor-ambiental revela que o primeiro se dedica às relações jurídicas entre empregado e empregador, enquanto o segundo objetiva assegurar saúde, segurança e higidez ao trabalhador, no exercício de suas atividades, aplicando-se a toda forma de trabalho existente (FIORILLO, 2013).

Ademais, em análise dos reflexos negativos decorrentes dos problemas labor-ambientais, verifica-se que estes podem recair sobre indivíduos que estejam fora da relação de trabalho, lesionando diretamente a sociedade. Por outro lado, os efeitos positivos de uma política labor-ambiental também irão ultrapassar a relação entre empregado e empregador, revelando-se a importância das ações de proteção e segurança do meio ambiente do trabalho, que emanam seus efeitos sobre a saúde e o bem-estar também da comunidade (PADILHA, 2011).

No campo fático, a comunicação entre Direito Ambiental e Direito do Trabalho pode ser evidenciada por meio das problemáticas labor-ambientais enfrentadas historicamente pelos trabalhadores, tais como a exposição aos ruídos, aos agentes químicos e biológicos, às variações de temperatura, entre outras adversidades relacionadas ao local de trabalho, que também abarcam a perspectiva psicológica do trabalhador.

São inúmeros os casos envolvendo trabalhadores expostos cotidianamente aos diferentes riscos sem a devida proteção. A título de elucidação e fundamentando-se em uma política pública ambiental – a Política Nacional de Resíduos Sólidos –, recentemente promulgada no país, pode-se analisar o trabalho realizado pelos catadores de recicláveis no Brasil.

A realidade vivenciada por esse grupo de trabalhadores é extremamente precária, com demandas por aquisição de equipamentos de proteção individual, por melhoria das condições sanitárias e de trabalho nas centrais de triagem, bem como por capacitação e qualificação dos catadores, questões que devem ser enfrentadas através de políticas públicas eficazes de coleta seletiva, que promovam inclusão social (BESEN, 2012).

Nesse caso em especial, a temática ambiental é evidenciada sob diferentes perspectivas. Observa-se que o trabalho desempenhado pelos catadores promove o ambiente ecologicamente equilibrado, na medida em que os trabalhadores proporcionam devida destinação aos resíduos, por meio da coleta seletiva. Por outro lado, esta atividade frequentemente revela violações do direito ao meio ambiente de trabalho equilibrado, tendo em vista os diversos riscos existentes no manuseio dos resíduos e a falta de efetividade das políticas públicas em assegurar o exercício desse labor em condições dignas.

Sendo assim, verifica-se a pluralidade de entendimentos acerca das relações existentes entre Direito Ambiental e Direito do Trabalho, mas todas objetivam assegurar o direito ao meio ambiente de trabalho ecologicamente equilibrado, com maior amplitude de proteção do trabalhador e efetiva garantia de saúde, segurança e higidez no ambiente laboral.

## 1.6. EVOLUÇÃO NORMATIVA DA TEMÁTICA LABOR-AMBIENTAL

Tratando inicialmente das discussões labor-ambientais no cenário internacional, observa-se que a Organização Internacional do Trabalho, instituída em 1919, desempenha função de grande relevância na abordagem dessa temática.

Essa agência das Nações Unidas, de composição tripartite, formada por integrantes do governo, grupos de empregadores e de empregados, é responsável pela formulação e aplicação de diversas normas de direito internacional do trabalho, contemplando também a temática labor-ambiental.

Dentre as diversas convenções desenvolvidas, destaca-se a Convenção 155, datada de 1981, que prescreve aos Estados o desenvolvimento de uma política nacional em matéria de saúde, segurança e meio ambiente do trabalho, que delimite as responsabilidades dos empregadores, empregados, bem como do Poder Público, na consolidação do direito ao meio ambiente do trabalho equilibrado (OIT, 1981).

O texto da convenção reforça a importância da delimitação das operações e processos permitidos no espaço de trabalho, bem como prescreve que sejam definidas as substâncias proibidas, objetivando a prevenção de acidentes e a redução dos riscos inerentes às atividades laborais (OIT, 1981).

Registre-se ainda, a existência de numerosas convenções elaboradas pela Organização Internacional do Trabalho e dedicadas, por exemplo, à prevenção de acidentes industriais, à saúde e segurança dos trabalhos nas minas, nos portos, entre outras, que se apresentam como importantes diretrizes para atuação dos Estados na proteção do trabalhador em seu ambiente laboral (TST, 2020).

No Brasil, diferentes textos normativos contemplam as questões labor-ambientais, como a Consolidação das Leis do Trabalho, os diversos dispositivos constantes do Texto Constitucional, as normas regulamentadoras, as políticas nacionais envolvendo proteção do meio ambiente de trabalho, entre outras.

Aprofundando-se nas considerações já realizadas sobre o meio ambiente do trabalho na Constituição Federal, passa-se ao exame do art. 7º, incisos XXII, XXIII e XXXIII, inserido no capítulo dos Direitos Sociais. Os incisos apresentados reconheceram expressamente o direito dos trabalhadores à saúde, higiene e segurança, com redução dos riscos inerentes às atividades laborais desenvolvidas, bem como contemplaram a previsão do pagamento de adicionais na remuneração das atividades consideradas penosas, insalubres ou perigosas, as quais foram expressamente vedadas aos menores de dezoito anos (BRASIL, 1988).

O art. 21, inc. XXIV, do Texto Constitucional também prescreve importante responsabilidade à União, ao estabelecer a competência federal para "organizar, manter e executar a inspeção do trabalho", importante instrumento de efetivação do direito ao meio ambiente laboral (BRASIL, 1988).

Ao abordar a temática da saúde pública, definindo algumas das atribuições do Sistema Único de Saúde, o art. 200, incs. II e VIII, do Texto Constitucional abordou importantes questões relativas ao meio ambiente do trabalho, destacando-se a responsabilidade desse Sistema no desenvolvimento de atividades voltadas especificamente à saúde do trabalhador, cuidando de seu bem-estar físico e mental, bem como na atuação voltada à proteção do meio ambiente de trabalho (BRASIL, 1988).

Quanto ao art. 225, incs. IV e VI, reiteram-se os deveres do Poder Público de exigência de estudo prévio de impacto ambiental, bem como do desenvolvimento e implementação de políticas públicas de educação ambiental, obrigações aplicáveis ao ambiente laboral (BRASIL, 1988).

Dedicando-se à análise dos artigos da Consolidação das Leis do Trabalho, observa-se que as medidas protetivas do ambiente laboral foram contempladas em capítulo próprio relativo à medicina e segurança do trabalho.

Observa-se que este texto normativo prescreveu o uso de equipamentos de proteção individual do trabalho, reiterou a necessidade de informação dos trabalhadores acerca dos riscos existentes nas atividades desenvolvidas, contemplou o adicional de insalubridade e de periculosidade, incentivando ainda medidas para a redução dos riscos labor-ambientais (BRASIL, 1943).

Importa ainda registrar a existência das Normas Regulamentadoras, estabelecidas pela Portaria nº 3.214 de 1978, que se apresentam como importante instrumento legal envolvendo questões de saúde, segurança e meio ambiente do trabalho, condicionando a atuação de empresas públicas e privadas à adoção de medidas protetivas que tenham por objetivo a prevenção de lesões nos trabalhadores.

Dentre as diversas questões contempladas pelas Normas Regulamentadoras, pode-se destacar o estabelecimento de parâmetros ergonômicos, a regulamentação do uso de equipamentos de proteção individual, a tutela específica do meio ambiente do trabalho, direcionada à indústria e construção civil, bem como o estabelecimento da obrigação de criação e implementação de um programa de prevenção dos riscos ambientais (BRASIL, 1978).

Acrescente-se ainda a existência de importantes instrumentos normativos que ampliaram a proteção do meio ambiente do trabalho e têm como origem as legislações ambientais, por exemplo, o estudo ou relatório de impacto ambiental, o licenciamento ambiental, bem como a própria legislação de crimes ambientais, que tipifica o crime de poluição como a conduta capaz de gerar lesão à saúde humana, resultando na imposição de sanção penal (ROCHA, 2015).

Além disso, verifica-se que a tutela ao meio ambiente do trabalho pode ser encontrada em outros inúmeros documentos normativos, tais como a Política Nacional de Educação Ambiental, que no art. 3º, inciso V, cuidou especificamente dos deveres da iniciativa privada, bem como das entidades de classe, de promoção de programas voltados à capacitação dos trabalhadores, com objetivo de melhorar a qualidade do meio ambiente de trabalho, bem como de garantir controle efetivo sobre este ambiente (BRASIL, 1999).

Enfim, constata-se uma evolução legislativa no tratamento da questão labor-ambiental no cenário nacional e internacional, com tutela da temática através de inúmeros documentos normativos, que por meio de seus dispositivos buscam assegurar efetiva proteção do meio ambiente laboral, essencial à consecução de uma vida digna ao trabalhador.

## CONSIDERAÇÕES FINAIS

O capítulo em estudo demonstrou a crescente importância normativa dada às questões ambientais, evidenciando a complexidade das problemáticas, que passam a exigir soluções integradas entre diferentes áreas do saber e do direito.

Nessa perspectiva, o trabalho revelou a importância da comunicação efetiva entre Direito Ambiental e Direito do Trabalho, nos estudos sobre o meio ambiente laboral, de modo que os instrumentos normativos existentes sejam aplicados para garantir maior proteção ao trabalhador.

Por fim, verifica-se que o direito ao meio ambiente, nele incluso o laboral, deve ser protegido pelos diferentes atores sociais, nacionais e globais, em busca do desenvolvimento sustentável que efetivamente assegure a todos, incluindo as futuras gerações, o direito fundamental ao meio ambiente ecologicamente equilibrado.

# CAPÍTULO 2
## MEIO AMBIENTE DO TRABALHO: DESCRIÇÃO JURÍDICO-CONCEITUAL.[1] LINHAS RESTRITIVAS

*Ney Stany Maranhão*

## INTRODUÇÃO

O que é meio ambiente do trabalho? Quais seus elementos compositivos? O que efetivamente o caracteriza como tal? Com que espécie de molde conceitual estamos trabalhando quando nos referimos a essa enigmática expressão ambiental? Responder a questionamentos dessa ordem representa tormentoso desafio acadêmico. Em primeiro lugar, em face da enorme variedade de fatores que interagem no interior do meio ambiente laboral, tornando-o uma realidade sobremodo meândrica. Em segundo lugar, porque, malgrado muitos se reportem ao meio ambiente do trabalho, são poucos os estudiosos jurídicos (juslaboralistas e mesmo jusambientalistas) que, de fato, arvoram-se em realizar uma mínima sistematização técnica dos variegados fatores labor-ambientais de risco.

Para se ter uma ligeira noção da perturbadora complexidade do assunto, basta lembrar que, desde a década de 1970, o então cientista soviético A. V. Roshchin (1974) já ponderava ser o meio ambiente do trabalho a "resultante de uma combinação complexa de fatores tais como o progresso tecnológico, equipamento e processos industriais, a organização do trabalho e o *design* e o *layout* das dependências industriais". Em tempos mais recentes, destacaríamos a formulação de Raimundo Simão de Melo (2013, p. 29), para quem o meio ambiente do trabalho, para além do estrito local de trabalho, abrangeria, igualmente, os instrumentos de trabalho, o modo de execução das tarefas, bem assim a própria "maneira como o trabalhador é tratado pelo empregador ou tomador de serviço e pelos próprios colegas de trabalho".

Perceba-se que ambas as lições, separadas por quase quatro décadas, trabalham com uma concepção de meio ambiente do trabalho estonteantemente ampla, abarcadora não apenas do *local* de trabalho, mas também da *organização* do trabalho implementada, bem assim da própria qualidade das *relações interpessoais* travadas no contexto laborativo. Cabe, então, a pergunta: estariam tais descrições, de fato, cientificamente escorreitas? A silhueta jurídico-conceitual do meio ambiente laboral comporia mesmo tamanha abrangência técnica e representação fenomênica? A resposta a essas indagações pressupõe prévia compreensão dos elementos constitutivos

---

1   Este texto materializa parte das reflexões que compõem o Capítulo 2 da tese de doutoramento do autor, intitulada "Poluição labor-ambiental: abordagem conceitual", defendida com êxito em 15 de fevereiro de 2016 junto à Universidade de São Paulo – Largo São Francisco. A banca examinadora foi composta pelos seguintes membros: Professor Guilherme Guimarães Feliciano (USP/Orientador), Professor Antônio Rodrigues de Freitas Junior (USP), Professora Ana Maria Nusdeo (USP), Professor Jorge Cavalcanti Boucinhas Filho (FGV) e Professora Rosita de Nazaré Sidrim Nassar (UFPA). Foi co-orientador o Professor Carlos Eduardo Gomes Siqueira (Universidade de Massachusetts – Boston/EUA). **A versão comercial da tese está materializada na seguinte obra**: MARANHÃO, Ney. **Poluição labor-ambiental**: abordagem conceitual da degradação das condições de trabalho, da organização do trabalho e das relações interpessoais travadas no contexto laborativo. Rio de Janeiro: Lumen Juris, 2017.

e dos específicos fatores que dinamicamente permeiam o meio ambiente do trabalho. É o que pretendemos gizar a seguir.

## 2.1. MEIO AMBIENTE DO TRABALHO – ELEMENTOS NUCLEARES: AMBIENTE, TÉCNICA E HOMEM

Fática e estaticamente, analisando com vagar a estrutura compositiva basilar do meio ambiente do trabalho, é possível visualizar pelo menos três elementos essenciais: o *ambiente*, a *técnica* e o *homem*, tríade facilmente associada com os clássicos *fatores de produção* estudados mais de perto pela ciência econômica, concernentes àqueles itens (também chamados de *insumos*) cruciais para a produção de mercadorias e a geração de serviços, a saber, a *terra*, o *capital* e o *trabalho*.

O *ambiente* (item correspondente à *terra*) coincide com o local da prestação dos serviços e diz com a retratação material circundante daquele que presta serviços, englobando itens móveis e/ou imóveis, naturais e/ou construídos pelo homem. Trata-se, em suma, do específico cenário fenomênico diante do qual se executa algum trabalho.

A *técnica* (item correspondente ao *capital*), na dicção de Miguel Reale (2002, p. 382), é "o momento de aplicação, o momento 'econômico' da atividade teorética". Ou, na proposta um pouco mais concreta de Guilherme Guimarães Feliciano (2005, p. 283), é a "fórmula pragmática de ação para o alcance de um fim particular preestabelecido". Como a consciência humana continua indevassável, a opção finalística não pode ser combatida enquanto não minimamente objetivada – e uma dessas objetivações se dá com a *técnica*. Por isso, de regra, a técnica empregada denuncia o fim pretendido. Afinal, "a tecnologia não é boa nem má. É a sua utilização que lhe dá sentido ético" (CASTRO, 1976, p. 83-93).

No regime jurídico hodierno, essa inflexão prática deve servir como instrumento ético para o desenvolvimento *sustentável*. Assim, se a técnica empreendida expressar opções ambientalmente inapropriadas, impõe-se a correção dessa técnica com o propósito de promover a necessária adstrição de seus fins aos ditames da axiologia constitucional (conforme, *v.g.*, art. 170, *caput* e inc. VI, e art. 225, *caput* e inc. V).

Mas é mesmo o *homem*, mais precisamente na qualidade de *trabalhador* (daí ser item correspondente ao *trabalho*), a figura central dessa estrutura relacional produtiva. Não sem razão, praticamente qualquer cenário pode se transformar em *locus* de execução de uma atividade profissional: o oceano para os mergulhadores, o subsolo para os mineiros, as vias públicas para os motoristas de condução pública etc. Da mesma forma, diversos maquinários, inúmeras mobílias e variados recursos técnicos podem até ser inseridos na ambiência laboral. Entretanto, apenas quando presente a figura humana investida no papel social de *trabalhador*, todo esse cenário, *ipso facto*, convola-se em meio ambiente de trabalho, ou seja, *somente a conjugação dos elementos ambientais e técnicos com a ação humana laborativa é capaz de fazer nascer o meio ambiente do trabalho*. Deveras, como afirma com inteira propriedade Guilherme José Purvin de Figueiredo (2007, p. 43-44):

> O ato de trabalhar é a característica essencial do meio ambiente do trabalho. Um trabalhador da área das Artes Cênicas tem, como seu principal meio ambiente de trabalho, um teatro. Todavia, o prédio onde se acha instalado o teatro, considerado individualmente, não constitui seu meio ambiente de trabalho. Poderá o teatro, nessa hipótese, ser considerado integrante do meio ambiente artificial (urbano ou construído). A partir do momento, porém, em que o

> trabalhador iniciar suas atividades (ensaios, representação de uma peça teatral), o elemento espacial conjugar-se-á com a atividade laboral, numa dinâmica que denominamos meio ambiente de trabalho. [...] A ideia de meio ambiente de trabalho está centralizada na pessoa do trabalhador. [...] Um seringueiro da Amazônia está, sem sombra de dúvida, imerso naquilo que denominamos de meio ambiente natural. Ora, esse ambiente natural, no momento em que ele exerce sua faixa diária, é também seu ambiente de trabalho.

Destarte, entre todas as dimensões jusambientais, parece-nos que a mais *social* e *humana* é mesmo a dimensão ambiental laboral, porque nela o homem é exposto mais *diretamente*, em sua *saúde*, *segurança* e *dignidade*. Veja-se que, como anunciaremos mais adiante, a própria qualidade das *relações interpessoais* travadas no contexto laborativo se afigura como fator de riscos no meio ambiente do trabalho. Com efeito, é no meio ambiente laboral que a integração do homem ao meio ambiente se torna mais visível e destacada, à vista das variadas interações socioprofissionais indiscutivelmente firmadas entre o trabalhador e colegas de trabalho, superiores hierárquicos ou mesmo clientes. Por conta disso, concordamos inteiramente com a reflexão levada a efeito por Raimundo Simão de Melo (2013, p. 304), *in verbis*:

> [...] enquanto o meio ambiente natural cuida da flora e da fauna; o meio ambiente cultural cuida da cultura e dos costumes do povo; o meio ambiente artificial cuida do espaço construído pelo homem; o meio ambiente do trabalho preocupa-se diretamente com a vida do homem que trabalha, do homem que constrói a nação, do homem que é o centro de todas as atrações do universo. Portanto, se é para comparar os aspectos do meio ambiente entre si [...], a importância maior há de ser dada ao meio ambiente do trabalho, porque enquanto nos outros o ser humano é atingido mais indiretamente, neste, o homem é direta e imediatamente afetado pelas consequências danosas.

Note-se que não apenas por estar inserido, mas por verdadeiramente *integrar* a estrutura conceitual do *meio ambiente*, o homem por vezes é afetado não apenas indiretamente, mas também *diretamente* em sua saúde, segurança ou dignidade. O homem, nesse contexto, é funcionalmente *objeto* de direito, embora semanticamente remanesça como genuíno *sujeito* de direito (FELICIANO, 2014, informação verbal)[2]. Nessas hipóteses de afetações diretas, o homem (repita-se, como sinônimo de *gênero humano*) reveste-se do *status* não de "ser isolado", mas de "*ser sistêmico*", compreendida essa expressão como alusiva à especial condição do ser humano como *fator compositivo de uma estrutura sistêmica ambiental*. E esse é um fenômeno especialmente marcante no meio ambiente do trabalho, onde, como estamos a acentuar, o *homem* figura como seu principal "elemento" compositivo.

Isso não quer dizer, por óbvio, que a simples presença do ser humano, *de per se*, tem o condão de revelar uma condição *ambiental*. Como pensamos ter deixado claro em linhas transatas, meio ambiente não é o cenário que nos envolve, mas, em verdade, a resultante concreta de uma dinâmica interação dos múltiplos e complexos fatores naturais e sociais que compõem esse cenário. **Nesse diapasão, o "ser sistêmico" só se revela quando a dimensão humana se traduz em inarredável fator compositivo de uma intrincada e específica dimensão jurídica *ambiental*.**

Ocorre que não nos basta somente conhecer os *elementos* que, estática e fenomenicamente, integram o *meio ambiente laboral*. Cumpre também assimilar as realidades que, jurídica e di-

---

2   Lição de Guilherme Guimarães Feliciano quando de aula proferida no dia 24 de março de 2014, como exposição teórica integrante da disciplina "Saúde, Ambiente e Trabalho: Novos Rumos da Regulação Jurídica do Trabalho I", ministrada perante os alunos de Pós-graduação (Mestrado/Doutorado) da Faculdade de Direito da Universidade de São Paulo – Largo São Francisco.

namicamente, são formadas a partir desses elementos, resultando nos fatores de riscos passíveis de existência no labor-ambiente.

## 2.2. MEIO AMBIENTE DO TRABALHO – FATORES DE RISCO: CONDIÇÕES DE TRABALHO, ORGANIZAÇÃO DO TRABALHO E RELAÇÕES INTERPESSOAIS

A atenta pesquisa científica a respeito da *composição elementar* do labor-ambiente, no que refere à especial capacidade de proporcionar agravo à saúde e à segurança humanas, propiciou uma série de estudos médicos e psicológicos que, ao cabo, acabou prestando enorme auxílio no destrinchar dos *fatores de risco* do meio ambiente laboral. Com efeito, de início, imaginava-se que somente os elementos ambientais propriamente ditos eram aptos a uma tal nocividade (*v.g.*, fatores físicos, químicos e biológicos). No fluir dos anos, porém, houve firme convencimento de cientistas e estudiosos no sentido de que determinadas formas de organização do trabalho geram, *tout court*, sofrimento e adoecimento. Mais recentemente, tem ganhado destaque o combate a problemas psíquicos decorrentes da péssima qualidade dos relacionamentos humanos travados no contexto laborativo entre colegas de trabalho e superiores hierárquicos.

Como se vê, o que antes era reconhecido como fragilidades genéticas ou vulnerabilidades psicossomáticas pontuais, porque atinentes aos trabalhadores individualmente considerados, ultimamente tem merecido compreensão crítica a partir de perspectiva outra, de prisma mais global e coletivo. Isso quer significar, entre outras coisas, que a presença de uma massa de trabalhadores doentes em determinado serviço ou setor empresarial pode expressar o fato de que o próprio meio ambiente de trabalho está "adoecido" – noutras palavras, *degradado* ou *poluído*. É de se perceber, pois, que a migração do foco **individual/clínico para o *coletivo/epidemiológico* representa um grande passo rumo à busca de soluções adequadas para problemas históricos vivenciados no meio ambiente do trabalho, tirando os olhos do *efeito* e passando, enfim, a centrar esforços no que por vezes é, efetivamente, a *causa* da agrura**.

Já por aí fica evidente que o meio ambiente do trabalho engloba uma variedade de fatores cuja interação tem o condão de influenciar diretamente a qualidade de vida dos trabalhadores. Cuida-se de uma ambiência de especial conformação, na medida em que envolve numerosos itens, aspectos e situações cuja interação produz resultados os mais diversos. Como sistematizar esses elementos, tornando-os minimamente inteligíveis? Conferir atenção a cientistas e estudiosos de outras áreas pode ser uma boa solução.

Christophe Dejours (1978, p. 78) distingue *condições de trabalho* de *organização do trabalho*. Para o renomado psiquiatra e ergonomista francês, as *condições de trabalho* geram impacto maior sobre o *corpo* do trabalhador, ao passo que a *organização do trabalho* gera impacto maior sobre a *mente* do trabalhador. Já Mário César Ferreira e Ana Magnólia Mendes, reconhecidos psicólogos do trabalho, fazem uma interessante proposição conceitual para aquilo que chamam de *Contexto de Produção de Bens e Serviços* (CPBS), reputando-o como "o *locus* material, organizacional e social onde se operam a atividade de trabalho e as estratégias individual e coletiva de mediação utilizadas pelos trabalhadores na interação com a realidade de trabalho" (FERREIRA; MENDES, 2003, p. 41). Segundo esses últimos autores, esse *contexto de produção* se subdivide em três dimensões interdependentes: **(i)** as *condições de trabalho*, integrada pelos seguintes elementos: ambiente físico, instrumentos de trabalho, equipamentos de trabalho, matérias-primas, suporte organizacional, práticas de remuneração, desenvolvimento de pessoal e benefícios; **(ii)** a *organização do trabalho*, composta pelos seguintes elementos: divisão do trabalho, produtividade esperada, regras formais, tempo, ritmos e controles; **(iii)** as *relações socioprofissionais*, a envolver as interações internas (hierárquicas e coletivas intragrupo e intergrupos) e externas (FERREIRA; MENDES, 2003, p. 41).

Cremos que esses estudos científicos encontrados nos campos da *Medicina* e da *Psicologia* são valiosos para uma ótima estruturação do pensamento *jurídico*, dando concretude a um sadio cruzamento de saberes em busca da adequada compreensão do complexo tema ambiental, que, como já vimos, é mesmo intrinsecamente *interdisciplinar*. Nesse compasso, temos para nós que o que ali, por exemplo, na Psicologia, foi batizado como *Contexto de Produção de Bens e Serviços* (CPBS), em verdade representa, aqui, na dimensão jurídica, o que chamamos de *meio ambiente do trabalho*. Demais disso, é possível visualizar, com base nesses aportes doutrinários, que a extensa variedade de interações havidas no meio ambiente laboral e suscitadoras de risco à segurança e à saúde dos trabalhadores acaba, de algum modo, vinculando-se ou tendo origem em um ou mais desses citados e precisos fatores de risco: as *condições de trabalho*, a *organização do trabalho* e as *relações interpessoais*.

As **condições de trabalho** concernem às *condições físico-estruturais* havidas no *ambiente* de trabalho. Dizem respeito, basicamente, à incidência dos clássicos elementos físicos, químicos e biológicos, além das condições estruturais e de mobiliário do local de trabalho (qualidade das instalações elétricas, prediais, sanitárias e de maquinário e mobília; qualidade e manutenção de equipamentos de proteção). Nesse campo está a tradicional noção de meio ambiente laboral, atinente à ideia de *local* de trabalho, com a também tradicional ênfase na saúde *física* dos trabalhadores. Tem a ver, mais diretamente, com a relação *homem/ambiente*[3].

A **organização do trabalho** diz com o *arranjo técnico-organizacional* estabelecido para a *execução* do trabalho. Engloba fatores ligados, por exemplo: **(i)** às *normas* de produção; **(ii)** ao *modo* de produção; **(iii)** ao *tempo* do trabalho; **(iv)** ao *ritmo* de trabalho; **(v)** ao *conteúdo* das tarefas; **(vi)** à *jornada* de trabalho; **(vii)** à *remuneração* do trabalho; **(viii)** ao *conhecimento* do trabalho; **(ix)** às técnicas de *gerenciamento* do trabalho; **(x)** às técnicas de *cobrança* de resultados. Nesse campo, o meio ambiente laboral está mais diretamente ligado à ideia de *situação* de trabalho, com ênfase na saúde *psicofísica* dos trabalhadores. Tem a ver, mais diretamente, com a relação *homem/técnica*[4].

Por fim, por **relações interpessoais** temos a *qualidade das interações socioprofissionais* travadas no *cotidiano* do trabalho, em todos os níveis (superiores hierárquicos, clientes, colegas de trabalho, representantes da tomadora do serviço)[5]. Nesse campo, o meio ambiente do trabalho

---

3  Não *meio ambiente*, mas meramente *ambiente*, no sentido daquilo que está no entorno, ao redor, gerando riscos prevalentemente físicos.

4  De acordo com a Norma Regulamentadora nº 17, em seu item 6.2, a *organização do trabalho* deve levar em conta, **no mínimo**: a) as normas de produção; b) o modo operatório; c) a exigência de tempo; d) a determinação do conteúdo de tempo; e) o ritmo de trabalho; f) o conteúdo das tarefas.

5  Para se ter uma noção da dimensão do assunto, confira-se a seguinte notícia, publicada em 20 de maio de 2015 no portal do Tribunal Superior do Trabalho (TST): "**Conselho de BH vai indenizar agente de saúde ameaçada de morte por colega.** O Conselho Central de Belo Horizonte – SSVP (Sociedade São Vicente de Paula) vai indenizar em R$ 10 mil uma agente comunitária que foi ameaçada de morte por colega no ambiente de trabalho. A Terceira Turma do Tribunal Superior do Trabalho acolheu o recurso de revista da agente para condenar o Conselho, considerando que o empregador tem responsabilidade objetiva pelos atos praticados por seus representantes e empregados. A trabalhadora atuava no Projeto BH Vida, no Centro de Saúde do Bairro de Confisco, na capital mineira. Ela relatou que foi designada para participar da seleção de novas agentes e uma das candidatas, que, segundo ela, teria envolvimento com marginais da região, a ameaçou de morte, caso não fosse selecionada. Disse que chegou a informar a situação à chefia, mas nenhuma providência teria sido tomada. A candidata ainda foi contratada, por

está mais diretamente ligado à ideia de *convivência* de trabalho, com ênfase na saúde *mental* dos trabalhadores. Tem a ver, assim, mais diretamente, com a relação *homem/homem* (AMORIM JÚNIOR, 2013, p. 58). Essa dimensão labor-ambiental envolve questões assaz relevantes, ligadas, por exemplo, à prática da *violência* no trabalho (assédio, discriminação, exploração etc.) e ao necessário *suporte social* erigido no contexto laborativo.

Cumpre alertar, desde logo, que tal organização de ideias não intenta promover separações técnicas rígidas e estanques. Ao revés, como expressão de uma típica realidade ambiental, tais fatores de risco do meio ambiente do trabalho por certo se imbricam profundamente e, em conjunto, geram cenários os mais variados para a segurança e a saúde humana. Ora, havendo já a plena convicção científica de ser inapropriado considerar, isoladamente, fatores ambientais, não pode remanescer dúvida de que tal linha de pensamento deverá nortear a compreensão da realidade ambiental como um todo, o que inclui a dimensão do meio ambiente do trabalho. Dessume-se, pois, que as condições em que os seres humanos trabalham e as consequências que essas condições podem provocar à segurança e à saúde humana configuram um todo que não se pode reduzir aos elementos que o compõem, sob pena de deformá-lo (BLANCHARD, 1987, p. v-vi). **Daí o porquê dessa estruturação de pensamento ter valia mais pedagógica que propriamente ontológica**.

Realmente, o reconhecimento desses focos de risco do meio ambiente de trabalho, além de viabilizar melhor compreensão do bem jusambiental, também auxilia na oportuna identificação e consequente prevenção de agentes labor-ambientais estressores, permitindo, ainda, alguma margem objetiva de aferição técnica quanto ao nível de gravidade de determinadas situações. É o que se daria com um agressivo quadro fático de *acúmulo* de afetações labor-ambientais (desequilíbrio tanto nas *condições de trabalho* como na própria *organização do trabalho*, por exemplo), o que justificaria, por óbvio, ações mais urgentes e enérgicas por parte do Estado e da sociedade.

Parece-nos que o art. 5º da *Convenção nº 155 da OIT* é disposição normativa que, em boa medida, expressa tais fatores, mais precisamente em suas alíneas "a" e "b", como seguem:

> A política a que se faz referência no Artigo 4 do presente Convênio deverá levar em consideração as grandes esferas de ação seguintes, na medida em que afetem a segurança e a saúde dos trabalhadores e o meio ambiente de trabalho:
>
> a) desenho, ensaio, eleição, substituição, instalação, disposição, utilização e manutenção dos componentes materiais do trabalho (lugares de trabalho, meio ambiente de trabalho, ferramentas, maquinaria e equipamento; substâncias e agentes químicos, biológicos e físicos; operações e processos); b) relações existentes entre os componentes materiais do trabalho e as

---

decisão da gerência, e as ameaças continuaram. Pouco tempo depois a autora das ameaças foi morta por traficantes da região. Na ação trabalhista, a agente de saúde destacou que o artigo 7º da Constituição Federal prevê a responsabilidade objetiva do empregador pela saúde e segurança de seus empregados, e pediu indenização por danos morais. O juízo da 38ª Vara do Trabalho de Belo Horizonte julgou improcedente o pedido, e o Tribunal Regional do Trabalho da 3ª Região (MG) manteve a sentença, considerando que não houve omissão ou indiferença por parte do empregador quanto às ameaças, mas sim 'sabedoria e cautela'. No exame do recurso ao TST, a Terceira Turma concluiu pela responsabilidade objetiva do empregador (arts. 933 e 932, III, do Código Civil). O ministro Mauricio Godinho Delgado, relator do caso, foi enfático sobre o dano moral diante do comportamento agressivo de uma empregada em relação a outra e quanto à indenização à agente. 'Não se pode admitir, no cenário social e jurídico atual, qualquer ação ilegítima que possa minimamente transgredir a noção de honra e valor pessoal do ser humano, especialmente nas relações de trabalho, as quais, muitas vezes, são o único meio pelo qual o indivíduo afirma e identifica a dignidade humana exaltada na Constituição Federal', afirmou". (BRASIL. Tribunal Superior do Trabalho. Conselho de BH vai indenizar agente de saúde ameaçada de morte por colega. **Notícias do TST**, 20 maio 2015. Disponível em: http://www.tst.jus.br. Acesso em: 14 nov. 2015).

pessoas que o executam ou supervisionam, e adaptação da maquinaria, do equipamento, do tempo de trabalho, da organização do trabalho e das operações e processos às capacidades físicas e mentais dos trabalhadores; [...] (OIT, 1994)

Trata-se de previsão normativa que ratifica toda essa variedade de fatores de risco (naturais e humanos; materiais e imateriais) que rege e permeia, dinamicamente, o meio ambiente do trabalho, sempre como elementos aptos a influenciar, de maneira decisiva, na segurança e na saúde (física e mental) de todos quantos inseridos em determinado contexto jurídico-laborativo.

## 2.3. MEIO AMBIENTE DO TRABALHO: PROPOSTA CONCEITUAL

Abordagens conceituais do meio ambiente do trabalho geralmente são marcadas pela tentativa de trilhar uma das seguintes alternativas: ou se empreende a construção de um conceito livre das amarras da referência normativa de meio ambiente ou se labuta com o conceito legal de meio ambiente buscando conferir-lhe termos passíveis de acomodar as nuanças da realidade labor-ambiental.

À luz da concepção conceitual clássica, quem envereda pela intenção de deixar de lado qualquer referência ao texto legal, de regra cai no erro de formar um arco conceitual com eixo fortemente preso à noção de *local* da prestação dos serviços. De outra mão, quem opta pelo segundo caminho peca, geralmente, ou por enclausurar a dimensão labor-ambiental aos específicos fatores de interação citados na lei (*físicos*, *químicos* e *biológicos*) – olvidando interações outras de relevantíssima incidência na ambiência laboral (como as *psicossociais*) – ou por não deixar claro se sua formulação é apta a também abranger trabalhadores não imersos em um liame empregatício. Tais linhas restritivas serão abordadas a seguir.

### 2.3.1. Primeira linha conceitual restritiva: meio ambiente do trabalho como local de trabalho

É relativamente comum nos depararmos com conceitos jurídicos de meio ambiente do trabalho construídos em torno da ideia de *local* onde se presta serviços. A grande maioria dos constitucionalistas e jusambientalistas, por exemplo, trabalha com essa categoria de pensamento. Também diversos juslaboralistas compartilham do mesmo enfoque.

Veja-se que, para José Afonso da Silva (2013, p. 23), meio ambiente do trabalho é "o local em que se desenrola boa parte da vida do trabalhador, cuja qualidade de vida está, por isso, em íntima dependência da qualidade daquele ambiente". Para Luiz Alberto David Araujo e Vidal Serrano Nunes Júnior (2004, p. 462), meio ambiente do trabalho é "o espaço-meio de desenvolvimento da atividade laboral, como o local hígido, sem periculosidade, com harmonia para o desenvolvimento da produção e respeito à dignidade da pessoa humana". Celso Antônio Pacheco Fiorillo (2012, p. 81), a seu turno, afirma que meio ambiente do trabalho é "o local onde as pessoas desempenham suas atividades laborais relacionadas à sua saúde".

Há de se reconhecer, todavia, que todas as construções conceituais de meio ambiente do trabalho alicerçadas na estática noção de *local* de trabalho incorrem em inaceitável reducionismo. Em primeiro lugar, porque se prestam a tratar como sinônimas duas figuras inconfundíveis: *meio ambiente do trabalho* e *estabelecimento*, compreendido *estabelecimento* como "cada uma das unidades da empresa" (GONÇALVES, 2015, p. 37). Sobre esse particular, registramos, desde logo, nossa respeitosa discordância com a assertiva de que, em determinadas situações, haveria inteira coincidência entre *meio ambiente laboral* e *estabelecimento*. É o que defende Guilherme José Purvin de Figueiredo (2007, p. 41), ao aduzir que:

> É certo que a maioria dos trabalhadores se insere em aglomerados urbanos, labutando no interior de indústrias, escritórios, hospitais, supermercados, escolas etc. Nestas situações, a fixação do trabalhador dá-se de forma tão localizada que não haveria necessidade de se distinguir a noção de *meio ambiente de trabalho* (local onde o trabalhador está desenvolvendo a sua atividade profissional) da noção de *estabelecimento*, por serem coincidentes, ao menos enquanto o *estabelecimento* for o palco da ação laboral. [Grifamos.]

Nossa divergência reside no fato de que, seja em que contexto for e à luz do que expusemos anteriormente, **o local da prestação dos serviços sempre representará apenas e tão somente uma parcela da realidade labor-ambiental** – quiçá a sua expressão mais *visível* e *tangível*, mas que, certamente, a ela não se resume. Ora, se há convicção científica de que o meio ambiente é resultado de uma complexa interação de diversos fatores naturais e sociais, não haverá sentido restringir o conceito de meio ambiente do trabalho a um *local* ou *espaço*. Afinal, como destaca em outra obra o próprio autor citado, quando se fala em *interação* o que se pretende é justamente evitar fixações de limites geográficos ao conceito de meio ambiente, ou seja, "não se focaliza uma área rigidamente delimitada, mas uma *dinâmica*, isto é, a *interação do conjunto de elementos diversos*" (FIGUEIREDO, 2013, p. 64).

Dessarte, mesmo no trabalho prestado em *locus* fixo (*v.g.*, em uma escola ou escritório), o meio ambiente do trabalho, além dos componentes materiais móveis e imóveis que circundam o obreiro, também englobará, como já acentuamos, componentes materiais e imateriais outros, relativos à organização do trabalho e à própria qualidade das interações interpessoais travadas no contexto laborativo, a exemplo das que sucedem entre colegas de trabalho, para com superiores hierárquicos e até frente a clientes.

Assim, se temos o *meio ambiente de trabalho* como uma realidade que resulta da interação de inúmeros fatores, a englobar, dinamicamente, componentes naturais, técnicos e psicológicos, o que disso resulta é que qualquer tentativa de identificação do meio ambiente do trabalho com o *espaço físico* ou mesmo com o *estabelecimento empresarial* onde o trabalho é exercido decerto importará cometimento de incômodo deslize técnico, porque o campo de referência descrito expressará senão que apenas uma pequena parcela da intrincada realidade que se pretende compreender.

Esse viés de pensamento se revela igualmente inapropriado porque arrosta com a própria *essência* da conceituação legal de meio ambiente reconhecida na Lei nº 6.938/1981, retratada como "conjunto de condições, leis, influências e interações", construção textual que, por si só, ao remeter naturalmente para as noções de *interação* e *dinamicidade*, desestimula a fixação de qualquer cerne compreensivo de meio ambiente que se pretenda enclausurar em dimensões físico-geográficas.

Além dessa linha de argumentação *técnica*, a própria *lógica* das coisas também impõe que se rejeite uma tal concepção restritiva de meio ambiente do trabalho. Com efeito, a se abraçar a ilação de que o meio ambiente laboral poderia se resumir, em alguma hipótese, ao espaço do estabelecimento, enfrentaríamos alguma dificuldade para assimilar a situação de uma miríade de trabalhadores que atua fora do estabelecimento da empresa.

O perigo, aqui, estaria em correr o risco de transmitir a falsa percepção jurídica de que o ente labor-ambiental não tocaria à realidade daqueles que, por exemplo, "prestam serviço sem definição de endereço, como os motoristas de ônibus, os carteiros, os vendedores externos, os entregadores de produtos etc." (SANTOS, 2010, p. 37), e que, exatamente por força dessa especial circunstância, estariam alheios ao maravilhoso plexo protetivo jusambiental que deflui de nossa Carta Constitucional. Nada estaria tão equivocado.

### 2.3.2. Segunda linha conceitual restritiva: meio ambiente do trabalho como foco de interações labor-ambientais exclusivamente naturais

Meio ambiente, segundo a legislação brasileira, é "o conjunto de condições, leis, influências e interações de ordem física, química e biológica que permite, abriga e rege a vida em todas as suas formas" (Lei nº 6.938/1981, art. 3º, I) (BRASIL, 1981). Há inúmeras propostas conceituais de meio ambiente laboral que buscam trabalhar com esse conceito *legal* de meio ambiente. João José Sady (2000, p. 22), por exemplo, afirma que meio ambiente do trabalho "é o conjunto de condições, leis, influências e interações de ordem física, química e biológica, que permite, abriga e rege a vida das pessoas nas relações de trabalho". Entrementes, de pronto, tal proclamação doutrinária desafia forte crítica, mercê do restritivíssimo rol de fatores de interação ambiental que abraça.

De início, cumpre destacar que não só a *biosfera*, mas também a *sociosfera*, na qualidade de espectro humanamente construído, representa domínio fenomênico verdadeiramente integrado à dimensão ambiental, haja vista o seu enorme poder de influência e impacto, diretamente e por diversas maneiras, perante a qualidade da vida humana e o esperado equilíbrio ecológico. Por isso, a tendência hodierna tem seguido pelo reconhecimento de que o bem ambiental, juridicamente, é figura complexa, integrada por componentes *naturais* e *culturais/humanos*, com múltiplos fatores em intensa e mútua interação. Logo, não se tem como negar que tal dimensão venha a ser também reconhecida, em perspectiva *jurídica*, como um legítimo componente do plexo jusambiental[6].

Desse modo, a menção tão só a fatores *físicos*, *químicos* e *biológicos* traduz indesejado contingenciamento do objeto de estudo, porque parte de uma concepção ambiental exclusivamente *ecológica*. Não se tem espaço, em formulação desse jaez, para interações outras, como as *psicossociais*, fortemente presentes na seara labor-ambiental.

Ademais, é bem provável que a assimilação de uma linha restritiva quanto a fatores ambientais de interação, absorvendo-se, acriticamente, a literalidade do enunciado normativo que define *meio ambiente*, seja apenas o reflexo da restrição anterior: crer que o meio ambiente do trabalho é o preciso *local* da prestação dos serviços. Realmente, se partimos dessa ordem de

---

6 A respeito, ressoam importantes as lições de Elida Séguin, *in verbis*: "Meio Ambiente ecologicamente equilibrado representa uma abrangência conceitual de significado utópico. **A determinação dos parâmetros de uma sadia qualidade de vida dependerá de paradigmas socioculturais e do avanço do conhecimento científico-tecnológico**. O Meio Ambiente interfere e condiciona o ser humano, que vive dentro de uma teia de relações, a que Ruy Jornada Krebs, sob a ótica dos ensinamentos de Bronfenbrenner, denomina de desenvolvimento contextualizado, afirmando que qualquer hipótese de mudança ou integração introduzida nas pessoas, por ambientes ora receptivos ou adversos, está embasada no cotidiano. **O desenvolvimento humano está diretamente ligado ao ambiente. Essas interações se processam em dois níveis: o da biosfera e o da sociosfera**. No primeiro aspecto, tem-se a prevalência dos condicionantes naturais sobre o desenvolvimento humano. A sociosfera ou meio social, caracterizada pelos valores e normas ligados ao grupo e ao tempo, possui um apelo cultural" (SÉGUIN, Elida. **O direito ambiental**: nossa casa planetária. 3. ed. Rio de Janeiro: Forense, 2006, p. 17-18). Grifamos.

pensamento, resulta como inevitável a ilação de que os fatores de interação identificados no labor-ambiente serão exclusivamente aqueles mais jungidos a uma dimensão *físico-espacial*, com notório prejuízo intelectivo.

### 2.3.3. Terceira linha conceitual restritiva: meio ambiente do trabalho como dado da realidade adstrito ao cenário laboral empregatício

Guilherme José Purvin de Figueiredo (2013, p. 67), por sua vez, conceitua meio ambiente do trabalho como "o conjunto de condições, leis, influências e interações de ordem física, química, biológica e social que afetam o trabalhador no exercício de sua atividade laboral". Esse conceito avança sobremaneira quando leva em conta a dimensão *social*, proeminente do meio ambiente laboral, mas falha ao não deixar claro se, juridicamente, também se aplicaria a ambiências envolventes de obreiros sem vinculação hierárquico-empregatícia (*v.g.*, abrangeria a realidade labor-ambiental de autônomos, estagiários ou servidores públicos estatutários?).

É que, como bem se sabe, tecnicamente, há distinção entre relação de emprego e relação de trabalho. Nesse particular, vigora a mesma lógica existente entre *espécie* e *gênero*, ou seja, a *relação de emprego* constitui espécie do gênero *relação de trabalho*, que, de sua parte, "refere-se a todas as relações jurídicas caracterizadas por terem sua prestação essencial centrada em uma obrigação de fazer consubstanciada em *labor humano*" (DELGADO, 2012, p. 279). Já relação de emprego é o específico vínculo jurídico-laborativo em que o trabalhador se afigura como "pessoa física que presta serviços de natureza não eventual a empregador, sob a dependência deste e mediante salário" (CLT, art. 3º).

Assim, embora seja correto afirmar que toda relação de emprego expressa uma relação de trabalho, o contrário não é verdadeiro: nem toda relação de trabalho expressa uma relação de emprego. É o caso do liame jurídico firmado com o trabalhador autônomo, avulso, eventual, voluntário, bem assim com o estagiário, o representante comercial, além de outros, que, juridicamente, exercem atividade de *trabalho*, mas não atividade de *emprego*[7].

Não temos a menor dúvida em afirmar que toda essa estruturação jurídica do meio ambiente do trabalho, em especial no que tange a sua tríplice composição de fatores de risco (*condições de trabalho, organização do trabalho* e *relações interpessoais*), aplica-se, sem ressalvas, a qualquer cenário jurídico laborativo. Noutras palavras: qualquer relação jurídica cuja prestação essencial esteja centrada em obrigação de fazer consubstanciada em *labor humano* será sempre praticada frente a um específico meio ambiente de trabalho. É dizer: **não existe prestação laboral sem correspondente meio ambiente laboral**.

Que consequências extraímos disso? Ora, se a todo labor humano corresponde uma ambiência laboral e se o meio ambiente de trabalho integra o plexo jurídico-ambiental, forçoso concluir que todo o majestoso estuário jurídico do Direito Ambiental há de incidir não apenas nas específicas *relações de emprego*, senão que, em verdade, perante toda e qualquer *relação de trabalho*.

---

7  "No contexto do contrato de emprego, o empregado aparece como sujeito prestador do trabalho, vale dizer, aquele que pessoalmente, sem auxílio de terceiros, despende, em caráter não eventual e sob direção alheia, sua energia laboral em troca de salário; aquele que, por não exercer atividade por conta própria, não assume riscos da atividade na qual está incurso" (MARTINEZ, Luciano. **Curso de direito do trabalho**. 3. ed. São Paulo: Saraiva, 2012, p. 163).

## 2.4. MEIO AMBIENTE DO TRABALHO E ATUAL ESTADO DA ARTE: ANÁLISE CRÍTICA E PROPOSTA CONCEITUAL

Acreditamos que uma proposta conceitual adequada para o *meio ambiente do trabalho* deve ser capaz de, no mínimo, suplantar as três linhas restritivas supracitadas. Alguns já seguem por esse caminho. É o caso de Júlio Cesar de Sá da Rocha (2013, p. 99-100), para quem:

> [...] opta-se por um conceito de meio ambiente amplo, que inclua não somente os elementos naturais (água, flora, fauna, ar, ecossistemas, biosfera, recursos genéticos etc.), mas também os componentes ambientais humanos, em outras palavras, o ambiente construído pela ação antrópica. [...] o meio ambiente do trabalho representa todos os elementos, inter-relações e condições que influenciam o trabalhador em sua saúde física e mental, comportamento e valores reunidos no *locus* de trabalho. [...] o meio ambiente do trabalho constitui o pano de fundo das complexas relações biológicas, psicológicas e sociais a que o trabalhador está submetido. Claro que não pode ser compreendido como algo estático, pelo contrário, constitui *locus* dinâmico, formado por todos os componentes que integram as relações de trabalho e que tomam uma forma no dia a dia laboral, como a maquinaria, as matérias-primas, a clientela, os trabalhadores, os inspetores, a chefia. Todos constituem peças que podem ser encontradas no local de trabalho.

Igualmente, Cláudio Brandão (2015, p. 68), ao referir que o meio ambiente do trabalho é:

> [...] o conjunto de todos os fatores que, direta ou indiretamente, se relacionam com a execução da atividade do empregado, envolvendo os elementos materiais (local de trabalho em sentido amplo, máquinas, móveis, utensílios e ferramentas) e imateriais (rotinas, processos de produção e modo de exercício do poder de comando do empregador).

Já para Adelson Silva dos Santos (2010, p. 38):

> Meio ambiente do trabalho não é só as instalações físicas, mas todo um complexo relacional desde a forma de organização do trabalho até a satisfação dos trabalhadores, porquanto ambiência de desenvolvimento do trabalho humano, não se restringindo ao ambiente interno da fábrica ou da empresa, porém alcançando o próprio local de moradia ou ambiente urbano. O *habitat* laboral está interligado com o meio ambiente total.

Mônica Maria Lauzid de Moraes (2002, p. 25-27), palmilhando pela mesma senda, define o meio ambiente do trabalho nos seguintes termos:

> Meio ambiente laboral é onde o homem realiza a prestação objeto da relação jurídico-trabalhista, desenvolvendo atividade profissional em favor de uma atividade econômica. [...] No enfoque global, não só o posto de trabalho (local de prestação), mas todos os fatores que interferem no bem-estar do empregado (ambiente físico), e todo o complexo das relações humanas na empresa, a forma de organização do trabalho, sua duração, os ritmos, os turnos, os critérios de remuneração, a possibilidade de progresso etc., servem para caracterizar o meio ambiente do trabalho. [...] é a interação do local de trabalho, ou onde quer que o empregado esteja em função da atividade e/ou à disposição do empregador, com os elementos físicos, químicos e biológicos nele presentes, incluindo toda sua infraestrutura (instrumentos de trabalho), bem como o complexo de relações humanas na empresa e todo o processo produtivo que caracteriza a atividade econômica de fins lucrativos.

Thaísa Rodrigues Lustosa de Camargo e Sandro Nahmias Melo (2013, p. 26) também oferecem excelentes comentários a respeito desse assunto, em especial quanto à importância de se considerar as relações interpessoais como componentes do meio ambiente do trabalho. Seguem suas valiosas colocações:

> O meio ambiente do trabalho não está, como se sabe, adstrito ao local, ao espaço, ao lugar onde o trabalhador exerce as suas atividades. Ele é definido por todos os elementos que compõem as condições (materiais e imateriais) de trabalho de uma pessoa. [...] O conceito de meio ambiente do trabalho deve abranger, sobretudo, as relações interpessoais (relações subjetivas), principalmente as hierárquicas e subordinativas, pois a defesa desse bem ambiental espraia-se, em primeiro plano, na totalidade de reflexos na saúde física e mental do trabalhador. Conclui-se, nesse sentido, que o meio ambiente de trabalho engloba o espaço e as condições físicas e psíquicas de trabalho, com ênfase nas relações pessoais. O conceito abrange a relação do homem com o meio (elemento espacial de viés objetivo) e a relação do homem com o homem (elemento social de viés subjetivo). Trata-se, assim, de uma dinâmica complexa de múltiplos fatores, não se restringindo, somente, a um espaço geográfico delimitado e estático.

Essa necessidade de ampliação de foco foi objeto de reflexão por parte de Guilherme Guimarães Feliciano, quando, fugindo daquela tríplice limitação antes gizada, abandona qualquer construção pautada na noção de *local* de trabalho, reconhece uma dimensão *psicológica* como própria e inerente ao *habitat* laboral, bem como estende sua visão para além do específico cenário jurídico empregatício. Partindo dessas sadias balizas e no escopo de aprimorar, doutrinariamente, o texto legal que conceitua *meio ambiente*, passa a assim conceituar o *meio ambiente do trabalho*: "é o *conjunto (= sistema)* de condições, leis, influência e interações de ordem física, química, biológica e *psicológica* que incidem sobre o homem em sua atividade laboral, *esteja ou não submetido ao poder hierárquico de outrem*" (FELICIANO, 2011, p. 287-306).

Diante do quanto exposto, dessume-se que, na atual quadra do pensamento científico, é de total inadequação e insuficiência a clássica construção conceitual que vê o meio ambiente do trabalho como simples "local da prestação de serviço", afigurando-se mesmo, hoje, tal linha, um constructo deveras obsoleto (FERNANDES, 2009, p. 33). É que, ao se manter enlaçado ao plano do "chão de fábrica", com forte ênfase em um matiz *estático-espacial*, o estudioso acaba propagando noção sobremodo restritiva de meio ambiente do trabalho, na medida em que centra foco apenas em aspectos atinentes às *condições de trabalho*, deixando muitas vezes ofuscados aspectos labor-ambientais outros igualmente relevantes para a saúde e segurança do trabalhador, tais como os relacionados à qualidade da *organização do trabalho* implementada e das *relações interpessoais* travadas na ambiência laboral.

Seguindo esse diapasão, o meio ambiente do trabalho deixa de ser, portanto, apenas uma estrutura *estática* e passa a ser encarado como um sistema *dinâmico* e genuinamente *social*. É dizer: a linha conceitual clássica de *meio ambiente do trabalho* sempre se confundiu com a ideia do *local da prestação de serviço*, com ênfase no aspecto *físico* da questão. Entretanto, a vereda que aqui propomos aponta para direção diversa: toma como referência a *pessoa* do prestador de serviço, com ênfase no aspecto *humano* da questão.

Com efeito, o clássico conceito de meio ambiente laboral, assentado no senso comum que o reduz à noção de *local* de trabalho, é uma construção cuja pedra angular é o *trabalho*. **Isso só reforça nossa convicção de que o desafio atual está em erigir um conceito de labor-ambiente que, efetivamente, gire em torno do *trabalhador* e não do *trabalho*. Um conceito de meio ambiente laboral, para ser mais preciso, que esteja alicerçado na primorosa ideia de *dignidade humana*.** Durante muito tempo, por exemplo, imperou a concepção de que cabe ao homem se adaptar ao trabalho. Todavia, à luz das regras da *ergonomia*[8], consagra-se, hoje, o pensamento inverso: é o trabalho que deve se adaptar ao homem. Esse é um bom exemplo do alvissareiro *giro humanístico* que se tem emprestado ao tema.

Com isso, deixaremos, enfim, de pôr ênfase na descrição física do específico local onde se presta serviço, para passar a realçar a complexa interação de fatores que, ao fim e ao cabo, *beneficia* ou *prejudica* a qualidade de vida do ser humano investido no papel de trabalhador. **Urge, portanto, fazer com que esse autêntico giro humanístico também repercuta na conceituação jurídica do próprio meio ambiente do trabalho**.

É preciso deixar bem vincado este ponto: o importante, para fins de elaboração de um conceito adequado de meio ambiente do trabalho, não está apenas em tentar alcançar toda a complexidade ínsita à ambiência laboral, visualizando e assimilando, de alguma maneira, a tríade *condições de trabalho, organização do trabalho e relações interpessoais*. A questão também está em se deixar conduzir, nessa delicada empreitada intelectiva, por um fio condutor eminentemente *existencial*, na medida em que permeado pela preocupação e observação de tudo quanto afeta ou ameaça afetar, mais diretamente, a saúde e a segurança do ser humano que trabalha, deixando de lado abordagens exclusivamente físico-naturais ou meramente patrimoniais/contratuais, pouco comprometidas com as prodigiosas diretrizes constitucionais.

É essencialmente humanista, por exemplo, o conceito de meio ambiente laboral esposado pelo Ministro José Delgado, do Superior Tribunal de Justiça (STJ), ao afirmar que "meio ambiente do trabalho é o conjunto de condições existentes no local de trabalho, relativos à qualidade de vida do trabalhador" (STJ, 2007)[9]. Perceba-se, nessa construção conceitual, que o centro de gravidade jurídica jaz acentuadamente no *potencial de impacto na qualidade de vida do trabalhador*, em detrimento de uma pálida descrição físico-ambiental do local onde se presta serviço.

Cremos que perspectiva desse quilate, dotada de contorno mais alargado, decerto contribuirá para o aprimoramento do conceito jurídico do meio ambiente em geral, blindando-o de concepções reducionistas, como essas referidas, de ordem ecológica e mecanicista. Serve, igualmente, para a melhor compreensão do meio ambiente do trabalho, na medida em que passa a considerar grande parte do denso caldo socioeconômico e técnico-produtivo subjacente à ambiência laboral e que, de algum modo, direta ou indiretamente, também é capaz de influir na qualidade de vida do trabalhador. Afinada está, também, com os ditames constitucionais, que solenemente consideram como típica questão ambiental a conflituosa dinâmica humana travada no meio ambiente de trabalho (CF, art. 200, VIII).

Outra questão importantíssima para bem se compreender a pertinência desse citado viés *existencial* reside na constatação de que se estabeleceu, expressamente, em nosso ordenamento jurídico, o *conceito contemporâneo de saúde* alinhavado pela Organização Mundial de Saúde – OMS, consistente no "estado de completo bem-estar físico, mental e social e não somente ausência de afecções e enfermidades" (OMS, 1946)[10]. É que tal definição inspirou o teor do art.

---

8   A *ergonomia* é a "disciplina que estuda as condições de adaptação do trabalho ao homem, mediante uma abordagem multidisciplinar que inclui a análise dos fatores fisiológicos e psicológicos no trabalho. Tem por objetivo modificar os instrumentos de trabalho e a organização das tarefas de modo a adaptá-los melhor às capacidades individuais, a fim de que sejam usados mais fácil, efetiva e seguramente" (REY, Luís. **Dicionário de termos técnicos de medicina e saúde**. 2. ed. Rio de Janeiro: Guanabara Koogan, 2008, p. 320).
9   BRASIL. Superior Tribunal de Justiça. 1ª Turma, REsp 725.257/MG, Rel. Min. José Delgado, j. em 10 abr. 2007, **Diário da Justiça**, 14 maio 2007, p. 252.
10  Segundo Flávia de Paiva Medeiros de Oliveira, "o aspecto físico equivale ao tradicional conceito de saúde sob a perspectiva somática ou fisiológica, ou seja, corresponde ao bom funcionamento do corpo e do organismo.

3º, alínea "e", da Convenção nº 155 da Organização Internacional do Trabalho – OIT (1983), ao dispor que "o termo *saúde*, com relação ao trabalho, abrange não só a ausência de afecções ou de doenças, mas também os elementos *físicos* e *mentais* que afetam a saúde e estão diretamente relacionados com a segurança e a higiene no trabalho" (OIT, 1994), sendo que tal Convenção foi expressamente incorporada ao ordenamento jurídico pátrio por meio do Decreto nº 1.254/1994 (BRASIL, 1994).

Ora, se, hodiernamente, *saúde* significa não mais mera ausência de doenças, mas, sim, a presença de "completo bem-estar físico, mental e social", ou seja, efetiva *qualidade de vida*, e estabelecendo a Constituição Federal de 1988 que é direito fundamental dos trabalhadores a "redução dos riscos inerentes ao trabalho, por meio de normas de *saúde*, higiene e segurança" (art. 7º, XII), bem assim consignando o Texto Constitucional que "*todos* têm direito ao *meio ambiente ecologicamente equilibrado*, bem de uso comum do povo e *essencial à sadia qualidade de vida*, impondo-se ao Poder Público e à coletividade o dever de defendê-lo e preservá-lo para as presentes e futuras gerações" (art. 225, *caput*), compreendendo-se na ideia de *meio ambiente* também o meio ambiente *laboral* (art. 200, VIII) (BRASIL, 1988), a outra conclusão não se pode chegar: a escorreita noção de meio ambiente do trabalho, para fins de tutela jurídica plena com vistas à sadia qualidade de vida do ser humano que trabalha, deve levar em conta não apenas os clássicos riscos *físicos*, *químicos* e *biológicos*, mas também deve considerar aqueles riscos mais consentâneos à realidade da ambiência laboral: os riscos *ergonômicos* e os riscos *psicossociais*.

De se perceber, pelo quanto exposto, que o presente texto parte da ideia de que a compreensão adequada do meio ambiente laboral pressupõe tomar como linha de reflexão não apenas a interação *homem/natureza*, mas também as interações *homem/técnica* e *homem/homem*[11]. Em resumo: **erigir um conceito científico apropriado de meio ambiente do trabalho demanda que, a um só tempo, empreenda-se um avanço *quantitativo*, consistente no englobamento de todas as dimensões da realidade labor-ambiental, e um avanço *qualitativo*, impondo ênfase forte no parâmetro ético-jurídico da dignidade**. Em nossa modesta forma de pensar, só assim o resultado poderá ser, de fato, não apenas mais fenomenicamente realístico, como também mais juridicamente satisfatório.

Busca-se, desse modo, um conceito de meio ambiente do trabalho essencialmente *dinâmico*. Por isso, tem razão Júlio Cesar de Sá da Rocha (2013, p. 100-101) quando afirma que:

> [...] há que se perceber o caráter relativo e profundamente diferenciado de prestação da relação de trabalho e do espaço onde se estabelecem essas relações. Com efeito, a tamanha diver-

---

A perspectiva psíquica diz respeito ao bem-estar mental, traduzido no sentir-se bem consigo mesmo, na qual intervém os aspectos externos ao organismo humano, isto é, os riscos sociais, enquanto o aspecto social compreende o bem-estar do indivíduo com seu entorno e com o resto das pessoas, o que permite o desenvolvimento da personalidade como âmbito existencial do indivíduo" (OLIVEIRA, Flávia de Paiva Medeiros de. Meio ambiente e defesa do trabalhador: a prevenção de riscos laborais no direito brasileiro. In: FARIAS, Talden; COUTINHO, Francisco Seráphico da Nóbrega (Coord.). **Direito ambiental**: o meio ambiente e os desafios da contemporaneidade. Belo Horizonte: Editora Fórum, 2010, p. 387-400, p. 394).

11    Interessante consignar que, mesmo antes da Constituição Federal de 1988, já no Estado da Bahia vigorava concepção mais alargada de meio ambiente. Com efeito, dispõe o art. 2º da Lei nº 3.858/1980 que "meio ambiente é tudo o que envolve e condiciona o homem, constituindo o seu mundo, e dá suporte material para a sua vida **biopsicossocial**" (BAHIA. Lei nº 3.858, de 3 de novembro de 1980. Institui o Sistema Estadual de Administração dos Recursos Ambientais e dá outras providências. **Diário Oficial da Bahia**. Disponível em: http://governo-ba.jusbrasil.com.br Acesso em: 14 nov. 2015). Grifamos. Apesar da tônica excessivamente antropocêntrica, essa definição, para a época, representou um avanço considerável, na medida em que admitiu fatores de interação *humana* e *social* como elementos integrantes da noção de meio ambiente, exatamente como aqui se propugna.

sidade das atividades implica uma variedade de ambientes de trabalho. A referência acerca do meio ambiente de trabalho assume, assim, conteúdo poliforme, dependendo de que atividade está a ser prestada, e como os 'componentes' e o 'pano de fundo' reagem efetivamente. [...] a noção de meio ambiente do trabalho não pode ser imutável, pelo contrário, necessita refletir as evoluções sociais e técnicas que constantemente se aprimoram.

Aliás, não se olvide que, tratando-se de espectro ambiental que mantém as características do todo, **também o meio ambiente do trabalho precisa ser assimilado de modo gestáltico e avaliado em perspectiva sistêmica**[12]. Nessa perspectiva, fica mais fácil assimilar as profundas correlações existentes entre as condições de trabalho, a organização do trabalho e as relações socioprofissionais havidas em sede labor-ambiental.

Por sinal, o próprio Christophe Dejours (1987, p. 77) nos fornece um bom exemplo de como a organização do trabalho pode contribuir diretamente para a dilaceração das relações interpessoais havidas em um determinado contexto laborativo, com patente prejuízo à saúde mental dos trabalhadores. Confira-se:

> Um exemplo caricatural dessa desestruturação da linha de montagem é dado por certas fábricas automobilísticas da região parisiense, onde se constrói uma linha segundo a sequência seguinte: um operário árabe, depois um iugoslavo, um francês, um turco, um espanhol, um italiano, um português etc., de modo a impedir toda e qualquer comunicação durante o trabalho. Assim, frustração e a ansiedade serão vivenciadas no isolamento e na solidão afetiva, aumentando-se ainda mais. [...] A desorganização dos investimentos afetivos provocada pela organização do trabalho pode colocar em perigo o equilíbrio mental dos trabalhadores. (DEJOURS, 1987, p. 77)

Karl H. E. Kroemer e Etienne Grandjean (2005, p. 182) também tratam da importância de uma organização do trabalho que favoreça interações entre os trabalhadores. Seguem suas sugestões:

> A oportunidade de conversar com colegas de trabalho é uma maneira efetiva de evitar o tédio. Ao contrário, o isolamento social traz a monotonia e aumenta a tendência ao tédio com o trabalho. Sentar ao longo de uma linha de montagem é ruim: é melhor se a linha tem a forma de semicírculo ou é sinuosa. Qualquer arranjo é bom, se aproxima vários trabalhadores dentro de uma distância de conversação. Outras maneiras de reduzir a incidência do tédio incluem: pausas mais frequentes e curtas; oportunidade de movimentação durante essas pausas; um leiaute de entorno estimulante, usando luz, cor e música.

Todavia, muito mais que um espectro inarredavelmente dinâmico, almeja-se um conceito de meio ambiente do trabalho que seja também essencialmente *humanista*, na exata medida em que sensível com a preocupação de dar efetiva salvaguarda à sadia qualidade de vida de todos quantos imersos na relação laboral ou que com ela, de algum modo, interagem, direta ou indiretamente, a exemplo de clientes, fornecedores e a própria comunidade circunvizinha.

---

12 Acreditamos que uma noção adequada de *meio ambiente* deve estar alicerçada em pelo menos cinco bases de compreensão: **(i)** o aspecto *histórico* de seu enunciado, deixando evidente sua necessária *construção cultural*; **(ii)** o aspecto *humano* de sua justificativa, deixando evidente sua necessária *inspiração antropocêntrica* (em sua compreensão *alargada*); **(iii)** o aspecto *complexo* de sua estrutura, deixando evidente sua necessária *assimilação gestáltica*; **(iv)** o aspecto *holístico* de sua compreensão, deixando evidente sua necessária *perspectiva sistêmica*; **(v)** o aspecto *transversal* de sua irradiação, deixando evidente seu necessário *alcance transdisciplinar*. Por também integrar o plexo jusambiental (CF, art. 200, VIII), as mesmas bases de compreensão são exigidas para a escorreita compreensão do meio ambiente laboral.

À vista do que até aqui se expôs, ousamos então registrar que, a nosso sentir, juridicamente, **meio ambiente do trabalho** é a resultante da interação sistêmica de fatores naturais, técnicos e psicológicos ligados às condições de trabalho, à organização do trabalho e às relações interpessoais que condiciona a segurança e a saúde física e mental do ser humano exposto a qualquer contexto jurídico-laborativo.

Colocada em tais termos, nossa proposta visa a se alinhar com os alicerces teóricos até aqui firmados, em especial porque: **(i)** descreve não o *ambiente*, mas o *meio ambiente*, desconectando-se de qualquer viés físico-geográfico[13]; **(ii)** expressa um foco *sistêmico* do ente ambiental, incorporando a dinamicidade que lhe é inerente; **(iii)** conjuga fatores *naturais* e *humanos*, apartando-se de tônicas exclusivamente ecológicas; **(iv)** expõe com clareza todos os *fatores de risco labor-ambientais* (condições de trabalho, organização do trabalho e relações interpessoais), viabilizando maior amplitude na avaliação jusambiental da higidez do meio ambiente de trabalho; **(v)** centra sua estruturação em perspectiva *humanista*, na medida em que construída em torno da qualidade de vida do ser humano que dá cumprimento ao seu mister laboral, inclusive no que respeita à sua saúde mental; **(vi)** alcança o ser humano em *qualquer condição jurídico-laborativa*, ou seja, independentemente da existência do fenômeno hierárquico-subordinativo; **(vii)** açambarca a legítima proteção jurídica da qualidade da vida humana situada no *entorno* do ambiente de trabalho, também exposta, ainda que indiretamente, à agressiva propagação sistêmica de possíveis nocividades labor-ambientais.

Trata-se de construção que reputamos inteiramente consentânea com os vetores existenciais que presidem a ordem constitucional do país e as recentes conclusões científicas nos mais variados campos do conhecimento humano, retratando, ainda, com maior fidelidade, as circunstâncias e fatores ínsitos a uma dimensão ambiental especialmente *humana* e cuja realização prática sempre se dá na cadência de um ritmo profundamente *complexo* e *dinâmico*, aspectos que, como tentamos mostrar, decerto também devem ser levados em conta na conformação do conceito jurídico de meio ambiente do trabalho.

Perfilhamos, assim, o grupo dos que pretendem sedimentar um conceito de meio ambiente do trabalho que vá muito além de sua tradicional roupagem jurídica excessivamente físico-espacial-*empregatícia*. Cremos que esse é um pressuposto teórico que possibilitará considerável avanço na compreensão jurídica e no enfrentamento eficaz dos episódios de degradação labor-ambiental.

---

13  Perceba-se que, aqui, estamos com José Afonso da Silva, para quem a expressão *meio ambiente* se manifesta "mais rica de sentido (como conexão de valores) do que a simples palavra 'ambiente'. Esta exprime o conjunto de elementos; aquela expressa o resultado da interação desses elementos" (SILVA, José Afonso da. **Direito ambiental constitucional**. 10. ed. São Paulo: Malheiros Editores, 2013, p. 20). Na esteira dessa lição, é possível concluir que *ambiente* tem conotação mais estática, fotográfica, alusiva à descrição e captação dos fatores naturais e humanos que nos envolvem e nos circundam. *Meio ambiente*, por outro lado, é conceito mais rico e de conotação mais requintada, expressando uma noção ligada às ideias de *interdependência* e *dinamicidade*, aspectos nodais para o trato jurídico ambiental. Cuida-se, em verdade, como bem observou o ilustre jurista, mais precisamente do *resultado* da complexa interação dos fatores naturais e humanos existentes no ambiente, influenciando-o. Em síntese, *ambiente* é o conjunto de elementos que nos envolve; *meio ambiente* é a resultante da interação desses elementos, tal como é ou tal como a percebemos. *Estamos* no ambiente; *integramos* o meio ambiente.

# CAPÍTULO 3
## MEIO AMBIENTE: DESCRIÇÃO JURÍDICO-CONCEITUAL. ABORDAGEM SISTÊMICO-GESTÁLTICA

*Ney Stany Maranhão*

## INTRODUÇÃO

Compreender e conceituar *meio ambiente* constitui tarefa complicada. Embora o senso comum nos forneça razoável noção a respeito, a verdade é que, em sentido técnico-jurídico, há enorme dificuldade em responder a esse questionamento. Conforme assere Édis Milaré (2014, p. 135), "o meio ambiente pertence a uma daquelas categorias cujo conteúdo é mais facilmente intuído que definível, em virtude da riqueza e complexidade do que encerra". Por conta disso, há de se trabalhar a questão com alguma dose de paciência, procurando descortinar, paulatinamente, cada aspecto que reputamos como nodais para uma boa compreensão da expressão *meio ambiente*.

### 3.1. MEIO AMBIENTE: APROXIMAÇÃO DESCRITIVA E COMPREENSÃO GERAL

#### 3.1.1. Meio ambiente: expressão pleonástica?

A expressão "meio ambiente" (*milieu ambiant*) foi utilizada pela primeira vez pelo naturalista francês Geoffrey de Saint-Hilaire em sua obra Études progressives d´un naturaliste (1835), em que *milieu* significa lugar, espaço, contexto, e *ambiant* designa o que rodeia um ser (2014, p. 135). Essa construção textual ("meio ambiente") é tida por muitos como um *pleonasmo vicioso*. O sutil vício de linguagem adviria do fato de que a palavra "ambiente", entre outros significados, expressa a ideia daquilo "que rodeia ou envolve por todos os lados e constitui o meio em que se vive" (HOUAISS; VILLAR; FRANCO, 2001, p. 183), sentido que também estaria contido na palavra "meio", compreensivo da noção daquilo que envolve, ou seja, "ambiente". Afirma-se, com isso, que seriam palavras que não deveriam andar juntas, porque sinônimas (MACHADO, 2012, p. 59). Não sem razão, Tiago Fensterseifer (2008), entre outros, apesar da consagração jurídica da expressão *meio ambiente*, prefere a locução reduzida *ambiente*, pontuando que:

> A expressão 'meio' ambiente revela uma tinta antropocêntrica na pintura do conceito, quando, a partir da reflexão que está proposta no presente estudo, o ser humano é também ambiente, e não apenas *está* envolvido pelo ambiente. O ambiente não se limita a ser o meio ou entorno onde o homem desenvolve a sua existência, mas constitui a sua própria natureza. A expressão 'ambiente' [...] encerra de forma mais adequada a abordagem integrada e sistemática que se pretende traçar entre ser humano e Natureza, considerando uma compreensão biocêntrica e holística do fenômeno socioambiental. (FENSTERSEIFER, 2008, p. 162)

Sucede que, muito embora "meio ambiente", *linguisticamente*, pareça mesmo arrostar a ortodoxia vernacular, o fato é que, *juridicamente*, exsurge como construção perfeitamente adequada para transmitir aquilo a que se propõe. Estamos, aqui, com José Afonso da Silva, para quem a expressão *meio ambiente* se manifesta "mais rica de sentido (como conexão de valores) do que a simples palavra 'ambiente'. *Esta exprime o conjunto de elementos; aquela expressa o resultado da interação desses elementos*" (SILVA, 2013, p. 20 – g.n.). Afirma, então, que o *ambiente* "integra-se, realmente, de um conjunto de elementos naturais e culturais, cuja interação constitui e condiciona o *meio* em que se vive" (SILVA, 2013, p. 30).

Na esteira dessa lição, é possível concluir que *ambiente* tem conotação mais estática, fotográfica, alusiva à descrição e captação dos fatores naturais e humanos que nos envolvem e nos circundam. *Meio ambiente*, por outro lado, é conceito mais rico e de conotação mais requintada, expressando uma noção ligada às ideias de *interdependência* e *dinamicidade*, aspectos nodais para o trato jurídico ambiental. Cuida-se, em verdade, como bem observou o ilustre jurista, mais precisamente do *resultado* da complexa interação dos fatores naturais e humanos existentes no ambiente, influenciando-o. **Em síntese, *ambiente* é o conjunto de elementos que nos envolve; *meio ambiente* é a resultante da interação desses elementos, tal como é ou tal como a percebemos.** *Estamos* no ambiente; *integramos* o meio ambiente[1].

Não bastasse isso, cuida-se também de expressão deveras consagrada em instrumentos jurídicos os mais variados. Basta referir, abonando essa assertiva, que nossa própria Constituição Federal (BRASIL, 1988), por inúmeras vezes, vale-se de sua construção textual, inclusive a ponto de servir de expresso epíteto ao Capítulo VI ("Do Meio Ambiente") de seu Título VIII ("Da Ordem Social"). Destarte, diante do referido acerto *semântico* e da própria consagração *jurídica* do termo, e sendo o caso, aqui, de uma explanação *jurídica*, nada obsta, no nosso entender, a que nos valhamos da expressão "meio ambiente".

### 3.1.2. Meio ambiente: apreensão gestáltica

Compreendamos, agora, a ideia de necessária apreensão *gestáltica* do meio ambiente. Com efeito, de acordo com o *Dicionário Houaiss* da língua portuguesa, o termo *Gestalt* surgiu no âmbito da *Psicologia* no final do século XIX, sendo fruto do gênio dos alemães Max Wertheimer (1880-1943), Kurt Koffka (1886-1941) e Wolfgang Köhler (1887-1967), que consideravam "os fenômenos psicológicos como totalidades organizadas, indivisíveis, articuladas, isto é, como configurações" (HOUAISS; VILLAR; FRANCO, 2001, p. 1449). *Gestaltismo*, por sua vez, é tida como "teoria psicológica que considera os fenômenos como conjuntos constitutivos de unidades autônomas, dotadas de solidariedade interna e de leis próprias" (HOUAISS; VILLAR; FRANCO, 2001, p. 1.449). O vocábulo *Gestalt*, na Psicologia, enfim, retrata "*os fenômenos psicológicos como conjuntos interligados, organizados e indivisíveis, que formam um todo que não se resume a sua soma*" (SEVERO, 2015, p. 63-79 – g.n.). Segundo Fritjof Capra (2006):

> Na virada para o século [XX] o filósofo Christian von Ehrenfels caracterizou uma Gestalt afirmando que o todo é mais do que a soma de suas partes, reconhecimento que se tornaria, mais tarde, a fórmula-chave dos pensadores sistêmicos. Os psicólogos da Gestalt, liderados por Max Wertheimer e por Wolfgang Kohler, reconheceram a existência de totalidades irredutíveis como o aspecto chave da percepção. Os organismos vivos, afirmaram eles, percebem as coisas não em termos de elementos isolados, mas como padrões perceptuais integrados

---

1 Daí não concordarmos com Celso Antônio Pacheco Fiorillo quando aduz que *meio ambiente* "relaciona-se a tudo aquilo que nos circunda" (FIORILLO, Celso Antônio Pacheco. **Curso de direito ambiental brasileiro**. 13. ed. São Paulo: Saraiva, 2012, p. 76).

– totalidades significativamente organizadas que exigem qualidades que estão ausentes em suas partes.

No campo jurídico, a utilização primeira do termo guarda relação com o amadurecimento da compreensão do fenômeno ambiental. É que os primórdios da regulação jurídica do meio ambiente foram fortemente influenciados por uma perspectiva duplamente reducionista – por isso, inadequada. *Primo*, uma perspectiva *fragmentada*, consubstanciada em regulações jurídicas dirigidas não tanto para o meio ambiente em si, mas para elementos ambientais isolados, como o solo, a água e o ar. *Secundum*, uma perspectiva *utilitarista*, tendo em vista que tais componentes ambientais receberam específico trato jurídico tão somente pelo proveito econômico que à época rendiam ao comércio nacional e internacional (SÉGUIN, 2006, p. 20).

Não demorou muito, porém, para que o homem passasse a compreender que o meio ambiente é um todo complexo, de sorte que a atitude de focar "itens" ambientais em nada atendia à consciência e à ciência ambientais então em voga. Passou-se, então, a enxergar o meio ambiente como um todo denso, global e sistêmico, à maneira de uma *Gestalt*, porque, nas palavras de Guido Fernando Silva Soares (2001, p. 36), "composta pela interação de todos os elementos componentes do meio ambiente, os quais, por mais 'inúteis' que fossem, mereciam resguardo e proteção". Noutra obra e dentro dessa mesma linha, o citado doutrinador destaca que "o meio ambiente é um valor complexo, que deve ser encarado como uma *Gestalt* em relação aos seus componentes" (SOARES, 1995, p. 42).

Em seus escritos, também Guilherme Guimarães Feliciano tem frisado essa marcante característica do meio ambiente. Deveras, pontua o respeitado jurista que ver o meio ambiente como uma *Gestalt* é encará-lo como "um todo indissociável" (FELICIANO, 2005, p. 321), havendo de se reconhecer a *"indissociabilidade ontológica* entre o meio ambiente natural e o meio ambiente humano [...]. Daí sustentarmos que o meio ambiente [...] apreende-se como *Gestalt*" (FELICIANO, 2006, p. 42) (g.n.).

Logo, quando se afirma que o meio ambiente deve sempre ser encarado em perspectiva "gestáltica", quer-se referir que o meio ambiente deve ser apreendido como um todo complexo e indissociável, onde *todos* os seus elementos estão em permanente e profundo estado de interação e solidariedade, independentemente, por exemplo, de seu específico valor comercial. Como bem ressalta René Dubos (1976, p. 19-44 e p. 32-33 e 39):

> É necessário que se estabeleça um intercâmbio criador com seus semelhantes, com os animais, com as plantas e com todos os objetos da natureza que direta ou indiretamente o afetam ou aos quais, por sua vez, ele afeta. Do ponto de vista humano, a totalidade do meio, incluindo os restos do passado, só adquire sua significação plena quando se integra harmoniosamente na trama viva da existência humana. [...] recente é a compreensão de que todos os componentes da natureza estão entrelaçados numa trama única e que o homem é uma malha deste tecido.

Sob esse prisma, impõe-se que o meio ambiente seja compreendido e assimilado, também *juridicamente*, como uma *Gestalt*, ou seja, como um plexo incindível, uma entidade intrinsecamente complexa em que cada dimensão ambiental se expressa à luz da interação que marca o todo e cuja resultante é dinamicamente percebida e experienciada pelos seres vivos nele integrados, condicionando-os de modo positivo ou negativo.

### 3.1.3. Meio ambiente: perspectiva sistêmica

Na acertada afirmativa de Fritjof Capra (2006, p. 42), o reconhecimento da realidade gestáltica de que o todo é mais do que a soma de suas partes "se tornaria, mais tarde, a fórmula-chave dos pensadores sistêmicos". É que a assimilação gestáltica do plexo ambiental reclama uma perspectiva diferenciada, de fundo sistêmico.

Essa postura, dentre outras funções, serve para repelir qualquer falsa percepção no sentido de que o meio ambiente seja uma realidade integrada por dois blocos relativamente apartados (biosfera e sociosfera) e que mantêm alguma interação entre si. Como bem destacado por Paulo de Bessa Antunes (2000, p. 241), "a floresta, assim como qualquer meio físico, é concebida a partir das relações que as comunidades humanas mantêm com ela". Cremos já ter ficado claro que não estamos tratando, aqui, de uma singela *reunião* de fatores ou de uma complexidade, por assim dizer, apenas *quantitativamente* diferenciada. Em verdade, a estrutura ambiental é muito mais que a mera soma dos elementos que a compõem. A propósito, confira-se o oportuno escólio de Josué de Castro, *verbo ad verbum*:

> O meio não é apenas o conjunto de elementos materiais que, interferindo continuamente uns nos outros, configuram os mosaicos das paisagens geográficas. O meio é algo mais do que isso. As formas das estruturas econômicas e das estruturas mentais dos grupos humanos que habitam os diferentes espaços geográficos também são partes integrantes dele. **Considerado globalmente, o meio tanto compreende fatores de ordem física ou material quanto fatores de ordem econômica e cultural**. Uma análise correta do meio deve abarcar o impacto total do homem e de sua cultura sobre os elementos restantes do contorno, e o impacto dos fatores ambientais sobre a vida do grupo humano considerado como uma totalidade. **Desse ponto de vista, o meio abrange aspectos biológicos, fisiológicos, econômicos e culturais, todos combinados na mesma trama de uma dinâmica ecológica em transformação permanente**. Esse conceito é mais amplo e mais objetivo que o resultante de uma concepção do meio como sistema de relações mútuas entre os seres vivos e o contorno natural, considerados ambos como fenômenos isolados. (CASTRO, 1976, p. 83-93 e p. 83-84 – g.n.)

O meio ambiente, como já acentuado, também deve ser objeto de apreensão *gestáltica*, isto é, como um *todo indissociável* (Guilherme Feliciano), um *valor complexo* (Guido Soares), *resultante* de uma interação dinâmica de seus múltiplos fatores. Expressa, assim, um ente que vai bem além de um simplório *conjunto* de fatores naturais e humanos, conformando-se, antes, à luz de um autêntico *sistema*.

De acordo com Djalma de Pinho Rebouças de Oliveira (2002, p. 35), sistema "é o conjunto de partes interagentes e interdependentes que, conjuntamente, formam um todo unitário com determinado objetivo e efetuam determinada função". Nessa mesma alheta, Adriana Pereira, Gibson Silva e Maria Elisa Carbonari (2011, p. 125) relatam que a "visão sistêmica" está relacionada "com o entendimento e a valorização da interconexão entre as partes", enfatizando, ainda, que tal *olhar* diz com a ideia de que "todas as pessoas são parte de um todo e que cada um, por sua vez, é responsável pelo todo". Tais autores trazem à tona o exemplo do *sistema solar*, "que é composto por um conjunto de planetas orbitando ao redor de uma estrela" (PEREIRA; SILVA; CARBONARI, 2011, p. 125).

Na lição de Ramón Martín Mateo (2003, p. 23-24), sistema "é um conjunto de elementos inter-relacionados"[2]. Para Ricardo Luis Lorenzetti (2010, p. 16), o que define um sistema é uma

---
2 Tradução livre.

"organização autorreferente de elementos inter-relacionados de um modo autônomo", de maneira que "tudo tem uma inter-relação que deve ser respeitada", referindo, ainda, tratar-se de algo cujo sentido é muito próximo do que em filosofia se chama de *holístico*[3].

A seu turno, José Luís Serrano (2007, p. 30) frisa que determinados elementos formam um *conjunto* na medida em que "possuem um atributo comum", ao passo que "um conjunto é um sistema quando os elementos se relacionam entre si e com o entorno de que se diferenciam e com o qual se comunicam"[4]. Michel Prieur (2011, p. 12) leciona que "um sistema é caracterizado por um conjunto de elementos, havendo relações entre eles e com caráter globalizante (ou unidade organizada) de todos"[5].

O *sistema*, como se vê, é mais que um conjunto de fatores. É, com efeito, a *resultante* de uma complexa interação e interdependência de seus múltiplos componentes, formadora de retratação fenomênica detentora de leis, equilíbrio e função próprios que vão bem além da mera reunião de seus fatores constituintes. Logo, o nível de entrelaçamento entre os ambientes *natural* e *humano* é de tal profundidade que seus fatores se imbricam em variadas interações, gerando um sistema constituído de "unidades autônomas, manifestando uma solidariedade interna e possuindo leis próprias, donde resulta que o modo de ser de cada elemento depende da estrutura do conjunto e das leis que o regem, não podendo nenhum dos elementos preexistir ao conjunto" (FERREIRA, 1999, p. 985).

À vista da emblemática indissociabilidade de sua estrutura fenomênica, a compreensão do plexo ambiental vai exigir a adoção de um prisma intelectivo diferenciado, apto a dar conta da complexidade de sua silhueta. E a perspectiva *sistêmica* parece ser a única a atender a essa rigorosa exigência epistemológica. De fato, como anota com maestria Fritjof Capra (2006, p. 40 e 46), o pensamento *sistêmico* é um pensar "em termos de conexidade, de relações, de contexto. [...] o pensamento sistêmico é pensamento 'contextual'". Logo, bem se vê que a perspectiva *sistêmica* é corolário da apreensão *gestáltica* do meio ambiente.

Consigne-se, então, que, de regra, no que tange a questões ambientais, abordagens isoladas, averiguações "fotográficas" e investigações unicausais serão de pouquíssima serventia, já que o produto desse tipo de tratamento certamente estará viciado por um grave erro de "apreensão" do objeto cognoscente. Somente compreensões sistêmicas, que consideram o funcionamento e a complexidade do todo, com suas inúmeras influências e interações, revelar-se-ão apropriadas para a discussão de temáticas jusambientais.

Em sede ambiental, pois, toda análise precisa ser sempre sistêmica, global, realizada em atenção aos múltiplos fatores envolvidos no ambiente e ao resultado da interação desses elementos. Tal forma de pensar terá enorme influência, por exemplo, na análise técnica de causas de acidentes de trabalho, tarefa geralmente levada a efeito à luz de concepções superficiais, não raro permeadas por um equivocado senso de unicausalidade e desprovidas de um necessário foco contextual.

### 3.1.4. Meio ambiente: biosfera e sociosfera – construção cultural

O alcance jurídico-conceitual da expressão *meio ambiente* depende da linha teórica adotada: se restritiva ou ampliativa. A pedra de toque, nesse ponto, consiste em admitir, ou não,

---

3  Tradução livre.
4  Tradução livre.
5  Tradução livre.

que, além dos elementos *naturais* (água, ar, solo, fauna, flora etc.), também fatores *"humanos"* (artificiais, culturais, sociais etc.) sejam levados em conta na formulação conceitual de meio ambiente. Neste momento, para que não se incorra em perigosas incompreensões, calha reproduzir a bela lição de Guilherme José Purvin de Figueiredo (2013, p. 69-70), *in verbis*:

> A divisão aqui apresentada tem caráter meramente didático. As ciências ambientais tratam de demonstrar a indivisibilidade do meio ambiente. Por isso, é preciso abandonar a dicotomia *natural* x *artificial*. Nos ambientes naturais ou construídos, o direito à qualidade de vida é sempre o mesmo. Modificam-se, apenas, os instrumentos asseguradores de sua efetividade. Aliás, quando a nossa Constituição da República prevê a possibilidade de proteção dos sítios *de valor ecológico* enquanto bens *culturais*, está precisamente apontando para a inexistência da divisão entre social e ambiental e, por consequência, entre natural e cultural. Insista-se, pois, que a distinção entre diferentes aspectos do meio ambiente tem finalidade exclusivamente prática, mas, rigorosamente, a divisão carece de rigor lógico e científico[6].

De fato, a compreensão do meio ambiente em *facetas* ou *dimensões* vai longe de constituir preciosismo acadêmico. Para além da notória função *didática*, importante para uma assimilação adequada e abrangente da realidade ambiental, a divisão do meio ambiente em "aspectos" também exerce significativo papel no próprio *combate* à degradação ambiental, na medida em que "busca facilitar a identificação da atividade degradante e do bem ambiental imediatamente agredido" (FIORILLO, 2012, p. 77). Acrescentamos: *agredido*, como referido, ou meramente *ameaçado* (CF, art. 5º, XXXV)[7]. Com razão, portanto, José Afonso da Silva (2013, p. 22), quando destaca que a análise das *dimensões* do meio ambiente expressa apenas uma visão *jurídica*, haja vista estarem sujeitos a regimes jurídicos diversos.

Feito esse crucial esclarecimento, releva pontuar que, segundo os estudiosos, a tal tese *restritiva* estaria mais ligada ao direito *alemão*, já que o art. 20a da *Lei Fundamental alemã*, na temática ambiental, fala apenas da proteção dos "fundamentos naturais da vida" (*natürlichen Lebensgrundlagen*). A tese *ampliativa*, por sua vez, estaria mais para o direito *norte-americano*, citando-se, como exemplo, além de algumas expressões usadas no *Clean Air Act* (1970), também – aqui de forma mais clara – a Seção 101 da *Natural Environmental Policy Act – NEPA* (1970), que, ao tratar do conceito de "significativo impacto ambiental" no âmbito do estudo de impacto ambiental, refere-se a questões envolvendo as dimensões "humana, social e cultural" (SARLET; FENSTERSEIFER, 2014, p. 309-310).

Segue ainda linha restritiva o *Canadian Environmental Protection Act*, de 14 de setembro de 1999 (com redação dada por Emenda de 23 de junho de 2011), por exemplo, ao destacar que *meio ambiente* significa "os componentes da Terra e inclui: a) o ar, o solo, a água; b) todas as camadas da atmosfera; c) toda a matéria orgânica e inorgânica e os organismos vivos; e d) os sistemas naturais que interagem, incluindo componentes mencionados nos itens a) até c)" (CANADÁ, 1999, *on-line*). Igualmente, o *Dicionário Houaiss da Língua Portuguesa*, segundo o qual *meio ambiente* é o "conjunto de fatores físicos, biológicos e químicos que cerca os seres vivos, influenciando-os e sendo influenciado por eles" (HOUAISS; VILLAR; FRANCO, 2001, p. 1883).

---

6   A respeito, Cristiane Derani afirma: "Na medida em que o homem integra a natureza e, dentro do seu meio social, transforma-a, não há como referir-se à atividade humana sem englobar natureza, cultura, consequentemente sociedade. Toda relação humana é uma relação natural, toda relação com a natureza é uma relação social" (DERANI, Cristiane. **Direito ambiental econômico**. 2. ed. São Paulo: Max Limonad, 2001, p. 154-155, nota de rodapé nº 225).

7   "[...] a lei não excluirá da apreciação do Poder Judiciário lesão ou ameaça a direito" (BRASIL. Constituição Federal (1988). **Constituição da República Federativa do Brasil**. 52. ed. São Paulo: Saraiva, 2015).

Da mesma forma, o *Oxford Advanced Learner's Dictionary* considera o meio ambiente como "as condições que afetam o comportamento e o desenvolvimento de alguém ou algo; as condições físicas em que alguém ou algo estão imersos; [...] 2. O mundo natural em que pessoas, animais e plantas vivem" (OXFORD; 2010, p. 509-510).

Carla Amado Gomes, jurista portuguesa, também nutre uma visão reducionista de meio ambiente, restringindo-o aos elementos *naturais*. Compreende ser essa a sua "significação operativa", vez que, diante da "confusão reinante", a única possibilidade de conferir ao Direito Ambiental "força necessária à formação de uma ética de responsabilidade é optar decisivamente pela redução do seu objeto" (GOMES, 2010, p. 26). Para a nobre autora, o "núcleo" do Direito Ambiental corresponde aos recursos naturais e sua missão "é assegurar a salvaguarda da sua integridade e capacidade regenerativa, dentro de uma lógica de solidariedade intergeracional, condicionando as intervenções humanas sobre eles" (GOMES, 2010, p. 26).

Também para Ramón Martín Mateo, insigne doutrinador espanhol, referir-se a *meio ambiente* como objeto de preocupação do Direito significa apontar para o meio circundante da vida, às características essenciais do que a ciência chama de *biosfera*, o *habitat* físico de todos os seres vivos (CRETELLA NETO, 2012, p. 80), integrada pela *atmosfera* (o ar), a *hidrosfera* (a água) e a *litosfera* (o solo) (MATEO, 2003, p. 21) e perante a qual, sabemos, imperam sobretudo leis naturais arrimadas basicamente na interação de fatores *físicos*, *químicos* e *biológicos*. A seu respeito, explana Lynton K. Caldwell (1976, p. 125-135; p. 128):

> A noção da biosfera como sistema de sustentação da vida planetária atingiu a compreensão popular em consequência das viagens cósmicas de americanos e soviéticos (conceito de Terra como nave espacial); a imagem do solitário planeta azul vista por astronautas e cosmonautas produziu um profundo impacto sociológico nos povos da terra. Nenhum acontecimento histórico mostrou com mais força a unidade e a fragilidade da biosfera. O símbolo "Uma Terra só" transcende idiomas e ideologias; sua mensagem pode ser decifrada até por analfabetos. Não é fácil demonstrar que as viagens à Lua influenciaram diretamente as decisões específicas sobre meio ambiente, mas é inegável que modificaram o clima mental e de opinião que permitiu as ações dos governos e organizações internacionais a partir de 1968.

Ocorre que a temática *ambiental* é, intrinsecamente, uma temática *humana*[8]. E o Direito, justamente por ser objeto *cultural*, tende a ser construído à luz da constelação de fatores presente em seu tempo. **Por isso, o conceito *jurídico* de meio ambiente também é, iniludivelmente, uma construção *cultural*, porque sensível às necessidades, percepções e perspectivas materiais e imateriais vivenciadas em sociedade**[9]. Assim, o meio ambiente e sua proteção, segundo Paulo de Bessa Antunes (2000, p. 241), devem ser "compreendidos concretamente e dentro das condições específicas de cada sociedade, com os seus próprios olhos".

A insistência em tratar como sinônimos *meio ambiente* e *natureza*, apartando da realidade ambiental importantíssimos elementos humanos, tais como os sociais, econômicos, cultu-

---

8    "[...] o meio (justo ou injusto) é uma realidade paradoxal: o seu centro está em todo o lado, a sua circunferência em parte alguma. Por outras palavras, se nos engloba totalmente; ele é também aquilo que passa no âmago de cada um de nós. Totalmente dependentes dele, somos também por ele totalmente responsáveis" (OST, François. **A natureza à margem da lei**: a ecologia à prova do direito. Tradução de Joana Chaves. Lisboa: Instituto Piaget, 1995, p. 395).
9    "Só o que é cultural pode ter um valor: a natureza só adquire, assim, valor enquanto construção cultural" (CAVALLIER, François. Natureza e cultura. In: **As grandes noções da filosofia** (autores vários). Lisboa: Instituto Piaget, 2002, p. 837-895, p. 887).

rais e políticos, constitui gravíssimo erro de perspectiva. Como bem destaca Talden Queiroz Farias (2006):

> [...] na maioria das vezes, a expressão 'meio ambiente' tem sido utilizada de forma superficial pela mídia, deixando entender que meio ambiente é a mesma coisa que natureza ou recursos naturais. Isso faz com que a população confunda meio ambiente com a ideia romântica de coisas como a defesa das baleias ou a proteção de orquídeas raras, retirando do assunto toda a carga política ou ideológica.

De fato, o reconhecimento de que o *meio ambiente* também é dotado de componentes *culturais* e *sociais* permite mesmo uma melhor identificação e trato para com o ponto nevrálgico da questão ambiental. Eis as notáveis colocações de Guillermo Foladori:

> As relações sociais capitalistas geram tendências de comportamento em relação ao meio ambiente que lhes são particulares. [...] A primeira mais geral tendência exclusiva é a produção ilimitada. Uma das 'queixas', se assim podemos chamá-la, do movimento ambientalista é o crescimento ilimitado. O crescimento ilimitado da produção seria a causa da poluição e depredação também ilimitadas [...]. A segunda mais geral tendência exclusiva que queremos ressaltar é a relativa à geração de população excedente (o exército de reserva de Marx). [...] É como se um grupo de pássaros se encarregasse de cortar as asas dos passarinhos de outros grupos de sua espécie mesma ao nascer, para deixá-los impossibilitados de ter acesso aos meios de vida; ou como se um grupo de gatos se encarregasse de mutilar as garras de outros grupos de gatos, deixando-os indefesos diante do meio ambiente... [...] para responder à crise ambiental, há que se entender, primeiro, quais são as contradições das relações sociais de produção que a provocaram. **Ao insistir nos limites físicos, desviava-se a atenção do problema central, já que a crise ambiental, ainda que possa ser visível ou explicite um desajuste entre o ser humano e a natureza, é essencialmente uma crise das relações sociais entre seres humanos**. (FOLADORI, *apud* FELICIANO, 2005, p. 285 – g.n.)

Por força dessa pontuação crítica e à vista do crescente acirramento da questão ambiental, havendo de exigir cada vez mais reflexões e análises diferenciadas e abrangentes, a tendência hodierna tem seguido pelo reconhecimento de que o bem ambiental, juridicamente, é figura complexa, integrada por componentes *naturais* e *culturais*, com múltiplos fatores em intensa e mútua interação.

Disso advém repercussão jurídica deveras importante. Veja-se que reconhecer a existência de componentes estritamente *humanos* ou *sociais* na complexa estrutura ambiental significa admitir fatores de interação outros, próprios à intrincada realidade humana, em que, com efeito, vicejam larga capacidade intelectiva, rica exteriorização psicossensorial e intensa habilidade técnica, tudo à luz de um incomparável poder de autodeterminar a sua própria história segundo condicionantes várias, tais como as filosóficas, políticas, sociais, históricas, psíquicas, científicas, culturais e econômicas. Eis, então, o ponto: **todo esse denso caldo psicossocial e sociocultural, que configura o que se pode chamar de *sociosfera*, necessita ser reconhecido como efetivamente integrado à vivência jurídico-ambiental**. É que existem não apenas condicionantes *naturais*, mas também condicionantes *sociais* e *culturais* para o desenvolvimento humano. A respeito, ressoam importantes as lições de Elida Séguin (2006, p. 16-17), *in verbis*:

> Meio Ambiente ecologicamente equilibrado representa uma abrangência conceitual de significado utópico. A determinação dos parâmetros de uma sadia qualidade de vida dependerá de paradigmas socioculturais e do avanço do conhecimento científico-tecnológico. O Meio Ambiente interfere e condiciona o ser humano, que vive dentro de uma teia de relações, a que

> Ruy Jornada Krebs, sob a ótica dos ensinamentos de Bronfenbrenner, denomina de desenvolvimento contextualizado, afirmando que qualquer hipótese de mudança ou integração introduzida nas pessoas, por ambientes ora receptivos ou adversos, está embasada no cotidiano. O desenvolvimento humano está diretamente ligado no ambiente. Essas interações se processam em dois níveis: o da biosfera e o da sociosfera. No primeiro aspecto, tem-se a prevalência dos condicionamentos naturais sobre o desenvolvimento humano. A sociosfera ou meio social, caracterizada pelos valores e normas ligados no grupo e ao tempo, possui apelo cultural.

Murray Bookchin (2010, p. 109) recorda Cícero, notável orador e filósofo romano, quando afirmou que "pelo uso das nossas mãos construímos, dentro do Reino da Natureza, uma segunda natureza para nós próprios", destacando que essa "segunda natureza" não é erigida apenas com uso de mãos, mas com o pensamento e a linguagem, de sorte que a própria sociedade, na sua forma mais básica, "radica-se na natureza". Afinal, no momento em que tomamos consciência da natureza "como realidade que nos é externa, damos início ao mundo da cultura" (ANTUNES, 2012, p. 8), elemento "construído" que expressa a nossa profunda capacidade volitiva, intelectiva e sensorial, diante de si, do outro e do mundo.

Assim, negar a inserção do componente humano no âmago do plexo jurídico ambiental pode significar adoção de caminho tendente a sérias repercussões negativas, remetendo-nos, cedo ou tarde, à perigosa e talvez incontornável incapacidade de compreender adequadamente a delicada questão ambiental. Como bem assevera Paulo de Bessa Antunes (2012, p. 7), "um dos fundamentos da atual 'crise ecológica' é, sem dúvida, a concepção de que o *humano* é externo e alheio ao *natural*".

De fato, a noção de *sociosfera* está intimamente ligada à ideia de que o homem, longe de ser agente externo, em verdade *integra* o meio ambiente. Aqui, adentra-se em um campo de pensamento no qual o homem não é tomado como simplesmente inserido no ambiente, tampouco é visto como mero agente central de impactos ambientais. É que o homem, iteramos, não *está* no ambiente; ele é ambiente (FENSTERSEIFER, 2008, p. 162). Confira-se, de novo, a pena do sempre perspicaz Paulo de Bessa Antunes (2012, p. 7):

> Certamente, a *natureza* é parte importante do meio ambiente, talvez a mais importante delas. Mas o meio ambiente não é só a natureza. Meio ambiente é natureza mais atividade antrópica, mais modificação produzida pelo Ser Humano sobre o meio físico de onde retira o seu sustento. Não se deve, contudo, imaginar que o Homem não é parte do mundo natural, ao contrário, ele é parte essencial, pois dotado de uma capacidade de intervenção e modificação da realidade externa que lhe outorga uma posição extremamente diferente da ostentada pelos demais animais.

Dessume-se, portanto, que as grandes realizações do pensamento humano, seu incrível potencial criativo, a capacidade de projetar suas ideias e expressar, de múltiplas formas, o que sente e pensa, tudo isso integra essa omnicompreensiva noção de meio ambiente. O homem, em si, em toda a sua expressão cultural, social, científica e tecnológica, com todas as múltiplas interações que disso promana, cria um complexo e dinâmico sistema material e imaterial que atua na natureza, mas também repercute no próprio homem, sistema esse que, repetimos, não tem como ficar alheio à estruturação jurídico-semântica da expressão *meio ambiente*.

O que se quer aqui enfatizar, em essência, é que a sociosfera, na qualidade de sítio humanamente construído, representa domínio fenomênico verdadeiramente integrado à dimensão ambiental, na medida em que influencia, diretamente e por diversas maneiras, a qualidade da vida humana e a própria compreensão e mantença do equilíbrio ecológico, não havendo como aceitar oposição a que tal dimensão venha a ser também reconhecida, *juridicamente*, como um autêntico componente da estrutura ambiental[10].

Como resultado da adoção desse prisma, a noção de "meio ambiente" passa a expressar algo bem além da realidade meramente *ecológica*, açambarcando, enfim, não apenas o mundo *natural*, "recebido" pelo homem, mas também o mundo *artificial*, "construído" pelo homem[11]. Com isso, o Direito Ambiental passa, a um só tempo, a ser importante instrumento não só de *preservação* do equilíbrio ecológico dos recursos naturais, mas também de *promoção* do equilíbrio propiciador de qualidade de vida ao ser humano frente a qualquer contexto ambiental "natural" ou "construído".

Exatamente em razão dessa ordem de ideias é que a cultura jurídica tem avaliado a inadequação da expressão Direito "Ecológico", porque de corte assaz reducionista, já que incorpora conceitos ligados apenas às bases *naturais* da sociedade. Evoluiu-se para a expressão Direito "Ambiental", precisamente para conferir uma dimensão mais alargada para esse novel ramo jurídico, de sorte a abarcar em seu objeto de estudo toda a gama de interações *naturais* e *socioculturais* condicionantes da ambiência humana, o que inclui os seres humanos e suas relações e percepções entre si e diante do que construíram. Como bem acentua Elida Séguin:

> [...] os princípios ecológicos são diferentes dos do Direito Ambiental, pois os primeiros regem as relações dos seres vivos entre si e o seu ambiente e os segundos devem considerar o homem como um ser social que somente atinge a plenitude de seu desenvolvimento no contato com os semelhantes, passando a abranger aspectos artificiais, culturais e do trabalho. (SÉGUIN, 2006, p. 4)

Também Guilherme Guimarães Feliciano pontua com maestria essa questão, *in verbis*:

> [...] relações de interação e interdependência com o ecossistema natural O conceito de 'ecologia' é, com efeito, mais restrito que o de 'meio ambiente'. Por ecologia [...] designa-se o estudo científico da vida animal e vegetal em suas circundantes e os seus elementos. Do ponto de vista enciclopédico, é um ramo disciplinar da biologia. Por isso, o adjetivo 'ecológico' tende a circunscrever o substantivo [...] às questões do meio ambiente natural, alijando temáticas ligadas ao patrimônio histórico, paisagístico e espeleológico, ao meio ambiente artificial e do trabalho, ou ainda às novas tecnologias (*e.g.*, engenharia genética) e aos novos espaços (cosmologia). A locução 'meio ambiente', por outro lado, é hiperflexiva [...]. Alcança todas as temáticas especiais acima referidas (inclusive questões candentes do século XXI, como a clonagem terapêutica, os organismos geneticamente modificados e a ocupação dos corpos celestes). Não por outra razão, a doutrina nacional optou pela expressão 'Direito Ambiental' [...] (FELICIANO, 2005, p. 293)

Enfim, o homem *integra* o meio ambiente. E por detrás da aparente simplicidade dessa afirmação repousa o reconhecimento de que o raio de alcance semântico da expressão *meio*

---

10 "A interação do homem com o meio natural se dá a partir de sua bagagem cultural e, para atingir o ideal da qualidade de vida, o ser humano necessita de um equilíbrio entre todas as dimensões que integram o conceito de meio ambiente. Havendo distorções em algum desses planos, rompido está o sensível equilíbrio ambiental" (MARCHESAN, Ana Maria Moreira. **A tutela do patrimônio cultural sob o enfoque do direito ambiental**. Porto Alegre: Livraria do Advogado, 2007, p. 73).

11 "O *conceito de meio ambiente* há de ser, pois, globalizante, abrangente de toda a Natureza original e artificial, bem como os bens culturais correlatos, compreendendo, portanto, o solo, a água, o ar, a flora, as belezas naturais, o patrimônio histórico, artístico, turístico, paisagístico e arqueológico" (SILVA, José Afonso da. **Direito ambiental constitucional**. 10. ed. São Paulo: Malheiros Editores, 2013, p. 20). Grifo no original.

*ambiente* deve ser bem maior do que se costuma pensar. De fato, ao acolher essa base de pensamento, o plexo jurídico-ambiental passa a abarcar, como já referido, tanto a *biosfera* quanto a *sociosfera*. É que, como assevera com propriedade Willian Rodgers Jr:

> O Direito Ambiental não está preocupado apenas com o **ambiente natural** – a condição física da terra, do ar, da água. Abrange também o **ambiente humano** – as condições sanitárias, sociais e outras mais provocadas pelo homem e que afetam o ser humano na terra. (RODGERS JR., 1977, p. 1)

Desse modo, concepções fundadas exclusivamente na dimensão *ecológica*, ligadas à vida e aos recursos ofertados na natureza, palmilham apenas a superficialidade do assunto e, por conta disso, acabam revelando pouco sobre o riquíssimo espectro *ambiental*. Para uma aproximação *jurídica* verdadeiramente adequada, *meio ambiente* há de ser expressão tomada em sentido mais amplo, abrangente da *natureza* e do *homem*, com todos os seus elementos. **Daí se deduz o inevitável alargamento do conceito jurídico de meio ambiente, apto a abarcar, a um só tempo, de maneira integrada, a grandiosidade e a riqueza tanto dos *entes naturais* quanto dos *seres humanos*.**

## 3.2. MEIO AMBIENTE: OPÇÃO CONSTITUCIONAL BRASILEIRA E DIMENSÕES AMBIENTAIS RECONHECIDAS

Indiscutivelmente, nossa Constituição Federal optou por um conceito *amplo* de meio ambiente, reconhecendo a integração entre elementos *naturais* e *socioculturais* (ou *artificiais*). Noutras palavras: admitiu como integrantes do bem jurídico-ambiental aspectos tanto da *biosfera* quanto da *sociosfera*, sempre intrinsecamente considerados. Nessa linha de ideias, o *meio ambiente* guarda estrutura multifacetada, constituindo-se ente complexo portador de *dimensões* que, embora identificáveis, são indissociáveis.

Deveras, na esteira do ordenamento jurídico-constitucional pátrio, a categoria *meio ambiente* – sempre *humano*[12] –, a par de suas características gerais, comporta mesmo alguma visualização de *dimensões* ambientais, cada qual com uma compreensão jurídica relativamente própria. Isso quer dizer que, juridicamente, sem prejuízo da visão do todo, *o bem ambiental* permite contemplação de facetas levemente passíveis de diferenciação uma da outra – tudo sempre a recomendar, de todo modo, como temos enfaticamente anotado, necessária assimilação gestáltica e incontornável perspectiva sistêmica.

A primeira diferenciação passível de ser firmada atina a meio ambiente natural e meio ambiente artificial. Com efeito, o meio ambiente *natural* é integrado pelos bens e recursos disponíveis na *natureza*. O foco, aqui, está no que foi originalmente "recebido" pelo homem. O *equilíbrio ambiental*, nessa dimensão, aponta para o combate à violação do padrão *ecológico*

---

12 Frise-se que não existe meio ambiente que não o humano. Logo, também por isso, não nos parece acertado crer em uma separação ontológica entre meio ambiente natural e meio ambiente humano, porquanto o meio ambiente sempre foi e sempre será uma realidade percebida, compreendida e juridicamente protegida em dimensão exclusivamente humana. Sendo assim, a expressão meio ambiente já carrega consigo, nessa perspectiva, o adjetivo humano. A famosa Declaração da Conferência das Nações Unidas sobre o Meio Ambiente Humano, realizada em Estocolmo (1972), reforça esse entendimento, ao aduzir, expressamente, que "os dois aspectos do ambiente humano, o natural e o artificial, são essenciais para o bem-estar do homem e para o gozo dos direitos humanos fundamentais, inclusive do próprio direito à vida" (item 1). (ORGANIZAÇÃO DAS NAÇÕES UNIDAS. **Declaração da Conferência das Nações Unidas sobre o Meio Ambiente Humano**, 1972. Disponível em: http://www.onu.org.br. Acesso em: 14 nov. 2015).

ínsito aos fatores *naturais* presentes na *biosfera*. Almeja-se, em essência, a *manutenção* de um equilíbrio *ecossistêmico*. A preocupação, neste campo, bem se vê, é essencialmente *ecológica*.

De sua parte, o meio ambiente *artificial* ou *cultural* (ou *humano, stricto sensu*) é integrado por fatores humanos propriamente ditos, produto direto de seu atávico poder sensível, criativo e de autodeterminação. Em suma, aquilo que é *expressão* material ou imaterial do homem. O *equilíbrio ambiental*, nessa dimensão, aponta para o combate à violação de um padrão *normativo* conferido aos constructos *humanos* conducentes à *sociosfera*. Almeja-se, em essência, a *promoção* de um equilíbrio *socioambiental*. A preocupação, neste campo, decerto é essencialmente *sociocultural*.

Malgrado a já evocada indissociabilidade do todo ambiental, nosso ordenamento constitucional, buscando um trato jurídico integrativo e sistêmico do assunto, revelou, claramente, pelo menos *quatro* dimensões ambientais. Não são zonas estanques e autônomas, pois isso não se compatibilizaria com a assimilação gestáltica e a perspectiva sistêmica inerentes ao ente ambiental. São apenas destaques da mesma realidade, integrados, inter-relacionados e facilitadores da identificação do ponto crítico afetador do equilíbrio do meio ambiente. Com efeito, segundo a Constituição Federal e não sem uma boa dose de polêmica, temos a revelação das seguintes dimensões ambientais: meio ambiente *natural*, meio ambiente *artificial*, meio ambiente *cultural* e meio ambiente *laboral* – sendo o primeiro afeito à *biosfera* e os restantes mais inclinados à *sociosfera*.

Mais detalhadamente, o meio ambiente *natural* é constituído pelos entes naturais *abióticos* (solo, água e ar) e *bióticos* (fauna e flora). Refere, em síntese, à "interação dos seres vivos e seu meio, onde se dá a correlação recíproca entre as espécies e as relações destas com o ambiente físico que ocupam" (SILVA, 2013, p. 21). O meio ambiente natural logra de tutela preventiva e imediata em nossa Constituição Federal, como segue:

> Art. 225. *Todos têm direito ao meio ambiente ecologicamente equilibrado, bem de uso comum do povo e essencial à sadia qualidade de vida, impondo-se ao Poder Público e à coletividade o dever de defendê-lo e preservá-lo para as presentes e futuras gerações.*
>
> § 1º *Para assegurar a efetividade desse direito, incumbe ao Poder Público:*
>
> *I – preservar e restaurar os processos ecológicos essenciais e prover o manejo ecológico das espécies e ecossistemas; [...] VII – proteger a fauna e a flora, vedadas, na forma da lei, as práticas que coloquem em risco sua função ecológica, provoquem a extinção de espécies ou submetam os animais a crueldade*[13].

O meio ambiente *artificial* é o espaço humano construído. Classicamente, é apontado como o espaço *urbano*, que pode ser *fechado* (casa, prédios e demais edificações) ou *aberto* (ruas, praças etc.). Michel Prieur (2011, p. 861 e p. 909-963) traz ao debate o meio *rural*, também objeto de edificações humanas. O art. 182 da Magna Carta estabelece que "a política de desenvolvimento urbano, executada pelo Poder Público municipal, conforme diretrizes gerais fixadas em lei, tem por objetivo ordenar o pleno desenvolvimento das funções sociais da cidade e garantir o bem-estar de seus habitantes" (BRASIL, 1988). Assim, conforme lecionam Sidney Guerra e Sérgio Guerra:

---

13   BRASIL. Constituição Federal (1988). **Constituição da República Federativa do Brasil**. 52. ed. São Paulo: Saraiva, 2015.

> [...] é importante que esteja à disposição do cidadão em seu Município habitação, transporte de qualidade, saneamento básico, água e tudo o mais que seja necessário para que haja, de fato, o cumprimento das funções sociais da cidade, tais como habitação, lazer, circulação e trabalho. (GUERRA; GUERRA, 2014, p. 95)

O meio ambiente *cultural* é integrado pelo patrimônio histórico, artístico, arqueológico, científico, paisagístico e turístico, tidos por artificiais porque expressão direta do espírito humano. Esse rol temático ganha destaque pelo "sentido de valor especial que adquiriu ou de que se impregnou" (SILVA, 2013, p. 21). O art. 24 da Constituição Federal aduz competir à União, aos Estados e ao Distrito Federal legislar concorrentemente sobre "proteção do patrimônio histórico, cultural, artístico, turístico e paisagístico" (inciso VII) (BRASIL, 1988). Guilherme Guimarães Feliciano (2005, p. 355) frisa que, esquematicamente, o meio ambiente cultural abarca os patrimônios *histórico, artístico, turístico* e *científico*, este reunindo "o cabedal de invenções, modelos, informações e patentes de relevante valor científico". A esse rol, acresceríamos o *cultural* propriamente dito, como o conjunto de expressões da identidade e dos valores de um povo ou de uma nação, cristalizadas basicamente em seus costumes e crenças[14]. O art. 216 da Carta Magna estabelece que:

> *Art. 216. Constituem patrimônio cultural brasileiro os bens de natureza material e imaterial, tomados individualmente ou em conjunto, portadores de referência à identidade, à ação, à memória dos diferentes grupos formadores da sociedade brasileira, nos quais se incluem:*
> 
> *I – as formas de expressão;*
> 
> *II – os modos de criar, fazer e viver;*
> 
> *III – as criações científicas, artísticas e tecnológicas;*
> 
> *IV – as obras, objetos, documentos, edificações e demais espaços destinados às manifestações artístico-culturais;*
> 
> *V – os conjuntos urbanos e sítios de valor histórico, paisagístico, artístico, arqueológico, paleontológico, ecológico e científico.*
> 
> *§ 1º O Poder Público, com a colaboração da comunidade, promoverá e protegerá o patrimônio cultural brasileiro, por meio de inventários, registros, vigilância, tombamento e desapropriação, e de outras formas de acautelamento e preservação.* (BRASIL, 1988)

O meio ambiente *laboral* também é objeto de previsão *expressa* em nossa Carta Constitucional, que dele cuida ao dispor sobre a competência do Sistema Único de Saúde, quando se lhe imputa a específica atribuição de "colaborar na proteção do meio ambiente, *nele compreendido o do trabalho*" (art. 200, inc. VIII) (BRASIL, 1988). Temos defendido que o meio ambiente do trabalho é a resultante da interação sistêmica de fatores naturais, técnicos e psicológicos ligados às condições de trabalho, à organização do trabalho e às relações interpessoais que condiciona a segurança e a saúde física e mental do ser humano exposto a qualquer contexto jurídico-laborativo (MARANHÃO, 2016, p. 420-430, esp. p. 430).

---

14 "Não há dúvida de que o patrimônio cultural é a base sobre a qual a civilização como um todo se edifica e evolui. O patrimônio cultural nacional, a seu turno, identifica-se com os valores precípuos de uma Nação. Representa os alicerces da construção de um país" (MARCHESAN, Ana Maria Moreira. **A tutela do patrimônio cultural sob o enfoque do direito ambiental**. Porto Alegre: Livraria do Advogado, 2007, p. 68-69).

## 3.3. MEIO AMBIENTE: PROPOSTA CONCEITUAL CONSTITUCIONALMENTE ADEQUADA

À vista do que até aqui expusemos, parece-nos claro que uma noção adequada de *meio ambiente* deve estar alicerçada em pelo menos cinco bases de compreensão: **(i)** o aspecto *histórico* de seu enunciado, deixando evidente sua necessária *construção cultural*; **(ii)** o aspecto *humano* de sua justificativa, deixando evidente sua necessária *inspiração antropocêntrica* (em sua compreensão *alargada* ou *solidarística*, como exposta anteriormente); **(iii)** o aspecto *complexo* de sua estrutura, deixando evidente sua necessária *assimilação gestáltica*; **(iv)** o aspecto *holístico* de sua compreensão, deixando evidente sua necessária *perspectiva sistêmica*; **(v)** o aspecto *transversal* de sua irradiação, deixando evidente seu necessário *alcance transdisciplinar*[15].

Para bem sedimentar as coisas, convém repisar: a **construção cultural** do conceito de meio ambiente revela que o plexo jurídico-ambiental representa uma realidade aberta, dinâmica, cuja definição será sempre sensível às injunções científicas, culturais e econômicas de cada época, não se resumindo, assim, aos elementos naturais (JURADO, 1994, p. 26). A **inspiração antropocêntrica** do conceito de meio ambiente atribui ao homem, na qualidade de ser racional e ético, a centralidade que lhe cabe como responsável pela condição de existência da vida e preservação equilibrada dos elementos naturais e sociais[16]. A **assimilação gestáltica** do conceito de meio ambiente aponta para o fato de que o ente ambiental só pode ser compreendido como um *todo* complexo e indissociável, em que a integralidade de seus elementos estão em permanente e profundo estado de interação e solidariedade entre si. A **perspectiva sistêmica** do conceito de meio ambiente enfatiza que a análise do ente ambiental deve considerar o funcionamento e a complexidade do todo, com suas inúmeras influências e interações, a dar concretude, na lição de Ricardo Luis Lorenzetti, a um autêntico *paradigma ambiental*[17]. Por fim, o **alcance transdisciplinar** do conceito de meio ambiente traduz que a assimilação apropriada da realidade ambiental implicará diálogo de saberes, de modo que, nas sóbrias palavras de J. J. Gomes Canotilho (1995, p. 69-79, p. 69-70), o jusambientalista deve "confessar a sua humildade e reconhecer que sem o amparo de outros ramos do direito não é possível edificar um corpus teórico suficientemente autónomo para abarcar todas as multidimensionalidades dos problemas ambientais".

Toda essa obra intelectiva tem por finalidade lançar boa luz para a elaboração de um apropriado conceito jurídico de meio ambiente, nomeadamente em face de sua incontornável construção *cultural*. Não por outro motivo, somos da ideia de que, tratando-se de um raciocínio ancorado primacialmente no ordenamento jurídico brasileiro, a decisão por uma conceituação ampla ou restrita de *meio ambiente* não deve ficar sujeita a parâmetros subjetivos. Antes, a condução por um ou outro caminho deve obedecer precisamente àquilo que já foi *jurídica* e *democraticamente* estatuído em nossa pátria pela Constituição Federal, referência normativa *primária* para

---

15 Luis Ortega Álvarez capta uma parte dessa proposta, ao referir que a noção de meio ambiente deve levar em conta a sua historicidade e a sua transversalidade. (Fonte: ÁLVAREZ, Luis Ortega. Concepto de medio ambiente. In: ÁLVAREZ, Luis Ortega; GARCÍA, Consuelo Alonso (Dir.). **Tratado de derecho ambiental**. Valencia: Tirant lo Blanch, 2013, p. 31-54, p. 35.)

16 "Esposo a tese de que o Direito Ambiental é antropocêntrico, mas estou falando de um homem com consciência ecológica, com uma postura ética coerente com o racionalismo que é atribuído à espécie humana" (SÉGUIN, Elida. **O direito ambiental**: nossa casa planetária. 3. ed. Rio de Janeiro: Forense, 2006, p. 15).

17 "[...] nos parece de interés indicar la existencia de un paradigma ambiental, que actúa como un principio organizativo del pensamiento retórico, analítico y protectorio, que se vincula con la interacción sistémica y con los enfoques holísticos" (LORENZETTI, Ricardo Luis. **Teoría del derecho ambiental**. Buenos Aires: Aranzadi, 2010, p. 2-3).

o intérprete e o cultor do Direito. Daí o porquê de propugnarmos que esse conceito, para se afigurar legítimo, deve guardar plena compatibilidade com os ditames constitucionais, apresentando-se, por isso, como *constitucionalmente adequado*.

No caso, nossa sugestão conceitual será precedida da exposição crítica de alguns conceitos extraídos de abalizadas fontes doutrinárias.

Nesse afã, anote-se, por primeiro, que, segundo Michel Prieur (2011, p. 1), renomado jusambientalista francês, meio ambiente "é o conjunto de fatores que influencia o meio em que o homem vive". Teoricamente, esse conceito é interessante porque não cai na tentação de enumerar os *fatores* de interação havidos no meio em que o homem está inserido. Peca, porém, pela excessiva generalidade, quando omite também qualquer enunciação das facetas ou dimensões ambientais (naturais, artificiais, culturais e laborais). A formulação doutrinária em tela passa ainda ao largo da distinção entre *ambiente* e *meio ambiente*, sendo que sua construção textual está mais para a primeira que para a última, mercê de seu forte cariz estático-descritivo.

Por fim, ao se reportar ao ambiente em que se *vive*, a proposta teórica só não terá contorno reduzido se compreendermos o verbo *viver* no sentido amplo de qualquer ambiência onde se experimenta a vivência humana (*v.g.*, ar puro não só nos arredores da residência, mas também no local de trabalho e nas praças e corredores públicos, todos locais de experimentação de vivência, com exposição temporal variada, mas igualmente importante para a saúde humana). Por conta desse detalhe e para evitar qualquer suscitação restritiva, revela-se ideal, em nossa percepção, que o conceito de meio ambiente busque se centrar basicamente no predicado da *influência* e *condicionamento* da qualidade de vida humana, já que o fator ambiental deletério pode estar não apenas onde *vivemos* – em sentido estrito –, mas também – e, por vezes, até mais fortemente – onde *trabalhamos*, exatamente na perspectiva larga sedimentada no texto constitucional.

J.J. Gomes Canotilho, por sua vez, refere a um interessante conceito de meio ambiente, então apontado como o "conjunto dos elementos que, na complexidade das suas relações, constituem o quadro, o meio e as condições de vida do homem, tal como são, ou tal como são sentidos"[18]. Veja-se que, à semelhança do que fez Michel Prieur, essa construção não ousou enumerar fatores de influência, tampouco dimensões ambientais. Por outro lado, confere forte ênfase à *dinamicidade* inerente ao meio ambiente, cujo conceito só é válido se compreendido como o *resultado* da "interação" de múltiplos fatores e não de sua simples soma ou conjugação ("na complexidade das suas relações"). Chama a atenção, ainda, pelo seu vívido colorido *antropológico*, centrando a perspectiva ambiental, teleologicamente, na qualidade de vida do ser humano, *valor-fonte* de todos os valores ("constituem o quadro, o meio e as condições de vida do homem") (REALE, 2002, p. 213). Em arremate, e o mais interessante, reconhece integrar o conceito de meio ambiente todo um jogo de percepções próprio a interações da ordem humana e social ("tal como são, ou tal como são sentidos").

Para José Afonso da Silva (2013, p. 20), a seu turno, meio ambiente é "a interação do conjunto de elementos naturais, artificiais e culturais que propiciem o desenvolvimento equilibrado da vida em todas as suas formas". Aqui, vemos sensibilidade quanto à diferenciação entre *meio* e *meio ambiente* – em verdade, o insigne jurista é mesmo o defensor dessa distinção, cuidando de

---

18  Segundo o renomado autor português, trata-se de conceito constante do "Programa de Acção, aprovado em 22-11-73, pelas Comunidades Europeias, *in* JOCE nº C-112, de 20-12-1973" (CANOTILHO, J. J. Gomes. **Proteção do ambiente e direito de propriedade (crítica de jurisprudência ambiental)**. Coimbra: Coimbra Editora, 1995, p. 10).

ensinamento que, por conta de sua correção técnica e conforme já explanado, avalizamos por inteiro. No mais, apesar de não arrolar fatores, ganha algum bom conteúdo ao enunciar dimensões ambientais, atendendo à assimilação gestáltica e à visão integrativa que se deve emprestar ao ente ambiental. Incorre, todavia, em inaceitável reducionismo quando omite a dimensão *laboral*, expressamente reconhecida no Texto Magno (art. 200, VIII) (BRASIL, 1988).

Assim, partindo desse cabedal de ideias e ousando entrelaçar alguns dos conceitos acima formulados, especialmente no que deles destacamos de positivo, conceituamos **meio ambiente** como *a resultante da interação sistêmica de fatores naturais, artificiais, culturais e laborais que influencia as condições de vida, em todas as suas formas*.

Trata-se de enunciado que, a um só tempo: **(i)** atenta para a separação entre *meio* e *meio ambiente*; **(ii)** descreve a totalidade das dimensões ambientais reconhecidas pela Constituição Federal brasileira, revelando-se, por isso, um conceito constitucionalmente adequado; **(iii)** dialoga com a assimilação gestáltica e uma visão integrativa do ente ambiental; **(iv)** e, embora refira a todas as formas de vida, não deixa de confidenciar forte inclinação antropocêntrica, oportunizando englobar significativas expressões psicossensoriais e socioculturais suscitadas *no* e *pelo* espírito humano por influência do meio em que integrado, igualmente condicionadoras de uma sadia qualidade de vida[19]. Só agora, com tal escólio, podemos encetar alguma análise crítica do conceito *legal* de meio ambiente encontrado em *terrae brasilis*.

### 3.4. MEIO AMBIENTE: ANÁLISE CRÍTICA DO CONCEITO LEGAL

Meio ambiente, segundo a legislação brasileira, é *"o conjunto de condições, leis, influências e interações de ordem física, química e biológica que permite, abriga e rege a vida em todas as suas formas"* (Lei nº 6.938/1981, art. 3º, I) (BRASIL, 1981). Essa lei, que dispôs, em território brasileiro, sobre a Política Nacional do Meio Ambiente (PNMA), veio à tona no regime constitucional anterior e foi firmada com base no art. 8º, inciso XVII, alíneas *c*, *h* e *i*, da Constituição Federal de 1967 (ANTUNES, 2012, p. 69)[20]. Era o que esclarecia a redação originária de seu art. 1º. Os citados dispositivos da Carta de 1967 estabeleciam o que segue:

> Art. 8º – Compete à União: [...]
>
> XVII – legislar sobre: [...]
>
> c) normas gerais de direito financeiro; de seguro e previdência social; de defesa e proteção da saúde; de regime penitenciário; [...]
>
> h) jazidas, minas e outros recursos minerais; metalurgia; florestas, caça e pesca;
>
> i) águas, energia elétrica e telecomunicações [...].

A *Lei nº 7.804/1989* (BRASIL, 1989), surgida já sob égide de novel regime constitucional, deu nova redação ao citado art. 1º, que passou a fazer referência, como base normativa de fun-

---

19  Em verdade, como destacam José Rubens Morato Leite e Patryck de Araújo Ayala, "não é possível conceituar o meio ambiente fora de uma visão de cunho antropocêntrico, pois sua proteção jurídica depende de uma ação humana" (LEITE, José Rubens Morato; AYALA, Patryck de Araújo. **Dano ambiental: do individual ao coletivo extrapatrimonial:** teoria e prática. 4. ed. São Paulo: Editora Revista dos Tribunais, 2011, p. 104).

20  O autor, nessa edição de sua obra, por equívoco, refere como sendo o inciso XVI, quando, na verdade, após consulta para ratificação da informação, constatamos ser o inciso XVII. (Fonte: BRASIL. Constituição Federal (1967). Constituição da República Federativa do Brasil de 1967. **Diário Oficial da União**, 24 jan. 1967. Disponível em: http://www.planalto.gov.br. Acesso em: 14 nov. 2015).

damentação da mencionada lei, aos arts. 23, incs. VI e VII, e 225, ambos da Constituição Federal 1988, que dispõem:

> Art. 23. É competência comum da União, dos Estados, do Distrito Federal e dos Municípios: [...]
> VI – proteger o meio ambiente e combater a poluição em qualquer de suas formas;
> VII – preservar as florestas, a fauna e a flora"; [...]
> Art. 225. Todos têm direito ao meio ambiente ecologicamente equilibrado, bem de uso comum do povo e essencial à sadia qualidade de vida, impondo-se ao Poder Público e à coletividade o dever de defendê-lo e preservá-lo para as presentes e futuras gerações.

Logo em seguida, a *Lei nº 8.028/1990* fez alguma alteração redacional ao mesmo dispositivo, sem modificar, contudo, o rol de preceitos constitucionais apontados como fundamentos para a lei que dispôs sobre o PNMA.

Quanto ao conteúdo, percebe-se que o conceito de meio ambiente constante da Lei nº 6.938/1981 foi formulado debaixo de uma prevalente atenção sobre elementos da *biosfera*: floresta, fauna, flora, jazidas, minas etc. Daí o acerto de José Afonso da Silva (2013, p. 21), que, ao tratar do assunto, reportou que tal enunciado está se referindo ao meio ambiente *natural*. Paulo Affonso Leme Machado (2012, p. 63), por sua vez, destaca que "a definição federal é ampla, pois vai atingir tudo aquilo que permite, abriga e rege a vida em todas as suas formas". Já Celso Antônio Pacheco Fiorillo (2012, p. 77) diz que "a definição de ambiente é ampla, devendo-se observar que o legislador optou por trazer um conceito jurídico indeterminado, a fim de criar um espaço positivo de incidência da norma". Antônio Herman Benjamin (1998, p. 5-52, p. 48), de sua parte, acentua que esse dispositivo legal é *teleologicamente biocêntrico* ("permite, abriga e rege a vida em todas as suas formas"), mas *ontologicamente ecocêntrico* (o conjunto de condições, leis, influências e interações de ordem física, química e biológica"). A respeito desse conceito legal, escreve ainda Hugo Nigro Mazzilli (2012, p. 161):

> O conceito legal e doutrinário é tão amplo que nos autoriza a considerar de forma praticamente ilimitada a possibilidade de defesa da flora, da fauna, das águas, do solo, do subsolo, do ar, ou seja, de todas as formas de vida e de todos os recursos naturais, com base na conjugação do art. 225 da Constituição com as Leis n. 6.938/81 e 7.347/85. Estão assim alcançadas todas as formas de vida, não só aquelas da biota (conjunto de todos os seres vivos de uma região) como da biodiversidade (conjunto de todas as espécies de seres vivos existentes na biosfera, ou seja, todas as formas de vida em geral do planeta), e até mesmo está protegido o meio que as abriga ou lhes permite a subsistência.

Segundo pensamos, o conceito em destaque é, ao mesmo tempo, amplo e restrito. Sendo teleologicamente biocêntrico, é *amplo*, porque fala da vida em todas as suas formas. Sendo ontologicamente ecocêntrico, é *restrito*, porque elenca fatores de interação (físicos, químicos e biológicos) comumente ligados tão somente à biosfera. Acertou em cheio, pois, Antonio Herman Benjamin.

De qualquer forma, mesmo sendo possível afirmar, no caso do regramento legal pátrio, que, ao fazer menção à vida "em todas as suas formas", a experiência humana decerto foi açambarcada, não há como negar o óbvio: todos esses enunciados foram concebidos, construídos e vazados debaixo da influência de uma marcante visão puramente *natural* ou *ecológica* do meio ambiente. Isso é perceptível em face do acanhado recorte legal de influências e interações que destacam, resumido a fatores de ordem física, química e biológica, **denunciando a pressuposição de uma**

**lógica relacional de fundo homem/natureza.** Ou seja, o conceito legal de meio ambiente, no Brasil e nesse particular, ao se circunscrever tão somente ao meio ambiente *natural*, acaba se revelando constructo um tanto quanto inadequado, porquanto *insuficiente* para abranger todos os bens jurídicos ambientais hoje reconhecidos em nosso ordenamento jurídico[21].

Igual percepção tem Paulo de Bessa Antunes, ao se manifestar pela insuficiência do conceito de meio ambiente alinhavado pela Lei nº 6.938/1981 (Política Nacional do Meio Ambiente – PNMA), que não leva em conta o contexto ambiental da *sociosfera* – desatendendo, assim, também, ao novo contorno jurídico conferido ao tema pela Constituição Federal de 1988. Eis sua certeira reflexão:

> O conceito estabelecido na Política Nacional de Meio Ambiente (PNMA) merece crítica, pois, como se pode perceber, o seu conteúdo não está voltado para um aspecto fundamental do problema ambiental, que é, exatamente, o aspecto humano. A definição legal considera o meio ambiente do ponto de vista puramente biológico e não do ponto de vista social, que, no caso, **é fundamental.** (ANTUNES, 2012, p. 70, grifamos)

Essa também é a visão de Luís Paulo Sirvinskas (2013), que, com inteiro acerto, e, da mesma forma, partindo de uma visão que confere maior amplitude temática à questão ambiental, acentua:

> [...] o conceito legal de meio ambiente não é adequado, pois não abrange de maneira ampla todos os bens jurídicos protegidos. É um conceito restrito ao meio ambiente natural. [...] Para melhor compreender o significado de meio ambiente, é necessário considerar os aspectos políticos, éticos, econômicos, sociais, ecológicos, culturais etc. Devemos, enfim, avaliar todas as condutas e atividades diárias desenvolvidas pelo homem. [...] Há necessidade de uma visão global da questão ambiental e das suas alternativas e soluções. [...] Forçoso, assim, salientar que a tutela jurídica do meio ambiente protege a vida, a integridade física, a estabilidade emocional, a qualidade de vida e a felicidade, bem como a incolumidade, a saúde e a Administração Pública. (SIRVINSKAS, 2013, p. 123 e 125)

Logo, esse preceito legal suscita importante crítica, denunciadora de um equivocado *reducionismo* conceitual quando cotejado com as diretrizes constitucionais. É reducionista porque detém fundo *ecológico*, olvidando de se reportar a aspectos da sociosfera. De fato, ao fazer referência somente às influências físicas, químicas e biológicas, o preceito normativo em foco acabou silenciando quanto a interações outras igualmente relevantes para o meio ambiente e que, de igual modo, influenciam sobremaneira na qualidade de vida do homem. Realmente, a se seguir com essa perspectiva estreita, permanecerá verdadeiramente intocado todo um importante plexo de interações ínsito ao meio ambiente, redundando em inadmissível restrição conceitual e investigativa, pela negligência quanto a fatores que, basicamente, estariam mais próximos de uma importantíssima e ainda pouco explorada dimensão do meio ambiente: a sua específica dimensão *social* ou *humana*.

É dizer: parece-nos que a mente do legislador de então estava mesmo fortemente impregnada por uma visão *mecanicista* e *ecológica* do meio ambiente, aspecto que influenciou de maneira

---

21 Nessa mesma senda, o ensino de Guilherme José Purvin de Figueiredo: "A definição legal da LPNMA é adequada para a identificação de determinados aspectos do meio ambiente, como por exemplo o natural, mas é insuficiente para abranger todos os valores jurídicos tutelados pelo Direito Ambiental como, por exemplo, o meio ambiente cultural (tutela do patrimônio cultural) e o meio ambiente do trabalho (tutela da saúde dos trabalhadores)" (FIGUEIREDO, Guilherme José Purvin de. **Curso de direito ambiental**. 6. ed. São Paulo: Editora Revista dos Tribunais, 2013, p. 64).

determinante o conteúdo da formulação conceitual sob análise, mas que arrosta com a expressa previsão constitucional de dimensões artificiais, culturais e laborais no plexo ambiental.

Noutro quadrante, percebemos, ainda, uma acentuada inconsistência na Lei nº 6.938/1981 no que toca ao conceito de *meio ambiente*. É que, por um lado, enuncia um conceito que não refere elementos ambientais sociais ou humanos. Entretanto, quando expõe o conceito de *poluição* (art. 3º, III)[22], insere no debate tais elementos da sociosfera. Em suma, a Lei nº 6.938/1981, no que tange à descrição conceitual que estabelece, foi *restritiva* no conceito de meio ambiente (art. 3º, I), mas *ampliativa* no conceito de poluição. Daí o acerto de Guilherme Guimarães Feliciano ao aduzir que referida lei, quando arrolou, entre as formas de poluição, as atividades que, direta ou indiretamente, criem condições adversas às atividades sociais e econômicas (art. 3º, III, "*b*"), "já insinuava o valor ambiental das interações culturais (apesar do teor do art. 3º, I)" (FELICIANO, 2005, p. 322).

Mas essa é uma inconsistência lógica e técnica plenamente superável. Afinal, a Constituição Federal não deve ser lida à luz da legislação infraconstitucional. A empreitada hermenêutica deve seguir na linha contrária. A rigor, basta que se proceda a uma *leitura constitucional* desse dispositivo, ampliando, pela via exegética, a restritiva carga semântica contida em sua estruturação textual, como fez, noutra ocasião, o próprio Guilherme Guimarães Feliciano, quando, atento aos termos da Lei nº 6.938/1981, art. 3º, I, e buscando nela inserir algo mais próprio ao meio ambiente do trabalho, conceituou *meio ambiente* como "o conjunto (= sistema) de condições, leis, influências e interações de ordem física, química, biológica e *psicológica* que incidem sobre o homem em sua atividade laboral, esteja ou não submetido ao poder hierárquico de outrem" (FELICIANO, 2013, p. 11-25, p. 13, grifamos).

Ainda dentro desse importante esforço de compatibilização constitucional, confira-se o feliz acerto do legislador brasileiro quando, no final da década de 1990, asseriu serem princípios básicos da educação ambiental, entre outros, "o enfoque *humanista, holístico, democrático e participativo*" e "a concepção do meio ambiente *em sua totalidade*, considerando a sua *interdependência* entre o meio natural, o socioeconômico e o cultural, sob o enfoque da sustentabilidade", pontuando ainda ser objetivo fundamental da educação ambiental "o desenvolvimento de uma *compreensão integrada* do meio ambiente em suas *múltiplas e complexas relações*, envolvendo aspectos ecológicos, psicológicos, legais, políticos, sociais, econômicos, científicos, culturais e éticos" (*Lei nº 9.795/1999*, art. 4º, incisos I e II, e art. 5º, inciso I – Política Nacional de Educação Ambiental) (BRASIL, 1999).

Acompanhando essa mesma perspectiva, também é digna de destaque a *Resolução CONAMA nº 306/2002*, quando, alargando o conceito de meio ambiente outrora previsto na Lei nº 6.938/1981 e o ajustando à silhueta impressa ao tema pela Carta Constitucional, anota que **meio ambiente** "*é o conjunto de condições, leis, influências e interações de ordem física, química, biológica,* **social***,* **cultural** *e* **urbanística***, que permite, abriga e rege a vida em todas as suas formas*" (BRASIL, 1999, grifamos). Percebe-se, assim, uma redação que procura abarcar elemen-

---

22 Lei nº 6.938/1981, art. 3º, III: "Art. 3º Para os fins previstos nesta Lei, entende-se por: (...) III – poluição, a degradação da qualidade ambiental resultante de atividades que direta ou indiretamente: a) prejudiquem a saúde, a segurança e o bem-estar da população; b) criem condições adversas às atividades sociais e econômicas; c) afetem desfavoravelmente a biota; d) afetem as condições estéticas ou sanitárias do meio ambiente; e) lancem matérias ou energia em desacordo com os padrões ambientais estabelecidos" (BRASIL. Lei nº 6.938, de 31 de agosto de 1981. Dispõe sobre a Política Nacional do Meio Ambiente, seus fins e mecanismos de formulação e aplicação, e dá outras providências. **Diário Oficial da União**, 2 set. 1981. Disponível em: http://www.planalto.gov.br. Acesso em: 14 nov. 2015).

tos de todas as dimensões reconhecidas pela Carta Magna: interações concernentes ao meio ambiente *natural* (física, química e biológica), *artificial* (urbanística), *cultural* e *laboral* (social). Vale pontuar, ademais, que mesmo as normas internacionais de qualidade e gestão ambiental já trataram de *atualizar* o seu conceito de *meio ambiente* à luz dos aportes constitucionais, enxergando-o como a "circunvizinhança em que uma organização opera, incluindo-se ar, água, solo, recursos naturais, flora fauna, *seres humanos e suas inter-relações*" (ISO 14001:2004) (ABNT, 2004, grifamos).

## CONSIDERAÇÕES FINAIS

Disso tudo resulta, sem sobra de dúvidas, fomento legal direto e indiscutível para que a sociedade brasileira, incluindo juristas e demais estudiosos do tema, compreenda, teorize e coloque em prática uma abordagem de meio ambiente ampla e complexa, apta a admitir sua *construção cultural*, sua *inspiração antropocêntrica*, sua *assimilação gestáltica*, sua *perspectiva sistêmica* e seu *alcance transdisciplinar*, exata e precisamente como há pouco enunciamos, na qualidade de alicerces teóricos de nosso artigo.

Há de se concluir, portanto, que nossa Constituição Federal abraçou, inequivocamente, uma concepção *ampla* de meio ambiente, englobando elementos não apenas ecológicos, mas também sociais e culturais. Essa formulação produziu relevante impacto no conceito de meio ambiente havido em nosso ordenamento jurídico, quando em cotejo com a delimitação conceitual textualmente gravada na Lei nº 6.938/1981. Alteração essa, diga-se de passagem, não apenas **quantitativa**, em face do reconhecimento de outros elementos ambientais além dos da *biosfera*, mas, acima de tudo, **qualitativa**, porque abona tônica ambiental de cariz mais *social*, vicejando uma retratação mais profunda e, por isso, mais adequada de toda a complexidade socioeconômica que permeia a discussão ambiental.

Bem por isso, o conceito legal de meio ambiente, no Brasil, ao conferir ênfase ao meio ambiente natural, revela-se mesmo constructo insuficiente para abranger todos os bens jurídicos ambientais hoje reconhecidos em nosso ordenamento jurídico, o que legitima a revisão hermenêutica de seu conteúdo no fito de ajustá-lo aos contornos constitucionais.

Por fim, insta consignar que, para nossos escopos acadêmicos, a ideia essencial, aqui e por ora, é justamente a de acalentar uma concepção ambiental que, partindo de uma inarredável perspectiva *gestáltica* e *interdisciplinar*, vindique não apenas a firme preservação dos recursos naturais da Terra, em prol das gerações presentes e futuras, mas, igualmente, sustente a promoção da vida e da saúde humana. Enfim, um prisma que reconheça o duplo e integrativo compromisso jusambiental de *resguardar o equilíbrio ecológico e proteger a vida humana*[23]. Com isso, propaga-se a benfazeja ideia de que se deve buscar saudável equilíbrio não só quanto à relação *homem/natureza*, mas também quanto às relações *homem/técnica* e *homem/homem*.

---

23   Como bem assevera Elida Séguin, "a inserção no texto constitucional, de 1988, da expressão *sadia qualidade de vida* configura a busca de uma proteção ambiental holística" (SÉGUIN, Elida. **O direito ambiental**: nossa casa planetária. 3. ed. Rio de Janeiro: Forense, 2006, p. 6). Grifo no original.

# CAPÍTULO 4
MEIO AMBIENTE DO TRABALHO: CONCEITO. APLICAÇÕES CONCEITUAIS

*Andrea da Rocha Carvalho Gondim*

## 4.1. MEIO AMBIENTE: ACEPÇÕES E CONCEITOS

A Constituição Federal consagrou como fundamento do Estado, dentre outros, a dignidade da pessoa humana, o valor social do trabalho (art. 1°, I, III e IV, CRFB/1988), com uma ordem econômica baseada na valorização do trabalho, tendo por fim assegurar a todos uma existência digna, conforme ditames da justiça social observado a função social da propriedade e a defesa do meio ambiente (art. 170, CRFB/1988).

A efetiva proteção à dignidade da pessoa humana é uma marca da nova ordem jurídica constitucional vigente, que, a partir da década de 1970, iniciou discussão acerca da necessidade de se proteger o meio ambiente como forma de se garantir a própria sobrevivência da espécie humana, com inspiração na Declaração de Estocolmo (1972).

A expressão meio ambiente foi cunhada pelo naturalista francês Geoffroy Saint-Hilaire, em sua obra Études Progressives d'un Naturaliste (1835), para significar o lugar que rodeia o ser.

O dicionário dá o significado de "meio" como o lugar em que se vive, conceito este utilizado popularmente para se referir ao ambiente que nos cerca ou meio onde vivemos (FERREIRA, 1999)[1].

O termo é criticado por sua redundância porque o ambiente já é o próprio meio em que vivemos, incluindo a fauna, a flora, o solo, a atmosfera e os fenômenos naturais que podem ocorrer em seus limites. Nesse sentido, observa Vladimir Passos de Freitas (2001, p. 17):

> A expressão meio ambiente, adotada no Brasil, é criticada pelos estudiosos, porque meio e ambiente, no sentido enfocado, significam a mesma coisa. Logo, tal emprego importaria em redundância. Na Itália e em Portugal usa-se, apenas, a palavra ambiente.

Parte da doutrina, todavia, entende que a junção das duas palavras confere novo significado, mais abrangente que as expressões isoladas, como explica Rodrigues, com proteção "ao meio biótico (todos os seres vivos) e outro abiótico (não vivo), porque é desta interação, entre diversas formas de cada meio, que resultam a proteção, o abrigo e a regência de todas as formas de vida" (2018, p. 74).

No mesmo sentido, SILVA (2013, p. 20) não vê qualquer problema no uso do termo meio ambiente, ensinando que a expressão *é mais fértil, imprimindo* conexão de valores que a palavra ambiente não exprime. Para ele, o ambiente "integra-se, realmente, de um conjunto de elementos naturais e culturais, cuja interação constitui e condiciona o meio em que se vive". No mesmo sentido, Padilha explica que o meio ambiente é tudo aquilo que cerca um organismo, seja físico, social ou psíquico (2002, p. 20)

---

1  Versão 3.0.1 CD-ROM.

E assim, a expressão meio ambiente, apesar da questão semântica, foi incorporada por diversos organismos internacionais, e órgãos nacionais (federais, estaduais e municipais), como o Programa das Nações Unidas para o Meio Ambiente (PNUMA), o Ministério de Meio Ambiente e as Secretarias Estaduais e Municipais de Meio Ambiente.

Como ensina Paz de La Costa Aguado *apud* Feliciano (2005, p. 317), o termo meio ambiente do trabalho admite uma acepção lata como bem universal e outra estrita que se refere aos elementos ambientais: fauna, flora, solo e atmosfera. O bem universal não se confunde com seus elementos, sendo composto pelo complexo dos elementos ambientais que se aglutinam[2].

Em nosso ordenamento jurídico, o conceito de meio ambiente foi explicitado pelo art. 3º, I, da Lei nº 6.938/1981, conhecida como Política Nacional do Meio Ambiente, que o define como *"conjunto de condições, leis, influências e interações de ordem física, química e biológica, que permite, abriga e rege a vida em todas as suas formas"*.

O meio ambiente possui assento constitucional no art. 225 que tutela não só o meio ambiente natural, mas o artificial, o cultural, o patrimônio genético e o do trabalho[3].

## 4.2. ASPECTOS DO MEIO AMBIENTE

O meio ambiente é uno, mas dividido para fins de estudo e sistematização em meio ambiente natural, artificial, cultural e do trabalho (FIGUEIREDO, 2013). A divisão facilita a localização do bem agredido à luz da norma constitucional: a) o meio ambiente natural; b) o meio ambiente artificial; c) o meio ambiente cultural; d) o meio ambiente do trabalho; e) o patrimônio genético.

O meio ambiente natural ou físico compreende os recursos naturais, formado pela flora, fauna, solo, água e ar e suas relações entre si. Corresponde ao conceito legal do art. 3º, I, da Lei nº 6.938/1981, albergando as condições, leis, influências e interações de ordem física, química e biológica, que permite, abriga e rege a vida em todas as suas modalidades.

O meio ambiente artificial corresponde à construção humana propriamente dita, referindo-se ao ambiente construído. Pode ser urbano e rural, compreendendo o conjunto de edificações (espaço urbano fechado ou espaço rural fechado) e os equipamentos públicos (espaço urbano aberto ou espaço rural aberto). Recebeu tratamento constitucional em diversos artigos, de acordo com Celso Fiorillo:

> o meio ambiente artificial recebe tratamento constitucional não apenas no art. 225, mas também nos arts. 182, ao iniciar o capítulo referente à política urbana; 21, XX, que prevê a competência material da União Federal de instituir diretrizes para o desenvolvimento urbano, inclusive habitação, saneamento básico e transportes urbanos; 5º, XXIII, entre alguns outros. (2008, p. 21)

O meio ambiente cultural diz respeito ao patrimônio material e imaterial de um povo, englobando a história, a formação e cultura, compreendendo o patrimônio artístico, histórico, turístico, paisagístico, sítios de valor histórico e arqueológico[4]. Interessante perceber que o que

---

2   Neste sentido, acrescenta Antonio Herman V. Benjamin *apud* Feliciano (2005, p. 318), as noções de macrobem (no mesmo sentido da acepção lata de meio ambiente) e microbem (acepção estrita).

3   Desse modo, ensina Feliciano (2005, p. 321) que o conceito de meio ambiente adotado no Brasil é o conceito amplo, pois engloba não apenas as interações de ordem física, química e biológica, mas também as interações sociais, tuteladas pelo meio ambiente cultural, que é uma ideia repelida pelo conceito restrito.

4   Sobre a matéria, decidiu o Egrégio Supremo Tribunal Federal: "No tocante ao § 1º do art. 216 da CF, não ofende esse dispositivo constitucional a afirmação constante do acórdão recorrido no sentido de que há um conceito

define o meio ambiente cultural é a capacidade de se estabelecer correlação mnemônica de um grupo social que se caracteriza por suas idiossincrasias, não sendo sinônimo de patrimônio cultural, este previsto no art. 216 da CRFB/1988 e considerado como os bens de natureza material e imaterial, tomados individualmente ou em conjunto, portadores de referência à identidade, à ação, à memória dos diferentes grupos formadores da sociedade brasileira, incluindo: as formas de expressão; os modos de criar, fazer e viver; as criações científicas, artísticas e tecnológicas; as obras, objetos, documentos, edificações e demais espaços destinados às manifestações artístico-culturais e os conjuntos urbanos e sítios de valor histórico, paisagístico, artístico, arqueológico, paleontológico, ecológico e científico[5].

O patrimônio genético, de acordo com o art. 2º, inciso I, da Lei nº 13.123/2015, corresponde à origem genética de espécies vegetais, animais ou microbianas ou de outra natureza, inclusive substâncias oriundas do metabolismo destes seres vivos. Tal dispositivo não é aplicável ao patrimônio genético humano, segundo o art. 4º da lei supracitada. O art. 225, § 1º, II e V, da CRFB/1988, confere assento constitucional ao patrimônio genético estabelecendo que compete ao Poder Público preservar a diversidade e a integridade do patrimônio genético, fiscalizar as entidades dedicadas à pesquisa e manipulação deste material, controlar a produção, a comercialização e o emprego de técnicas, métodos e substâncias que comportem risco para a vida, a qualidade de vida e o meio ambiente[6]. Segundo Celso Fiorillo, a proteção jurídica do patrimônio genético é necessária em razão da "possibilidade trazida pela engenharia genética de utilização de gametas conservados em bancos genéticos para a construção de seres vivos, possibilitando a criação e o desenvolvimento de uma unidade viva sempre que houver interesse" (2005, p. 20).

O impacto da engenharia genética em diversos ramos, como a pecuária, a avicultura e a agricultura, impõe a regulação das relações advindas da complexidade do tema, como o fez a Lei nº 13.123/2015, que, em seu art. 5º, vedou o acesso ao patrimônio genético, para fins de práticas lesivas ao meio ambiente, à saúde humana e desenvolvimento de armas químicas e biológicas.

O meio ambiente do trabalho, por seu turno, foi expressamente positivado no texto constitucional, que estabeleceu competir ao sistema único de saúde colaborar na proteção do meio ambiente, nele compreendido o do trabalho (art. 200, VIII, da CF).

É direito universal do homem os mais altos padrões de saúde, que pode ser traduzido através do princípio universal da "máxima saúde possível", insculpido no artigo 12 do Pacto

---

amplo e um conceito restrito de patrimônio histórico e artístico, cabendo à legislação infraconstitucional adotar um desses dois conceitos para determinar que sua proteção se fará por tombamento ou por desapropriação, sendo que, tendo a legislação vigente sobre tombamento adotado a conceituação mais restrita, ficou, pois, a proteção dos bens, que integram o conceito mais amplo, no âmbito da desapropriação" (RE 182.782, rel. Min. Moreira Alves, j. 14 nov. 1995, 1ª Turma, *DJ* de 09 fev. 1996).

5  O Decreto-Lei nº 25/1937 (Lei do Tombamento), rege a proteção ao patrimônio cultural nacional, servindo de base para as leis estaduais e municipais sobre a matéria.

6  O Egrégio Supremo Tribunal Federal conferiu, com base no direito à saúde e nos princípios da precaução e da prevenção, bem como do direito à proteção da saúde: "interpretação conforme à Constituição, sem redução de texto, ao disposto no inciso IV do §3º do artigo 1º da Lei 13.301/2016, para fixar o sentido segundo o qual a aprovação das autoridades sanitárias e ambientais competentes e a comprovação científica da eficácia da medida são condições prévias e inafastáveis à incorporação de mecanismos de controle vetorial por meio de dispersão por aeronaves, em atendimento ao disposto nos artigos 225, §1º, incisos V e VII, 6º e 196 da Constituição da República". [ADI 5.592, rel. p/ o ac. Min. Edson Fachin, j. 11 set. 2019, publ. *DJE* de 10 mar. 2020]. Disponível em http://www.stf.jus.br/portal/constituicao/artigobd.asp?item=%202004. Acesso em abr. 2020.

Internacional sobre Direitos Econômicos, Sociais e Culturais (adotado em 1966 pela ONU, com vigência mundial desde 1976, e no Brasil desde 24/04/1992), senão vejamos:

> Artigo 12. 1. Os Estados Partes no presente Pacto reconhecem o direito de todas as pessoas de gozar do melhor estado de saúde física e mental possível de atingir. 2. As medidas que os Estados Partes no presente Pacto tomarem com vista a assegurar o pleno exercício deste direito deverão compreender as medidas necessárias para assegurar: a) A diminuição da mortinatalidade e da mortalidade infantil, bem como o são desenvolvimento da criança; b) O melhoramento de todos os aspectos de higiene do meio ambiente e da higiene industrial; c) A profilaxia, tratamento e controlo das doenças epidêmicas, endêmicas, profissionais e outras; d) A criação de condições próprias a assegurar a todas as pessoas serviços médicos e ajuda médica em caso de doença.

Os valores centrais refletidos em normas da OIT sobre segurança e saúde no trabalho são expressos em três princípios fundamentais: (i) o trabalho deve ocorrer em um ambiente de trabalho seguro e saudável; (ii) as condições de trabalho devem ser compatíveis com o bem-estar dos trabalhadores e da dignidade humana; e (iii) o trabalho deve oferecer possibilidades de realização pessoal e social.

Neste particular, a Convenção da OIT sobre Segurança e Saúde Ocupacional, de 1981 (n° 155), ratificada pelo Brasil em 18 de maio de 1992, estabelece, em seu art. 3°, 'c', que *"a expressão 'local de trabalho' abrange todos os lugares onde os trabalhadores devem permanecer ou onde têm que comparecer, e que estejam sob o controle, direto ou indireto, do empregador"*. Tal definição, todavia, restringe o conceito que, na realidade, reflete todos os espaços e contornos em que se desenvolvem atividades de trabalho humanas, sendo a mão de obra empregada apenas uma delas.

O objetivo é a proteção da saúde e bem-estar físico e mental dos trabalhadores, razão pela qual a OIT estabelece no art. 3°, 'e', da Convenção n° 155, que "o termo 'saúde', com relação ao trabalho, abrange não só a ausência de afecções ou de doenças, mas também os elementos físicos e mentais que afetam a saúde e estão diretamente relacionados com a segurança e a higiene no trabalho".

Os maiores desafios para a saúde do trabalhador atualmente e no futuro são, segundo a Organização Mundial da Saúde, os "problemas de saúde ocupacional ligados com as novas tecnologias de informação e automação, novas substâncias químicas e energias físicas, riscos de saúde associados a novas biotecnologias, transferência de tecnologias perigosas, envelhecimento da população trabalhadora, problemas especiais dos grupos vulneráveis (doenças crônicas e deficientes físicos), incluindo migrantes e desempregados, problemas relacionados com a crescente mobilidade dos trabalhadores e ocorrência de novas doenças ocupacionais de várias origens" (OMS/OPAS).

Acrescentamos neste rol o estresse relacionado ao trabalho[7]. Os fatores do local de trabalho que podem causar estresse são chamados de riscos psicossociais, enfatizando a interação dinâmica entre o meio ambiente de trabalho e os fatores humanos. Em toda a história do mundo do trabalho, estes fatores de riscos estiveram presentes, mas seu reconhecimento só recente-

---

7  A Organização Internacional do Trabalho (OIT) lançou a publicação "Estresse no local de trabalho: um desafio coletivo", como tema do estudo lançado na campanha do Dia Mundial pela Segurança e Saúde no Trabalho, abordando as tendências globais atuais sobre o estresse relacionado ao trabalho e seus impactos. Disponível em: http://www.ilo.org/safework/events/safeday/lang--en/index.htm. Acesso em: 06 dez. 2016.

mente passou a ser considerado como perigo relacionado à saúde no trabalho (EU-OSHA 2007 e ILO 2010)[8].

No Brasil, a CRFB/1988 foi fundamental para a concretização da etapa da saúde do trabalhador no ordenamento jurídico, visto que considerou a saúde como direito social e garantiu aos trabalhadores a redução dos riscos inerentes ao trabalho, por meio de normas de saúde, higiene e segurança. Assim, em sintonia com a tendência internacional, nosso constituinte percebeu o homem, como parte indissociável do meio em que vive, sendo objeto de atenção especial de nossa Lei Maior que busca assegurar a todos uma existência digna, com observância do direito ao meio ambiente ecologicamente equilibrado, como uma das bases para seu desenvolvimento, inclusive no exercício de seu labor, como ensina Norma Sueli Padilha:

> A valorização do meio ambiente do trabalho implica numa mudança de postura ética, ou seja, na consideração de que o homem está à frente dos meios de produção. O meio ambiente do trabalho deve garantir o exercício da atividade produtiva do indivíduo, não considerado como máquina produtora de bens e serviços, mas sim como ser humano ao qual são asseguradas bases dignas para manutenção de uma sadia qualidade de vida. (PADILHA, 2011, p. 112)

Primitivamente, o meio ambiente do trabalho é concebido como o local do estabelecimento ou chão de fábrica. No entanto, tal conceito evoluiu abrangendo não apenas um local, mas a operação através da qual se desenvolve a atividade laborativa do do trabalhador – empregado ou não. Como esclarece Mariana Benevides da Costa:

> À vista disso, pode o meio ambiente do trabalho ser *in door*, ou a céu aberto, na superfície, ou no subterrâneo, aéreo, rodoviário, marítimo, submarino, fluvial, nas cidades, nas suas ruas, no campo, no ambiente corporativo, ou no domicílio do trabalhador, ou num conjunto imediatamente sucessivo de vários desses lugares, ou, ainda, em qualquer outro lugar, desde que o ser humano esteja laborando profissionalmente. O meio ambiente do trabalho é, pois, objetivamente determinado, em função da atividade humana de trabalho profissional. (COSTA, 2019, p. 59)

Ney Maranhão (2016, eletrônico) afirma que o conceito de meio ambiente do trabalho pode ser ampliativo ou restritivo, citando três linhas conceituais restritivas: 1) a que limita o meio ambiente do trabalho ao chão de fábrica; 2) a que enfoca as interações labor-ambientais exclusivamente naturais e 3) a que o considera restringe **ao cenário laboral empregatício.** Trilhando a linha restritiva em relação ao meio ambiente do trabalho como estabelecimento do empregador, Celso Fiorillo o conceitua como:

> [...] local onde as pessoas desempenham suas atividades laborais, sejam remuneradas ou não, cujo equilíbrio está baseado na salubridade do meio e na ausência de agentes que comprometam a incolumidade físico-psíquica dos trabalhadores, independentemente da condição que ostentem (homens, mulheres, maiores, menores de idade, celetistas, servidores públicos, autônomos, etc.). (FIORILLO, 2002, p. 22)

---

[8] Os fatores psicossociais podem estar relacionados ao indivíduo, à sociedade e às organizações, interagindo entre si, de modo que se a interação entre o meio ambiente do trabalho e o homem ocorrer de forma negativa, poderá ocasionar distúrbios emocionais, problemas de comportamento, alterações bioquímicas e neuro-hormonal, apresentando riscos adicionais à saúde mental ou física do trabalhador. De outro lado, quando as condições de trabalho e fatores humanos estão em equilíbrio, o trabalhador cria uma sensação de domínio e autoconfiança, aumenta a motivação, capacidade e satisfação de trabalho e melhora a saúde.

Há uma clara confusão entre o meio ambiente do trabalho e o local do estabelecimento da empresa na concepção restritiva como deixa clara a leitura de Guilherme José Purvin de Figueiredo:

> É certo que a maioria dos trabalhadores se insere em aglomerados urbanos, labutando no interior de indústrias, escritórios, hospitais, supermercados, escolas, etc. Nestas situações, a fixação do trabalhador dá-se de forma tão localizada que não haveria necessidade de se distinguir a noção de *meio ambiente de trabalho* (local onde o trabalhador está desenvolvendo a sua atividade profissional) da noção de *estabelecimento*, por serem coincidentes, ao menos enquanto o *estabelecimento* for o palco da ação laboral. (FIGUEIREDO, 2007, p. 41)

Para Ney Maranhão, o alcance da expressão meio ambiente dependerá da linha teórica adotada (restritiva ou ampliativa). Segundo o autor, a questão centra-se em "admitir, ou não, que, além dos elementos *naturais* (água, ar, solo, fauna, flora etc.), também fatores 'humanos' (artificiais, culturais, sociais etc.) sejam levados em conta na formulação conceitual de meio ambiente" (2016, eletrônico). E arremata que a alusão apenas a fatores *físicos, químicos e biológicos* restringe o objeto de estudo, partindo de uma concepção ambiental exclusivamente *ecológica, o que já não se admite por ignorar as interações outras*, como as *psicossociais,* presentes na seara labor-ambiental. Segundo o autor, a terceira linha restritiva relacionaria o meio ambiente do trabalho à relação de emprego existente e não à relação de trabalho (gênero da qual aquela é a espécie), pois só haveria tutela ao meio ambiente laboral quando presente típica relação de emprego segundo os requisitos do art. 3º da CLT, com a existência de pessoa física que presta serviços de natureza não eventual a empregador, sob a dependência deste e mediante salário.

A concepção ampliativa não se limita a conceituar o meio ambiente do trabalho ao estabelecimento da empresa e suas interações físicas, químicas e biológicas, passando a acrescentar os fatores psicológicos e relações de trabalho e não apenas de emprego, uma vez que o objeto é o próprio homem e seu direito a um meio ambiente equilibrado, independentemente de ser empregado ou não.

O conceito baseado na noção de local de trabalho reduz o espectro normativo, limitando o meio ambiente do trabalho ao estabelecimento, olvidando a organização do trabalho e desconsiderando a realidade da relação laboral.

Nesse contexto, digno de nota é o meio ambiente do trabalho no setor de transporte rodoviário que é realizado fora do estabelecimento da empresa que, todavia, controla a atividade através do controle de viagens e prazos de entrega das mercadorias. O número de acidentes de trabalho envolvendo este setor superou o da construção civil quando se trata da letalidade, como aponta Paulo Moraes (2014, p. 2). De acordo com o autor, o descontrole de jornada, baixa remuneração e pagamento em comissão formavam o cenário ideal para que o trabalhador ultrapassasse seus limites físicos. A Lei nº 12.619/2012 trouxe avanços na temática, como o art. 2º, V, que esclarecia a obrigação da empresa de transporte rodoviário ou empregador que tenha em seu quadro motoristas, que controle de forma fidedigna a jornada do motorista, como uma forma de preservar a saúde do trabalhador. Tal dispositivo foi revogado pelo art. 2º, V, *b*, da Lei nº 13.103/2015 que, no mesmo sentido, estabeleceu como direito dos motoristas profissionais, se empregados: "*ter jornada de trabalho controlada e registrada de maneira fidedigna mediante anotação em diário de bordo, papeleta ou ficha de trabalho externo, ou sistema e meios eletrônicos instalados nos veículos, a critério do empregador*".

Em relação ao meio ambiente do trabalho rural, a CRFB/1988 igualou os direitos dos trabalhadores urbanos e rurais, ampliando a proteção deste setor de tradição de mais de cinco séculos no país. Lourival Santos chama atenção para as duras condições do trabalho dos cortadores de cana e pontua que o trabalhador rural é submetido a maior risco de acidentes graves ou fatais, além de "problemas respiratórios, dermatológicos, tóxicos, neoplásicos, mecânicos, ergonômicos, dentre outros, em sua maioria ocasionado por algum 'descuido' daquele que deixou de cumprir as obrigações de empregador" (SANTOS, 2014, p. 35)[9].

Com o avanço tecnológico, notadamente com a implantação do sistema eletrônico, o trabalho remoto ou a distância passou a ser uma realidade, viabilizando aos trabalhadores o exercício de suas atividades em locais diversos da estrutura física de seu empregador e, ainda assim, a diferença espacial não interfere no grau de subordinação e produtividade dos trabalhadores que estão psicologicamente engajados na sua atividade laboral, mediante controle de acesso ao sistema, avaliação permanente do desempenho e das condições de trabalho, estipulação de metas de desempenho diárias, semanais e/ou mensais.

O ser humano que trabalha é cada vez mais exigido e pressionado psicologicamente, ainda quando labora em sua própria casa, pois precisa atender às metas fixadas por quem coordena a organização produtiva. Com a terceirização, o problema se agrava, pois, o empregado, embora sirva ao tomador, tem sua relação laboral mascarada por subterfúgios que servem apenas para confundir e criar a falsa percepção de irresponsabilidade do tomador.

A pandemia do Sars-Cov-2[10] demonstra como o trabalho em atividades não essenciais migrou do escritório para as residências dos trabalhadores, sem reduzir o controle, as metas e a dinâmica do empreendimento, em operações concretizadas através do uso de meios digitais. Urge, portanto, a necessidade de superar a concepção restritiva do meio ambiente do trabalho, em nome da concepção ampliativa que leva em conta o desempenho da atividade laborativa, independentemente do local em que esta ocorra e independentemente de se tratar de uma relação de emprego ou de trabalho. Ronaldo Lima dos Santos, nessa linha, assevera que:

> o conceito de meio ambiente do trabalho não se limita às relações de emprego, abrangendo todos aqueles que participam de uma organização empresarial, independentemente da natureza jurídica da sua relação de trabalho, uma vez que estão todos inseridos no contexto da proteção do meio ambiente equilibrado. (SANTOS, 2013, p. 224)

---

9   A Lei nº 5.889/1973, art. 13, estabelecia a observância das normas de segurança e higiene estabelecidas em portaria do Ministro do Trabalho e Previdência Social nos locais de trabalho rural. A CRFB/1988 igualou os direitos dos trabalhadores urbanos e rurais. Em 2008, as Normas Regulamentadoras Rurais – NRR foram substituídas pela Norma Regulamentadora de Segurança e Saúde na Agricultura, Pecuária, Silvicultura, Exploração Florestal e Aquicultura (NR-31 do extinto MTE) que estabeleceu, no item 31.3.3, competir ao empregador rural, ou equiparado, a garantia das condições de trabalho adequadas, com realização de avaliações de risco para a saúde do trabalhador, adotando medidas de proteção para as operações, informando os trabalhadores dos riscos inerentes ao trabalho, dentre outras medidas.
10   A pandemia foi reconhecida pela OMS (Organização Mundial da Saúde) em 11 de março de 2020. Disponível em https://saude.abril.com.br/medicina/oms-decreta-pandemia-do-novo-coronavirus-saiba-o-que-isso-significa/. Acesso em 12 mar. 2020.

A lesão ao meio ambiente do trabalho pode ter alcance além dos muros do empreendimento[11], atingindo o homem em seus mais diversos papéis na sociedade[12], razão pela qual o entendimento citado se coaduna com a maior efetividade do direito a um meio ambiente equilibrado, pois o foco do meio ambiente do trabalho é a proteção da saúde do homem que labora não apenas contra infortúnios e doenças laborais, mas em favor da manutenção da sadia qualidade de vida no trabalho.

E nesse enfoque global do meio ambiente do trabalho, Sebastião Geraldo de Oliveira adverte que o ambiente do trabalho não pode ser avaliado de forma fracionada, pois os agentes nocivos interagem e tudo o que está em volta interfere no bem-estar do empregado:

> E não só o ambiente físico, mas todo o complexo de relações humanas na empresa, a forma de organização do trabalho, sua duração, os ritmos, os turnos, os critérios de remuneração, as possibilidades de progresso, o 'clima' organizacional, a satisfação dos trabalhadores, etc. (OLIVEIRA, 2011, p. 74)

O fato de a atividade laboral ser realizada dentro ou fora dos muros da empresa deixa, portanto, de ser um fator imprescindível para o dimensionamento da tutela do meio ambiente do trabalho, desde que o elemento psicológico da relação laboral esteja presente.

Seguindo esta percepção, Guilherme Guimarães Feliciano refere-se ao meio ambiente humano como um sistema, em razão da percepção de que a retirada de uma parte prejudica o conhecimento do todo, daí porque utiliza o termo *Gestalt*[13]. O mesmo autor, inspirado na noção cunhada por Guido Antônio Soares (1995, p. 42), conceitua o meio ambiente do trabalho como "*o conjunto (= sistema) de condições, leis, influências e interações de ordem física, química, biológica e psicológica que incidem sobre o homem em sua atividade laboral, esteja ou não submetido ao poder hierárquico de outrem*"[14]. (Destacamos.)

O cerne da questão, portanto, é tratar o meio ambiente do trabalho como entidade una e indivisível. E, como conteúdo mínimo do trabalho decente, sua proteção é impositiva, permitindo uma interpretação sob a lente dos direitos humanos, como forma de efetivá-lo. Assim, a lesão

---

11  O recente desastre ambiental ocorrido com a mineradora Samarco, em Minas Gerais, é um exemplo da unidade do meio ambiente e da importância de se zelar pela saúde do homem, incluindo o homem-trabalhador, pela imbricação presente na lesão ao meio ambiente como um todo. Outro triste exemplo de lesão ao meio ambiente e aos trabalhadores locais foi a contaminação provocada por pesticidas pela empresa Shell/Basf em Paulínia, São Paulo.

12  Segundo notícia extraída da revista Veja: "Com 317 anos, o distrito de Bento Rodrigues, na cidade mineira de Mariana, tinha história. O vilarejo de 600 habitantes fez parte da rota da Estrada Real no século XVII e abrigava igrejas e monumentos de relevância cultural. Em 5 de novembro, em apenas onze minutos, um tsunami de 62 milhões de metros cúbicos de lama aniquilou Bento Rodrigues. Dez mortes haviam sido confirmadas até a tarde da última sexta-feira e dezoito pessoas continuavam desaparecidas. A onda devastou outros sete distritos de Mariana e contaminou os rios Gualaxo do Norte, do Carmo e Doce. Moradores de cidades em Minas e no Espírito Santo tiveram a rotina afetada por interrupções no abastecimento de água. O destino final da lama deve ser o mar do Espírito Santo, onde o Rio Doce tem sua foz. O que causou a tragédia foi o rompimento de duas barragens no complexo de Alegria, da mineradora Samarco. As barragens continham rejeito, o resíduo não tóxico resultante da mineração de ferro. Eram três as barragens de rejeito em Alegria: a de Germano, a de Fundão e a de Santarém" (GONÇALVES *et al.*, eletrônico)

13  Como elucida o autor, "o meio ambiente não deve ser tomado com a soma de elementos a isolar, analisar e dissecar, mas como sistema constituindo unidades autônomas" (FELICIANO, 2006, p. 113).

14  Feliciano, ainda citando Guido Antônio Soares: "composta pela interação de todos os elementos componentes do meio ambiente, os quais, por mais 'inúteis' que fossem, mereciam resguardo e proteção" (16). Em outra obra e dentro dessa mesma linha, o citado doutrinador destaca que "o meio ambiente é um valor complexo, que deve ser encarado como uma *Gestalt* em relação aos seus componentes" (FELICIANO, 2013, p. 13).

ao meio ambiente do trabalho gera o direito à reparação em razão de violação ao valor jurídico supremo que é o direito à vida (no qual se inclui o direito à saúde), tendo, portanto, fundamento constitucional, destacando-se os seguintes dispositivos: Art. 1º, I e IV; Art. 3º I e II; Art. 4º, II; Art. 5º, X e XXIII; Art. 7º, XXVIII; Art. 186, II e III; Art. 170, III e VI; Art. 193; Art. 200, II e Art. 225, V (CRFB/1988).

Dessa forma, a relação de trabalho é incapaz de apartar do homem-trabalhador sua condição de titular do direito à vida digna, razão pela qual defendemos a concepção ampliativa para o conceito de meio ambiente do trabalho que deve englobar qualquer local em que o trabalhador se ative em benefício de outrem, desde que esteja sob o comando, orientação e controle deste, independentemente da forma como o trabalho seja prestado (subordinado ou não) e do local físico da prestação do serviço (dentro ou fora do estabelecimento).

# CAPÍTULO 5
MEIO AMBIENTE DO TRABALHO: ESCORÇO HISTÓRICO

*Márcio Ricardo Parra*

## 5.1. OS PRIMÓRDIOS

Desde a Antiguidade há relatos de doenças de trabalhadores relacionadas às atividades laborais, notadamente na atividade de mineração. Hipócrates, considerado o pai da medicina, descreveu sintomas de intoxicação por chumbo em um trabalhador minerador por volta de 400 anos antes da era Cristã (BRASIL, 2004, p. 12).

O chumbo foi um dos primeiros metais que o homem aprendeu a utilizar, e os efeitos de sua intoxicação já eram desde tempos antigos identificados. O baixo ponto de fusão, a elasticidade e a facilidade para formar ligas tornam simples seu manuseio, motivo pelo qual em épocas remotas foi amplamente utilizado na fabricação de utensílios domésticos, armas e adornos (BRASIL, 2006, p. 7).

No século II a.C., o médico Nicandro, da cidade grega Cólofon, também descrevia sintomas associados à larga exposição ao chumbo, como a paralisia e a cólica saturnina (RIVA *et al.*, 2012). Plínio, no século I d.C., mencionou as doenças mais comuns entre escravos e a utilização de membranas de pele como máscaras pelos trabalhadores no refino de zarcão[1] (CABRAL, 2016, p. 25-26).

Todavia, tais doenças não despertaram muito interesse entre os antigos, pois os afetados normalmente eram os trabalhadores das classes sociais mais baixas e os escravos, que não contavam com qualquer proteção da sociedade. Naquela época, a atenção dos romanos estava voltada às conquistas militares (BRASIL, 2004, p. 12).

A intoxicação pelo chumbo foi mais ampla na Antiguidade e atingiu outros ambientes além dos laborais relacionados à mineração. O metal foi utilizado largamente pelos romanos, notadamente após a conquista da Britânia, no século I d.C., região onde era muito abundante (RIVA *et al.*, 2012), sendo empregado para fabricar os canos de água que abasteciam as casas das grandes cidades. Foi também empregado na confecção de panelas utilizadas na produção do mosto do vinho, o que resultou na contaminação da população mais nobre e abastada, moradora das cidades, sendo frequentemente apontado como uma das causas de problemas de fertilidade entre os patrícios e imperadores[2].

Há que se considerar que um maior estudo acerca das doenças que atingiam os trabalhadores que manuseavam o chumbo poderia ter chamado atenção, mais precocemente, para os riscos causados pela exposição ao metal.

---

1  O zarcão é uma espécie de óxido de chumbo utilizado como pintura em peças de ferro para dificultar a formação de ferrugem.
2  Em virtude dos problemas de fertilidade, observou-se uma queda na taxa de natalidade e, por consequência, dificuldades para assegurar a geração de filhos sucessores saudáveis, fato que pode ter contribuído para o declínio do Império Romano.

Foi somente durante o período renascentista que surgiram as primeiras hipóteses médicas relacionadas à contaminação por esse metal. Naquela época, os artesãos medievais atingiram o *status* de artistas, motivo pelo qual sua vida profissional começou a ser objeto de estudo.

Entre esses trabalhadores, os pintores eram os mais propensos a serem expostos ao metal, pois manuseavam tintas que o utilizavam em sua base. Destaca-se o uso do carbonato de chumbo, substância que até o século XIX era indispensável para se obter a cor branca (RIVA *et al.*, 2012).

Também ourives e outros trabalhadores ligados à produção de metal estavam suscetíveis. Em 1473, o médico alemão Ulrich Ellenbog recomendava aos ourives que cobrissem a boca com um pano e que mantivessem as janelas abertas como prevenção contra o envenenamento por vapores de chumbo e mercúrio.

No período renascentista houve um grande interesse pelos metais. O médico saxão Georgius Bauer, mais conhecido como Georgius Agrícola, escreveu o livro *De re metallica*, ou *Da natureza dos metais*, que foi publicado em 1556 e é considerado um clássico da metalurgia.

No livro, além de descrever detalhadamente o processo de mineração, o autor reconhecia a importância da medicina para assegurar a saúde dos mineradores. Na primeira parte de sua obra, denominada "Livro I", Agrícola descreve alguns dos conhecimentos que reputava serem necessários à atividade:

> Além disso, há muitas artes e ciências que um minerador não deveria ignorar. Primeiro há a filosofia, para que ele possa discernir a origem, causa e natureza das coisas subterrâneas. Assim, estará habilitado para cavar as veias facilmente e de forma vantajosa, para obter resultados mais abundantes de sua mineração. Segundo, há a medicina, para que possa cuidar de seus escavadores e outros trabalhadores, a fim de que não se deparem com as doenças que atingem mais a estes do que trabalhadores de outras ocupações. (AGRÍCOLA, 1912, p. 4)

Contudo, apesar de reconhecer a importância da medicina para a prevenção dos males da mineração, Agrícola atribuía, em alguma medida, a responsabilidade por danos ao descuido do próprio trabalhador. Isso porque, ao defender a atividade mineradora das críticas sofridas à época, assim asseverava:

> Os críticos dizem que a mineração é uma profissão perigosa para se seguir, porque os mineradores, às vezes, são mortos pelo ar pestilento que respiram; às vezes, suas gargantas apodrecem; às vezes os homens perecem por serem esmagados em massas de rochas; às vezes, caindo das escadas dentro das galerias, eles quebram seus braços, pernas ou pescoços. Acrescentam que não há compensação que se possa achar grande o suficiente para compensar o risco extremo à saúde e à vida. Essas ocorrências, eu confesso, são de excessiva gravidade e, além disso, cheias de terror e perigo, de modo que eu consideraria que os metais não deveriam ser desenterrados se esse tipo de coisa acontecesse frequentemente aos mineradores, ou se eles não pudessem se colocar a salvo de tais riscos por forma alguma. Quem não preferiria viver a possuir as coisas, mesmo os metais? Porque quem assim perece não possui nada, apenas cede a seus herdeiros. Mas desde que coisas do tipo raramente aconteçam, e apenas na medida em que o trabalhador é descuidado, elas não impedem um minerador de continuar o seu negócio mais do que impediriam um carpinteiro de exercer o seu, caso um dos seus colegas que, agindo de forma arriscada, tenha perdido a vida por cair de um prédio alto. (AGRÍCOLA, 1912, p. 6)

Em 1567 foi publicada a monografia *Sobre a tísica dos mineiros e outras doenças das montanhas*, de Paracelso (CABRAL, 2016, p. 26). As considerações apresentadas por Paracelso foram baseadas em sua experiência de 10 anos de trabalho em uma fundição e nas minas da região de Tirol, ao norte da Itália (BRASIL, 2004, p. 12).

No século XVII, Samuel Stockhausen, um médico alemão da cidade de Goslar, considerado um dos pioneiros da medicina do trabalho, alertava que os trabalhadores das minas deveriam evitar a inalação da poeira.

Estudando as doenças dos antigos trabalhadores das minas de Rammelsberg, que ficava nas imediações da cidade, chegara à conclusão de que a doença conhecida como "asma dos mineiros" tinha sua origem no pó do litargírio, uma espécie de óxido de chumbo (RIVA et al., 2012). Em 1656, Stockhausen publicou o livro *Tratado sobre gases nocivos de litargírio, doenças por eles causadas, e asma dos mineiros*.

Em 1700, o médico italiano Bernardino Ramazzini publicou *De morbis artificum diatriba* ou *Das doenças dos trabalhadores*, livro em que estudou mais de sessenta profissões e as doenças a elas relacionadas. Por essa obra, Ramazzini é considerado o "pai da medicina ocupacional".

Ao interrogar os trabalhadores doentes, Ramazzini incorporava a seguinte interrogativa: "Que arte exerce?" (CABRAL, 2016, p. 28). Com essa simples pergunta, repetida a muitos de seus pacientes, foi capaz de identificar e correlacionar as doenças que mais frequentemente atingiam trabalhadores de determinadas profissões.

Para Ramazzini (2016, p. 30), existiam duas principais causas das doenças ocupacionais: a natureza nociva das substâncias manipuladas, que podem causar doenças específicas pelos gases danosos ou poeiras irritantes; e as posições forçadas ou inadequadas, que, pouco a pouco, podem produzir grave enfermidade.

Em sua obra, Ramazzini descreve detalhadamente os sintomas, doenças e prejuízos à saúde em cada uma das profissões. Entre as profissões estudadas estão a dos mineradores; douradores (ourives); massagistas; químicos; oleiros; vidraceiros; pintores, trabalhadores do enxofre; ferreiros; gesseiros; farmacêuticos; cloaqueiros (limpadores de fossas); pisoeiros (limpadores de manchas em roupas ou lã); azeiteiros; trabalhadores de fumo; coveiros; parteiras; nutrizes; vinhateiros (fabricantes de vinhos); padeiros; fabricantes de amido; peneiradores de cereal; lapidários (trabalhadores de pedreiras); lavadeiras; cardadores de linho; salineiros; pessoas que trabalham em pé; operários sedentários (alfaiates); atletas; agricultores; pescadores; militares; pedreiros; literatos (professores); escribas e notários; tecelões; carpinteiros; marinheiros; caçadores; entre outras.

Ao descrever as doenças dos gesseiros e dos trabalhadores da cal, Ramazzini relata o resultado da aspiração da poeira dessas substâncias, uma vez que, tomando contato com a umidade do interior do corpo, elas endurecem:

> Tenho visto amiúde que aqueles que o calcinam, preparam, moem, peneiram e empregam sentem-se oprimidos por grande dificuldade de respiração, com o ventre contraído e com os hipocôndrios duros e distendidos, perdem a cor e ficam com o rosto, realmente, como se fosse de gesso, sobretudo os que amassam com mó de mão e o peneiram [...] não é de se estranhar que partículas de gesso recebidas através da traqueia nos receptáculos do ar e ali misturadas com o líquido seroso que ressuma das glândulas produzam tão desastrados efeitos [...] impedindo a entrada do ar e sua saída. (RAMAZZINI, 2016, p. 71 e 73)

Quanto aos males dos mineradores, destaca que as poeiras aspiradas atacam os pulmões, se misturam ao sangue e "alteram a constituição natural do cérebro", provocando tremores, tuberculose, úlceras nas gengivas, dores articulares, tumores nos pés e perda de dentes. Destaca que as minas de mercúrio eram as mais perniciosas, que os escavadores desse minério somente conseguiam atingir três anos de trabalho e em apenas quatro meses já começavam a aparecer os tremores nos membros (RAMAZZINI, 2016, p. 30-32).

Situação semelhante descreveu para os ourives, que para dourar os metais tinham que derreter e volatilizar o mercúrio, que emite vapor tóxico, motivo pelo qual também rapidamente adoeciam (RAMAZZINI, 2016, p. 39). A contaminação também atingia os massagistas, que, à época, aplicavam em seus pacientes um unguento à base de mercúrio como remédio contra doenças venéreas e sarna.

Ao descrever as doenças que acometiam os trabalhadores sedentários, destacava os alfaiates e sapateiros, que, por trabalharem sentados e debruçados sobre o objeto de sua atividade, desenvolviam deformidades em suas vértebras, o que os tornava corcundas (RAMAZZINI, 2016, p. 173). Era esse um exemplo da identificação de um risco ergonômico no trabalho.

## 5.2. A REVOLUÇÃO INDUSTRIAL

Os moinhos existiam desde o século XVI, que na época eram movidos pela força motora dos cursos d'água ou pela tração animal. Os equipamentos eram utilizados na produção de lã, que passou a ser parte substancial da economia da Inglaterra.

Há registro de um acidente fatal com uma criança ocorrido em 1540, na Inglaterra (EVES, 2014). A criança estava parada próxima à roda de um moinho movido por um cavalo quando o aro do equipamento se quebrou em pedaços, atingindo-a fatalmente. Após o inquérito para a apuração das causas da morte, o moinho foi desativado.

Em meados do século XVIII, a invenção da máquina a vapor viabilizou uma profunda mudança na forma de produção e na forma de viver que, iniciando pela Inglaterra, aos poucos atingiu a Europa continental e transformou o mundo.

Considera-se que a Revolução Industrial teve seu início em 1760, em uma fundição pertencente a Abrahan Darby, localizada no vilarejo Coalbrookdale, Inglaterra (EVES, 2014). Em pouco tempo, a mecanização foi introduzida no setor têxtil, que era a indústria então crescente.

Além da mão de obra de homens e mulheres adultos, a manufatura industrial utilizou-se, em larga escala, da mão de obra infantil, principalmente de crianças órfãs.

No início, as fábricas eram construídas longe das cidades, próximas aos cursos d'água, motivo pelo qual havia dificuldade para obter-se mão de obra. Doutro lado, as paróquias que acolhiam crianças órfãs tinham interesse em lhes dar uma destinação. Nesse contexto, as paróquias e as empresas pactuavam o envio de grupos de crianças para as fábricas, nas quais passariam anos de sua vida (CARMO, 1992, p. 31).

Contudo, a segurança dos equipamentos não era objeto de qualquer regulamentação. A Revolução Industrial inaugurou a produção em massa, que permitiu um aumento na produtividade, mas também trouxe como consequência um incremento considerável nos acidentes de trabalho.

A mecanização e a simplificação do trabalho permitiram a introdução de mulheres, adolescentes e crianças no processo produtivo, que até então estavam protegidas no ambiente familiar.

Contudo, por sua menor força física, eram consideradas "meia força" e, por esse motivo, geralmente eram remuneradas com valores menores.

Trabalhadores bem treinados na atividade têxtil poderiam pagar eles mesmos por mulheres e crianças não treinadas para ajudá-los em seu trabalho. Esperava-se que as crianças de pais pobres ou órfãs trabalhassem para auxiliar no sustento da família ou o próprio (EVES, 2014).

As crianças representavam uma mão de obra muito barata. Eram empregadas nas fábricas, nas quais se submetiam a um regime disciplinar rigoroso e a jornadas de trabalho extensas, entre 14 e 16 horas (CARMO, 1992, p. 32). Os alojamentos eram inadequados, as camas eram divididas por mais de uma criança, e estas recebiam pouca ou nenhuma educação (EVES, 2014). Além disso, essas crianças eram pressionadas a trabalhar até a exaustão, meio adormecidas, não podendo sucumbir ao sono, pois se dormissem apanhariam do capataz (HUBERMAN, 1986, p. 179). Também por isso os acidentes com crianças eram frequentes, e muitas vezes resultavam em mutilações de dedos e membros nas engrenagens das máquinas (CARMO, 1992, p. 32).

O serviço de aprendizagem começava aos 7 anos, e, em alguns lugares, a partir dos 5, desde que fossem capazes de atenção e obediência. Há registro de que no ano de 1871 autoridades inglesas chegaram a encontrar crianças de 3 anos em atividade aparentemente laboral, em uma fábrica de fósforos (FELICIANO, 2013, p. 63).

Com o processo de industrialização e a consequente mecanização da produção, o trabalho humano foi substituído em várias etapas do processo produtivo, resultando em um aumento das taxas de desemprego. A menor demanda de trabalho não qualificado gerado pela mecanização, o movimento de êxodo rural que se iniciara no século anterior, e a utilização da mão de obra feminina e infantil, que até então não faziam parte do mercado de trabalho, resultaram em um "exército de reserva" de mão de obra, fato este que determinou um progressivo arrocho dos salários (FELICIANO, 2013, p. 60-61).

Os operários tentaram evitar o envio de suas próprias crianças às fábricas, pois ficavam horrorizados com a situação dos órfãos. Contudo, o salário pago aos pais e mães não era suficiente para manter a família e, logo, as crianças que mantinham em casa também foram obrigadas a trabalhar nas fábricas (HUBERMAN, 1986, p. 178). Na França, relatório médico datado de 1826 registrava que somente 27% dos filhos de operários atingiam a idade de 10 anos (FELICIANO, 2013, p. 63).

Também para os adultos a situação era penosa. A industrialização trouxe o trabalho noturno, que até então era muito raro ou praticamente não existia – no campo o trabalho seguia o ciclo do dia, os ciclos da natureza.

Os trabalhadores experimentavam rígidas disciplinas e se submetiam a tempos preestabelecidos que eram rigorosamente medidos. Afirmava-se que o relógio, e não a máquina a vapor, era a chave para a era industrial (FELICIANO, 2013, p. 61).

Os ambientes das fábricas eram insalubres. Os tetos eram baixos, as janelas eram estreitas e permaneciam fechadas. Não havia preocupação com higiene ou estética dos prédios, e os proprietários não estavam dispostos a suportar os custos da prevenção labor-ambiental.

Trabalhadores de uma fiação em Manchester, na Inglaterra, cumpriam jornadas de 14 a 16 horas em uma temperatura de 26 a 29 °C e sem permissão para buscar água. Seriam punidos se deixassem a janela aberta, se lavassem o rosto no trabalho ou mesmo se assoviassem (HUBERMAN, 1986, p. 178).

O ruído das máquinas era intenso, dificultando até mesmo que os trabalhadores escutassem as ordens de trabalho. No período noturno, a iluminação deficiente se dava por bicos de gás, o que contribuía para ocorrer os frequentes acidentes (BITENCOURT; QUELHAS, 1998).

O médico francês Louis-René Villermé, ao descrever as condições de trabalho nas tecelagens dos arredores de Paris, relatou que as crianças eram pálidas, nervosas, lentas nos movimentos e paradas no olhar. Quanto aos homens, descreveu que trabalhavam até 17 horas curvados sobre os teares, sob uma nuvem espessa de poeiras irritantes e de pelo de algodão, que se depositavam sobre as vestes, cabelos, sobrancelhas, entrada dos ouvidos e narinas, adentrando a boca, garganta e vias respiratórias (FELICIANO, 2013, p. 63).

As condições precárias de saúde e segurança no ambiente de trabalho refletiam não somente nos ambientes fabris, mas no tecido social como um todo. Os salários baixos eram insuficientes para assegurar o estritamente necessário, resultando em subalimentação e falta de higiene. A moradia dos trabalhadores era inadequada e os períodos de desemprego importavam em risco imediato à sobrevivência da família.

As condições precárias de vida das classes pobres, somadas ao esgotamento físico e aos acidentes de trabalho, resultaram até mesmo em dificuldades para o alistamento militar. Por volta de 1830, na França, observou-se que eram necessários 153 inscritos das classes abastadas para se obter 100 homens aptos para o serviço militar. Contudo, nas classes mais pobres, eram necessários 383 homens para se obter os mesmos 100 militares (DEJOURS, 1987, p. 14).

Foi nesse contexto de empobrecimento do trabalhador, de jornadas de trabalho extensas que avançavam horários noturnos, de condições de trabalho insalubres ou perigosas e de exploração de mão de obra infantil que se começou a perceber nos países industrializados a necessidade de regulamentação das relações de trabalho, sobretudo quanto aos aspectos inerentes à saúde e segurança do trabalhador.

Nas palavras de Henri Lacordaire, padre e pensador francês: "entre o forte e o fraco, entre o rico e o pobre, entre o senhor e o servo, é a liberdade que oprime e a lei que liberta".

## 5.3. AS PRIMEIRAS REGULAMENTAÇÕES E A LEI DOS APRENDIZES DE 1802

As raízes da intervenção estatal para minimizar problemas sociais e de saúde remontam ao século XVI. Durante esse período, a economia inglesa passou a depender do comércio da lã, porém muitos criadores foram desapropriados das terras de que necessitavam para criar suas ovelhas, o que gerou o êxodo rural de famílias inteiras em situação de pobreza rumo às cidades (EVES, 2014).

A criminalidade e a agitação que se alastraram pelo país conduziram à edição de lei, em 1563, que visava socorrer os pobres, distinguindo-os entre "merecedores" e "não merecedores". Em 1572, teve lugar um imposto pago pelas comunidades locais para socorrer os "merecedores". Em 1576, foram criadas as "Casas de Trabalho"[3], com supervisores paroquiais nomeados em 1597.

Ainda no reinado de Elizabeth I, essas leis esparsas foram consolidadas na *Poor's Law*, ou Lei dos Pobres, de 1601, que visava aliviar os efeitos da pobreza alastrada pelo país. Essa lei se manteve inalterada até 1834, quando os supervisores paroquiais foram substituídos pelo Conse-

---

3   As Casas de Trabalho eram uma espécie de alojamento para mendigos. Há críticas contra essas casas no sentido de que se assemelhavam a prisões.

lho de Guardiões (dos pobres), e que mais tarde cumulariam funções de autoridades sanitárias rurais pela Lei de Saúde Pública de 1875 (EVES, 2014)[4].

Em 1802, Sir Robert Peel, um proprietário de fábrica, apresentou projeto de lei ao Parlamento inglês que visava melhorar as condições dos trabalhadores. A Lei de Preservação da Saúde e Moral dos Aprendizes (*Act for the Preservation of the Health and Morals of Apprentices*), também conhecida como Lei dos Aprendizes, Lei de Fábricas (*Factory Act*), ou *Peel's Act*, aplicava-se somente às fábricas têxteis e dispunha sobre aspectos de segurança, saúde do trabalhador e higiene no ambiente de trabalho.

A lei previa que os proprietários deveriam manter as instalações limpas e saudáveis. Para tanto, as empresas deveriam realizar duas lavagens anuais das paredes com cal e assegurar a adequada ventilação de ar fresco, por meio de janelas em número suficiente (EVES, 2014). Também proibia o trabalho noturno aos aprendizes e limitava a jornada destes a 12 horas.

Considerando que os aprendizes eram, em grande parte, órfãos enviados pelas igrejas às fábricas, a lei estabelecia aos empregadores a obrigação de fornecer-lhes anualmente roupas e acomodações para dormir: as roupas deveriam ser do tamanho adequado, e a cama não poderia ser dividia por mais de duas crianças. Também era obrigatório o fornecimento de instrução em leitura, escrita, matemática e princípios de religião cristã. Aqueles que fossem membros da igreja anglicana seriam submetidos a uma avaliação anual por um clérigo.

A lei ainda previa a aplicação de multa pelo seu descumprimento, estabelecida entre 2 e 5 libras. A fiscalização foi atribuída aos "vistoriadores", que seriam indicados por um magistrado entre os magistrados locais e os clérigos.

Contudo a lei foi amplamente descumprida por falhas na fiscalização: os magistrados muitas vezes eram proprietários de fábricas. Os clérigos tinham uma relação de parceria com os proprietários, enviando-lhes os órfãos das comunidades. Assim, os fiscais encontravam-se em conflito de interesses, motivo pelo qual relutavam em aplicar multas e confrontar seus parceiros ou vizinhos (EVES, 2014).

Houve algumas tentativas de reforçar a legislação em 1819, 1825 e 1831, porém o sistema de fiscalização permaneceu fraco e ineficiente.

## 5.4. A LEI DE FÁBRICAS DE 1833 E OS PRIMEIROS INSPETORES DE CONDIÇÕES DO TRABALHO

As preocupações com as condições de trabalho nas fábricas cresciam à medida que mais mulheres, jovens e crianças, em situação de pobreza nas cidades, eram enviados para as fábricas.

Também o número de acidentados no trabalho era crescente. Há relatos de que a cidade de Manchester parecia ter saído de uma guerra em virtude da quantidade de aleijados que perambulavam desempregados pelas ruas (BITENCOURT; QUELHAS, 1998). Por volta de 1829, as crescentes inquietações geraram preocupações quanto à manutenção da lei e da ordem em Londres (EVES, 2014).

---

4   A Lei dos Pobres teve algumas alterações em 1918, quando a responsabilidade pelo seu cumprimento passou às mãos do Ministério da Saúde. Em 1929, os Conselhos locais de Guardiões foram extintos. Com o fim da Segunda Guerra Mundial e a inauguração do Estado de bem-estar social, a Lei dos Pobres caiu em desuso.

Também havia insatisfação quanto ao sistema de representação política, baseado na influência de poucos proprietários e ausência de representação de cidades industriais, donde resultavam leis que protegiam principalmente a classe proprietária.

Em 1831, o Primeiro-Ministro Earl Grey apresentou ao Parlamento projeto de lei que concedia maior representação pública. O projeto foi rejeitado na Câmara dos Lordes, gerando tumultos que foram reprimidos de forma violenta, com morte de manifestantes, o que exacerbou a raiva do povo.

Em 1832, novo projeto foi apresentado por Grey, dessa vez aprovado. A lei ficou conhecida como a "Lei do Povo" (*People Act*) ou "A Grande Reforma". A nova legislação permitiu que representantes com perfis filantropos chegassem ao parlamento, conduzindo o Reino Unido à abolição da escravidão em 1833. Earl Grey também realizou reformas na Lei dos Pobres (EVES, 2014).

Naquela época, era crescente a compreensão de que algumas questões que causavam grande impacto social não poderiam ser simplesmente deixadas para que o mercado privado as solucionasse. Era necessária a intervenção estatal, por meio de regulamentação, nas questões em que o mercado falhasse.

Ademais, à época a formação de sindicatos era ilegal, o que dificultava qualquer organização coletiva por parte dos trabalhadores e, por consequência, dificultava também qualquer negociação privada entre trabalhadores e proprietários.

Em 1831, estimava-se que três milhões de pessoas trabalhavam nas fábricas e que, destas, 250 mil trabalhavam em indústrias têxteis, ramo de atividade em que grande parte da força de trabalho era constituída por mulheres e crianças (EVES, 2014).

Em 1832, foi instaurada uma comissão para avaliar as condições das fábricas, que concluiu que as longas jornadas enfrentadas pelas crianças não lhes deixavam tempo ou forças para sua educação.

Em 1833, foi aprovada uma nova Lei das Fábricas, sob o título "Lei para regular o trabalho de crianças e jovens nas fábricas". Apesar de ser resultado de um movimento social que exigia a limitação da jornada de trabalho a 10 horas, a lei manteve a limitação de 12 horas. A lei proibiu o trabalho noturno aos menores de 18 anos, tornou obrigatória a instalação de escolas para atender menores de 13 anos e estabeleceu a idade mínima para ingresso no trabalho aos 9 anos.

Algumas lições haviam sido aprendidas desde a Lei dos Aprendizes de 1802, entre elas que uma fiscalização fraca ou com fiscais em conflito de interesses conduziria ao não cumprimento da lei. Por esse motivo, sob a égide da Lei de Fábricas de 1833, a fiscalização foi reforçada e reformulada para que atuasse com independência.

Foram indicados pelo governo quatro "Inspetores de Fábricas" para atuar na fiscalização de aproximadamente três mil fábricas têxteis: Leonard Horner, Thomas Jones Howell, Robert Rickards e Robert Jones Saunders.

Os quatro inspetores eram pessoas bem estabelecidas, respeitadas, e receberiam um razoável pagamento pelo desempenho de suas funções. Cada um teria a competência para atuar em determinada área geográfica e deveriam reportar suas atividades, separada e diretamente, para um alto secretariado do governo.

Cada um dos quatro Inspetores de Fábricas poderia indicar subinspetores que os auxiliariam em suas funções, e estes também seriam remunerados por seus serviços (EDMONDS, 2007, p.

87). Apesar da séria oposição de políticos e proprietários de fábricas, os inspetores e subinspetores desempenharam bem suas funções. Seu principal dever era prevenir acidentes e o excesso de trabalho de crianças nas indústrias têxteis. A eles foram atribuídos poderes para entrar nas instalações das fábricas e conversar com os trabalhadores. Inicialmente detinham atribuições para estabelecer regulamentações concernentes à prevenção de acidentes, mas que posteriormente foram transferidas para o governo.

Diferentemente dos vistoriadores que os precederam, os Inspetores de Fábricas adotaram uma conduta profissional e comprometida com suas obrigações. Em um primeiro momento, organizaram reuniões nas prefeituras das cidades para educar os empregadores sobre suas novas responsabilidades. As reuniões eram bem recebidas, mas as tentativas dos inspetores de melhorar os padrões de segurança por meio da força executória dos regulamentos eram frequentemente desafiadas pelos empregadores (EVES, 2014).

A atuação desses inspetores influenciou o cumprimento da legislação de prevenção de acidentes e a efetiva instalação de escolas nas fábricas. As crianças entre 9 e 13 anos deveriam receber educação por duas horas diárias, seis dias por semana, e não poderiam trabalhar mais de 9 horas por dia. Jovens entre 13 e 18 anos não trabalhariam mais que 12 horas. Nenhuma criança poderia trabalhar à noite. Deveria existir na instalação um relógio público para que todos pudessem verificar o cumprimento dos horários de refeição (EVES, 2014).

Naquela época, parar as máquinas para limpá-las significava uma grande perda de produção. Dessa forma, era muito comum que a limpeza ocorresse com as máquinas em movimento, o que normalmente era feito por crianças e, com frequência, resultava em acidentes por vezes fatais (EVES, 2014).

Em 1844, a legislação inglesa deu um passo adiante em aspectos de segurança ao proibir mulheres, jovens e crianças de limparem as máquinas enquanto estivessem em movimento. Também previa que deveriam ser instalados protetores sobre partes perigosas de máquinas. Em 1880, a Lei de Responsabilidade do Empregador previa que o empregador poderia ser responsabilizado pelos acidentes causados por negligência de gerentes e superintendentes (NOSHC, 2016).

Embora não houvesse uma exigência legal específica, os primeiros Inspetores do Trabalho se esforçaram para convencer empregadores a oferecer, voluntariamente, instalações de bem-estar adequadas a seus funcionários, tais como banheiros decentes e vestiários com chuveiros nos quais pudessem se lavar. Nesse processo, alguns empresários perceberam os benefícios de tais medidas. Leonard Horner descreveu, em 1848, que um dos empresários que havia providenciado instalações da espécie lhe teria afirmado que, sob um enfoque meramente pecuniário, se sentia reembolsado por ter trabalhadores melhores e mais dispostos (EVES, 2014), um exemplo de que o investimento em saúde laboral pode resultar em maior produtividade.

## 5.5. A CRIAÇÃO DA ORGANIZAÇÃO INTERNACIONAL DO TRABALHO

A Inglaterra foi o primeiro país a se industrializar, surgindo então as primeiras leis referentes à saúde e segurança no ambiente de trabalho. Contudo, não foi o único a contar com leis da espécie. À medida que os demais países desenvolviam sua indústria, também percebiam as dificuldades e inquietações decorrentes da atividade.

Em 11 de maio de 1877, surge no estado de Massachusetts a primeira lei dos Estados Unidos da América que visava prevenir acidentes na indústria. A lei exigia a instalação de protetores sobre correias de transmissão, eixos e engrenagens. Também proibia a limpeza de máquinas em movimento e obrigava a empresa a dispor de saídas de emergência em número suficiente para que, no caso de incêndios, o local pudesse ser evacuado rapidamente (BITENCOURT; QUELHAS, 1998).

Na Europa continental havia preocupações da espécie que podiam ser observadas na Suíça, Alemanha e França. Leis precursoras da responsabilidade dos empregadores por lesões ocorridas no ambiente do trabalho já eram verificadas na Alemanha, em 1869, e na Suíça, em 1877 (BRASIL, 2004, p. 17).

Contudo, as iniciativas esparsas esbarravam em um argumento econômico: um país que se dispusesse a diminuir a jornada de trabalho ou a oferecer outras melhorias na condição de seus trabalhadores poderia perder a competitividade de preço de seus produtos, caso os outros países não fizessem o mesmo.

Daniel Legrand, proprietário industrial nascido na Basileia e radicado na França, já em 1841 pleiteava que a França e outros principais países da Europa adotassem leis internacionais referentes ao trabalho (CABRAL, 2016, p. 86), notadamente para que se reduzisse a jornada de trabalho de crianças.

Robert Owen, um proprietário inglês nascido no País de Gales, em 1824 afirmava que os governos deveriam atuar em conjunto para unificar a legislação e, com isso, viabilizar a redução de jornada de trabalho sem prejudicar a indústria nacional (SOUZA, 2006, p. 427).

As propostas de Robert Owen e Daniel Legrand foram seguidas de outras manifestações durante o século XIX, tais como a encíclica *Rerum novarum*, de 1891, a Conferência Internacional convocada por Guilherme II, da Alemanha, em 1889, para discutir questões operárias, e o esforço do governo da Suíça para criar uma organização internacional que disciplinasse questões operárias.

A soma de diversos esforços resultou na fundação da Associação Internacional para Proteção Legal dos Trabalhadores, em 1890, sediada na Basileia. Dessa associação surgiu o primeiro tratado bilateral entre a França e a Itália, datado de 1909 (SOUZA, 2006, p. 427-431).

Ao final da Primeira Guerra Mundial, o Tratado de Versalhes previu a criação da Organização Internacional do Trabalho (OIT), que passou a estimular a ação conjunta dos países para a melhoria de condições de trabalho.

Constou do preâmbulo da Parte XIII do Tratado de Versalhes:

> Considerando que a Sociedade das Nações tem por objetivo estabelecer a paz universal e que tal paz não pode ser fundada senão sobre a base da justiça social; em atenção a que existem condições de trabalho que implicam para um grande número de pessoas em injustiça, miséria e privações, e que origina tal descontentamento que a paz e a harmonia universais correm perigo; em vista de que é urgente melhorar essas condições (por exemplo, no que concerne à regulamentação das horas de trabalho, à fixação de uma duração máxima da jornada e da semana de trabalho, ao aproveitamento da mão de obra, à luta contra o desemprego, à garantia de um salário que assegure condições convenientes de existência, à proteção dos trabalhadores contra as enfermidades gerais ou profissionais e os acidentes resultantes do trabalho, à proteção das crianças, dos adolescentes e das mulheres, às pensões de velhice e de invalidez, à defesa dos interesses dos trabalhadores ocupados no estrangeiro, à afirmação do princípio da liberdade sindical, à organização do ensino profissional e técnico e outras medidas análogas); tendo presente que a não adoção por uma nação qualquer de um regime de trabalho realmente humanitário é um obstáculo aos esforços das demais desejosas de melhorar a sorte

dos trabalhadores nos seus próprios países; – as Altas Partes Contratantes, movidas por sentimentos de justiça e humanidade, assim como pelo desejo de assegurar uma paz duradoura e mundial, convencionaram o que segue. (SOUZA, 2006, p. 433)

Esse preâmbulo foi, em grande parte, reproduzido no Preâmbulo da Constituição da Organização Internacional do Trabalho atualmente vigente, aprovado em 1946.

Desde a sua fundação, em 1919, a OIT tem sido um indutor do desenvolvimento de legislação visando à melhoria de condições de saúde e segurança no ambiente do trabalho, dedicando várias de suas convenções ao assunto.

Já no início das atividades da OIT, a Convenção nº 1, adotada em 28 de novembro de 1919, previa a limitação da jornada de trabalho na indústria em 8 horas diárias, e 48 horas semanais, incluído nesse conceito a indústria de transformação, as atividades mineradoras, a construção civil, os serviços de transportes de pessoas ou cargas por ferrovias, rodovias, transporte fluvial e cabotagem.

A Convenção nº 3, adotada em 29 de novembro de 1919, dispunha sobre a proteção à maternidade, prevendo um período de repouso de 6 semanas após o parto e uma licença de até 6 semanas antes do parto, mediante atestado médico.

As Convenções nºs 4, 5 e 6, todas de 1919, dispunham sobre o trabalho noturno das mulheres, idade mínima para admissão em trabalhos industriais e trabalho noturno dos menores na indústria, respectivamente. As convenções preconizavam a vedação do trabalho noturno para mulheres e crianças e vedavam o emprego de menores de 14 anos na indústria. A proibição de trabalho do menor de 14 anos na agricultura viria por meio da Convenção nº 10, de 1921.

Em sua Convenção nº 17, de junho de 1925, a OIT previa a indenização de trabalhadores no caso de acidentes de trabalho na indústria. A referida convenção também previa a obrigação de o empregador, ou a seguradora, fornecerem próteses e materiais ortopédicos que se mostrassem necessários. A Convenção nº 12, de 1921, estabelecia que a legislação deveria estender tais compensações também aos trabalhadores agrícolas.

Ainda em 1925, a Convenção nº 18 previa a indenização por incapacidade decorrente de algumas doenças ocupacionais. A convenção mencionava expressamente a intoxicação por chumbo, mercúrio e infecção carbunculosa causada pelo bacilo antrax (*anthracis*), presente na pele de animais bovinos, ovinos e caprinos (FERREIRA, 1999, p. 407).

As convenções são o principal instrumento normativo da OIT. Consistem em tratados internacionais multilaterais aprovados por uma Assembleia Geral composta por representantes do governo, da classe dos trabalhadores e da classe empresarial de cada um dos Estados-membros. Uma vez aprovada uma convenção, cada Estado-membro deve submetê-la à autoridade interna competente para deliberação sobre a sua ratificação.

O Estado-membro não é obrigado a ratificar a convenção. Contudo, o seu cumprimento passará a ser obrigatório para o país que a ratificar. Uma vez ratificada a convenção, o Estado-membro deve remeter relatórios periódicos para acompanhamento da OIT quanto às medidas adotadas para seu cumprimento.

O descumprimento de uma convenção por um país que a tenha ratificado pode motivar reclamações perante a OIT, por meio da Repartição Internacional do Trabalho, que instará o governo do país reclamado a se manifestar sobre o assunto. Caso o governo do país não se manifeste, ou se a manifestação não for considerada satisfatória, poderá ser dado publicidade à reclamação, o que representa uma sanção moral perante a comunidade internacional.

A universalização dos padrões de proteção previstos pelas convenções tem fundamentos econômicos na medida em que promove os níveis de proteção minimizando o risco de concorrência desleal; os fundamentos sociais, notadamente pela difusão de princípios de justiça social e respeito ao trabalhador; e os fundamentos técnicos, pelo aproveitamento de subsídios técnicos e normativos para a elaboração de leis nos países-membros.

Entre as convenções mais recentes, podemos destacar as seguintes, que versam sobre aspectos de saúde e segurança no ambiente de trabalho (CABRAL, 2016, p. 95-96):

> Convenção 136 – Proteção contra os riscos de intoxicação provocados pelo benzeno – Aprovada em 1971.
>
> Convenção 139 – Prevenção e controle de riscos profissionais causados pelas substâncias ou agentes cancerígenos. Aprovada em 1974.
>
> Convenção 148 – Proteção dos trabalhadores contra riscos profissionais devidos à poluição do ar, ao ruído e às vibrações nos locais de trabalho. Aprovada em 1977.
>
> Convenção 155 – Segurança e saúde dos trabalhadores e o meio ambiente de trabalho. Aprovada em 1981.
>
> Convenção 159 – Reabilitação profissional e emprego de pessoas deficientes. Aprovada em 1983.
>
> Convenção 161 – Serviços de saúde do trabalho. Aprovada em 1985.
>
> Convenção 162 – Utilização do asbesto com segurança. Aprovada em 1989.
>
> Convenção 167 – Segurança e saúde na construção. Aprovada em 1988.
>
> Convenção 170 – Segurança na utilização de produtos químicos no trabalho. Aprovada em 1990.
>
> Convenção 171 – Trabalho Noturno. Aprovada em 1990.
>
> Convenção 182 – Proibição das piores formas de trabalho infantil. Aprovada em 1999.
>
> Convenção 189 – Trabalho decente para as trabalhadoras e os trabalhadores domésticos. Aprovada em 2011.

Algumas convenções dispõem sobre aspectos e procedimentos técnicos de forma detalhada, com orientações bastante objetivas. Por meio das convenções, algumas técnicas e experiências bem-sucedidas são difundidas entre os Estados-membros.

A título de exemplo, podemos mencionar a Convenção nº 167, que, ao dispor sobre a segurança na construção, prevê a necessidade de que escadas de mão sejam presas para evitar movimentos involuntários e, com isso, evitar quedas.

Também a Convenção nº 170, ao dispor sobre o manuseio de produtos químicos, prevê a necessidade de se adotar um sistema de classificação dos produtos químicos conforme seu grau de risco, a rotulação de todo produto químico para que possa ser identificado e a elaboração de fichas com dados de segurança que contenham informações sobre a periculosidade do produto, procedimentos de segurança e procedimentos de emergência.

Dessa maneira, por meio da aprovação de convenções e resoluções, do acompanhamento do cumprimento das convenções que tenham sido ratificadas e do fornecimento de subsídios técnicos aos países, a OIT tem atuado na promoção da saúde do trabalhador e no desenvolvimento de ambientes de trabalho mais seguros e saudáveis.

## 5.6. O SÉCULO XX

No início do XX, o desenvolvimento da medicina auxiliou na identificação de doenças relacionadas ao trabalho. Na Europa, a higiene ocupacional era considerada uma subdisciplina da Medicina. Nos Estados Unidos, fazia parte da Medicina Ocupacional.

As altas taxas de mortalidade em determinadas atividades industriais, notadamente na atividade de mineração e siderurgia, levaram o governo dos Estados Unidos a realizar pesquisas conjuntas entre o governo, as universidades e as indústrias.

Nos Estados Unidos, nas décadas de 1930 e 1940, houve grande avanço da Higiene Industrial impulsionado por profissionais formados pelo programa conjunto das Escolas de Engenharia e Saúde Pública da Universidade de Harvard. O programa visava ao reconhecimento, avaliação e controle de riscos ambientais, com base na medição científica e controle estatístico de dados (BRASIL, 2004, p. 19).

A partir de 1943, os dados e padrões de 63 substâncias contaminantes começaram a ser compilados em forma de tabela. O limite máximo de concentração dessas substâncias passou a ser chamado "limite de tolerância" (BRASIL, 2004, p. 20).

A Organização Mundial da Saúde (OMS), criada em 1948 como uma agência vinculada à Organização das Nações Unidas (ONU), passou a realizar estudos conjuntos com a OIT, que em 1953 resultou na Recomendação nº 97, que dispõe sobre a Proteção da Saúde dos Trabalhadores.

A Recomendação nº 97 prevê medidas técnicas para proteção contra os riscos à saúde do trabalhador, como evitar o acúmulo de resíduos, bem como que as instalações de trabalho assegurem adequada ventilação; a obrigação de o empregador realizar exames médicos admissionais e periódicos; notificação às autoridades governamentais no caso de doenças profissionais; e obrigação de o empregador dispor de estrutura para primeiros socorros no caso de acidentes.

Entre os anos de 1960 e 1970 sugiram movimentos sindicais dos trabalhadores na Alemanha, França, Inglaterra, Estados Unidos e Itália reivindicando participação e decisão nas questões de saúde e segurança do trabalho. Na Itália, a Lei nº 300/1970, conhecida como Estatuto dos Trabalhadores, contemplava alguns pleitos dos operários, como, por exemplo, a maior participação dos trabalhadores no controle de aspectos de saúde, a não monetização do risco, a realização de estudos e investigações independentes e o acompanhamento de fiscalizações nos ambientes de trabalho (BRASIL, 2004, p. 21). Na época o sistema de "limites de tolerância" começa a ser questionado.

Durante os anos de 1980 e 1990 houve avanços nos estudos de substâncias tóxicas e cancerígenas, iniciando uma tendência ao estabelecimento de limites cada vez menores de tolerância às substâncias nocivas. Foi quando os estudos passaram a focar no caráter preventivo, recomendando o isolamento de dispositivos geradores de substâncias contaminantes e até mesmo o uso de robôs para estações de trabalho onde não se possa reduzir os riscos.

## 5.7. O DESENVOLVIMENTO NO BRASIL

Durante o período de 1500 a 1889, o Brasil viveu o período Colonial e Imperial, momento em que a escravidão era permitida. Primeiramente foi utilizada a mão de obra indígena para a extração de madeiras e minerais. Posteriormente, a mão de obra de escravos africanos foi utilizada na produção de cana-de-açúcar e café.

Considerando que o trabalho braçal era feito por escravos ou homens livres pobres, não havia preocupação com a saúde ou segurança no ambiente de trabalho. Somente com o fim da escravidão e com o início da industrialização e da construção das estradas de ferro é que o tema começou a vir à tona.

O primeiro movimento de industrialização do país ocorreu entre 1880 e 1920, no Rio de Janeiro e em São Paulo, e guardou várias semelhanças com o período da Revolução Industrial ocorrida um século antes na Inglaterra (BRASIL, 2004, p. 23).

Havia utilização de mão de obra feminina e infantil com frequentes acidentes. Há relatos de operários de 12 e 13 anos trabalhando no período noturno, na Mooca, em São Paulo, que se queixavam de serem frequentemente espancados (BRASIL, 2004, p. 24).

Nessa época o Brasil não tinha a cultura do trabalho livre, tampouco de organização operária, de forma que os primeiros movimentos sindicais surgiram por meio da influência dos imigrantes europeus, notadamente os italianos e espanhóis, que vieram em quantidade para localidades em São Paulo.

Entre os poucos registros de estudos sobre saúde laboral no período pré-industrial brasileiro, podem-se mencionar os desenvolvidos pela Universidade da Bahia, que mencionam os trabalhos executados, entre 1880 e 1903, em fábricas de charutos e rapé, além dos estudos que tratam sobre a intoxicação por chumbo (BRASIL, 2004, p. 23). Também o trabalho de Oswaldo Cruz no combate da malária, que atingia trabalhadores da construção da ferrovia Madeira-Mamoré, em 1910.

A primeira legislação pertinente aos aspectos de segurança do trabalho é datada de 1891. Em 17 de janeiro daquele ano foi assinado o Decreto nº 1.313/1891, que estabelecia a fiscalização de fábricas, oficinas, laboratórios e depósitos de manufaturas na cidade do Rio de Janeiro. A lei disciplinava o trabalho de menores de idade, estabelecendo a idade mínima para o trabalho em 12 anos, salvo nas tecelagens, na condição de aprendiz, a partir de 8 anos. Os meninos maiores de 12 anos e menores de 14, e as meninas maiores de 12 e menores de 15 anos não poderiam trabalhar mais de 7 horas por dia.

O Decreto nº 1.313/1891 proibia o trabalho de menores de 15 anos no período compreendido entre as 6 horas da tarde e as 6 horas da manhã do dia seguinte, bem como o trabalho em depósito de carvão, qualquer manipulação com fumo, materiais corrosivos, fósforos e materiais explosivos, como nitroglicerina e pólvora. Também previa que os inspetores deveriam visitar os estabelecimentos ao menos uma vez ao mês, além de poderem determinar providências para assegurar adequada ventilação.

Em 1918 foi criado o Departamento Nacional do Trabalho pelo Decreto nº 3.550/1918, com atribuições para estudo e o preparo de regulamentação de legislação trabalhista em geral.

Em 1919 surge a primeira lei dispondo sobre acidentes do trabalho. O Decreto Legislativo nº 3.754/1919 previa o pagamento de indenização no caso de acidente de trabalho ou de doença contraída exclusivamente no exercício do trabalho. A indenização era calculada com base na remuneração do empregado, porém limitada a determinado teto de valor. Qualquer acidente de trabalho deveria ser comunicado à autoridade policial local. Seria possível o ingresso de ação judicial na Justiça Comum, com prazo prescricional de dois anos. A lei previa a nulidade de qualquer acordo ou convenção que visasse ao seu descumprimento.

Contudo, era corrente à época a ideia de que o acidente é um risco profissional inerente ao trabalho, sobretudo nos ofícios manuais, de forma que não havia interesse em pesquisar sua causa (BRASIL, 2004, p. 24), o que dificultava o desenvolvimento de medidas preventivas.

Na década de 1930 o Brasil ratificou algumas das convenções da OIT, tais como a Convenção nº 4, que veda o trabalho noturno para as mulheres, e a Convenção nº 6, que veda o trabalho noturno na indústria a menores de 18 anos.

A Consolidação das Leis do Trabalho (CLT), inserida no ordenamento jurídico pelo Decreto-Lei nº 5.452/1943, já trazia em sua redação original um capítulo dedicado à segurança e medicina do trabalho. O capítulo era intitulado "Higiene e Segurança do Trabalho" e dispunha de forma detalhada sobre aspectos como iluminação, ventilação, conforto térmico, ergonomia, uso de equipamento individual de proteção e exame médico admissional e periódico. Sua redação foi reformulada na década de 1970 por meio da Lei nº 6.514/1977.

As Comissões Internas de Prevenção de Acidentes (CIPA) surgiram no Brasil na década de 1940, notadamente em indústrias estrangeiras que atuavam no país e influenciaram no desenvolvimento da cultura de identificação de riscos e melhoria de condições de segurança do trabalho nas empresas.

No meio acadêmico, a Escola de Higiene e Saúde Pública, em São Paulo, iniciou em 1934 o ensino da disciplina Higiene do Trabalho. Essa disciplina abrangia aspectos de medicina, engenharia, psicologia, fisiologia, química e física. Em 1945, a Escola foi reconhecida como Faculdade de Saúde Pública e expandiu suas atividades. Em 1973 formou-se a primeira turma do Curso de Medicina, Higiene e Segurança do Trabalho (BRASIL, 2004, p. 26).

No âmbito das instituições, foi criada em 1966 a Fundação Jorge Duprat Figueiredo de Segurança e Medicina do Trabalho, a Fundacentro, com o escopo de realizar estudo e pesquisa das condições dos ambientes de trabalho, uma versão nacional dos institutos de saúde ocupacional desenvolvidos no exterior a partir da década de 1950 (MENDES; DIAS, 1991, p. 343). Em 1974, a Fundacentro passou a ser vinculada ao Ministério do Trabalho.

Em 1978, o Ministério do Trabalho e Emprego (MTE) passou a disciplinar aspectos de segurança e saúde do trabalho por meio das Normas Regulamentadoras (NR), estabelecidas pela Portaria MTE nº 3.214/1978. A atribuição do Ministério para disciplinar o assunto encontra amparo no art. 200 da CLT, com a redação dada pela Lei nº 6.514/1977, e sua elaboração e revisão é feita adotando o sistema tripartite paritário, por meio de grupos com representantes do governo, de empregadores e de empregados (BRASIL, 2020).

Atualmente, existem trinta e sete Normas Regulamentadoras (BRASIL, 2020), algumas delas em processo de revisão, disciplinando diversos aspectos de saúde e segurança no meio ambiente do trabalho, tais como a manutenção e dimensionamento de Serviços Especializados em Engenharia de Segurança e em Medicina do Trabalho (SESMT); a constituição, atribuições e funcionamento de Comissão Interna de Prevenção de Acidentes (CIPA); o fornecimento e exigência de uso de Equipamento de Proteção Individual (EPI); o Programa de Controle Médico de Saúde Ocupacional (PCMSO); e o exercício de atividades e operações insalubres ou perigosas.

Em 1988, a Constituição Federal dedicou alguns de seus artigos à proteção do meio ambiente do trabalho (CABRAL, 2016, p. 106). O art. 7º, incisos XXII e XXVIII, prevê que é direito do trabalhador a redução de riscos inerentes ao trabalho, por meio de normas de saúde, higiene e segurança, bem como o seguro contra acidentes de trabalho, a cargo do empregador, sem excluir indenização a que o empregador estará obrigado no caso de dolo ou culpa. O inciso XXIII prevê, ainda, o direito ao adicional de remuneração para atividades penosas, insalubres ou perigosas, o que, contudo, indica uma monetização do risco enfrentado pelo trabalhador.

Por sua vez, o art. 200, inciso VIII, faz menção expressa à proteção ao meio ambiente de trabalho, atribuindo ao Sistema Único de Saúde (SUS) a competência para "colaborar na proteção ao meio ambiente, nele compreendido o do trabalho".

O art. 10, inciso II, alínea "a" do Ato das Disposições Constitucionais Transitórias prevê a estabilidade provisória ao trabalhador eleito para o cargo de representante na Comissão Interna de Prevenção de Acidentes (CIPA), o que consiste em uma garantia para a independência daqueles que trabalham pela melhoria das condições de segurança e saúde nos ambientes laborais (CABRAL, 2016, p. 106).

Através da Lei nº 13.467/2017 a CLT sofreu alterações, algumas delas flexibilizando importantes aspectos de saúde e segurança de trabalho. Dentre elas, pode-se mencionar a possibilidade de pactuação, por meio de acordo individual, de jornada de trabalho de doze horas seguidas por trinta e seis horas de descanso (CLT, art. 59-A) que, até então, somente era admitida excepcionalmente, mediante acordo ou convenção coletiva (Súmula TST 444); a possibilidade de fracionamento do período de férias em até três períodos (art. 134, § 1º, da CLT); o estabelecimento de parâmetros para a fixação de indenizações, no caso de dano extrapatrimonial decorrente da relação de trabalho (arts. 223-A a 233-G, da CLT); e a determinação de que o afastamento de gestantes que trabalhem em ambientes insalubres em grau médio ou mínimo, ou lactantes em qualquer grau de insalubridade, somente ocorra mediante atestado médico que o recomende (art. 394-A da CLT), exigência esta que teve sua inconstitucionalidade reconhecida na Ação Direta de Inconstitucionalidade (ADIN) nº 5.938.

Por fim, é relevante destacar que, após julgar o Recurso Extraordinário (RE) nº 828.040, o Plenário do Supremo Tribunal Federal (STF) fixou tese, para fins de Repercussão Geral (Tema 932)[5], que reconhece a constitucionalidade da responsabilização objetiva de empregador por danos decorrentes de acidente de trabalho, nos casos de exposição habitual a situações de risco.

Apesar dos avanços na legislação e jurisprudência, a construção de ambientes mais equilibrados depende do desenvolvimento da cultura de saúde, higiene e segurança em todo local de trabalho. É uma ideia a ser difundida na mente de cada empregador e no dia a dia de cada trabalhador. O caminho é longo e precisa ser percorrido passo a passo.

---

5   Tema 932. RE 828.040: "O artigo 927, parágrafo único, do Código Civil é compatível com o artigo 7º, XXVIII, da Constituição Federal, sendo constitucional a responsabilização objetiva do empregador por danos decorrentes de acidentes de trabalho, nos casos especificados em lei, ou quando a atividade normalmente desenvolvida, por sua natureza, apresentar exposição habitual a risco especial, com potencialidade lesiva e implicar ao trabalhador ônus maior do que aos demais membros da coletividade".

# CAPÍTULO 6
ALGUNS DESAFIOS À PROTEÇÃO DO MEIO AMBIENTE DO TRABALHO E A NECESSÁRIA ABORDAGEM INTERDISCIPLINAR DO TEMA

*Maria Maeno*
*Rodolfo Andrade de Gouveia Vilela*
*Sandra Regina Cavalcante*

## INTRODUÇÃO

Os números de acidentes e doenças no ambiente laboral revelam, há muito tempo, que o sistema de tutela existente não está apto para prevenir os danos causados à saúde dos trabalhadores. Longe de ser um problema exclusivo do Brasil, o que costuma causar perplexidade é o fato de que, ao contrário de outros lugares, a viabilização de um meio ambiente de trabalho seguro e saudável é o objetivo de normas, políticas públicas e estrutura institucional construídas nas últimas décadas no país. Embora o número de acidentes do trabalho tenha se reduzido, não foi suficiente para o controle da situação, atualmente agravada com mudanças normativas e institucionais que têm retirado direitos sociais e fragilizam diretamente a área da Saúde do Trabalhador.

Entre as várias explicações para estas dificuldades, está a visão privatista e economicista como a legislação é aplicada. Além deste fator, a ação das instituições envolvidas é fragmentada, não dando conta do objeto complexo que envolve os riscos laborais porque, na maior parte das vezes, atuam sem de fato atingir os determinantes dos acidentes e doenças ocupacionais, o que torna suas ações incipientes. Além do isolamento e fragmentação institucional, o sistema de tutela está ancorado em normas de saúde e segurança que, sozinhas, não cumprem seu papel (CAVALCANTE; VILELA; SILVA, 2018).

Este capítulo tem a intenção de apresentar alguns desafios envolvendo o objeto central protegido pelo Direito Ambiental do Trabalho, bem como destacar a necessidade do debate interdisciplinar e interinstitucional para aperfeiçoar a formação e atuação dos profissionais envolvidos, bem como fortalecer ações que visam à melhoria do meio ambiente do trabalho no país.

### 6.1. TRABALHO E SAÚDE: CENTRALIDADE E INTERDEPENDÊNCIA

O trabalho ocupa papel central na existência humana. Ele é um elemento essencial na constituição da saúde, da identidade e, para a maior parte das pessoas, o principal elo entre os indivíduos e a sociedade. Trabalhar significa pensar, agir, conviver, construir a si próprio e confrontarse perante o mundo. O trabalho é um dos espaços da vida determinantes na construção e na desconstrução da saúde (ASSUNÇÃO; LIMA, 2003). Esse contínuo confronto identitário gera um sofrimento que não necessariamente será patológico, pois a depender das condições que o trabalhador tem de superá-lo poderá ser fator de crescimento e de desenvolvimento psíquico (SZNELWAR et al., 2015).

Tal enfoque reforça a ideia de que o conceito de saúde deve ser entendido como um processo, que perdura ao longo da vida e que está relacionado com as alternativas que o sujeito tem para agir no mundo, isto é, as possibilidades que cada um tem para construir, no seu meio social, uma boa vida para si (SZNELWAR et al., 2015). Para abranger os fenômenos complexos que envolvem as dimensões humanas implicadas no trabalho, a saúde ultrapassa a concepção de ausência de doenças – como entendido pela Organização Mundial da Saúde desde 1947 (OMS, s.d.) – expandindo-se para os aspectos econômicos e sociais. Sob este ponto de vista, a saúde se confunde com bem-estar, é mais do que saúde física, é segurança para pessoas no seu curso de vida (ASSUNÇÃO; LIMA, 2003).

Pois bem. A mobilização humana para trabalhar, além de moldar a estrutura da personalidade e da própria identidade do sujeito, provoca uma ação transformadora sobre ele. Se por um lado o trabalho pode significar a realização do indivíduo e fonte de prazer, porque é oportunidade de crescimento e desenvolvimento das potencialidades do ser humano adulto, por outro é capaz de gerar sofrimento e adoecimento, porque há certas tarefas, formas de organização empresarial e relacionamentos profissionais que levam trabalhadores ao padecimento físico e psíquico.

## 6.2. OS ACIDENTES DO TRABALHO[1] E SEUS DESAFIOS PARA A SAÚDE PÚBLICA E PARA O DIREITO

Os acidentes de trabalho e as doenças ocupacionais constituem um grande problema para a Saúde Pública em todo o mundo e o principal agravo à saúde dos trabalhadores, com elevados custos sociais e econômicos (VILELA et al., 2012; OLIVEIRA, 2014; SILVA, 2015). Quando um trabalhador se acidenta ou adoece no trabalho, as repercussões se darão não apenas na vida do indivíduo, mas na sociedade como um todo. Para as empresas, esses eventos afetam o custo de produção e forçam a elevação dos preços de bens e serviços, interferindo no conjunto da economia. Oneram o Estado pela atenção à saúde que precisa prover aos trabalhadores afetados e pela ativação do sistema de previdência. Mas são as pessoas mais próximas do trabalhador acidentado ou doente que suportam as principais consequências, pois, além do sofrimento pessoal, os familiares acabam por assumir grande parte dos custos na forma de redução de renda, interrupção do emprego e gastos com acomodação no domicílio (SANTANA et al., 2006).

O acidente do trabalho é, via de regra, a concreção dos riscos ambientais do trabalho (FELICIANO, 2006). A maior parte desses eventos é previsível e evitável desde que sejam conhecidos, identificados e modificados seus determinantes (ALMEIDA e VILELA, 2010). E o fato desses acidentes serem causados por agravos reconhecidos como evitáveis reforça a necessidade de sua prevenção (SANTANA et al., 2006), que encontra, contudo, obstáculos de diversas ordens. Um dos principais obstáculos diz respeito à própria compreensão do fenômeno, pois ainda prevalece uma abordagem reducionista, ineficaz e ultrapassada de que os acidentes de trabalho seriam

---

1   Quanto à terminologia, se entende que acidente de trabalho típico e doenças ocupacionais são espécies do gênero "acidente do trabalho". Por sua vez, "doença ocupacional" é expressão utilizada para se referir a doenças profissionais e doenças do trabalho. Contudo, para evitar repetições e conferir maior fluência à escrita, este texto utilizará os termos "acidente do trabalho" e "doença ocupacional" no seu significado ampliado de gênero.

eventos simples, cuja causa principal consistiria no comportamento inadequado dos operadores ("erro humano", "ato inseguro", "desatenção', "comportamento fora do padrão" etc.), associada ao descumprimento de normas e padrões de segurança ou a falhas técnicas e materiais (ALMEIDA, 2006; VILELA et al., 2004).

Apesar das críticas a esta abordagem tradicional estarem consolidadas (VILELA, 2003; VILELA et al., 2004; NAGAI et al., 2007; DANIELLOU et al., 2010; ALMEIDA et al., 2013, LLORY e MONTMAYEUL, 2014), esta visão ainda persiste hegemônica no meio técnico/profissional e mesmo no senso comum. Este viés distorcido conduz a análise do acidente para a "culpabilização" da vítima e impede a construção técnica e social de ações políticas efetivas de proteção, porque deixa intocados os sistemas nos quais os acidentes ocorreram. Quando se buscam responsáveis ou culpados, o processo tende a se encerrar nas proximidades do evento. Contudo, a investigação aprofundada dos eventos revela que os aspectos proximais são mais consequências do que causas, estando estas situadas nos antecedentes distais (ou condições latentes) que abrangem a organização do trabalho. Ou seja, o que se observa na maioria dos casos é que aspectos organizacionais são os principais determinantes dos acidentes. Afinal, o trabalho real envolve intenções, procedimentos e ajustes, ele não se reduz ao trabalho prescrito (GUÈRIN et al., 2001) e com frequência é justamente o que não aconteceu que é capaz de explicar o acidente ocorrido. A despeito de todas as evidências da influência dos fatores sistêmicos, a predominância do enfoque que responsabiliza as vítimas por seus ditos "atos inseguros" muitas vezes é sustentada pelos próprios agentes públicos, perpetuando-se, assim, a impunidade nos acidentes do trabalho e a injustiça social (VILELA et al., 2004; ALMEIDA, 2006).

Além de desafiar a Saúde Pública, o tema instiga reflexões e investigações também na área do Direito. Ao longo dos últimos 30 anos houve importantes avanços na regulamentação da proteção dos trabalhadores, particularmente no que diz respeito a aspectos da Saúde e Segurança do Trabalho (SST) em todo o mundo (OIT, 2015). O Brasil conta atualmente com um vasto conjunto normativo aplicável à proteção da saúde e segurança dos trabalhadores, que inclui tratados internacionais, garantias constitucionais, normas regulamentadoras e outros dispositivos em leis ambiental, previdenciária, trabalhista e civil.

Nossa legislação prevê instrumentos processuais não apenas para reparar os danos causados à saúde dos trabalhadores, mas também para prevenir que ocorram (SILVA, 2015; MELO, 2012; SILVA, 2014). A legislação ambiental brasileira abrange o meio ambiente do trabalho e permite agir preventivamente mesmo sem a certeza absoluta do dano (princípio da precaução) para proteger interesses coletivos (FIGUEIREDO, 2007; FELICIANO, 2006). A partir da Constituição da República Federativa do Brasil (CRFB) de 1988, se atrelou a organização econômica do país à proteção do valor do trabalho humano, priorizando a "dignidade da pessoa humana trabalhadora" (MORI e FAVA, 2015). A existência digna para todos, conforme os ditames da justiça social, deve estar conjugada com a livre iniciativa e livre concorrência (arts. 1º, III; 170 caput e VI da CRFB).

A saúde, também há três décadas, figura entre os direitos sociais (arts. 6º e 196 da CRFB) e é declarada direito fundamental universal e dever do Estado. A grande novidade da atual Constituição Federal na relação saúde e trabalho foi a atribuição ao Sistema Único de Saúde (SUS) de "executar as ações de vigilância sanitária e epidemiológica, bem como as de saúde do trabalhador" (art. 200, inciso II). No âmbito deste direito encontra-se a Saúde do Trabalhador, definida e organizada no art. 6°, § 3°, da Lei n° 8.080/1990. A partir daí, ao lado de institutos voltados à proteção já existentes nas normas regulamentadoras da SST, como as Comissões Internas de Prevenção de Acidentes (CIPAs) e os Serviços Especializados em Engenharia de Segurança e em Medicina do Trabalho (SESMTs), surgem outros atores institucionais e instrumentos que causaram impactos relevantes para a prevenção e reparação de acidentes do trabalho.

Merecem destaque os Centros de Referência em Saúde do Trabalhador (CERESTs), de inserção estadual e municipal, com atuação regional, criados na estrutura do SUS para que, de forma integrada às demais estruturas do sistema, implementem ações de prevenção, promoção e recuperação da saúde dos trabalhadores, no âmbito da sua área de abrangência (Portaria MS n° 1.679/GM de 2002). Desde então, vários dispositivos normativos têm sido publicados para a atuação da Rede Nacional de Atenção Integral à Saúde do Trabalhador (RENAST), fortalecendo a compreensão de que a saúde do trabalhador tem determinantes sociais que devem ser abordados de forma integrada.

O Nexo Técnico Epidemiológico Previdenciário (NTEP) e o Fator Acidentário de Prevenção (FAP) foram duas dessas importantes inovações. O NTEP foi concebido para garantir direitos previdenciários relativos à concessão de benefício acidentário com base no conceito do nexo presumido, após um estudo epidemiológico que estabeleceu associação entre determinados adoecimentos com determinados ramos econômicos (OLIVEIRA, 2008). A aplicação do NTEP permitiu desvelar parcialmente eventos relacionados ao trabalho, que permaneciam ocultos devido a várias etapas do ritual do registro e reconhecimento do seu caráter ocupacional pela perícia médica. O FAP, por sua vez, é uma parte flexível da alíquota a ser paga à Previdência Social, calculada com base na frequência, gravidade e custo dos afastamentos decorrentes das incapacidades laborativas de cada empresa em comparação com os mesmos índices da respectiva atividade econômica.

Ao mesmo tempo vigem, contudo, normas do modelo tradicional brasileiro de medicina e higiene do trabalho, que estão na Consolidação das Leis do Trabalho (CLT) e nas Normas Regulamentadoras (NRs) do extinto Ministério do Trabalho, e preveem, entre outros, o pagamento de adicionais para o trabalhador que tiver sua saúde submetida a condições de trabalho insalubres e perigosas; a eficácia das NRs é questionável porque, ao mesmo tempo que definem atividades de risco e estabelecem critérios de prevenção (limites de tolerância), deixam de prever, por óbvio, outras situações tão arriscadas quanto aquelas nelas contidas. Além disso, estabelecem padrões de tolerância que por vezes adotam critérios inadequados para atender às necessidades de cada um dos indivíduos, ou mesmo não refletem a realidade de cada região, uma vez que são usados parâmetros internacionais cuja aplicabilidade é questionável a partir da composição étnica, cultural e até climática de cada povo/região.

MORI e FAVA (2015) advertem que a eliminação dos riscos no ambiente de trabalho tem perdido lugar para a monetização da saúde do trabalhador, elevando erroneamente a demanda pelo pagamento desses valores a uma posição central no cenário normativo de proteção. É uma grave distorção porque essas leis são insuficientes para tutelar a vida e saúde dos trabalhadores já que, além de não priorizarem a adoção de medidas precaucionistas pelos empregadores, desestimulam a adequação do ambiente do trabalho, pois pagar adicionais de insalubridade e periculosidade é, na maior parte das vezes, mais barato do que implementar mudanças que visem à prevenção de doenças e acidentes (SADY, 2000; MELO, 2006; SCHINESTSCK, 2011).

Para se garantir o meio ambiente saudável e equilibrado no local de trabalho, não basta efetuar pagamentos por danos já ocorridos, cujos efeitos, via de regra, são irreversíveis e a restituição integral impossível. É preciso agir antes:

> O antigo critério de limitar a atuação da norma à exigibilidade do pagamento de um adicional pela precarização das condições de saúde e segurança, provocada pela prestação laboral em condições adversas de insalubridade e periculosidade (conhecida como monetização do risco), não pode mais subsistir. (GEMIGNANI e GEMIGNANI, 2012)

No mesmo sentido, juristas como LEITE (2015) e BRANDÃO (2010) destacam que esta concepção clássica juslaboralista nacional, calcada apenas em NRs e normas técnicas da CLT, está superada, pois o paradigma da melhoria da condição social do trabalhador (CRFB, art. 7º, *caput*) e da ação preventiva no sentido de reduzir os riscos inerentes ao trabalho (art. 7º, XXII) é a diretriz que deve orientar ações e aplicação da lei, seja por empresários, fiscais, juízes, promotores, legisladores ou governo executivo. E este direito à proteção não alcança apenas a redução dos riscos: impõe a sua total eliminação, mediante a remoção ou a neutralização das causas (SÜSSEKIND *apud* BRANDÃO, 2010).

FELICIANO (2006) explica que a aparente antinomia entre a garantia constitucional da redução dos riscos inerentes ao trabalho (art. 7º, XXII) e o direito ao adicional de remuneração para as atividades penosas, insalubres ou perigosas (art. 7º, XXIII) é resolvida quando se considera que, no atual estágio de desenvolvimento tecnológico, ainda há profissões nas quais não se conseguiu eliminar a exposição ao risco. O autor pondera que a tendência mundial de substituir a indenização da exposição da saúde pela diminuição da jornada, com o intuito de recuperar melhor o organismo, é mais ética, porém provavelmente encontrará resistência nas próprias classes laborais, devido à perda de poder aquisitivo. De todo modo, isto seria evitado se o Estado garantir que a redução de jornada por motivo de risco à saúde não implicará em redução de salário.

Além do risco da monetização da saúde, há outras questões urgentes e relevantes a exigir tanto uma ação institucional quanto nova construção normativa para tutelar temas do Direito Ambiental do Trabalho. Na perspectiva da necessidade de união de saberes interdisciplinares para lidar com a complexidade dos casos, especialmente conhecimentos práticos e teóricos das áreas do direito, saúde e ambiente, passamos a apresentar alguns desses desafios.

## 6.3. APLICAÇÃO DO DIREITO AMBIENTAL DO TRABALHO EM QUESTÕES DA SST

O Direito do Trabalho nasceu no contexto de degradação do meio ambiente natural e humano gerado com a Revolução Industrial, com a finalidade de promover a proteção da vida e da saúde dos trabalhadores, por meio de normas que buscavam alcançar tanto as condições de trabalho como o próprio meio ambiente no qual esse trabalho era desenvolvido. Com mais de um século de atraso, surge o Direito Ambiental. Embora a busca da qualidade de vida seja objeto dos dois diferentes ramos do direito, motivos de ordem político econômica ensejaram a evolução do Direito do Trabalho com maior rapidez do que a do Direito Ambiental.

FIGUEIREDO (2007) destaca que as lesões à saúde e os riscos para a vida dos trabalhadores foram intensos e flagrantes desde o início, ao passo que os similares riscos e lesões para o restante da população foram percebidos quando os recursos naturais (como água, ar e solo sem contaminação) passaram a escassear, quase um século e meio após o advento da Revolução

Industrial. Essa evolução histórica vigorosa e anterior do Direito do Trabalho, em relação ao Direito Ambiental, implicou uma absorção ampla de todas as temáticas do mundo do trabalho por aquela área do conhecimento (CONTI, 2013). No entanto, o tema ambiental recebeu atenção especial da comunidade internacional, governos e sociedade, de tal forma que se seguiu intensa, robusta e protetiva construção legislativa, principiológica e institucional, que trouxeram novos patamares para a proteção jurídica do meio ambiente, inclusive o laboral.

Segundo Guilherme J. Purvin de Figueiredo, a introdução dos princípios norteadores do Direito Ambiental forçou a revisão de modelos do Direito do Trabalho, como a tarifação das lesões à saúde. Mas admite que ainda hoje existe "um descompasso entre a tutela da fauna, da flora, do ambiente urbano e do patrimônio cultural, de um lado, e a tutela da vida do trabalhador em seu ambiente de trabalho de outro" (FIGUEIREDO, 2007, p. 242). Para Sebastião Geraldo de Oliveira:

> chega a ser paradoxal a postura do homem nos dias atuais. Cresceu a preocupação com o meio ambiente, com o salvamento de animais em extinção, com a preservação do ecossistema, mas não houve avanço, com a mesma intensidade, na melhoria do meio ambiente do trabalho. (OLIVEIRA, 2010, p. 82)

Para CONTI (2013), o escasso diálogo entre o Direito do Trabalho e o Direito Ambiental está privando as abordagens sobre o trabalho humano de importantes avanços da cultura ambientalista, de sua energia, de sua inovação e, particularmente, do uso eficaz de sua principiologia. Ainda prevalecem concepções que refletem o tratamento da matéria de direito ambiental do trabalho a partir de cânones antigos, atreladas a dogmáticas tecnicistas de medicina do trabalho e engenharia de segurança, exercendo tutela meramente formal sobre saúde e segurança dos trabalhadores. Este tipo de abordagem apenas limita os poderes do empregador de utilizar a força de trabalho em situações de risco, ou monetiza e securitiza esse uso. Transforma o meio ambiente do trabalho em um mero exercício de "gestão de risco" (CONTI, 2013).

Sem dúvida, a ordem constitucional consagra uma proteção muito mais ampla. A "sadia qualidade de vida" do artigo 225 impõe uma proteção positiva, inclusiva e progressiva. Se impõe uma nova pragmática. Não bastam direitos e deveres individuais, decorrentes dos limites contratuais e das normas de segurança voltadas ao não adoecimento. Há que se considerar também as influências do ambiente organizacional e jurídico sobre o homem em seu projeto de vida profissional (CONTI, 2013).

O novo juiz influenciado pelo Direito Ambiental do Trabalho precisa tomar decisão mesmo com dúvida (princípio da precaução). Se o dano é irreversível, como os danos do trabalho, não se pode esperar pela certeza. Embora ainda seja grande a distância entre o direito à saúde e a um meio ambiente de trabalho seguro e saudável e a realidade vivida pelos trabalhadores brasileiros, o Direito ambiental do trabalho trouxe para a academia, doutrina jurídica e jurisprudência de alguns tribunais inovações instrumentais e principiológicas.

A tutela mais adequada para proteger de forma integral o meio ambiente, inclusive do trabalho, é a tutela inibitória, dado o seu caráter essencialmente preventivo e voltado para o futuro. Este instrumento processual viabiliza uma proteção efetiva, célere e integral, pois evita a prática, continuação ou a repetição de um ato ilícito. Afinal, a função reparatória não é eficaz. O processo individual é sintoma do problema, não aponta caminhos para a sua solução. Quando o trabalhador entra com uma ação individual para reparar danos do acidente sofrido é porque tudo já deu errado, falhou a prevenção. Na perspectiva do novo paradigma normativo que confere ao meio ambiente do trabalho um patamar ampliado de proteção, mais do que reparar, é preciso atuar de forma preventiva na preservação da saúde do trabalhador.

Ante a insuficiência da regulação jurídica meramente reparatória da lesão já ocorrida, chega com força a ideia de que é preciso atuar com precaução na prevenção dos conflitos, mediante a formatação de um novo padrão de normatividade e ação em relação às questões que tratam do meio ambiente de trabalho. Esta nova perspectiva demonstra que, enquanto a reparação do dano ocorrido é prejuízo e que um número expressivo de acidentes de trabalho é evitável, o que se gasta na prevenção é investimento e não custo, pois traz mais segurança para o exercício da atividade econômica e melhor qualidade de vida para o trabalhador (GEMIGNANI e GEMIGNANI, 2012).

No Judiciário, a ideia da prevenção está nas ações coletivas, efetivadas por meio das Ações Civis Públicas (ACPs), com tutelas antecipadas e inibitórias, que podem impor melhorias ao meio ambiente do trabalho, determinar a interrupção da atividade ou interdição da máquina que ponha em risco os trabalhadores. O Ministério Público do Trabalho (MPT) tem sido, nos últimos anos, protagonista de ações bem-sucedidas de tutela preventiva à SST, por meio não apenas de ACPs, mas também de Termos de Ajustamento de Conduta (TACs), que são acordos realizados na esfera extrajudicial. Os sindicatos também são legitimados a promoverem ACPs.

A repercussão dessas medidas ajuizadas por entes coletivos é diversa daquela ação individual que busca a indenização pelo acidente já ocorrido e cujo autor não requereu ao juiz a alteração das instalações do ex-empregador. A relevância da tutela preventiva coletiva frente à reparatória individual para a proteção do ambiente laboral parece evidente e consensual. Mas também é essencial o papel do judiciário e do próprio magistrado neste processo, pois perante a intricada legislação aplicável à SST, ele precisa cuidar para que a diretriz constitucional seja respeitada em cada caso específico, atividade conhecida como controle difuso de constitucionalidade da lei. Também deve ser lembrado que a realidade supera a norma, já que a lei não é capaz de prever todas as ocorrências possíveis na vida. Diante da constante e progressiva transformação dos fatos sociais no mundo do trabalho, em discrepância com o vagar das mudanças legislativas, sobressai o papel fundamental da jurisprudência, na medida em que aproxima o Direito das diversas formas de conflito (HIGA, 2012).

Porém, Clarissa Schinestsck destaca que:

> [...] incorporação da tutela inibitória coletiva em sua máxima amplitude e como principal instrumento processual de concretização do meio ambiente do trabalho equilibrado revela-se um grande desafio, haja vista que exige dos operadores do Direito a adoção de novos paradigmas de atuação. (SCHINESTSCK, 2017, p. 209)

Neste sentido, é preciso considerar que os processos sobre acidentes e doenças ocupacionais são dos mais complexos, pois tratam questões plurinormativas e multidisciplinares. Tanto para mover estas ações (referindo-me aos Sindicatos e MPTs) quanto para julgá-los (pela Justiça do Trabalho) é, pois, necessário adotar novos paradigmas de atuação, que exige estudo e atualização, ou seja, preparo técnico e ampliação de horizontes que a discussão interdisciplinar pode prover.

## 6.4. O PARADOXO DA INVESTIGAÇÃO DE ACIDENTES: PREVENÇÃO X PUNIÇÃO

Neste caso, a questão central com implicações no sistema legal está sedimentada nos dois objetos que surgem a partir do acidente e do desejo de que ele não se repita. Um, de cunho preventivo, é aquele que exige a análise em profundidade, para entender as causas proximais e remotas que geraram o acidente. Neste objeto, a prevenção não avança sem a ajuda da empresa, pois as reais "causas das causas" precisam ser reveladas para montar o quebra-cabeças em minúcias e evitar a repetição do acidente. Impossível, pois, de ser alcançada sem a colaboração e participação de todos os envolvidos, independentemente de responsabilidades.

O que temos de mais próximo desta forma de agir no Brasil está no setor aeroviário, que, a partir de cada desastre aéreo, promove investigações que geram alterações drásticas em todo o mundo, de peças a treinamentos, de tal forma que aquela sequência de falhas nunca mais ocorra. Aqui, o foco está em entender como ocorreu o acidente, e não em encontrar os responsáveis. Aliás, não se fala em responsabilidades, e estas análises não podem ser usadas para fins de apuração de responsabilidade civil ou penal (DANTAS, 2012).

Outra linha de ação é de alçada reparatória e punitiva, com alcance econômico e criminal, com objetivo de impor sanções aos responsáveis. Aqui também se deseja evitar que o acidente se repita, mas por meio da responsabilização dos culpados. Afinal, cada caso pode servir de lição para aquela empresa e as demais mudarem seu *modus operandi* e salvar vidas. Os 'caráteres' compensatório, punitivo e educativo existem tanto na reparação administrativa, como na ação do extinto Ministério do Trabalho com os auditores fiscais, quanto na ação judiciária, esta última envolvendo a Justiça do Trabalho e Ministério Público do Trabalho, além de sindicatos, advogados públicos ou privados (conforme já exposto em SILVA *et al.*, 2019).

O desafio é grande no sentido de conciliar as linhas de atuação, de modo que não se escondam provas e informações que seriam essenciais para desvencilhar o acidente. Se, por um lado, a revelação dos fatos e a colaboração dos envolvidos são essenciais para estudar o acidente e chegar aos seus reais determinantes, por outro, a punição é pensada para que os responsáveis aprendam com as consequências dos seus atos e mudem seu procedimento. Ou seja, para aprofundar a prevenção, precisa-se fazer análise em profundidade com a cooperação de todos envolvidos e retirada desta característica punitiva. Mas, por outro lado, se os culpados não forem identificados e exemplarmente responsabilizados, o aprendizado provavelmente não acontecerá, e outro evento indesejado poderá ocorrer. Como separar, pois, esses dois objetos.

Conforme já disposto em outra obra (SILVA *et al.*, 2019), uma opção seria cindir a análise para fins de prevenção das ações para fins de reparação, se assemelhando a duas estradas distintas que seguiriam em paralelo, mesmo que levassem para o mesmo destino. Desta forma ocorre no segmento da aviação, que conta com lei que proíbe expressamente a utilização do relatório final editado pelo Centro de Investigação e Prevenção de Acidentes Aeronáuticos (CENIPA) em processos judiciais decorrentes de acidentes aeronáuticos. Outra experiência que caminha nesta direção é o Comitê de Segurança Química dos Estados Unidos (Chemical Safety Board) que foi constituído com a atribuição de investigar acidentes químicos ampliados com finalidade exclusiva de aprendizado organizacional (CSB, s.d.). Esta separação das análises de cunho preventivo e punitivo é indispensável e urgente pois atualmente a cooperação da empresa é vista pelos seus assessores jurídicos como a construção de provas contra a organização que deu origem ao evento.

A aplicação da responsabilidade objetiva, seja penal ou civil, seria outro caminho possível para resolver este paradoxo, já que elimina a necessidade de se provar dolo ou culpa: basta que o acidente ocorra e a empresa já seria considerada responsável. Com isto ela estaria mais motivada a colaborar, pois para nada serviria esconder provas. Nesta linha, alguns países como a Inglaterra regulamentaram a figura do homicídio corporativo (UNITED KINGDOM, 2007). A legislação brasileira prevê a responsabilidade civil objetiva em caso de atividade de risco, que precisa, contudo, ser mais divulgada e utilizada pelos operadores do direito, principalmente nas instâncias inferiores da justiça. O TST vem majoritariamente aplicando a responsabilidade objetiva dos empregadores nas atividades de risco[2], ao lado da culpa presumida nos demais casos, com foco no dano causado e não mais na culpa ilícita, bem como inocentando apenas aquele que provar que fez de tudo para impedir o acidente (CAVALCANTE, 2016).

Outra teoria jurídica que pode ser aventada para resolver esta questão é a da responsabilidade pressuposta, na qual não se buscam culpados, mas responsáveis, já que a presunção é de responsabilidade, e não mais de culpa (HIRONAKA, 2005). Neste sentido, Sebastião Geraldo de Oliveira destaca:

> A indenização baseada no rigor da culpa está cedendo espaço para o objetivo maior de reparar os danos, buscando amparar as vítimas dos infortúnios, mesmo sem a presença da culpa comprovada, em harmonia com o objetivo fundamental de construir uma sociedade livre, justa e solidária, com erradicação da pobreza e da marginalização, conforme exposto no art. 3º da Constituição da República. Desse modo, o instrumental jurídico está deslocando seu foco de atenção dos danos causados para os danos sofridos. (OLIVEIRA, 2014, p. 143)

### 6.5. FRAGILIDADE NO MODELO NORMATIVO BRASILEIRO DE SST

Os adicionais que monetizam a saúde do trabalhador já foram abordados no tópico 6.2. Aqui se apresenta um problema menos discutido, que é o fato de a legislação brasileira delegar para a gestão privada pontos centrais da proteção da saúde do trabalhador e da prevenção de acidentes. O trabalhador fica vulnerável dentro e fora dos muros da empresa. Do lado de dentro, o modelo legal brasileiro conferiu à empresa a missão de estabelecer os métodos de prevenção contra o acidente e doença ocupacional, a partir do exercício do poder diretivo do empregador. Os setores internos SESMT (Serviço Especializado em Segurança e Medicina do Trabalho) e CIPA (Comissão Interna de Prevenção de Acidentes), responsáveis respectivamente pela proteção da saúde e pela prevenção de acidentes do trabalho, correm o risco de ficarem sujeitos à parcialidade, afinal são contratados da empresa. A estabilidade conferida ao Cipeiro, além de temporária (durante o mandato e após um ano de seu encerramento) é apenas para os representantes dos trabalhadores e não existe para integrantes do SESMT; ou seja, os profissionais essenciais para a segurança e saúde do trabalhador estão vinculados por meio de contratos que não garantem nenhuma independência ou autonomia perante o contratante, seu empregador.

---

2    Tese de repercussão geral (tema 0932) fixada pelo Superior Tribunal Federal em 2020, conforme noticiado em http://portal.stf.jus.br/noticias/verNoticiaDetalhe.asp?idConteudo=439122&tip=UN.

Como a lei não assegurou espaço de autonomia para ação independente desses profissionais, na prática reverteu-se em atuação burocrática e cartorial de defesa jurídica da empresa em caso de acidentes (INOUE e VILELA, 2014; JACKSON FILHO *et al.*, 2013; COSTA *et al.*, 2013). Neste sentido também se manifestou SILVA (2015) ao apontar como dilema do SESMT o fato de o serviço nem sempre atingir os resultados almejados porque, como seus integrantes estão vinculados contratualmente ao empregador, dificilmente vão se envolver em controvérsia ou, em caso de litígio, raramente penderão para o lado do empregado.

Por sua vez, do lado de fora dos muros da empresa, se a opção do trabalhador for acionar seu (ex) empregador na Justiça do Trabalho, pleiteando indenização pelo dano sofrido, será um perito privado quem emitirá o laudo configurando ou não a sua doença como ocupacional, já que a justiça laboral não tem peritos concursados. Ressalte-se que a perícia técnica é um instrumental importante nas ações acidentárias e, em certos casos, decisivo, não somente para estabelecer o grau de incapacidade da vítima, mas também o nexo causal ou concausal do acidente com o trabalho, a fim de que, com os subsídios técnico-científicos, o juiz possa decidir a questão com mais tranquilidade e segurança.

A inexistência de um quadro próprio de peritos agrega vulnerabilidade ao processo (e a todo sistema), fragilidade que nem sempre é possível de ser sanada, pois diante de laudos tendenciosos ou fracos seria preciso pedir nova perícia ou fundamentar a decisão em outros elementos dos autos (e em desacordo com o laudo pericial). Pesquisa revelou que a maior parte desses laudos periciais peca por falta de consistência conceitual, metodológica e argumentos fundamentados, deixando lacunas na área clínica, na análise da atividade de trabalho e na avaliação de incapacidade (MAENO, 2018).

Nesse sentido, Vasconcellos (2018) constata que a postura aética de alguns agentes interventores no processo saúde-doença no trabalho, seja no âmbito privado ou público, está fartamente documentada; e ressalta que a Vigilância em Saúde do Trabalhador ainda não se mobilizou para convocar "instâncias de fiscalização do exercício profissional para um posicionamento mais efetivo em relação à violação do direito à saúde no trabalho" (VASCONCELLOS, 2018, p. 4).

### 6.6. O BAIXO CUMPRIMENTO ESPONTÂNEO DA LEI

Há no Brasil uma grande lacuna entre legislação e realidade. O baixo índice de cumprimento espontâneo da lei lota os hospitais e outros centros de tratamento, mas também os fóruns de justiça do país. Ocorre que a norma jurídica, por si só, não muda as condições do meio ambiente do trabalho. Isso acontece porque elas são parte da solução, ou seja, sozinhas não mudam a realidade. O principal motivo é que somente os aspectos visíveis do trabalho inspiram as NRs e estão normatizados. Os determinantes (condições latentes dos acidentes) não estão na lei (VILELA, 2003), e eles envolvem aspectos organizacionais, como a pressão da clientela, relações hierárquicas, adesão e interesse dos envolvidos, entre outros fatores. Para atingi-los e enfrentá-los com vistas à prevenção, é necessário garantir mais poder de ação aos profissionais de SST, assim como estabelecer canais de conversação entre empregado e empregador, para agregar a participação dos trabalhadores nas iniciativas que visem à solução e prevenção dos riscos ambientais (MELO, 2006; SCHINESTSCK, 2009). Por mais avançada que seja a legislação, não há quem conheça melhor os riscos do seu ambiente de trabalho do que o trabalhador.

Cabe destacar, também, que por trás do baixo cumprimento da lei está o empregador atento prioritariamente ao resultado econômico do empreendimento; por sua vez, a inspeção do trabalho não atende satisfatoriamente ao volume de estabelecimentos a serem fiscalizados, apesar da combativa atuação dos auditores fiscais do Ministério do Trabalho e dos procuradores do Ministério Público do Trabalho (SCHINESTSCK, 2009). Nesse sentido, em entendimento que se aplica também para a vigilância de Saúde do Trabalhador, Sebastião Geraldo de Oliveira afirma que:

> a fiscalização do trabalho no Brasil é insuficiente, mal aparelhada e pouco apoiada pelo Poder Público. O infrator, de alguma forma, conta com a impunidade porque sabe que o Estado não consegue fiscalizar a todos, nem considera isso prioritário. (OLIVEIRA. 2010, p. 165)

Segundo Filgueiras (2012), o Estado contribuiu para a precarização do trabalho nas últimas duas décadas, devido ao modo operatório de suas instituições de vigilância do direito do trabalho, que teriam sido predominantemente benevolentes com os infratores ao utilizar um padrão de atuação conciliatório com a ilegalidade.

De qualquer forma, a falta de efetividade da tutela jurisdicional trabalhista torna vantajoso para grande número de empregadores, do ponto de vista econômico, descumprir as mais elementares obrigações e cria uma "cultura do inadimplemento", em verdadeira concorrência desleal com a parcela ainda significativa dos empregadores que cumprem rigorosamente suas obrigações trabalhistas, legais e convencionais. Pimenta (2003) adverte que é preciso tornar antieconômico o descumprimento rotineiro e massificado das normas trabalhistas (e aqui se podem considerar especialmente as de proteção da SST).

O Poder Judiciário tem um papel relevante para tornar efetiva a proteção garantida em lei, com a imposição de indenizações contendo valores que efetivamente desestimulem a reincidência. Afinal, o efeito pedagógico e social das decisões vai muito além das partes abrangidas pelos processos: sinalizam para a sociedade os valores civilizatórios da dignidade do ser humano. E o judiciário vem se consolidando como um importante protagonista no cenário político brasileiro.

## 6.7. A FISCALIZAÇÃO DO MEIO AMBIENTE DO TRABALHO E A INSUFICIENTE AÇÃO ESTATAL

Embora as vantagens da ação preventiva sejam unanimidade, já que o ideal almejado é a não ocorrência de acidentes, a fiscalização com orientação e, se for o caso, punição exemplar administrativa e/ou judicial, mesmo que reparatória, porque advindas quando o dano à saúde do trabalhador já ocorreu, também têm grande relevância na diminuição do número de acidentes. Nesse sentido, a OIT vem destacando que:

> [...] as estratégias de cumprimento e execução [das normas] devem ser vistas como parte integrante das políticas de proteção dos trabalhadores. A investigação e os recentes debates políticos têm enfatizado a importância da sensibilização, literacia[sic] jurídica, persuasão, prevenção e incentivos, bem como de procedimentos eficazes para a imposição de sanções adequadas. (OIT, 2015, p. 6)

No Brasil há mais de um órgão legitimado a fazer a inspeção das condições de saúde e segurança nos ambientes de trabalho: Ministério Público do Trabalho, na pessoa dos seus procuradores do trabalho; Ministério do Trabalho (atualmente secretaria especial do Ministério da

Economia), por meio dos seus auditores fiscais do trabalho; e mais recentemente os profissionais das vigilâncias em saúde do trabalhador, frequentemente vinculados aos CERESTs, inclusive com a legitimidade para multar e interditar situações de risco grave e iminente.

Após questionamentos judiciais, a legitimidade do SUS para fiscalizar o cumprimento das normas de SST e impor multas vem sendo reconhecida nos tribunais, e desde 2016 pelo Tribunal Superior do Trabalho[3]. Embora a situação de insuficiência estrutural e a necessidade de prevenção indiquem uma avaliação positiva para este acúmulo de órgãos na função fiscalizatória, o alerta existe no sentido de que "o fracionamento dessas competências faz com que o grande problema da saúde do trabalhador seja transformado numa questão secundária, diluída no quadro de atribuições de cada um desses órgãos" (OLIVEIRA, 2010, p. 161).

Ao apresentar as tendências mundiais que tiveram sucesso na proteção dos trabalhadores, a OIT destaca a promoção da cultura do cumprimento de normas, bem como que as leis sejam claras e, acima de tudo, a importância do papel ativo do trabalhador na SST (OIT, 2015). Embora se observem no Brasil algumas iniciativas nesta direção, como o "MPT Pardal" (MPT, 2015) que tornou possível, por celular, denunciar condições perigosas de trabalho e outros abusos, a complexidade não apenas das normas incidentes, mas também da atuação conjunta interinstitucional, precisa de debate crítico multidisciplinar para superar os entraves. Na mesma direção, documento da Fundacentro, atualmente no Ministério da Economia, admite que o grande número de agravos à saúde do trabalhador no Brasil aponta para a insuficiência da ação estatal nessa área e tem desafiado as políticas públicas e a atuação do Estado, exigindo uma ação mais ampla e coordenada, de modo a reduzir os danos aos trabalhadores, ao orçamento da Seguridade Social e à economia do país (BRASIL, 2015).

Cabe, ainda, um adendo sobre a necessidade de coordenação de ações na atuação estatal, que será feita no próximo tópico.

## 6.8. A ESTRUTURA INSTITUCIONAL DA SAÚDE DO TRABALHADOR E A NECESSIDADE DE ARTICULAR SUAS AÇÕES

Um dos grandes problemas da luta pela saúde e segurança dos trabalhadores no Brasil é a dispersão da responsabilidade pela proteção à saúde e segurança no trabalho por um excessivo número de órgãos estatais e a falta de unidade na atuação dos mesmos (BOUCINHAS FILHO, 2012). O Ministério da Previdência Social (atualmente Secretaria Especial da Previdência Social) se encarrega dos benefícios acidentários (auxílio-doença, auxílio-acidente, aposentadoria por invalidez, pensão por morte). Já a elaboração das Normas Regulamentadoras e a fiscalização no cumprimento das normas de Saúde e Segurança do Trabalho (SST) cabe ao extinto Ministério do Trabalho e Emprego (MTE) – no governo atual convertido em secretaria do Ministério da Economia (ME).

Enquanto a fiscalização é realizada pelos auditores fiscais do trabalho, a elaboração das normas tem a coordenação do ministério, mas é realizada por comissão tripartite formada por representantes do governo, trabalhadores e empresas. A Comissão Tripartite Paritária Permanente (CTPP), responsável pela criação e revisão das NRs, foi substituída pela Comissão Nacional

---

3  Processo: ARR 389-35.2012.5.15.0094, julg. 03/02/2016, rel. Min. Maria de Assis Calsing, 4ª T., publ. DEJT, 12/02/2016.

Tripartite (CNT) com a Portaria nº 59/2008 do MTE. Além de integrar a CNT como representante do governo, a Fundacentro é o braço do ministério que cuida do desenvolvimento de pesquisas e provê formação em SST. O Ministério da Saúde (MS), por sua vez, coordena o SUS, que também atua na área da saúde do trabalhador por meio dos órgãos de Vigilância Sanitária e pelos CERESTs. O MS é o gestor do SUS em âmbito federal, que, integrado aos gestores da esfera estadual (Secretarias de Estado da Saúde) e municipal (Secretarias municipais de Saúde), responde pela RENAST.

Em 2012 o Ministério da Saúde instituiu a Política Nacional de Saúde do Trabalhador e da Trabalhadora (PNSTT), que estabelece a participação do SUS no contexto da Política Nacional de Saúde e Segurança do Trabalho, define as diretrizes e a estratégia da atuação dos diversos níveis (Portaria MS nº 1.823/2012). Minayo-Gomez (2013) sustenta a importância da promulgação das duas políticas, tanto a PNSST quanto a PNSTT, que, segundo o autor, contempla a transversalidade das ações de saúde e o trabalho como um dos determinantes do processo saúde-doença, mas cuja implementação segue sendo o grande desafio para profissionais e gestores dos CERESTs, particularmente quanto ao fortalecimento da Vigilância em Saúde do Trabalhador. O autor discorre, ainda, sobre a pouca mobilização das organizações de classe, cujo protagonismo é fundamental para melhorar o funcionamento das instâncias de controle social. Ao analisar a articulação intersetorial, Minayo-Gomez (2013) também destaca a importância do protagonismo do Ministério Público do Trabalho (MPT) diante das limitações dos órgãos de fiscalização para a melhoria das condições de trabalho, assim como aponta para os avanços nas interações entre academia e serviços.

Leão e Vasconcelos (2015) destacam que é preciso criar uma ação estratégica e articulada para prevenção, uma interseção dos saberes e práticas da vigilância em saúde, trabalho e ambiente, pois, ao longo do processo produtivo, as intervenções e investimentos governamentais entram em confronto e muitas vezes negligenciam a proteção da saúde dos trabalhadores e do meio ambiente.

Proteger esses trabalhadores demanda ações interinstitucionais complexas, planejadas e coordenadas. Estudo realizado por SILVA et al. (2019) mostrou a necessidade de ampliação da atuação do Estado, seja no âmbito do judiciário, agências reguladoras, previdência, trabalho, serviços de saúde, bem como na atuação do controle social envolvendo a população para a implementação da Vigilância em Saúde do Trabalhador (VISAT).

## 6.9. A NECESSÁRIA CONSTRUÇÃO INTERDISCIPLINAR E INTERINSTITUCIONAL

Os riscos profissionais, por sua complexidade, desafiam as políticas públicas, o Estado e a sociedade. Trata-se de um objeto fudigio, difuso e multideterminado. Por objeto fugidio entende-se aquele tipo de objeto que ninguém domina e que ameaça a segurança e o bem-estar social. O pesquisador finlandês Yrjö. Engeström define o objeto fugidio como aquele que tem o potencial de escalar e expandir-se até uma escala global de influência (ENGESTRÖM, 2009). São objetos que estão pouco sob o controle de qualquer pessoa e têm efeitos de longo alcance e inesperados. Tais objetos parecem ter uma vida própria que ameaça a nossa segurança e proteção de muitas maneiras. O risco se manifesta de forma ameaçadora, como por exemplo o aquecimento global, as pandemias, os riscos no trabalho. Klein (2007), citado por Engeström, argumenta que no capitalismo atual os desastres e choques estão se tornando um objeto dominante, explorado pelas elites econômicas e políticas para reorganizar as condições sociais em conformidade com a doutrina neoliberal (ENGESTRÖM, 2009).

Os riscos que afetam os trabalhadores precisam, portanto, ser tratados como um objeto cuja prevenção requer a expansão da rede de atividades que poderia dar conta de enfrentá-lo. A prevenção ocorre ou deveria ocorrer em diferentes lugares envolvendo diferentes atores. A lógica da prevenção deve antever ajustes em níveis micro (da atividade real dos trabalhadores), meso (da lógica da produção) e macro (modificações de políticas, de técnicas, da cultura e jurídica) (MENDES, 2014).

Entendemos, com base em Engeström et al. (2003), que na prevenção é preciso uma expansão sócio-espaço-temporal. Social na dimensão dos atores que atuam em diferentes níveis (micro, meso e macro); espacial considerando o território geográfico, uma vez que o risco pode manifestar-se e ser gerado em localidades que escapam à jurisdição territorial convencional e, por último, uma expansão na escala temporal, considerando que a prevenção requer planejamento e ações de curto, médio e longo prazo. Outro aspecto a considerar é a ampliação dos sujeitos e da comunidade envolvida, que ultrapassa em muito as profissões e disciplinas que lidaram com este objeto nos meados do século passado. E que a prevenção também é fugidia pois não tem um dono, está sempre escapando.

A interdisciplinaridade, segundo Vilela e Mendes (2003) tem sido considerada por diversos autores como alternativa para alcançar o desenvolvimento de um pensamento que responda pela complexidade que caracteriza o mundo atual e seus desafios. Entre eles, encontram-se os problemas que cercam o Direito Ambiental do Trabalho, que é uma área eminentemente interdisciplinar. Preparar os profissionais das áreas que lidam com a SST, incluindo carreiras do Direito, Engenharia, Medicina e da saúde é urgente para enfrentar os problemas apresentados, afinal conhecimentos segmentados e estanques não estão dando conta de resolver aqueles desafios que se desenrolam nas diversas práticas, seja empresarial, governamental, judicial, normativo ou sindical.

A interdisciplinaridade é um elemento que potencializa novas leituras e encaminhamentos dos problemas, como os pertinentes às ciências da saúde e humanas, pois os conhecimentos científicos e os avanços técnicos mostram-se, por vezes, insuficientes para abarcá-lo em toda sua completude. Trata-se de uma busca de "retotalização" do conhecimento, possível por meio do diálogo entre diferentes campos do conhecimento e pela disponibilização de suas ferramentas para a abordagem da complexidade dos problemas atuais (CONSOLINO et al., 2012).

Embora as agências educacionais reiterem o discurso da relevância da interdisciplinaridade no interior da formação profissional, não se observa a concretização desse desafio. Além deste aspecto, há outro que precisa ser destacado, associado à necessidade de parcerias interinstitucionais e atuação coordenada.

A conjuntura sócio-político-econômica dos últimos anos, com desemprego, precarização do trabalho e culto ao individualismo e subjetivismo influenciam todas as dimensões da vida, e penetra no espaço da universidade (ANTUNES, 2009). Esse estado limita a articulação da universidade com outros atores, como a formação que prioriza a técnica em vez de uma visão ética e política que, em geral, não provoca o pensamento crítico nos estudantes sobre as desigualdades sociais e não os insere na realidade da vida, não se articula com pessoas, comunidades, trabalhadores, movimentos sociais (PONTES; RIGOTO, 2014). No modelo de ensino hegemônico nas universidades, os currículos são fechados, com tendência a serem menos interdisciplinares e mais especializados, e quase não existe lugar para estudos mais gerais, necessários para promover uma ampla visão (ALMEIDA FILHO, 2013).

O modelo tradicional forma profissionais competentes mas pouco comprometidos; em geral mostram-se carentes de uma visão crítica da sociedade e da saúde, resistentes às mudanças e que tendem a defender o status quo vigente, distanciados do conhecimento crítico em relação a aspectos políticos, sociais e culturais estruturantes do marco teórico da determinação social da saúde (ALMEIDA FILHO, 2013). É preciso que, além da competência técnica, os sujeitos egressos tenham a oportunidade do engajamento político, do questionamento dos problemas da ordem social vigente, da compreensão das contradições e da viabilização da construção de uma reestruturação social a partir de sua atuação profissional (PONTES; RIGOTO, 2014).

Nessa toada, Schinestsck (2009) alerta que o maior desafio do Poder Judiciário é o de "tornar-se ativo e capaz de corresponder às expectativas sociais, cumprindo efetivamente o seu papel na luta pela construção de uma sociedade mais digna, justa e igualitária" (p. 174).

Para tal empreitada, a universidade tem papel relevante e constitui-se como um espaço de possibilidades: de desenvolvimento da crítica a esse cenário, de produção de conhecimento pautada na realidade e que possibilite contribuir com a minimização das injustiças sociais, de formação ética e política, de criatividade, articulação entre os saberes, de construção de uma nova ciência, enfim, é um espaço no qual o pensamento crítico também emerge e busca se fortalecer na perspectiva da transformação social (LEORATO; DALLACOSTA, 2016).

Os desafios para a construção interdisciplinar existem, mas há diversas iniciativas rompendo a visão tradicional, com a universidade servindo de ponte para parcerias interinstitucionais e construção de soluções coletivas e integradas ao articular o debate interdisciplinar, que aproximou as áreas do Direito, Trabalho, Meio Ambiente e Saúde.

Pesquisa-ação de Pontes e Rigoto (2014) mostrou que a articulação entre universidade, SUS e movimentos sociais – para identificar as relações entre produção, trabalho, ambiente e saúde, bem como as necessidades de saúde de um determinado território, para construir coletivamente um plano de ação e intervir sobre a realidade na perspectiva de melhoria da saúde – apresentou-se como um caminho que pode fortalecer a práxis dos campos disciplinares Saúde do Trabalhador e Saúde Ambiental, de modo compartilhado entre diversos atores, saberes e disciplinas, e que pode ser trilhado por universidade, SUS e movimentos sociais.

A relevância dessa articulação foi potencializada, especialmente, pelas oportunidades de diálogo interdisciplinar e intersetorial no bojo da pesquisa. Esse diálogo promoveu troca de experiências que contribuiu para a construção coletiva de um olhar crítico sobre o contexto das relações produção-trabalho-ambiente-saúde no território investigado (PONTES; RIGOTO, 2014).

Outra iniciativa de abordagem interdisciplinar com resultados relevantes é o "Fórum sobre Acidentes do Trabalho: análise, prevenção e aspectos associados" (Fórum AT). Trata-se de educação continuada, associada a atividades de pesquisa e extensão, criada em 2008 e mantida desde então graças à iniciativa de docentes e pesquisadores de duas universidades estaduais paulistas, a saber, Faculdade de Saúde Pública da USP e Faculdade de Medicina de Botucatu – UNESP, em cooperação com instituições que atuam no campo da vigilância e prevenção de acidentes de trabalho. Conta com a participação de representantes da administração pública, judiciário, sindicatos, empresários, professores, estudantes universitários, pesquisadores, entidades de classe, trabalhadores etc.

O Fórum AT promove discussões presenciais e virtuais e disponibiliza materiais de apoio à pesquisa e serviços da área de saúde do trabalhador, como casos e textos, em seu endereço virtual aberto à visitação pública (http://www.forumat.net.br). O grupo foi criado como estratégia à educação permanente no campo teórico-prático da vigilância em saúde do trabalhador. Busca incentivar a troca de experiências interdisciplinares, informações sobre atualidades, compartilhamento de sugestões de leituras, coletivização de dúvidas relacionadas ao cotidiano de serviços e outros interesses de pesquisadores e profissionais da área. A iniciativa consolidou-se como espaço de reflexão e de estímulo à formação de movimento social pela prevenção, de denúncia e combate às práticas de atribuição de culpa às vítimas de acidentes e de apoio ao aperfeiçoamento da vigilância em Saúde do Trabalhador. Para isso, mantém agenda continuada de encontros presenciais, canal Youtube, cursos de análise e prevenção de acidentes, Fóruns virtuais e interlocução permanente com atores sociais interessados nesse campo.

Por fim, mas tão importante quanto aos demais exemplos apresentados, é o Congresso Internacional de Ciências do Trabalho, Meio ambiente, Direito e Saúde, surgido em 2012 como resposta às dificuldades de mobilização e intercâmbio – de ideias e forças – dos vários grupos envolvidos no mundo do trabalho. Tornou-se referência nos últimos anos ao organizar encontros anuais que abordam caminhos de superação para quem atua na área e por reunir grandes pensadores, pesquisadores e militantes de vários grupos sociais como sindicatos, profissionais da saúde, da justiça e da mídia. O seu caráter internacional tem permitido uma integração pouco comum, em especial dos países da América Latina. Conta com o apoio de diversas instituições que primam pela defesa dos direitos sociais, da saúde, trabalho digno e do meio ambiente.

Desde 2014, o evento acontece no Salão Nobre da Faculdade de Direito da USP, em São Paulo, e as palestras, rodas de conversa e discussões passaram a ser registradas em vídeo, com o propósito de reunir e compartilhar conhecimento. Em 2018, a organização lançou a primeira edição da Revista do Congresso, com o registro das atividades em versões impressa e digital.

Em 2019, foi criado o site https://www.congressointernacionaldotrabalho.com para centralizar e organizar esses registros, mantendo-os acessíveis ao público interessado de qualquer parte do mundo. A organização do congresso, cuja edição 2020 foi suspensa em decorrência da pandemia, é feita pela Associação Brasileira de Advogados e Advogadas Sindicais (Abras) e pelo Departamento de Direito do Trabalho e da Seguridade Social da Faculdade de Direito da USP. Desde a sua segunda edição até 2018 o congresso contou com a participação da Fundacentro.

## CONSIDERAÇÕES FINAIS

Este artigo foi escrito, não por acaso, por profissionais de três áreas distintas, que se encontraram na Saúde Coletiva para estudar saídas para alguns dos dilemas envolvendo a Saúde do Trabalhador. A interdisciplinaridade viabiliza troca de saberes que expande e alinha entendimentos, fortalece ações e integra com articulação as parcerias firmadas. Os tempos atuais revelam movimentos muito mais graves do que a interrupção da construção protetiva que se desenvolvia nas últimas décadas, pois estamos diante do risco de destruição dos alicerces da Saúde do Trabalhador e todo o direito protetivo envolvendo o Direito Ambiental. A realidade impõe, pois, capacitação e integração de ações das diversas áreas do conhecimento, na construção do esforço conjunto para achar respostas para os grandes desafios envolvendo a saúde dos brasileiros e o meio ambiente, incluindo o do trabalho.

Muitas vezes uma imagem sintetiza melhor a ideia do que muitas palavras. A figura final exemplifica a importância desta união de visões e saberes para, na ampliação da percepção e conhecimento de todos os agentes, capacitar cada um a enxergar a realidade complexa do trabalho humano – e as saídas para os desafios que ele impõe.

Fonte: WIKIPEDIA. **Dualidad onda corpúsculo**. Disponível em: https://es.wikipedia.org/wiki/Dualidad_onda_corp%C3%BAsculo. Acesso em 03/05/2021.

# SEÇÃO II

## MEIO AMBIENTE DO TRABALHO: REGULAMENTAÇÃO, PRINCÍPIOS E ANTINOMIAS

# CAPÍTULO 7
## MEIO AMBIENTE DO TRABALHO, DIREITOS HUMANOS E DIREITOS FUNDAMENTAIS: EFICÁCIA VERTICAL E HORIZONTAL DOS DIREITOS FUNDAMENTAIS LABOR-AMBIENTAIS

*Manoella Rossi Keunecke*
*Víctor Alexandre Esteves de Castro*

### 7.1. CONCEITO E EVOLUÇÃO DOS DIREITOS FUNDAMENTAIS

A ideia de direitos humanos surgiu no contexto da civilização ocidental, durante a Ilustração e com base em pilares iluministas de igualdade, liberdade e fraternidade. Era necessário, à época, proteger o indivíduo do despotismo do Estado absolutista, garantindo-lhe direitos que demandavam abstenção estatal. Em justo contraponto, esta atenção às liberdades privadas do indivíduo correspondia ao estabelecimento de limites ao exercício do poder político. A técnica da separação de poderes divulgada por Montesquieu[1] foi, portanto, de grande utilidade na contenção do poder estatal.

Dois eventos do final do século XVIII foram decisivos para a judicialização dos direitos humanos: a Revolução Francesa e o movimento que impulsionou o surgimento do Estado Norte-Americano (SARMENTO, 2010, p. 19). Eles proporcionaram, respectivamente, a inauguração da Declaração dos Direitos do Homem e do Cidadão (1789) e da Declaração da Independência dos Estados Unidos (1776) – ambos documentos dotados de tom jusnaturalista, universalista e liberal.

Assim, acompanhando a transição do Estado Autoritário para o Estado de Direito, os indivíduos passaram a ser sujeitos de direitos civis e políticos – também chamados de direitos de oposição ou de resistência perante o Estado (BONAVIDES, 2004, p. 563-564) –, como o direito à igualdade formal, à liberdade individual, à propriedade. A consagração destes direitos foi vital para coroar a ascensão da burguesia em substituição à antiga nobreza e para criar o cenário institucional indispensável para o florescimento do regime capitalista. Esta foi a primeira dimensão ou geração de direitos fundamentais[2].

Entretanto, esta primeira geração de direitos fundamentais, típica do Estado Liberal absenteísta, não foi suficiente para solucionar os problemas sociais decorrentes da industrialização exploratória do século XIX. Como destaca Nelson Saldanha (1980, p. 89), os excessos do capitalismo acabaram por desnaturar a ideia de liberdade e igualdade, pois estas supunham "uma realidade imaginária – de indivíduos senhores de suas vontades, negociando paritariamente –

---

1   Charles-Louis de Sécondat Montesquieu propagou a ideia da separação dos poderes na obra "O espírito das leis".
2   Doutrinariamente, há distintas preferências sobre a denominação dos períodos evolutivos dos direitos humanos ao longo dos anos, se em "gerações" ou "dimensões". Independente do termo adotado, há grande consenso sobre o fato de que uma dimensão ou geração de direitos humanos não substitui a subsequente, pois os direitos foram, ao longo do tempo, acumulando-se e somando-se. Assim, esta categorização possui relevância para entendermos o surgimento dos tipos de direitos humanos no tempo e suas principais características diante do contexto econômico, político e social de cada época.

totalmente contraditória com a realidade efectiva, que era antes de indivíduos condicionados por constrangimentos econômico-sociais e negociando em posições desequilibradas" (HESANHA, 1997, p. 221).

Foi-se, então, sendo consolidada a noção de que era necessário garantir condições mínimas de existência ao ser humano para que pudesse, substancialmente, gozar dos direitos fundamentais que já haviam sido reconhecidos – os direitos civis e políticos. Neste contexto e ainda no século XIX, a Inglaterra e a Alemanha introduziram as primeiras normas sociais, protegendo a classe operária dos impactos da Revolução Industrial (SARMENTO, 2010, p. 43). Aos poucos, somou-se a este cenário o medo de que processos revolucionários da época, como o modelo soviético de apropriação coletiva dos meios de produção, pudessem ocorrer nos países ocidentais de capitalismo evoluído. Já não havia resistência à transição do modelo de Estado Liberal para o Estado do Bem-Estar Social, que acaba por ocorrer na virada do século XX (HOBSBAWN, 1996, p. 61-62).

Com o novo modelo de Estado, consagraram-se direitos fundamentais que demandavam prestações estatais capazes de garantir condições mínimas de vida à população – como direito à saúde, à previdência, à educação – e que implicavam, por sua vez, na criação de políticas públicas interventivas. O fito era de ir além do simples reconhecimento de direitos. Os documentos jurídicos nacionais que retratam bem a concessão de direitos sociais, culturais e econômicos são a Constituição Mexicana de 1917 e a Constituição de Weimar de 1919 e, internacionalmente, o Tratado de Versalhes de 1919.

O Estado deixa, então, de ser absenteísta para intervir em prol de partes mais fracas das relações sociais, momento em que se multiplicaram as normas de ordem pública limitativas da autonomia da vontade das partes, no interesse da coletividade (SARMENTO, 2010, p. 45). O Direito do Trabalho, neste cenário, desmembra-se do Direito Civil, afirmando-se como ramo independente e reconhecendo a hipossuficiência negocial dos trabalhadores.

Estes são os direitos fundamentais de segunda geração, que, por demandarem prestações estatais custeadas pela sociedade, encontraram entraves operacionais e fáticos para sua concretização. Ainda nos dias de hoje, discute-se a eficácia destes direitos frente à limitação dos recursos públicos e ao mínimo existencial[3] e indaga-se sobre o papel do Poder Judiciário na garantia destes direitos sociais e econômicos. Segundo Paulo Bonavides (2004, p. 564-565), apesar destes direitos de segunda geração terem tido sua juridicidade questionada em decorrência da crise de observância, as recentes Constituições tentam contornar a situação concedendo-lhes aplicabilidade imediata, como é o caso do Brasil, afastando, portanto, a contra-argumentação de inaplicabilidade concreta por terem, supostamente, um conteúdo apenas programático[4].

Seguindo o contexto histórico, é no fim do século XX que os direitos de terceira geração emergem. A Modernidade estava em crise e a sociedade industrial já havia sido atropelada por um novo modelo de sociedade: hipercomplexa, globalizada, fragmentada e descentralizada. É nesta Era Pós-Moderna que as relações econômico-sociais sofreram profundas alterações e que os avanços tecnológicos e científicos passaram a generalizar os riscos para a pessoa humana e o planeta. "A utilização da energia nuclear, os progressos na tecnologia dos armamentos, na

---

3   Sobre a discussão envolvendo a reserva do possível e o mínimo existencial, recomenda-se a leitura da seguinte obra: Krell, Andreas J. **Direitos Sociais e Controle Judicial no Brasil e na Alemanha**. Porto Alegre: Sérgio Antônio Fabris, 2002.
4   § 1º do art. 5º da Constituição Federal: "As normas definidoras dos direitos e garantias fundamentais têm aplicação imediata".

genética e em outras áreas do conhecimento, aumentaram a insegurança para o meio ambiente e para a vida humana" (SARMENTO, 2010, p. 64).

Os destinatários dos direitos fundamentais de terceira geração não mais são os indivíduos, mas o próprio gênero humano e, por estarem conexos à solidariedade e à fraternidade, há uma notória preocupação com a universalidade destes direitos. Paulo Bonavides (2004, p. 569), seguindo a teorização de Karel Vasak, os identifica como o direito ao desenvolvimento, à paz, à propriedade sobre o patrimônio comum da humanidade, à comunicação e ao meio ambiente.

Os direitos fundamentais de quarta geração emergem do mesmo contexto de globalização econômica, cultural e política típico da Era Pós-Moderna. Decorrem de um movimento de globalização dos direitos fundamentais, que significa universalizá-los no campo institucional do Estado Social. "Enfim, os direitos de quarta geração compendiam o futuro da cidadania e o porvir da liberdade de todos os povos. Tão somente com eles será legítima e possível a globalização política" (BONAVIDES, 2004, p. 572). São eles: o direito à democracia participativa, à informação e ao pluralismo.

## 7.2. DIREITOS FUNDAMENTAIS E DIREITOS HUMANOS: SEMELHANÇAS E DESSEMELHANÇAS

Em suma, a história dos direitos fundamentais – direitos individuais, sociais e difusos – é a própria história da liberdade moderna, da separação de poderes e da criação de mecanismos capazes de concretizar os valores da sociedade. Pois ultrapassada a evolução dos direitos fundamentais em suas diferentes dimensões, torna-se necessário apontar semelhanças e dessemelhanças ao que se intitula como direitos humanos. Afinal, direitos humanos e direitos fundamentais seriam expressões sinônimas?

De exórdio, percebe-se uma grande semelhança de conteúdo. Ambas as categorizações radicam no reconhecimento, pelo direito positivo, de uma série de direitos do homem que constituíam pauta das concepções do jusnaturalismo ou do direito natural dos séculos XVII e XVIII. Esta positivação, no campo interno e internacional de direitos do homem, acabou por revelar uma dimensão histórica e relativa dos direitos humanos e dos direitos fundamentais (BOBBIO, 1992, p. 26).

A dessemelhança apontada por grande parte da doutrina, entretanto, recai na forma de positivação. O termo "direito fundamental" se presta a referir-se aos direitos do ser humano reconhecidos e positivados na esfera do direito constitucional positivo de determinado estado, segundo ensina José Joaquim Gomes Canotilho (1992, p. 528). A expressão direitos humanos, por sua vez, guarda relação com os documentos de direito internacional, referindo-se às posições jurídicas que reconhecem a todos os seres humanos, independentemente de sua vinculação com determinada ordem constitucional (MIRANDA, 1993, p. 51-52). A sua validade seria universal, para todos os povos e tempos, revelando um caráter supranacional.

Desta forma, a distinção mais relevante dentre a nomenclatura de direitos humanos e direitos fundamentais resta na concreção positiva. Os direitos fundamentais despem-se da ideia de atemporalidade e de vigência para todos os povos, vez que estão juridicamente institucionalizados no direito positivo de determinado Estado. Os direitos humanos, por estarem previstos em declarações e convenções internacionais, possuem pretensão de perenidade. Pela distinção referida, é possível perceber que podem existir constituições que não reconhecem certos direitos humanos já consagrados em textos internacionais, assim como constituições que positivem, como direitos fundamentais, direitos que não fazem parte do rol de direitos humanos constantes em cartas internacionais (COSTA, 2010, p. 32).

Como reforço à distinção apresentada, na própria Constituição Brasileira encontramos referências aos direitos humanos (inciso II do art. 4º)[5] e aos direitos fundamentais (epígrafe do Título II e § 1º do art. 5º)[6] como categorias distintas. O § 2º do art. 5º da Constituição[7], nesse passo, reconhece-se como um sistema aberto a outros direitos provenientes de tratados internacionais em que a República Federativa do Brasil faça parte, permitindo, no parágrafo seguinte (§ 3º)[8], a equivalência dos tratados e convenções internacionais de direitos humanos ao *status* de emenda constitucional acaso haja aprovação qualificada pelo Congresso Nacional. Para tanto, é necessária a aprovação em cada uma das Casas legislativas, em dois turnos, por três quintos dos votos dos membros.

## 7.3. APLICABILIDADE E EFICÁCIA DOS DIREITOS FUNDAMENTAIS

Nos termos do § 1º do art. 5º da Constituição Federal, os direitos fundamentais possuem aplicação imediata. Significa dizer que as normas constitucionais que preveem direitos fundamentais, explica José Afonso da Silva (2007, p. 409), são aplicáveis até onde possam, até onde as instituições ofereçam condições para o seu atendimento e, nesse contexto, sendo o Poder Judiciário invocado a propósito de uma situação concreta, não pode deixar de aplicar o direito fundamental em alguma medida. Logo, a aplicação imediata possui natureza eminentemente principiológica, por impor o dever de reconhecer e aplicar a máxima eficácia aos direitos fundamentais (COSTA, 2011).

Nesse passo, a aplicação imediata relaciona-se diretamente com o entrave da limitação de recursos públicos e com a crise de eficácia dos direitos fundamentais que exigem prestação estatal. Também, não escapa da problemática envolvendo a máxima efetividade das normas constitucionais de eficácia limitada, que, *a priori*, exigem regulamentação infraconstitucional[9].

Acerca dos sujeitos aos quais recai a eficácia direta dos direitos fundamentais, seguiremos a categorização de Daniel Sarmento (2010, p. 228), que, em brilhante monografia sobre o tema, a subdivide em eficácia vertical e horizontal.

Historicamente, os direitos fundamentais eram percebidos como direitos públicos subjetivos, exercidos em face do Estado. Nesta relação, entre indivíduo e Estado, os direitos fundamentais possuíam a chamada eficácia vertical, bastante perceptível quando se pensa nos direitos fundamentais de primeira geração. Mas, ao acompanhar o desenvolvimento de novas gerações

---

5     Art. 4º A República Federativa do Brasil rege-se nas suas relações internacionais pelos seguintes princípios: II - prevalência dos direitos humanos; [...]
6     TÍTULO II – Dos Direitos e Garantias Fundamentais [...]; Art. 5º [...]; § 1º As normas definidoras dos direitos e garantias fundamentais têm aplicação imediata.
7     § 2º Os direitos e garantias expressos nesta Constituição não excluem outros decorrentes do regime e dos princípios por ela adotados, ou dos tratados internacionais em que a República Federativa do Brasil seja parte.
8     § 3º Os tratados e convenções Internacionais sobre direitos humanos que forem aprovados, em cada Casa do Congresso Nacional, em dois turnos, por três quintos dos votos dos respectivos membros, serão equivalentes às emendas constitucionais.
9     As normas constitucionais de eficácia limitada, segundo a classificação de José Afonso da Silva, são aquelas que somente terão condições de produzir seus efeitos se houver uma lei integrativa infraconstitucional.

de direitos fundamentais e dos modelos de Estado, a doutrina foi, necessariamente, evoluindo[10] para admitir que alguns direitos fundamentais, pela sua natureza, atingissem as próprias relações entre particulares, sem necessária interpelação pela legislação infraconstitucional. Esta aplicação direta dos direitos fundamentais nas relações privadas é o que se passou a chamar de eficácia horizontal.

Em 1957 ocorreu um dos casos mais notórios sobre o tema, servindo como bom exemplo histórico de aplicação da doutrina da eficácia horizontal dos direitos fundamentais. Foi questionada, perante o Tribunal Federal do Trabalho alemão, a validade da cláusula de contrato de trabalho que previa a extinção da relação de emprego acaso a empregada viesse a contrair matrimônio. A solução judicial então adotada pelo Tribunal foi a de invalidar a cláusula abusiva com base em normas constitucionais do Estado alemão, aplicando-as, portanto, diretamente às partes privadas da relação de emprego (BILBAO UBILLOS, 1997, p. 272).

No Brasil, a Constituição Federal é de caráter intervencionista, empresta atenção ao social[11] e possui força normativa. Ela indica como objetivo fundamental da República a construção de uma sociedade livre, justa e solidária e, por isso, resta consciente de que tanto o Estado, como os particulares, podem ser os violadores dos direitos fundamentais já constitucionalizados[12]. Ela, ainda, expressamente prevê um rol amplo de direitos voltados diretamente contra particulares, como os direitos trabalhistas do art. 7º, além de transmitir uma ideia de vinculação passiva universal ao art. 5º, pela linguagem adotada pelo constituinte[13].

Destarte, pelos fatores expostos, a Constituição impõe a extensão dos direitos fundamentais às relações entre pessoas e entidades privadas. Todos, portanto, devem conformar-se com os ditames constitucionais (SARMENTO, 2010, p. 258). No entanto, esta afirmação não significa dizer que o Estado e o cidadão submetem-se ao mesmo regime de incidência de direitos fundamentais. Pelo contrário, os defensores da eficácia horizontal dos direitos fundamentais reconhecem a existência de especificidades na sua incidência frente aos particulares, especialmente pela necessidade de ponderação entre o direito em jogo e a autonomia privada da pessoa cujo comportamento se cogita restringir (PEREIRA, 2013, p. 181-182).

Segundo lições do Ministro Luís Roberto Barroso (2005, p. 28), neste processo ponderativo que fazem os Tribunais ao aplicarem os direitos fundamentais diretamente nas relações privadas, devem-se observar alguns fatores, quais sejam: **i)** a igualdade ou desigualdade material entre as partes, **ii)** a manifesta injustiça ou falta de razoabilidade de critério, **iii)** a preferência para valores existenciais sobre os patrimoniais, **iv)** o risco para a dignidade humana.

No Supremo Tribunal Federal, existem decisões que merecem referência, especialmente por tratarem de matéria trabalhista. No julgamento do Recurso Extraordinário nº 161.243-6/DF, de relatoria do Ministro Carlos Mário Velloso, o Tribunal acolheu a pretensão do trabalhador por igualdade de tratamento frente à norma interna da empresa estrangeira Air France, que beneficiava apenas os empregados de nacionalidade francesa. Neste caso, a autonomia da vontade havia

---

10  Ensina Daniel Sarmento (2010, p. 229) que a teoria da eficácia direta dos direitos fundamentais nas relações privadas foi inicialmente defendida pelo alemão Hans Carl Nipperday na década de 1950. Mais tarde, foi retomada e melhor desenvolvida por Walter Leisner e Reinhold Zippelius. A obra mais completa sobre o assunto, entretanto, foi desenvolvida pelo espanhol Bilbao Ubillos, ao qual faremos menção ao longo deste texto.
11  A exemplo dos arts. 6º e 7º.
12  Juan María Bilbao Ubillos (1997, p. 256-262) defende a aplicação da eficácia horizontal dos direitos fundamentais também em decorrência da força normativa da Constituição.
13  Com exceção de alguns direitos que têm como destinatário certo, pelo próprio texto constitucional, o Estado. É o caso dos direitos do preso, por exemplo (incisos LXI, LXII, LXIII, LXIV, LXV, LXVI, LXVII do art. 5º).

suprimido o princípio da igualdade e, portanto, a discriminação foi considerada não razoável frente a razão de *discrímen*, qual seja: o atributo, a qualidade, a nota intrínseca ou extrínseca do indivíduo, como raça, cor, nacionalidade, credo.

Já no Recurso Extraordinário nº 160.222-8, de relatoria do Ministro Sepúlveda Pertence, o mesmo Tribunal considerou violada a intimidade da empregada diante da realização de revista íntima, o que caracterizaria o crime de constrangimento ilegal. A lista de decisões favoráveis à aplicação dos direitos fundamentais nas relações de emprego tem se mostrado em plena ascendência e seriam muitos os casos a exemplificar.

Adiante da afirmação da eficácia horizontal, Daniel Sarmento (2010, p. 279) teoriza sobre a eficácia irradiante dos direitos fundamentais. Esta eficácia significa na irradiação dos direitos fundamentais, como vetores exegéticos, a todas as normas que compõem o ordenamento jurídico, de modo que, o juiz, ao aplicar as normas infraconstitucionais, deve mirar nos valores constitucionais consubstanciados nos direitos fundamentais. Caso não seja possível aplicar a norma, pois em confronto com algum direito fundamental, exercerá o controle incidental de constitucionalidade. Na ausência de norma, aplicará o direito fundamental ao caso, no exercício de ponderação frente à autonomia privada, sem olvidar, entretanto, que nas relações de trabalho é preciso considerar a heterogeneidade das esferas não estatais e que cada uma obedece uma lógica própria, com princípios de funcionamento que comumente se abrigam na própria ordem constitucional.

## 7.4. A TUTELA INTERNACIONAL DO MEIO AMBIENTE DO TRABALHO

Como visto, um dos direitos fundamentais de terceira dimensão é o direito ao meio ambiente equilibrado, cujo mote é de garantir a qualidade de vida saudável de toda a coletividade, o progresso e o desenvolvimento sustentável.

Ensina Yone Frediani (2016, p. 153) que, a partir da Revolução Industrial, ocorreram diversas mudanças na forma de trabalho. Os esforços relativos à preservação da saúde e à eliminação de riscos no ambiente de trabalho eram percebidos como despesas e gastos evitáveis pelo empresariado da época. O fomento ao lucro e o desprezo às questões de saúde e segurança tornaram comuns os locais inseguros e insalubres de trabalho e as jornadas exaustivas e excessivas, inclusive quanto às empregadas mulheres e crianças. Por consequência, também comuns tornaram-se as doenças ocupacionais os acidentes de trabalhos.

Nesse contexto, insurgiram-se os organismos internacionais o os trabalhadores em prol de melhorias nas condições de trabalho, de modo a provocarem o surgimento de instrumentos específicos para a implementação de sistemas jurídicos protetivos, demandando a mudança de postura dos empregadores também frente ao ambiente laboral. Foi, contudo, apenas recentemente que o ambiente do trabalho começou a receber a atenção merecida pelos ordenamentos jurídicos.

O trabalhador passa a maior parte de sua vida produtiva dentro do ambiente de trabalho e se dignifica como pessoa por conta de sua identificação com o labor, o que justifica a importância de sua proteção contra todas as formas de degradação ou poluição.

A proteção sobre o meio ambiente do trabalho é o freio num contexto de economia globalizada, de maximização dos lucros e de minimização de custos, de modo a impedir que os empregadores imponham aos trabalhadores a realização de atividades que desrespeitam a dignidade e lhes afetam a saúde (FERREIRA FILHO, 2015, p. 115).

Percebe-se, portanto, que a proteção do meio ambiente de trabalho está intimamente relacionada à necessidade de assegurar a saúde dos trabalhadores. De acordo com a alínea "e" do art. 3º da Convenção nº 155 da Organização Internacional do Trabalho (OIT), o conceito de saúde dentro da esfera laboral "[...] abrange não só a ausência de afecções e de doenças, mas também os elementos físicos e mentais que afetam a saúde e estão diretamente relacionados com a segurança e a higiene no trabalho". De forma paralela, o conceito mais amplo de saúde trazido pela Organização Mundial da Saúde lhe define como sendo "a situação de perfeito bem-estar físico, mental e social".

Alice Monteiro de Barros (2010, p. 1065) nega a imediata aplicabilidade do conceito amplo de saúde, pois dependeria de adaptações no campo jurídico, sendo que o completo bem-estar seria um problema político que diria respeito à sociedade como um todo. Concordamos, parcialmente, com a crítica de Barros ao conceito, especialmente se a sua leitura não vier conjugada às peculiaridades dos indivíduos na sua relação com o meio ambiente.

É direito de todo trabalhador desenvolver as suas atividades laborativas em condições dignas, essenciais para manutenção da saúde (NOGUEIRA, 2016, p. 59):

> Desde a Declaração Universal dos Direitos Humanos de 1948, em seu artigo 23, já era previsto que "toda a pessoa tem direito ao trabalho, à livre escolha de emprego, a condições justas e favoráveis de trabalho e à proteção contra o desemprego; também o art. 24 dispõe que 'o direito ao repouso e lazer, inclusive limitação razoável das horas de trabalho e às férias remuneradas periódicas'; e, finalmente, o art. 25 estabelece que 'toda pessoa tem direito a um padrão de vida capaz de assegurar a si e a sua família saúde e bem-estar'". (NOGUEIRA, 2016, p. 58)

Importante notar que os riscos a que se pretende mitigar vão além da exposição a agentes químicos, a condições de periculosidade/insalubridade ou outros que afetam diretamente a aptidão física do trabalhador. A higidez mental também é preocupação quando se trata de proteção ao meio ambiente laboral, embora sua violação seja mais dificilmente reconhecida. Por vezes, decorrem de alterações em questões bastante sutis, como da jornada de trabalho, de cobrança por resultados, da ausência de completo descanso (FERREIRA FILHO, 2015, p. 115):

> Enfatize-se, ainda, que o meio ambiente laboral não se limita ao local de prestação das atividades profissionais, mas envolve componentes abstratos da relação de trabalho, como, por exemplo, a forma de execução das tarefas e o tratamento dispensado nas relações de subordinação ou interpessoais. (FERREIRA FILHO, 2015, p. 116)

Com a mesma preocupação, desponta como protagonista a Organização Internacional do Trabalho (OIT), que tem desempenhado um papel essencial na identificação das diretrizes para os padrões mínimos de saúde e segurança no trabalho em nível global.

A OIT, como é comumente chamada, surgiu em 1919, após a Primeira Guerra Mundial, na Conferência de Paz em que foi aprovado o Tratado de Versalhes, transformando-se em 1946 em uma das agências da Organização das Nações Unidas (ONU) especializada nas relações de trabalho, com a finalidade principal de legislar no âmbito internacional. Para tanto, possui uma estrutura tripartite na qual se reúnem os governos dos Estados-membros e organizações representativas dos empregadores e também dos trabalhadores.

O conteúdo normativo produzido pela OIT possui duas formas principais, a saber: convenções e recomendações internacionais. As primeiras são os tratados internacionais que dependem de ratificação pelos Estados-membros, inclusive o Brasil, que se tornam de cumprimento obrigatório a partir da ratificação e consequente integração nos ordenamentos jurídicos nacionais, ao passo que as recomendações não possuem o caráter vinculativo e servem como diretrizes para o processo legislativo dos Estados-membros.

O procedimento para incorporação das convenções da OIT dentro do ordenamento jurídico brasileiro depende da aprovação desses tratados pelo Congresso Nacional. Após a aprovação, compete ao Presidente da República proceder ao depósito do instrumento de ratificação na Repartição Internacional do Trabalho da OIT, a partir de quando o Estado estará comprometido com a comunidade internacional a respeitar o respectivo tratado.

Contudo, a Constituição da OIT não estabeleceu formas sancionatórias para serem aplicadas em caso de não cumprimento de suas normas, havendo somente uma breve regulamentação[14] que tem ocasionado algumas advertências aos respectivos Estados-membros infratores, com impactos de natureza eminentemente moral e não jurídica.

No que toca à hierarquia dos tratados internacionais dentro do ordenamento jurídico, deve-se ter em vista que existem diversas correntes doutrinárias a esse respeito e o tema comportaria um estudo próprio, todavia, convém a exposição de uma breve introdução.

Discute-se se os tratados internacionais ratificados pelo Brasil se incorporam com o *status* de norma constitucional, legislação ordinária ou norma supralegal (ou seja, acima da legislação, mas ainda subordinados à Constituição Federal). De acordo com o art. 5º, § 2º, da Constituição Federal, somente os tratados internacionais que versem sobre direitos humanos, que forem aprovados sob o mesmo rito das emendas constitucionais, serão equivalentes às normas constitucionais[15].

Assim, de acordo com a interpretação do Ministro Gilmar Mendes, do Supremo Tribunal Federal (2008, RE 466.343-SP e HC 87.585-TO), os tratados internacionais que versem sobre direitos humanos, ratificados no Brasil sem aprovação por meio do quórum qualificado mencionado acima, não poderão receber o tratamento de norma constitucional, mas estariam em nível hierarquicamente superior em relação à legislação ordinária, de sorte que adquirem *status* normativo supralegal.

Essa interpretação gera a consequência de que os tratados internacionais deverão estar em consonância com a Constituição Federal, todavia, toda a legislação deverá adequar-se a tais normas internacionais, sob pena de não se tornarem aplicáveis aquelas que entrarem em conflito, sejam elas anteriores ou posteriores ao ato de adesão.

Por fim, seguindo essa corrente adotada pelo Supremo Tribunal Federal, os tratados internacionais que não versem sobre direitos humanos, após serem ratificados, integrariam o ordenamento jurídico com força equivalente da legislação ordinária.

---

14   Art. 33 da Constituição da OIT: "Se um Estado-Membro não se conformar, no prazo prescrito, com as recomendações eventualmente contidas no relatório da Comissão de Inquérito, ou na decisão da Corte Internacional de Justiça, o Conselho de Administração poderá recomendar à Conferência a adoção de qualquer medida que lhe pareça conveniente para assegurar a execução das mesmas recomendações".
15   Atualmente, somente a Convenção Internacional sobre os Direitos das Pessoas com Deficiência e seu Protocolo Facultativo, assinados em Nova York em 30 de março de 2007, foram aprovados de acordo com esse procedimento.

É importante deixar claro que existem opiniões diversas na doutrina e jurisprudência, todavia, para nortear o presente estudo convém adotar-se a posição atualmente defendida pelo Supremo Tribunal Federal, que tem sido, inclusive, adotada em recentes julgados proferidos pelo Tribunal Superior do Trabalho[16], no sentido de que as normas internacionais afetas a direitos trabalhistas possuem natureza de direitos humanos, razão pela qual, seguindo o entendimento do Supremo Tribunal Federal, aquelas ratificadas pelo Brasil, sem o quórum qualificado, estariam enquadradas dentro do nível supralegal, em que pese alguns dos ministros defendam em suas pesquisas acadêmicas o *status* de norma constitucional.

Feita essa breve introdução sobre o tema, frise-se que em convenções internacionais de trabalho foram estabelecidos padrões mínimos de direitos humanos fundamentais relacionados ao trabalho, demandando a promoção de ajustes aos ordenamentos nacionais.

Os principais documentos internacionais que dizem respeito ao meio ambiente do trabalho de forma direta são as Convenções nºs 148, 155 e 161. Contudo, outras convenções também cuidam da proteção do meio ambiente do trabalho e da saúde do trabalhador: nº 103, nº 115, nº 121, nº 127, nº 134, nº 136, nº 139, nº 152, nº 159, nº 163, nº 167, nº 170, nº 171, nº 174, nº 176, nº 182, nº 184 e nº 187.

A Convenção nº 155 da OIT merece referência, pois visa o desenvolvimento de um programa que promova e garanta os próprios direitos fundamentais relacionados ao trabalho, presentes nas demais convenções internacionais. Nela, há a importante diretriz: "*[...] reduzir ao mínimo, à medida que for razoável e possível, as causas dos riscos inerentes ao meio ambiente do trabalho*" (art. 4º), bem como a obrigatoriedade de ser posta "*[...] em prática e reexaminada periodicamente uma política nacional coerente em matéria de segurança e saúde dos trabalhadores e o meio ambiente do trabalho*" (item I do art. 4º), cuja finalidade volta-se à prevenção dos acidentes e doenças ocupacionais, com a implementação de medidas e equipamentos necessários

---

16 "Registre-se que a Reforma do Judiciário, promulgada em dezembro de 2004 (EC. 45/04), passou a conferir status de emenda constitucional a tratados e convenções internacionais sobre direitos humanos que tenham sido aprovados com o rito e quórum similares aos de emenda. Cabe ressaltar que o Supremo Tribunal Federal, em sessão de dezembro de 2008, modificou, em parte, sua jurisprudência sobre o status normativo das regras internacionais ratificadas pelo Brasil. Fixou o patamar supralegal dessas regras (acima das leis ordinárias e complementares), desde que referentes a convenções e tratados internacionais sobre direitos humanos (o status clássico, de simples diploma legal, ficou preservado para a generalidade dos documentos internacionais ratificados). A alteração interpretativa tem de ser integrada a um quadro de avanço hermenêutico e cultural, e não de retrocesso. Desse modo, havendo aparente conflito entre normas internacionais ratificadas e o Direito interno, deve prevalecer a norma e a interpretação mais favoráveis à pessoa humana a quem se destina a tutela jurídica. O mesmo se aplica a normas de tratados e convenções de direitos trabalhistas – que têm óbvia natureza de direitos humanos: em situação de aparente conflito entre preceitos internacionais ratificados (as Convenções citadas, por exemplo) e preceitos legais internos, prevalece o princípio da norma mais favorável ao trabalhador, quer no que tange ao critério de solução do conflito normativo, quer no que diz respeito ao resultado interpretativo alcançado. Com relação ao caso concreto, acerca da possibilidade de cumulação dos adicionais de insalubridade e de periculosidade, não há dúvida de que as disposições que mais se harmonizam com os referidos preceitos e com as normas constitucionais de proteção do trabalhador são aquelas previstas nas Convenções 148 e 155 da OIT (que possuem status supralegal, isto é, acima das leis ordinárias e complementares, mas abaixo da Constituição) – em detrimento da regra do art. 193, § 2º, da CLT –, devendo, portanto, prevalecer a possibilidade de cumulação dos adicionais de periculosidade e insalubridade" (BRASIL. Tribunal Superior do Trabalho. Acórdão no Recurso de Revista, processo nº RR-12030-26.2013.5.03.0027, Rel. Maurício Godinho Delgado, publ. DEJT em 23/09/2016. Disponível em https://jurisprudencia.s3.amazonaws.com/TST/attachments/TST_RR_120302620135030027_61973.pdf?Signature=mDP1RoWHhF6vuy%2FGni3yGc28Kpl%3D&Expires=1494180764&AWSAccessKeyId=AKIAI-PM2XEMZACAXCMBA&response-content-type=application/pdf&x-amz-meta-md5-hash=85243d263c6291415e-fe9aa409278567). Acessado em 06/05/2017.

à redução e, se possível, à eliminação dos riscos normais existentes no ambiente de trabalho (FREDIANI, 2016, p. 154).

A preocupação da Convenção nº 155 da OIT, percebe-se, não se restringiu às doenças ocupacionais, mas a todos os elementos físicos e mentais que estão diretamente relacionados com a segurança e higiene no trabalho (WÜNSCH; TITTONI; GALIA, 2015, p. 32). O mote do art. 5º é, neste sentido, o de fomentar a adaptação dos meios de produção aos empregados em sua individualidade, englobando-se desde as ferramentas até as técnicas de trabalho. Como avalia Ney Maranhão (2016, p. 149), o referido artigo:

> [...] ratifica toda essa variedade de fatores de risco (naturais e humanos, materiais e imateriais) que rege e permeia, dinamicamente, o meio ambiente do trabalho, sempre como elementos aptos a influenciar, de maneira decisiva, na segurança e na saúde (física e mental) de todos quantos inseridos em determinado contexto jurídico-laborativo.

Uma das formas de garantir a efetividade da proteção concedida foi indicada nos arts. 8º e 10º da Convenção. Trata-se da criação de um sistema de inspeção, destinado à fiscalização, à orientação dos empresários no cumprimento das normas e o impedimento na repetição dos eventos que provoquem os acidentes ou o aparecimento de doenças ocupacionais (FREDIANI, 2016, p. 154).

Desta mesma proteção ao meio ambiente laboral, como direito fundamental, se depreende a responsabilidade dos empregadores, facultando-se aos trabalhadores, inclusive, interromperem as suas atividades na ocorrência de perigo iminente e grave para suas vidas ou saúde, como resta exposto no art. 13 da Convenção nº 155 da OIT.

Outra norma de suma importância é a Convenção nº 148 da OIT por proteger os trabalhadores dos riscos decorrentes de contaminações no ar, de ruído ou de vibrações no ambiente de trabalho. Merece especial destaque por nela serem expostos princípios que consolidam a ideia moderna de eliminação dos riscos ao invés de serem neutralizados, de sorte que os equipamentos de proteção individual deveriam ser utilizados somente como um último recurso nas situações específicas em que o risco seja impossível de ser eliminado de outras formas (ROCHA, 2016, p. 40-41):

> [...] não basta ao sistema jurídico assegurar direitos reparatórios aos lesados (monetização do risco, segundo a visão infortunística); é imperioso, também, exigir que o empregador ou tomador de serviços adote todos os recursos e tecnologias disponíveis para evitar acidentes e doenças ocupacionais (visão prevencionista). (ROCHA, 2016, p. 45)

A Convenção nº 161 da OIT, por sua vez, trata da importância de serviços de saúde no trabalho, com funções essencialmente preventivas para aconselhar o empregador, os trabalhadores e seus representantes sobre as formas de manutenção de um meio ambiente do trabalho equilibrado e saudável.

A partir destas declarações e das iniciativas de promoção do equilíbrio no meio ambiente laboral, passou-se a tratar do direito ao trabalho digno como direito humano, derivado da proteção da própria dignidade humana[17]. Sua efetivação se tornou o fim maior do ordenamento jurídico e, no brasileiro, consiste em direito fundamental, como veremos a seguir.

---

17 "[...] não há dúvida de que o trabalho permite que a maioria das pessoas tenha a oportunidade de, além de prover seu sustento próprio e o de sua família, melhorar a sua condição de vida. Entretanto, o mesmo trabalho pode

## 7.5. A PROTEÇÃO AMBIENTAL NO CONSTITUCIONALISMO BRASILEIRO

A Constituição Federal de 1988 positivou o direito ao meio ambiente equilibrado como direito fundamental no *caput* do art. 225[18]:

> Todos têm direito ao meio ambiente ecologicamente equilibrado, bem de uso comum do povo e essencial à sadia qualidade de vida, impondo-se ao Poder Público e à coletividade o dever de defendê-lo e preservá-lo para as presentes e futuras gerações.

O primeiro aspecto de destaque é a definição do meio ambiente ecologicamente equilibrado como um direito fundamental de todos e de cada um ao mesmo tempo[19] – afirmação que permite concluir pelo dever de os particulares tutelarem o meio ambiente. Portanto, todos aqueles que usufruem dos benefícios da atividade humana, e não somente o Estado, devem tutelar o meio ambiente (MELO, 2015, p. 146). Dentre esses beneficiários, estão os empregadores.

O segundo ponto a ser observado é o tratamento em separado, concedido pela Constituição Federal, ao direito à saúde[20] e ao direito ao meio ambiente equilibrado. A proteção da saúde, da qualidade de vida e da segurança dos indivíduos é, especialmente, garantida dentro do ambiente em que são desenvolvidas as atividades laborais. De fato, embora haja evidente interligação entre o direito ao meio ambiente equilibrado e o direito à vida e à saúde dos trabalhadores, é proposital o tratamento individualizado concedido pela Constituição ao meio ambiente e, por isso, ao meio ambiente laboral. A mesma atenção foi conferida a *"[...] redução dos riscos inerentes ao trabalho, por meio de normas de saúde, higiene e segurança"* (inciso XXII do art. 7º da CF).

É de fácil assimilação o vínculo entre meio ambiente laboral e saúde do trabalhador na Constituição Cidadã, que traz como um dos fundamentos da República, a dignidade da pessoa humana (art. 1º, caput). Mas não só. Trata ela, ademais, do direito à vida e à segurança em seu art. 5º; e como direito social: a saúde, o trabalho, o lazer e a segurança, no caput do art. 6º. O art. 225, caput, garante a todos um meio ambiente equilibrado e, no § 1º em seu inciso V, incumbe ao Poder Público: "controlar a produção, a comercialização e o emprego de técnicas, métodos e substâncias que comportem risco para a vida, a qualidade de vida e o meio ambiente. Atribui competência, ainda, ao Sistema Único de Saúde, por força do art. 200, inciso VIII, para colaborar na proteção do meio ambiente, incluído do trabalho. (FERREIRA FILHO, 2016, p. 117)

Assim, como exposto no tópico anterior, revela-se necessária a compreensão de que o trabalhador passa a maior parte de sua vida produtiva dentro do ambiente de trabalho, regido pelas regras das economias globalizadas pautadas na maximização de lucros e minimização de custos,

---

levar à deterioração da saúde física e mental do trabalhador, quando não chega ao extremo de comprometer a sua própria vida" (ROCHA, 2016, p. 44).

18  No âmbito da legislação infraconstitucional, a Política Nacional do Meio Ambiente (inciso I do art. 3º da Lei nº 6.938/1981) conceitua meio ambiente da seguinte forma: "[...] *conjunto de condições, leis, regras, influências e interações de ordem física, química e biológica, que permite, abriga e rege a vida em todas as suas formas*".

19  "De conformidade com as normas constitucionais atuais, a proteção do meio ambiente do trabalho está vinculada diretamente à saúde do trabalhador enquanto pessoa humana, razão por que se trata de um direito de todos, a ser instrumentalizado pelas normas gerais que aludem à proteção dos interesses difusos e coletivos" (MELO, 2015, p. 146).

20  "[...] a proteção à saúde do trabalhador é um direito-dever de cunho social, visto como um dos mais importantes e avançados na atual Constitucional" (ROCHA, 2016, p. 46).

o que tem acarretado em diversas ofensas à dignidade da pessoa humana, das quais se identificam mais facilmente aquelas que acarretam prejuízos à saúde, notadamente à higidez física[21].

Em concreção das normas constitucionais, verifica-se o estabelecimento de normas infraconstitucionais que obrigam empregadores e tomadores de serviços sobre assuntos de segurança e higiene do trabalho. Estas normas são expressão dos direitos fundamentais do trabalho, dos valores sociais do trabalho, da dignidade da pessoa humana e do respeito ao meio ambiente (MELO, 2015, p. 146). Nesse sentido entendem Mendes e Thomé (2016, p. 78) que:

> Pode-se afirmar que o texto constitucional reconhece a proteção do meio ambiente do trabalho como condição indispensável à garantia do direito fundamental à saúde e à sadia qualidade de vida. [...]. Todo ser humano é titular do direito de uma vida digna, que passa pela garantia da saúde da segurança em seu ambiente de trabalho. [...]. A partir da análise sistêmica da Constituição de 1988 conclui-se pela necessidade de aplicação do princípio do desenvolvimento sustentável às questões relativas ao meio ambiente do trabalho, no sentido de garantir o exercício das atividades laborais em ambiente saudável que repercuta na sua qualidade de vida de um modo geral e assegure a dignidade da pessoa humana.

Convém trazer à baila o conceito de trabalho decente desenvolvido pela OIT, o qual abrange quatro frentes estratégias quanto ao respeito aos direitos no trabalho: **i)** a promoção no emprego; **ii)** a extensão da proteção social e o fortalecimento do diálogo social – cuja convergência desses quatro elementos configura a condição fundamental para a superação da pobreza; **iii)** a redução das desigualdades sociais, e; **iv)** a garantia da governabilidade democrática e o desenvolvimento sustentável.

Embora este conceito de trabalho decente não tenha força vinculativa automática em todos os ordenamentos jurídicos nacionais, pode-se inferi-lo das demais normas internacionais do trabalho, especialmente por ser capaz de fomentar a adoção de medidas que visem a neutralização ou redução dos riscos no trabalho.

De igual maneira, é possível concluir que a Constituição Federal, ao mencionar dignidade humana (inc. III do art. 1º), valor social do trabalho (inc. III do art. 1º), pleno emprego (inc. VIII do art. 170) e defesa do meio ambiente (inc. VI do art. 170), garantiu não somente um trabalho aos cidadãos brasileiros, mas um trabalho qualificado: um trabalho decente, adequado e seguro (ROCHA, 2016, p. 47).

Seria ingênuo não pontuar, nesta oportunidade, que é impossível esperar-se do ordenamento jurídico um completo e acabado sistema de proteção labor-ambiental, pois deve sempre estar acompanhando a evolução dos meios e técnicas de produção, sob pena de obsolescência.

O avanço tecnológico, inerente à dinâmica dos meios de produção e ao aperfeiçoamento dos métodos de trabalho, exige o constante acompanhamento normativo. No contexto pós-

---

21 Como exemplo, segundo a pesquisa da Fundação ABRINQ, ainda existe no Brasil a ocorrência de trabalho infantil na ordem de milhões. Com relação a esse contingente de trabalhadores infantis, a pesquisa demonstra que foram registrados 622 acidentes de trabalho, somente no ano de 2016, o que evidencia a precariedade dessas relações de trabalho (ABRINQ. Disponível em https://observatoriocrianca.org.br/cenario-infancia/temas/trabalho--infantil/621-populacao-entre-5-e-17-anos-ocupada?filters=1,236. Acesso em 06/05/2017). Há também inúmeros relatos de superexploração no setor de corte de cana-de-açúcar, que tem acarretado em diversos distúrbios e em alguns casos até mesmo a morte, como uma pesquisa na área de sociologia divulgada na mídia recentemente (CUNHA, Thayná. **Pesquisa da UFSCar traça perfil dos cortadores de cana-de-açúcar**. Disponível em http://g1.globo.com/sp/sao-carlos-regiao/noticia/2016/10/pesquisa-da-ufscar-traca-perfil-dos-cortadores-de-cana-de-acucar.html. Acesso em 05/05/2017).

-moderno, a todo momento extinguem-se e criam-se profissões, o que demanda a criatividade normativa em mitigar ou eliminar as externalidades antes não previstas.

Não por outra razão, a legislação trabalhista delegou ao Poder Executivo a regulamentação das normas de saúde e segurança do trabalho com o intuito de diminuir o tempo de estudo e tramitação necessário para elaboração e atualização de tais normas, havendo, portanto, inúmeras menções na Consolidação das Leis do Trabalho (CLT) à necessidade dos empregadores observarem as normas a serem expedidas pelo Ministério do Trabalho, tais como o artigo 162, que trata do Serviço Especializado em Engenharia de Segurança e em Medicina do Trabalho (SESMT), regulamentado pela Norma Regulamentadora nº 04 do Ministério do Trabalho e Emprego; o artigo 163, que trata da Comissão Interna de Prevenção de Acidentes (CIPA), regulamentada pela Norma Regulamentadora nº 05 da mesma instituição; e, de forma mais ampla, os arts. 190 e 193 que delegam ao Ministério do Trabalho o encargo de definir todas as atividades consideradas insalubres ou perigosas, o que foi objeto de regulamentação pelas Normas Regulamentadoras nºs 15 e 16.

Desta forma, concomitantemente ao dever de prevenção, cujo ônus é de toda a sociedade, a Constituição Federal estabelece o direito à percepção de adicionais por trabalho em atividades penosas, insalubres ou perigosas (inc. XXIII do art. 7º). É necessário aprofundarmos o assunto com cautela, pois, à primeira vista, poder-se-ia cogitar a ampla permissividade constitucional frente à insalubridade, periculosidade e penosidade.

O pagamento de adicionais consiste em ferramenta adicional no fomento à eliminação e neutralização dos agentes nocivos à saúde, à vida e à incolumidade física e psíquica dos trabalhadores. A manutenção de atividades que não exponham o trabalhador a condições insalubres, perigosas ou penosas de trabalho é a regra geral. O pagamento de adicionais é estratégia e ferramenta de desestímulo aos empregadores. A lógica é tornar estas condições de trabalho mais custosas frente a sua eliminação. Em concomitância, o adicional busca retornar ao trabalhador, de forma monetizada, o bem jurídico que lhe foi prejudicado[22].

Seguindo essa lógica, a Norma Regulamentadora nº 9, do Ministério do Trabalho e Emprego, expõe a hierarquia à qual estão vinculados os empregadores ao estudarem, desenvolverem e implementarem medidas de proteção. Consta do item 9.3.5.2 que, em primeiro lugar, deve-se prestigiar aquelas medidas que eliminem a formação de agentes prejudiciais à saúde; se não for possível eliminá-los, que se adotem aquelas medidas que previnam a liberação de tais agentes no ambiente de trabalho; ou, em última hipótese, que se reduzam os níveis ou a concentração desses agentes para não ultrapassar os limites de exposição previstos nas demais Normas Regulamentadoras.

Somente se nenhuma dessas medidas for suficiente é que os empregadores estarão autorizados a adotar medidas de caráter administrativo ou de organização do trabalho; e, sucessivamente, de utilização de equipamentos de proteção individual.

Percebe-se, portanto, que todo o ordenamento jurídico brasileiro está direcionado à proteção do meio ambiente de trabalho como forma de garantir a dignidade da pessoa humana dos trabalhadores em suas mais variadas esferas, notadamente aquelas relacionadas à saúde.

---

22 "Em razão disso, a maioria da doutrina admite que os adicionais previstos na Constituição Federal se tratam de 'recompensa justa ao trabalhador, que tem a sua saúde, até mesmo a vida, em risco no desempenho de suas atividades; no longo prazo, garantia de ambientes de trabalho mais dignos, já que a oneração proposta, espera-se, direcionará o empregador rumo à eliminação ou neutralização dos agentes/ambientes agressores'" (PENA apud FERREIRA FILHO, 2015, p. 118).

## 7.6. O MEIO AMBIENTE DO TRABALHO EQUILIBRADO COMO DIREITO FUNDAMENTAL E AS POSSIBILIDADES DE SUA DEFESA

Os itens precedentes levam à indispensável interpretação do conceito de meio ambiente, presente na Lei nº 6.938/1981 (Política Nacional do Meio Ambiente), de maneira a englobar o meio ambiente de trabalho[23]. O direito dos indivíduos a um meio ambiente equilibrado, assim, se dá em todos os seus mais variados aspectos. Nesse passo, também deve-se ter como conceito de saúde aquela que se associa ao resultado de diversas condições, desde alimentação, habitação, educação, meio ambiente, trabalho, até lazer, liberdade e acesso aos serviços de saúde, como consta no art. 6º da Constituição Federal.

Se o contexto da prestação de trabalho e o ambiente em que é realizado importam, a organização e as condições de trabalho serão determinantes para a qualidade de vida do trabalhador:

> [...] os valores sociais do trabalho e a dignidade da pessoa humana, princípios fundamentais da República, tornaram-se conceitos que devem andar ao lado da noção de sadia qualidade de vida. É neste contexto que a saúde é elevada a direito fundamental, o qual deve ser garantido por meio da proteção do meio ambiente, incluindo-se o trabalho e a consequente redução dos riscos. (WÜNSCH; TITTONI; GALIA, 2015, p. 30 e 32)

O meio ambiente de trabalho encontra-se, portanto, intrinsicamente relacionado à noção da saúde do trabalhador, o que atribui ainda maior relevância à importância da preservação ambiental como direito fundamental, eis que a saúde não seria alcançável na ausência do equilíbrio ambiental. Isso significa que o meio ambiente do trabalho, dentro da perspectiva de uma parte indivisível do todo, se apresenta como um direito fundamental em razão de sua vinculação à garantia da dignidade da pessoa humana e em razão do contexto de seu surgimento[24]. Trata-se, de fato, de um direito fundamental de terceira geração com eficácia sobre as relações particulares[25], como as de trabalho.

Com muita propriedade, Rocha (2015, p. 1526) destaca as posições da doutrina sobre a relevância do meio ambiente do trabalho como direito fundamental e o quanto transcende as obrigações corriqueiras das relações de trabalho:

> Ao declarar, no art. 196, que 'a saúde é direito de todos e dever do Estado' e ao incluir a saúde, no art. 6º, entre os direitos sociais, a Constituição de 1988 induz a ideia de que a saúde constitui um bem coletivo: na verdade, um direito da comunidade. No ambiente do trabalho, a concepção político-social da saúde não pode sofrer a influência reducionista de feição egoística e puramente material que vincula a produtividade do sistema econômico à saúde dos trabalhadores. Ao contrário do que assoalha dada corrente doutrinária, a saúde e a segurança do trabalhador não podem ser vistas como objeto de uma visão imediatista, menor, a serviço de interesses econômicos dos empresários. Como direito fundamental, merecem o destaque que lhes é devido por imperativo de justiça. (ROMITA, p. 393, *apud* ROCHA, 2015, p. 1526)

> Apesar de o Direito do Trabalho regulamentar as relações diretas entre empregado e empregador, com natureza de direito privado, as normas de saúde, higiene e segurança não são normas atinentes exclusivamente ao contrato individual de trabalho, pois transpassam a individualidade, lesionando toda a coletividade. A tutela disponibilizada pelo Direito do Trabalho,

---

23 A expressão meio ambiente do trabalho veio, expressamente cunhada pela Constituição Federal no inciso VIII do art. 200: "*VIII – colaborar na proteção do meio ambiente, nele compreendido o do trabalho*".
24 Sobre o contexto em que o direito fundamental ao meio ambiente equilibrado surgiu, remetemos o leitor ao item 7.1 deste capítulo.
25 Remetemos o leitor aos nossos comentários realizados ao item 7.1 deste capítulo.

portanto, é infinitamente mais reduzida que a proposta pelo Direito Ambiental. A proteção do meio ambiente do trabalho está vinculada diretamente à saúde do trabalhador, razão por que se trata de um direito de todos. (SCHINESTSCK, p. 357-358, *apud* ROCHA, 2015, p. 1526)

Diante de todo o exposto, podemos afirmar que existe responsabilidade dos empregadores na garantia de um meio ambiente de trabalho sadio e equilibrado. Contudo, é necessário que, diante de um descumprimento deste direito fundamental, o ordenamento jurídico se valha de instrumentos que obriguem os empregadores a observarem o direito violado ou que, na pior das hipóteses, recomponham o patrimônio jurídico dos trabalhadores, além de prever sanções administrativas pelo descumprimento de normas de saúde e segurança que tratem do ambiente de trabalho.

Assim, além dos benefícios previstos e concedidos pelo sistema de seguridade social nos casos de doenças profissionais, acidentes de trabalho e invalidez, o ordenamento jurídico brasileiro prevê o direito de indenização em face dos danos sofridos e nas mais diversas modalidades (arts. 927, *caput* e parágrafo único, e 932, inc. III, do Código Civil), das quais se destacam os danos materiais, morais e estéticos. Nos casos da gravidade da tal moléstia levar à invalidez permanente poderá o empregado ser indenizado em pensão vitalícia paga pelo empregador responsável pelo acometimento, além do ressarcimento das despesas com o tratamento médico e eventuais lucros cessantes, de acordo com o disposto nos arts. 949 e 950 do Código Civil (FREDIANI, 2016, p. 155).

Nessa linha, há valiosos instrumentos processuais para tutela do meio ambiente do trabalho, seja pela via individual ou coletiva, com pleitos cominatórios, indenizatórios, mandamentais, seja pela via coletiva. É comum que vejamos ações civis públicas a discutirem condições de trabalho e reparações coletivas, como o famoso caso do amianto[26]. Também é corriqueiro o ajuizamento, pela Previdência Social, de ações regressivas frente aos empregadores responsáveis por acidentes de trabalho.

Na atuação defensória do meio ambiente do trabalho, o Ministério Público do Trabalho assume protagonismo justamente por defender os direitos fundamentais de terceira dimensão, pertinentes às relações de trabalho, concretizando o mandamento constitucional de dignidade humana da pessoa. O *parquet* conta com instrumentos processuais bastante eficazes na defesa da ordem jurídica trabalhista e do meio ambiente do trabalho, a saber: a ação civil pública, inquérito civil e termo de ajuste de conduta[27].

Rocha (2015, p. 1528) considera como mais qualificada a tutela desenvolvida no âmbito coletivo, de forma preventiva à ocorrência de prejuízos concretos aos trabalhadores, com quem concordamos.

---

26 "Ao menos 100 mil pessoas morrem anualmente no mundo devido à exposição ao amianto, afirma o representante da Organização Internacional dos Trabalhadores (OIT), Zuher Handar. [...] De acordo com o representante da OIT, atualmente, o mesotelioma, tipo de câncer causado pelo amianto, que ocorre nas camadas mesoteliais da pleura, pericárdio, peritônio e da túnica vaginal do testículo, mais comum em homens que em mulheres, leva a óbito, anualmente, três mil pessoas nos Estados Unidos e, aproximadamente, cinco mil pessoas na Europa. E se prevê um incremento dessas cifras nos próximos anos" (SUPREMO TRIBUNAL FEDERAL. **Representante da OIT afirma que deter a utilização do amianto é a forma mais eficiente de eliminar doenças**. Disponível em http://www.stf.jus.br/portal/cms/verNoticiaDetalhe.asp?idConteudo=21685. Acesso em 04/05/2017). Diante desse cenário, a OIT promulgou a Convenção nº 162 sobe a utilização do asbesto (amianto), mas tem-se atualmente que não existem limites de segurança para esse material, motivo pelo qual há no Estado de São Paulo a Lei nº 12.684/2007 que proíbe, integralmente, o uso de produtos, materiais ou artefatos que contenham quaisquer tipos de amianto.
27 Esses instrumentos processuais estão regulamentados na Lei nº 7.347/1985.

Esse é o atual conjunto de instrumentos jurídicos que estão disponíveis para a tutela do meio ambiente do trabalho equilibrado, o qual pode-se concluir pela exposição acima tratar-se de direito fundamental por força do Texto Constitucional (notadamente pelos arts. 225 e 5º, § 2º), norteado, ainda, pelo princípio da solidariedade que vincula a toda a sociedade, característica inerente a esse direito humano de terceira dimensão (SARLET; FENSTERSEIFER, 2014, p. 50).

# CAPÍTULO 8
PRINCÍPIOS DE DIREITO AMBIENTAL DO TRABALHO. O MEIO AMBIENTE DO TRABALHO, A NORMA JURÍDICA LABOR-AMBIENTAL E OS DIREITOS LABOR-AMBIENTAIS

*Guilherme Guimarães Feliciano*

## 8.1. MEIO AMBIENTE DO TRABALHO: AINDA O CONCEITO E SEUS CONSECTÁRIOS. INTERESSES INDIVIDUAIS, INDIVIDUAIS HOMOGÊNEOS, COLETIVOS E DIFUSOS EM SEARA LABOR-AMBIENTAL

Como já examinado neste Curso, os autores definem o meio ambiente do trabalho com os mais variados matizes. Há quem prefira definições mais simples, quase tautológicas, entendendo como meio ambiente do trabalho "o local em que se desenrola boa parte da vida do trabalhador, cuja qualidade de vida está, por isso, em íntima dependência da qualidade daquele ambiente" (SILVA, 2013). Em definição menos empírica, diz-se ainda que é "o conjunto de fatores físicos, climáticos ou qualquer outro que interligados, ou não, estão presentes e envolvem o local de trabalho da pessoa" (SANTOS, 2000). Essa última definição adapta à espécie o preceito do art. 3º, I, da Lei nº 6.938/1981, que define meio ambiente em geral ("conjunto das condições, leis, influências e interações de ordem física, química e biológica, que permite, abriga e rege a vida em todas as suas formas"); mas o faz imprecisamente.

Doutrinariamente, o meio ambiente do trabalho aparece ao lado do meio ambiente natural (constituído pelos elementos físicos e biológicos nativos do entorno: solo, água, ar atmosférico, flora, fauna e suas interações entre si e com o meio); do meio ambiente artificial (constituído pelo espaço urbano construído, que compreende o conjunto de edificações – espaço urbano fechado – e o dos equipamentos públicos – espaço urbano aberto; alguns autores referem, ainda, o meio ambiente rural, relativo ao espaço rural construído); e do meio ambiente cultural (constituído pelo patrimônio histórico, artístico, arqueológico, paisagístico e turístico, que agregou valor especial pela inspiração de identidade junto aos povos), sendo todos manifestações particulares da entidade meio ambiente (SILVA, 2013, p. 21-23), que temos de conceber como Gestalt. Assim:

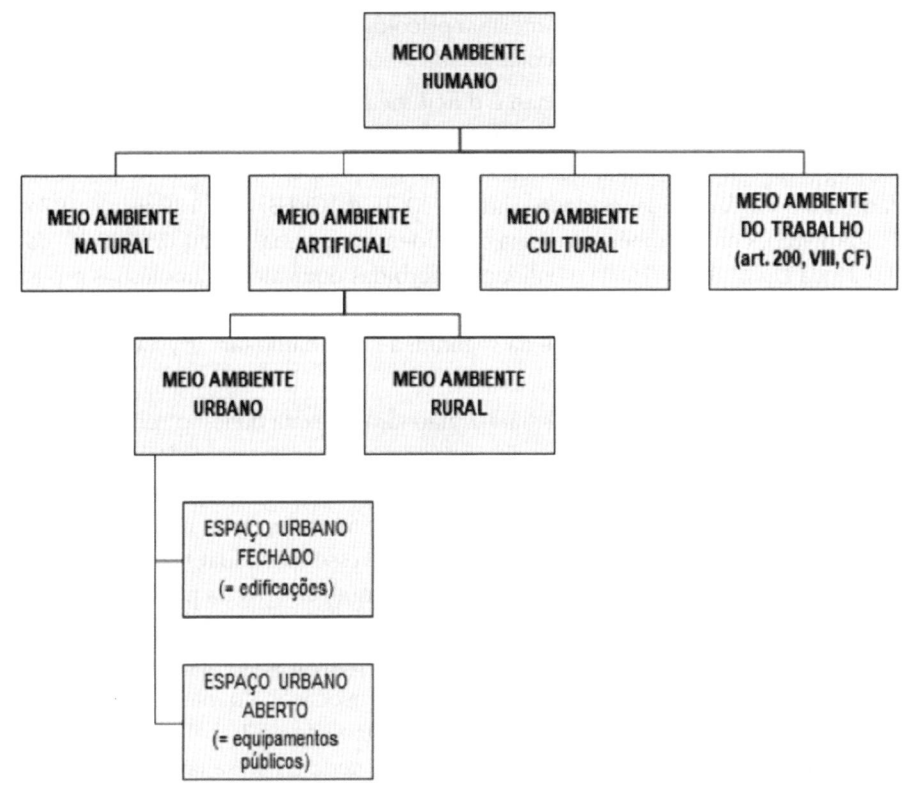

```
                    MEIO AMBIENTE
                       HUMANO
       ┌──────────────┬──┴────────────┬──────────────┐
  MEIO AMBIENTE   MEIO AMBIENTE   MEIO AMBIENTE   MEIO AMBIENTE
     NATURAL        ARTIFICIAL      CULTURAL       DO TRABALHO
                                                  (art. 200, VIII, CF)
                   ┌─────┴─────┐
              MEIO AMBIENTE  MEIO AMBIENTE
                 URBANO         RURAL
                   │
              ESPAÇO URBANO
                FECHADO
              (= edificações)
                   │
              ESPAÇO URBANO
                ABERTO
              (= equipamentos
                 públicos)
```

Os conceitos correntes de meio ambiente do trabalho tendem a pecar em dois aspectos cruciais. A uma, porque não esclarecem a que "trabalhador" se referem (e bem se sabe que, no Direito do Trabalho, saber a sua qualificação – se subordinado, autônomo, eventual, avulso, voluntário etc. – pode ser a pedra-de-toque para reconhecer-lhe todos ou nenhum direito). A duas, porque olvidam uma dimensão própria e inerente ao meio ambiente de trabalho, que nas demais manifestações da Gestalt ambiental (natural, artificial, cultural) não tem relevância: a dimensão psicológica.

Assim, para albergar esses dois aspectos e responder à crítica, preferimos assim conceituar o meio ambiente do trabalho (partindo da descrição legal do art. 3º, I, da Lei nº 6.938/1981): é o sistema de condições, leis, influências e interações de ordem física, química, biológica e psicológica que incidem sobre o homem em sua atividade laboral, esteja ou não submetido ao poder hierárquico de outrem. É, como se percebe, um conceito funcional (e não um conceito espacial, como por muito tempo se sugeriu).

Com efeito, definições correntes do meio ambiente do trabalho não raro pecam por, a uma, basear-se em uma perspectiva geográfica, quando seu conceito deve ser essencialmente funcional (assim, p. ex., o meio ambiente do trabalho de um motorista carreteiro será, para além do pátio da empresa e do próprio caminhão, o sistema de rodovias pelo qual trafega). A duas, pecam por se concentrar na figura do trabalhador subordinado (empregados), quando na realidade a proteção constitucional labor-ambiental alcança todo indivíduo submetido aos riscos criados pela atividade produtiva em que se insere, independentemente de vínculos jurídicos (CF, art. 7º,

XXII). E, a três, pecam por omitirem a contextura psicológica do meio ambiente do trabalho, que também engendra riscos típicos para a coletividade laboral (riscos psicossociais).

Em termos puramente empíricos, não é difícil focalizar as manifestações mais pungentes de litigiosidade em torno do meio ambiente do trabalho. Discute-se o meio ambiente do trabalho ecologicamente equilibrado quando se debate o problema do trabalho perverso[1] (periculosidade, insalubridade e penosidade – art. 7º, XXIII, da CRFB; arts. 189 usque 197 da CLT; Lei nº 7.369/1985), como também em tema de acidentes de trabalho (art. 7º, XXVIII, da CRFB; arts. 19 e 21 da Lei nº 8.213/1991) e entidades mórbidas equivalentes (moléstias profissionais e doenças do trabalho – art. 20, I e II, da Lei nº 8.213/1991) e, em geral, riscos inerentes ao trabalho e tutela da saúde, da higiene e da segurança no trabalho (art. 7º, XXII, da CRFB; arts. 154 usque 201 da CLT).

Já a natureza jurídica desses litígios traduz, não raro, "vexata quaestio" entre os estudiosos. Ora persegue-se a tutela de um interesse difuso (assim, e.g., na cessação de atividade poluente que afetava os trabalhadores e a própria comunidade do entorno), ora um interesse coletivo (e.g., na tutela da higidez dos trabalhadores, atuais e futuros, em uma dada fase do processo produtivo de determinada empresa), ora, ainda, um interesse individual homogêneo (p. ex., na ação plúrima movida por grupo certo de trabalhadores que, críticos da política de segurança e de salários da empresa, foram relegados a atividade insalubre). Nada obstante, é forçoso admitir que os aspectos negativos do meio ambiente de trabalho podem ser também objeto de tutela exclusivamente individual, ao critério do juiz, mediante provocação do interessado. É conhecida, aliás, a passagem em que Mozart Victor Russomano, então juiz do Trabalho, apreciou reclamação trabalhista em que o trabalhador, ronda noturno de certa empresa (a quem competia fazer a vigilância externa dos pátios e adjacências do estabelecimento), pleiteou em juízo a alteração das condições de trabalho, vez que idoso e acometido por dores reumáticas e nevrálgicas, para não mais ficar exposto à umidade, à chuva, ao sereno e ao frio. "Esse conflito", observa Russomano (1995), "tinha em vista alterar as condições de trabalho, não com fundamento em norma jurídica anterior e vigente, mas, apenas, com amparo em princípios de equidade, que sempre ou quase sempre inspiram a solução dos conflitos de natureza econômica", donde concluir ter julgado, na espécie, um conflito individual de natureza econômica, por visar à criação de novas condições de trabalho[2].

O juiz Russomano não fazia mais do que ajustar o ambiente de trabalho à capacidade física do trabalhador, em condições hígidas e equilibradas: houve, indubitavelmente, um provimento jurisdicional de tutela do meio ambiente do trabalho, com predominância de carga condenatória e mandamental (e, por outro lado, sem a carga criativa geral que poderia de fato se traduzir em exercício individual de poder normativo...). Não o disse, é claro, porque à época o conceito ainda não estava sedimentado. Pode-se afirmar, já por isso, que o juiz do Trabalho, ao dispor sobre condições de trabalho e dimanar mandados proibitivos (= não fazer), permissivos (= deixar fazer)

---

[1] A expressão, vazada para o gênero de que são espécies a periculosidade, a insalubridade e a penosidade, emprestamo-la de José Luiz Ferreira Prunes (cfr. **Trabalho perverso**, v. I e II. Curitiba: Juruá, 2000).

[2] Russomano sustenta, assim, que tanto os conflitos individuais como os coletivos podem ser de natureza jurídica (cujas pretensões baseiam-se em norma jurídica vigente, no sentido de dar-lhe execução) ou de natureza econômica (de pretensões consistentes na criação de normas que revisam ou criam condições de trabalho, à míngua de norma concreta de conduta, ainda se – como pensamos – amparada em princípios gerais ou regras programáticas). No mesmo ensejo, refere escólio de Américo Plá Rodriguez em igual sentido (admissão de conflitos individuais de natureza econômica), com alguma crítica (**Princípios de direito do trabalho**. Tradução de Wagner Giglio. São Paulo: LTr, 1996, p. 233, nota n. 9).

ou coercitivos (= fazer), pode exercer – no âmbito individual (caso citado) ou coletivo (ações civis públicas em geral) – autêntico poder criativo, com menor ou maior índice de generalidade.

Daí a dúvida: o direito ao meio ambiente do trabalho ecologicamente equilibrado é um direito (= interesse) individual, individual homogêneo[3], coletivo[4] ou difuso?[5] A resposta é tão multifacetada quanto a pergunta, relativizando a sua própria circunstância: a sua qualificação jurídica depende do contexto de conflito em que se insere a pretensão – se individual, individual homogêneo, coletivo ou difuso. É o que decorre, "mutatis mutandi", do magistério de Nelson Nery Junior (1999, p. 55-56), já no âmbito do processo: o direito não se classifica segundo a matéria genérica "in abstracto", mas segundo o tipo de tutela jurisdicional que se pretende com a ação judicial. Não se pode dizer, aprioristicamente, que o direito ao meio ambiente seja um direito difuso, ou que o direito do consumidor seja coletivo; antes, um mesmo evento – o autor cita o acidente com o Bateau Mouche IV em 1988 – pode ensejar interesse individual (pretensão de indenização de uma das vítimas, em ação ordinária de perdas e danos), individual homogêneo (pretensão de indenização a favor de todas as vítimas, em ação ajuizada por entidade associativa), coletivo (pretensão de obrigação de fazer, em ação coletiva movida por associação das empresas de turismo, com vistas à manutenção da boa imagem do segmento econômico local) ou difuso (tutela da vida e da segurança das pessoas em geral, mediante ação coletiva ajuizada pelo Ministério Público para interditar a embarcação e evitar novos acidentes)[6].

Assim, no campo do Direito do Trabalho, Nery Junior (2002, p. 155) refere o interesse em obrigar a empresa a colocar dispositivos de segurança em suas máquinas, para evitar acidentes do trabalho, que é, a depender do enfoque, difuso (reduz-se o custo do produto final para o consumidor e – acrescentamos – a incidência de sequelados na comunidade local, desonerando o INSS ou coletivo (por beneficiar diretamente todo o grupo de trabalhadores da empresa); refere, ainda, o interesse em obter reajuste salarial legal, que é, a depender da circunstância, coletivo (todos os membros da categoria profissional, naquela base territorial, fazem jus ao reajuste, que não será pago, indiscriminadamente, a empregados atuais e futuros) ou individual homogêneo (a omissão ilegal da empresa faz nascer, para cada trabalhador em atividade, o direito a certa parcela em atraso).

Convém reconhecer, todavia, que em termos conceituais (sem a minúcia da circunstância), o direito ao meio ambiente do trabalho ecologicamente equilibrado é um direito difuso, como é, de resto e "in genere", o direito geral ao meio ambiente ecologicamente equilibrado, designado constitucionalmente como "bem de uso comum do povo" e destinado às "presentes e futuras

---

3   Interesses individuais autônomos, determinados ou determináveis, porém enfeixados por uma origem comum (art. 81, parágrafo único, III, da Lei nº 8.078/1990).
4   Interesses transindividuais, de natureza indivisível, de que seja titular grupo, categoria ou classe de pessoas ligadas entre si ou com a parte contrária por uma relação jurídica base (art. 81, parágrafo único, II, da Lei nº 8.078/1990).
5   Interesses transindividuais, de natureza indivisível, de que sejam titulares pessoas indeterminadas e ligadas por circunstâncias de fato (art. 81, parágrafo único, I, da Lei nº 8.078/1990).
6   No mesmo sentido, cfr. ainda: NERY JUNIOR, Nelson. O processo do trabalho e os direitos individuais homogêneos: um estudo sobre a ação civil pública trabalhista. **Revista LTr**, vol. 64, n. 02, p. 151-160; e PADILHA, Norma Sueli. **Do meio ambiente do trabalho equilibrado**, p. 51. No artigo, Nery Junior aduz que "a pedra de toque que identifica um direito como difuso, coletivo ou individual homogêneo não é propriamente a matéria, (...) mas o tipo de tutela jurisdicional que se pretende quando se propõe a competente ação judicial", redimensionando os exemplos com a hipótese de um acidente nuclear: cabem, em tese, ações para tutela de interesses difusos (interdição da usina), coletivos (ação dos trabalhadores para impedir o fechamento da usina, com vistas à preservação dos empregados) e individuais homogêneos (indenização aos proprietários da região, prejudicados com a perda de lavouras e propriedades), às vezes com objetos contrapostos (e.g., primeira e segunda hipóteses).

gerações" (i.e., titulares indeterminados ligados pela condição mesma de ser humano). Em igual sentido, USSIER reconhece o interesse social – diríamos mais, interesse público primário – em reprimir a espoliação e o aviltamento das forças de trabalho, a "crescente legião de mutilados" e a sangria paulatina dos cofres da Previdência Social (USSIER, 1995, p. 45-48).

## 8.2. A NORMA JURÍDICA LABOR-AMBIENTAL. OS PRINCÍPIOS JURÍDICO-AMBIENTAIS E SUA APLICAÇÃO NO DIREITO AMBIENTAL DO TRABALHO

A norma jurídica, como se sabe, é o componente nuclear da *ordem jurídica*, cujas características principais – que se comunicam às próprias normas – são a imprescindibilidade, a coercibilidade e a generalidade (ASCENSÃO, 1984, p. 31 e s.). A *norma jurídica* é, pois, a manifestação legítima, inteligível, cogente e abstrata da vontade do Estado ou da sociedade (como expressão que comanda conduta, ou que constitui ou declara estado ou situação jurídica), a que acedem os seguintes atributos (FELICIANO, 2013, cap. 5; ASCENSÃO, 1984, p. 422 e s.):

> **(i)** a *previsão* (a norma identifica ou permite identificar, no mundo das coisas, um fato ou estado – a *"facti specie"* – ao qual associa efeitos no mundo jurídico);
>
> **(ii)** a *estatuição* (dado o acontecimento ou estado, a norma impõe imperativamente aqueles efeitos ou consequências jurídicas);
>
> **(iii)** a *generalidade* (a norma não se refere a pessoas determinadas); e
>
> **(iv)** a *abstração* (o fato ou estado previsto pela norma não está integral e previamente concretizado, havendo sempre certo grau de incerteza quanto à concreção de seus efeitos: rege-se para o *futuro*).

Assim também se dá, evidentemente, com as normas que compõem a malha deontológica do Direito Ambiental do Trabalho. **Norma jurídica labor-ambiental** é, portanto, **a manifestação legítima da vontade do Estado na regulação do meio ambiente do trabalho, com os atributos da previsão, da estatuição, da generalidade e da abstração.** Poderá ser veiculada pelas mais diversas fontes formais do Direito do Trabalho e/ou do Direito Ambiental, como as convenções e tratados internacionais (*e.g.*, as Convenções nºs 81, 139, 148, 155 e 161 da OIT), a Constituição da República (*e.g.*, art. 7º, XXII e XXIII), a lei ordinária federal (*e.g.*, a CLT, recepcionada como tal, em seus arts. 154 a 201), o normativo administrativo de corte regulatório (*e.g.*, as normas regulamentadoras do Ministério do Trabalho, baseadas originalmente na Portaria nº 3.214/1978) etc.

Quanto ao seu conteúdo, as normas jurídicas trabalhistas podem ser classificadas, com boa técnica (DELGADO, 2003, p. 216-218), como **normas dispositivas** (*e.g.*, a norma do art. 472, § 2º, da CLT), **normas relativamente imperativas** (*e.g.*, as normas dos incisos VI, XIII e XIV do art. 7º da CRFB, que definem a irredutibilidade salarial e a duração máxima do trabalho, mas admitem flexibilização por acordo ou convenção coletiva de trabalho) e as **normas absolutamente imperativas** (ou **de ordem pública**). Essas últimas derivam do *interesse público*, geralmente *primário* ("patamar civilizatório mínimo"), ou do *interesse abstrato da categoria profissional*, não admitem, no plano geral e abstrato (i.e., ainda como normas), derrogação ou ab-rogação pelas partes interessadas (empregado, empregador, tomador de serviços etc.), seja por consenso individual, seja por negociação coletiva. Sempre podem ser, porém, objeto de *sublevação* (i.e., de estipulações coletivas ou individuais que *melhorem*, para o trabalhador, a condição social proporcionada – art. 7º, *caput*, *in fine*, da CRFB). **Essa** é essencialmente **a natureza das normas jurídicas labor-ambientais.**

As normas jurídicas, por sua vez, podem ser divididas entre **normas-regras** e **normas-princípios**. O Direito manifesta-se fundamentalmente por **princípios**, que, na dicção de Alexy (1996, p. 75 e p. 122-125), são mandados jurídicos de otimização ("*Optmierungsgebot*"), que "*se caracterizam pelo fato de que podem ser cumpridos em diferentes graus e a medida devida de seu cumprimento não apenas das possibilidades reais, como também das jurídicas*". Entre os principais predicamentos dos princípios estão os seguintes (CANOTILHO, 2006, p. 1086-1087):

- **caráter normogenético:** os princípios conformam o fundamento lógico-formal, deontológico e axiológico das normas-regras, tanto para o legislador (na criação legislativa) como para o administrador (na execução das leis e na gestão da coisa pública) e para o juiz (na interpretação/aplicação do Direito, na colmatação de lacunas etc.);

- **caráter de fundamentalidade no sistema:** ao contrário da função residual que lhes foi reservada pelo direito moderno-legal-formal (v., *e.g.*, o art. 4º da LINDB e o art. 8º, *caput*, da CLT), as normas-princípios estão *na base* de todo o edifício jurídico (donde, aliás, o papel normogenético), seja pela sua superior posição hierárquica no sistema de fontes (como ocorre com os princípios constitucionais), seja pela sua missão estruturante na ordem jurídica[7];

- **elevado grau de abstração (= baixo grau de determinabilidade):** os princípios são vagos e indeterminados, de modo que reclamam, em geral, *mediações concretizadoras* pela própria atividade legislativa ou, ainda, pela atividade executiva ou judiciária; e

- **proximidade semântica com a "ideia de justiça":** os princípios têm grande expressão axiológica, i.e., estão mais próximos dos ideais racionais e/ou intuitivos a que associamos o ideal de justiça.

Já as **regras são as normas jurídicas com predicamentos inversos àqueles dos princípios: detêm** *baixo grau de abstração, elevado grau de determinabilidade* e *menor proximidade semântica com a "ideia de justiça"*, além de não desempenharem propriamente funções normogenéticas. As regras podem ter conteúdos deontológicos (como, *e.g.*, a norma-regra que dimana do art. 192 da CLT, ao mandar pagar o adicional de insalubridade), mas também podem ter conteúdos descritivos (como, *e.g.*, a norma-regra que dimana do item 15.1 da NR-15, ao definir atividades ou operações insalubres e os respectivos "limites de tolerância", sempre com espeque no art. 200 da CLT) ou meramente funcionais. Diversamente das normas-princípios, as normas-regras regem-se pela lógica do "*all-or-nothing*" (i.e., "*aplicable in all-or-nothing fashion*") (DWORKIN, 1978, p. 24-27): se contraditórias ou mesmo coincidentes em mesmas condições de tempo/espaço, ab-rogam-se ou derrogam-se reciprocamente (no Brasil, veja-se esse critério – que portanto só se aplica às *regras* – no art. 2º, *caput* e §§ 1º a 3º, da LINDB; em Portugal, veja-se o mesmo no art. 7º do CC).

No campo labor-ambiental, pela própria densidade do atual sistema normativo, impende privilegiar os *princípios* – mormente os *constitucionais* – na tarefa de compreensão e colmatação do sistema jurídico-positivo e na interpretação/aplicação das suas fontes. Propõe-se, pois, para a disciplina objeto deste Curso, uma *abordagem pós-positivista*. *Pós-positivismo*, nessa acepção, pode então ser entendido como:

---

7 Sobre o papel estruturante dos princípios no caso português, v. Jorge Reis Novais, **Os princípios constitucionais estruturantes da República Portuguesa.** Coimbra: Coimbra Editora, 2004, *passim* (especialmente p. 49-50).

> designação provisória e genérica de um ideário difuso, no qual se incluem a definição das relações entre valores, princípios e regras, aspectos da chamada nova hermenêutica e a teoria dos direitos fundamentais. [...] Ele inicia sua trajetória guardando deferência relativa ao ordenamento positivo, mas nele reintroduzindo as ideias de justiça e legitimidade. O constitucionalismo moderno promove, assim, uma volta aos valores, uma reaproximação entre ética e Direito. (BARROSO, 2006, p. 27-28)

Nessa alheta, nenhum operador do Direito será realmente bom se se alijar do dever de compreender a legislação *a partir* da Constituição – e jamais o contrário –, na linha do que o *justice* Marshall legou ao mundo em 1803, no julgamento do célebre *Marbury vs. Madison*. É essa a linha de pensamento que temos perfilhado, no exercício da jurisdição, na docência e na literatura jurídica. E é a opção que, doravante, imprimiremos a este capítulo.

Isto entendido, importa dizer que o regime jurídico de tutela do meio ambiente do trabalho orienta-se também por normas-princípios, que serão essencialmente *as mesmas* já identificadas na regência geral do Direito Ambiental, com as adaptações que o subsistema normativo labor-ambiental reclamar. Dentre tantos princípios jurídico-ambientais – que sempre encontrarão alguma variabilidade conforme o autor e a doutrina (notadamente porque a principiologia do Direito Ambiental ainda não está consolidada no plano legislativo) –, destacam-se aqui o princípio da prevenção, o princípio da precaução, o princípio da melhoria contínua, o princípio do poluidor-pagador, o princípio da participação e o princípio da informação.

Os **princípios da prevenção** e **da precaução** aproximam-se, mas têm conteúdos diversos. O **princípio da prevenção** conformou a base deontológica da Declaração de Estocolmo sobre o Meio Ambiente Humano (1972) e pressupõe o dever, por parte dos agentes públicos e dos particulares, de evitar riscos laborais conhecidos; atua, portanto, nos lindes da causalidade cientificamente demonstrável, preordenando a utilização de meios apropriados para impedir a ocorrência de atentados ao meio ambiente (PRIEUR, 2001, p. 306), inclusive o do trabalho; e, portanto, ao trabalhador.

O **princípio da precaução**, por sua vez, incorpora o espírito da Declaração do Rio de Janeiro (1992), atuando em contextos de causalidades ainda não dominadas integralmente pelas ciências. Nesse diapasão, reza o Princípio nº 15 da Declaração do Rio que, quando *"houver ameaça de danos graves ou irreversíveis, a ausência de certeza científica absoluta não será utilizada como razão para o adiamento de medidas economicamente viáveis para prevenir a degradação ambiental"*. Ou, na expressão latina usualmente utilizada pelos jusambientalistas, **"in dubio pro natura"** (o que sempre se trasladará, no marco jurídico-laboral, como **"in dubio pro homine"**).

Observe-se que o princípio da precaução não tem como finalidade imobilizar o progresso da civilização; ao contrário, convive com os riscos inerentes à sociedade industrial ou, como se queira, à sociedade pós-industrial (concebidas, bem a propósito, como *sociedade de riscos: "Risikogesellschaft"*). Noutras palavras, a precaução diz mais com *contenções* do que com *proibições*, visando à *"durabilidade da sadia qualidade de vida das gerações humanas"* e também "à continuidade da natureza existente no planeta" (MACHADO, 2002, p. 72).

Em sede labor-ambiental, o princípio da precaução aparece bem no art. 12 da Convenção OIT nº 155, que assim dispõe:

> ***Art. 12*** – *Deverão ser adotadas medidas em conformidade com a legislação e a prática nacionais a fim de cuidar de que aquelas pessoas que projetam, fabricam, importam, fornecem ou cedem, sob qualquer título, maquinário, equipamentos ou substâncias para uso profissional:*

*a) tenham certeza, na medida do razoável e possível, de que o maquinário, os equipamentos ou as substâncias em questão não implicarão perigo algum para a segurança e a saúde das pessoas que fizerem uso correto dos mesmos; b)* facilitem informações sobre a instalação e utilização corretas do maquinário e dos equipamentos e sobre o uso correto de substâncias, sobre os riscos apresentados pelas máquinas e os materiais, e sobre as características perigosas das substâncias químicas, dos agentes ou dos produtos físicos ou biológicos, assim como instruções sobre a forma de prevenir os riscos conhecidos; *c)* façam estudos e pesquisas, ou se mantenham a par de qualquer outra forma, da evolução dos conhecimentos científicos e técnicos necessários para cumprir com as obrigações expostas nos itens 'a' e 'b' do presente artigo. (g.n.)

Na jurisprudência nacional, por outro lado, um bom exemplo de questão jurídica a ser equacionada pelo princípio da precaução foi o da (im)possibilidade jurídica de se explorar economicamente, no Brasil, a produção industrial de bens com base no *amianto* (que, como se sabe, é substância potencialmente carcinogênica – causa eficiente de mesotelioma, p. ex. –, além de provocar outras doenças, como a própria asbestose). Entendemos que, à vista da própria Convenção OIT nº 155 e de outras de mesmo pendor e quilate, o princípio da precaução está assimilado, no sistema jurídico brasileiro, como norma-princípio dotada de *supralegalidade*. **É o que logicamente deriva da** jurisprudência do Supremo Tribunal Federal em matéria de recepção de tratados e convenções internacionais que versem sobre direitos humanos, "*ex vi*" do art. 5º, § 2º, da Constituição Federal (v., *e.g.*, RE nº 466.343, rel. Min. Gilmar Mendes). E, já por isso, deveria ter inspirado o desate da "*vexata quaestio*" da exploração do amianto no Brasil, com absoluta centralidade: se havia dúvida científica razoável quanto à possibilidade de se explorar economicamente o amianto crisotila, seria de rigor, à luz do princípio da precaução ("*in dubio pro homine*"), que as atividades fossem cautelarmente suspensas, priorizando-se a integridade biológica dos trabalhadores até que o impasse científico se dirimisse.

Não foi, porém, o que houve. Originalmente, no bojo da ADI nº 4.066/DF – que discutia a constitucionalidade da Lei nº 9.055/1995, sobre o "uso controlado" do amianto crisotila, e, por consequência, a (in)validade das leis estaduais que pretendiam proibi-lo –, o voto do relator, Min. Marco Aurélio Mello, limitou-se a discutir as competências legislativas concorrentes dos entes federativos; e, a partir disso, afastava a possibilidade de que os Estados-membros limitassem as aplicações do amianto crisotila em seus territórios. Pouco ou nada se discutia acerca das dimensões mais relevantes do problema: o direito à saúde (art. 196), o direito ao meio ambiente em geral e ao meio ambiente do trabalho sadio e equilibrado (arts. 170, 200, VIII, e 225, CRFB), o princípio da precaução e o próprio princípio da supremacia da dignidade da pessoa humana. Foi necessária quase uma década inteira para que, no julgamento de outra ação de controle abstrato – a ADI 3.937 (e, com ela as ADIs 3.356 e 3.357 e a ADPF 109) –, a partir do voto-vista do Min. Dias Toffoli, fosse reconhecida a constitucionalidade da Lei nº 13.113/2001 do Município de São Paulo e das leis do Estado de Pernambuco (Lei nº 12.589/2004), do Rio Grande do Sul (Lei nº 11.643/2001) e do Estado de São Paulo (Lei nº 12.684/2007), as quais vedavam a utilização do amianto nas atividades que definiam; e, pela via do controle difuso, a inconstitucionalidade parcial da própria Lei nº 9.055/1995 (declarada incidentalmente, à vista do "processo de inconstitucionalização" da norma, que por sua vez se lastreava no atual "consenso científico" em torno da matéria). Tudo isso, agora sim, pelas razões jurídicas mais adequadas: o princípio da precaução (conquanto não citado expressamente), o federalismo cooperativo, o princípio da melhoria contínua (a fazer prevalecer a lei estadual que confere proteção mais adequada **à saúde e ao meio ambiente**, especialmente à vista da evolução do estado da técnica e da possibilidade de sucedâneos economicamente viáveis, como o fio de propileno) – de que trataremos a seguir –, o direito constitucional à saúde, o direito constitucional ao meio ambiente ecologicamente equilibrado e as próprias normas-regras da Convenção OIT nº 162 (sobre amianto e saúde laboral).

E, com efeito, do binômio prevenção/precaução desdobra-se também o **princípio da melhoria contínua**, há pouco citado, pelo qual esforços contínuos e capitais disponíveis devem ser direcionados à melhoria das condições ambientais, sempre acompanhando a evolução do estado da técnica e o padrão de equilíbrio ideal ínsito à ideia de desenvolvimento sustentável. Isto significa, no que interessa ao nosso objeto, que o empregador ou o tomador de serviços está obrigado a proporcionar continuamente melhores condições para o meio ambiente de trabalho, buscando sempre, dentre aquelas economicamente acessíveis, as melhores tecnologias para a eliminação, neutralização e/ou redução dos riscos labor-ambientais e para a prevenção da degradação labor-ambiental. Tal princípio está positivado na Constituição da República, quanto ao meio ambiente do trabalho, no seu art. 7º, XXII, que consagra o direito fundamental à redução de riscos inerentes ao trabalho (também conhecido como **princípio do risco mínimo regressivo**). Da mesma maneira, em relação ao benzeno, a NR-15 – dispõe, em seu Anexo 13-A, o seguinte:

> [...] o princípio da melhoria contínua parte do reconhecimento de que o benzeno é uma substância comprovadamente carcinogênica, para a qual não existe limite seguro de exposição. Todos os esforços devem ser despendidos continuamente no sentido de buscar a tecnologia mais adequada para evitar a exposição do trabalhador ao benzeno.

Os princípios da **participação** e da **informação** são, por assim dizer, dois lados de uma mesma moeda deontológica. Quando aplicado à tutela do meio ambiente laboral, o **princípio da participação** justifica que os trabalhadores tenham voz e proatividade nas decisões corporativas relacionadas ao meio ambiente laboral, tal como ocorre por intermédio das Comissões Internas de Acidentes do Trabalho (CIPA), compostas por um representante do empregador e, de resto, por representantes eleitos dos empregados, cujas atribuições são as seguintes (item 5.16 da NR-05):

> a) identificar os riscos do processo de trabalho, e elaborar o mapa de riscos, com a participação do maior número de trabalhadores, com assessoria do SESMT, onde houver;
> 
> b) elaborar plano de trabalho que possibilite a ação preventiva na solução de problemas de segurança e saúde no trabalho;
> 
> c) participar da implementação e do controle da qualidade das medidas de prevenção necessárias, bem como da avaliação das prioridades de ação nos locais de trabalho;
> 
> d) realizar, periodicamente, verificações nos ambientes e condições de trabalho visando a identificação de situações que venham a trazer riscos para a segurança e saúde dos trabalhadores;
> 
> e) realizar, a cada reunião, avaliação do cumprimento das metas fixadas em seu plano de trabalho e discutir as situações de risco que foram identificadas;
> 
> f) divulgar aos trabalhadores informações relativas à segurança e saúde no trabalho;
> 
> g) participar, com o SESMT, onde houver, das discussões promovidas pelo empregador, para avaliar os impactos de alterações no ambiente e processo de trabalho relacionados à segurança e saúde dos trabalhadores;
> 
> h) requerer ao SESMT, quando houver, ou ao empregador, a paralisação de máquina ou setor onde considere haver risco grave e iminente à segurança e saúde dos trabalhadores;
> 
> i) colaborar no desenvolvimento e implementação do PCMSO e PPRA e de outros programas relacionados à segurança e saúde no trabalho;

j) divulgar e promover o cumprimento das Normas Regulamentadoras, bem como cláusulas de acordos e convenções coletivas de trabalho, relativas à segurança e saúde no trabalho;

l) participar, em conjunto com o SESMT, onde houver, ou com o empregador da análise das causas das doenças e acidentes de trabalho e propor medidas de solução dos problemas identificados;

m) requisitar ao empregador e analisar as informações sobre questões que tenham interferido na segurança e saúde dos trabalhadores;

n) requisitar à empresa as cópias das CAT emitidas;

o) promover, anualmente, em conjunto com o SESMT, onde houver, a Semana Interna de Prevenção de Acidentes do Trabalho - SIPAT;

p) participar, anualmente, em conjunto com a empresa, de Campanhas de Prevenção da AIDS.

No mesmo diapasão, as experiências estrangeiras de *cogestão de empresa* – instituto que entre nós segue dormitando no berço esplêndido do art. 7º, XI, *in fine*, da CRFB – amiúde reportam intensa atividade das representações de trabalhadores na conformação de um meio ambiente laboral mais seguro e sadio. É, não raramente, um dos principais focos de atuação das instâncias cogestionárias.

O **princípio da informação**, por sua vez, obriga os empregadores e tomadores de serviço a franquearem, aos trabalhadores e às suas legítimas representações (sindicais ou não), acesso bastante à totalidade das informações sobre as condições labor-ambientais a que se sujeitam. Nesse sentido é que a NR-09, ao tratar do Programa de Prevenção de Riscos Ambientais (PPRA), dispõe que "*os empregadores deverão informar os trabalhadores de maneira apropriada e suficiente sobre os riscos ambientais que possam originar-se nos locais de trabalho e sobre os meios disponíveis para prevenir ou limitar tais riscos e para proteger-se dos mesmos*" (item 9.5.2). É também a base normogenética da regra insculpida no art. 19, § 3º, da Lei nº 8.213/1991, pelo qual "[é] *dever da empresa prestar informações pormenorizadas sobre os riscos da operação a executar e do produto a manipular*".

E, para mais, esses dois princípios necessariamente se comunicam porque, por um lado, não há participação útil sem informação prévia e adequada; e, por outro lado, é inócua ou potencialmente inútil a informação carreada, se o seu destinatário não tem participação ativa e não pode tomar decisões informadas a tempo e modo. Noutras palavras, a participação eficiente pressupõe a plenitude da informação labor-ambiental, transmitida aos trabalhadores de modo compreensível, com linguagem acessível e sob ampla divulgação.

Por fim, o **princípio do poluidor-pagador** pode ser entendido como o mandado de otimização que impõe ao sujeito poluidor o dever de ressarcir os prejudicados pelas externalidades econômicas negativas derivadas de sua atividade econômica ou social. Em perspectiva mais contemporânea, o princípio autoriza inclusive a *indenização por dano futuro* (i.e., a antecipação cronológica da reparação civil equivalente à danosidade que provavelmente se manifestará, com elevado grau de certeza, a médio ou longo prazo). É também uma derivação do binômio prevenção/precaução (porque, a rigor, o potencial poluidor deveria investir capitais para justamente *evitar* a degradação ambiental; e, desse modo, antecipando-se aos eventos, previne qualquer sorte de responsabilidade civil).

Para os efeitos do Direito Ambiental do Trabalho, aquele que causa o desequilíbrio labor-ambiental deve arcar com os custos equivalentes, tanto em relação ao erário (v., *e.g.*, art. 120, I, da Lei nº 8.213/1991) como em relação às pessoas concretamente prejudicadas (art. 7º,

XXVIII, CRFB, c.c. art. 14, § 1º, da Lei nº 6.938/1981). O princípio revela-se, ademais, no art. 4º, VII, da Lei nº 6.938/1981, pela qual a Política Nacional do Meio Ambiente – extensível às questões labor-ambientais – visará à *"imposição, ao poluidor e ao predador, da obrigação de recuperar e/ou indenizar os danos causados e, ao usuário, da contribuição pela utilização de recursos ambientais com fins econômicos"*. Trataremos desse aspecto, com maior vagar, em capítulo subsequente.

No direito estrangeiro, os princípios jurídicos labor-ambientais encontram-se muito bem densificados no *Code du Travail* francês (*Ordonnance nº* 2007-329 du 12 mars 2007, com as modificações posteriores). A sua enunciação chega a ser descritiva, a partir da faceta deontológica de cada princípio, nos seguintes termos (no original):

> Article L4121-1
>
> L'employeur prend les mesures nécessaires pour assurer la sécurité et protéger la santé physique et mentale des travailleurs.
>
> Ces mesures comprennent:
>
> 1° Des actions de prévention des risques professionnels, y compris ceux mentionnés à l'article L. 4161- ;
>
> 2° Des actions d'information et de formation;
>
> 3° La mise en place d'une organisation et de moyens adaptés.
>
> L'employeur veille à l'adaptation de ces mesures pour tenir compte du changement des circonstances et tendre à l'amélioration des situations existantes.
>
> Article L4121-2
>
> L'employeur met en oeuvre les mesures prévues à l'article L. 4121-1 sur le fondement des principes généraux de prévention suivants:
>
> 1° Eviter les risques;
>
> 2° Evaluer les risques qui ne peuvent pas être évités;
>
> 3° Combattre les risques à la source;
>
> 4° Adapter le travail à l'homme, en particulier en ce qui concerne la conception des postes de travail ainsi que le choix des équipements de travail et des méthodes de travail et de production, en vue notamment de limiter le travail monotone et le travail cadencé et de réduire les effets de ceux-ci sur la santé;
>
> 5° Tenir compte de l'état d'évolution de la technique;
>
> 6° Remplacer ce qui est dangereux par ce qui n'est pas dangereux ou par ce qui est moins dangereux;
>
> 7° Planifier la prévention en y intégrant, dans un ensemble cohérent, la technique, l'organisation du travail, les conditions de travail, les relations sociales et l'influence des facteurs ambiants, notamment les risques liés au harcèlement moral et au harcèlement sexuel, tels qu'ils sont définis aux articles L. 1152-1 et L. 1153-1, ainsi que ceux liés aux agissements sexistes définis à l'article L. 1142-2-1 ;
>
> 8° Prendre des mesures de protection collective en leur donnant la priorité sur les mesures de protection individuelle;
>
> 9° Donner les instructions appropriées aux travailleurs.
>
> Article L4121-3
>
> L'employeur, compte tenu de la nature des activités de l'établissement, évalue les risques pour la santé et la sécurité des travailleurs, y compris dans le choix des procédés de fabrication, des équipements de travail, des substances ou préparations chimiques, dans l'aménagement

ou le réaménagement des lieux de travail ou des installations et dans la définition des postes de travail. Cette évaluation des risques tient compte de l'impact différencié de l'exposition au risque en fonction du sexe.

A la suite de cette évaluation, l'employeur met en oeuvre les actions de prévention ainsi que les méthodes de travail et de production garantissant un meilleur niveau de protection de la santé et de la sécurité des travailleurs. Il intègre ces actions et ces méthodes dans l'ensemble des activités de l'établissement et à tous les niveaux de l'encadrement.

Lorsque les documents prévus par les dispositions réglementaires prises pour l'application du présent article doivent faire l'objet d'une mise à jour, celle-ci peut être moins fréquente dans les entreprises de moins de onze salariés, sous réserve que soit garanti un niveau équivalent de protection de la santé et de la sécurité des travailleurs, dans des conditions fixées par décret en Conseil d'Etat après avis des organisations professionnelles concernées.

Article L4121-4

Lorsqu'il confie des tâches à un travailleur, l'employeur, compte tenu de la nature des activités de l'établissement, prend en considération les capacités de l'intéressé à mettre en oeuvre les précautions nécessaires pour la santé et la sécurité.

Article L4121-5

Lorsque dans un même lieu de travail les travailleurs de plusieurs entreprises sont présents, les employeurs coopèrent à la mise en oeuvre des dispositions relatives à la santé et à la sécurité au travail.

Como se percebe, os dispositivos legais transcritos positivam deveres acessórios que radicam em normas-princípios de inconfundível cariz jurídico-ambiental, como os princípios da precaução e da prevenção (*"eviter les risques"* e *"evaluer les risques qui ne peuvent pas être évités"*), o princípio da melhoria contínua (*"amélioration des situations existantes"*, *"tenir compte de l'état d'évolution de la technique"*), o princípio da adaptação do trabalho à pessoa humana[8] (*"adapter le travail à l'homme"*) – esse muito específico do Direito Ambiental do Trabalho – e o princípio da informação (*"actions d'information et de formation"*, *"donner les instructions appropriées aux travailleurs"*).

Além disso, os preceitos transcritos revelam a necessária sistematicidade do sistema tutelar labor-ambiental, eis que **(a)** consagram algumas normas-regras típicas do Direito Tutelar do Trabalho – como a da prevalência das medidas de proteção coletiva sobre as de proteção individual (*"prendre des mesures de protection collective en leur donnant la priorité sur les mesures de protection individuelle"*, *"combattre les risques à la source"*), o que, aliás, também se encontra no sistema jurídico brasileiro, embora em instância infralegal (*vide* NR-09, item 9.3.2, e NR-15, item 15.4, entre outras) –; **(b)** captam muito bem a natureza gestáltica da questão labor-ambiental (*"planifier la prévention en y intégrant, dans un ensemble cohérent, la technique, l'organisation du travail, les conditions de travail, les relations sociales et l'influence des facteurs ambiants, notamment les risques liés au harcèlement moral et au harcèlement sexuel"*); e **(c)** dimensionam adequadamente o princípio da confiança (*"lorsqu'il confie des tâches à un travailleur, l'employeur [...] prend en considération les capacités de l'intéressé à mettre en oeuvre les précautions nécessaires pour la santé et la sécurité"*), de modo relevante para o estabelecimento

---

8  Tal princípio também aparece, a propósito, no art. 5º, "a", da Convenção OIT nº 155 ("e adaptação do maquinário, dos equipamentos, do tempo de trabalho, da organização do trabalho e das operações e processos às capacidades físicas e mentais dos trabalhadores") e no art. 1º, II, da Convenção OIT nº 161 ("adaptação do trabalho às capacidades dos trabalhadores, levando em conta seu estado de sanidade física e mental"). Integra, portanto, o rol de deveres e obrigações dos empregadores brasileiros, já que ambos os diplomas internacionais foram incorporados ao direito interno (respectivamente pelos Decretos 1.254/1994 e 127/1991).

da responsabilidade civil patronal em caso de danos (*infra*). Por sua sistematicidade e atualidade, o modelo francês configura um notável exemplo das fórmulas descritivas de deveres patronais labor-ambientais acessórios.

O que nos leva ao tópico seguinte.

## 8.3. OS DIREITOS LABOR-AMBIENTAIS EM ESPÉCIE: UM CATÁLOGO NÃO EXAUSTIVO

Entendida a natureza jurídica dos litígios labor-ambientais (e, por extensão, dos respectivos direitos ou interesses concretamente considerados) e a sua principiologia, resta buscar conteúdos para essa realidade cada vez mais comum no espaço forense brasileiro.

Com efeito, quais são os direitos subjetivos que decorrem, para todos e cada um no meio ambiente de trabalho, em função da garantia constitucional e legal de um meio ambiente do trabalho equilibrado?

Em estudo anterior, chegamos a discriminá-los (FELICIANO, 2006 – Cap. 3). Agora, limitamo-nos a sistematizá-los, enunciá-los e desenvolvê-los brevemente. São eles, basicamente (porque há outros), os que seguem abaixo.

*(a) O direito à vida e à integridade psicossomática.* Trata-se de emanação imediata da própria dignidade humana, consoante art. 5º, caput, "in fine", da CRFB/88. O empregador, com efeito, é o responsável pela organização dos meios de produção, formatando a equação econômica que arregimenta trabalho e bens de produção para uma atividade profissional que geralmente visa ao lucro[9]. O trabalhador insere-se nesse contexto como parte de uma organização preconcebida, sem poder ou autoridade para remodelá-la ou adequá-la às suas necessidades; a subordinação, por conseguinte, torna o trabalhador mais vulnerável aos malefícios que a organização perversa, negligente ou viciada dos fatores de trabalho pode lhe causar. Com efeito, é obrigação fundamental do empregador – com prelação sobre as próprias obrigações pecuniárias, como o pagamento de adicionais de remuneração ou o recolhimento de FGTS – resguardar, de toda forma possível (inclusive com a absorção de tecnologia referida no art. 9º, V, da Lei nº 6.938/1981), a vida e a integridade psicossomática dos trabalhadores ativados sob sua égide, subordinados ou não. Apenas "si et quando" a atividade econômica não puder prescindir do trabalho perverso ou intensamente desgastante (caldeirarias, postos de combustíveis, distribuidoras de energia elétrica, hospitais, modos de produção ininterruptos etc.), caberá compensar o trabalhador, nos limites do razoável, com os consectários legais. Daí a maior responsabilidade do empregador, que engendra o risco e a ele submete trabalhadores ora impassíveis, ora alienados. Assim, quando essa organização causa ofensa ou violação aos direitos de outrem (os trabalhadores), os seus bens ficam sujeitos à reparação do dano causado (art. 942 do CC), sem prejuízo das responsabilidades criminais e administrativas. Se o dano deriva de dolo, imprudência ou negligência episódica, essa responsabilidade é subjetiva, cabendo ao prejudicado fazer a sua prova em juízo (art. 7º, XVIII, "in fine", da CRFB, e Súmula 229 do C. STF); se, porém, o dano deriva de desequilíbrio ambiental endêmico, que compromete potencialmente toda a coletividade de trabalhadores (atuais e futuros), aquela responsabilidade é objetiva, por se tratar, tipicamente, de obrigação do poluidor (art. 14, § 1º, da Lei nº 6.938/1981). Mas aqui já estamos perante um novo direito (o de indenidade), em condições que desenvolveremos adiante.

---

[9] Desde que se trate de **empresa** – cfr. REQUIÃO, Rubens. **Curso de direito comercial**, v. 1, p. 52 (citando Giuseppe Valeri) –, a que se equiparam as pessoas e entidades do art. 2º, § 1º, da CLT.

**(b) O direito à promoção da correção dos riscos ambientais.** O trabalhador pode exercer esse direito de inúmeras formas. Usualmente, exerce-o mediante denúncia de situações de risco diretamente ao empregador (que não se confunde com o direito à denúncia pública, como veremos), pela participação ativa na elaboração e execução do PCMSO e do PPRA (quando há espaço para isso) ou, ainda, por meio da atuação na CIPA, como membro ou colaborador. Mas a todo direito corresponde um dever: não pode o empregador descartar a denúncia formalizada pelo empregado, sem antes apurá-la ou ao menos pautá-la. A própria fidúcia do contrato de trabalho deve garantir às denúncias do empregado, em matéria de segurança e higiene, certa fidedignidade. Se o empregador despreza a denúncia sem mais, danos ulteriores causados pela disfunção denunciada ser-lhe-ão imputados, a título subjetivo, por "culpa in omittendo", a par das responsabilidades administrativa e penal (arts. 121, § 3º, do CP – homicídio culposo; 129, § 6º, do CP – lesões corporais culposas; art. 132 do CP – perigo para a vida ou saúde de outrem; e assim sucessivamente). Esse direito de apuração é exercido, ainda, pelas entidades sindicais, cuja cooperação nas ações de vigilância sanitária desenvolvidas no local de trabalho é assegurada pelo art. 229, § 4º, da Constituição do Estado de São Paulo. Note-se que o direito de promover a correção dos riscos dimana do próprio princípio da participação, já referido alhures, que informa todo o Direito Ambiental e "assegura aos cidadãos o pleno direito de participar na elaboração das políticas públicas ambientais" (ANTUNES, 1996)[10]; se assim é no plano macrossocial, há de ser também em nível microssocial: assegura-se, a todo trabalhador, o pleno direito de participar da elaboração e execução das políticas de saúde, higiene e segurança no trabalho promovidas pela empresa.

**(c) O direito de denúncia pública.** Pode o empregado denunciar à autoridade competente o trabalho em condições de riscos graves e iminentes, tencionando a eliminação ou controle dos riscos dessa ordem, com vistas à realização dos princípios da prevenção e da precaução. Supõe-se (mas não se exige), para o exercício desse direito, que o trabalhador já tenha buscado promover a correção dos riscos mediante denúncia direta ao empregador. Silente ou refratária a empresa, resta ao trabalhador o direito de formalizar a denúncia da poluição labor-ambiental às autoridades públicas competentes – em geral, auditores fiscais do trabalho, promotores públicos ou procuradores do trabalho. Formalizada perante o juiz do Trabalho, essa denúncia não terá efeito imediato, diante do princípio da inércia da jurisdição ("ne procedat judex ex officio") e da ilegitimidade ativa de um trabalhador ou grupo de trabalhadores para propor ação coletiva de restauração da higidez labor-ambiental; nesse caso, cumprirá à autoridade judiciária encaminhar a denúncia à autoridade administrativa. Se, porém, o trabalhador postular direito próprio, com os elementos do art. 840, § 1º, da CLT (em especial o pedido certo e determinado), poderá o juiz receber a denúncia como dissídio individual, em vista do que dispõe o art. 791, caput, da CLT ("jus postulandi" das partes). Feita a denúncia, poderá ter ensejo, a teor do art. 161 da CLT, o embargo de obra ou interdição de estabelecimento, setor de serviço, máquina ou equipamento, como resposta institucional ao direito de denúncia exercido. É o que estatui, ainda, o caput do art. 229 da Constituição Estadual, consubstanciando esse mesmo direito de denúncia:

> Compete à autoridade estadual, de ofício ou **mediante denúncia de risco à saúde**, proceder à avaliação das fontes de risco no ambiente do trabalho e determinar a adoção das devidas providências para que cessem os motivos que lhe deram causa (g.n.).

---

10   Este autor, porém, prefere a expressão "princípio democrático" para designar o princípio da participação.

Também aqui, a apuração da autoridade pública é um dever contraposto ao direito de denúncia, podendo haver responsabilidades, na omissão, em órbita civil (art. 37, § 6º, da CRFB; arts. 186, 927 e 932 do CC) e penal (art. 319 do Código Penal).

**(d) O direito à informação.** Ao trabalhador não se pode negar o direito de conhecer os riscos de sua atividade, sob pena de aliená-lo e privá-lo de qualquer possibilidade de participação, com ofensa ao princípio democrático. Daí porque BESSA ANTUNES (1996, p. 94) vê o direito à informação como um consectário do princípio da participação: "o Princípio Democrático significa o direito que os cidadãos têm de receber informações sobre as diversas intervenções que atinjam o meio ambiente" (g.n.). Por esse direito, o trabalhador deve ter acesso, em o desejando, aos índices biológicos e às estatísticas de infortúnios da fábrica; deve ter ciência dos programas e medidas que a empresa implementa ou planeja implementar; deve conhecer os níveis de concentração dos agentes agressivos presentes em cada uma das dependências do estabelecimento; deve ter acesso ao resultado das auditorias ambientais realizadas na empresa; e assim por diante. Esse direito é, também, um desdobramento do primado de responsabilidade social inserto no art. 225, caput, da CRFB: "a proteção do meio ambiente, se se tornou uma obrigação do Estado, é antes de tudo um dever dos cidadãos" e, "para que esse dever se exerça na prática, os cidadãos devem, diretamente ou por seus agrupamentos, ter condições de se informarem e de participarem das decisões, podendo exercer uma influência sobre o seu meio ambiente" (PRIEUR, 2001, p. 101). Prieur chega a reconhecer um princípio geral de informação, observando, para o caso francês, que:

> o Direito do Meio Ambiente contribuiu consideravelmente para reforçar e promover o direito à informação. Numa perspectiva democrática, o Direito do Meio Ambiente implica a participação de todos os interessados, com informação prévia. Também os poderes públicos, desde 1976, favoreceram especialmente as associações de defesa do meio ambiente ao tratar de lhes fornecer informação sobre os grandes problemas do meio ambiente. (PRIEUR, 2001, p. 103)

O direito de informação decorre, ainda, do princípio bioético da autonomia, pelo qual toda pessoa tem a faculdade de governar-se a si mesma, escolhendo, decidindo e avaliando sem restrições internas e externas (PESSINI; BARCHIFONTAINE, 1996, p. 40). A esse respeito, tivemos ocasião de julgar ação civil pública (apresentada como ação de cumprimento, mas convolada para a devida forma ante a doutrina da substanciação processual e o princípio da instrumentalidade das formas) em que o Sindicato dos Trabalhadores na Indústria de Destilação e Refinação de Petróleo de São José dos Campos pedia a condenação da unidade local de refinaria da Petrobras à exibição, nos autos, dos resultados das medições de benzeno dos últimos cinco anos, que estariam sendo ocultados. A ação foi julgada procedente, com espeque em razões de direito e de bioética: reconhecíamos, então, que:

> estando a matéria afeita à segurança biológica dos trabalhadores, põe-se em relevo, além do aspecto jurídico [art. 2º, X, da Lei 6.938/1981, e cláusula 78a, § 2º, do acordo coletivo de trabalho vigente à época e local], o próprio valor bioético na constelação axiológica sob cujos auspícios atua o magistrado, impondo-se-lhe, como **princípio regente** a informar sua decisão, o *princípio da autonomia* (...)", concluindo que "sem o *pleno conhecimento das medições* e dos demais dados coletados e avaliados, a classe profissional não se faz governar com plena autonomia, atendo-se às conclusões de terceiro interessado (...) em inaceitável restrição à autonomia coletiva e malferimento do mais elementar senso bioético, cuja substância define-se pela trindade beneficência (qualidade ambiental e qualidade de vida),

autonomia (autogoverno) e justiça (defesa da vida física, comprometimento com o bem-estar do semelhante)[11].

*(e) O direito de resistência,* sufragado positivamente em diversos contextos (como, por exemplo, no art. 13 da Convenção nº 155 da Organização Internacional do Trabalho, ratificada pelo Brasil, "ex vi" do Decreto nº 1.254/1994; no Estado de São Paulo, por força do art. 229, § 2º, da Constituição Estadual; e, muito recentemente, no âmbito do trabalho em plataformas de petróleo, por força da Norma Regulamentadora nº 37, aprovada pela Portaria MTb 1.186, de 21/12/2018, conforme seu item 37.4.1.a). Lê-se, no caso da Constituição paulista, que "em condições de risco grave ou iminente no local de trabalho, será lícito ao empregado interromper suas atividades, sem prejuízo de quaisquer direitos, até a eliminação do risco". Outras várias constituições estaduais contêm previsões idênticas ou similares. Já na Convenção nº 155 lê-se que:

> [e]m conformidade com a prática e as condições nacionais deverá ser protegido, de consequências injustificadas, todo trabalhador que julgar necessário interromper uma situação de trabalho por considerar, por motivos razoáveis, que ela envolve um perigo iminente e grave para sua vida ou sua saúde. [art. 13]

Percebe-se, outra vez, a primazia da dignidade humana em contextos de colisão de princípios jurídicos, quando há risco de malferimento grave e iminente à vida e à integridade dos trabalhadores: é legítima, nesses casos, o exercício da autotutela, com recusa de trabalho sem prejuízo de quaisquer direitos trabalhistas (salários, férias, DSR, FGTS etc.), até que o risco imediato seja eliminado ou contornado. Preterem-se, episodicamente, os princípios econômicos da livre iniciativa e da propriedade privada, assim como o próprio poder hierárquico do empregador, para assegurar a dignidade e a integridade humana, mantendo-se, todavia, a contraprestação contratual do empregador, às suas inteiras expensas, "ex vi legis". Esse direito pode ser exercido individualmente ou coletivamente; nessa última hipótese, dar-se-á a greve como instrumento preventivo nas relações labor-ambientais (FIORILLO, 2000, p. 214), em circunstância não contemplada expressamente pela Lei nº 7.783/1989, mas de inteira justiça, com amparo nas normas internacionais do trabalho, nas constituições estaduais e, em perspectiva jusnaturalista, até mesmo no "direito natural" (= direito à autopreservação). Não se a dirá, ademais, ilegal à vista da Lei de Greve, eis que o art. 1º, caput, garante aos trabalhadores "decidir sobre a oportunidade de exercê-lo [o direito de greve] e sobre os interesses que devam por ele defender"; como seria, aqui, o interesse por um meio ambiente do trabalho ecologicamente equilibrado. Voltaremos ao tema adiante.

*(f) O direito à indenidade (patrimonial* – o que significará ressarcimento econômico – e moral – o que significará compensação econômica). Aqui se manifesta, justamente, o princípio do poluidor-pagador, de curial relevância para a discussão da responsabilidade civil do empregador, a ser analisada em capítulo próprio (infra).

---

11   TRT da 15ª Região. 2ª Vara do Trabalho de São José dos Campos, Processo nº 845/2000 (numeração antiga).

# CAPÍTULO 9
PREVENÇÃO E PRECAUÇÃO EM SEDE LABOR-AMBIENTAL: TEORIA E PRÁTICA. FISCALIZAÇÃO DO TRABALHO E CASUÍSTICA

*Camilla de Oliveira Borges*
*Mariana Del Mônaco*

## INTRODUÇÃO

O presente capítulo tem como objetivo demonstrar os conceitos relativos aos princípios da prevenção e da precaução em matéria de Direito Ambiental, notadamente aqueles que podem ser aplicáveis em sede labor-ambiental, em conformidade com os principais marcos regulatórios existentes sobre o tema.

Busca-se, a partir daí, discutir as diferenciações possivelmente encontradas entre os princípios da prevenção e da precaução e a possibilidade de uma interpretação simbiótica entre ambos os princípios, de modo a garantir uma mais completa proteção dos trabalhadores em face dos possíveis riscos existentes no ambiente laboral.

A seguir, enfrentaremos o tema sob a ótica da Fiscalização do Trabalho, discutindo, por um lado, a concretização do princípio da prevenção por meio do ato fiscalizatório e, por outro lado, a possível dificuldade envolvendo a efetivação do princípio da precaução, notadamente no âmbito administrativo.

Concluiremos com uma possível argumentação em prol da utilização do princípio da precaução no âmbito das Fiscalizações Trabalhistas.

## 9.1. PREVENÇÃO E PRECAUÇÃO EM SEDE LABOR-AMBIENTAL

A Constituição adotou o princípio da prevenção de forma explícita, ao impor ao Poder Público e à coletividade o **dever de defender e preservar o meio ambiente ecologicamente equilibrado para as presentes e futuras gerações**. Observa-se não só no *caput* do art. 225 da CRFB, como também de forma implícita no seu § 1º, IV[1] (BRASIL, 1988). É também preceito fundamental, consubstanciado como objetivo fundamental do Direito Ambiental (FIORILLO, 2018, *e-book*, n.p.).

Em diplomas internacionais, a prevenção está estampada no princípio 15 da Declaração do Rio sobre Meio Ambiente e Desenvolvimento, de 1992, estabelecida durante a Conferência das Nações Unidas sobre Meio Ambiente e Desenvolvimento (ECO-92):

---

1 Art. 225. Todos têm direito ao meio ambiente ecologicamente equilibrado, bem de uso comum do povo e essencial à sadia qualidade de vida, impondo-se ao Poder Público e à coletividade o dever de defendê-lo e preservá-lo para as presentes e futuras gerações.

§ 1º Para assegurar a efetividade desse direito, incumbe ao Poder Público: (...) IV – exigir, na forma da lei, para instalação de obra ou atividade potencialmente causadora de significativa degradação do meio ambiente, estudo prévio de impacto ambiental, a que se dará publicidade;

Com a finalidade de proteger o meio ambiente, os Estados deverão aplicar amplamente o critério de precaução conforme suas capacidades. Quando houver perigo de dano grave ou irreversível, a falta de certeza científica absoluta não deverá ser utilizada como razão para que seja adiada a adoção de medidas eficazes em função dos custos para impedir a degradação ambiental (ONU, 1992).

Da mesma forma, a prevenção também se observa, ainda que indiretamente, nos princípios 5[2] e 6[3] do mesmo diploma internacional, o qual, em se tratando de declaração, não possui *status* de norma cogente.

O princípio da prevenção está presente, ainda, em normas nacionais infraconstitucionais (SARLET, 2017, *e-book*, n.p.). É observado, indiretamente, nos arts. 2[04] e 10[5] da Lei nº 6.938/1981 (Política Nacional do Meio Ambiente) e no art. 3[06] da Lei nº 12.305/2010 (Política Nacional de Resíduos Sólidos). Expressamente, porém, aparece no art. 6º, parágrafo único[7], da

---

2   Todos os Estados e todas as pessoas deverão cooperar na tarefa essencial de erradicar a pobreza como requisito indispensável ao desenvolvimento sustentável, a fim de reduzir as disparidades nos níveis de vida e responder melhor às necessidades da maioria dos povos do mundo.

3   A situação e as necessidades especiais dos países em desenvolvimento, em particular os países menos adiantados e os mais vulneráveis do ponto de vista ambiental, deverão receber prioridade especial. Nas medidas internacionais que sejam adotadas com respeito ao meio ambiente e ao desenvolvimento, devem ser considerados os interesses e as necessidades de todos os países.

4   Art 2º A Política Nacional do Meio Ambiente tem por objetivo a preservação, melhoria e recuperação da qualidade ambiental propícia à vida, visando assegurar, no País, condições ao desenvolvimento sócio-econômico, aos interesses da segurança nacional e à proteção da dignidade da vida humana, atendidos os seguintes princípios: (...)

IV – proteção dos ecossistemas, com a preservação de áreas representativas; (...)

IX – proteção de áreas ameaçadas de degradação; (...)

5   Art. 10. A construção, instalação, ampliação e funcionamento de estabelecimentos e atividades utilizadores de recursos ambientais, efetiva ou potencialmente poluidores ou capazes, sob qualquer forma, de causar degradação ambiental dependerão de prévio licenciamento ambiental. (*Redação dada pela Lei Complementar nº 140, de 2011.*)

§ 1º Os pedidos de licenciamento, sua renovação e a respectiva concessão serão publicados no jornal oficial, bem como em periódico regional ou local de grande circulação, ou em meio eletrônico de comunicação mantido pelo órgão ambiental competente. (*Redação dada pela Lei Complementar nº 140, de 2011.*)

6   Art. 3º Para os efeitos desta Lei, entende-se por:
(...)

VII – destinação final ambientalmente adequada: destinação de resíduos que inclui a reutilização, a reciclagem, a compostagem, a recuperação e o aproveitamento energético ou outras destinações admitidas pelos órgãos competentes do Sisnama, do SNVS e do Suasa, entre elas a disposição final, observando normas operacionais específicas de modo a evitar danos ou riscos à saúde pública e à segurança e a minimizar os impactos ambientais adversos;

VIII – disposição final ambientalmente adequada: distribuição ordenada de rejeitos em aterros, observando normas operacionais específicas de modo a evitar danos ou riscos à saúde pública e à segurança e a minimizar os impactos ambientais adversos; (...)

XVII – responsabilidade compartilhada pelo ciclo de vida dos produtos: conjunto de atribuições individualizadas e encadeadas dos fabricantes, importadores, distribuidores e comerciantes, dos consumidores e dos titulares dos serviços públicos de limpeza urbana e de manejo dos resíduos sólidos, para minimizar o volume de resíduos sólidos e rejeitos gerados, bem como para reduzir os impactos causados à saúde humana e à qualidade ambiental decorrentes do ciclo de vida dos produtos, nos termos desta Lei; (...)

7   Art. 6º A proteção e a utilização do Bioma Mata Atlântica têm por objetivo geral o desenvolvimento sustentável e, por objetivos específicos, a salvaguarda da biodiversidade, da saúde humana, dos valores paisagísticos, estéticos e turísticos, do regime hídrico e da estabilidade social.

Parágrafo único. Na proteção e na utilização do Bioma Mata Atlântica, serão observados os princípios da função socioambiental da propriedade, da equidade intergeracional, da prevenção, da precaução, do usuário-pagador, da transparência das informações e atos, da gestão democrática, da celeridade procedimental, da gratuidade dos

Lei nº 11.428/2006 (Lei da Mata Atlântica), no art. 3º, I e II[8], da Lei nº 13.153/2015 (Política Nacional de Combate à Desertificação e Mitigação dos Efeitos da Seca) e no art. 2º, III,[9] da Lei nº 9.433/1997 (Política Nacional de Recursos Hídricos).

Esclarecem Canotilho e Leite (2015) que o princípio da prevenção atua em **momento anterior ao dano**, o qual é, em muitos casos, de impossível reconstituição, de reconstituição excessivamente onerosa e irrazoável ou de remédio economicamente dispendioso.

Ingo Sarlet sintetiza bem o escopo do princípio, ao dispor que ele corresponde à máxima da sabedoria geral *"melhor prevenir do que remediar"*. Citando Paulo de Bessa Antunes, esclarece que o princípio se aplica "a impactos já conhecidos e dos quais se possa, com segurança, estabelecer um conjunto de nexos de causalidade que seja suficiente para a identificação dos impactos futuros mais prováveis" (SARLET, 2017, *e-book*, n.p.). Para Sarlet, neste princípio, há **um conhecimento completo, com um risco já diagnosticado**, de modo que a norma que nele se baseia pretende evitar danos conhecidos.

Após as Conferências de Estocolmo (1972), do Rio (1992) e de Johannesburgo (2002), o termo **precaução** surgiu para se contrapor àqueles que utilizavam a falta de comprovação científica como argumento para adoção de medidas inadequadas para preservação do meio ambiente. Hoje, o princípio da precaução limita-se a "afirmar que **a falta de certeza científica não deve ser usada como meio de postergar a adoção de medidas preventivas, quando houver ameaça séria de danos irreversíveis**" (FIORILLO, 2018, *e-book*, n.p.). Segundo Celso Fiorillo (2018), o princípio pode guiar medidas de precaução, mas não permite, por si só, identificar quais condutas tomadas possuem potencial de dano ambiental. Por isso, no âmbito internacional, notadamente da Organização Mundial do Comércio (OMC), a precaução não possui *status* jurídico definido, seja de norma consuetudinária, seja de princípio geral do Direito, seja de *soft law*.

O supramencionado princípio 15 da Declaração do Rio sobre o Meio Ambiente é usado por autores para embasar também o princípio da precaução. Da mesma forma, vários artigos das normas infraconstitucionais que fundamentam o princípio da precaução o fazem também em relação ao princípio da prevenção, tais como os já mencionados arts. 2º e 10 da Lei nº 6.938/1981 (Política Nacional do Meio Ambiente), o art. 6º, parágrafo único, da Lei nº 11.428/2006 (Lei da Mata Atlântica),o art. 6º, I, da Lei nº 12.305/2010 (Política Nacional dos Resíduos Sólidos) e o art. 3º, *caput*, da Lei nº 12.187/2019 (Política Nacional sobre Mudança do Clima).

---

serviços administrativos prestados ao pequeno produtor rural e às populações tradicionais e do respeito ao direito de propriedade.
8   Art. 3º A Política Nacional de Combate à Desertificação e Mitigação dos Efeitos da Seca tem por objetivos:
I – prevenir e combater a desertificação e recuperar as áreas em processo de degradação da terra em todo o território nacional;
II – prevenir, adaptar e mitigar os efeitos da seca em todo o território nacional; (...)
9   Art. 2º São objetivos da Política Nacional de Recursos Hídricos: (...) III – a prevenção e a defesa contra eventos hidrológicos críticos de origem natural ou decorrentes do uso inadequado dos recursos naturais. (...)

Além desses dispositivos, outras normas retratam o princípio da precaução: o art. 1º da Lei nº 11.105/2005 (Lei de Biossegurança)[10], o art. 54, § 3º,[11] da Lei nº 9.605/1998 (Lei dos Crimes e Infrações Administrativas Ambientais) e o art. 2º, § 2º,[12] da Lei nº 12.608/2012 (Política Nacional de Defesa Civil).

O princípio da precaução funciona, nas palavras de Canotilho e Leite (2015), como um princípio "*in dubio pro ambiente*", quando há dúvida sobre um potencial elemento poluidor. Para Sarlet, trata-se de um "*in dubio pro natura*".

Implica, ainda, reconhecer que o ônus probatório sobre uma ação potencialmente danosa ao ambiente é, também, do potencial poluidor. Na incerteza, portanto, sobre a natureza do dano ou sobre a adequação de uma medida para que ele seja evitado, o princípio permite a adoção de medidas proporcionais ao risco, coerentes, em relação ao âmbito e natureza de outras medidas já tomadas, e precárias, isto é, periodicamente revisáveis à luz do progresso cientifico.

O Supremo Tribunal Federal interpretou o princípio da precaução no âmbito do RE 627189 (Tema 479 de Repercussão Geral do STF). Para o Supremo, o princípio da precaução *é um critério de gestão de risco, objeto de construção da comunidade científica, a ser aplicado quando houver incerteza científica*. A prevenção, por sua vez, imprescinde de outros elementos.

Para Édis Milaré (2015, e-book, n.p.), o princípio da precaução é aquele "segundo o qual *a ausência de certeza, levando em conta os conhecimentos científicos e técnicos do momento, não deve retardar a adoção de medidas efetivas e proporcionais, visando a prevenir o risco de danos graves e irreversíveis, a um custo economicamente aceitável*".

Há autores que preferem tratar ambos os conceitos de maneira simultânea. Para Teresa Ancona Lopes, por exemplo, o princípio da precaução estaria contido no princípio da prevenção (apud FIORILLO, 2018, e-book, n.p.). Nesse sentido também entende Celso Fiorillo (2018), sustentando ser desnecessária a diferenciação entre os princípios.

Para Ingo Sarlet (2017, e-book, n.p.), porém, o princípio precaução é um princípio da prevenção qualificado ou mais desenvolvido, sendo verificado expressamente no princípio 15 da Declaração do Rio sobre o Meio Ambiente e operando como um "filtro normativo" para prevenir situações em que a ausência de conhecimento científico adequado leve a situações irreversíveis. Assim, o princípio visa a identificar os riscos e a forma segura de tratá-los (SARLET, 2017, e-book, n.p.). Sua origem alemã se relaciona à responsabilidade estatal, pois teria surgido, na década de

---

10   Art. 1º Esta Lei estabelece normas de segurança e mecanismos de fiscalização sobre a construção, o cultivo, a produção, a manipulação, o transporte, a transferência, a importação, a exportação, o armazenamento, a pesquisa, a comercialização, o consumo, a liberação no meio ambiente e o descarte de organismos geneticamente modificados – OGM e seus derivados, tendo como diretrizes o estímulo ao avanço científico na área de biossegurança e biotecnologia, a proteção à vida e à saúde humana, animal e vegetal, e a observância do princípio da precaução para a proteção do meio ambiente. (...)

11   Art. 54. Causar poluição de qualquer natureza em níveis tais que resultem ou possam resultar em danos à saúde humana, ou que provoquem a mortandade de animais ou a destruição significativa da flora:

Pena - reclusão, de um a quatro anos, e multa.

(...) § 3º Incorre nas mesmas penas previstas no parágrafo anterior quem deixar de adotar, quando assim o exigir a autoridade competente, medidas de precaução em caso de risco de dano ambiental grave ou irreversível.

12   Art. 2º É dever da União, dos Estados, do Distrito Federal e dos Municípios adotar as medidas necessárias à redução dos riscos de desastre.

(...)

§ 2º A incerteza quanto ao risco de desastre não constituirá óbice para a adoção das medidas preventivas e mitigadoras da situação de risco.

1970, como uma política intervencionista e centralizadora, no contexto de preocupação com *smog* fotoquímico e chuva ácida (MARTINS apud SARLET, 2017, *e-book*, n.p.).

Alguns autores acreditam que não se trata de uma relação de continência, mas de um único princípio da prevenção/precaução. Nesse sentido, Guilherme Guimarães Feliciano (2011), embora faça questão de diferenciar ambas as noções. Para o autor, o princípio da prevenção decorre do texto da Declaração de Estocolmo de 1972, sendo descrito como "***o mandado de otimização que preordena o impedimento à ocorrência de atentados ao meio ambiente mediante meios apropriados, ditos preventivos***" (PRIEUR apud FELICIANO, 2011). A precaução, por outro lado, se fundamenta no princípio 15 da Declaração do Rio de Janeiro.

Além das normas referenciadas, Feliciano aponta como instituto que se baseia no princípio da prevenção/precaução o adicional de insalubridade, associado notadamente ao seu aspecto preventivo. Da mesma forma, medidas que demandam do Poder Público a instalação de equipamentos de saneamento básico, a fim prevenir surtos de doenças e outros danos ao meio ambiente, ou que demandam, do empregador, aquisição de equipamentos de proteção coletiva, são exemplos de aplicação do princípio da prevenção/precaução, em sua dimensão preventiva.

A noção de precaução, por outro lado, determinaria a adoção da conduta de menor risco, diante da "relativa imponderabilidade científica". É o caso, por exemplo, da decisão da Justiça Federal, nos anos 1990, que deferiu liminar proibindo a Monsanto de expandir plantações de soja transgênica (FELICIANO; PASQUALETO, 2018). Da mesma forma, as decisões judiciais que proibiram o uso do amianto, corroboradas pela decisão do STF em 2017 nos autos das ADI 4066/DF, ADI 3937/SP, ADI 3356/PE, ADI 3357/RS e ADPF 109, de relatoria do Ministro Edison Fachin, sobre a constitucionalidade da Lei municipal e do Decreto de São Paulo que proibiram o uso de amianto na construção civil (STF, 2017).

A relação essencial entre os princípios da prevenção e da precaução também se observa na jurisprudência dos tribunais superiores, pois ambos aparecem simultaneamente fundamentando diversos julgados. São exemplos as decisões proferidas pelo STF na ADI 3.378/DF e na ADPF 101/DF, assim como as decisões prolatadas pelo STJ nos seguintes julgados: REsp 1.060.753/SP; REsp 1.153.500/DF; REsp 1.115.555/MG; REsp 1.116.964/PI; MS 16.074/DF; REsp 1.306.093/RJ (SARLET, 2017, *e-book*, n.p.).

Portanto, independentemente do lastro normativo, da separação conceitual ou da origem dos princípios, ambos se revelam simbióticos, isto é, indiscutivelmente associados e é nessa perspectiva que, em nossa opinião, deveriam ser trabalhados no caso concreto.

Contudo, conforme demonstraremos na sequência, o princípio da precaução, especialmente porque se baseia num determinado grau de incerteza científica, não chega a alcançar resultados mais efetivos no âmbito da Fiscalização Trabalhista.

## 9.2. FISCALIZAÇÃO DO TRABALHO E CASUÍSTICA

Tratando-se de meio ambiente do trabalho, uma das formas de se concretizar os princípios da prevenção e da precaução se dá por meio da Fiscalização Trabalhista, a cargo dos Auditores Fiscais do Trabalho (AFTs), que verificaria, no caso concreto, o cumprimento, pelos empregadores, dos patamares mínimos de proteção indicados na legislação trabalhista.

A Fiscalização Trabalhista é vista internacionalmente como **atividade de essencial importância**, em especial por parte da Organização Internacional do Trabalho (OIT). Já no Tratado de

Versailles, que pôs fim à Primeira Guerra Mundial (1914/1918) e que criou a OIT, constata-se a previsão de que os Estados deveriam organizar e manter um serviço de inspeção, a fim de assegurar a aplicação das leis e regulamentos para a proteção dos trabalhadores.

Seguindo a sua diretriz de criação, em 1919, a OIT aprovou a Recomendação nº 05, sobre a Inspeção do Trabalho. Já no ano de 1947, pouco depois do final da Segunda Guerra Mundial, adotou a Convenção nº 81, um dos marcos do sistema de proteção dos trabalhadores.

No âmbito nacional, a Fiscalização Trabalhista guarda ligação com os fundamentos da República Federativa do Brasil, ao colaborar para o alcance da dignidade da pessoa humana e do valor social do trabalho (art. 1º, CF/88; e com a característica da ordem econômica brasileira, fundada na valorização do trabalho humano (art. 170, CF/88).

Com o objetivo de garantir o efetivo acesso dos brasileiros a todos os direitos previstos, a Constituição Federal, no seu art. 21, XXIV, atribuiu à União competência para organizar, manter e executar a Inspeção do Trabalho. Tal competência é exercida pelos AFTs, que, vinculados diretamente à Secretaria de Inspeção do Trabalho, órgão do Ministério da Economia, são autoridades integrantes de carreira típica de Estado, cuja organização legal ficou a cargo da Lei nº 10.593, de 06 de dezembro de 2002.

Ademais, a Fiscalização Trabalhista encontra-se prevista na Consolidação das Leis do Trabalho (CLT) quando, no art. 626, prevê que "*[i]ncumbe às autoridades competentes do Ministério do Trabalho, Indústria e Comércio, ou àquelas que exerçam funções delegadas, a fiscalização do fiel cumprimento das normas de proteção ao trabalho*" (BRASIL, 1943).

No mesmo sentido, o Regulamento da Inspeção do Trabalho, instituído por meio do Decreto nº 4.552, de 27 de dezembro de 2002, aponta como finalidade do Sistema Federal de Inspeção do Trabalho, a cargo do Ministério do Trabalho e Emprego (atualmente incorporado pelo Ministério da Economia):

> [...] assegurar, em todo o território nacional, a aplicação das disposições legais, incluindo as convenções internacionais ratificadas, os atos e decisões das autoridades competentes e as convenções, acordos e contratos coletivos de trabalho, **no que concerne à proteção dos trabalhadores no exercício da atividade laboral**. (BRASIL, 2002)

Assim, com base na legislação aplicável ao tema, podemos concluir que a inspeção de saúde e segurança nos ambientes de trabalho, efetivada por meio do ato fiscalizatório, pode ser conceituada como **o procedimento técnico por meio do qual se realiza a verificação física nos ambientes laborais, buscando identificar e quantificar os fatores de risco para os trabalhadores ali existentes, com o objetivo de implantar e manter as medidas preventivas necessárias**.

Para isso, é possível observar uma tendência, a partir do final dos anos 1990, de maior preocupação dos setores de planejamento e controle da inspeção em buscar mudanças efetivas e duradouras na realidade do mundo do trabalho, o que pode ser constatado pelas seguintes características:

- substituição de uma ação aleatória, pontual, reativa, limitada por outra ação focada, global, proativa, continuada;
- utilização de estratégias e táticas diferenciadas, ao invés de uma abordagem única;
- ampliação do diálogo social, em contraponto ao isolamento inicial;
- procura de resultados sustentáveis; e

- troca de uma abordagem de simples policiamento repressor pela busca do comprometimento com a segurança e saúde no trabalho. (SANTOS, 2012)

Nesse sentido, inclusive, é que foram desenvolvidos os princípios da Política Nacional de Segurança e Saúde no Trabalho (PNSST), atualmente de responsabilidade do Ministério da Economia, notadamente os da prevenção e a da precedência das ações de promoção, proteção e prevenção sobre as de assistência, reabilitação e reparação[13].

Dessa forma, podemos entender que a função do Ministério da Economia de "formular e propor as diretrizes da inspeção do trabalho, bem como supervisionar e coordenar a execução das atividades relacionadas com a inspeção dos ambientes de trabalho e respectivas condições de trabalho" (item VI, "a", da PNSST) deve ser efetivada com vistas à **prevenção dos danos ambientais que podem ser suportados pelos trabalhadores**.

Isso se mostra ainda mais relevante no panorama brasileiro que, conforme identificam Ilan Fonseca de Souza, Lidiane de Araújo Barros e Vitor Araújo Filgueiras, "[...] se enquadra num cenário de incidência elevada de acidentes, conforme delineado pelo MTE (2010, p. 1), no qual 'o desrespeito à legislação é flagrante e as ações de prevenção são óbvias'" (SOUZA; BARROS; FILGUEIRAS, 2020, p. 23).

Dessa forma, observamos em casos concretos a atuação preventiva da Fiscalização Trabalhista quando, por exemplo, exige-se a correta aplicação das Normas Regulamentadoras (NR) em matéria de saúde e segurança do trabalho.

Nesse aspecto, destacamos o julgamento do Incidente de Recurso Repetitivo (IRR) nº 1325-18.2012.5.04.0013, julgado no Tribunal Superior do Trabalho (TST) no ano de 2019.

De acordo com Joelson Guedes da Silva[14], ouvido na audiência pública realizada nestes autos:

> [...] na verificação do caso concreto observa-se o ambiente de trabalho para ver se estão sendo adotadas as medidas de prevenção e controle de riscos ambientais previstas na NR-9 que seguem uma hierarquia: primeiro, medidas coletivas, depois medidas de organização do ambiente de trabalho e, por fim, os equipamentos de proteção individual. Na fiscalização não se verifica apenas se a situação configura ou não o adicional de periculosidade ou de insalubri-

---

13 "I – A Política Nacional de Segurança e Saúde no Trabalho – PNSST tem por objetivos a promoção da saúde e a melhoria da qualidade de vida do trabalhador e a prevenção de acidentes e de danos à saúde advindos, relacionados ao trabalho ou que ocorram no curso dele, por meio da eliminação ou redução dos riscos nos ambientes de trabalho;

II – A PNSST tem por princípios:

a) universalidade;

b) prevenção;

c) precedência das ações de promoção, proteção e prevenção sobre as de assistência, reabilitação e reparação;

d) diálogo social; e

e) integralidade;

III – Para o alcance de seu objetivo a PNSST deverá ser implementada por meio da articulação continuada das ações de governo no campo das relações de trabalho, produção, consumo, ambiente e saúde, com a participação voluntária das organizações representativas de trabalhadores e empregadores; [...]". (BRASIL. Decreto nº 7.602, de 7 de novembro de 2011. Dispõe sobre a Política Nacional de Segurança e Saúde no Trabalho – PNSST. Disponível em: http://www.planalto.gov.br/ccivil_03/_ato2011-2014/2011/decreto/d7602.htm. Acesso em 29 jun. 2020.)

14 O Sr. Joelson Guedes da Silva é Auditor Fiscal do Trabalho e, por ocasião da audiência pública realizada em razão do IRR nº 1325-18.2012.5.04.0013, era Coordenador-Geral Substituto de Normatização e Programas vinculado ao Departamento de Segurança e Saúde do Trabalho e à Secretaria de Inspeção do Trabalho. Participou da referida audiência pública como representante do então Ministério do Trabalho.

dade. Quanto à aplicação no tempo da Portaria 595, disse que a fiscalização tem observado a partir da publicação da nota explicativa por meio da citada Portaria 595[15].

Nesse mesmo processo judicial, foi ouvida Viviane de Jesus Forte, Coordenadora-Geral de Fiscalização e Projetos do Ministério do Trabalho e Previdência Social que, ao ser perguntada a respeito das Fiscalizações Trabalhistas, esclareceu o seguinte:

> [...] há uma divisão de trabalho: um setor cuida da normatização e outro, cuida da fiscalização. Disse fazer parte do setor de fiscalização.
>
> Explicou que quando o Auditor Fiscal entra num ambiente de trabalho 'observa a realidade daquele estabelecimento onde ele ingressou, onde ele tem uma ordem de serviço, ele identifica os riscos que ali existem, ele identifica como é o funcionamento do trabalho, as medidas de proteção que já existem, o que está de acordo e o que falta. A última coisa com que o Auditor se preocupa é se ali há uma função que faz jus à periculosidade ou que faz jus à insalubridade. Então, o Auditor baseia-se no fato concreto, na situação real de trabalho. Então, trazendo aqui para o nosso caso, ele ingressou no estabelecimento de saúde, ele está lá no hospital, está fazendo a sua verificação e se depara com o setor de raios X ou ele se depara com um aparelho móvel de raios X sendo utilizado em algum ambiente de trabalho. Aí, sim, ele vai-se preocupar: aqui, há um aparelho móvel de raios X; quem está operando esse aparelho de raios X? Quem está ao lado? O que esse trabalhador tem? O que ele não tem? Ele tem a medição de dosímetro? Será que ele precisa ter doses de radiação? Será que ele não precisa? Estou no setor da radiação, novamente: que equipamentos há aqui? Qual é a intensidade desses equipamentos? Qual é a jornada desses trabalhadores? Esse trabalhador trabalha só aqui ou ele trabalha, também, em outro hospital? Então, essa é a função do Auditor Fiscal. A caracterização da insalubridade ou da periculosidade é até muito importante para aquele empregado, ela é muito importante para aquele estabelecimento, mas para fins pecuniários. No que se refere à inspeção do trabalho, à fiscalização... A não ser que exista uma demanda específica para aquilo, a não ser que um trabalhador provoque-nos, enquanto Ministério do Trabalho, no seguinte sentido: faço tal atividade e deveria fazer jus à periculosidade e não estou recebendo, o Auditor Fiscal não vai focar sua atenção nesse aspecto específico. Essa provocação pode ser de um sindicato também. É como normalmente acontece: ou é o próprio trabalhador ou é o próprio sindicato. Então, é muito mais... Agora, se existe essa demanda, evidentemente o Auditor vai lá e vai focar naquilo. Fora isso, a sua rotina de trabalho é verificar a situação real, o que ele tem ali de medida de proteção e se aquilo é suficiente. Então, o fato de, antes da portaria, ficar caracterizado o direito ao adicional e, depois da portaria, não restar mais caracterizado o adicional de periculosidade não altera em nada a conduta da fiscalização.' (fls. 4.502-4.503)
>
> Após destacar que os esclarecimentos prestados mostram a visão preventiva do Ministério do Trabalho no sentido de dar preferência ao meio ambiente de trabalho saudável, solicitei à dra. Viviane que respondesse se é a orientação dos auditores fiscais verificar a utilização adequada do aparelho móvel numa entidade hospitalar, e se há registro de alguma situação em que isso não estaria acontecendo[16].

Fica claro, portanto, que **o princípio da prevenção pode ser concretizado durante as Fiscalizações Trabalhistas**, na medida em que elas atuam com o objetivo de eliminar os riscos ambientais existentes naquele trabalho antes mesmo de ocorrer qualquer concretização de danos.

---

15   TST. Incidente de Recursos Repetitivos nº IRR 1325-18.2012.5.04.0013, julg. 01/08/2019, publ. DEJT 13/09/2019. Disponível em: https://tst.jusbrasil.com.br/jurisprudencia/756736977/irr-13251820125040013/inteiro-teor-756736978?ref=serp. Acesso em: 29 jun. 2020.
16   Idem.

Contudo, nesse mesmo caso concreto, é possível observar que **o princípio da precaução não chega a se materializar nos atos fiscalizatórios** uma vez que, na dúvida a respeito da comprovação científica da possibilidade de ocorrência (ou não) do dano, o Sistema de Inspeção do Trabalho faz a opção por não reconhecer determinada atividade como perigosa.

Isso aconteceu quando, havendo questionamentos científicos acerca da danosidade das atividades desenvolvidas em áreas que utilizam equipamentos móveis de Raios X para diagnóstico médico, o Ministério da Economia optou por não reconhecê-las como perigosas, tal como aponta a Portaria do Ministério de Estado do Trabalho e Emprego nº 595, de 07 de maio de 2015, em que pese haver dúvidas, inclusive científicas, quanto a essa conclusão. E a própria audiência pública realizada pelo TST demonstra isso[17].

Assim, considerando que, de acordo com o princípio da precaução, se houver evidências científicas razoáveis de qualquer natureza para se acreditar que uma atividade, tecnologia ou substância possam ser nocivas, obriga-se o agente a agir no sentido de evitar o mal, é possível verificar que, no âmbito das Fiscalizações Trabalhistas, tal princípio não chega a ser efetivado.

Isso acontece, muitas das vezes, porque se exige uma certeza científica para a construção da norma, sendo que a ausência dessa certeza é utilizada para justificar a continuidade do uso de uma tecnologia ou substância nociva.

Contudo, mesmo considerando que a atividade estatal emanada no ato fiscalizatório tenha que obedecer aos princípios característicos da Administração Pública, em especial o da legalidade[18], entendemos que o princípio da precaução é perfeitamente aplicável pela atividade estatal, notadamente porque o Estado deve se utilizar de todos os recursos disponíveis como base para justificar a implementação de medidas de salvaguarda frente a uma hipotética ocorrência de dano irreparável.

É o que ocorre, por exemplo (e ao contrário do caso concreto analisado), quando determinada autoridade administrativa decide embargar ou interditar determinado estabelecimento empresarial. A natureza de referidas medidas é baseada no princípio da precaução: mesmo diante de algumas incertezas, é premente agir. Eventuais perdas alegadamente sofridas pelo empregador em decorrência da paralisação são normalmente decorrentes da sua inércia, inaptidão ou resistência em adotar as necessárias medidas para a minimização do risco.

---

17  A título exemplificativo, o Sindicato dos Enfermeiros no Estado do Rio Grande do Sul – SERGS e o Sindicato dos Profissionais de Enfermagem, Técnicos, Duchistas, Massagistas e Empregados em Hospitais e Casas de Saúde do Rio Grande do Sul apresentaram manifestação no IRR, argumentando que "esta mera Nota Explicativa (genérica e desfundamentada) **faz previsão de exclusão de um risco, revogando parcialmente as Portarias 518/03 e 3.393/87 do MTE e levando os empregadores a desprezarem do devido controle tais radiações e aparelhos emissores, expondo ainda mais o trabalhador**" (fl. 2024). Concluíram que a "intensidade da radiação ionizante oriunda do aparelho móvel de raio-x, embora menor, se comparada com a emitida pelo aparelho fixo, não é inofensiva, não há como admitir que uma norma possa incorrer em tamanho absurdo técnico e excluir este grave risco do direito ao adicional de periculosidade, sem prévia avaliação por perícia técnica, na forma do art. 195 da CLT". (realces nossos)

18  A este respeito, uma breve explicação acerca do princípio da legalidade para a Administração Pública: "Se administrar envolve o dispêndio de verbas públicas, para que exista respeito aos princípios democrático e republicano e à consequente indisponibilidade do interesse público é imprescindível que a Administração Pública aja em conformidade com a lei, uma vez que ela não dispõe da mesma liberdade dos particulares.

Enquanto os particulares podem fazer liberalidades com os seus bens e elegem livremente os meios e fins de suas condutas, desde que estes não sejam proibidos pelo Direito, numa atuação de não contrariedade, "na Administração Pública não há liberdade nem vontade pessoal" (NOHARA, 2019, *e-book*, n.p.).

Neste ponto, utilizamos o raciocínio de Juarez de Freitas para concluir que o princípio da prevenção, em Direito Administrativo e em Direito Ambiental, determina o cumprimento diligente, eficiente e eficaz da obrigação estatal de impedir o nexo causal de danos perfeitamente previsíveis (FREITAS, 2012, p. 284). Contudo, indo mais além, entendemos que não haveria pretexto para que, aliado a ele, o princípio da precaução também não encontre destaque, considerando que não há pretexto para a passividade estatal.

## CONSIDERAÇÕES FINAIS

À guisa de conclusão, foi possível entender que:

a) O princípio da **prevenção** atua em momento anterior ao dano, o qual é, em muitos casos, de impossível reconstituição, de reconstituição excessivamente onerosa e irrazoável ou de remédio economicamente dispendioso;

b) Ele se baseia num conhecimento completo, com um risco já diagnosticado, de modo que a norma que nele se fundamenta pretende evitar danos conhecidos;

c) Por outro lado, o termo **precaução** surgiu para se contrapor àqueles que utilizavam a falta de comprovação científica como argumento para adoção de medidas inadequadas para preservação do meio ambiente;

d) Em nossa opinião, independentemente do lastro normativo, da separação conceitual ou de suas origens, ambos se revelam complementares, de modo que, para atingir um maior grau de proteção do meio ambiente do trabalho e, em última análise, dos trabalhadores, é nessa perspectiva que deveriam ser trabalhados no caso concreto;

e) O caso concreto analisado demonstrou que, no âmbito da Fiscalização Trabalhista, há uma tendência de priorização do atendimento do princípio da prevenção, prescindindo-se do princípio da precaução;

f) Em nosso ponto de vista, entretanto, mesmo considerando que a atividade estatal emanada no ato fiscalizatório tenha que obedecer a princípios da Administração Pública, o Estado deve se utilizar de todos os recursos disponíveis como base para justificar a implementação de medidas de salvaguarda frente a uma hipotética ocorrência de dano irreparável;

g) O princípio da precaução pode ser avistado na atuação administrativa quando os AFTs optam por embargar ou interditar determinado estabelecimento empresarial.

# CAPÍTULO 10
## ANTINOMIAS NO DIREITO AMBIENTAL DO TRABALHO

*Ângelo Antônio Cabral*

## INTRODUÇÃO

O meio ambiente do trabalho pode ser compreendido como o local em que se desenrola boa parte da vida do trabalhador, cuja qualidade de vida, exatamente por isso, depende intimamente da qualidade de referido ambiente. Portanto, didaticamente, coloca-se o meio ambiente do trabalho ao lado do meio ambiente *natural*, do meio ambiente *artificial* e do meio ambiente *cultural*, sendo todos aspectos particulares da entidade meio ambiente (FELICIANO, 2006, p. 120).

Quando analisamos o texto da Constituição da República Federativa do Brasil de 1988, não é difícil localizar as fontes de conflito em torno do meio ambiente do trabalho. Discute-se o meio ambiente do trabalho equilibrado quando se debatem as questões do trabalho em condições de **periculosidade**, **insalubridade** e **penosidade** (art. 7º, XXIII, da Constituição e arts. 189 até 197, da CLT), como também em temas de **acidentes do trabalho** (art. 7º, XXVIII, da Constituição e arts. 19 à 21 da Lei nº 8.213/1991, chamada *Lei Planos de Benefícios da Previdência Social*)[1] e **entidades mórbidas equivalentes** (art. 20, I e II, da Lei nº 8.213/1991) e, em geral **riscos inerentes ao trabalho** e **tutela da saúde**, da **higiene e da segurança no trabalho** (art. 7º, XXII, da Constituição e arts. 54 até 201, da CLT) (FELICIANO, 2006, p. 120).

Das disposições presentes no art. 7º, XXII e XXIII, da Constituição, revela-se a mais relevante das antinomias do Direito Ambiental do Trabalho:

> Art. 7º São direitos dos trabalhadores urbanos e rurais, além de outros que visem à melhoria de sua condição social:
>
> [...]

---

1 É importante que o leitor atente à redação do art. 21, alínea "d", da Lei nº 8.213/1991, a seguir transcrito: "Art. 21. Equiparam-se também ao acidente do trabalho, para efeitos desta Lei: ... d) no percurso da residência para o local de trabalho ou deste para aquela, qualquer que seja o meio de locomoção, inclusive veículo de propriedade do segurado". Essa alínea foi revogada pela Medida Provisória 905, de 2019, medida essa editada pela equipe econômica do Ministério da Economia e liderada pelo Ministro Paulo Guedes, sob a Presidência da República de Jair Messias Bolsonaro. O objetivo da MP 905 foi instituir o chamado Contrato de Trabalho Verde e Amarelo (modalidade de contratação destinada à criação de novos postos de trabalho para as pessoas entre dezoito e vinte e nove anos de idade, para fins de registro do primeiro emprego em Carteira de Trabalho e Previdência Social). A MP, no entanto, não teve pudores e, após instituir referida modalidade de contratação, alterou diversos dispositivos da legislação trabalhista e previdenciária, sob o pretexto de mitigar a burocracia, o intervencionismo e promover a criação de empregos. Sem capacidade de articulação, no entanto, o Governo Bolsonaro viu o Presidente do Senado Davi Alcolumbre (DEM/AP) postergar a votação da Medida Provisória ("Projeto de Lei de Conversão 6/2020, no Senado Federal) até a véspera da perda de sua eficácia (art. 62, da Constituição). Um dia antes de a MP 905 perder a sua eficácia, para evitar a derrota política, o Presidente Jair Bolsonaro editou nova MP, a Medida Provisória 955, de 20 de abril de 2020 (já sob os deletérios efeitos da Pandemia de COVID-19) para revogar a MP 905. Com a revogação da MP 905, perdeu eficácia a revogação do art. 21, alínea "d", da Lei 8.213/1991. Até o momento de fechamento desta redação, portanto, referida alínea está vigente, mas sobejam projetos de reforma que buscam a sua revogação.

XXII – redução dos riscos inerentes ao trabalho, por meio de normas de saúde, higiene e segurança;

XXIII – adicional de remuneração para as atividades penosas, insalubres ou perigosas, na forma da lei; [...].

Como se vê, de um lado temos a expressa previsão do direito dos trabalhadores **à redução dos riscos** inerentes ao trabalho, o que induz à ideia de aprimoramento do meio de produção, de modo a eliminar, progressivamente, os riscos. De outro lado, todavia, temos a previsão concomitante do direito ao **adicional de remuneração**, o que induz ao pensamento de que a convivência com os riscos é aceita, desde que haja correspondente remuneração pela exposição ao ambiente perigoso (CLT, art. 193), insalubre (CLT, art. 189) ou penoso.

É importante recordar, já que se menciona a *penosidade*, que esta especial exposição ao desgaste, passados 32 anos da Constituição, ainda não foi regulamentada por lei infraconstitucional. Não há lei, portanto, que diga o que é trabalho penoso. Doutrinariamente não há consenso a respeito do conceito, mas podemos apontar a penosidade como a atividade que produz desgaste no organismo, de ordem física ou psicológica, em razão da repetição de movimentos, condições agravantes, pressões e tensões próximas do trabalhador (PADILHA, 2002, p. 60).

A Constituição, portanto, traz em si uma aparente antinomia, o que permite questionar se se permite a simples monetização do risco (PADILHA, 2002; FELICIANO, 2006 e CABRAL, 2016).

## 10.1. DIREITO AMBIENTAL DO TRABALHO COMO SUBSISTEMA

O Direito do Trabalho e o Direito Ambiental inserem-se no sistema jurídico brasileiro, ou seja, "no sistema de normas cuja unidade é constituída pelo fato de todas elas terem o mesmo fundamento de validade" (FELICIANO, 2013, p. 95), a Constituição da República Federativa do Brasil. O direito, como sistema jurídico pretensamente completo, uno e coerente divide-se esquematicamente em subsistemas que se identificam por matérias, ora concentradas em codificações ou consolidações (*e.g.*, Direito Civil, Direito Penal e Direito do Trabalho), ora transversalizadas e dispersas pela legislação nacional ou regional, como o Direito Ambiental (FELICIANO, 2013, p. 96). Como subsistema, o Direito do Trabalho tal qual o Direito Ambiental – é altamente permeável "à realidade socioeconômica de seu entorno – donde a sua tendência 'in fieri' e a sua cambialidade – e também aos influxos dos demais ramos do Direito positivo com os quais se relaciona" (FELICIANO, 2013, p. 96).

A transversalidade, portanto, é essencial para compreender as questões ambientais e labor-ambientais, pois o desenvolvimento de mecanismos de proteção da higidez física e mental do trabalhador demandará um constante aperfeiçoamento do Direito, obtido apenas a partir do reconhecimento das demandas advindas de outros sistemas jurídicos ou mesmo de outros sistemas sociais (a Saúde e a Economia, por exemplo).

Por isso, embora a transversalidade seja a pedra-de-toque do Direito Ambiental, também está presente no Direito do Trabalho. A noção de transversalidade, aliás, é de fundamental importância para os ambientalistas, como aponta Bessa Antunes (2013):

O direito ambiental é um dos "ramos" da ordem jurídica que mais fortemente se relaciona com os demais. Esse fato, indiscutível por si só, é uma consequência lógica da transversalidade, que é, como sabemos, a característica mais marcante do direito ambiental. Transversalidade significa que o direito ambiental penetra os diferentes ramos do direito positivo, fazendo

> com que todos, indiferentemente de suas bases teleológicas, assumam a preocupação com a proteção do meio ambiente. [...] O direito ambiental mantém intensas relações com os principais ramos do Direito Público e do Direito Privado, influenciando os seus rumos na medida em que carreia para o interior dos núcleos tradicionais do Direito a preocupação com a tutela jurídica do meio ambiente. Essa é a chave da compreensão das relações do direito ambiental com os demais ramos do Direito: o direito ambiental penetra nos demais "ramos" do Direito, fazendo com que eles assumam uma "preocupação" com os bens jurídicos tutelados pelo direito ambiental. (ANTUNES, 2013, p. 59-60)

Essa compreensão decorre da própria locução "meio ambiente", hiperflexiva, pois designa o conjunto de elementos naturais, artificiais e culturais que proporcionam o desenvolvimento equilibrado da vida em todas as suas formas.

Meio ambiente, portanto, alcança todas as temáticas acima referidas, inclusive questões candentes do início deste século, como a clonagem terapêutica e os organismos geneticamente modificados – típicos exemplos de uma sociedade do risco, em que o desenvolvimento científico promove riscos indeterminados e ainda indetermináveis. Não por outra razão, adverte Feliciano, a literatura jurídica optou pelo uso da expressão *"Direito Ambiental"*, em detrimento doutras, como *"Direito ecológico"*. Não há dúvidas de que o conceito de ecologia é mais restrito do que o de meio ambiente (FELICIANO, 2005, p. 293).

É, a propósito, a transversalidade que dará tons de autonomia dogmática ao Direito Ambiental, pois dela decorrem as suas especificidades: **(i)** a *transversalidade*, ou seja, o papel de coordenação entre os diversos ramos do Direito; **(ii)** o *caráter intergeracional*; **(iii)** a *multidisciplinaridade*, isto é, o caráter avocatório da tutela jurídica em níveis sucessivos como a tutela internacional, a tutela constitucional, administrativa, civil, penal; **(iv)** as fontes materiais peculiares – sobretudo as advindas dos movimentos sociais organizados, como *Greenpeace* e *World Wildlife Fund* (FELICIANO, 2005, p. 300). O Direito Ambiental, assim, dialoga não apenas com os demais subsistemas jurídicos, mas está constantemente exposto aos demais sistemas sociais, como a Economia e a Saúde.

Portanto, quando se pensa e se advoga a favor de um Direito Ambiental do Trabalho, toma-se em consideração uma disciplina clássica (o Direito do Trabalho) e outra recente (o Direito Ambiental), dotada de transversalidade. Ambas são autônomas, porém se sobrepõem quando o Direito do Trabalho passa a tratar do meio ambiente como *habitat* do trabalhador. Nessa parte, o Direito do Trabalho passa a ser, também, Direito Ambiental, por extensão transversal do último.

Eis que surge uma disciplina híbrida, que captura o objeto do Direito do Trabalho para garanti-lo com os instrumentos do Direito Ambiental. Resulta disso um conjunto de normas e institutos informados pelos princípios fundamentais do Direito do Trabalho – *v.g., melhoria da condição social, norma mais favorável, condição mais benéfica* – potencializados pelos princípios do Direito Ambiental – *v.g.*, princípio do poluidor pagador, princípio da prevenção, princípio da precaução.

Para compreender o Direito Ambiental do Trabalho, portanto, é preciso estar disposto a estudar o seu entorno, ou seja, como a Saúde, a Economia, a Química, dentre outras ciências (ou sistemas) influenciam e demandam regulamentações. Disso temos defendido que a teoria dos sistemas é o referencial teórico mais apto a descrever essas interações indispensáveis à formação do Direito Ambiental e do Direito do Trabalho, porque explica e demonstra como o Direito assimila as demandas em seu entorno. Além disso, mais do que simplesmente descrever, a teoria dos sistemas é capaz de justificar como a autorreprodução jurídica é capaz de aperfeiçoar-se e, superando os seus próprios paradoxos, contribuir para a solução de gargalos teóricos, constituindo-se como ferramenta de progresso do Direito, inclusive quando se faz necessário explicar as antinomias.

## 10.2. ANTINOMIA: O QUE É ISTO?

A antinomia é assunto complexo dentro da Teoria do Direito e há diversos autores que se dedicaram à sua compreensão e resolução. Considerando, todavia, que nosso objetivo aqui não é desenvolver um estudo aprofundado de filosofia ou introdução à ciência do Direito, iremos nos ater aos conceitos essenciais para compreender e resolver (ao menos a partir de um determinado marco teórico) essa aparente contradição em termos da Constituição.

Analiticamente é possível apontar três conceitos de antinomia (CHIASSONI, 2020, p. 393):

**(i)** Antinomia é qualquer incompatibilidade entre duas normas, simultaneamente vigentes, ao menos abstratamente, para um mesmo ordenamento jurídico.

**(ii)** Antinomia é qualquer incompatibilidade entre duas normas, que não pode ser eliminada mediante interpretação.

**(iii)** Antinomia é qualquer incompatibilidade entre duas normas, que não pode ser eliminada mediante interpretação, nem pode ser superada aplicando um critério de solução previamente constituído.

Interessa-nos, para os fins deste estudo, o primeiro conceito.

A partir dele, podemos compreender antinomia como uma **incompatibilidade normativa**, ou seja, qualquer incompatibilidade entre duas normas, o que a torna um conceito genérico (*qualquer incompatibilidade entre duas normas quaisquer vigentes em um determinado ordenamento jurídico*) e estático (*ou seja, é caracterizada sem que se faça nenhuma referência às modalidades de sua identificação e resolução*) (CHIASSONI, 2020, p. 394).

A incompatibilidade normativa flexiona-se em diversos tipos, especialmente na literatura desenvolvida pelo teórico alemão Karl Engisch (1996). De acordo com Engisch, existe a incompatibilidade lógica (antinomias em sentido próprio) e as incompatibilidades *teleológica, axiológica* e *de princípio* (antinomias impróprias).

Em estudo similar, mas com menos subclassificações, Hans Kelsen sustenta a respeito do conflito de normas:

> Existe um conflito entre duas normas quando aquilo que uma das duas estatui como obrigatório é incompatível com o que a outra estatui como obrigatório, de modo que a observância ou a aplicação de uma norma comporta necessariamente ou possivelmente a violação da outra [...] Norma 1: o furto deve ser punido. Norma 2: o furto entre parentes não deve ser punido. A aplicação da norma 2 (abstenção de punir o furto entre parentes é necessariamente uma violação da norma 1. Que a aplicação da norma 1 viole a norma 2 é, ao contrário, somente uma possibilidade (somente se pune o furto entre parentes) [...] um conflito de normas não pode ser assemelhado a uma contradição lógica, mas – se for o caso – a duas forças que agem sobre um mesmo ponto de duas direções distintas. Um conflito de normas é uma situação indesejável, mas totalmente possível e de modo nenhum infrequente. (KELSEN, 1986, capítulo 29, §§ I e II)

Ou ainda, de acordo com Tércio Sampaio Ferraz Jr. (2007), podemos conceituar antinomia como:

> [...] a oposição que ocorre entre duas normas contraditórias (total ou parcialmente), emanadas de autoridades competentes num mesmo âmbito normativo, que colocam o sujeito numa posição de insustentável pela ausência ou inconsistência de critérios aptos a permitir-lhe uma saída nos quadros de um ordenamento dado. (FERRAZ JR., 2007, p. 212)

A antinomia, portanto, coloca o destinatário da norma (pessoa física, jurídica ou ente despersonalizado) diante de duas normas contrárias, o que traz as seguintes consequências:

**(i)** os destinatários das normas encontram-se, ao menos em tese, em uma situação de incerteza sobre qual a conduta a ser exercida;

**(ii)** essa situação coloca os destinatários da norma em um dilema: qualquer atitude que adotem será vista como uma violação de uma ou de outra das duas normas de conduta, o que expõem os destinatários, ao menos em tese, às eventuais consequências desagradáveis.

## 10.3. REDUÇÃO DOS RISCOS VS. ADICIONAIS REMUNERATÓRIOS. SOLUÇÃO DA ANTINOMIA NO DIREITO AMBIENTAL DO TRABALHO

A previsão constitucional do pagamento de adicionais para as atividades insalubres, perigosas e penosas é aparentemente *incompatível* com as exigências do meio ambiente do trabalho equilibrado, do direito à segurança, da redução dos riscos inerentes ao trabalho e, por fim, à própria dignidade do trabalhador. Afinal, poderia o trabalhador aceitar e conviver com toda sorte de riscos, desde que recompensados em pecúnia, *i.e.*, monetizados?

A exposição ao risco, no entanto, é intrínseca à atividade humana e, logo, inerente a certas profissões, senão todas. Dessa feita, sempre haverá trabalho a ser classificado como perigoso, penoso ou insalubre e que poderá e deverá ser empreendido licitamente, inclusive porque é decorrente de interesse público primário, como acontece com as atividades de transmissão de energia elétrica (FELICIANO, 2005, p. 94).

Assim, se a eliminação do agente prejudicial é o primeiro propósito da lei, a Constituição transige com a realidade, estipulando o pagamento de adicionais para as referidas atividades, quando o atual estado da ciência não permitir, em certas atividades econômicas, a eliminação ou a redução do elemento nocivo a índices toleráveis para a saúde humana. Portanto, o pagamento de adicionais serve para estimular a instalação de equipamentos de proteção individual e coletivo, aptos a eliminar ou reduzir os riscos e desestimular a atividade econômica insalubre, perigosa ou penosa mediante a compensação financeira paga ao trabalhador (FELICIANO, 2005, p. 94).

A previsão do pagamento de adicionais, por isso, não pode ser compreendida como a monetização do risco ou a monetização da saúde do trabalhador. Ao contrário, deve servir como instrumento jurídico de estímulo ao aperfeiçoamento técnico e científico (a partir do ônus financeiro), de modo que a, tendencialmente, eliminar os riscos existentes.

Temos defendido que o modo mais consistente de resolver essa antinomia é partir de um referencial teórico que compreenda o risco na sociedade contemporânea. Isso porque a completa eliminação de riscos é impossível, na verdade é indesejada, já que os riscos se caracterizam como consequência de novas descobertas e avanços no campo científico. O risco conhecido de hoje, nesse cenário, não será o risco de amanhã, tampouco os riscos com os quais lidaremos daqui a décadas. É preciso pensar, portanto, numa solução jurídica capaz de regulamentar a construção do futuro.

Essa concepção de Direito parte de uma constatação já defendida por um outro teórico alemão, Gunther Teubner. De acordo com esse autor, a segurança jurídica (previsibilidade da aplicação do Direito abstratamente previsto aos casos concretos) é incompatível com a contínua modificação do Direito (TEUBNER, 1989). Afinal, "[e]xiste a certeza de que haverá Direito, porém incerteza quanto ao seu conteúdo" (ROCHA, 2005, p. 40).

Nesse contexto, a ideia de "circularidade", típica do pensamento sistêmico de Niklas Luhmann, é muito pertinente à construção do Direito. Isso porque parte da constatação de paradoxos e as antinomias não são entraves ao desenvolvimento do Direito, mas pressupostos para o seu correto funcionamento. É o que Luhmann explica com fundamento no teorema da incompletude de Kurt Gödel. As antinomias não são eliminadas de um sistema (no nosso caso, o sistema jurídico), mas tornam-se pressupostos desse mesmo sistema. A completude do Direito (ou seja, a sua capacidade de sempre oferecer uma resposta) decorre exatamente da sua incompletude (de suas antinomias, lacunas e de seus paradoxos) (SILVA, 2009, p. 122 e ROCHA, 2005, p. 43).

De acordo com essa proposta de solução, as "antinomias" em Direito Ambiental do Trabalho são meramente "aparentes". Na construção de uma Teoria do Direito Ambiental do Trabalho, as antinomias não promovem dificuldades de interpretação ou contradições, mas revelam como o Direito pode oferecer soluções conciliatórias.

Uma resolução de antinomia que não se limite à mera "exclusão" de uma solução, como se defende classicamente:

> Se passamos a considerar as situações nas quais pode se encontrar o juiz diante de antinomias [...] a) a situação do juiz diante de uma antinomia entre normas primárias, relativas à conduta dos comuns súditos do direito; [...] o juiz não se encontra, ao menos a princípio, em uma situação problemática análoga àquela do súdito. Ao contrário, se se adota, por exemplo, a proposta definitória de Bobbio (na reconstrução exposta anteriormente), quando duas normas primárias *prima facie* relevantes para um caso concreto são contraditórias, o juiz: não pode (deonticamente) aplicar ambas; deve aplicar uma ou outra. (CHIASSONI, 2020, p. 394)

A clássica solução de aplicar apenas uma, no entanto, não atende ao Direito Ambiental do Trabalho, na medida em que a escolha de qual inciso da Constituição aplicar seria puramente arbitrária.

O Direito precisa reconhecer esse incremento de complexidade advindo das relações de trabalho (industriais, agrárias, sanitárias e tantas outras), como um ponto de partida para o seu próprio crescimento:

> Esses paradoxos são inerentes à realidade do Direito e não podem ser suplantados por uma simples postura crítica (a qual apenas demonstra a existência de paradoxos dentro do sistema do Direito) ou por uma tentativa de suplantá-los mediante uma nova distinção, mas sim pela constatação de que os elementos que compõem o sistema do Direito – ações, normas, processos, realidade jurídica, estrutura, identificação – constituem circularmente, além de vincularem-se uns aos outros também de forma circular. (ROCHA, 2005, p. 40)

Ao se reconhecer que a antinomia é essencial para o funcionamento do próprio Direito, ela dissolve-se, pois passa a ser compreendida como simples inconsistência de um sistema harmônico de regras. Isso porque, o que coloca o Direito em funcionamento são os sistemas de comunicação sociais, ou seja, são as interferências humanas, econômicas, sanitárias e dos demais aspectos sociais, quando exigem do Direito respostas – respostas essas que passam a ser dadas de modo harmônico, conciliando o presente com o futuro das relações humanas.

Na aparente antinomia entre a monetização dos riscos e a prevenção do ilícito, é bastante claro que o direito em seu contínuo processo de reformulação e aprimoramento já realizou a sua opção. Foi e é esse contínuo aperfeiçoamento, motivado pelas aparentes contradições internas do Direito, que tem levado a sociedade à *proibição de fabricação e uso de determinados componentes químicos; a supressão de determinadas atividades perversas* (insalubres, perigosas e penosas – e abrirá caminhos para a supressão de tantas outras ainda existentes). E é por isso que o tempo e o risco são fatores relevantes na análise proposta. O tempo não só é indispensável para que o Direito responda às demandas, como é indispensável que o Direito reconheça os riscos de seu tempo e aqueles que estão no horizonte próximo. Um Direito que atenda às necessidades de um futuro próximo, mas não se descuide de suas bases atuais (CABRAL, 2016, capítulo 5).

Esse enfoque permite uma visão "circular" na qual a solução da antinomia não exige a "eliminação", ainda que interpretativa de uma norma:

> A teoria do direito está tão pautada pela causalidade que todas as instituições jurídicas são explicadas de forma causal. Pensemos no direito subjetivo, na relação jurídica, na teoria da prova (civil e processual), teoria da responsabilidade jurídica, na teoria do crime e na teoria da pena. A questão é que o debate sobre essas instituições jurídicas está travado em suas dicotomias. Liberdade ou normatividade do direito subjetivo; lado ativo e passivo da relação jurídica objetiva e subjetiva; validade da prova; responsabilidade subjetiva ou objetiva; crime é um fato típico, ilícito e culpável, como se identificar essas características num fato fosse uma questão de causalidade. Assim, a racionalidade do direito está na justificação ou na argumentação. Mas... como explicar quando um argumento será considerado relevante ou irrelevante? Que racionalidade contém o direito? A racionalidade ética discursiva, como Habermas, para quem o "direito vale não porque é posto, e sim enquanto é posto de acordo com um procedimento democrático?" (SILVA, 2009, p. 122)

É a partir desses pressupostos que se defende que o Direito Ambiental do Trabalho pode ser melhor compreendido e utilizado, tornando-se capaz de assimilar e resolver os riscos decorrentes das atividades laborais e regulamentá-los juridicamente (ainda que essa regulamentação exija a proibição de determinada atividade ou matéria-prima).

Ao reconhecer essas particularidades, o Direito Ambiental do Trabalho poderá aperfeiçoar-se circularmente, criando e modificando soluções jurídicas a partir dos novos e constantes desafios, o que preserva a confiança no sistema jurídico e permite superar as suas antinomias, por intermédio de uma teoria jurídica que reconheça a função do tempo e dos riscos.

# SEÇÃO III

**MEIO AMBIENTE DO TRABALHO: PROGRAMAS, CIPA, INSALUBRIDADE, PERICULOSIDADE, ERGONOMIA E HIGIDEZ MENTAL**

# CAPÍTULO 11
PROGRAMA DE PREVENÇÃO DE RISCOS AMBIENTAIS – PPRA. PROGRAMA DE CONTROLE MÉDICO DE SAÚDE OCUPACIONAL – PCMSO. LAUDO TÉCNICO DAS CONDIÇÕES AMBIENTAIS DO TRABALHO – LTCAT. PERFIL PROFISSIOGRÁFICO PREVIDENCIÁRIO – PPP. ASPECTOS JURÍDICOS E TÉCNICOS

*Walter Rosati Vegas Júnior*

## 11.1. PROGRAMA DE CONTROLE MÉDICO DE SAÚDE OCUPACIONAL – PCMSO. PROGRAMA DE PREVENÇÃO DE RISCOS AMBIENTAIS – PPRA

A ideia de identificação, prevenção e redução dos assim denominados riscos ocupacionais não é um fenômeno recente na sociedade brasileira, embora a sua consagração como um direito fundamental de todos os trabalhadores tenha ocorrido apenas a partir da Constituição Federal de 1988 – CF/88[1].

Os elevados números de acidentes de trabalho na década de 1970 do século passado[2] e as graves consequências daqueles no âmbito da sociedade ensejaram esforços de diversos atores sociais com o intuito de melhorar a segurança e a qualidade de vida dos trabalhadores, especialmente por meio de alterações legislativas e aplicação de punições mais severas aos responsáveis pelos locais de trabalho (OLIVEIRA, 2009, p. 28).

A aprovação da Lei nº 6.514/1977, que modificou o Capítulo V do Título II da Consolidação das Leis do Trabalho – CLT, e também a edição da Portaria nº 3.214/1978 pelo então Ministério do Trabalho e Emprego – MTE (atual Ministério da Economia), com 28 (vinte e oito) normas regulamentadoras que tratam de diversas questões relativas à segurança e medicina do trabalho[3], são claros exemplos de medidas adotadas no ordenamento pátrio com o objetivo de tutelar o meio ambiente do trabalho[4].

Entre as normas que integram a Portaria nº 3.214/1978 e que regulamentam dispositivos da CLT ganham relevo para o presente estudo as Normas Regulamentadoras nº 07 (NR-07) e nº 09 (NR-09), as quais inicialmente trataram apenas de exigir o exame médico do empregado e

---
1   Art. 7º São direitos dos trabalhadores urbanos e rurais, além de outros que visem à melhoria de sua condição social: XXII – redução dos riscos inerentes ao trabalho, por meio de normas de saúde, higiene e segurança.
2   No ano de 1975 foram apurados segundo dados oficias da Previdência Social um total de 1.916.187 acidentes de trabalho para um quantitativo de 12.996.796 de trabalhadores formais no país (OLIVEIRA, 2009, p. 31).
3   Este ato normativo secundário decorreu de substancial trabalho desenvolvido por especialistas da Fundacentro em um curto período de tempo, sendo que em fevereiro e março de 1978 houve a reunião de um grupo de trabalho com a participação de 19 profissionais das áreas técnicas da Fundacentro, sob coordenação de Clóvis Toiti Seki e com a colaboração de José Manuel O. Gana Soto, Clóvis Eduardo Meirelles e Geraldo Bueno Martha, para a elaboração das Normas Regulamentadoras (NRs) da Lei nº 6.514 de 22 de dezembro de 1977. As NRs foram aprovadas pela Portaria nº 3.214 do Ministro do Trabalho Arnaldo da Costa Prieto em 08 de junho (DOU de 06/07/78 – suplemento), condensando em único instrumento legal todas as normas disciplinadoras da segurança e medicina do trabalho de forma inteiramente distinta da usada no passado (Disponível em http://www.fundacentro.gov.br/arquivos/projetos/grh/1978%2018.06.pdf. Acesso em 01 jun. 2020).
4   Para uma análise dos limites conceituais e dos elementos compositivos do meio ambiente do trabalho, ver Maranhão (2016, p. 139-165).

especificar os riscos ambientais, sem qualquer menção expressa de medidas preventivas a serem adotadas pelo empregador.

Apesar do parágrafo único da redação originária do art. 155 da CLT estabelecer que "nenhum estabelecimento industrial poderá iniciar sua atividade sem haverem sido previamente inspecionadas e aprovadas as respectivas instalações pela autoridade competente em matéria de higiene e segurança do trabalho", a doutrina pátria aponta que tal inspeção acabou por ser substituída pela apresentação pelo próprio empregador de uma singela declaração no sentido de estar em dia com as obrigações de saúde e segurança do trabalho (SILVA, 2016, p. 114), o que potencializou a existência de riscos ocupacionais e dificultou a prevenção dos efeitos nocivos destes[5, 6].

Apenas com a edição das Portarias SSST n°s 24 e 25/1994 é que foram positivadas medidas concretas no sentido de identificação e prevenção dos riscos ambientais, com a obrigatoriedade da elaboração e efetivação, por parte de todos os empregadores e instituições que admitam trabalhadores como empregados, dos denominados Programa de Controle Médico de Saúde Ocupacional – PCMSO e Programa de Prevenção de Riscos Ambientais – PPRA.

Tais alterações substanciais nos marcos normativos técnicos que tratavam dos riscos ambientais e da tutela da saúde (NRs 07 e 09) almejaram, em alguma medida, concretizar o direito fundamental à redução dos riscos inerentes ao trabalho (art. 7°, XXII, CF/88), bem como atender aos comandos das Convenções n°s 155 e 161 da Organização Internacional do Trabalho – OIT, ratificadas pelo Brasil e promulgadas pelos Decretos n°s 1.254/1994 e 127/1991[7].

Altera-se, em certa medida, a ideologia de monetização dos riscos ambientais até então adotada, por meio da qual os agentes agressivos à saúde eram especificados em lei e ensejavam apenas o pagamento de um valor adicional ao trabalhador, para um necessário patamar de trabalho digno em um meio ambiente de trabalho equilibrado, com dever de prévia identificação e redução gradual dos riscos labor-ambientais[8].

Embora a regulamentação do tema por iniciativa de órgão do Poder Executivo decorra do regular exercício da delegação prevista nos arts. 155 e 200 da CLT e encontre amparo nas normas internacionais que integram o ordenamento pátrio[9], especialmente como medida de concretização de uma política nacional coerente em matéria de segurança e saúde dos traba-

---

5  A NR-02 previa expressamente a solicitação de efetiva inspeção prévia ao órgão regional do então Ministério do Trabalho e Emprego, em relação a todo estabelecimento novo. Ocorre que tal vistoria poderia ser substituída por declaração unilateral pelo empregador da adequação das instalações, especialmente quando não fosse possível a fiscalização dos auditores antes do início das atividades no local. A inspeção prévia e a declaração de instalações constituíam medidas voltadas "a assegurar que o novo estabelecimento iniciasse suas atividades livre de riscos de acidentes e/ou de doenças do trabalho" (item 2.6 da NR-02), as quais foram extintas juntamente com toda a NR-02, por ocasião da publicação da Portaria n° 915/2019 da atual Secretaria Especial de Previdência e Trabalho do Ministério da Economia – SEPTR.
6  Para uma análise minuciosa da ideia de efetivação de direitos sociais por meio de uma atuação preventiva do Poder Público, ver Cunha (2013, p. 601-705).
7  Em 05/11/2019 foi editado o Decreto n° 10.088/2019 que consolida todos os atos normativos que dispõem sobre a promulgação de convenções e recomendações da Organização Internacional do Trabalho – OIT ratificadas pela República Federativa do Brasil.
8  No cenário mundial identifica-se como um dos movimentos marcantes aquele comandado por operários italianos com o lema "Saúde não se vende", no qual os operários passaram a questionar a ideia de monetização do risco e a priorizar o trabalho digno em um ambiente seguro e saudável (OLIVEIRA, 2010, p. 56). Para uma análise da assim denominada sociedade de risco e do caminho para outra espécie de modernidade, ver Beck (2011).
9  Considerando que são convenções que versam sobre direitos humanos, incorporadas ao ordenamento pátrio antes do advento da Emenda Constitucional n° 45/2004, entendemos que deve ser atribuído um caráter supralegal

lhadores (arts. 4º e 5º da Convenção nº 155 da OIT), a exigência de implantação do PPRA e do PCMSO por meio de portarias ministeriais encontrou alguma resistência na doutrina e na jurisprudência pátria.

Pondera-se, neste particular, que o atual Ministério da Economia, por meio da Secretaria Especial de Previdência e Trabalho – SEPTR[10], apenas possuiria a prerrogativa de regulamentar os deveres previamente estabelecidos em lei, sendo que a obrigatoriedade de elaboração do PPRA não consta expressamente nos arts. 155 e 200 da CLT e, por conseguinte, sua exigência afrontaria o princípio da estrita legalidade (art. 5º, II, CF/88) também consagrado como direito fundamental (MELO, 2010, p. 74)[11]. Além disso, destaca-se também que é controvertida a constitucionalidade de todo o art. 200 da CLT, em face especialmente do que prevê o art. 25 do Ato das Disposições Constitucionais Transitórias – ADCT, no sentido da revogação de todos os dispositivos legais que atribuíam ação normativa aos órgãos do Poder Executivo antes da promulgação da CF/88[12].

Ocorre que a previsão contida no art. 25 do ADCT teve como objetivo extirpar do ordenamento jurídico apenas aquelas disposições oriundas do regime autoritário que perdurou desde 1964 e que eram incompatíveis com as disposições da CF/88, as quais não se equiparam à atuação de órgão do Poder Executivo nos temas ora em análise.

Além disso, a expedição de atos regulamentares pelos Ministros de Estado encontra amparo expresso no inciso II do art. 87 da CF/88, o que denota que a edição das denominadas portarias regulamentares é plenamente compatível com a atual ordem constitucional pátria[13].

Assim, em que pesem as premissas adotadas por parte da doutrina e jurisprudência pátria, entendemos que o atual art. 200 da CLT não tem qualquer relação com tal previsão do ADCT e foi sim recepcionado pela nova ordem constitucional[14].

Quanto à alegação de impossibilidade de regulamentação de algo não expressamente previsto em lei, cumpre ressaltar que as hipóteses previstas nos incisos I a VIII do art. 200 da CLT não

---

às previsões contidas em tais atos normativos, consoante entendimento já fixado pelo Supremo Tribunal Federal. (STF, Tribunal Pleno, RE 466.343/SP, rel. Min. Cezar Peluso, **DJ** de 05/06/2009.)
10   Decreto nº 9.745/2019, art. 71, inc. V.
11   No mesmo sentido já decidiu uma das turmas do Tribunal Regional Federal da 1ª Região, conforme se depreende da seguinte ementa: **Constitucional. Administrativo. Normas Regulamentadoras 7, 9 e 18, aprovadas pelas Portarias 24/94, 25/94 e 4/95, do Secretário de Segurança e Saúde do Trabalho. Princípio da Legalidade. Violação.** 1. As Normas Regulamentares nºs 7, 9 e 18, aprovadas pelas Portarias nºs 24/94, 25/94 e 4/95, do Secretário de Segurança e Saúde do Trabalho do Ministério do Trabalho, por criarem obrigações aos empregadores quanto aos programas de controle médico de saúde ocupacional (PCMSO), Programa de Prevenção de Riscos Ambientais (PPRA) e Programa de Condições e Meio Ambiente de Trabalho (PCMAT), violam o princípio da legalidade (art. 5º, II, da CF/88) e extrapolam os limites da função regulamentar. Precedentes desta Corte. 2. Apelação provida. (TRF-1ª Região, 3ª Turma, AMS 0039075-86.1997.4.01.0000/GO, rel. Juiz Federal Vallisney de Souza Oliveira (conv.), **DJ** de 16/12/2004.)
12   "Art. 25. Ficam revogados, a partir de cento e oitenta dias da promulgação da Constituição, sujeito este prazo a prorrogação por lei, todos os dispositivos legais que atribuam ou deleguem a órgão do Poder Executivo competência assinalada pela Constituição ao Congresso Nacional, especialmente no que tange a: I – ação normativa; II – alocação ou transferência de recursos de qualquer espécie".
13   O próprio Supremo Tribunal Federal – STF, ao interpretar o artigo 25 do ADCT, fixou premissa no sentido de que tal disposição "não impediu a recepção dos diplomas legais legitimamente elaborados na vigência da Constituição anterior, desde que materialmente compatíveis com a nova Carta" (STF, Tribunal Pleno, RE 272.872, redator do acórdão Min. Nelson Jobim, **DJ** de 10/10/2003).
14   A recepção do artigo 200 da CLT pela nova ordem constitucional já foi reconhecida por decisão monocrática do Min. Carlos Ayres Britto do Supremo Tribunal Federal – STF no RE 398.145/PE, por ocasião da negativa de seguimento de referido recurso extraordinário.

são taxativas, sendo que o *caput* do artigo reconhece a possibilidade de edição de disposições complementares a todas as demais normas que integram todo o Capítulo V do Título II da CLT e que, evidentemente, versem sobre segurança e medicina do trabalho.

A previsão em portaria ministerial de que os empregadores devem instituir um verdadeiro programa de prevenção de riscos ambientais (PPRA) tem plena pertinência ao tema da segurança e medicina do trabalho, razão pela qual, consoante já foi explicitado, apenas concretiza a política já prevista na Convenção nº 155 da OIT e efetiva o direito fundamental à redução dos riscos inerentes ao trabalho (art. 7º, XXII, CF/88).

Ainda nesta análise normativa, torna-se necessário destacar que o PCMSO tem também por fonte normativa primária o *caput* do art. 168 da Consolidação das Leis do Trabalho – CLT, o qual torna obrigatório o exame médico, por conta do empregador, e fixa a possibilidade de instruções complementares serem expedidas pela atual Secretaria Especial de Previdência e Trabalho.

Logo, entendemos que as Portarias SSST nºs 24 e 25/1994 em nada inovaram substancialmente na ordem jurídica pátria e, por conseguinte, a exigibilidade de elaboração do PCMSO e do PPRA não afronta o princípio da estrita legalidade (art. 5º, II, CF/88)[15].

Ultrapassados tais aspectos jurídicos controvertidos quanto ao PCMSO e PPRA, em especial no que concerne à espécie normativa introduzida no ordenamento pátrio para exigência deles, cumpre agora analisar alguns aspectos da regulamentação técnica dos respectivos programas.

A redação vigente da NR-07 prevê que o PCMSO tem o objetivo de promoção e preservação da saúde de um determinado coletivo de prestadores de serviço, sendo parte integrante do conjunto mais amplo de iniciativas da empresa no campo da saúde dos trabalhadores (itens 7.1.1 e 7.2.1).

Trata-se, por conseguinte, de um programa integrado de monitoramento dos possíveis agravamentos à saúde dos trabalhadores, que deve ser planejado e implantado com base nos riscos inerentes ao ambiente de trabalho explorado economicamente pela empresa ou organização a ela equiparada, sejam eles conhecidos ou descobertos ao longo do tempo em consonância com o estado de desenvolvimento da técnica[16].

O monitoramento da saúde dos trabalhadores deve considerar o efetivo local da prestação de serviços[17] e tem por objetivo auxiliar em um diagnóstico precoce para qualquer espécie de anomalia advinda da execução de tarefas em um meio ambiente de trabalho (SILVA, 2015, p. 69).

A coordenação do PCMSO é responsabilidade de um médico do trabalho que pode ou não ser empregado da empresa ou organização a ela equiparada, sendo que na hipótese de o

---

15 A atual redação do item 1.2.1 da NR-01, a qual desde a vigência da Portaria nº 915/2009 da SEPTR permanece sendo a fonte normativa secundária que contempla disposições gerais relativas à segurança e saúde no trabalho, estabelece enfaticamente que "as NR obrigam, nos termos da lei, empregadores e empregados, urbanos e rurais".
16 A atual redação do item 1.4.1 da NR-01, que trata de disposições gerais quanto a aspectos da saúde ocupacional, fixa expressamente que compete ao empregador informar aos trabalhadores sobre "I. os riscos ocupacionais existentes nos locais de trabalho; II. as medidas de controle adotadas pela empresa para reduzir ou eliminar tais riscos; III. os resultados dos exames médicos e de exames complementares de diagnóstico aos quais os próprios trabalhadores forem submetidos; IV. os resultados das avaliações ambientais realizadas nos locais de trabalho". Em idêntico sentido é a previsão contida na redação da NR-01 descrita na Portaria nº 6.730/2020 da SEPTR, a qual entrará em vigor a partir de 02/08/2021.
17 Em relação ao local da prestação de serviços cumpre ressaltar que a atual redação do item 7.1.3 dispõe que caberá à empresa contratante de mão de obra prestadora de serviços informar a empresa contratada dos riscos existentes e auxiliar na elaboração e implementação do PCMSO nos locais de trabalho onde os serviços estão sendo prestados.

empregador estar obrigado a instituir os denominados Serviços Especializados em Engenharia de Segurança e Medicina do Trabalho – SESMT[18], caberá a um dos médicos integrantes deste órgão o encargo de coordenação.

Para o desenvolvimento do PCMSO estão previstos exames médicos obrigatórios na admissão, retorno ao trabalho, mudança de função e na demissão[19], cumprindo destacar que a norma também exige exames periódicos que devem ser realizados uma vez a cada dois anos pela maior parte dos trabalhadores com idade entre 18 (dezoito) e 45 (quarenta e cinco) anos. A periodicidade dos exames médicos pode ser reduzida para algumas profissões, especialmente por força de negociação coletiva (item 7.4.3.2)[20].

A atual redação da NR-07 também estipula que para cada um dos exames realizados o médico responsável deverá emitir um Atestado de Saúde Ocupacional – ASO, em 2 (duas) vias, de modo que uma destas deverá permanecer em posse da empresa e a outra via deverá ser entregue obrigatoriamente ao trabalhador (itens 7.4.4.1 e 7.4.4.2).

Assim, cumpre observar que há nela importante previsão no sentido de que caberá ao empregador transferir o trabalhador para outro posto ou setor de trabalho "até que esteja normalizado o indicador biológico de exposição e as medidas de controle nos ambientes de trabalho tenham sido adotadas" (item 7.4.7), ou seja, na hipótese de constatação de exposição excessiva dos trabalhadores a um determinado risco labor-ambiental. Oportuno ressaltar que, em tal situação, a transferência provisória não poderá acarretar qualquer prejuízo financeiro direto ou indireto ao trabalhador, diante do que estabelece o art. 468 da CLT (OLIVEIRA, 2010, p. 385).

Os resultados obtidos em todos os exames médicos deverão integrar prontuário clínico individual, que ficará sob a responsabilidade do médico coordenador do PCMSO, e devem ser mantidos pelo prazo mínimo de 20 (vinte) anos após o desligamento do trabalhador (item 7.4.5.1).

Considerando o caráter contínuo do programa de controle, a norma também exige que, no PCMSO, sejam previstas ações de saúde a serem executadas durante o ano, inclusive exigindo a elaboração de um relatório anual contemplando estatísticas acerca das avaliações realizadas e dos resultados considerados anormais, o qual deverá ser apresentado e discutido na comissão interna de prevenção de acidentes – CIPA (itens 7.4.6.1 e 7.4.6.2).

Não obstante toda essa evolução e aperfeiçoamento normativo na prevenção e controle de riscos à saúde dos empregados, algumas mudanças sensíveis no tratamento do PCMSO surgiram a partir da edição das Portarias nºs 915/2019 e 6.734/2020 da atual Secretaria Especial de Previdência e Trabalho do Ministério da Economia – SEPTR[21].

---

18   O dimensionamento dos Serviços Especializados em Engenharia de Segurança e em Medicina do Trabalho vincula-se à gradação do risco da atividade principal e ao número total de empregados do estabelecimento, conforme regulamentação prevista na NR-04.
19   O item 7.4.3.5 da atual redação da NR-07, que foi alterado pela Portaria nº 1.031/2018 do então MTE, estabelece que o exame médico demissional deve ser obrigatoriamente realizado em até 10 (dez) dias contados a partir do término do contrato, desde que o último exame médico ocupacional tenha sido realizado há mais de 135 (centro e trinta e cinco) dias para as empresas de grau de risco 1 e 2 e 90 (noventa) dias para as empresas de grau de risco 3 e 4, segundo o Quadro I da NR-4.
20   A Medida Provisória nº 927/2020 estabelece em seu art. 15 a suspensão da obrigatoriedade de realização dos exames médicos ocupacionais durante o estado de calamidade pública decorrente da pandemia do coronavírus (COVID-19) e reconhecido pelo Decreto Legislativo nº 6/2020, exceto dos exames demissionais e daqueles que o médico coordenador do PCMSO considerar que a prorrogação representa risco para a saúde do empregado.
21   Guilherme Guimarães Feliciano e Paulo Douglas de Almeida Moraes destacam que "qualquer revisão *in pejus* das normas de segurança e saúde dos trabalhadores – ou mesmo a sua redução irresponsável – consubstanciará violação ao princípio do risco mínimo regressivo (art. 7º, XXII, da CRFB), ao princípio da participação democrática

A primeira delas se refere ao tratamento diferenciado concedido ao microempreendedor individual – MEI, à microempresa – ME e à empresa de pequeno porte – EPP previsto no item 1.7.2 da atual redação da NR-01, por meio do qual se permitiu a tais empregadores a apresentação de declaração no sentido de que seus estabelecimentos não possuem riscos químicos, físicos, biológicos e ergonômicos, desde que desempenhem atividades de grau de risco 1 e 2[22]. Com tal declaração de inexistência de riscos labor-ambientais, a qual deverá ser transmitida eletronicamente ou mantida no próprio local enquanto não desenvolvida tal funcionalidade no âmbito do órgão público[23], o empregador ficará dispensado da elaboração do PCMSO e deverá manter a realização apenas dos exames médicos supracitados.

Outra mudança importante se refere à alteração de aspectos dos exames médicos a serem realizados nos empregados a partir da vigência da nova redação da NR-07 prevista na Portaria nº 6.734/2020 – SEPTR[24], tendo em vista que, salvo exceções específicas relacionadas aos que estiverem expostos a determinados riscos labor-ambientais e também no caso de portadores de doenças crônicas, os exames médicos passarão a ser realizados a cada dois anos independentemente da idade dos trabalhadores[25].

Já em relação ao denominado Programa de Prevenção de Riscos Ambientais – PPRA, a atual redação da NR-09 estabelece inicialmente que as ações devem correr "no âmbito de cada estabelecimento da empresa, sob a responsabilidade do empregador, com a participação dos trabalhadores, sendo sua abrangência e profundidade dependentes das características dos riscos e das necessidades de controle" (item 9.1.2).

A responsabilidade pelo equilíbrio do meio ambiente do trabalho é toda do empregador que explora economicamente o estabelecimento, de modo que a ele cabe reconhecer, avaliar e controlar os riscos daquele, sem prejuízo da recomendável participação dos trabalhadores e dos próprios entes sindicais em tal tarefa. Há, inclusive, previsão expressa de adoção da negociação coletiva como meio para ampliação dos parâmetros mínimos nela fixados (item 9.1.4), o que denota a importância de participação dos entes sindicais na tutela do meio ambiente de trabalho.

A atual redação da NR-07 também detalha a estrutura do PPRA e exige, no mínimo, que aquele possua: "a) planejamento anual com estabelecimento de metas, prioridades e cronograma; b) estratégia e metodologia de ação; c) forma do registro, manutenção e divulgação dos dados e d) periodicidade e forma de avaliação do desenvolvimento do PPRA" (item 9.2.1). Toda a estrutura do programa deverá estar descrita em um documento-base, disponível para imediato

---

e ao princípio da vedação ao retrocesso social (e ambiental)" (FELICIANO; MORAES, 2019, p. 24). Não é demais lembrar que ainda permanece em vigor a Portaria nº 1.224/2018 do então MTE, por meio da qual foram estabelecidos procedimentos para a elaboração e revisão de todas as NRs relacionadas à saúde e segurança do trabalho.

22 Os graus de riscos 1 e 2 mencionados nos subitens 1.7.1 e 1.7.2 são os previstos na Norma Regulamentadora nº 04, que trata dos Serviços Especializados em Engenharia de Segurança e em Medicina do Trabalho – SESMT.

23 Vide art. 6º da Portaria nº 915/2009 da SEPTR.

24 O artigo 5º da Portaria nº 6.734/2020 estabelece que a nova redação da NR-07 entraria em vigor 1 (um) ano após a publicação ocorrida em 13/03/2020 no Diário Oficial da União, mas esse prazo foi prorrogado para o dia 02/08/2021 por meio do artigo 1º da Portaria SEPRT/ME nº 1.295/2021.

25 A atual redação da NR-09 estabelece em seu item 7.5.8 que "O exame clínico deve obedecer aos prazos e à seguinte periodicidade: I – no exame admissional: ser realizado antes que o empregado assuma suas atividades; II – no exame periódico: ser realizado de acordo com os seguintes intervalos: a) para empregados expostos a riscos ocupacionais identificados e classificados no PGR e para portadores de doenças crônicas que aumentem a susceptibilidade tais riscos 1. a cada ano ou a intervalos menores, a critério do médico responsável; 2. de acordo com a periodicidade especificada no Anexo IV desta Norma, relativo a empregados expostos a condições hiperbáricas; b) para os demais empregados, o exame clínico deve ser realizado a cada dois anos".

acesso pelas autoridades competentes (item 9.2.2.2) e para a Comissão Interna de Prevenção de Acidentes – CIPA (quando existente – item 9.2.2.1), com a manutenção de um histórico técnico e administrativo do PPRA pelo período mínimo de 20 (vinte) anos (item 9.3.8.2).

O supracitado documento-base deve conter informações gerais da empresa, da respectiva unidade analisada e dos profissionais responsáveis pelo programa, bem como contemplar aspectos profissiográficos, a análise dos riscos ambientais gerais e específicos em cada um dos setores de trabalho da unidade e, ainda, um cronograma de implantação, desenvolvimento e metas a serem atingidas.

A exigência de um Engenheiro de Segurança para a assinatura de tal documento, e também para o preparo e coordenação de tal programa, é bastante controvertida, tendo em vista que a norma não estipula expressamente tal obrigatoriedade nos mesmos moldes do que ocorre com outros documentos similares (LTCAT, por exemplo). De qualquer forma, é recomendável a formação de "uma equipe multidisciplinar para levar-se a bom termo um PPRA, à vista dos seus vários objetivos, cuja consecução pede a presença de mais de um único profissional" (SAAD, 1997, p. 666).

Todavia, o PPRA não se limita a um documento ou laudo técnico com renovação anual, especialmente quando se constata a previsão de um programa verdadeiramente integrado a outras iniciativas e que deve conter, no mínimo, um planejamento com metas, prioridade, cronograma e, ainda, estratégia e metodologia de ação (itens 9.1.3 e 9.2.1).

A atual redação da NR-09 impõe a adoção de medidas de controle sempre que houver a identificação, na fase de antecipação, de riscos potenciais à saúde, e também quando já constatado o risco ou quando excedidos os limites dos agentes previstos na NR-15 (item 9.3.5.1), evidenciando o caráter dinâmico e ininterrupto do programa.

Há previsão expressa de uma verdadeira ordem hierárquica na adoção das medidas de controle, razão pela qual o empregador deverá inicialmente adotar medidas de proteção coletiva e, caso estas não sejam suficientes ou estiverem em fase de estudo, deverão ocorrer mudanças de caráter administrativo ou de organização do trabalho (item 9.3.5.4). A utilização de equipamento de proteção individual – EPI deveria ser a última medida a ser adotada e nunca a primeira solução para neutralizar a exposição do empregado a risco potencial ou concreto à sua saúde[26].

Outro conceito de grande importância adotado pela NR-09 e ainda pouco explorado pelos operadores jurídicos é o denominado nível de ação, ou seja, o "valor acima do qual devem ser iniciadas ações preventivas de forma a minimizar a probabilidade de que as exposições a agentes ambientais ultrapassem os limites de exposição" (item 9.3.6.1). A atual redação da norma estabelece, por exemplo, o limite de meia dose para os agentes químicos e para o ruído, considerando os critérios fixados na NR-15 (item 9.3.6.2)[27].

Assim, pode-se cogitar da adoção de medidas preventivas até mesmo quando respeitados os limites dos agentes insalubres previstos na NR-15, sendo plenamente legítima, por exemplo, a

---

[26] A atual redação do item 1.4.1 da NR-01 em sua alínea "g" fixa expressamente que compete aos empregadores "implementar medidas de prevenção, ouvidos os trabalhadores, de acordo com a seguinte ordem de prioridade: I. eliminação dos fatores de risco; II. minimização e controle dos fatores de risco, com a adoção de medidas de proteção coletiva; III. minimização e controle dos fatores de risco, com a adoção de medidas administrativas ou de organização do trabalho; e IV. adoção de medidas de proteção individual".

[27] Ulrich Beck, em contundente crítica aos denominados limites de tolerância, destaca que eles representam "linhas de recuo de uma civilização que se aprovisiona com um excesso de materiais poluentes e tóxicos" e viabilizam "um racionamento de longo prazo do envenenamento coletivo normalizado" (BECK, 2011, p. 78-79).

postulação e concessão de tutela jurisdicional para a adoção de medidas concretas de prevenção e controle dos riscos ambientais.

A atual redação da NR-09 também trata do direito à informação acerca dos riscos existentes em um determinado ambiente de trabalho, consagrando expressamente que é dever dos empregadores "informar os trabalhadores de maneira apropriada e suficiente sobre os riscos ambientais que possam originar-se nos locais de trabalho e sobre os meios disponíveis para prevenir ou limitar tais riscos e para proteger-se dos mesmos" (item 9.5.2), o que inclusive já está previsto no art. 13 da Convenção nº 161 da OIT, também já ratificada pelo Brasil e que foi promulgada pelo Decreto nº 127/1991[28].

Nas hipóteses de realização simultânea de várias atividades por empregadores diversos no mesmo local de trabalho, como ocorre nas hipóteses de consórcio ou mesmo da típica terceirização na sede do tomador de serviços, a norma prevê que todos aqueles "terão o dever de executar ações integradas para aplicar as medidas previstas no PPRA visando à proteção de todos os trabalhadores expostos aos riscos ambientais gerados" (item 9.6.1)[29].

Este verdadeiro dever de proteção previsto na NR-09 é de grande relevância para a apuração da responsabilidade dos tomadores de serviços pelas eventuais consequências de um determinado desequilíbrio labor-ambiental, em especial nas hipóteses de doenças ocupacionais e acidentes de trabalho típicos sofridos por seus empregados e por todos aqueles que de alguma forma prestem serviços no estabelecimento, sejam eles trabalhadores terceirizados, cooperados, eventuais ou autônomos.

Em que pesem alguns avanços na regulamentação da prevenção e controle de riscos ambientais, algumas mudanças sensíveis no tratamento do PPRA surgiram a partir da edição das Portarias nºs 915/2019, 6.730/2020 e 6.735/2020 da atual Secretaria Especial de Previdência e Trabalho do Ministério da Economia – SEPTR.

Do mesmo modo que ocorreu em relação ao PCMSO, houve a concessão de tratamento diferenciado ao microempreendedor individual – MEI, à microempresa – ME e à empresa de pequeno porte – EPP no item 1.7.1 da atual redação da NR-01, por meio do qual se dispensou a elaboração do PPRA para aqueles que desempenhem atividades de grau de risco 1 e 2 e apresentem declaração no sentido de que seus estabelecimentos não possuem riscos químicos, físicos, biológicos e ergonômicos.

Além disso, a partir da vigência das novas regras contidas nas NR's 01 e 09 previstas nas Portarias nºs 6.730/2020 e 6.735/2020 – SEPTR[30], nota-se inclusive que houve alteração da nomenclatura do PPRA para um denominado Programa de Gerenciamento de Riscos – PGR, o qual não contempla expressamente a participação dos trabalhadores na sua elaboração[31] e

---

28 "Art. 13. Todos os trabalhadores devem ser informados dos riscos para a saúde inerentes a seu trabalho."
29 A NR-05 também trata da atuação de mais de um empregador no mesmo estabelecimento e prevê em seu item 5.48 que "a contratante e as contratadas, que atuem num mesmo estabelecimento, deverão implementar, de forma integrada, medidas de prevenção de acidentes e doenças do trabalho, decorrentes da presente NR, de forma a garantir o mesmo nível de proteção em matéria de segurança e saúde a todos os trabalhadores do estabelecimento".
30 O art. 5º da Portaria nº 6.730/2020 e o art. 4º da Portaria nº 6.735/2020 estabelecem que as novas redações da NR-01 e da NR-09 entrarão em vigor 1 (um) ano após a publicação ocorrida em 12/03/2020 no Diário Oficial da União.
31 O item 1.5.3.3 apenas estabelece que a organização deverá adotar mecanismos para consultar os trabalhadores quanto à percepção de riscos ocupacionais, podendo adotar manifestações da CIPA.

muito menos trata da adoção da negociação coletiva como meio para ampliação dos parâmetros mínimos de proteção nele fixados.

Não obstante as inúmeras potencialidades do PCMSO e do PPRA, a má compreensão de suas finalidades e a equivocada ideia no sentido que bastaria ao empregador elaborar um único laudo identificando os riscos ambientais, com renovação periódica apenas dos dados nele contidos, acabaram, na prática, por minimizar o potencial de tal ferramenta de prevenção dos riscos labor-ambientais.

A quase inexistente atuação dos entes sindicais na elaboração e no desenvolvimento dos Programas de Controle Médico de Saúde Ocupacional e de Prevenção de Riscos Ambientais, bem como a excessiva patrimonialização e individualização da tutela do direito a um meio ambiente de trabalho equilibrado, também afetaram substancialmente os potenciais efeitos benéficos decorrentes da edição das Portarias SSST nºs 24 e 25/1994 e dos demais atos normativos subsequentes.

Além disso, a atuação dos médicos do trabalho responsáveis pela coordenação do PCMSO que mantenham vínculo com a empresa não está acompanhada de qualquer espécie de garantia de emprego contra uma dispensa imotivada, o que acaba por tornar a sua atuação menos incisiva na tutela preventiva da saúde em um determinado ambiente de trabalho (OLIVEIRA, 2010, p. 389).

Em que pese o Supremo Tribunal Federal já tenha consolidado jurisprudência no sentido de que "compete à Justiça do Trabalho julgar as ações que tenham como causa de pedir o descumprimento de normas trabalhistas relativas à segurança, higiene e saúde dos trabalhadores" (Súmula 736), na atualidade ainda são raras as demandas coletivas movidas por entes sindicais e pelo próprio Ministério Público do Trabalho com o objetivo de assegurar a prevenção de riscos ambientais e, até mesmo, o cumprimento das disposições mínimas previstas nas atuais redações das NRs 07 e 09[32].

## 11.2. LAUDO TÉCNICO DAS CONDIÇÕES AMBIENTAIS DO TRABALHO – LTCAT. PERFIL PROFISSIOGRÁFICO PREVIDENCIÁRIO – PPP

Ultrapassada a análise dos aspectos jurídicos e técnicos do PPRA e do PCMSO, cumpre agora tratar do denominado Laudo Técnico das Condições Ambientais do Trabalho – LTCAT e do Perfil Profissiográfico Previdenciário – PPP, que estão previstos na legislação previdenciária e possuem relação com o trabalho em condições especiais, normalmente por exposição a agentes físicos, químicos e biológicos.

Embora parte da doutrina aponte que a elaboração de um laudo técnico de condições ambientais do trabalho já fosse uma obrigação da empresa antes da edição da Medida Provisória nº 1.523, de 11 de outubro de 1996, especialmente para a apuração da exposição ao ruído para fins previdenciários (IBRAHIM, 2007, p. 530), apenas com a alteração promovida na Lei nº 8.213/1991 é que houve a exigência expressa de elaboração do denominado LTCAT pela empresa ou ente a ela equiparado.

---

32 Infelizmente a prática forense demonstra que a ideia de monetização dos riscos ambientais ainda permanece como central nesta temática, sendo que a regra no processo do trabalho pátrio continua sendo a apresentação de demandas individuais e com pedidos de adicionais de insalubridade e periculosidade, nas quais as partes processuais atuam normalmente para desqualificar o trabalho pericial que contemple conclusão contrária aos seus interesses patrimoniais.

Com a nova redação do art. 58 da Lei nº 8.213/1991, restou consagrado que o LTCAT deve ser expedido por médico do trabalho ou engenheiro de segurança do trabalho e foi fixado que a inexistência do respectivo laudo técnico atualizado acarreta à empresa a aplicação de multa administrativa.

A atual Instrução Normativa do INSS que trata do tema (INSS/PRES nº 77/2015) estabelece em seu art. 262 que o LTCAT poderá ser individual ou coletivo e deverá possuir a identificação da empresa, setor e função, descrição da atividade, identificação de agente nocivo capaz de causar dano à saúde e integridade física, localização das possíveis fontes geradoras, via e periodicidade de exposição ao agente nocivo, metodologia e procedimentos de avaliação do agente nocivo, descrição das medidas de controle existentes, conclusão, data da realização da avaliação e identificação do médico do trabalho ou engenheiro de segurança com a respectiva assinatura com os registros profissionais respectivos.

Do mesmo modo que ocorre em relação ao documento-base do PPRA, qualquer alteração no ambiente de trabalho ou em sua organização ensejará a necessidade de atualização do LTCAT, especialmente aquelas que acarretem mudança de layout, substituição de máquinas ou de equipamentos, adoção ou alteração de tecnologia de proteção coletiva. O alcance dos níveis de ação estabelecidos nos subitens do item 9.3.6 da atual redação da NR-09 também é medida que acarreta a necessidade de atualização do referido laudo técnico.

O perfil profissiográfico previdenciário – PPP também surgiu com a edição da Medida Provisória nº 1.523/1996, que promoveu alteração no § 4º do art. 58 da Lei nº 8.213/1991 para determinar que "a empresa deverá elaborar e manter atualizado perfil profissiográfico abrangendo as atividades desenvolvidas pelo trabalhador e fornecer a este, quando da rescisão do contrato de trabalho, cópia autêntica deste documento".

Trata-se de verdadeiro histórico profissional do empregado que congrega informações quanto às funções desempenhadas e os riscos labor-ambientais, sendo que cada alteração de cargo ou setor de trabalho desde a admissão até o desligamento deverá ser lançada de forma analítica e sequencial em referido documento (VENDRAME, 2005, p. 126).

O perfil profissiográfico previdenciário – PPP tem características peculiares em comparação com outros programas de saúde do trabalho, tendo em vista que não reflete apenas uma situação estática anual, ou seja, ostenta um caráter dinâmico que contempla aspectos pertinentes a riscos ambientais, condições de saúde do trabalhador e funções desempenhadas durante o histórico profissional (VENDRAME, 2005, p. 124).

Todavia, a prevenção dos riscos ambientais a que eventualmente esteja sujeito um determinado trabalhador não foi o motivo principal para a exigência de emissão do documento pelo empregador, já que o perfil profissiográfico previdenciário – PPP tem por finalidade precípua comprovar a efetiva exposição do segurado da Previdência Social aos agentes nocivos para fins de concessão de aposentadoria especial e também permitir que a União Federal efetive o adequado recolhimento das contribuições necessárias ao custeio deste benefício previdenciário[33].

---

33 O art. 265 da Instrução Normativa INSS/PRES nº 77/2015 estabelece que "o PPP tem como finalidade: I – comprovar as condições para obtenção do direito aos benefícios e serviços previdenciários; II – fornecer ao trabalhador meios de prova produzidos pelo empregador perante a Previdência Social, a outros órgãos públicos e aos sindicatos, de forma a garantir todo direito decorrente da relação de trabalho, seja ele individual, ou difuso e coletivo; III – fornecer à empresa meios de prova produzidos em tempo real, de modo a organizar e a individualizar as informações contidas em seus diversos setores ao longo dos anos, possibilitando que a empresa evite ações judiciais indevidas relativas a seus trabalhadores; e IV – possibilitar aos administradores públicos e privados

Destaque-se acerca deste caráter essencialmente tributário que toda a empresa ou ente a ela equiparado que mantiver trabalhador sujeito a condições especiais, normalmente decorrentes da exposição a agentes químicos, físicos ou biológicos nocivos à saúde, estará sujeita ao recolhimento de contribuição adicional destinada à Seguridade Social, na forma do que prevê o inciso II do art. 22 da Lei nº 8.212/1991.

A doutrina aponta que a comprovação de tal exposição a agentes nocivos era inicialmente realizada por formulários distintos, tais como os denominados SB-40, DISES BE 5235, DSS 8030 e DIRBEN8030 (IBRAHIM, 2007, p. 528), sendo que, com a instituição do PPP, pretendeu-se unificar o procedimento necessário ao acesso ao benefício previdenciário supracitado (VENDRAME, 2005, p. 125).

Considerando as sucessivas prorrogações quanto à obrigatoriedade de elaboração e fornecimento do PPP, cumpre destacar que apenas em 01/01/2004 ele passou a ser exigido como essencial para a caracterização do exercício de atividade sujeita a condições especiais pelo trabalhador[34]. Para os períodos laborados antes de tal data, a comprovação poderá ser realizada por meio dos antigos formulários ou de laudos técnicos que retratem as condições ambientais do trabalho, tais como o LTCAT e o documento-base do PPRA, caso existentes, e, até mesmo, por laudos periciais realizados na mesma empresa em demandas trabalhistas movidas por outros trabalhadores[35].

O PPP deverá conter, em síntese, a indicação dos dados principais da empresa e do trabalhador, os registros ambientais, os resultados de monitoração biológica e, ainda, os responsáveis pelas informações, devendo ser assinado pelo representante legal da empresa ou seu preposto, com indicação do nome, cargo e NIT do responsável (art. 264 da Instrução Normativa INSS/PRES nº 77/2015).

Tal documentação do histórico profissional do trabalhador deve contemplar todas as alterações no ambiente de trabalho ou em sua organização, sendo que aqui também são de grande relevância aspectos relativos à condição de trabalho dos denominados terceirizados e aspectos como rodízios das funções desempenhadas.

No que concerne a condição dos denominados terceirizados, entendemos que a mesma atuação coordenada prevista na atual redação da NR-09 é medida de rigor, razão pela qual o PPP deverá retratar as condições do ambiente de trabalho em que o empregado se ativa, ainda que aquele seja de responsabilidade apenas do tomador dos serviços. Quanto aos rodízios,

---

acessos a bases de informações fidedignas, como fonte primária de informação estatística, para desenvolvimento de vigilância sanitária e epidemiológica, bem como definição de políticas em saúde coletiva. Parágrafo único. As informações constantes no PPP são de caráter privativo do trabalhador, constituindo crime nos termos da Lei nº 9.029, de 13 de abril de 1995, práticas discriminatórias decorrentes de sua exigibilidade por outrem, bem como de sua divulgação para terceiros, ressalvado quando exigida pelos órgãos públicos competentes".

34   O art. 266 da Instrução Normativa INSS/PRES nº 77/2015 estabelece que "A partir de 1º de janeiro de 2004, conforme estabelecido pela Instrução Normativa INSS/DC nº 99, de 5 de dezembro de 2003, a empresa ou equiparada à empresa deverá preencher o formulário PPP, conforme Anexo XV, de forma individualizada para seus empregados, trabalhadores avulsos e contribuintes individuais cooperados, que trabalhem expostos a agentes nocivos químicos, físicos, biológicos ou associação de agentes prejudiciais à saúde ou à integridade física, ainda que não presentes os requisitos para fins de caracterização de atividades exercidas em condições especiais, seja pela eficácia dos equipamentos de proteção, coletivos ou individuais, seja por não se caracterizar a permanência".

35   Nesse particular, cumpre ressaltar que tem se tornado cada vez mais comum o ajuizamento de reclamações trabalhistas com pedido de retificação do PPP, a fim de que nele constem agentes prejudiciais à saúde ou à integridade física do empregado que supostamente foram omitidos no documento originalmente elaborado para fins previdenciários.

cumpre destacar que, caso eles ocorram durante a jornada, todas as tarefas deveriam ser contempladas no PPP. Já no caso das alterações semanais, caberá ao responsável técnico fixar uma exposição média do trabalhador (VENDRAME, 2005, p. 131).

A empresa ou ente a ela equiparado tem a obrigação de fornecer o documento sempre que ocorrer a rescisão do contrato de trabalho, quando for solicitado pelo empregado para fins de reconhecimento do labor em condições especiais e, ainda, quando solicitado pelas autoridades competentes e pelo INSS, normalmente para fins de análise de benefícios e serviços previdenciários.

Já em sede de conclusão, não obstante o PPP tenha entre as suas principiais finalidades comprovar o labor em condições especiais para fins de percepção de benefícios previdenciários e possibilite o acesso da Administração Pública a informações relevantes para fins estatísticos e de políticas públicas, não se pode olvidar que as informações nele constantes são de caráter privativo do trabalhador e o acesso ao seu conteúdo deve ser devidamente regulamentado.

O reconhecimento do caráter privativo das informações relativas ao trabalhador é de grande relevância diante dos possíveis efeitos discriminatórios decorrentes, por exemplo, da exigência por terceiros da exibição do PPP, em especial por ocasião da celebração de um novo contrato de trabalho[36].

Nesse sentido, inclusive como forma de evitar o acesso indevido às informações que integram o histórico profissional do empregado, a atual Instrução Normativa do INSS (INSS/PRES nº 77/2015) prevê expressamente que as práticas discriminatórias decorrentes da exigibilidade e divulgação para terceiros do conteúdo do PPP, podem, em tese, caracterizar infração à Lei nº 9.029/1995.

---

36   Antonio Carlos Vendrame retrata tal cenário exemplificando que as empresas poderiam, em tese, exigir o documento na fase de seleção ou mesmo no exame médico admissional para candidatos com indício de qualquer espécie de doença ocupacional (VENDRAME, 2005, p. 128). Tal preocupação também está refletida, em alguma medida, na Portaria nº 6.734/2020, que fixa em seu item 7.3.2.2 que o PCMSO não deve ter caráter de seleção de pessoal.

# CAPÍTULO 12
## ASPECTOS GERAIS DA COMISSÃO INTERNA DE PREVENÇÃO DE ACIDENTES – CIPA E SUA ATUAÇÃO NO MEIO AMBIENTE DE TRABALHO

*Agnes Marian Ghtait Moreira das Neves*
*Larissa Medeiros Rocha*

## INTRODUÇÃO

A análise histórica demonstra que, no âmbito internacional, os grupos que tinham como objetivo promover meios de prevenir acidentes surgiram como resultado da Revolução Industrial. Na segunda metade do século XVIII, o número de maquinário nas fábricas crescia exponencialmente, no entanto, as condições de trabalho ainda eram extremamente precárias.

A esse respeito, Sebastião Geraldo de Oliveira (2011, p. 56) atribui à Revolução Industrial o surgimento de diversos problemas laborais:

> O incremento da produção em série deixou à mostra a fragilidade do homem na competição desleal com a máquina; ao lado dos lucros crescentes e da expansão capitalista aumentavam paradoxalmente a miséria, o número de doentes e mutilados, dos órfãos e das viúvas, nos sombrios ambientes de trabalho.

Ainda, segundo o autor, os acidentes, as lesões e as enfermidades a que os trabalhadores eram sujeitos enquanto operários das grandes máquinas podiam ser considerados apenas resultados inevitáveis da atividade empresarial, sendo que cabia aos próprios trabalhadores a prevenção (OLIVEIRA, 2011).

Em meio a este cenário, houve uma mobilização da classe operária, que resultou em uma sucessão de lutas, diretas e indiretas, em busca de melhorias das condições de trabalho. Diante das reações dos trabalhadores e da opinião pública, uma comissão parlamentar abriu um inquérito para investigar as condições laborais.

Em 1833, a Comissão emitiu a seguinte conclusão:

> Diante desta comissão desfilou longa procissão de trabalhadores – homens e mulheres, meninos e meninas. Abobalhados, doentes, deformados, degradados na sua qualidade humana, cada um deles era a clara evidência de uma vida arruinada, um quadro vivo da crueldade do homem para com o homem, uma impiedosa condenação daqueles legisladores que, quando em suas mãos detinham poder imenso, abandonaram os fracos à rapacidade dos fortes. (NOGUEIRA, 1979, p. 7)

Ainda, a manifestação dos trabalhadores e a repercussão dos efeitos gravosos da Revolução Industrial levaram à Conferência da Paz de 1919, da Sociedade das Nações, a criar, por meio do Tratado de Versalhes, a Organização Internacional do Trabalho – OIT.

Assim, a Organização Internacional do Trabalho foi concebida com o intuito de fornecer às questões trabalhistas um tratamento mais uniforme, fundado sobre o prisma da justiça social (OLIVEIRA, 2011).

A esse respeito, em 1921, a Organização Internacional do Trabalho organizou um comitê para estudos de assuntos de segurança e higiene do trabalho e de recomendações de medidas preventivas de doenças e acidentes do trabalho. Esta iniciativa desde então passaria a ser adotada por outros países que, de acordo com seus interesses, melhoraria as condições de trabalho de seu povo (ZOOCHIO, 1980).

No meio das discussões sobre as melhorias das condições de trabalho e o debate internacional sobre o assunto, o Brasil tomou o primeiro passo efetivo no caminho à prevenção de riscos no ambiente de trabalho do país e criou as Comissões Internas de Prevenção de Acidentes – CIPA.

A previsão da instituição de CIPA dentro das empresas no país foi introduzida no ordenamento jurídico há mais de setenta anos, por meio do Decreto-Lei nº 7.036, de 10 de novembro de 1994. O art. 82 do instrumento destacava que:

> Os empregadores, cujo número de empregados seja superior a 100, deverão providenciar a organização, em seus estabelecimentos, de comissões internas, com representantes dos empregados, para o fim de estimular o interesse pelas questões de prevenção de acidentes, apresentar sugestões quanto à orientação e fiscalização das medidas de proteção ao trabalho, realizar palestras instrutivas, propor a instituição de concursos e prêmios e tomar outras providências tendentes a educar o empregado na prática de prevenir acidentes.

O referido artigo foi regulamentado inicialmente pela Portaria do Departamento Nacional do Trabalho nº 229, de 19 de maio de 1945, cuja redação atribuía aos sindicatos o direito de indicar os representantes dos empregados nas comissões. No entanto, em 1953, ocorreu nova regulamentação pela Portaria nº 155 do Ministério do Trabalho, Indústria e Comércio, que suprimiu a prerrogativa da indicação pelos sindicatos.

Em 1967, a previsão para instituição da CIPA foi introduzida à CLT, em razão da alteração textual do art. 164, por meio do Decreto-Lei nº 229, de 28 de fevereiro de 1967. À época, o artigo foi disciplinado da seguinte forma:

> Art. 164. As empresas que, a critério da autoridade competente em matéria de segurança e higiene do trabalho, estiverem enquadradas em condições estabelecidas nas normas expedidas pelo Departamento de Segurança e Higiene do Trabalho, deverão manter, obrigatoriamente, serviço especializado em segurança e em higiene do trabalho e constituir Comissões Internas de Prevenção de Acidentes (CIPAs).
>
> § 1º O Departamento Nacional de Segurança e Higiene do Trabalho definirá as características do pessoal especializado em segurança e higiene do trabalho, quanto às atribuições, à qualificação e à proporção relacionada ao número de empregados das empresas compreendidas no presente artigo.
>
> § 2º As Comissões Internas de Prevenção de Acidentes (CIPAs) serão compostas de representantes de empregadores e empregados e funcionarão segundo normas fixadas pelo Departamento Nacional de Segurança e Higiene do Trabalho.

Com a alteração da Lei nº 6.514, de 22 de dezembro de 1977, a CIPA passou a ser disciplinada nos arts. 163 a 165 da CLT. A referida Lei foi regulamentada pela Norma Regulamentadora

(NR) nº 05, aprovada por meio da Portaria nº 3.214, de 08 de junho de 1978, do Ministério do Trabalho e Emprego.

À época da edição das referidas normas, o país foi considerado campeão em acidentes de trabalho, o que demonstra que era de extrema necessidade uma discussão sobre o tema.

Nesse sentido, dos 16.589.605 empregados registrados na década de 1970, 1.614.750 sofreram acidentes de trabalho, dos quais 4.445 resultaram em óbito no ano de 1977. O que corresponde que, aproximadamente, 1 a cada 10 trabalhadores foi vítima de acidentes de trabalho naquele ano (OLIVEIRA, 2011). O numerário de acidentes de trabalho causou repercussão internacional, que resultou em uma série de providências com o intuito de reverter a situação.

Com a edição da Portaria nº 3.214/1978, tornou-se obrigatório a instalação da CIPA para maior número de empresas, utilizando como critérios a quantidade de empregados e o grau de risco da atividade econômica. Também tornou-se obrigatória a realização de uma Semana Anual de Prevenção de Acidentes do Trabalho, além das alterações já previstas na Lei nº 6.514/1977, que garantiu a estabilidade de emprego para os representantes dos empregados da CIPA.

Ainda, somente em 12 de abril de 1988, por meio da Portaria nº 3.067, foram aprovadas as Normas Regulamentadoras Rurais (NRR), relativas à segurança e higiene do trabalho rural. A esse respeito, das cinco NRRs aprovadas, a NRR nº 03 foi criada para regulamentar o dimensionamento das Comissões Internas de Prevenção de Acidentes do Trabalho Rurais (CIPATR)[1].

## 12.1. NORMA REGULAMENTADORA Nº 05

A Norma Regulamentadora nº 05, que trata da Comissão Interna de Prevenção de Acidentes, foi instituída em 1978, através da Portaria nº 3.214/1978, do Ministério do Trabalho e Emprego. A norma trata da organização da CIPA, objetivos, constituição, composição, processo eleitoral, atribuições, dentre outros tópicos ligados ao seu funcionamento nas empresas. Desde a sua edição, a norma já sofreu dez alterações textuais.

A primeira alteração foi feita em 1983, por meio da Portaria SSMT nº 33, de 27 de outubro de 1983, que, dentre outras, estabeleceu que a CIPA tem como objetivo observar e relatar condições de riscos nos ambientes de trabalho e solicitar medidas para reduzir até eliminar os riscos existentes e/ou neutralizar os mesmos, discutir os acidentes ocorridos, encaminhando ao Serviço Especializado em Engenharia de Segurança e em Medicina do Trabalho e ao empregador o resultantes e, ainda, orientar os demais trabalhadores quanto à prevenção de acidentes.

Em 1994, por meio da Portaria SSST nº 25, foi adicionado às atribuições da CIPA o dever de elaborar, ouvidos os trabalhadores de todos os setores do estabelecimento e com a colaboração do SESMT, quando houver, o MAPA DE RISCOS, com base nas orientações constantes do Anexo IV, devendo o mesmo ser refeito a cada gestão da CIPA.

A Portaria SSST nº 08, de 23 de fevereiro de 1999, alterou os objetivos da CIPA, vigentes até hoje, passando a constar que:

---

[1] Em 2008, as Normas Regulamentadoras Rurais foram revogadas pela Portaria GM nº 191, de 15 de abril. A revogação se deu pela criação e vigência da Norma Regulamentadora nº 31, que trata da segurança e saúde do Trabalho na Agricultura, Pecuária, Silvicultura, Exploração Florestal e Aqüicultura, aprovada pela Portaria GM nº 86, de 03 de março de 2005.

A Comissão Interna de Prevenção de Acidentes – CIPA tem como objetivo a prevenção de acidentes e doenças decorrentes do trabalho, de modo a tornar compatível permanentemente o trabalho com a preservação da vida e a promoção da saúde do trabalhador.

Além disso, o texto ampliou a garantia de emprego para os suplentes eleitos pela CIPA e alterou o seu dimensionamento. No mais, definiu as atribuições dos membros da CIPA, dos funcionários, do Presidente, do Vice e do Secretário. Também fixou prazos para denúncias de irregularidades nas eleições de cipeiros ao Ministério do Trabalho.

No mesmo ano, em 26 de fevereiro, a Portaria SSST nº 09 estabeleceu critérios para recepção de propostas formuladas por instâncias bipartites permanentes de negociação em segurança e saúde no trabalho, de âmbito nacional, para alteração de dispositivos da NR-05, objetivando adequá-los às características peculiares dos diversos setores econômicos.

Ainda no ano de 1999, a NR-05 sofreu outras três alterações em menor grau. Por meio da Portaria SSST nº 15, o Quadro II, relacionado ao Agrupamento de Setores Econômicos pela Classificação Nacional de Atividades Econômicas – CNAE, foi modificado. A Portaria SSST nº 24 relacionou o dimensionamento da CIPA nas indústrias de construção civil à Norma Regulamentadora nº 18, que trata da atividade econômica especificamente. Por fim, a Portaria SSST nº 25 estabeleceu novo dimensionamento da CIPA nas atividades de transporte.

Em 2001, a Portaria SSST nº 16 também efetuou pequenas alterações à norma, modificando o Quadro II, que trata do Agrupamento de Setores Econômicos pela Classificação Nacional de Atividades Econômicas – CNAE, além de criar outros grupos econômicos ligados ao transporte rodoviário e ferroviário de cargas e passageiros.

A Portaria SIT nº 14, de 21 de junho de 2007, alterou os Quadros II e III da NR-5 que tratam, respectivamente, do agrupamento de setores econômicos pela Classificação Nacional de Atividades Econômicas – CNAE, para dimensionamento da CIPA, e da relação da Classificação Nacional de Atividades Econômicas – CNAE, com correspondente agrupamento para dimensionamento da CIPA.

A penúltima alteração da norma fora feita em 2011, por meio da Portaria SIT nº 247, de 12 de julho, que desobrigou as empresas a protocolarem no Ministério do Trabalho e Emprego a documentação relacionada ao processo eleitoral da CIPA, sendo suficiente apenas que as empresas coloquem tais documentos à disposição em caso de fiscalização.

Além disso, a referida Portaria estabeleceu que a CIPA não poderá ter seu número de representantes reduzido, bem como não poderá ser desativada pelo empregador, antes do término do mandato de seus membros, ainda que haja redução do número de empregados da empresa, exceto no caso de encerramento das atividades do estabelecimento.

Com as alterações foi possível perceber um avanço nas questões ligadas a independência e funcionamento da CIPA, bem como em relação à proteção dos trabalhadores eleitos para compor a comissão.

Contudo, na última alteração da referida norma, conforme a Portaria SEPRT nº 915/2019, foram modificados os dispositivos acerca do treinamento destinado à CIPA, demonstrando o desmonte intencional acerca da proteção à saúde, segurança e higiene do trabalho, indo de encontro às disposições anteriores que buscavam o aperfeiçoamento da Comissão.

Nesse sentido, foi revogada a disposição que autorizava que o treinamento para a CIPA fosse ministrado pelo Serviço Especializado em Engenharia de Segurança e em Medicina do

Trabalho – SESMT, entidade patronal, entidade dos trabalhadores ou por profissional que possuísse conhecimentos sobre os temas ministrados (item 5.35 da NR-05). Também foi revogada a disposição que autorizava o Ministério do Trabalho a determinar que o treinamento fornecido fosse complementado ou refeito, caso não fossem observados todos os requisitos para a sua execução (item 5.37 da NR-05).

Por fim, devido à pandemia do vírus COVID-19 (Sars-Cov-2), foi editada a Medida Provisória nº 927, de 22 de março de 2020, que permitiu a suspensão dos processos eleitorais em curso, autorizando que as Comissões Internas de Prevenção de Acidentes (CIPA) fossem mantidas na sua atual constituição até o fim do estado de calamidade pública, previsto para encerrar em 31 de dezembro de 2020.

Ainda, foi publicado o Ofício Circular SEI nº 1088/2020/ME, pela Secretaria Especial de Previdência e Trabalho, com o objetivo de fornecer orientações gerais aos trabalhadores e empregadores em razão da pandemia da COVID-19. O Ofício autorizou que as reuniões da CIPA fossem realizadas por meio de videoconferência e determinou que a Comissão, junto com o SESMT, deverá instituir e divulgar a todos os trabalhadores um plano de ação com políticas e procedimentos de orientação aos trabalhadores relacionados à COVID-19.

### 12.1.1. Obrigatoriedade da CIPA

A Norma Regulamentadora nº 05 dispõe acerca da obrigatoriedade da CIPA. Em seu item 5.6, a norma esclarece que *a CIPA será composta de representantes do empregador e dos empregados, de acordo com o dimensionamento previsto no Quadro I desta NR, ressalvadas as alterações disciplinadas em atos normativos para setores econômicos específicos.*

O Quadro I consiste no dimensionamento de uma CIPA, utilizando como base o de empregados que referida empresa tem e grupo econômico a que esta pertence – informação que consta no Quadro II – Agrupamento de setores econômicos pela Classificação Nacional de Atividades Econômicas – CNAE, para dimensionamento de CIPA.

A implementação de uma CIPA não está reservada apenas a empresas de grande porte ou com atividades extremamente perigosas. Nesse sentido, ao analisar o Quadro I da NR-5, é possível verificar que muitas vezes a constituição da CIPA passa a ser obrigatória a partir de somente 20 empregados. Como, por exemplo, é no caso das empresas que pertencem ao Grupo C-18 (Gráficos).

Ainda, a norma trata das exceções à sua própria regra. De acordo com o item 5.6.4, da NR-05, quando o estabelecimento não se enquadrar no Quadro I, a empresa ficará encarregada de designar um responsável pelo cumprimento dos objetivos da NR, podendo ser adotados mecanismos de participação dos empregados, através de negociação coletiva.

Dessa forma, nos casos acima, não será obrigatório efetuar uma eleição da CIPA. Basta apenas que o empregador indique, dentre os seus empregados, um para exercer a função. No entanto, o indivíduo deverá passar pelo treinamento da CIPA de acordo com a NR-5 antes de poder assumir a função (item 5.33).

## 12.1.2. Objetivos da CIPA

Segundo a NR-05, a CIPA tem como objetivo *a prevenção de acidentes e doenças decorrentes do trabalho, de modo a tornar compatível permanentemente o trabalho com a preservação da vida e a promoção da saúde do trabalhador.*

A esse respeito, é possível concluir que a CIPA busca tornar o ambiente de trabalho mais seguro e sadio, trabalhando para prevenir tanto acidentes de trabalho como também o desenvolvimento de doenças decorrentes do trabalho.

Acerca do assunto, Sebastião Geraldo de Oliveira (2011, p. 439) esclarece:

> A CIPA tem como objetivo definido na regulamentação a prevenção de acidentes e doenças decorrentes do trabalho, de modo a tornar compatível permanentemente o trabalho com a preservação da vida e a promoção da saúde do trabalhador.

Para cumprir com o seu objetivo, a Comissão conta com reuniões mensais, onde são discutidas as condições do ambiente laboral e os riscos a que os trabalhadores estão sujeitos. A partir desse debate, são traçados planos de ações para que, junto com os respectivos empregadores, seja possível prevenir acidentes de trabalho e doenças ligadas ao trabalho.

## 12.1.3. Composição e Processo Eleitoral da CIPA

A CIPA é formada por representantes dos empregadores e dos empregados de forma paritária, nos moldes do item 5.6 da NR-05. Os representantes dos empregadores são por ele indicados, enquanto os representantes dos trabalhadores são eleitos em escrutínio secreto, por meio de um processo eleitoral definido pelo item 5.38 e seguintes da NR-05.

Necessariamente, o presidente de CIPA será um empregado indicado pelo empregador, enquanto o vice-presidente será um empregado indicado pelos empregados.

Em relação ao processo eleitoral, os itens 5.38 a 5.40 da NR-05 determinam que eleições deverão ser convocadas dentro de sessenta dias do término do mandato em curso. Ainda, a publicação e divulgação de editais deverá ser feita em locais de fácil acesso e visualização, no prazo mínimo de 45 dias antes do término do mandato em curso.

A eleição é individual e há duração mínima de 15 dias para o período de inscrição. Embora os trabalhadores sejam facultados de votar, é necessário um quórum mínimo de 50% dos empregados para validar a eleição.

No mais, poderão votar secretamente os trabalhadores ativos e os que estão com o contrato de trabalho suspenso ou interrompido. Ademais, a eleição deverá ser efetuada durante o horário de trabalho para que a todos seja ofertada a possibilidade de votar.

A norma também dispõe acerca do prazo de 30 dias para impugnações, a contar da posse dos eleitos. A impugnação deverá ser encaminhada ao Ministério do Trabalho e Emprego, conforme preceitua o item 5.42 da NR-05.

Ainda, é garantido aos candidatos a estabilidade no emprego da inscrição até a eleição do cipeiro. Caso o candidato não seja eleito, a sua garantia de emprego finda no dia da eleição.

Por outro lado, o empregado eleito estende a sua garantia de emprego adquirida no momento da candidatura até um ano após o mandato, conforme dispõe o art. 10, item II, alínea "b", do

ADCT e o item 5.8 da NR-05. De igual forma, o suplente da CIPA goza da mesma garantia de emprego, nos termos da Súmula nº 339 do Tribunal Superior do Trabalho.

A garantia de emprego é um instrumento para garantir que o membro da CIPA desenvolva as suas atividades com autonomia sem temer represálias por parte dos empregadores. Como a sua tarefa consiste em demonstrar os riscos no ambiente de trabalho e encontrar uma solução para mitigá-los ou prevenir outros, esse trabalho deve ser desenvolvido sem a insegurança de poder ser demitido a qualquer tempo por puro descontentamento do empregador.

Acerca do assunto, Homero Batista Matheus da Silva (2015, p. 48) preceitua que:

> A garantia do emprego que historicamente tem sido atribuída aos membros das comissões de prevenção de acidentes encontra ampla justificativa no fato de que os trabalhadores não podem ter receio de revides ou de retaliações, sob pena de completa ineficiência das reuniões e dos projetos.

Por esta razão, os indicados para a CIPA como representantes dos empregadores não gozam da mesma garantia de emprego fornecida aos representantes dos empregados. Não haveria necessidade de protegê-los de represálias, uma vez que estão defendendo os interesses das próprias empresas.

Conforme mencionado, a estabilidade provisória do cipeiro representante dos empregados estende-se ao seu suplente. Deste modo, apenas não gozam da estabilidade provisória os empregados votados que não atingem o patamar mínimo de suplência.

Contudo, cabe ressaltar que a garantia de emprego do cipeiro não é absoluta. O membro da CIPA poderá ser demitido por justa causa, sendo que não há a necessidade de instauração de inquérito para apuração de falta grave. Ainda, o cipeiro poderá ter seu contrato de trabalho rescindido sem justa causa no caso de fechamento total do estabelecimento, nos termos da Súmula nº 339, do TST.

Por fim, outras formas de garantia ao desempenho de atividades do cipeiro são a vedação de transferência deste empregado para outro local de trabalho, uma vez que tal ato frustraria o exercício de mandato para o qual ele foi eleito, e a impossibilidade de redução do número de membros da CIPA, diante da diminuição de empregados na empresa.

Assim, a oscilação de número de empregados não deve influenciar no mandato vigente, apenas para o mandato subsequente, se o número de empregados se mantiver reduzido, conforme preceitua o item 5.15 da NR-05.

### 12.1.4. Tipos de CIPA

Ao longo dos anos, a legislação instituiu Comissões Internas de Prevenção de Acidentes específicas, que foram criadas para determinadas atividades econômicas para atender demandas particulares.

Nesse sentido, a NR-22, no item 22.36, dispõe que as empresas de mineração ou o permissionário de lavra garimpeira deverá organizar e manter em funcionamento a CIPAMIN – Comissão Interna de Prevenção de Acidentes na Mineração.

Também pode-se citar a CIPATR, que é a Comissão Interna de Prevenção de Acidentes do Trabalho Rural, prevista no item 31.7, da NR-31.

Ainda, necessário fazer referência à CIPA dedicada ao trabalho portuário, no item 29.2.2, na NR-29, e a CIPA itinerante para canteiros de obras da construção civil, previsto no item 18.33, na NR-18.

O legislador ainda criou a figura do cipeiro escolar, por meio da Lei nº 12.645/2012. O cipeiro escolar consiste em um estudante que será eleito pelos colegas no dia 10 de outubro de cada ano, para promover o dia nacional da saúde e segurança nas escolas.

## 12.1.5. Atribuições da CIPA

O item 5.16 da NR-05 dispõe sobre as atribuições da CIPA. São elas: a) identificar os riscos do processo de trabalho, e elaborar o mapa de riscos, com a participação do maior número de trabalhadores, com assessoria do SESMT, onde houver; b) elaborar plano de trabalho que possibilite a ação preventiva na solução de problemas de segurança e saúde no trabalho; c) participar da implementação e do controle da qualidade das medidas de prevenção necessárias, bem como da avaliação das prioridades de ação nos locais de trabalho; d) realizar, periodicamente, verificações nos ambientes e condições de trabalho visando a identificação de situações que venham a trazer riscos para a segurança e saúde dos trabalhadores; e) realizar, a cada reunião, avaliação do cumprimento das metas fixadas em seu plano de trabalho e discutir as situações de risco que foram identificadas; f) divulgar aos trabalhadores informações relativas à segurança e saúde no trabalho; g) participar, com o SESMT, onde houver, das discussões promovidas pelo empregador, para avaliar os impactos de alterações no ambiente e processo de trabalho relacionados à segurança e saúde dos trabalhadores; h) requerer ao SESMT, quando houver, ou ao empregador, a paralisação de máquina ou setor onde considere haver risco grave e iminente à segurança e saúde dos trabalhadores; i) colaborar no desenvolvimento e implementação do PCMSO e PPRA e de outros programas relacionados à segurança e saúde no trabalho; j) divulgar e promover o cumprimento das Normas Regulamentadoras, bem como cláusulas de acordos e convenções coletivas de trabalho, relativas à segurança e saúde no trabalho; l) participar, em conjunto com o SESMT, onde houver, ou com o empregador, da análise das causas das doenças e acidentes de trabalho e propor medidas de solução dos problemas identificados; m) requisitar ao empregador e analisar as informações sobre questões que tenham interferido na segurança e saúde dos trabalhadores; n) requisitar à empresa as cópias das CAT emitidas; o) promover, anualmente, em conjunto com o SESMT, onde houver, a Semana Interna de Prevenção de Acidentes do Trabalho – SIPAT; p) participar, anualmente, em conjunto com a empresa, de Campanhas de Prevenção da AIDS.

Ainda, o item 5.17 da NR-05 estabelece que caberá ao empregador proporcionar, em favor dos membros da CIPA, os meios necessários para o desempenho de suas atribuições, garantindo tempo suficiente para a realização das tarefas constantes do plano de trabalho.

Em seguida, o item 5.18 da NR-05 dispõe acerca das obrigações dos empregados com a CIPA. Segundo a norma, os empregados deverão participar da eleição da CIPA, votando em seus representantes, colaborar com a gestão da CIPA, indicar à CIPA, ao SESMT e ao empregador situações de riscos e apresentar sugestoes para melhoria das condições de trabalho e observar e aplicar no ambiente de trabalho as recomendações quanto à prevenção de acidentes e doenças decorrentes do trabalho.

## 12.1.6. Funcionamento da CIPA

De acordo com os itens 5.23 e seguintes da NR-05, as reuniões da CIPA ocorrerão mensalmente, conforme o calendário preestabelecido pela comissão, durante o horário de expediente da empresa. Cada reunião deverá possuir uma ata a ser assinada pelos presentes para posterior encaminhamento a todos os seus membros, que deverá ser arquivada no estabelecimento comercial ou industrial para a consulta do auditor fiscal do trabalho sempre que solicitada.

As decisões tomadas pela CIPA deverão se dar por meio do consenso entre seus membros. Caso não exista consenso entre seus membros, e frustradas as tentativas de negociação, será instalada votação, a qual será registrada em ata. Após a decisão dos membros, caberá pedido de reconsideração, devidamente fundamentado, a ser apreciado em reunião ordinária subsequente.

Além das reuniões ordinárias, será convocada reunião extraordinária pela CIPA quando: a) houver denúncia de situação de risco grave e iminente que determine aplicação de medidas corretivas de emergência; b) ocorrer acidente do trabalho grave ou fatal; e c) houver solicitação expressa de uma das representações.

## 12.1.7. Treinamento da CIPA

Após a eleição dos membros da CIPA, a empresa deverá, nos termos do item 5.32 da NR-05, promover treinamento aos titulares e suplentes, a ser concluído antes da posse. O treinamento terá carga horária de vinte horas, distribuídas em no máximo oito horas diárias e será ministrado durante o expediente de trabalho do estabelecimento.

Antes da Portaria nº 915/2019, o treinamento podia ser ministrado por membros do SESMT, do sindicato patronal ou de trabalhadores ou por qualquer profissional que possuísse conhecimento nos temas ministrados. Tal dispositivo foi expressamente revogado, dando margem para que o treinamento seja ministrado por qualquer pessoa.

Referido treinamento deverá contemplar, no mínimo, os seguintes temas: a) estudo do ambiente, das condições de trabalho, bem como dos riscos originados do processo produtivo; b) metodologia de investigação e análise de acidentes e doenças do trabalho; c) noções sobre acidentes e doenças do trabalho decorrentes de exposição aos riscos existentes na empresa; d) noções sobre a Síndrome da Imunodeficiência Adquirida – AIDS, e medidas de prevenção; e) noções sobre as legislações trabalhista e previdenciária relativas à segurança e saúde no trabalho; f) princípios gerais de higiene do trabalho e de medidas de controle dos riscos; g) organização da CIPA e outros assuntos necessários ao exercício das atribuições da Comissão (item 5.33 da NR-05).

Em período anterior à Portaria nº 915/2019, caso a empresa deixasse de fornecer o treinamento adequado ou o fizesse de modo inadequado ou insuficiente, a Superintendência Regional do Trabalho determinava a complementação do curso ou a realização de outro, que deveria ser realizado no prazo de trinta dias a contar da ciência da empresa acerca da determinação do Ministério do Trabalho. Tal disposição foi também expressamente revogada por aludida Portaria.

## 12.1.8. A CIPA e o trabalho terceirizado

A NR-5 traz a possibilidade de existirem duas ou mais CIPAs no mesmo meio ambiente de trabalho. O item 5.47 define que:

> Sempre que duas ou mais empresas atuarem em um mesmo estabelecimento, a CIPA ou designado da empresa contratante deverá, em conjunto com as das contratadas ou com os designados, definir mecanismos de integração e de participação de todos os trabalhadores em relação às decisões das CIPA existentes no estabelecimento.

Sobre o tema, Homero Batista Mateus da Silva:

> Admitem-se o compartilhamento e a integração de duas ou mais CIPAs, o que normalmente acontecerá em caso de duas ou mais filiais da mesma empresa no mesmo Município ou, ao revés, duas ou mais empresas instaladas no mesmo centro comercial ou industrial. (2015, p. 45)

Deste modo, as duas CIPAs deverão atuar em conjunto para prevenir os riscos ambientais e integrar todos os trabalhadores na participação ao meio ambiente laboral, sem qualquer tipo de discriminação em decorrência de seu empregador.

Todavia, com o advento da Lei nº 13.429/2017, cabe à empresa contratante garantir as condições ideais de saúde, higiene e salubridade dos trabalhadores, quando o trabalho for realizado em suas dependências.

## 12.2. ATUAÇÃO DA CIPA NA PROTEÇÃO DO MEIO AMBIENTE DE TRABALHO. ACIDENTES DE TRABALHO E RISCOS AMBIENTAIS

Como demonstrado acima, as atribuições da CIPA encontram-se diretamente relacionadas com a manutenção do meio ambiente de trabalho equilibrado. Nesse sentido, para a melhor compreensão do tema, é necessária a definição de meio ambiente de trabalho.

Inicialmente, o meio ambiente encontra-se previsto no art. 225 da Constituição Federal, definido como bem de uso comum do povo e essencial à qualidade de vida. Trata-se de um direito fundamental de terceira dimensão com caráter transgeracional, ou seja, de proteção e alcance às presentes e futuras gerações.

O conceito de meio ambiente foi definido pela Lei nº 6.938/1981. Referida Lei traz o conceito de meio ambiente de trabalho em seu art. 3º, inciso I, definindo-o como "o conjunto de condições, leis, influências e interações de ordem física, química e biológica, que permite, abriga e rege a vida em todas as suas formas".

Vislumbra-se que o conceito de meio ambiente da Lei de Política Nacional do Meio Ambiente não traz a tão conhecida subdivisão em meio ambiente natural, artificial, cultural e do trabalho, que advém da doutrina, acertadamente.

Conforme a doutrina, o meio ambiente natural compreende os elementos físicos e biológicos nativos, como o solo, água, ar atmosférico, flora e fauna e suas interações com o meio; o meio ambiente artificial compreende o espaço aberto urbano e o espaço aberto fechado; o meio ambiente cultural consiste no patrimônio histórico, artístico, arqueológico e turístico.

O meio ambiente do trabalho, por sua vez, tem sua previsão constitucional no art. 200 da Constituição da República. De acordo com o dispositivo, é atribuição do Sistema Único de Saúde – SUS, dentre outras, colaborar na proteção do meio ambiente, nele compreendido o do trabalho.

Verifica-se que não há qualquer definição de meio ambiente de trabalho no supracitado artigo. Deste modo, o legislador deixou para a doutrina a tarefa de elaborar um conceito de meio ambiente de trabalho. A partir de então, diversos doutrinadores trouxeram à baila conceitos de meio ambiente de trabalho, com definições distintas entre si.

Cita-se como exemplo a definição de José Afonso da Silva, que define o meio ambiente de trabalho como o "complexo de bens imóveis e móveis de uma empresa e de uma sociedade, objeto de direitos subjetivos privados, e de direitos invioláveis da saúde e da integridade física dos trabalhadores que o frequentam" (2000, p. 05).

Em um conceito eminentemente geográfico, Celso Antônio Pacheco Fiorillo aduz que o de meio ambiente é tratado como o local:

> onde as pessoas desempenham suas atividades laborais, sejam remuneradas ou não, cujo equilíbrio está baseado na salubridade, do meio e na ausência de agentes que comprometam a incolumidade físico-psíquica dos trabalhadores, independentemente da condição que ostentem (homens ou mulheres, maiores ou menores de idade, celetistas, servidores públicos, autônomos, etc.). (2002, p. 22-23)

Trazendo conceito diverso, Amauri Mascaro Nascimento define o meio ambiente do trabalho da seguinte maneira:

> [...] complexo máquina-trabalho: as edificações do estabelecimento, equipamentos de proteção individual, iluminação, conforto térmico, instalações elétricas, condições de salubridade ou insalubridade, de periculosidade ou não, meios de prevenção à fadiga, outras medidas de proteção ao trabalhador, jornadas de trabalho e horas extras, intervalos, descansos, férias, movimentações, armazenagens e manuseio de materiais que formam o conjunto de condições de trabalho, etc. (1999, p. 584)

Apesar de os conceitos acima não exaurirem a definição de meio ambiente de trabalho, não considerando a sua dimensão psicológica[2] e deixando de expor quais trabalhadores inserem-se no meio ambiente – se avulsos, temporários, autônomos, terceirizados etc., já é possível identificar o ponto de partida do conceito de meio ambiente de trabalho e, por conseguinte, do principal foco da Comissão Interna de Prevenção de acidentes: o local onde se desenvolve o trabalho.

Como pode se depreender do seu próprio nome, a CIPA tem como principal objetivo a prevenção de acidentes de trabalho[3] e doenças ocupacionais[4], tratando-se do principal canal de comunicação entre empregados, empregadores e profissionais do ramo. A CIPA deve ser a responsável pela conscientização dos trabalhadores acerca dos riscos ambientais, sejam de natureza física, química ou biológica.

---

2  A dimensão psicológica do meio ambiente de trabalho é trazida por Guilherme Guimarães Feliciano, trazendo o seguinte conceito de meio ambiente de trabalho: "conjunto (sistema) de condições, leis, influências e interações de ordem física, química, biológica e psicológica que incidem sobre o homem em sua atividade laboral, esteja ou não submetido ao poder hierárquico de outrem" (2013, p. 13).
3  O conceito de acidente de trabalho é previsto no art. 19 da Lei nº 8.213/1991. De acordo com o dispositivo, "acidente do trabalho é o que ocorre pelo exercício do trabalho a serviço de empresa ou de empregador doméstico ou pelo exercício do trabalho dos segurados referidos no inciso VII do art. 11 desta Lei, provocando lesão corporal ou perturbação funcional que cause a morte ou a perda ou redução, permanente ou temporária, da capacidade para o trabalho".
4  O conceito de doença ocupacional encontra-se no art. 20 da Lei nº 8.213/1991: "doença profissional, assim entendida a produzida ou desencadeada pelo exercício do trabalho peculiar a determinada atividade e constante da respectiva relação elaborada pelo Ministério do Trabalho e da Previdência Social" e; "doença do trabalho, assim entendida a adquirida ou desencadeada em função de condições especiais em que o trabalho é realizado e com ele se relacione diretamente".

Com relação ao caráter preventivo dos riscos ambientais, cabe à Comissão Interna de Prevenção de Acidentes elaborar o Mapa de riscos ambientais; realizar visitas ao meio ambiente laboral para averiguação da implantação de medidas de prevenção; implementar o PCMSO e o PPRA; participar, em conjunto com o SESMT, onde houver, ou com o empregador, da análise das causas das doenças e acidentes de trabalho e propor medidas de solução dos problemas identificados, dentre outros.

A CIPA também tem importante papel na atuação repressiva dos acidentes do trabalho e doenças ocupacionais.

Os acidentes de trabalho são a principal causa de afastamentos do emprego. De acordo com o levantamento realizado pelo Ministério da Previdência realizado em 2015[5], foram emitidas 3.317.932 comunicações de acidente de trabalho nos anos de 2010 a 2014, demonstrando a importância do cumprimento das normas de saúde e segurança do trabalho.

Nesse diapasão, os afastamentos por auxílio-doença acidentário aumentaram cerca de 84% em aproximadamente 11 anos (período analisado – 2003 a 2004), enquanto o benefício não acidentário aumentou 32% no mesmo período[6].

Com relação aos acidentes de trabalho, cabe à CIPA solicitar à empresa medidas que previnam e orientem os trabalhadores sobre a prevenção dessas contingências, bem como solicitar as cópias das Comunicações de acidente emitidas para controle e implementação de novas medidas de prevenção e proteção de acidentes, sempre em colaboração com o Serviço Especializado de Engenharia e Medicina do Trabalho – SESMT e, ainda, requerer ao SESMT, quando houver, ou ao empregador, a paralisação de máquina ou setor onde considere haver risco grave e iminente à segurança e saúde dos trabalhadores. Deste modo, a CIPA deverá contribuir diariamente para a promoção e manutenção do meio ambiente laboral saudável.

## CONSIDERAÇÕES FINAIS

Após quase 30 anos da criação da Norma Regulamentadora nº 05, verifica-se que as atribuições da CIPA têm ganhado destaque na proteção do meio ambiente do trabalho, seja por meio da elaboração de medidas de proteção ambiental, seja pela difusão de informações entre os trabalhadores ou na reunião de esforços com os demais órgãos de proteção, tais como o SESMT e os sindicatos.

A CIPA é o principal modo de acesso dos trabalhadores às informações sobre a segurança no meio ambiente de trabalho, tratando-se de verdadeira expressão de participação democrática dos trabalhadores nos processos decisórios da empresa no que tange ao meio ambiente de trabalho.

Contudo, há, ainda, um longo caminho a se percorrer no que toca à prevenção dos acidentes de trabalho, como demonstraram as estatísticas do Ministério do Trabalho, Emprego e Previdência Social. Somente com a forte atuação da CIPA na fiscalização, prevenção e disseminação de informação aos trabalhadores será possível reduzir os danos ao meio ambiente laboral.

---

5   Disponível em http://www.previdencia.gov.br/wp-content/uploads/2016/09/III-Boletim-2015.pdf. Acesso em: 26 fev. 2017.
6   Disponível em http://trabalho.gov.br/images/Documentos/outrosAssuntos/bolquadi14.12.15.pdf. Acesso em: 26 fev. 2017.

# CAPÍTULO 13
## TRABALHO PERVERSO: INSALUBRIDADE

*Túlio Macedo Rosa e Silva*

## INTRODUÇÃO

Analisar o problema da insalubridade em nosso ordenamento jurídico sob o prisma do meio ambiente do trabalho é tarefa que vai além das pesquisas relacionadas aos percentuais e hipóteses configuradoras do adicional a ser pago, sua base de cálculo e estudo da imprescindibilidade da perícia para o deferimento da parcela aos milhares de trabalhadores que são contemplados pela exposição a agentes insalubres durante a realização de suas atividades laborais.

Em relação à terminologia a ser adotada, cumpre destacar que José Luiz Ferreira Prunes foi o primeiro autor a utilizar a expressão *trabalho perverso* como gênero, referindo-se às espécies: trabalhos perigosos, insalubres e penosos (PRUNES, 2015).

Quanto aos números relacionados ao tema, pesquisa publicada pela Organização Internacional do Trabalho aponta que 7.500 pessoas morrem (6.500 pessoas devido a doenças profissionais e 1.000 pessoas devido a acidentes do trabalho) todos os dias devido a condições de trabalho perigosas e insalubres, o que equivale de 5% a 7% das mortes a nível global (OIT, 2019).

Os números assustam e demonstram a necessidade de elaboração de estudos capazes de identificar as causas desse cenário, bem como o estabelecimento de estratégias para minimizar essa triste realidade. Para tanto, impossível realizar essa tarefa de maneira dissociada da análise dos esforços de fortalecimento da rede de proteção aos direitos dos trabalhadores.

Nessa linha, importante destacar que o Direito do Trabalho no mundo todo é atacado por esforços contrários à ampliação da rede de proteção dos trabalhadores. Tanto isso é verdade que Raimundo Simão de Melo afirma: "a classe trabalhadora viveu, a partir da Revolução Industrial, um século de lutas, um outro de conquistas – do chamado Estado do bem-estar social – e, finalmente, entra no terceiro século, denominado de Estado do mal-estar" (MELO, 2013, p. 80).

Dessa forma, o autor relaciona as principais afrontas ao Direito do Trabalho: a) violação de seus princípios fundamentais; b) retorno ao contrato civil disciplinando a oferta de mão de obra; c) eliminação da estabilidade no emprego; d) supressão do princípio da continuidade da relação empregatícia; e) surgimento de contratos temporários e precários, incluindo cooperativas de mão de obra, terceirização, quarteirização, quinteirização, pejotização; f) intermediação de mão de obra por empresas fraudulentas; g) alteração dos contratos coletivos em prejuízo aos trabalhadores; h) desenvolvimento de políticas neoliberais implementados pelos governos federais; i) flexibilização das normas trabalhistas por meio de leis que estabelecem a predominância do negociado sobre o legislado num país que não possui sequer garantia integral da liberdade sindical, e que ainda sobre com sindicatos desprovidos de representatividade, dependentes da contribuição sindical obrigatória; j) redução dos custos empresariais, ao argumento de que as garantias dos trabalhadores constituem empecilhos à sobrevivência da empresa e à sua competitividade nos mercados interno e internacional; l) violação constante aos direitos humanos mais básicos, como o trabalho da criança e do adolescente, discriminações desarrazoadas em virtude de diversos fatores como sexo, nacionalidade, cor da pele, origem social, idade e, ainda, trabalho em condições análogas às de escravo em pleno século XXI (MELO, 2013, p. 81-82).

Outra crítica interessante a ser realizada consiste no fato da consolidação e o consequente desenvolvimento histórico da proteção dos direitos sociais configurarem, segundo Karl Polany, citado por Luiz Philippe Vieira de Mello Filho e Renata Queiroz Dutra, um "contramovimento" capaz de assegurar um patamar mínimo de garantia aos direitos dos trabalhadores e ao meio ambiente contra os aspectos perversos do capitalismo, mas ao mesmo tempo, constitui uma maneira de proteger a própria organização do sistema capitalista (MELLO FILHO, DUTRA, 2014).

No âmbito nacional, apesar dos avanços registrados no Texto constitucional de 1988 e da preocupação com as garantias individuais e os direitos econômicos, sociais, culturais e ambientais, é possível notar que em relação aos direitos trabalhistas houve forte influência das tendências neoliberais ao permitir a flexibilização das conquistas dos trabalhadores. Essa tendência é verificada, por exemplo, na possibilidade de redução salarial (art. 7º, VI), compensação de horário e redução da jornada de trabalho (art. 7º, XIII), prorrogação da jornada realizada em turnos ininterruptos de revezamento (art. 7º, XIV), tudo via negociação coletiva.

A reforma trabalhista, implementada pela Lei nº 13.467/2017, manteve a tendência de flexibilização dos direitos trabalhistas. As regras relacionadas à exposição do trabalhador a agentes insalubres não foram poupadas pelas alterações realizadas pela nova lei.

Dessa maneira surgem questionamentos que nortearão o desenvolvimento da presente pesquisa: admitir o trabalho do ser humano exposto a agentes insalubres ainda na atualidade, obrigando-o a um desgaste físico, deterioração de sua saúde e sofrimento desnecessários, seria possível diante das regras do ordenamento jurídico? Após todas as conquistas da civilização, manter o trabalho em condições insalubres não estaria em desconformidade com a proteção concedida pelo Direito do Trabalho? As reflexões abaixo realizadas terão como objetivo a solução dessas dúvidas.

## 13.1. DIREITO DO TRABALHO, MEIO AMBIENTE DO TRABALHO E INSALUBRIDADE

A compreensão do labor exposto a agentes insalubres deve passar por algumas considerações, ainda que breves, sobre o meio ambiente do trabalho, pois tais agentes são responsáveis por desarmonizar o equilíbrio natural que deveria existir em todos os locais de trabalho, causando prejuízos à saúde dos trabalhadores.

Nessa linha, Norma Sueli Padilha afirma que o direito do trabalho é imprescindível para a proteção dos direitos humanos do trabalhador, ao mesmo tempo que é essencial o fortalecimento dos instrumentos juslaborais aptos a abrigar todas as dimensões do ambiente artificial onde o trabalhador investe a maior parte de sua vida produtiva (meio ambiente do trabalho) e, sendo assim, é necessário que se eliminem todas as concepções fragmentadas a respeito da proteção jurídica do trabalhador, especialmente em virtude das ameaças tecnológicas inseridas no ambiente de trabalho, que necessitam do aumento da proteção dos instrumentos historicamente originados pelo sistema trabalhista, expandindo a rede de proteção à qualidade de vida no trabalho (PADILHA, 2013).

Em complemento, cumpre salientar que o direito ao meio ambiente do trabalho equilibrado é classificado como direito humano fundamental de terceira dimensão. No caso brasileiro, sua consagração está no art. 225 do Texto Constitucional. Ademais, o conceito de *meio ambiente humano*, da forma como estabelecido na Conferência de Estocolmo (1972), constitui uma *Gestalt* que se divide em quatro aspectos: meio ambiente natural, meio ambiente artificial, meio ambiente cultural e meio ambiente do trabalho. Logo, não compreendem facetas compartimentadas ou institutos isolados. Consistem, sim, em dimensões da mesma "realidade fenomenológica", pois seria inviável estudar o meio ambiente do trabalho sem levar em consideração seus entornos naturais e os resultados da atuação humana em seu hábitat natural, sem esquecer-se dos fatores culturais que permeiam as relações sociais (FELICIANO, 2011).

Nesse contexto, deve-se lembrar que a atenção aos riscos à saúde e segurança do trabalhador no ambiente de trabalho existe no Direito Constitucional desde a origem do desenvolvimento do Constitucionalismo Social, quando as normas de proteção à segurança e higiene dos trabalhadores foram contempladas pelos textos constitucionais contemporâneos, a partir da Constituição Mexicana de 1917. Todavia, o principal fator que contribuiu para a proteção jurídica ao meio ambiente do trabalho seguro e saudável foi a criação da Organização Internacional do Trabalho – OIT, que passou a exercer influência sobre as Constituições dos Estados-membros nas normas elaboradas sobre o tema (PADILHA, 2014).

Entre os exemplos mais remotos dessa preocupação da OIT com o meio ambiente do trabalho, há a Convenção nº 12, que trata de indenização por acidente do trabalho na agricultura, adotada em 1921 e ratificada pelo Brasil em 1957, e a de nº 16, que trata de exame médico de menores no trabalho marítimo, adotada em 1921 e ratificada pelo Brasil em 1936.

Além dessas normas internacionais, a OIT buscou melhorar e ampliar o nível de vida dos trabalhadores ao preocupar-se com a tutela adequada da saúde e da segurança em todas as ocupações. Tal preocupação pode ser identificada, inclusive, ao verificar que seu principal objetivo compreende a promoção da melhoria nas condições e no meio ambiente do trabalho, como meio para garantir o bem-estar dos trabalhadores. Na busca dessa finalidade, a OIT atua para a uniformização internacional do Direito do Trabalho, por meio da harmonização de normas que promovam a universalização da justiça social e do trabalho digno (COSTA, GONÇALVES, ALMEIDA, 2013).

Para tanto, a entidade possui três convenções que tratam o assunto: Convenções nºs 148, 155 e 161, todas ratificadas pelo Brasil. A Convenção nº 148 disciplina a prevenção e limitação dos riscos profissionais no local de trabalho oriundos da contaminação do ar, ruído e vibrações. Impõe o emprego de medidas técnicas apropriadas à proteção dos trabalhadores sujeitos a esses riscos. O intuito da Convenção é eliminar o risco e não somente neutralizá-lo. Essa última possibilidade seria exequível na hipótese de ser impossível tecnicamente a eliminação do risco. Estabelece ainda a responsabilidade do empregador pela adoção de medidas técnicas, e o trabalhador é obrigado a seguir as medidas determinadas. Prioriza o direito do trabalhador a ter ciência dos riscos a que está submetido e ainda obter orientação adequada para se prevenir e se defender dos riscos.

A Convenção nº 155, por sua vez, traz rol não exaustivo das finalidades políticas inerentes ao tratamento jurídico dispensado ao meio ambiente do trabalho, distribuindo-as sob os seguintes temas: **(1)** higidez do local de trabalho; **(2)** segurança na construção e no manejo de máquinas e ferramentas; **(3)** proteção dos trabalhadores contra agentes químicos, biológicos e físicos;

**(4)** gestão e a adequação das atividades, das operações e dos processos relacionados ao trabalho, com a determinação dos seus graus de risco e a sua classificação como proibidos, limitados ou controlados; **(5)** implementação de um sistema apropriado de fiscalização do meio ambiente do trabalho; **(6)** pesquisas de acidentes de trabalho e a publicação periódica das informações; **(7)** adoção compulsória de técnicas assecuratórias da segurança no trabalho e de processos de controle da ação de agentes químicos. O conjunto desses objetivos evidencia que a preocupação da entidade é, essencialmente, a "neutralização ou redução dos riscos inerentes ao trabalho e ao local de trabalho" (FELICIANO, 2011):

> Por fim, a Convenção 161 da OIT regulamenta os serviços de saúde no local de trabalho. Dispensa, assim, atenção a ações preventivas e que contemplem a participação dos trabalhadores. Sua finalidade é assegurar um meio ambiente do trabalho seguro e salubre, proporcionando saúde física e mental apropriada aos trabalhadores na realização de suas atividades laborais. (COSTA, GONÇALVES, ALMEIDA, 2013)

Não se pode deixar de lembrar também a expressa previsão da segurança e saúde do trabalhador como direito humano no Pacto Internacional dos Direitos Econômicos, Sociais e Culturais, aprovado pelas Nações Unidas em 1966 e vigente a partir de 1977. Referido diploma, em seu art. 7º, reconhece como expressão do direito a condições de trabalho justas e favoráveis "a segurança e a higiene no trabalho" (SILVA, LIMA, 2019).

Em que pese todos esses esforços contemplados nas normativas internacionais, no Brasil, o legislador escolheu o caminho da monetização do risco, estabelecendo adicionais remuneratórios com o intuito de compensar os prejuízos à saúde do trabalhador em virtude do maior desgaste decorrente de trabalhos insalubres. A primeira norma que estabeleceu a monetização do risco foi o Decreto-Lei nº 399, de 30 de abril de 1938, permitindo o trabalho em condições insalubres desde que fosse pago o adicional de 10%, 20% ou 40% sobre o salário mínimo. Na mesma linha, a exposição do trabalhador a condições perigosas foi permitida mediante pagamento e adicional de 30% sobre o salário do trabalhador, por meio da Lei nº 2.573, de 15 de agosto de 1955. Em complemento, a Lei Orgânica da Previdência Social (Lei nº 3.807, de 26 de agosto de 1960) ampliou o contexto de monetização do risco do trabalho quando criou a aposentadoria especial para os trabalhadores que laborassem quinze, vinte ou vinte e cinco anos em serviços penosos, insalubres ou perigosos. Logo, verifica-se que o ordenamento jurídico pátrio estimula duas vezes o trabalho em exposição a agentes perversos, pois incentiva o trabalho em condições de risco com a previsão de adicionais que aumentam a remuneração e, ao mesmo tempo, premia o trabalhador exposto a esse risco com aposentadoria precoce (JUNIOR, 2008).

Nesse contexto, verifica-se que o conjunto de normas constitucionais e convencionais exposto garante o direito fundamental do trabalhador ao meio ambiente do trabalho equilibrado, difundindo-se seus efeitos no contrato de trabalho e, enquanto norma de ordem pública, obriga o empregador a respeitar a sadia qualidade de vida de todos no ambiente laboral e a protegê-los dos riscos proporcionados pela atividade econômica, devendo, ainda, prestigiar práticas sustentáveis, privilegiando medidas de precaução e implementação de desenvolvimento sustentável em benefício de seus empregados e da coletividade em que está inserido. Em complemento, o Poder Judiciário Trabalhista também está vinculado à efetivação do meio ambiente do trabalho equilibrado, cumprindo sua missão ao interpretar e aplicar os direitos fundamentais com a maior eficácia possível (PADILHA, 2013).

A alteração do modelo constitucional possui consequências principalmente na proteção jurídica das atividades de risco, do acidente do trabalho, da saúde e integridade física do trabalhador. Nessa linha, um acidente do trabalho ou qualquer prejuízo à saúde do trabalhador, no plano coletivo ou individual, motiva a eficácia irradiante do direito fundamental ao meio ambiente equilibrado, elastecendo a proteção jurídica para além dos limites do direito do trabalho, pois ocorre no caso dano ambiental que requer a utilização do regime do direito constitucional ambiental, incluindo seus princípios e critérios de responsabilidade. Logo, a luta pelo meio ambiente do trabalho equilibrado carece de compreensão mais ampla por aqueles que possuem o dever de implementá-lo, mas que insistem em não cumprir ainda os clássicos direitos sociais de monetarização do risco, incluindo aí o adicional de insalubridade, e cujas controvérsias demandam da Justiça do Trabalho atividade limitada aos aspectos monetários dos direitos sociais (PADILHA, 2013).

Essas são, portanto, as principais considerações a serem realizadas sobre a relação entre direito do trabalho, meio ambiente do trabalho e a exposição do trabalhador a agentes insalubres. Nos próximos itens, será realizada análise mais profunda sobre o tratamento dispensado pela legislação pátria ao trabalho insalubre e as consequências que esse tratamento provoca à saúde dos trabalhadores.

## 13.2. ANTINOMIA E INSALUBRIDADE

Todas as vezes que o estudo de um tema necessita da análise sobre alguma antinomia jurídica, imprescindível a abordagem dos ensinamentos de Norberto Bobbio a respeito. Nesse sentido, o autor ensina que o Direito não admite antinomias e relembra Justiniano ao afirmar no *Digesto* que no Direito não existem normas incompatíveis. Nessa linha, conceitua-se antinomia jurídica como sendo aquela situação que comporta duas normas incompatíveis, integrantes do mesmo ordenamento jurídico e que possuem o mesmo âmbito de validade. Nesse contexto, o autor ainda realiza uma diferenciação entre as antinomias solúveis ou aparentes e as insolúveis ou reais. Essas últimas são aquelas em que o intérprete é abandonado a si mesmo em virtude de inexistir um critério de solução ou em razão de conflito entre os critérios utilizados para resolver a antinomia (BOBBIO, 1995, p. 88-92)[1].

No caso do ordenamento jurídico brasileiro, indaga-se se existe antinomia entre o inciso XXII, do art. 7º da Constituição da República, que determina a redução de riscos inerentes ao trabalho, por meio de normas de saúde, higiene e segurança, e o inciso XXIII do mesmo dispositivo constitucional, que estabelece os adicionais remuneratórios em caso de trabalho realizado em ambiente insalubre, perigoso ou penoso. A princípio, há contradição quando uma norma busca a eliminação dos riscos ambientais e outra monetariza esses riscos, propiciando ganho adicional na remuneração em troca de prejuízo (potencial ou atual) à saúde do trabalhador.

Todavia, como aponta Feliciano, sempre existirá trabalho insalubre, penoso e perigoso em algumas atividades em virtude do atual grau de desenvolvimento tecnológico, que poderá ser implementado sob a égide do art. 170 da Constituição Federal, ou até mesmo para o atendimento do interesse público primário, como exemplo as atividades de produção e transmissão de energia elétrica (Lei nº 7.369/1985). Dessa forma, a diminuição máxima do agente perverso com sua consequente eliminação constitui a primeira finalidade do ordenamento jurídico, desobrigando

---

[1] Cumpre enumerar as regras fundamentais para a solução de antinomias: critério cronológico, critério hierárquico e critério da especialidade.

o empregador do pagamento do adicional respectivo. Concomitantemente, a Constituição permite, diante da realidade do atual estágio tecnológico, que em algumas atividades econômicas, a exposição do trabalhador ao agente prejudicial, mediante o pagamento de plus salarial. Defende-se, portanto, que haverá vedação ao trabalho perverso, exceto quando ela for necessária à sociedade, respeitando-se, assim, o princípio da livre-iniciativa. A saída jurídica para a situação compreende a harmonização dos dois princípios contrapostos (direito ao meio ambiente do trabalho sadio e a livre-iniciativa econômica), justificando a existência dos adicionais remuneratórios, cujo objetivo é incentivar que o empregador disponibilize equipamentos de proteção individual e coletivo, para diminuir e até excluir o ônus remuneratório, deixando de incentivar a prática da atividade insalubre, penosa e perigosa. Mesmo assim, sendo impossível a neutralização do risco, concede-se ao trabalhador uma compensação remuneratória em decorrência dos prejuízos provocados à sua saúde (FELICIANO, 2002).

Logo, a primeira conclusão dessa análise é a inexistência de antinomia entre os incisos XXII e XXIII do art. 7º da Constituição da República. No mesmo sentido, Padilha aponta que "a interpretação constitucional deve observar os princípios da *unidade*, buscando evitar contradições, antinomias e antagonismos aparentes entre normas constitucionais, bem como, o da *máxima efetividade* que propicia a maior eficácia possível ao texto constitucional" (PADILHA, 2011).

Sendo assim, o pagamento dos adicionais remuneratórios não constitui monetarização do risco profissional ou a mercantilização da saúde do trabalhador, mas sua previsão pelo ordenamento jurídico deve ser interpretada como medida excepcional. Nessa linha, a doutrina já aponta que o pagamento do adicional deve ser transformado em repouso adicional, pois a redução da exposição aos agentes prejudiciais cumulada com maior repouso possibilitaria melhores chances de recomposição ao organismo humano (ANDRADE, 2003). Entretanto, cumpre lembrar que tal saída poderá enfrentar resistência por parte dos trabalhadores que terão sua renda reduzida ao final do mês. Portanto, a melhor solução apontada por Feliciano seria acrescentar os adicionais aos salários dos trabalhadores de forma proporcional ao período de exposição aos agentes perversos. Interessante lembrar que a redução da jornada não consiste na melhor saída para os casos de periculosidade, pois a "perversidade não está no desgaste ou na contaminação diária do organismo, mas tão somente no risco potencial (FELICIANO, 2002).

Nesse mesmo sentido, José Luiz Ferreira Prunes ensina que nos trabalhos perigosos a saúde do trabalhador não é prejudicada, pois inexiste qualquer alteração em seu organismo. O pagamento do adicional de periculosidade ocorre em função do risco a que o trabalhador está exposto, não sendo necessário que em algum momento ocorra o sinistro nas atividades laborais, que, todavia, pode ocorrer a qualquer momento. Já o trabalho insalubre causará prejuízos ao corpo do trabalhador que enfrentará alterações e anormalidades em suas funções orgânicas em decorrência dos efeitos da atuação das substâncias nocivas. O acréscimo salarial devido, dessa maneira, deve ser utilizado para compensar esses efeitos deletérios, possibilitando que a alimentação, vestuário ou mesmo medicamentos adquiridos possam restabelecer o desgaste sofrido (PRUNES, 2015, p. 710).

Assim, evidente que o pagamento do adicional de insalubridade deve ocorrer em situações excepcionais. Todo o sistema jurídico aqui analisado aponta no sentido de que, não existindo outros meios de impedir a realização do trabalho em condições insalubres, a última saída compreende o pagamento do adicional como maneira de atenuar o sofrimento e o desgaste do trabalhador exposto a tais formas de trabalho.

Mas permitir que o trabalhador esteja exposto a agente insalubre, como dispõe o art. 7º, XXIII da Constituição Federal, mesmo em situações excepcionais, não seria inconstitucional por admitir prejuízos à saúde de um ser humano.

Para responder a indagação, importante mencionar entendimento defendido por Nahmias, segundo o qual não existe inconstitucionalidade desse dispositivo constitucional, pois ele não é hierarquicamente inferior a nenhum outro dispositivo do texto constitucional. Seu texto deve ser interpretado de forma sistemática, em harmonia com todas as outras normas constitucionais. Nessa linha, cumpre lembrar que os direitos fundamentais não são absolutos, e dentre eles, o direito ao meio ambiente saudável também é relativo. Assim, simultaneamente à defesa do meio ambiente saudável e da saúde do trabalhador, é necessário admitir que a exposição ao risco é inerente a algumas atividades profissionais em virtude do atual grau de desenvolvimento tecnológico de nossa sociedade (MELO, 2001, p. 78).

Entretanto, algumas distorções nesse modelo interpretativo são identificadas na legislação infraconstitucional, bem como são praticadas pelos empregadores ao enfrentarem o tratamento da matéria, conforme serão analisadas a partir de agora.

## 13.3. INSALUBRIDADE E A REALIDADE NACIONAL

O primeiro trabalho científico que tratou da relação entre doença e atividades laborais foi publicado em 1700, com o título "*De morbis artificum diatribe*", escrito pelo médico italiano Bernardino Ramazzini. Todavia, no Brasil, apenas nos anos 30, o problema da insalubridade foi abordado, quando o texto da Constituição de 1934 proibiu o trabalho insalubre para menores de 18 anos e para as mulheres. Maior interesse houve a partir de 1940 quando foi criado o adicional para atividades insalubres com adicionais que variavam entre 10%, 20% e 40% do salário mínimo (OLIVEIRA, 1996, p. 139-140).

No entanto, as pesquisas nas áreas da higiene ocupacional, toxicologia e medicina do trabalho avançam no sentido de mostrar cada vez mais as dimensões dos danos à saúde do trabalhador e, como muitos produtos nocivos, não estão previstos nas listas oficiais ou são classificados com limites de tolerância impróprios.

Logo, a ação mais eficaz na luta contra os agentes agressivos é eliminá-los. Entretanto, como isso não é tecnicamente possível em várias situações, ou economicamente viável em outras, a legislação admite que o agente insalubre seja somente neutralizado, com o intuito de proteger a saúde do trabalhador.

De acordo com a OIT, existem quatro maneiras principais de prevenção contra os agentes danosos a seguir listados em ordem decrescente quanto à sua eficácia: a) eliminação do risco; b) eliminação da exposição do trabalhador ao risco; c) isolamento do risco; d) proteção do trabalhador (OLIVEIRA, 1996, p. 214).

A primeira alternativa elencada pela OIT é a forma mais radical e mais eficaz de proteção à saúde do trabalhador. Como ocorre em outros países, a legislação brasileira determina como prioritárias ações de ordem geral, estabelecendo o uso de EPI como última opção, como se observa no texto do art. 166 da CLT.

A segunda medida da OIT aponta que, não sendo possível a eliminação do risco, os empregados expostos devem ser deslocados, ou ter suas operações fracionadas em vários estabelecimentos para que os danos alcancem apenas um número mínimo de trabalhadores expostos diretamente.

A terceira opção é similar à segunda, pois implica o isolamento da atividade de risco, por exemplo: criação de barreiras para deter a disseminação do agente, como o confinamento de áreas de trabalho.

Caso nenhuma das medidas seja possível, o último remédio é neutralizar o agente por meio do uso de EPI. Assim, apenas ocorrerá a neutralização quando o agente tem sua intensidade reduzida a limites toleráveis, que, conforme item 15.1.5 da Portaria nº 3.214 do MTE de 1978, consiste na "concentração ou intensidade máxima ou mínima, relacionada com a natureza e o tempo de exposição ao agente, que não causará dano à saúde do trabalhador, durante sua vida laboral".

Todavia, a realidade nacional despreza a ordem de preferência apontada na legislação, sendo comum a utilização da última opção como primeira. Foram criados, nesse sentido, mais mecanismos para possibilitar o convívio com o agente agressivo e não para eliminá-lo. Portanto, opta-se por isolar o trabalhador que possui os sentidos reduzidos pelo uso incômodo dos equipamentos de proteção, em vez de afastar o agente nocivo (OLIVEIRA, 1996, p. 2015).

Não fosse isso suficiente, essa opção mais utilizada pelos empregadores ainda expõe o trabalhador a agentes insalubres, o que lhes gera o direito à remuneração do adicional correspondente.

Mesmo assim, o Brasil não é o único país a remunerar o trabalho insalubre de forma diversa do trabalho em ambiente sadio. Nessa linha, cite-se que na Alemanha não é pago adicional de insalubridade, periculosidade ou penosidade, mas a exposição do trabalhador a locais de trabalho agressivos à sua saúde confere-lhe maior salário. O plus salarial é estabelecido mediante acordo entre sindicatos e entidades patronais de classe. Na Bélgica e na Holanda é autorizado o pagamento de adicionais apenas após todas as tentativas para eliminar ou neutralizar os riscos ambientais de trabalho terem sido frustradas. Nos Estados Unidos da América a legislação determina que todas as empresas têm obrigação de proporcionar ambiente de trabalho sadio e/ou diminuir sua agressividade, inexistindo previsão legal quanto ao pagamento de adicionais específicos e, no caso específico da realização de trabalho insalubre, o acréscimo salarial é tratado em convenção coletiva de trabalho. Na Itália, a insalubridade e a periculosidade também não originam direitos a pagamento de adicionais. A legislação estabelece a eliminação ou neutralização das agressões. Entretanto, as indústrias químicas do país incluem cláusulas sobre o tema nos contratos coletivos de trabalho. O ordenamento jurídico do Japão determina a eliminação dos riscos insalubres ou perigosos, mas não é pago nenhum adicional específico por conta da exposição do trabalhador. Todavia, as atividades mais agressivas permitem variação salarial com maior salário para os trabalhadores empregados nessas atividades. No Reino Unido e em Portugal, não existe tipificação de trabalho insalubre ou perigoso e, também, não é pago nenhum adicional por conta disso. Entretanto, há limites máximos de exposição a agentes insalubres que devem ser respeitados. Na Suíça, há legislação apenas para a prevenção de doenças profissionais, sendo que as atividades insalubres e perigosas não geram a obrigação de pagamento de adicionais, exceto caso verificada a manifestação de doença profissional ou do trabalho (GONÇALVES; GONÇALVES; GONÇALVES, 2015, p. 389).

## 13.3.1. A eterna disputa por uma base de cálculo

A identificação de qual base de cálculo deverá ser utilizada para o cálculo do adicional de insalubridade sempre foi objeto de incontáveis disputas na jurisprudência dos tribunais. A posição que tende a prevalecer em virtude da Súmula Vinculante nº 4 do Supremo Tribunal Federal[2] e dos recentes julgados do Tribunal Superior do Trabalho é que o salário mínimo deve ser a base de cálculo do adicional. O Tribunal Superior do Trabalho decidiu que:

> O STF editou a Súmula Vinculante 4, segundo a qual – salvo nos casos previstos na Constituição, o salário mínimo não pode ser usado como indexador de base de cálculo de vantagem de servidor público ou de empregado, nem ser substituído por decisão judicial –. Diante da lacuna legislativa daí decorrente, acerca da definição da base de cálculo do adicional de insalubridade, o Supremo Tribunal houve por bem preservar o salário mínimo como base de cálculo até que sobrevenha lei ou norma coletiva dispondo sobre a matéria; revigorando, assim, o art. 192 da CLT, em razão do qual deve prevalecer a jurisprudência desta Corte adotada antes da edição da Súmula Vinculante 4[3].

Portanto, o entendimento jurisprudencial que prevalece hoje é a utilização do salário mínimo como base de cálculo do adicional de insalubridade enquanto não for promulgada lei específica ou não existir norma coletiva que determine outra base de cálculo distinta do salário mínimo.

A partir de agora, será abordado com um pouco mais de profundidade os argumentos favoráveis e contrários utilizados na fixação do salário mínimo como base de cálculo do pagamento da parcela.

Nesse contexto, a jurisprudência discute se o adequado seria a utilização do salário mínimo ou o salário contratual para integrar tal base de cálculo. Evidente que caso fixado o salário contratual como base de cálculo, o custo de exposição do trabalhador a agentes insalubres seria maior, o que desestimularia os empregadores a manterem tal situação. Mas esse não tem sido o entendimento preponderante da jurisprudência.

Inicialmente, a título de exemplificar a controvérsia envolvendo a fixação da base de cálculo do adicional de insalubridade, destaca-se crítica realizada por Eduardo Gabriel Saad ao acórdão publicado em meados de 1993 pela 3ª Turma do Tribunal Regional do Trabalho da 3ª Região (Recurso Ordinário nº 4.437) que estabeleceu o salário contratual como base de cálculo do adicional de insalubridade em virtude de o art. 7º, XXIII, da Constituição da República revelar a intenção do legislador constituinte de ressarcir o empregado mais condignamente pela perda da sua saúde a exemplo do que ocorria com o adicional de periculosidade.

Afirma o autor que o índice de letalidade dos trabalhadores expostos à insalubridade é "bem menor" que na periculosidade. Aponta, ainda, que após consultar vários industriais sobre o tema, houve unanimidade de opiniões de que no atual estágio da economia, "é impossível a

---

2 SUPREMO TRIBUNAL FEDERAL. Súmula Vinculante 4. Salvo nos casos previstos na Constituição, o salário mínimo não pode ser usado como indexador de base de cálculo de vantagem de servidor público ou de empregado, nem ser substituído por decisão judicial. Disponível em: http://www.stf.jus.br/portal/jurisprudencia/menuSumario.asp?sumula=1195. Acesso em: 20 maio 2020.
3 TRIBUNAL SUPERIOR DO TRABALHO. E-RR - 40400-20.2001.5.17.0003, Relator Ministro: João Batista Brito Pereira, Data de Julgamento: 04/04/2013; Data de Publicação: 12/04/2013. Disponível em: http://aplicacao4.tst.jus.br/consultaProcessual/consultaTstNumUnica.do?consulta=Consultar&conscsjt=&numeroTst=40400&digitoTst=20&anoTst=2001&orgaoTst=5&tribunalTst=17&varaTst=003&submit=Consultar. Acesso em: 20 maio 2020.

utilização, em larga escala, de equipamentos modernos que não produzam elementos geradores de insalubridade em locais de trabalho ou que os gerem em quantidade que não ponha em risco a saúde do trabalhador". E prossegue defendendo que o adicional de insalubridade tendo como base de cálculo o salário contratual poderia onerar a produção brasileira "a ponto de tornar periclitante sua posição no mercado brasileiro" (SAAD, 2001, p. 199-203).

Em complemento, o autor apresenta conclusão que converge com a opinião de vários doutrinadores e estudiosos sobre o tema. Defende, portanto, que os adicionais de insalubridade e periculosidade possuem o objetivo de coagir os empregadores a manterem ambiente de trabalho saneado, na medida do possível, e que a economia brasileira ainda não possui condições de onerar sua produção sem sacrificar sua posição no mercado internacional, sendo "desaconselhável" adotar base de cálculo "mais gravosa" para a insalubridade e periculosidade.

Tais argumentos, apesar de merecerem o devido respeito, não devem prosperar em virtude dos seguintes fatores. A doutrina converge para dois cenários em relação à diminuição dos riscos a que estão expostos os trabalhadores: a desejável, que constitui a finalidade de Constituição da República, e a tolerável, aplicada na hipótese de ser impossível tecnicamente a eliminação do risco, o que implica na redução (ou neutralização) dos riscos a padrões aceitáveis pela saúde humana. O equilíbrio entre os dois cenários é previsto no art. 4º da Convenção nº 155 da OIT quando estabelece que compete ao empregador reduzir ao mínimo, na medida que for razoável e possível, as causas dos riscos inerentes ao meio ambiente de trabalho (COSTA; GONÇALVES; ALMEIDA, 2013).

Nessa linha, quando for impossível a redução dos riscos em virtude do desenvolvimento atual da técnica e da capacidade econômica do empreendimento, a saída consiste no pagamento dos adicionais remuneratórios. Por conta dessa ordem lógica das etapas a serem cumpridas para a redução dos riscos, os empregadores devem adotar a tecnologia mais recente disponível para preservar a saúde dos trabalhadores. Mas como aplicar esse dever aos pequenos empregadores que não possuem condições de arcar com os altos custos na implementação dessas medidas? Além disso, qual seria o limite da legitimidade desses empregadores atuarem colocando em risco a saúde de seus empregados? A saída é encontrar um ponto de harmonia entre capital e trabalho, ou seja, primar pela boa-fé e razoabilidade que permeiam as relações contratuais.

O que se infere do contexto constitucional é a necessidade de remoção paulatina dos agentes prejudiciais à saúde do trabalhador no ambiente de trabalho e, na sua impossibilidade, retribuir financeiramente o trabalhador. Todavia, em circunstâncias de risco extremo à vida e dignidade do trabalhador, sendo o perigo inerente ao próprio negócio e impossível a sua eliminação, a solução deve ser a interrupção da continuidade do negócio, pois a defesa do ser humano deve se sobrepor à preservação do capital (COSTA; GONÇALVES; ALMEIDA, 2013).

Tal saída está amparada no princípio da prevenção que informa o direito ambiental. Assim, o princípio da prevenção possui como finalidade impedir a ocorrência de danos ao meio ambiente do trabalho em virtude de atividades que possam concreta ou potencialmente causar-lhe danos. Dessa forma, os riscos ou os agentes possíveis dos danos ambientais são conhecidos, competindo ao potencial poluidor e, residualmente, ao Poder Público, implementar as medidas preventivas cabíveis. Esse princípio pode ser identificado, a partir de 1930, inicialmente na Convenção da Basileia sobre Controle de Movimentos Transfronteiriços de Resíduos Perigosos e seu Depósito (preâmbulo), Convenção da Diversidade Biológica (preâmbulo), Tratado de Maastrich sobre a União Europeia e o Acordo-Quadro sobre Meio Ambiente do Mercosul. Além desses, o princípio 14 da Declaração do Rio de Janeiro de 1992 impõe aos Estados o dever de prevenir a transferência a outros Estados de qualquer matéria ou atividade que provoque dano ambiental. O princípio 8 da mesma Declaração relaciona-se também com o princípio da prevenção, pois institui que os Estados têm a obrigação de diminuir e/ou eliminar modelos insustentáveis de produção e consumo, com o objetivo de alcançar o desenvolvimento sustentável, e a consequente elevação da qualidade de vida (CAMARGO; MELO, 2013, p. 63-64).

Pelas razões expostas, é possível encontrar caminho apto a sedimentar ponto de equilíbrio entre a busca de meio ambiente do trabalho saudável e o pagamento do adicional de insalubridade aos trabalhadores, garantindo simultaneamente o crescimento das atividades empresariais em benefício da economia e da criação de vagas de emprego.

### 13.3.2. Reforma Trabalhista: retrocesso desnecessário para a exposição à insalubridade

As alterações na CLT promovidas pela Lei nº 13.467/2017, conhecida como Reforma Trabalhista, foram e continuam sendo objeto de estudos pelos pesquisadores do Direito. Tantas mudanças ocorreram que é praticamente impossível avaliar se o conjunto da obra foi positivo ou não. Depende para quem e sob qual ponto de vista está-se observando.

Mesmo assim, é sempre oportuno lembrar que o Brasil foi colocado na lista dos vinte e quatro casos no mundo que a OIT considera como as principais violações às suas convenções (CHADE, 2018).

Além disso, no âmbito do direito material, Sandro Nahmias Melo e Karen Rosendo de Almeida Leite Rodrigues lembram que a lei ao ser aprovada em velocidade aniquiladora e desprovida de diálogo com a sociedade aparenta reproduzir, em parte, o roteiro do filme "De volta para o futuro". Segundo os autores:

> Tal como no filme da década de 1980, o protagonista e herói – no nosso caso o trabalhador brasileiro – seguia sua vida – já nada fácil – até ser perseguido por vilões que acabam fazendo com que ele volte ao passado. Após a viagem temporal, o herói fica preso no passado, lutando, com todas as forças, para voltar para o futuro. E o passado para nosso herói nunca foi fácil. A proteção dos seus direitos sempre foi coisa do futuro, mediante muita luta. A Reforma Trabalhista, baseada em pós-verdades, ou mentiras mesmo, transporta o trabalhador brasileiro para o passado. Ponto. (MELO; RODRIGUES, 2018, p. 21)

E continuam os autores afirmando que no presente, antes da aprovação da Lei nº 13.467/2017, a CLT não criava óbices para a expansão do número de empregos, como de fato ocorreu até 2014, da mesma forma que a CLT não atrapalhou a recente recuperação econômica do ano de 2017, em que pese o país ter vivido sua maior crise institucional e, mesmo assim, as conquistas histórias relativas à limitação da jornada de trabalho e à proteção da saúde do trabalhador eram tidas como avanço e não como empecilho ao crescimento, raciocínio sustentado pelos empresários da época da Revolução Industrial e agora pelos empresários que defenderam a Reforma Trabalhista nos termos aprovados. A lei aprovada "pretensamente, buscou 'modernizar' a CLT, em especial quanto ao controle de jornada de trabalho, não trouxe qualquer avanço ou modernização, protagonizando sim verdadeiro retrocesso social" (MELO; RODRIGUES, 2018, p. 21).

Especificamente em relação ao adicional de insalubridade, o art. 611-A da CLT trouxe a seguinte redação:

> Art. 611-A. A convenção coletiva e o acordo coletivo de trabalho têm prevalência sobre a lei quando, entre outros, dispuserem sobre:
> [...]
> XII – enquadramento do grau de insalubridade;
> XIII – prorrogação de jornada em ambientes insalubres, sem licença prévia das autoridades competentes do Ministério do Trabalho; [...].

Em primeiro lugar, não se pode deixar de lembrar que em virtude do *caput* do art. 7º da Constituição Federal, as partes na negociação coletiva não podem negociar condições de trabalho que piorem a condição social dos trabalhadores, pois o dispositivo estabelece que "São direitos dos trabalhadores urbanos e rurais, além de outros que visem à melhoria de sua condição social". Nesse sentido, importante trazer os comentários de Raimundo Simão de Melo sobre o tema:

> Este é o parâmetro e norte para interpretação das novas regras trabalhistas: a norma, inclusive negociada, que veio para melhorar a condição social dos trabalhadores é válida porque está de acordo com a Constituição Federal; a norma que veio para piorar a condição social dos trabalhadores não é válida porque está em desacordo com a Constituição Federal. (MELO, 2018)

O autor continua sua análise afirmando que o art. 611-A, ao permitir o enquadramento da insalubridade e a prorrogação da jornada de trabalho em ambientes insalubres, via negociação coletiva, causa prejuízos aos trabalhadores e para as ações da Fiscalização do Trabalho, além dos danos à Previdência Social, pois ocorrerá a queda da remuneração e da arrecadação ao INSS. A permissão estabelecida pelo dispositivo em comento admite que condições estabelecidas como de grau máximo de insalubridade podem ser revertidas para grau mínimo (MELO, 2018).

Ainda lembra o autor que a lei deveria ter se preocupado em eliminar os ambientes insalubres, que prejudicam a saúde do trabalhador. No entanto, preferiu maquiar a situação e permitir a redução do pagamento do adicional ao empregado, "sem qualquer benefício para quem trabalha, com comprometimento da sua saúde nos ambientes insalubres" (MELO, 2018).

Homero Batista afirma que o inciso XII do art. 611-A "dificilmente obterá êxito", pois o dispositivo estabelece "que a negociação coletiva estipule livremente o grau de insalubridade, em evidente contradição com o artigo 611-B, XVII". Segundo o autor, a "ilegalidade desse inciso é flagrante e será perigoso que algum empregador avance nessa negociação para, ao depois, ver a cláusula invalidada e o pagamento da diferença do adicional determinado em decisão judicial" (SILVA, 2019, p. 271).

Na mesma linha, o autor critica o inciso XIII do artigo em comento ao permitir a fixação de horas extras, de forma remunerada ou compensada, em ambientes insalubres, desacompanhadas da autorização das autoridades competentes. Nas palavras de Homero:

> justifica-se a celeuma em torno dessa prorrogação porque não se trata meramente de compensação ou banco de horas, mas de superexposição do trabalhador a agentes físicos, químicos e biológicos acima dos limites de tolerância. Esses limites – que são eles próprios controvertidos, porque são voláveis e apanham apenas um espectro de trabalhadores, e não aqueles hipersuscetíveis – são calculados mundialmente para jornadas de 8 horas no máximo, donde

> a inviabilidade de o empregado ficar exposto a esses agentes em períodos superiores. Por exemplo, a pressão sonora máxima que um trabalhador pode receber é de 85dB, para 8 horas; sua permanência nesse ambiente por 10 horas ou 12 horas gera surdez ocupacional, sendo absolutamente irrelevante se ele vai desfrutar folga no dia seguinte ou na outra semana. Diante dessas premissas, consideramos inconstitucional a liberação irrestrita das horas extras em ambiente insalubre, ainda que pela negociação coletiva, por ser matéria infensa a essa autonomia e por estar em colisão com os propósitos constitucionais de redução de acidentes de trabalho. (art. 7º, XXII) (SILVA, 2019, p. 271)

Em que pese essas considerações, a jurisprudência do Supremo Tribunal Federal apresenta tendência de validar normas coletivas restritivas de direitos trabalhistas previstos no Texto Constitucional ou na CLT (CARNEIRO, 2017). Assim, em uma conjuntura de desemprego e crise econômica, a possibilidade de enquadramento da insalubridade por meio de norma coletiva tende a ser aceita pelo Supremo Tribunal Federal.

Dessa forma, impossível não registrar que as possibilidades trazidas pelos incisos XII e XIII do art. 611-A da CLT estimulam a precarização do meio ambiente do trabalho, expondo o trabalhador a maiores riscos contra sua saúde e sua vida. Além disso, caso a jurisprudência valide a possibilidade de enquadramento da insalubridade via negociação coletiva, haverá consequências deletérias ao sistema público de saúde e previdência social do país, na medida em que sindicatos dotados de pouca ou quase nenhuma representatividade, como é a maioria das entidades sindicais no país hoje, não terão força suficiente para se contraporem à pressão exercida pelas empresas de aumentar seus ganhos a partir da diminuição de parcelas pagas a seus trabalhadores. Logo, não demorará muito para que ocorra o aumento de casos de doença, morte e invalidez prematuras em virtude da maior exposição a agentes insalubres.

Portanto, a reforma trabalhista trazida pela Lei nº 13.467/2017, especificamente quanto à possibilidade de previsão de enquadramento do grau de insalubridade e prorrogação da jornada em ambientes insalubres sem licença prévia das autoridades competentes, via negociação coletiva, representa um retrocesso aos avanços já alcançados pela legislação nacional e internacional de proteção ao meio ambiente do trabalho contra a exposição dos trabalhadores a agentes insalubres.

Um último comentário merece ser acrescido quanto às alterações inseridas pela Lei nº 13.467/2017 relacionadas ao adicional de insalubridade e a permanência da trabalhadora em ambientes insalubres durante a gestação.

Em sua redação original trazida pela Reforma Trabalhista, o art. 394-A da CLT admitia que mulheres gestantes poderiam desempenhar suas atividades laborais em ambiente insalubre em grau mínimo e médio desde que não apresentassem atestado médico afastando-as do exercício das atividades. Na mesma linha, o dispositivo permitia que mulheres poderiam desempenhar suas atividades laborais em ambiente insalubre de qualquer grau durante a lactação desde que não apresentassem atestado médico afastando-as do exercício das atividades.

No entanto, de maneira surpreendentemente positiva, o Supremo Tribunal Federal, ao apreciar a Ação Direta de Inconstitucionalidade nº 5938 proposta pela Confederação Nacional dos Trabalhadores Metalúrgicos, decidiu, por maioria, em maio de 2019, pela inconstitucionalidade da expressão "quando apresentar atestado de saúde, emitido por médico de confiança da mulher, que recomende o afastamento" existente nos incisos II e III do art. 394-A da CLT. O Tribunal reconheceu a necessidade de ser efetivada a proteção dos direitos sociais da mulher, bem como a proteção ao recém-nascido, permitindo seu pleno desenvolvimento, de maneira harmônica, segura e sem riscos decorrentes da exposição a ambiente insalubre, conforme determina o art. 227 da Constituição da República (STF, 2019).

Após a decisão do Supremo Tribunal Federal, portanto, o art. 394-A da CLT estabelece que as trabalhadoras gestantes e em lactação devam ser afastadas das atividades consideradas insalubres em qualquer grau. Não há mais a necessidade de consulta a um médico para avaliar se a trabalhadora merece ou não o afastamento das atividades insalubres. Sendo insalubre, a gestante e a lactante serão afastadas do exercício dessas atividades.

## CONSIDERAÇÕES FINAIS

As reflexões e apontamentos realizados evidenciaram o tratamento dispensado pela legislação e jurisprudência brasileira ao pagamento do adicional de insalubridade. Demonstrou-se o tratamento que as normas internacionais dispensam ao trabalho exposto a agentes insalubres e de que forma os operadores do Direito no Brasil podem atuar para buscar uma interpretação que garanta o maior grau de proteção possível à saúde do trabalhador, sem esquecer-se da inexistência de direitos absolutos em nosso ordenamento jurídico.

Em que pese o retrocesso trazido pela Lei nº 13.467/2017, não se pode negar a relevância que a rede de proteção criada pelas demais normas de proteção ao meio ambiente do trabalho atribui à preservação da saúde do trabalhador. Amparado, assim, no princípio da prevenção, o trabalho em condições insalubres deve ser permitido apenas quando a atividade laboral é imprescindível à sociedade. Não há sustentar aqui os gastos que a empresa terá para diminuir ou eliminar a exposição do trabalhador à nocividade dos agentes insalubres. Argumentos dessa natureza são falhos e expõem apenas sua fragilidade diante do caráter fundamental que assume a saúde humana.

Logo, mesmo diante de toda a proteção jurídica criada em torno da saúde do trabalhador, podem existir atividades laborais que exijam a exposição humana a agentes nocivos. Todavia, essa situação apenas pode ocorrer após esgotadas todas as tentativas de eliminação dos riscos à saúde do trabalhador, pelo empregador e também pelo Poder Público. Na busca dessa neutralização dos riscos, não se deve considerar o valor econômico das iniciativas, pois caso um empreendimento não consiga manter-se funcionando em virtude dos altos custos suportados para a eliminação dos riscos à saúde do trabalhador, deve-se optar pelo encerramento da atividade empresarial.

Se existe tecnologia que garanta a eliminação dos efeitos nocivos à saúde do trabalhador no desenvolvimento de uma atividade laboral, essa tecnologia deve ser utilizada. Caso não existam mecanismos ou equipamentos que eliminem os riscos à saúde de trabalhador, o trabalho humano deve ser permitido, com o pagamento do respectivo adicional. Todo esse esforço justifica-se somente pela necessidade de privilegiar a proteção à saúde daqueles que necessitam do trabalho para sobreviverem com dignidade.

Portanto, toda a rede de proteção criada pelo Direito do Trabalho está sendo aplicada ao permitir-se que o ser humano desenvolva essa espécie de trabalho perverso, desde que sejam observadas todas as condições e gradações expostas no presente estudo. Não há motivo, assim, para entender que o trabalho insalubre represente alguma espécie de sofrimento ou punição ao trabalhador.

# CAPÍTULO 14
TRABALHO PERVERSO: PERICULOSIDADE

*Mariana Benevides da Costa*

## INTRODUÇÃO

De saída, a observação de que é desiderato deste ensaio apenas uma perfunctória apresentação da periculosidade – clássica figura juslaboral, relativa à saúde e segurança do trabalho –, isto, para descrevê-la de per si, como, também, para referir as suas consequências sobre o contrato de emprego do trabalhador e, ainda, sobre o meio ambiente do trabalho. Não se trata, pois, de um estudo agudo e exauriente sobre a matéria, mais constituindo um mero mapeamento da mesma, ou seja, um verdadeiro *overviewing*.

Assim e em resumo, após sumária alusão à primeira das variáveis epigrafadas, desenvolve-se a temática, segmentando-a, tão só, em três partes, das quais, a primeira é conceitual; a segunda, com teor aplicativo, ao passo que a terceira se apresenta de forma mais contextual.

### 14.1. DO TRABALHO PERVERSO

De antemão, para ingressar no assunto propriamente dito da periculosidade, um necessário apontamento sobre o trabalho perverso, em cujas malhas, entretecem-se as respectivas questões. E é **trabalho perverso** aquele trabalho desenvolvido com acentuada hostilidade, por assim dizer, para com a higidez biopsíquica e para com o bem-estar do ser humano que o realiza. O **trabalho perverso**, em síntese, é o que se realiza sob condição de risco intenso e constante à saúde e à segurança do trabalhador, denegando-lhe plena qualidade de vida.

Informa Túlio Macedo Rosa e Silva (2017, n.p.) que essa locução é inaugurada pelo gaúcho José Luiz Ferreira Prunes, enquanto Guilherme Guimarães Feliciano (2013, p. 13), também citando o mesmo autor rio-grandense-do-sul e por outras palavras, identifica-o como um gênero composto por três espécies, a saber, o trabalho insalubre, o trabalho perigoso e o trabalho penoso.

Dessarte, o trabalho perverso expõe o obreiro a riscos labor-ambientais capazes de lhe provocar lesões físicas ou mentais, instantâneas ou graduais, bastantes para ou lhe ceifar a vida, ou lhe mutilar, ou adoecer, ou afetar, *in pejus*, a sua capacidade laborativa, no todo ou em parte, de forma definitiva ou temporária. Os principais atributos para um seu exato perfilamento são:

a) elevada agressividade à saúde e à segurança do trabalhador, no aspecto físico ou psíquico;

b) presença, no meio ambiente do trabalho, de um risco acentuado e constante, podendo ser, eventualmente, um risco proibido;

c) a possibilidade desse risco acentuado causar prejuízos incapacitantes – física ou psiquicamente – ou, mesmo, a morte do trabalhador;

- d) a permanência continuada desse risco acentuado, que passa a integrar a atividade laboral, podendo macular o obreiro, de imediato, em um único ato, ou de forma paulatina, com sucessivos gravames, ao longo do tempo, os quais vão se acentuando, enquanto o contrato de emprego se executa, podendo atingir patamares de piora, após, inclusive, a extinção dele;
- e) necessidade do trabalhador se manter em ininterrupto regime de atenção para consigo mesmo, para com os colegas e para com a atividade exercida, que é exposta a risco acentuado;
- f) extensão de jornadas de trabalho e/ou atividades estafantes, e/ou extenuantes e/ou realizadas sob cobranças constantes e excessivas etc.

O trabalho perverso pode se apresentar nos mais diferentes setores da economia; pode alcançar trabalhadores urbanos e rurais; e pode, também, suscitar acidentes do trabalho típicos, assim como o adoecimento profissional, com largo espectro de patologias funcionais, conforme seja a atividade desempenhada pelo obreiro. O trabalho perigoso, já se disse, é considerado uma das modalidades do trabalho perverso.

## 14.2. A PERICULOSIDADE TRABALHISTA

Em acepção comum, como indica o próprio radical da palavra, periculosidade corresponde ao que seja periculoso, ou, noutro modo de dizer, ao que seja perigoso; ao que expõe o indivíduo a um risco, ou perigo, sendo estes últimos sinônimos de uma ameaça, ou de uma possibilidade de prejuízo ou tribulação graves. A periculosidade, portanto, enceta o prenúncio de um apuro ou malefício; uma sua probabilidade, ou chance de ocorrência.

Já em linguagem técnica juslaboral, é locução intrínseca à seara da saúde e da segurança do trabalho e traduz um intenso risco para o trabalhador, imputando notas de perversidade a sua atividade laboral. Assim, constitui periculosidade a exposição laboral permanente do obreiro a um risco acentuado de malefício instantâneo, grave e incapacitante – total ou parcialmente –, ou, ainda, fatal. E, nesse sentido, inclusive, a periculosidade se diferencia da insalubridade, porque, conforme dicção de Vendrame apud Süssekind – e por outras palavras –, esta última se opera de forma cumulativa, progressiva e irreversível, com o corpo do trabalhador "sendo lesado aos poucos", de maneira gradativa, ao longo da execução do trabalho (SÜSSEKIND et al., 2003, p. 925). Em contrapartida, a periculosidade "está ligada aos riscos mecânicos do ambiente de trabalho" (SILVA, 2016, p. 130).

São, portanto, características da periculosidade a presença constante do risco, em estado sempre latente, encubado, e a vicissitude dele, eventual e abruptamente, se manifestar, causando infortúnios repentinos e até grandes calamidades, já que os agentes de risco acentuado da figura sob comento são, em parte[1], os mesmos passíveis de motivar os chamados acidentes do

---

1 E se diz "em parte" só para coincidir, aprioristicamente, com as letras convencionais da OIT, que mais se reportam aos acidentes industriais ampliados e que referem, de forma expressa, aos inflamáveis e aos explosivos. No entanto, em face das características dos acidentes do trabalho ocorridos nas cidades de Mariana e de Brumadinho/MG, aquiesce-se com insurgente e vanguardista doutrina nacional, no sentido de também qualificá-los enquanto tal, nada obstante a ausência dos agentes de risco de semelhante natureza. Entrementes, os demais atributos dos chamados acidentes de trabalho ampliados se fazem presentes nas ocorrências de Mariana e de Brumadinho/MG, ambas de avultada dimensão, quanto à medida dos acontecimentos; multitudinários, quanto ao número significativo de pessoas humanas vitimadas – empregadas da empresa causadora, ou não –; transtemporais, no tocante ao variegado espectro de suas consequências; motivados por operação empresarial de grande risco laboral, grande

trabalho ampliados, nos termos da Convenção 174, da Organização Internacional do Trabalho, a saber e em suma, substâncias químicas inflamáveis e explosivas, líquidas ou gasosas.

Referidos acidentes do trabalho maiores ou ampliados, esclareça-se, de acordo com a Convenção pré falada e com a Recomendação nº 181 da OIT, equivalem àqueles acontecimentos de ocasião inopinada, com grande repercussão trabalhista e social, que envolvem trabalhadores, população local, meio ambiente natural e meio ambiente do trabalho, de forma transtemporal e transfronteiriça. Ilustram o caso, *a priori*[2], grandes explosões empresariais, ou escapamentos de substâncias inflamáveis, como a que aconteceu em Bophal, na Índia, no ano de 1984.

No ordenamento jurídico brasileiro, particularmente no universo juslaboral, a periculosidade é uma figura de delineamento histórico-evolutivo, regulamentada pela Constituição Federal (art. 7º, incisos XXII e XXIII), pelas convenções da OIT, em especial a Convenção nº 155, pela CLT (arts. 193 a 196) e pela NR-16, pela NR-19, pela NR-20 – estas plasmadas na Portaria nº 3.214, de 08 de junho de 1978, do então Ministério do Trabalho e Emprego – como, também, pela NR-32, que veio a lume com a Portaria MTb nº 485, de 11 de novembro de 2005.

Desse plexo normativo, extrai-se robusto tecido principiológico, que, da mesma maneira, também incide em matéria de periculosidade, regrando-a. A saber, são fundamentais o princípio do desenvolvimento sustentável, o princípio da vedação do retrocesso socioeconômico e do retrocesso labor-ambiental, o princípio da precaução, o princípio da prevenção, o princípio da informação, o princípio da participação, o princípio do poluidor-pagador e o princípio da cooperação etc.

E se diz que é figura de delineamento histórico-evolutivo, porque, como explica Homero Batista Mateus Silva (2009, p. 83), em sua redação original, a CLT somente expõe "duas causas eficientes para a caracterização da periculosidade", sendo elas o contato com explosivos e o contato com inflamáveis. Ainda conforme a lavra do mesmo autor (SILVA, 2009, p. 83), somente depois, com o passar do tempo, é que vão sendo acrescidos os demais agentes de risco ora qualificadores do trabalho perigoso, os quais, pelo conjunto normativo retro apontado, são, hoje, no Brasil, a exposição permanente do trabalhador a:

- explosivos, inflamáveis ou energia elétrica;
- roubos ou outras espécies de violência física nas atividades profissionais de segurança profissional ou patrimonial;
- aos riscos das atividades realizadas com motocicleta;
- contato com radiações ionizantes ou substâncias radioativas.

### 14.2.1. Atividades com explosivos

Químicos e físicos dizem que explosivos equivalem a um composto de "substâncias inflamáveis, que, incendiadas, liberam gases de alta temperatura e pressão violenta" (GORZONI, 2017, n.p.). Sucedem todos à pólvora, inventada na China, por volta do século X da Era Cristã, quando se presta somente para o uso lúdico dos fogos de artifício. Cerca de oito séculos e meio

---

risco laboral, aliás, também de presença permanente e latente. Assim – e muito resumidamente –, ainda que não configurados como eventos decorrentes da periculosidade trabalhista *stricto sensu*, os acidentes do trabalho verificados em Mariana e Brumadinho/MG, pelo conjunto dos seus pravos predicados, parece-nos que, sim, podem ser considerados como sendo acidentes do trabalho ampliados, ou acidentes do trabalho maiores.

2   *Vide* nota anterior.

mais tarde, sobrevém a nitroglicerina – alta e facilmente explosiva – e, com ela, o incremento da lista, que apresenta o TNT (trinitrotolueno), o ANFO etc. (GORZONI, 2017, n.p.). Utilizam-se, na atualidade, nos setores da mineração e da construção civil, nada obstante também encontrem várias outras aplicações, inclusive bélicas.

No Brasil, duas Normas Regulamentadoras tratam do tema referenciado, a saber, a NR-16 e a NR-19, que se distinguem entre si, já que a primeira delas versa, especificamente, sobre a configuração da atividade perigosa e de seus efeitos no contrato de emprego, enquanto a segunda – a NR-19 – se destina ao gerenciamento dos riscos inerentes (fabricação, armazenamento e transporte) e à prevenção de acidentes, sendo norma regulamentar de característica mais operacional.

Assim, no item 16.5, a NR-16, para os próprios fins já apontados, estabelece que são atividades ou operações perigosas aquelas executadas ou com explosivos submetidos à degradação química ou autocatalítica – o que significa dizer que eles são autodestrutíveis, pela presença de certos elementos em suas moléculas, os quais podem suscitar uma tal reação brusca e imprevisível – ou com explosivos sujeitos à ação de agentes exteriores, como, por exemplo, o calor, a umidade, as faíscas, o fogo, os fenômenos sísmicos, choques, atritos etc.

O Quadro 1, do Anexo I, da NR-16 aponta quais são as ações realizadas com explosivos que são consideradas perigosas. *Ad litteram*.

**Quadro 1**

| Atividades | Adicional de 30% |
|---|---|
| No armazenamento de explosivos. | Todos os trabalhadores nessa atividade ou que permaneçam na área de risco. |
| No transporte de explosivos. | Todos os trabalhadores nessa atividade. |
| Na operação de escorva dos cartuchos de explosivos. | |
| Na operação de carregamento de explosivos. | |
| Na detonação. | |
| Na verificação de detonações falhadas. | |
| Na queima e destruição de explosivos deteriorados. | |
| Nas operações de manuseio de explosivos. | |

Fonte: NR-16.

### 14.2.2. Atividades com inflamáveis

Ainda na NR-16 e, mais uma vez para a caracterização da periculosidade, considera-se como fator de risco a presença de inflamáveis, combustíveis, gasosos liquefeitos, bem como os respectivos vasilhames dessas substâncias e tanques não desgaseificados ou decantados etc. E, sobre esse universo, pode-se dizer, muito simplesmente, que o risco ou perigo consiste na presença e no manuseio de substâncias que incendeiam muito facilmente, sendo elas líquidos inflamáveis (com ponto de fulgor > 60º C, nos termos e condições do item 20.3.1, da NR 20), ou líquidos combustíveis (com ponto de fulgor ≥ 60º C e ≤ 93º C, conforme item 16.7, da NR

16), e seus necessários consectários, para produção, armazenamento e transporte. Exemplificam bem a hipótese os combustíveis fósseis e seus derivados (GLP, gasolina, diesel, querosene etc.).

Assim, nessa medida, as operações laborais com combustíveis exigem que se tenha bastante cuidado, notadamente no tocante a sua produção, transporte, processamento e depósito. A NR-16, no particular, regulamentando o art. 193, da CLT, estabelece um limite quantitativo e diz que só são perigosas as atividades realizadas em locais e em operações com fração a partir de 200 litros de líquidos inflamáveis, ou a partir de 135 quilos de gasosos liquefeitos (item 16.6). Eventual combustível de veículo utilizado na manobra laboral não se soma a esse montante, para fins do cômputo exigido (subitem 16.6.1), sendo consideradas atividades perigosas aquelas adiante tabuladas.

## Quadro 2

| Atividades | Adicional de 30% |
|---|---|
| a) Produção, transporte, processamento e armazenamento de gás liquefeito. | Produção, transporte, processamento e armazenamento de gás liquefeito. |
| b) Transporte e armazenamento de inflamáveis líquidos e gasosos liquefeitos. | Todos os trabalhadores da área de operação. |
| c) Nos postos de reabastecimento de aeronaves. | Todos os trabalhadores nessas atividades ou que operam na área de risco. |
| d) Nos locais de carregamento de navios-tanque, vagões-tanque e caminhões-tanque e enchimento de vasilhames, com inflamáveis líquidos ou gasosos liquefeitos. | |
| e) Nos locais de descarga de navios-tanque, vagões-tanques e caminhões-tanques com inflamáveis líquidos ou gasosos liquefeitos, ou de vasilhames vazios não desgaseificados ou decantados. | |
| f) Operações e manutenção de navios-tanques, vagões-tanques, caminhões-tanques, bombas e vasilhames, com inflamáveis líquidos ou gasosos liquefeitos, ou vazios não desgaseificados ou decantados. | |
| g) Operações de desgaseificação, decantação e reparos de vasilhames não desgaseificados ou decantados. | |
| h) Testes de aparelhos de consumo do gás e seus equipamentos. | |
| i) Transporte de inflamáveis líquidos e gasosos liquefeitos em caminhão-tanque. | Motoristas e ajudantes |
| j) Transporte de vasilhames (em carreta ou caminhão de carga) contendo inflamável líquido, em quantidade total igual ou superior a 200 litros, quando não observado o disposto nos subitens 4.1 e 4.2 do Anexo 2 da NR-16. | Motoristas e ajudantes |
| l) Transporte de vasilhames (em carreta ou caminhão de carga) contendo inflamável gasoso e líquido, em quantidade total igual ou superior a 135kg. | |
| m) Operações em postos de serviço e bombas de abastecimento de inflamáveis líquidos. | Operador de bomba e trabalhadores que operam em área de risco. |

Fonte: NR-16.

Ainda de acordo com a NR-16, diversos profissionais podem se apresentar na realização prática desse rol de atividades perigosas (inspetores, calibradores, medidores, vigilantes, operadores de manutenção, almoxarifes, pessoal de escritório e de laboratórios de inspeção de segurança, mecânicos, caldeireiros, eletricistas etc.). Quanto às áreas de risco na NR, todas devem ser delimitadas pelo empregador (item 16.8).

Mais à frente, ver-se-á que a realização de atividades perigosas e, também, a atuação profissional não fortuita nas áreas de risco garantem aos respectivos trabalhadores um adicional remuneratório de 30% (trinta por cento) sobre o salário-base.

### 14.2.3. Atividades com energia elétrica

Como deveras sabido, a eletricidade é um fenômeno natural, de produção também artificial e a partir de outras fontes de energia, como, por exemplo, a energia hidráulica utilizada nas usinas hidrelétricas. A eletricidade, portanto, envolve cargas e descargas de potência ou força elétrica, esteja estática ou em movimento. O risco labor-ambiental relativo à espécie é abrangente e variado e envolve desde desmaios e quedas de elevada altura até queimaduras internas e externas, não sendo rara a morte do trabalhador.

Com base no Anuário Estatístico de Acidentes de Origem Elétrica, a Agência Brasil noticia que, no ano de 2018, somando casos fatais e não fatais, foram registrados 1.424 acidentes de trabalho no setor elétrico brasileiro, com cômputo de 622 mortes por choque elétrico; 61 por incêndios e 38 por descarga elétrica (CRUZ, 2019). Nada obstante estes números tão assustadores, o fato é que, na NR-10, estão capituladas medidas de saúde e segurança para prevenção dos riscos inerentes em todas as fases produtivas: produção, transmissão, distribuição e consumo da energia elétrica. O gerenciamento organizacional dos empreendimentos do setor, no entanto, este mal figura ali, coloca-se, tão só, de forma difusa, quando, por exemplo, alude ao treinamento de reciclagem bienal, na mudança de empresa ou na troca de métodos, processos e organização do trabalho (subitem 10.8.8.2).

Via de consequência, a norma sob comento não enfrenta o risco psicossocial da organização do trabalho, consistente na realidade de que mais metade da mão de obra ativa no setor elétrico brasileiro é terceirizada, sendo, portanto, **(i)** também precarizada; **(ii)** instável funcionalmente e passível de maior rotatividade no emprego; **(iii)** eventualmente, carecedora da melhor capacitação profissional exigida; e **(iv)** mais atingida pelo risco de morte nos sinistros trabalhistas (DIEESE, 2010, p. 16).

Com semelhante hiato, a NR-16 estabelece quais são os trabalhadores e as atividades do setor elétrico que fazem jus ao recebimento do adicional de periculosidade, a saber (CHIMIRCI e OLIVEIRA, 2016, p. 92):

a) os que atuam em instalações ou equipamentos elétricos energizados em alta tensão;

b) os que atuam nas proximidades, nos termos da NR-10;

c) os que atuam em instalações ou equipamentos elétricos energizados em baixa tensão no sistema elétrico de consumo (SEC), no caso de descumprimento do item 10.2.8 e seus subitens da NR-10;

d) os trabalhadores das empresas que operam em instalações ou equipamentos integrantes do sistema elétrico de potência (SEP), bem como suas contratadas, de acordo com o variegado Quadro I, do Anexo 4, da NR-16, que arrola uma multiplicidade de atividades e de áreas de risco.

Vê-se, destarte, que as operações e atividades perigosas do setor elétrico não são exercidas por eletricistas, exclusivamente. Profissionais outros, com formação técnica distinta, desde que atuem com instalações energizadas – seja no sistema elétrico de potência (SEP), seja no sistema elétrico de consumo –, também se submetem aos mesmos riscos da energia elétrica e fazem jus às mesmas percepções (art. 193, da CLT, com redação dada pela Lei nº 12.740/2012, c/c OJ 324 – SDI1 TST). Igualmente, empregados cabistas, instaladores e reparadores de linhas e aparelhos de empresas de telefonia, se expostos a instalações energizadas de potência (OJ 347 – SDI1 TST). Exclui-se a exposição eventual, assim entendidos o caso fortuito – ou não rotineiro – e a exposição que se dá por tempo extremamente reduzido (Súmula 364 TST).

### 14.2.4. Atividades expostas a roubos e violências físicas

Aqui, a NR-16 se reporta ao vigilante profissional, que é um profissional com atividade regulamentada pela Lei nº 7.102, de 20 de junho de 1983 (art. 10, incisos I e II, §§ 2º, 3º e 4º, c/c art. 15), pela qual, deve proceder a um curso profissionalizante, ministrado com autorização do Ministério da Justiça.

Assim, se servidor público ou se empregado privado, ele é capacitado para o exercício profissional de vigilância patrimonial em instituições financeiras e em estabelecimentos públicos ou privados, como, também, para a segurança de pessoas físicas e para o transporte de cargas de valor. Como terceirizadas, as empresas de vigilância podem prestar serviços a pessoas e estabelecimentos comerciais, industriais, residências ou entidades sem fins lucrativos.

Em seu cotidiano laboral, os vigilantes profissionais se submetem ao risco de assalto e suas tentativas, podendo enfrentar situações com violência física, troca de tiros, pânico etc. Não é raro que, como consequência, desenvolvam Transtorno de Estresse Pós-Traumático (TEPT), entre outras patologias ligadas a seu cotidiano funcional, como, por exemplo, os problemas circulatórios desencadeados pelas longas jornadas cumpridas com pouco descanso e na posição "em pé".

Em seu Anexo 3, a NR-16 classifica a profissão de vigilante como sendo perigosa e lhe garante o adicional correspondente de 30%, muito embora ressalvando a possibilidade do desconto remuneratório de verbas com a mesma natureza, já pagas em razão de norma coletiva.

Segundo jurisprudência consolidada, a concessão do adicional de periculosidade aos profissionais em questão não depende de laudo técnico pericial, porque é impossível ao perito estabelecer quando, em que situações e quais trabalhadores podem ser passíveis de assalto ou de outros atos de violência. Diz-se, no particular, que "o risco é instantâneo e única exposição do trabalhador pode encerrar sua vida", descabendo subsunção ao art. 194, da CLT – RR 848-28.2013.5.04.0411. Rel. Min. José Roberto Freire Pimenta, 2ª T., publ, 18/12/2015 (SAKO, 2019, edição Kindle, posição 4962).

## Quadro 3

| Atividades ou operações | Descrição |
|---|---|
| Vigilância patrimonial | Segurança patrimonial e/ou pessoal na preservação do patrimônio em estabelecimentos públicos ou privados e da incolumidade física de pessoas. |
| Segurança de eventos | Segurança patrimonial e/ou pessoal em espaços públicos ou privados, de uso comum do povo. |
| Segurança de transportes coletivos | Segurança patrimonial e/ou pessoal nos transportes coletivos e em suas respectivas instalações. |
| Segurança ambiental e florestal | Segurança patrimonial e/ou pessoal em áreas de conservação de fauna, flora natural e de reflorestamento. |
| Transporte de valores | Segurança na execução do serviço de transporte de valores. |
| Escolta armada | Segurança no acompanhamento de qualquer tipo de carga ou de valores. |
| Segurança pessoal | Acompanhamento e proteção da integridade física de pessoa ou de grupos. |
| Supervisão/fiscalização operacional | Supervisão e/ou fiscalização direta dos locais de trabalho para acompanhamento e orientação dos vigilantes. |
| Telemonitoramento/telecontrole | Execução de controle e/ou monitoramento de locais, através de sistemas eletrônicos de segurança. |

Fonte: NR-16.

### 14.2.5. Atividades realizadas com motocicletas

Estatísticas e registros anuários dos acidentes de trânsito justificam a periculosidade imputada às atividades do trabalhador em motocicleta, no art. 193, § 4º, da CLT. Segundo o noticiário do Estado de São Paulo, aludindo a dados da Secretaria Estadual de Saúde, no ano de 2018, 86% das pessoas hospitalizadas em razão desses acidentes estavam de motocicletas (SÃO PAULO, 2020). E uma tal informação sumariza a vulnerabilidade desse meio de transporte nas vias públicas e os perigos inerentes, sobretudo para aqueles trabalhadores que realizam suas atividades trafegando apressados pelas grandes cidades, durante parte considerável do dia.

Então, disciplinando o dispositivo legal pré falado, sobrevém o Anexo 5, da NR-16, que reputa perigosas as atividades laborais realizadas com uso de motocicleta ou de motoneta (item 1), exceção feita para o trajeto residência-trabalho e vice-versa **(i)**; para o uso de veículos motorizados que não exijam emplacamento oficial, nem uso da carteira de habilitação **(ii)**; para atividades realizadas em locais privados **(iii)**; ou para atividades prestadas de forma eventual ou fortuita, com tempo reduzido **(iv)**. Esta listagem excetiva se encontra assentada no item 2, alíneas "a" a "d", do Anexo 5 referenciado.

Logo, para configuração do perigo da atividade e para o reconhecimento do respectivo adicional de periculosidade ao obreiro, cumpre que este faça uso contínuo e cotidiano – e por expressivo tempo diário – de motocicleta ou motoneta, tendo, como requisitos para condução e circulação, a carteira nacional de habilitação e a placa oficial no veículo, veículo este utilizado especificamente para a execução de ordens de serviço patronais (entregas, prestação de serviços aos clientes, atividades externas), com enfrentamento de vias públicas movimentadas e perigosas. A atividade não pode ser eventual, nem fortuita, nem pode ser reservada aos parques internos do próprio empreendimento.

Nos dois casos, a empresa deve providenciar treinamento específico para os trabalhadores, informando-os dos riscos de sua operação profissional, como também dos respectivos procedimentos de segurança, com concessão, inclusive, dos devidos equipamentos de proteção, conforme estágio da arte tecnológica.

Finalmente, o adendo de que a Portaria MTE nº 1.565/2014, responsável pela efetivação do dispositivo legal sob comento (art. 193, § 4º, da CLT), tem sido alvo de diferentes demandas judiciais, com decisões proferidas, entre 2015 e 2017, suspendendo liminarmente seus efeitos, em favor de várias empresas do setor comercial atacadista e de distribuição, do setor de bebidas, do setor das telecomunicações e informática e, finalmente, do setor de rádio e TV. As ações são movidas por associações patronais diversas e geram uma situação fática heterogênea entre trabalhadores que exercem as mesmas funções, que trabalham em condições assemelhadas e que têm disparidade de direitos remuneratórios. Elas geram, outrossim, o mesmo quadro de dessemelhança entre as pessoas empregadoras que operam com essa mão de obra, algumas delas ora desobrigadas da atenção aos riscos da atividade do motociclista e ao pagamento do adicional de periculosidade.

De todo modo, como informa a magistrada Emília Simeão Albino Sako, a Portaria MTE nº 1.565/2014 não foi revogada e o art. 193, § 4º, da CLT, está em pleno vigor (SAKO, 2019, edição Kindle, posição 5635).

### 14.2.6. Atividades com radiação ionizante ou substâncias radioativas

A radiação ionizante consiste em ondas energéticas capazes de alterar estruturas de matéria viva e de levá-la à morte (SBRT, 2020). Pode ser natural, como a luz solar, ou artificial, como o raio laser, por exemplo (FIOCRUZ, 2020). E estas ondas energéticas são invisíveis, imperceptíveis de toda forma, velozes e indolores, nada obstante possam atingir os corpos profundamente (SBRT, 2020). Apesar disso, encontram diversos usos na vida moderna, sejam usos domésticos, ou comerciais; usos lúdicos ou científicos; e até usos medicinais. Acham-se alastradas na sociedade contemporânea, apresentando-se, portanto, em diversas atividades e setores econômicos: indústria química, medicina nuclear, agricultura, pecuária, extração mineral, indústria petrolífera, produção de energia nuclear etc.

A um só tempo, a radiação ionizante representa progresso e risco e retrata bem os dilemas sociológicos e operacionais existentes na atualidade, entre estas duas variáveis. É que, de um lado, se constitui causa de doenças mortais e silenciosas, de outro, simultaneamente e em doses diversas de aplicação, também constitui terapia, se não para as mesmas patologias, para outras, igualmente mortais e, também, de emudecidos ataques, enfim. Um problema da pós-modernidade, que abrange, certamente, outras perspectivas e outras questões, as quais, contudo, desbordam do limite temático desta intervenção.

De todo modo, como um problema dos dias de hoje, a radiação ionizante toca a relação de trabalho e levanta naturais questionamentos sobre sua segurança para os trabalhadores, que, com ela, atuam rotineiramente, e sobre suas repercussões quanto à saúde destes. Ainda na lógica de condensar o texto presente, o esclarecimento de que a radiação pode causar, em regra, dois tipos de lesões nos trabalhadores: a primeira, com a destruição de células saudáveis, pela emissão das fortes ondas de calor; a segunda, pela fragmentação e desorganização celular (SANTIAGO, 2017). São agravos em escala microscópica, portanto, e imperceptíveis, *a priori*.

E, conforme a lavra de Silva (2016, p. 131), os zelos para com a saúde e a segurança dos trabalhadores com uma tal carga de exposição profissional, eles se fixam depois do acidente radioativo com o Césio 137, na cidade de Goiânia/GO, no ano de 1987. A partir desse momento, o Ministério do Trabalho estabelece que a exposição à radiação ionizante é atividade perigosa (SILVA, 2016, p. 131) e, hoje, a disciplina jurídica específica da questão se encontra no art. 200, *caput* e inciso VI, da CLT, e no anexo da Portaria nº 3.393, de 17 de dezembro de 1987. Neste último, descrevem-se atividades e áreas de risco, garantindo-se aos obreiros das tantas zonas de abrangência uma proteção adequada e, também, a percepção remuneratória adicional para a periculosidade.

Deste modo, são atividades e operações perigosas com radiação ionizante as descritas no longo anexo referenciado, que incluem, entre outras, produção, utilização, processamento, transporte, guarda, estocagem, manuseio de materiais radioativos selados e não selados, de estado físico e forma química quaisquer, naturais ou artificiais; atividades de operação e manutenção de reatores nucleares e consectários; montagem, instalação, substituição e manutenção de componentes irradiados ou contaminados; atividades de operação com aparelhos de Raio X, com irradiadores de radiação gama, beta ou nêutrons, com inclusão de laboratórios de teste, radioterapia, análise de materiais por difratometria, estabilização de instrumentos médico-hospitalares, manuseio de amostras irradiadas; atividades de medicina nuclear, salas de diagnóstico e de terapia, enfermaria de pacientes sob tratamento ou contaminados com radioisótopos; descomissionamento de instalações nucleares e radioativas; descomissionamento de minas, moinhos e usinas de tratamento de minerais radioativos, tratamento de rejeitos minerais etc.

Não são consideradas perigosas as atividades desenvolvidas em áreas que utilizam equipamentos móveis de Raio X, para diagnóstico médico e, também, as áreas tais como emergências, centros de tratamento intensivo, sala de recuperação e leitos de internação não classificados como salas de irradiação devido ao uso do referido equipamento (Anexo I, da Portaria 3.393/1987).

### 14.3. IMPACTOS DA PERICULOSIDADE SOBRE O CONTRATO DE TRABALHO

Do conjunto normativo suso indicado, também se extrai que, como direito humano fundamental de primeira dimensão, o trabalhador em atividades perigosas, porque sempre em perigo de vida, faz jus tanto à proteção contra os riscos, quanto à erradicação dos mesmos e, na impossibilidade desta, ao recebimento do adicional de periculosidade, pelo trabalho realizado em condições mais gravosas e arriscadas, correspondente a 30% do salário-base do trabalhador. Isto significa que dito percentual não recai sobre prêmios, gratificações, participação nos lucros, utilidades etc.

O adicional de periculosidade, por sua vez, integra a base de cálculo de outras verbas contratuais trabalhistas, tais como, horas extras (Súmulas 132 e 264, TST), FGTS (art. 15, Lei nº 8.036/1990), adicional noturno (art. 73, da CLT, e OJ 259 SDI-I), férias, décimo terceiro salário, aviso-prévio indenizado, saldo de salário. Sobre a multa do art. 477, § 8º, da CLT, versa uma pequena cizânia jurídica, muito embora o entendimento do TST seja no sentido de tomar, como correspondente base de cálculo, o conjunto das parcelas salariais do obreiro. Do adicional de periculosidade recebido, descontam-se as verbas fiscais e previdenciária.

A Súmula 212, do STF, diz que "tem direito ao adicional de serviço perigoso o empregado de posto de revenda de combustível líquido". A Súmula 447, do TST, por sua vez, assevera:

> **Súmula nº 447 – Adicional de periculosidade. Permanência a bordo durante o abastecimento da aeronave. Indevido.** Res. 193/2013, DEJT divulgado em 13, 16 e 17.12.2013
>
> Os tripulantes e demais empregados em serviços auxiliares de transporte aéreo que, no momento do abastecimento da aeronave, permanecem a bordo não têm direito ao adicional de periculosidade a que aludem o art. 193 da CLT e o Anexo 2, item 1, "c", da NR 16 do MTE.

O art. 195 da CLT diz que, para qualificar ou desqualificar a periculosidade do ambiente de trabalho, o empregador deve efetuar perícias a cargo de médico ou de engenheiro do trabalho. Este meio de prova é obrigatório e só admite exceções, quando a ambiência laboral já não existe mais:

> **1 - Orientação Jurisprudencial 278/TST-SDI-I - 11/08/2003. Insalubridade. Adicional. Prova pericial. Perícia. Local de trabalho desativado. CLT, art. 189.**
>
> A realização de perícia é obrigatória para a verificação de insalubridade. Quando não for possível sua realização, como em caso de fechamento da empresa, poderá o julgador utilizar-se de outros meios de prova.

Homero Batista Mateus Silva (2016, p. 134) sustenta que a perícia técnica deve ser coletiva, ao invés de individual, "com uma força-tarefa incluindo autoridades administrativas e representantes sindicais, de modo que todos os trabalhadores recebam a mesma sorte de tratamento". Como tem sido atomizada, todavia, a parte sucumbente na pretensão objeto da perícia, a teor do atual art. 790-B, da CLT, deve arcar com as respectivas despesas. Se for o obreiro a parte perdedora e se ele for beneficiário da Justiça gratuita, não auferindo, no processo ou em outro feito, ganho bastante para saldar seu débito, a União arcará com os honorários periciais (art. 790-B, § 4º).

De todo modo, o laudo pericial produzido pela empresa não elide a possibilidade de uma fiscalização do trabalho pela SERT, do Ministério da Economia – conforme desenho administrativo presente da pessoa de direito público –, nem a realização de novas inspeções e perícias, *ex officio* (item 16.4).

Com respeito ao embolso, não se paga adicional de periculosidade de forma proporcional (Súmulas 361 e 364, do TST). Cuida-se de verba a ser remunerada, sempre, de forma inteira, ainda que o empregado falte ao trabalho de forma justificada, hipótese na qual não se perfaz qualquer desconto na mesma. O trabalhador pode optar pelo adicional que lhe parecer mais vantajoso, se o de periculosidade, ou o de insalubridade (art. 193, § 2º, da CLT).

Na esteira da jurisprudência já consolidada para o assunto, alerta Emília Simeão Albino Sako, por outras palavras, que o art. 193 da CLT deve ser interpretado à luz do princípio labor-ambiental da prevenção e que o risco deve ser considerado, não em relação ao tempo de exposição do obreiro, mas, sim, à atividade que ele realiza e que é considerada perigosa (SAKO, 2019, edição Kindle, a partir da posição 4157). A propósito, a Súmula 364, item I, do TST:

> **Adicional de periculosidade. Exposição eventual, permanente e intermitente.** Súmula nº 364 do TST
>
> (inserido o item II) - Res. 209/2016, DEJT divulgado em 01, 02 e 03/06/2016.

I - Tem direito ao adicional de periculosidade o empregado exposto permanentemente ou que, de forma intermitente, sujeita-se a condições de risco. Indevido, apenas, quando o contato dá-se de forma eventual, assim considerado o fortuito, ou o que, sendo habitual, dá-se por tempo extremamente reduzido. (ex-Ojs da SBDI-1 nºs 05 - inserida em 14.03.1994 - e 280 - DJ 11/08/2003)

Igualmente, normas coletivas não se encontram aptas à redução, nem ao fracionamento proporcional da percentagem da periculosidade, de acordo com *quantum* de tempo passado sob exposição ao risco, quando o caso da atividade laboral perigosa ser intermitente. Nesse sentido, o verbete a seguir, textualmente:

> **Súmula nº 364 do TST**
>
> **Adicional de Periculosidade. Exposição eventual, permanente e intermitente** (inserido o item II) - Res. 209/2016, DEJT divulgado em 01, 02 e 03/06/2016.
>
> [...]
>
> II - Não é válida a cláusula de acordo ou convenção coletiva de trabalho fixando o adicional de periculosidade em percentual inferior ao estabelecido em lei e proporcional ao tempo de exposição ao risco, pois tal parcela constitui medida de higiene, saúde e segurança do trabalho, garantida por norma de ordem pública (arts. 7º, XXII e XXIII, da CF e 193, §1º, da CLT).

Contudo, contato eventual ou fortuito com a atividade perigosa não concede ao trabalhador direito ao adicional de periculosidade (Súmula 364, TST) e, uma vez cessada a exposição ao risco, cessa-se, igual e obrigatoriamente, o direito à referida percepção, sem que tal se incorpore às demais verbas remuneratórias do obreiro. O adicional em questão é forma genuína do chamado "salário condição" e tem seu pagamento manifesto, somente diante da real existência do correspondente fato gerador.

Já no concernente ao pagamento simultâneo ou cumulativo do adicional de periculosidade com o adicional de insalubridade, em setembro de 2019, no bojo de Incidente de Recurso Repetitivo – o que implica na necessária incidência da tese em todas as situações jurídicas de igual teor –, o TST decidiu que não é possível acumular as duas verbas retro, ainda que haja causas distintas e autônomas para cada qual delas. Embasando a decisão, o art. 193, § 2º, da CLT, que, então, supera os entendimentos de vanguarda doutrinária, **a um**, de que tal compreensão seria incompatível com as normas da Convenção 155, da OIT, consignada pelo Brasil e, **a dois**, o de que o art. 7º, incisos XXII e XXIII, da Constituição Federal concederia uma tal autorização, em exegese inclinada para a concretização da dignidade da pessoa humana e da redução dos riscos inerentes ao trabalho.

## 14.4. PERICULOSIDADE TRABALHISTA E MEIO AMBIENTE DO TRABALHO

A esta altura da presente obra coletiva, já se sabe que o meio ambiente do trabalho não é realidade de composição estática e unitária, reduzida ao chamado *"chão de fábrica"*. Cuida-se, na verdade, de um conjunto de elementos de ordem física, química, biológica, organizacional e psicológica, os quais interagem na atuação labor-profissional do trabalhador – não só do empregado –, qualquer que seja o *locus* de sua ocorrência.

E o meio ambiente do trabalho se revela, desde sempre, no processo de formação e de industrialização da sociedade contemporânea. Primeiro, com a denúncia dos mórbidos quadros trabalhistas do século XIX; depois, com as tantas investidas obreiras nos respectivos movimentos de luta e resistência, em busca, *a priori*, de melhores condições de trabalho (SOUTO MAIOR, 2011, p. 135); finalmente, com o assentamento das posteriores intervenções estatais e das retrancadas cedências do capital. Uma crônica, pois, de como as questões labor-ambientais são inerentes à sociedade pós-moderna – isto, desde sua gênese socioeconômica – sendo, também, inerentes ao aparecimento e à institucionalização do Direito do Trabalho, enquanto ramo jurídico autônomo.

Logo, as questões de formação e de formatação dos ajustes contratuais trabalhistas; as limitações e a identificação de seus sujeitos; as suas condições de exequibilidade – notadamente o salário e a jornada –; os termos de sua extinção, todo esse arcabouço também concerne à problemática labor-ambiental, de maneira que tal também deve ser o contexto de abordagem da periculosidade, com o adendo de que, nos moldes do ordenamento jurídico brasileiro, o meio ambiente do trabalho sempre deve ser organizado a partir de uma concepção abrangente, voltada para promover qualidade de vida do trabalhador, reduzir e/ou eliminar os riscos laborais e prevenir patologias laborais e acidentes do trabalho.

Dessa maneira, a matéria tem, como objetivos nucleares, a diminuição e a eliminação dos riscos (art. 7º, inciso XXII, da CFRB), para implantação da sadia qualidade de vida (art. 225, *caput*, da CFRB), nada obstante o mesmo conjunto legislativo citado também chancele a monetização dos riscos, com a previsão do pagamento de adicionais remuneratórios para os trabalhos insalubre, **perigoso** e penoso (art. 7º, inciso XXIII, da CRFB). Aí, uma antinomia jurídica apenas aparente, que coloca, como primeira aspiração, a supressão do agente nocivo, a qual, se ainda impossível pelo estado da técnica, já autoriza o pagamento adicional, de forma provisória e passageira. Nesse sentido, a lição de Washington da Trindade (1998):

> É perfeitamente aceitável a convivência do "adicional de remuneração" com o sistema preventivo e protetivo do trabalhador eis que o adicional supõe uma forma "larvada" ou diferida de participação do empregado na obra produtiva, geradora de lucro à custa de risco permanente.

Assim, em tal contexto normativo, a periculosidade se coloca como um complexo de riscos mecânicos presentes em certas linhas de produção, de forma legalmente disciplinada, monitorada e gerenciada, sem qualquer entrave para o desenvolvimento da atividade econômica e, inclusive, com consenso socioestatal, este manifesto na sobredita monetização do risco e no pagamento do adicional de periculosidade previsto no art. 193, § 1º, da CLT. Caso se incrementem os seus riscos ou se produzam riscos proibidos, com extrapolação dos limites da legalidade e da aceitabilidade social, a periculosidade se transforma em fonte de poluição labor-ambiental, o que se observa, *verbi gratia* e entre outros, na conhecida história da explosão da fábrica de fogos de artifício, em dezembro de 1998, na cidade de Santo Antônio de Jesus/BA.

E a este respeito, poder-se-ia falar de outras explosões ocorridas no Brasil, como, por exemplo, Osasco Plaza Shopping, em 1996 (CBN Globo, 1996), e no mundo, como, por exemplo, o GLP, na Cidade do México, em 1984 (CETESB, 2020). Opta-se, porém, pelo relato em questão, não só pela grande comoção social havida em seu entorno, mas, também, pelo fato dela ter desencadeado a condenação do Brasil, na Corte Interamericana de Direitos Humanos – CIDH (LAZZERI, 2020) –, tendo em vista o trabalho infantil ilícito (Caso nº 12.428) (CIDH, 2018, p. 3-36).

Na exposição, fábrica artesanal de fogos de artifício com autorização formal para armazenamento e uso de pólvora, até certo limite, excede a quantidade estabelecida e guarda cerca de uma tonelada e meia da substância (LAZZERI, 2020), que explode e mata 64 trabalhadores, dos quais, 22 crianças e adolescentes (MARINHO, 2018). Todos, trabalhadores informalizados[3], sujeitos a pagamento por produção, com metas diárias de cinco mil caixas de fogos/trabalhador, valendo R$ 0,50, cada caixa com mil unidades da referida mercadoria (LAZZERI, 2020).

Nessa medida, por exclusiva opção gerencial do empreendimento e em desconformidade com as orientações legais pertinentes, o risco da pólvora, que, inerte e desde sempre, já circunda toda a atuação profissional dos trabalhadores da pirotecnia, se amplia ainda mais, quantitativa e qualitativamente, quando dita fábrica passa a armazenar um volume maior da substância, além daquele de sua permissão administrativa original. Ela, portanto, incrementa o risco social e legalmente aceito para suas operações fabris e adentra na seara da ilicitude jurídica. As palavras, a seguir, de reportagem jornalística respeitante bem manifestam uma tal evidência, textualmente:

> As investigações revelaram uma série de infrações cometidas pelos donos da fábrica e pelos governos nas três esferas de poder. Apesar de ter liberação do Exército para funcionar, no dia da explosão o local abrigava, **irregularmente**, uma tonelada e meia de pólvora.
>
> Depois da explosão, **o Exército confirmou que os donos desrespeitavam normas de segurança**, como manuseio e armazenagem. Segundo o Ministério Público, os patrões tinham ciência de que a fábrica "era perigosa e poderia explodir a qualquer momento", como mostrou a perícia técnica realizada pela Polícia Civil. (THAÍS LAZZERI, 2020). g.n.

Por sua vez e independentemente da explosão que lhe sucede, esta conduta empresarial, de per si, já constitui um autêntico quadro de poluição labor-ambiental, porquanto constituir conduta aumentativa do perigo inicialmente permitido para aquele meio ambiente de trabalho. E a explosão depois ocorrida – nas proporções de gravidade então verificadas –, parece resultar desse modelo de gerenciamento empresarial que eleva, além da medida, o risco permitido da atividade e permite a sobrevinda de um assentamento indiscutível da poluição labor-ambiental, posto realizar o acidente do trabalho, cuja prevenção nomológica está previamente determinada e que, no Brasil, é obrigação legal de todo empregador.

Via de consequência, trabalhadores ou têm suas vidas cessadas, ou têm sua higidez biopsíquica ferida, sem contar a comoção e os impactos da referida explosão na ambiência social citadina em que se insere a empresa, empresa esta, cujas condutas gerenciais passam a se subsumir nas possibilidades legais de responsabilização civil objetiva.

Logo, um tal fato da vida deixa entrever que o progresso industrial e econômico da sociedade pós-moderna ainda se faz à base da sujeição humana a riscos graves e variegados. E procedimentos elementares não são observados no caso em tela, onde, de acordo com o estado da arte tecnológica, faltam fiscalização, controle, gestão e cuidado para com a vida e segurança do trabalhador, a par dos deveres e direitos específicos, previstos para a matéria labor-ambiental. Em primeiro lugar – já se disse alhures –, o dever da empresa garantir um meio ambiente de trabalho seguro e saudável, física e psicologicamente, para todo e qualquer trabalhador, empregado ou não. Cuida-se de um seu dever nomológico, que propicia, na contrapartida, o correspondente exercício de um direito

---

3   E se diz **informalizados**, porque, a rigor, esses trabalhadores não são os informais típicos (caixeiros, ambulantes, prestadores de pequenos serviços, p.ex.), sendo, na verdade, pessoas físicas que atuam para o empregador com pessoalidade, de forma não-eventual e subordinada, mediante remuneração. Eles são, pois – inclusive as crianças e adolescentes – trabalhadores empregados, que deveriam ter registro empregatício, no caso dos maiores de 18 anos, porquanto não ser permitido o trabalho infantil.

humano fundamental, por parte dos trabalhadores (art. 225, c/c art. 200, inc. VIII, da CRFB) e que chancela a visão holística que ora se confere às tratativas labor-ambientais.

No aprisco, **outros deveres empresariais em espécie daí derivado**s – sem embargo dos deveres vinculados às peculiaridades da atividade econômica exercida –, **por exemplo**: dever de parar a atividade econômica, quando esta guardar em si algum risco iminente de graves lesões aos obreiros **(i)**; dever de informar o obreiro dos riscos do local de trabalho e da atividade a ser por ele desempenhada **(ii)**; dever de informar ao obreiro as medidas preventivas e as precauções a serem tomadas, para evitar acidentes do trabalho e doenças profissionais **(iii)**; dever de providenciar medidas de segurança coletiva e individual, com treinamento específico para o uso, guarda e conservação dos EPIs **(iv)**; dever de treinar e de atualizar o obreiro para uma segura operação de suas atividades profissionais **(v)**; dever de emitir CAT, em caso de acidentes e adoecimentos profissionais **(vi)**; dever de notificar as doenças do trabalho **(vii)**; dever de comunicar irregularidades às autoridades competentes **(viii)**; dever de assegurar a estabilidade provisória do trabalhador decorrente de acidente do trabalho ou de adoecimentos profissionais **(ix)**; se empregador com mais de 100 empregados, dever de formar de 2% e 5% de seu quadro funcional, progressivamente e de acordo com o número crescente de trabalhadores, com egressos da reabilitação profissional ou com PCDs habilitados **(x)**.

Para os **trabalhadores**, por seu lado e entre outros, há direito aos programas de prevenção de riscos labor-ambientais e de controle médico e saúde ocupacional **(i)**; direito ao mapeamento dos riscos **(ii)**; direito de informar e de ser informado sobre os riscos labor-ambientais do seu ambiente de trabalho **(iii)**; direito de participação em reuniões, assembleias e levantamentos de riscos **(iv)**; direito de paralisar a atividade profissional, sem sofrer prejuízo remuneratório, caso identifique perigo iminente de grave lesão a sua vida e segurança, assim como à vida e à segurança de qualquer colega de trabalho, ou do patrimônio empresarial **(v)**; direito à greve ambiental **(vi)**; direito de receber adequado treinamento para o exercício de sua atividade **(vii)**; direito a medidas coletivas e individuais de proteção e ao treinamento para uso, guarda e conservação dos EPIs **(viii)**; direito à emissão da CAT (em caso de acidente do trabalho ou de adoecimento profissional) **(ix)**; direito à reabilitação profissional **(x)**; direito à proteção social previdenciária, nos casos de acidente, doença, invalidez ou morte **(xi)**; direito ao recolhimento do FGTS durante o período de afastamento em razão do acidente ou doença do trabalho **(xii)**; direito a indenizações por dano material, moral e estético **(xiii)**.

Sob pena de configurar justa causa para dispensa obreira (art. 158, p.u., alíneas "a" e "b", c/c art. 482, da CLT), o empregado tem o dever de observar as normas de saúde e segurança dispostas pelo empregador, em especial aquelas normas que tenham repercussão coletiva e cujo descumprimento possa lesionar a vida e segurança de outros trabalhadores, vinculados à mesma empresa que o contrata, ou não.

E esses róis de direitos e deveres dos empregadores e trabalhadores, alusivos ao meio ambiente do trabalho, eles, de forma particular, estão lastreados na Constituição Federal (art. 7º, incs. XXII e XXIII; art. 200, inc. VIII; art. 225); na Convenção 155 da OIT; na CLT, arts. 154 e s.; na Lei nº 8.036/1990 (art. 15, § 5º); na Lei nº 8.213/1991 (art. 19, §§ 1º a 4º); nas NRs 01 a 37; nos acordos e convenções coletivas firmados pelos sindicatos representativos das categorias profissionais dos trabalhadores etc. Todos eles também alcançam os trabalhadores sob regime de periculosidade trabalhista, aos quais se devem garantir, em primeiro lugar, as medidas protetivas cabíveis, para a eliminação ou redução dos riscos inerentes, como, também, todas as medidas de precaução e de prevenção. Impossível a elisão do risco, deve incidir a medida monetizadora do mesmo, condensada, já se sabe, no adicional de periculosidade (art. 193, § 1º).

## CONSIDERAÇÕES FINAIS

*Ex positis*, cumpre dizer que o desenho geral conferido à periculosidade no Brasil parece ainda não atender aos comandos supremos de sua Constituição Federal, às normas internacionais juslaborais de que o País é signatário e, sobretudo, à efetiva tutela civilizatória e dignificante da pessoa humana, que ora se apregoa para os obreiros, em matéria jus labor-ambiental, nos seus distintos cotidianos de trabalho.

É que, ainda que o sistema normativo admita a monetização suplementar dos riscos da periculosidade, algumas das experiências fáticas retro descritas deixam entrever, na verdade, uma espécie de completo acomodamento social e institucional, frente às circunstâncias de perigo laboral, como se este, além do patamar da compulsória tolerância, fosse algo passível de pacífica convivência e de enfrentamento ocasional e, até, acessório, pelos mais diversos setores produtivos.

Noutras palavras, o que se quer dizer é que, no Brasil, não se evita a monetização do risco de modo a procurar a superação dele. Ao contrário disso, aceita-se tão bem o trabalho sob condições de riscos perigosos que se chega até mesmo ao ponto de terceirizá-lo e de precarizá-lo, sem qualquer questionamento ou alusão, no particular, às já tão populares malignidades dessas duas formas de reestruturação administrativa das empresas. É o que se vê, por exemplo, no caso de eletricitários, vigilantes profissionais e motociclistas.

*Concessa venia*, ainda que a legislação pátria admita a monetização dos riscos e, também, a terceirização e a precarização laboral – estas, enquanto formas gerais de gestão empresarial –, ela (a legislação) deveria ressalvar o trabalho perverso e, como parte dele, o trabalho perigoso, ou proibindo expressamente que tais se dessem no particular **(i)**, ou estabelecendo diretrizes legais bem específicas e bem detalhadas sobre as responsabilidades de cada contratante, quanto à saúde e à segurança do trabalhador **(ii)**, bem como quanto ao amparo social do mesmo **(iii)**, a sua reabilitação profissional com garantias especiais de emprego **(iv)** e a sua reparação – ou a de seus familiares – **(v)**, estes três últimos itens, para as hipóteses de sinistros laborais.

Contrariamente a essa tangível aquiescência social e institucional para com os riscos da periculosidade, dever-se-ia combatê-los, na esteira da tendência mundial para a espécie, isto, com a estabilização funcional geral dos trabalhadores que a eles se submetem, além da redução do seu tempo de exposição a esses agentes de risco, o que, por sua vez, implica em necessária formalização de contratos de trabalho mais sólidos, seguros e de qualidade jurídica superior a muitos dos contratos laborais ora entabulados **(i)**, como, também, na diminuição das jornadas de trabalho correspondentes **(ii)**, aqui, tanto com o estabelecimento de uma nova modalidade de jornada especial de trabalho, justificada pela perigosa natureza do mesmo **(ii.a)**, quanto, também, com a vedação da execução de horas extras no particular, ressalvadas, *stricto sensu*, as hipóteses de força maior **(ii.b)**. Assim, é que se deveria ser.

E uma outra consideração necessária a respeito deste tema é relativa à possibilidade de reconhecimento da cumulatividade entre insalubridade e periculosidade, inclusive quanto ao pagamento conjunto dos dois adicionais respectivos. É que, atuando sob riscos diversos e suportando as tantas adversidades inerentes a ambos, quase sempre – observe-se –, por jornadas de trabalho extensas e sem a expectativa de uma efetiva política empresarial e governamental de elisão e/ou de redução dos mesmos, parece legítimo que os trabalhadores, sob essa condição majorada de diferentes riscos, recebam os respectivos valores suplementares, de forma igualmente acumulada.

*D.m.v.*, do ponto de vista do pragmatismo jurídico, um tal entendimento é o que parece melhor se acomodar à provisão da aparente antinomia existente na Constituição Federal, entre os incisos XXII e XXIII do seu art. 7º. Isto porque, ali, como já dito alhures, também parece haver uma ideia substancial de transitoriedade, ou seja, enquanto não se eliminam os tantos riscos do meio ambiente do trabalho – e apenas durante esse tempo –, o obreiro que a eles se expõe passa a receber os adicionais devidos. Nesses moldes, então, a acumulação de adicionais ora defendida também seria só uma momentaneidade a ser materialmente suportada pelo empregador, enquanto os riscos não são eliminados e/ou diminuídos, já que, de fato, como realidade inegável, o obreiro os suporta, inteira e pessoalmente, durante todos os dias, de forma constante em sua jornada, a partir de sua apresentação para o trabalho.

Ora, e se assim atua o obreiro – sujeito a duas espécies simultâneas de diferentes riscos –, seria ponderada, pois, uma compreensão legislativa ordinária que passasse a contemplá-lo com o expresso ressarcimento indenizatório dos dois adicionais que lhe são devidos, isto, até que se dê o progresso do estado da arte e com a consideração da substância fática desta espécie remuneratória, que é o adicional e que, entre seus fatos geradores, conta com o labor sob permanente ameaça de risco, risco este, *in casu*, duplicado, pela existência concomitante de dois riscos distintos e de naturezas diversas: um, crescente e gradual, como é a insalubridade; outro, súbito e instável, como é a periculosidade. Nos termos dos argumentos anteriores, então, parece que o reconhecimento desse duplo pagamento de adicionais aqui defendido seria mais consentâneo com as previsões constitucionais para a espécie, sem contar que também representaria, apenas pelo tempo em que progride o estado da arte tecnológica, uma consolidação dos princípios jurídicos que regem a matéria labor-ambiental e, também, de uma vetusta e matemática ideia de justiça, segundo a qual, *cuique suum tribuere*. Nada além.

E, ainda falando em momentaneidade, a lógica aplicada ao trabalho insalubre referente ao contato fortuito e não rotineiro do obreiro com o agente de risco, talvez, também não devesse ser reproduzida para o trabalho perigoso, em razão da natureza dos riscos que acometem a este último. A propósito e como já visto antes, diferentes dos riscos insidiosos da insalubridade, são instantâneos os riscos da periculosidade e podem se cumprir abrupta e repentinamente, inclusive no momento de um mero contato fortuito e casual do trabalhador com os mesmos e, isto, com tendência a uma provável falta do necessário treinamento exigido para a espécie, exatamente e não raro, devido a este mesmo caráter de infrequência do contato – um contato esporádico, que, todavia, num momento infeliz, pode vir a ser gatilho de um sinistro de grandes proporções, enfim.

Então, se a atividade produtiva pode exigir que, de maneira casual, o obreiro se exponha a um tal risco de periculosidade, seria razoável – e exigível até –, à luz do dever nomológico patronal de providência de um meio ambiente de trabalho hígido, seguro e saudável, que, igualmente, uma tal conduta da empresa fosse disciplinada, entre outras medidas, com a previsão do pagamento eventual e condicional do adicional aludido. E aí, para além do ressarcimento do risco a que se expõe o obreiro – o que, observe-se, não seria o alvo principal da imposição –, ter-se-ia, na verdade, um incremento nas disposições de segurança do trabalho, já que sinistros laborais não são de todo previsíveis e a incidência do adicional de periculosidade, no particular, poderia adquirir e, quiçá, exercer um papel pedagógico de contingenciamento do agir empresarial perante as suscetibilidades indutoras do mesmo, a ocorrer, na hipótese, tão só, diante de circunstâncias efetivamente inevitáveis e topicamente contraprestadas, sem embargo das demais responsabilidades incidentes.

Em matéria de periculosidade, portanto, contrastando fatos da vida, da legislação e dos tradicionais entendimentos respeitantes com as atuais pretensões e comandos constitucionais relativos à saúde, à segurança e à qualidade de vida – verdadeiros direitos humanos fundamentais do trabalhador em seu meio ambiente do trabalho –, vê-se uma premência de ajustes a serem realizados na aplicação jurídica cotidiana. Urge uma revisão de variadas práticas monetizantes dos riscos que se embutem no plexo normativo e jurisprudencial disciplinar da matéria, como, também, urge uma efetiva fixação exegética desse caráter provisório dos adicionais remuneratórios pagos ao trabalhador, por sua sujeição ao risco laboral.

Entrementes, deve-se afirmar que os adicionais só devem perdurar ou pelo tempo em que o estado da arte tecnológica ainda não é suficiente para superá-lo totalmente e elidi-lo, ou pelo tempo em que a empresa se estrutura para realizar os investimentos cabíveis e para cumprir o seu dever jurídico de providenciar um meio ambiente de trabalho higiênico, salubre, livre de perigos, confortável e afeto à qualidade de vida. O aspecto de salário-condição dos adicionais de risco deve ser ressaltado, assim como a *mens legis* das duas normas constitucionais aparentemente contraditórias – incisos XXII e XXIII, do art. 7º –, em que a segunda só se realiza, enquanto a primeira ainda não se realizou totalmente, verificando-se uma dependência – ou, se se quiser, um condicionamento – nesta sequência interpretativa.

Em resumo, pois, urge o reconhecimento prático e efetivo da singularidade da vida humana, da importância cultural e socioeconômica e da *expertise* profissional de cada trabalhador sob regime de periculosidade. E palmilham, nesta trilha, justificando-a, a solidariedade constitucional, o jus labor-ambientalismo, o não retrocesso e a função social da empresa previstos na Constituição de 1988, que já não admitem compreensão diversa, obtemperando-se, tão só e de forma momentânea e transitória, frente às limitações da arte tecnológica e até que esta se desenvolva. Mais uma vez e por oportuno, *cuique suum tribuere*.

# CAPÍTULO 15
## MEIO AMBIENTE DO TRABALHO E ERGONOMIA

*Claudirene Andrade Ribeiro*
*Cyntia Santos Ruiz Braga*

## INTRODUÇÃO

Ao longo da história da humanidade, o homem evoluiu daquilo que se chamou de idade da pedra, em que os instrumentos de trabalho eram rústicos ou quase inexistentes, passou pela primeira revolução industrial, em que os maquinários elevaram substancialmente a produtividade, ao mesmo tempo que o modo de organização do trabalho impôs um novo ritmo de trabalho, com cargas horárias demasiadamente elasticidas, repetitividade de movimentos, máquinas nem sempre adaptadas às necessidades humanas, criando uma grande massa de desvalidos, em razão do volume de acidentes típicos e também do adoecimento dos trabalhadores.

Disto adveio a percepção da necessidade de melhoria dos métodos de produção e de regulamentação das atividades humanas, sobretudo aquelas que implicavam em maiores riscos para a saúde do trabalhador em razão das posturas inadequadas seja para o labor exercido sentado, seja para o exercido em pé e mesmo para o que utiliza o transporte manual de cargas de qualquer tipo.

À vista disto, o tratamento dado às questões da ergonomia, como uma das faces do meio ambiente do trabalho saudável, seguro e higiênico no direito brasileiro, é o objeto de estudo do presente capítulo que se divide em 3 partes.

Na primeira parte, para fins de compreensão da amplitude dos estudos ergonômicos enquanto ciência aplicada, apresenta-se sua evolução histórico-conceitual.

Em seguida, destaca-se a previsão do tema na CLT e nas Convenções Internacionais do Trabalho, com ênfase para as de nºs 127, 155 e 161.

Considerando que a regulamentação da matéria relativa à segurança e higiene do trabalho, incluindo as questões de ergonomia, foram delegadas pela CLT (arts. 182, 186 e 200) ao Ministério do Trabalho e Emprego, atual Secretaria do Trabalho, do Ministério da Economia, a terceira parte do capítulo é reservada a destaques das Normas Regulamentadoras de nºs 11, 17 e 36.

Para o cumprimento deste desiderato, inicia-se com a parte propedêutica das referidas Normas Regulamentadoras, buscando-se eleger os pontos de contato entre as mesmas. Em seguida, passa-se a uma descrição dos itens e subitens de cada uma das NRs, com ênfase naqueles que se considera mais relevantes.

Ao labor! Com prazer!

## 15 - MEIO AMBIENTE DO TRABALHO E ERGONOMIA
*Claudirene Andrade Ribeiro/Cyntia Santos Ruiz Braga/*

## 15.1. EVOLUÇÃO CONCEITUAL HISTÓRICA DA ERGONOMIA

Conforme definição apresentada pela Associação Brasileira de Ergonomia – ABERGO, SD, "a palavra Ergonomia deriva do grego Ergon [trabalho] e nomos [normas, regras, leis]". Assim, podemos dizer que a ergonomia diz respeito às leis do Trabalho.

Mas onde tudo começou.

Rivas (2007) menciona que desde que o homem descobriu que uma pedra afiada poderia ser afiada até ficar pontiaguda e transformar-se numa lança, machado, ou outro instrumento, inconscientemente, o homem começava a aplicar a ergonomia. Descreve, ainda, que um dos antecedentes mais antigos do pensamento ergonômico se encontra no Código de Hamurabi, Rei da Babilônia (1700 a.C.), quando introduziu uma série de medidas de configuração laboral, entre as quais a planificação e controle da produção baseada na contagem da mão de obra, na sequência de tarefas e no tempo necessário para sua execução, associado também a um salário mínimo.

Segundo Taylor (1970), em 1900, a preocupação em melhor executar um trabalho e suas tarefas era abordada pelo engenheiro mecânico Frederick Taylor, no seu livro *Princípios da Administração Científica*, pelos seguintes princípios: planejamento, preparo, controle e execução. Era a máquina se adaptando ao homem e vice-versa, a fim de proporcionar melhor eficiência, através da maior qualidade e rendimento, num sistema rigoroso de tempo e movimento.

Enquanto isso, na Inglaterra, a concepção de saúde e segurança do trabalhador eram retratadas em leis que atendiam aos *surtos industrializantes, ou seja, catalisando qualidade e um dado nível de produtividade* que posteriormente, com *dados razoáveis, viabiliza a criação de um Instituto para Pesquisa da Fadiga Industrial para a indústria inglesa da época* (VIDAL, 1994, p. 4).

Meister (1991) descreve que, em 1949, a primeira sociedade de ergonomia denominada Ergonomic Research Society ou apenas Ergonomic Society é oficializada pelo inglês Kenneth Franck Hywel Murrell, a qual reuniu médicos, cientistas e pesquisadores para formalizar a existência desse novo ramo de aplicação interdisciplinar da ciência.

Na mesma época, o Brasil passava por profundas modificações econômicas e sociais, vez que de uma sociedade ruralista ou agrícola, migrava-se para uma sociedade industrial.

As primeiras abordagens ergonômicas no Brasil são influenciadas por essa escola francesa, mais precisamente pelo pesquisador Alain Wisner. Médico, psicólogo e professor, Wisner dirigia o Laboratório de Ergonomia e Neurofisiologia do Trabalho no Conservatório Nacional de Artes e Ofícios, vinculado ao Ministério da Educação da França, e proporcionava, através do seu laboratório, a fisiologia do trabalho (LAVILLE, 1977), a qual consistia no estudo teórico, por meio de uma série de métodos, técnicas e equipamentos (esfiogmógrafo, cardiógrafo e pneumógrafo), *acerca do desgaste fisiológico, da dinâmica e da energética muscular* (VIDAL, 1994, p. 8).

Ainda neste contexto, acreditava-se que a ergonomia estava vinculada a uma corrente filosófica industrialista, onde o bem-estar do homem era mantido, para que este fosse produtivo, em relação à empresa, e fosse rentável, em relação a si mesmo, o que Taylor definia como *homem econômico* (SILVA e PASCHOARELLI, 2010, p. 42).

Por anos, a ergonomia se restringiu a conselhos sobre como levantar e carregar pesos. Posteriormente, incluiu outros quatro itens: o *mobiliário de trabalho, algumas condições dos ambientes de trabalho, os equipamentos (...) de trabalho e, a maior novidade, a organização do trabalho* (FERREIRA, 2015, p. 8).

Nessa direção, Silva compara duas definições de ergonomia segundo a IEA – International Ergonomics Association, nos anos de 1969 e 2000, e, por fim, a ACGIH – American Conference of Governmental Industrial Hygienists, a saber:

> Em 1969, (...) como: A ergonomia é o estudo científico da relação entre o homem e seus meios, métodos e espaço de trabalho. Seu objetivo é elaborar, mediante a contribuição de diversas disciplinas científicas que a compõem, um corpo de conhecimentos que, dentro de uma perspectiva de aplicação, deve resultar numa melhor adaptação ao homem dos meios tecnológicos e dos ambientes de trabalho e de vida.
>
> (...) no ano 2000 é: A ergonomia (ou fatores humanos) é a disciplina científica relacionada ao entendimento das interações entre os seres humanos e outros elementos do sistema e a aplicação da teoria, princípios, dados e métodos ao design a fim de otimizar o bem-estar humano e a melhoria de desempenho do sistema.
>
> (...) a ACGIH, em seu livro Limites de Exposição Ocupacional (TLVs) (...) tem uma outra definição para ergonomia: É o termo aplicado ao campo que estuda e projeta interface homem-máquina, a fim de prevenir doenças e acidentes e de melhorar o desempenho do trabalho. (SILVA, 2013, p. 25-26)

A escola de ergonomia brasileira é influenciada pela francesa e não pela americana, focada exclusivamente na produtividade, nos equipamentos e ferramentas de trabalho, sem a participação do trabalhador. Outra diferença entre tais escolas de ergonomia reside no fato de que a americana busca soluções mecânicas para melhor dimensionamento do posto de trabalho, ao passo que a francesa considera que para o estudo do posto de trabalho deverá ser ouvido o trabalhador, envolvendo-o *na organização do trabalho e na solução de problemas* (SILVA, 2013, p. 27).

Comentando este aspecto, Ferreira (2015, p.9) descreve que a *observação passa a ser a técnica principal na análise de trabalho no momento em que ele estava sendo feito (a chamada análise do trabalho "real")*.

Mais do que uma "análise de tarefas" ou "análise de demanda" que visam aumentar a produtividade ou qualidade dos produtos, passa-se a buscar a melhoria das condições de trabalho, ou seja, ao invés de se almejar *mudar os comportamentos*[1] *dos trabalhadores* (FERREIRA, 2015, p. 9) almeja-se o *bem-estar dos trabalhadores em ambiente ocupacional*, a partir de uma *sociedade mais evoluída que fortalece a ergonomia* (SILVA, 2013, p. 28). Portanto, na ergonomia moderna, a atividade é o conceito central, mas ao homem, busca-se, a partir de um *conjunto de ciências e tecnologias*, o ajuste do confortável, do produtivo para a relação entre o ser humano e seu trabalho, de modo a adaptar-se à natureza humana do trabalhador (JUNIOR, 2013, p. 184).

Observada a evolução histórica da ergonomia, no próximo tópico, procura-se visualizar como se manifestam tais correntes na CLT e nas Convenções Internacionais de Trabalho.

## 15.2. A ERGONOMIA NA CLT E NAS CONVENÇÕES INTERNACIONAIS DE TRABALHO

Como antes asseverado, a ergonomia moderna envolve questões físicas, cognitivas e organizacionais (VIDAL, 2000, p. 16). Contudo, *grosso modo*, pode-se dizer que na CLT esta é tratada

---

1 A mudança de comportamento do trabalhador era exigida para que o mesmo se tornasse um perfeito autômato, com regularidades imutáveis, perdendo-se hábitos irregulares (JUNIOR, 2013, p. 178), ou seja, cerceava-se sua personalidade criativa que lhe permitia adaptar-se. Antes, o homem deveria ser adaptado dentro de uma disciplina militar, baseada no maquinismo, agora não mais.

basicamente sob o enfoque da ergonomia física, compreendida, segundo o autor anteriormente citado (p. 16), como: *o foco da ergonomia sobre os aspectos físicos de uma situação de trabalho*.

Isto porque o Capítulo V da CLT, denominado "Da Segurança e da Medicina do Trabalho"[2], dividido em XVI seções, apresenta na seção X – "Da movimentação, armazenagem e manuseio de materiais" dois artigos diretamente relacionados à questão. O primeiro para delegar ao Ministério do Trabalho, hoje Secretaria do Trabalho, do Ministério da Economia, a regulamentação de Normas sobre tais temas e o segundo para afirmar a necessidade dos trabalhadores envolvidos em tais operações estarem familiarizados com os métodos que visam facilitar seu trabalho.

Assinale-se que, no que concerne à questão dos assentos, desde 1943, a CLT previa a obrigatoriedade destes, que deveriam ser ajustáveis à altura do indivíduo e à função exercida, nos termos da redação original do art. 180, considerada uma das primeiras referências legais nacionais com a preocupação ergonômica (SILVA, 2013, p. 25).

Na seção XIV – "Da prevenção da fadiga", nos arts. 198 e 199, advindos da redação dada pela Lei nº 6.514, de 22/12/1977, dispõe, respectivamente, que cada trabalhador do sexo masculino pode movimentar 60 kg e que deveriam ser colocados assentos nos locais de trabalho a fim de garantir boa postura dos operários, para o trabalho sentado ou para descanso nos casos de labor exercido em pé.

Todavia, existem outras normas relacionadas às questões de ergonomia na CLT, como por exemplo o art. 72, que assegura intervalo de 10 minutos para cada 90 minutos de labor consecutivo nas atividades permanentes de mecanografia, a partir do que se pode entender, neste particular, certo avanço normativo no sentido de reconhecer a repetitividade de movimentos como uma das causas de fadiga.

Ao comentar a NR-36 e tratar dos aspectos ergonômicos, Cerigueli (2013, p. 46) destaca a existência de trabalhadores que denomina de *"geração 'videogame'"*, que teriam uma musculatura mais frágil e, portanto, mais sujeita às *lesões na coluna, nas articulações ou complicações musculares*.

Não se pode olvidar também que a evolução dos meios de produção foi acompanhada de forte mudança nas condições de vida humana, nas quais as pessoas se tornaram mais sedentárias, não apenas no ambiente de trabalho como nas atividades em geral desde a mais tenra idade, inclusive as próprias brincadeiras infantis.

Nesse sentido, Pegatin (2009, p. 94) realça a importância de que a ergonomia parte do pressuposto de adaptar o trabalho ao homem, pois a mesma tecnologia que permite o aumento da produção interfere nos "limites fisiológicos humanos".

Registra-se que o princípio da adaptação do trabalho ao trabalhador é previsto no art. 5º, alínea "g", da Convenção nº 161 da OIT, aprovada pelo Brasil por meio do Decreto Legislativo nº 86, de 14/02/1989, inicialmente promulgada pelo Decreto nº 127, de 22/05/1991, e, posteriormente, consolidada pelo Anexo XLIII, do Decreto nº 10.088, de 05/11/2019.

Se o art. 72 da CLT denota certo avanço legislativo, o mesmo não ocorre com outros, a exemplo dos arts. 198[3], 390 e 405, § 5º, que, respectivamente, tratam do limite máximo de

---

2  Inicialmente denominado de Higiene e Segurança do Trabalho, passou a denominar-se Segurança e Higiene do Trabalho, por meio do Decreto Lei n. 229, de 28.2.1967. Posteriormente, por meio da Lei 6.514, de 22/12/1977, o capítulo obteve a atual redação.
3  Registra-se a existência do Projeto de Lei nº 5.746 de 2005, de autoria do senador federal Marcelo Crivela, que propõe a alteração do artigo em comento para que o peso máximo a ser transportado por cada trabalhador

peso a ser suportado por trabalhador do sexo masculino, feminino e do menor de 18 anos, sem que se verifique a capacidade diante do biótipo osteomuscular de cada trabalhador ou mesmo as alterações da fisiologia humana.

Tais dispositivos estão em total dissonância com a política de saúde tratada nas Convenções nºs 127, 155 e 161 da OIT e NR-17 do antigo Ministério do Trabalho e causa insegurança jurídica, pois ainda fundamenta diversos laudos periciais e/ou decisões judiciais em questões acerca da culpa do empregador em casos de doenças ocupacionais relacionadas ao transporte de peso.

No âmbito internacional, a Convenção nº 127 da OIT[4], aplicável a todos os setores de atividades econômicas do Estado-membro, dispõe sobre o transporte manual de cargas. Em seu artigo III diz que não deve ser admitido, nem exigido, qualquer transporte manual de cargas que comprometa a saúde e segurança do trabalhador, mas não especifica numericamente o limite de peso. O mesmo ocorre com os arts. VII, 1 e 2, segundo os quais, quando admitido o transporte de cargas diversas das leves, por mulheres e jovens, obedecer-se-ão a limites de peso inferiores ao tolerado por homens.

A técnica adotada pela Convenção, ao não especificar limite máximo de peso, vai ao encontro do princípio da melhoria contínua das condições de trabalho que devem acompanhar o estado da técnica e a análise casuística.

Outrossim, considerando que o trabalho deve adaptar-se ao homem e não o contrário, sob pena de se transferir para o trabalhador o ônus advindo do progresso dos próprios meios de produção, em clara ofensa ao princípio da alteridade, previsto no art. 2º, *caput* da CLT, reputa-se salutar que a CLT tenha deixado a cargo do antigo Ministério do Trabalho e Emprego a regulamentação da matéria relativa às questões de ergonomia.

As normas regulamentadoras que tratam especificamente da questão da movimentação de cargas e outros aspectos ergonômicos são as de nºs 11, 17 e 36, as quais serão objeto de abordagem específica no próximo título, que se inicia pela taxonomia destas.

## 15.3. A ERGONOMIA E AS NORMAS REGULAMENTADORAS DO MINISTÉRIO DO TRABALHO E EMPREGO

Nos termos dos arts. 182, 186 e 200 da CLT, cabe ao anterior Ministério do Trabalho e Emprego a regulamentação das questões relativas à matéria de segurança nas operações de transporte e movimentação de materiais nos locais de trabalho, incluindo as relativas aos equipamentos de proteção individuais – EPIs e às informações; as medidas de segurança em máquinas e equipamentos e; as medidas de proteção complementares relativas a todo o capítulo da Segurança e Medicina do Trabalho.

No que tange ao tema em estudo a regulamentação se deu por meio das NRs 11, 17 e 36, o que torna necessário o conhecimento destas quando se pensa em ergonomia e saúde do trabalhador.

---

fosse de 30 kg, ao invés de 60 kg. Registra-se que, segundo o método NIOSH - National Institute for Occupational Safety and Health (1991), é de 23 kg o peso máximo a ser sustentado por cada trabalhador, limite para levantamento ocasional e em condições excelentes no que concerne à localização do objeto a menos de 25 cm e sem torções de dorso ou de posturas assimétricas. (NIOSH, *apud* BRASIL, 2002, p. 73).
4   Aprovada na 51ª Reunião da Conferência Internacional do Trabalho em 1967 e, no Brasil, pelo Decreto-Lei nº 662, de 30/06/1969. Está em vigor no país desde 21 de agosto de 1971.

A tarefa é desenvolvida no presente tópico, em três momentos (itens 3.1 a 3.4) e inaugurada com uma abordagem que aponta o cenário em que se dá a criação/revisão das ditas normas e estabelece uma descrição da estrutura de cada uma delas, como se vê no subitem a seguir.

### 15.3.1. Contexto da criação/revisão e estrutura das NRs 11, 17 e 36

Em cumprimento à delegação conferida pela CLT, por meio da Portaria MTb nº 3.214, de 08 de junho de 1978, o então Ministério do Trabalho e Emprego criou as Normas Regulamentadoras de que trata o Capítulo V da norma trabalhista, destacando-se entre estas as de nºs 11 e 17 relacionadas à ergonomia.

As NRs 11 e 17, surgidas no mesmo contexto histórico e temporal, possuem temas próximos, na medida em que ambas trazem itens que dispõem sobre levantamento de cargas, ou seja, que dizem respeito ao esforço musculoesquelético relacionado ao trabalho humano e sobre a necessidade de treinamento para o exercício das atribuições para fins de diminuição da sobrecarga.

A NR-11 traça as condições para a garantia da segurança no ambiente de trabalho, quanto ao transporte, movimentação, armazenagem e manuseio de materiais, incluindo sacas e *pallets*, por meio mecânico ou manual (BARBOSA, *et al.*, 2019).

Quando de sua aprovação, a NR-11 basicamente se estruturava em três capítulos. O primeiro destinado às questões de segurança do trabalho no transporte e manuseio de materiais por meio de máquinas transportadoras como elevadores, guindastes e transportadoras industriais; o segundo referente ao labor no transporte de sacas e o terceiro sobre armazenamento de materiais.

A Portaria nº 56, de 17 de setembro de 2003, do Sistema de Inspeção do Trabalho – SIT, acrescentou um item à NR em comento, o qual dispõe sobre a movimentação, armazenagem e manuseio de chapas de mármores, granitos e outras rochas, assim como, o anexo I que traz normas técnicas acerca dos procedimentos para movimentação, armazenagem e manuseio de chapas de rochas ornamentais. Este, por sua vez, sofreu alterações e atualizações por meio da Portaria nº 505, de 29 de abril de 2016, do Ministério do Trabalho e Previdência Social – MTPS.

A *evolução das relações de trabalho, dos métodos e avanços da tecnologia* foi uma das justificativas apresentadas nos considerandos da Portaria MTE/MPS nº 3.751, de 23/11/1990, que alterou significativamente a NR-17, única intitulada de Ergonomia, criada em 1978.

Asseverou-se no segundo item deste trabalho que a ergonomia moderna[5] apresenta três vertentes, uma das quais denominada organizacional. Esta considera importante enxergar a organização do trabalho como um todo, o que inclui as questões relativas ao ritmo de trabalho, as questões relativas aos processos decisórios e formas de controle da produção (VIDAL, 2000).

Neste particular, evidencia-se a nova redação do item 17.1.1 da NR-17 para a qual as condições de trabalho incluem os aspectos materiais e aqueles relacionados à *própria organização do trabalho*.

---

5  A nova concepção da ergonomia também contribuiu, ao analisar os sistemas de trabalho, para dizer que a relação com a tecnologia é sexuada e a relação de trabalho implica uma relação entre os sexos (HIRATA, 2002; KERGOAT, 2008). As características sexuais vão construir trajetórias ocupacionais e diferenças em relação às possibilidades de se alocarem e realocarem na estrutura ocupacional (SORJ, 2000). A feminização do trabalho em telemarketing, com procedimentos altamente padronizados e controlados, no intuito de aumentar sua eficiência e diminuir custos, é uma das expressões de sua racionalização (SEGNINI, 2001; HIRATA, 2002).

Ademais, sobreleva-se o objetivo da NR-17, previsto no item 17.1, em oferecer padrões que possibilitem a adequação das características de trabalho às condições psicofisiológicas dos trabalhadores, de forma a propiciar o *máximo de conforto, segurança e desempenho eficiente*. O conceito de ergonomia acima, com algumas adequações, foi o proposto por Wisner, em 1987 (BRASIL, Manual, 2000, p. 11).

Este aspecto é considerado no manual da NR-17 (2003, p. 14) como um grande avanço da nova redação da norma, pois até então, as modificações da organização do trabalho ficavam apenas a cargo do empregador, embora já houvesse diversos estudos que demonstravam a interferência desta na saúde do trabalhador. Por esta ideia, preserva-se uma das nuances do direito constitucional à saúde (arts. 6º e 7º, inciso XXII; arts. 196 e 225, *caput*, CF), aplicável em todos os ambientes e situações de trabalho.

O avanço da Norma em exame foi fruto da organização do Sindicato dos Empregados em Empresas de Processamento de Dados no Estado de São Paulo – SINDPD/SP que, em meados da década de 1980, buscou a Delegacia Regional do Trabalho de São Paulo – DRT/SP à procura de elementos que possibilitassem a prevenção das lesões por esforços repetitivos – LER[6]. Na oportunidade, as avaliações feitas por médicos e engenheiros da DRT/SP apontaram a influência da organização do trabalho como elemento importante para o surgimento das lesões (BRASIL, Manual, 2003, p. 7).

De acordo com Airton Marinho (ATIVIDADE, 2017), o contexto histórico econômico social de criação dos anexos da NR-17 e a reformulação desta relaciona-se ao crescimento do setor de serviços com a introdução da informática, o fim da ditadura, a atuação do Ministério do Trabalho para atender a uma demanda de surto de LER/DORT, no final da década de 1980, notadamente do setor bancário e a influência científica da escola de ergonomia francesa que se propôs ir além dos critérios objetivos para uma análise qualitativa de organização do trabalho.

A partir de então, com a participação do Ministério do Trabalho, a sociedade civil passou a organizar seminários, nos quais foram discutidas formas de melhoria da referida NR e, em 1989, em um seminário promovido pela DRT/SP, com profissionais de outras dez DRTs decidiu-se que a norma deveria ir além dos trabalhadores do setor de processamento de dados (BRASIL, Manual, 2003, p. 8), com base nos estudos em material publicado, em 1987, pelo Instituto Nacional de Pesquisa em seguridade da França.

Inicialmente, a Norma era organizada em seis itens e seus respectivos subitens e, por meio das Portarias SIT nºs 08 e 09, ambas de 30 de março de 2007, recebeu os anexos I e II, os quais tratam, respectivamente, dos operadores de *check-out*, dos trabalhadores em teleatendimento e telemarketing.

---

6   Acerca das doenças ocupacionais, em especial a LER/DORT, o INSS editou a Instrução Normativa - IN nº 98, de 05 dezembro de 2003, que aponta dentre outros fatores de riscos, para a consideração da doença como ocupacional: a região anatômica exposta, o grau e o tempo de exposição aos fatores de risco; o modo de organização da atividade no tempo, inclusive no que concerne à existência de pausas; o nível de adequação do local de trabalho de modo a favorecer posturas corretas; o frio, as vibrações e as pressões sobre os tecidos musculares; as posturas inadequadas, que devem considerar a amplitude, a força de gravidade e as lesões mecânicas sobre os diversos tecidos; a carga orteomuscular advinda da carga mecânica, que são influenciadas, dentre outros fatores, pela força, a repetitividade, duração da carga, modo de preensão, postura do punho e a técnica de trabalho; ausência de variação da tarefa; condições cognitivas que podem ocasionar tensão muscular ou reação difusa de estresse e os fatores da organização e aspectos pscicossociais relacionados ao trabalho.

A derradeira Norma a comentar é a de n° 36 que trata especificamente das questões relacionadas à organização do trabalho na indústria frigorífica.

O contexto de sua elaboração remonta à 16/08/2011, quando, por meio da Portaria n° 273 do então MTE, a Secretaria de Inspeção do Trabalho disponibilizou uma consulta pública com o texto básico para sua criação. Por demandar normas complementares às NRs, estipulou o prazo de 60 dias para apresentação de sugestões, ante o entendimento de existência de especificidades ergonômicas e de outros riscos ambientais para o setor de processamento de carnes e derivados.

Desde os últimos anos de 1990, o Ministério do Trabalho e o Ministério Público do Trabalho – MPT realizam diversas ações fiscalizatórias em unidades frigoríficas de todo o país, mas, especialmente nos estados do sul do país, face às denúncias de condições inadequadas de trabalho que incluíam: proibição dos trabalhadores irem ao banheiro, impropriedade das máquinas e equipamentos de produção, ausência de registro de comunicações de acidente de trabalho – CAT em tais ambientes e outras. Estas, muitas vezes, desencadeavam a assinatura de Termo de Ajuste de Conduta ou a propositura de Ações Civis Coletivas com pedidos de indenizações por danos morais individuais e coletivos, cumulados com pedidos de cumprimento de obrigações de fazer (RIBEIRO, 2017).

Com base na experiência dos auditores fiscais de Santa Catarina, em 2004, o MTb elaborou uma nota técnica com indicações de boas práticas para o setor da indústria frigorífica, no qual se observava a predominância de Lesões por Esforços Repetitivos – LER e Distúrbios Orteomusculares – DORT, em decorrência do modo da atividade produtiva (BRASIL, Manual, 2017, p. 1).

Ainda de acordo com o Manual de interpretação da NR-36 (2017, p. 1), além das ações do MTb e do MPT, os trabalhadores e empregadores reivindicavam a elaboração de uma norma específica para o setor. Em junho de 2010, houve uma reunião entre os dirigentes dos Sindicatos de Trabalhadores e os de Empregadores com o Departamento de Segurança e Saúde no Trabalho – DSST, do MTb, na qual foi solicitada ao órgão a criação do instrumento normativo próprio. Na ocasião, os representantes dos trabalhadores também enfatizaram a necessidade de regulamentação legal de modelos que diminuíssem ou afastassem as consequências perversas do processo produtivo.

A NR-36 foi publicada em 18/04/2013, por meio da Portaria n° 555 do MTE, e entrou em vigor em 18/10/2013, exceto quanto aos itens mencionados no seu art. 3° para os quais previu prazos graduais para implementação.

Originalmente organizada em 16 seções e um anexo, que consistiam em um glossário, com a Portaria n° 511, de 29 de abril de 2016, a NR-36 teve acrescido o segundo anexo que trata das condições mínimas das máquinas no setor.

Das 16 seções da NR-36, as mais relacionadas diretamente às questões de ergonomia física são as de n°s 36.2 a 36.6, 36.8, 36.14 e 36.15.

As demais seções dizem respeito apenas àquilo que se pode chamar de ergonomia organizacional, como por exemplo, os intervalos entre jornadas, os treinamentos e informações aos trabalhadores sobre os riscos da atividade, os locais de descanso fora do local de trabalho, dentre outros.

Como antes apontado, a NR-36 objetiva estabelecer parâmetros específicos para a avaliação e monitoramento dos riscos da indústria de abate e processamento de carnes e derivados destinados ao consumo humano, vale dizer, norma setorial. Apesar disto, em diversos dispositivos, a norma informa a necessidade da observância do disposto nas outras NRs[7].

Apontados os contextos de surgimento das NRs mais diretamente relacionadas *às questões de movimentação de cargas e de ergonomia, no próximo tópico, comenta*m-se os principais pontos destas.

### 15.3.2. Principais regulamentações de aspectos ergonômicos nas NRs 11, 17 e 36

Embora possuam algumas particularidades por abarcarem resposta a determinadas demandas setoriais (trabalhadores de frigoríficos, supermercados, telemarketing e movimentação de mercadorias), as NRs nºs 11, 17 e 36 apresentam pontos de contato, como por exemplo, os que dispõem sobre assentos para os trabalhadores.

A seguir são comentadas as especificações de cada norma, a iniciar pela NR-11, o que se dá por razões ordem de criação da norma e não pela maior ou menor importância de cada uma delas.

#### *15.3.2.1. NR-11*

A leitura da NR-11 permite concluir que a mesma apresenta as condições mínimas de segurança aos trabalhadores de carga, movimentação e armazenagem de materiais.

A primeira parte aponta diversas condições de segurança específicas para a operação de elevadores, guindastes, transportadores individuais e máquinas transportadoras, incluindo o transporte de pessoal e os carros manuais para transporte (item 1.1 e seus subitens) e busca a prevenção de outros riscos existentes neste trabalho, como os de acidentes típicos de trabalho, e não necessariamente as questões ergonômicas.

O armazenamento de materiais é tratado no item 3 da Norma e não poderá ser superior ao peso que o piso pode suportar. Ademais, outras regras buscam a segurança do local impondo medidas que visem facilitar a saída, o acesso aos equipamentos de combate a incêndio e a iluminação. Logo, sobre os itens 1.1 e 1.3 não se traçarão maiores comentários.

A regulamentação do transporte de sacas realizado de forma mecânica é feita no item 11.2 e seus subitens e traz normas que se destinam às questões ergonômicas propriamente ditas como também as questões relacionadas aos riscos de acidentes típicos como quedas de altura, em decorrência do uso de escadas.

Nos termos do item 11.2.2, o transporte manual de sacas por um trabalhador não deve se dar numa distância maior que sessenta metros. Acima deste limite (item 11.2.2.1) o transporte deve se dar por meio de tração mecânica de qualquer tipo.

Ainda segundo a norma (11.2.3 e seu subitem), o transporte de sacas com o uso de pranchas, cuja largura mínima será de no mínimo 0,50 metros, não deve ser feito quando estas tiverem vão maior que 1 metro ou mais de extensão.

---

7   A necessidade de observância das NRs que tratam da ergonomia é confirmada pelos últimos dados estatísticos brasileiros em LER/DORT, divulgados pelo Ministério da Saúde. Levantamento publicado em 2019, revelou que, de 2007 a 2016, essas duas doenças aumentaram 184% em relação ao espaço temporal anterior (SAÚDE, 2019). Acresça-se que os dados acima não representam a totalidade da poluição labor-ambiental existente no cotidiano dos trabalhadores.

O item 11.2.8, recomenda que o empilhamento de sacas seja feito por meio de instrumentos com tração mecânica e, não sendo possível, com o uso de escadas removíveis, com determinadas características que vão da existência de lance único de degraus à garantia de estabilidade, passando pela largura mínima de 1 metro e altura máxima de 2,25 metros do solo.

Tais requisitos mínimos são importantes não apenas para evitar possíveis quedas como também posturas inadequadas por parte do trabalhador em decorrência de falta de estabilidade.

Os pisos dos armazéns devem ser de material não escorregadio e quando estiverem molhados não deve ser tolerado o transporte manual, nos termos do item 11.2.9.

Como adiantado anteriormente, em 2003 foi incluído um novo tópico na NR-11, o qual dispõe especificamente sobre a movimentação, armazenagem e manuseio de chapas de mármore, granito e outras rochas, assim como o anexo I, que, nos termos de seu item 1.1, contém especificações técnicas destinadas à prevenção dos trabalhadores e encargos *mínimos para a prevenção de acidentes e doenças do trabalho no comércio e na indústria de beneficiamento, transformação, movimentação, manuseio e armazenamento de chapas rochas ornamentais (...)* (BRASIL, Portaria nº 56, de 17 de setembro de 2003).

Ressalvadas as diferenças no que tange ao tipo de material, bem específico no caso de rochas ornamentais, até mesmo pelo tamanho, peso, altura e largura, o que se constata é que as regras contidas no anexo I da NR visam evitar acidentes típicos ou adoecimento do trabalhador envolvido no processo. Para tanto, aponta a necessidade do uso de cintas, cabos de aços e outros instrumentos para o transporte destas.

Além do mais, também impõe a obrigatoriedade de pisos não escorregadios e proteção do local de armazenagem contra intempérie e garantia de que o trabalho seja realizado por trabalhador devidamente treinado, às expensas do empregador. Estipula um conteúdo mínimo para o treinamento que deve abranger aspectos teóricos e práticos e incluir questões relacionadas à prevenção de acidentes, uso de equipamentos individuais e coletivos de proteção, legislação sobre o tema e o desenvolvimento de habilidades próprias para lidar com o tipo de material.

Vistos os principais aspectos da NR-11, a seguir, descrevem-se as principais disposições contidas na NR-17.

### 15.3.2.2. NR-17

A aplicação da ergonomia passa a se manifestar com os objetivos de correção, de concepção e de conscientização (SILVA, 2013, p. 27), os quais podem ser identificados em alguns itens da NR-17.

O primeiro, caracterizado *pela modificação de postos de trabalho, em relação às suas dimensões, iluminação, ruído, temperatura*, é plasmado na busca de *meios técnicos apropriados* (SILVA, 2013, p. 27). A aplicação prática deste objetivo na nova normatização encontra-se exemplificado no item 17.2.4 da NR-17 e nos ajustes e alterações para o conforto dos trabalhadores (itens 2.1, 2.4, 3.1.3, letra "d"; itens 3.3, 3.4 e 5.5 da NR-17).

O segundo, de acordo com Silva (2013, p. 27), é demonstrado pelo planejamento do posto, do sistema de produção e maquinário, além da organização do trabalho e formação de pessoal que, se eficiente, dispensa o primeiro objetivo da ergonomia (constante nos itens 4.2.1 e 17.5.2 da NR-17).

O terceiro, Silva (2013, p. 27) entende compreendido pela conscientização do trabalhador sobre as vantagens da ergonomia no ambiente de trabalho, conquistando-o para uma visão de melhorias para o ambiente ocupacional (previsto no item 6.1 do Anexo I e no item 17.6.3, letra "a" da NR-17).

O conteúdo do primeiro item da NR-17 foi exposto no item 3.1, no qual se explicou a revisão da norma e, para tanto, foram expostos alguns conceitos de ergonomia que devem ser observados no contexto de todos os dispositivos da referida norma.

As regras para levantamento, transporte e descarga individual de materiais são tratadas no item 17.2. Destas, destaca-se a proibição de transporte de peso que possa comprometer a saúde do trabalhador, a definição de que também o levantamento e a deposição da carga são entendidos como transporte manual e a indicação de uso de meios técnicos corretos para facilitar o transporte manual de cargas. Ademais, ressalte-se que quando realizado por mulheres e jovens, o peso deve ser nitidamente inferior[8].

O tratamento quanto ao mobiliário dos postos de trabalho é feito no item 3 da NR, cujo primeiro subitem recomenda a adoção da posição sentada, sempre que o trabalho assim puder ser exercido. Este deve ser planejado de modo a conferir o máximo de conforto para os trabalhadores no que tange à altura da superfície de trabalho e ainda permitir boa visualização. Quando o trabalho tiver que ser realizado de pé, determina-se a colocação de assentos para descanso.

A disciplina para os equipamentos que compõem os postos de trabalho encontra assento no item 17.4 da NR. De plano indica que todos os equipamentos do posto de trabalho devem estar de acordo com os aspectos psicofisiológicos dos usuários e ao tipo de trabalho que deva ser realizado.

Em seguida, a norma trata das atividades relacionadas à *leitura de documentos para digitação, datilografia ou mecanografia* e estabelece os requisitos para o suporte dos documentos e para os terminais de vídeo. Em linhas gerais, estipula a necessidade de que tais equipamentos sejam dispostos de maneira a permitir seu ajuste de acordo com a necessidade do trabalhador, inclusive quanto a luminosidade e reflexos na tela.

As condições ambientais de trabalho são previstas no item 5 da norma e dizem respeito aos aspectos relacionados aos ruídos, à iluminação, à temperatura, à velocidade do ar e à umidade.

O último item da norma trata da organização do trabalho que também deve adequar-se às características psicofisiológicas dos trabalhadores. Expressamente, consta do item 17.6.2 que tal organização deve, no mínimo, ter em conta: *a) as normas de produção; b) o modo operatório; c) a exigência de tempo; d) a determinação do conteúdo de tempo; e) o ritmo de trabalho; f) o conteúdo das tarefas.*

Para o setor de processamento de dados, nos termos do item 17.6.4, salvo disposto em norma coletiva, deverão ser observadas as seguintes determinações: a) proibição de avaliações dos trabalhadores de digitação, com base no número de toques para fins de qualquer tipo de vantagem; b) máximo de 8.000 toques por hora trabalhada, entendido para a norma qualquer pressão sobre o teclado; c) tempo máximo de trabalho de entrada de dados de 5 horas, podendo

---

8   Uma das atualizações da NR-17 é justamente quanto ao peso. O peso suportado por um trabalhador durante o transporte manual de cargas deve: a) ser compatível com a capacidade de força do trabalhador e b) não ser suscetível de comprometer a saúde do trabalhador. (item 17.5 Levantamento, transporte e descarga individual de materiais). Se o trabalhador for jovem, mulher, idoso ou deficiente, isto deve ser considerado, principalmente para atividades repetidas, habituais e frequentes (FUNDACENTRO, 2019).

o trabalhador ser colocado em outra atividade compatível, desde que não exija movimentos repetitivos ou esforço visual; d) pausa de 10 minutos a cada 50 minutos de trabalho, computados na jornada; e) redução das exigências de toques quando do retorno do trabalhador de qualquer afastamento superior a 14 dias e o aumento gradual desta.

Os anexos I e II da NR-17 tratam de parâmetros e diretrizes mínimas ergonômicas para adequação das condições de trabalho, para aos operadores de check-out, comuns em supermercados, hipermercados e comércio atacadista e para os trabalhadores em teleatendimento/telemarketing que atuam em *call centers* (centrais de relacionamento com clientes) para prestar informações, serviços ou comercializar produtos.

Em ambos os anexos são apontadas orientações quanto ao posto, equipamentos e ferramentas, organização e aspectos psicossociais do trabalho (subjetivos), além de treinamentos que visam informação e formação dos trabalhadores.

Detalhes em resposta à demanda social, preexistente, são descritos no Anexo I da NR-17 e incluem o alcance de membros e da visão, para atender as características antropométricas que abrangem: alteridade quanto à postura confortável (sentada ou em pé), garantia de espaço adequado para livre movimentação, manutenção de cadeira com assento e encosto confortáveis, adoção de mecanização de esteiras eletromecânicas para facilitar a movimentação de mercadorias nos check-outs e disponibilização de sistema de comunicação com o pessoal de apoio e supervisão.

No Anexo II, alguns temas como as condições sanitárias de conforto, programas de saúde ocupacional e de prevenção de riscos ambientais, trabalhadores com deficiência, além de jornada com pausas específicas são ampliados.

Nogueira (2007) assinala que a fadiga dos trabalhadores para os quais se destina o Anexo II da NR-17 advém da desconsideração da opinião pessoal destes, da falta de gestão participativa, do adoecimento físico por monotonia e repetitividade e do adoecimento mental por questões psicossociais. A autora destaca, nesta atividade, elevada incidência de transtornos *relacionados à saúde mental dos trabalhadores de telemarketing,* tais como: *alcoolismo, depressões relacionadas com o trabalho, stress, neurastenia, fadiga, neurose profissional, etc.* (NOGUEIRA, 2007, p. 6).

A gestão do tempo é o âmago da atividade do telemarketing vez que os trabalhadores realizam suas tarefas em um tempo médio de atendimento – TMA sob pressão da supervisão, o qual, na maioria das vezes, não é suficiente para dar conta de todas as prescrições. É nesta dinâmica que se realizam as competências, ou seja, a capacidade de teleoperadoras irem além do controle do TMA e atenderem aos clientes e registrar adequadamente o seu atendimento.

Para completar o estudo das NRs que tratam de questões ergonômicas, no próximo tópico, revelam-se os aspectos mais relevantes da NR-36, que cuida dos riscos da indústria frigorífica.

### 15.3.2.3. *A NR-36*

Diversos são os riscos constatados na indústria frigorífica, os quais vão desde os riscos *ergonômicos, físicos, químicos, biológicos, e de acidentes* (BRASIL, FUNDACENTRO, 2017, p. 3).

No presente tópico, trata-se de itens da NR-36 que dizem respeito às questões ergonômicas de forma ampla, porquanto, além dos riscos ergonômicos físicos propriamente ditos como o peso das cargas de animais, por exemplo, destacam-se os riscos ergonômicos organizacionais, como o ritmo demasiadamente acelerado do trabalho, em especial nos frigoríficos de aves e de suínos, os riscos decorrentes da sobrecarga muscular elevada, a temperatura excessivamente fria ou quente, as constantes prorrogações de jornada e a monotonia da atividade (RIBEIRO, 2017)[9].

Como é comum neste tipo de norma, a NR em análise começa com os objetivos, os quais já foram abordados no ponto 3.1 do presente capítulo. Em seguida, no item 36.2, trata do mobiliário e postos de trabalho, sob a premissa de que deve haver um esforço para permitir a alternância entre a posição sentada e em pé, sempre que o trabalho assim puder ser exercido, e que o empregador deverá fornecer assentos para os trabalhadores que laboram em ambiente estável, sendo, no mínimo, 01 assento para cada três trabalhadores.

Ressalta-se ainda a previsão do item 36.2.4, no sentido de que os assentos e demais postos de trabalho, incluindo as nórias, esteiras, mesas e máquinas devem oferecer *condições boas de postura, visualização e operação* e atender a condições específicas ali indicadas com vistas a propiciar a melhor posição de trabalho.

No item 36.2.6 é disciplinado o labor exercido na posição exclusivamente sentada, que, dentre outros requisitos, inclusive os referidos no item 17.3.3 da NR-17, deve contar com apoios para os pés e sistema de regulação dos assentos de fácil operação, para adaptar-se às características antropométricas do trabalhador.

Do item 36.2.7 colhem-se normas para o trabalho exercido unicamente em pé, também com o enfoque de oferecer condições mínimas de conforto aos trabalhadores. Determinam-se aspectos mínimos que garantam a possibilidade do trabalhador sentar-se ao menos durante as pausas permitidas pelo labor bem como a proximidade deste com o ponto de operação, de modo a impedir a necessidade, por exemplo, de que o trabalhador tenha que se esticar ou ficar na ponta do pés para exercer suas atribuições.

As atividades desenvolvidas com o uso de pedais ou qualquer outro mecanismo similar que empregue a constante força muscular de determinada parte do corpo deve ser realizada com alternância de tarefas que exijam outros grupos musculares, nos termos do item 36.2.8.

As condições de higiene, bem como a existência de pisos antiderrapantes, foram ressaltadas no item 36.2.9 da Norma, que também estabelece a necessidade de espaço entre as áreas de trabalho, além de proteção contra intempéries para os casos de labor exercido em área externa.

Do item 36.3, que trata de estrados, passarelas e plataformas, vale ressaltar a proibição de uso de material improvisado com o objetivo de permitir o acesso do trabalhador a seu posto de trabalho. Aqui a preocupação da norma é evitar acidentes típicos e ainda que, para exercer suas tarefas, o trabalhador tenha que ficar em posturas *extremas* ou empregar *uso excessivo de força* (item 36.3.4).

O item 36.4 refere-se ao manuseio de materiais, dentre os quais as partes de animais, quando não puder ser feito por meios mecânicos. São previstas medidas relacionadas à organização da atividade e uso de meios técnicos para as mesmas, de modo a evitar o desprendimento de força excessiva, movimentos bruscos dos membros superiores, exposição por longo tempo às vibrações e movimentos repetitivos.

O item 36.4.1.4 repete texto que muito se assemelha ao da NR-17, no sentido de que o peso das peças ou volume não podem comprometer a saúde do trabalhador.

---

9   Para um maior aprofundamento do tema, conferir RIBEIRO, Claudirene Andrade. **Meio Ambiente do Trabalho. Responsabilidade civil por dano moral coletivo na atividade frigorífica**. Curitiba, Juruá, 2017, capítulo 4.

O item 36.5 avança no que tange ao levantamento e transporte de produtos e cargas. Aponta medidas de controle e obriga a elaboração da análise ergonômica do trabalho, além de estipular parâmetros que facilitam a realização da tarefa, que compreendem: recomendação da adoção de meios de tração ou outros equipamentos de força mecânica; uso de alças ou empunhaduras para os materiais; alternância de tarefas ou concessão de pausas a cada duas horas contínuas.

A recepção e descarga de animais, etapa inicial do processo produtivo, representa riscos ergonômicos por excesso de suporte de peso pelo trabalhador ou pela postura e também riscos de acidentes típicos, advindos do comportamento imprevisível do animal e foi especificada no item 36.6. Deste, destaca-se a determinação de uso de sinalização adequada para a separação dos veículos, pessoas e animais, proibição de descarga de animal de grande porte por um único trabalhador, adoção de medidas de informação e de prevenção aos trabalhadores.

O uso dos equipamentos e ferramentas destinadas aos cortes dos animais foi tratado no item 36.8 e tem como pressuposto a facilitação da postura e a coibição do *uso excessivo de força, pressão, flexão, extensão ou torção dos segmentos corporais*. Ademais, destacam-se as medidas preventivas ali indicadas, como a obrigatoriedade da afiação das ferramentas fora do horário de trabalho, a oitiva dos trabalhadores para a escolha das facas, o treinamento dos recém-admitidos em casos de mudanças de função no uso da chaira.

O item 36.11 trata do gerenciamento dos riscos e prevê que o empregador, no planejamento das atividades, deve adotar estratégias preventivas e, para tanto, valer-se: *de todos os meios técnicos, organizacionais e administrativos para assegurar o bem-estar dos trabalhadores e garantir que os ambientes e condições de trabalho sejam seguros e saudáveis*. Além disso, todas as alterações nos processos produtivos devem ser precedidas de estudos sobre os impactos na saúde e segurança do trabalhador, inclusive no que diz respeito à informação condizente.

A previsão de observância da NR-17 aparece também no item 36.12.1, ao dispor que o Programa de Prevenção de Riscos Acidentais – PPRA e o Programa de Controle Médico de Saúde Ocupacional – PCMSO devem estar articulados entre si e com as outras Normas, especialmente a NR-17.

O item 36.12 contém diversas outras regulamentações específicas para as questões ergonômicas e destaca a importância de se considerar, quando da criação dos programas preventivos, aspectos da organização do trabalho como os ligados à produtividade e à saúde do trabalhador.

A fiscalização do cumprimento das medidas de segurança deve ser implementada por meio do PPRA, do PCMSO e dos programas de melhorias ergonômicas, em dois níveis: passivo (estudo causal junto aos trabalhadores que buscam o serviço médico) e ativo (uso de questionários e outros), nos termos do item 36.12.3.

O item 36.13 especifica dois tipos de intervalos: o térmico e o de recuperação psicofisiológica. Este último interessa mais de perto ao presente estudo e é assegurado a todos os que laboram diretamente no processo produtivo, vale dizer, *desde a recepção até a expedição, partindo-se do pressuposto da exigência de repetitividade e/ou sobrecarga muscular estática ou dinâmica do pescoço, ombros, dorso e membros superiores e inferiores* (item 36.13.2).

O item em comento apresenta um quadro em que especifica os intervalos para a recuperação ali prevista, que são: de 20 minutos, para as jornadas de até 06 horas; de 45 minutos para as jornadas de até 07h20, e de 60 minutos para as jornadas de até 08h48, excluído do cômputo da jornada, em todas as hipóteses, o tempo para troca de uniforme. Estas pausas devem ser de no mínimo 10 e no máximo 20 minutos cada e estar distribuídas de modo a não coincidir com a primeira hora do trabalho, vizinho ao intervalo para refeição ou ao fim da última hora de trabalho.

O item 36.14 trata da organização das atividades, que, nos termos do item 36.14.1, deve se dar de modo a empregar técnicas científicas que busquem extinguir ou diminuir os elementos nocivos destas, com destaque para a reiteração de ações dos membros superiores. Também estipula que as empresas busquem compatibilizar tarefas e forças do trabalhador, facilitar as comunicações hierárquicas internas e disponibilizar força de trabalho capaz de elidir sobrecarga dos trabalhadores, especialmente em caso de absenteísmo ou aumento do volume de trabalho.

Ressalta-se que a norma proíbe o monitoramento do trabalho que implique aceleração do ritmo individual a ponto de prejudicar a saúde do trabalhador e impõe a adoção de rodízio das atividades. O rodízio deve implicar na alternância das posições de trabalho e dos grupos musculares exigidos por cada tarefa e das posturas, bem como mitigar a repetitividade e a monotonia.

O item 36.14.8.1, dispõe sobre os aspectos psicossociais e prevê a necessidade de treinamento dos superiores hierárquicos com o objetivo de evitar desrespeito aos subordinados.

Não menos importante é a previsão de realização dos treinamentos aos trabalhadores no que concerne aos aspectos ergonômicos. Na admissão, deve haver um treinamento de no mínimo 4 horas. Anualmente e quando da introdução de novos métodos ou inovação de procedimentos que possam resultar em novos fatores de riscos no trabalho, no mínimo, duas horas.

Digno de nota também se mostra a previsão da análise ergonômica do trabalho, tratada no item 36.15, que aponta a necessidade da medida para auxiliar nas adequações previstas na NR-17.

## CONSIDERAÇÕES FINAIS

O avanço da ergonomia ao longo dos tempos foi considerável, pois desvinculou-se da preocupação exclusiva com os aspectos físicos e incorporou novos conhecimentos que permitiram sair da perspectiva da centralidade do trabalho em detrimento da saúde e integridade psicofísica do trabalhador.

Precioso instrumento científico para a sociedade, é uma ciência que contribui para o combate ao meio ambiente de trabalho adoecedor representado por números que evidenciam a necessidade de maior cumprimento e ampliação de suas regras, orientações e princípios norteadores.

O estudo da ergonomia e seus objetivos também revela a importância da atualização do art. 198 da CLT de modo a compatibilizá-lo com as NRs estudadas neste capítulo e com os princípios da redução progressiva dos riscos à saúde do trabalhador ou, enquanto esta não ocorre, a interpretação sistêmica de todo o ordenamento jurídico, incluindo as convenções internacionais acerca do tema e ratificadas pelo Brasil.

O aumento da velocidade de determinada máquina e a organização da produção em linha, como no caso da indústria frigorífica, impõe um ritmo de trabalho que precisa ser limitado pelo direito, sob pena de criação de uma nova massa de desvalidos.

Por tais razões, digno de ênfase é o avanço das NRs nºs 17 e 36, sobretudo naquilo que diz respeito à inclusão de temas relacionados à necessidade de pausas em atividades laborativas que exigem esforços psicofisiológicos, de incorporação dos saberes do trabalhador no processo produtivo e da realização de treinamentos sempre que ocorrerem alterações significativas no ambiente de trabalho.

A revisão da NR-17 e a criação da NR-36 tiveram como ponto comum as ações dos órgãos trabalhistas em resposta às denúncias do adoecimento de trabalhadores por lesões relacionadas ao sistema osteomuscular, em especial dos membros superiores e que decorriam, para além das questões de ergonomia física, àquelas relacionadas à organização do trabalho.

Tais como as NRs 11, 17 e 36, todas as NRs têm utilidade e aplicação mais ampla do que possam, numa superficial leitura, proporcionar. Ademais, são complementares e devem ser interpretadas de modo a enfatizar a proteção à saúde do trabalhador e a observância do estado da técnica para qualquer categoria e não apenas àquelas ali expressamente mencionadas.

No momento atual, mais que a criação de normas, impõe-se exigir o cumprimento daquelas já existentes, inclusive no que concerne ao aspecto prevencionista que estipula a obrigatoriedade de suas fiscalizações, que deve ser feito não apenas para fins de metas numéricas, mas significar a real preocupação com a preservação da saúde integral do trabalhador.

# CAPÍTULO 16
## ASSÉDIO MORAL ORGANIZACIONAL NO MEIO AMBIENTE DO TRABALHO

*Paulo Roberto Lemgruber Ebert*

## INTRODUÇÃO

O incremento do processo de globalização econômica verificado nas últimas décadas, somado ao fortalecimento do ideário neoliberal e, nessa esteira, à expansão desenfreada da linguagem e da lógica dos mercados em direção à totalidade dos aspectos sociais, trouxeram como principal impacto para as relações laborais a redefinição das formas de organização do trabalho humano, com a consequente implementação de novos métodos destinados ao atendimento daquelas novas *necessidades mercadológicas*.

Tais métodos de gestão do trabalho, baseados na lógica do mercado e justificados por sua suposta adequação ao dinamismo das cadeias produtivas no ambiente da economia globalizada, têm, por diretrizes nucleares, a quantificação de todos os insumos relacionados à atividade laboral e a confusão entre as ideias de *eficiência* e *resultados numéricos*.

Nesse contexto, as empresas deixaram de ter por móvel propulsor de suas atividades o atendimento a certas finalidades sociais e econômicas (p. ex.: geração de empregos, desenvolvimento tecnológico, difusão de conhecimento, diversificação de *portfólios* de produtos e de serviços etc.) e passaram a buscar freneticamente o atingimento de metas quantitativas e a sucessiva superação de tais indicadores. Os números, as metas, os *targets*, nesse contexto, tornaram-se o fim em si mesmo da iniciativa empresarial e o trabalho humano, por via de consequência, foi rebaixado à condição de mero meio para a consecução de tais objetivos quantofrênicos (SUPIOT, 2011, p. 77-85).

A *ditadura dos números*, a caracterizar a generalidade dos métodos de gestão laboral elucubrados nesse contexto, impôs a reformulação total da organização do trabalho, de modo a adequá-la às novas *necessidades mercadológicas* impostas pela economia globalizada e pelo ideário neoliberal. Nesse sentido, aspectos diversos entre si tais como a estruturação espacial dos locais de trabalho, a divisão das tarefas no âmbito do processo produtivo, a composição da remuneração, a fixação das jornadas, a utilização dos tempos livres, a avaliação do desempenho e até mesmo a nomenclatura daqueles que vivem da venda de sua força de trabalho (alçados, agora, à condição de "colaboradores"), foram revistos no fito de atender à busca autorreferencial de metas, números e resultados.

Sob tal influxo, os métodos de gestão baseados na quantofrenia produtiva passaram a justificar a adoção, por parte dos gestores, de práticas abusivas e atentatórias aos direitos fundamentais dos trabalhadores desde que úteis ao engajamento destes últimos na obtenção das metas impostas pela empresa, assumindo-se o risco de ocasionar danos pessoais àqueles obreiros.

E a implantação de tais métodos de organização laboral vem gerando como resultado mais evidente o aumento exponencial do adoecimento psíquico – com reflexos físicos, em muitos casos – dos trabalhadores a eles submetidos. Tamanha é a difusão de tais efeitos dentre estes últimos, especialmente nesses primeiros anos do século XXI, que já é possível considerar a gestão laboral calcada nessas premissas como um risco sistêmico de degradação do meio ambiente do trabalho (poluição labor-ambiental), a receber da doutrina especializada a apropriada denominação de *assédio moral organizacional* (ARAÚJO, 2012, p. 76).

Sob tal pano de fundo, o presente capítulo buscará averiguar em que medida o fenômeno do assédio moral configura um aspecto relacionado ao *meio ambiente do trabalho*, a fim de lhe conferir tratamento jurídico compatível com seu potencial lesivo e com sua natureza eminentemente transindividual.

## 16.1. A IDEOLOGIA GERENCIALISTA DO PÓS-FORDISMO COMO PANO DE FUNDO PARA O ASSÉDIO MORAL ORGANIZACIONAL

Para compreender de modo pleno o fenômeno do assédio moral organizacional é preciso ter em mente, antes de qualquer ilação, que o conceito em referência tem por pano de fundo a implementação e a difusão dos métodos pós-fordistas de organização laboral e de sua peculiar ideologia gerencialista, calcada na desconcentração produtiva, na horizontalização e na captura da subjetividade dos trabalhadores, em substituição ao paradigma fordista-taylorista sob o qual as clássicas relações de trabalho se desenvolveram ao longo dos séculos XIX e XX (ANTUNES, 2010, p. 56-57).

Se no paradigma fordista-taylorista os trabalhadores eram recrutados e alocados na linha de produção em função de sua especialização, sendo exigidos quantitativa e qualitativamente em estrita relação com as funções para as quais foram contratados, no paradigma pós-fordista são eles convocados a compartilhar dos objetivos empresariais, na medida em que se lhes exige conhecimento total do processo produtivo e, nessa senda, a assunção de uma miríade de novas tarefas, com o consequente comprometimento com a obtenção dos resultados quantitativos (as metas, os objetivos) impostos pelos empregadores (BRONSTEIN, 2009, p. 24-25).

Nesse contexto, os trabalhadores assumem individualmente a responsabilidade pelos resultados dos setores a que se vinculam e pelas eventuais deficiências no desempenho de suas atividades, de modo que a empresa captura para si, em proveito próprio, através da utilização de discursos calcados na hipotética parceria entre os atores do processo produtivo, os desejos e os anseios pessoais de seus trabalhadores, agora alçados à condição de "colaboradores" nesse jogo de palavras destinado a descaracterizar a identidade coletiva daqueles que vivem da venda de sua força de trabalho (RIVAS, 2016, p. 46-47).

No paradigma pós-fordista, cada indivíduo e cada área são vistos como centros autônomos e autogeridos de custos e de receitas, cuja continuidade na estrutura empresarial, no entanto, encontra-se constantemente ameaçada, na medida em que sua viabilidade será avaliada periodicamente em função da produtividade e da lucratividade. Nisso consiste, exatamente, o que Vincent de Gaulejac classifica como *gestão gerencialista* (GAULEJAC, 2014, p. 40-118).

Ao incutir nos trabalhadores a crença de que são eles os responsáveis pelo êxito ou pelo fracasso na obtenção dos resultados de seus setores e, consequentemente, por sua própria permanência nos quadros da empresa, os métodos pós-fordistas de *gestão gerencialista* acabam por colonizar aspectos estritamente vinculados à esfera de intimidade dos indivíduos. Nessa sistemática perversa, os sentimentos, as aflições, as angústias e até mesmo os traumas e complexos pessoais dos obreiros são colocados à disposição dos gestores que optarem por utilizá-los como joguetes motivacionais com vistas ao alcance daquelas metas quantitativas (FARAH, 2016, p. 60-64).

Com isto, a estrutura de produção pós-fordista escancara as portas para a elaboração e para a implementação de métodos de *gestão de pessoas* baseados na exploração consentida da intimidade e da personalidade dos trabalhadores, que podem ser mais ou menos sutis a depender da criatividade, da habilidade (e da perversidade) dos gestores. Quando tais práticas são assumidas ou toleradas institucionalmente pelas empresas, tem-se a materialização da figura do *assédio moral organizacional*.

## 16.2. OS ELEMENTOS CONFORMADORES DO *MEIO AMBIENTE DO TRABALHO*

Anteriormente à análise dos efeitos deletérios decorrentes do *assédio moral organizacional*, faz-se mister analisar os elementos conformadores do *meio ambiente do trabalho* para, na sequência, perscrutar de forma adequada e pertinente em que medida o fenômeno em apreço constitui um dado labor-ambiental e, nessa condição, quais são os mecanismos que o ordenamento jurídico dispõe para combatê-lo.

Os autores dedicados ao estudo da *psicodinâmica do trabalho* se valem dos conceitos trabalhados por Christophe Dejours (2018, p. 29) para dividir os elementos conformadores do trabalho em três dimensões distintas, porém completamente integradas, a saber: **(i)** a *organização do trabalho*, formada pelas metodologias de gestão dos insumos e das pessoas que orientam o desempenho das atividades; **(ii)** as *condições de trabalho*, integradas pela estrutura física e operacional utilizada para a produção dos bens ou para o oferecimento dos serviços e **(iii)** as *relações socioprofissionais*, constituídas pelas interações hierárquicas e lineares mantidas entre os profissionais em seus locais de trabalho.

A classificação em apreço é muito bem sistematizada por Mário César Ferreira e Ana Magnólia Mendes (2008, p. 111-123) ao delinearem os elementos constitutivos daquilo que os autores classificam como *contexto de produção de bens e serviços,* cuja amplitude coincide, exatamente, com o conceito de *meio ambiente de trabalho* por nós considerado.

O *contexto de produção de bens e serviços* considerado pelos referidos autores compreende, exatamente, as dimensões concernentes à *organização do trabalho*; às *condições de trabalho* e às *relações socioprofissionais*, e é, por eles, assim sistematizado:

| DIMENSÕES ANALÍTICAS | DEFINIÇÃO | COMPONENTES |
|---|---|---|
| Organização do Trabalho (OT) | É constituída pelos elementos prescritos (formal ou informalmente) que expressam as concepções e as práticas de gestão de pessoas e do trabalho presentes no *lócus* de produção e que balizam o seu funcionamento. | - Divisão do trabalho: hierárquica, técnica, social;<br>- produtividade esperada: metas, qualidade, quantidade;<br>- regras formais: missão, normas, dispositivos jurídicos, procedimentos;<br>- tempo: duração da jornada, pausas e turnos;<br>- ritmos: prazos e tipos de pressão;<br>- controles: supervisão, fiscalização e disciplina;<br>- características das tarefas: natureza e conteúdo. |
| Condições de Trabalho (CT) | É constituída pelos elementos estruturais que expressam as condições de trabalho presentes no *lócus* de produção e caracterizam sua infra-estrutura, apoio institucional e práticas administrativas. | - Ambiente físico: sinalização, espaço, ar, luz, temperatura, som;<br>- instrumentos: ferramentas, máquinas, documentação;<br>- equipamentos: materiais arquitetônicos, aparelhagem, mobiliário;<br>- matéria-prima: objetos materiais/ simbólicos, informacionais;<br>- suporte organizacional: informações, suprimentos, tecnologias; e<br>- práticas de remuneração, desenvolvimento de pessoal, benefícios. |
| Relações Socioprofissionais (RS) | É constituída pelos elementos interacionais que expressam as relações socioprofissionais de trabalho, presentes no *lócus* de produção e caracterizam sua dimensão social. | - interações hierárquicas: chefias imediatas, chefias superiores;<br>- interações coletivas intra e inter-grupos: membros da equipe de trabalho; membros de outros grupos de trabalho; e<br>- interações externas: usuários, consumidores. Representantes institucionais (fiscais, fornecedores). |

São exatamente essas as categorias que, a nosso ver, estruturam o trabalho e integram o entorno por nós compreendido sob o conceito de *meio ambiente do trabalho*, cuja degradação tem o condão de carrear para os trabalhadores, tanto em seu aspecto coletivo, quanto individual, os riscos à higidez dos locais de trabalho e à integridade psicofísica dos obreiros não tolerados pelos ordenamentos jurídicos.

As *condições de trabalho* compreendem, em síntese, aqueles elementos que interferem diretamente na compleição física dos trabalhadores com o potencial de lhes ocasionar lesões corporais. São eles, exatamente, os fatores de ordem física (p. ex.: ruído, frio e calor), química (p. ex.: poeiras minerais e gases) e biológica (p. ex.: micro-organismos e materiais orgânicos), para além das instalações prediais, mobiliárias, elétricas, hidráulicas, sanitárias etc., que circundam os obreiros em seus locais de trabalho (DEJOURS, 2018, p. 29).

Já a esfera abrangida pela *organização do trabalho* e pelas *relações socioprofissionais* abrange os elementos estruturais do trabalho que interagem com os aspectos psicológicos dos trabalhadores, tais como **(i)** as normas técnicas referentes à forma, ao modo, ao tempo e ao ritmo da produção; **(ii)** as diretrizes concernentes à conformação das tarefas atribuídas a cada trabalhador; **(iii)** as metodologias de gerenciamento de pessoal e de incentivos (p. ex.: regime de metas, adicionais remuneratórios de produtividade etc.); **(iv)** as políticas de salários e de benefícios e **(v)** a gestão das relações hierárquicas e interpessoais (DEJOURS, 2018, p. 29).

Todos esses elementos essenciais para o desempenho das atividades laborais que integram as *condições de trabalho* e a *organização do trabalho*, na acepção de Dejours (2018), configuram, justamente, o entorno que circunda os seres humanos quando da realização de suas atividades laborais, isto é, o *meio ambiente do trabalho*.

Nesse âmbito, assim como ocorre nas outras subdivisões do *meio ambiente*, a saúde e a qualidade de vida dos indivíduos só estarão asseguradas na medida em que os fatores de produção, as instalações e as metodologias operacionais e enfim, todas as condicionantes *físicas*, *psicológicas*, *químicas*, *biológicas*, *ergonômicas* e *organizacionais*, estiverem sistematizadas de modo a não submeter tais bens a riscos de degradação[1].

*É justamente nesse meio ambiente do trabalho*, submetidos aos insumos necessários à realização de suas atividades e às formas de organização e de atuação pertinentes às suas respectivas profissões, que os seres humanos permanecerão durante grande parte de sua existência no intuito de obter seu sustento. Tudo o que conforma esse entorno específico tem amplo potencial para afetar sua saúde física e mental, bem assim sua qualidade de vida, de modo tão ou mais intenso do que os fatores componentes do meio ambiente artificial e natural.

Nisso reside, exatamente, a relação intrínseca que permeia o *meio ambiente do trabalho* e a ideia de *dignidade humana*. Se o trabalho é o elemento pelo qual o homem se afirma na sociedade e pelo qual assegura sua subsistência material, o entorno que conforma o desempenho de seu labor não deve ser condicionado de modo a comprometer sua integridade psicofísica e sua qualidade de vida, sob pena do trabalho deixar de ser um *meio de vida* para se tornar um fator de degradação da condição humana (MELO, 2013, p. 35).

## 16.3. ASSÉDIO MORAL ORGANIZACIONAL COMO A DESVIRTUAÇÃO DA ESFERA DA *ORGANIZAÇÃO DOS FATORES DE PRODUÇÃO* E DAS *RELAÇÕES SOCIOPROFISSIONAIS*: QUANDO A GESTÃO DE PESSOAS CONFIGURA POLUIÇÃO LABOR-AMBIENTAL

Sendo a empresa o principal agente privado a integrar a ordem econômica, cujos princípios reitores encontram-se elencados no art. 170 da Constituição Federal, está ela jungida ao atendimento de sua função social que, nos termos do dispositivo em testilha, condiciona a organização dos fatores de produção e a gestão dos trabalhadores à observância das diretrizes inerentes à *valorização do trabalho humano*, à *dignidade humana* e à *defesa do meio ambiente*, aí incluído, naturalmente, o *meio ambiente laboral* (LOPES, 2006, p. 281-283).

---

[1] É justamente nesse sentido que Guilherme Guimarães Feliciano conceitua o *meio ambiente do trabalho* como:

"O conjunto (=sistema) de condições, leis, influências e interações de ordem física, química, biológica e psicológica que incidem sobre o homem em sua atividade laboral, esteja ou não submetido ao poder hierárquico de outrem". FELICIANO, Guilherme Guimarães. O meio ambiente do trabalho e a responsabilidade civil patronal: reconhecendo a danosidade sistêmica. *In*: FELICIANO, Guilherme Guimarães; URIAS, João. **Direito ambiental do trabalho. Apontamentos para uma teoria geral.** Volume I. São Paulo: LTr, 2013, p. 13.

Trata-se, portanto, de um modelo de empresa que muito embora não abdique do legítimo direito à exploração de atividades econômicas com fins lucrativos, tem sua razão existencial fundada, primariamente, no atendimento às pautas de interesse social e econômico de toda a comunidade a compor seu entorno, desde a observância aos direitos fundamentais dos trabalhadores, fornecedores e consumidores, até daqueles que mesmo não possuindo com ela nenhuma relação direta, encontram-se potencialmente afetados pelos atos de seus prepostos (ORTÍZ, 2013, p. 96-100).

E dentre os direitos fundamentais de terceiros a serem observados pela empresa vinculada à função social imposta pelo art. 170 da Constituição Federal importa, para o objeto de análise do presente artigo, aquilo que Leonardo Vieira Wandelli classifica como o *direito ao conteúdo do próprio trabalho*. Tal conceito – corolário do direito fundamental ao trabalho digno – envolve a garantia assegurada aos trabalhadores de que estes possam fruir de uma organização dos fatores de produção apta a permitir-lhes o aprimoramento de suas capacidades, talentos e habilidades (WANDELLI, 2015, p. 193-217).

Ainda segundo a concepção do referido autor – da qual partilhamos integralmente – o *direito ao conteúdo do próprio trabalho* integra a função social da empresa e impõe a esta última a implementação de métodos de organização do labor que resguardem a integridade psicofísica dos trabalhadores e assegurem, ao mesmo tempo, o desenvolvimento pessoal destes últimos (WANDELLI, 2015, p. 205-206).

À luz de tal perspectiva, não atende à função social plasmada no art. 170 da Constituição Federal a empresa que implanta ou tolera a utilização de métodos de *gestão de recursos humanos* pautados pela instrumentalização dos trabalhadores com vistas à obtenção de metas e resultados, valendo-se, para tanto, da exploração de aspectos inerentes à sua intimidade e à sua personalidade que redundarão na vulneração da integridade psicológica daqueles obreiros e, ao fim e ao cabo, na sobrecarga dos serviços sociais de saúde e Previdência Social em prejuízo a toda a coletividade (GAULLEJAC, 2014, p. 80-81).

Quando a empresa ignora as prescrições do *direito ao conteúdo do trabalho* e aplica ou tolera modelos deletérios de gestão que instrumentalizam os trabalhadores com vistas à consecução daqueles objetivos quantofrênicos, em prejuízo à sua integridade psicológica, à sua vida privada e à sua intimidade, não está ela apenas a legitimar a agressividade por parte de seus gestores no trato com suas respectivas equipes, como também a institucionalizar tal violência como método de organização dos fatores humanos de produção. Tem-se, exatamente nessa situação, a materialização do *assédio moral organizacional* (POHLMANN, 2014, p. 61).

O *assédio moral organizacional* admite uma série de formatos e de níveis de intensidade, podendo consistir, ilustrativamente, na aparentemente singela instituição de um ranking de desempenho acrescido de sutis ou veladas ameaças de punições vexatórias por descumprimento de metas, ou no estabelecimento explícito de uma gestão por pressão baseada na instituição de penalidades relacionadas ao não atingimento de indicadores de produtividade, conhecida como *straining* (GUEDES, 2010, p. 165).

Independentemente das múltiplas variações e gradações que o assédio moral organizacional pode assumir, sua constatação em um determinado local de trabalho tem o potencial de ocasionar não apenas violações às esferas integrantes da vida privada e da intimidade dos obreiros, submetidos àqueles métodos deletérios de gestão, como também à própria saúde e ao bem-estar psicofísico de tais indivíduos (BARRETO, 2013, p. 18-19).

Por isso mesmo, a prática do *assédio moral organizacional* se enquadra perfeitamente no conceito jurídico de *poluição* formulado no art. 3º, III, "a", da Lei nº 6.938, de 31/08/1981, a compreender, justamente, a degradação do meio ambiente (aí incluído o laboral) com o potencial de prejudicar negativamente a integridade psicofísica dos indivíduos submetidos a tal ameaça[2].

Convém salientar nesse particular, em alinhamento com o magistério de Guilherme Guimarães Feliciano (2006), que o conceito de *poluição* a constar do sobredito dispositivo legal, quando aplicado aos locais de trabalho, não se limita apenas à degradação do meio ambiente laboral ocasionada por agentes químicos, físicos e biológicos (ou seja, *condições de trabalho*), também abrangendo "*os contextos de periculosidade (nocividade potencial) e de penosidade (nocividade humana exclusiva)* (FELICIANO, 2006, p. 137, g.n.).

E tal noção de *penosidade*, a ocasionar a poluição labor-ambiental delineada no art. 3º, III, da Lei nº 6.938/1981, abrange a degradação ocasionada pela inadequação dos parâmetros ergonômicos que, de seu turno, não se limitam apenas às questões relacionadas às condições físicas e espaciais em que o trabalho é realizado (p. ex: iluminação, mobiliário, maquinário, temperatura, ruído etc.), abrangendo, para além disso, a própria gestão da organização do trabalho e seus reflexos na higidez mental dos trabalhadores (FELICIANO, 2006, p. 137).

Desse modo, quando as empresas utilizam ou toleram a implementação de métodos de gestão de organização laboral a institucionalizarem nas unidades produtivas a prática do assédio moral, estão elas a degradar as condições ergonômicas do meio ambiente do trabalho, de forma a materializar a definição de *poluição* a constar do art. 3º, III, "a", da Lei nº 6.938/1981.

Veja-se, a propósito, que o ordenamento jurídico pátrio qualifica a poluição como um *risco proibido*, porquanto o conteúdo institucional subjacente ao art. 225, *caput*, da Constituição Federal e ao art. 3º da Lei nº 6.938/1981 – lido no contexto da organização do trabalho – impõe aos empregadores os deveres objetivos de evitar a implementação de medidas que resultem no desequilíbrio do meio ambiente laboral, de modo a ocasionar potenciais danos à integridade psicológica dos obreiros e de agir no sentido de eliminar os fatores que porventura estejam concorrendo para tal degradação ou, simplesmente, de evitarem a criação de novos vetores de desequilíbrios[3].

---

2    "Art 3º - Para os fins previstos nesta Lei, entende-se por:

I - meio ambiente, o conjunto de condições, leis, influências e interações de ordem física, química e biológica, que permite, abriga e rege a vida em todas as suas formas;

II - degradação da qualidade ambiental, a alteração adversa das características do meio ambiente;

III - poluição, a degradação da qualidade ambiental resultante de atividades que direta ou indiretamente:

a) prejudiquem a saúde, a segurança e o bem-estar da população;

b) criem condições adversas às atividades sociais e econômicas;

c) afetem desfavoravelmente a biota;

d) afetem as condições estéticas ou sanitárias do meio ambiente;

e) lancem matérias ou energia em desacordo com os padrões ambientais estabelecidos."

3    A ideia de *risco proibido* encontra suporte científico na chamada *teoria da imputação objetiva*, assim definida por Karl Larenz:

"A la transgresión de un derecho ajeno, particularmente a la lesión corporal o de la salud de otro (mediante acto positivo) se equipara la *no evitación de un daño* cuando se da o existe un deber jurídico de evitar su causación (…). El daño producido ha de imputarse objetivamente al obligado, como 'consecuencia' de su inactividad, siempre que hubiese podido evitarse si él hubiese actuado conforme a su deber. No existe un deber general a preservar a otros ante daños posibles, ya que un deber tan amplio no podría prácticamente cumplirse; sería ilimitado. (…) En cambio, sí existe un deber de evitar un riesgo allí donde alguien está obligado por la ley (p. ej., al cuidado de ciertas personas) o por medio de contrato a la protección y vigilancia de otro (como, p. ej, el profesor de natación,

Exatamente por essa razão, a responsabilidade pelas doenças psicossomáticas decorrentes das práticas institucionalizadas de assédio moral será aferida pela averiguação, em concreto, acerca da existência ou não de um desequilíbrio labor-ambiental provocado por ação ou omissão do empregador e do nexo de causalidade entre este último e o resultado lesivo, não havendo razão para perquirir-se, portanto, o elemento subjetivo do empregador-poluidor ou de seus prepostos (culpa e dolo), conforme ver-se-á mais adiante.

Por ora, convém retermos a noção de que a figura do *assédio moral organizacional* configura uma prática não só atentatória à função social imposta à empresa pelo art. 170 da Constituição Federal, como também uma modalidade de *poluição labor-ambiental* – e, consequentemente, de *risco proibido* –, haja vista o expressivo potencial de ocasionar danos psicofísicos aos trabalhadores submetidos a tais formas deletérias de gestão.

Tal potencial lesivo inerente à prática do *assédio moral organizacional* é o fator determinante a submeter as situações a caracterizarem tal conduta ao regime jurídico da responsabilidade objetiva, tendo em vista, justamente, o nexo técnico constatado – e presumido – entre aquelas formas deletérias de gestão e uma série de doenças de cunho psicossomático.

O fato é que, na atualidade, o *assédio moral organizacional* que subjaz tanto às metodologias de gestão de pessoas, quanto às relações interpessoais instauradas naquelas empresas tolerantes com comportamentos abusivos, constitui, efetivamente, o mais relevante elemento de desestabilização da esfera concernente à *organização dos fatores de produção* e das *relações socioprofissionais* respondendo, sozinho, pela proliferação de lesões à integridade psicofísica dos sujeitos afetados em sua personalidade (aspecto *individual homogêneo*), ao ambiente em que se inserem os trabalhadores diretamente submetidos à gestão degradante (aspecto *coletivo em sentido estrito*) e à sociedade como um todo, que arcará, de uma forma ou de outra, com parte da reparação de tais danos através dos sistemas públicos de saúde e de seguridade social (aspecto *difuso*) (OLIVEIRA, 2013, p. 55).

## 16.4. CONSEQUÊNCIAS DA GESTÃO POLUIDORA: O ESTRESSE E AS DOENÇAS PSICOSSOMÁTICAS

Com o advento da chamada *gestão gerencialista*, calcada na responsabilização individual dos *colaboradores* pelo atingimento de resultados mensuráveis numericamente e na implantação de métodos de *gestão de pessoas* que exploram aspectos ligados à personalidade e à intimidade dos obreiros sob pretextos "motivacionais", a empresa contemporânea tornou-se, na acepção do sociólogo francês Alain Ehrenberg (2000, p. 233-235), a *antessala da depressão*.

Nesse modelo de gestão, o indivíduo é induzido à crença de que sua progressão na carreira e, consequentemente, na escala salarial, será diretamente proporcional ao atingimento dos resultados almejados pela empresa e que o sucesso em tal iniciativa depende exclusivamente de seu empreendedorismo. Com isto, generaliza-se a quantofrenia e o alcance das metas passa a ser perseguido obstinadamente pelos trabalhadores. O fracasso em tal intento deixa de ser um risco inerente à atividade empresarial e torna-se uma questão de foro íntimo dos *colaboradores*. Suprimem-se, assim, os repousos semanais, os intervalos de descanso, as pausas, os momentos de lazer e de convívio familiar, tudo em nome da frenética corrida aos números (TELLO, 2018, p. 297-312).

---

el enfermero, la directora de un colegio de párvulos)." LARENZ, Karl. Trad: BRIZ, Jaime Santos. **Derecho de obligaciones. Tomo II.** Madrid: Editorial Revista de Derecho Privado, 1959, p. 591-592.

Uma vez instalada tal situação, o indivíduo se crê livre e autônomo para desempenhar suas atividades e para perseguir seus resultados, como se fosse verdadeiramente um empreendedor, sem perceber que se encontra, na verdade, em um ciclo vicioso perverso, no qual o atingimento das metas em um dado exercício é seguido da implementação de objetivos mais ousados e, consequentemente, de mais cobranças, de sua chefia e de si mesmo.

Diante disso, o *colaborador* coloca-se permanentemente *plugado* ao trabalho e vive em constante estado de tensão, premido ora pelo medo de fracassar como *empreendedor* e de ser humilhado perante seus pares e perante seus superiores, ora pelo temor de que seu eventual desempenho insatisfatório o leve a ser descartado pela empresa (GAUJELAC, 2014, p. 121-123).

Em tal contexto de quantofrenia e de cobrança por dedicação integral à persecução das metas cada vez mais arrojadas – em prejuízo à própria recomposição psicofísica, ao direito ao lazer e à vida pessoal – não é difícil antever que o ambiente laboral a circundar aqueles obreiros será marcado por intensa pressão psicológica a redundar, como visto, na institucionalização sutil ou severa da violência como forma de gestão. Diante de tal entorno, o indivíduo tende a reagir com a manifestação de sintomas de estresse que, em se agravando, resultarão no aparecimento de doenças de cunho psicossomático, tais como a agorafobia, o *burnout*, a depressão, dentre outras (HIRIGOYEN, 2003, p. 94-96).

Nisso, exatamente, reside a relação existente entre a chamada *gestão gerencialista* e as doenças de cunho psicossomático. A institucionalização do assédio moral no trabalho e de toda a violência psicológica a ele inerente conduz, invariavelmente, à manifestação de sintomas de esgotamento que, no extremo, redundarão no aparecimento daquelas doenças psicossomáticas (PIOCHÉ-ROQUES, 2003, p. 54-66).

Tanto é assim, que o próprio ordenamento jurídico brasileiro, por intermédio da Lista B do Anexo II do Decreto nº 3.048, de 06/05/1999, a consolidar o Regulamento do Regime Geral de Previdência Social, presume o nexo de causalidade entre diversas moléstias elencadas no Grupo V da CID 10 (transtornos neuróticos, transtornos relacionados com o stress e transtornos somatoformes) e as condições deletérias ocasionadas pela gestão das condições de trabalho.

De outro turno, a proliferação de tais doenças de cunho psicossomático em decorrência da institucionalização do assédio moral acarreta consequências não apenas para os indivíduos submetidos àquelas formas perversas de gestão, como também para toda a coletividade que arcará com o custeio dos tratamentos e dos benefícios previdenciários disponibilizados às vítimas por parte dos sistemas de saúde pública e de seguridade social. Nesse sentido, a pesquisa levada a cabo em meados de 2000 pela Organização Internacional do Trabalho intitulada "Mental Health in the Workplace" constatou que em todos os cinco países avaliados à ocasião (Finlândia, Alemanha, Polônia, Reino Unido e Estados Unidos), os serviços sociais vinham sendo cada vez mais onerados em razão dos distúrbios psicossomáticos relacionados ao trabalho (ILO, 2000, p. 5).

Vê-se, nisso mesmo, outra faceta perversa dos métodos de gestão baseados na institucionalização do assédio moral. Com a implementação de tais modelos, as empresas buscam se locupletar com a extração do máximo possível das forças físicas e mentais de seus trabalhadores, repassando para toda a coletividade os custos sanitários e previdenciários decorrentes de tal sistemática deletéria. Nesse arranjo, as corporações ficam com os resultados financeiros, obtidos ao custo da integridade psicofísica dos obreiros, e a sociedade, com os gastos correspondentes.

Por essa singela razão, a questão concernente à implementação de métodos de gestão de pessoas por parte das empresas não representa um aspecto estritamente inerente à esfera de autonomia privada e ao poder diretivo titularizados pelos empregadores. Dado seu incontestável impacto coletivo, a função social subjacente ao art. 170 da Constituição Federal, somada ao direito ao meio ambiente equilibrado previsto em seu art. 225, caput, impõem ao Estado, por intermédio de suas funções Legislativa, Executiva e Judiciária, a implementação de mecanismos aptos a combater, em abstrato e em concreto, as formas de organização dos fatores de produção destinadas à institucionalização do assédio moral (GUEDES, 2008, p. 110).

E no que diz respeito às medidas a serem implementadas no âmbito do Poder Judiciário, a associação presumida entre a materialização daqueles transtornos psicossomáticos e a institucionalização do assédio moral nas empresas, bem assim seus graves impactos sociais, refletirão diretamente na definição do regime de responsabilidade civil aplicável em tais situações e no emprego dos mecanismos de tutela inibitória e dissuasória disponibilizados pelo ordenamento jurídico, conforme ver-se-á na sequência.

## 16.5. ASSÉDIO MORAL ORGANIZACIONAL E RESPONSABILIDADE CIVIL OBJETIVA. APLICAÇÃO DO ART. 225, § 3º, DA CONSTITUIÇÃO FEDERAL E DO ART. 14, § 1º, DA LEI Nº 6.938/1981. CAUSALIDADE SISTÊMICA

Uma vez que a institucionalização do assédio moral por intermédio da utilização de métodos perversos de *gestão de pessoas* tem o potencial de prejudicar negativamente a integridade psicofísica dos indivíduos submetidos a tais modelos, haja vista ser ele causa comprovada de uma série de doenças psicossomáticas catalogadas no Grupo V da CID 10, tal forma deletéria de organização do trabalho enquadra-se plenamente no conceito de *poluição* definido no art. 3º, III, da Lei nº 6.938/1981.

E sendo a *poluição*, por sua vez, um risco proibido cujas características são objetivamente definidas no sobredito dispositivo legal, tem-se, por via de consequência, que o surgimento de doenças de cunho psicossomático naquelas empresas a adotarem ou tolerarem a utilização de tais métodos perversos de gestão será presumidamente relacionado aos desequilíbrios labor-ambientais ocasionados pelo empregador, de modo a ensejar, por isso mesmo, a aplicação do regime de responsabilidade civil objetiva previsto no art. 225, § 3º, da Constituição Federal e no art. 14, § 1º, da Lei nº 6.938/1981 como sucedâneo do princípio do *poluidor-pagador* (SARLET; FENSTERSEIFER, 2014, p. 85-87).

Convém recordar, nesse particular, que os desequilíbrios labor-ambientais decorrentes da implantação de métodos perversos de *gestão de pessoas* – a desaguarem, como visto, na manifestação de doenças psicossomáticas – são ocasionados pela organização inadequada dos fatores de produção por parte dos empregadores que, por não observarem as cautelas necessárias à preservação da higidez psicofísica dos obreiros, criam ameaças a esta última, mesmo quando a atividade corriqueira do estabelecimento não envolve riscos a ela inerentes, tal como exigido, em abstrato, pelo art. 927, parágrafo único, do Código Civil[4].

---

4   Sobre a *teoria do risco-atividade* prevista no art. 927, parágrafo único, do Código Civil, vide:

GODOY, Claudio Luiz Bueno de. **Responsabilidade civil pelo risco da atividade. Uma cláusula geral no Código Civil de 2002**. 2. ed. São Paulo: Saraiva, 2010. p. 151-152;

DALLEGRAVE NETO, José Affonso. **Responsabilidade Civil no Direito do Trabalho**. 3. ed., 2. tir. São Paulo: LTr, 2009. p. 412;

SANTOS, Enoque Ribeiro dos. **Responsabilidade Objetiva e Subjetiva do Empregador em face do Novo Código Civil**. 2. ed. São Paulo: LTr, 2008. p. 285-286.

Tem-se, em tais casos, a materialização da figura da *causalidade sistêmica* assim denominada justamente porque compreende os infortúnios decorrentes da sistematização deficiente dos fatores de produção que, em tais hipóteses, não têm por origem situação isolada a afetar um ou outro obreiro, mas sim um desequilíbrio ambiental causado, preponderantemente, pela ação ou omissão do empregador[5].

Com efeito, nas hipóteses a envolverem o efetivo *assédio moral organizacional* não se está diante de situações específicas e determináveis a envolverem a conduta individualizada de um ou mais chefes em relação aos seus subordinados que se enquadrariam, por isso mesmo, no conceito de *causalidade tópica* e ensejariam a aplicação do regime de responsabilidade civil subjetiva previsto no art. 7º, XXVIII, da Constituição Federal.

A tempo, a causalidade tópica contempla aquelas situações em que o acidente do trabalho ou a doença ocupacional decorrem de eventos não relacionados aos riscos da atividade assumidos pelo empregador e não são, tampouco, resultantes da organização dos fatores de produção. Desse modo, integram tal classificação as hipóteses em que o sinistro tem como causa uma falha humana ou sistêmica atribuível a elementos não relacionados, em sua origem, com os locais de trabalho.

Pode-se dizer, portanto, que, na causalidade tópica, o risco inerente à materialização de infortúnios é aquele assumido pela generalidade dos indivíduos – dentro ou fora dos ambientes laborais – em sua vivência cotidiana. Por isso mesmo, terá ela lugar nas hipóteses em que as possibilidades acerca da materialização do sinistro são as mesmas tanto nos locais de trabalho, quanto fora dele (CABRAL; SILVA, p. 188-191).

O *assédio moral organizacional* envolve, como sugere o próprio adjetivo, a sistematização da pressão por metas e resultados e da própria violência como método de gestão destinado a extrair dos trabalhadores o máximo de produtividade. Trata-se, por isso mesmo, de uma fonte de desequilíbrio labor-ambiental instalada de modo permanente e contínuo, cuja subsistência é causa consabida de transtornos psicossomáticos.

Sendo o assédio moral organizacional, nessa acepção, uma inequívoca hipótese de poluição do meio ambiente laboral, tem-se que sua materialização nos locais de trabalho, por intermédio da implementação daqueles métodos perversos de *gestão de pessoas*, configura a assunção de um risco sistêmico proibido por parte do empregador. Logo, este último responderá objetivamente pelos danos à integridade psíquica ocasionados aos trabalhadores, afigurando-se irrelevantes, para tanto, os elementos subjetivos a permearem sua conduta (dolo e culpa), a teor do art. 225, § 3º, da Constituição Federal e do art. 14, § 1º, da Lei nº 6.938/1981[6].

---

5    Para uma definição mais detalhada acerca da causalidade sistêmica, vide:
EBERT, Paulo Roberto Lemgruber. Meio ambiente do trabalho: conceito, responsabilidade civil e tutela. **Revista LTr**, v. 76, p. 1333-1360, 2012.
6    Convém observar, a propósito, que o Supremo Tribunal Federal consagrou, em sede de Repercussão Geral, o entendimento no sentido de que a responsabilidade civil objetiva decorrente do risco das atividades econômicas (art. 927, parágrafo único, do Código Civil), bem como as demais modalidades previstas em lei (como é o caso da espécie elencada no art. 14, § 1º, da Lei nº 6.938/1981) não são incompatíveis com o preceito constante do art. 7º, XXIII, da Constituição Federal. A tese ficou assim definida:
"O artigo 927, parágrafo único, do Código Civil é compatível com o artigo 7º, XXVIII, da Constituição Federal, sendo constitucional a responsabilização objetiva do empregador por danos decorrentes de acidentes de trabalho nos casos especificados em lei ou quando a atividade normalmente desenvolvida, por sua natureza, apresentar exposição habitual a risco especial, com potencialidade lesiva, e implicar ao trabalhador ônus maior do que

## CONSIDERAÇÕES FINAIS

Passadas já três décadas da difusão do modelo pós-fordista de organização do trabalho é possível diagnosticar que o *assédio moral organizacional*, conquanto subproduto dos métodos perversos de *gestão de pessoas* difundidos sob tal sistemática, representa no século XXI o mesmo papel que a exposição industrial a substâncias insalubres (p. ex.: amianto, mercúrio, benzeno, sílica etc.) desempenhou no século XX sob o paradigma fordista-taylorista, qual seja, o de maior fator de degradação labor-ambiental de seu tempo.

Tal como o contato com tais matérias-primas ocasionou – e ainda vem ocasionando – nos trabalhadores a elas expostos uma série de morbidades incapacitantes ou letais, apesar dos prolongados esforços das grandes corporações em esconder a relação causa-efeito, a difusão daqueles métodos perversos de *gestão de pessoas* baseados no aumento quantofrênico da produtividade e na exploração do individualismo tem o potencial de gerar, com o passar das décadas, uma verdadeira geração de indivíduos psicologicamente descapacitados para o trabalho.

Naturalmente, as despesas com os tratamentos médicos e com os benefícios previdenciários de que necessitarão tais trabalhadores a terem suas energias consumidas por doenças psicossomáticas serão repassados, pelas empresas, aos sistemas oficiais de saúde e de seguridade social suportados por toda a coletividade. Paralelamente a tais expensas mensuráveis, haverá os inestimáveis custos sociais representados, justamente, pelos reflexos do assédio moral organizacional na vida pessoal dos obreiros (p. ex.: aumento da taxa de divórcios, redução na taxa de natalidade, prejuízos na formação dos jovens em decorrência da falta de tempo dos pais para o convívio, deterioração dos laços familiares etc.) (SELIGMANN-SILVA, 2013, p. 18-19).

Desse modo, por ser um efetivo fator de desequilíbrio no meio ambiente de trabalho (*poluição*) e por ser uma prática de organização laboral a impactar negativamente em toda a coletividade, o *assédio moral organizacional* deve ser tratado pelo Poder Público, pelas instituições oficiais e pelos movimentos organizados da sociedade como um verdadeiro risco proibido a ser combatido ora por intermédio da prevenção (p. ex: com políticas públicas e com medidas processuais de tutela inibitória), ora através da reparação integral dos danos experimentados por suas vítimas diretas e indiretas, com especial atenção, nesse particular, à função punitivo-pedagógica da responsabilidade civil[7].

Em suma, dado o enorme potencial lesivo inerente aos métodos de *gestão de pessoas* a institucionalizarem a prática do assédio moral nas empresas pós-fordistas, não se pode admitir a padronização de tais práticas sob o raso argumento de que elas concretizariam uma exigência imposta pelo atual contexto sócio-econômico, marcado pela competitividade extrema em escala global, pelo dinamismo dos mercados e pela busca ensimesmada de resultados quantitativos.

Tal como os ideais de *progresso* e de *desenvolvimento*, tão propalados nos séculos XIX e XX, não justificaram os severos danos ocasionados pela exposição dos trabalhadores àquelas subs-

---

aos demais membros da coletividade". BRASIL: SUPREMO TRIBUNAL FEDERAL. RECURSO EXTRAORDINÁRIO COM REPERCUSSÃO GERAL Nº 828.040/MS. RELATOR: Ministro Alexandre de Moraes. DJ: 19/03/2020.

7   Cf., a propósito:

LOPEZ, Teresa Ancona. **Princípio da precaução e evolução da responsabilidade civil**. São Paulo: Quartier Latin, 2010. p. 137-139;

ROSENVALD, Nelson. **As funções da responsabilidade civil. A reparação e a pena civil**. São Paulo: Atlas, 2013. p. 91-92.

tâncias nocivas, os imperativos hodiernos de *integração dos mercados*, de *competitividade* e de *dinamismo* não conferem respaldo à instrumentalização dos seres humanos, de suas angústias, de suas energias e de seus sentimentos como meios para a majoração dos resultados das empresas e nem tampouco permitem ao Estado quedar-se inerte diante de tais práticas empresariais.

Tanto em um quanto em outro caso, estar-se-á diante de degradação labor-ambiental a impactar diretamente na dignidade da pessoa humana e no valor social do trabalho e, por isso mesmo, radicalmente contrária aos vetores contemplados na Constituição Federal de 1988 com vistas à orientação da atividade econômica dos particulares, quais sejam, a *função social da empresa* (art. 170) e o *meio ambiente adequado* (art. 225, *caput*).

# CAPÍTULO 17
## O MEIO AMBIENTE DO TRABALHO E O ADOECIMENTO MENTAL DO TRABALHADOR

*Renan Fernandes Duarte*

## INTRODUÇÃO

As inovações tecnológicas aplicadas à execução do trabalho trazem consigo profundas alterações na saúde do trabalhador. Se, por um lado, a redução do esforço físico tende a causar menos lesões osteomusculares, por outro, o trabalhador passa a ter a sua saúde afetada em aspectos que vão além do seu corpo. Agora, o trabalhador é atingido principalmente em sua saúde mental.

A modernização do meio ambiente do trabalho possibilita aos empregadores novas formas de controle das tarefas executadas pelos seus empregados, bem como monitorar o comportamento, o desempenho e, principalmente, a produtividade dos seus funcionários. Catalisados por uma sociedade de consumo, o trabalhador passa a adoecer mentalmente.

Tais cobranças crescentes, associadas a uma má organização do meio ambiente do trabalho, passam a causar frustrações, perda de interesse no labor e até mesmo adoecimento no trabalhador. Importante destacar que a vida humana é composta por áreas interligadas: assim como problemas familiares ou financeiros podem afetar diretamente a produtividade do trabalhador, seu esgotamento mental em decorrência do trabalho irá causar consequências devastadoras em aspectos pessoais. Deste modo, ele carregará os aspectos negativos do ambiente do trabalho para os outros setores da sua vida.

Assim, o presente capítulo possui como objetivo analisar e discorrer sobre os impactos do meio ambiente do trabalho na saúde mental do trabalhador, principalmente nos casos em que não há uma harmonia entre o trabalhador e a organização do seu meio ambiente do trabalho. Adicionalmente, merece destaque a classificação de tais aspectos, recentemente denominados como "riscos psicossociais".

Por fim, o presente estudo também tem como objetivo a verificar o posicionamento adotado pelo legislador no ordenamento jurídico brasileiro frente ao adoecimento mental do trabalhador, muitas vezes causado por aspectos relacionados ao trabalho.

Quanto à metodologia utilizada no trabalho, destaca-se a utilização do método de abordagem predominantemente dedutivo, em que se buscou, através da análise doutrinária geral, a construção de um modelo. Quanto ao método de procedimento, ressalta-se a utilização da pesquisa bibliográfica, por meio da análise interpretativa das diversas teses, livros e ensaios que foram lidos para a confecção do presente estudo.

Dessa maneira, o presente capítulo apresentará estatísticas mundiais e nacionais de casos de depressão, bem como discorrerá sobre as interações entre trabalhador e o meio ambiente do trabalho, principalmente quanto às possíveis interações negativas, e envolvendo os riscos psicossociais. Por fim, serão tecidas considerações acerca da relação entre o meio ambiente do trabalho e o adoecimento mental do trabalhador.

## 17.1. A ASCENSÃO DA DEPRESSÃO ENQUANTO MAL DO SÉCULO

Apesar da variedade de transtornos mentais e comportamentais que podem ser causados pelo trabalho, e, principalmente, pelo seu meio ambiente, o capítulo em estudo se limitará a abordar apenas a depressão enquanto doença possivelmente originada pela interação negativa entre trabalhador e ambiente.

Tal escolha justifica-se pela alta prevalência da depressão: estimativas disponibilizadas pela Organização Mundial da Saúde (OMS) indicam que quatro a cada dez pessoas no mundo possuem depressão (WHO, 2017). Ainda de acordo com a OMS, a depressão é a segunda doença mais incapacitante para o trabalho atualmente, com projeção para tornar-se a primeira em breve (WHO, 2017).

O mesmo estudo constatou não só um aumento de 18,4% da população com depressão entre os anos de 2005 e 2015, bem como que cerca de 4,4% da população global convivia com depressão no ano de 2015 — aproximadamente 332 milhões de pessoas. Adicionalmente, apontou o suicídio como a segunda maior causa de morte entre jovens de 15 a 29 anos (WHO, 2017).

No Brasil, pesquisa realizada pelo Instituto Brasileiro de Geografia e Estatística (IBGE) revelou que aproximadamente 11,2 milhões de brasileiros conviviam com depressão no ano de 2013 (IBGE, 2014), com maior prevalência na área urbana (8%) quando comparada à área rural (5,6%), assim como possui maior prevalência entre mulheres (10,9%) em relação aos homens (3,9%).

Tal dado é ratificado pela OMS, que aponta que o Brasil possui a maior prevalência de depressão dentre os países da América Latina, contando com 5,8% da sua população total atingida pela doença em questão (WHO, 2017).

Além das questões envolvendo a prevalência da doença sob enfoque, a depressão possui impactos diretos no mundo do trabalho e na previdência social. O adoecimento mental do trabalhador está intimamente ligado ao aumento em seu absenteísmo no trabalho (MINISTÉRIO DA FAZENDA, 2017), bem como à concessão de benefícios previdenciários por incapacidade.

Na seara previdenciária, a depressão e os transtornos mentais e comportamentais merecem destaque por conta do número de afastamentos concedidos pelo Instituto Nacional do Seguro Social (INSS): os transtornos mentais e comportamentais ocupam o terceiro lugar em número de concessões de auxílio-doença, sendo que a depressão é responsável por 80% desses casos (AMBROSIO, 2013, p. 203).

Ainda quanto aos afastamentos em questão, dados divulgados pelo Ministério da Fazenda (2017) demonstraram a concessão de 668.927 afastamentos em decorrência de transtornos mentais e comportamentais entre os anos de 2012 e 2016. Os afastamentos em questão correspondem a aproximadamente 9% do número de auxílios-doença e aposentadorias por invalidez concedidos no período analisado (MINISTÉRIO DA FAZENDA, 2017).

Nesse sentido, a depressão se mostra como um inimigo perigoso e em ascensão, atingindo a saúde do trabalhador, a produtividade das empresas e até mesmo os cofres da seguridade social, responsáveis pelo pagamento dos benefícios previdenciários.

Levantada a magnitude do problema, passa-se à investigação quanto à origem de tal transtorno, principalmente com a indagação quanto à possibilidade de o meio ambiente do trabalho atuar enquanto agente causador ou colaborador do desenvolvimento da doença em questão.

Embora o estabelecimento do nexo causal entre o adoecimento mental e o meio ambiente do trabalho desajustado não seja tão simples quanto nos casos de adoecimento físico, análises recentes vêm apontando a relação entre o desajuste ambiental e o adoecimento mental do trabalhador, conforme será discorrido em tópico próprio.

Portanto, os próximos tópicos se dedicarão a apresentar o diálogo entre trabalhador e meio ambiente do trabalho, assim como a discorrer sobre os possíveis eventos danosos com origem social (principalmente derivados de aspectos organizacionais do trabalho), com impactos na *psique* do trabalhador, também denominados de riscos psicossociais.

## 17.2. O TRABALHADOR COMO ELEMENTO DO MEIO AMBIENTE DO TRABALHO E DA SOCIEDADE

Sob o ponto de vista labor-ambiental é importante destacar a reciprocidade das interações entre ambiente e trabalhador. Embora o foco deste estudo seja discorrer sobre os impactos do meio ambiente do trabalho no trabalhador, é indiscutível que os trabalhadores são elementos fundamentais do meio ambiente do trabalho, compondo-o e exercendo influência direta sobre ele. Victor Hugo de Almeida tece suas considerações sobre tal influência bilateral, denominada de Princípio da Bidirecionalidade:

> O Princípio da Bidirecionalidade pessoa-ambiente parte da premissa de que a pessoa é parte integrante e inseparável do ambiente e não apenas nele se encontra. Pessoa e ambiente se relacionam e se influenciam recíproca e continuamente.
>
> Ignorar que o trabalhador é parte constitutiva do meio ambiente do trabalho é descartar toda interação entre a pessoa e seu meio, desprezando todos os aspectos pessoais (comportamentais e psicológicos) que influenciam na maneira como o trabalhador enxerga, vivencia e negocia com o contexto laboral onde passa grande parte do seu dia. (ALMEIDA, 2013, p. 91)

Casos envolvendo assédio, seja moral ou sexual, são exemplos da influência direta do trabalhador em seu ambiente de trabalho e dos reflexos de tal ambiente em seus colegas. Um ambiente de trabalho que não possui exposição a riscos físicos, químicos ou biológicos, ergonomicamente harmonioso, mas ocupado por pessoas que praticam assédio, não é considerado um ambiente hígido.

Assim, ainda que houvesse um ambiente perfeito, as interações negativas entre indivíduos presentes seriam capazes de influenciar o meio ambiente de trabalho, que, por sua vez, também influenciaria negativamente uma parcela dos trabalhadores que ali se encontram — como ocorre com os trabalhadores assediados. Ainda nas palavras de Victor Hugo de Almeida (2013, p. 96), a "noção de meio ambiente do trabalho, à luz desse princípio [da bidirecionalidade], deve considerar o trabalhador como parte constitutiva e inseparável do *locus* laboral".

Além dos aspectos envolvendo a bidirecionalidade entre ambiente e trabalhador, é importante destacar também que o trabalhador possui uma vida além do seu labor: possui família, *hobbies*, amigos, "círculos" com intersecções. Portanto, ao mesmo tempo que trabalhador e ambiente se influenciam, o sujeito em questão carrega tais interações para outras áreas da sua vida.

Para fins explicativos, deixa-se de lado, por ora, o adoecimento mental do trabalhador. Um trabalhador infectado por um vírus ou uma bactéria em seu ambiente de trabalho provavelmente manifestará sintomas desagradáveis, contaminará pessoas próximas, e possivelmente deixará de desempenhar atividades que lhe causem prazer. Tal exemplo pode ser transportado para os casos relacionados à *psique*: um trabalhador afetado por um ambiente de trabalho desbalanceado irá influenciar negativamente os demais setores da sua existência, principalmente se os impactos atingirem níveis patológicos, como o desenvolvimento de depressão.

As citadas interferências entre o ambiente do trabalho e demais círculos são discorridas por Almeida (2013) como o Princípio da Interdependência:

> O Princípio da Interdependência pressupõe a existência de uma interação entre as diversas dimensões ambientais (natural, artificial, cultural e do trabalho) e dos fatores inerentes a cada uma delas (sociais, econômicos, políticos, jurídicos, etc.), que dialogam entre si e influenciam tanto no meio ambiente do trabalho como na maneira em que o trabalhador enxerga, experimenta, negocia e dialoga com o meio em que ele se ativa.
>
> Significa dizer que o trabalhador é influenciado tanto por aspectos de outras dimensões ou contextos ambientais, nas quais também se encontra ou não, como por fatores macrossistêmicos, mediatos e mais distais (sociais, econômicos, políticos, jurídicos, etc.), que embora não sejam atributos imediatos do meio ambiente do trabalho, influenciam no seu equilíbrio, pois refletem na organização da atividade e nas políticas públicas que afetam o campo do trabalho. (ALMEIDA, 2013, p. 97)

As ponderações elencadas demonstram a relevância do equilíbrio envolvendo trabalhador e ambiente do trabalho, já que as consequências de um ambiente insalubre se estendem além deste. Assim, da falta de harmonia entre trabalhador e seu local de trabalho e até mesmo dos reflexos de tais interações na vida pessoal do sujeito em questão nascem os riscos psicossociais. Adicionalmente, a dificuldade de o indivíduo estabelecer boa interação em seu meio ambiente do trabalho gera uma sobrecarga emocional, atrapalhando o enfrentamento dos agentes estressores presentes naquele mesmo ambiente (FERNANDES *et al.*, 2018, p. 283).

Segundo Eric Sundstrom (1987), o ambiente de trabalho gera significativa alteração na satisfação individual do trabalhador, principalmente em decorrência da interdependência entre os aspectos físicos do local de trabalho e os aspectos psicológicos da pessoa. Assim, tais pontuações preliminares fazem-se necessárias, pois não seria possível discutir as causas do adoecimento mental do trabalhador sem antes discorrer sobre a relação entre ambiente e saúde, como também a influência do trabalhador em seu local de trabalho.

## 17.3. RISCOS PSICOSSOCIAIS: CONCEITO

Os riscos psicossociais têm sua origem justamente na interação entre trabalhador e meio ambiente do trabalho, exposta anteriormente. Metaforicamente falando, pode-se imaginar o trabalhador e seu meio ambiente do trabalho – principalmente em seus aspectos organizacionais (rotina, procedimentos, regulamento da empresa, normas coletivas, estrutura hierárquica, penosidade, jornada de trabalho, intervalos, pausas etc.) – como peças de um quebra-cabeça: os elementos presentes podem dificultar ou até mesmo impossibilitar o "encaixe" do trabalhador. Assim, surgem os chamados "estressores":

> [...] aquelas características do trabalho que funcionam como 'estressores', ou seja, implicam em grandes exigências no trabalho, combinadas com recursos insuficientes para o enfrentamento das mesmas. [...] podem também ser entendidos como as percepções subjetivas que o trabalhador tem dos fatores de organização do trabalho. (GUIMARÃES, 2006, p. 99)

Sendo assim, é possível entender a origem dos riscos psicossociais da seguinte maneira: de um lado, há o meio ambiente do trabalho, composto pelas suas demandas, tanto qualitativas quanto quantitativas; de outro, há o trabalhador, com suas habilidades, necessidades e percepções. É justamente a interação entre esses polos (de maneira positiva ou negativa) que irá determinar a produtividade do trabalhador, a sua satisfação pessoal quanto ao seu trabalho e, consequentemente, sua saúde mental (BARUKI, 2015, p. 35). Segundo o Instituto Sindical de Trabajo, Ambiente y Salud (ISTAS):

> Os riscos psicossociais são condições de trabalho, derivadas da organização do trabalho, para as quais temos estudos científicos suficientes que demonstram que prejudicam a saúde dos trabalhadores e trabalhadoras. PSICHO porque eles nos afetam através da psique (conjunto de atos e funções da mente) e SOCIAL porque sua origem é social: certas características da organização do trabalho. (ISTAS, 2006, p. 11)

Nota-se que, as interações entre o trabalhador e os aspectos organizacionais do trabalho são tão importantes quanto aquelas que ocorrem entre o trabalhador e os equipamentos utilizados no exercício da sua função. Interações com resultados negativos tendem a frustrar o trabalhador, favorecendo seu adoecimento mental, com distúrbios como a Síndrome de *Burnout* ou a depressão.

Além do impacto em sua saúde, um trabalhador desmotivado e/ou doente tem baixa produtividade, falta ao trabalho, e apresenta maiores propensões a se envolver em acidentes de trabalho:

> Os fatores psicossociais afetam o comportamento. Por exemplo, pessoas frustradas ou irritadas são muito mais passíveis de usar uma grande força mecânica desnecessária ao executar uma tarefa, ao invés de trabalhar pacientemente de uma maneira mais fácil na execução da tarefa. Pessoas mais controladas podem utilizar esforço intelectual para encontrar formas mecanicamente mais fáceis de executar tarefas. Em tarefas repetitivas, a diferença pode ser o desenvolvimento de um fator de risco psicossocial no trabalho entre aqueles que fazem uma análise do momento de desenvolver maneiras ergonômicas corretas de executar a tarefa, e aqueles que não. (GUIMARÃES, 2006, p. 101)

Adicionalmente, é importante destacar que a terminologia "riscos", assim como nos casos previstos na NR-15, não presume a ocorrência certa de dano. O termo é utilizado como um modo de indicar potencial lesivo, de modo que a concretização dos danos dependerá da intensidade dos riscos existentes e das características pessoais do trabalhador.

Christophe Dejours, o "pai da psicodinâmica do trabalho", acredita que o trabalho sozinho não é capaz de causar o adoecimento mental do trabalhador, defendendo que as descompensações em questão dependem da estrutura da personalidade do trabalhador (DEJOURS, 1992, p. 122). Segundo o autor, o trabalhador deve buscar um labor que esteja de acordo com suas habilidades e aptidões, uma atividade em sincronia com a sua personalidade. Em seu entendimento, a função desempenhada deve estar de acordo com a "economia psicossomática" do indivíduo (DEJOURS, 1992).

Tal linha de pensamento também é seguida por Emílio Mira y López, psicólogo e psiquiatra que considera a personalidade como fator decisivo para o desenvolvimento ou não de transtornos mentais e comportamentais mediante a exposição a estressores:

> A personalidade é constituída de tendências determinantes que desempenham papel ativo no comportamento do indivíduo. Dois indivíduos não fazem os mesmos ajustamentos ao meio e, portanto, não têm a mesma personalidade. A personalidade é, portanto, algo de capital importância funcional ou adaptativa. Ainda que as condições de trabalho sejam idênticas para os dois trabalhadores, cada um fará uma apreensão diferente da realidade em razão da individualidade de sua personalidade. A realidade exterior elaborada pelo trabalhador é fruto de seu subjetivismo, na medida em que os indivíduos interpretam os fatos de acordo com suas tendências afetivas. (MIRA Y LOPES, 2009, p. 144)

A relação entre o meio ambiente do trabalho e o adoecimento será mais bem abordada em tópico próprio. Por ora cumpre destacar que a classificação de uma interação como negativa ou positiva está intimamente ligada à percepção do sujeito: pessoas diferentes expostas à mesma sobrecarga psíquica podem lidar de modos diversos com os estressores e, consequentemente, classificar a interação positivamente ou negativamente.

Ademais, importante salientar que, embora as interações sejam classificadas de maneira positiva ou negativa de acordo com a assimilação do trabalhador, isso não quer dizer que o adoecimento seja sua culpa ou mesmo uma fragilidade. O Brasil enquanto país subdesenvolvido apresenta a problemática do desemprego, de modo que o trabalhador mentalmente deteriorado não se vê com alternativas de trabalho, "optando" por suportar um meio ambiente do trabalho desajustado.

Apesar das percepções serem individuais, é importante salientar a bidirecionalidade discorrida anteriormente: trabalhador e ambiente devem ser abordados conjuntamente, já que um não existe sem o outro. Portanto, as condições internas do trabalhador influenciam e são influenciadas pelas condições externas, evidenciando, pois, uma interação direta (ALMEIDA, 2013).

### 17.3.1. Classificação dos riscos psicossociais no trabalho

As definições utilizadas neste trabalho foram retiradas do capítulo "Fatores Psicossociais, Estresse e Saúde" da Enciclopédia da Saúde e Segurança no Trabalho da Organização Internacional do Trabalho (OIT), escrito por Lennart Levi (1998). Em tal capítulo, os riscos psicossociais no trabalho são divididos em seis grupos: I) sobrecarga quantitativa; II) carga qualitativa insuficiente; III) falta de controle sobre o trabalho; IV) estressores físicos; V) papéis/funções conflitantes; VI) falta de apoio social em casa e por parte da chefia e dos colegas de trabalho.

**Sobrecarga quantitativa:** Talvez a forma mais comum de riscos psicossociais, trata-se do excesso de exigências, principalmente quanto à produtividade e cumprimento de metas. Em outras palavras é o excesso de trabalho.

**Sobrecarga qualitativa insuficiente:** Enquanto a categoria anterior dizia respeito à quantidade, a presente classificação diz respeito à qualidade. A sobrecarga qualitativa insuficiente diz respeito à falta de desafios, à realização de um trabalho limitado e monótono, muito comum em linhas de produção e em atividades que demandem apenas repetição.

**Estressores físicos:** Trata-se de uma categoria intimamente ligada ao medo e aos outros riscos (físicos, químicos e biológicos). O trabalhador exposto a determinadas situações passa a desenvolver medo de adoecer ou de estar exposto a algum perigo, principalmente ambiental. Assim, exposto ou não aos riscos em questão, o receio do trabalhador toma proporções insalubres, gerando grande carga emocional.

**Conflito de papéis e funções:** O trabalhador é parte de um todo, tanto dentro como fora do seu local de trabalho, ou seja, ao mesmo tempo que pode ser chefe de alguém, também pode ser subordinado a alguém. Também suas obrigações familiares podem entrar em conflito com o desempenho do seu trabalho. Assim, são comuns as situações em que tais papéis entram em conflito: escolher entre a lealdade ao superior hierárquico e seus colegas de trabalho; a necessidade de se ausentar do trabalho para levar o filho ao médico; ou até mesmo ocasiões envolvendo o desempenho de papel dentro de sindicato.

**Falta de controle sobre a situação:** Ocorre quando o trabalhador não tem poder de escolha sobre quais serão os procedimentos adotados na realização do seu trabalho. Nessa situação, o trabalhador é incapaz de determinar como ou quando realizará seu trabalho, ou até mesmo não consegue identificar um padrão de realização do trabalho.

Rejane Galvin (2015) defende que o domínio sobre as escolhas que determinarão a realização do trabalho aumenta a satisfação do trabalhador e reduz o risco de adoecimento:

> O controle sobre o trabalho exercido esteve associado à depressão como fator de proteção para a sintomatologia depressiva [...] O alto controle sobre o trabalho executado ajuda a aumentar os níveis de satisfação no trabalho e propicia oportunidades de se envolver em tarefas desafiadoras, incrementando o repertório de habilidades do trabalhador. Segundo a hipótese do efeito protetor, um nível alto de controle sobre o trabalho executado impediria que a demanda psicológica aumentasse o risco de adoecimento. (GALVIN, 2015, p.7)

**Falta de apoio social:** São situações em que o trabalhador não conta com o suporte da sua família, chefia e/ou colegas de trabalho. Em estudo promovido por Rejane Galvin (2015), constatou-se que as chances de apresentar depressão diminuem à medida que aumenta a "pontuação" de apoio social para a amostra em questão. Assim, ratificando a divisão proposta pela OMS, tem-se o apoio social como fator determinante para a saúde mental do trabalhador.

Em linhas gerais, os riscos psicossociais podem ser divididos em duas grandes categorias, no que diz respeito às cargas psíquicas: sobrecarga psíquica e subcarga psíquica. A primeira possui relação com sobrecarga quantitativa, com excessos, enquanto a segunda está diretamente relacionada à falta, principalmente sob o ponto de vista qualitativo (FERNANDES *et al.*, 2018).

## 17.3.2. Os riscos psicossociais segundo o INSS

A análise ao ordenamento jurídico brasileiro demonstra que os riscos psicossociais são praticamente ignorados na legislação vigente. Longe da legislação ordinária ou complementar, o dispositivo mais próximo em que se encontra referência a tais riscos é a Instrução Normativa nº 98, de 5 de dezembro de 2003 (BRASIL, 2003), do INSS, que faz a classificação nos seguintes termos:

> Os fatores psicossociais do trabalho são as percepções subjetivas que o trabalhador tem dos fatores de organização do trabalho. Como exemplo de fatores psicossociais podemos citar: considerações relativas à carreira, à carga e ritmo de trabalho e ao ambiente social e técnico do trabalho. A "percepção" psicológica que o indivíduo tem das exigências do trabalho é o

resultado das características físicas da carga, da personalidade do indivíduo, das experiências anteriores e da situação social do trabalho. (BRASIL, 2003)

Apesar da definição apresentada ser extremamente próxima à exposta até o momento, a instrução normativa é dedicada a esclarecimentos sobre doenças osteomusculares, como Lesões por Esforços Repetitivos (LER) e Distúrbios Osteomusculares Relacionados ao Trabalho (DORT). Portanto, a abordagem é feita com foco nos riscos psicossociais enquanto causadores de tais doenças, sem discorrer sobre aspectos da saúde mental.

Todavia, em que pese o enfoque em um grupo distinto de doenças, o dispositivo apresenta colocações pertinentes quanto à organização do trabalho como aspecto relevante para a ocorrência dos riscos psicossociais. Ainda em relação aos aspectos organizacionais, a IN nº 98 dispõe que:

> Há uma exigência de adequação dos trabalhadores às características organizacionais das empresas, com intensificação do trabalho e padronização dos procedimentos, impossibilitando qualquer manifestação de criatividade e flexibilidade, execução de movimentos repetitivos, ausência e impossibilidade de pausas espontâneas, necessidade de permanência em determinadas posições por tempo prolongado, exigência de informações específicas, atenção para não errar e submissão a monitoramento de cada etapa dos procedimentos, além de mobiliário, equipamentos e instrumentos que não propiciam conforto. (BRASIL, 2003)

Nota-se que há uma preocupação quanto à falta de variedade das atividades laborais, gerando uma sobrecarga qualitativa insuficiente, ou uma subcarga psíquica. Assim, a despeito do enfoque diverso em relação ao objeto de estudo deste capítulo, é inegável a importância do reconhecimento, por parte do INSS, da existência dos riscos expostos neste estudo.

Por fim, em que pese o pioneirismo de tal norma exposta, este autor acredita que a definição utilizada pelo INSS dá ao trabalhador um papel muito passivo. A definição apresentada transmite a sensação de que o trabalhador não integra e influencia o ambiente de trabalho, desconsiderando as questões de bidirecionalidade e interdependência, anteriormente expostas.

## 17.4. O MEIO AMBIENTE DO TRABALHO E O ADOECIMENTO MENTAL

Conforme exposto na apresentação dos riscos psicossociais, o estabelecimento do nexo causal entre o adoecimento mental e a existência dos referidos riscos é tarefa complexa. Isso se deve, principalmente, pela origem multifatorial dos transtornos mentais e comportamentais como a depressão.

Ao passo que o adoecimento físico muitas vezes apresenta uma ligação direta com a atividade desempenhada, o adoecimento mental pode ser provocado pelas diversas esferas da vida do trabalhador. Assim, em demandas judiciais é muito comum a figura da concausalidade, prevista no art. 21, inciso I, da Lei nº 8.213, de 24 de julho de 1991 (BRASIL, 1991), já que os métodos para a apuração da origem de doenças como a depressão são extremamente limitados.

Entretanto, enquanto a questão do nexo causal é problemática no caso individual, a relação entre riscos psicossociais e adoecimento mental torna-se evidente em análises quantitativas. Estudo realizado em uma agência do INSS, com a participação de segurados requerentes de auxílio-doença por transtornos mentais e comportamentais, revelou aspectos relevantes quanto ao ambiente de trabalho de tais pessoas.

## 17 - O MEIO AMBIENTE DO TRABALHO E O ADOECIMENTO MENTAL DO TRABALHADOR
*Renan Fernandes Duarte/*

Dentre os entrevistados, 56,5% alegaram executar seu trabalho mediante alta demanda e baixo controle; 55,7% alegaram sentir que o esforço desempenhado em seu trabalho era maior do que a recompensa recebida e, 87% alegaram excesso de comprometimento na realização das suas funções (SILVA JÚNIOR, 2015, p. 741):

> Quando há situação de alta exigência com baixo apoio social, há um aumento da probabilidade de longo absenteísmo-doença por transtornos mentais quando comparado a outros agravos.
>
> O desequilíbrio esforço-recompensa é descrito como associado ao absenteísmo de longa duração e o elevado excesso de comprometimento é fator de risco tanto para depressão, quanto para a incapacidade laborativa. (SILVA-JUNIOR, 2015, p. 741)

No mesmo sentido, estudos realizados pela Organização Internacional do Trabalho vêm demonstrando que a depressão do trabalhador tende a ser precedida por riscos psicossociais, conforme trecho do manual publicado em 2016:

> Estudos de alta qualidade foram realizados, mostrando que os riscos psicossociais e o estresse relacionado ao trabalho precedem o início da depressão. Dada a carga desta doença, não é surpreendente que a maioria dos estudos sobre riscos psicossociais, estresse relacionado ao trabalho e problemas de saúde tenham examinado sua ligação com a depressão.
>
> Outros fatores psicossociais associados à depressão incluem desequilíbrio entre trabalho e vida comprometida, insatisfação no trabalho, conflito de papéis, relacionamentos ruins no trabalho, excesso de comprometimento, baixos salários, foco no desenvolvimento de carreira e falta de justiça no trabalho. Vários estudos também descobriram que a exposição ao bullying ou assédio moral são fatores de risco para sintomas depressivos e ansiedade. (ILO, 2016, on-line, tradução nossa)

Assim, apesar do entendimento de Christope Dejours quanto ao papel da "estrutura mental" do trabalhador no processo do seu adoecimento mental, destacada anteriormente, o autor afirma que o meio ambiente de trabalho descompensado, principalmente com a falta de controle do operário sobre o seu trabalho, pode atuar negativamente na *psique* do trabalhador. Segundo o autor, "o defeito crônico de uma vida mental sem saída mantido pela organização do trabalho, tem provavelmente um efeito que favorece as descompensações psiconeuróticas" (DEJOURS, 1992). Ainda nas palavras de Dejours:

> A organização do trabalho pode ser causa de uma fragilização somática, na medida em que ela pode bloquear os esforços do trabalhador para adequar o modo operatório às necessidades de sua estrutura mental. [...] é provável que uma parte não negligenciável da morbidade somática observada entre os trabalhadores tenha a sua origem numa organização do trabalho inadequada. (DEJOURS, 1992, p. 192)

Portanto, apesar do papel do próprio trabalhador e suas percepções no processo do seu adoecimento, a bibliografia levantada deixa evidente que a existência de riscos psicossociais no meio ambiente do trabalho pode causar o adoecimento mental do trabalhador. Tal adoecimento carrega consigo efeitos secundários devastadores, como o aumento do risco de suicídio:

> [...] as intenções de suicídio também podem surgir devido a riscos psicossociais associados a crises legais, discriminação, isolamento, relacionamentos conflitantes, abuso físico ou psicológico e problemas acadêmicos ou relacionados ao trabalho. (ILO, 2016, *on-line*, tradução nossa)

Além do suicídio, um trabalhador acometido por depressão tem maior probabilidade de causar acidente típico de trabalho, podendo se machucar ou ferir um colega de trabalho (MINISTÉRIO DA FAZENDA, 2017). Adicionalmente, estudos relacionados aos riscos psicossociais no meio ambiente do trabalho sugerem que o estresse aumenta em 50% as chances de o indivíduo sofrer de doenças cardiovasculares (ILO, 2016, p. 6).

Assim, considerando os efeitos devastadores que o meio ambiente do trabalho desajustado pode causar à saúde do trabalhador, a higidez de tal espaço deve ser considerada uma prioridade, com proteção garantida por medidas de combate aos riscos psicossociais, envolvendo Estado, empresas e sindicatos.

## CONSIDERAÇÕES FINAIS

O trabalho, outrora visto como atividade vil, ganhou importância na vida do ser humano e passou a ocupar espaço na vida da maior parte da espécie. Mais do que um meio de garantir a sua sobrevivência, a humanidade passou a enxergar o trabalho como um meio de crescimento pessoal, satisfação, reconhecimento e independência. Nesse contexto, o trabalho deixa de ser uma mera obrigação e passa a ser uma das atividades mais importantes do ser humano.

Em que pese a alteração da percepção humana quanto à função do trabalho, é evidente que o seu núcleo continua imutável: mais do que seu tempo, o trabalhador entrega a sua saúde na mão do seu patrão, sujeitando-se às escolhas que tal indivíduo julgar acertadas. Dentre as várias obrigações do empregador ou patrão está o dever de propiciar um meio ambiente do trabalho hígido.

Na prática, nem sempre tal responsabilidade é cumprida, de modo que o trabalhador é entregue à sua própria sorte, ou, melhor dizendo, a "riscos". Quanto aos riscos em questão, destacam-se os riscos psicossociais, apresentados ao longo deste trabalho, elementos do meio ambiente do trabalho com potencial lesivo à saúde mental do trabalhador.

Em um cenário de modernização dos meios de produção, a tendência é a redução da exposição dos trabalhadores ao demais riscos – como os físicos, por exemplo – e o aumento à exposição aos riscos psicossociais. Entretanto, devido à falta de reconhecimento e estudo de tais riscos, o trabalhador se encontra legalmente desamparado.

Nessa perspectiva, disparam os casos de adoecimento mental do trabalhador, principalmente em decorrência de transtornos mentais e comportamentais como a depressão. Conforme exposto ao longo do capítulo, a depressão vem aumentando a sua prevalência, incapacitando de maneira crescente a população mundial.

A despeito da dificuldade em estabelecer o nexo causal entre o meio ambiente do trabalho desajustado (ou os riscos psicossociais) e o adoecimento mental do trabalhador, os estudos apresentados deixam evidente a relação direta entre o meio ambiente do trabalho inadequado e o acometimento do trabalhador por doenças como a depressão.

A saúde do trabalhador é um interesse coletivo: além de gozar dos benefícios da plena saúde, um sujeito saudável não usa recursos familiares com tratamentos de saúde nem precisa de auxílio de terceiros; uma empresa sem trabalhadores doentes evita absenteísmo, aumenta a sua produtividade e não usa seus recursos em indenizações; o Estado por sua vez, economiza com as verbas destinadas à seguridade social.

Assim, evidenciada a possibilidade do adoecimento do trabalhador em decorrência de aspectos organizacionais, fica também demonstrada a necessidade da adaptação da luta pelo meio ambiente do trabalho hígido, seja por meio da atualização da legislação vigente, incluindo convenções coletivas, seja por medida do próprio empregador.

# CAPÍTULO 18
POLUIÇÃO LABOR-AMBIENTAL: CONCEITO E APLICAÇÕES.
RESPONSABILIDADE CIVIL LABOR-AMBIENTAL

*Guilherme Guimarães Feliciano*

## 18.1. AINDA AS ANTINOMIAS APARENTES DO DIREITO AMBIENTAL DO TRABALHO. A POLUIÇÃO LABOR-AMBIENTAL: CONCEITO

Como visto supra, os dilemas inerentes ao Direito Ambiental do Trabalho não raro remetem o intérprete do sistema jurídico labor-ambiental a contextos de antinomia aparente (FELICIANO, 2006 – Cap. 3). Mas agora interessa pontuar uma delas; e, antes disso, recordar o que entendemos por "antinomia".

Seguimos de perto o conceito de Tércio Sampaio Ferraz Jr. (1991, p. 300 e s.), que as compreende como a:

> oposição que ocorre entre duas normas contraditórias (total ou parcialmente), emanadas de autoridades competentes num mesmo âmbito normativo, que colocam o sujeito numa posição insustentável pela ausência ou inconsistência de critérios aptos a permitir-lhe uma saída nos quadros de um ordenamento dado.

É o que ocorre quando se pretende estabelecer, a partir do sistema jurídico-positivo em vigor, qual a natureza da responsabilidade civil do empregador. Pelo inciso XXVIII do art. 7º da Constituição, que segue de perto a inteligência da antiga Súmula 229 do STF (exceto quanto à exigência de culpa "grave"), não teríamos dúvidas em afirmar que a responsabilidade do empregador será sempre subjetiva (i.e., responsabilidade civil aquiliana: "in Lex Aquilia levissima culpa venit"). Se imaginarmos, por outro lado, que os danos sofridos pelo trabalhador decorram da violação dos direitos subjetivos acima elencados – que decorrem logicamente da obrigação patronal de manter um meio ambiente do trabalho equilibrado –, teríamos de levar em conta a norma do art. 14, § 1º, da Lei nº 6.938/1981 (que não discrimina entre as diversas manifestações do meio ambiente humano), e então concluiríamos pela responsabilidade patronal objetiva (i.e., responsabilidade civil pelo risco).

*"Quid iuris"?*

Na realidade, o conceito lato de poluição introduzido pelo art. 3º, III, da Lei nº 6.938/1981 permite reconhecer, em paralelo às demais dimensões fenomenológicas do meio ambiente humano, a noção de poluição no meio ambiente de trabalho (ou – como diremos adiante – poluição labor-ambiental). Tal poluição não se atém àqueles elementos que "afetam desfavoravelmente a biota ou as condições estéticas e sanitárias do meio ambiente" (art. 3º, III, "c" e "d"); dessa natureza são, por exemplo, os agentes químicos, físicos e biológicos que, detendo nocividade lenta, atual e progressiva, são comuns à noção de insalubridade. Mas também há poluição no ambiente de trabalho em contextos de periculosidade (i.e., de nocividade potencial) e de penosidade (nocividade psicomotora – outrora dissemos "nocividade humana exclusiva" (FELICIANO,

2006 – Cap. 3) –, a abranger tanto os aspectos antropométricos e ergonômicos como os aspectos psicológicos do meio ambiente do trabalho), nos mais diversos graus.

Com essa acepção – e reportando-se expressamente à noção de poluição labor-ambiental –, veja-se, por todos, o escólio de Sueli Padilha (2002, p. 66), para que:

> a degradação do meio ambiente do trabalho, resultante de atividades que prejudiquem a saúde, a segurança e o bem-estar dos trabalhadores, sem dúvida alguma, caracteriza-se como poluição do meio ambiente do trabalho, de acordo com o tratamento constitucional dado à matéria.

Ora, é tese informadora do Direito Ambiental, como dito alhures, a de que "os custos sociais externos que acompanham a produção industrial (como o custo resultante da poluição) devem ser internalizados, isto é, levados à conta dos agentes econômicos em seus custos de produção" (PRIEUR, 2001, p. 135); eis o princípio do poluidor-pagador, devidamente enunciado. Pois bem: parece evidente que, se há poluição também nos locais de trabalho (inclusive na acepção da Lei nº 6.938/1981), então os custos oriundos dos danos por ela provocados — ao entorno ambiental (= efeitos exógenos) ou a terceiros direta ou indiretamente expostos, como os trabalhadores (= efeitos endógenos) – devem ser igualmente internalizados, independentemente da perquirição de culpa (art. 14, § 1º, da Lei nº 6.938/1981), para que os suporte o próprio agente poluidor. Dada essa premissa, os movimentos seguintes são previsíveis.

A identificação do poluidor no meio ambiente do trabalho não oferece qualquer dificuldade: será, em geral, o próprio empregador, que engendra as condições deletérias da atividade econômica ou se omite no dever de arrostá-las, ameaçando, num caso e noutro, a saúde, a segurança e o bem-estar de seus subordinados. Aliás, a própria definição legal (Lei nº 6.938/1981, art. 3º, III e IV) já o diz: "pessoa física ou jurídica, de direito público ou privado, responsável, direta ou indiretamente, por atividade causadora de degradação ambiental". Se a degradação do meio ambiente de trabalho é imputável ao empregador, sob algum título, ele é poluidor, seja pessoa física (e.g., comerciante individual ou empregador doméstico) seja jurídica, de direito privado (sociedades anônimas, sociedades por cotas de responsabilidade limitada e empresas em geral, inclusive as empresas públicas e sociedades de economia mista) ou de direito público (o que abarca as autarquias e os entes da administração direta – em suma, o empregador público "stricto sensu"). Como poluidor, deve ser instado a cessar a atividade poluidora; mas, além disso, deve indenizar a parte prejudicada – no que ora nos interessa, os trabalhadores afetados.

Mas o poluidor labor-ambiental também poderá ser, circunstancialmente, o trabalhador, inclusive por deficiência de informação; e, se poluir intencionalmente, sujeita-se, no limite, à sanção do art. 482, "h", da CLT (c.c. art. 158, I e II e parágrafo único). Poderá ser ainda um terceiro, como nas hipóteses de poluidor indireto. O poluidor indireto, como se sabe, é aquele que contribui para a ocorrência da atividade poluidora (embora não a desenvolva ou execute; este é o poluidor direto). Nesses termos, seguindo o escólio de Antonio Herman Benjamin (1998, p. 37), pode ser poluidor indireto todo aquele que der uma contribuição indireta para o dano ambiental, como o banco, o órgão público licenciador, o engenheiro, o arquiteto, o incorporador, o transportador etc. Em seara labor-ambiental, portanto, poderá ser poluidor indireto, e.g., o tomador de serviços que contrate empresa prestadora cujos empregados sejam submetidos a níveis intoleráveis de estresse, precipitando burnout e adoecimento psíquico (caso em que a sua responsabilidade será solidária, nos termos dos arts. 3º e 14 da Lei nº 6.938/1981, e não subsidiária, como decorreria da hipótese da Súmula 331, IV, do TST); a instituição financeira que financie alterações antiergonômicas ou aquisições de máquinas perigosas destinadas à reestruturação de certa linha de produção; ou a própria União, p. ex., se emitisse, ao tempo da NR-02 – revogada pela Portaria ME/SEPRT nº 915/2019 –, certificado de aprovação de instalações (CAI) que negligenciasse condições de risco grave e iminente para os trabalhadores.

Assim entendido, passemos à análise dos pressupostos jurídicos da respectiva indenização.

## 18.2. POLUIÇÃO LABOR-AMBIENTAL E RESPONSABILIDADE CIVIL DO EMPREGADOR

À luz da necessária interpretação lógico-sistemática das legislações trabalhista e ambiental, tanto é possível reconhecer a responsabilidade civil do empregador pela via objetiva – em variegadas hipóteses, que bem se resumem na hipótese geral da responsabilidade civil pelo risco inerente superlativo (art. 927, par. único, 2ª parte, do Código Civil) e na hipótese específica da responsabilidade civil pelo risco incrementado ou proibido (= responsabilidade civil labor-ambiental) –, como pela via subjetiva (= responsabilidade por culpa).

Aliás, a possibilidade da responsabilidade civil objetiva do empregador por acidentes de trabalho ou doenças ocupacionais já não oferece qualquer dúvida, à vista do que decidiu o Supremo Tribunal Federal no RE 828.040 (Tema de Repercussão Geral nº 932), a saber:

> O artigo 927, parágrafo único, do Código Civil é compatível com o artigo 7º, XXVIII, da Constituição Federal, sendo constitucional a responsabilização objetiva do empregador por danos decorrentes de acidentes de trabalho, nos casos especificados em lei, ou quando a atividade normalmente desenvolvida, por sua natureza, apresentar exposição habitual a risco especial, com potencialidade lesiva e implicar ao trabalhador ônus maior do que aos demais membros da coletividade.

De outra parte, a hipótese da responsabilidade civil objetiva por risco inerente superlativo – como, p. ex., no caso dos vigilantes de carro forte alvejados no exercício do trabalho –, sobre ser cada vez mais encontradiça na jurisprudência (v., e.g., TST, RR-1176-96.2015.5.02.0037, para o caso de um vigilante assassinado; TST, ARR-1653-77.2012.5.01.0482, para o caso de trabalho em altura numa plataforma de petróleo), tem menor interesse no contexto deste Curso, porque não envolve necessariamente desequilíbrio labor-ambiental. Para o nosso objeto, interessa essencialmente a responsabilidade civil objetiva lastreada no art. 927, par. único, 1ª parte, do Código Civil, c.c. art. 14, § 1º, da Lei nº 6.938/1981, i.e., a responsabilidade civil pelos danos pessoais que derivem do desequilíbrio labor-ambiental de base antrópica (ou seja, provocado ou agravado pela conduta humana).

Vejamos.

O art. 7º, XXVIII, da CRFB estabelece, como direito dos trabalhadores urbanos e rurais, o "seguro contra acidentes de trabalho, a cargo do empregador, sem excluir a indenização a que este está obrigado, quando incorrer em dolo ou culpa" (g.n.). Atualmente, o "seguro contra acidentes de trabalho" corresponde, no plano infraconstitucional, aos diversos benefícios acidentários, entre prestações e serviços, que correm às expensas do Instituto Nacional do Seguro Social, mediante financiamento do Estado e dos empregadores (art. 22, II, da Lei nº 8.212/1991). Já a indenização, calcada na figura da culpa aquiliana "lato sensu" (arts. 186 e 927, caput, do Código Civil de 2002), é suportada pelo próprio empregador responsável, em caso de ação ou omissão informada por culpa ou dolo (restando superada, pela letra constitucional, a exigência de "culpa grave" para a indenização de direito comum, como referia a Súmula 229 do C.STF). O que não significa que o proprietário da empresa (i.e., o empresário, os sócios-cotistas, o acionista majoritário etc.) deva pessoalmente agir com intencionalidade, imprudência, negligência ou imperícia; bastará que um seu preposto o faça, nos exatos termos do art. 933 do Código Civil.

É certo, de outra parte, que o acidente de trabalho é, via de regra, a concreção dos riscos ambientais do trabalho. Essa conclusão decorre do próprio art. 22, II, da Lei de Custeio da Seguridade Social, que discrimina as alíquotas para o financiamento da aposentadoria especial e dos benefícios acidentários em geral, com base no grau de risco de cada atividade e de cada empresa. Há, portanto, graus diversos de risco envolvidos em quaisquer atividades econômicas que gerem emprego e renda. Pode essa condição engendrar responsabilidade pelo risco de atividade?

A resposta é positiva. E o é, ao menos, por duas vias hermenêuticas, como antecipávamos: a que passa pelo art. 927, parágrafo único, 2ª parte, do CC (que diz com atividades cujo risco ordinário é especialmente elevado em relação às demais atividades socioeconômicas de mesmo segmento[1]) e a que passa pelo mesmo art. 927, par. único, 1ª parte, c.c. art. 14, § 1º, da Lei nº 6.938/1981. Essa – como também já dissemos – é a que nos interessa para os fins deste estudo.

Ocorre que, em se tratando de dano ambiental típico, relacionado ao desequilíbrio labor-ambiental (i.e., à poluição no meio ambiente de trabalho, que agrava os riscos ordinários do negócio), a norma de regência há de ser necessariamente aquela do art. 14, § 1º, da Lei nº 6.938/1981, pela qual "é o poluidor obrigado, independentemente da existência de culpa, a indenizar os danos causados ao meio ambiente e a terceiros, afetados por sua atividade" (g.n.). Entretanto, a Constituição Federal não teria apartado os danos havidos no meio ambiente do trabalho da regra regente dos danos ambientais em geral? Ou, de modo mais abrangente, o sistema constitucional em vigor não teria excluído, por meio da norma do art. 7º, XXVIII, da CRFB, o meio ambiente do trabalho da noção geral de meio ambiente humano, tal como insculpida no Capítulo VI de seu Título VIII? Eis a antinomia (aparente, como se disse).

Com efeito, essa percepção é apenas superficial. O próprio art. 200 da Constituição Federal, ao tratar do sistema único de saúde, positiva a figura do meio ambiente do trabalho (inciso VIII), correlacionando-o com a noção geral do capítulo VI. "In verbis": "[a]o sistema único de saúde compete, além de outras atribuições, nos termos da lei: (...) VIII – colaborar na proteção do meio ambiente, nele compreendido o do trabalho" (g.n.).

Cediço, portanto, que o constituinte reconheceu a independência conceitual do meio ambiente do trabalho; mas o fez sem perder de vista a concepção integrada do meio ambiente humano como Gestalt, recolhendo aquela primeira manifestação gestáltica sob a guarida da

---

1   Como, p. ex., a atividade de vigilância armada bancária (*supra*). Nesse sentido, veja-se, por todos, TST, 8ª T., RR nº 1538/2006-009-12-00.7 (assentando que, "de acordo com a teoria do risco, é responsável aquele que dele se beneficia ou o cria, pela natureza de sua atividade. Este, o teor do artigo 927, parágrafo único, do Código Civil [...]. 2. Entre os riscos inerentes à atividade de vigilante, está o de entrar em confronto com outras pessoas na adequada prestação do serviço, objetivando garantir a segurança do patrimônio patronal. 3. Assim, o empregador deve ser responsabilizado pelos prejuízos causados ao empregado que exerce a função de vigilante, não podendo este arcar com os prejuízos à sua integridade física e moral decorrentes do exercício das atividades contratualmente fixadas"); e, menos explicitamente, TST, RR 1069/2006-015-03-00.7, 3ª Turma (admitindo em tese a responsabilidade objetiva, embora o Regional houvesse reconhecido a responsabilidade por culpa).

disciplina geral do meio ambiente. Remanesce, então, a perplexidade: por que se teria dado um diverso tratamento jurídico, em tema de responsabilidade aquiliana?

Para Sueli Padilha (2002, p. 68):

> o acidente de trabalho referido no art. 7º, XXVIII, da Constituição Federal é o individual (regra – responsabilidade subjetiva). Portanto, não está excluído, na hipótese de ocorrência de doença ocupacional, decorrente de poluição no meio ambiente de trabalho, a aplicação da regra aí incidente, ou seja, a da responsabilidade objetiva (art. 225, § 3º).

A assertiva é bem razoável, tanto do ponto de vista empírico como do ponto de vista jurídico-principiológico (porque de todo modo significa relativizar a regra-padrão do art. 7º, XXVIII, da CRFB a partir do princípio da norma mais favorável, consagrado na parte final do "caput" do mesmo preceito: "...além de outros [direitos] que visem à melhoria da sua condição social...").

Nada obstante, a lição não deixa transparecer, com toda a sua força, a "ratio juris" da distinção, por detrás do conceito "a se" de poluição labor-ambiental (e não no caráter "individual" ou "coletivo" da ameaça, como poderia parecer). Com efeito, poluição (art. 3º, III, da Lei nº 6.938/1981) e riscos ambientais (art. 22, II, da Lei nº 8.212/1991) não se confundem. Os riscos são inerentes a toda e qualquer atividade econômica; e, mais além, à maior parte das atividades sociais organizadas da sociedade pós-industrial. Dito de outro modo, as necessidades da civilização — naturais ou induzidas — e os avanços da técnica ensejam, hodiernamente, "riscos de procedência humana como fenômeno social estrutural" (SÁNCHEZ, 1999, p. 22)[2]. São, pois, riscos toleráveis até certo limite. Daí justamente se extrai o arco ético permissivo que admite abrigar tanto a norma do art. 7º, XXVII, da CRFB, como os limites de tolerância da Portaria MTE nº 3.214/78. Insista-se, porém, que, mesmo quando tolerados, tais riscos atraem a responsabilidade civil objetiva de seus criadores (art. 927, parágrafo único, do NCC), se traduzem uma situação de risco especialmente grave em relação aos demais cidadãos do mesmo microssistema social[3].

No entanto, além desses limites ou critérios de tolerância (que podem ser quantitativos ou qualitativos), o risco incrementado passa a caracterizar poluição no meio ambiente de trabalho. Lida-se, nesse caso, com um interesse metaindividual, porque a potencialização dos riscos pela poluição labor-ambiental passa a ameaçar potencialmente os bens mais valiosos de todos os trabalhadores que trabalhem ou possam vir a trabalhar naquele ambiente (em especial a vida e a saúde). Tratando-se, pois, de interesse metaindividual, legitima-se para a ação o Ministério Público do Trabalho, com espeque no que dita o art. 14, § 1º, da Lei nº 6.938/1981 (sem prejuízo da legitimidade processual dos sindicatos e dos próprios trabalhadores prejudicados, individual ou coletivamente considerados). E, consoante a mesma norma, havendo danos ao meio ambiente ou a "terceiros" (como são os trabalhadores) que se atrelem à poluição labor-ambiental por alguma sorte de nexo causal (puramente etiológico ou mesmo concausal), o poluidor ¾ em geral o

---

2   Daí, aliás, a recorrente referência da doutrina alemã à **"sociedade de riscos"** (*"Risikogesellschaft"*). Confira-se ainda, no mesmo sentido, MACHADO, Paulo Affonso Leme. **Direito ambiental brasileiro**, p. 528, sobre a "classe de risco tolerado ou permitido" (acrescentando, porém, que *"se a conduta e/ou atividade (...) for considerada lesiva, nenhuma norma, nem nenhuma autorização isentará de sanção penal como se vê expressamente do art. 225, § 3º, da Constituição Federal"*).

3   V. Enunciado 30 do Centro de Estudos Judiciários do Conselho da Justiça Federal (C.E.J.): *"A responsabilidade fundada no risco da atividade, como prevista na segunda parte do parágrafo único do art. 927 do novo Código Civil, configura-se quando a atividade normalmente desenvolvida pelo autor do dano causar a pessoa determinada um ônus maior do que aos demais membros da coletividade"* (g.n.).

empregador ¾ é obrigado a repará-lo ou indenizá-lo, independentemente de culpa (= responsabilidade civil objetiva). Observe-se, assim, que a norma em questão vincula a responsabilidade objetiva à poluição, não ao mero risco ambiental (como há, e.g., na atividade de qualquer indústria química, ainda que não polua em absoluto, transformando seus rejeitos em vertidos inertes).

Daí a imagem empírica recolhida por Sueli Padilha no excerto transcrito: em havendo hipótese de poluição labor-ambiental, os danos pessoais tendem a afetar diversos trabalhadores, todos sujeitos às mesmas condições agressivas (insalubres, perigosas, antiergonômicas etc.). As DORT (doenças osteomusculares relacionadas ao trabalho) geralmente perfazem sério indício dessa poluição, sendo raro que, num contexto espaciotemporal adequadamente recortado, apenas um empregado venha a desenvolvê-la (e, nesse caso, pode-se amiúde cogitar de fatores pessoais de predisposição biopsicológica). Já os acidentes de trabalho (aqui entendidos os acidentes-tipo e sobretudo os acidentes de trajeto) ocorrem, com maior frequência, como mera concreção do risco laboral, sem que se configurem necessariamente quadros relevantes de poluição labor-ambiental. Nessas hipóteses (normalmente adstritas a eventos desconectados de quaisquer riscos sistêmicos ligados ao local de trabalho), abre-se ao empregador a oportunidade de discutir em juízo a sua culpa lata (i.e., o dolo ou a culpa ínsita à conduta de seus prepostos), afastando-se a incidência direta da norma do art. 14, §1º, da Lei nº 6.938/1981 – conquanto entendamos que, mesmo nesses casos, o "onus probandi" caiba ao empregador reclamado, presumindo-se "ab initio" a sua culpa ("praesumptio hominis" derivada do princípio da melhor aptidão para a prova).

Nesses termos, pode-se distinguir, nos lindes da infortunística do trabalho, os danos decorrentes de causalidade sistêmica (que representam a concreção de um quadro de desequilíbrio na disposição ou na combinação dos fatores de produção, i.e., da poluição labor-ambiental) e os danos decorrentes de causalidade tópica (i.e., sem relação com algum desequilíbrio sistêmico do meio ambiente do trabalho). No primeiro caso, a responsabilidade civil patronal rege-se pela norma do art. 14, § 1º, da Lei nº 6.938/1981. No segundo caso, a responsabilidade civil patronal rege-se pela norma do art. 7º, XXVIII, da CRFB.

Imagine-se, e.g., a hipótese de um trabalhador sequelado por choque elétrico porque o seu encarregado esqueceu-se de colocar, na chave geral, o cadeado de segurança, vindo um terceiro a energizar acidentalmente o equipamento em conserto. Todos os procedimentos de segurança são, em geral, observados, ocupando-se a empresa de distribuir EPI bastantes, além de orientar e fiscalizar o uso (Súmula nº 289 do C.TST). O acidente deveu-se claramente a uma falha humana, não a um quadro de desequilíbrio organizacional ou ambiental. Logo, terá havido causalidade tópica, a atrair a norma do art. 7º, XXVIII, da CRFB (i.e., responsabilidade civil aquiliana): o trabalhador deverá esgrimir em juízo a "culpa in eligendo" (ou "in vigilando") do empregador, devido à negligência pontual do preposto especialmente designado para a segurança do trabalho no setor (ut art. 7º, XXVIII, da CRFB, c.c. arts. 932, III, e 933 do Código Civil). Mas não poderá, em princípio, pretender ressarcir-se sem a necessidade de debater a culpa ou o dolo do empregador e/ou de seus prepostos, caso a questão seja esgrimida pelo réu (que poderia provar, p.ex., a culpa concorrente ou mesmo exclusiva da vítima, quebrando qualquer nexo de causalidade a imbricar diretamente a responsabilidade do patrão, se acaso conseguisse demonstrar as gestões do próprio trabalhador para impedir eficazmente o preposto de utilizar o cadeado de segurança).

De outra parte, imagine-se que auditores fiscais do trabalho identifiquem cerca de duas dezenas de trabalhadores portadores de disacusia neurossensorial bilateral, todos lotados na mesma seção de certa indústria metalúrgica. Perícias ambientais detectaram níveis locais de ruído variáveis entre 86,6 e 88,0 decibéis, enquanto perícias médicas revelam que as perdas bilaterais dos empregados oscilam entre 13,52% e 16,12%[4]. No processo judicial em que se reclamam indenizações individuais, as testemunhas ouvidas revelam o fornecimento insuficiente de protetores auriculares, aliado à inocorrência de orientação ou de efetiva fiscalização de uso. Aí estão suficientemente descritos elementos indicativos da causalidade sistêmica dos danos, a atrair a norma do art. 14, § 1º, da Lei nº 6.938/1981 (i.e., responsabilidade civil objetiva, que independerá da demonstração de culpa ou dolo como elementos subjetivos da conduta do empregador ou de seus prepostos). Suponha-se, por exemplo, que o atual empresário pretenda argumentar com o erro ou a insanidade mental do gerente de processos do período anterior, ou mesmo com a irresponsabilidade do proprietário anterior, que não se pôde contornar a tempo após a aquisição do estabelecimento: diante da responsabilidade objetiva, poderá o juiz do Trabalho indeferir a produção de provas orais a esse respeito, dada a sua potencial irrelevância para o deslinde do feito.

Eis, pois, a solução de convergência hermenêutica que desenvolvemos e temos aplicado na jurisdição há praticamente dez anos. De resto, temo-la visto prosperar, por si própria ou por veredas semelhantes, em variegados julgados regionais. Desse modo se resolve, sem arroubos ideológicos ou apegos positivistas, a difícil questão da responsabilidade do empregador pelos danos que os seus empregados sofrem em razão do trabalho. Se derivados do desequilíbrio labor--ambiental (= poluição), a responsabilidade será de regra objetiva. Se não, será de regra subjetiva (mas com inversão do ônus da prova no plano processual-procedimental).

## 18.3. INDÍCIOS DA CAUSALIDADE SISTÊMICA

É possível isolar séries de indícios fenomênicos da chamada causalidade sistêmica labor--ambiental – a gerar, na linha teórica que perfilhamos, a responsabilidade civil objetiva do empregador –, de base empírica, o que fazemos a partir de quatro provas-tipo indiciárias de poluição labor-ambiental, que são facilmente identificáveis em autos de processos judiciais e que constam de um rol que usualmente exibimos e divulgamos. Outras podem ser desenvolvidas e acrescidas a essas, evidentemente. São elas:

a) a afetação multitudinária: trabalhadores sujeitos às mesmas condições agressivas (insalubres, perigosas, antiergonômicas etc.) tendem a experimentar lesões semelhantes;

b) as autuações administrativas anteriores (SIT), com objeto igual ou similar àquele discutido nos autos;

c) a imperícia organizacional (verificável, p. ex., quando há mudança recente do objeto social da empresa – valendo notar que, neste caso, não estamos tratando da imperícia--culpa, que é elemento subjetivo da conduta, mas da imperícia-fato, que se constata no âmbito do desenvolvimento formal de uma organização); e

d) a constatação pericial-ambiental de riscos agravados ou proibidos (nesse caso, conquanto a obtenção seja mais morosa e custosa – a depender da designação de perícia ambiental nos próprios autos –, os frutos são proporcionalmente melhores: uma vez juntado aos autos um laudo pericial de constatação positiva, já não se terá um mero

---

[4] Dados extraídos de casos judiciais concretos, cuja identificação processual omitimos, a bem da intimidade das partes envolvidas.

"indício", mas uma verdadeira evidência – logo, prova completa – de que os riscos do local de trabalho ultrapassam os limites legais ou administrativos de tolerância e não se resumem aos chamados "riscos inerentes" da atividade econômica).

Quantas mais dessas provas se apurem no caso concreto – e, caso ausentes todas (como provas preconstituídas), bastará produzir a última –, tanto mais inapelável será, a nosso sentir, a aplicabilidade da norma do art. 14, § 1º, da Lei nº 6.938/1981.

Há quem tema pela excessiva ortodoxia da jurisprudência das cortes, tradicionalmente conservadora. Já por isso, tem sido comum que os juízes do Trabalho em primeiro grau busquem reconhecer a responsabilidade civil do empregador tanto no modo objetivo (responsabilidade pelo risco criado/incrementado) como no modo subjetivo (responsabilidade por culpa); ou, não raro, somente no modo subjetivo, conquanto se entenda tratar de hipótese de responsabilidade civil objetiva. Dessa forma, conquanto abdiquem de seu próprio convencimento, logram obter a mesma e justa solução pela mera análise dos fatos, prevenindo a recorribilidade extraordinária (i.e., o recurso de revista). Com isso, terminam evitando revisões de corte conservador. Mas convenhamos: não é esse o melhor equacionamento para o problema.

Melhor será contar com o amadurecimento dos tribunais, no rumo da superação das teorias de responsabilidade que sustentavam o tráfico jurídico em 1943, mas que hoje sofrem constrições constitucionais e legislativas claras, à vista das grandes transformações econômicas, tecnológicas e sociais que o país conheceu nos últimos cinquenta anos. A Consolidação das Leis do Trabalho não as acompanhou apenas porque segue presa à primeira metade do século passado, mercê das inúmeras resistências corporativas e ideológicas. Mas – bem o sabemos – apenas por isso.

E o amadurecimento das cortes pressupõe decerto a sua sensibilização: sensibilização histórica, sensibilização social, sensibilização científica. Eis, afinal, a serventia das teses aqui expostas. Por essa via, poderão doravante conviver no sistema jurídico-laboral as duas hipóteses normativas que apenas aparentemente se digladiam (responsabilidade civil patronal objetiva vs. responsabilidade civil subjetiva), sanando-se a ilusória antinomia e preservando-se a literalidade mínima do texto constitucional, como deve ser.

## CONSIDERAÇÕES FINAIS

De acordo com a definição da Lei nº 6.938/1981, art. 3º, I, meio ambiente em geral é o conjunto das condições, leis, influências e interações de ordem física, química e biológica, que permite, abriga e rege a vida em todas as suas formas.

O agente caracterizado como "poluidor" pode ser o empregador pessoa física ou jurídica, de direito público ou privado, responsável, direta ou indiretamente, por atividade causadora de degradação ambiental, que pode ser caracterizado como o "poluidor" além dos riscos serem inerentes a toda e qualquer atividade econômica, sendo que no caso de danos pela poluição labor-ambiental passamos a falar em direito metaindividual.

As decisões trabalhistas no tocante à responsabilidade civil do empregador são divergentes, pois há quem busque reconhecer a responsabilidade civil do empregador tanto no modo objetivo (responsabilidade pelo risco criado/incrementado) como no modo subjetivo (responsabilidade por culpa); ou, não raro, somente no modo subjetivo, conquanto se entenda tratar de hipótese de responsabilidade civil objetiva.

Entretanto, poderão doravante conviver no sistema jurídico-laboral as duas hipóteses normativas que apenas aparentemente se digladiam (responsabilidade civil patronal objetiva vs. responsabilidade civil subjetiva), sanando-se a ilusória antinomia e preservando-se a literalidade mínima do texto constitucional, como deve ser.

# SEÇÃO IV

# DIREITO INTERNACIONAL, DIREITO COMPARADO E MEIO AMBIENTE DO TRABALHO

# CAPÍTULO 19
## O MEIO AMBIENTE DO TRABALHO E O CONFLITO DE LEIS NO ESPAÇO

*Ana Paula Silva Campos Miskulin*

## INTRODUÇÃO

Não há dúvidas de que cada Estado é soberano para aprovar suas próprias leis de acordo com a realidade sociocultural de cada povo e seu campo de incidência, em tese, limita-se às fronteiras geográficas de cada país.

No entanto, em pleno século XXI, é inimaginável pensar nos países como ilhas estanques autopreservadas, tendo em vista a internacionalização das relações econômicas, comerciais e pessoais estabelecidas entre as pessoas que circulam de um lado para outro do planeta, estabelecendo vínculos de toda sorte. Nessa perspectiva, não raro surgem conflitos a respeito de qual é a legislação aplicável quando uma relação jurídica apresenta um elemento de estraneidade ligado à pessoa dos contratantes, ou ao local em que firmam uma relação contratual ou onde deve ser cumprida uma obrigação.

Com o contrato de trabalho internacional não é diferente e nem sempre as leis de direito internacional privado existentes contemplam todas as hipóteses que a realidade pode apresentar.

Diante disso, quando o julgador se depara com um conflito de leis potencialmente aplicáveis num caso concreto, além das regras vigentes, exige-se que haja uma adaptabilidade dos demais elementos de conexão envolvidos para solucionar o litígio da forma mais justa, considerando-se, principalmente, o papel de centralidade que a pessoa humana ocupa na constituição brasileira.

Em se tratando de conflitos envolvendo meio ambiente do trabalho, concebido como uma *Gestalt*, mais ainda exige-se sensibilidade do julgador para definir a lei aplicável, o que deverá ser feito caso a caso, considerando não só o fato de que o meio ambiente do trabalho saudável e equilibrado constitui uma norma de ordem pública e direito humano fundamental, mas também que o escopo do direito internacional privado contemporâneo é encontrar a lei que dê melhor solução ao problema, de forma justa, considerando-se a pessoa humana do trabalhador parte vulnerável da relação de trabalho.

### 19.1. A INTERNACIONALIZAÇÃO DAS RELAÇÕES JURÍDICAS E O CONFLITO DE LEIS NO ESPAÇO

A sociedade passou por profundas alterações nos últimos cem anos, as quais, consequentemente, repercutiram nas relações sociais, políticas, econômicas e culturais.

No início do século passado pouquíssimas pessoas possuíam um automóvel ou um telefone e a maioria da população vivia no campo[1]. As empresas líderes eram grandes corporações que reuniam seus trabalhadores em um único local, onde se concentravam todas as etapas do processo produtivo.

Weil (2017, pp. 172-173) comparou a GM e a Apple e afirmou que apesar das conquistas comuns de ambas, a GM, no seu auge, concentrava o design, engenharia, marketing, fabricação e montagem de seus produtos e empregava, em 1979, quando estava no pico da fabricação, 618.365 trabalhadores nos EUA e 853 mil no mundo. Já a Apple, que não é uma fabricante, emprega diretamente engenheiros, profissionais de marketing e designers para desenvolvimento e design de seus produtos (em constante mudança) que é onde concentra as suas competências essenciais e, em 2012, empregava 43 mil pessoas diretamente, nos EUA, das quais 30 mil trabalhavam em suas lojas e mais 20 mil ao redor do mundo, enquanto no mesmo ano o Walmart empregou cerca de 2 milhões e duzentos mil trabalhadores.

As relações de emprego eram sinônimo de estabilidade e segurança, pois baseavam-se em liames duradouros, com as quais, muitas vezes, o trabalhador convivia por toda a vida, até a aposentadoria.

A partir dos anos 70, no entanto, o desenvolvimento dos meios de transporte e, logo mais, da informática e das tecnologias de comunicação e informação, possibilitaram a expansão das relações econômicas em nível global, contribuindo para o aprofundamento das mudanças que já vinham ocorrendo na estrutura organizacional das empresas.

A despersonificação da empresa, deslocalização do trabalho e desconcentração do capital são reflexos da pós-modernidade nos pressupostos do modo capitalista de produção (FELICIANO, 2013, p. 74).

O desenvolvimento da tecnologia possibilitou a segmentação das etapas que vão desde a produção de um bem até a sua entrega ao consumidor final, fazendo com que em volta das grandes corporações surgissem empresas satélites especializadas e espalhadas globalmente.

A internacionalização das relações comerciais em nível global passou a ser uma realidade. E, consequentemente surgiram as organizações de nível regional, com objetivo de alcançar a integração econômica dos estados-membros, tais como a União Europeia (EU), o Mercado Comum do Sul (MERCOSUL) e o Tratado de Livre Comércio da América do Norte (TLCAN), além da Organização Mundial do Comércio (OMC), cujo objetivo é normatizar tais relações em escala planetária (CRIVELLI, 2010, pp. 95-96).

É possível afirmar que hoje em dia não há limites para as relações humanas engendradas por milhares de pessoas em volta do planeta, de modo que as fronteiras dos Estados existem apenas para eles mesmos (MAZZUOLI, 2019, p. 4).

Além das empresas estabelecerem filiais em diferentes Estados, não é incomum o casamento entre pessoas de nacionalidades diferentes, as compras de bens de outros países pela internet, e, claro, a possibilidade de trabalhar no exterior, em decorrência da internacionalização cada vez maior dos negócios, de modo geral.

---

1    De acordo com o *site* Brasil Escola, até 1960 a maioria da população brasileira vivia no campo. Disponível em: https://brasilescola.uol.com.br/brasil/urbanizacao-no-brasil.htm.

O trabalho agora pode ser realizado a qualquer horário e de qualquer lugar do mundo, o que tem sido designado por princípio *anywhere-anytime*[2].

Ocorre que apesar dessa internacionalização que permite que as relações humanas ultrapassem as fronteiras dos países, as diferenças culturais entre as nações ainda são muito marcantes, o que, evidentemente, interfere no modo que cada uma delas concebe o Direito. Tanto é que há uma diversidade de sistemas jurídicos.

Vicente (2018, p. 17) afirma que "mesmo com a intensificação do comércio internacional e dos fluxos migratórios transfronteiras que caracterizam o mundo contemporâneo, mantiveram-se nele – e tornaram-se até mais nítidas – a pluralidade e a diversidade dos sistemas jurídicos".

Para o autor (2018, pp. 63-64, 75-77), além de alguns sistemas que são híbridos (p. 75), atualmente é possível diferenciar cinco grupos de sistemas jurídicos dentre os quais, em relação à religião, os dois primeiros se caracterizam (no plano formal) pela independência entre direito e religião (p. 77) e os três últimos são sistemas de subordinação do Direito à religião (p. 76), a saber:

> A família jurídica romano-germânica, também dita continental ou de *Civil Law*. No seio desta podem autonomizar-se três ramos: o dos sistemas jurídicos de matriz francesa (que compreendem além do direito francês, o belga, o espanhol e os dos países sul-americanos de língua castelhana); o dos sistemas de matriz germânica (alemão, suíço e austríaco); e o dos sistemas dos países nórdicos ou escandinavos em sentido lato (Dinamarca, Noruega, Suécia, Finlândia e Islândia). Embora estes sistemas jurídicos possuam características distintas, que tem levado alguns a reconduzi-los a famílias jurídicas diversas, não prevalecem neles, como veremos, conceitos de Direito diferentes, razão pela qual cremos poder agregá-los numa só família jurídica;
>
> A família jurídica de *Common Law*, ou anglo-americana, na qual pontificam o Direito inglês e o dos Estados Unidos da América;
>
> A família jurídica muçulmana, ou islâmica, na qual se compreendem os sistemas jurídicos vigentes nos países africanos e asiáticos onde predomina o Islamismo e em que a Xaria constitui a fonte primordial de Direito;
>
> A família jurídica hindu, com expressão em diversos países africanos e asiáticos, entre os quais se destacam a Índia e o Nepal, onde as suas regras são aplicáveis aos que professam o Hinduísmo; e
>
> A família jurídica chinesa, na qual se compreendem os Direitos da República Popular da China e de Taiwan.

Além disso, mesmo em se tratando de países que são compreendidos por uma mesma família jurídica, os subsistemas de regulamentação de institutos comuns variam de um país para outro, conforme as peculiaridades da legislação doméstica de cada Estado. À guisa de exemplo, para se restringir apenas ao objeto deste estudo, que se limita às relações jurídicas de trabalho, pode-se citar o caso da classificação dessas relações e seus consectários, pois, enquanto nos Estados Unidos, para os fins da FLSA – FAIR LABOR STANDARDS ACT (USA, 1938) –, adota-se um modelo binário em que o trabalhador pode ser considerado empregado (*employee*) ou autônomo (*independente contractor*), no Reino Unido, além das figuras do empregado e do autônomo,

---

[2] Em 2017, a Organização Internacional do Trabalho e Eurofound, conjuntamente, fizeram uma pesquisa em dez países, sobre o local, a intensidade e frequência com que os trabalhadores se ativam, fora das dependências físicas do empregador, através do emprego de tecnologias de informação. Disponível em: https://www.eurofound.europa.eu/publications/report/2017/working-anytime-anywhere-the-effects-on-the-world-of-work; Acesso em 05/04/2019.

existe também a categoria intermediária do *worker*, cuja definição encontra-se no *Employment Rights* Act (UNITED KINGDOM, 1996).

Nesse cenário, quando uma pessoa é deslocada para trabalhar em outro país, podem surgir diversos conflitos em decorrência da existência de leis autônomas e distintas entre o país de origem do cidadão e aquele para o qual ele foi deslocado, conflitos esses que vão exigir uma resposta do Poder Judiciário. A este órgão, todavia, incidem limites territoriais de atuação que circunscrevem não apenas o alcance de suas decisões, mas também a possibilidade de utilizar o direito estrangeiro.

Faz-se necessário, portanto, analisar de que forma pode-se resolver tais conflitos, sem ferir a soberania dos Estados. É o que se verá a seguir.

## 19.2. HARMONIA ENTRE O DIREITO PÚBLICO E O DIREITO PRIVADO

As relações entabuladas nesse contexto de internacionalização social, política e econômica podem surtir efeitos que ultrapassam as fronteiras de um Estado, razão pela qual é possível a coexistência de duas leis (a do local da celebração do contrato e a lei do local em que ele está sendo executado) aptas a incidirem em determinada relação jurídica. E para lidar com essa realidade, muitos Estados consentem em abrir mão do seu direito interno para aplicar uma lei estrangeira, tornando-a eficaz dentro de seu território (MAZZUOLI, 2019, p. 6).

Esse processo de escolha da lei a ser aplicada é orientado pelo Direito Internacional Privado que vigora em cada país.

Diante de um conflito ou concurso de leis aplicáveis, dois métodos podem ser empregados: o unilateralista, que delimita a extensão do alcance da norma interna a partir dos interesses governamentais, e o multilateral, que tenta identificar a lei aplicável a partir do centro de gravidade de uma relação jurídica, segundo o princípio da proximidade (DOLINGER & TIBURCIO, 2018, p. 15).

Essa visão da doutrina universalista é a que mais se aproxima da ideia do "centro de gravidade da relação jurídica", que, segundo Dolinger e Tiburcio (2018, p. 47) "se manifestam no *most significant contacts*, que se transformou na fórmula *most significant relationship*, consagrada no *Restatement Second*", que é uma consolidação americana do Direito Internacional Privado[3].

É importante destacar que o Direito Internacional Privado, previsto no ordenamento interno de cada país, atua de forma indireta, pois vai indicar a lei aplicável quando houver a possibilidade de incidência de mais de uma regra para o caso. Logo, ele não se confunde com o Direito Uniforme, que é aquele que padroniza por meio de tratados a regra que incidirá diretamente no caso (MAZZUOLI, 2019, p. 17).

É exatamente quando não ocorre a unificação das regras entre os Estados que remanesce o conflito de leis aptas a serem aplicadas e daí surge a necessidade de se socorrer às regras de Direito Internacional Privado, pois quando as regras são uniformizadas, não há concorrência de leis, visto que já existe a definição da norma aplicável.

---

3 Trata-se de uma obra elaborada em 1934 pelo *American Law Institute*, denominada *Restatement of the Law of Conflict of Laws*, a qual não tem força de lei e consolidou princípios e regras decorrentes dos conflitos de leis entre os estados americanos. Em 1972 foi atualizada com novas teorias e chamada de Restatement Second (DOLINGER & TIBURCIO, 2018, p. 71).

Mazzuoli (2019, p. 23) esclarece que o Direito Internacional Privado é um ramo do direito público, ainda que resolva questões entre particulares, pois assim como ocorre com o direito processual ele não resolve a questão do mérito submetida ao Poder Judiciário, mas serve de instrumento para definir qual será a norma (material ou estrangeira) que regulará o litígio. Mais adiante, porém, o autor reconhece que o Direito Internacional Privado contemporâneo é um direito híbrido, já que não se enquadra exclusivamente somente numa categoria determinada (público, privado, interno ou internacional), pois é regido tanto por normas internas (como consta no art. 5º, XXXI, da Constituição Federal), externas (como o Código de Bustamante), de natureza pública, conforme com o art. 7º da LINDB e de caráter de privado (MAZZUOLI, 2019, p. 43).

No caso do direito brasileiro, as normas de direito internacional privado são previstas, em sua maioria, na Lei de Introdução às Normas do Direito Brasileiro (Decreto-Lei nº 4.657/1942) – LINDB, antiga Lei de Introdução ao Código Civil – LICC, que teve sua nomenclatura alterada pela Lei nº 12.376 de 2010 e pode ser considerada a norma interna mais importante a respeito dos conflitos de leis no espaço.

O Código de Bustamante (BRASIL, 1929) – Convenção de Direito Internacional Privado –, ratificado pelo Brasil, também é uma fonte importante, embora seu alcance seja limitado aos países que aderiram a ele (MAZZUOLI, 2019, pp. 67-68). Para Dolinger e Tiburcio (2018, pp. 67-68), mesmo que a aplicação do Código de Bustamante não seja cogente para os países não signatários, a sua utilização pode ser feita como fonte doutrinária.

Já no âmbito internacional, "os tratados constituem a fonte internacional mais importante do contemporâneo Direito Internacional Privado" (MAZZUOLI, 2019, p. 66).

Há também outras fontes que auxiliam o juiz na indicação da norma aplicável, sejam elas internas ou internacionais, escritas ou não, desde que estejam em consonância com o texto da Constituição Federal.

A supremacia da norma constitucional está prevista no art. 4º das regras gerais do título preliminar do Código de Bustamante, que diz: "*os preceitos constitucionais são de ordem pública internacional*" e também no art. 17 da LINDB (BRASIL, 1942), segundo o qual "*as leis, atos e sentenças de outro país, bem como quaisquer declarações de vontade, não terão eficácia no Brasil, quando ofenderem a soberania nacional, a ordem pública e os bons costumes*".

Mazzuoli chama a atenção para a prevalência das normas do Direito Internacional Público em relação às normas internas do Direito Internacional Privado e aduz que se houver um tratado internacional regulando o elemento de conexão, este prevalecerá, em decorrência do disposto no art. 27, primeira parte, da Convenção de Viena (BRASIL, 2009), que diz "uma parte não pode invocar disposições de seu direito interno para justificar o inadimplemento de um tratado".

Fato é que a permeabilidade existente nas relações jurídicas em nível internacional tornou-se cada vez mais frequente e existe uma interdependência entre os países que, não raro, possuem empresas atuando em níveis globais, sendo imperioso que se analise o conflito de leis no espaço a partir de regras que enxerguem o indivíduo como parte da humanidade e não apenas sob a ótica da legislação interna de um determinado país.

Nesse sentido é a lição de Mazzuoli (2019, pp. 37-38), para quem a finalidade do direito internacional privado contemporâneo deve ir além da indicação da norma aplicável, com vistas a proteger a pessoa humana e obter uma solução justa e harmônica. Para ele, o direito internacional privado deve:

se esforçar ao máximo em resolver conflitos de leis estrangeiras no espaço com vistas sempre voltadas à consideração de que há pessoas por detrás das regras em conflito; há seres humanos que são dotados de dignidade e direitos e que merecem uma solução justa e harmônica para seu problema (2019, p. 9).

Desse modo, a coordenação e harmonização das regras concorrentes aptas a serem aplicadas em determinada relação jurídica devem levar em conta a pessoa humana do trabalhador e seu contexto, especialmente porque se trata de um negócio jurídico em que não há condição de igualdade entre as partes.

Atualmente, os contratos de trabalho internacionais propiciam ao trabalhador a migração de um local para o outro em razão da possibilidade de uma cadeia produtiva ser composta por diversas empresas sediadas em distintos países, razão pela qual, no caso de concorrência entre leis, não se pode levar em conta um único elemento de conexão rígido e sem considerar a finalidade principal do direito internacional do trabalho que é a adoção do critério que assegure ao trabalhador a aplicação justa da lei.

## 19.3. LEGISLAÇÃO APLICÁVEL NO DECORRER DO CONTRATO DE TRABALHO (LEI DA CONSTITUIÇÃO, LEI DO LOCAL DE EXECUÇÃO OU LEI MAIS BENÉFICA)

Casos há em que o contrato de trabalho tem por objeto a realização de uma atividade laborativa que extrapola os limites geográficos do país em que o empregador está sediado ou daquele em que o empregado está domiciliado. Nesses casos, forma-se um contrato internacional de trabalho, que pode ser conceituado com:

> todo contrato entre um empregado e um empregador em que há um elemento estranho ao país: o empregado é estrangeiro e a empresa brasileira; a empresa é estrangeira e o empregado brasileiro; a empresa e os empregados são brasileiros, mas o local de trabalho é no estrangeiro. (HUSEK, 2017, p. 201)

Até abril de 2012 predominava na doutrina e jurisprudência brasileira o entendimento consolidado na Súmula 207 do Tribunal Superior do Trabalho, segundo a qual "*a relação jurídica trabalhista é regida pelas leis vigentes no país da prestação de serviço e não por aquelas do local da contratação*".

O fundamento para tanto decorria do princípio da territorialidade, previsto no art. 198 do Código de Bustamante (Convenção Internacional de Havana), ratificado pelo Brasil pelo Decreto nº 18.871/1929 (BRASIL, 1929), segundo o qual "também é territorial a legislação sobre acidentes de trabalho e proteção social do trabalhador". Esta, por ser uma norma especial, prevalecia sobre a norma geral, que regula o direito das obrigações, prevista no art. 9º, caput, da LINDB, segundo a qual, "para qualificar e reger as obrigações, aplicar-se-á a lei do país em que se constituírem".

Ocorre que, em 2009, o art. 1º da Lei nº 7.064/1982 que se aplicava tão somente aos empregados de "empresas prestadoras de serviços de engenharia" (inclusive "consultoria, projetos e obras, montagens, gerenciamento") foi alterado pela Lei nº 11.962 e aquela passou a ser aplicável a todo e qualquer trabalhador contratado no Brasil ou transferido "pelo seu empregador para trabalhar no exterior" e esta lei, já previa em seu art. 3º, II, que se aplica a lei mais benéfica ao trabalhador, nos seguintes termos:

> *Art. 3º A empresa responsável pelo contrato de trabalho do empregado transferido assegurar--lhe-á, independentemente da observância da legislação do local da execução dos serviços:*
>
> *I – os direitos previstos nesta Lei;*
>
> *II – a aplicação da legislação brasileira de proteção ao trabalho, naquilo que não for incompatível com o disposto nesta Lei, quando mais favorável do que a legislação territorial, no conjunto de normas e em relação a cada matéria.*

Consequentemente, nota-se que o critério que prevalecia, da *lex loci executionis*, cedeu lugar à regra mais favorável, que, por ser mais benéfica ao trabalhador, melhor atende ao princípio tutelar que norteia o Direito do Trabalho. Esta passou a ser a regra geral.

Ocorre que a mesma Lei 7.064/1982 traz duas exceções à aplicação da norma mais favorável, o que importa dizer, duas hipóteses em que prevalece a regra do Código de Bustamante do local da execução do contrato. São elas: *i)* serviços no exterior com duração inferior a 90 dias, desde que o empregado tenha ciência dessa transitoriedade e receba as passagens de ida e volta, além das diárias do período em que estiver fora do país (parágrafo único do art. 1º) e *ii)* contratação por empresa estrangeira para trabalho no exterior (arts. 12 a 20).

Vólia Bomfim Cassar (2016, p. 133) entende que a Lei nº 7.064/1982 não se aplica quando o empregador for empresa estrangeira que não tenha sede no Brasil e contratar o trabalhador pra trabalhar no exterior. Para a autora (2016, p. 132), não se alterou a regra geral e, exceto no caso da Lei nº 7.064/1982, em se tratando de trabalho realizado permanentemente no mesmo local, "pouco importa o local da contratação quando sua execução não se opera na mesma localidade onde foi firmado o contrato, pois em regra, prevalecerá a lei do país da execução dos serviços".

Acredita-se que tal entendimento decorra da interpretação do Capítulo 3 da Lei que versa sobre a contratação por empresa estrangeira, e que seu art. 14 preceitua que *"sem prejuízo da aplicação das leis do país da prestação dos serviços, no que respeita a direitos, vantagens e garantias trabalhistas e previdenciárias, a empresa estrangeira assegurará ao trabalhador os direitos a ele conferidos neste capítulo"*.

Para Maurício Godinho Delgado (2017, p. 266) a alteração ocorrida na Lei nº 11.962/2009 ampliou sobremaneira o âmbito subjetivo de aplicação da norma mais favorável. Ele afirma que:

> com o advento da lei 11.962, publicada em 07.07.2009 alargando a abrangência do texto da lei 7.064/82 para todos os trabalhadores transferidos para o estrangeiro, o critério da norma mais favorável referido no diploma legal de 1982 passou a abranger, indubitavelmente, as relações trabalhistas de todo e qualquer empregado brasileiro transferido para o exterior, além daqueles contratados diretamente para lá trabalhar.

Recentes decisões do Tribunal Superior do Trabalho também caminham no sentido dessa ampliação, mas a pesquisa realizada para esse trabalho não encontrou nessa corte a hipótese de contratação por empresa estrangeira, prevista nos arts. 12 a 20 da Lei nº 7.064/1982.

Vale notar, no entanto, que decisão proferida pela 6ª Turma do Tribunal Regional do Trabalho do Rio de Janeiro, pendente de Agravo de Instrumento em Recurso de Revista, adotou entendimento no sentido de que, em se tratando de empresa estrangeira, a lei aplicável ao contrato de trabalho é a lei *locus executionis*:

> **Recurso Ordinário. Empregado expatriado. Fraude trabalhista. Inexistência** - Uma vez preenchidos os requisitos previstos nos artigos 12 a 20 da Lei nº 7.064/82 para contratação do empregado brasileiro por empresa estrangeira e não detectada fraude na contratação do

empregado, não se há falar em reconhecimento de liame laboral típico com outra empresa integrante do grupo econômico da contratante, apenas em razão da solidariedade passiva decorrente da constituição do referido grupo econômico (TRT 01, TRT - ROT - 0101996-02.2016.5.01.0075, 6ª Turma, Rel. Claudia Regina Vianna Marques Barrozo, j. 10/10/2018).

A hipótese prevista no art. 14 da Lei nº 7.064/1982 está contida no Capítulo III da lei que trata especificamente "da contratação por empresa estrangeira". Certamente, ao manter sua redação inalterada, o objetivo do legislador foi manter essa regra vigente. No entanto, a sua interpretação deve ser feita em conjunto com os demais dispositivos da lei, de modo que, apenas excepcionalmente será aplicável a regra do local da execução do contrato.

Isso porque, mesmo em se tratando de empresa estrangeira, esta regra só faz sentido se o trabalho for realizado integralmente no exterior, de modo que todas as circunstâncias fáticas que envolverem a relação de trabalho se desenvolvam longe da realidade brasileira, e, consequentemente, não se justificando a aplicação da Lei nº 7.064/1982 se a unidade contratual não guardou nenhuma relação com o Brasil.

A regra geral, portanto, que se extrai da interpretação dos arts. 2º e 3º da Lei nº 7.064/1982 é a de que aplica-se a lei mais favorável nas seguintes hipóteses: contratação por empresa brasileira ou por empresa com sede no Brasil para trabalho aqui ou no exterior; alteração de contrato de trabalho em curso para alterar o local de trabalho para o exterior, ainda que ceda o trabalhador para outra empresa, desde que mantido o vínculo com o empregador brasileiro.

Note-se que todas as hipóteses legais citadas evidenciam a existência de um liame com o Brasil, seja em relação à nacionalidade do empregador, seja em relação à localização geográfica da sua sede ou do local de trabalho, diferentemente da hipótese do art. 14 da mesma lei em que uma empresa estrangeira, sem vínculo significativo com o estado brasileiro, recruta um trabalhador aqui para se ativar no exterior.

Diante disso, nos casos mencionados, a melhor interpretação é a que considera o centro de gravidade da relação jurídica, conforme a lição de Dolinger e Tiburcio (2018, p. 48), para quem as regras de interpretação devem ser flexíveis e observar a lei mais próxima "mais intimamente vinculada com as partes ou com a questão jurídica", conforme o princípio da proximidade.

É exatamente por isso que a Lei prevê no parágrafo único do seu art. 1º que, no caso de serviços transitórios, por períodos não superiores a 30 dias, não há a opção de aplicação da norma mais favorável.

Para Vólia Bonfim (2016, pp. 135-136), o mesmo raciocínio se aplica para empregados que desenvolvem trabalho transitório ou intermitente pela natureza do serviço executado em diversos países por período de até 90 dias. Nesses casos, ela afirma:

> O trabalho desenvolvido em diversos países, com residência fixada ou não em cada um destes, porque transferido de um estabelecimento para outro por período não superior a 90 dias e desde que tenha ciência dessa transitoriedade, mas que continua subordinado à matriz, sede ou filial responsável pela contratação: aplica-se a lei do país onde normalmente o trabalho é executado ou do país em que se situa a matriz a que está subordinado o empregado, sede ou, na falta dos parâmetros anteriores, a lei do país onde está situada a sede da empresa. Ex: supervisor mundial do McDonald's que se fixa temporariamente na Itália, depois na França, mais tarde no Brasil e, por último na Espanha, de forma a supervisionar todos os países em que a empresa possui filiais; viajantes com trabalho itinerante em diversos países; executivos com atribuições de fiscalização das empresas do grupo que estão situadas em diversos países etc.

Nesses casos, no entanto, entende-se que os exemplos citados não se confundem com a hipótese do parágrafo único do art. 1º da Lei nº 7.064/1982. Referido dispositivo exclui de seu campo de aplicação o empregado designado para serviços de natureza transitória, "por período não superior a 90 (noventa) dias, desde que: a) tenha ciência expressa dessa transitoriedade; b) receba, além da passagem de ida e volta, diárias durante o período de trabalho no exterior".

Isso significa que a saída do empregado do país é algo excepcional e em caráter provisório e independe da quantidade de países visitados, tanto que já possui as passagens de ida e volta compradas.

Logo, nos exemplos acima citados por Cassar, entende-se que a não aplicação da Lei nº 7.064/1982 poderia ser justificada pelo dispositivo do art. 14 que se refere à contratação feita por empresa estrangeira, mas não pelo fato de se tratar de serviços transitórios, pois as hipóteses levam a crer que a soma do tempo gasto nos serviços em cada país ultrapassa 90 dias.

Demais disso, ainda que se trate de empresa estrangeira, no caso de múltiplos locais de trabalho, incluindo o Brasil, seria plenamente defensável a aplicação da lei brasileira, com base no art. 198 do Código de Bustamante, que não especifica a hipótese de contrato de trabalho executado em vários locais, mas assegura a aplicação da territorialidade, isto é, da lei vigente no local da execução do contrato.

Desta feita, afora a hipótese de atividades realizadas temporariamente no exterior, sempre que houver a prestação de serviços em vários locais incluindo o Brasil, será defensável a aplicação da lei brasileira, desde que haja algum elo de ligação entre ela e a relação jurídica entabulada, o que deverá ser analisado caso a caso.

Sendo assim, discorda-se da posição de Cassar e, no caso de um brasileiro ou estrangeiro domiciliado no Brasil, por exemplo, que tenha trabalhado como supervisor do McDonald's em vários países, inclusive o Brasil, defende-se que poderá ser invocada a aplicação da legislação brasileira, ainda que tenha sido contratado por uma empresa estrangeira, pois além da empresa ter filial no Brasil, deve-se analisar o centro de gravidade da relação jurídica e a proximidade entre ela e a legislação brasileira.

Fato é que desde a ratificação da Convenção de Havana, em 1929, até os dias atuais, as relações de trabalho se modificaram radicalmente, como também se deu com a organização das empresas. Hoje, é plenamente possível que uma empresa virtual sediada no continente Asiático contrate um estrangeiro da América Central, que pode laborar a partir de qualquer lugar do planeta que lhe possibilite o acesso à internet, sendo imprescindível analisar a relação jurídica em consonância com a doutrina do centro de gravidade da relação jurídica.

Em cada caso para o qual a lei não traga solução específica, o juiz deverá harmonizar as normas aptas a incidirem, considerando-se, principalmente, a centralidade da pessoa humana do trabalhador envolvido na relação, adotando, portanto, a teoria dos vínculos mais estreitos, como se dá com a Convenção de Roma (EUROPA, 1980), para o caso de múltiplos locais de trabalho, hipótese em que essa norma, não ratificada pelo Brasil, determina que se aplica a lei do país em que esteja situado o estabelecimento, a não ser que o trabalhador tenha conexão mais estreita com outro país, nos moldes de seu art. 6º, nº 2, *b*, que diz:

> [...] se o trabalhador não prestar habitualmente o seu trabalho no mesmo país, pela lei do país em que esteja situado o estabelecimento que contratou o trabalhador, a não ser que resulte do

conjunto das circunstâncias que o contrato de trabalho apresenta uma conexão mais estreita com um outro país, sendo em tal caso aplicável a lei desse outro país.

O critério da territorialidade do Código de Bustamante de 1929, portanto, não é absoluto e deve ser analisado sob a ótica do moderno Direito Internacional Privado que, segundo Mazuolli (2019, p. 38), possui intrínseca relação com as normas de proteção dos direitos humanos e cuja finalidade não se resume à mera indicação da norma aplicável, mas objetiva encontrar uma resposta justa e harmônica que visa a proteger a pessoa humana.

Em se tratando de conflito que diz respeito ao meio ambiente de trabalho, a questão se torna mais sensível ainda, pois se está diante de normas de ordem pública que tem como eixo central a dignidade humana do empregado, como se verá a seguir.

## 19.4. O MEIO AMBIENTE DO TRABALHO NO CONTRATO DE TRABALHO INTERNACIONAL

Em qualquer tipo de contrato de trabalho, seja ele nacional ou internacional, o meio ambiente ecologicamente equilibrado é um bem irrenunciável, porque diz respeito à incolumidade de um bem maior que é a vida do trabalhador. Do mesmo modo que não se pode dissociar a força de trabalho da pessoa do trabalhador, não se pode dissociar a saúde da vida do indivíduo, de modo que aquela se torna uma condição para uma existência plena e feliz.

Mas antes de falar de meio ambiente do trabalho e sua proteção constitucional, é importante entender o que é meio ambiente, especialmente quando o contexto das relações de trabalho não mais se limita às fronteiras dos países e, especialmente, às fronteiras do mundo físico, tendo em vista a interação entre os domínios físicos, digitais e biológicos que caracterizam a quarta revolução industrial, diferenciando-as das demais (SCHWAB, 2017, p. 8).

De acordo com o dicionário Aurélio Júnior (2011, p. 586), meio ambiente é "o conjunto de condições e influências naturais que cercam um ser vivo ou uma comunidade e que agem sobre ele".

A Lei nº 6.938, de 1981, que dispõe sobre a política nacional do meio ambiente, já previa em seu art. 3º, I, que para os fins nela previstos, entende-se por meio ambiente *"o conjunto de condições, leis, influências e interações de ordem física, química e biológica que permite, abriga e rege a vida em todas as suas formas"*.

Vê-se, portanto, que tudo aquilo que circunda a vida faz parte do meio ambiente.

A partir da Constituição Federal de 1988, no entanto, o bem ambiental foi erigido à categoria constitucional e hoje, sem dúvida, figura no rol dos direitos humanos fundamentais, nos termos do art. 225 que diz que *"todos têm direito ao meio ambiente ecologicamente equilibrado, bem de uso comum do povo e essencial à sadia qualidade de vida, impondo-se ao Poder Público e à coletividade o dever de defendê-lo e preservá-lo para as presentes e futuras gerações"*.

Para que tal direito seja assegurado de forma efetiva, o inciso V do mesmo dispositivo consigna que cabe ao Poder Público *"controlar a produçao, a comercialização e o emprego de técnicas, métodos e substâncias que comportem risco para a vida, a qualidade de vida e o meio ambiente"*.

Fiorillo (2012, p. 55) vaticina que, com o advento da Constituição Federal de 1988, surgiu uma terceira espécie de bem, o bem ambiental, que não é público nem particular, mas sim um "bem de uso comum do povo". O autor sustenta que para o Direito Ambiental se caracterizar como um bem ambiental e difuso ele tem que ser "essencial à sadia qualidade de vida" porque o seu objetivo é "a tutela do ser humano".

A respeito do que se considera essencial, o autor afirma que a interpretação do art. 225 da Constituição deve ser feita em face dos seus arts. 1º e 6º, sendo que este fixa um "piso vital mínimo" (FIORILLO, 2012, p. 66).

Fiorillo (2012, pp. 66-67) relembra que um dos princípios fundamentais da República Federativa do Brasil é o da dignidade da pessoa humana e afirma que:

> para que uma pessoa tenha a tutela mínima de direitos constitucionais adaptada ao direito ambiental, deve possuir uma vida não só sob o ponto de vista fisiológico, mas sobretudo concebida por valores outros, como os culturais, que são fundamentais para que ela possa sobreviver, em conformidade com a nossa estrutura constitucional.

Quanto ao meio ambiente do trabalho, para Fiorillo (2012, pp. 81-81) é:

> o local onde as pessoas desempenham suas atividades laborais relacionadas à sua saúde, sejam remuneradas ou não, cujo equilíbrio está baseado na salubridade do meio e na ausência de agentes que comprometam a incolumidade físico-psíquica dos trabalhadores, independente da condição que ostentem (homens ou mulheres, maiores ou menores de idade, celetistas, servidores públicos, autônomos etc.).

Guilherme Guimarães Feliciano (2013, pp. 12-13), por sua vez, apresenta um conceito funcional de meio ambiente de trabalho, cujo foco desprende-se do local físico da atividade laborativa e centra-se na figura do homem durante o seu trabalho, independentemente da atividade exigir uma localidade física ou não, o que coaduna com as novas modalidades de trabalho proporcionadas por plataformas digitais, por exemplo.

Para o autor (2013, pp. 12-13), o meio ambiente do trabalho deve ser concebido como integrante do meio ambiente humano como uma *Gestalt*, o que significa dizer, ao lado do meio ambiente natural, artificial e cultural e sem esquecer a sua dimensão psicológica. Assim, pode ser definido como "o conjunto (= sistema) de condições, leis, influência e interações de ordem física, química, biológica e psicológica que incidem sobre o homem em sua atividade laboral, esteja ou não submetido ao poder hierárquico de outrem".

O direito ao meio ambiente do trabalho saudável e equilibrado goza de proteção constitucional. De acordo com o art. 200, VIII, da CF, compete ao sistema único de saúde colaborar na proteção do meio ambiente, nele compreendido o meio ambiente do trabalho.

Por se caracterizar como direito humano fundamental, o meio ambiente do trabalho se norteia pelo princípio do risco mínimo regressivo, estampado no art. 7º, XXII, da CF, segundo o qual por meio das normas de saúde, higiene e segurança deve se assegurar aos trabalhadores o direito à redução dos riscos inerentes ao trabalho com foco em eliminar "totalmente os riscos à vida ou à saúde do trabalhador", de forma progressiva "na direção do risco zero" (OLIVEIRA, 2011).

Não é demais afirmar, portanto, que as normas referentes à saúde, segurança e higiene do trabalho constituem normas de ordem pública, que não deixam margem à incidência da autonomia de vontade das partes contratantes.

Diante dessa peculiaridade, parece claro que, em se tratando de meio ambiente do trabalho, incide a regra prevista no art. 17 da Lei de Introdução às Normas do Direito Brasileiro, segundo a qual *"as leis, atos e sentenças de outro país, bem como quaisquer declarações de vontade, não terão eficácia no Brasil, quando ofenderem a soberania nacional, a ordem pública e os bons costumes".*

Ao analisar as principais soluções que o Direito Internacional Privado brasileiro oferece para solucionar os conflitos de leis, Russomano (1964, p. 71) afirma que o princípio da ordem pública prevalece sobre todos os demais princípios e normas. Sendo assim, quando estiver em discussão o conflito entre a regra territorial contida no art. 198 do Código de Bustamante[4] e a regra da norma mais benéfica, prevista no art. 3º, II[5], da Lei nº 7.064/1982, deve prevalecer esta última, para que sejam atendidos os ditames dos princípios da melhoria da condição social e do risco mínimo regressivo, de matiz constitucional, extraídos respectivamente do *caput* do art. 7º da Constituição Federal e de seu inciso XXII.

Note-se que aqui não se trata de conflito entre uma norma internacional e outra interna, pois em se tratando de uma convenção ratificada pelo Brasil, ela passa a incorporar o ordenamento jurídico brasileiro. A prevalência da norma mais favorável, neste caso, é respaldada pela Organização Internacional do Trabalho, que prevê no art. 19, número 8 da sua Constituição que:

> Em caso algum, a adoção, pela Conferência, de uma convenção ou recomendação, ou a ratificação, por um Estado-Membro, de uma convenção, deverão ser consideradas como afetando qualquer lei, sentença, costumes ou acordos que assegurem aos trabalhadores interessados condições mais favoráveis que as previstas pela convenção ou recomendação.

Do mesmo modo, se a relação jurídica que contém algum elemento de estraneidade suscitar a concorrência entre a lei nacional (ou tratado ratificado pelo Brasil) e a lei estrangeira, deve prevalecer a Lei nº 7.064/1982, uma vez que além de indicar a aplicação da norma mais benéfica, retrata as hipóteses em que o contrato de trabalho tem mais proximidade com a legislação brasileira.

Délio Maranhão (1999, p. 183) sustenta que o princípio da norma mais favorável não tem aplicação em campo internacional, devendo limitar-se ao mesmo ordenamento jurídico, pois o juiz teria dificuldade em identificar o que seria mais favorável, observando-se a teoria do conglobamento.

No entanto, esta dificuldade não pode servir de óbice para a incidência da norma mais benéfica, a uma porque as normas que regulam o meio ambiente de trabalho contêm preceitos de ordem pública, e a duas porque eventual dificuldade pode ser facilmente superada pela parte que invoca a aplicação da lei estrangeira, a qual deve não só comprovar seu conteúdo e vigência, nos termos do art. 14[6] da Lei de Introdução às Normas do Direito Brasileiro, mas também demonstrar quais são os benefícios nela previstos que a tornam mais favorável ao empregado, observando-se o seu conjunto.

---

4   Diz o artigo 198, na sua redação original: "También es territorial la legislación sobre acidentes del trabajo y protección social del trabajador".
5   O artigo 3º, II da Lei nº 7.064/1982 prevê que *"a aplicação da legislação brasileira de proteção ao trabalho, naquilo que não for incompatível com o disposto nesta Lei, quando mais favorável do que a legislação territorial, no conjunto de normas e em relação a cada matéria".*
6   Art. 14 da Lei de Introdução às Normas do Direito Brasileiro: *"Não conhecendo a lei estrangeira, poderá o juiz exigir de quem a invoca prova do texto e da vigência".*

Em termos práticos, acredita-se que dificilmente uma lei mais favorável ao empregado será menos onerosa ao empregador, de modo que a simples recusa da aplicação da lei mais benéfica já é um indício de que esta é a mais benéfica ao empregado.

Diante disso, quando o contrato internacional de trabalho suscitar dúvidas em relação à legislação aplicável em matéria de meio ambiente de trabalho, defende-se que o julgador deve se socorrer das leis internas que regulamentam a questão, ou seja, a Lei nº 7.064/1982 e o Código de Bustamante, todavia, não pode deixar de combinar, de forma flexível, essas normas com os demais elementos de conexão identificados em cada hipótese, em consonância com a finalidade contemporânea do direito internacional do trabalho, que guarda intrínseca relação com as normas de proteção dos direitos humanos fundamentais e deve considerar que atrás dos conflitos há seres humanos que "merecem uma solução justa e harmônica para o seu problema" (MAZZUOLI, 2019, p. 9).

Do mesmo modo que se observa uma defesa da tendência de flexibilidade nos modelos atuais de contrato de trabalho, especialmente quanto aos locais, horários e habilidades do trabalhador, também se impõem maleabilidade quando se trata das normas de direito internacional privado que vão orientar a legislação aplicável. Isso porque na medida em que as relações internacionais se desenvolvem e evoluem, fazendo surgir hipóteses de conexão não previstas originariamente nas leis, também se deve ampliar o olhar para a pessoa humana do trabalhador e jamais perder de vista que numa relação de trabalho, a sua vida, saúde e segurança são os bens cuja proteção deve ser priorizada.

## CONSIDERAÇÕES FINAIS

A função do direito internacional privado é a de definir qual é a lei aplicável quando, para uma hipótese, é possível a incidência de mais de uma lei, o que ocorre com cada vez maior frequência, em razão da internacionalização das relações comerciais e econômicas entre pessoas físicas e jurídicas domiciliadas em Estados diferentes.

Neste artigo, demonstrou-se que as duas principais regras que regulamentam o direito internacional privado do trabalho no Brasil são a Lei nº 7.064/1982 e o Código de Bustamante, sendo que enquanto primeiro prevê a aplicação da lei mais favorável para a maioria das hipóteses, o segundo determina a aplicação do princípio da territorialidade.

No entanto, considerando-se o papel de centralidade que o homem ocupa na Constituição brasileira, pretendeu-se demonstrar que, no direito internacional contemporâneo, não se podem adotar critérios definidores da legislação aplicável sem considerar as normas de direitos humanos fundamentais voltadas à proteção do trabalhador envolvido no conflito, razão pela qual não se pode deixar de considerar a teoria dos vínculos mais estreitos, ainda que não haja uma regra cogente no direito interno a esse respeito.

Sendo assim, quando estiverem em discussão um concurso de normas referentes ao meio ambiente do trabalho, a análise do direito aplicável deve ser feita com mais sensibilidade ainda, não só por se tratar de norma de ordem pública, mas especialmente por se tratar de direito humano fundamental, diretamente ligado a um bem maior que é a vida do trabalhador, que tem de ser preservada em sua plenitude.

# CAPÍTULO 20
MEIO AMBIENTE DO TRABALHO: NOTAS DE DIREITO COMPARADO

*Carla Liguori*
*Denise Vital e Silva*

## INTRODUÇÃO

O trabalho é um fenômeno humano global.

A técnica – e por meio desta, a interação entre o homem e o meio mais ou menos natural – parece, há tempos, ser o elemento impulsor que explica a evolução ou a revolução das estruturas econômicas e sociais.

A transformação da natureza, orientada para uma finalidade, denota o seu domínio pelo homem, no sentido da assimilação da matéria (primeiro objeto, e, depois, produto) para servir às necessidades humanas.

Comportando, pois, tal finalidade, o trabalho não pode ser considerado em si um fim; e, tampouco, pode ser analisado de forma destacada.

Especificamente no estudo dos circuitos econômico e social, o trabalho representa um processo criador de valor. É a peça principal de uma concepção da sociedade em que as relações de produção representam, ao mesmo tempo, a infraestrutura e, nos seus conflitos com as formas de produção, indicam o motor da História humana.

Nesse panorama, o encantamento com a aludida técnica fez nascer a modernidade, ainda carente, ao que se mostra, quanto aos valores relativos à dignidade humana e, particularmente, para o desenvolvimento da presente pesquisa, ao meio ambiente também do trabalho.

Focando-se o meio ambiente do trabalho, a natureza humana, como sua modeladora, interfere diretamente em seu equilíbrio. O homem compreendido como natureza e como o molde de seu meio ambiente – também laboral –, deve agir preventivamente, a fim de que se mantenha o equilíbrio imperioso e se resguarde a dignidade humana.

Diante, pois, dos avanços tecnológicos e dos conhecimentos científicos, especialmente marcados pelos momentos da Revolução Industrial, o homem deixou de interagir com a natureza para controlá-la, à medida que o modelo de produção capitalista acelerava a economia mundial e instituía uma alteração na própria ordem econômico-social vigente, abrindo as fronteiras ao mercado comum.

Não obstante, assim, a euforia do capital, com o eixo em uma falsa relação entre o desenvolvimento econômico e o bem-estar do homem, o mundo assistiu a uma dura realidade, na direção do nascimento de práticas degradantes de meio ambiente, também do trabalho, com o crescimento desenfreado do tão esperado progresso.

Os danos ambientais com o uso de recursos naturais como matéria-prima do referido desenvolvimento e a degradação da flora e da fauna para o atingimento dos anseios industriais, além da omissão com a contaminação das águas e a poluição do ar para o alcance dos mesmos resultados, bem como o abandono do homem frente à técnica, aos meios de produção, fez com que os Estados se voltassem obrigatoriamente à discussão geral do assunto. Os colapsos das condições de vida estabelecidas foram e, ainda hodiernamente, são muitos.

No concernente ao trabalho, de modo peculiar, e na busca da qualidade de vida somada ao chamado desenvolvimento sustentável, a necessidade de proteção ao meio ambiente laborativo se mostrou e se manifesta também como uma preocupação de relevo.

Frente ao necessário olhar internacional da temática, mais do que sopesar a forma de prosperidade econômica, notou-se que o homem, outrora indivíduo, passou a ser também amparado por direitos de grupos e, gradativamente, difusos, construindo-se a ideia de proteção do meio ambiente, também do trabalho, por ser ele, como verdade, parte integrante deste.

A proteção internacional do meio ambiente, também laboral, nessa tônica, e possibilitando a formação de uma consciência universal acerca da importância de um meio ambiente saudável para os seres humanos, é assim fenômeno relativamente recente e em constante andamento.

Com um âmago inicial sancionador a fatos já ocorridos, mas, principalmente, com o anseio de criar um regime jurídico próprio da responsabilidade dos Estados sem ofender a soberania interna destes, a sociedade internacional, por meio do Direito Internacional, se debruçou e se inclina sobre a matéria, buscando, também pelo Direito Comparado, a criação de um sistema singular e a convalidação do direito de todos a usufruírem de bens essenciais e comuns com vistas ao esperado desenvolvimento econômico e ao avanço do homem sem, contudo, deixar sem resposta eventos danosos a toda a humanidade.

E tal tarefa não é simples, pois as questões ambientais são multifatoriais e transdisciplinares.

Como um direito humano fundamental, o meio ambiente do trabalho sadio e equilibrado se apresenta como um tema complexo à análise, haja vista o amplo universo jurídico no qual se inserem, com destaque, a sua evolução (frente aos fatores culturais, econômicos, sociais e de globalização), bem como a sua concepção atual.

Defronte, pois, da globalização econômica e da universalização dos direitos humanos fundamentais, o Direito Comparado, também para a proteção do meio ambiente do trabalho, atua, permitindo a utilização de ensaios comparativos nesse setor entre Estados para um melhor aproveitamento econômico e social, procurando-se a efetividade estatal por meio de aplicações jurídicas.

Com esse propósito, o texto desenvolvido objetiva propiciar ao homem uma visão comparativa relativa ao meio ambiente do trabalho e seu florescimento como direito humano fundamental concreto, sem a pretensão de esgotamento quanto ao assunto, mas, sim, no intento de se instigar o seu aprofundamento.

## 20.1. BREVES CONSIDERAÇÕES SOBRE DIREITO COMPARADO

### 20.1.1. O Direito Comparado como ciência

A conceituação do Direito Comparado está diretamente relacionada a sua natureza jurídica, se método ou ciência.

O empecilho a tal definição, indo além da falta de uma precisão conceitual quanto ao termo, resvala primeiramente nas discussões atinentes ao uso (talvez) inadequado da expressão

"Direito Comparado". Antes mesmo, então, de um debate referente àquele conceito, convém que sejam feitas algumas observações quanto à própria locução e outras denominações que são empregadas, ao que parece inadvertidamente, em sentido equivalente.

Para Felipe de Solá Cañizares, "Direito Comparado" é um termo consagrado pelo uso, especialmente nos países latinos, nos de língua inglesa e, também, nos países escandinavos e eslavos. Inadequada e podendo assim levar à confusão, a expressão pode fazer crer que se trata de um ramo do Direito que se ocupa de uma matéria determinada (como, por exemplo, Direito Civil, Direito Penal, dentre outros) (CAÑIZARES, 1954, p. 95).

Dessa inadequação, entre outros estudiosos como Pierre Arminjon, Baron Boris Nolde, Martin Wolff e Marc Ancel, René David assevera que a locução "Direito Comparado" chama a uma analogia entre diversos ramos do Direito positivo que constituem outras tantas áreas da ciência jurídica, devendo, destarte, ser evitada. Em seu lugar, e denotando já a natureza do Direito Comparado como método, quiçá houvesse a substituição da expressão pelos termos "Comparação de Direitos" e/ou "método comparativo" (DAVID, 1950, p. 10).

Mauro Cappelletti em suas lições sobre o tema diz que o Direito Comparado é, na verdade, um método – *Rechtsvergleichung* que é a expressão alemã para "comparação jurídica" – e não um Direito que compara (*vergleichendes Recht*); é uma maneira de se analisar o Direito do ponto de vista de dois ou mais sistemas jurídicos distintos, permitindo-se, como consequência, a verificação de subsistemas ou de aspectos de um subsistema. Existe, então, a chamada "micro-comparação", para a colação feita no âmbito de ordenamentos que pertencem à mesma "família jurídica" (como, por exemplo, França e Itália), e a nomeada "macro-comparação", para a confrontação entre duas ou mais "famílias jurídicas" (por exemplo, entre Itália, com a *Civil Law*, e Inglaterra, com a *Common Law*) (CAPELLETTI, 1993, p. 13-42).

Avante ao registrado, não fossem suficientes as expressões "Direito Comparado" e *Rechtsvergleichung* com suas apontadas impropriedades, outros termos são utilizados no mesmo rumo, tais como Legislação Comparada e Direito Estrangeiro. Locuções últimas em desuso, para Marc Ancel:

> a distinção entre o direito comparado e o direito estrangeiro era clássica, desde antes de 1900; mas ela não é sempre muito clara, e menos ainda respeitada.
> (...) o direito comparado está *na dependência dos estudos de direito estrangeiro* (...).
> (...) direito estrangeiro é a *matéria-prima* do direito comparado. Ninguém, com efeito, é comparativista sem ter praticado, inicialmente, o direito estrangeiro, assim como ninguém é chefe de orquestra sem ser, ou ter sido inicialmente, instrumentista. (ANCEL, 1980, p. 109-110, Grifos originários)

De toda sorte, firmada a expressão "Direito Comparado" – notadamente com o seu reconhecimento em 1900, em Paris, no I Congresso Internacional de Direito Comparado – a caracterização deste como método ou ciência ainda gera questionamentos.

Leontin-Jean Constantinesco em seus estudos se utiliza de ambas as compreensões, explicitando que sempre que se utiliza o termo "Direito Comparado" como método este se refere ao "método comparativo", e quando se faz alusão à ciência ele se nota como "Ciência dos Direitos Comparados" (CONSTANTINESCO, 1981, p. 26).

Caio Mário da Silva Pereira, Luís Washington Vita, Enrique Martínez Paz, dentre outros conhecedores, todavia, compreendem o Direito Comparado como ciência jurídica.

Enrique Martínez Paz, com destaque, afirma que se pode dizer que o Direito Comparado é uma disciplina jurídica que se propõe, por meio de uma investigação analítica, crítica e comparativa de legislações vigentes, a desvendar os princípios fundamentais e o fim das instituições jurídicas, coordenando-os em um sistema de direito positivo moderno (PAZ, 1960, p. 16).

Defendendo também a cientificidade do Direito Comparado, Ivo Dantas explica que este tem objeto (pluralidade de ordenamentos jurídicos), possui método específico (comparativo) e goza de autonomia doutrinária e didática, sendo por isto uma disciplina autônoma (DANTAS, 1977, p. 231-249).

E seguindo a lógica da autonomia científica, a despeito do vasto posicionamento em sentido contrário, parece não ser possível assumir um posicionamento diferente, senão a compreensão do Direito Comparado como ciência.

Para Francisco Ovídio (1984, p. 161-180), o Direito Comparado é considerado como:

> a disciplina científica que tem por objeto o estudo comparativo-sistemático de instituições ou sistemas jurídicos diversamente situados no espaço ou no tempo, com a finalidade de estabelecer os pontos comuns e as diferenças existentes entre eles, para compreender a sua evolução e determinar os parâmetros para o seu aperfeiçoamento e reforma.

Nas lições de Ivo Dantas (1977, p. 243), a bem da verdade:

> existe um *Direito Constitucional Comparado* com caracterização de *Ciência*, e não como *método*. Este é apenas um dos elementos que autorizam dita caracterização, ao lado de um *objeto formal* e de uma *autonomia doutrinária e didática*. Não se diga que lhe falta uma autonomia legislativa, pois esta não caberá no seu âmbito nem no seu objeto. As legislações nacionais (no caso, as Constituições próprias de cada Estado) poderão utilizar-se dos resultados do Direito Comparado para aperfeiçoarem-se.

(*Grifos originários*)

Nessa orientação, o Direito Comparado reflete o estudo das dessemelhanças e das similitudes entre o Direito (incluindo-se legislação, doutrina e jurisprudência) aplicável em diversos países. É uma disciplina jurídica que possui método de pesquisa e interpretação comparativas de distintos elementos do Direito de diferentes Estados, com variadas finalidades.

## 20.1.2. O Direito Comparado na atualidade

Na sociedade contemporânea, com a globalização e a universalização dos direitos humanos fundamentais, o Direito Comparado tem sua importância exacerbada. As conexões entre os países têm se constringido, havendo (inter)dependência no intuito da supressão recíproca de carências. Buscam-se averiguar as necessidades dos Estados, assim como as medidas já adotadas a tais exigências e os problemas enfrentados nesta seara.

Possibilitando a observância das questões de Direito ocorridas e resolvidas (ou não) em cada país, o Direito Comparado permite a análise e a interpretação comparativas de causas e efeitos para que riscos e danos possam ser dirimidos ou, pelo menos, minimizados.

Nessa esteira, Leontin-Jean Constantinesco (1998, p. 152) expõe que o Direito Comparado, como ciência, em primeiro lugar é o encontro da ampliação dos horizontes histórico e científico, e em segundo lugar expressa a transformação do mundo.

Com o mundo cada vez "menor", a integração entre os países é patente, frente ao aludido fenômeno da globalização e às transformações culturais, políticas, econômicas, sociais e ambientais – rumando assim para o cerne do presente estudo; o que exige e, ao mesmo tempo, permite que se verifique a evolução do Direito como um todo.

Em permanente desenvolvimento, o *ius commune* e a unidade europeia da ciência jurídica, praticada a partir e com fulcro na descoberta do Direito Romano, se afastam cada vez mais pela "cientificidade" do Direito, sendo substituídos pela pluralidade de ciências jurídicas nacionais. O suplemento do Estado provoca, assim, uma nacionalização não somente do Direito positivo, mas também da ciência jurídica (CONSTANTINESCO, 1998, p. 27).

Na mesma linha de Leontin-Jean Constantinesco, e evocando as funções do Direito Comparado na direção da obtenção de conhecimento para a aplicação deste a casos particulares, René David alumia que a disciplina em tela é proveitosa nas investigações históricas, filosóficas e sociológicas do Direito, especialmente para a compreensão dos povos estrangeiros e o estabelecimento de um regime mais coeso para as relações internacionais (DAVID, 1986, p. 3).

Mesmo havendo disparidades entre países quando de uma pesquisa comparativa, deve-se observar que os atributos de cada um não são aptos a qualificar ou desqualificar o Direito Comparado; as equivalências entre dois ou mais ordenamentos jurídicos pertencentes a um mesmo modelo são relevantes à medida que determinam um nível de estruturas fundamentais, ao contrário das diferenças que não caracterizam uma ordem. Qualquer que seja a discrepância, os ordenamentos jurídicos são nivelados pelos elementos determinantes de um "núcleo central" (CONSTANTINESCO, 1998, p. 341).

Ante os acontecimentos apontados, por conseguinte, e na procura pela condição de vida unida à sustentabilidade, também para a proteção do meio ambiente, e em especial do trabalho, o Direito Comparado proporciona a aplicação de expedientes comparativos entre Estados, juntando assuntos internacionais e internos, para que se estabeleçam novas frentes econômicas e sociais, conferindo-se adequação e eficiência às respostas estatais aos danos persistentes.

## 20.2. MEIO AMBIENTE DO TRABALHO COMO DIREITO HUMANO FUNDAMENTAL E EFETIVO FRENTE AO DIREITO COMPARADO

Classicamente, os direitos humanos fundamentais se sedimentaram em quatro dimensões: **(1)** direitos humanos fundamentais de primeira dimensão, os quais, consagrados na Declaração Universal dos Direitos Humanos de 1948, relacionam-se aos direitos civis e políticos (liberdades), reclamando deveres puramente negativos, notadamente por parte dos Poderes e Órgãos Públicos (liberdades públicas); **(2)** direitos humanos fundamentais de segunda dimensão que, correspondendo aos direitos sociais, econômicos e culturais (liberdades positivas, reais ou concretas), impulsionam as prestações (e não as abstenções) do Estado; **(3)** direitos humanos fundamentais de terceira dimensão, os quais dizem respeito aos direitos de solidariedade, buscando a paz e o meio ambiente ecologicamente equilibrado; e, **(4)** direitos humanos fundamentais de quarta dimensão que, resultantes da globalização da economia e dos direitos humanos fundamentais, guiam estes a sua universalização.

Para Guilherme Guimarães Feliciano (2005), ainda há uma "nova" dimensão de direitos humanos fundamentais:

> (...) que se prenuncia com as novas titularidades que (...) já se esboçam a jusante da própria pessoa, especialmente em matéria de 'direitos intergeracionais' (= direitos das futuras gerações). Poderiam ser esses os direitos de quarta geração (como, *e.g.*, o direito das futuras gerações à preservação do genoma humano fundamental). Ou, (...) conviria admitir o evolver de uma *quinta geração* (*dimensão*) de direitos fundamentais.
>
> (*Grifos originários*)

E de modo diferente não se deu no âmbito do Direito do Trabalho, tendo-se de forma correspondente: **(1)** os direitos humanos fundamentais nas relações de trabalho subordinado de primeira dimensão vinculados aos direitos civis da pessoa humana, sujeitos à afetação no ambiente laboral, e aos direitos à honra e à imagem (os quais, se violados, geram direito à indenização por danos morais), todos com o reforço, especificamente, do art. 7º, inciso XXII, da Constituição da República Federativa do Brasil de 1988 (CRFB), trazendo este, de modo subjacente, os direitos do homem à integridade psicossomática e à vida; **(2)** os direitos humanos fundamentais nas relações de trabalho subordinado de segunda dimensão ligados aos direitos sociais *stricto sensu* estudados nos ramos do Direito do Trabalho e do Direito de Seguridade Social, bem como ao direito da não discriminação no labor (direito à igualdade civil); **(3)** os direitos humanos fundamentais nas relações de trabalho subordinado de terceira dimensão enleados ao direito ao meio ambiente do trabalho são e equilibrado, nos moldes do disposto nos arts. 225, *caput*, e 200, inciso VIII, ambos da CRFB; e, **(4)** os direitos humanos fundamentais nas relações de trabalho subordinado de quarta dimensão associados aos direitos cingidos à democracia e, dentre outros, aos direitos à informação laboral mínima.

Nessa trilha, observa-se que o direito ao meio ambiente ecologicamente equilibrado – e seu equivalente, na seara do Direito do Trabalho, o direito ao meio ambiente do trabalho são e equilibrado – é compreendido como um direito humano fundamental de terceira dimensão, dentre os direitos de solidariedade ou fraternidade. Todavia, nem sempre foi assim:

> O fenômeno da massificação dos direitos tem estreita correlação com o desenvolvimento da ideia de um tipo especial de Estado, a qual se pode denominar de Estado Social de Direito, que por sua vez, ocorreu como resultado de um acontecimento histórico de importância fundamental, a Revolução Industrial, deflagradora de profundas consequências e transformações sociais, econômicas, culturais, políticas e ambientais. (PADILHA, 2011, p. 3)

A singularidade do Estado Democrático e Social de Direito trouxe e traz novos contextos à ordem econômica, os quais refletiram e refletem na produção da vida social, considerando-se, neste caminho, a relação direta do progresso com o meio ambiente também laborativo.

### 20.2.1. A produção e o meio ambiente do trabalho

A Revolução Industrial firmou o modelo de produção capitalista propiciador, sim, do desenvolvimento econômico e social do Estado, o qual, acompanhando-o no seu desenrolar, através dos tempos, atuava e atua conforme aquele e as necessidades do mercado.

Lembrando, brevemente, a trajetória do capitalismo até a modernidade, certo é que no final do século XIX, início do XX, expressava-se tal modo de produção – definido por uma organização de produção, distribuição e consumo de proporções de massa (PADILHA, 2011, p. 3) – mais pela competitividade no mercado, pouco interferindo o Estado na economia, limitando-se este à ingerência da manutenção e do funcionamento daquele. No século XX, e durante todo ele, o modelo capitalista passou por várias mudanças, adotando o Estado desde o molde econômico patrimonialista até o desenvolvimentista, passando, se é que assim se pode dizer, por um tipo intermediário.

No final do referido século XX, início do século XXI, a doutrina não liberal, mas neoliberal difundida, sobretudo, pelos Estados Unidos da América e pela Inglaterra, trouxe novo aspecto ao capitalismo, incentivando, sob o argumento de se evitarem crises econômicas futuras, a privatização de empresas estatais que pudessem ser "substituídas" com vantagens pela iniciativa privada, pelo aperto fiscal, pelo controle da inflação, dentre outros motivos. Ou seja, o Estado foi afastado, pelo modo de produção capitalista executado, do modelo econômico desenvolvimentista (o Estado "deixou" de adotar de modo mais efetivo, e novamente, políticas intervencionistas sobre o funcionamento da economia).

E no século XXI em andamento, particularmente frente ao acirramento da crise global vivida – a despeito dos avanços macroeconômicos – e da pobreza e das desigualdades verificadas nos países, em especial tidos como "periféricos", os ideais relacionados ao desenvolvimento (e sustentável) retornam à pauta para discussão.

A degradação da qualidade de vida e o desequilíbrio no meio ambiente foram e são patentes, também no campo do Direito do Trabalho.

Os avanços da técnica à contemporaneidade de fato acabaram por depreciar os valores inerentes à dignidade do ser humano trabalhador. Desde a citada Revolução Industrial até a chamada e atual Revolução Tecnológica, o meio ambiente do trabalho restou e resta no cerne dos conflitos da relação do meio ambiente com o desenvolvimento dos processos de produção.

A proteção jurídica do meio ambiente também do trabalho já urgia.

### 20.2.2. A internacionalização e a regionalização do meio ambiente do trabalho como direito humano fundamental

Dentro de um diálogo interdisciplinar, o Direito do Trabalho se adaptou e ainda se amolda ao Direito Ambiental, de sobremaneira pelas características deste da transversalidade e da multidisciplinaridade[1].

A sadia qualidade de vida e o meio ambiente do trabalho equilibrado, compondo, em competência constitucional, um direito humano fundamental, não foram nem são dificuldades tratadas de modo isolado. No tocante ao meio ambiente também laborativo houve a necessidade do reconhecimento de uma visão geral – do Direito e pelo Direito, inclusive.

A concepção do direito ao desenvolvimento econômico, que foi se firmando com base nas desigualdades econômico-sociais, fez com que todo o quadro instalado até então tivesse de se alterar para abrigar pretensões de progresso global também por parte dos povos anteriormente colonizados e preparar a formação de princípios reguladores de uma nova ordem internacional.

Nesse painel, o processo de universalização dos direitos humanos fundamentais, e dentre estes o direito ao meio ambiente do trabalho equilibrado, trouxe à tona a questão atinente ao

---

1   O meio ambiente como disciplina, pelos seus aspectos da transversalidade e da multidisciplinaridade, traz princípios, regras, conceitos e institutos próprios, e outros (em sua maioria) dos mais diferentes ramos do Direito, dentre os quais, e para o momento de estudo, se destaca o do Trabalho com, mais precisamente, o assunto do meio ambiente do trabalho. Pelos traços expostos cabe ao Direito Ambiental "(...) a adaptação e reestruturação do modelo socioeconômico atual com o necessário equilíbrio do meio ambiente, tendo em vista a sadia qualidade de vida" (PADILHA, 2011, p. 12).

modo como tal circunstância influenciaria na soberania estatal, ou seja, até que ponto poderiam e devem ser reduzidas as forças soberanas para possíveis interferências externas em prol daqueles direitos.

Já se contornava, sem dúvida qualquer, o início de uma transformação mundial, em que todos os Estados soberanos, independentemente de seus poderes ou posições, se deparavam com a real necessidade do reconhecimento dos direitos humanos fundamentais, dentre os quais o do meio ambiente laboral[2].

O processo de internacionalização (para a universalização) dos direitos em tela oportunizou, portanto, a formação de um verdadeiro sistema normativo internacional de defesa dos direitos humanos fundamentais.

Com o advento da Declaração Universal dos Direitos Humanos, de 1948, tem início o que se chamou de Direito Internacional dos Direitos Humanos, vindo este a abarcar relevantes tratados e convenções internacionais provenientes da Organização das Nações Unidas (ONU) e dos sistemas "regionais" europeu, africano e americano (interamericano), no sentido das "micro" e "macro-comparações" (de sistemas e subsistemas) e do abrigo aos direitos em verificação[3].

---

2 Frente à universalização apontada, fortaleceu-se, pois, a ideia de proteção dos direitos humanos fundamentais no âmbito internacional, não mais se restringindo aqueles à competência exclusiva nacional, de cada Estado Soberano. E deste modo, diante da nova concepção que tais direitos passaram a ter, Flávia Piovesan evidencia as duas consequências tidas como de maior relevância neste setor, quais sejam: "1.ª) a revisão da noção tradicional de soberania absoluta do Estado, que passa a sofrer um processo de relativização, na medida em que são admitidas intervenções no plano nacional em prol da proteção dos direitos humanos; isto é, permitem-se formas de monitoramento e responsabilização internacional, quando os direitos humanos forem violados; 2.ª) a cristalização da idéia de que o indivíduo deve ter direitos protegidos na esfera internacional, na condição de sujeito de direito" (PIOVESAN, Flávia. **O sistema interamericano de proteção dos direitos humanos e o direito brasileiro**. Coordenação: GOMES, Luiz Flávio; PIOVESAN, Flávia. São Paulo: Ed. Revista dos Tribunais, 2000. p. 19).

3 Baseados nos valores e princípios decorrentes da Declaração de 1948, os sistemas global e regional formaram, no contexto internacional, um universo instrumental de resguardo dos direitos humanos fundamentais (GOMES, Luiz Flávio; PIOVESAN, Flávia. **O sistema interamericano de proteção dos direitos humanos e o direito brasileiro.** Coordenação: GOMES, Luiz Flávio; PIOVESAN, Flávia. São Paulo: Ed. Revista dos Tribunais, 2000. p. 5). O sistema normativo global de amparo dos direitos humanos fundamentais é formado no âmbito das Nações Unidas, sendo composto por instrumentos de abrangência geral e específica – coexistem, assim, dois "subsistemas", se é que assim se permite dizer, quais sejam: o geral, concernente a qualquer pessoa na concepção abstrata e mais abrangente do termo; e, o especial, no qual se tem a especificação do sujeito de direito. Nos dizeres de Flávia Piovesan, este último subsistema é aquele em que o "sujeito passa a ser visto em sua especificidade e concreticidade (ex: protege-se a criança, os grupos minoritários, os grupos vulneráveis, as mulheres...)" (PIOVESAN, Flávia. Ob. cit. p. 21). Vindo a complementar o sistema normativo global, há o sistema regional de proteção dos direitos humanos fundamentais, sendo este também composto por "subsistemas" provenientes da Europa, da África e da América. Sendo certo que cada subsistema regional possui um aparato jurídico peculiar, quanto ao americano (ou melhor, interamericano), em particular e haja vista a essência desta pesquisa, um dos principais instrumentos de sustento dos direitos humanos fundamentais é a Convenção Americana sobre Direitos Humanos, de 1969 – Pacto de San José da Costa Rica. Sendo (ou devendo ser), então, os sistemas global e regional interdependentes e, assim, complementares, as normas de resguardo dos direitos humanos fundamentais devem ser convergentes – e mais, respaldadas pelo princípio da primazia da pessoa humana. "O propósito da coexistência de distintos instrumentos jurídicos – garantindo os mesmos direitos – é, pois, no sentido de ampliar e fortalecer a proteção dos direitos humanos. O que importa é o grau de eficácia da proteção, e por isso, deve ser aplicada a norma que no caso concreto melhor proteja a vítima. Ao adotar a primazia da pessoa humana, esses sistemas se complementam, interagindo com o sistema nacional de proteção, a fim de proporcionar a maior efetividade possível na tutela e promoção de direitos fundamentais" (PIOVESAN, Flávia. Ob. cit. p. 25-26.). No que tange ao aludido princípio, a primazia do ser humano: "(...) há de prevalecer e orientar a interpretação e aplicação da normatividade de direitos humanos, ficando afastados princípios interpretativos tradicionais (...). A interpretação a ser adotada no campo do Direito dos Direitos Humanos é a interpretação axiológica e teleológica, que conduza sempre à prevalência da norma que melhor e mais eficazmente proteja a dignidade humana" (*Idem, ibidem*, p. 26).

A sistemática internacional de tutela dos direitos humanos fundamentais se fez e se perfaz em uma garantia adicional aos mesmos direitos.

Quando um Estado Soberano aceita as normas internacionais de resguardo aos mencionados direitos, consequentemente consente no controle e na fiscalização por parte da comunidade internacional no que diz respeito à observância e ao cumprimento das determinações normativas diante de violações aos direitos humanos fundamentais – e tudo com base no princípio da primazia da pessoa humana, porque somente se o ordenamento jurídico interno se mostrar insuficiente ou desprovido de normas para a solução de um problema de lesão ou ameaça de dano a direitos humanos fundamentais, aplicar-se-á o dispositivo internacional que é, portanto, suplementar.

Observe-se, pois, que os Estados não deixam de ser soberanos. A soberania estatal é tão apenas abrandada; as soberanias internacional e nacional devem, deste modo, se auxiliar mutuamente.

E para o conteúdo em apreciação, diante do exposto, de fato, ao tomarem consciência de que, em conjunto, poderiam influir na tomada de decisões, os Estados subdesenvolvidos, ou preferencialmente identificados como "em desenvolvimento", agruparam-se para atuar, com certa coordenação, nos órgãos da ONU (MAGALHÃES, 2006, p. 59-78).

O discurso da busca do bem à humanidade sempre levantado pelos países na persecução de ideais econômicos mundiais, especialmente enquanto modelo de crescimento e motivação, por certo encontrou barreira natural nas já referidas pobreza e desigualdades locais, o que gerou e gera efeitos nas políticas econômicas dos Estados em desenvolvimento por todo o mundo.

O reconhecimento do meio ambiente, também do trabalho, como ponto crucial ao desenvolvimento sustentável e à qualidade de vida foi ganhando escopo, portanto, na medida em que o mundo voltava suas atenções a preocupações transnacionais e intergerenciais.

Ressurgiram, então, à agenda para debate, e nos termos já descritos, as questões internacionais para os assuntos do desenvolvimento, mas, desta vez, com foco na degradação ambiental também laborativa.

O programa internacional se viu impulsionado a enfrentar a problemática da continuidade do avanço dos Estados, durante décadas arraigado ao ideal do modelo de produção a todo custo, agora refreado pelos graves problemas ocasionados à flora, à fauna, à biodiversidade e ao próprio homem (diante da técnica).

No setor do Direito Ambiental, com o abandono do ideal de soberania absoluta das atividades econômicas decorrentes dos recursos naturais e das riquezas deles resultantes empregada nas décadas de sessenta e setenta, com as Resoluções da ONU denominadas Resolução Relativa à Soberania Permanente sobre Recursos Naturais e a Carta dos Direitos e Deveres Econômicos dos Estados, vislumbrou-se uma nova relação do Direito com o meio ambiente.

Com as ratificações dos Pactos Civis, Políticos e Econômicos do período pós-guerra, incrementando os direitos humanos fundamentais da Declaração de 1948, depreendeu-se que o meio ambiente começava a atingir o patamar de objeto de proteção normativa com o que, posteriormente, seria denominado de Direito Ambiental Internacional.

Maria Luiza Machado Granziera (2011, p. 24), nesse terreno, aponta aquele momento da década de sessenta como o que, somado a:

> (...) denúncias contra a Guerra do Vietnã, dos movimentos estudantis na França, do movimento 'hippie', deu ensejo ao movimento ambientalista, de proteção à natureza, como uma das formas de modificar o sistema de vida então vigente, buscando-se maior identidade do ser humano com o meio ambiente.

No plano do Direito do Trabalho, abrangendo a existência de ecossistemas, o meio ambiente laborativo também fez despontar a necessidade de valorização da figura humana frente à técnica, aos meios de produção:

> Contra a degradação da saúde e proteção da segurança do trabalhador surgiram as primeiras normas do Direito do Trabalho, com forte influência da Organização Internacional do Trabalho, resultado de um processo de luta de classe, decorrente de uma *consciência coletiva* do movimento de trabalhadores desde o início do século XX. (PADILHA, 2011, p. 5)
>
> (*Grifos originários*)

Dentro da aludida prática interdisciplinar, e como não poderia deixar de ser, o meio ambiente do trabalho logo se esboçava também como um direito a ser resguardado, podendo ser citados alguns instrumentos de apoio a esta orientação, tais quais: antes mesmo da Declaração de 1948, a própria criação da Organização Internacional do Trabalho (OIT) em 1919; a Declaração das Nações Unidas sobre o Meio Ambiente Humano (Conferência de Estocolmo) em 1972 (trazendo o Princípio da Prevenção à ocorrência de atentados ao meio ambiente do trabalho); o Relatório Brundtland de 1987 (realçando as relações entre a pobreza e a desigualdade social, a economia e o meio ambiente); a Declaração do Rio sobre Meio Ambiente e Desenvolvimento em 1992 (trazendo o Princípio da Precaução, refletido no *in dubio pro natura*); e, dentre outros, a Agenda 21 (conduzindo as diretrizes do desenvolvimento econômico e social para o século XXI – desenvolvimento sustentável).

Mais ainda, a mesma Declaração de Estocolmo já abria caminho para que as Constituições e demais Normas futuras reconhecessem o meio ambiente ecologicamente equilibrado como um direito humano fundamental dentre os direitos sociais existentes (SILVA, 2013, p. 69-70).

E no horizonte da legislação brasileira, sem prejuízo das Leis nº 6.938/1981, concernente à Política Nacional do Meio Ambiente, e nº 9.605/1998, relativa aos crimes ambientais, as quais igualmente traçam os contornos extras do que se compreende por meio ambiente do trabalho, a CRFB, especialmente com o seu art. 225, assentou um novo padrão de proteção ao meio ambiente também laboral.

### 20.2.3. O meio ambiente do trabalho e seus reflexos a partir da legislação (constitucional) brasileira

Sob essa perspectiva, a CRFB trouxe a constitucionalização do meio ambiente (também do trabalho) sem, contudo, e ao que parece, considerá-lo inicialmente como um direito humano fundamental.

Para Ingo Wolfgang Sarlet, originariamente o meio ambiente (também laboral) não foi consagrado na CRFB como um direito humano fundamental, pelo menos não expressamente. A previsão da matéria, não nos seus arts. 5º, 6º ou 7º, mas, sim, na ordem social, não parece ter sido uma coincidência (SARLET, 2014).

Por certo que a já constitucionalização da temática denota vantagens confirmadas pelo Direito Comparado:

Um exame da experiência estrangeira revela que a norma constitucional comumente estabelece uma obrigação geral de não-degradar, fundamentaliza direitos e obrigações ambientais, ecologiza o direito de propriedade, legitima a intervenção estatal em favor da Natureza, reduz a discricionariedade administrativa no processo decisório ambiental, amplia a participação pública, atribui preeminência e proeminência à tutela da Natureza, robustece a segurança normativa, substitui a ordem pública ambiental legalizada pela constitucionalizada, reforça a interpretação pró-ambiente e, por fim, enseja o controle da constitucionalidade da lei sob bases ambientais. (BENJAMIN, 2008, p. 2008)

O ponto, todavia, alusivo ao direito humano fundamental propriamente dito restou duvidoso. E no mesmo Direito Comparado existem também exemplos da apontada ambiguidade.

Compreendido como um direito subjetivo ao qual se confere proteção pelo direito objetivo, em Portugal, o meio ambiente não está fortalecido como um direito humano fundamental.

O mesmo pode se dizer em relação à Espanha e à Bélgica, países em que a polêmica existente se dá somente no campo do poder de legislar sobre o assunto. Na Espanha, ao Estado como um todo, compete legislar sobre os princípios de proteção ao meio ambiente, podendo as Comunidades Autônomas estabelecer regras em acréscimo ao amparo. Na Bélgica, o Estado estabelece normas gerais e setoriais atinentes à defesa do meio ambiente, cabendo às regiões dispor, em sendo o caso, sobre regras mais severas.

Na Alemanha, o meio ambiente, incluindo-se o do trabalho, tampouco é considerado, no contexto constitucional, como um direito humano fundamental. Introduzida na Constituição Alemã (*Grundgesetz*) somente em 1994, a questão relativa ao meio ambiente é, sem dúvida qualquer, amplamente discutida em seus mais variados sentidos, até mesmo por ser um conteúdo que traz uma das finalidades do Estado alemão, no sentido da proteção dos naturais alicerces da vida:

> Na Alemanha, a proteção do meio ambiente vem prevista expressamente apenas no art. 20a da Lei Fundamental (LF) e pontualmente na repartição de competências constitucionais.
>
> Por outro lado, veem-se principalmente os arts. 2 I, II e 14 LF como direitos fundamentais vinculados à proteção ambiental, posto que eles protegem a vida, a integridade física dos homens e a propriedade como elementos do meio ambiente.
>
> Diferentemente da Lei Fundamental, as constituições dos estados de Brandenburg, Sachsen e Sachsen-Anhalt possuem dispositivos mais detalhados sobre a proteção ambiental, (...).
>
> A Constituição de Brandenburgo possui o único dispositivo constitucional da Alemanha que abriga um direito fundamental à proteção ambiental, embora restrito (Art. 39, II da Constituição do Estado de Brandenburgo) (...). (MATIAS; MATTEI, 2014)

Busca-se, nesse espaço, sem margem a maiores indagações, a concretização do princípio do desenvolvimento sustentável europeu, bem como a construção de um futuro Estado de Direito Ambiental. Apesar disto e da inclusão do meio ambiente à proteção constitucional alemã, naquele país, em nada melhorou o resguardo pretendido (SARLET, 2014).

No caso brasileiro, a celeuma tem sido superada[4]. E talvez isto seja um reflexo do posicionamento do Brasil frente à proteção internacional do meio ambiente (também do trabalho), como um direito em progresso, dentro de uma panorâmica desenvolvimentista.

---

4   O Egrégio Supremo Tribunal Federal (STF) reconhece o meio ambiente como um direito humano fundamental de terceira dimensão: "(...) o direito à integridade do meio ambiente – típico direito de terceira geração – constitui prerrogativa jurídica de titularidade coletiva, refletindo, dentro do processo de afirmação dos direitos humanos, a expressão significativa de um poder atribuído, não ao indivíduo identificado em sua singularidade, mas, num

Como anteriormente assinalado, a Declaração das Nações Unidas sobre o Meio Ambiente Humano, de 1972, trouxe a oportunidade para que as Constituições vaticinas[5] compreendessem o meio ambiente são e equilibrado como um direito humano fundamental de terceira dimensão, também nas relações de trabalho subordinado.

A despeito da postura adotada à época pelo Brasil – manifestando perante a comunidade internacional sua aberta objeção na adoção de quaisquer políticas ambientais –, a também chamada Conferência de Estocolmo foi a referência para que se desencadeasse um processo de conscientização entre os países no tocante à necessidade do acolhimento de ações integradas para a prevenção e o combate aos impactos ambientais (SARAIVA NETO, 2010).

Para Édis Milaré (2005, p. 140), a Conferência em tela, quanto ao Brasil, assinalou outra fase para o direito ao meio ambiente brasileiro, conferindo-se foco ao tema e à crise já alastrada:

> (...) a proteção ambiental, abrangendo a preservação da natureza em todos os seus aspectos relativos à vida humana, tem por finalidade tutelar o meio ambiente em decorrência do direito à *sadia qualidade de vida*, em todos os seus desdobramentos, sendo considerado uma das vertentes dos direitos fundamentais da pessoa humana. (MAZZUOLI, 2006, p. 585)

Aliás, além da Declaração das Nações Unidas sobre o Meio Ambiente Humano, institui-se o Programa das Nações Unidas sobre o Meio Ambiente (PNUMA).

Houve, desse modo, e já naquele tempo, o reconhecimento de que as questões ambientais dos países em desenvolvimento eram e continuam a ser distintos dos problemas dos países industrializados (SILVA, 1995, p. 30). O que não conduz a um posicionamento de regras diferenciadas, menos rígidas ou interpretadas como permissivas à poluição, degradação e desequilíbrio do meio ambiente nos ditos países em desenvolvimento. Muito ao contrário, os direitos em análise devem ser postos em prática. O "núcleo central", como expressão proveniente do cenário do Direito Comparado, deve estabelecer um padrão no que tange à proteção ambiental.

Assim, tendo-se como pilar uma agenda internacional socioambiental, o meio ambiente também do trabalho, tanto do ponto de vista individual, quanto coletivo, deve ser compreendido e protegido como norma de direito humano fundamental, observado, no caso brasileiro, o mínimo estabelecido pelos arts. 225 e seu § 1º, 220, inciso VIII, e 7º, incisos XXII, XXIII, XXIV e XXVIII, todos da CRFB, o qual será complementado identicamente pela legislação interna, infraconstitucional (SARLET, 2014).

Nessa via, a dificuldade existente não está na concepção atual do direito ao meio ambiente também do trabalho como direito humano fundamental, mas, sim, na efetividade da norma haja vista o regime jurídico adotado e fundamentado na CRFB:

---

sentido verdadeiramente mais abrangente, à própria coletividade social. Enquanto os direitos de primeira geração (direitos civis e políticos) – que compreendem as liberdades clássicas, negativas ou formais – realçam o princípio da liberdade e os direitos de segunda geração (direitos econômicos, sociais e culturais) – que se identificam com as liberdades positivas, reais ou concretas – acentuam o princípio da igualdade, os direitos de terceira geração, que materializam poderes de titularidade coletiva atribuídos genericamente a todas as formações sociais, consagram o princípio da solidariedade e constituem um momento importante no processo de desenvolvimento, expansão e reconhecimento dos direitos humanos, caracterizados, enquanto valores fundamentais indisponíveis, pela nota de uma essencial exauribilidade" (STF, MS 22.164-SP, Rel. Min. Celso de Mello, DJU de 30/10/1995, p. 39206).

5   E a título exemplificativo, Constituições: do Chile e do Panamá, ambas de 1972; da antiga Iugoslávia, de 1974; da Grécia, de 1975; de Cuba, de 1976; da antiga União Soviética, de 1977; da China, de 1978; do Peru, de 1980; da Argentina, a partir da reforma de 1994; de Portugal, de 1976; e, da Espanha, de 1978.

O regime jurídico dos direitos fundamentais da Constituição Federal brasileira hoje está muito menos expresso nela do que foi objeto de uma construção da doutrina, nos últimos 25 anos, mas especialmente da jurisprudência brasileira, e não só do STF. Isso vale para o STJ, vale em matéria trabalhista também ligada a esse assunto, ao TST, e vale, evidentemente, para o juiz de primeiro grau, que tem o poder de interpretar e aplicar a Constituição, e assim por diante. Um exemplo clássico disso é quando a Constituição Federal brasileira dispõe expressamente que as normas de direitos fundamentais, também essas do direito fundamental ao meio ambiente de trabalho, têm aplicação imediata, o que significa que as normas de direitos fundamentais terem aplicação imediata está longe de ser óbvio e resolvido no direito comparado. (SARLET, 2014)

No Direito Comparado prepondera, ainda, o entendimento de que os direitos sociais não são normas de aplicação direta.

Em Portugal, os direitos sociais não têm utilização direta:

> (...) a diferença de regime atribuída aos direitos fundamentais que não os incluídos no *Título II*, relativo aos direitos, liberdade e garantias (especialmente valorados), vem expressamente determinado nos princípios gerais pelo artigo 18.º da CRP, portanto, os direitos sociais não gozam de aplicabilidade directa, contudo, embora a maioria deles tenha por destinatário o Estado, alguns há em que o destinatário é a generalidade dos cidadãos (artigos 67.º, 68.º ou 69.º). (ALVES, 2018)
>
> (*Grifos originários*)

Na Espanha, o abrigo ao meio ambiente é princípio diretivo; objetivo da ordem econômica e social. O legislador não vincula diretamente nem o Estado, nem o juiz, nem os cidadãos. Seu *status* jurídico é assim totalmente diferente daquele atribuído ao direito humano fundamental na Constituição brasileira (SARLET, 2014).

No Brasil, além da aplicabilidade direta, imediata, certeiro é que as normas de direitos humanos fundamentais, tal qual a relativa ao meio ambiente também laboral, vinculam o Estado e seus particulares, o que tampouco segue as orientações norte-americanas e, em sua maioria, europeias (além dos países já grifados) sobre o mesmo tema:

> Reconhecer que o direito fundamental ao ambiente de trabalho é um direito fundamental, no sentido próprio do termo da Constituição brasileira, é reconhecer que essas normas são cláusulas pétreas. Portanto, não podem ser suprimidas, pura e simplesmente, por uma emenda constitucional. É reconhecer também que elas estão, em alguma medida, submetidas à cláusula, à proibição do retrocesso nessa esfera. (...) Portanto, aqui, pelo menos, temos algumas consequências importantes dessa condição de um direito fundamental ao meio ambiente de trabalho saudável. (SARLET, 2014)

O inquietante, desse jeito, é que a falha não está na norma. O direito ao meio ambiente, também laborativo, sadio e equilibrado é reconhecido como um direito humano fundamental de terceira dimensão. As determinações internacionais nesta ordem ganharam e têm *status* de normas supralegais. Todavia, a hierarquia destas não é respeitada pelo chamado controle de convencionalidade – o que se mostra como uma incoerência que estampa o defeito não na proteção jurídica, mas, sim, na ausência de sua aplicabilidade efetiva.

Como matéria de direitos humanos fundamentais, o meio ambiente também do trabalho deve ser resguardado pelo Estado nos moldes do que já se apresenta como resposta a desafios externos. Na lógica, pois, da busca de uma coesão com as necessidades internas, a fenda se nota na interpretação e na aplicação da legislação infraconstitucional existente em consonância com o ditame internacional.

O meio ambiente laboral deve ser resguardado dentro do contexto mais amplo de amparo ambiental, sendo imperioso ao Estado que atue, mediante ações normativas e fáticas, políticas econômicas, para protegê-lo e promovê-lo como real direito humano fundamental.

## CONSIDERAÇÕES FINAIS

Contemplado como um direito humano fundamental de terceira dimensão dentre os direitos de solidariedade, correto é que o meio ambiente também do trabalho surge como uma expressiva preocupação na comunidade internacional, de modo mais contundente, a partir da Declaração de Estocolmo.

Nesse curso, a proteção internacional do meio ambiente também laboral, na persecução da composição de uma consciência global sobre a relevância do tema, é fato novel, em permanente incremento e que necessita ser concretizado.

A sociedade internacional, por intermédio do Direito Internacional, trouxe inicialmente às questões ambientais um caráter punitivo a situações transcorridas. De todo modo, o seu fito também foi e é no sentido de se curvar e se dedicar ao assunto, com o auxílio do Direito Comparado, para a formação de um sistema único normativo internacional.

Objetiva-se, assim, a criação de um regime jurídico peculiar da responsabilidade dos Estados sem que haja, contudo, a lesão à soberania interna destes. Talvez somente minorada esta, claro é que as soberanias internacional e nacional devem agir rumo à ajuda recíproca.

E ao lado desse sistema internacional, tenciona-se, conforme o já referido, a confirmação do direito de todos ao uso de bens essenciais e comuns para o balizamento da evolução econômica frente à qualidade de vida; é a procura pelo tão desejado desenvolvimento sustentável, impedindo-se assim que os acontecimentos danosos a toda humanidade não fiquem sem retorno.

Evidenciado, todavia, por conteúdos multifatoriais e transdisciplinares, o meio ambiente também laborativo se mostra como um objeto de complicado estudo, particularmente por sua evolução e concepção em um universo jurídico permeado por transformações de ordem cultural, econômica e social, e derivadas do fenômeno da globalização.

Não fosse o Direito Comparado, com a pesquisa e a leitura comparativas de diferentes partes do Direito de distintos Estados, com diversificados fins, o progresso do conhecimento quanto ao meio ambiente também do trabalho estaria seriamente comprometido.

Podendo ser conceituado como um conjunto ou sistema de condições, normas (princípios e regras), influências e intersecções de ordem física, química, biológica e psicológica que se refletem sobre o homem em sua atividade laboral (a bem da verdade, esteja ele submetido ou não ao poder hierárquico – subordinação jurídica – de outrem), o meio ambiente do trabalho, fixado na conjuntura mais ampla da matéria ambiental, reclama a sua salvaguarda e promoção como direito humano fundamental efetivo.

Inserindo, sempre, novas frentes de atuação para os Estados, a questão concernente ao meio ambiente também do trabalho retorna com vigor ao roteiro de discussões no propósito da harmonização entre o que vem sendo decidido sobre a matéria no âmbito do Direito Internacional e os desafios internos de cada país, especialmente aqueles em desenvolvimento.

No caso brasileiro, diante da proteção internacional do meio ambiente também do labor como um direito em aperfeiçoamento, e dentro de uma panorâmica desenvolvimentista, a falta de eficácia social da legislação estatal apenas comprova que a falha não está na proteção jurídica, mas na ausência de sua real aplicabilidade.

Há direitos e obrigações aos Estados, como o Brasil, em temáticas ambientais, que também atingem as políticas econômicas internas ainda que indiretamente.

Nas decisões adotadas na Conferência de Estocolmo, e pela primeira vez, as políticas econômicas sobre elas pesaram, demonstrando o caráter internacional ambiental de proteção dos recursos, da implantação da cooperação como ferramenta de solução a questões ambientais, de responsabilidades transnacionais e intergerenciais dos possíveis danos e, tudo, com foco a possibilitar a manutenção da evolução humana e ainda a defender o homem de seus próprios instrumentos de "desenvolvimento", de sua técnica, de seus modelos de produção.

Isso demonstra que as normas de direito econômico e ambiental têm também na política econômica uma fonte fundamental. Tal política lida necessariamente com a coordenação da atividade de mercado, com a concorrência, com a prestação de serviços do Estado. Ela abraça, então, questões de caráter ambiental, como o problema do meio ambiente do trabalho. São indissociáveis os fundamentos econômicos de uma "política ambiental" consequente e exequível.

O posicionamento dos Estados nos compromissos com o meio ambiente também laboral assumidos em 1972 e, logo, levantando a questão do desenvolvimento sustentável no processo socioeconômico presente e futuro conseguiu o que Estocolmo não alcançou: a criação de critérios mínimos e razoáveis pautados na resiliência da natureza a serem aplicados no modo de produção, fazendo com que as externalidades sociais sofridas com os danos ambientais, inclusive laborativos, fossem internalizadas na atividade econômica com vista à proteção das futuras gerações, além de abrir a agenda mundial à cooperação multinível.

A partir daí muitos foram os atores que encabeçaram a proteção ambiental também do trabalho no âmbito mundial, tais como as organizações não governamentais e as empresas transnacionais. Agindo como atores da governança global, legitimados na obrigação de um futuro melhor e na sadia qualidade de vida ao homem, esses organismos são capazes de cuidar das questões ambientais com maior efetividade e ainda de se colocarem como verdadeiros difusores de práticas de boas condutas.

Assim, e principalmente para os países em desenvolvimento, como no caso do Brasil, o que não faltam são normas protetivas do meio ambiente também laboral. A carência, contudo, se faz patente no cerne do regime jurídico internamente praticado. Ausente a efetividade na aplicação de ditas normas jurídicas e omissa a "política ambiental" também para o meio ambiente do trabalho – o que pode ser suplantado com o auxílio do Direito Comparado, propiciador de um nivelamento de ordenamentos jurídicos por seus elementos substanciais.

Diante, pois, do fenômeno da globalização e da universalização dos direitos humanos fundamentais, na busca por um padrão de vida ligado ao desenvolvimento sustentável, também para a proteção do direito ao meio ambiente do trabalho, pode o Direito Comparado agir por meio de reflexões comparativas para que se defina um regime internacional mais congruente, voltado à prosperidade econômico-social e, por conseguinte, à eficácia estatal mediante aplicações jurídicas.

# CAPÍTULO 21
## DIREITO INTERNACIONAL PÚBLICO: O SISTEMA INTERNACIONAL DE DIREITOS HUMANOS E O MEIO AMBIENTE DO TRABALHO

*Guilherme Guimarães Feliciano*
*Mariana Benevides da Costa*

## INTRODUÇÃO

O presente capítulo dedica-se a entender como o Sistema Interamericano de Direitos Humanos acolhe o meio ambiente do trabalho, em linhas um tanto perfunctórias, a fim de cumprir com os necessários propósitos de clareza, concisão e objetividade.

Para esse propósito, visita-se o sistema global de proteção dos direitos humanos em todas as suas regiões, salientando, quanto a elas e desde já, um paralelismo inerente e evidente na integração da estrutura da Organização das Nações Unidas (ONU).

Na sequência, apresenta-se breve ensaio sobre os direitos humanos fundamentais, com ligeiro enfrentamento das críticas que ainda se apresentam a respeito disso, malgrado o enfraquecimento delas, devido à dinâmica e à contextura socioeconômica e política deste incipiente século XXI. Como se pode imaginar, a agenda dos direitos humanos fundamentais está vocacionada a temperamentos zetéticos, apesar de vinculada a propósitos muito concretos em torno da efetiva construção da paz social. A marcha nesse sentido tem sido contínua e, ainda que com reveses, também perseverante, ampliativa e sem retrogradação.

Nessa linha, ampliando progressivamente os concêntricos círculos de abrangência, o ordenamento jurídico pátrio termina por consumar a escolha constitucional do dia 5 de outubro de 1988, quando se consagrou, como um direito humano fundamental, o direito ao meio ambiente do trabalho sadio, voltado para a promoção da qualidade de vida do trabalhador. Essa é uma premissa essencial para os desdobramentos que a seguir se farão, no cotejo com o Direito Internacional dos Direitos Humanos (baseado em tratados e convenções internacionais que, sob a ratificação oficial da República Federativa do Brasil, passam a integrar o ordenamento jurídico pátrio).

Em referido contexto, as normas internacionais ditadas no âmbito do Sistema Interamericano de Direitos Humanos e da Organização Internacional do Trabalho (OIT) serão também passadas em revista – ainda que *à vol d'oiseau* –, juntamente com o exame, para terminar, das três condenações do Brasil na Corte Interamericana de Direitos Humanas (San José da Costa Rica).

Eis aqui o que se espera.

## 21.1. O SISTEMA GLOBAL DE DIREITOS HUMANOS

As agitações econômicas[1], políticas[2] e sociais[3] do século XIX desembocaram na chamada Primeira Grande Guerra[4], que tomou lugar na Europa Ocidental entre 1914 e 1918[5] e em cujo ocaso, no ano de 1919, sobrevieram a Conferência de Paz de Paris e o Tratado de Versalhes. As consolidações desse acordo internacional, por sua vez, deram origem à Liga das Nações e à Organização Internacional do Trabalho, duas instituições precursoras, historicamente considerando, do atual sistema global de direitos humanos. Essa é, portanto, a causa da presente remissão.

Sobre a Conferência de Paris e o Tratado de Versalhes, diz a historiografia atual (LANIOL, 2020), em texto:

> No limiar da obra de Keynes, a Conferência de Paz de Paris foi por muito tempo interpretada como o evento de fundação de uma paz cartaginesa, embora hoje ambas as historiografias – a francesa e a anglo-Saxônica – tendam a ser menos severas a respeito dessa conferência e dos atores dela, os quais tiveram que firmar compromissos e levar em conta opiniões trazidas pelo calor da guerra.
>
> Há também uma tendência de iluminar a dinâmica das cláusulas do tratado e os novos aspectos da ordem de Versalhes, que o colocam numa nova fase do Direito Internacional, pela criação da LN e da Organização Internacional do Trabalho (OIT), e pelos direitos das minorias.[6]

A Organização Internacional do Trabalho, a propósito, foi criada como uma resposta dos países combatentes[7] à Revolução Russa, ocorrida no transcurso da guerra, em outubro de 1917.

---

1 Desenvolvimento e expansão industrial da Europa Ocidental, necessidade de mercado consumidor e expansionismo colonialista das principais nações europeias (Reino Unido, França, Bélgica, Alemanha, Itália etc.).

2 Expansionismo colonialista das principais nações europeias, competição e desentendimentos entre elas.

3 Intensa exploração da mão de obra dos trabalhadores industriais, contratados sob modelo econômico liberal, sem intervenção estatal, com base no *laissez faire* e, portanto, na liberdade individual e na igualdade formal entre os seres humanos. Referido padrão negocial deu lugar a um elevado nível de pobreza e de exclusão socioeconômica dos operários europeus, gerando desentendimentos entre as classes sociais e suscitando múltiplas greves obreiras. A esse contexto, deu-se o desígnio de "questão social" e, contra esta, levantaram-se instituições insurgentes (sindicatos e associações de trabalhadores), e também as já estabelecidas, a exemplo da Igreja Católica, sendo que as primeiras reivindicam e as segundas apregoavam a necessidade de concessões materiais da parte do patronato, em favor dos operários, com vistas, respectivamente, à majoração dos patamares remuneratórios e à construção da paz social. A propósito, o Papa Leão XIII, cujo pontificado durou de 1878 a 1903, emitiu a célebre Carta Encíclica *Rerum Novarum* (ou Das coisas novas), em 15 de maio de 1891, na qual registra que: "[...] *2. Em todo o caso, estamos persuadidos, e todos concordam nisto, de que é necessário, com medidas prontas e eficazes, vir em auxílio dos homens das classes inferiores, atendendo a que eles estão, pela maior parte, numa situação de infortúnio e de miséria imerecida. O século passado destruiu, sem as substituir por coisa alguma, as corporações antigas, que eram para eles uma proteção [...]*". Vide: LEÃO XIII. Sumo Pontífice. **Rerum Novarum**. Roma: Vaticano, 1891. Disponível em: http://www.vatican.va/content/leo-xiii/pt/encyclicals/documents/hf_l-xiii_enc_15051891_rerum-novarum.html. Acesso em: 22 mai. 2021.

4 No curso da Primeira Guerra Mundial e em sua contextura política e socioeconômica, em outubro de 1917, impera observar a ocorrência da Revolução Russa, consistente em revolta operário-campesina, que derrubou o Czar Nicolau Romanov, da Rússia, e inaugurou a prática comunista preconizada por Karl Marx, entre outros.

5 Em novembro de 1918, os países em guerra assinaram o Armistício de Compiègne num vagão de trem, então localizado em uma floresta com o mesmo nome.

6 Em Em livre tradução nossa. No original: "In the wake of Keyne's work, the Paris Peace Conference was long interpreted as the founding event of a Cathaginian peace, although today both French and Anglo-Saxon historiography tend to be less harsh with respect to the conference ans its actors, who had to make compromises and take into account oppinios brought to fever pitch by the war. There is also a tendency to highlight the dynamics of treaty clauses and the novel aspects of the Versailles order, which also made it into a new phase for international law through the LN, the ILO (International Labour Organization) and minority rights."

7 Tanto países da Tríplice Entente (Reino Unido, França e Rússia, inicialmente), como países da Tríplice Aliança (Alemanha, Itália e Império Austro-húngaro).

Com essa nova instituição (a OIT), objetivava-se a finalização das questões sociais entre capital e trabalho, a defesa e a manutenção do modo de produção capitalista, o estabelecimento da paz doméstica nas nações e a promoção da necessária justiça social.

Convocados a lutar na guerra, trabalhadores de toda a Europa se transformaram em soldados dos respectivos países de origem e, nesse conflito, considerando as peculiaridades e os interesses defendidos por cada uma das nações europeias, eles combateram e enfrentaram a morte, de igual para igual, lado a lado, com a aristocracia econômica e com a nobreza remanescente, uma situação que levou todos a pensarem sobre as condições da vida civil operária e sobre a necessidade de melhorá-las a fim de afastar as ideias comunistas.

Um salto cronológico de vinte anos para a frente e se inicia a Segunda Grande Guerra, causada, em grande medida, pelas chagas abertas e nunca curadas da Primeira. Data de setembro de 1945[8] o término oficial daquela, que revela uma sequência de horrores humanitários, alguns dos quais jamais vistos na história dos conflitos bélicos. Sem exauri-los, alguns exemplos são: as leis raciais totalitárias e o holocausto de judeus, ciganos e homossexuais, os *Einsatzgruppen*, o estupro coletivo de mulheres alemãs praticado por soldados russos (ASH, 2015) e aliados (HOFFMANN, 2015) durante a ocupação da Alemanha, o lançamento de duas bombas atômicas sobre Hiroshima e Nagasaki, entre outros.

Forçosa foi, portanto, a restauração de valores humanitários e civilizatórios, cabendo aos países vencedores uma missão que começou a se cumprir com a Organização das Nações Unidas (ONU), organismo internacional com sede na cidade de Nova Iorque, nos Estados Unidos criado em 24 de outubro de 1945 (BRASIL, 2019), com a adesão inicial de 51 (cinquenta e um) países e com o propósito de fomentar a paz e o desenvolvimento entre os povos, a partir da Carta das Nações Unidas (de 06 de junho de 1945, mais geral) e da Declaração Universal de Direitos Humanos (de 10 de dezembro de 1948, mais específica), quanto aos delineamentos dos direitos humanos.

Referida Declaração Universal de Direitos Humanos (DUDH) e o Pacto Internacional sobre Direitos Civis e Políticos (PIDCP) e do Pacto Internacional de Direitos Econômicos, Sociais e Culturais (PIDESC) – tendo sido esses últimos tratados internacionais publicados em 6 de dezembro de 1966 –, em conjunto e de maneira agregada, formam, todos eles, a chamada *Bill of Rights* ou Carta Internacional de Direitos Humanos. Ela é a base jurídica do Sistema Global de Direitos Humanos, que se constitui de um complexo arcabouço de normas, cortes de justiça, comissões, agências e programas internacionais destinados, em suma, à afirmação, implementação dos direitos humanos e à realização de ações, junto aos países signatários, no sentido de efetivar medidas protetivas e promocionais.

Em perspectiva orgânica, o Sistema Global de Direitos Humanos, além da ONU e das agências e programas especializados, também conta com o Sistema Europeu de Direitos Humanos, com o Sistema Interamericano de Direitos Humanos e, finalmente, com o Sistema Africano de Direitos Humanos. Na condição de agência especializada para o cuidado das questões inerentes ao direito humano ao trabalho decente, a Organização Internacional do Trabalho (OIT) também integra o referido sistema global.

---

8   Em 08 de maio de 1945, a Segunda Guerra Mundial foi encerrada no continente europeu. Em 06 e 09 de agosto do mesmo ano, respectivamente, foram lançadas as bombas atômicas de Hiroshima e Nagasaki, que forçaram o Japão a assinar a total rendição no setembro seguinte.

Para explicar a coexistência do sistema global com os sistemas regionais de direitos humanos, vale trazer a lavra oportuna e literal de Dulitzky (2017):

> Ao sistema universal cumpre precisamente o objetivo de reafirmar a proteção aos direitos humanos em nível universal. Para os sistemas regionais, condições favoráveis dentro de região podem levar os Estados a confiarem mais em seus vizinhos e a estarem dispostos a fortalecer os órgãos regionais para resolverem disputas em torno dos direitos humanos. A relativa e maior homogeneidade cultural e ideológica de uma região também pode articular conceitos regionais específicos e interpretar as normas sobre os direitos humanos de acordo com as realidades locais ou regionais.[9]

É assim que tem sido, ao menos idealmente – e amiúde com boa concreção –, desde o final da década de quarenta do século XX.

### 21.1.1. Sistema Europeu de Direitos Humanos

Criado pela Convenção Europeia de Direitos Humanos, em 5 de maio de 1949, o Conselho da Europa é o organismo internacional voltado para a promoção dos direitos humanos no aludido continente, a partir do qual se estabelece o Sistema Europeu de Direitos Humanos. Ele reúne, atualmente, 47 (quarenta e sete) países e se valem, em sua composição estrutural, de uma comissão orgânica para o acompanhamento dos Estados-membros. A concretização dos direitos humanos, *in casu*, se faz pelo Tribunal Europeu de Direitos Humanos, que reúne, por assim dizer, em suas atribuições, as antigas Comissão e Corte europeias (Protocolo 11, da Convenção Europeia, de 1º de novembro de 1998).

O Tribunal Europeu de Direitos Humanos é permanente, tem sede em Estrasburgo, na França, e jurisdição vinculativa. Quanto à composição, conta com um juiz para cada Estado-membro, que são eleitos pela Assembleia Parlamentar do Conselho da Europa e auxiliados por uma secretaria administrativa, com funcionários provindos de todas as nações signatárias. O mandato é de nove anos, ou até que os magistrados atinjam setenta anos de idade.

É da competência do Tribunal em tela o julgamento dos casos de violação dos direitos humanos nos Estados-membros, alcançando nacionais e estrangeiros que estejam no respectivo território, de forma estável ou transitória. Ele admite o peticionamento ou individual, ou por grupos de indivíduos, ou por organizações não governamentais (art. 34), desde que cumpridos os requisitos de admissibilidade previstos no art. 35 da Convenção Europeia, *ipsis litteris*:

> ARTIGO 35° Condições de admissibilidade:
>
> 1. O Tribunal só pode ser solicitado a conhecer de um assunto depois de esgotadas todas as vias de recurso internas, em conformidade com os princípios de direito internacional geralmente reconhecidos e num prazo de seis meses a contar da data da decisão interna definitiva.
>
> 2. O Tribunal não conhecerá de qualquer petição individual formulada em aplicação do disposto no artigo 34° se tal petição:

---

9 Em livre tradução nossa. No original: "El sistema universal cumple precisamente el objetivo de reafirmar la protección de los derechos humanos a nível universal. Para los sistemas regionales, condiciones favorables dentro de uma región puenden llevar a los Estados a confiar más em suas vecinos, y a estar dispuestos a ponteciar los órganos regionales para resolver disputas em torno a los derechos humanos. La relativa mayor homogeneidade cultural y ideológica de uma región puede lograr um acuerdo sobre uma lista más completa de los derechos humanos, ou uma definición más detallada que la "universal". Los organismos regionales pueden también articular conceptos regionales específicos e interpretar las normas sobre derechos humanos de acuerdo com las realidades locales o regionales."

a) For anônima;

b) For, no essencial, idêntica a uma petição anteriormente examinada pelo Tribunal ou já submetida a outra instância internacional de inquérito ou de decisão e não contiver fatos novos.

3. O Tribunal declarará a inadmissibilidade de qualquer petição individual formulada nos termos do artigo 34° sempre que considerar que:

a) A petição é incompatível com o disposto na Convenção ou nos seus Protocolos, é manifestamente mal fundada ou tem carácter abusivo; ou

b) O autor da petição não sofreu qualquer prejuízo significativo, salvo se o respeito pelos direitos do homem garantidos na Convenção e nos respectivos Protocolos exigir uma apreciação da petição quanto ao fundo e contanto que não se rejeite, por esse motivo, qualquer questão que não tenha sido devidamente apreciada por um tribunal interno.

4. O Tribunal rejeitará qualquer petição que considere inadmissível nos termos do presente artigo. O Tribunal poderá decidir nestes termos em qualquer momento do processo.

O processo é escrito, podendo haver, excepcionalmente, audiências públicas com transmissão pela internet. Poucos casos, porém, chegam ao julgamento de mérito, considerando o desatendimento das formalidades processuais supraexpostas. Uma condenação pelo Tribunal Europeu de Direitos Humanos também tem efeito vinculativo e, normalmente, consiste na edição de um ato legislativo que elimine a lesão ao direito atingido e crie mecanismos inibitórios de novas faltas, de maneira que uma só decisão possa beneficiar, protetiva e preventivamente, todos os cidadãos de um Estado.

No texto da Convenção Europeia de Direitos Humanos, pouco se fala dos direitos econômicos, sociais e culturais vazados em protocolos e tratados específicos (PIOVESAN, 2018). A respeito disso, só existe a vedação da escravidão, do trabalho forçado e da discriminação, nada obstante a aludida qualidade de direitos conste em terceiro lugar na tabela de prioridade do TEDH, atrás apenas dos processos penais e dos processos sobre o estado e a capacidade das pessoas (KOEHLER, 2015).

Sobre o meio ambiente do trabalho, em particular, quase não há registros, joeirando-se os casos de Siliadin v. França e de Kawago v. Reino Unido (PIOVESAN, 2018). Ambos tratam das histórias de escravidão de duas trabalhadoras africanas no continente europeu, desconhecidas entre si, com excesso de jornada de uma delas e adoecimento mental da outra. Cada qual em um país distinto, com histórias assemelhadas, apesar dos distintos desfechos: a condenação, no caso da França, e a absolvição, no caso do Reino Unido (PIOVESAN, 2018).

Finalmente, cabe o adendo de que, ao lado do Conselho Europeu, há um segundo conselho, a saber, o Conselho da Europa, que, diferentemente do primeiro, cuida tão só dos assuntos da União Europeia (tendo, pois, menor número de integrantes, não se relaciona, no geral e a princípio, com o Sistema Europeu de Direitos Humanos).

### 21.1.2. Sistema Interamericano de Direitos Humanos

O documento inaugural do Sistema Interamericano de Direitos Humanos é a Carta da Organização dos Estados Americanos (OEA), que data de 30 de abril de 1948. Em segundo lugar, a Convenção Americana de Direitos Humanos, que é nomeada também como Pacto de San Jose da Costa Rica e veio à baila em 22 de novembro de 1969. E, complementando a Carta da OEA, o Pacto de San José da Costa Rica concebe, como instituições comprometidas com a realização dos tratados internacionais e humanistas firmados, a Comissão Interamericana de Direitos Humanos e a Corte Interamericana de Direitos Humanos (art. 33, alíneas "a" e "b").

Vejamos sobre isso com maior vagar.

### 21.1.2.1. *Comissão Interamericana de Direitos Humanos*

A Comissão Interamericana de Direitos Humanos representa todos os Estados-membros da Organização dos Estados Americanos (OEA) (art. 35, do Pacto de San Jose da Costa Rica) e tem como principal função promover o cumprimento e a defesa dos direitos humanos na região, cabendo-lhe, nos termos do art. 41, alíneas "a" a "g", da mesma norma internacional:

- Incentivar os direitos humanos em toda a América;
- Recomendar que os Estados-membros adotem medidas executivas e legislativas favoráveis aos direitos humanos;
- Preparar estudos ou relatórios que considerar convenientes;
- Solicitar aos Estados-membros informações sobre as medidas adotadas, quanto aos direitos humanos;
- Responder e assessorar os Estados-membros;
- Aviar as petições e comunicações que receber;
- Apresentar relatório anual à Assembleia Geral da OEA.

Cumpre aos Estados-membros conferir à Comissão todas as informações que esta lhes solicitar.

A Comissão Interamericana de Direitos Humanos é composta de sete membros, eleitos para mandatos de quatro anos, com direito a uma reeleição, entre os nacionais dos Estados-membros, de reputação ilibada, alta autoridade moral e reconhecida gnose sobre o tema dos direitos humanos.

Qualquer pessoa, ou grupo de pessoas, e, também, organizações não governamentais (ONGs) legítimas, podem postular perante a Comissão (art. 44), fazendo queixas e denúncias de violação de um Estado-membro ao Pacto de San José da Costa Rica. Essa petição deve comprovar o esgotamento da jurisdição interna e ser apresentada dentro de seis meses após a notificação da decisão doméstica definitiva. Outrossim, não pode haver litispendência quanto à matéria, o que é passível de suscitar a inadmissibilidade da peça.

Nos termos do art. 46, 2, alíneas "a" a "c", do Pacto de San José da Costa Rica), excepcionam essas formalidades e induzem o aceite da postulação:

- A inexistência de legislação interna do Estado;
- Quando não houver o devido acesso à justiça;
- Quando houver demora injustificada na decisão judicial interna.

A Comissão Internacional de Direitos Humanos, ao receber a queixa ou postulação, solicitará informações ao Estado responsável, informações essas que, uma vez respondidas, podem ou dar continuidade ao processo (i), ou levá-lo à declaração de inadmissibilidade (ii), ou, ainda, ao arquivamento (iii). Em caso de continuidade processual, a Comissão deve realizar uma investigação sobre o assunto, para fins de coleta de prova, recebendo todas as atenções necessárias, por parte dos Estados interessados no deslinde da demanda. Em todo caso, deve-se buscar a conciliação entre as partes.

Se isso não acontecer, a Comissão redigirá, no prazo estatutário, um relatório, no qual deve expor os fatos e suas conclusões, encaminhando-o em seguida aos Estados interessados, com as proposições e recomendações que julgar adequadas. A Comissão fixará um prazo para que o Estado acusado tome as providências cabíveis para a superação da violação apontada.

Resumindo, com REZEK (2005, p. 222 e 223), pode-se dizer que:

> [e]m linhas gerais, e desprezados os tópicos secundários de sua pauta de competências, a Comissão atua como uma instância preliminar à jurisdição da Corte. É amplo o seu poder para requisitar informações e formular recomendações aos governos dos Estados pactuantes. O verdadeiro ofício pré-jurisdicional da Comissão se pode instaurar, contra um Estado-parte, por denúncia ou queixa – atinente à violação de regra expressa na área substantiva do Pacto – formulada (a) por qualquer pessoa ou grupo de pessoas, (b)por entidade não governamental com funcionamento regular e (c) por outro Estado-parte; neste caso, porém, sob a condição de que o Estado denunciado haja reconhecido a competência da Comissão para equacionar essa forma original de confronto, com ou sem exigência de reciprocidade.

O Estado brasileiro, como se dirá adiante, já conhece bem esse *iter*.

### 21.1.2.2. A Corte Interamericana de Direitos Humanos

A partir do art. 52, o Pacto de San José da Costa Rica disciplina a organização e o funcionamento da Corte Interamericana de Direitos Humanos (Corte IDH), dotada de natureza e de competência jurisdicionais, com função contenciosa relativamente aos tratados humanistas regionais. Essa Corte é composta por sete juízes eleitos para um mandato de seis anos, com possibilidade de uma única reeleição (art. 54. 1). Os juízes permanecerão nas funções até o término dos respectivos mandatos, mas ainda participarão dos casos que se encontrem em fase de sentença e dos quais já houverem tomado conhecimento. Para tanto, não devem ser substituídos pelos novos eleitos (art. 54. 3).

Somente os Estados-membros e a Comissão têm legitimidade, por assim dizer, para submeter um caso à decisão da Corte IDH, a qual, para conhecer, também demanda, da mesma forma como se opera junto à Comissão IDH, o esgotamento das instâncias internas do país acusado de violação à norma internacional em tela e aos direitos humanos nela fixados (art. 61.2).

De acordo com o princípio do consentimento, de incidência própria – sabe-se deveras – no âmbito do Direito Internacional, todo Estado-membro pode, no momento do depósito da ratificação convencional ou em qualquer momento posterior, reconhecer a competência da Corte IDH em todos os casos relativos à interpretação e incidência dela (Art. 62.1). A declaração pode ser feita incondicionalmente, ou sob condição de reciprocidade, por prazo determinado ou para casos específicos (art. 62. 2).

A competência da Corte IDH alcança qualquer caso quanto à interpretação e à aplicação das cláusulas da Convenção Americana de Direitos Humanos (art. 62.3). Uma decisão afirmativa de violação a um direito ou a uma liberdade fundamental enceta, em favor do prejudicado, o gozo do direito ou da liberdade violados, assim como também impõe, na hipótese de procedência, a reparação dos danos configurados (art. 63.1).

A Corte IDH pode lançar mão de medidas provisórias, à semelhança das tutelas provisórias da legislação processual brasileira e guardadas as devidas proporções, diante de casos graves e urgentes, com o propósito de evitar danos irreparáveis às pessoas (art. 63.2). Toda sentença da Corte IDH deve ser fundamentada (art. 66. 1), tendo o juiz cujo voto foi vencido o direito de adicionar o voto dissidente ou individual à decisão (art. 66. 2). As sentenças da Corte IDH são irrecorríveis, e os Estados-membros, quando condenados, têm o compromisso de cumpri-las.

Por último e *in casu*, faz-se a observação de que, quanto à Corte IDH, é dispensada a abordagem relativa ao meio ambiente do trabalho, objeto de atenção algo mais detalhado, mais adiante e ainda neste estudo.

### 21.1.3. Sistema Africano de Direitos Humanos

O último dos sistemas regionais a ser constituído, o Sistema Africano de Direitos Humanos (SADH) nasceu em janeiro de 1981 com a Carta Africana dos Direitos Humanos e dos Povos, também chamada de Carta de Banjul. Formulada na esteira dos movimentos de independência que tiveram lugar nos diversos países africanos, referida Carta, embora afirme direitos civis, políticos, econômicos, sociais e culturais, ressalta o compromisso de eliminar todas as formas de colonialismo (preâmbulo), a igualdade e a autodeterminação entre os povos (art. 19º e art. 20º, 1, respectivamente) e o direito de se libertar do estado de dominação, recorrendo, para isso, a todos os meios reconhecidos pela comunidade internacional (art. 20.º, 2). Ela confere, pois, uma dimensão difusa aos direitos humanos ao suscitar o direito das populações, o que reflete, como já se disse, a situação político-econômica do continente, mas também a diversidade dos povos, etnias e culturas que o conformam.

A Carta de Banjul, nada obstante firmada na década de 1980, não se reporta expressamente aos direitos ambientais. Sobre o direito ao trabalho, diz, no art. 15.º, que "toda pessoa tem direito de trabalhar em condições equitativas e satisfatórias e de perceber salário igual por um trabalho igual". O art. 16.º, por sua vez, afirma que "toda pessoa tem direito ao gozo do melhor estado de saúde física e mental que for capaz de atingir".

Para uma implementação concreta, a Carta de Banjul criou, no art. 30, a Comissão Africana dos Direitos Humanos e dos Povos e, em protocolo aditivo a referido documento, de junho de 1998 e vigente a partir de 25 de janeiro de 2004, também criou o Tribunal Africano dos Direitos Humanos e dos Povos. A Comissão Africana dos Direitos Humanos e dos Povos é um órgão quase judicial que se dedica ao monitoramento da efetividade dos tratados internacionais firmados (MEDEIROS, 2017, p. 33), tendo, ainda, as seguintes atribuições:

a) Interpretação da Carta de Banjul;

b) Elaboração de estudos e pesquisas sobre os problemas africanos que impedem a implementação dos direitos humanos e dos povos;

c) Apreciação dos relatórios estatais;

d) Apreciação de comunicações individuais e interestatais que denunciem a violação de direitos humanos;

e) Organização de grupos de trabalho para o aprimoramento do Sistema Africano, inclusive com expansão do rol de direitos etc. (MEDEIROS, 2017, p. 33-34).

O Tribunal Africano de Direitos Humanos e dos Povos tem sede na cidade de Arusha, na República Unida da Tanzânia, e é composto por composto por onze juízes eleitos entre juristas com elevada reputação moral e notável conhecimento jurídico, especialmente quanto aos direitos humanos. Pode ser provocado pela Comissão Africana de Direitos Humanos e dos Povos, por organizações interestatais e pelos próprios Estados-membros, na condição de autores ou de acusados. O art. 5.º, 3, do Protocolo aditivo à Carta de Banjul, no entanto, assevera que: "Esta Corte pode autorizar Organizações Não Governamentais (ONGs) importantes, com status de observadoras perante a Comissão, e indivíduos para instituírem casos diretamente perante ela, de acordo com o artigo 34(6)."[10]

O Tribunal Africano de Direitos Humanos e dos Povos tem jurisdição contenciosa e consultiva e, quanto aos Estados que consignaram o Protocolo para criá-lo, pode impor medidas legislativas e reparatórias contra as violações humanitárias (MEDEIROS, 2017, p. 90).

## 21.2. O MEIO AMBIENTE DO TRABALHO SADIO E SEGURO COMO UM DIREITO HUMANO FUNDAMENTAL DO TRABALHADOR

Embora se vejam usualmente "acusados" de uma gênese impura, marcada pela (re)afirmação sub-reptícia da desigualdade social e pelo apoio à propriedade privada, os direitos humanos fundamentais constituem uma construção histórico-evolutiva de inegável valor civilizatório, que adentra pela pós-modernidade com uma pauta progressiva de proteção jurídica concedida de modo universal a todos os homens, mulheres, crianças e adolescentes do planeta. Hodiernamente, essa pauta vai ao encontro de proposições ditas progressistas, que buscam contingenciar o modo de produção hegemônico e os pendores desumanizantes deste.

Apenas para fins didáticos, não será ocioso lembrar um dos marcos da construção histórica dos direitos humanos no Ocidente: a *Magna Charta Libertatum*, assinada por John Lackland – ou João Sem-Terra –, rei da Inglaterra, em 1215, sob pressão dos barões ingleses.

O itinerário dessa edificação, todavia, tem primícias bem mais antigas, deitando raízes em monumentos jurídicos de culturas muito mais antigas (sem prejuízo, obviamente, do legado dos povos medievais, a exemplo da própria sociedade inglesa ducentista). Nesse sentido, prelúdios humanistas se encontram em legislações da longínqua Antiguidade Oriental, da Antiguidade Clássica, do próprio medievo, da chamada Idade Moderna, até maturarem com o jusnaturalismo racional da era contemporânea e, finalmente, chegarem à pós-modernidade ou, caso se prefira, aos direitos humanos da modernidade líquida (BAUMAN, 2021).

Assim, com o processo de ratificação e de ampliação que os alcança após a Segunda Grande Guerra, os direitos humanos fundamentais adentram o século XXI, densificados em várias constituições estatais – a Constituição brasileira, inclusive –, a partir das quais funcionam como faróis de paz social, advogando pela vida e pela dignidade humanas, pelas liberdades civis, pela eliminação das tantas discriminações possíveis[11], por uma igualdade material elementar e de saída, por uma economia holística, pelo trabalho decente[12], por um meio ambiente sadio e voltado para a qualidade de vida dos seres humanos e das demais espécies, por um desenvol-

---

10 Em livre tradução nossa. No original: "The Court may entitle relevant Non Governmental Organizations (NGOs) with observar status before the Commission and individuals cases directly before it, in acordance with article 34 (6)"
11 Até aqui, direitos que a doutrina pertinente convencionou classificar de direitos de primeira dimensão.
12 Até aqui, igualmente, direitos de segunda dimensão.

vimento tecnológico que seja ético, transparente e abranja a população planetária em geral[13], entre outros. Parafraseando uma canção já antiga (ENGENHEIROS DO HAWAII, 1990), pode-se dizer que, na atualidade, os direitos humanos fundamentais são "pop" e, como tudo o que é "pop", não poupam ninguém.

Assim, como um conjunto de faculdades e de poderes reconhecidos universalmente e titularizados, de formas individuais, coletivas e difusas, por todos os seres humanos e em face de todas as pessoas jurídicas de direito público e de direito privado, bem como de todas as pessoas físicas, os direitos humanos fundamentais têm as seguintes finalidades específicas (MORAES, 2003): a) reconhecimento e respeito à dignidade de todos os seres humanos; b) proteção da pessoa humana contra os arbítrios estatais (= eficácia vertical), por ação (= proibição de excesso) e por omissão (= proibição de proteção insuficiente) (CANARIS, 2003); e c) estabelecimento de condições mínimas de vida e de desenvolvimento da personalidade humana. Nesse contexto, ademais, e por meio desses mesmos direitos, protege-se também a pessoa humana de arbítrios praticados por seus iguais, em diversos ensejos de relações jurídicas ou fáticas assimétricas (= eficácia horizontal). É essa a condição típica do Direito do Trabalho e, por ele, do Direito Ambiental do Trabalho.

Por completude pedagógica tão somente, acrescente-se que, além de universais, os direitos humanos fundamentais também são invioláveis, inalienáveis, irrenunciáveis, complementares entre si, interdependentes, impassíveis de retrocesso e imprescritíveis. São marcados, outrossim, pela vocação da efetividade, devendo ser materializados, como vivências concretas, no cotidiano das sociedades, cujo padrão civilizatório inclusive vem sendo mensurado, nas últimas décadas, a partir da concretização deles.

Dito isso, retoma-se o catálogo dos direitos humanos fundamentais retroelencados para destacar deles o meio ambiente sadio e voltado para a qualidade de vida (art. 225, *caput*, da Constituição Federal), em cuja concentricidade e ao lado do meio ambiente natural, artificial e cultural, também se coloca o meio ambiente do trabalho (art. 200, inciso VIII, da Constituição Federal). Como visto em capítulos anteriores, o **meio ambiente do trabalho**, por sua vez, corresponde a um sistema de condições, leis, influências e interações de ordem física, química, biológica e psíquicas, que incidem sobre o ser humano no desempenho de uma atividade laboral, estando ele empregado ou não. Em perspectiva gestáltica e funcional, esse conceito já não se resume apenas ao local de trabalho do obreiro: manifesta-se, na verdade, no operar humano da própria atividade laboral, independentemente de onde ela se realize e sob que condições contratuais se estabeleça, de maneira que a doutrina vem desenhando uma divisão cada vez mais sofisticada. Assim, por exemplo, pode-se afirmar que:

a) quanto aos meios de realização da operação laboral, o meio ambiente do trabalho pode ser material ou digital;

b) quanto ao setor produtivo, pode ser rural ou urbano, sendo que esse último conta com subdivisões diversificadas;

c) quanto à presença física do trabalhador na planta empresarial, o meio ambiente do trabalho pode ser presencial ou telepresencial.

Para mais, como já dito aqui, e nos termos jusambientais constitucionais expostos (art. 225, *caput*, e art. 220, inciso VIII, da Constituição Federal), o meio ambiente do trabalho sadio e

---

13  E, aqui, direitos a partir da chamada terceira dimensão.

voltado para a qualidade de vida constitui, no Brasil, um direito humano fundamental de todo e qualquer trabalhador. E assim é precisamente por conta dessa direta e explícita opção política do constituinte originário, bem como também pelas demais disposições normativas – constitucionais e infraconstitucionais – que, ao validar a unidade e a sistematicidade do ordenamento jurídico pátrio, entremeiam-se à fonte constitucional no tecido exegético, de forma harmoniosa e coerente, para legitimar a substância normativa.

Há ainda, no tocante à principiologia específica incidente (já analisados o princípio do desenvolvimento sustentável, da precaução, da prevenção, da melhoria contínua, da participação, do poluidor-pagador etc.), os fundamentos e os objetivos da República brasileira, as normas internacionais que ora gozam de status hierárquico normativo supralegal (RE 466.343-1[14], de 31/12/2008) – a exemplo das convenções da OIT –, a Política Nacional do Meio Ambiente, prevista na Lei n.º 6.938, de 30 de agosto de 1981 (cujas normas vantajosamente se agregam à normativa labor-ambiental), a CLT e suas normas regulamentadoras, eventuais leis esparsas (como a Lei n.º 6.019, de 03 de janeiro de 1974, no artigo 4º-C, II), as normas coletivas e os regulamentos de empresa. Não se lida bem com as questões labor-ambientais sem que se tenha em conta todo esse cipoal normativo intrinsecamente humanitário, de índole nacional e internacional.

Então, como uma **primeira decorrência prática** dessa fundamentalidade do direito obreiro a um meio ambiente de trabalho sadio e voltado para a qualidade de vida, tem-se a nomológica obrigação patronal de desenvolver a atividade econômica com atenção integral à proteção, à segurança e à saúde – física e psíquica – do trabalhador. Cumpre à atividade econômica, portanto – e inclusive pela função socioambiental que também lhe toca (art. 170, *caput* e incisos III e VI, da Constituição Federal) –, a contratação de empregos de qualidade e de acordo com os *labour standards*, o fornecimento de condições de trabalho decentes, dotadas de urbanidade, infraestrutura e acomodações guarnecidas de iluminação, temperatura, equipamentos (protetivos individuais e coletivos, inclusive) e organização produtiva adequados, entre outros.

Sobre esse lastro e em síntese, firma-se, *a priori*, o dever legal patronal de resguardar e de proteger o obreiro, sob consequência da imputação objetiva das responsabilidades decorrentes de eventuais inadimplências.

Outro efeito prático dessa qualificação jusfundamental do meio ambiente do trabalho é o alinhamento do arcabouço jurídico labor-ambiental brasileiro com os sistemas global e interamericano de direitos humanos. Por essa via, tem-se uma consequente sintonia axiológica entre todas essas instâncias, que conformam a tessitura das salvaguardas jurídicas labor-ambientais como um incipiente caso de *jus cogens* internacional, que transcende os regramentos globais, interconecta-os em essência e autoriza novas possibilidades de fundamentação e de argumentação nas provocações formais às instâncias internacionais que aparelham referidos sistemas.

---

14    "[...] A internalização dos tratados internacionais de direitos humanos no ordenamento doméstico paralisa a eficácia jurídica de norma infraconstitucional contrária" (RE 466.343-1, de 31/12/2008), voto-vista do Min. Gilmar Mendes.

## 21.3. O MEIO AMBIENTE DO TRABALHO NAS NORMAS INTERNACIONAIS DE DIREITOS HUMANOS

Neste ponto de estudo, cabe bem apresentar uma linha do tempo a respeito do cuidado do meio ambiente do trabalho nas diferentes normas internacionais incidentes do Sistema Interamericano de Direitos Humanos. Veja-se:

| Norma Internacional do SInteramericano de DH | Dispositivos labor-ambientais |
| --- | --- |
| DUDH | Artigo 23° <br> 1.Toda a pessoa tem direito ao **trabalho**, à livre escolha do trabalho, a condições equitativas e satisfatórias de trabalho e à proteção contra o desemprego. <br> 2.Todos têm direito, **sem discriminação** alguma, a salário igual por trabalho igual. <br> 3.Quem trabalha tem direito a uma remuneração equitativa e satisfatória, que lhe permita e à sua família uma **existência conforme com a dignidade humana**, e completada, se possível, por todos os outros **meios de proteção social**. <br> Artigo 24° <br> Toda a pessoa tem direito ao **repouso e aos lazeres**, especialmente, a uma **limitação razoável da duração do trabalho** e as **férias** periódicas pagas. |
| PIDESC <br> (**NY, 19.12.1966**). Brasil: Decreto n. 591, de 06.07.1992. | Artigo 7° <br> Os Estados-Partes do presente Acordo reconhecem o direito de toda pessoa de gozar de condições de trabalho justas e favoráveis, que assegurem especialmente: [...] *b)* **a segurança e a higiene no trabalho** [...] <br> Artigo 12 <br> 1. Os Estados-Partes do presente Pacto reconhecem o direito de toda pessoa de desfrutar o mais elevado nível possível de **saúde física e mental**. <br> 2. As medidas que os Estados-Partes do presente Pacto poderão adotar com o fim de assegurar o pleno exercício desse direito incluirão as medidas que se façam necessárias para assegurar: [...] *b)* **a melhoria de todos os aspectos de higiene do trabalho e do meio ambiente** [...]" |
| Protocolo de Buenos Aires (**BUA – 27.02.1967**) <br> Brasil: Dec. Leg. n. 02, de 29.01.1968. | Artigo 31 <br> A fim de acelerar seu desenvolvimento econômico e social, de acordo com suas próprias peculiaridades e processos e dentro da estrutura dos princípios democráticos e das instituições do Sistema Interamericano, os Estados Membros convêm em envidar seus maiores esforços no sentido de alcançar as seguintes metas básicas: <br> g) **Salários justos**, oportunidades de emprego e **condições de trabalho aceitáveis para todos**; <br> Artigo 43 <br> Os Estados Membros, convencidos de que o homem somente pode alcançar a plena realização de suas aspirações dentro de uma ordem social justa, acompanhada de desenvolvimento econômico e de verdadeira paz, convêm em envidar os seus maiores esforços na aplicação dos seguintes princípios e mecanismos: <br> b) O **trabalho** é um direito e um dever social; confere dignidade a quem o realiza e deve ser exercido em condições que, compreendendo um regime de salários justos, assegurem a vida, a saúde e um nível econômico digno ao trabalhador e sua família, tanto durante os anos de atividade como na velhice, ou quando qualquer circunstância o prive da possibilidade de trabalhar; [...]. |

| | |
|---|---|
| Convenção Americana de Direitos Humanos ou PSJCR<br>**(SJCR, 22.11.69)**<br>Brasil, Dec. n. 678, de 22 Set. 1992. | Artigo 6º<br>Proibição da escravidão e da servidão<br>1. Ninguém poderá ser submetido a **escravidão ou servidão** e tanto estas como o **tráfico de escravos** e o tráfico de mulheres são proibidos em todas as suas formas.<br>2. Ninguém deve ser constrangido a executar **trabalho forçado ou obrigatório**. Nos países em que se prescreve, para certos delitos, pena privativa de liberdade acompanhada de trabalhos forçados, esta disposição não pode ser interpretada no sentido de proibir o cumprimento da dita pena, imposta por um juiz ou tribunal competente. O trabalho forçado não deve afetar a dignidade, nem a capacidade física e intelectual do recluso. [...] |
| Protocolo de São Salvador **(SSA – 17.11.1988)**<br>Brasil: Dec. n.º 3321, de 30.12.1999 | Artigo 6<br>Direito ao trabalho<br>1.Toda pessoa tem **direito ao trabalho**, o que inclui a oportunidade de obter os meios para levar uma **vida digna** e decorosa por meio do desempenho de uma atividade lícita, livremente escolhida ou aceita.<br>2. Os Estados Partes comprometemse a adotar medidas que garantam plena **efetividade do direito ao trabalho**, especialmente as referentes à consecução do pleno emprego, à orientação vocacional e ao desenvolvimento de projetos de treinamento técnicoprofissional, particularmente os destinados aos deficientes. Os Estados Partes comprometemse também a executar e a fortalecer programas que coadjuvem um adequado atendimento da família, a fim de que a mulher tenha real possibilidade de exercer o direito ao trabalho.<br>Artigo 7<br>**Condições justas, equitativas e satisfatórias de trabalho**<br>Os Estados Partes neste Protocolo reconhecem que o direito ao trabalho, a que se refere o artigo anterior, pressupõe que toda pessoa goze do mesmo em **condições justas, equitativas e satisfatórias**, para o que esses Estados garantirão em suas legislações, de maneira particular:<br>a. Remuneração que assegure, no mínimo, a todos os trabalhadores condições de subsistência digna e decorosa para eles e para suas famílias e salário equitativo e igual por trabalho igual, sem nenhuma distinção;<br>b. O direito de todo trabalhador de seguir sua vocação e de dedicarse à atividade que melhor atenda a suas expectativas e a trocar de emprego de acordo com a respectiva regulamentação nacional;<br>c. O direito do trabalhador à promoção ou avanço no trabalho, para o qual serão levadas em conta suas qualificações, competência, probidade e tempo de serviço;<br>d. Estabilidade dos trabalhadores em seus empregos, de acordo com as características das indústrias e profissões e com as causas de justa separação. Nos casos de demissão injustificada, o trabalhador terá direito a uma indenização ou à readmissão no emprego ou a quaisquer outras prestações previstas pela legislação nacional;<br>e. **Segurança e higiene no trabalho**;<br>f. Proibição de **trabalho noturno ou em atividades insalubres ou perigosas para os menores de 18 anos e, em geral, de todo trabalho que possa pôr em perigo sua saúde, segurança ou moral**. Quando se tratar de menores de 16 anos, a jornada de trabalho deverá subordinarse às disposições sobre ensino obrigatório e, em nenhum caso, poderá constituir impedimento à assistência escolar ou limitação para beneficiarse da instrução recebida;<br>g. **Limitação razoável das horas de trabalho, tanto diárias quanto semanais**. As jornadas serão de menor duração quando se tratar de **trabalhos perigosos, insalubres ou noturnos**;<br>h. **Repouso, gozo do tempo livre, férias remuneradas**, bem como remuneração nos feriados nacionais. |

Fonte: Os autores

Diante desse quadro, e também das considerações efetuadas ao longo dos itens anteriores, tem-se a percepção geral de que o sistema internacional de direitos humanos é composto por normas substantivas e adjetivas, as quais interagem com o ordenamento doméstico, como se estivessem numa via de mão dupla. De um lado, essas normas se encartam ao ordenamento interno e lhe ampliam o rol das faculdades humanas; de outro, cumpridas certas condições internacionalmente formalizadas, elas oportunizam a postulação de tutelas protetivas junto aos órgãos internacionais. Logo, é com base nessa dicotomia que se relaciona o meio ambiente do trabalho – genuíno direito humano fundamental – com as normas internacionais e, também, com o próprio sistema global referido anteriormente.

Assim, partindo-se da DUDH, que é uma declaração septuagenária, e vindo rumo às normas internacionais mais recentes, vê-se, no bojo dos textos normativos mais antigos, uma abordagem restritiva do trabalho humano, nada obstante ele se encontre também presente ali. Sem uso da locução "meio ambiente do trabalho" e ainda que limitadamente, a DUDH até discorre sobre o objeto que possui, enquanto os textos normativos mais novos e, também, os especializados – tal como se verá adiante com a OIT – amplificam a disciplina da matéria labor-ambiental, de acordo com a época em que foi editado. Quanto ao meio ambiente do trabalho, em específico, ilustram essa última hipótese o Protocolo de San Salvador, cujo art. 7, alínea "e", fala expressamente de segurança e higiene do trabalho, em concordância com as etapas apontadas por Oliveira (2011, p. 65), para a evolução histórica da abordagem temática do meio ambiente do trabalho e da saúde do trabalhador. Por sua vez, o texto da Convenção 155 da OIT, de que trataremos adiante, refere-se ao meio ambiente do trabalho (ou, na expressão inglesa, *"working environment"*[15]).

Comparativamente, quando da edição da DUDH, o Brasil cuidava do tema do meio ambiente do trabalho ainda na fase da *saúde ocupacional*[16], ao passo que, quando da edição do Protocolo de San Salvador, já oscilava entre a fase da *saúde do trabalhador* e a fase atual da *qualidade de vida*.

Uma nova percepção quanto a esses textos fundantes é a de que, apesar da próspera ambiência econômica do *welfare state* nos chamados países centrais com a edificação dos sistemas

---

15   Confira-se, por exemplo, o art. 4°, 1 e 2: "**1.** Each Member shall, in the light of national conditions and practice, and in consultation with the most representative organisations of employers and workers, formulate, implement and periodically review a coherent national policy on occupational safety, occupational health and **the working environment. 2.** The aim of the policy shall be to prevent accidents and injury to health arising out of, linked with or occurring in the course of work, by minimising, so far as is reasonably practicable, the causes of hazards inherent in **the working environment**". A expressão, ademais, não é sinônima de "local de trabalho", como se chega a ouvir em bancas de mestrado e doutorado; basta ver que o art. 5°, "a", distingue literalmente os *"workplaces"* do *"working environment"* e de outros elementos materiais e funcionais do meio ambiente do trabalho. Leia-se: "The policy referred to in Article 4 of this Convention shall take account of the following main spheres of action in so far as they affect occupational safety and health and the working environment: **(a)** design, testing, choice, substitution, installation, arrangement, use and maintenance of the material elements of work (workplaces, **working environment**, tools, machinery and equipment, chemical, physical and biological substances and agents, work processes); [...]" (g.n.).

16   Conforme OLIVEIRA (*op. cit.*), a fase da **SAÚDE OCUPACIONAL** enfatizou os processos produtivos da empresa, e não o ser humano. A fase da **SAÚDE DO TRABALHADOR** reivindica um meio ambiente de trabalho hígido e com foco no ser humano, que usufrui do direito fundamental à saúde. A fase da **QUALIDADE DE VIDA** é a atual, onde a tendência é a ampliação de direitos para o atendimento integral das necessidades do trabalhador, tanto físicas como psíquicas. Os organizadores e coautores deste *Curso de Direito Ambiental do Trabalho* advogam, a propósito, o passo além: a fase do **MEIO AMBIENTE DO TRABALHO**, como concepção holística, gestáltica, funcional e integrada da realização integral da pessoa humana no trabalho, em perspectiva física, psíquica e emocional, tomando-se o trabalhador, subordinado ou não, em sua dimensão individual e coletiva, como sujeito inserido nas demais dimensões do meio ambiente humano (natural, artificial, cultural).

de direitos humanos (décadas de 1950 e 1960), eles se desenvolveram privilegiando perspectivas mais individualistas do que coletivas e difusas. No caso do Sistema Interamericano de Direitos Humanos, por exemplo, vê-se um certo comedimento de alguns textos fundantes quando se trata de aprofundar a abordagem dos direitos econômicos, sociais e culturais, em especial. Mais recentemente, pôde-se inclusive identificar uma política diplomática reducionista dos próprios direitos humanos, sobretudo em regiões geográficas mais vulneráveis do ponto de vista econômico; nessa retórica de fins, o comprometimento atual de alguns direitos humanos – notadamente os direitos sociais gerais, ditos de prestação, e aqueles direitos ligados ao meio ambiente natural – seria justificado por um momento como *"conditio sine qua non"* para o desenvolvimento econômico e para a ulterior universalização do bem-estar[17] (estágio que, alegam, teria sido superado nos séculos anteriores pelos ditos países desenvolvidos e que, por justiça comutativa, não poderia ser agora negado aos países em desenvolvimento).

Piovesan (2018), no particular, indica a resistência de certos países em aderir a normas internacionais que lhes sejam constitutivas de prestações obrigacionais, oportunidade em que esclarece:

> A concepção contemporânea de direitos humanos já comprova que esse discurso [de resistência] se encontra ultrapassado, tendo em vista o caráter negativo e positivo dos direitos humanos de qualquer espécie ou geração, isto é, dos direitos individuais e políticos aos sociais, culturais e econômicos. É preciso destacar que os direitos fundamentais implicam obrigações de fazer, de abstenção e de respeito. Assim, não existem "direitos gratuitos e direitos caros", pois para sua concretização todos têm custo e necessitam de proteção por parte do Estado, o que explica a indivisibilidade e a interdependência dos direitos [...]

De todo modo, trata-se de uma política diplomática malsucedida no tempo, dado que as circunstâncias da realidade requestaram a assinatura de protocolos aditivos (Pacto de San Salvador, por exemplo e relativamente ao PIDESC), nos quais vários dispositivos superam essa deficiência e se põem a detalhar os direitos laborais, inclusive com explícita remissão à higiene e à segurança do trabalho, com o que franqueiam ao assunto e – salvo melhor juízo – a robustez dos direitos humanos fundamentais. Dessarte, o Sistema Interamericano desenvolveu um plexo normativo específico para a higiene e segurança do trabalho, restando habilitadas, por conseguinte, provocações possíveis e específicas sobre essa matéria junto à Comissão IDH.

Igualmente, os métodos de interpretação jurídica – sejam os clássicos, sejam os tradicionais[18] ou, ainda, os da chamada Moderna Hermenêutica[19] –, quando aplicados a essas normas internacionais, também se prestam a confirmar a estruturação internacional de uma malha protetiva do trabalhador, titular do direito humano fundamental a um meio ambiente do trabalho sadio e com qualidade de vida, porque esse é o atual degrau evolutivo de tutela da higiene e da segurança do trabalho. As fontes internacionais suprarreportadas só não utilizaram a locução "meio ambiente de trabalho" desde os albores em razão da pouca substância do conceito à época em que foram convencionadas.

---

17  No Brasil, essa lógica celebrizou-se em frase proferida pelo economista Antonio Delfim Netto, ministro da Fazenda dos governos Costa e Silva (1967-1969) e Médici (1969-1973): "Fazer o bolo crescer, para depois dividi-lo".

18  São métodos tradicionais de interpretação normativa o gramatical, o sistemático, o histórico, o teleológico-axiológico e o sociológico.

19  É chamada de Moderna Hermenêutica a que busca incidência constitucional para situações que não se subsumem à norma **jurídica** diretamente e demanda uma construção concretizadora.

## 21.3.1. A OIT e as normas internacionais do trabalho. A Convenção nº 155

Como parte integrante da Organização das Nações Unidas (ONU), sendo a primeira agência especializada dela (TRATADO DE VERSALHES, 1919), a OIT também participa do sistema global de direitos humanos e disciplina, do ponto de vista normativo, o meio ambiente do trabalho, fazendo-o pela ótica do trabalho decente e, mais recentemente, ratificando a jusfundamentalidade. Nesse sentido, a Declaração da OIT sobre os Princípios Fundamentais do Trabalho (1998) representa um *core obligation*, a que, em tempos recentes, agregaram-se as convenções relativas à saúde e à segurança do trabalhador (por força da Declaração do Centenário) e que devem ser observadas pelos países-membros, independentemente de ratificação. Como dizíamos, estamos diante da construção lenta e progressiva de um novo bloco normativo de *"ius cogens"* internacional.

Com efeito, a bem de uma integração axiológica entre os principais elementos da Declaração da OIT de 1998 e do Pacto de Direitos Econômicos, Sociais e Culturais (1966), corrigiu-se a inexplicável omissão originária da tutela fundamental do meio ambiente do trabalho entre os direitos e princípios fundamentais do trabalho consagrados pela Conferência Internacional do Trabalho. Isso foi endossado pela AG/ONU, em 16 de setembro de 2019, na Declaração do Centenário da OIT. *In verbis*:

> A segurança e saúde no trabalho é um princípio e direito fundamental no trabalho, além dos enunciados na Declaração da OIT sobre Princípios e Direitos Fundamentais no Trabalho (II.C)

Para a OIT, o conceito de *trabalho decente* encerra um conteúdo mínimo, composto pelo direito ao trabalho, pela liberdade de (e no) trabalho, pela igualdade no trabalho, pelo meio ambiente do trabalho sadio, pelas justas condições de trabalho, pela proibição do trabalho infantil e do trabalho forçado ou análogos, pela liberdade sindical e pela proteção contra os riscos sociais. Sobre o meio ambiente do trabalho sadio (ou equilibrado), inúmeras convenções já foram aprovadas, no âmbito da Conferência Internacional do Trabalho (CIT), com os mais diversos objetos. Citem-se as seguintes, entre as ratificadas pelo Brasil (e que, portanto, *são sindicáveis judicialmente* perante os tribunais brasileiros, em tese e princípio):

- *Proteção contra radiações ionizantes*: Convenção 115 (em vigor no Brasil desde 18 de junho de 1966)
- *Proteção contra os riscos de intoxicação por benzeno*: Convenção 136 (em vigor no Brasil desde 24 de março de 1994)
- *Prevenção e controle de riscos profissionais ligados a agentes cancerígenos*: Convenção 139 (em vigor no Brasil desde 27 de junho de 1991)
- *Proteção contra riscos ligados à contaminação do ar, ruído e vibrações*: Convenção 148 (em vigor no Brasil desde 14 de janeiro de 1983)
- *Segurança e saúde dos trabalhadores em geral e meio ambiente de trabalho*: Convenção 155 (em vigor no Brasil desde 18 de maio de 1993)
- *Reabilitação profissional e emprego de pessoas deficientes*: Convenção 159 (em vigor no Brasil desde 18 de maio de 1991)
- *Serviços de Saúde no Trabalho*: Convenção 161 (em vigor no Brasil desde 18 de maio de 1991)
- *Utilização de asbesto (amianto) com segurança*: Convenção 162 (em vigor no Brasil desde 18 de maio de 1991)

- *Segurança e saúde na construção civil*: Convenção 167 (ratificada em 19 de maio de 2006)
- *Segurança na utilização de produtos químicos no trabalho*: Convenção 170 (ratificada em 26 de dezembro de 1996)
- *Prevenção de grandes acidentes industriais:* Convenção 174 (ratificada em 02 de agosto de 2001)
- *Segurança e saúde em minas:* Convenção 176 (ratificada em 18 de maio de 2006)

Cite-se ainda, de recentíssima aprovação pela CIT: a *Convenção internacional sobre violência e assédio no trabalho,* de nº 190, aprovada em 2019 (108ª Reunião da CIT), no ano em que a OIT completava cem anos de existência. O Uruguai foi o primeiro Estado-membro a ratificar a Convenção nº 190, em junho de 2020. No Brasil, ainda não há qualquer movimentação clara a esse respeito.

Nessa trilha, ademais, a OIT mantém o *Programa Internacional para Melhoramento das Condições e do Meio Ambiente do Trabalho* (PIACT), programa permanente de cooperação técnica que atua em sintonia com o PNUMA (Programa das Nações Unidas para o Meio Ambiente) e assessora trabalhadores, governos e empregadores. Dos estudos dessa iniciativa, adveio justamente a predita **Convenção OIT nº 155**, cujos objetivos são os seguintes:

a) Proteção contra os efeitos desfavoráveis de fatores físicos, químicos e biológicos no local de trabalho e no meio ambiente imediato (= meio ambiente como *Gestalt*);

b) Prevenção da tensão mental resultante da duração excessiva, do ritmo, do conteúdo ou da monotonia do trabalho (= assédio moral, *straining*);

c) Promoção de melhores condições de trabalho, com distribuição adequada do tempo e do bem-estar dos trabalhadores;

d) Adaptação das instalações e locais de trabalho à capacidade mental e física dos trabalhadores (= ergonomia).

Debrucemo-nos, pois, sobre a Convenção n.º 155 (que, a nosso juízo, constitui atualmente o "centro de gravidade" de todo o arcabouço normativo internacional de proteção dos trabalhadores no meio ambiente do trabalho).

A *Occupational Safety and Health Convention,* que trata da saúde e da segurança dos trabalhadores – ou, mais abrangentemente, do *"working environment"* (como apontamos acima) –, foi firmada em Genebra (Suíça), no ano de 1981, durante a 67ª Reunião da CIT, tendo sido ratificada pelo Brasil em 18 de maio de 1992, após a aprovação pelo Decreto Legislativo nº 2, de 17 de março de 1992 (Congresso Nacional), seguindo-se a promulgação dele, para fins de eficácia interna, com o Decreto nº 1.254, de 29 de setembro de 1994. Esse decreto foi recentemente revogado por outro, o Decreto nº 10.088, de 05 de novembro de 2019, apenas para dar lugar à consolidação, num só decreto executivo, de todos os atos normativos editados pelo Governo Federal em razão das convenções e recomendações da OIT. No Brasil, portanto, **os teores da Convenção OIT nº 155 detêm cogência interna desde 30 de setembro de 1994,** com a publicação do Decreto nº 1.254/1992 no Diário Oficial da União. No plano internacional, por outro lado, essa convenção já estava em vigor desde 11 de agosto de1983. Entre nós, ademais, a Convenção nº 155 foi internalizada como norma jurídica de status mínimo de legalidade ordinária (a valerem as teses tradicionais) ou a valer para a hipótese – como entendemos ser o caso – a *ratio* estabelecida pelo STF para os tratados internacionais de direitos humanos (a partir do RE nº 466.343), com status de supralegalidade. Isso o Supremo Tribunal Federal ainda haverá de dizer.

A Convenção OIT nº 155 enuncia um conceito próprio de saúde (art. 3º, "e"), dizendo que "[o] termo «saúde», com relação ao trabalho, abrange não só a ausência de afecções ou de doenças, mas também os elementos físicos e mentais que afetam a saúde e estão diretamente relacionados com a segurança e higiene no trabalho". No mesmo sentido, a Convenção OIT nº 161 (Serviços de Saúde no Trabalho), no artigo 1º, "a", correlaciona saúde com a "adaptação do trabalho às capacidades dos trabalhadores, levando em conta seu estado de sanidade física ou mental".

É interessante, no particular, a referência explícita à saúde mental do trabalhador. Como se sabe, diferenciando-se das demais manifestações da *Gestalt* ambiental (meio ambiente natural, artificial e cultural), o meio ambiente do trabalho envolve, além das interações físico-químico--biológicas entre o ser humano e o entorno, um grau particularmente importante de *interações de ordem psicológica*. Logo, traduz ensejos de potencialidade causal para *doenças psicológicas e psiquiátricas* (depressões, compulsões, T.O.C. etc.).

No art 4.º, a Convenção OIT nº 155 estatui o seguinte:

> *Todo Membro deverá, em consulta com as organizações mais representativas de empregadores e de trabalhadores, e levando em conta as condições e a prática nacionais, formular, pôr em prática e reexaminar periodicamente uma política nacional coerente em matéria de segurança e saúde dos trabalhadores e o meio ambiente do trabalho.*

Cuida-se da alusão a coerentes políticas públicas em sede labor-ambiental, que, no Brasil, embora existam, ainda são insuficientes. Há um déficit de efetividade das normas jurídicas internacionais. A esse respeito, chama a atenção o fato de a Convenção OIT nº 155 ter sido ratificada pelo Brasil em 1994; quase um lustro depois, entre 1998 e 2000, eram registrados 1.146.157 acidentes de trabalho no Brasil (961.642 típicos, 80.989 de trajeto – fora do local de trabalho: artigo 21, IV, da Lei nº 8.213/1991 – e 73.526 doenças ocupacionais), com aumento do índice de acidentes de trajeto (em 1999 e 2000, em relação a 1998). De 376.240 acidentes registrados em 2000, 3.906 foram letais (somente na região Sudeste foram 1.480 óbitos, pouco menos do que, naquele mesmo período, os mortos computados ao ensejo da Intifada palestina).

No art. 12, a Convenção estabelece uma importante regra sobre as *obrigações preventivas* no projeto, fabrico e fornecimento de equipamentos/substâncias de uso profissional. Dispõe:

> Art. 12. Deverão ser adotadas medidas em conformidade com a legislação e a prática nacionais a fim de cuidar de que aquelas pessoas que projetam, fabricam, importam, fornecem ou cedem, sob qualquer título, maquinário, equipamentos ou substâncias para uso profissional: (a) tenham certeza, na medida do razoável e possível, de que o maquinário, os equipamentos ou as substâncias em questão não implicarão perigo algum para a segurança e a saúde das pessoas que fizerem uso correto dos mesmos.

Verifica-se, por corolário óbvio, uma engenhosa *particularização do princípio geral da precaução*, que, já se disse em capítulos anteriores, rege os contextos ambientais de incerteza científica:

> Com o fim de proteger o meio ambiente, o princípio da precaução deverá ser amplamente observado pelos Estados, de acordo com suas capacidades. Quando houver ameaça de danos graves ou irreversíveis, a ausência de certeza científica absoluta não será utilizada como razão para o adiamento de medidas economicamente viáveis para prevenir a degradação ambiental (artigo 15 da Declaração do Rio de 1992).

Pois bem: na ausência de *certeza razoável* quanto ao caráter relativamente inofensivo de equipamento, maquinário ou substância de uso profissional (isto é, quando utilizado de acordo com as respectivas especificações), *o projetista, o fabricante, o importador, o fornecedor ou o cedente deve(m) se abster de disponibilizá-lo(a)*.

Leia-se, ademais, no mesmo art. 12:

> [...] (b) facilitem informações sobre a instalação e utilização corretas do maquinário e dos equipamentos e sobre o uso correto das substâncias, sobre os riscos apresentados pelas máquinas e os materiais, e sobre as características perigosas das substâncias químicas, dos agentes ou dos produtos físicos ou biológicos, assim como instruções sobre a forma de prevenir os riscos conhecidos.

Trata-se do direito de informação (= direito de *quarta geração,* inerente à sociedade democrática e globalizada).

No item "c" do mesmo dispositivo convencionado, positiva-se o **dever de atualização progressiva** (= vinculação à evolução do estado da técnica), que também é conceito recorrente em seara ambiental. *Ad litteram*:

> Art. 12. [...] (c) façam estudos e pesquisas, ou se mantenham a par de qualquer outra forma, da evolução dos conhecimentos científicos e técnicos necessários para cumprir com as obrigações expostas nos itens «a» e «b» do presente artigo.

Mais além, a Convenção OIT nº 155 se ocupa da "greve de defesa", o que faz no art. 13, nos seguintes moldes:

> Art. 13. Em conformidade com a prática e as condições nacionais, deverá ser protegido, de consequências injustificadas, todo trabalhador que julgar necessário interromper uma situação de trabalho por considerar, por motivos razoáveis, que ela envolve um perigo iminente e grave para sua vida ou sua saúde.

É o célebre *direito de resistência,* incensado e apregoado tantas vezes, em diversos contextos: na filosofia política, por Thomas Hobbes e seu *Leviathan*; no constitucionalismo novecentista, pelo art. 21 da CRP[20] e, entre nós, entre várias outras constituições estaduais, cite-se o art. 229 da Constituição do Estado de São Paulo, com o seguinte teor:

> Artigo 229 - Compete à autoridade estadual, de ofício ou mediante denúncia de risco à saúde, proceder à avaliação das fontes de risco no ambiente de trabalho e determinar a adoção das devidas providências para que cessem os motivos que lhe deram causa.
>
> § 1º - Ao sindicato de trabalhadores, ou a representante que designar, é garantido requerer a interdição de máquina, de setor de serviço ou de todo o ambiente de trabalho, quando houver exposição a risco iminente para a vida ou a saúde dos empregados. [vide artigo 161/CLT]
>
> § 2º - Em condições de risco grave ou iminente no local de trabalho, será lícito ao empregado interromper suas atividades, sem prejuízo de quaisquer direitos, até a eliminação do risco. [greve ambiental]

Apesar de ser uma norma madura no tempo e de ser deveras conhecida e utilizada para a fundamentação jurídica de diferentes pleitos judiciais e administrativos, a Convenção OIT nº

---

20   Artigo 21. (Direito de resistência) Todos têm o direito de resistir a qualquer ordem que ofenda os seus direitos, liberdades e garantias e de repelir pela força qualquer agressão, quando não seja possível recorrer à autoridade pública

155, como de resto todo o sistema de direitos humanos fundamentais, ainda suporta entraves para efetivar-se. Não se deve desanimar, no entanto, considerando a extensão ampliativa e progressiva adquirida por esses mesmos direitos, em sua marcha ao longo tempo.

### 21.3.2. As condenações brasileiras na Corte IDH

Como já se disse anteriormente, todo esse sistema de normas internacionais de direitos humanos – sejam as normas do SIDH, sejam as normas da OIT – viabiliza incontáveis demandas administrativas ou judiciais, internas e internacionais, inclusive junto aos órgãos do sistema regional americano. Nesse caso, somam-se já às dezenas os casos em que trabalhadores brasileiros dos mais diversos segmentos, pessoalmente ou por entidades representativas, buscaram socorrer-se junto à Comissão e à Corte IDH. Essa última, por exemplo, ao menos em três ocasiões simbólicas e distintas já condenou o Brasil em matéria trabalhista. Em duas delas, havia evidentes lesões ao direito humano fundamental a um meio ambiente do trabalho sadio e com qualidade de vida (lesões essas de reparação já determinada, tanto individual, como estrutural e coletivamente).

Vejamos.

#### a) CASO FAZENDA BRASIL V. BRASIL

**(Caso nº 12.066)**

Nesse caso, o Brasil foi condenado pela desproteção de trabalhadores contra o trabalho escravo e o tráfico humano de uso sistemático na Fazenda Brasil Verde (Estado do Pará), que, por meio de "gatos" contratantes, durante cerca de uma década (anos 1990), costumava aliciar obreiros em regiões distantes e com vulnerabilidade econômica para levá-los para aqueles domínios territoriais e submetê-los a uma condição de escravidão moderna e de servidão laboral, com "trabalho exaustivo, condições degradantes de vida, falsificação de documentos e a presença de menores de idade".

A decisão da Corte IDH reconhece a pobreza material estrutural dos cidadãos como um fator especial de proteção e apresenta um novo conceito para o trabalho escravo contemporâneo, que deve conter os seguintes elementos: restrição ou controle da autonomia individual; perda ou restrição da liberdade de movimento de uma pessoa; obtenção de um proveito por parte do perpetrador; ausência, impossibilidade ou irrelevância de consentimento ou livre arbítrio da vítima devido à ameaça do uso de violência, à ameaça do uso de violência ou outras formas de coerção, ao medo do uso da violência, ao ardil ou às falsas promessas; uso da violência física ou psicológica; posição de vulnerabilidade da vítima; detenção ou cativeiro; e exploração (HIRATA, 2020).

A Corte ordenou ao Estado a adoção de diversas medidas de reparação.

#### b) CASO DA FÁBRICA DE FOGOS DE SANTO ANTÔNIO DE JESUS

**(Caso nº 12.428)**

Em julho de 2020, o Brasil volta a ser condenado pela Corte IDH em razão da explosão de uma fábrica de fogos na cidade de Santo Antônio de Jesus/BA, explosão essa que deixou um saldo de sessenta e quatro mortos, crianças, adolescentes e mulheres adultas. Quatro dessas mulheres estavam grávidas (JUSTIÇA GLOBAL, 2020).

Essa explosão revelou as precárias condições de vida e de trabalho dos obreiros da fábrica de fogos em questão, que, por pobreza estrutural e por falta de alternativas econômicas e empregatícias, sujeitaram-se a um trabalho de alto risco – pelo armazenamento local de cerca de 1,5 tonelada de pólvora – e com baixa remuneração (JUSTIÇA GLOBAL, 2020). Esta, a propósito, era paga por produção.

De acordo com a decisão da Corte IDH, o Estado brasileiro conhecia as condições perigosas de trabalho (JUSTIÇA GLOBAL, 2020). Entretanto, no particular, ficou inerte e não tomou medidas fiscalizatórias nem medidas preventivas do infortúnio citado. Foi, então, condenado a adotar uma série de medidas estruturais (de combate ao racismo e à pobreza estruturais), a executar a responsabilidade civil e penal dos atores ativos da explosão, a reparar as vítimas inclusive com tratamento médico e psicológico e além da indenização cabível.

## CONSIDERAÇÕES FINAIS

No tempo presente, é preciso reconhecer no Direito Internacional Público as potencialidades dispostas para a proteção da pessoa humana no contexto das relações de trabalho. No que diz respeito ao Direito Ambiental do Trabalho, não se podem esquecem as possibilidades que se abrem para a proteção universal e interdependente do meio ambiente do trabalho, tendo em perspectiva a higiene, a saúde e a segurança dos trabalhadores, à vista dos mais variegados riscos (físicos, químicos, biológicos, ergonômicos e psicossociais).

Nessa linha de concreção, algumas sugestões podem ser vazadas, inclusive como conteúdos possíveis de políticas públicas (estatais e não estatais):

a) A *conscientização* das populações e a *aculturação* dos operadores jurídicos. Habituar-se a reconhecer as convenções ratificadas, aprovadas e promulgadas como *norma interna vigente* e, na mesma esteira, reconhecer nas recomendações e nas convenções não ratificadas as funções hermenêuticas e integrativas que possuem (vide artigo 8º, *caput*, da CLT): eis dois passos essenciais para que a norma internacional do trabalho densifique-se no Brasil, inclusive nas instâncias judiciárias;

b) A inserção de "cláusulas sociais" em *trade agreements* e afins (OIT/OMC), inclusive com a previsão de sanções econômicas. Na mesma esteira, a adequação dos programas do Fundo Monetário Internacional e do Banco Mundial à lógica da garantia e da promoção interna dos direitos sociais (e não apenas à lógica de mercado) será um importante vetor de implementação das normas labor-ambientais de base interna e internacional. Exemplo recente dessas políticas, no campo social, são os *"debt for education swaps"*, com excelentes resultados no âmbito do direito social à educação;

c) A universalização dos usos institucionais, corporativos e mercadológicos da ISO 18.000 (i.e., do *certificado internacional de proteção e segurança do trabalho*). É certo que o seu propósito original era marcadamente *econômico* (inclusive por parte dos EUA e da União Europeia, com o propósito subjacente de conter o avanço dos países emergentes — como a China e os ditos "tigres asiáticos" — a partir do estabelecimento padrões internacionais anti*dumping*). Nada obstante, se bem utilizada, a ferramenta tende a tornar-se um genuíno instrumento de promoção social, incrementando os índices de segurança, salubridade e sanidade dos ambientes de trabalho;

**d)** A construção paulatina de uma jurisdição internacional efetiva. Nesse sentido, vem à baila a casuística reportada acima, no tópico 3.3, como ainda o acordo celebrado perante a Comissão Interamericana de Direitos Humanos, em 2002, no qual o Estado brasileiro se comprometeu a pagar R$ 52.000,00 a José Pereira Ferreira, escravizado na Fazenda Espírito Santo (Pará) e libertado em 1989. A partir dessa condenação (e de outros casos similares), experimentou-se no Brasil um claro processo de intensificação do combate ao trabalho escravo contemporâneo, melhorando sensivelmente as estatísticas nacionais nos anos subsequentes.

Há decerto outros caminhos. Apenas esses, porém, se simplesmente trilhados, já configurariam em poucos anos um avanço sem precedentes, com efeitos notáveis nas estatísticas de acidentes de trabalho e de doenças ocupacionais. Estamos falando, ao cabo e ao fim, da preservação de *vidas*. O resgate do Direito Internacional do Trabalho, especialmente em seara labor-ambiental, significará: **(i)** revalorizar o sentido de cogência da norma jurídico-material trabalhista e **(ii)** restabelecer o diálogo entre as "duas cidadanias", que seguem se rivalizando na cultura laboral: a cidadania do sujeito cidadão, plena de garantias, e a cidadania do sujeito trabalhador, frágil e secundarizada. O trabalho que não serve à vida já não deve servir ao mundo.

# PARTE ESPECIAL

# SEÇÃO V

## PROBLEMAS DO MEIO AMBIENTE DO TRABALHO, DIREITO AO MEIO AMBIENTE DO TRABALHO EQUILIBRADO, DESDOBRAMENTOS E CONCREÇÕES

# CAPÍTULO 22
MEIO AMBIENTE DO TRABALHO E TRABALHO RURAL: AGROTÓXICO

*Rodrigo Nicolau*

## INTRODUÇÃO

O meio ambiente é um relevante bem jurídico. Os estudos acerca desse tema têm ganhado destaque não apenas nos meios acadêmicos, mas também nos tribunais, uma vez que constantemente o Poder Judiciário está obrigado a cuidar de questões referentes ao meio ambiente. Trata-se o *meio ambiente*, na verdade, de um Direito Humano, um bem jurídico fundamental, difuso ou coletivo, que pertence a todos e a ninguém ao mesmo tempo. O meio ambiente é um direito humano de terceira dimensão[1].

Quando falamos em *meio ambiente* enquanto direito humano, tratamos de um conceito amplo, envolvendo o meio ambiente natural, meio ambiente artificial, meio ambiente cultural e meio ambiente do trabalho.

Aqui, nos deteremos aos aspectos relativos ao meio ambiente do trabalho, mais especificamente, ao meio ambiente do trabalho rural e sua relação com os agrotóxicos, produtos químicos tão marcadamente presentes nesse ambiente laboral.

O meio ambiente do trabalho é o local onde os trabalhadores exercem suas atividades laborais. E este ambiente há que ser preservado, no sentido de se proteger a saúde destes trabalhadores.

A Lei nº 6.938, de 31 de agosto de 1981, em seu art. 3º, I, dispõe que o meio ambiente é *"o conjunto de condições, leis, influências e interações de ordem física, química e biológica, que permite, abriga e rege a vida em todas as suas formas"*. Assim, é partir deste conceito legal aberto que analisaremos o meio ambiente do trabalho rural e suas relações com os agrotóxicos.

Importante registrar que referida lei foi recepcionada pela Constituição Federal de 1988, que ampliou a proteção ao meio ambiente e conferiu ao meio ambiente do trabalho, especificamente, um tratamento próprio.

O art. 225 da Constituição Federal dispõe que *"todos têm direito ao meio ambiente ecologicamente equilibrado, bem de uso comum do povo e essencial à sadia qualidade de vida (...)"*.

Portanto, a proteção ao meio ambiente consta do ordenamento jurídico brasileiro. No mesmo sentido, a proteção ao meio ambiente do trabalho, seja ele urbano ou rural.

---

1 Para doutrina majoritária, os direitos humanos de primeira dimensão surgiram com as Revoluções Liberais do séc. XVIII, e se constituem em direitos individuais, direitos de liberdade, subjetivos, portanto. Os direitos humanos de segunda dimensão são os direitos sociais, aqui incluídos o Direito do Trabalho. E os direitos humanos de terceira dimensão, no qual incluímos o direito ao meio ambiente preservado e limpo, são direitos de fraternidade e solidariedade, direitos metaindividuais.

Raimundo Simão de Melo registra que:

> a definição geral de meio ambiente abarca todo cidadão, e a de meio ambiente do trabalho, todo trabalhador que desempenha alguma atividade, remunerada ou não, homem ou mulher, celetista, autônomo ou servidor púbico de qualquer espécie, porque realmente todos receberam a proteção constitucional de um ambiente de trabalho adequado, seguro, necessário à sadia qualidade de vida. (MELO, 2013, p. 31)
>
> A partir da constatação de que o meio ambiente do trabalho é protegido pela legislação brasileira, vamos então observar como referida proteção se dá em relação ao meio ambiente do trabalho rural, que possui características próprias e que merece a atenção especial daqueles que pretendem compreender esta realidade que abarca milhares de trabalhadores.

O entendimento do que vem a ser o meio do trabalho rural é importante não apenas por ser a atividade rural uma atividade econômica que se destaca entre as riquezas produzidas no país[2], mas sobretudo porque os trabalhadores submetidos às condições de trabalho rural exercem atividades em ambientes com características próprias, que exercem influência direta sobre a saúde desse trabalhadores.

Dentre tantos fatores que influenciam as condições do meio ambiente do trabalho rural, o contato com produtos químicos, agrotóxicos, é um tema de destaque e que desperta a atenção dos estudiosos do Direito do Trabalho, por conta dos efeitos perversos à saúde do trabalhador que este contato com estes produtos químicos pode ocasionar.

Para uma melhor compreensão das particularidades que informam o meio ambiente do trabalho rural e sua relação com os agrotóxicos, vale identificar as principais características que individualizam esta atividade econômica, isto é, o trabalho rural.

O primeiro passo é identificar o conceito de trabalhador rural. A Lei nº 5.889, de 08 de junho de 1973, em seu art. 2º, define empregado rural[3]. A partir desta definição legal, é possível concluir que trabalhador rural é aquele que exerce suas atividades no primeiro tratamento ou beneficiamento do produto agrário, sem transformá-lo em sua natureza, para posterior venda ou industrialização.

Para estarmos diante de um trabalhador rural, suas atividades laborais não podem significar a transformação da essência do produto com o qual trabalha, pois ocorrendo referida transformação, a atividade deixaria de ser rural e passaria a ser industrial, urbana portanto.

Assim, empregado rural é toda pessoa física, que presta serviços de natureza não eventual, mediante remuneração e com subordinação jurídica para empregador rural[4], em estabelecimento agrário e em atividades agroeconômicas.

---

2    O PIB agropecuário – soma de todas as riquezas produzidas pelo país – chegou a R$ 263,6 bilhões em 2015. O IBGE aponta que o crescimento do setor se deve principalmente ao desempenho da agricultura. Alguns produtos registraram aumento na produção, com destaque para as lavouras de soja (11,9%) e milho (7,3%). A cana-de-açúcar cresceu 2,4%. Na pecuária, estão o abate de suínos (5,3%) e frango (3,8%). Fonte: http://www.agricultura.gov.br/comunicacao/noticias/2016/03/pib-da-agropecuaria tem alta de 1porcento em 2015. Acesso em 04 de jan. 2017.

3    "Art. 2º Empregado rural é toda pessoa física que, em propriedade rural ou prédio rústico, presta serviços de natureza não eventual a empregador rural, sob a dependência deste e mediante salário."

4    O conceito de empregador rural é previsto no art. 3º da Lei nº 5.889 de 1973: "Art. 3º Considera-se empregador rural, para os efeitos desta Lei, a pessoa física ou jurídica, proprietário ou não, que explore atividade agroeconômica, em caráter permanente ou temporário, diretamente ou através de prepostos e com auxílio de empregados".

É desta definição que identificamos, portanto, o meio ambiente do trabalho rural. Meio ambiente do trabalho rural é aquele onde os trabalhadores rurais exercem suas atividades laborais.

O Brasil, durante toda a sua história, teve na atividade econômica agropecuária um importante eixo do seu desenvolvimento social e econômico. Ainda assim, vale o registro de que o trabalho rural no Brasil nem sempre foi objeto de maiores preocupações por parte do legislador.

No início do século XIX, era o Código Civil de 1916 que disciplinava a locação de serviços e a empreitada e, também, tratava da parceria rural, instituto jurídico vinculado ao trabalho no campo.

Mesmo no texto da Consolidação das Leis do Trabalho, Decreto-Lei nº 5.452, de 1º de maio de 1943, o trabalho rural não mereceu maior atenção, tendo sido expressamente excluído da proteção dos direitos constantes desta Consolidação. Nesse sentido, o art. 7º da CLT, que impedia a aplicação de suas normas aos trabalhadores rurais.

Com o passar do tempo, o trabalhador rural foi conquistando direitos.

O Estatuto do Trabalhador Rural, Lei nº 4.124, de 18/03/1963, em seu art. 179, estendeu aos trabalhadores rurais os dispositivos da CLT. Em seguida, a Lei nº 4.504, de 30/11/1964, Estatuto da Terra, dispôs sobre vários temas atinentes ao trabalho rural, inclusive disciplinando a parceria agrícola.

A Lei nº 5.889/1973, Lei do Trabalhador Rural, estabelece normas reguladoras do trabalho rural. O Decreto nº 73.626/1974, que regulamentou referida lei, também avança na disciplina desta atividade rural.

Neste momento da história, questões referentes ao meio ambiente do trabalho rural começam a aparecer com mais destaque. Nesse sentido, o art. 13 da Lei nº 5.889/1973 dispõe que nos locais de trabalho rural serão observadas as normas de segurança e higiene estabelecidas em portaria do Ministério do Trabalho e Previdência Social.

Mas é com a Constituição Federal de 1988 que o trabalhador rural e o meio ambiente do trabalho rural alcançam o merecido destaque no ordenamento jurídico. Nesse sentido, o *caput* do art. 7º da Constituição Federal, que garante aos trabalhadores rurais todos os direitos trabalhistas constantes do texto constitucional[5].

A Constituição Federal de 1988 representou um grande avanço na regulamentação do meio ambiente enquanto bem jurídico tutelável, seja ele o meio ambiente natural, artificial, artístico ou o meio ambiente do trabalho. É partir do texto constitucional que novas normas surgiram com o objetivo claro de proteção ao meio ambiente do trabalho.

A proteção ao meio ambiente do trabalho garante, na verdade, a proteção ao trabalhador, que mesmo enquanto sujeito de direito da relação jurídica laboral, continua a ostentar todos os direitos de cidadão. O trabalhador, enquanto empregado, possui direitos inerentes a esta sua condição, acumulando ainda ao seu patrimônio jurídico, todos os direitos garantidos aos cidadãos, nas mais diversificadas esferas jurídicas tuteladas pelo Direito. Entre eles, por óbvio, o direito ao meio ambiente do trabalho saudável.

A Constituição Federal, em seu art. 1º, estabelece como fundamentos da República, entre outros, a dignidade da pessoa humana (inciso III) e os valores sociais do trabalho (inciso IV).

---

5    "Art. 7º. São direitos dos trabalhadores urbanos e rurais, além de outros que visem à melhoria de sua condição social [...]".

Registra-se nessa oportunidade que as normas constitucionais, nos dias de hoje, possuem aplicabilidade e eficácia capazes de garantir direitos e imputar obrigações.

O art. 170 da Constituição Federal diz que ordem econômica será fundada na valorização do trabalho humano. Nesse sentido, referida valorização é também cuidar do meio ambiente laboral. Mas o texto constitucional avança ainda mais quando trata da ordem econômica, dispondo no inciso VI deste mesmo artigo que a ordem econômica deverá observar como um dos seus princípios a *"defesa do meio ambiente, inclusive mediante tratamento diferenciado conforme o impacto ambiental dos produtos e serviços e de seus processos de elaboração e prestação"*.

Ainda compreendendo o trabalhador enquanto cidadão, é preciso registrar que o art. 196 do Texto Constitucional garante o direito universal e amplo à saúde. A saúde do trabalhador só é garantida quando se cuida do meio ambiente onde ele desempenha suas atividades. Apenas com um meio ambiente do trabalho livre de agentes poluentes é possível garantir a preservação da saúde dos trabalhadores.

O art. 225 da Constituição Federal dispõe que *"Todos têm direito ao meio ambiente ecologicamente equilibrado, bem de uso comum do povo e essencial à sadia qualidade de vida"*. Expresso, mais uma vez, portanto, o comando constitucional no sentido de proteção ao meio ambiente do trabalho.

É da leitura deste art. 225 do Texto Constitucional que extraímos alguns dos princípios fundamentais da proteção ao meio ambiente. São eles os princípios da *proteção*, da *educação* e do *poluidor-pagador*. Não é nosso objetivo, neste capítulo, detalhar referidos princípios, mas seu entendimento é fundamental para a melhor compreensão da relação entre meio ambiente do trabalho rural e os agrotóxicos.

O art. 7º, em seu inciso XXII, é definitivo na proteção ao meio ambiente do trabalho.

Referido inciso XXII encampa um princípio protetor dos trabalhadores, na tentativa de garantir condições dignas para aqueles que trabalham. Registra Guilherme Guimarães Feliciano (2020) a importância do inciso XXII do art. 7º da CF:

> E como corolário do direito ao meio ambiente do trabalho equilibrado, a Constituição Federal consagrou, no seu artigo 7º, XXII, o direito social jusfundamental à "redução dos riscos inerentes ao trabalho", que: a) realiza no plano laboral o princípio jurídico-ambiental da melhoria contínua ou do risco mínimo regressivo; b) é titularizado por todos os trabalhadores, sejam ou não subordinados; e c) traduz-se, para os empresários, nos deveres de antecipação, de planejamento e de prevenção dos riscos labor-ambientais.

O próprio Supremo Tribunal Federal, em recentes decisões, sedimentou o entendimento de que o comando constitucional previsto no art. 7º, XXII, valoriza a proteção dos trabalhadores diante de riscos eventualmente presentes no meio ambiente do trabalho. Em decisão proferida pelo Ministro Alexandre de Moraes, considerou-se inconstitucional a norma que admite a possibilidade de trabalhadoras grávidas e lactantes desempenharem atividades insalubres em algumas hipóteses, nos termos dos incisos II e III do art. 394-A da Consolidação das Leis do Trabalho (CLT) com a redação conferida pelo art. 1º da Lei nº 13.467/2017 (Reforma Trabalhista).

Nesse sentido, o trecho da Decisão do Ministro Alexandre de Moraes (STF, 2019):

> A Constituição Federal proclama importantes direitos em seu artigo 6º, entre eles a proteção à maternidade, que é a *ratio* para inúmeros outros direitos sociais instrumentais, tais como a

licença-gestante, o direito à segurança no emprego, que compreende a proteção da relação de emprego contra despedida arbitrária ou sem justa causa da gestante e, **nos incisos XX e XXII, do artigo 7º**, a proteção do mercado de trabalho da mulher, mediante incentivos específicos, nos termos da lei e redução dos riscos inerentes ao trabalho, por meio de normas de saúde, higiene e segurança. (g.n.).

Das normas constitucionais citadas acima denota-se que o meio ambiente do trabalho é um bem jurídico protegido, pois o objetivo principal é garantir a saúde dos trabalhadores.

A saúde é um direito fundamental dos cidadãos. É também um direito fundamental do cidadão-trabalhador. Para sua preservação, os cuidados com o meio ambiente do trabalho são essenciais. O art. 200, em seus incisos II e VIII da Constituição Federal, afirma que compete ao SUS (Sistema Único de Saúde) "*II – executar as ações de vigilância sanitária e epidemiológica, bem como as de saúde do trabalhador;*" e "*VIII – colaborar na proteção do meio ambiente, nele compreendido o do trabalho*".

Como registra Raimundo Simão de Melo (2013, p. 31), ao comentar o art. 200 da Constituição Federal, "é o meio ambiente do trabalho um dos mais importantes aspectos do meio ambiente, que agora, pela primeira vez na história do nosso sistema jurídico, recebe proteção constitucional adequada".

Além dos citados dispositivos constitucionais, outras normas existem no sentido da proteção ao meio ambiente do trabalho. As normas internacionais possuem relevância, destacando-se a Convenção nº 148 da OIT (contaminação do ar, ruído e vibrações), bem como as Convenções nº 155 (Segurança e saúde dos trabalhadores), a nº 161 (Serviços de saúde do trabalho) e a nº 187 (Quadro promocional para a segurança e saúde no trabalho).

Também merece destaque a Convenção nº 141 da OIT que trata da organização dos trabalhadores rurais e que foi promulgada no Brasil pelo Decreto nº 1.703, de 17/12/1995.

Pensando nas normas infraconstitucionais, merece atenção a Lei nº 6.938 de 1981, que dispões sobre a Política Nacional do Meio Ambiente.

Ainda no âmbito do direito nacional, a CLT, em seu Capítulo V, dispõe sobre normas de segurança e medicina do trabalho que também serão fundamentos jurídicos na busca por um meio ambiente do trabalho rural hígido.

Por fim, observa-se que as Normas Regulamentadoras, Portaria nº 3.214 de 1978 editada pelo antigo Ministério do Trabalho e Emprego, detalha aspectos do meio ambiente do trabalho, ressaltando-se a NR-31, que cuida especificamente do meio ambiente do trabalho rural.

## 22.1. DOS AGROTÓXICOS

Conforme já descrito, o meio ambiente do trabalho rural é objeto de preocupação da ordem jurídica brasileira, pois busca a proteção da saúde dos trabalhadores que neste meio ambiente exercem suas atividades laborais.

Nesse sentido, a análise do meio ambiente do trabalho rural e sua relação com os agrotóxicos merece destaque.

Há uma relação estreita entre a preocupação com a saúde dos trabalhadores rurais e o seu contato com produtos químicos. Para bem entender referida relação, necessário descrever, afinal, quais preocupações o uso de agrotóxicos traz para a preservação do meio ambiente enquanto direito difuso, e para a saúde dos trabalhadores rurais que fazem uso de referidos produtos no exercício de suas funções.

Os agrotóxicos podem ser classificados em categorias tais como inseticidas (controle de insetos), fungicidas (combate aos fungos), herbicidas (combate às plantas invasoras), desfolhantes (combate às folhas indesejadas) e fumigantes (combate às bactérias do solo). A NR-31, no item 31.8, utiliza os termos agrotóxicos, adjuvantes e produtos afins.

A Lei nº 7.802, de 11 de julho de 1989, em seu art. 2º, define agrotóxico nos seguintes termos:

> Art. 2º Para os efeitos desta Lei, consideram-se:
> I – agrotóxicos e afins:
> a) os produtos e os agentes de processos físicos, químicos ou biológicos, destinados ao uso nos setores de produção, no armazenamento e beneficiamento de produtos agrícolas, nas pastagens, na proteção de florestas, nativas ou implantadas, e de outros ecossistemas e também de ambientes urbanos, hídricos e industriais, cuja finalidade seja alterar a composição da flora ou da fauna, a fim de preservá-las da ação danosa de seres vivos considerados nocivos;
> b) substâncias e produtos, empregados como desfolhantes, dessecantes, estimuladores e inibidores de crescimento [...].

Em muitos momentos, a sociedade debate a presença do agrotóxico como uma preocupação voltada à proteção do meio ambiente natural e também à proteção da saúde do consumidor, que poderá, quando de sua alimentação, ingerir substâncias químicas presentes em produtos agrícolas. Essas preocupações merecem atenção, mas os cuidados que os trabalhadores rurais devem ter quando mantêm contato direto ou indireto com referidos produtos químicos, durante o exercício de suas atividades laborais na zona rural, não poderão escapar à atenção da sociedade.

Essa preocupação se justifica pois o Brasil é um dos países que mais utiliza agrotóxicos. O número de registros de novos agrotóxicos disponíveis no mercado consumidor brasileiro aumentou vigorosamente nos últimos anos. No ano de 2006 havia o registro de 277 defensivos agrícolas. No ano de 2017 esse número passou para 405, segundo fontes do Ministério da Agricultura (BRASIL, 2019).

Este aumento da quantidade de agrotóxicos disponível no mercado brasileiro é uma tendência. Nesse sentido, o Ato nº 42, editado pelo Ministério da Agricultura, Pecuária e Abastecimento e publicado no Diário Oficial da União do dia 24 de junho de 2019, indica o registro de 42 novos agrotóxicos (BRASIL, 2019).

O aumento do número de agrotóxicos comercializados no país é um dado que preocupa, pois afeta diretamente a saúde dos trabalhadores rurais que fazem uso constante de substâncias químicas, preparando misturas, aplicando produtos, fazendo o descarte de resíduos, muitas vezes sem fazer uso adequado e regular de Equipamentos de Proteção Individual – EPIs.

Os agrotóxicos podem causar problemas à saúde dos trabalhadores de forma direta ou indireta. A intoxicação com substâncias químicas pode se dar pelo contato direto entre trabalhador e produto. Mas o contágio também pode se dar indiretamente, quando os agrotóxicos são aplicados por meio de aviões que sobrevoam grandes áreas derramando produtos químicos que invariavelmente são espalhados pelos ventos para vários lugares.

Os principais males causados pelos agrotóxicos são as intoxicações que podem ocorrer abruptamente, com o contato direto pelo trabalhador com grande quantidade de produto químico ou de maneira crônica, diante da exposição do trabalhador a pequenas doses de agrotóxicos e durante uma duração de tempo razoável.

A exposição e o contágio com agrotóxicos não se dão, apenas, naqueles trabalhadores rurais que exercem suas atividades em grandes empreendimentos agrícolas. Muitas vezes, é na agricultura familiar, nas pequenas propriedades rurais, que os trabalhadores sofrem consequências mais graves decorrentes desse contágio, pois a esses trabalhadores não é proporcionado um cuidado no trato dos agrotóxicos.

Enfim, a relação entre meio ambiente do trabalho rural e a utilização de agrotóxicos há que ser objeto da preocupação do legislador no sentido da proteção dos trabalhadores que, pela natureza de suas funções, estão obrigados ao contato com referidos produtos químicos.

## 22.2. DA NR-31 E DO MEIO AMBIENTE DO TRABALHO RURAL

O meio ambiente do trabalho rural mereceu por parte do Poder Público especial atenção, com a edição da Norma Regulamentadora nº 31 (NR-31).

A NR-31 trata das atividades econômicas agropecuárias, com destaque para as atividades laborais desempenhadas pelos trabalhadores em ambientes rurais.

Em linhas gerais, a NR-31 busca garantir adequadas condições de trabalho e higiene para os trabalhadores rurais, sempre observando as principais características destas atividades desempenhadas no campo.

Assim, temos no bojo da NR-31 a principal fonte jurídica a ser observada quando da proteção do meio ambiente do trabalho rural. Vamos, então, à sua análise, destacando as disposições acerca das preocupações com a utilização dos agrotóxicos.

A NR-31 surgiu em obediência ao dispositivo contido no art. 13 da Lei nº 5.889/1973. Foi primeiramente regulada pela Portaria MTE nº 86, de 03 de março de 2005. Posteriormente foi alterada em alguns aspectos pela Portaria MTE nº 2.546, de 14 de dezembro de 2011 e pela Portaria MTE nº 1.086, de 18 de dezembro de 2018.

O item 31.1.1 desta NR estabelece que:

> esta Norma Regulamentadora tem por objetivo estabelecer os preceitos a serem observados na organização e no ambiente de trabalho, de forma a tornar compatível o planejamento e o desenvolvimento das atividades da agricultura, pecuária, silvicultura, exploração florestal e aquicultura com a segurança e saúde e meio ambiente do trabalho.

Estabelece-se, portanto, que a preocupação desta norma, entre outros aspectos, é com as atividades do campo, meio ambiente do trabalho rural.

Assim, a NR-31 reúne as orientações gerais para que o meio ambiente rural seja o mais adequado possível ao bom exercício das atividades agropecuárias[6].

A NR-31, em seu item 31.4.2, determinou a criação da Comissão Permanente Regional Rural – CPRR, no âmbito das delegacias regionais do trabalho. Referida comissão vai ao encontro dos dispositivos constitucionais de proteção ao meio ambiente do trabalho. Uma de suas atribuições é justamente propor medidas para o controle e a melhoria das condições e dos ambientes

---

[6] NR-31: "31.2.1 Esta Norma Regulamentadora se aplica a quaisquer atividades da agricultura, pecuária, silvicultura, exploração florestal e aquicultura, verificadas as formas de relações de trabalho e emprego e o local das atividades".

de trabalho rural. Nos termos do item 31.4.4, a CPRR terá composição tripartite, com representantes dos trabalhadores, dos empregadores e do governo.

Com o mesmo intuito de proteger o meio ambiente do trabalho rural, a Portaria MTE nº 1.086, de 18 de dezembro de 2018, alterou a NR-31, dispondo em seu item 31.5, a criação do Programa de Gestão de Segurança, Saúde e Meio Ambiente do Trabalho Rural – PGSSMATR.

O PGSSMATR determina que os empregadores rurais devem praticar ações de segurança e saúde com o objetivo de prevenção de acidentes e doenças decorrentes do trabalho nos locais da prestação dos serviços rurais. Os objetivos deste Programa são proporcionar "a) melhoria das condições e do meio ambiente de trabalho; b) promoção da saúde e da integridade física dos trabalhadores rurais; c) campanhas educativas de prevenção de acidentes e doenças decorrentes do trabalho".

No item 31.6 desta Norma Regulamentadora foi criado o Serviço Especializado em Segurança e Saúde no Trabalho Rural – SESTR. A exemplo da NR-04, que já previa este *serviço* nos ambientes do trabalho urbano, buscou-se aqui garantir a mesma proteção e cuidado com o trabalhador rural.

O SESTR será composto por profissionais especializados, entre eles, engenheiros de segurança e medicina do trabalho, médicos do trabalho, enfermeiros do trabalho, técnicos de segurança do trabalho e técnicos ou auxiliares de enfermagem. Suas atribuições constam do item 31.6.1 da NR-31, destacando-se a identificação e avaliação dos riscos para a segurança em saúde e segurança para os trabalhadores, indicação de medidas para eliminação destas condições de risco, intervenção nas condições de trabalho que estejam associadas a graves e iminentes riscos para a segurança dos trabalhadores rurais.

A composição e dimensionamento do SESTR foi alterada pela Portaria nº 1.086, de 18 de dezembro de 2018, sendo que nos itens 31.6.11 e 31.6.12 constam as tabelas indicando a quantidade de profissionais que deverão compor este *serviço*.

Seguindo o exemplo do que já ocorria com os trabalhadores urbanos, a NR-31 determinou a criação da CIPATR – Comissão Interna de Prevenção de Acidentes do Trabalho Rural.

No item 31.7.1 consta que o objetivo da CIPATR é a prevenção de acidentes e doenças relacionados ao trabalho. Mais uma vez, clara a preocupação do legislador com o meio ambiente do trabalho rural.

Além de estabelecer todos os procedimentos para a formação e composição da CIPATR, constam também da NR-31 as principais atribuições desta *comissão*.

Nesse sentido, o item 31.7.9, entre outras, consigna que é atribuição da CIPATR:

> a) acompanhar a implementação das medidas de prevenção necessárias, bem como da avaliação das prioridades de ação nos locais de trabalho; b) identificar as situações de riscos para a segurança e saúde dos trabalhadores, nas instalações ou áreas de atividades do estabelecimento rural, comunicando-as ao empregador para as devidas providências; c) divulgar aos trabalhadores informações relativas à segurança e saúde no trabalho;

A NR-31 traz muitas outras disposições com o objetivo de proporcionar melhorias de condições de trabalho aos trabalhadores rurais. Apenas com exemplos, registra-se que no item 3.10 dispõe sobre aspectos relacionados à ergonomia; o item 31.11 cuida do trabalho com ferramentas; o item 31.12 traz a preocupação com aspectos relacionados à segurança no trabalho em máquinas e implementos agrícolas e o item 31.16 trata do transporte dos trabalhadores rurais.

Mas o item que merece destaque neste capítulo é mesmo o item 31.8: Agrotóxicos, Adjuvantes e Produtos Afins, que passaremos a analisar no próximo parágrafo.

## 22.3. DA NR-31 E DOS AGROTÓXICOS

O item 31.8 da NR-31 trata dos agrotóxicos, e inicialmente define a situação dos trabalhadores que se expõem diretamente e indiretamente ao contato com referidos produtos químicos. Nessa definição, esclarece a Norma que o contato direto do trabalhador com produtos químicos acontece quando da manipulação, transporte, preparo, aplicação, descarte e descontaminação de equipamentos e vestimentas. Já o contato indireto ocorre com aqueles trabalhadores que circulam e desempenham suas atividades em áreas vizinhas aos locais onde o agrotóxico é manipulado.

Tal informação se mostra fundamental na medida em que, na ocasião de eventuais contaminações de trabalhadores, será possível dimensionar, entre outros fatores, eventual responsabilidade civil do empregador por esta contaminação.

Como já registrado acima, o objetivo da NR-31 é cuidar do meio ambiente do trabalho rural e por consequência lógica preocupar-se com a saúde dos trabalhadores. Nesse sentido, vale o registro do item 31.8.3 dispondo que "É vedada a manipulação de quaisquer agrotóxicos, adjuvantes e produtos afins por menores de dezoito anos, maiores de sessenta anos e por gestantes".

Neste item, a proteção aos trabalhadores menores de dezoito anos vai ao encontro do comando constitucional previsto no art. 7º, XXXIII, que proíbe o trabalho perigoso ou insalubre a menores de dezoito anos.

Outra medida de proteção de trabalhadores mais vulneráveis se deu no item 31.8.3.1, que determina ao empregador rural afastar a empregada gestante das atividades que signifiquem contato direto ou indireto com agrotóxicos.

O manuseio, a mistura e a aplicação de agrotóxicos são os momentos críticos quando pensamos na eventual contaminação dos trabalhadores. É do exercício destas atividades que a possibilidade de contaminação se dá de forma mais clara.

Assim, a NR-31 procurou disciplinar a maneira correta de se manipular os agrotóxicos, criando regras também para a correta aplicação do produto. Fica proibido aos trabalhadores rurais manipular agrotóxicos em desacordo com as regras estabelecidas nas instruções e bulas dos produtos, sendo vedado também ao trabalhador entrar ou permanecer no ambiente onde fora aplicado agrotóxico, sempre respeitando os intervalos de tempo para reentrada na área onde os agrotóxicos foram aplicados, tudo seguindo as orientações dos próprios fabricantes destes produtos.

Cabe ao empregador fornecer todas as instruções técnicas para os trabalhadores que farão a manipulação e aplicação dos produtos químicos. Esta regra que aparece no item 31.8.7 também será útil nos casos em que será necessário investigar eventual responsabilidade por eventual contaminação dos trabalhadores pelo contato com agrotóxicos.

Da análise de alguns itens da NR-31, é possível perceber que houve por parte do Poder Público uma preocupação com os riscos para a saúde dos trabalhadores rurais que mantêm, no exercício de suas atividades laborais, contato direto ou indireto com agrotóxicos.

Nesse aspecto, merecem especial atenção as regras que impõem aos empregadores alguns cuidados que deverão ter quando determinam aos seus empregados o uso de agrotóxicos em suas propriedades rurais.

O objetivo aqui não é discorrer sobre a responsabilidade civil do empregador rural em caso de contaminação do empregado por agrotóxicos. São questões importantes, que merecem o cuidadoso estudo, mas não ligadas ao nosso tema principal.

Vale registrar que há regras expressas de condutas que o empregador deverá adotar quando impuser aos seus empregados o contato com agrotóxicos.

Nesse sentido, veio em boa hora a alteração implementada pela Portaria TEM nº 1.086, de dezembro de 2018, dispondo no item 31.8.7 que:

> O empregador rural ou equiparado, deve fornecer instruções suficientes aos que manipulam agrotóxicos, adjuvantes e produtos afins, e aos que desenvolvam qualquer atividade em áreas onde possa haver exposição direta ou indireta a esses produtos, garantindo os requisitos de segurança previstos nesta norma.

Além disso, cabe ao empregador proporcionar capacitação aos seus empregados que exercerão atividades manuseando agrotóxicos, ou simplesmente que trabalharão em propriedade cujo uso do produto se dá com prática comum.

Além da capacitação dos empregados rurais, ao empregador será obrigado também fornecimento de Equipamentos de Proteção Individual capazes de elidir os efeitos perversos que podem ser causados pelo contato com agrotóxicos.

Nesse sentido, expresso o item 31.8.9 dispondo que o empregador rural deverá adotar medidas de proteção aos empregados rurais, entre elas, "a) fornecer equipamentos de proteção individual e vestimentas adequadas aos riscos, que não propiciem desconforto térmico prejudicial ao trabalhador;".

Muitas outras obrigações do empregador foram descritas na NR-31 e devem ser observadas.

O empregador deve instruir seus empregados sobre os riscos que o uso do agrotóxico representa, mas também deverá cuidar do próprio meio ambiente do trabalho rural, local de prestação de serviços.

Entre as orientações que o empregador deverá providenciar aos empregados rurais, inclui-se a necessidade de se delimitar no meio ambiente rural quais áreas foram tratadas com agrotóxicos.

Caberá ao empregador sinalizar e descrever a área sobre a qual foi realizado o uso com agrotóxicos, quando foi realizada a aplicação, qual o período de tempo necessário à reentrada dos empregados nas áreas que tiveram contato com agrotóxicos, entre outras disposições, todas expressas no texto da NR-31.

Não só a sinalização da área afetada pelo uso de agrotóxicos é obrigação do empregador.

Ainda como obrigação dos empregadores, o item 31.8.12 estabelece que: "Os equipamentos de aplicação dos agrotóxicos, adjuvantes e produtos afins, devem ser: a) mantidos em perfeito estado de conservação e funcionamento; b) inspecionados antes de cada aplicação; c) utilizados para a finalidade indicada; d) operados dentro dos limites, especificações e orientações técnicas".

A NR-31 estabelece muitos cuidados que merecem a atenção dos empregadores rurais e, também, dos empregados, sempre no sentido de se evitar acidentes ou contaminações pelo contato com os agrotóxicos.

Embora a NR-31 não trate especificamente de condições insalubres de trabalho e do adicional de insalubridade, não podemos perder de vista que, em caso de exercício de atividades consideradas insalubres, fará jus o empregado rural ao recebimento do adicional correspondente.

A Lei nº 5.889/1973, em seu art. 13, dispõe que deverão ser aplicadas ao trabalho rural as normas de segurança e saúde do trabalho[7]. Nesse sentido, ao trabalho rural, aplicam-se, entre outras, as NR-15 (adicional de insalubridade) e NR-16 (adicional de periculosidade).

Nos casos em que o trabalhador rural exercer atividade insalubre, fará jus ao recebimento do adicional de insalubridade. No dia a dia do trabalho rural muitas situações podem surgir e que ensejarão o direito do trabalhador em receber o adicional de insalubridade.

A título de exemplos podemos citar a exposição do trabalhador a ruídos excessivos, temperaturas excessivas, umidade, atividades que implicam em vibração corporal além dos limites estabelecidos, entre outras. Todas estas situações encontram previsão na NR-15 e seus anexos, que serão usadas como fundamento legal quando da verificação das reais condições de trabalho do empregado rural.

O mesmo raciocínio há que prevalecer quando analisamos as condições de trabalho do empregado rural que mantém contato ou manuseia agrotóxicos no exercício de suas atividades laborais.

Portanto, embora a NR-31 não estabeleça de forma clara uma relação entre o trabalho rural e atividades insalubres, fará jus o empregado rural ao adicional de insalubridade se a perícia técnica constatar que o contato, manuseio ou exposição a agrotóxico configura atividade insalubre.

## CONSIDERAÇÕES FINAIS

O sistema jurídico brasileiro regulamenta a proteção ao meio ambiente do trabalho com o devido destaque. Hoje, toda a regulamentação voltada ao meio ambiente natural, artificial ou cultural, também se aplica ao meio ambiente do trabalho, ampliando, assim, sua proteção legal.

É possível identificar um microssistema jurídico relacionado aos cuidados com o meio ambiente, inclusive com o meio ambiente do trabalho. Existem dispositivos constitucionais, tratados internacionais, leis, decretos e outras normas que buscam identificar o real conteúdo desta espécie de meio ambiente, e proporcionar condições materiais para a sua preservação.

A constatação da existência de referidas normas voltadas à regulamentação do meio ambiente laboral é, sem dúvida, um avanço civilizatório.

Quando falamos do meio ambiente do trabalho rural, embora sua proteção por meio de comandos legais tenha tido um desenvolvimento mais lento, também se pode afirmar que atualmente temos um conjunto de regras jurídicas, capaz de proporcionar cuidados aos trabalhadores rurais no sentido de preservação de sua saúde e do ambiente em que trabalha.

---

7 *"Art. 13. Nos locais de trabalho rural serão observadas as normas de segurança e higiene estabelecidas em portaria do ministro do Trabalho e Previdência Social."* Fonte: http://www.planalto.gov.br/ccivil_03/LEIS/L5889.htm. Acesso em 09 de julho de 2020.

Mesmo diante das normas que protegem o meio ambiente do trabalho rural, não se pode deixar de registrar que este trabalho desenvolvido no ambiente do campo possui particularidades tão nítidas e especiais que os problemas relacionados à proteção dos trabalhadores rurais ainda são uma realidade latente.

A constatação histórica de que o trabalho rural nem sempre foi objeto de preocupação do legislador ainda hoje tem consequências prejudiciais àqueles que exercem seu trabalho no campo.

Para se compensar esta defasagem histórica de cuidados, por parte da legislação que regulamenta o trabalho rural, é necessária a compreensão de que este mesmo trabalho rural reúne condições especiais e que o diferencia do trabalho urbano. É com a clareza deste dado da realidade que se conseguirá melhorias reais das condições laborais no meio ambiente do trabalho rural.

Desde as condições climáticas até a própria natureza da atividade rural, tudo interfere no meio ambiente onde os trabalhadores do campo exercem suas atividades. É fácil perceber esta diferença quando se observa a realidade fática da vida destes trabalhadores do campo, em comparação com a vida dos trabalhadores urbanos.

Atualmente, o microssistema jurídico de proteção ao meio ambiente do trabalho alcança também os trabalhadores rurais. O exemplo dessa proteção é a NR-31, que embora editada tardiamente, apenas no ano de 2005, em certa medida, garante a proteção ao meio ambiente do trabalho rural.

Mas apenas a proteção formal não é suficiente para garantir a preservação do meio ambiente laboral e da saúde e higiene dos trabalhadores rurais.

Necessita-se mais. Necessita-se de uma atuação por parte do Poder Público mais intensa, sobretudo na fiscalização acerca do cumprimento das leis e normas que cuidam da preservação do meio ambiente do trabalho rural.

Quando refletimos sobre a atuação dos agrotóxicos no meio ambiente do trabalho rural, essa constatação chama ainda mais a atenção. O Brasil, como relatado acima, é um dos países que mais consome agrotóxicos em sua produção rural.

Este dado nos leva a ter não só uma preocupação com o meio ambiente natural, mas sobretudo com o meio ambiente do trabalho rural, local onde os trabalhadores exercem suas atividades e estão suscetíveis aos mais diversos problemas ocasionados pelo contato com referidos produtos químicos.

Não basta apenas termos uma legislação que pode mesmo ser considerada moderna no que se refere à proteção dos trabalhadores que exercem atividades em contato com agrotóxicos. É preciso que as normas protetivas do meio ambiente natural e do trabalho sejam respeitadas.

Não se pode mais admitir o uso de agrotóxicos adulterados ou proibidos. Não se pode mais tolerar o exercício de atividades laborais por trabalhadores que não fazem uso correto e adequado de Equipamentos de Proteção Individual.

Ao Poder Público cabe a fiscalização mais efetiva das condições de trabalho impostas aos trabalhadores rurais.

Portanto, diante do fato de que o uso de agrotóxicos é uma realidade do trabalho rural, cabe aos operadores do direito bem compreender esta realidade, conhecer as normas jurídicas que compõem este verdadeiro microssistema de proteção ao meio ambiente do trabalho, e cobrar do Poder Público o cumprimento efetivo destas normas.

Afinal, um dos fundamentos da República Federativa do Brasil é garantir aos brasileiros a dignidade da pessoa humana.

# CAPÍTULO 23
MEIO AMBIENTE DO TRABALHO E TRABALHOS VERDES

*Olívia de Quintana Figueiredo Pasqualeto*

## INTRODUÇÃO

Mudanças climáticas, enchentes, poluição, desmatamento, secas, dentre outros desajustes cada vez mais intensos, têm gerado grande preocupação mundial em relação ao meio ambiente. Em grande parte, esses desequilíbrios são decorrentes de ações humanas que desprezaram o fato de que os recursos naturais são finitos e de que a natureza pode levar centenas de anos para se regenerar.

Especialmente a partir da década de 1960, com a emergência de movimentos ativistas em defesa do meio ambiente, a preocupação com as questões ambientais passou a fazer parte da agenda internacional. Desde então, cada vez mais no centro dos debates, a reflexão sobre necessidade de proteção e reparação ambiental foi ganhando relevância, tendo havido diversos encontros mundiais[1] empenhados na discussão do tema.

No entanto, tão urgente quanto a questão ambiental, é a questão social. Paralelamente à necessidade de se "redimir" com o meio ambiente, o planeta também possui uma dívida social[2]. Os grandes desafios mundiais – escassez de alimentos, desequilíbrios climáticos, crises energética, financeira, econômica e social – e suas causas fundamentais possuem um denominador comum: um modelo econômico em que há estímulo ao consumo, extração desmedida de recursos naturais, descarte inconsciente de dejetos, fraude à legislação, desrespeito aos direitos humanos – neles incluídos os direitos do trabalhador –, dentre outras práticas insustentáveis.

Diante desses desafios e da conexão existente entre eles, nasce a ideia de sustentabilidade. Superando a noção de desenvolvimento sustentável, no qual se busca atender às necessidades da geração atual sem comprometer a capacidade das gerações futuras de atender às próprias necessidades, a sustentabilidade envolve aspectos que vão além de mera "satisfação de necessidades", tais como justiça, respeito, ética e igualdade. A sustentabilidade indica a necessidade de uma visão holística e interdisciplinar sobre as coisas, inclusive sobre as crises.

---

1   Podem ser citadas como exemplo: a Conferência Mundial sobre Homem e o Meio Ambiente em 1972 (conhecida como Conferência de Estocolmo), a Conferência das Nações Unidas sobre o Meio Ambiente e o Desenvolvimento em 1992 (conhecida como Eco-92 ou Rio-92), a Conferência das Nações Unidas sobre Ambiente e Desenvolvimento Sustentável em 2002 (conhecida como Rio+10), a Conferência das Nações Unidas sobre Desenvolvimento Sustentável em 2012 (conhecida como Rio+20) e, mais recentemente, a 21ª Conferência do Clima de 2015 (conhecida como COP21).
2   Conforme dados consolidados pela Organização Internacional do Trabalho (2008, p. 43), quase 900 milhões de pessoas carecem de água potável; 3 bilhões de pessoas não possuem acesso a fontes seguras de energia para cozinhar e para a calefação de suas moradias; 1 bilhão de pessoas padecem de fome; e quase a metade do mundo (mais de 3 bilhões de pessoas) vive com menos de 2,50 dólares americanos por dia.

Nesse contexto, despontam os trabalhos verdes[3], objeto de análise deste capítulo. Para a sua melhor compreensão, serão estudados (*i*) o contexto em que nascem os trabalhos verdes; (*ii*) o conceito de trabalhos verdes, considerando as diferentes perspectivas sobre o tema; (*iii*) a relação entre os trabalhos verdes e o meio ambiente do trabalho. Por fim, propõe-se a seguinte reflexão: os trabalhos popularmente considerados verdes são garantia de um meio ambiente do trabalho equilibrado?

## 23.1. SUSTENTABILIDADE E A ORIGEM DOS TRABALHOS VERDES

A História da humanidade, anterior ao século XX, não registra grandes preocupações com a proteção ambiental. O tema não ocupou posição central ou de elevado destaque nas discussões filosóficas e jurídicas. Isso se deve, possivelmente, à então abundância dos recursos naturais e ao ritmo moderado do avanço tecnológico.

No entanto, a partir das décadas de 1950 e 1960, diante do aumento da velocidade e da intensificação das mudanças tecnológicas do aumento da competitividade empresarial internacional, muitos países conduziram-se – ainda que não intencionalmente – à degradação ambiental crescente, ignorando suas consequências a longo prazo.

A transnacionalização das empresas e de sua produção, bem como a globalização da economia, potencializou a desigualdade de renda, a pobreza e a destruição ambiental. A constatação desse cenário levou a intensos debates sobre os limites do crescimento mundial, que se centraram em dois posicionamentos radicalmente opostos: crescimento zero *versus* crescimento em primeiro lugar.

Os teóricos defensores do crescimento zero, influenciados pelo relatório "Os limites do crescimento", divulgado em 1972 pelo Clube de Roma[4], defendiam que a evolução tecnológi-

---

[3] Empregos verdes é a tradução mais conhecida da expressão "*green jobs*". Assim, *green*, traduzido do inglês para o português: verde; e *jobs*, traduzido do inglês para o português: emprego. No entanto, a palavra em inglês *jobs* é equívoca e possui diversas traduções para o português: "trabalho", "emprego", "tarefa", "cargo", "função". Cada uma dessas traduções possíveis possui um significado jurídico distinto. A expressão "trabalho" diz respeito a um fenômeno muito mais amplo do que o significado das demais expressões. O trabalho, segundo Claus Offe (1992, p. 13), é uma relação metabólica com a natureza e esse metabolismo se organiza de modo que seus resultados sejam suficientes para a sobrevivência física do homem em sociedade e para a estabilização da forma específica de organização desse metabolismo. Nesse contexto, o emprego é apenas uma das formas de organização desse metabolismo. No ordenamento jurídico brasileiro, especificamente, a expressão "emprego" é utilizada para designar uma forma particular de relação de trabalho, qual seja, a relação de trabalho subordinada, remunerada, pessoal, não eventual entre uma pessoa física e seu empregador, seja este pessoa física ou jurídica (artigos 2º e 3º da Consolidação das Leis do Trabalho – CLT). No Direito brasileiro, esta relação subordinada de trabalho é disciplinada pela CLT, enquanto outras formas de organização do metabolismo-trabalho não o são. "Tarefa" é a expressão utilizada para fazer referência a uma atividade específica, uma incumbência, desempenhada pelos trabalhadores. "Cargo" é a denominação adotada para designar a posição que uma pessoa ocupa dentro de uma empresa, enquanto "função" é o conjunto de responsabilidades e tarefas que estão relacionadas a esse cargo. Portanto, é importante esclarecer que este estudo adota como tradução mais adequada para "*jobs*" a expressão trabalho, em seu sentido mais amplo.

[4] O Clube de Roma – associação de profissionais das áreas de diplomacia e da indústria, acadêmicos e parte da sociedade civil – encomendou um estudo a um grupo de pesquisadores do Massachusetts Institute of Technology (MIT), coordenado por Denis Meadows. Este estudo, intitulado *Os limites do crescimento*, conhecido também com *Relatório Meadows*, estava voltado para uma prospecção do futuro da espécie humana, reunindo um consistente volume de dados sobre população, recursos naturais, fontes de energia etc. Apesar da sua grande repercussão, o tom apocalíptico do documento gerou intensas discussões, em razão de sua proposta de "crescimento zero". Por traz dessa proposta "estacionária", havia problemas: por um lado, a sua implementação significaria a sentença de inferioridade crônica aos países menos desenvolvidos; por outro, haveria uma tendência de deterioração das condições de vida em países com altos índices de crescimento demográfico (índices que são normalmente identifi-

ca não seria suficiente para prover as condições necessárias para o planeta suportar o crescimento populacional, tendo em vista o esgotamento dos recursos naturais e o aumento da poluição. Nessa perspectiva, o Clube de Roma salientava que o planeta é um sistema de recursos finito e, diante das tendências de aumento da população, industrialização, poluição, produção de alimentos, prenunciavam de forma apocalíptica o colapso do sistema, sendo necessário, para que o declínio não acontecesse, escolher entre crescimento e qualidade do meio ambiente, que seriam variáveis excludentes entre si.

Do lado oposto, a tese do crescimento em primeiro lugar pregava o rápido crescimento econômico como solução para os problemas, pois ajustaria automaticamente os desequilíbrios da sociedade, alcançando um equilíbrio dinâmico (SACHS, 2007, p. 204).

Ambas as teses não prosperaram. Contudo, um posicionamento intermediário entre as duas teorias tomou corpo em 1972, quando da ocorrência da Conferência das Nações Unidas sobre o Ambiente Humano, em Estocolmo. A Conferência deu origem ao Programa das Nações Unidas para o Meio Ambiente (PNUMA), cujo objetivo era fomentar e encorajar parcerias ambientais, inspirando, informando e preparando povos e nações para melhorar sua qualidade de vida sem prejudicar a das gerações futuras. As discussões ocorridas durante e após a Conferência de Estocolmo fizeram emergir a ideia de ecodesenvolvimento.

O ecodesenvolvimento, conceito proposto por Maurice Strong, Secretário-Geral da Conferência, figurava como uma nova estratégia de desenvolvimento, fundada na utilização ponderada dos recursos humanos e naturais. Esse conceito foi sendo lapidado ao longo do tempo, com destaque para os trabalhos de Ignacy Sachs, para quem as premissas do desenvolvimento deveriam fundar-se em cinco dimensões de igual valor: a) dimensão social, segundo a qual o desenvolvimento deve buscar algo que seja bom para a sociedade, por meio da justa distribuição da renda e da busca pelo fim da desigualdade social; b) dimensão econômica, pautada pela alocação e gerenciamento eficiente dos recursos, com fluxos constantes de investimento; c) dimensão ecológica, baseada na proteção do meio ambiente; d) dimensão espacial, segundo a qual deve-se estabelecer maior equilíbrio entre áreas rurais e urbanas, com melhor distribuição territorial da população e da atividade econômica; e) dimensão cultural, centrada na preservação das culturas locais e na adaptação das estratégias de desenvolvimento às especificidades de cada povo (SACHS, 2007, p. 181-186).

Tal noção de ecodesenvolvimento, segundo alguns autores, como o próprio Ignacy Sachs (1993), seria a mesma de desenvolvimento sustentável. Contudo, o termo desenvolvimento sustentável difundiu-se somente em 1987, a partir do relatório da Comissão Mundial sobre o Meio Ambiente e Desenvolvimento, publicado em 1987, denominado *Nosso futuro comum*, também conhecido como *Relatório Brundtland*. Segundo o Relatório, todo processo de desenvolvimento deve ser sustentável, assim entendido aquele que *"satisfaz as necessidades atuais sem, no entanto, comprometer a capacidade das gerações futuras de suprir as suas demandas"* (COMISSÃO MUNDIAL SOBRE MEIO AMBIENTE E DESENVOLVIMENTO, 1991 – g.n.).

Essa concepção de desenvolvimento trazida pelo Relatório representou um progresso histórico valioso. Entretanto, é "indispensável aperfeiçoar este conceito, com o fito de deixar nítido

---

cados em países de menor desenvolvimento), dado que o mesmo volume de riquezas seria dividido entre cada vez mais pessoas. Ademais, a adoção da proposta do Clube de Roma condenaria igualmente todos os povos por ações praticadas de formas diferenciadas em cada local, já que a degradação da natureza em países mais desenvolvidos e mais industrializados é muito mais intensa do que em países ainda em processo de desenvolvimento.

que as necessidades atendidas não podem ser aquelas artificiais, fabricadas ou hiperinflacionadas pelo consumismo em cascata" (FREITAS, 2012, p. 46-47). Assim, no lugar dos elementos básicos que constituem o conceito de desenvolvimento sustentável trazido no Relatório (desenvolvimento, necessidade e suprimento de demandas), seria mais adequado adotar uma série mais completa de elementos, evidenciando que o desenvolvimento não se resume ao suprimento de necessidades. Acrescente-se, ainda, que as necessidades ou demandas das futuras gerações não podem continuar sendo as mesmas de gerações atuais e anteriores baseadas em um padrão de produção e de consumismo exacerbados.

Nessa perspectiva, nasce a ideia de sustentabilidade, que, evoluindo em relação ao conceito de desenvolvimento sustentável, está relacionada à promoção do "bem-estar físico e psíquico a longo prazo, acima do simples atendimento às necessidades materiais e o faz sem ampliar os riscos produzidos, em escala industrial, pelo próprio ser humano" (FREITAS, 2011, p. 48). A sustentabilidade adquire, assim, um caráter multidimensional, pois relaciona-se às mais diversas facetas da vida, como o social, ético, jurídico-político, econômico, ambiental, científico-tecnológico, dentre outras que surgirão.

Trata-se de uma concepção sistêmica – e não tópica – equivalente à acepção fenomênica de *Gestalt* que circunda a noção de meio ambiente, segundo a qual o meio ambiente não deve ser tomado como soma de elementos isolados, mas como sistema constituído por "unidades autônomas, manifestando uma solidariedade interna e possuindo leis próprias, donde resulta que o modo de ser de cada elemento depende da estrutura do conjunto e das leis que o regem, não podendo nenhum dos elementos preexistir ao conjunto" (FELICIANO, 2002, p. 162).

Não se resume a uma mera reunião de características isoladas, pois as dimensões são intimamente vinculadas, numa relação de interdependência mútua. Para que se alcance a sustentabilidade, todas as suas facetas deverão ser respeitadas. Nessa perspectiva, de que adiantaria a construção de um edifício "verde", de acordo com todos os padrões nacionais e internacionais de redução de emissão de gases e de utilização de recursos naturais, se, durante a sua edificação, foi utilizada mão de obra reduzida à condição análoga à de escravo? Ou, de que serviria uma enorme plantação de alimentos se, ao seu redor, há milhares de pessoas passando fome? Ou, ainda, de que interessaria o desenvolvimento da tecnologia mais avançada se a sua utilização for destinada à dizimação de populações inteiras.

Neste contexto, sob o prisma multidimensional da sustentabilidade, em busca de uma economia verde, os trabalhos verdes surgem como uma alternativa que atende simultaneamente a dois grandes desafios mundiais: promover a proteção ambiental e gerar postos de trabalhos decentes[5]. *"[...] Chegou o momento de avançar em direção a uma economia de alto emprego e baixo consumo de carbono. Os 'empregos verdes' prometem um triplo dividendo: empresas sustentáveis; redução da pobreza e uma recuperação econômica centrada no emprego"* (ORGANIZAÇÃO INTERNACIONAL DO TRABALHO, 2008, p. 16 – g.n.).

## 23.2. O QUE SÃO TRABALHOS VERDES?

Com o avanço da preocupação com as questões ambientais, a utilização da expressão "empregos verdes" (ou, como neste estudo, "trabalhos verdes") espraiou-se, passando a ser utilizada

---

[5] Trabalho decente conforme preconizado pela Organização Internacional do Trabalho e disposto no rol dos "Objetivos do Desenvolvimento Sustentável" (Objetivo 8 – Promover o crescimento econômico sustentado, inclusivo e sustentável, emprego pleno e produtivo e trabalho decente para todos) da Organização das Nações Unidas.

para designar os mais diversos tipos de postos de trabalho em diferentes atividades relacionadas ao meio ambiente, tais como: energias renováveis, reciclagem, reflorestamento, desmantelamento de navios etc. No entanto, essa popularização trouxe consigo o uso desvirtuado e indiscriminado do termo e a criação de diferentes conceitos para os trabalhos verdes.

Diante deste cenário de confusão e apropriação conceitual, pretende-se, neste tópico, analisar comparativamente os conceitos já traçados sobre trabalhos verdes, a fim de apresentar de forma clara e justificada qual o conceito mais coerente com a sua razão de existir, qual seja: proteção-reparação ambiental e geração de trabalhos decentes. Sendo assim, os trabalhos verdes devem reunir, ao menos, duas características centrais de igual importância: preocupação com o meio ambiente e trabalho decente.

Há, ao menos, doze instituições que abordam a temática. São elas: a Organização das Nações Unidas (ONU), por meio de diferentes órgãos: Organização Internacional do Trabalho (OIT) e Programa das Nações Unidas para o Ambiente (PNUMA); Organização para a Cooperação e Desenvolvimento Econômico (OCDE); Agência Europeia para a Saúde e Segurança do Trabalho; Comissão Europeia, juntamente com a European Statistics (Eurostat); Conselho de Clima de Copenhagen; Escritório de Estatísticas do Trabalho dos Estados Unidos (LBS); Administração de Saúde e Segurança do Trabalho (OSHA); Força Tarefa da Casa Branca dos Estados Unidos para a Classe Média; Centro para o Progresso Americano (CAP); Conferência de Prefeitos dos Estados Unidos; Sociedade Americana de Energia Solar (ASES); Blue Green Alliance.

De forma sistematizada, a tabela abaixo (PASQUALETO, 2016, p. 71-74) apresenta os conceitos propostos por cada instituição e explicita os elementos que foram considerados para sua elaboração.

**Tabela 1** – Sistematização dos diferentes conceitos de trabalhos verdes

| Instituição | | Conceito | Elementos-chave | | |
| --- | --- | --- | --- | --- | --- |
| | | | Trabalho Decente | Meio Ambiente | Outro |
| Organização das Nações Unidas – ONU | Organização Internacional do Trabalho – OIT (2009) | Trabalho verde é todo trabalho decente que contribua para a preservação ou restauração da qualidade do meio ambiente, seja na agricultura, na indústria, nos serviços ou na administração. | Sim (bastante) | Sim | — |
| | Programa das Nações Unidas para o Ambiente – PNUMA (2008, p. 35) | Os trabalhos verdes compreendem o trabalho na agricultura, manufatura, pesquisa e desenvolvimento (P&D), e em atividades de serviços administrativos que contribuam substancialmente para preservar ou restaurar a qualidade ambiental. Especificamente, mas não exclusivamente, abrangem trabalhos que ajudam a proteger os ecossistemas e a biodiversidade; reduzir a energia, materiais e consumo de água através de estratégias altamente eficientes; descarbonizar a economia; e minimizar ou evitar geração de todas as formas de desperdício e poluição. Depois de evidenciar seu viés ambiental, o PNUMA indica que os trabalhos verdes também devem ser trabalhos decentes. | Sim (sem destaque) | Sim (bastante) | — |
| Organização para a Cooperação e Desenvolvimento Econômico – OCDE (2010, p. 18-21) | | Os trabalhos verdes são aqueles que contribuem para a proteção do ambiente e redução dos efeitos nocivos que a atividade humana tem sobre ele (mitigação), ou para a melhor adequação da espécie humana às condições atuais de mudança climática (adaptação). | Não | Sim | "Passos de verde" |
| Agência Europeia para a Saúde e Segurança do Trabalho (2013, p. 152-153) | | Reconhece a existência de diferentes concepções. Não propõe um conceito fechado. No entanto, independentemente da definição adotada, a Agência ressalta os potenciais riscos à saúde dos trabalhadores envolvidos nos trabalhos verdes. | Sim (parcial: saúde e segurança do trabalho) | Sim | — |

| | | | | |
|---|---|---|---|---|
| Comissão Europeia e European Statistics – Eurostat (2012, p. 4) | | Trabalhos verdes são todos os empregos que possuem relação com o meio ambiente ou são criados, substituídos ou redefinidos (em termos de conjuntos de habilidades, métodos de trabalho, perfil ambiental etc.) na transição rumo a uma economia mais verde. | Não | Sim | — |
| Conselho de Clima de Copenhague –CCC (2009, p. 21-22) | | Trabalhos verdes são postos de trabalho na indústria da energia limpa. | Não | Sim (parcial: energia limpa) | — |
| United States Bureau of Labor Statistics – LBS (2013, p. 1) | | Os trabalhos verdes são: (a) postos de trabalho em empresas que produzem bens ou prestam serviços que beneficiam o meio ambiente ou conservação dos recursos naturais; (b) postos de trabalho nos quais as responsabilidades dos trabalhadores envolvem a realização de um processo de produção mais ecologicamente amigável ou que utilize uma menor quantidade de recursos naturais. | Não | Sim | — |
| Occupational Safety and Health Administration – OSHA (p. 1) | | Os trabalhos verdes são postos de trabalho que auxiliam na promoção de melhorias ambientais e que, paralelamente, revitalizam a economia e proporcionam um maior número de oportunidades no mercado de trabalho. A OSHA alerta que algumas atividades que têm sido classificadas como verdes não são, necessariamente, trabalhos seguros. | Sim (parcial: saúde e segurança do trabalho) | Sim | — |
| Força-Tarefa da Casa Branca dos Estados Unidos para a Classe Média (2009, p. 2) | | Os trabalhos verdes envolvem tarefas associadas à melhoria ambiental, incluindo a redução das emissões de carbono e criando ou utilizando a energia de forma mais eficiente. Acrescentam ainda que trabalhos verdes devem proporcionar um salário adequado para o sustento da família, bem como benefícios relacionados à saúde e à previdência e condições decentes de trabalho. | Sim | Sim | — |

| | | | | |
|---|---|---|---|---|
| Centro para o Progresso Americano – CAP (2011) | | Além da melhoria ambiental, os trabalhos verdes devem fortalecer a igualdade de remuneração entre gêneros, eliminando o fosso salarial entre homens e mulheres ainda presente na economia tradicional. Assim, permitir-se-á maior acessibilidade da mulher ao mercado de trabalho, bem como oportunidades isonômicas de desenvolvimento para ambos os gêneros. A segunda diretriz diz respeito à sustentabilidade dos trabalhos verdes, segundo a qual, essa norma forma de trabalho deve ser segura, sadia, eliminando riscos ocupacionais. | Sim (bastante, apesar de não usar a expressão "trabalho decente") | Sim | — |
| Conferência de Prefeitos dos Estados Unidos (2008, p. 5) | | Os trabalhos verdes são qualquer atividade que gere eletricidade utilizando combustíveis renováveis ou nucleares; os trabalhos agrícolas que forneçam milho ou soja para os combustíveis; empregos na indústria de produção de bens utilizados na geração de energia renovável; revendedores de equipamentos e atacadistas especializados em energia renovável ou produtos de eficiência energética; construção e instalação de sistemas de gestão de energia e poluição; a administração pública de programas ambientais e trabalhos de apoio em engenharia, direito, pesquisa e consultoria. | Não | Sim | — |
| Sociedade Americana de Energia Solar – ASES (2007, p. 20-21) | | Os trabalhos verdes são todos aqueles trabalhos envolvidos nos setores tradicionais das energias renováveis. | Não | Sim (parcial: energia renovável) | — |
| BlueGreen Alliance (p. 1) | | Os trabalhos verdes são uma alternativa que atende aos dois desafios mundiais descritos: promover a proteção ambiental e bons trabalhos. | Sim (parcial: não usa a expressão "trabalho decente" e sim de "bom trabalho" no sentido de trabalho bem remunerado) | Sim | — |

Fonte: PASQUALETO, 2016, p. 71-74.

O estudo dos diferentes conceitos existentes permitiu concluir que nem todos os trabalhos vulgarmente qualificados como verdes demonstram preocupação com a promoção do trabalho decente.

Assim, considerando a sistematização acima, é possível identificar três categorias conceituais: (*i*) igual importância das dimensões social e ambiental dos trabalhos verdes (como os conceitos apresentados pela OIT, PNUMA, Centro para o Progresso Americano, OSHA, Agência Europeia de Saúde e Segurança no Trabalho e Força Tarefa da Casa Branca dos Estados Unidos para a Classe Média; (*ii*) dimensão ambiental dos trabalhos verdes é ressaltada e não há referência à dimensão social (como os conceitos desenvolvidos pela OCDE, Eurostat, ASES, Conferência dos Prefeitos dos Estados Unidos, Conselho de Clima de Copenhagen, Escritório de Estatísticas do Trabalho dos Estados Unidos; e (*iii*) importância da dimensão ambiental e monetarização da dimensão social (como o conceito utilizado no Projeto Apollo, pela BlueGreen Alliance).

Observe-se que tal multiplicidade de conceitos é nociva à consolidação dos trabalhos verdes como alternativa viável aos desafios mundiais. Primeiro, porque dá espaço à não compreensão de seu escopo. Segundo, porque abre caminhos para que os trabalhos verdes sejam utilizados como mera estratégia de publicidade e propaganda (*greenwashing*), ofuscando a sua real razão de existir. É necessária a adoção de um conceito único que ressalte os elementos centrais – proteção-reparação ambiental e promoção do trabalho decente – e que proporcione maior interação entre todos que abordam o tema.

Assim, buscando um alinhamento conceitual, acredita-se que a categoria (*i*) é a mais coerente com o caráter sistêmico e multidimensional da sustentabilidade, pois considera de igual importância a dimensão ambiental e social dos trabalhos verdes; e, portanto, é a que melhor representa os trabalhos verdes.

Nessa perspectiva, os trabalhos verdes podem ser compreendidos com:

> formas dinâmicas de trabalho decente dedicadas à proteção e reparação contínua e eficiente do meio ambiente natural, artificial, cultural e do trabalho, nas mais variadas atividades econômicas, independentemente da posição hierárquica em que o trabalhador se encontra e da vinculação jurídica que possui. (PASQUALETO, 2016, p. 81)

Diz-se que são formas dinâmicas de trabalho porque devem sempre acompanhar a evolução do estado da técnica, tanto no que se refere ao elemento social, quanto ambiental. Dessa forma, o que é considerado decente e eficiente ambientalmente em um momento, pode não ser mais no futuro em razão das inovações tecnológicas. Tem-se, portanto, que o conceito de trabalho verde é dinâmico, podendo se modificar ao longo da evolução da tecnologia e dos patamares mínimos de direitos.

Ressalte-se, também, que os trabalhos verdes não estão restritos a determinados setores da economia, podendo ser encontrados tanto em setores verdes novos – como a gestão de resíduos sólidos –, quanto em setores tradicionais que se transformem em atividades sustentáveis, como a construção civil verde, por exemplo.

Note-se que os trabalhos verdes poderão ser identificados em quaisquer níveis hierárquicos, desde os mais baixos, até os mais altos. Ademais, o vínculo jurídico pelo qual o trabalhador está atrelado não interfere nessa classificação, desde que a sua relação de trabalho esteja em conformidade com a legislação (isto é, independe se o trabalhador é empregado ou cooperado, por exemplo; importa que tal vinculação reflita a realidade em que se insere o trabalhador, que seja legal e que seus direitos sejam garantidos, repudiando-se estratégias de barateamento da mão de obra em detrimento dos direitos humanos e trabalhistas).

Por fim, evidencia-se a perspectiva ampla em que o meio ambiente deve ser considerado, abarcando além da sua dimensão natural, as suas dimensões artificial, cultural e do trabalho. Pautando-se pelo princípio da sustentabilidade, o meio ambiente não deve ser compreendido como mero sinônimo de natureza, deixando à deriva os outros espaços em que a vida, especialmente a vida humana, se desenvolve.

Assim, a referência ao meio ambiente deve incluir, além do natural, o meio ambiente artificial, cultural e do trabalho. Portanto, seria possível identificar trabalhos verdes em atividades de reurbanização de cidades (meio ambiente artificial), restauração do patrimônio histórico (meio ambiente cultural), prevenção de acidentes do trabalho (meio ambiente do trabalho), por exemplo.

O conceito aqui adotado pode ser vislumbrado no segundo quadrante da primeira linha da ilustração a seguir (circulado), a qual, considerando o elemento "trabalho decente" e o elemento "meio ambiente", esquematiza os diferentes tipos de trabalho existentes (Figura 1):

**Figura 1** – Diferentes tipos de trabalho existentes, considerando "trabalho decente" e "meio ambiente"[6]

| Ambiental, mas não decente | Ambiental e decente |
|---|---|
| Exemplos:<br>• recicladores de equipamentos eletrônicos sem adequada proteção;<br>• instaladores de painéis solares sem equipamentos de proteção;<br>• cortadores de cana-de-açúcar. | Exemplos:<br>• arquitetos verdes;<br>• engenheiros verdes;<br>• engenheiros de trânsito. |
| Não ambiental, nem decente | Não ambiental, mas decente |
| Exemplos:<br>• mineiros sem adequada proteção;<br>• trabalhadores em madeireiras irregulares;<br>• trabalhadores em carvoarias. | Exemplos:<br>• dentistas em meio ambiente de trabalho equilibrado;<br>• fisioterapeutas em meio ambiente de trabalho equilibrado;<br>• administradores em meio ambiente de trabalho equilibrado. |

MEIO AMBIENTE ↑

TRABALHO DECENTE →

Fonte: PASQUALETO, 2016, p. 82.

## 23.3. TRABALHOS VERDES E MEIO AMBIENTE DO TRABALHO

Os trabalhos verdes relacionam-se diretamente com o meio ambiente do trabalho.

Primeiro, destaca-se o seu potencial de cuidado com o meio ambiente do trabalho. Assim, retomando o conceito aqui adotado, os trabalhos verdes não se são restritos à proteção e reparação com meio ambiente natural, podendo dedicar-se também ao meio ambiente

---
6  Ilustração adaptada extraída de ORGANIZAÇÃO INTERNACIONAL DO TRABALHO, 2008, p. 40.

artificial, cultural e do trabalho. É possível citar como exemplo o trabalho dos engenheiros de segurança do trabalho, que atuam no desenvolvimento de programas de prevenção de acidentes e doenças do trabalho.

Segundo, evidencia-se o elemento "trabalho decente", que é intrínseco ao seu próprio conceito. Muitas vezes esquecido ou deixado em segundo plano, o trabalho decente – nele incluído a necessidade de promoção e um meio ambiente do trabalho equilibrado – é um elemento vital para a caracterização de um trabalho como verde.

Expressão amplamente difundida pela OIT, o trabalho decente é um conceito amplo e abstrato. Porém, é possível traçar parâmetros para o seu alcance de um patamar mínimo de dignidade para os trabalhadores: os indicadores de trabalho decente, cuja implementação foi recomendada na Declaração da OIT sobre a Justiça social para uma Globalização Equitativa (2008) a fim de monitorar e avaliar o progresso feito na implementação da Agenda de Trabalho Decente (OIT).

No mesmo ano de 2008, a OIT realizou um encontro internacional tripartite com especialistas na mensuração do trabalho decente, que resultou no estabelecimento e adoção de um conjunto de indicadores de trabalho decente. Esse conjunto de indicadores corresponde aos quatro pilares fundamentais da Agenda de Trabalho Decente da OIT: os direitos e princípios fundamentais do trabalho, o trabalho produtivo e de qualidade, a proteçao social e o diálogo social.

Inicialmente[7] foram estabelecidos dez elementos substantivos para identificar o trabalho decente e, ao fim e ao cabo, um desenvolvimento equitativo e sustentável (ORGANIZAÇÃO INTERNACIONAL DO TRABALHO, 2012a):

(*i*) oportunidades de emprego, que é um eixo central da estratégia necessária para que se possa avançar na superação da pobreza e da desigualdade social, pois o trabalho é um dos principais vínculos entre o desenvolvimento econômico e o social, uma vez que representa um dos mecanismos fundamentais por intermédio dos quais os seus benefícios podem efetivamente chegar às pessoas e, portanto, serem bem distribuídos;

(*ii*) rendimentos adequados e trabalho produtivo, visto que os rendimentos oriundos do trabalho são, para a maior parte da população, parte central no orçamento familiar e, consequentemente, influenciam diretamente na sua condição de vida.

(*iii*) jornada de trabalho decente, elemento que está intimamente ligado a outros dois estabelecidos pela OIT – conciliação entre trabalho, vida pessoal e familiar; e ambiente de trabalho sadio e seguro – e que é essencial para que o trabalho promova dignidade ao ser humano e não lhe embruteça (sobretudo nas últimas décadas em que a linha divisória entre tempo de trabalho e tempo dedicado à vida pessoal tem se tornado cada vez mais tênue, em um contexto de intensa revolução tecnológica e de exacerbação das pressões competitivas decorrentes da globalização econômico-financeira) e nem adoeça (pois o excesso de trabalho está relacionado ao estresse, à doenças respiratórias e cardiovasculares, à falta de atenção, dentre outros males que podem afetar a saúde do trabalhador).

(*iv*) conciliação entre o trabalho, vida pessoal e familiar, pois a conciliação entre o trabalho e a vida pessoal e familiar está intrinsecamente relacionada à liberdade, exigindo a articulação de ações nos mais diversos âmbitos – político, social, governamental, empresarial e individual – que possam conduzir a uma nova organização do trabalho. Ademais, este indicador está intima-

---

7    Diz-se inicialmente pois, ao passo que tais indicadores sejam observados quanti e qualitativamente por todos, os parâmetros adotados irão evoluir gradativamente. Assim, daqui a alguns anos, novos indicadores poderão ser listados como componentes da noção de trabalho decente.

mente relacionado às tentativas de *"rompimento dos mecanismos tradicionais de divisão entre o trabalho produtivo e reprodutivo que perpetuam desigualdades e discriminações de gênero"* (ORGANIZAÇÃO INTERNACIONAL DO TRABALHO, 2012b, p. 118), fazendo com que o peso das responsabilidades familiares recaia fundamentalmente sobre as mulheres, com consequências negativas em relação às suas oportunidades de acesso a mercado de trabalho.

(*v*) trabalho infantil (trabalho de menores de 18 anos, permitido apenas em condições excepcionais, conforme Convenção nº 182 da OIT) e trabalho forçado (trabalho ou serviço imposto sob ameaça de punição e executado involuntariamente), que devem ser abolidos pois violam a dignidade da pessoa, roubando período da vida que deveria ser destinado à educação e ao lazer e tolhendo sua liberdade (respectivamente).

(*vi*) estabilidade e segurança no trabalho, que diz respeito ao tempo em que o trabalhador permanece no trabalho e que, quanto maiores as garantias de que ele não será dispensado arbitrariamente, menor será o sentimento de medo e de rotatividade, repulsando a ideia de que o trabalhador pode ser descartável. Ademais, o maior tempo de permanência no trabalho favorece o crescimento profissional e a possibilidade de auferir melhores rendimentos.

(*vii*) igualdade de oportunidades e de tratamento no emprego, que corresponde à abolição de todos os tipos de discriminação no trabalho, especialmente a partir da promoção de ações que busquem a equiparação de rendimentos entre os gêneros, a eliminação da segregação ocupacional (por sexo)[8], da "influência da cor ou raça no trabalho"[9] e do tratamento desigual em função de origem (trabalhadores migrantes), deficiência, doenças (aids, por exemplo).

(*viii*) ambiente de trabalho sadio e seguro, que se relaciona não apenas à proteção do trabalhador contra doenças e acidentes de trabalho, mas principalmente à promoção de um meio ambiente do trabalho sistemicamente equilibrado, informado pelos princípios da prevenção (previsto na Declaração de Estocolmo de 1972, busca impedir a ocorrência de danos cientificamente comprovados ao meio ambiente do trabalho mediante meios apropriados), precaução (adotado pela Organização das Nações Unidas na Declaração do Rio, de 1992, segundo o qual "quando houver ameaça de danos graves ou irreversíveis, a ausência de certeza científica absoluta não será utilizada como razão para o adiamento de medidas economicamente viáveis para prevenir a degradação ambiental"), informação e da participação (os quais indicam o direito do trabalhador a ser informado sobre o trabalho que realiza e os riscos nele envolvidos, "sob pena de aliená-lo e privá-lo de qualquer possibilidade de participação, com ofensa ao princípio democrático" (FELICIANO, 2006, p. 163), poluidor-pagador (indicando que aquele que poluiu o meio ambiente do trabalho, deve ser responsabilizado, conforme inteligência do art. 14, § 1º, da Lei nº 6.938, de 1981), melhoria contínua (segundo o qual todos os esforços devem ser dispensados continuamente a fim de buscar a tecnologia mais adequada para evitar a degradação do meio ambiente e da saúde dos trabalhadores), interdisciplinariedade e sustentabilidade (os quais prescrevem uma

---

8    "A segregação ocupacional com base no sexo se manifesta em todas as latitudes, quaisquer que sejam os níveis de desenvolvimento econômico, sistemas políticos e entornos religiosos, sociais e culturais. É uma das características mais importantes e persistentes dos mercados de trabalho em todos os países. Há duas formas básicas de segregação ocupacional por sexo: uma horizontal e outra vertical. Segregação horizontal é a que estabelece barreiras de distintos tipos para que homens e mulheres se distribuam de forma mais equilibrada pela estrutura ocupacional. Segregação vertical é aquela que ocorre dentro de uma mesma ocupação, quando um dos sexos tende a se situar em graus ou níveis hierárquicos superiores em relação ao outro" (ORGANIZAÇÃO INTERNACIONAL DO TRABALHO, 2012a, p. 193).
9    *Ibidem*, p. 194.

visão sistêmica e holística do meio ambiente, indicando que todas as variáveis que o influenciam – fatores abióticos, bióticos, psicossociais – devem ser consideradas);

(*ix*) seguridade social, que abrange todas as medidas que proporcionam benefícios garantidores de proteção quando há insuficiência de renda causada por doença, invalidez, maternidade, acidente de trabalho, desemprego, velhice ou morte de um membro da família; falta de acesso aos cuidados de saúde; renda familiar insuficiente para o apoio de crianças, jovens e adultos dependentes; pobreza geral e exclusão social (ORGANIZAÇÃO INTERNACIONAL DO TRABALHO, 2012a, p. 142).

(*x*) diálogo social e representação de trabalhadores e empregadores, elemento que visa fortalecer os valores democráticos nos processos de construção de políticas que afetam a sociedade. *"No mundo do trabalho, em particular, o diálogo social requer necessariamente uma efetiva liberdade de organização e associação sindical de trabalhadores e empregadores, assim como a garantia de negociações coletivas periódicas"* (ORGANIZAÇÃO INTERNACIONAL DO TRABALHO, 2012b, p. 321 – grifamos).

Considerando tais elementos essenciais, para a OIT, trabalho decente é aquele que responde às aspirações básicas dos trabalhadores, não apenas em relação à remuneração, mas também em relação à sua proteção social e à de sua família; ao tratamento isonômico para todos; às condições de trabalho – seguras e sadias –; à erradicação do trabalho forçado e do trabalho infantil; à possibilidade de livre associação e representação coletiva, por meio de sindicatos, por exemplo; à jornada de trabalho não exaustiva; ao respeito mútuo no meio ambiente do trabalho e fora dele; à possibilidade de conciliação entre trabalho, vida pessoal e vida familiar; a melhores perspectivas de desenvolvimento pessoal e profissional; a liberdade para expressar preocupações, organizar e participar nas decisões que afetam a sua vida.

Paralelamente, a fim de mensurar concretamente a existência e o progresso desses elementos e, consequentemente, a caracterização ou não de um trabalho como decente, a OIT estabeleceu uma série de indicadores jurídicos e estatísticos que gravitam em torno dos elementos essenciais que compõem o trabalho decente e que, analisados conjuntamente, fornecerão dados objetivos sobre o trabalho decente.

Assim, são indicadores jurídicos do trabalho decente (ORGANIZAÇÃO INTERNACIONAL DO TRABALHO. 2012a, p. 9): administração do trabalho, compromisso do governo com o pleno emprego, seguro-desemprego, salário mínimo legal, jornada de trabalho máxima fixada, férias remuneradas, licença-maternidade, licença parental, trabalho infantil, trabalho forçado, legislação sobre o fim da relação de emprego (sobretudo no tocante ao direito do trabalhador à dispensa não arbitrária), igualdade de oportunidade e tratamento, equiparação de remuneração entre homem e mulher, seguro (benefícios) contra acidentes de trabalho, fiscalização de saúde e segurança no meio ambiente do trabalho, previdência social, auxílios (pensão) no caso de incapacidade ou invalidez, liberdade de associação e direito de organização, negociação coletiva e diálogo tripartite.

Os indicadores estatísticos, são inúmeros, dizem respeito à possibilidade de medir cada indicador jurídico, tais como: porcentagem de crianças na escola, média do tempo trabalhado anualmente por pessoa, número de trabalhadores encontrados em condições análogas à de escravo, dentre outros[10].

---

10  Ressalte-se que os indicadores estatísticos não são objeto deste estudo e não serão tratados exaustivamente. Ademais, analisá-los requereria um profundo conhecimento de fórmulas estatísticas e variáveis econômicas.

Para além desses parâmetros traçados, os quais apontam para uma noção mais tangível de trabalho decente, entende-se que o trabalho decente é aquele que, respeitando os direitos mínimos dos trabalhadores – como a proteção de sua saúde e segurança, a jornada de trabalho não excessiva, a liberdade de expressão, associação e negociação, o rendimento justo, a capacitação contínua, específica e necessária para desenvolvimento do trabalho etc. – promove o bem-estar físico, psíquico e espiritual do trabalhador, proporcionando "uma vida cheia de sentido dentro e fora do trabalho" (ANTUNES, 1999, p. 173).

Nesse sentido, portanto, o trabalho decente e, consequentemente, o meio ambiente do trabalho equilibrado é elemento central para a caracterização dos trabalhos verdes. A sua ausência acarreta uma mácula no princípio da sustentabilidade, ceifando-o de sentido e tornando-o insustentável.

## CONSIDERAÇÕES FINAIS

O estudo dos trabalhos verdes trouxe uma reflexão central: a percepção de que nem todos os trabalhos comumente qualificados como verdes realmente o são. Deve-se ter cautela para não tratar como verde qualquer trabalho que promova algum tipo de melhoria para o meio ambiente natural.

Considerando o conceito de trabalho verde aqui adotado e as características sistêmica e multidimensional da sustentabilidade, os trabalhos verdes – para serem realmente sustentáveis – devem envolver simultaneamente os elementos "trabalho decente" e "meio ambiente".

Nesse sentido, a produção de um combustível de matriz energética limpa e renovável, como o etanol, não será sustentável enquanto perpetuar a penosidade no trabalho dos cortadores de cana-de-açúcar (os quais em situação de extrema fadiga e extenuação das suas forças chegam, muitas vezes, a óbito) e a prática da queima da cana para facilitar o corte. Também não será sustentável a reciclagem do lixo enquanto o seu processo promover a perversa lógica da exclusão por inclusão com a consequente marginalização dos catadores de material reciclável e a precarização de sua saúde dadas a intensidade e insalubridade do trabalho. Ainda, não será sustentável a construção de edificações verdes enquanto os trabalhadores sofrerem sistematicamente acidentes do trabalho oriundos de desequilíbrios labor-ambientais e da ausência de informações em relação a novas tecnologias consideradas verdes.

Assim, muito do que vem sendo chamado de trabalho verde – em razão dos benefícios ambientais ocasionados, tais como o trabalho do cortador de cana inserido na cadeia de produção de biocombustíveis ou o trabalho do catador de matéria reciclável que é a base do processo de reciclagem não mecanizado – não proporciona maior proteção ao trabalhador (se comparado a setores tradicionais da economia, isto é, setores da economia não verde) e, em alguns casos, configuram trabalho insalubre, perigoso e/ou penoso, perpetuando situações danosamente sistêmicas ao meio ambiente do trabalho que permeiam os trabalhos tradicionais ditos "não verdes". Logo, o trabalho verde da maneira como é concebido por grande parte daqueles que manejam o tema não proporciona melhorias na condição social do trabalhador.

O descompasso entre os elementos que compõem a noção de trabalhos verdes e a inadequação conceitual existente sobre o tema evidenciam a necessidade de maior sinergia e entrosamento entre os atores envolvidos na promoção dos trabalhos verdes. A tabela apresentada acima permite observar a existência de variados conceitos de trabalho verde destoantes entre si, o que leva à percepção de que, ainda que haja incentivo à sua criação e ampliação por diversas instituições e em diferentes localizações geográficas, não há um envolvimento entre elas.

Os trabalhos verdes perdem com a condução do tema de forma isolada, pois deixam de figurar como uma estratégia capaz de atender ao complexo duplo desafio – ambiental e social. A abordagem sistêmica do tema permitiria a criação de trabalhos realmente sustentáveis e, sobretudo, a promoção de melhores trabalhos. Ademais, uma atuação integrada facilitaria um tratamento mais transparente do tema e o afastamento dos "falsos verdes", pois uma atividade que fosse classificada como verde, mas que não englobasse o elemento "trabalho decente", não seria estimulada e, sequer, reconhecida como trabalho verde.

Nessa perspectiva, conclui-se que os trabalhos verdes devem ir muito além da proteção e da reparação do meio ambiente (seja ele natural, artificial, cultural ou do trabalho). Os trabalhos verdes necessariamente devem ser trabalhos decentes, que proporcionem melhores condições de vida e trabalho ao ser humano trabalhador.

# CAPÍTULO 24
## MEIO AMBIENTE DO TRABALHO E AMIANTO

*Renata do Nascimento Rodrigues*

## INTRODUÇÃO

A história do amianto, no Brasil e no mundo, revela que muitos foram os seres humanos fadados ao adoecimento e à morte, em razão do contato com essa fibra mineral, comprovada cancerígena pela literatura médica internacional e nacional há pelo menos um século. A convivência de milhares de trabalhadores e trabalhadoras com o amianto, dessa forma, pode ser lida como um ato eticamente reprovável, que está no sentido diametralmente oposto à singularidade do indivíduo e dignidade que lhe deve ser investida.

O debate acerca da promoção do meio ambiente equilibrado no contexto de exposição ao amianto justifica-se e revela sua importância porque a exposição ao amianto adoece e mata, o que se traduz em verdadeira afronta ao direito fundamental à saúde e à vida, garantias asseguradas pelos arts. 196 e 5º, *caput*, da Constituição Federal de 1988. Além disso, o risco sistêmico criado pela exposição ao amianto traduz-se em poluição labor-ambiental e, portanto, prejudica o meio ambiente ecologicamente equilibrado, garantia assegurada pelo art. 225 da Constituição.

A partir da verificação da potencialidade do dano, confirma-se a existência de uma ameaça à integridade do meio ambiente do trabalho, vez que incute um desequilíbrio ambiental. A esse desequilíbrio, no âmbito do meio ambiente do trabalho, chamar-se-á poluição labor-ambiental, instituto que hodiernamente desponta como de muito interesse entre os estudiosos do ramo do Direito do Trabalho e do Direito Ambiental.

Os danos causados pelo amianto revelam o inconteste desequilíbrio causado por esse elemento no meio ambiente do trabalho. No Brasil, país em que a Lei Federal nº 9.055/1995 autorizou a extração, industrialização, comercialização e utilização do asbesto da variedade crisotila em todo território nacional, por mais de duas décadas, a resposta do Poder Judiciário no sentido de inviabilidade de utilização do amianto, com efeito vinculante e *erga omnes*, veio no final do ano de 2017, por conta dos julgamentos das Ações Diretas de Inconstitucionalidade (ADI) nºs 4.066/DF, 3.937/SP, 3.406/RJ e 3.470/RJ. A partir de um julgamento histórico calcado na fundamentalidade do direito à vida, à saúde e ao meio ambiente do trabalho equilibrado, a utilização do amianto passou a ser vedada em todas as suas formas.

A tutela adequada não se limita à interrupção da extração do minério e contenção de sua utilização nas cadeias produtivas, mas compreende a criação de mecanismos que protejam os trabalhadores do risco de exposição ao amianto por meio de materiais que, no passado, foram fabricados com o mineral. É de se imaginar, por exemplo, que trabalhadores da construção civil, diante da demolição de um prédio, estejam expostos a quantidade elevada de resíduos tóxicos de amianto, o que pode culminar em uma contaminação e consequente desenvolvimento de uma das doenças a ele relacionadas – como câncer de pulmão, mesotelioma, asbestose e placas pleurais.

Para a resolução do problema, propõe-se como ponto de partida os valores e princípios elegidos pela Constituição Federal de 1988, que assegura o direito à vida e ao meio ambiente ecologicamente equilibrado.

## 24.1. AMIANTO: BREVE CONCEITUAÇÃO E CLASSIFICAÇÃO

*Asbesto* ou *amianto* são nomes genéricos de uma família de minerais naturais e inorgânicos encontrados profusamente na natureza (ROSSI, 2010, p. 13). Abrangem uma variedade de materiais fibrosos encontrados em toda a crosta terrestre, apresentando-se em diferentes tipos, cores e texturas (QUEIROGA *et al.*, 2005, p. 87). Esses minerais são extraídos de rochas metamórficas eruptivas compostas de silicatos hidratados de magnésio, ferro, cálcio e sódio, que se cristalizam em um material fibroso, por meio de um processo natural de recristalização (GIANNASI, 2018, p. 153).

O termo *amianto* tem origem latina (*amianthus*) e é ordinariamente traduzido como "sem mácula, incorruptível"; o termo *asbesto* tem origem no grego (άσβεστος) e significa "o que não é destruído pelo fogo, incombustível, inextinguível e eterno" (QUEIROGA *et al.*, 2005, p. 87). A Convenção nº 162 da OIT, promulgada no Brasil por força do Decreto nº 126, de 22 de maio de 1991, ao dispor sobre a utilização de asbestos com segurança, define amianto e pó de amianto da seguinte forma:

> a) o termo "amianto" refere-se à forma fibrosa dos silicatos minerais que pertencem às rochas metamórficas do grupo das serpentinas, ou seja, a crisotila (amianto branco), e do grupo das anfíbolas, isto é, a actinolita, a amosita (amianto azul), a tremolita, ou todo composto que contenha um ou mais desses elementos minerais;
>
> b) a expressão "pó de amianto" refere-se às partículas de amianto em suspensão no ar ou as partículas de amianto em repouso, suscetíveis de ficarem em suspensão no ar nos locais de trabalho.

Essa foi a definição adotada pela NR nº 15 do Ministério do Trabalho e Emprego, atual Secretaria Especial de Previdência e Trabalho do Ministério da Economia. A NR-15, que define as atividades e operações consideradas insalubres, foi complementada em 28 de maio 1991, por meio da Portaria SST nº 01/1991, que incluiu na norma regulamentadora o Anexo 12, para estabelecer limites de tolerância para poeiras minerais. A redação do item 1.1 do referido anexo define asbesto ou amianto da seguinte forma:

> Entende-se por "asbesto", também denominado amianto, a forma fibrosa dos silicatos minerais pertencentes aos grupos de rochas metamórficas das serpentinas, isto é, a crisotila (asbesto branco), e dos anfibólios, isto é, a actinolita, a amosita (asbesto marrom), a antofilita, a crocidolita (asbesto azul), a tremolita ou qualquer mistura que contenha um ou vários destes minerais;

Extrai-se dessa definição que há uma divisão entre dois grandes grupos principais: o grupo das serpentinas, que possui como variedade mais relevante a crisotila ou *amianto branco*, e o grupo dos anfibólios, no qual se incluem a actinolita, a amosita, a antofilita, a crocidolita ou a tremolita, ou qualquer mistura que contenha ao menos um desses minerais.

Os minerais amiantíferos distinguem-se pela composição química e, consequentemente, pelas propriedades químicas. A título de exemplo, confira-se a constituição química de alguns tipos de amianto (Tabela 1):

**Tabela 1** – Exemplos de composição química de minerais amiantíferos

| Tipo | Constituição química | Fórmula química |
|---|---|---|
| Crisotila | Silicato hidratado de magnésio | $Mg_3Si_2O_5(OH)_4$ |
| Crocidolita | Silicato hidratado de ferro e sódio | $Na_2(Fe+23Fe+32)Si_8O_{22}(OH)_2$ |
| Tremolita | Silicato hidratado de ferro, magnésio e cálcio | $Ca_2Mg_5Si_8O_{22}(OH)2$ |

Fonte: BRASIL, 2010, p. 45.

O grupo dos anfibólios é composto por mineiras que possuem elevadas concentrações de ferro em sua composição. É encontrado em pequenas quantidades na superfície – onde estima-se estar presente 5% de todo amianto encontrado no mundo. Os anfibólios são caracterizados por fibras duras, cilíndricas, retas e pontiagudas, que se propagam mais facilmente no ar e são eliminadas com mais dificuldade pelo sistema respiratório.

O grupo das serpentinas é constituído primordialmente por silicatos hidratados de magnésio. Trata-se de um tipo de mineral que possui fibras mais curvas, sedosas, crespas e maleáveis. Dentro dessa categoria encontra-se a chamada crisotila, encontrada de forma abundante na natureza – cerca de 95% das formas geológicas do mineral na Terra.

Considerando a consolidação do banimento das variedades do grupo dos anfibólios, a discussão atual centra-se na utilização dos minerais do grupo das serpentinas, especificamente do tipo crisotila. Com base nessa observação, para fins de terminologia, utilizar-se-á, nos itens subsequentes, o termo *amianto* como uma forma simplificada de *fibras de amianto da categoria das serpentinas do tipo crisotila*, salvo menção expressa em contrário.

O amianto ganhou relevância do ponto de vista comercial com a fabricação de telhas e caixa d'água. Especialmente nos países pobres, o amianto passou a ser largamente utilizado como matéria-prima na produção de artefatos de cimento-amianto, comumente chamado de *fibrocimento*, para a indústria da construção civil (GIANNASI, 2018, p. 153). Muito além da indústria de fribrocimento, o amianto possui larga utilização nos mais diversos segmentos industriais, com empregabilidade em mais de três mil produtos. Alguns desses produtos encontram-se destacados abaixo, para simples referência, tendo-se como base o verbete produzido na obra Rochas & Minerais Industriais (QUEIROGA *et al.*, 2005, p. 102):

> a) Fibrocimento: telhas onduladas, chapas de revestimento, painéis divisórios, tubos e caixas de água.
>
> b) Produtos de fricção: pastilhas, lonas de freio e discos de embreagem para automóveis, caminhões, tratores, metrôs, trens e guindastes.
>
> c) Produtos têxteis: fios para confecção de tecidos, cordas e feltros que, por sua vez, são utilizados na fabricação de gaxetas, lonas de freio, embreagens, filtros, mantas para isolamento térmico de caldeiras, motores, tubulações e equipamentos diversos nas indústrias química e petrolífera, roupas especiais (aventais e luvas) e biombos para proteção contra o fogo.
>
> d) Filtros: filtros especiais empregados nas indústrias farmacêuticas e de bebidas (vinho e cerveja), soda cáustica, diafragmas para serem usados com líquidos, vapores e gases.

e) Papéis e papelões: laminados de papel e papelão utilizados em fornos, caldeiras, estufas e tubulações de transporte marítimo.

f) Produtos de vedação e isolantes térmicos: juntas de revestimento e vedação, guarnições diversas, placas e outros elementos de revestimentos para as indústrias aeronáutica e aeroespacial.

g) Plásticos e revestimentos: placas ou mantas vinílicas, resinas moldadas e outras, adesivos, colas, tintas e impermeabilizantes.

h) Aplicações: despoluição de águas, adsorvendo moléculas de detergente, reaproveitamento de determinados reagentes em processos industriais, como enzimas. Separação de isômeros na síntese de medicamentos e identificação das substâncias presentes em compostos químicos.

Para viabilizar a produção de um rol tão extenso de produtos, muitos trabalhadores foram expostos às fibras de amianto, o que, para muitos, representou (e pode futuramente vir a representar) danos indeléveis. Por fim, destaca-se que, de acordo com o estado da técnica atual, há materiais no mercado com propriedades físico-químicas adequadas para a substituição das fibras de amianto. Os materiais alternativos incluem fibra de carbono, celulose fibra, fibra cerâmica, fibra de vidro, fibra de aço, silicato de cálcio e algumas fibras orgânicas, como aramida, polietileno, polipropileno e politetrafluoretileno.

## 24.2. AMIANTO E POLUIÇÃO LABOR-AMBIENTAL

O termo *poluição*, como bem ressalta Ney Maranhão, comporta conotações diferentes e desfruta de larga aplicação nos mais variados campos (MARANHÃO, 2018, p. 129). O autor integra a referência doutrinária atual dentro da temática de meio ambiente do trabalho, visualizando o conceito do verbo *poluir* em dois blocos, os quais dizem respeito à acepção material e moral do verbo *poluir*:

> Com efeito, em sentido material, o verbo "poluir" costuma transmitir a ideia de afetação física nociva por influência de algum elemento e substância. Nessa luz, "poluir" tem o significado de contaminar, sujar. Tem a ver, pois, com aquilo que é estragado, manchado. Já em sentido moral, "poluir" significa desonrar, difamar. Tem a ver, portanto, com aquilo que é *profano*, criminoso. Veja-se que na Roma Antiga o termo *nefas* (derivado de *fari* – falar), por exemplo, era comumente aplicado para referir ao resultado de ações poluentes, guardando relação, mais diretamente, com aquilo que, em termos religiosos, revelava-se impronunciável, indizível. (MARANHÃO, 2018, p. 129)

Em ambos blocos de sentido, tanto material, quanto moral, verifica-se que o termo está associado "à descrição de realidades desagradáveis, inaceitáveis, condenáveis" (MARANHÃO, 2018, p. 132). A acepção jurídica do termo, contudo, exige uma definição mais técnica. Dentro da teoria desenvolvida por Ney Maranhão, autor de recente e específica obra sobre poluição labor-ambiental, *poluição* expressa uma série de fatores, identificados como "fato ambiental, fato lesivo, fato antrópico, fato estrutural, fato sistêmico, fato transfronteiriço, fato transtemporal, fato intolerável, fato cultural, fato plurifacetado"[1].

Os danos causados pelo amianto demonstram clara afetação à qualidade da vida humana dos trabalhadores e trabalhadoras e, consequentemente, do próprio equilíbrio do meio

---

1   Para mais detalhes sobre os fatores que auxiliam na compreensão do termo poluição, recomenda-se a leitura de MARANHÃO, 2018, p. 133-145.

ambiente. Além de ser um fato ambiental, a poluição é um fato lesivo, já que *"não é só uma questão ambiental, é uma questão de desequilíbrio ambiental"* (MARANHÃO, 2018, p. 133). Considerando os danos cientificamente causados pela exposição ao amianto, a presença de suas partículas somente pode ser interpretada como um ato lesivo ao meio ambiente (MARANHÃO, 2018, p. 133).

*Poluição*, seguindo a linha metodológica apresentada por Ney Maranhão, também é um fato antrópico. Nesse sentido, considerando que os danos causados pelo amianto decorrem de uma ação humana, mais uma vez se enquadra no conceito de poluição. É certo que as partículas do mineral amianto são encontradas profusamente na natureza. A exposição aos seres humanos, contudo, decorre da exploração industrial do material, notadamente em razão das propriedades físicas e químicas que lhe são particulares.

Além de *poluição* ser fato ambiental, lesivo e antrópico, Ney Maranhão destaca que, para ser poluição em acepção jurídica, é preciso ser fato intolerável. Sobre esse aspecto, o autor pontua que a valoração sobre o que é intolerável depende de um sistema de referência, destacando que "poluição não representa relação, portanto, com riscos permitidos, mas com riscos proibidos, ou seja, com aquilo que a sociedade repudia e que poluição, desse modo, juridicamente e nesse particular, é uma afronta a 'limites' definidos" (MARANHÃO, *op. cit.*, p. 141).

A acepção jurídica do termo, a partir dos fatos trazidos por Ney Maranhão, revelam que a exposição às partículas de amianto configura poluição, do ponto de vista técnico-jurídico, uma vez que a situação fática trazida se enquadra perfeitamente nas categorias acima destacadas. Ney Maranhão também destaca que poluição é fato de sentido *cultural*:

> Poluição, como já acentuado, é fenômeno patológico e que rompe com uma normalidade. Mas esse padrão de normalidade é fixado por quem e em que momento histórico? É com esteio nessa linha de pensamento que destacamos, nesse momento, ser a poluição um espectro iniludivelmente cultural. (MARANHÃO, 2018, p. 142)

Daí se extrai, com clareza, que o conceito de poluição está atrelado ao momento histórico em que se vive. Exemplo disso é que a exposição ao amianto, em outros tempos, era vista como algo comum, sem potencial lesivo aos trabalhadores e trabalhadoras. Isso, claro, devia-se principalmente pela falta de conhecimento geral a respeito de seus efeitos nocivos, e não necessariamente do padrão de normalidade adotado à época. De todo modo, com o tempo, a exposição, pela verificação dos danos, passou a ser considerada reprovável aos contemporâneos e às gerações futuras.

Do ponto de vista dogmático, a definição de poluição está contida em alguns instrumentos legais. O Decreto nº 50.877/1961, ao dispor sobre o lançamento de resíduos tóxicos ou oleosos nas águas interiores ou litorâneas do País, assim definiu:

> *Art. 3º Para os efeitos deste Decreto, considera-se "poluição" qualquer alteração das propriedades físicas, químicas e biológicas das águas, que possa importar em prejuízo à saúde, à segurança e ao bem-estar das populações e ainda comprometer a sua utilização para fins agrícolas, industriais, comerciais, recreativos e, principalmente, a existência normal da fauna aquática.*

O Decreto nº 73.030/1973, que instituiu a Secretaria do Meio Ambiente, define *poluição das águas* como sendo *"qualquer alteração de suas propriedades físicas, químicas ou biológicas,* que possa importar em prejuízo à saúde, à segurança e ao bem-estar das populações, causar dano à flora e à fauna, ou comprometer o seu uso para fins sociais e econômicos". A Lei de Política Nacional do Meio Ambiente fornece uma definição mais abrangente de poluição:

> Artigo 3º Para os fins previstos nesta Lei, entende-se por:
> [...].
> III – poluição, a degradação da qualidade ambiental resultante de atividades que direta ou indiretamente:
> a) prejudiquem a saúde, a segurança e o bem-estar da população;
> b) criem condições adversas às atividades sociais e econômicas;
> c) afetem desfavoravelmente a biota;
> d) afetem as condições estéticas ou sanitárias do meio ambiente;
> e) lancem matérias ou energia em desacordo com os padrões ambientais estabelecidos;

De todo modo, todas essas normas transcritas inserem no conceito de poluição o prejuízo à saúde humana. Do ponto de vista do ordenamento jurídico nacional, existe, portanto, uma norma que define como poluição a degradação da qualidade ambiental resultante de atividades que prejudiquem a "*saúde, a segurança e o bem-estar da população*".

É relevante assinalar também que esse conceito de poluição pode ser dilatado por leis estaduais e municipais, de modo a conferir maior proteção ao meio ambiente. A esse respeito, Paulo Affonso Leme Machado explica que a **"legislação estadual como a municipal podem ampliar o conceito de poluição, mas serão de nenhum efeito se restringirem ou diminuírem o espaço da proteção legal dada pela conceituação federal"** (MACHADO, 2018, p. 637).

Em suma, como é possível verificar pelas definições doutrinária e legal, o significado de *poluição* sem dúvida abrange o objeto aqui em discussão. Para Ney Maranhão, referido de forma recorrente neste trabalho, poluição labor-ambiental significa:

> [...] o desequilíbrio sistêmico no arranjo das condições de trabalho, da organização do trabalho ou das relações interpessoais havidas no âmbito do meio ambiente laboral que, tendo base antrópica, gera riscos intoleráveis à segurança e à saúde física e mental do ser humano exposto a qualquer contexto jurídico-laborativo arrostando-lhe, assim, a sadia qualidade de vida. (MARANHÃO, 2017, p. 234)

Para Júlio César de Sá Rocha, esse conceito significa "degradação da salubridade do ambiente de trabalho que afeta diretamente a saúde dos próprios trabalhadores. Acresça-se, direta ou indiretamente" (ROCHA, 2002, p. 47). Para Norma Sueli Padilha, quando o hábitat se revelar inidôneo para assegurar as condições mínimas para uma razoável qualidade de vida do trabalhador, haverá uma lesão ao meio ambiente do trabalho (PADILHA, 2002, p. 41). Guilherme Guimarães Feliciano esclarece que o incremento dos riscos caracteriza poluição no meio ambiente de trabalho quando passa a "ameaçar potencialmente os bens mais valiosos de todos os trabalhadores que trabalhem ou possam vir a trabalhar naquele ambiente (em especial a vida e a saúde)" (FELICIANO, 2013, p. 18-21).

Nessa perspectiva, não existe qualquer objeção ou dificuldade em se reconhecer o amianto como *poluição*, vez que é incontroverso na literatura médica o seu potencial lesivo à saúde dos trabalhadores e trabalhadoras, conforme destacado a seguir.

## 24.2.1. Estudos que comprovam o potencial cancerígeno

O primeiro marco científico sobre o conhecimento de doenças relacionadas ao amianto data de 1907, quando o médico britânico H. Montagne Murray identificou, por meio da dissecação de cadáveres de trabalhadores expostos ao amianto, o desenvolvimento da asbestose. A investigação do patologista decorreu da observação de uma taxa de mortalidade incomum entre os trabalhadores expostos ao amianto na atividade de fiação (MURRAY, 1907, p. 127-128).

Há referências de que os primeiros casos de fibrose pulmonar, na França, foram diagnosticados em 1906, quando um inspetor de Caen investigou o excesso de mortalidade de trabalhadores em uma fábrica têxtil de *Condé-sur-Noireau* (DÉRIOT; GODEFROY, s/d, p. 12). Em 1924, o médico inglês W. E. Cooke estabeleceu, com detalhes, o nexo preciso entre a ocupação de seus pacientes e a fibrose pulmonar desenvolvida, intitulada por ele de *asbestose* (EBERT, 2015, p. 88). Os conhecimentos foram crescentemente aprimorados, especialmente na Inglaterra: em 1929, os trabalhadores começam a processar *Johns Manville* por danos causados pelo amianto (ADAO, 2013); em 1930, o Parlamento Britânico decidiu melhorar a inspeção do trabalho (ALIAGA; LEIVAS, 2018, p. 240).

Assim, a década de 1930 foi determinante, não só pela confirmação da indiscutível relação entre o amianto e a asbestose, mas também por notáveis avanços nas pesquisas sobre os danos causados pelo amianto. A uma, porque E.R.A Merewether e C.W. Price concluíram um estudo epidemiológico em que se demonstrou que a exposição ao amianto causava asbestose e morte, o que motivou a apresentação ao Parlamento britânico de um extenso relatório sobre os estudos epidemiológicos das doenças até então descobertas, requerendo a implementação de medidas efetivas de prevenção aos expostos (MEREWETHER; PRICE, 1930). A duas, porque o Dr. George Slade descobriu que a maioria dos trabalhadores da mina de *New Amianthus*, operada pela T&N, em *Eastern Transvaal*, África do Sul, sofria de falta de ar e perda de peso, desenvolvendo a chamada asbestose (ADAO, 2013).

A três, porque o médico britânico S.R. Gloyne publicou o estudo intitulado *Two cases of squamous carcinoma of the lung in asbestosis*, em que expôs o potencial carcinogênico do amianto (GLOYNE, 1935), com base no nexo entre a exposição do indivíduo e o aparecimento de células escamosas nos pulmões. Nesse conjunto de eventos da década de 1930, merece especial destaque o estudo epidemiológico publicado por E.R.A. Merewether e C.W. Price, por se tratar da primeira referência bem documentada sobre a asbestose na indústria.

Ainda na década de 1930, precisamente em 1935, os norte-americanos K.M. Lynch e W.A. Smith publicaram estudo em que vinculavam o câncer de pulmão à exposição ao amianto (GLOYNE, 1935 apud EBERT, 2019, p. 157). Com base nos estudos produzidos, alguns médicos já sinalizavam que as medidas preventivas até então adotadas eram inadequadas e que o amianto deveria ser banido das situações em que não fosse essencial (GLOYNE, 1935 apud EBERT, 2019, p. 157).

Nos Estados Unidos e Inglaterra, pioneiros nas pesquisas sobre os riscos do amianto, foram criadas leis específicas sobre a regulamentação da utilização do material, fixando limites de tolerância que, supostamente, não causassem danos à saúde (MEREWETHER; PRICE, 1930). O próprio Dr. E.R.A. Merewether e suas descobertas apoiaram uma lei para melhorar as condições de trabalho no Reino Unido (MAZZEO, 2012).

Outro evento de suma relevância ocorreu em 1955, quando o médico britânico Richard Doll publicou estudo intitulado *Mortality from lung cancer in asbestos workers*, por meio do qual demonstrou que a incidência de câncer de pulmão entre trabalhadores expostos ao amianto era dez vezes maior do que na população em geral (DOLL, 1995). Na mesma época, pesquisa desenvolvida nos Estados Unidos, sob coordenação do médico Irving Selikoff, pelo *Mount Sinai Hospital* e pela Faculdade de Medicina, demonstrou um aumento de mortes por câncer de pulmão – 20% dos 17.800 trabalhadores analisados desenvolveram a referida doença (ALIAGA; LEIVAS, 2018, p. 240).

As contribuições de cientistas do Canadá – país que entrou para a lista dos que proibiram o amianto apenas em 2016 – também foram importantes, com destaque para um estudo realizado em Quebec, na década de 1960, sobre a relação entre a exposição acumulada ao amianto com o desenvolvimento de doenças como asbestose (McDONALD J.C; McDONALD A.D, 1999).

Os médicos sul-africanos J.C. Wagner, C. Sleggs e P. Marchard contribuíram, na década de 1960, com a realização de um estudo epidemiológico que resultou na caracterização do nexo de causalidade entre a aspiração de fibras de amianto e o desenvolvimento de mesotelioma (WAGNER et al., 1965). Esse estudo foi resultado de uma pesquisa realizada na África do Sul, em que se verificou que apenas 8 dos 33 casos analisados de mesotelioma foram causados por uma exposição profissional. Os 25 casos restantes foram causados por exposição ambiental a pessoas que viviam nas proximidades de minas ou fábricas que utilizavam o amianto como matéria-prima.

Barry Castleman chama atenção aos estudos da década de 1960, justamente por demonstrarem que o risco decorrente da exposição é criado pela mera proximidade das minas ou fábricas:

> A letalidade inerente ao amianto veio novamente à tona quando epidemiologistas demonstraram, na metade da década de 1960, que o simples fato de residir na casa de um trabalhador exposto àquele material ou de viver nas cercanias de uma fábrica a utilizar o amianto como matéria-prima poderia conduzir ao falecimento por mesotelioma de pleura ou peritônio. Uma vez que os relatos médicos eram desconhecidos por parte dos trabalhadores, o uso industrial do amianto continuava a crescer. O escândalo acerca do uso imprudente do amianto passou a receber atenção por parte da opinião pública no final daquela década com a controvérsia acerca do jateamento de amianto para fins de isolamento das vigas mestras de arranha-céus que, tal como o World Trade Center, estavam sendo construídos naquela quadra por todo o território norte-americano. Apenas alguns anos após a criação de novos organismos governamentais dedicados à proteção dos trabalhadores e do meio ambiente o uso do amianto nos Estados Unidos começou finalmente a decair, por volta de 1973. Com preocupações similares a crescerem na Europa, a utilização mundial do amianto atingiu o seu pico de cinco milhões de toneladas em 1975 antes de entrar em declínio. (CASTLEMAN, 2018, p. 23)

A conclusão dos médicos ingleses M. L. Newhouse e H. Thompson caminhou nesse mesmo sentido, ao concluírem pelo nexo causal e sinalizarem para o fato de que o risco ultrapassava os muros das fábricas e atingia as áreas circunvizinhas (NEWHOUSE; THOMPSON, 1965).

O conjunto desses estudos é suficiente para demonstrar que as primeiras pesquisas sobre a relação entre a exposição às fibras de amianto no meio ambiente de trabalho e o aumento de doenças pulmonares remonta ao final do século XIX. Ainda assim, a produção e a comercialização do amianto seguiram liberadas em muitos países, a exemplo do Brasil, que se consolidou como um dos maiores produtores e exportadores de amianto do mundo.

### 24.2.2. Posição consolidada da Organização Mundial da Saúde

A OMS já consolidou o seu entendimento sobre o potencial cancerígeno do amianto, divulgando diversas informações aqui compiladas:

a) Todos os tipos de amianto causam câncer no ser humano, não tendo sido identificado nenhum limite para o risco carcinogênico do crisotila;

b) O amianto é um dos agentes cancerígenos ocupacionais mais importantes, causando cerca de metade das mortes por câncer ocupacional;

c) O aumento do risco de desenvolvimento de câncer tem sido observado mesmo em populações submetidas a níveis muito baixos de exposição;

d) A exposição ao amianto faz com que uma série de doenças tais como o cancro do pulmão, mesotelioma e asbestose (fibrose do pulmão) surjam, bem como chapas pleurais, espessamento e derrames;

e) O meio mais eficiente de eliminar as doenças relacionadas ao mineral é eliminar o uso de todos os tipos de asbesto.

Os dados trazidos pela OMS são alarmantes e denunciam uma verdadeira tragédia: atualmente, cerca de 125 milhões de pessoas no mundo estão expostas ao amianto no local de trabalho e pelo menos 90 mil pessoas morrem a cada ano de câncer de pulmão relacionado ao amianto, mesotelioma e asbestose resultantes de exposições ocupacionais (WHO, 2018). Além disso, uma preocupação levantada pela OMS revela a contemporaneidade do problema: devido aos longos períodos de latência associados às doenças em questão, interromper o uso do amianto agora resultaria uma diminuição no número de mortes relacionadas ao amianto apenas após várias décadas.

O entendimento da OMS é claro no sentido de que todos os tipos de amianto causam câncer em humanos. Inclusive, todas as variedades de amianto (actinolita, amosita, anthophyllite, crisotila, crocidolita e tremolita) foram classificadas pela IARC como carcinogênico para humanos (WHO, 2018). A OMS aponta, ainda, para um uso contínuo da crisotila:

> O amianto tem sido usado em milhares de produtos para um grande número de aplicações, como telhas, linhas de suprimento de água, cobertores contra incêndio, enchimentos de plástico e embalagens médicas, além de embreagens e lonas de freio, juntas e pastilhas para automóveis. Como resultado de preocupações crescentes com a saúde, o uso de amianto diminuiu em muitos países. A utilização de crocidolita e produtos que contenham essa fibra, bem como a pulverização de todas as formas de amianto foram proibidas pela Convenção nº 162 da OIT de 1986, relativa à segurança no uso do amianto. No entanto, crisotilo são materiais de fricção (7%), têxteis e outras aplicações.
>
> Até o momento, mais de 40 países, incluindo todos os estados membros da União Europeia, proibiram o uso de todas as formas de amianto, incluindo crisólito. Outros países introduziram restrições menos rigorosas. No entanto, alguns países mantiveram ou até aumentaram sua produção ou uso de crisólito nos últimos anos. A produção mundial de amianto no período 2000-2005 tem sido relativamente estável, entre 2.050.000 e 2.400.000 toneladas métricas por ano.

Nesse cenário, a recomendação da OMS é no sentido de prevenção das doenças relacionadas ao amianto, especialmente porque não há evidências de um limiar seguro para o efeito cancerígeno do amianto.

## 24.2.3. Estudos brasileiros

Ao que tudo indica, o primeiro estudo brasileiro organizado sobre o reconhecimento dos danos causados pelo amianto foi publicado em 1956, sob o título de *"Higiene nas minas – Asbestose"*. O estudo é de autoria de Carlos Martins Teixeira e Manoel Moreira, ambos pesquisadores vinculados ao DNPM, especificamente no Serviço Médico da Divisão de Fomento da Produção Mineral. Esses pesquisadores realizavam pesquisas focadas na higidez das atividades de mineração no Brasil e descobriram que, dentro do campo amostral de 80 trabalhadores, seis desenvolveram fibroses pulmonares compatíveis com a asbestose, verificando que, em alguns desses casos, o desenvolvimento da patologia não estava vinculado a um longo período de exposição (BRASIL, 1956).

René Mendes compartilha da opinião de que o conhecimento sobre o nexo já existia nas décadas de 1940 e 1950:

> Trabalhos científicos da década de 40 e de 50 apontavam para esta possibilidade de associação causal, o que foi confirmado pelos estudos realizados por Wagner et al. (1960) na África do Sul. Estes autores publicaram o estudo relativo a 33 casos de mesotelioma, 32 dos quais haviam trabalhado em minas de asbesto (à época, com a variedade crocidolita) e/ou residido perto das minas onde se extraíam fibras deste minério. Deste estudo advieram as observações – hoje confirmadas – respeitantes à possibilidade de desenvolvimento de mesotelioma maligno mesmo após curtas exposições ou de exposições em baixas doses, mas, via de regra, após longo tempo de latência. Em Londres, Newhouse & Thompson (1965), com base em estudo de 76 casos e utilizando metodologia epidemiológica elegante, confirmaram a forte associação causal entre mesotelioma de pleura ou peritônio e exposição pregressa a asbesto, quer de natureza ocupacional, quer pela proximidade das residências às plantas industriais que o processam. (MENDES, 2001)

Em 1975, médicos da Faculdade de Saúde Pública da Universidade de São Paulo e do Laboratório de Provas de Função Pulmonar, do Instituto de Pneumologia da Santa Casa de São Paulo, Diogo Pupo Nogueira, Diógenes Certain, Setsuko Jo Uesugui, Rosa Kioko Koga e Herval Pina Ribeiro, publicaram o artigo intitulado *"Asbestose no Brasil: um risco ignorado"*, que também se tornou uma referência nos estudos brasileiros sobre o tema.

Da leitura desse artigo, é possível extrair que os médicos concluíram que **(i)** a inalação de asbestos provoca uma pneumoconiose muito grave (asbestose); **(ii)** os sintomas aparecem, geralmente, após 5 a 10 anos de exposição; **(iii)** o principal sintoma é a de uma insuficiência pulmonar rapidamente progressiva; **(iv)** frequentemente surgem carcinomas brônquicos; **(v)** verifica-se um aumento significativo de mesotelioma da pleura em trabalhadores expostos aos asbestos.

O estudo foi subsidiado pela análise clínica de um paciente que trabalhou 22 anos em indústria de cimento-amianto. O resultado foi no sentido de o paciente ser portador de *fibrose intersticial dos lobos inferiores com estrias lineares finas entrecruzadas na base do pulmão direito*. Em relação à funcionalidade dos pulmões, os médicos concluíram que a capacidade vital se encontrava nitidamente reduzida, "devido à diminuição acentuada e uniforme dos volumes de reserva e de redução menos intensa do volume corrente" (NOGUEIRA, 1975).

Ainda sobre a plena ciência dos danos causados pelo amianto, notadamente na década de 1940, frise-se a existência do Decreto-Lei nº 4.449, publicado no dia 09 de julho de 1942:

*Art. 1º É obrigatória a notificação das doenças profissionais, produzidas por:*

a) chumbo e seus compostos;

b) mercúrio e seus compostos;

c) hidrocarbonetos e derivados;

d) anilina e derivados;

e) sulfureto de carbono;

f) vapores: nitrosos; de cloro e gazes clorados; de bromo; de ácido fluorídrico; de gás sulfúrico; de sulfidrato de amônio; de ácido cianídrico; de ácido pícrico; de óxido de carbono;

g) fósforo branco e hidrogênio fosforado;

h) arsênico e seus compostos;

i) produtos cáusticos (breu, alcatrão, óleos minerais, betumes, cimento, cal);

*j) poeiras (silicose, antracose,* **asbestose***, bissinose, aluminose, tabacose);*

O fato de tornar obrigatório que as empresas notificassem às autoridades públicas sanitárias os novos casos de asbestose revela o conhecimento sobre o risco. Nas décadas seguintes, outros estudos foram relevantes para ratificar o conhecimento sobre o risco, a exemplo de:

a) 1976: O médico Manoel Ignácio Rollemberg dos Santos descreveu mais três casos de *asbestose* relacionados a diferentes ambientes profissionais (fábrica de tintas, fábrica de isolantes térmicos e moinho de beneficiamento de amianto), o que foi fruto do trabalho publicado três anos depois, intitulado *"Asbestose, a Verdade dos Diagnósticos"* (MENDES, 2001).

b) 1980: O médico Reynaldo Quagliato Júnior, do Serviço de Pneumologia da Faculdade de Ciências Médicas da UNICAMP, informou à comunidade científica, por meio do Jornal de Pneumologia, que verificou um caso de asbestose em paciente que, por mais de uma década, trabalhou na indústria de cimento-amianto (MENDES, 2001).

c) 1982: M. A. T. Lyra publicou artigo relatando resultados de uma pesquisa realizada por ela em uma indústria de lona de freios. Pela avaliação médica e ambiental, identificou quatro casos prováveis de asbestose pulmonar e um caso de mesotelioma (MENDES, 2001).

d) 1983: O médico José Luiz Riani Costa apresentou dissertação de mestrado sob o título de *"Estudo da asbestose no município de Leme"*, perante banca do Programa de Pós-graduação da Faculdade de Ciências Médicas da UNICAMP. A dissertação de mestrado foi fruto de uma pesquisa que constatou 14 casos de asbestose entre os trabalhadores de uma das fábricas de fibrocimento da região – esse número representava uma taxa de incidência de asbestose de 16,3% entre os trabalhadores avaliados. Esse trabalho, inclusive, motivou a ABREA na busca ativa dos expostos ao amianto na região (ABREA, 1983), além de ter desencadeado estudos futuros sobre o tema.

e) 1986: o CEA, com o apoio da Fundacentro, CNTI, CNI, SESI/DN e ABRA, realizou o chamado *Seminário Nacional sobre Exposição Ocupacional ao Asbesto*. Essa ocasião reuniu profissionais das áreas médica, engenharia e jurídica, os quais apresentaram seus trabalhos a aproximadamente 200 pessoas interessadas (MENDES, 2001).

f)  1988: Os médicos (AMÂNCIO et al.) constataram elevado índice de asbestose em trabalhadores com mais de 10 anos de exposição em fábricas de fibrocimento de médio porte no Estado de São Paulo (AMÂNCIO et al., 1988).

g)  1989: Os médicos Eduardo Algranti, Cristiane Queiroz B Lima e Antônio Vladimir Vieira apresentaram trabalho intitulado *"Asbesto e carcinoma broncogênico: pesquisa de fibras em tecido pulmonar de três pacientes portadores de carcinoma broncogênico"*, sobre a relação entre a exposição e câncer de pulmão associado ao asbesto (ALGRANTI, 1989). Em síntese, os pesquisadores utilizaram três casos como referências (um caso de aparência radiológica altamente sugestiva de exposição ao asbesto e dois casos com exposição ocupacional confirmada). As análises demonstraram a presença de fibras em tecido pulmonar nos três casos e a relação das neoplasias à exposição ao asbesto foi considerada por eles altamente provável, pelo fato de dois dos casos apresentarem fibrose pulmonar e, o terceiro caso, placas pleurais típicas (ALGRANTI, 1989).

h)  1997: Pesquisa coordenada pelo professor da UNICAMP, Dr. Eduardo Mello de Capitani, concluiu pela existência de três casos clínicos de mesotelioma maligno de pleura com associação à exposição ao amianto. De acordo com os relatos médicos, um dos casos refere-se a indivíduo contaminado por exposição indireta – o pai trabalhava na indústria de fibrocimento – e um dos casos refere-se a sujeito exposto pelo curto período de um ano (DE CAPITANI et al., 1997).

## 24.3. O PRINCÍPIO DA PREVENÇÃO PARA A PROMOÇÃO DO MEIO AMBIENTE DO TRABALHO

Pela dimensão do bem tutelado, a garantia constitucional de um meio ambiente do trabalho equilibrado traduz-se em alguns direitos subjetivos, os quais são imprescindíveis para o alcance da proteção dos trabalhadores expostos ao amianto, resguardando-se o direito à vida e à integridade psicossomática, direito à promoção da correção dos riscos ambientais, direito à informação e direito à indenidade.

Dentro dos princípios que orientam o Direito Ambiental, o princípio da prevenção se destaca, por traduzir a finalidade precípua de proteção ao meio ambiente: evitar a consumação de um dano. Como destaca Norma Sueli Padilha, a prevenção é a pedra fundamental do Direito Ambiental:

> A ótica que orienta todo o Direito Ambiental assenta-se na prevenção. É o Direito que não se contenta, assim, em reparar e reprimir o dano ambiental, uma vez que a degradação do ambiente, como regra, é irreparável. Prevenir a ocorrência de danos ambientais é a pedra fundamental do Direito Ambiental. (PADILHA, 2002, p. 97)

A autora destaca ainda o aspecto positivo de o Direito Ambiental ser orientado, fundamentalmente, pelo princípio da prevenção:

> Portanto, podemos concluir que o Direito Ambiental orientado, fundamentalmente, pelo princípio da prevenção, impõe uma nova visão dos meios e instrumentos de proteção do próprio meio ambiente do trabalho, uma vez que prioriza medidas que evitem o nascimento de atentados ao meio ambiente. (PADILHA, 2002, p. 99)

Dentro da doutrina de Direito Ambiental, o princípio da prevenção ganhou essa relevância, entre outros motivos, pela irreversibilidade dos danos causados ao meio ambiente, uma vez que, em vários casos, não é possível restabelecer o meio afetado à situação idêntica antes do dano:

> [...] os danos ambientais, na maioria das vezes, são irreversíveis e irreparáveis. Para tanto, basta pensar: como recuperar uma espécie extinta? Como erradicar os efeitos de Chernobyl? Ou, de que forma restituir uma floresta milenar que fora devastada e abrigava milhares de ecossistemas diferentes, cada um com o seu essencial papel na natureza?
>
> Diante da impotência do sistema jurídico, incapaz de restabelecer, em igualdade de condições, uma situação idêntica à anterior, adota-se o princípio da prevenção do dano ao meio ambiente como sustentáculo do direito ambiental, consubstanciando-se como seu objetivo fundamental. (FIORILLO, 2010, p. 111-112)

A notoriedade do princípio da prevenção no âmbito do Direito Ambiental reflete-se em diversos instrumentos internacionais, como convenções, declarações e sentenças de tribunais internacionais (MACHADO, 2018, p. 123), sendo que muitos desses se destacam na construção e evolução do próprio Direito Ambiental.

Paulo Affonso Leme Machado pontua que "deixa-se de prevenir por comodismo, por ignorância, por hábito de imprevisão, por pressa e pela vontade de lucrar indevidamente" (MACHADO, 2018, p. 124). No contexto de exposição dos trabalhadores e trabalhadoras ao amianto, a realidade demonstra que todos esses fatores foram preponderantes para a inaplicabilidade do princípio da prevenção.

Diante de tamanha relevância, necessário entender, com profundidade, o significado do princípio da prevenção. Paulo Affonso Leme Machado expõe de forma concisa e direta que *"prevenir é agir antecipadamente, evitando o dano ambiental"* (MACHADO, 2018, p. 124 – g.n.). Essa ação antecipada tem a finalidade de evitar a consumação do dano diante da previsibilidade de sua recorrência. Nesse sentido, a certeza sobre determinado risco impõe a aplicação de medidas preventivas, para evitar a sua repetição, como ensina Annelise Monteiro Steigleder:

> Já o princípio da prevenção supõe riscos conhecidos, seja porque previamente identificados no EIA, seja porque os danos já ocorreram anteriormente. Ou seja, o perigo abstrato foi reconhecido, transformando-se em perigo concreto; a decisão pela assunção do risco já foi tomada, impondo-se a adoção de medidas preventivas para evitar a produção do dano ou a sua repetição. (STEIGLEDER, 2017, p. 167)

Em termos de proteção ao meio ambiente, merece destaque a Conferência das Nações Unidas sobre o Meio Ambiente Humano, realizada em Estocolmo de 5 a 16 de junho de 1972, a qual deu origem à conhecida *Declaração de Estocolmo*. Esse evento é considerado um marco na promoção de critérios e princípios comuns para a preservação do meio ambiente humano.

O prefácio da Declaração de Estocolmo destaca alguns elementos essenciais para a compreensão do dever de preservação do meio ambiente: o ser humano possui um duplo papel no meio ambiente que o cerca, na medida em que dele faz parte e é responsável por construí-lo, desenvolvendo-se, em todos os aspectos; o bem-estar do ser humano e o gozo dos direitos fundamentais depende tanto do meio ambiente natural, quanto artificial; o bem-estar do ser humano e o desenvolvimento econômico mundial condicionam-se à proteção do meio ambiente; a capacidade transformadora do ser humano deve ser utilizada com discernimento, sob pena de causar danos incalculáveis ao ser humano e a seu meio ambiente, o que pode incluir o comprometimento da *saúde física, mental e social do homem, no meio ambiente por ele criado, especialmente naquele em que vive e trabalha.*

É possível compreender, com clareza, que a Declaração de Estocolmo foi orientada pela preocupação de evitar danos imensos e irreparáveis ao meio ambiente e pela necessidade de impor critérios para a melhoria contínua do meio ambiente, para as gerações presentes e futuras.

Paulo Affonso Leme Machado ensina que o "princípio da prevenção comporta duas fases: a previsão e a prevenção" (MACHADO, 2018, p. 124). A primeira fase diz respeito à *colheita de dados e sua análise* e complementa que *"a previsão abrange a informação organizada e a pesquisa, através de diversos procedimentos"* (MACHADO, 2018, p. 125 – g.n.). A segunda fase significa, diante do resultado da primeira, "agir antecipadamente, evitando o dano ambiental" (MACHADO, 2018, p. 123).

No que diz respeito à fase de previsão, o autor afirma que:

> A previsão abrange a informação organizada e a pesquisa, através de diversos procedimentos: 1) ordenamento territorial ambiental para a valorização das áreas de acordo com a sua aptidão; 2) prestação de informações contínuas e completas; 3) emprego de novas tecnologias; e 4) o EPIA – Estudo Prévio de Impacto Ambiental. (MACHADO, 2018, p. 125)

A análise do princípio da prevenção a partir dessas duas fases permite que a sua aplicação seja pautada por um método. O ato de prevenir obedece, então, a uma análise prévia de risco. No caso da poluição labor-ambiental causada pelo amianto, a fase de previsão encontra-se preenchida pelos dados apresentados nos capítulos precedentes, com base em pesquisa bibliográfica e documental, e podem ser sistematizados por meio dos seguintes procedimentos:

a) Todas as formas de asbesto, incluindo a crisotila, são classificadas como cancerígenos humanos pela OIT e pela OMS.

b) A OMS estima que mais de 107 mil desses morrem por ano, devido às doenças relacionadas ao amianto.

c) De acordo com a OMS, não há nenhum limite seguro de exposição para o risco de câncer.

d) A EPA listou o amianto como um poluente atmosférico perigoso.

e) A IARC classificou o amianto como um carcinógeno humano.

f) O Instituto Nacional de Segurança e Saúde Ocupacional solicitou a proibição do amianto nos locais de trabalho nos EUA.

g) Uma em cada três mortes por câncer ocupacional está associada ao amianto.

h) A OMS declarou que o aumento do risco de desenvolvimento de câncer tem sido observado mesmo em populações submetidas a níveis muito baixos de exposição.

i) Pelo menos 90 mil pessoas morrem a cada ano de câncer de pulmão relacionado ao amianto, mesotelioma e asbestose resultantes de exposições ocupacionais.

Os elementos sistematizados acima revelam, do ponto de vista médico, técnico, científico e de saúde pública, que o amianto é uma substância comprovadamente nociva à saúde humana, inclusive por não haver limite seguro de exposição. Nesse ponto, verifica-se que a fase de previsão está preenchida, passando-se ao dever de proteção do meio ambiente de trabalho propriamente dito, por meio de ações preventivas organizadas para garantir a saúde dos trabalhadores e trabalhadoras.

O dever de prevenção, contudo, como ressalta Paulo Affonso Leme Machado, não se restringe à adoção de medidas ambientais acauteladoras:

> A aceitação do princípio da prevenção não para somente no posicionamento mental a favor de medidas ambientais acauteladoras. O princípio de prevenção deve levar à criação e à prática de política pública ambiental, através de planos obrigatórios. (MACHADO, 2018, p. 125)

De acordo com o autor, o princípio da prevenção exige medidas mais enfáticas, voltadas à criação e implementação de políticas ambientais, mediante planos obrigatórios. No âmbito da exposição dos trabalhadores e trabalhadoras ao amianto, a proteção do meio ambiente compreende ações e planos amplos e complexos, os quais ultrapassam as minas e os muros das fábricas que utilizam o mineral em sua cadeia produtiva.

Essa extensão do dano para além do meio ambiente de trabalho, que deve ser compreendido dentro de uma perspectiva *gestáltica*, revela quão complexa é a questão do amianto, no Brasil e no mundo. A criação de políticas que permitam a efetividade do princípio da prevenção é, portanto, o maior desafio entre médicos, juristas, sanitaristas, engenheiros do trabalho e demais profissionais envolvidos na garantia do direito ao meio ambiente do trabalho equilibrado.

Além disso, a efetividade do princípio da prevenção condiciona-se à sua leitura sob a perspectiva do momento em que está sendo observado. A percepção que hoje se tem acerca da exposição do amianto não é a mesma que se tinha na década de 1970. Como bem nos recorda Paulo Affonso Leme Machado:

> A prevenção não é estática; e, assim, tem-se que atualizar e fazer reavaliações, para poder influenciar a formulação das novas políticas ambientais, das ações dos empreendedores e das atividades da Administração Pública, dos legisladores e do Judiciário. (MACHADO, 2018, p. 126)

Nesse aspecto, pondere-se que, além dos avanços nos estudos científicos sobre as doenças causadas pelo amianto, os últimos anos experimentaram um desenvolvimento considerável no que diz respeito à própria noção de meio ambiente e de meio ambiente do trabalho, temas que passaram a ser tratados de formas mais amplas e sistêmicas, mas compreendidos dentro de uma mesma perspectiva.

Ultrapassada a análise conceitual sobre o meio ambiente e o meio ambiente do trabalho, demonstra-se que, no contexto de exposição ao amianto, a promoção do equilíbrio do meio ambiente do trabalho está condicionada à observância do princípio da prevenção, ou seja, pelo fim irrestrito da exposição a tal substância. Há outros princípios que igualmente orientam o meio ambiente do trabalho hígido e equilibrado, mas, no caso específico do amianto, a eliminação do risco para a prevenção das gerações presentes e futuras é indispensável para a solução do problema.

## CONSIDERAÇÕES FINAIS

O art. 225 da Constituição Federal de 1988 tutela o direito amplo e geral ao *meio ambiente ecologicamente equilibrado*, que passou a ser reconhecido como essencial para uma vida digna e saudável de todos. A sadia qualidade de vida depende de um conjunto de paradigmas socioculturais e científico-tecnológicos, os quais certamente compreendem a noção de meio ambiente do trabalho equilibrado.

Partindo-se das premissas de que **(i)** a saúde é algo fundamental para a vida digna e **(ii)** a relação entre dignidade e saúde é a base da proteção da vida, é inconteste que a exposição de seres humanos a uma substância cancerígena como o amianto significa uma afronta aos preceitos constitucionais que tutelam esses bens jurídicos, o que deve ser entendido pela consciência jurídica contemporânea como um ato eticamente injustificável.

No Brasil, país que historicamente despontou como grande produtor e exportador de amianto, é de esperar que os índices de adoecimento e letalidade sejam alarmantes. O enfrentamento jurídico dedicado ao problema, em contrapartida, foi marcado por um conjunto de leis esparsas, muitas inclusive favoráveis à continuidade do uso e beneficiamento do amianto.

Entre tantos avanços e retrocessos, em 2017, o STF declarou a inconstitucionalidade do art. 2º da Lei nº 9.055/1995 e fixou a tese de que "*a tolerância ao uso do amianto crisotila, da forma como encartada no art. 2º da Lei 9.055/1995, é incompatível com os artigos 7º, inciso XXII, 196 e 225 da Constituição Federal*". Assim, a partir de um julgamento histórico calcado na fundamentalidade do direito à vida, à saúde e ao meio ambiente do trabalho equilibrado, a utilização do amianto passou a ser vedada em todas as suas formas. O Brasil entrou, assim, para uma lista de 75 países que, ao menos do ponto de vista normativo, possuem uma determinação legal contra a utilização do amianto.

O posicionamento definitivo da mais alta instância do Poder Judiciário brasileiro, ao qual os demais juízes e tribunais estão vinculados, representou um avanço sem precedentes na história brasileira. A decisão, todavia, não elidiu por completo os problemas decorrentes da utilização exponencial de amianto por mais de quatro décadas, especialmente em um contexto de tantas casas cobertas por telhas de amianto e edifícios inteiros construídos à base de artefatos de cimento-amianto.

As ações protetivas pautam-se pela inevitável conclusão de que a única forma de suprimir o risco é eliminar por completo a exposição às partículas de fibras de amianto. Essa solução orienta-se pelo princípio da prevenção, aplicável para os casos em que existe previsibilidade na recorrência do dano, apresentando respaldo em direitos assegurados pela Constituição Federal de 1988, como a vida, a saúde e o meio ambiente ecologicamente equilibrado.

Aliás, na medida em que o conceito de saúde evoluiu – deixando de ser traduzido unicamente na ausência de doenças –, a manutenção de um agente nocivo no meio ambiente de trabalho prejudica a saúde de trabalhadores e trabalhadoras, aos quais deve ser concedido um ambiente laboral adequado, hígido e equilibrado. Há muito, repise-se, que a compreensão da saúde depende de variáveis relacionadas ao meio ambiente, trabalho, alimentação e moradia, por se constituir *status* de direito fundamental, razão pela qual o impacto ao meio ambiente – inclusive do trabalho – deve ser considerado.

A Organização Mundial da Saúde fez constar em sua Constituição que a saúde é o estado de bem-estar físico, mental e social, e não apenas a ausência de doença. Conviver com o risco de ser afetado por uma substância sabidamente prejudicial à saúde – ainda que não venha supervenientemente a causar qualquer dano –, bem como conviver com as notícias recorrentes de adoecimento e mortes de ex-colegas de trabalho, certamente é algo que, além da potencialidade de dano físico, prejudica a saúde mental e a convivência social dos indivíduos. Portanto, conclui-se, nesse ponto, que a dimensão psicológica também pode ser potencialmente afetada pela convivência com o amianto no trabalho, dimensão que compõe a qualidade do meio ambiente do trabalho.

Uma conclusão reflexiva que se extrai desse contexto é que a humanidade vive em um momento histórico de acentuadas contradições. De um lado, o discurso de inexoráveis avanços tecnológicos e sofisticação do mercado de consumo, de outro, a aceitação social de conviver com milhares de trabalhadores expostos a uma substância cancerígena, o que desafia a construção legal de redução de riscos e melhoria contínua da condição social do trabalhador e sinaliza para um retrocesso no que concerne à preocupação com a higidez física dos trabalhadores e das trabalhadoras.

# CAPÍTULO 25
MEIO AMBIENTE DO TRABALHO NA CONSTRUÇÃO CIVIL

*Marco Antônio de Freitas*

## INTRODUÇÃO

A indústria da construção civil é uma das mais perigosas do mundo. No Brasil, ela contribui com grande parte do PIB nacional, porém, também é responsável por uma fatia ainda maior de trabalhadores acidentados.

Se por um lado ela é responsável pela concretização do sonho da casa própria, por outro ela acaba por produzir uma gama de trabalhadores que têm seus sonhos interrompidos com um acidente fatal ou incapacitante. Esse paradoxo é plenamente possível de desaparecer com a verdadeira aplicação de políticas públicas e privadas voltadas à preservação da saúde e da segurança daqueles que se envolvem nesse trabalho.

O estudo do meio ambiente do trabalho é a investigação das mazelas que afligem determinado grupo de trabalhadores. Assim, o presente trabalho se dedicará a explorar tanto as características daqueles que se ativam na construção civil quanto os dados referentes ao setor econômico em questão. Na sequência, procurará fazer uma relação entre tais informações e o alto grau de sinistralidade encontrado em suas fileiras. Também será explicitada a precariedade das condições de trabalho no setor, que está ligada à baixa capacitação dos prestadores de serviço, à alta terceirização, à grande informalidade, à fragmentação da categoria profissional e à rotatividade na mão de obra.

Serão, ainda, abordados os riscos existentes no local de trabalho e expostos os principais dados relativos a acidentes do trabalho e doenças profissionais, bem como aos trabalhadores por eles atingidos. Por último, serão compiladas algumas intervenções específicas no meio ambiente do trabalho da construção civil, que foram classificadas em três grandes grupos: internacionais, nacionais estatais e nacionais extraestatais.

## 25.1. ABRANGÊNCIA E DIMENSÃO DO MEIO AMBIENTE DO TRABALHO NA CONSTRUÇÃO CIVIL

A origem do termo construção civil está ligada ao século XVII. Na época, a classificação das atividades dos engenheiros era feita de acordo com o fim a que se destinava: civil ou militar (OLIVEIRA; ALMEIDA, 2010, p. 24). A engenharia moderna nasceu dentro dos exércitos, motivo pelo qual a partir do momento em que esse tipo de atividade passou a ser desenvolvida para fins não militares, ganhou o nome de engenharia civil (TELLES, 1994). A partir daí, as obras que envolviam o trabalho de um engenheiro civil passaram a ser denominadas de construção civil.

Santos *et al.* definem a construção civil como todos os tipos de obras ou serviços "realizados nas áreas de edificações residenciais, edificações comerciais, plantas industriais, rodovias, pontes e túneis, redes de distribuição de água, barragens e represas para geração de energia elétrica e instalações elétricas e de telecomunicações" (SANTOS *et al.*, 2011, p. 25).

Ao se tomar a Tabela de Classificação Nacional de Atividades Econômicas – CNAE (IBGE, 2020a), verifica-se que ela está catalogada na Seção F, divisões 41, 42 e 43 e compreende a 'construção de edifícios', 'obras de infraestrutura' e 'serviços especializados para construção'. Dessa forma, toda empresa que possui CNAE iniciado por essas três dezenas é considerada desse ramo econômico.

Embora a construção seja normalmente confundida apenas com o trabalho existente em canteiros de obras de edificação, esse segmento abrange diversas outras atividades. Segundo Francis Six, trata-se de uma cadeia de produção altamente segmentada, "marcada entre as fases de concepção do produto, a obra a construir e sua realização, o canteiro de obras" (SIX, 2014, p. 547).

Ao se pensar em atividade da construção civil, deve-se imaginar um espectro abrangente. A organização dos canteiros de obra e a execução dos projetos de edificação são as fases mais visíveis, porém, nela também se inclui uma fase inicial de escolha do coordenador do programa de construção, de confecção de todos os projetos e até mesmo de eventual processo de habilitação em edital de licitação. Da mesma forma, também deve ser incluída a fase final de entrega ao cliente, em que são discutidas situações de reparos e de adequação do prédio à contratação inicial (SIX, 2014).

A destinação dessas edificações define o ambiente físico onde a maioria desses trabalhadores dos canteiros de obras desenvolverão suas atividades, podendo ser "casas, edifícios comerciais e residenciais, fábricas, hospitais, rodovias, pontes, túneis, estádios, docas, aeroportos e muito mais" (OIT, 2015).

Lima Júnior, López-Valcárcel e Dias fazem uma divisão macrossetorial da indústria da construção em três partes: a construção pesada, a montagem industrial e as edificações (2005, p. 11). Essa classificação é feita segundo a especialidade das empresas que nelas se envolvem. Por exemplo, a construção de pontes, rodovias, usinas hidrelétricas e poços de petróleo fazem parte da construção pesada; a montagem dos grandes equipamentos de indústrias e de sistemas de distribuição de energia são classificadas como montagem industrial; e a construção de casas, de edifícios e dos prédios das fábricas se encontram no grupo das edificações.

A partir das definições acerca da indústria da construção civil é possível se vislumbrar o que vem a ser o meio ambiente do trabalho onde se ativam seus trabalhadores. Ele vai desde o momento em que a obra está apenas na imaginação do arquiteto até o instante da plena realização do cliente contratante, que a recebe.

Dessa forma, a dimensão física do ambiente laboral na construção civil deve ser pensada mais amplamente que o simples canteiro de obras onde as edificações são executadas. Ela deve englobar também os escritórios que administrarão o programa de construção, os escritórios de arquitetura e de engenharia que projetam as obras, os locais onde serão executadas as obras e até mesmo a edificação pronta, já que ali se ativarão aqueles que comercializarão ou entregarão as obras aos beneficiários.

Tomando-se emprestado o conceito de meio ambiente do trabalho de Guilherme Guimarães Feliciano (2013, p. 13)[1], percebe-se que se estará debatendo a matéria no âmbito da construção civil quando são identificados os riscos físicos, químicos, biológicos e psicológicos que atingem

---

1   O autor conceitua meio ambiente do trabalho como "o conjunto (= sistema) de condições, leis, influências e interações de ordem física, química, biológica e psicológica que incidem sobre o homem em sua atividade laboral, esteja ou não submetido ao poder hierárquico de outrem".

os trabalhadores desse setor econômico. A partir daí podem ser discutidos os problemas do "trabalho perverso", dos "acidentes de trabalho" e das "entidades mórbidas" laborais que atingem os operários nele envolvidos (FELICIANO, 2013, p. 13).

O presente artigo percorrerá esse caminho, de forma que abordará os principais pontos nocivos que acometem o trabalhador no segmento em questão. Serão explorados dados econômicos do setor, das relações de trabalho que o alimentam e das características da sua população. No passo seguinte serão indicados os principais riscos a que eles se sujeitam, bem como a sinistralidade no ambiente laboral.

## 25.2. DADOS ECONÔMICOS E DAS RELAÇÕES DE TRABALHO NA INDÚSTRIA DA CONSTRUÇÃO CIVIL NO BRASIL

A indústria da construção é considerada um dos pilares do desenvolvimento social e econômico, quer seja para fomento da economia das nações, quer seja para promover o assentamento da sua população. Nesse sentido dispõe o item 7.67 da Agenda 21 da ONU assinada pelos participantes da RIO-92: "*7.67. As atividades do setor da construção são vitais para a concretização das metas nacionais de desenvolvimento socioeconômico: proporcionar habitação, infraestrutura e emprego*" (ONU, 1992).

Na comunidade europeia, ele representa cerca de 7% dos trabalhadores economicamente ativos, o que significa dizer que um em cada 8 trabalhadores está na indústria da construção (SIX, 2014, p. 546). Aproximadamente o mesmo percentual é observado no Brasil, já que em 2018 eles correspondiam a 7,3% das pessoas ocupadas (IBGE, 2019, p. 5).

Por essa característica, o setor costuma ser objeto de políticas públicas de incentivo econômico por meio de concessão de crédito, tanto para a indústria que o explora quanto para o consumidor de seus produtos, já que isso permite uma injeção de dinheiro na economia de forma muito rápida. Além de envolver um grande número de trabalhadores, a indústria da construção civil envolve alguns ideais perseguidos pela população, tais como a concretização do sonho da casa própria e a melhoria da infraestrutura nacional.

No Brasil, ela representa 2,94% do PIB nacional e está classificada como o penúltimo subsetor mais produtivo do total de 22 setores e subsetores catalogados pelo IBGE (2020) nos últimos 12 meses. No final de 2018 existiam 124.522 empresas da construção classificadas no setor "F" do CNAE. Elas movimentaram cerca de R$ 278 bilhões com incorporações, obras e serviços de construção no mesmo período. Seguindo-se a subdivisão do setor proposta pelo CNAE, vê-se que a construção de edifícios foi responsável por R$ 126,6 bilhões; as obras de infraestrutura, por R$ 87,0 bilhões; e os serviços especializados para construção, por R$ 64,4 bilhões (PAIC, 2018).

A participação do setor público no faturamento dessas empresas foi de 30,7% em 2018, em sensível diminuição ao se comparar ao índice de 43,2% no ano de 2009. A maior queda se deu nas obras de infraestrutura (11,1%), o que revela a falta de investimentos públicos nesse setor. Outra redução constatada nessa comparação temporal foi a participação das 8 maiores empresas do setor no total das obras, que passou de 12,4% em 2009 para 4,4% em 2018 (PAIC, 2018).

Esse ramo da economia, no ano de 2108, envolveu 1.869.592 empregados com carteira assinada, distribuídos da seguinte forma: 8,97% em empresas de até 4 empregados; 26,32% em empresas de 5 a 29 empregados; e 64,71% em empresas com mais de 30 empregados. A maior parte desses trabalhadores se concentra na construção de edifícios (37,5%). Os empregados envolvidos nesse segmento receberam cerca de 53 bilhões em salários no mesmo período, com uma média de 2,3 salários mínimos mensais por trabalhador, que é a menor dos últimos 10 anos. Quanto à localização demográfica deles, 48,2% deles se encontram na região Sudeste, 20,4% no Nordeste, 16,9% no Sul, 8,3% no Centro-Oeste e 6,2% no Norte (PAIC, 2018).

Além dos empregados com registro em carteira, segundo o Departamento da Indústria da Construção (DECONCIC) da Federação das Indústrias do Estado de São Paulo, esse segmento econômico, consideradas a indústria e a construção, até o fim do 3º trimestre de 2018, envolvia mais 1.518.808 empregados sem carteira assinada, além de 3.525.745 trabalhadores por conta própria (2019, p. 17). Nesse contexto, verifica-se que mais de 5 milhões de trabalhadores do setor podem ser classificados como irregulares (sem anotação de carteira), autônomos ou informais.

A terceirização dos serviços também é um fenômeno amplamente encontrado na indústria da construção. Segundo dados da FIRJAN, 51% das empresas de construção possuem alto grau de terceirização, ou seja, possuem menos de 30% de pessoal próprio. Apenas 15% delas têm baixo grau de terceirização, o que significa mais de 70% de pessoal próprio (2014, p. 101-102).

Dessa forma, verifica-se que se trata de um universo de quase 7 milhões de trabalhadores diretos, considerando-se empregados, autônomos e informais. Ao se acrescentar os obreiros que se ativam no comércio e nos serviços da construção civil, ultrapassavam-se os 10 milhões de envolvidos no final do 3º trimestre de 2018 (DECONCIC, 2019, p. 17).

Acresça-se a esse mundo do labor aqueles trabalhadores indiretos. Acredita-se que cada 100 empregos diretos criados correspondam a 275 empregos indiretos (LIMA JÚNIOR; LÓPEZ-VALCÁRCEL; DIAS, 2005, p. 11).

## 25.3. PRECARIEDADE DA MÃO DE OBRA NA CONSTRUÇÃO CIVIL: CAPACITAÇÃO, TERCEIRIZAÇÃO, INFORMALIDADE, FRAGMENTAÇÃO E ROTATIVIDADE

O trabalho na construção civil é considerado de baixo *status* social, tanto em países desenvolvidos quanto em desenvolvimento. Muitas pessoas nele se ativam mais por necessidade do que por escolha. Nos países desenvolvidos, em grande parte, tais serviços são realizados pelos imigrantes e seus filhos (FIRJAN, 2014, p. 48). A população jovem europeia, cada vez mais, abandona o ofício da construção (SIX, 2014, p. 546). Da mesma forma, em Hong Kong, existe escassez na mão de obra na construção pela falta de ingresso da população jovem nesse ramo; a média de idade dos trabalhadores em 2017 era de 51,4 anos (PENG, CHAN, 2020, p. 2).

Segundo o DECONCIC, 3,8% dos trabalhadores na construção civil não possuem qualquer instrução, 34,3% têm o ensino fundamental incompleto, 18,6% têm o ensino médio incompleto, 27,3% têm o ensino médio completo e 15,9% têm o ensino superior, completo ou incompleto. Em relação ao ano de 2007, houve aumento de 10 pontos percentuais na população de ensino superior (2019, p. 16).

A partir desses dados, percebe-se que 56,7% dos trabalhadores do setor não possuem sequer o ensino médio completo. Isso demonstra que a construção civil não é muito exigente quanto ao grau de escolaridade de sua mão de obra. Segundo a Confederação Nacional da Indústria (CNI), 64% das empresas realizam a própria capacitação de seus profissionais (2011, p. 6).

Não por outro motivo, nos países em desenvolvimento a indústria da construção é a porta de entrada de muitos trabalhadores no mercado de trabalho. Segundo a OIT (2015), isso está relacionado tanto ao rápido crescimento do setor nos momentos em que surgem estímulos à economia quanto à baixa exigência de qualificação da população que se dedica a esse ofício.

Para a maior parte de suas funções (pedreiros, carpinteiros, armadores, azulejistas, serventes, por exemplo), a capacitação advém mais da experiência adquirida diretamente no trabalho do que por meio de cursos técnicos ou treinamentos específicos.

Conforme relatam Anjos e Leite, "é, geralmente, na informalidade que os trabalhadores adquirem lições sobre o cimento, o reboco, a fiação, tijolo com tijolo no desenho mágico" (2013, p. 173). Eles ingressam na profissão pelos cargos de ajudantes e, ao aprenderem o ofício, vão passando para as atividades mais especializadas (GOMES, 2011, p. 50-51).

Outra característica do setor é a existência de intensa terceirização, tal qual se destacou no tópico anterior. Desde o início do processo produtivo, a indústria da construção envolve diferentes espécies de profissionais: desde aqueles que imaginam e projetam a obra até aqueles que fazem a entrega do produto final. Por esse processo passam diversas modalidades de serviços, que, independentemente do nível de escolarização, revelam especializações dos profissionais envolvidos: tanto o arquiteto que projetou a obra quanto o encanador que instala as torneiras, *v.g.*, são peritos naquela atividade que lhes é atribuída.

Diante dessa gama de especialistas necessários, acaba por surgirem diversas empresas (às vezes prestadores de serviço informais) que se dedicam a cada uma dessas atividades isoladamente. Com isso, "as empresas de construção adotam basicamente as práticas de externalizar os serviços, realizando subcontratações ou subempreitadas" (GOMES, 2011, p. 67). Na visão de Okamoto, Salerno e Melhado, "a terceirização (ou subcontratação) emergiu como medida estratégica empresarial", a fim de obterem um maior grau de flexibilidade em suas atividades, de melhorarem a qualidade do produto final e de reduzirem os custos de produção (2014, p. 125-126).

Buckley *et al.* revelam que é uma tendência mundial o desaparecimento de um quadro de empregados centrais em favor da terceirização em grande escala. Procuram explicar essa situação com o fato de que o produto da construção civil advém do trabalho de várias indústrias e não de apenas uma, envolvendo um grande número de intermediários, subsidiários e subcontratados (BUCKLEY *et al.*, 2016, p. 4-5).

Também a OIT (2001) reconhece essa prática mundial, especialmente nos países em desenvolvimento:

> Em muitos países em desenvolvimento, a prática de recrutar mão-de-obra por meio de subempreiteiros e intermediários vem ocorrendo há muito tempo. A subcontratação geralmente é feita somente para um trabalho específico e pode passar por vários estágios em um grande projeto, criando um sistema de contratação em várias camadas. Na parte inferior do sistema estão os intermediários, que recrutam e controlam a mão-de-obra. Eles são conhecidos como *mistris, jamadars ou mukadams* na Índia, *oyaji* na República da Coréia, *kepala* na Malásia, *gatos* no Brasil e *maestros* no México. Embora tenham títulos diferentes, sua função é essencialmente a mesma. Eles fazem a ponte entre trabalhadores em busca de trabalho e empresas contratadas ou subcontratadas que oferecem trabalho (OIT, 2001, p. 15)[2].

---

2 Tradução livre do texto original: *In many developing countries, the practice of recruiting labour through subcontractors and intermediaries is long established. Subcontracting is usually on a "labour only" basis and may go through several stages on a large project, creating a multi-layer contracting system. At the bottom of the system are the intermediaries who recruit and control the labour. They are known as mistris, jamadars or mukadams in India, oyaji in the Republic of Korea, kepala in Malaysia, gatos in Brazil and maestros in Mexico. Although they go*

A recente decisão do STF nas ADIs nºs 5.685, 5.686, 5.687, 5.695 e 5.735 (STF, 2020) possibilitou a perpetuação dessa situação, já que permitiu a terceirização até mesmo da atividade-fim das empresas, ainda que isso faça surgir meras pessoas jurídicas administradoras de outras empresas executoras e que não cumpram sua função social, qual seja "promover emprego direto com o trabalhador" (DELGADO; AMORIN, 2016, p. 140).

A ideia de especialização de atividades e terceirização dos serviços também abre caminho para o alto grau de informalidade envolvido na construção civil, já que a partir dela surgem pequenos prestadores de serviço para atenderem essas necessidades específicas.

Em relação a essa característica, Buckley faz uma advertência que nem sempre permeia os pensamentos dos estudiosos: "ser informal" não é uma qualidade apenas dos trabalhadores, mas também de algumas empresas que se ativam no setor sem qualquer regularização ou até mesmo de edificações que são executadas sem aprovação ou autorização dos órgãos governamentais (BUCKLEY et al., 2016, p. 6).

Os números apresentados pelo DECONCIC revelam que no Brasil existiam cerca de 5 milhões de trabalhadores informais (sem registro na CTPS ou por conta própria) trabalhando na indústria da construção (2019, p. 17). Tal número permite verificar que a cada 3 pessoas que se ativavam na construção civil, 2 são informais.

Iriart et al. (2008), por meio de estudo realizado para verificação das representações do trabalho informal e a sua relação com os riscos à saúde de trabalhadores domésticos e da construção civil, afirmam que o perfil sociodemográfico dos obreiros estudados na pesquisa confirma algumas características desses profissionais:

> Baixa escolaridade, predominância da cor negra ou mulata e história de migração do interior do estado para a capital. Os trabalhadores entrevistados se inseriram no mundo do trabalho antes da maioridade, muitos ainda crianças, e todos com vínculo informal. De maneira geral, os trabalhadores relataram que consideram muito importante o contrato de trabalho assinado em carteira. O trabalho sem a legalização do vínculo empregatício foi descrito como "perda de tempo", "trabalho em vão", "trabalho sem valor", "trabalho inútil", ou "trabalho à toa" (IRIART et al., 2008, p. 168).

Um outro aspecto da informalidade está ligado ao estigma das atividades na indústria da construção. Alguns trabalhadores do setor dizem preferir não ter carteira assinada porque pretendem continuar ali transitoriamente, já que possuem pretensões de migrarem para outras profissões que sejam mais valorizadas (IRIART, 2008, p. 169).

Por último, cabe destacar que a categoria profissional é completamente fragmentada em razão da terceirização e da informalidade existentes. Essa fragmentação da cadeia produtiva em pequenas empresas (uma das consequências da terceirização) acaba por levar à desmobilização sindical dos operários ligados a esse setor (TAKAHASHI et al., 2012, p. 985). Esses trabalhadores, diante da inexistência de um empregador em comum, perdem a noção de categoria e ignoram completamente a possibilidade de se sindicalizarem para se fortalecerem em grupo, de forma que atuam de forma desagregada em eventuais pretensões contratuais individuais ou em busca de medidas coletivas, tal como ações para preservação da saúde e da segurança no trabalho.

---

*by different titles, their function is essentially the same. They constitute a bridge between labour seeking work and contractors and subcontractors who can offer work.*

Dessa forma, a baixa qualificação, a ampla terceirização, a informalidade e a desagregação da categoria conduzem à rotatividade dos trabalhadores envolvidos na indústria da construção civil, que não é apenas uma consequência dessas constatações, mas, em muitas vezes, uma atitude pensada e buscada pelo setor empresarial, tal qual destacado por Takahashi et al.:

> No canteiro de obras, diferentes empresas atuam em conjunto. As empreiteiras realizam a subcontratação de pequenas empresas ou mão de obra direta, à margem da legislação trabalhista. A construtora principal assina o projeto e torna-se uma mera gerenciadora do empreendimento. A rotatividade de mão de obra é proposital: no final de cada etapa da construção, há uma dispensa coletiva de trabalhadores que voltam a ser contratados em etapas posteriores. (TAKAHASHI et al., 2012, p. 978)

Além disso, conforme relatam Barros e Padilha (2016), essas características levam à precarização das condições de trabalho:

> Esse cenário de precarização das condições de trabalho, falta de capacitação e qualificação profissionais e índices elevados de acidentes de trabalho ocorre em razão do setor absorver um grande número de trabalhadores, com baixa escolaridade, em diferentes formas de organização do trabalho, desde autônomos a terceirização de atividade e subcontratações, com alta rotatividade da mao de obra, e, em muitos casos, trabalhos informais. (BARROS; PADILHA, 2016, p. 66)

Essa precariedade nas condições de trabalho acaba por consolidar a "má imagem dos trabalhos de construção como tradicionalmente suja, difícil e perigosa", além de fazer transportar essa ideia para a concepção de que "os trabalhos em construção são, cada vez mais, temporários e inseguros, com um profundo impacto na segurança e saúde no trabalho, treinamento e nível de habilidades" (OIT, 2015).

## 25.4. RISCOS A QUE SE SUBMETEM OS TRABALHADORES DA CONSTRUÇÃO CIVIL

Os trabalhadores da construção civil, tais quais os de outros ramos, sujeitam-se a riscos físicos, químicos, biológicos e ergonômicos. A atuação desses componentes no curso da prestação de serviços pode levar a um acidente do trabalho, em sua modalidade típica, ou a doenças ocupacionais, nos termos definidos nos arts. 19 a 21 da Lei nº 8.213/1991.

Oliveira enumera os grupos de risco encontrados no local de trabalho da seguinte forma: riscos físicos, riscos químicos, riscos biológicos, riscos biomecânicos, riscos psicossociais (2016, p. 177).

Por sua vez, Silveira e Lucca exemplificam alguns desses riscos. Para eles, são riscos físicos: ruído, vibração, radiações ionizantes e não ionizantes, temperaturas extremas e pressão atmosférica. Riscos químicos: substâncias químicas, na forma de líquidos, gases, vapores, poeiras, fumos, fibras, névoas e neblinas. Riscos biológicos: vírus, bactérias, parasitas. Riscos biomecânicos: agentes agressores que dizem respeito à proteção das máquinas, ao arranjo físico, à ordem e à limpeza do ambiente de trabalho, à sinalização, à rotulagem de produtos (SILVEIRA; LUCCA, 2013, p. 193).

Pode-se dizer, ainda, que os riscos psicossociais estão ligados à organização do trabalho, tal qual o assédio moral e a imposição e controle excessivo de metas (FELICIANO, PASQUALETO, 2017, p. 165), bem como ameaças constantes de punição ou demissão, rigor extremo no tratamento do trabalhador.

Todos esses tipos de riscos são perfeitamente encontrados no ambiente laboral da construção civil e podem provocar um acidente do trabalho ou levar ao adoecimento do profissional.

Por exemplo, os carpinteiros lidam com intenso ruído de suas serras elétricas, furadeiras e parafusadeiras (riscos físicos); os pedreiros possuem contato direto com metais contaminantes do cimento (riscos químicos); os encanadores costumam trabalhar em locais encharcados ou contaminados por esgotos (riscos biológicos); os operários em geral da obra se sujeitam a equipamentos que nem sempre possuem dispositivos de proteção contra acidentes adequados ou, até mesmo, a canteiros de obras sujos em que existem inúmeros materiais perfurocortantes (riscos biomecânicos); os mestres de obras se sujeitam à cobrança de metas excessivas e, por vezes, acabam repassando as ordens aos seus subordinados com rigor excessivo (riscos psicossociais).

Essa constatação já havia sido feita há bastante tempo pela OIT, que possui publicação envolvendo medidas necessárias do segmento da construção para eliminar ou atenuar riscos da seguinte maneira:

> a) substituição das substâncias, materiais, equipamentos ou processos que representem algum perigo ao trabalhador por outros menos danosos ou perigosos;
>
> b) redução do ruído e das vibrações produzidos por equipamentos, maquinários, instalações e ferramentas;
>
> c) adotar medidas para evitar e controlar a liberação de agentes perigosos e produtos químicos nocivos no meio ambiente do trabalho;
>
> d) formar os trabalhadores no que concerne à elevação manual em geral;
>
> e) adotar posturas de trabalho adequadas quando os trabalhadores devam permanecer praticamente imóveis em um mesmo lugar para realizar seu labor ou quando devam efetuar um trabalho repetitivo;
>
> f) conceder proteção adequada contra as condições climáticas que representam um risco para a seguridade e saúde (1992, p. 94).

Poldi, Borges e Dalbello-Araujo, em pesquisa de campo realizada em Serra, ES, relatam que os principais riscos apontados pelos trabalhadores da construção civil são: ruído, cargas pesadas, posições inadequadas e os produtos químicos (2011, p. 172).

Ainda que na atual sociedade essas espécies de riscos sejam toleradas, é certo que o objetivo central dos estudos de saúde e segurança do trabalho deve ser a sua eliminação, a despeito da permissibilidade da legislação brasileira de monetizar eventual compensação por meio da concessão de adicionais (insalubridade, periculosidade e penosidade, por exemplo).

Importante lembrar o ensinamento de Feliciano no sentido de que se esses riscos **(a)** afetarem multitudinariamente os trabalhadores, **(b)** atuarem de forma reincidente, **(c)** estiverem presentes por imperícia organizacional e **(d)** forem constatados como riscos agravados ou proibidos, é possível que se configure um meio ambiente laboral com desequilíbrio sistêmico (2017, p. 154). Isso leva ao reconhecimento da responsabilidade civil objetiva do empregador por eventuais danos causados aos seus obreiros, em razão da aplicação do art. 14, § 1º, da Lei nº 6.938/1991.

## 25.5. ACIDENTES DO TRABALHO NA CONSTRUÇÃO CIVIL

A Tabela 1.1 do Anuário Estatístico de Acidentes do Trabalho de 2018 (AEAT 2018), divulgada pela Secretaria da Previdência do Ministério da Economia (BRASIL, 2020)[3], mostra que no ano-calendário de 2018 aconteceram 576.951 acidentes do trabalho no Brasil. Nesse número estão incluídos acidentes com CAT, sem CAT, acidentes típicos, acidentes de trajeto e doenças ocupacionais. Desse total, 29.612 (5,13%) ocorreram em atividades econômicas classificadas pelo CNAE como sendo da construção (Seção F, divisões 41, 42 e 43).

Já a Tabela 29.1 mostra o número de acidentes do trabalho liquidados no mesmo período. Eles correspondem àqueles sinistros que foram encerrados administrativamente pelo INSS e, por isso, mostram qual foi sua consequência. Por meio dela, verifica-se que em 2018 o Brasil teve 2.098 mortes decorrentes de acidentes laborais. Dessas, 263 foram registradas no setor da construção, o que corresponde a 12,53% do total nacional.

Ao se considerar que a construção civil contribuiu com 7,3% da população ocupada no país em 2018 (IBGE, 2019, p. 5), percebe-se que o grau de acidente do trabalho nesse setor econômico brasileiro (12,53%) é proporcionalmente muito grande.

Não por outro motivo, Silveira *et al.* já vaticinavam que a "indústria da construção civil (ICC) é uma das que apresenta as piores condições de segurança, em nível mundial" (2005, p. 39).

Na Comunidade Europeia, a indústria da construção é responsável por 30% dos acidentes ocupacionais fatais, embora empregue apenas cerca de 10% da população economicamente ativa. Nos Estados Unidos da América, ela é responsável por 22% desse tipo de acidente (BARADAN; DIGMEN; KALE, 2019, p. 40).

O reconhecimento do alto risco nessa atividade econômica não é recente em âmbito mundial, tanto que a Organização Internacional do Trabalho (OIT), já em 1937, tinha lançado uma a 'recomendação sobre as prescrições de segurança (edificação)'. Posteriormente, em 1988, editou a Convenção nº 167 e a Recomendação nº 175, que tratam sobre 'segurança e saúde na construção'.

De acordo com Romar e Reis (2014), é a precariedade nas condições de trabalho, associada aos altos riscos do setor, que leva a esse alto nível de acidentalidade no ambiente laboral da construção civil no Brasil:

> A baixa escolaridade dos trabalhadores, o elevado índice de informalidade no setor, a elevada rotatividade, a precariedade das condições de trabalho nos canteiros de obra atrelada a falta de treinamento e conscientização quanto aos riscos existentes nos locais de trabalho fazem do setor um dos mais perigosos no Brasil e no mundo. (ROMAR; REIS, 2014, p. 212)

Gomes, por sua vez, acrescenta a terceirização como um dos "principais fatores que incidem sobre o grande número de acidentes do trabalho" (2011, p. 38). Segundo ele, esse fenômeno tem o efeito de diluir as responsabilidades pelos eventuais danos surgidos no local de trabalho, "passando a não ser responsabilidade de ninguém, como se nada tivesse acontecido, inclusive porque muitos acidentes não são visíveis, ou seja, não são notificados, deixando de fazer parte das estatísticas (GOMES, 2011, p. 38).

---

3 Até 16 jul. 2020, não havia sido publicado o livro completo do Anuário Estatístico de Acidentes do Trabalho relativo ao ano de 2018, apenas as tabelas que servirão de subsídio para este artigo. Até então, a última versão do anuário era de 2017.

Dessa forma, vê-se clara ligação entre as condições precárias do meio ambiente de trabalho da construção civil com os altos índices de acidentes do trabalho nesse ramo. Quando se trata de uma profissão em que os trabalhadores não são bem remunerados, possuem baixa formação educacional, têm pouca qualificação profissional e com alto índice de informalidade, cria-se um grupo com baixa autoestima e que não se reconhece como categoria valorizada no ambiente social. Ao se aliar essa condição com a falta de investimentos das empresas da construção na prevenção de acidentes (SILVEIRA et al., 2005, p. 40), cria-se um ambiente laboral abundante para a ocorrência de sinistros.

Além desses elementos, Saurin (2002, p. 20-22) exemplifica alguns outros fatores de risco gerenciais, que, na sua visão, contribuem para os acidentes na indústria da construção: **(a)** temporalidade dos locais de trabalho; **(b)** predominância de empresas de pequeno porte; **(c)** atuação do fator clima; **(d)** adoção de jornada extraordinária para compensar as horas perdidas com intempéries climáticas; **(e)** não inclusão dos custos com segurança nos orçamentos; e **(f)** pagamento por tarefa, o que acaba por incentivar o labor exaustivo sem a observância da segurança.

Takahashi et al. (2012), em pesquisa empírica, observaram que todos os aspectos que compreendem a precariedade nas condições de trabalho levam à naturalização do estigma e dos acidentes que permeiam os trabalhadores do setor da construção. Veja-se:

> Conforme observado empiricamente pelos pesquisadores deste estudo, a convivência com a temporalidade – alternância de emprego e desemprego – e com vínculos precários de trabalho – trabalho informal, alta rotatividade, achatamento salarial – parece explicar a naturalização das atitudes sociais de estigma, discriminação e até mesmo exclusão, identificadas nas narrativas dos trabalhadores, apresentadas nos resultados deste estudo. Da mesma forma, os acidentes e as doenças são vistos pelos sujeitos estudados como eventos normais esperados e inerentes ao próprio trabalho (TAKAHASHI et al., 2012, p. 984-985).

Giraudo et al. (2016) ensinam que existe uma forte relação entre as carreiras dos jovens trabalhadores classificadas como precárias e os riscos de lesão na prestação de serviços. Segundo eles, "em todos os grupos, o risco de ferimentos leves diminui com o tempo, mas a diferença entre trabalhadores precários e não precários também é significativa no final do período do estudo".

A informalidade do setor revela uma outra face cruel decorrente desses acidentes: o presenteísmo. Como cerca de 2/3 dos prestadores de serviço da construção são informais, eles tendem a minimizar os efeitos dos sinistros e das doenças surgidas no ambiente laboral para fins de retornar às suas atividades o mais rápido possível, ainda que não estejam totalmente curados (IRIART, 2008, p. 166).

Baradan, Dikmen e Kale apontam a existência de uma relação inversamente proporcional entre o índice de acidentes fatais na construção civil e o índice de desenvolvimento humano (IDH) dos países. Segundo os autores, quanto menor o índice de IDH, maior é o número de acidentes fatais, motivo pelo qual não é apenas o nível de educação que interfere na maior mortalidade dos trabalhadores da construção civil, mas também o desenvolvimento geral (BARADAN; DIKMEN; KALE, 2019, p. 40-50).

### 25.5.1. Principais atividades afetadas pelos acidentes do trabalho e as morbidades dos trabalhadores

Em estudo realizado a partir de prontuários médicos de pacientes acidentados do setor da construção civil de Ribeirão Preto, SP, Silveira *et al.* detectaram que 55,2% dos pacientes acidentados eram pedreiros ou ajudantes de pedreiros, 17,2% eram serralheiros, marceneiros, carpinteiros e seus ajudantes, 7,5% eram pintores, 18,6% eram outros trabalhadores (vidraceiros, ajudantes de montagem, oficiais de serviço, operadores de betoneira, ajudantes de encanador, calheiros e encarregados) e 1,5% não tiveram identificação (2005, p. 41).

Segundo a OIT, os acidentes fatais na construção podem variar de acordo com a ocupação do trabalhador. Algumas atividades são cem vezes mais perigosas que outras, tais quais instaladores de telhados, pedreiros, operadores de máquinas, carpinteiros e marceneiros. Já os acidentes não fatais estão mais ligados ao manuseio e à instalação de materiais (gesseiros, encanadores e instaladores de ar-condicionado) e à movimentação dos trabalhadores no *site* (2015, p. 23).

No que se refere às doenças ocupacionais que mais acometem os trabalhadores, podem ser listados os distúrbios musculoesqueléticos e as perdas auditivas, bem como a exposição a substâncias perigosas, como o amianto (OIT, 2015, p. 24).

Mallamo descreveu que, em um estudo que identificou acidentados no trabalho da construção civil, os principais atendimentos foram por: lombalgia, dor em membros em virtude de traumas, ferimentos em pés e mialgia (1998, p. 65).

O Serviço Social da Construção realiza pesquisa anual em seus prontuários de atendimento médico dos trabalhadores desse segmento econômico em São Paulo. Em 2018, verificou-se que 30,4% deles tiveram diagnóstico de dores (lombares, articulares) e inflamações (ombros, juntas, tendão); as doenças nos olhos (predominantemente conjuntivite e doenças das pálpebras) somaram 10% dos atendimentos; contusões, entorses, traumatismos e ferimentos foram responsáveis por 9% dos atendimentos. Esses foram os três principais grupos de doenças encontrados em trabalhadores da construção civil (SeconciSP, 2019). Embora a pesquisa não informe se essas moléstias tenham sido enquadradas como doenças ocupacionais ou não, é certo que elas revelam um tipo comum de adoecimento entre todos aqueles que se ativam no setor.

As dermatoses ocupacionais também são frequentemente relatadas nos operários da construção, tendo em vista o contato com "metais contaminantes do cimento (cromo hexavalente e cobalto), vulcanizadores da borracha das luvas (tiurans, carbamatos, mercaptobenzotiazóis, parafenilenodiamina e hidroquinona) e madeiras" (ALCHORNE; ALCHORNE; SILVA, 2010, p. 140).

Poldi, Borges e Dalbello-Araujo descreveram que os trabalhadores da construção civil de Serra, ES, relataram as seguintes morbidades: "perda auditiva, diminuição da acuidade visual, dores nas costas, dores nos ossos, dores de cabeça, transtornos mentais, dores nos membros (superiores e inferiores), dermatites e alergias" (2011, p. 175).

As doenças relacionadas à exposição a céu aberto na construção civil foram abordadas por Santos, que relacionou aquelas de maior incidência: a fadiga, estresse, cefaleia e enxaqueca, cefaleia do tipo tensional. Já a exposição à radiação solar faz surgir eritemas, herpes solares, alergias, queratose actínica, fotoenvelhecimento, câncer de pele, lúpus eritematoso sistêmico e problemas na visão (2016, p. 98).

## 25.6. INTERVENÇÕES NO MEIO AMBIENTE DO TRABALHO DA CONSTRUÇÃO CIVIL PARA DIMINUIÇÃO DA SINISTRALIDADE

De acordo com Barros e Padilha, "a indústria da construção tem sido considerada um dos setores que mais gera impactos ambientais, em razão do alto consumo de recursos naturais e de energia, além da geração de resíduos sólidos, líquidos e gasosos" (2016, p. 66). Por essa razão, os olhares são voltados para ela quando se trata de políticas protetivas do meio ambiente, inclusive o laboral.

A partir do conhecimento dos efeitos adjacentes e deletérios desse ramo econômico no meio ambiente do trabalho, é natural que surjam intervenções de inúmeras naturezas para tentar minimizá-los.

Essas intervenções, legislativas ou não, podem ser classificadas em três grandes grupos: internacionais, nacionais estatais e nacionais extraestatais. Elas serão tratadas nos próximos tópicos.

### 25.6.1. Intervenções internacionais

No âmbito internacional, a OIT é a maior fonte de intervenção no ambiente laboral da construção civil. Por meio da Convenção nº 167 e da Recomendação nº 175, de 1988, foram disciplinadas medidas de prevenção e de proteção aplicáveis aos trabalhadores, aos empregados e até mesmo aos autônomos do setor. Essas normativas revisaram a Convenção nº 62 da OIT, de 1937, que tratava sobre prescrições de segurança nas edificações.

Os textos desses instrumentos internacionais (Convenção 167 e Recomendação 175) foram aprovados no Brasil por meio do Decreto Legislativo nº 61/2006, posteriormente ratificados pelo Presidente da República. Hoje, fazem parte dos anexos do Decreto nº 10.088/2019, que teve a função de consolidar as convenções da OIT integradas ao ordenamento jurídico do país.

Seus principais pontos dizem respeito à necessidade de planejamento e de coordenação de ações voltadas à segurança e à saúde nas obras. Para cumprir esse fim, segundo os textos internacionais, as pessoas que atuam no projeto e no planejamento de uma obra devem sempre estar conscientes dos riscos existentes e adotarem medidas que importem na preservação da integridade física daqueles que ali trabalharão.

A partir da adoção da Convenção nº 167, a OIT publicou vários repertórios de recomendações práticas específicas para a área da construção (1992), que, resumidamente, dispõem sobre: obrigações das autoridades, dos empregadores, dos empregados, dos trabalhadores autônomos, dos engenheiros, dos arquitetos e dos clientes; segurança nos locais de trabalho; cuidados e prescrições de equipamentos e instalações; riscos para a saúde na construção; medidas de bem-estar; e formação e informação sobre segurança e saúde.

Além disso, a partir da sua Agenda de Trabalho Decente, a OIT promoveu diversas publicações que tratam do setor da construção em vários países do mundo. Todas elas partem do princípio de que a segurança e a saúde do trabalho é um dever de todos os envolvidos nesse processo produtivo.

A título de exemplo, a Comunidade Europeia adotou uma diretiva (nº 92/57/CEE, de 24/06/1992), recentemente alterada em 25/07/2019, que trata das disposições de segurança nos canteiros de obra de construção. Ela traça alguns ditames nos mesmos caminhos da Convenção nº 167, porém, acrescenta, em seu artigo 7º, a responsabilidade das entidades patronais, do dono da obra e do fiscal da obra (CEE, 2019). No âmbito dos Estados Unidos da América, a questão é tratada em norma denominada *ocupational safety and health act (OSHA)*, que fala de forma ampla sobre local de trabalho seguro e saudável. Para a indústria da construção, a matéria é regulada pela norma *29 CFR part 1926*.

### 25.6.2. Intervenções nacionais estatais

Devem ser entendidas como intervenções estatais mais abrangentes aquelas políticas públicas que impactam diretamente no IDH, já que elas refletirão nos índices de sinistralidade do ambiente laboral. Dessa forma, todas as políticas voltadas ao aumento da formação educacional do cidadão e de sua qualificação profissional, por exemplo, devem ser consideradas como intervenções no meio ambiente laboral.

Apesar disso, existem ações estatais voltadas especificamente para o setor da construção, que se destinam a traçar limites de atuação daqueles que se envolvem nesse setor da economia e também a lhes impor sanções quando são descumpridas as regras estabelecidas.

A mais conhecida é a Norma Regulamentadora (NR) n° 18, aprovada pela Portaria n° 3.214/1978, do então Ministério do Trabalho e Emprego. Por meio dela, foram adotadas diretrizes relativas às condições e meio ambiente de trabalho na indústria da construção. A NR-18 atende ao comando do art. 200, I, da CLT, em que se determina a adoção de medidas de prevenção de acidentes em obras de construção, demolição ou reparos.

Uma de suas grandes virtudes é dispor sobre a obrigatoriedade do Programa de Condições e Meio Ambiente de Trabalho na Indústria da Construção (PCMAT) para as empresas com mais de 20 empregados. O principal objetivo desse programa é fazer um mapeamento de todos os riscos identificados no ambiente laboral da construção civil e, a partir deles, indicar ações preventivas que possam eliminá-los, minimizá-los ou, no mínimo, controlá-los. Pode-se dizer que ele é uma espécie de PPRA da construção, pois ambos têm objetivos semelhantes. Porém, o PCMAT inova em um ponto importante: ele deve ser elaborado levando em conta cada etapa da obra, o que se justifica porque diferentes fases da construção envolvem tipos de riscos diversos (alíneas 'c' e 'd' do item 18.3.4 da NR-18).

A NR-18 dispõe especificamente sobre procedimentos em operações existentes nos canteiros de obras, tais como: áreas de vivência nas obras; demolição; escavações, fundações e desmonte de rochas; carpintaria; armações de aço; estruturas de concreto; estruturas metálicas; operações de soldagem e corte a quente; escadas, rampas e passarelas; medidas de proteção contra quedas de altura; movimentação e transporte de materiais e pessoas; andaimes; cabos de aço e cabos de fibras sintéticas; alvenarias, revestimentos e acabamentos; telhados e coberturas; serviços em flutuantes; locais confinados; instalações elétricas; máquinas, equipamentos e ferramentas diversas; equipamentos de proteção individual; armazenagem e estocagem de materiais; transporte de trabalhadores em veículos automotores; proteção contra incêndio; sinalização de segurança; treinamento; ordem e limpeza; tapumes e galerias; e criação das CIPAs na construção civil.

Além disso, essa norma havia criado o Comitê Permanente Nacional sobre condições de Meio Ambiente do Trabalho na Indústria da Construção (CPN). Ele era formado por representação tripartite, dos trabalhadores, dos empregadores e do governo. Tinha por objetivo traçar normas a serem seguidas nesse setor econômico. Apesar de sua importância, o atual governo, por meio da Portaria nº 972/2019, da Secretaria Especial de Previdência e Trabalho do Ministério da Economia, revogou a Portaria SSST nº 8/1995 e promoveu a sua extinção.

Atualmente, o Decreto nº 9.944/2019 estabelece que as ações a serem tomadas no âmbito da segurança e da saúde no trabalho devem partir da Comissão Tripartite Paritária Permanente. É ela quem propõe eventuais aperfeiçoamentos e alterações na NR-18.

Evidentemente que as legislações gerais de proteção à saúde e à segurança do trabalhador também se aplicam ao obreiro da construção civil. Desse modo, todas as regras do Capítulo V do Título II da CLT (arts. 154 a 201 – Da Segurança e da Medicina do Trabalho) devem ser consideradas como intervenções estatais na construção civil.

A subsecretaria de Inspeção do Trabalho do governo federal, por meio de seus auditores fiscais, são responsáveis pela fiscalização das obras de construção civil. Dela, faz parte a Coordenação de Fiscalização e Projetos – CGFIP, que organiza operações de fiscalização em demandas específicas, tais como nas grandes obras de infraestrutura contratadas pelo governo federal. Essas fiscalizações se destinam a intervir no meio ambiente do trabalho nocivo àqueles que ali se ativam.

A Fundação Jorge Duprat Figueiredo, de Segurança e Medicina do Trabalho (Fundacentro), também tem importante papel intervencionista estatal na indústria da construção. Trata-se de fundação de direito público, vinculada atualmente ao Ministério da Economia, que desenvolve políticas públicas de saúde e segurança do trabalhador da construção civil. Em cumprimento ao item 18.35 da NR-18, ela publicou uma série de 'Recomendações Técnicas de Procedimentos' (RTPs) específicas para a construção civil[4] (2002-2007). O objetivo desses documentos é subsidiar empresas, profissionais, governo e trabalhadores para o cumprimento da norma regulamentadora em questão.

Da mesma forma, o Ministério Público do Trabalho (MPT) criou a Coordenadoria Nacional de Defesa do Meio Ambiente do Trabalho (Codemat), em 2003, que, entre outras ações, possui dois programas diretamente relacionados ao controle ambiental da construção civil: **(a)** o Programa Nacional de Acompanhamento das Obras na Construção Civil Pesada, também denominado 'Construir com Dignidade'; e **(b)** o Programa Nacional de Combate às Irregularidades na Indústria da Construção Civil (JARDIM; LIRA, 2013, p. 28).

Enquanto o primeiro deles busca prevenir, reduzir e eliminar os acidentes do trabalho nas grandes obras de infraestrutura (logística, energética e social), o segundo procura "reprimir situações relacionadas aos maiores riscos nos canteiros de obra, considerando queda de material e de trabalhadores, choques elétricos e soterramento" (JARDIM; LIRA, 2013, p. 28-29).

Por último, cumpre destacar que os códigos de obras municipais e estaduais também fazem uma intervenção nos canteiros de obras, pois muitos deles tratam do meio ambiente laboral, ainda que de forma indireta (PEINADO, 2019, p. 75).

---

4 RTP 1 - Medidas de Proteção contra Quedas de Altura; RTP 2 - Movimentação e Transporte de Materiais e Pessoas – Elevadores de Obra; RTP 3 - Escavações, Fundações e Desmonte de Rochas; RTP 4 - Escadas, Rampas e Passarelas; RTP 5 - Instalações Elétricas Temporárias em Canteiros de Obras.

### 25.6.3. Intervenções nacionais extraestatais

Os instrumentos coletivos de trabalho (convenções e acordos coletivos) são os meios de intervenção não governamentais mais frequentes. Por meio deles, representantes da categoria da construção firmam cláusulas convencionais que regulam medidas relativas à saúde e à segurança do trabalhador, tal qual a vedação de jornada extraordinária ou a concessão de equipamentos de segurança específicos para determinado trabalho insalubre ou perigoso.

Os organismos de serviço social também se preocupam com o alto índice de acidentes e doenças ocupacionais no setor e criam programas com o objetivo específico de atenuá-los.

O Serviço Social da Indústria (SESI), por exemplo, criou o Programa Nacional de Segurança e Saúde no Trabalho para a Indústria da Construção (PNSST IC). Trata-se de um programa "que irá divulgar métodos, soluções e conhecimento de forma a contribuir para eliminar ou reduzir a ocorrência dos acidentes e doenças no trabalho na indústria da construção, com ênfase nos acidentes fatais e incapacitantes". Por meio dele são feitas diversas publicações, a exemplo do "*Manual de Segurança e Saúde no Trabalho para a Indústria da Construção*" e do livro "*Segurança e Saúde na Indústria da Construção – Prevenção e Inovação*", além de vídeos informativos e treinamentos (SESI, 2020).

Na mesma linha, também possuem forte atuação a Câmara Brasileira da Indústria da Construção (CBIC), o Conselho Federal de Engenharia, Arquitetura e Agronomia (CONFEA), o Departamento da Indústria da Construção (Deconcic) da Federação das Indústrias do Estado de São Paulo (Fiesp) e o Serviço Social da Construção Civil (SeconciSP).

Igualmente, os gestores de mão de obra (desde o administrador até os mestres de obras) são grandes interventores no meio ambiente do trabalho da construção, pois têm condições de aplicar métodos de prevenção contra acidentes do trabalho e doenças ocupacionais no dia a dia (SESI, 2015, p. 11-12). Eles acabam por ser os grandes executores de todos os planos, programas e treinamentos fornecidos nessa área e, por isso, têm o poder de modificar o ambiente laboral.

Medeiros e Rodrigues (2001) narram que os próprios trabalhadores, a partir do seu saber, interferem no meio ambiente do trabalho a partir dos "macetes" que adquirem ao longo dos anos de trabalho. Segundo os autores, essas ações decorrem da aplicação da autoconfiança adquirida pelas experiências exitosas pelas quais eles passaram ou podem ser fruto daquilo que eles chamaram de "ideologia ocupacional defensiva", que é a "estratégia para superar o medo". Essas ações, acabam por criar soluções práticas para eventuais falhas dos programas de gestão de segurança, embora tenham o efeito maléfico de tornar ineficaz muitas das ações das CIPAs.

## CONSIDERAÇÕES FINAIS

A construção civil é um setor produtivo que contribui com 2,94% do PIB nacional. O meio ambiente laboral desse ramo da economia envolve não apenas os canteiros onde são executadas as obras, mas também os escritórios responsáveis pela administração das construções e dos projetos e até mesmo a edificação pronta. Todos eles estão sujeitos a riscos físicos, químicos, biológicos e psicossociais.

A baixa qualificação, a ampla terceirização, a informalidade e a desagregação da categoria conduzem à rotatividade dos trabalhadores envolvidos na indústria da construção civil e revelam a precariedade que envolve o trabalho na construção civil. Essas características de precariedade, aliadas aos riscos a que se sujeitam os trabalhadores, levam às altas taxa de sinistralidade.

O setor foi responsável por 5,13% dos acidentes do trabalho em geral e por 12,53% dos acidentes fatais no Brasil no meio ambiente laboral.

Os principais profissionais atingidos foram pedreiros ou ajudantes de pedreiros, serralheiros, marceneiros, carpinteiros e pintores. Os acidentes fatais estão mais relacionados a instaladores de telhados, pedreiros, operadores de máquinas, carpinteiros e marceneiros. Já os acidentes não fatais estão mais ligados aos gesseiros, encanadores e instaladores de ar-condicionado.

Os distúrbios musculoesqueléticos e as perdas auditivas são os grupos de doenças que mais acometem os trabalhadores da indústria da construção. Os diagnósticos mais encontrados no ano de 2018 entre os trabalhadores da construção civil atendidos pelo SeconciSP foram dores (lombares, articulares), inflamações (ombros, juntas, tendão), doenças nos olhos (predominantemente conjuntivite e doenças das pálpebras), contusões, entorses, traumatismos e ferimentos.

Diante da alta sinistralidade no meio ambiente do trabalho da construção civil, existem muitas intervenções de natureza internacional, nacional estatal e nacional extraestatal, legislativas ou não. A efetiva implementação de todas elas é a melhor medida para se criar um local de trabalho mais saudável para os trabalhadores envolvidos nesse ramo da economia. Por meio dessas medidas intervencionistas, será possível prevenir, reduzir e eliminar os riscos encontrados no âmbito da construção civil.

O propósito final dessas intervenções é que a indústria da construção civil, que é o ramo da economia responsável pela concretização do direito fundamental à habitação (art. 6º da CF/88), deixe de cumprir esse mister à custa de muitas vidas humanas ceifadas ou mutiladas.

# CAPÍTULO 26
O MEIO AMBIENTE DE TRABALHO DOS PORTUÁRIOS E DOS MARÍTIMOS

*Paulo Roberto Lemgruber Ebert*

## INTRODUÇÃO

A existência dos trabalhadores portuários e marítimos é tão antiga quanto o próprio comércio, pois a necessidade por mercadorias de terras distantes levou o homem a se lançar ao mar e a praticar o intercâmbio de bens e serviços. Várias civilizações clássicas, como a dos fenícios e a dos gregos, tiveram sua economia vinculada umbilicalmente ao comércio marítimo que, de seu turno, marcou de maneira inexorável a identidade cultural de tais povos e lançou as bases para o desenvolvimento dos portos e dos navios ao longo dos períodos históricos subsequentes.

Sendo, pois, os portuários e os marítimos categorias tão antigas, as questões relacionadas ao trabalho por eles desempenhado é, igualmente, de amplo e remoto conhecimento. Bernardino Ramazzini já fazia menção em seu tratado de 1700 aos problemas osteomusculares enfrentados pelos *carregadores* dedicados ao embarque e ao desembarque de mercadorias dos navios e aos riscos de doenças contagiosas a afetarem, em especial medida, os trabalhadores embarcados em alto-mar[1].

Com o desenvolvimento econômico e tecnológico a modificar significativamente não apenas o perfil das áreas portuárias e dos navios, como também das cargas embarcadas, desembarcadas e transportadas e das próprias atividades inerentes ao comércio marítimo, novos riscos profissionais foram acrescidos àqueles já descritos por Ramazzini no final do século XVII.

---

1 Segundo Ramazzini:

"Nas cidades populosas, principalmente nas marítimas, como Veneza, pela grande afluência de homens chegados de diversos pontos e pelo acúmulo de mercadorias, vê-se imensa multidão de carregadores que são indispensáveis para retirarem-se mercadorias dos navios ou levá-las aos mesmos. (...) De transportarem grandes pesos sobre os ombros, contraem distúrbios mórbidos que se tornam geralmente graves.

(...)

Se há alguma arte que permita manter relações mútuas e felicidade pública, esta será, antes de tudo, a navegação, que une o nascente ao poente, o boreal ao austral, torna comuns os bens que a Natureza fizera próprios desta ou daquela região" (RAMAZZINI, Bernardino. Trad. Raimundo Estrêla. **As doenças dos trabalhadores.** São Paulo: FUNDACENTRO, 2000. p. 181-262).

(...)

Expressarei, pois, em uma palavra, que os marinheiros, remeiros e demais operários são presa de qualquer tipo de doenças graves. Tal é o seu gênero de vida, que os fazem sofrer tantas afecções, no seu instável e pérfido elemento.

(...)

Não raro acontece que alguma doença epidêmica invada o navio, seja por causa extrínseca ou pela má alimentação comum e, sobretudo, pelas águas poluídas; ou então suceda que a variada e grande multidão dos navegantes, não habituada ao mar, contraia febres pestilentas e malignas (...) cujo germe se difunde e ataca os demais com a mesma doença. Em tais casos não existe fuga possível, pois todos, como soem dizer, estão no mesmo barco e todos devem ver os moribundos ficarem a seu lado, tendo diante dos olhos o sepulcro comum."

Tais vicissitudes têm sido objeto de intensa regulamentação não apenas no plano das legislações domésticas, como também no âmbito dos organismos internacionais (especialmente da Organização Internacional do Trabalho – OIT e da Organização Marítima Internacional – OMI), de modo a gerar um extenso e complexo sistema normativo dedicado à tutela das condições de trabalho dos portuários e marítimos que, a despeito de sua amplitude, vem gerando há décadas controvérsias pertinentes à aplicação das leis no espaço e ao alcance da jurisdição dos Estados para a dirimição dos conflitos relativos ao tema.

Sob tal pano de fundo, o presente capítulo buscará relatar, sinteticamente, os aspectos gerais inerentes à organização do trabalho portuário e marítimo, bem assim os riscos que se apresentam no meio ambiente laboral a circundar as referidas categorias. Pretende-se, igualmente, analisar os principais diplomas normativos internacionais e domésticos relativos ao tema, com a descrição das controvérsias relativas a sua aplicação no espaço e das soluções que vêm sendo apresentadas pela doutrina e pela jurisprudência nesse particular.

Tal análise – convém adiantar desde já – será formulada com base na premissa de que o direito fundamental ao *meio ambiente do trabalho adequado* reconhecido na Constituição Federal de 1988 e nos sobreditos tratados internacionais (especialmente na Convenção nº 155 da OIT) asseguram aos trabalhadores portuários e marítimos **(i)** a proteção efetiva em face dos riscos conhecidos e potenciais, por intermédio de medidas preventivas e reparatórias, **(ii)** a implementação, por parte de seus tomadores de serviços, de todas as medidas cabíveis para eliminar as causas do risco, **(iii)** o acesso ao treinamento e às informações concernentes às ameaças à sua integridade psicofísica relacionadas aos locais de trabalho e **(iv)** a responsabilização objetiva das entidades que, de uma forma ou de outra, concorrem para a organização dos insumos e das atividades nos terminais e nos navios (ROCHA, 2013, p. 236-239).

## 26.1. TRABALHADORES PORTUÁRIOS

Tradicionalmente, os trabalhadores portuários são qualificados como os operários dedicados aos serviços de embarque, desembarque e transporte das mercadorias nas áreas dos portos e às atividades de apoio destinadas a viabilizar o manuseio das cargas que serão retiradas e alocadas nos navios, conforme a clássica definição de George de Semo. Diferem eles dos marítimos na medida em que suas tarefas são executadas com as embarcações já atracadas ou fundeadas, não abrangendo operações durante a navegação propriamente dita[2].

A despeito da notória modernização das atividades portuárias, com a crescente utilização de equipamentos mecanizados de movimentação de cargas, tais como contêineres, guindastes, esteiras e empilhadeiras, o meio ambiente laboral a elas inerente ainda é marcado, em muitos casos, pela subsistência daqueles mesmos riscos apontados por Ramazzini no século XVII e, paralelamente a isto, por novas ameaças de cunho químico, biológico, físico e ergonômico advindas das novas tecnologias e das cargas que passaram a ser manuseadas naquelas instalações (CARVALHO, 2005, p. 66-67).

São estes riscos antigos e novos, exatamente, o objeto da tutela ao meio ambiente do trabalho portuário emanada da Constituição Federal, bem como das Convenções nºs 137, 152 e 155, da OIT e dos diplomas infraconstitucionais a regulamentarem a temática no ordenamento

---

2  No original: *"Gli lavoratori di porti sono le persone addette al servizio d'imbarco, di sbarco e di trasporto dele merci nei porti"* (SEMO, Giorgio di. *In*: BORSI, Umberto; PERGOLESI, Ferrucio. **Trattato di diritto del lavoro**. Padova: CEDAM, 1938. p. 608).

doméstico, notoriamente a Lei nº 12.815, de 05/06/2013 e a Norma Regulamentadora nº 29, do Ministério do Trabalho.

### 26.1.1. Aspectos inerentes à organização do trabalho portuário

Preliminarmente à análise dos riscos labor-ambientais presentes nos portos, faz-se mister discorrer, ainda que sinteticamente, sobre as características peculiares que conferem identidade ao trabalho portuário e que delimitam, nos termos do ordenamento jurídico pátrio, a problemática atinente à matéria.

Seguindo a definição tradicional a respeito dos *trabalhadores portuários*, a legislação brasileira vem dividindo historicamente a referida categoria em seis grandes grupos, representados pela *capatazia*, pela *estiva*, pela *conferência de cargas*, pelo *conserto de cargas*, pelo *bloco* e pela *vigilância portuária*. Tal classificação foi mantida pela atual lei nacional de organização portuária (Lei nº 12.815, de 05/06/2013) em seu art. 40, § 1º, que revogou a Lei nº 8.630, de 25/02/1993, então apodada de *Lei de Modernização dos Portos*.

A *capatazia* engloba, em termos gerais, as atividades de movimentação de cargas nas instalações situadas dentro do porto (p. ex.: molhes, armazéns, pátios etc.), com ou sem o uso de maquinário, ao passo que a *estiva* envolve a manipulação e a preparação das mercadorias no interior dos navios estacionados. Já a *conferência* diz respeito à checagem das cargas no que concerne às suas características, quantidade, peso, origem, destino e estado, enquanto o *conserto* abrange a reparação dos volumes danificados, bem como a reembalagem, a etiquetagem, a abertura e o fechamento destes últimos (PINTO; FLEURY, 2004, p. 34-36).

Por fim, o *bloco* engloba as tarefas de reparo e de conservação dos tanques e dos compartimentos de cargas dos navios, enquanto a *vigilância* abrange as atividades concernentes à fiscalização quanto à entrada e à saída de pessoas nas embarcações e quanto à movimentação de mercadorias nos equipamentos de embarque e desembarque (PINTO; FLEURY, 2004, p. 34-36).

Sob a égide do regime anterior à entrada em vigor da Lei nº 8.630/1993, as atividades de *capatazia* eram realizadas, como regra, por servidores públicos estatutários ou por trabalhadores celetistas vinculados às Companhias Docas que integravam a estrutura da Administração Pública, enquanto as demais atividades (*estiva, conferência, conserto, bloco e vigilância*) eram desempenhadas preferencialmente por operários avulsos filiados aos respectivos sindicatos das categorias profissionais que estivessem regularmente matriculados nas Capitanias dos Portos e nas Delegacias do Trabalho Marítimo, no caso dos vigias portuários (REIS, 1955, p. 169-200).

Com o advento da Lei nº 8.630/1993 e com a implantação do regime de concessão dos terminais situados na área do porto organizado aos operadores privados, rompeu-se com a preferência instituída em favor dos sindicatos para a definição das equipes de trabalhadores avulsos e com o desempenho das atividades de capatazia por parte dos trabalhadores vinculados às Companhias Docas.

A partir de então, estabeleceu-se que a seleção de tais obreiros dar-se-ia com base nas listagens de trabalhadores *registrados* e *cadastrados* nos Órgãos Gestores de Mão de Obra (OGMO) que, de seu turno, consistem em entidades sem fins lucrativos instituídas em cada um dos portos organizados pelos próprios operadores portuários com vistas, justamente, à administração e ao fornecimento da força de trabalho avulsa[3].

Desse modo, a realidade constatada atualmente nos portos brasileiros – seja nos terminais de uso público, ou de uso privado – contempla a convivência lado a lado de trabalhadores portuários de todas as categorias (capatazia, estiva, conferência, conserto, bloco e vigilância) contratados diretamente pelos operadores portuários mediante vínculo empregatício e enquadrados na condição de *avulsos*, conforme pressupõe a própria redação do art. 40, *caput*, da Lei nº 12.805/2013.

Paralelamente a isto, a mesma realidade atesta que os operadores portuários situados no porto organizado, bem assim os terminais de uso privado localizados fora do porto organizado, vêm se valendo da contratação irregular de mão de obra terceirizada com vistas ao desempenho de suas atividades finalísticas, assim compreendidas aquelas inerentes à movimentação das cargas próprias e de terceiros[4].

Sendo assim, a subsistência de múltiplos regimes laborais nos terminais portuários e a coexistência de diversos gestores de mão de obra e dos fatores de produção (operadores portuários, OGMO, empresas prestadoras de serviços etc.) passou a suscitar controvérsias a respeito da responsabilização de cada uma dessas figuras pela prevenção e pela reparação dos danos labor-ambientais passíveis de ser experimentados pelos trabalhadores em decorrência da organização deficiente de seus locais de trabalho.

Nesse sentido, as discussões perpassam questões como a responsabilização dos operadores portuários e dos armadores pela integridade psicofísica dos trabalhadores avulsos arregimentados pelo OGMO e dos terceirizados que lhes prestam serviços sem manter, com eles, vínculos empregatícios.

À luz do paradigma labor-ambiental, contudo, tais controvérsias não se resolvem por intermédio da cisão das responsabilidades atribuídas às entidades estabelecidas nos portos em função do vínculo contratual a abranger os trabalhadores que lhes prestam serviços. A premissa, aqui, reside no fato de que o meio ambiente do trabalho a circundar de maneira

---

3  Sobre a distinção entre *registro* e *cadastro*, Cristiano Paixão Araújo Pinto e Ronaldo Curado Fleury asseveram que:

"[os trabalhadores registrados] são chamados ao trabalho pelo OGMO, sempre que um operador portuário requisitar o trabalho [de modo que] o trabalhador não se vincula, de forma constante, a nenhum operador portuário.

(...)

O cadastrado, no regime atual, complementa as equipes de trabalho na falta do registrado, ou seja, quando os registrados aptos ao trabalho não são suficientes para o preenchimento das equipes. Cuida-se de uma reminiscência de uma prática anterior à vigência da Lei de Modernização dos Portos. Antes da Lei nº 8.630/93, existia a figura do trabalhador que compunha a força supletiva. Era aquele que, sem ser inerente ao sistema, completava as equipes" (PINTO, Cristiano Paixão Araújo; FLEURY, Ronaldo Curado. **A modernização dos portos e as relações de trabalho no Brasil. Doutrina, legislação e jurisprudência.** Porto Alegre: Síntese, 2004. p. 29-30).

4  Nesse sentido, o Tribunal Superior do Trabalho teve a oportunidade de analisar diversas situações a envolverem a terceirização irregular nos terminais portuários.

A título exemplificativo, *vide*:

BRASIL: TRIBUNAL SUPERIOR DO TRABALHO. RECURSO DE REVISTA Nº 91700-02.2009.5.09.0411, Rel. Min. José Roberto Freire Pimenta, 2ª Turma, DJ de 02/12/2016;

BRASIL: TRIBUNAL SUPERIOR DO TRABALHO. RECURSO DE REVISTA Nº 49500-82.2009.5.17.0014, Rel. Desembargadora Convocada Cilene Ferreira Amaro Santos, 4ª Turma, DJ de 11/11/2016;

BRASIL: TRIBUNAL SUPERIOR DO TRABALHO. AGRAVO DE INSTRUMENTO NO RECURSO DE REVISTA Nº 23300-90.2008.5.17.0008, Rel. Min. Kátia Magalhães Arruda, 6ª Turma, DJ de 03/06/2016.

idêntica e incindível os referidos obreiros – sejam eles empregados, avulsos ou terceirizados – é caracterizado, indistintamente, pelos mesmos riscos físicos, químicos, biológicos e ergonômicos a afetar, de igual modo, a integridade psicofísica de quem quer que desempenhe suas atividades laborais naquele espaço.

Tal vicissitude foi captada de modo pleno por José Martins Catharino (1994) que, ao discorrer sobre a conceituação formulada na Lei nº 8.630/1993 (Lei de Modernização dos Portos), formulou didática analogia entre os agentes da organização do trabalho portuário e os elementos inerentes às artes cênicas, de modo a indicar que os trabalhadores empregados, avulsos e terceirizados, enquanto *protagonistas* do labor portuário, partilham idêntico *palco* (ou seja, o *porto*), igualando-se, portanto, no que diz respeito às condições de trabalho a lhes circundar (CATHARINO, 1994, p. 6-18).

De fato, a análise a respeito dos riscos labor-ambientais presentes nos portos, a ser formulada no item subsequente, atesta de maneira plena que os trabalhadores empregados, avulsos e terceirizados encontram-se submetidos às mesmas ameaças de cunho físico, químico, biológico e ergonômico, de modo que a limitação da responsabilidade dos gestores dos locais de trabalho em função do regime de contratação da mão de obra mostra-se meramente artificial.

Ver-se-á, de igual modo, que a identidade existente entre as condições labor-ambientais a permear os sobreditos obreiros é reconhecida pelo ordenamento jurídico doméstico, com destaque para a Lei nº 12.815/2013 e para a NR-29, bem como pelas Convenções nºs 137 e 152 ratificadas pelo Brasil, de modo a ensejar a responsabilização conjunta dos operadores portuários, do OGMO e das empresas prestadoras de serviços pela integridade psicofísica dos trabalhadores ativados nas funções de capatazia, estiva, conferência, conserto, bloco e vigilância.

### 26.1.2. Os riscos labor-ambientais inerentes ao trabalho portuário

Tal como um reflexo do próprio País, a realidade constatada nos portos brasileiros indica a existência de uma notória assimetria no que diz respeito ao desenvolvimento tecnológico dos diversos terminais. Coexistem, desse modo, portos dotados de ampla mecanização e outras estruturas que ainda se valem, primordialmente, do trabalho braçal de capatazes e de estivadores para a movimentação dos volumes nos armazéns, molhes e navios (PINTO; FLEURY, 2004, p. 51-52).

A situação ora descrita denota, inexoravelmente, um contexto em que os riscos osteomusculares clássicos experimentados pelos trabalhadores portuários desde a Antiguidade, decorrentes do manuseio frequente e inadequado de pesados fardos, convivem com as novas ameaças advindas da mecanização, da implantação de metodologias de gestão baseadas no ritmo frenético do trabalho com vistas ao aumento da produtividade e da movimentação e do armazenamento de uma miríade de substâncias potencialmente nocivas.

Nesse sentido, os estudos levados a cabo pelos especialistas das áreas de saúde e segurança no trabalho corroboram com tais conclusões, na medida em que atestam a presença constante, nos terminais portuários brasileiros, **(i)** da alta possibilidade de ocorrência de acidentes laborais decorrentes de equipamentos em estado precário de conservação, **(ii)** de exposição a substâncias químicas tóxicas (em especial, poeiras e gases) e a micro-organismos nocivos, **(iii)** de riscos de atingimento por explosões ocorridas em instalações da área do porto e **(iv)** de condições ergonômicas inadequadas.

A título ilustrativo, a exposição formulada pelo pesquisador Antônio Carlos Garcia Júnior (2014), da Fundacentro, acerca dos *Riscos à Saúde dos Trabalhadores na Operação Portuária* atesta que mesmo nos terminais onde a movimentação de cargas é realizada por intermédio de processos mecanizados, o risco de acidentes de trabalho é elevado em decorrência, entre outros fatores, de *"guindastes de bordo sem manutenção adequada"*, de *"acessórios de estivagem ou componentes do guindastes, como cabos de aço sem inspeção prévia ou manutenção preventiva"* e de *"moegas e ou estruturas metálicas antigas com corrosão ou danos visíveis sendo utilizadas normalmente"*.

Para além disso, o levantamento de dados implementado pela bióloga Íris Regina Fernandes Poffo (2007), em tese de doutorado apresentada ao Programa de Pós-Graduação em Ciências Ambientais da Universidade de São Paulo – USP, sob o título *"Gerenciamento de Riscos Socioambientais no Complexo Portuário de Santos na Ótica Ecossistêmica"*, atesta a ocorrência de inúmeros acidentes com materiais tóxicos – tais como acetato de etila, ácido muriático, hidróxido de amônio, entre outros – ocorridos durante seu manuseio na área do porto organizado de Santos-SP.

Nesse mesmo sentido, o farto histórico de vazamentos e explosões ocorridos em terminais portuários destinados ao armazenamento de substâncias químicas (p. ex.: hidrocarbonetos, fertilizantes, solventes etc.) contribui para a presença constante da possibilidade de contato com agentes tóxicos por parte dos trabalhadores portuários empregados, avulsos e terceirizados. Como exemplos recentes de tais eventos, tem-se a explosão ocorrida nas instalações da empresa *Ultracargo* situada no porto de Santos-SP em 02/04/2015 e o grave vazamento de dicloroisocianurato de sódio ocorrido no terminal de contêineres da empresa *Localfrio* no dia 15/01/2016, em área portuária situada no município do Guarujá-SP.

No que diz respeito aos riscos físicos e ergonômicos, os especialistas em saúde e segurança do trabalho apontam, igualmente, a presença constante e unânime de tais fatores no ambiente laboral a circundar os trabalhadores portuários empregados e avulsos, indicando, em particular, o desempenho de trabalho em posições corporais incômodas, sob níveis elevados de ruído e de vibração ou em contato frequente com baixas temperaturas, bem assim o intenso desgaste psicofísico decorrente da metodologia dos ganhos vinculados à produtividade, conforme observado por Jorgana Fernanda de Souza Soares e por Marlise Capa Verde de Almeida (2008) em seus estudos sobre o tema intitulados, respectivamente, *"Percepção dos trabalhadores avulsos sobre os riscos ocupacionais no porto do Rio Grande, Rio Grande do Sul, Brasil"* e *"Trabalhador portuário: perfil de doenças ocupacionais diagnosticadas em serviço de saúde ocupacional"*.

Já quanto aos riscos biológicos, é igualmente notório o potencial de contaminação dos trabalhadores portuários por doenças transmitidas por pombos e por ratos, especialmente a *criptocose* e a *leptospirose*, em decorrência do descarregamento, do armazenamento e do embarque a céu aberto e em silos de cereais como trigo, cevada e malte (AGUIAR; LUCIANO, 2011, 43-49).

Da breve amostragem ora formulada, observa-se de plano que as condições labor-ambientais a circundarem os trabalhadores portuários empregados, avulsos e terceirizados são caracterizadas pela presença de uma série de riscos de ordem física, química, biológica e ergonômica. Tais fatores a comprometerem em potencial a integridade psicofísica dos referidos obreiros constituem, exatamente, o objeto nuclear de um abrangente sistema normativo a integrar o ordenamento jurídico pátrio.

### 26.1.3. A regulamentação específica do meio ambiente do trabalho portuário

Tal como a generalidade dos trabalhadores, os portuários são titulares do direito fundamental ao *meio ambiente adequado*, a teor dos arts. 7º, XXII, 193 e 225, *caput*, da Constituição Federal, cujo teor lhes assegura a proteção contra os riscos inerentes ao trabalho e a garantia inerente ao bem-estar como diretriz norteadora da ordem social. Especificamente no que diz respeito ao labor portuário, a Carta Magna estabelece em seu art. 7º, XXXIV, a *"igualdade de direitos entre o trabalhador com vínculo empregatício permanente e o trabalhador avulso"* (MELO, 2013, p. 34-35).

Em plena consonância com tais diretrizes, o Brasil ratificou em 31/07/1995 a Convenção nº 137 da OIT, a preconizar em seu art. 6º que os estados signatários "farão com que as regras adequadas, referentes à segurança, higiene, bem-estar e formação profissional dos trabalhadores, sejam aplicadas aos portuários". E de modo ainda mais incisivo, o País inseriu em seu ordenamento jurídico, em 19/09/1990, a Convenção nº 152 da OIT, a ter por objeto específico "a segurança e higiene nos trabalhos portuários".

Já em seu art. 3º, a Convenção nº 152 da OIT rompe com a dicotomia artificialmente criada entre empregados, avulsos e terceirizados para fins de inserção no meio ambiente do trabalho, deixando assente que a expressão trabalhador a ser utilizada nos dispositivos subsequentes abrange "toda pessoa ocupada nos trabalhos portuários". Com base em tal premissa, o texto do referido tratado estabelece nos arts. 4º e 8º que os Estados signatários e os empregadores encontram-se comprometidos com a implementação em concreto das medidas destinadas à eliminação dos riscos à integridade psicofísica dos referidos obreiros, aí incluídas a prevenção contra incêndios e explosões (art. 4º, § 2º, "b"), a construção e a manutenção adequadas dos equipamentos de capatazia e transbordo (art. 4º, § 2º, alíneas "e" a "k"), o controle em relação ao contato com substâncias perigosas (art. 4º, § 2º, "l") e o oferecimento dos treinamentos e das informações necessárias (art. 4º, § 2º, "r"), dentre outras.

E ainda na linha a preconizar o rompimento com a dicotomia entre os trabalhadores portuários, o art. 5º da Convenção nº 152 da OIT prescreve como diretriz geral a ser seguida pelas legislações nacionais a corresponsabilidade dos empregadores, dos armadores e dos órgãos de gestão de pessoal pela implementação das medidas previstas em seus arts. 4º e 8º, destacando de modo expresso que tal premissa decorre da ambivalência dos fatores de risco para todos aqueles trabalhadores a desempenharem suas atividades no ambiente portuário, independentemente da natureza de seus vínculos laborais.

Em total alinhamento com a diretriz emanada da Convenção nº 152 nesse particular, o art. 33, § 2º, da Lei nº 12.815/2013 – a estabelecer o atual regime de exploração dos portos nacionais – classificou os operadores portuários (empregadores) e os Órgãos Gestores de Mão de Obra – OGMOs como responsáveis solidários pelos danos resultantes de acidentes de trabalho e de doenças ocupacionais experimentados pelos trabalhadores.

E em relação aos trabalhadores terceirizados ativados nos portos, convém salientar que o Código Civil vigente encampou no art. 927, parágrafo único, a teoria do risco-atividade, a vincular o dever de reparar os danos àqueles sujeitos que criam os riscos profissionais (poluição) e que extraem proveito econômico destes últimos. Por isso mesmo, o diploma em comento enfatizou nos arts. 932, III e 933 a solidariedade a permear a responsabilidade entre o empregador (empresa interposta prestadora de serviços) e o comitente (tomador de serviços) pelas lesões ocasionadas em decorrência das operações por eles desempenhadas, tendo tal entendimento encontrado, inclusive, amplo respaldo na jurisprudência do Tribunal Superior do Trabalho[5].

Nesse mesmo sentido, a NR-29, editada pelo Ministério do Trabalho e dedicada à "segurança e saúde no trabalho portuário", não faz qualquer distinção entre trabalhador empregado, avulso e terceirizado para fins de submissão aos seus preceitos. Ao revés, a referida normativa deixa expresso no item 29.1.2 que suas disposições se aplicam, indistintamente, a todos os trabalhadores que exerçam atividades nos portos organizados, retroportos e nas instalações portuárias de uso privativo, estejam ou não situadas em área de porto organizado.

Na sequência, a NR-29 estabelece em seus itens 29.3 a 29.6 uma série de obrigações aos operadores portuários, ao OGMO e aos tomadores de serviços com vistas ao resguardo da integridade da saúde dos trabalhadores portuários em face daqueles riscos físicos, químicos, biológicos e ergonômicos constatados nos terminais e navios atracados ou fundeados. Destacam-se, dentre tais prescrições, a imposição de cuidados relativos ao embarque e desembarque de volumes e contêineres (itens 29.3.1 e seguintes), ao contato com substâncias potencialmente nocivas em tais operações (itens 29.3.4.14, 29.3.7.5, 29.3.8.6.3 e 29.3.9.6.2), à disponibilização de instalações sanitárias e de repouso adequadas (itens 29.4.1 e seguintes), ao manejo e ao armazenamento de cargas perigosas (29.6.1 e seguintes) e ao treinamento e ao repasse de informações aos obreiros sobre os riscos inerentes à manipulação de tais cargas (item 29.6.3.5)[6].

E para além das obrigações impostas aos operadores portuários e aos OGMOs, a NR-29 inova, em alinhamento com as diretrizes constantes da Convenção nº 152 da OIT, no sentido de estabelecer deveres de prevenção de riscos também para os armadores (proprietários ou locatários das embarcações) e aos seus representantes no País. Nesse sentido, a normativa em comento estabelece para os referidos sujeitos, nos itens 23.3.5.9, 29.3.5.11, 29.3.5.15, 29.3.5.16, 29.3.5.17, 29.3.5.22, 29.4.3, 29.6.3.1.1, e 29.6.3.3, as obrigações concernentes (i) à manutenção em bom estado dos equipamentos de guindar e dos acessórios de bordo, (ii) à aposição de sinalização adequada e compreensível em tais aparatos, (iii) ao oferecimento de instalações sanitárias adequadas para os trabalhadores da estiva durante a realização de suas atividades a bordo, (iv) ao encaminhamento, para o OGMO, de memorial descritivo a respeito de cargas perigosas transportadas e (v) a observância acerca das medidas definidas em plano de emergência a respeito de tais volumes.

Vê-se, portanto, que os dispositivos do ordenamento jurídico pátrio concernentes à tutela do meio ambiente do trabalho portuário encontram-se alinhados em um sistema coerente que parte dos artigos 7º, XXII, XXXIV, 193 e 225, caput, da Constituição Federal, percorre as Convenções nºs 137 e 152, bem assim a Lei nº 12.815/2013 e culmina com a NR-29, permeado pela ideia-guia a propalar o oferecimento de condições de labor adequadas ao resguardo da integri-

---

5  Nesse sentido:
BRASIL: TRIBUNAL SUPERIOR DO TRABALHO. AGRAVO DE INSTRUMENTO NO RECURSO DE REVISTA Nº 2658-50.2010.5.02.0362, Rel. Desembargador Convocado Marcelo Lamego Pertence, 1ª Turma, DJ de 1º/07/2016;
BRASIL: TRIBUNAL SUPERIOR DO TRABALHO. AGRAVO DE INSTRUMENTO NO RECURSO DE REVISTA Nº 330-82.2012.5.15.0050, Rel. Min. Maurício Godinho Delgado, 3ª Turma, DJ de 19/08/2016;
BRASIL: TRIBUNAL SUPERIOR DO TRABALHO. AGRAVO DE INSTRUMENTO NO RECURSO DE REVISTA Nº 1773-11.2011.5.15.0145, Rel. Min. Dora Maria da Costa, 8ª Turma, DJ de 04/09/2015.
6  Para uma descrição mais precisa de tais diretrizes, *vide*:
FUNDACENTRO. **Manual técnico da NR-29. Segurança e saúde no trabalho portuário**. São Paulo: FUNDACENTRO, 2014. p. 61-235.

dade psicofísica dos obreiros e a igualdade dos trabalhadores portuários empregados, avulsos e terceirizados para fins de incidência das normas labor-ambientais.

## 26.2. TRABALHADORES MARÍTIMOS

Tal como o trabalho portuário, o labor desempenhado pelos marítimos experimentou notória evolução tecnológica, especialmente nos séculos que sucederam a Revolução Industrial. Hoje, as embarcações de cargas e de passageiros apresentam um nível de segurança, mas também de complexidade operacional, significativamente mais elevado do que aquele verificado nas etapas históricas da navegação mercante, a ter seu início com os barcos fenícios e gregos da Antiguidade, passando pelas caravelas portuguesas e espanholas da era mercantilista e desaguando nos motores a vapor da era industrial.

Paralelamente a isto, as atividades desempenhadas pelos trabalhadores marítimos transcenderam as clássicas tarefas concernentes à navegação e à pesca em alto-mar, passando a abranger os extenuantes trabalhos realizados pelos operadores ativados nas plataformas petrolíferas e pelos mergulhadores.

Com o expressivo avanço tecnológico a afetar os locais e os instrumentos de trabalho dos marítimos e com as próprias mutações experimentadas pelas ocupações a caracterizarem-no, os riscos inerentes ao labor nos oceanos foram igualmente incrementados, para muito além daqueles clássicos distúrbios enfrentados pelos *homens do mar*, de amplo conhecimento desde a navegação a remo e a vela desempenhada na Antiguidade.

Da mesma forma com que vem ocorrendo em relação ao trabalho portuário, as legislações no plano doméstico e internacional – especialmente no âmbito da OIT e da OMI (Organização Marítima Internacional) – vêm se dedicando ao enfrentamento dos riscos antigos e novos concernentes ao trabalho marítimo, cujas complexas nuances constituem, ainda nos dias atuais, um instigante desafio tanto para aqueles que se dedicam à elaboração das normativas sobre o tema, quanto para os que irão aplicá-las aos casos práticos.

### 26.2.1. Aspectos inerentes à organização do trabalho marítimo

O trabalho marítimo, em todas as suas variações, encontra-se conceitualmente relacionado ao desempenho de atividades a bordo de navios, barcos ou plataformas petrolíferas situadas em alto-mar, de modo a demandar dos trabalhadores o afastamento de seus lares por longos períodos de tempo, bem assim o exercício de extenuantes jornadas de trabalho sob condições adversas, o que acaba por gerar, fatalmente, severos impactos em sua integridade psicofísica.

A categoria profissional com maior identificação histórica e cultural ao trabalho marítimo faz-se representada, indubitavelmente, pelos oficiais e tripulantes da marinha mercante que, embarcados em navios cargueiros ou de cruzeiro, operacionalizam o deslocamento de mercadorias e de passageiros através dos portos domésticos (cabotagem) e internacionais (navegação de longo curso). Há, de igual modo, os trabalhadores ativados nas plataformas de petróleo situadas em alto-mar, que, com seu labor, viabilizam a extração daquele combustível fóssil, os obreiros dedicados à pesca industrial e comercial e os chamados *trabalhadores submersos*, exemplificados, em grande medida, pelos mergulhadores, que executam tarefas de extrema complexidade tais como reparos em instalações situadas em grandes profundidades e resgates.

Por envolver a mobilidade entre territórios submetidos a diferentes autoridades nacionais, o trabalho marítimo realizado a bordo de embarcações sempre envolveu – e ainda envolve – significativas controvérsias a respeito da aplicação das leis no espaço. De fato, não é incomum se deparar com situações a envolverem conflitos entre as jurisdições do porto onde o navio se encontra fundeado, da bandeira sob a qual a embarcação está registrada e da nacionalidade da tripulação, sem falar nas questões relativas à aplicabilidade ou não das normativas internacionais referentes ao tema, a depender das nuances do caso concreto.

A questão adquiriu complexidade ainda maior ante a proliferação do fenômeno das *bandeiras de conveniência*, a consistir, sinteticamente, no registro de navios construídos em um determinado país, em uma terceira nação que não guarda, a princípio, relação alguma com o país de origem das embarcações. Tal prática tem por intuito a redução dos custos operacionais por parte dos armadores, já que os Estados a servirem de "hospedeiros" ou "facilitadores" possuem exigências consideravelmente flexíveis em relação a uma série de fatores, aí incluídos os cuidados necessários com o meio ambiente em geral e com as instalações e equipamentos disponibilizados aos trabalhadores[7].

Anteriormente à difusão das *bandeiras de conveniência*, a questão em torno do ordenamento jurídico aplicável à tripulação no que concerne aos assuntos relacionados à saúde e à segurança do trabalho marítimo era resolvida, em geral, à luz da prevalência da chamada *lei do pavilhão*. Segundo tal sistemática, adotada expressamente pelos arts. nºs 198 e 281 do *Código Bustamante* (ratificado pelo Brasil por intermédio do Decreto nº 18.871, de 13/08/1929), seria aplicável a tais controvérsias o ordenamento da bandeira do país envergada pelo navio, com esteio na presunção de que este último era o país de registro da embarcação[8].

No entanto, com a generalização daquela prática deletéria, passou-se a suscitar o conceito vago de *ordem pública* constante do art. 17 da Lei de Introdução às Normas do Direito Brasileiro (Decreto-Lei nº 4.657, de 04/09/1942) e do próprio art. 3º do *Código Bustamante* para afastar a aplicação da *lei do pavilhão*, nas hipóteses em que o trabalho marítimo era desempenhado em embarcações a envergarem *bandeiras de conveniência*[9].

A despeito da tese a propalar a noção legal de *ordem pública* como limitador da aplicação do direito vigente nos países originários das *bandeiras de conveniência*, a tendência hodiernamente verificada na doutrina e na jurisprudência especializadas aponta para a prevalência da teoria do *centro de gravidade*, também denominada *most significant relationship*, a propalar a incidência do ordenamento jurídico do país com o qual a causa em análise possuir maior ligação, independentemente do pavilhão ostentado pela embarcação (ARAÚJO, 2006, p. 46).

A adoção de tal tese por diversos países encontra respaldo no art. 91, § 1º, da *Convenção das Nações Unidas sobre o Direito do Mar*, ratificada pelo Brasil por intermédio do Decreto nº

---

7   Para um conceito de *bandeira de conveniência*, vide:
SILVA, Marcus Edmar Ramos Alvares da; TOLEDO, André de Paiva. Vínculo substancial e as bandeiras de conveniência: consequências ambientais decorrentes dos navios com registros abertos. **Revista de Direito Internacional**, Brasília, v. 13, n. 2, 2016, p. 159-177.
8   "*Art. 198. Tambem é territorial a legislação sobre accidentes do trabalho e protecção social do trabalhador.*"
"*Art. 281. As obrigações dos officiaes e gente do mar e a ordem interna do navio subordinam-se á lei do pavilhão.*"
9   Sobre o conceito de *ordem pública* no direito internacional privado, *vide*:
ESPÍNOLA, Eduardo; ESPÍNOLA FILHO, Eduardo. **A Lei de Introdução ao Código Civil Brasileiro. Volume 3º**. 3. ed. Rio de Janeiro: Renovar, 1999. p. 387-401.
DOLINGER, Jacob. **Direito internacional privado. Parte Geral**. 7. ed. Rio de Janeiro: Renovar, 2003. p. 391-394.

99.165, de 22/03/1990, a preconizar de modo expresso que a despeito da nacionalidade das embarcações serem relacionadas às bandeiras por elas envergadas, *"deve existir um vínculo substancial entre o Estado e o navio".*

A teoria do *centro de gravidade* vem sendo sistematicamente aplicada pela Justiça do Trabalho não apenas para resguardar a incidência da legislação pátria às relações de labor marítimo que guardam estreitas e visíveis relações com o País (p. ex.: no caso dos tripulantes nacionais de cruzeiros contratados para o desempenho de atividades em navios de bandeira estrangeira a terem, em sua rota, localidades situadas na costa brasileira), como também para atrair a competência do Poder Judiciário para o conhecimento e julgamento de tais questões, à luz do art. 651, § 3º, da CLT e do art. 21 do Código de Processo Civil vigente[10].

É importante salientar, todavia, que os cinco países a reunirem as maiores frotas de *bandeiras de conveniência* (a saber: Panamá, Libéria, Bahamas, Ilhas Marshall e Hong Kong, representado em suas relações internacionais pela China) ratificaram a recente *Convenção Consolidada sobre o Trabalho Marítimo da OIT de 2006* que traz em seus dispositivos normas mais precisas e rigorosas a respeito da organização do meio ambiente de trabalho nas embarcações e que permite, inclusive, a fiscalização quanto ao cumprimento de suas diretrizes pelo Estado em cujo porto os navios se encontrarem fundeados.

Desse modo, o Brasil, cujos nacionais têm sido prejudicados em seus direitos pela prática concernente às *bandeiras de conveniência*, terá maiores condições de exigir dos armadores e de seus representantes no País o oferecimento de condições adequadas de trabalho às tripulações ali ativadas e a eliminação dos riscos labor-ambientais presentes nas embarcações, de modo a dar concretude prática ao sistema normativo formado, em sua cúpula, pela Constituição Federal e pelas Convenções nºs 163, 164 e 178 da OIT e, em sua base, pelos arts. 248 a 252 da CLT e pela NR-30.

---

10 *"Art. 651. A competência das Varas do Trabalho é determinada pela localidade onde o empregado, reclamante ou reclamado, prestar serviços ao empregador, ainda que tenha sido contratado noutro local ou no estrangeiro.*
(...)
*§ 3º. Em se tratando de empregador que promova realização de atividades fora do lugar do contrato de trabalho, é assegurado ao empregado apresentar reclamação no foro da celebração do contrato ou no da prestação dos respectivos serviços."*
(...)
*"Art. 21. Compete à autoridade judiciária brasileira processar e julgar as ações em que:*
*I – o réu, qualquer que seja a sua nacionalidade, estiver domiciliado no Brasil;*
*II – no Brasil tiver de ser cumprida a obrigação;*
*III – o fundamento seja fato ocorrido ou ato praticado no Brasil.*
*Parágrafo único. Para o fim do disposto no inciso I, considera-se domiciliada no Brasil a pessoa jurídica estrangeira que nele tiver agência, filial ou sucursal."*
Como exemplos de julgados proferidos nesse sentido, vide:
BRASIL: TRIBUNAL REGIONAL DO TRABALHO DA 2ª REGIÃO. RECURSO ORDINÁRIO Nº 0001079-39.2015.5.02.0444, Rel. Desembargador Nelson Bueno do Prado, 16ª Turma, DJ de 05/10/2016;
BRASIL: TRIBUNAL REGIONAL DO TRABALHO DA 2ª REGIÃO. RECURSO ORDINÁRIO Nº 00013187320145020002, Rel. Desembargador Jomar Luz de Vassimon Freitas, 5ª Turma, DJ de 18/10/2016;
BRASIL: TRIBUNAL REGIONAL DO TRABALHO DA 17ª REGIÃO. RECURSO ORDINÁRIO Nº 0114400-11.2012.5.17.0001, REL.Desembargador Marcelo Macial Mancilha, **2ª Turma**, DJ de 1º/07/2015.

## 26.2.2. Os riscos labor-ambientais inerentes ao trabalho marítimo

Quanto aos riscos labor-ambientais inerentes ao trabalho marítimo, há os comuns a todas as categorias de trabalhadores a desempenharem atividades em alto-mar, e aqueles especificamente relacionados ao trabalho nos navios de cargas e passageiros, nos barcos de pesca industrial e comercial, nas plataformas de petróleo e no desempenho do mergulho em águas profundas.

Os riscos comuns à generalidade das atividades relacionadas ao trabalho no mar são aqueles próprios da rudeza do ambiente marítimo, caracterizado por mudanças abruptas de temperatura, por intempéries climáticas como tempestades, furacões e tufões, pelos rigorosos regimes de correntes e marés, pela presença de obstáculos físicos potencialmente letais, como rochedos e *icebergs*, entre outros.

Ao lado de tais ameaças, a irmanar todos aqueles que se lançam ao mar para obter seu sustento, há os riscos específicos de cada uma das sobreditas profissões marítimas. Nesse sentido, os oficiais e tripulantes das embarcações mercantes de cabotagem e de longo curso encontram-se sujeitos não apenas a longas jornadas com vistas à manutenção das condições de operação dos navios, como também às constantes interrupções dos períodos de descanso e sono no interesse do labor por eles desempenhado.

Tais fatores de desgaste se somam aos longos períodos de afastamento do ambiente familiar e de confinamento em alto-mar impostos aos referidos trabalhadores, o que acaba por afetar-lhes, invariavelmente, a saúde mental, de modo a acarretar a manifestação de doenças psicossomáticas como, por exemplo, a depressão, conforme já havia notado Bernardino Ramazzini em seu tratado do século XVII[11].

Nesse sentido, o desgaste psicofísico ocasionado pelo estresse resultante da árdua organização dos fatores de trabalho nas atividades marítimas vem sendo objeto de inúmeros estudos a demonstrarem, com precisão, a correlação entre estes últimos e aquelas graves doenças de cunho psicossomático. Não obstante, a própria OMI alerta em publicação específica sobre o tema para o fato de que a fadiga é um potencial indutor de acidentes laborais, haja vista as alterações por ela ocasionada nas habilidades psicomotoras, na velocidade e na intensidade dos reflexos, na capacidade de coordenação, na tomada de decisões e no próprio equilíbrio emocional[12].

---

11   Segundo o autor:

"Os nautas estão submetidos a contínuas vigílias; e como de sua vigilância depende a salvação de todos os que estão no navio, mal têm tempo de conciliar o sono, caso deles se apodere a tristeza, da qual sofrem mesmo dormindo, por trazê-la sempre no espírito" (RAMAZZINI, Bernardino. Trad. Raimundo Estrêla. **As doenças dos trabalhadores**. São Paulo: FUNDACENTRO, 2000. p. 264).

12   No original: *"Fatigue [is] a reduction of a physical and/or mental condition, resulting from physical stress. It may impair almost all psycho-physical abilities including: power, speed, reaction time, coordination, decision making, and/or emotional balance"* (INTERNATIONAL MARITIME ORGANIZATION (IMO). **Guidance on fatigue mitigation and management**. MSC/Circ. 1014, June 2001. London: International Maritime Organization, 2001).

Sobre o nexo causal entre as condições labor-ambientais inerentes à marinha mercante e as doenças psicossomáticas, *vide*:

OLDENBURG, Marcus et al., **Seafaring stressors aboard merchant and passenger ships.** International Journal of Public Health. 2009; 54: 96-105.

CAROTENUTO, Anna et al., **Psychological stress in seafarers: a review.** International Maritime Health. 2012; 63, 4: 188-194.

EL-SHERIEF-CAPITAIN, Mohamed Soliman; ELNABAWY, Mohamed Nabil. **Impact of fatigue on seafarer's performance**. International journal of research in Engeneering & Technology. Vol.3, Issue 10, Oct 2015, 87-100.

Para além dos fatores psicossomáticos ora indicados, os trabalhadores ativados na navegação mercantil encontram-se sujeitos **(i)** a níveis elevados de ruído e vibrações provenientes dos motores e das complexas instalações elétricas e hidráulicas, **(ii)** à iluminação deficiente, **(iii)** à queda de alturas elevadas, **(iv)** ao desconforto térmico e ergonômico, **(v)** à possibilidade de serem afetados por explosões nas caldeiras, vasos de pressão, motores e maquinário em geral, **(vi)** ao contato com substâncias químicas (como o amianto, por exemplo, que se faz presente no revestimento térmico dos cascos e das caldeiras, especialmente dos navios mais antigos), **(vii)** à aspiração de gases e vapores tóxicos em locais de trabalho pouco arejados e **(ix)** aos riscos biológicos decorrentes da proliferação de micro-organismos no ambiente confinado dos navios (SOLINO, 1998).

No que diz respeito especificamente à pesca industrial e comercial em alto-mar, os riscos físicos, biológicos, químicos e ergonômicos a afetarem os trabalhadores marítimos ativados na navegação mercantil também se fazem presentes, com uma série de agravantes decorrentes das peculiaridades inerentes a tal labor. De fato, a estrutura mais enxuta das embarcações aliada ao número reduzido de tripulantes exige dos obreiros jornadas mais intensas em condições extremas de temperatura, ruído e umidade, com diminutas horas de repouso e de sono, o que acaba por contribuir, inexoravelmente, para o aumento da fadiga e para o aparecimento de doenças de cunho psicossomático (RIOS, 2011, p. 175-188).

Ademais, o desempenho de inúmeras atividades ao ar livre no convés dos navios, muitas vezes próximas aos anteparos, sujeitam os obreiros a riscos mais elevados de choques e de lesões osteomusculares, decorrentes do próprio balanço das embarcações, não sendo incomum, em tais casos, a queda de trabalhadores no mar. Há, ainda, os riscos decorrentes do manuseio dos artefatos de pesca (redes, armadilhas, cabos, linhas, anzóis etc.) e dos próprios pescados, a acarretarem a possibilidade de cortes na pele (mãos e braços, principalmente), de infecções por agentes biológicos e, em casos mais extremos, de amputação de membros[13].

Já os petroleiros em atividade nos navios-tanque e nas plataformas não só encontram-se submetidos às agruras inerentes ao confinamento, às jornadas prolongadas, às restrições ao descanso e à exposição a riscos físicos, químicos e ergonômicos, como também sujeitam-se de maneira frequente a acidentes potencialmente fatais, conhecidos no jargão técnico como *kick* (entrada de fluidos inflamáveis eu um poço) e *blow out* (vazamento de gás ou líquido para o meio ambiente), cuja ocorrência tem o condão de ocasionar explosões e incêndios de grandes proporções (FREITAS, 2013).

E, por fim, os trabalhadores marítimos que atuam em regime de submersão (*v.g.*: mergulhadores ativados na reparação de plataformas petrolíferas e no resgate de naufrágios) têm como principais riscos labor-ambientais inerentes ao seu trabalho a submissão à elevada pressão existente nas grandes profundidades e a possibilidade quanto à manifestação de uma série de patologias barométricas (p. ex.: doença descompressiva, perfuração da membrana do tímpano, osteonecrose, otite e sinusite barotraumáticas, dentre outras), para além da potencial invalidez permanente ou até mesmo morte em decorrência de falhas no processo de readaptação do organismo à pressão atmosférica após os mergulhos (GOMES *et al.*, 2013).

---

13 Sobre os riscos específicos da pesca industrial, *vide*:
PORTUGAL: AUTORIDADE PARA AS CONDIÇÕES DE TRABALHO. **Segurança e Saúde no Trabalho no Setor da Pesca:** Riscos profissionais e medidas preventivas nas diferentes artes de pesca. Lisboa: ACT, 2015. p. 14-32.

Ante o potencial lesivo agregado aos fatores de risco que afetam os trabalhadores marítimos e que, em muitos casos, se revestem de um elevado grau de fatalidade, tanto a OIT quanto a OMI dedicaram diversas convenções à regulamentação do meio ambiente laboral nas embarcações e plataformas. De igual modo, a legislação doméstica possui inúmeros dispositivos relacionados ao tema que, compreendidos em conjunto com os referidos tratados internacionais e com a Constituição Federal, formam um sistema normativo coeso a ter por diretriz nuclear a incolumidade da integridade psicofísica daqueles obreiros.

### 26.2.3. A regulamentação do meio ambiente laboral marítimo

A questão concernente às normas que regem as condições de trabalho dos marítimos está intimamente relacionada às controvérsias em torno da aplicação da lei no espaço sintetizadas no item 2.1 *supra*. Assim, as embarcações a ostentarem a bandeira brasileira e aquelas que forem submetidas à jurisdição pátria em decorrência da teoria do *centro de gravidade*, sujeitam-se aos princípios labor-ambientais insculpidos nos arts. 7º, XXII, 193 e 225, *caput*, da Constituição Federal, bem como aos comandos emanados dos arts. 248 a 252 da CLT e da NR-30.

Não obstante, as embarcações que ostentam bandeiras de países signatários das convenções da OIT e da OMI sobre trabalho marítimo sujeitam-se integralmente às diretrizes formuladas nos referidos tratados internacionais que, em diversos aspectos, são significativamente mais exigentes do que a legislação infraconstitucional pátria.

No âmbito da OIT existem, atualmente, trinta e nove convenções dedicadas ao trabalho marítimo, sendo que as mais diretamente relacionadas à temática do meio ambiente laboral são as Convenções nºs 163 e 164 ratificadas pelo Brasil em 15/07/1998. Em 2006, contudo, o referido organismo internacional promulgou a *Convenção sobre o trabalho marítimo*, que busca não apenas consolidar as diretrizes formuladas naqueles tratados anteriores, como também tornar mais objetivos os preceitos concernentes às condições de trabalho a bordo e à fiscalização nos portos de origem, escala e destino. No presente momento, oitenta países já ratificaram a mencionada Convenção, sendo que o Brasil ainda não o fez.

As Convenções nºs 163 e 164 da OIT têm por objeto o "bem-estar dos trabalhadores marítimos no mar e no porto" e a "proteção da saúde e a assistência médica aos trabalhadores marítimos", respectivamente. O primeiro dos referidos tratados estabelece, em apertada síntese, que os Estados signatários e as empresas de navegação neles estabelecidas deverão promover o oferecimento de todos os equipamentos e insumos necessários ao desempenho do trabalho marítimo em condições seguras nas embarcações, bem como ao conforto e ao repouso das tripulações (art. 4º), exigindo-se dos referidos destinatários, ademais, a atualização constante de tais equipamentos à luz dos progressos técnicos e da necessidade dos trabalhadores, em nítida concretização do princípio labor-ambiental da *melhoria contínua* (art. 5º) (FELICIANO, 2006, p. 132).

Já a Convenção nº 164 exige dos Estados-membros a responsabilização dos armadores pelas condições sanitárias e labor-ambientais das embarcações (art. 3º), bem como a prestação de assistência médica irrestrita e eficaz aos trabalhadores marítimos nos portos de escala e destino (art. 4º) e a formatação das exigências a serem impostas aos proprietários ou locatários das embarcações no que diz respeito aos itens imprescindíveis da *farmácia de bordo* (art. 5º), ao guia médico (art. 6º), às consultas médicas a distância por rádio ou satélite (art. 7º), à presença de médicos a bordo nos navios com mais de cem tripulantes (art. 8º) e à estruturação das enfermarias (art. 11).

De modo significativamente mais incisivo do que os sobreditos tratados, a *Convenção sobre o trabalho marítimo* de 2006 assevera de maneira expressa em seu art. 4º que *"todo trabalhador marítimo tem o direito de exercer seu labor em um local seguro e adequado aos padrões de segurança"*, bem como os direitos a *"condições dignas de trabalho e de vida a bordo dos navios"* e o direito à *"proteção à saúde, cuidados médicos e medidas de tutela social"*. E em um avanço significativo, o art. 5º possibilita aos países responsáveis pelos portos de escala e de destino a realização de inspeções a bordo das embarcações de bandeira estrangeira com vistas à averiguação em torno do cumprimento do tratado ora analisado, seja ou não a nação cuja bandeira é ostentada pelo navio ratificante da Convenção em comento.

Para além dos sobreditos tratados, a OIT possui duas convenções especificamente relacionadas à pesca comercial e industrial (as Convenções nºs 126 e 188). A primeira delas, ratificada pelo Brasil por intermédio do Decreto nº 2.420, de 16/12/1997, fixa as normativas gerais para o *"alojamento a bordo dos navios"*, ao passo que a segunda, ainda não integrada ao ordenamento jurídico pátrio, estabelece as diretrizes pertinentes às condições de saúde e segurança do trabalho pesqueiro.

A Convenção nº 126 da OIT tem por objeto o estabelecimento das diretrizes básicas para os alojamentos das tripulações ativadas nos navios de pesca comercial e industrial construídos após sua entrada em vigor nos países signatários, de modo a impor aos construtores e armadores o dever de dotá-los **(i)** de condições de segurança contra as intempéries do mar, **(ii)** de isolamento térmico e acústico adequado, incluindo aparelhagem de calefação e ar-condicionado, a depender da zona climática onde opera a embarcação, **(iii)** de ventilação e exaustão eficazes, **(iv)** de separação física em relação às casas de máquinas, aos depósitos de pescado, aos almoxarifados de materiais potencialmente nocivos e aos sanitários, **(v)** de dispositivos de proteção contra incêndios, **(vi)** de proteção adequada contra acidentes e quedas nos conveses, **(vii)** de meios destinados e evitar a penetração de animais vetores de doenças, **(viii)** de iluminação artificial satisfatória, **(ix)** de refeitórios e de instalações sanitárias com níveis adequados de higiene e **(ix)** de áreas de descanso em locais seguros e relativamente distantes das áreas operacionais do navio (no meio ou à ré da embarcação). Ademais, o tratado em apreço possibilita a fixação, por parte dos Estados signatários, de condições a serem observadas obrigatoriamente pelos barcos pesqueiros já existentes.

Já a Convenção nº 188, ainda não ratificada pelo Brasil, fixa as diretrizes elementares a serem observadas pelos construtores e armadores no que concerne à segurança, saúde e meio ambiente laboral dos trabalhadores ativados na pesca comercial e industrial. Seu texto estabelece normativas peremptórias a respeito **(i)** da prevenção da fadiga, especialmente em relação aos períodos mínimos de repouso, **(ii)** da idade mínima, **(iii)** do exame médico, **(iv)** dos contingentes mínimos de tripulantes, **(v)** da acomodação e da alimentação dos trabalhadores, **(vi)** da assistência médica a ser-lhes prestada, **(vii)** da adoção das medidas disponíveis para a prevenção de acidentes de trabalho e doenças ocupacionais, **(viii)** do treinamento e do direito à informação, **(ix)** do fornecimento de roupa e equipamento de proteção individual e **(x)** da responsabilidade dos proprietários da embarcação pela rigorosa observância de tais normativas.

Já no que diz respeito à OMI, as normas concernentes às condições gerais de segurança da navegação encontram-se consolidadas sob a chamada *Convenção para a salvaguarda da vida humana no mar*, de 1974, mais conhecida pela sigla *SOLAS*, ratificada pelo Brasil por intermédio do Decreto nº 87.186, de 18/05/1982. A Convenção *SOLAS* tem por objeto a regulamentação das condições gerais de organização das embarcações e de seus equipamentos, bem como de transporte de cargas potencialmente nocivas, o que acaba por impactar diretamente no meio ambiente do trabalho marítimo.

A Convenção *SOLAS* encontra-se dividida em 12 capítulos, a estabelecerem regras pormenorizadas a respeito **(i)** da construção e estruturação dos equipamentos de proteção contra incêndios, bem como do maquinário de bordo, **(ii)** da disponibilização dos equipamentos salva-vidas, **(iii)** das radiocomunicações, **(iv)** da segurança na navegação, **(v)** do transporte de cargas e óleos combustíveis, **(vi)** do transporte de volumes perigosos, **(vii)** da estruturação dos navios nucleares e **(viii)** das medidas especiais para as embarcações de alta velocidade e para os navios graneleiros.

No plano da legislação doméstica aplicável às embarcações de bandeira brasileira e aos navios estrangeiros sujeitos ao princípio do *centro de gravidade*, as diretrizes previstas nas Convenções da OIT e da OMI ratificadas pelo Brasil são complementadas pelos arts. 248 a 250 da CLT a terem por objeto a regulamentação do tempo de trabalho dos tripulantes da "*marinha mercante nacional, de navegação fluvial e lacustre, do tráfego nos portos e da pesca*" com vistas, justamente, à prevenção da fadiga. Estabelece o primeiro dos referidos dispositivos que o trabalhador marítimo somente pode permanecer no seu posto, de modo contínuo ou intermitente, por, no máximo, oito horas, de modo que o labor exercido para além de tal jornada será considerado trabalho extraordinário (art. 249), permitindo-se, no entanto, a realização de compensação nos dias seguintes ou subsequentes (art. 250).

O ordenamento doméstico relativo às condições de trabalho dos marítimos é complementado, ainda, pela NR-30, aprovada pela Portaria MTE nº 34, de 04/12/2002, cujos dispositivos conferiram concretude às diretrizes emanadas das Convenções nºs 163 e 164 da OIT. Nesse sentido, a normativa em apreço estabelece parâmetros para **(i)** a alimentação a ser fornecida às tripulações (item 30.6 e seguintes), **(ii)** a higiene e conforto a bordo (itens 30.7 e seguintes), **(iii)** os salões de refeição e locais de recreio (itens 30.8 e seguintes), **(iv)** as cozinhas (itens 30.9 e seguintes), **(v)** as instalações sanitárias (itens 30.10 e seguintes), **(vi)** os locais para lavagem, secagem e armazenamento das roupas de trabalho (itens 30.11 e seguintes), **(vii)** a montagem e equipagem da enfermaria a bordo (itens 30.12 e seguintes) e **(viii)** a segurança nos trabalhos de limpeza e manutenção das embarcações (itens 30.13 e seguintes).

Em seu Anexo I a NR-30 estabelece os parâmetros a serem observados pelos armadores no desempenho das atividades relacionadas à pesca comercial e industrial segundo a mesma sistemática prevista na Convenção nº 126 da OIT, a fracionar o grau de exigências entre os navios a serem construídos a partir de sua entrada em vigor e as embarcações já existentes àquela ocasião. Para aqueles primeiros, o anexo determina uma série de medidas relacionadas **(i)** às instalações elétricas, frigoríficas, de navegação, de radiocomunicação, de tração, de cozinha e de pressão, **(ii)** às vias e saídas de emergência, **(iii)** à prevenção e ao combate a incêndios, **(iv)** às condições de ventilação, de iluminação, e de isolamento térmico e acústico dos locais de trabalho, **(v)** aos pisos, anteparos e tetos, **(vi)** às portas e vias de circulação, **(vii)** à segurança nas operações nos conveses, nos motores e nos passadiços, **(viii)** às condições de habitabilidade das áreas de repouso e de vivência e **(ix)** às instalações sanitárias, aos refeitórios e às lavanderias. Para estes últimos, as determinações referentes aos oito itens ora mencionados são relativizadas, mas não a ponto de permitir aos proprietários e locatários das embarcações a precarização do meio ambiente laboral a circundar os trabalhadores ali ativados.

Já o Anexo II da NR-30 tem por objeto a regulamentação das condições de trabalho nas plataformas petrolíferas e nas embarcações de apoio a estas últimas situadas no mar territorial brasileiro, enfatizando, dentre os direitos assegurados aos trabalhadores, a imediata suspensão das operações em caso de iminente ameaça à sua saúde e à sua segurança, bem assim o acesso à totalidade das informações a respeito dos riscos operacionais inerentes aos locais de trabalho. Na sequência, o anexo detalha as regras concernentes **(i)** ao programa de prevenção de riscos nas plataformas, **(ii)** à sinalização de segurança obrigatória, **(iii)** às condições de vivência a bordo relacionadas às instalações sanitárias, vestiários, cozinhas, camarotes, alojamentos temporários e instalações de lazer, **(iv)** às atividades de construção, manutenção e reparo, **(v)** às caldeiras e vasos de pressão e **(v)** à proteção contra incêndios e contra acidentes relacionados ao *kick* e ao *blow out*.

Por fim, as condições laborais peculiares aos mergulhadores encontram-se regulamentadas no Anexo VI da NR-15, dedicado ao *trabalho sob condições hiperbáricas*, cuja parte segunda tem por objeto, especificamente, o *trabalho submerso*. Ali são traçadas as normas relacionadas **(i)** ao oferecimento do instrumental adequado e em perfeitas condições aos trabalhadores, **(ii)** à realização periódica de exames médicos, **(iii)** à disponibilização de meios adequados de alojamento, alimentação e transporte e **(iv)** à segurança no mergulho, inclusive no que diz respeito à metodologia de descompressão, à configuração e à utilização de câmaras de pressurização e despressurização, ao período de observação após a realização de mergulhos em alta profundidade, à configuração e à utilização dos sinos de mergulho, à configuração e à utilização das câmaras hiperbáricas, ao emprego da técnica de saturação e ao fornecimento da chamada *mistura respiratória artificial*, aos tempos máximos de permanência sob condições hiperbáricas, à configuração e à utilização dos compressores de misturas gasosas e aos requisitos mínimos para os sistemas e equipamentos de mergulho.

Da síntese ora formulada, observa-se que tanto as diretrizes labor-ambientais prefiguradas na Constituição Federal, na CLT e na NR-30, quanto as normativas constantes das Convenções da OIT e da OMI, reconhecem a especial tutela a ser conferida aos trabalhadores marítimos não apenas quanto às consequências decorrentes das intempéries inerentes ao mar, cujo efeito mais evidente é a fadiga a comprometer-lhes a integridade psicofísica e a própria segurança operacional nas embarcações, como também em relação aos inúmeros riscos físicos, químicos, biológicos e ergonômicos a acompanharem a arte da navegação em sua evolução e também o desempenho das complexas atividades relacionadas à pesca comercial e industrial, ao trabalho nas plataformas petrolíferas e ao mergulho em altas profundidades.

## CONSIDERAÇÕES FINAIS

Com o incremento do processo de globalização econômica, a demandar o aumento do ritmo das transações a envolverem agentes localizados em todos os pontos do globo terrestre e, consequentemente, da intensidade do labor desempenhado pelos portuários e marítimos, os riscos antigos e novos a afetarem as referidas categorias profissionais tendem a se fazer cada vez mais presentes nos terminais e nas embarcações. Tal vicissitude foi constatada pela própria OIT por ocasião da promulgação da *Convenção sobre o Trabalho Marítimo* de 2006, a elencar dentre seus motivos determinantes a necessidade quanto ao alargamento do alcance do princípio do *trabalho decente* em direção ao maior número possível de jurisdições, haja vista, justamente, a ampliação do comércio internacional pela via da navegação.

Desse modo, ante o inédito grau de intensidade a caracterizar, hodiernamente, o intercâmbio de bens e serviços, os intérpretes/aplicadores dos dispositivos internacionais e domésticos relacionados ao trabalho portuário e marítimo devem atentar para as cristalinas diretrizes emanadas de seus princípios reitores, a apontarem para a existência de um inquestionável dever imputado aos tomadores de serviços (operadores portuários, armadores, proprietários de embarcações etc.) de proporcionar aos obreiros ativados em seus terminais e navios um meio ambiente laboral livre de riscos capazes de afetar a integridade psicofísica dos obreiros.

De fato, se o comércio internacional vem se intensificando de modo a beneficiar Estados e agentes privados que até pouco tempo atrás estavam dele alijados, é mister que as condições laborais dos trabalhadores portuários e marítimos a operacionalizarem tal fluxo de mercadorias acompanhem, *pari passu*, o desenvolvimento das trocas entre as nações. A análise dos princípios subjacentes às convenções da OIT e da OMI e, no caso brasileiro, do conteúdo protetivo inerente à Constituição Federal (arts. 7º, XXII, 193 e 225, *caput*), às leis ordinárias (Lei nº 12.580/2013 e arts. 248 a 250 da CLT) e às NRs 29 e 30, apontam exatamente para essa direção.

# CAPÍTULO 27
TERCEIRIZAÇÃO E O MEIO AMBIENTE DO TRABALHO

*Marilu Freitas*

## INTRODUÇÃO

Trabalhador, em sentido amplo, é o ser humano que coloca à disposição de outrem (capitalista – capital personificado) a sua força de trabalho. Trata-se de um gênero, cujas espécies podem ser designadas pelo tipo de contrato firmado entre as partes pactuantes.

A legislação trabalhista esparsa trata da figura de certos trabalhadores, atribuindo-lhes direitos distintos entre si.

No caso dos trabalhadores terceirizados, modalidade contratual cuja existência precede, na vida prática, a regulamentação pelo ordenamento jurídico, na maioria das vezes, a diferença implica redução de direitos quando comparados aos empregados, ainda que exerçam idênticas atividades no mesmo local de trabalho.

Mas, apesar deste fato e porque não há diferença de dignidade humana entre trabalhadores(as), aos(às) terceirizados(as) se estende a proteção à saúde, higiene e segurança, de modo que cabe reflexão sobre o processamento dessas garantias no meio ambiente laboral em que são executadas as atividades de prestação de serviço.

### 27.1. DA TERCEIRIZAÇÃO

Antes de adentrar na análise propositiva deste estudo, aspectos gerais ligados ao fenômeno em si devem ser retratados.

#### 27.1.1. Breve consideração histórico-legislativa

A existência da terceirização precede, em muito, a sua inserção na vida prática e o seu reconhecimento no ordenamento jurídico. Dispensada, neste texto, uma análise de seu marco inicial, torna-se necessário, para a compreensão estrutural, demarcar alguns de seus aspectos de modo a afirmar o seu papel na conjuntura organizacional e social do capital e do trabalho vigente no Brasil.

E nessa proposta cabe delimitar que, embora tenha havido outras normatizações (art. 455 da Consolidação das Leis do Trabalho-CLT, Decreto-Lei nº 200, de 1967 etc.), a Lei nº 6.019, de 03 de janeiro de 1974, pertinente ao trabalho temporário, foi a primeira norma a regulamentar o trabalho terceirizado no âmbito privado.

Na década de 1980, com o advento da Lei nº 7.102, de 20 de junho de 1983, estendeu-se a terceirização ao âmbito do serviço de vigilância bancária. Depois essa lei foi modificada pela Lei nº 8.863, de 28 de março de 1994, que ampliou o conceito de serviços de vigilância, estendendo-o para outros estabelecimentos públicos e privados e à segurança pessoal, de modo que a terceirização passou a ser admitida também nessas hipóteses.

Também na década de 1990, a Lei nº 8.949, de 09 de dezembro de 1994, acrescentou o parágrafo único ao art. 442 da CLT, dispondo sobre a inexistência de vínculo empregatício entre as cooperativas e seus associados, bem como entre estes e os tomadores de serviços daquela.

Em que pese a existência de legislações heterônomas, no lapso temporal que se seguiu a partir do ano de 2000, a compreensão e o alcance da terceirização operaram-se por meio de processo hermenêutico que, compatibilizando princípios trabalhistas e constitucionais, outrora concorrentes entre si, levou o Tribunal Superior do Trabalho a editar o Enunciado nº 256 e, posteriormente, a Súmula 331[1].

A interpretação decorrente desta Súmula demonstra que a terceirização tinha sua permissibilidade limitada e restrita, vez que admitida somente em casos específicos e, desde que também fossem serviços especializados ligados à atividade-meio da tomadora de serviços.

Nota-se que, ao estender a terceirização para os serviços especializados ligados à atividade-meio, a jurisprudência permitiu, igualmente, a terceirização nas "atividades consideradas auxiliares ou de apoio, não inseridas na dinâmica do processo produtivo, [...] à semelhança do que já vigia no âmbito da Administração Pública, à luz do DL nº 200/1967 (art. 10) e Lei nº 5.645/1970" (DELGADO; AMORIM, 2014, p. 48).

Passadas décadas desde a gênese regulatória do fenômeno, em 31 de março de 2017 foi publicada a Lei nº 13.429, que, alterando a Lei nº 6.019, de 1974, *"dispõe sobre as relações de trabalho na empresa de prestação de serviços a terceiros"*.

Após o advento desta legislação, em 11 de novembro de 2017 entrou em vigor a Lei nº 13.467, de 13 de julho de 2017, que modificou a CLT, bem como alguns dispositivos das Leis nº 6.019, de 1974, nº 8.036, de 11 de maio de 1990, e nº 8.212, de 24 de julho de 1991, visando à adequação da legislação às novas formas de relação de trabalho.

A questão ligada à interpretação que se impunha desde a posição jurisprudencial sempre foi bastante contestada, principalmente por parte da esfera do capital que pretendia a adoção irres-

---

1    CONTRATO DE PRESTAÇÃO DE SERVIÇOS. LEGALIDADE (nova redação do item IV e inseridos os itens V e VI à redação) - Res. 174/2011, DEJT divulgado em 27, 30 e 31/05/2011.

I - A contratação de trabalhadores por empresa interposta é ilegal, formando-se o vínculo diretamente com o tomador dos serviços, salvo no caso de trabalho temporário (Lei nº 6.019, de 03/01/1974). II - A contratação irregular de trabalhador, mediante empresa interposta, não gera vínculo de emprego com os órgãos da Administração Pública direta, indireta ou fundacional (art. 37, II, da CF/1988). III - Não forma vínculo de emprego com o tomador a contratação de serviços de vigilância (Lei nº 7.102, de 20/06/1983) e de conservação e limpeza, bem como a de serviços especializados ligados à atividade-meio do tomador, desde que inexistente a pessoalidade e a subordinação direta. IV - O inadimplemento das obrigações trabalhistas, por parte do empregador, implica a responsabilidade subsidiária do tomador dos serviços quanto àquelas obrigações, desde que haja participado da relação processual e conste também do título executivo judicial. V - Os entes integrantes da Administração Pública direta e indireta respondem subsidiariamente, nas mesmas condições do item IV, caso evidenciada a sua conduta culposa no cumprimento das obrigações da Lei nº 8.666, de 21/06/1993, especialmente na fiscalização do cumprimento das obrigações contratuais e legais da prestadora de serviço como empregadora. A aludida responsabilidade não decorre de mero inadimplemento das obrigações trabalhistas assumidas pela empresa regularmente contratada. VI – A responsabilidade subsidiária do tomador de serviços abrange todas as verbas decorrentes da condenação referentes ao período da prestação laboral. (TST. Tribunal Superior do Trabalho. *Súmula nº 331*. Brasília: DJ 19-21 nov. 2003). Disponível em: http://www3.tst.jus.br/jurisprudencia/Sumulas_com_indice/Sumulas_Ind_301_350.html#SUM-331. Acesso em: 23 jun. 2020.

trita da terceirização, ao argumento de que tal reestruturação implicaria crescimento econômico ao País, modernidade, aumento de empregabilidade, redução de custos, entre outros aspectos.

Por conta desta compreensão houve o ajuizamento, em 2014, pela Associação Brasileira do Agronegócio (ABAG), de ação de arguição de descumprimento de preceito fundamental (ADPF) nº 324, que suscitava a inconstitucionalidade na interpretação pretoriana adotada sob o fundamento de que a jurisprudência trabalhista estaria causando "o esmagamento da liberdade de contratar", impactando no crescimento da economia. Neste mesmo ano de 2014 foi também reconhecida a repercussão geral do Recurso Extraordinário nº 958.252, sob o Tema 725 – Terceirização de serviços para a consecução da atividade-fim da empresa).

As decisões pertinentes ao julgamento da ação e do recurso supracitados foram proferidas somente após o advento das Leis nºs 13.429 e 13.467, ambas de 2017. Como resultado da ADPF fixou-se o seguinte entendimento:

> O Tribunal, no mérito, por maioria e nos termos do voto do Relator, julgou procedente o pedido e firmou a seguinte tese: 1. É lícita a terceirização de toda e qualquer atividade, meio ou fim, não se configurando relação de emprego entre a contratante e o empregado da contratada. 2. Na terceirização, compete à contratante: i) verificar a idoneidade e a capacidade econômica da terceirizada; e ii) responder subsidiariamente pelo descumprimento das normas trabalhistas, bem como por obrigações previdenciárias, na forma do art. 31 da Lei 8.212/1993, vencidos os Ministros Edson Fachin, Rosa Weber, Ricardo Lewandowski e Marco Aurélio. Nesta assentada, o Relator esclareceu que a presente decisão não afeta automaticamente os processos em relação aos quais tenha havido coisa julgada. Presidiu o julgamento a Ministra Cármen Lúcia. Plenário, 30.8.2018.

E, pertinente ao recurso extraordinário interposto, o Supremo Tribunal Federal decidiu, dentre outros aspectos, seguir a mesma diretriz fixada no julgamento da citada arguição de descumprimento de preceito fundamental (ADPF) nº 324.

Há de se mencionar também que após a promulgação da Lei nº 13.429, de 2017, a sua constitucionalidade foi questionada por meio do ajuizamento de várias ações. Releva destacar as ADIs nº 5685 de autoria da Rede Sustentabilidade (REDE) e a de nº 5695 ajuizada pela Confederação Nacional dos Trabalhadores na Indústria Química (CNTQ) e pela Confederação Nacional dos Trabalhadores nas Indústrias Têxtil, Vestuário, Couro e Calçados (Conaccovest). De uma forma geral, o argumento para ajuizamento das ações fundamentou-se na violação de princípios constitucionais, a exemplo da proteção ao trabalhador, da dignidade da pessoa humana, da livre associação sindical, da isonomia, da preservação da função social, dentre outros.

A questão, por sua vez, somente foi decidida recentemente, em junho de 2020, quando o Supremo Tribunal Federal declarou a constitucionalidade da lei.

### 27.1.2. Perspectivas da terceirização: compreensão do fenômeno

Apresentada de forma sucinta a evolução histórico-legislativa da terceirização, cabe trazer a lume que o conceito deste fenômeno transita por caminhos distintos dentro do sistema jurídico brasileiro, de modo que pode ser analisado e enfrentado dentro de várias perspectivas, tais como: econômica, social, política, filosófica e jurídica.

Ademais, ainda dentro de cada vertente, existe o olhar daqueles que defendem o instituto em si em contraposição ao daqueles que condenam a sua existência. Ou seja, a adoção deste mecanismo de produção não encontra unanimidade na sociedade.

Trata-se de vínculo jurídico estabelecido entre o capital e o trabalho, em que o primeiro se faz representar pelas figuras das empresas tomadora de serviço, da contratante e da prestadora de serviço; tendo, no outro lado da relação, o(a) trabalhador(a).

Do ponto de vista legal, a empresa prestadora de serviços define-se como quem *"contrata, remunera e dirige o trabalho realizado por seus trabalhadores, ou subcontrata outras empresas para realização desses serviços"*; a empresa tomadora de serviços apresenta-se como a pessoa jurídica ou entidade a ela equiparada que celebra contrato de prestação de trabalho temporário com a empresa prestadora de serviço, enquanto a empresa contratante é a pessoa física ou jurídica que celebra contrato com empresa de prestação de serviços relacionados a quaisquer de suas atividades, inclusive sua atividade principal (arts. 4º, 5º e 5-A da Lei nº 6.019, de 1974 com as alterações das Leis nºs 13.429 e 13.467, ambas de 2017).

Tomados ainda os sujeitos, o trabalhador terceirizado contratado para desempenhar serviços relacionados às atividade-meio e atividade-fim é definido como aquele que não se relaciona direta e necessariamente com quem seria, na visão clássica, o seu empregador, porquanto a empresa prestadora de serviços é quem o contrata para que o serviço seja executado na empresa contratante. Em outros termos, a empresa prestadora de serviços manterá uma relação com o trabalhador que, no dia a dia, estará dentro da contratante, exercendo as funções laborais para os quais foi contratado pela primeira. Daí afirmar-se que a relação que se formaliza entre este trabalhador e os capitalistas é de cunho trabalhista, o mesmo não se podendo dizer no tocante ao vínculo configurado entre as empresas representantes do capital, cuja essência tem natureza civilista.

Quanto ao objeto, é na prestação de serviços de atividade-meio e de atividade-fim que se assenta a legalidade da terceirização. No entanto, a reconhecida permissibilidade não significa dizer que a terceirização seja ilimitada. Para a sua admissibilidade, requisitos legais haverão de ser cumpridos, a exemplo da comprovação de capacidade econômica da empresa prestadora de serviços, donde se conclui que a licitude da terceirização encontra barreiras a serem enfrentadas.

Dentre as várias perspectivas possíveis de compreensão do fenômeno, a terceirização apresenta-se como um mecanismo de otimização da produção para a realização de um determinado segmento, em que o capitalista e o trabalhador firmam contrato de trabalho para a prestação de serviço na empresa contratante a fim de desenvolver a atividade. Ainda nesta diretriz, a terceirização é tomada como um recurso que viabiliza o crescimento econômico, com aumento de produtividade e qualidade (SILVA; ALMEIDA, 1997); implica redução de custos e, por conseguinte, impacta na venda do produto com menor preço (custo Brasil); estimula investimentos; valoriza a livre iniciativa empresarial; retira o trabalhador da informalidade, proporcionando-lhe o acesso ao emprego, entre outros argumentos.

Na visão do trabalhador, a experiência já espelhada antes de sua adoção, nos moldes da jurisprudência sumulada ou mesmo após o advento das legislações heterônomas a disciplinar o fenômeno, revela que essa modalidade de trabalho traz diversas implicações que afetam desde as garantias de direitos trabalhistas à sua saúde física e mental.

De se dizer que este fenômeno reafirma a precarização do trabalho, porquanto embora esteja presente nas várias outras modalidades de prestação de serviços, até por conta das contradições do sistema capitalista e do desenvolvimento humano, na atividade terceirizada adquire destaque. Numa vertente subjetiva, a precarização alcança o sentimento do trabalhador a ponto de comprometer a sua identidade como indivíduo inserto no meio laboral, podendo acarretar, e geralmente acarretando, ansiedade, insegurança, angústia, depressão e um sentimento de que ele não pertence à classe trabalhadora, pois a desigualdade social compromete a sua higidez mental. Objetivamente, ela é consubstanciada na própria forma de contratação, na medida em que os direitos contratuais agregáveis decorrentes deste tipo de prestação de trabalho são diferenciados a menor em abrangência e extensão daqueles que não são terceirizados, precisamente pela exigível redução de custos do trabalho; no modo da execução, visto que se sobressai uma alta rotatividade e se impede a criação de laços entre os trabalhadores e o meio ambiente laboral, cujos aspectos mais relevantes serão tratados em item apartado.

Mas, de imediato, dessume-se desta compreensão que as perspectivas acima descritas formam um contexto interligado, pois é a prestação de serviço exercida objetivamente que traz as repercussões de cunho subjetivo na saúde do trabalhador.

Ainda que haja medidas reparadoras ou mitigadoras no tocante à segurança e saúde do trabalhador, a exemplo de pagamentos de adicionais de insalubridade e periculosidade, também reduzidos pelas reformas em flagrante incoerência com as alterações flexibilizadoras ou eliminadoras de direitos, há necessidade de que sejam adotadas medidas preventivas, dado que a mera monetização de riscos potenciais ou efetivos não substitui a busca contínua de melhores condições de trabalho, tampouco supre o prejuízo causado à vida dos trabalhadores.

No âmbito do trabalho terceirizado, o legislador ordinário conferiu às empresas contratantes a obrigação de proteger a saúde do trabalhador, em face de a prestação de trabalho exercer-se em suas dependências ou em local previamente definido no contrato.

Tomando-se em conta a temática propositiva deste texto, há de se analisar o meio ambiente em que se desenrola o trabalho terceirizado, mas não sem antes evidenciar em que contexto holístico se dá essa manifestação.

### 27.1.3. Do meio ambiente humano

A Constituição da República Federativa de 1988 assegura, em seu art. 225, que:

> [...] Todos têm direito ao meio ambiente ecologicamente equilibrado, bem de uso comum do povo e essencial à sadia qualidade de vida, impondo-se ao Poder Público e à coletividade o dever de defendê-lo e preservá-lo para as presentes e futuras gerações.

A análise dos elementos constitutivos desta norma na tutela dos valores ambientais transcende o objetivo deste trabalho. Entretanto, extrai-se do texto que "a regra vinculada ao direito ambiental tem como objetivo a *tutela do ser humano* e, de forma imediata, outros valores que também venham a ser estabelecidos na Constituição Federal" (FIORILLO, 2009, p. 13).

Da leitura do texto constitucional supracitado, bem como a do art. 1º, III, do mesmo diploma, que estabelece como um dos princípios a dignidade da pessoa humana, confirma-se a adoção de uma visão antropocêntrica, ou seja, o direito ambiental volta-se para a "satisfação das necessidades humanas" (FIORILLO, 2009, p. 15), contrapondo-se à visão ecocêntrica, que defende ser toda e qualquer vida o objeto do direito ambiental.

A razão de ser da adoção da visão antropocêntrica encontra sustentação no fato de que "a preservação do meio ambiente é exercida em função da vida humana, ou por outras palavras, da *'pessoa humana'*, a qual representa *o valor-fonte de todos os valores*" (REALE, 2004).

Doutrinadores que adotam a visão ecocêntrica[2] fundamentam suas razões na Lei de Política Nacional do Meio Ambiente nº 6.938, de 31 de agosto de 1981, que em seu art. 3º, I, dispõe:

> [...] Art. 3º Para os fins previstos nesta Lei, entende-se por:
> I - meio ambiente, o conjunto de condições, leis, influências e interações de ordem física, química e biológica, que permite, abriga e rege a vida em todas as suas formas.

No entanto, o texto legal, ao incluir as expressões "todas as suas formas", deve ser interpretado de modo a destacar o homem como centro das preocupações, porquanto:

> a vida que não seja humana só poderá ser tutelada pelo direito ambiental na medida em que sua existência implique garantia da sadia qualidade de vida do homem, uma vez que numa sociedade organizada este é o destinatário de toda e qualquer norma. (FIORILLO, 2000, p. 63)

Sobrepujada a discussão sobre a visão adotada pelo ordenamento jurídico brasileiro, a definição de meio ambiente pode ser compreendida a partir da norma infraconstitucional supracitada como um conceito jurídico indeterminado, visando à criação de um contexto positivo para que a norma incida (FIORILLO, 2009, p. 13).

Sobre este tema, Guilherme Guimarães Feliciano afirma que:

> [...] o conceito de *meio ambiente humano*, como consolidado na Conferência de Estocolmo (1972), perfaz uma *Gestalt* que se desdobra em ao menos quatro manifestações: o meio ambiente natural, o meio ambiente artificial, o meio ambiente cultural (v. art. 216 da CRFB) e, não menos importante, o meio ambiente do trabalho (v. art. 200, VIII, da CRFB). (FELICIANO, 2011, p. 141)

Em outras palavras, permite-se dizer que o meio ambiente humano é um sistema composto por "unidades autônomas, manifestando uma solidariedade interna e possuindo leis próprias, donde resulta que o modo de ser de cada elemento depende da estrutura do conjunto e das leis que o regem, não podendo nenhum dos elementos preexistir ao conjunto" (FELICIANO, 2002, p. 167). Deste modo, não há de se interpretar isoladamente cada parte do sistema: o meio ambiente humano agrupa as manifestações acima apresentadas que se integram, se associam e se complementam para a formação de um todo humano.

De se notar que o texto acima transcrito faz menção à Conferência de Estocolmo. Isso porque a questão do meio ambiente humano e suas dimensões são partes de um contexto histórico internacional, muito antes do seu reconhecimento como direito fundamental e valorização na esfera nacional. A Declaração da Conferência das Nações Unidas sobre o Meio Ambiente Humano ou Declaração de Estocolmo, de 1972, operou-se como um marco a provocar um "processo de internacionalização da proteção ambiental" (CANÇADO TRINDADE, 1993, p. 39), reforçando, em seu contexto, inclusive, a ideia de o homem ter direito efetivo ao ambiente de vida e trabalho favoráveis. Dado o impulso, no mesmo ano, a Assembleia Geral das Nações

---

2 Esta é a concepção esposada por Diogo de Freitas do Amaral. **Direito ao meio ambiente**. Lisboa: INA, 1994, apresentação.

Unidas criou o Programa das Nações Unidas para o Meio Ambiente (ONU Meio Ambiente), seguindo-se, então, o desenvolvimento de outros projetos relacionados à temática.

Mas, antes, não se pode olvidar que outros instrumentos normativos se faziam presentes e traziam em seu rol de direitos dos trabalhadores o meio ambiente do trabalho equilibrado. A título de exemplo, há de se citar o Pacto Internacional sobre os Direitos Econômicos, Sociais e Culturais (PIDESC), da Organização das Nações Unidas, de 1966, que foi ratificado pelo Brasil em 1992.

Como avanço e sem uma descrição cronológica dos atos existentes, no Rio de Janeiro, em 1992, realizou-se a Cúpula da Terra que, reunindo vários países, adotou a Agenda 21 visando à proteção do planeta e ao seu desenvolvimento sustentável.

Além desses eventos, houve, em 2002, o chamado Rio+10, ocorrido em Joanesburgo, na África do Sul. Posteriormente, em 2012, ocorreu, no Brasil, a Conferência das Nações Unidas sobre o Desenvolvimento Sustentável, denominada Rio+20 e, por fim, em setembro de 2015, na sede da Organização das Nações Unidas, em Nova York, foi realizada a Cúpula de Desenvolvimento Sustentável, fixando novos objetivos para a denominada Agenda 2030 para o Desenvolvimento Sustentável.

Ainda que cada evento tivesse um fim específico e determinado, cuja análise extrapola o objetivo deste escrito, todos tiveram e têm em comum a busca de crescimento e melhoramento das condições do meio ambiente em todas as suas especificidades. Decerto há, como fruto do processo de desenvolvimento sustentável, a expectativa de garantir uma vida digna a cada ser humano, caminho este que se perfaz igualmente quando se trata de perseguir, por exemplo, um dos objetivos da Agenda 2030 a ser trilhado: o do trabalho decente.

E em que pese a importância de todas as manifestações a comporem o sistema do meio ambiente humano, a análise será centralizada na perspectiva laboral e, ao cabo, no trabalho terceirizado.

### 27.1.3.1. *Do meio ambiente do trabalho*

A proteção da prestação do trabalho humano insere-se num contexto de construção histórica de caminhos trilhados desde o século XVIII, com a Revolução Industrial, marco decisivo para a busca de melhores condições de vida e de trabalho. Vários acontecimentos internacionais determinaram os séculos seguintes, visando conferir e estruturar normas de proteção ao trabalho. A título de exemplo, tem-se a Primeira Internacional, com o Manifesto de Marx e Engels, de 1864, o Congresso de Genebra, de 1866, o Congresso Operário de Paris, de 1833, o Congresso Socialista de 1889 e outros[3].

A Organização Internacional do Trabalho desde a sua gênese, quando foi criada pelo Tratado de Versalhes, em 1919, traz em si a ideia de um trabalho firmado na dignidade humana, meta essa que se expressa por meio de suas normas e mecanismos de atuação internacional, válidos a ponto de conferirem um olhar de reconhecimento e valorização ao meio ambiente laboral.

Na trilha do trabalho digno, princípio que implica necessariamente a existência de um meio ambiente laboral livre de riscos e em condições salutares de higiene e segurança, a matéria, no

---

[3] Sobre a temática, *vide* MARTINS FILHO, Ives Gandra da Silva *et al*. (Coord.). BERTOLIN, Patrícia Tuma Martins; FREITAS, Marilu. "Os 100 anos da Organização Internacional do Trabalho: a síntese possível". **Revista de Direito do Trabalho**, ano 45, vol. 207, novembro/2019, p. 35-61.

âmbito internacional, é regulamentada por Tratados, Declarações, Convenções, Recomendações e outras normas firmadas, cujo conteúdo, porque nem sempre vinculativo, não são aplicadas pelo Estado Brasileiro. Especificamente sobre o meio ambiente laboral, cabem citar as Convenções da Organização Internacional do Trabalho (OIT) ratificadas pelo Brasil: a nº 81 a tratar da inspeção de trabalho na indústria e no comércio; a nº 139 a disciplinar prevenção e controle de riscos profissionais causados por substâncias ou agentes cancerígenos; a nº 148 que dispõe sobre contaminação do ar, ruído e vibração; a nº 152 que trata de segurança e higiene dos trabalhadores portuários; a de nº 155 que cuida da segurança e saúde dos trabalhadores; a de nº 161 a dispor sobre serviços e saúde do trabalho; a nº 167 a versar sobre segurança e saúde na construção, dentre outras. Outras convenções que trazem o tema da saúde e segurança à centralidade, ainda assim, não foram ratificadas pelo Brasil. Como exemplo, cita-se a Convenção nº 187 sobre o marco promocional da segurança e saúde no trabalho[4], que evidencia ser uma continuidade da Convenção nº 155, na medida em que se reconhece, em seu preâmbulo, o intuito de promover de forma constante uma cultura nacional de prevenção pertinente às questões de segurança e saúde.

Ainda na diretriz de proporcionar melhores condições de vida ao trabalhador, a Organização Internacional do Trabalho, adotou, em 1998, a Declaração de Princípios e Direitos Fundamentais no Trabalho, segundo a qual seriam princípios relativos aos direitos fundamentais: a liberdade sindical e o reconhecimento efetivo do direito de negociação coletiva; a eliminação de todas as formas de trabalho forçado ou obrigatório; a abolição efetiva do trabalho infantil; e a eliminação da discriminação em matéria de emprego e ocupação. Nesse contexto, os direitos fundamentais são apenas quatro, assegurados por oito Convenções Internacionais, consideradas fundamentais (as Convenções nº 87 e nº 98, sobre liberdade sindical e fomento à negociação coletiva; as Convenções nº 29 e nº 105, sobre eliminação do trabalho forçado; as Convenções nº 138 e nº 182, sobre erradicação do trabalho infantil; e as Convenções nº 100 e nº 111, sobre a não discriminação).

A questão pertinente ao meio ambiente do trabalho, que antes não se fazia registrar expressamente no núcleo de relação dos direitos fundamentais supracitado, em 2019 passou a integrar este rol por meio da Declaração do Centenário da Organização Internacional do Trabalho. Nela fez-se constar que "a segurança e saúde no trabalho é um princípio e direito fundamental no trabalho, além dos enunciados na Declaração da OIT sobre Princípios e Direitos Fundamentais no Trabalho (1998)".

Afora os textos supracitados, cabe destacar que após o citado desencadeamento de internacionalização de proteção ambiental instituído pela Declaração de Estocolmo mencionado no item anterior, adotou-se, como medida de proteção, o princípio da prevenção. Este se caracteriza pela certeza de que determinada atividade é nociva e desequilibra o ambiente laboral. A sua aplicabilidade visa proibir a prática de uma atividade ou conduta que se sabe, de antemão, ser perigosa, de modo a preservar a integridade física e psíquica dos trabalhadores.

Em outro momento histórico realizado no Brasil consagrou-se, na mencionada Declaração do Rio de Janeiro, de 1992, o Princípio nº 15, *in verbis*, dando surgimento ao princípio da precaução:

---

4   Oportuno ressaltar que esta convenção, ainda que não tenha sido ratificada pelo Brasil, tem seu conteúdo admitido por meio de jurisprudências do Supremo Tribunal Federal. A título de exemplo, cabe citar o julgamento da ADI nº 3357, sobre o uso de amianto. Disponível em: http://www.stf.jus.br/portal/cms/verNoticiaDetalhe.asp?idConteudo=363127. Acesso em: 18 jul. 2020.

Com o fim de proteger o meio ambiente, o princípio da precaução deverá ser amplamente observado pelos Estados, de acordo com suas capacidades. Quando houver ameaça de danos graves ou irreversíveis, a ausência de certeza científica absoluta não será utilizada como razão para o adiamento de medidas economicamente viáveis para prevenir a degradação ambiental.

Desta forma, na iminência de risco ou de perigo caberá a adoção de medidas antecipadas, ainda que haja incerteza científica a respeito dos possíveis danos concretos que poderiam advir da inserção de tecnologia ou produto no mercado de trabalho. Neste princípio trabalha-se com a "certeza da incerteza científica" (MACHADO, 2007, p. 66-67), revelando, este fato, por si só, a diferença entre os princípios supracitados.

Esses princípios fundamentam medidas adotadas nos âmbitos processual e material, visando à própria natureza do bem da vida, porquanto a existência de dano ambiental, no sentido amplo, tem extensa incidência, podendo gerar, inclusive, efeitos irreversíveis[5].

Sobre o meio ambiente do trabalho, José Afonso da Silva, afirma tratar-se do "local em que se desenrola boa parte da vida do trabalhador, cuja qualidade de vida está, por isso, em íntima dependência da qualidade daquele ambiente" (SILVA, 2010, p. 21).

De imediato, a ideia que transcende da citada referência, aduz-se ao espaço físico em que ocorre a prestação de serviços. Mas a compreensão do meio ambiente laboral está para além da análise espacial, dada a necessidade de se preservar a dignidade da pessoa humana, meta primária instituída como ideário da Organização Internacional do Trabalho na proteção dos direitos dos trabalhadores.

Assinalam Ingo W. Sarlet e Tiago Fensterseifer que:

> O conteúdo conceitual e normativo do princípio da dignidade da pessoa humana está intrinsecamente relacionado à qualidade do ambiente (onde o ser humano vive, mora, trabalha, estuda, pratica lazer, bem como o que ele come, veste, etc.). A vida e a saúde humanas (ou como se refere o caput do art. 225 da CF/88, conjugando tais valores, a sadia qualidade de vida) só são possíveis dentro dos padrões mínimos exigidos constitucionalmente para o desenvolvimento pelo da existência humana. (SARLET; FENSTERSEIFER, 2014, p. 48)

E seguindo a matriz de preservação e manutenção da dignidade da pessoa humana, e de meio ambiente equilibrado, o legislador constitucional instituiu como direito aos trabalhadores, a redução dos riscos inerentes ao trabalho, por meio de normas de saúde, higiene e segurança (art.7º, XXII), reforçando a saúde como direito fundamental[6].

---

5   Nas palavras de Guilherme Feliciano Guimarães "todo dano ambiental *lato sensu* é potencialmente *extenso* (qualquer dano sensível tende a se alastrar, em vista das inter-relações dos seres vivos entre si e com o entorno – como, *e.g.*, nas cadeias alimentares), *insidioso* (os desdobramentos perniciosos do evento danoso usualmente não podem ser determinados e/ou quantificados de modo claro e imediato) e *irreversível* (o que é consectário da esgotabilidade dos recursos naturais e da singularidade do patrimônio cultural). (FELICIANO, Guilherme Guimarães. **Teoria da imputação objetiva no direito penal ambiental brasileiro**. São Paulo, LTr, 2000, p. 329).

6   A adoção específica desta meta perfilha-se a entendimentos expostos em documentos internacionais que, mesmo antes do processo de internacionalização de proteção do meio ambiente já se mostravam como medidas protecionistas aos trabalhadores. Nota-se que, em conformidade com a Declaração de Direitos Humanos, de 1948, o Pacto Internacional de Direitos Econômicos, Sociais e Culturais, de 1966, da Assembleia das Nações Unidas, preleciona, no artigo 7º, que toda pessoa tem o direito de gozar de condições de trabalho que sejam justas e favoráveis, assegurando-lhes o trabalho de forma segura e com higiene. (ONU. Pacto Internacional dos Direitos Econômicos, Sociais e Culturais. Resolução nº 2.200-A (XXI) da Assembleia Geral das Nações Unidas, em 16 de dezembro de 1966 e ratificada pelo Brasil em 24 de janeiro de 1992. Disponível em: https://www.oas.org/dil/port/1966%20Pacto%20Internacional%20sobre%20os%20Direitos%20Econ%C3%B3micos,%20Sociais%20e%20Culturais.pdf. Acesso em: 15 jul. 2020).

Do texto normativo se extrai a adoção da prática de trabalho decente em que se privilegia a integridade e dignidade humanas, direcionamento a ser seguido em outros contextos jurídicos de âmbito nacional.

A pretensão de salvaguarda da vida e dignidade humana, como direito a ser aplicado a todo trabalhador, não escapa do campo de aplicação daquele que exerce a atividade de prestação de serviços por meio de contratação efetivada pela prestadora de serviços para executar suas tarefas na empresa contratante.

E nesse patamar em que se desenvolve o trabalho terceirizado, cabe a reflexão a respeito das normas protetivas que regulamentam o meio ambiente laboral, conforme a seguir se fará.

### 27.1.3.2. O palco da prestação de trabalho terceirizado: o meio ambiente da empresa contratante à luz da Lei nº 6.019, de 1974, e suas alterações

Partindo-se da premissa que o meio ambiente laboral tem como prioridade a figura do ser humano, na relação jurídica firmada pelos capitalistas com o trabalhador terceirizado, instalam-se, em regra, no mesmo local da prestação de trabalho, fixado pela contratante, além dos trabalhadores terceirizados, que podem ser contratados por diversas empresas prestadoras de serviço, aqueles que são efetivamente seus empregados. Ou seja, poderá, na diversidade de uma mesma empresa, haver pessoas desempenhando as mesmas atividades em condições contratuais diferentes.

Esmiuçando ainda a relação jurídica trabalhista firmada, a legislação vigente estabelece que entre trabalhador e contratante não há vínculo empregatício, dado que este se forma com a figura da prestadora de serviços. Entretanto, está fixado no texto normativo, em seu art. 5º-A, § 3º, que caberá à contratante garantir as condições de segurança, higiene e salubridade dos trabalhadores. Logo, a empresa deverá fornecer tanto aos seus empregados quanto aos trabalhadores terceirizados os mesmos tipos de proteção.

Seguida desta norma impositiva obrigacional, o texto legal faculta à contratante estender ao trabalhador da empresa de prestação de serviço (o terceirizado) o mesmo atendimento médico, ambulatorial e de refeição quando o trabalho for realizado em suas dependências ou local previamente convencionado em contrato.

A análise dos conteúdos acima descritos permite dizer que, nesta última hipótese, em se tratando de faculdade concedida à contratante de prestação de serviços, a empresa estará legitimada a tratar desigualmente os trabalhadores terceirizados e a não lhes conceder os mesmos benefícios dados aos seus empregados. Assim, estarão no mesmo ambiente de trabalho pessoas que, desenvolvendo atividades semelhantes, senão iguais, terão tratamentos distintos em relação aos atendimentos médico, ambulatorial e de refeição. Em suma, haverá, no mesmo ambiente laboral, rostos iguais com fisionomias diferentes.

### 27.1.3.2.1. Sobre a garantia de condições de saúde, higiene e segurança do trabalho

Em regra, o local de trabalho é o espaço físico em que o trabalhador passa a maior parte de sua vida diária, de modo que o meio ambiente laboral deverá preservar a saúde física e mental daqueles que nele estão inseridos.

Saúde é direito de todos e dever do Estado. A este cabe garantir mediante políticas públicas sociais e econômicas a redução do risco de doenças e de outros agravos, bem como o acesso universal e igualitário às ações e serviços para a sua promoção, proteção e recuperação, nos moldes dos arts. 194 e seguintes da Constituição da República de 1988.

O Texto Constitucional de 1988 não define o termo saúde, compreensão que pode ser encontrada em outras normas, a exemplo, da que se adotou, em 1946, pela Organização Mundial de Saúde: *"a saúde é um estado de completo bem-estar físico, mental e social, e não consiste apenas na ausência de doença ou de enfermidade"*.

Para além da concepção adotada, no âmbito da relação de trabalho, a já citada Convenção nº 155, da Organização Internacional do Trabalho (OIT), vigente no Estado Brasileiro desde 1993, define o termo saúde como aquele que *"abrange não só a ausência de afecções ou de doenças, mas também os elementos físicos e mentais que afetam a saúde e estão diretamente relacionados com a segurança e a higiene no trabalho"*. Possível dizer, neste patamar, que a saúde é gênero, tendo na higiene um de seus componentes; quiçá interpretadas como expressões sinônimas. E nesse contexto abrangente em que se insere o termo saúde, cabe aos empregadores ou, no caso específico, à empresa contratante de serviços proporcionar aos seus trabalhadores condições de trabalho que não resultem na sua ausência.

A mesma norma internacional traz em seu contexto que a dimensão da expressão *local de trabalho* abarca todos os lugares em que o trabalhador desempenha a sua atividade laboral, ou seja, dentro ou fora do estabelecimento, sob o controle, direto ou indireto, do empregador. Essa diretriz é seguida pela legislação brasileira vigente ao atribuir à empresa contratante a responsabilidade de assegurar condições de segurança, higiene e salubridade dos trabalhadores, quando o trabalho for realizado em suas dependências ou em local previamente convencionado entre as partes.

A questão ligada ao local do trabalho leva à necessidade de o empregador atuar com medidas preventivas para evitar acidentes, o que, por certo, implica em conceder mecanismos dignos para a execução do trabalho. Nesse patamar, ainda que haja o fornecimento e a fiscalização de equipamentos de proteção coletiva e individual, instruções e treinamentos contínuos de uso, condutas assumidas pela contratante dentro do poder de fiscalização imposto pela legislação vigente, por detrás de tudo isso há de se ter a preservação da dignidade da pessoa do trabalhador. Ou seja, no mesmo caminho em que se apresenta a garantia de saúde, higiene e segurança está inserida a preservação da dignidade humana, manifestada também na execução e concessão de trabalho decente.

Ainda no caminho de norma internacional, imperioso ressaltar a Convenção nº 161 que trata dos serviços de saúde do trabalho. Ratificada pelo Brasil em 1990 e com vigência a partir de 1991, a Convenção traz em seu conteúdo informações sobre um serviço preventivo e encarregado de aconselhar o empregador e seus representantes sobre meios para estabelecer e manter o meio ambiente do trabalho de forma segura e salubre, inclusive com adaptação às capacidades dos trabalhadores, levando-se em conta o seu estado de sanidade física ou mental. Cabe asseverar que a existência dos serviços, cujas funções estão definidas no próprio instrumento normativo, não eximem a responsabilidade do empregador de zelar pela saúde e segurança de seus trabalhadores (art. 5º).

Para além das normas internacionais e das normas nacionais já mencionadas, o art. 200 da Consolidação das Leis do Trabalho (CLT), alterado pela Lei nº 6.514, de 1977 e recepcionado pela Constituição Federal de 1988, deu ensejo à Portaria nº 3.214, de 08 de junho de 1978, que, por sua vez, aprova as normas regulamentadoras relativas à segurança do trabalho. Essas normas, além de definirem seu campo de aplicação obrigatório aos empregadores, empregados urbanos e rurais, também se aplicam à outras relações jurídicas. Deste modo, inquestionável a sua incidência às empresas contratantes de serviço, pois, ainda que não sejam os empregadores formais dos terceirizados, a legislação regulamentadora desta relação de trabalho impõe às mesmas a responsabilidade de garantir as condições dignas de trabalho aos terceirizados.

E na indicação do que foi propugnado pelas vias da constitucionalidade e da convencionalidade, o ambiente laboral deverá seguir diretrizes protetivas instituídas também por normas técnicas oficiais, inclusive de cunho internacional, de modo que obsolescência de critérios protetivos possa ser substituída por meios mais modernos de padronização assecuratória.

Nessa linha de concessão de direitos aos trabalhadores, a segurança é condição sine qua non para a concretização da saúde; a sua adoção preventiva elimina ou reduz riscos à saúde, à integridade física e moral (saúde psíquica e psicológica) de todos. Ainda que não se possa incluir neste contexto medidas de precaução, dado não se ter ciência dos riscos, tal constatação não é razão para que a empresa contratante de serviços ou qualquer outro empregador seja omisso na criação de mecanismos que preservem a segurança, e, em linhas gerais, a saúde dos trabalhadores.

Assim, na perspectiva de adoção de medidas preventivas, caberá, no caso de terceirização, à empresa contratante prover um sistema de garantias estruturais de modo a tornar ativos os mecanismos de segurança e proteção, devendo, inclusive, superar aquilo que consta nas legislações, visto que não existe normatização para todas as áreas de conhecimento. A insuficiência de normas para suprir toda a obsolescência existente, por outro lado, não pode ser argumento para não se adotar o mínimo, tampouco para não se buscar o máximo de proteção aos trabalhadores.

A Norma Regulamentadora (NR) nº 01, da Portaria Interministerial nº 3.214, de 1978, traz em seu bojo, dentre outros aspectos, os critérios de aplicabilidade de gerenciamentos de riscos ocupacionais, de modo a direcionar empregadores(as) e a empresa contratante de serviços no processo de minimizar, senão o de eliminar, qualquer elemento contingencial a prejudicar a segurança e saúde do trabalhador.

O mecanismo de gerenciamento de riscos ocupacionais, que precede a sua avaliação (danos e probabilidade de ocorrência), é conduta a ser adotada no início do exercício da atividade laboral, durante a execução e nos casos excepcionais e não rotineiros. Cabe ao empregador e, no caso, ao(à) contratante de serviços, como dever imposto pela Norma Regulamentadora nº 01, dentre outros, proceder à integração e ao custeio dos mecanismos de eliminação e redução de riscos, acompanhar e, se necessário, revisar as ações preventivas e capacitar pessoas para atuarem com prevenção e autonomia em casos específicos de acidentes emergenciais e/ou ampliados. É direito dos(as) trabalhadores(as) zelar pela segurança e saúde no trabalho, de modo que se deve admitir a sua participação efetiva nas condutas de prevenção, pois são eles quem melhor detêm o conhecimento sobre o processo do trabalho, riscos e medidas preventivas e protetivas.

Na mesma linha que se imputam deveres ao(à) empregador(a) e ao(à) contratante de serviços, aos(às) trabalhadores(as) cabe cumprirem as disposições legais e regulamentares sobre segurança e saúde no trabalho, inclusive as ordens de serviço expedidas pelo(a) empregador(a) ou contratante, dever este que não exime a fiscalização por parte de quem detém o poder para tanto. É dever dos(as) trabalhadores(as) submeter-se aos exames médicos previstos nas normas regulamentadoras; colaborar com a organização na aplicação das regras contidas nas normas; e usar o equipamento de proteção individual fornecido pelo(a) empregador(a).

De outra ponta, há de se ressaltar que, constatando o(a) trabalhador(a), no desempenho de sua atividade laboral, situação de risco grave e iminente para a sua vida e saúde, poderá interromper o trabalho, comunicando ao seu superior hierárquico o incidente para as devidas providências. A volta ao trabalho somente ocorrerá se, comprovado o risco, a situação não trouxer mais nenhuma gravidade à segurança e à saúde do(a) trabalhador(a).

A hipótese acima delineada, consistente na possibilidade de interrupção do contrato de trabalho até que medidas preventivas e protetivas sejam adotadas, consagra a denominada greve ambiental[7].

É importante apontar, por fim, que o fato de o legislador ordinário ter imposto à empresa contratante a responsabilidade de cuidar, zelar pela saúde e segurança do(a) trabalhador(a) terceirizado(a), evidenciou que a vertente trabalhista relacionada ao meio ambiente está em consonância com a legislação pertinente à política ambiental – Lei nº 6.938, de 1981 – e com princípios nela consagrados.

Oportunamente, já se fez referência de que o legislador adotou o posicionamento da prevenção, de modo que na modalidade de trabalho terceirizado, a empresa contratante deverá mobilizar mecanismos para minimizar e/ou eliminar os riscos existentes. Mas há de se esclarecer que esta conduta também encontra fundamento no fato de que é a contratante quem lucra com a atividade econômica desenvolvida pelo terceirizado. Assim, em diálogo com a Lei de Política Nacional do Meio Ambiente que adotou o princípio do poluidor-pagador, instituído no § 1º do art. 14 da Lei nº 6.938 de 1981 por meio do entendimento de que "é o poluidor obrigado, independentemente da existência de culpa, a indenizar ou reparar os danos causados ao meio ambiente e a terceiros, afetados por sua atividade", caberá à empresa contratante arcar com o ônus de reparação que pode ser integral e/ou coletiva aos trabalhadores e a seus familiares, bem como em ressarcimento de danos morais individuais e coletivos.

## CONSIDERAÇÕES FINAIS

A terceirização, na modalidade de contratação de prestação de serviços, tem sido, ao longo dos anos, admitida no Brasil. Seja fruto de uma construção hermenêutica efetuada pelo Tribunal Superior do Trabalho ou de um processo legiferante conjuntural, é certo que a admissibilidade deste mecanismo de atuação não pode implicar permissividade que atemporalmente atente contra a dignidade humana do trabalhador.

Aos trabalhadores, de um modo geral, estão garantidos, dentre vários direitos, o trabalho decente que, por sua vez, traz em seu contexto o meio ambiente laboral equilibrado. Para tanto, condutas deverão ser adotadas por quem se beneficia diretamente com a prestação de trabalho.

Em relação aos(às) trabalhadores(as) terceirizados(as), ainda que a relação de emprego seja estabelecida, por força de lei, com a empresa prestadora de serviços, caberá à empresa contratante conceder garantias de saúde, higiene e segurança no ambiente laboral, de modo a amparar e proteger aquele(a) que coloca, à disposição, a sua força de trabalho.

---

7   Raimundo Simão de Melo define a greve ambiental como a "paralisação coletiva ou individual, temporária, parcial ou total da prestação de trabalho a um tomador de serviços, qualquer que seja a relação de trabalho, com a finalidade de preservar e defender o meio ambiente do trabalho de quaisquer agressões que possam prejudicar a segurança, a saúde e a integridade física e psíquica dos trabalhadores" (MELO, Raimundo Simão de. **Direito ambiental e a saúde do trabalhador**. São Paulo: LTr, 2010, p. 107).

E a efetivação dessas medidas assecuratórias estão amparadas por normas de cunho nacional e internacional que deverão ser seguidas por aquele(a) que detém a obrigação de fazer ou não fazer em prol da proteção do(a) trabalhador(a). E não basta a implementação de medidas se não houver por parte da empresa contratante a continuidade e o efetivo exercício protetivo, porquanto todo(a) trabalhador(a) tem direito à garantia de vida e de dignidade humana.

# CAPÍTULO 28
O MEIO AMBIENTE DO TRABALHO E A PESSOA
COM DEFICIÊNCIA: ASPECTOS GERAIS

*Adib Pereira Netto Salim*

## 28.1. O CONCEITO JURÍDICO DE PESSOA COM DEFICIÊNCIA E SUA EVOLUÇÃO

A Declaração dos Direitos das Pessoas Deficientes (Nova York, 1975) influenciou a conceituação de deficiente adotada no Brasil. Referida declaração definia da seguinte forma a pessoa com deficiência:

> §1 - O termo "pessoas deficientes" refere-se a qualquer pessoa incapaz de assegurar por si mesma, total ou parcialmente, as necessidades de uma vida individual ou social normal, em decorrência de uma deficiência, congênita ou não, em suas capacidades físicas ou mentais.

No Brasil, primeiramente a Emenda Constitucional nº 01, de 1969 (BRASIL) usou a palavra "deficiente". Posteriormente, a Emenda Constitucional nº 12/1978 (BRASIL), buscando dar efetividade aos direitos das pessoas com deficiência, tratou da garantia de acesso aos espaços públicos, além de proibir os preconceitos e as discriminações. Posteriormente, a Constituição Brasileira de 1988 junto às suas alterações (emendas constitucionais), modificou o termo "deficiente" para a expressão "pessoa portadora de deficiência". Esta, por sua vez, mais tarde foi adequada para "pessoa com deficiência", expressão usada até os dias atuais.

Desde que o Brasil ratificou a Convenção Internacional sobre os Direitos das Pessoas com Deficiência e seu Protocolo Facultativo, assinados em Nova York, em 30 de março de 2007 e aprovada pelo Congresso Nacional brasileiro em 9 de julho de 2008, pelo Decreto Legislativo nº 186 e promulgada pelo Decreto nº 6.949, de 25 de agosto de 2009, adotou-se um novo conceito de pessoa com deficiência, baseado não apenas em critérios e avaliações médicas, mas também em critérios sociais. A referida Convenção, já em seu preâmbulo, na alínea "e", aponta para a incompletude do conceito de deficiência, que deverá ser verificado e atualizado em cada momento/contexto histórico, apontando, ainda, para a sua dimensão social, não mais a considerando como algo intrínseco à pessoa, ao dizer que:

> e) reconhecendo que a deficiência é um conceito em evolução e que a deficiência resulta da interação entre pessoas com deficiência e as barreiras devidas às atitudes e ao ambiente que impedem a plena e efetiva participação dessas pessoas na sociedade em igualdade de oportunidades com as demais pessoas; [...]. (BRASIL, 2019)

Da definição acima, fica clara a convicção de que a deficiência é resultado da interação entre as pessoas com deficiência e os obstáculos que atitudes e ambientes apresentam de forma a impedir uma plenitude da participação dessas pessoas em igualdade com as demais. A deficiência está também nos membros da sociedade, por suas atitudes e no ambiente que de igual forma se apresenta como um limitador ao exercício pleno das potencialidades.

Com a edição da Lei Brasileira de Inclusão da Pessoa com Deficiência, também denominada de Estatuto da Pessoa com Deficiência – Lei nº 13.146/2015, definiu-se em seu art. 2º que:

> Art. 2º Considera-se pessoa com deficiência aquela que tem impedimento de longo prazo de natureza física, mental, intelectual ou sensorial, o qual, em interação com uma ou mais barreiras, pode obstruir sua participação plena e efetiva na sociedade em igualdade de condições com as demais pessoas.

A nova definição trazida pela Lei nº 13.146/2015 (BRASIL) seguiu na mesma linha da Convenção de Nova York, trazendo no seu núcleo a interação dos impedimentos que as pessoas têm com as diversas barreiras sociais, tendo como resultado a obstrução da sua participação plena e efetiva na sociedade, em condição de igualdade com as demais pessoas. A deficiência não é mais vista como algo intrínseco à pessoa, como pregavam as definições puramente médicas (impedimentos de natureza física, mental, intelectual ou sensorial); a deficiência está na sociedade, não na pessoa. Conforme lição de Carolina Valença Ferraz e Glauber Salomão Leite (2015), é um conceito aberto e dinâmico, cujos contornos dependerão sempre da análise dos elementos existentes no caso concreto, não sendo possível, assim, uma definição apriorística da questão.

A lei fez distinção entre deficiência e limitação funcional, a qual pode acometer qualquer pessoa. A limitação pode advir da surdez, da perda de visão, mas a deficiência tem caráter relacional, porque decorre da relação da pessoa com limitação funcional com o seu entorno, tanto com as pessoas que convive como com o ambiente que frequenta, sendo que a deficiência será contatada quando se verificar a presença de prejuízos ao exercício das potencialidades da vida, em condições de igualdade com todas as demais pessoas, membros da sociedade.

## 28.2. A CONVENÇÃO Nº 159 DA ORGANIZAÇÃO INTERNACIONAL DO TRABALHO

A Convenção nº 159 da Organização Internacional do Trabalho é o mais relevante instrumento internacional a tratar especificamente da temática do trabalho para pessoas com deficiência. Foi aprovada na 69ª reunião da Conferência Internacional do Trabalho em Genebra, em 1983, entrando em vigor no plano internacional em 20 de junho de 1985, sendo no Brasil aprovada pelo Decreto Legislativo nº 51, de 25 de agosto de 1989 e promulgada pelo Decreto nº 129, de 22 de maio de 1991 (OIT *apud* SÜSSEKIND, 1998). Por ser uma norma dos anos oitenta, de forma consentânea com seu tempo, adotou a expressão "pessoa deficiente", em sintonia com a conceituação da Declaração dos Direitos das Pessoas Deficientes (Nova York, 1975).

Ao longo de seus dezessete artigos, a Convenção nº 159 define pessoa com deficiência a partir das dificuldades encontradas pela mesma na relação com o trabalho, declara os objetivos da reabilitação profissional, dispõe sobre os princípios da política de reabilitação profissional e emprego e dispõe sobre as medidas em nível nacional para o desenvolvimento de serviços de reabilitação profissional e emprego para pessoas deficientes.

Em seu art. 1º, a Convenção dispõe:

> Art. 1 — 1. Para efeitos desta Convenção, entende-se por 'pessoa deficiente' todas as pessoas cujas possibilidades de obter e conservar um emprego adequado e de progredir no mesmo fiquem substancialmente reduzidas devido a uma deficiência de caráter físico ou mental devidamente comprovada (OIT, 1985).

A partir da identificação da dificuldade encontrada pelas pessoas com deficiência em obter e manter um emprego, a Convenção nº 159 da OIT dedicou-se a recomendar a reabilitação como forma de inserção e reinserção da pessoa com deficiência no mercado de trabalho, recomendando aos Estados-membros que adotem as medidas necessárias para tanto, criando em seus âmbitos uma verdadeira política nacional sobre reabilitação profissional e emprego de pessoas deficientes.

Em seu art. 3º, a Convenção nº 159 da OIT destaca que a política nacional sobre reabilitação deverá ter por finalidade assegurar que existam medidas adequadas de reabilitação profissional ao alcance de todas as categorias de pessoas com deficiência e promover oportunidades de emprego para as pessoas deficientes no mercado regular de trabalho. Assim, a reabilitação deve estar à disposição de todos e o estado deverá promover oportunidades de emprego, o que, no Brasil, de certa forma é observado pela adoção legal da política de cotas prevista no art. 93 da Lei nº 8.213/1991.

A Convenção nº 159 prescreve ainda que a política a ser implementada pelos estados deverá ter como base o princípio da igualdade de oportunidades entre os trabalhadores com deficiência e os trabalhadores em geral. Dispõe ainda que as medidas positivas especiais, com a finalidade de atingir a igualdade efetiva de oportunidades e de tratamento entre os trabalhadores com deficiência e os demais trabalhadores, não devem ser vistas como discriminatórias em relação a estes últimos. Por fim, merece registro que dita Convenção prevê uma gestão tripartite para a questão da empregabilidade e da reabilitação da pessoa com deficiência, na medida em que o Estado deverá consultar as organizações representativas de empregados e empregadores para a implementação das medidas de aplicação dessa política e em particular, sobre as medidas que devem ser adotadas para promover a cooperação e coordenação dos organismos públicos e particulares que participam nas atividades de reabilitação profissional.

## 28.3. A LEI Nº 7.853/1989 E O SEU DECRETO Nº 3.298/1999 COMO MEDIDAS DE APOIO ÀS PESSOAS COM DEFICIÊNCIA

Em outubro de 1989, um ano após a promulgação da Constituição de 1988, entrou em vigor a Lei nº 7.853 que dispôs sobre o apoio às pessoas portadoras de deficiência, sua integração social, instituindo a tutela jurisdicional de interesses coletivos ou difusos dessas pessoas, disciplinando a atuação do Ministério Público e definindo crimes relacionados à temática. A utilização da expressão "portadora de deficiência" está consentânea com o tempo da edição da norma, guardando identidade com a expressão trazida pela Constituição de 1988.

Referida lei estabeleceu normas gerais assecuratórias do pleno exercício dos direitos individuais e sociais das pessoas com deficiências, voltadas a sua efetiva integração social. Como critérios para aplicação e interpretação da referida lei, ela mesma elenca como verdadeiros princípios os valores básicos da igualdade de tratamento e oportunidade, da justiça social, do respeito à dignidade da pessoa humana, do bem-estar e outros, indicados na Constituição ou justificados pelos princípios gerais do direito. Na mesma linha, as normas da lei visam garantir às pessoas com deficiência as ações governamentais necessárias ao seu cumprimento e das demais disposições constitucionais e legais.

Como importante identificação de seus propósitos, dispõe a lei que ao Poder Público cabe assegurar às pessoas com deficiência o pleno exercício de seus direitos básicos, incluídos os direitos à educação, à saúde, ao trabalho, ao lazer, à previdência social, ao amparo à infância e à maternidade.

Na área da formação profissional e do trabalho a lei apregoa o apoio governamental à formação profissional, e a garantia de acesso aos serviços concernentes, inclusive aos cursos regulares voltados à formação profissional; o empenho do Poder Público quanto ao surgimento e à manutenção de empregos, inclusive de tempo parcial, destinados às pessoas portadoras de deficiência que não tenham acesso aos empregos comuns; a promoção de ações eficazes que propiciem a inserção, nos setores público e privado, de pessoas com deficiência; a adoção de legislação específica que discipline a reserva de mercado de trabalho, em favor das pessoas com deficiência, nas entidades da Administração Pública e do setor privado, e que regulamente a organização de oficinas e congêneres integrados ao mercado de trabalho, e a situação, nelas, das pessoas portadoras de deficiência.

O Decreto nº 3.298/1999 (BRASIL), que regulamentou a Lei nº 7.853, de 24 de outubro de 1989, trouxe em seu artigo 34 um maior detalhamento das formas de inclusão da pessoa no mercado de trabalho, prevendo que as hipóteses são: I – a colocação competitiva: processo de contratação regular, nos termos da legislação trabalhista e previdenciária, que independe da adoção de procedimentos especiais para sua concretização, não sendo excluída a possibilidade de utilização de apoios especiais; II – colocação seletiva: processo de contratação regular, nos termos da legislação trabalhista e previdenciária, que depende da adoção de procedimentos e apoios especiais para sua concretização; III – promoção do trabalho por conta própria: processo de fomento da ação de uma ou mais pessoas, mediante trabalho autônomo, cooperativado ou em regime de economia familiar, com vista à emancipação econômica e pessoal.

## 28.4. A LEI Nº 8.213/1991 E AS COTAS DE EMPREGO PARA PESSOAS COM DEFICIÊNCIA

Em seu art. 93, a Lei nº 8.213/1991 regula a obrigatoriedade das empresas com cem ou mais empregados preencherem seus quadros com 2% a 5% dos cargos com beneficiários reabilitados ou pessoas portadoras de deficiência.

No último Censo Demográfico, realizado em 2010, 45,6 milhões de pessoas declararam ter, pelo menos, um tipo de deficiência, seja do tipo visual, auditiva, motora ou mental/intelectual. O quantitativo representava 23,9% da população brasileira em 2010 (IBGE, 2012).

Em vigor há 29 anos, a previsão do art. 93 da lei previdenciária ainda é a única cota de inclusão no mercado de trabalho em favor das pessoas com deficiência. Mais do que importante, a referida ação afirmativa é praticamente a única forma para o ingresso das pessoas com deficiência no mercado de trabalho. Em uma perspectiva equivocada, alguns setores de representação de empregadores, assim como parte do atual governo brasileiro tecem críticas à relevante ferramenta de inclusão ao trabalho das pessoas com deficiência através da política de cotas, baseando-se na afirmação construída de que a medida não é efetiva, haja vista o pequeno número de pessoas com deficiências empregadas no Brasil, cerca de 400 mil pessoas empregadas, segundo a Relação Anual de Informações Sociais (RAIS) do ano de 2016. Considerando os dados do censo 2010, o número representa 0,9% das pessoas que se declararam com alguma deficiência. A alegação de que o Brasil tem 45 milhões de pessoas com deficiência e apenas 400 mil estão empregadas representa uma análise frágil e superficial, afinal o número de pessoas com deficiências empregadas baseia-se apenas naqueles que obtiveram o emprego através das cotas do art.

93 da Lei nº 8.213/1991. É preciso admitir que muitas pessoas, embora tenham se declarado no censo de 2010 com alguma deficiência, estão empregadas sem se valerem da cota legal. Outra reflexão que precisa ser feita é que, se as contratações de deficientes que assim se declaram na entrevista de emprego ocorrem basicamente dentro das cotas legais, variando as mesmas de 2% a 5% dos postos de emprego, mas com imposição legal apenas em empresas com mais de cem empregados, o que representa a minoria das empresas brasileiras, é inegável que, para empregar 45 milhões de pessoas com deficiência, ainda que se adotando o percentual máximo da cota legal, seria preciso que o Brasil tivesse um total de 900 milhões de postos de trabalho, o que se mostra quatro vezes superior à população total do país. Vale registrar que de acordo com levantamento feito pelo IBGE, o país encerrou 2017 com 54,2 milhões de trabalhadores formais (SILVEIRA, 2018).

Verificamos que o total de pessoas com deficiências empregadas é razoável, considerando que nosso mercado de trabalho encolheu nos últimos anos e efetivamente não tem como empregar a todos. O problema não está na lei de cota, mas sim no tamanho de nosso mercado de trabalho formal, que vem encolhendo e desabriga a todos, pessoas com ou sem deficiência.

Merece registro ainda o fato de que o mercado de trabalho, ainda quando busca preencher as cotas mínimas legais, promove discriminação entre as pessoas com deficiência. Segundo a superintendente do Instituto Brasileiro dos Direitos da Pessoa com Deficiência (IBDD), as empresas preferem contratar pessoas com deficiências leves, como por exemplo, com os membros amputados ou com audição ou visão parciais. Os empregadores deixam de lado as pessoas com deficiências mais graves, por entender que tais pessoas apresentariam impedimentos maiores. A superintendente destaca que os cegos, por exemplo, são deixados de lado, não obstante tenham ótima capacidade para desempenho de atividades com computadores, haja vista que a maioria das máquinas dispõe de recurso de trabalho pela voz (FOLHA DIRIGIDA, 2019).

Segundo a RAIS 2016, 93% das pessoas com deficiências empregadas estão dentro da cota legal, o que reforça o argumento de que sem a cota tais pessoas estariam em situação de exclusão social.

A Lei nº 8.112, de 11 de dezembro de 1990, em seu art. 5º, § 2º, também garante cota para os deficientes em concursos públicos, ao prescrever que às pessoas com deficiências é assegurado o direito de se inscreverem em concurso público para provimento de cargo cujas atribuições sejam compatíveis com a deficiência de que são portadoras; para tais pessoas serão reservadas até 20% (vinte por cento) das vagas oferecidas no concurso.

Vale destacar que a dispensa de pessoa contratada pela cota legal no âmbito privado só pode ocorrer após a contratação de outro trabalhador com deficiência ou beneficiário reabilitado da Previdência Social, conforme previsão contida no art. 93, § 1º, da Lei nº 8.213/1991, com redação dada pela Lei nº 13.146/2015.

Para parte significativa da doutrina e jurisprudência, a previsão do art. 93, § 1º, da Lei nº 8.213/1991 representa uma garantia de emprego, para outros a hipótese representa apenas um ato jurídico submetido a uma condição suspensiva, que, se não verificada, acarreta a nulidade da dispensa com base no art. 125, do Código Civil, no art. 9º, da CLT e art. 7º, XXXI, da Constituição Federal (BARROS, 2016, p. 767). Fato é que, por uma ou por outra linha doutrinária e jurisprudencial, a dispensa do empregado com deficiência sem a prévia contratação de substituto também deficiente ou reabilitado confere ao trabalhador o direito de requerer à Justiça do Trabalho a sua reintegração ao emprego por simples reclamação trabalhista, não sendo recomendado que o trabalhador espere a efetivação do final do vínculo de emprego e com ela se conforme para só depois deduzir em juízo pretensão indenizatória. O direito processual tutela a defesa dos direitos humanos fundamentais, inclusive os ligados à relação de trabalho, sendo certo que há uma subutilização dos remédios judiciais preventivos e corretivos, por medo de perseguições, somando-se a tal fato uma cultura de monetização de direitos laborais inalienáveis (FELICIANO, 2005).

Importante lembrar que a fiscalização do cumprimento da política de cotas é competência da União, através de seus auditores que exercem o poder de polícia. O art. 93, § 2º, da Lei nº 8.213/1991, com a redação dada pela Lei nº 13.146, de 2015, dispõe que ao Ministério do Trabalho e Emprego incumbe estabelecer a sistemática de fiscalização, bem como gerar dados e estatísticas sobre o total de empregados e as vagas preenchidas por pessoas com deficiência e por beneficiários reabilitados da Previdência Social, fornecendo-os, quando solicitados, aos sindicatos, às entidades representativas dos empregados ou aos cidadãos interessados. O descumprimento da lei de cotas pode ensejar a aplicação de multa pela auditoria do trabalho, além do ajuizamento de ação civil pública pelos legitimados, sindicato e Ministério Público do Trabalho.

## 28.5. O PROJETO DE LEI Nº 6.159, DE 11 DE NOVEMBRO DE 2019, E O RETROCESSO PROPOSTO NA POLÍTICA DE COTAS PARA PESSOAS COM DEFICIÊNCIA

Na contramão da evolução da política de inclusão da pessoa com deficiência no mercado de trabalho por meio da ação afirmativa consistente na reserva de vagas, o Poder Executivo Federal apresentou ao Congresso Nacional o Projeto de Lei nº 6.159, de 11 de novembro de 2019 (BRASIL). Referido projeto de lei desobriga as empresas de contratarem pessoas com deficiência física ou reabilitados, uma vez que cria a forma alternativa de cumprimento da obrigação prevista originariamente no art. 93, da Lei nº 8.213/1991, através de recolhimento mensal ao Programa de Habilitação e Reabilitação Física e Profissional, Prevenção e Redução de Acidentes de Trabalho, do Ministério da Economia, do valor equivalente a dois salários mínimos por cargo não preenchido ou pela contratação da pessoa com deficiência por empresa diversa, desde que as contratações adicionais pela empresa que exceder o percentual exigido compensem o número insuficiente de contratações da empresa que não tenha atingido o referido percentual.

O projeto de lei permite a substituição indevida da demanda de inclusão social da pessoa com deficiência por um recolhimento de verba aos cofres públicos, sem falar da redução programada nos valores das multas por descumprimento da obrigação original de empregar, bem como pelos critérios de cálculo do cumprimento mais flexíveis, inclusive contemplando o preenchimento do requisito por outra pessoa empregadora.

Assim, este projeto tem provocado reações contrárias em todo o Brasil, inclusive no meio da classe política. Segundo o site "Congresso em Foco" (BARBOSA, 2019), os presidentes da Câmara e do Senado já se comprometeram em conter o avanço e a votação do projeto, tendo ambos manifestado apoio à tentativa de barrar o projeto do governo.

## 28.6. A LEI BRASILEIRA DE INCLUSÃO DA PESSOA COM DEFICIÊNCIA (ESTATUTO DA PESSOA COM DEFICIÊNCIA) E O DIREITO AO TRABALHO

Em 6 de julho de 2015 foi promulgada a Lei Brasileira de Inclusão da Pessoa com Deficiência (Lei nº 13.146), também denominada de Estatuto da Pessoa com Deficiência, destinada a assegurar e a promover, em condições de igualdade, o exercício dos direitos e das liberdades fundamentais por pessoa com deficiência, visando à sua inclusão social e cidadania.

Em seu Capítulo VI, a Lei de Inclusão da Pessoa com Deficiência (BRASIL) trata do direito ao trabalho, esclarecendo, de início, que a pessoa com deficiência tem direito ao trabalho de sua escolha e aceitação, em ambiente acessível e inclusivo, em igualdade de oportunidades com as demais pessoas. Ainda no art. 34, a lei prescreve o dever das pessoas jurídicas, de direito público ou privado ou de qualquer natureza, de garantir ambientes de trabalho acessíveis e inclusivos. Referida previsão é de suma importância no ambiente de trabalho, haja vista que o ônus da adaptação é claramente do empregador, sendo dele a responsabilidade por eventuais danos provocados à pessoa do empregado. Ainda merece destaque o fato de que o § 2º do mesmo art. 34 reforça a previsão de direito à igualdade, ao dispor que a pessoa com deficiência tem direito, em igualdade de oportunidades com as demais pessoas, a condições justas e favoráveis de trabalho, incluindo igual remuneração por trabalho de igual valor. Trata-se de uma previsão voltada a evitar discriminação não razoável no ambiente de trabalho, pautada na deficiência do trabalhador, que por sua vez deve ter a igualdade respeitada em toda as suas dimensões, não bastando alcançar o emprego, mas também tendo o direito a iguais promoções e aos respectivos salários, o que é reforçado pela redação do § 5º, que declara que a pessoa com deficiência tem direito à participação e ao acesso a cursos, treinamentos, educação continuada, planos de carreira, promoções, bonificações e incentivos profissionais oferecidos pelo empregador, em igualdade de oportunidades com os demais empregados. Do parágrafo quinto vem a previsão de que é garantida aos trabalhadores com deficiência acessibilidade em cursos de formação e de capacitação.

A proteção ao trabalhador com deficiência começa antes mesmo de ele ser contratado, tendo início na fase de recrutamento, seleção, contratação, admissão, exame admissional e periódico, bem como durante o contrato, bem como nas etapas de ascensão e reabilitação profissionais, vedando a lei qualquer tipo de discriminação, bem como exigência de aptidão plena.

Ainda nas disposições gerais, a lei estabelece no seu art. 35 que é finalidade primordial das políticas públicas de trabalho e emprego promover e garantir condições de acesso e de permanência da pessoa com deficiência no campo de trabalho, sendo que os programas de estímulo ao empreendedorismo e ao trabalho autônomo, incluídos o cooperativismo e o associativismo, devem prever a participação da pessoa com deficiência e a disponibilização de linhas de crédito, quando necessárias. Fica aí o conceito de que o apoio a pessoa com deficiência deve ser total, não apenas na obtenção de emprego e sua manutenção, como também através do estímulo ao empreendedorismo, inclusive com a abertura de linhas específicas de crédito.

Seguindo as diretrizes da Convenção nº 159 da Organização Internacional do Trabalho (OIT), a Lei de Inclusão da Pessoa com Deficiência trouxe previsões quanto à habilitação profissional e à reabilitação profissional. O interessante é a lembrança da habilitação: afinal, uma primeira colocação no mercado de trabalho depende dela. Sendo assim, dispõe o art. 36 que o Poder Público deve implementar serviços e programas completos de habilitação profissional e de reabilitação profissional para que a pessoa com deficiência possa ingressar, continuar ou retornar ao campo do trabalho, respeitados sua escolha, sua vocação e seu interesse. Uma novidade trazida pela lei e que merece destaque é o fato de que a habilitação para o trabalho pode ocorrer de forma simultânea à formação do vínculo de emprego junto a empresa, de forma a ser um vínculo computado para fins do art. 91, da Lei nº 8.213/1991, vale dizer, a habilitação ocorre na empresa em que será empregado, uma forma eficiente de aproximar os interesses de empregado e empregador. Diz a lei que a habilitação profissional pode ocorrer em empresas por meio de prévia formalização do contrato de emprego da pessoa com deficiência, que será considerada para o cumprimento da reserva de vagas prevista em lei, desde que por tempo determinado e concomitante com a inclusão profissional na empresa, observado o disposto em regulamento.

Por fim, quanto ao direito ao trabalho, a lei trata da inserção da pessoa com deficiência no mercado de trabalho, apontando que constitui modo de inclusão no mercado a colocação competitiva, em igualdade de oportunidades com as demais pessoas, nos termos da legislação trabalhista e previdenciária, na qual devem ser atendidas as regras de acessibilidade, o fornecimento de recursos de tecnologia assistiva e a adaptação razoável no ambiente de trabalho. A lei destaca ainda que tal colocação competitiva também compreende o trabalho com apoio.

## 28.7. O MEIO AMBIENTE DO TRABALHO E A PESSOA COM DEFICIÊNCIA

Nas palavras de Guilherme Feliciano (2013, p. 13), partindo da descrição da Lei nº 6.938/1981, em seu art. 3º, I, meio ambiente do trabalho "é o conjunto (= sistema) de condições, leis, influências e interações de ordem física, química, biológica e psicológica que incidem sobre o homem em sua atividade laboral, esteja ou não submetido ao poder hierárquico de outrem". Referida conceituação nos parece a mais completa e capaz de atender a todas as dimensões atuais do trabalho, inclusive a dimensão psicológica. Muitas conceituações encontradas limitam seu universo ao local de trabalho, desconsiderando o fato de o trabalho e seus reflexos não se encontrarem mais confinados em um ambiente de empresa.

Na definição de Celso Antônio Pacheco Fiorillo (2017, p. 61) encontramos a tradicional conceituação doutrinária nacional que atribui sinonímia a meio ambiente do trabalho e local de trabalho, com o que não concordamos, embora mereça destaque a menção feita pelo referido autor à dimensão psicológica da saúde do trabalhador. Para o autor, meio ambiente do trabalho é o local onde as pessoas desempenham suas atividades laborais relacionadas a sua saúde, sejam remuneradas ou não, cujo equilíbrio está baseado na salubridade do meio e na ausência de agentes que comprometam a incolumidade físico-psíquica dos trabalhadores, independente da condição que ostentem (homens ou mulheres, maiores ou menores de idade, celetistas, servidores públicos, autônomos etc.).

Em nossa Constituição Federal encontramos a expressa previsão do meio ambiente do trabalho, quando em seu art. 200, ao delinear competências do Sistema Único de Saúde, inclui a proteção ao meio ambiente, dispondo que nele está compreendido o meio ambiente do trabalho. Não se pode olvidar que já no seu art. 7º, XXIII, a Constituição Federal traz a previsão de redução dos riscos inerentes ao trabalho por meio de normas de saúde, higiene e segurança.

Destaca Raimundo Simão de Melo (2013, p. 17) que numa confirmação de que o Direito Ambiental do Trabalho não é um mero direito trabalhista, diz que a saúde é direito de todos e dever do Estado, garantindo mediante políticas sociais e econômicas que visem à redução do risco de doenças e de outros agravos, o que é completado pelo art. 200, incisos II e VIII, que compete ao Sistema Único de Saúde – SUS, além de outras atribuições, nos termos da lei, executar as ações de vigilância sanitária e epidemiológica, bem como as de saúde do trabalhador, e colaborar na proteção do meio ambiente, nele compreendido o do trabalho.

Abordando o conceito de ambiente de trabalho, SARLET e FENSTERSEIFER (2014, p. 320) discorrem que "podem ser reconduzidas a tal conceito as condições ambientais dos locais de trabalho, especialmente em vista de assegurar aos trabalhadores condições de qualidade, salubridade e segurança ambiental". Também merece destaque a conceituação de PURVIN DE FIGUEIREDO (2011, p. 57) segundo a qual ambiente de trabalho "é o conjunto de condições, leis, influências e interações de ordem física, química, biológica e social que afetam o trabalhador no exercício de a sua atividade laboral". O ambiente de trabalho deve assim garantir ao trabalhador condições plenas de saúde, vida e dignidade.

Se a qualidade de vida é essencial para o homem viver dignamente, no ambiente do trabalho, como pontua SIRVINSKAS (2019, p. 129), "para que isso seja possível, é necessário que o Poder Público estabeleça regras protetivas do homem no seu local de trabalho e lhe proporcione condições de salubridade e de segurança", nos termos do art. 7º, XXII, da CF/88.

A Lei de Inclusão da Pessoa com Deficiência, ao tratar do direito ao trabalho, esclarece que a pessoa com deficiência tem direito ao trabalho de sua escolha e aceitação, em ambiente acessível e inclusivo, em igualdade de oportunidades com as demais pessoas. No seu art. 34, a lei prescreve o dever das pessoas jurídicas, sejam elas de direito público, privado ou de qualquer natureza, de garantir ambientes de trabalho acessíveis e inclusivos. Presentes, pois, no texto do art. 34 conteúdos principiológicos da Convenção Internacional sobre os Direitos da Pessoa com Deficiência, quais sejam, a dignidade, a não discriminação, a acessibilidade e a igualdade de oportunidades. Tais conteúdos principiológicos retratados constituirão o que se pode chamar de um meio ambiente do trabalho hígido, favorável à inclusão da pessoa com deficiência no trabalho. Em sentido contrário, a falta de tratamento digno, condutas discriminatórias no trabalho, ambiente sem acessibilidade ou insuficiente e práticas que vedam oportunidades de ingresso ou de promoção no trabalho representam condutas em desacordo com um meio ambiente saudável, gerando em consequência a responsabilização do empregador.

A acessibilidade deve ser pensada não apenas em sua concepção física, mas também na dimensão humana. Se na primeira concepção ela envolve a arquitetura dos ambientes, os mobiliários, os equipamentos urbanos, o transporte, a informação e a comunicação, pela concepção humana devem ser compreendidas as atitudes e procedimentos.

Sobre a acessibilidade pelo aspecto físico a lei de inclusão traça toda uma disciplina entre os seus arts. 53 e 78, de total aplicação ao ambiente de trabalho. Em suas disposições gerais, logo em seu art. 53, a lei de inclusão define que a acessibilidade é direito que garante à pessoa com deficiência ou com mobilidade reduzida viver de forma independente e exercer seus direitos de cidadania e de participação social. Para os projetos que tratem do meio físico, de transporte, informação e comunicação, inclusive de sistemas e tecnologias da informação e comunicação, de uso público ou privado, a regra é a obediência ao chamado desenho universal, um conceito arquitetônico desenvolvido na Universidade da Carolina do Norte com o objetivo de definir um projeto de produtos e ambientes para ser usado por todos, na sua máxima extensão possível, sem necessidade de adaptação ou projeto especializado para pessoa com deficiência. Dispõe ainda a lei de inclusão que nas hipóteses em que comprovadamente o desenho universal não possa ser empreendido, deve ser adotada a chamada adaptação razoável.

Sobre a adaptação razoável, GUGEL (2019, p. 217) alerta que seu caráter obrigatório merece atenção especial dos empregadores, primeiro diante do efeito gerador de igualdade em relação às demais pessoas, uma vez implantada a adequação segundo a necessidade individual do trabalhador com deficiência. Por outro lado, a recusa em fazer as necessárias adaptações pode significar discriminação, conduta tipificada criminalmente, conforme previsão contida no art. 88, da lei de inclusão, ao dispor que praticar, induzir ou incitar discriminação de pessoa em razão de sua deficiência é crime passível de reclusão, de 1 (um) a 3 (três) anos, e multa.

Pela sua dimensão humana, podemos dizer que a acessibilidade nas relações de emprego deve possibilitar à pessoa com deficiência a oportunidade de concorrer em condição de igualdade ao posto de trabalho, bem como a ter regular desenvolvimento e promoção na referida relação. A Lei nº 9.029/1995 proíbe a adoção de qualquer prática discriminatória e limitativa para efeito de acesso à relação de trabalho ou a sua manutenção por motivo, dentre outros, de deficiência. Tais disposições, se observadas, contribuem para um meio ambiente de trabalho hígido.

## 28.8. A METODOLOGIA DO EMPREGO APOIADO, COMO MEDIDA DE COLOCAÇÃO DA PESSOA COM DEFICIÊNCIA E DE GARANTIA DE UM MEIO AMBIENTE DE TRABALHO FAVORÁVEL

Denomina-se emprego apoiado ao trabalho competitivo realizado em ambiente regular, para cuja execução pessoas que apresentam deficiências severas necessitam serviços contínuos de suporte. O Emprego Apoiado é uma metodologia usada em diversos países da Europa e nos Estados Unidos da América para inserir pessoas com deficiência ou em situação de vulnerabilidade social no mercado formal de trabalho (ABEA, 2020). Surgiu nos Estados Unidos no final da década de 1970, como um meio de inclusão de pessoas com deficiência mental. O público-alvo do emprego apoiado são pessoas em situação de incapacidade mais significativa, que não conseguem ser atendidas pelos sistemas tradicionais de colocação e que pelo apoio que precisam, não conseguem manter o trabalho (BETTI, 2017). Wehman e Moon (1988) definem como população-alvo dos serviços, para emprego apoiado, aqueles indivíduos que não são capazes de trabalhar de maneira independente no emprego, sem suporte intensivo e contínuo, e que requerem a disponibilização desses serviços enquanto estiverem no emprego. Estes indivíduos são aqueles que apresentam condições físicas e sensoriais severamente incapacitantes, acidentes cerebrais severos, autismo, história de doença mental crônica e/ou um grau significativo de deficiência mental.

Destaca a Associação Brasileira de Emprego Apoiado – ABEA (2020) que o emprego apoiado nasce com a proposta de superar as práticas de oficinas protegidas, acompanhando o movimento para além da integração, mas inclusão, propiciando autonomia e vida independente às pessoas com deficiência, sejam elas com deficiências físicas, auditivas, intelectual, mental, múltiplas, síndrome de Down, paralisia cerebral, autismos, dentre outras. A mesma metodologia é aplicável a vítimas de violência doméstica, ex-toxicodependentes e desempregados de longa duração.

Nos termos do Decreto nº 3.298/1999 (BRASIL, 1999), o emprego apoiado entra na categoria de inclusão "colocação seletiva", consistente em um processo de contratação regular, nos termos da legislação trabalhista e previdenciária, dependente da adoção de procedimentos e apoios especiais para sua concretização.

A modalidade de inclusão "emprego apoiado" vem crescendo no Brasil; embora ainda não se tenha uma tradição, ela representa uma importante alternativa ao trabalho desempenhado no âmbito de oficinas controladas, especificamente por abandonar a preponderância do aspecto terapêutico, para levar a pessoa portadora de deficiência para o plano das relações regulares de trabalho, conferindo às mesmas um maior nível de autonomia. Merece destaque a inserção de pessoas com síndrome de Down no mercado de trabalho (CEESD, 2020).

O direito ao trabalho da pessoa com deficiência é fundamental para o desenvolvimento de suas habilidades física, intelectual e social, proporcionando sua autonomia pela independência financeira, tanto em relação a sua família como ao Estado (PEREIRA-GLODEK; TOMASEVICUIS FILHO, 2018).

Tramita no Congresso Nacional o PL nº 2.190/2019 (BRASIL, 2019), de autoria da deputada Maria Rosas, que tem por objetivo disciplinar o emprego apoiado no Brasil, estando atualmente na **Comissão de Desenvolvimento Econômico, Indústria, Comércio e Serviço (CDEICS)**. Pelo referido projeto, o emprego apoiado tem por objetivo fundamental contribuir para a inclusão no mercado de trabalho formal de pessoas com deficiência ou em risco de situação de exclusão social, com especiais dificuldades para ter acesso ao mercado de trabalho e nele se manter, seja em um emprego ou em outra forma de trabalho ou empreendimento com geração de renda.

Além das pessoas com deficiência que precisam de um poio especial para o trabalho, o projeto visa atender a todos que se encontram em situação de risco de exclusão social, indicando, exemplificativamente, pessoas com mobilidade reduzida; pessoas em situação de violência doméstica e familiar; em situação de liberdade assistida; desocupadas de longa duração; idosas em risco de exclusão social.

A característica principal do emprego apoiado é a formação e o treinamento dentro do posto de trabalho, com suporte do consultor ou técnico em emprego apoiado. Primeiro se promove a inserção da pessoa no posto de trabalho, proporcionando-se depois a qualificação prático-teórica para o trabalho, fazendo-se propositalmente uma inversão da forma de colocação convencional.

Em certa medida, o trabalho apoiado veio como uma proposta mais efetiva de integração ao trabalho do que no modelo desenvolvido nas chamadas oficinas protegidas, como uma opção definitiva de trabalho. Para muitos estudiosos, a oficina protegida representava uma espécie de corredor com uma porta de entrada e outra de saída, o problema estava justamente na questão que muitos entravam e não saíam, principalmente aqueles que apresentavam um grau maior de dependência ao apoio. Para inverter a lógica do corredor das oficinas, pesquisadores acharam que o melhor seria tentar realizar o treinamento das novas habilidades profissionais no próprio local de trabalho (BETTI, 2011).

# CAPÍTULO 29
O MEIO AMBIENTE DO TRABALHO E A PESSOA COM
DEFICIÊNCIA: ABORDAGENS ESPECÍFICAS

*Kátia Regina Cezar*

## INTRODUÇÃO

O campo de estudos da deficiência no Brasil ainda é incipiente nas diversas áreas do conhecimento, em especial no âmbito jurídico e apesar da legislação existente. Assim, os conceitos, princípios e institutos que serão abordados a seguir merecem ampla divulgação e debate para que a legislação seja efetivada, possibilitando que as pessoas com deficiência saiam da invisibilidade e passem a ocupar todos os espaços sociais, a começar pelo mundo do trabalho que é central na vida humana.

## 29.1. MEIO AMBIENTE DE TRABALHO ABERTO, INCLUSIVO E ACESSÍVEL

As pessoas com deficiência têm direito ao trabalho, de sua livre escolha ou aceitação, e que lhes proporcione qualidade de vida. Entretanto, o direito das pessoas com deficiência ao trabalho só se concretiza se o meio ambiente de trabalho for aberto, inclusivo e acessível. É o que dispõe a nossa Constituição Federal de 1988, nela incorporada o art. 27 da Convenção Internacional sobre os Direitos das Pessoas com Deficiência – CDPD[1].

Aberto, no sentido de estar isento de preconceitos e possibilitar que as pessoas com deficiência de fato participem e sejam produtivas. Inclusivo, para todas as pessoas, com ou sem deficiência; que valorize a diversidade humana. E acessível, ou seja, sem barreiras (urbanísticas, arquitetônicas, atitudinais, tecnológicas, nos transportes, nas comunicações e na informação, conforme art. 3º, inciso IV, alíneas "a" a "f", da Lei Brasileira de Inclusão – LBI[2]).

A LBI define as barreiras como *"qualquer entrave, obstáculo, atitude ou comportamento que limite ou impeça a participação social da pessoa, bem como o gozo, a fruição e o exercício de seus direitos à acessibilidade, à liberdade de movimento e de expressão, à comunicação, ao acesso à informação, à compreensão, à circulação com segurança, entre outros"* (art. 3º, inciso IV).

A acessibilidade, ou ausência de barreiras, possui seis dimensões (SASSAKI, 2009):

> arquitetônica (sem barreiras físicas), comunicacional (sem barreiras na comunicação entre pessoas), metodológica (sem barreiras nos métodos e técnicas de lazer, trabalho, educação

---

1   O Decreto nº 6.949, de 25 de agosto de 2009 promulgou a Convenção sobre os Direitos das Pessoas com Deficiência e seu Protocolo Facultativo, assinados em Nova York, em 30 de março de 2007. Importante destacar que a CDPD foi aprovada pelo Congresso Nacional conforme o procedimento do artigo 5º, § 3º da Constituição Federal, sendo o primeiro tratado internacional a ingressar em nosso ordenamento jurídico com força de Emenda Constitucional, diante de seu indubitável conteúdo de Direitos Humanos.
2   A Lei Brasileira de Inclusão da Pessoa com Deficiência (Estatuto da Pessoa com Deficiência) foi instituída pela Lei nº 13.146, de 06 de julho de 2015, tendo como base a Convenção sobre os Direitos das Pessoas com Deficiência e seu Protocolo Facultativo.

etc.), instrumental (sem barreiras, instrumentos, ferramentas, utensílios etc.), programática (sem barreiras embutidas em políticas públicas, legislações, normas etc.) e atitudinal (sem preconceitos, estereótipos, estigmas e discriminações nos comportamentos da sociedade para pessoas que têm deficiência).

A acessibilidade é um princípio geral do paradigma da inclusão social (art. 3º da CDPD), em contraposição aos paradigmas da exclusão e integração social existentes na história da deficiência no mundo (CEZAR, 2012).

Além disso, a acessibilidade é um *"direito que garante à pessoa com deficiência ou com mobilidade reduzida viver de forma independente e exercer seus direitos de cidadania e de participação social"* (art. 53 da LBI). Portanto, a acessibilidade é *"um direito fundamental instrumental* [na medida em que] *ele viabiliza outros direitos"* (ARAÚJO; PRADO, 2016 – g.n.).

A acessibilidade deve atender aos princípios do desenho universal, que será sempre tomado como regra de caráter geral e, quando não possa ser empreendido, deve ser adotada adaptação razoável (art. 55 da LBI).

Falar em desenho universal significa falar na concepção de produtos, ambientes e espaços já com viabilidade de acesso por todos os usuários, independentemente da idade (crianças, idosos etc.), da condição de saúde (obesos, grávidas, mobilidade reduzida pelo uso de muletas etc.) e da condição econômica, dispensando modificações ou adaptações posteriores, bem como especificações ou discriminações de certos acessos a determinadas deficiências (SASSAKI, 2009). Baseia-se no respeito à diversidade humana em toda a sua amplitude.

São princípios do desenho universal (CAMBIAGHI, 2007): uso equiparável, espaços, objetos e produtos que podem ser utilizados por pessoas com diferentes capacidades; uso flexível, que atendem pessoas com diferentes habilidades e diversas preferências; uso simples e intuitivo, de fácil compreensão, independente da experiência, conhecimento, habilidade de linguagem ou nível de concentração da pessoa; informação de fácil percepção, seja a pessoa estrangeira, com dificuldade de visão ou audição; tolerante ao erro, minimizando os riscos e possíveis consequências de ações acidentais; baixo esforço físico; divisão e espaço para aproximação e uso, independente do tamanho do corpo da pessoa, se obeso ou anão, por exemplo, e independente da postura ou mobilidade do usuário, se pessoa em cadeira de rodas ou com carrinho de bebê, por exemplo.

A CDPD é expressa em afirmar que o local de trabalho deve ser acessível (art. 9º). A LBI, por sua vez, dispõe que o empregador deve garantir um ambiente de trabalho acessível e inclusivo a seus empregados (par. 1º do art. 34), e que devem ser atendidas as regras de acessibilidade, o fornecimento de recursos de tecnologia assistiva e a adaptação razoável no ambiente de trabalho (art. 37).

O emprego apoiado também é autorizado pela LBI, devendo o empregador prover *"suportes individualizados que atendam a necessidades específicas da pessoa com deficiência, inclusive a disponibilização de recursos de tecnologia assistiva, de agente facilitador e de apoio no ambiente de trabalho"* (parágrafo único, inc. II, do art. 37).

A acessibilidade laboral está relacionada com as normas de saúde e segurança do trabalho, em especial com a ergonomia, já que esta *"visa a estabelecer parâmetros que permitam a adaptação das condições de trabalho* às características *psicofisiológicas dos trabalhadores, de modo a proporcionar um máximo de conforto, segurança e desempenho eficiente"* (Norma Regulamentadora – NR nº 17, aprovada pela Portaria nº 3.214/78 do Ministério do Trabalho e Emprego – MTE, atualmente denominado Ministério da Economia).

A NR nº 17 permite adaptar não só o meio físico (mobiliários e equipamentos) mas também a própria organização do trabalho, que engloba, no mínimo, as normas de produção, o modo operatório, a exigência de tempo, a determinação do conteúdo de tempo, o ritmo de trabalho, o conteúdo das tarefas (item 17.6.2).

No conceito de desenho universal não predominam as adaptações. A ergonomia, porém, tem como definição clássica a adaptação do trabalho ao homem (FERREIRA, 2008).

O ideal é construir ambientes acessíveis e, não, adaptá-los futuramente. Daí a importância da Norma Regulamentadora nº 02 do MTE (infelizmente revogada pela Portaria nº 915/2019), que tinha por finalidade aprovar as instalações da empresa, possibilitando a fiscalização do trabalho também quanto à adoção do desenho universal. O item 2.6 estabelecia que a inspeção prévia e a declaração de instalações asseguram *"que o novo estabelecimento inicie suas atividades livre de riscos de acidentes e/ou de doenças do trabalho, razão pela qual o estabelecimento que não atender ao disposto naqueles itens fica sujeito ao impedimento de seu funcionamento, conforme estabelece o art. 160 da CLT, até que seja cumprida a exigência deste artigo"*. Nesse sentido, a NR-02 autorizava o fechamento momentâneo do estabelecimento se ele não fosse aberto, inclusivo e acessível.

Em que pese a revogação da NR-02, nossa Constituição Federal de 1988, nela incorporados os arts. 4º e 5º da CDPD, garante ser discriminatório um ambiente de trabalho que não seja aberto, inclusivo e acessível. E o par. 1º do art. 4º da LBI dispõe expressamente que:

> § 1º Considera-se discriminação em razão da deficiência toda forma de distinção, restrição ou exclusão, por ação ou omissão, que tenha o propósito ou o efeito de prejudicar, impedir ou anular o reconhecimento ou o exercício dos direitos e das liberdades fundamentais de pessoa com deficiência, incluindo a recusa de adaptações razoáveis e de fornecimento de tecnologias assistivas.

Além disso, um ambiente de trabalho inacessível tem consequências na esfera penal, sendo punível com reclusão, de um a três anos, e multa, pois pode configurar um ato discriminatório tipificado como crime no art. 88 da LBI.

## 29.2. GESTÃO INCLUSIVA

A gestão da deficiência é espécie do gênero gestão da diversidade; esta abrange as práticas utilizadas pelos recursos humanos no gerenciamento de pessoas pertencentes a diversos grupos vulneráveis. A gestão inclusiva, por sua vez, é a gestão da deficiência fundamentada no paradigma da inclusão social (CEZAR, 2012).

As pessoas com deficiência, independentemente do tipo da deficiência, não deixarão de alcançar as metas e resultados desejados pela empresa se forem colocados ao alcance delas os recursos necessários, sendo que cabe aos profissionais de recursos humanos auxiliarem o empregador nesse processo de incorporar a diversidade na cultura organizacional (RIBAS, 2007).

A Organização Mundial de Saúde (OMS; BANCO MUNDIAL, 2012) recomenda a adoção de ações específicas para a promoção da cultura organizacional, tais como: incluir a acessibilidade como matéria curricular dos cursos de arquitetura e áreas correlatas; informar os políticos e pessoas que trabalham para pessoas com deficiência sobre a importância e os benefícios públicos da acessibilidade; orientar a indústria a promover a acessibilidade e o desenho universal nas fases iniciais do projeto e desenvolvimento de produtos, programas e serviços.

A OMS também afirma que os *"principais elementos de gestão de deficiência são, geralmente, a gestão eficiente de casos, educação de supervisores, instalações no local de trabalho, e um rápido retorno ao trabalho com o suporte apropriado"* (OMS; BANCO MUNDIAL, 2012).

Sobre este aspecto, nossa Constituição Federal de 1988 é expressa ao dispor que o direito da pessoa com deficiência ao trabalho será assegurado também mediante a reabilitação profissional, manutenção do emprego e programas de retorno ao trabalho (art. 27, alínea "k", da CDPD).

A reabilitação está relacionada ao fato da pessoa adquirir uma deficiência. Mas também pode acontecer de um trabalhador com deficiência, habilitado, sofrer um acidente do trabalho e adquirir uma nova deficiência, precisando passar por um processo de reabilitação. Em qualquer caso, a orientação internacional é priorizar o rápido retorno ao trabalho sem descuidar do suporte apropriado dos profissionais de saúde e recursos humanos, principalmente quanto aos aspectos psicológicos do trabalhador que pode estar em sofrimento em razão do retorno ao local do acidente.

A LBI dispõe que cabe ao Poder Público implementar serviços e programas completos de habilitação e reabilitação profissional, respeitada a livre escolha, vocação e interesse da pessoa com deficiência. Esses serviços e programas devem ocorrer de forma articulada com as redes públicas e privadas, em entidades de formação profissional ou diretamente com o empregador.

Ressalte-se que a habilitação profissional pode ocorrer nas próprias empresas mediante prévia formalização de contrato de trabalho (art. 36 da LBI).

A Organização Internacional do Trabalho (OIT, 2006) elenca diversas obrigações gerais de empregadores, de representantes de trabalhadores e de autoridades competentes quanto à gestão da deficiência.

Quanto aos empregadores, destacam-se: obrigação de adoção de estratégia de gestão da deficiência como parte integrante da política geral de emprego e, especificamente, como parte da estratégia de desenvolvimento de recursos humanos, podendo estar relacionada com programas de assistência aos trabalhadores; a estratégia de gestão deve estar associada à política de responsabilidade social da empresa de promover local de trabalho seguro e saudável, incluindo medidas de segurança e saúde no trabalho, de análise de risco relativa a qualquer adaptação, ajustamento ou acomodação, pronta intervenção e recurso a serviços de tratamento e reabilitação; o programa deve ser formulado em colaboração com representantes dos trabalhadores e em consulta com trabalhadores individuais com deficiência, serviços de saúde no trabalho e com organizações de pessoas com deficiência; a estratégia de gestão deve ser coordenada, fazendo uso de estruturas de representação já existentes ou de uma estrutura nova montada especialmente com esse propósito; deve haver cooperação com serviços de emprego para verificar se as vagas oferecidas correspondem às habilidades, à capacidade de trabalho e ao interesse da pessoa com deficiência que busca trabalhar.

Quanto às autoridades competentes: obrigação de colaborar com o empregador na gestão da deficiência no local de trabalho, assim como na contratação e na manutenção no emprego ou na reinserção profissional de pessoas com deficiência, inclusive podendo propor, no local de trabalho, comitês de segurança e saúde, programas de assistência ao trabalhador, unidades de relações de trabalho e comitês em matéria de igualdade; estabelecer acerca do que é razoável para fins de ajustamento ou acomodação; colocar à disposição serviços de apoio técnico, subsídios salariais e outros incentivos para promover ou facilitar as oportunidades de emprego e de sua manutenção.

Quanto aos representantes de trabalhadores: obrigação de promover políticas de igualdade de oportunidades, de emprego, de treinamento e de manutenção e reinserção, tanto no nível do empregador individual quanto nos procedimentos de consultas e de negociações nacionais; obrigação de encorajar a filiação de trabalhadores com deficiência assumindo cargos de direção em seus quadros; obrigação de representar ativamente os interesses de trabalhadores com deficiência perante a direção da empresa e em qualquer conselho de empresa, comitê de segurança ou outros comitês que operassem no local de trabalho; obrigação de conscientizar gerentes e pessoal sobre a inclusão no trabalho bem como ajustes e adaptações necessárias.

No que toca aos vários tipos de adaptações possíveis no ambiente laboral, a OIT afirma que pode ser necessário, inclusive, reformular os termos de referência do emprego, eliminando parte de tarefas e revendo requisitos de desempenho, devendo sempre ser consultado o trabalhador com deficiência e os representantes dos trabalhadores. Afirma, ainda, que a empresa deve aproveitar a experiência do trabalhador que adquire uma deficiência, destacando a importância da manutenção do emprego desse trabalhador (OIT, 2006).

## 29.3. COTAS PARA CONTRATAÇÃO E EMPREGO APOIADO

O Brasil adotou política de ação afirmativa consistente na reserva de vagas ou cotas para contratação da pessoa com deficiência (art. 27, alínea "h", da CDPD). No setor privado, trata-se da conhecida "Lei de Cotas" prevista no art. 93 da Lei nº 8.213/1991, que obriga as empresas que possuem cem ou mais empregados a contratar pessoas com deficiência, habilitadas, ou beneficiários reabilitados, na proporção de 2% (empresas com até 200 empregados), 3% (201 a 500 empregados), 4% (501 a 1.000) ou 5% (1.001 em diante).

A LBI também prevê a reserva de vagas para contratação, dispondo em seu artigo 37 sobre a colocação competitiva da pessoa com deficiência no mercado de trabalho, em igualdade de oportunidades com as demais pessoas e nos termos da legislação trabalhista e previdenciária. O parágrafo único do art. 37 da LBI prevê, ademais, a contratação por meio de trabalho com apoio, observadas as diretrizes elencadas nos incisos I a VII, que caracterizam o método do emprego apoiado.

De acordo com as informações constantes no *site* da Associação Nacional do Emprego Apoiado – ANEA (2020), o método do emprego apoiado começou nos Estados Unidos no final dos anos 1980 com o objetivo de incluir no mercado de trabalho pessoas com deficiência intelectual mais severa, que muitas vezes não conseguiam sair das oficinas protegidas de produção ou terapêutica[3].

---

3   O artigo 35 do Decreto nº 3.298/1999 trata das modalidades de inserção laboral da pessoa com deficiência (no paradigma da exclusão/integração) e autoriza as oficinas protegidas, definindo-as como: a) oficina protegida de produção: "a unidade que funciona em relação de dependência com entidade pública ou beneficente de assistência social, que tem por objetivo desenvolver programa de habilitação profissional para adolescente e adulto portador de deficiência, provendo-o com trabalho remunerado, com vista à emancipação econômica e pessoal relativa"; b) oficina protegida terapêutica: "a unidade que funciona em relação de dependência com entidade pública ou beneficente de assistência social, que tem por objetivo a integração social por meio de atividades de adaptação e capacitação para o trabalho de adolescente e adulto que devido ao seu grau de deficiência, transitó-

A ANEA conceitua o emprego apoiado como:

> uma metodologia que visa à inclusão no mercado competitivo de trabalho de pessoas em situação de incapacidade mais significativa; respeitando e reconhecendo suas escolhas, interesses, pontos fortes e necessidades de apoio. O usuário do Emprego Apoiado deve ter a sua disposição, sempre que precisar, os apoios necessários para conseguir obter, manter e se desenvolver no trabalho.

Segundo a ANEA, o emprego apoiado é composto de três fases: a) perfil vocacional, definido de acordo com uma avaliação "ecológica-funcional", preferencialmente realizada na comunidade, consistente em entrevistas com o usuário, seus familiares e outras pessoas que o conheçam, bem como de observações em lugares por ele frequentados; b) desenvolvimento de emprego, é a análise do perfil vocacional da pessoa e do perfil da vaga de emprego, que possibilita uma análise da função a ser exercida na empresa e negociações com o empregador, o que pode resultar em uma vaga "customizada". Acontecendo a contratação, é realizado um plano individual de treinamento e inclusão; e c) acompanhamento pós-colocação, é feito durante o treinamento e inclusão do usuário na empresa para se verificar se as estratégias estão funcionando; se estiverem prontos, passa-se a um acompanhamento contínuo e a distância com o escopo de garantir a qualidade da inclusão, intervindo e auxiliando no desenvolvimento da carreira dos clientes do emprego apoiado.

O profissional responsável por acompanhar o usuário nessas três fases é o consultor em emprego apoiado (antigo preparador laboral, hoje um mediador). O apoio humano[4], nesse caso, é expressão do direito à acessibilidade, sendo considerado uma tecnologia assistiva ou ajuda técnica para a pessoa com deficiência, viabilizando sua contratação, inclusão e participação no ambiente laboral.

O art. 3º, inciso III, da LBI define tecnologia assistiva ou ajuda técnica como:

> produtos, equipamentos, dispositivos, recursos, metodologias, estratégias, práticas e serviços que objetivem promover a funcionalidade, relacionada à atividade e à participação da pessoa com deficiência ou com mobilidade reduzida, visando à sua autonomia, independência, qualidade de vida e inclusão social.

### 29.3.1. Princípio da rejeição zero

O princípio da "rejeição zero", também denominado de princípio da "exclusão zero", foi inicialmente aplicado no âmbito da inclusão trabalhista, mais especificamente na forma de emprego apoiado.

Ele significa a não possibilidade de recusar uma pessoa para qualquer finalidade, seja ela empregatícia, educacional, terapêutica, entre outras. Por esse princípio, ninguém pode ser rejeitado pelo fato de possuir uma deficiência, mesmo que esta seja muito severa (SASSAKI, 2006):

> À luz do princípio da exclusão zero, porém, as instituições são desafiadas a serem capazes de criar programas e serviços internamente e/ou de buscá-los em entidades comuns da

---

ria ou permanente, não possa desempenhar atividade laboral no mercado competitivo de trabalho ou em oficina protegida de produção".

4   Fala-se também em tecnologia assistiva ou ajuda técnica quando o apoio é fornecido por um animal, como, por exemplo, no caso do cão-guia para a pessoa com deficiência visual ou do cavalo (equoterapia) para a pessoa com transtorno do espectro autista.

> comunidade a fim de melhor atender as pessoas com deficiência. As avaliações (sociais, psicológicas, educacionais, profissionais etc.) devem trocar sua finalidade tradicional de diagnosticar e separar pessoas, passando para a moderna finalidade de oferecer parâmetros em face dos quais as soluções são buscadas para todos (Sassaki, 1995b). Esta tendência mundial traz de volta a verdadeira missão das instituições – servir as pessoas. E não o contrário – pessoas tendo que se ajustar às instituições. (SASSAKI, 2006)

A LBI incorpora o princípio da exclusão zero tanto ao garantir o trabalho com apoio às pessoas com deficiência (art. 37) quanto ao vedar a restrição ao trabalho e qualquer discriminação em razão da deficiência bem como a exigência de aptidão plena para contratação (art. 34).

É certo que o estabelecimento dos critérios de seleção para as entrevistas de emprego e/ou outras etapas de avaliação do candidato encontra-se dentro do poder diretivo do empregador, que pode "rejeitar" uma pessoa, com ou sem deficiência, para o posto de trabalho, ficando a cargo do Poder Judiciário a apreciação de eventuais excessos. O que é legalmente vedado, no entanto, é a "rejeição" por motivo de deficiência.

Uma restrição bastante comum refere-se ao trabalho das pessoas com deficiência em ambientes perigosos, insalubres e penosos.

Prova disso é a quantidade de decisões judiciais autorizando a "flexibilização da Lei de Cotas" no sentido de declarar a incidência da percentagem legal apenas sobre alguns cargos ou funções, e não sobre a totalidade de empregados da empresa. Como exemplos, citam-se os processos do Tribunal Regional do Trabalho de São Paulo – 2ª Região[5] de nº 0001519-42.2010.5.02.0466 e nº 0001564-80.2011.5.02.0023. Num desses casos, a proibição do exercício de funções por parte de pessoas com deficiência no pátio de manobras dos aeroportos restou fundamentada no princípio da integridade física da pessoa humana.

Ora, também não se zela pela integridade física da pessoa humana sem deficiência? Se uma pessoa sem deficiência pode trabalhar nas atividades existentes no pátio de manobras dos aeroportos, porque devidamente fornecidos os equipamentos de proteção (individuais e coletivos), por quais motivos uma pessoa com deficiência não poderia fazê-lo, se devidamente fornecidos os equipamentos de proteção (individuais e coletivos adaptados).

O ambiente de trabalho deve ser sadio e seguro também para a pessoa com deficiência. Proibir, genérica e previamente, o trabalho de pessoas com deficiência em ambientes perigosos, insalubres e penosos é uma prática discriminatória que não se sustenta a não ser na crença infundada de que deficiência é sinônimo de fragilidade, incapacidade e submissão.

## 29.4. PARTICIPAÇÃO E REPRESENTAÇÃO NO LOCAL DE TRABALHO

O acesso ao trabalho inclui não somente o direito de ser contratado, mas também o direito de participar do trabalho e de todas as questões que o envolvem, com direito de fala e de decisão.

A participação laboral reforça a independência da pessoa com deficiência, permitindo que ela, por si mesma, tome consciência e se posicione frente ao trabalho no qual está inserida. Para tanto, os trabalhadores com deficiência podem se valer dos mecanismos tradicionais de participação e representação no local de trabalho previstos em nosso ordenamento jurídico (arts. 7º, inc. XI, 8º, 10 e 11 da Constituição Federal).

---

5   Consulta processual disponível em: https://pje.trt2.jus.br/consultaprocessual/. Acessado em 30/06/2020.

Com efeito, nossa Constituição Federal de 1988, nela incorporada o art. 27 da CDPD, assegura aos trabalhadores com deficiência os mesmos direitos trabalhistas e sindicais, em condições de igualdade com as demais pessoas.

É direito do trabalhador com deficiência participar de cursos, treinamentos, educação continuada, planos de carreira, promoções, bonificações e incentivos profissionais oferecidos pelo empregador (art. 34, § 4º, da LBI). O Estado deve promover e garantir condições de acesso e de permanência da pessoa com deficiência no trabalho (art. 35 da LBI).

Em relação às questões de medicina e segurança do trabalho, a Comissão Interna de Prevenção de Acidentes – CIPA (art. 163 da Consolidação das Leis do Trabalho – CLT e NR-05 do MTE) é o mecanismo tradicional de representação interna dos trabalhadores. Ela deve funcionar em conjunto com os demais serviços e programas previstos na CLT, como o Serviço de Engenharia de Segurança e Medicina do Trabalho – SESMT (art. 162 da CLT e NR-04). A CLT ainda prevê os Equipamentos de Proteção Individual – EPI (art. 166 e NR-06), o Programa de Controle Médico de Saúde Ocupacional – PCMSO (art. 168 e NR-07) e o Programa de Prevenção de Riscos Ambientais – PPRA (art. 170 e NR-09).

Deve ser assegurada a participação ativa dos trabalhadores com deficiência em todos esses órgãos, serviços e programas que, por seu turno, devem contemplar medidas e ações necessárias para possibilitar condições seguras e saudáveis aos trabalhadores com deficiência. Em outros termos, é pela participação plena e eficaz dos trabalhadores com deficiência no ambiente laboral que as normas de saúde e segurança do trabalho são criadas e aprimoradas.

A participação dos trabalhadores (sem e com deficiência, por óbvio) no processo de compreensão e prevenção de acidentes do trabalho é imprescindível (LLORY; MONTMAYEUL, 2014):

> A importância da palavra dos trabalhadores é determinante na abordagem organizacional. Nós postulamos – o que se verifica nas nossas experiências de campo – que os trabalhadores, vivendo no interior de um sistema sociotécnico, são os mais aptos a analisar (pelo menos em parte) as anomalias, os déficits, as incoerências e os perigos e, em todo caso, a alertar sobre eles. Se eles dispõem de uma experiência suficiente, de uma vivência de longa duração na organização, eles estão aptos a oferecer um ponto de vista histórico indispensável da evolução do sistema sociotécnico devido à sua familiaridade com ele e devido à capacidade dos coletivos de trabalho de se interrogarem sobre os modos de funcionamento organizacional e de procurarem elementos de casualidade ("de explicação") das disfunções constatadas e, muitas vezes, vivenciadas no quotidiano. (LLORY; MONTMAYEUL, 2014)

A Associação Nacional de Medicina do Trabalho (ANAMT, 2015) ressalta que os profissionais devem focar mais no potencial do que nas limitações do trabalhador com deficiência e devem, também, compreender que a abordagem e o acolhimento de pessoas com deficiência envolvem conhecimentos de psicologia e sociologia, não sendo práticas puramente clínicas.

Além disso, a ANAMT orienta os profissionais a serem mais "curiosos" sobre as possibilidades de mudanças e adaptações na organização do trabalho, devendo estar atentos aos novos instrumentos e tecnologias assistivas, e a buscarem solucionar de forma compartilhada os problemas encontrados no local de trabalho, atuando em equipe multidisciplinar e com a participação do trabalhador com deficiência.

Um estudo publicado pelo Departamento Intersindical de Estatísticas e Estudos Socioeconômicos (DIEESE, 2015), que analisou o conteúdo de cláusulas de acordos coletivos, convenções coletivas e sentenças normativas registrados no Sistema de Acompanhamento de Contratações

Coletivas do órgão, pelo período de 2010 a 2012, conclui que há poucas conquistas quanto às questões de saúde e segurança do trabalhador, já que muitas normas coletivas apenas reproduzem o que está previsto na legislação. Quanto à contratação de pessoas com deficiência, afirma o DIEESE que as normas coletivas apenas reproduzem a Lei de Cotas, com exceção de duas unidades de negociação que dispuseram acerca da acessibilidade e contratação de estudantes com deficiência.

O DIEESE destaca a importância de ser assegurado amplo acesso à informação e ao local de trabalho, como forma de intervenção efetiva no processo de negociação sobre a saúde do trabalhador. Também destaca a ação sindical em conjunto com a CIPA, comissões de saúde e demais representações internas dos trabalhadores, para a conquista de direitos (DIEESE, 2015).

Quanto à participação dos trabalhadores e seus representantes nos locais de trabalho, o DIESSE afirma que ela é ainda muito limitada e incipiente, tanto na legislação quanto na negociação, e que as cláusulas analisadas tratam, no geral, da participação dos representantes sindicais dos trabalhadores nas Comissões Paritárias que discutem problemas resultantes das relações de trabalho.

Em outra pesquisa do DIEESE, o tema da inclusão de pessoas com deficiência no trabalho foi analisado de forma específica, no período de 2004 a 2005. Dos instrumentos normativos de 204 categorias profissionais, 72 apresentam cláusulas asseguratórias de garantias às pessoas com deficiência, sendo que 20 asseguram mais de uma cláusula no mesmo contrato. A indústria é o setor que apresenta o maior percentual de negociações sobre o tema (43%). Cerca de dois terços das cláusulas analisadas tratam da contratação para o trabalho e a maior parte apenas reproduz o texto da Lei de Cotas. Pouco mais de um quarto estabelecem garantias para os trabalhadores que possuem dependentes deficientes.

Das cláusulas analisadas, algumas tratam das condições de trabalho, tais como a obrigatoriedade de fornecimento de EPI´s adaptados; adequação do trabalho à deficiência, para que esta não seja agravada; e adequação das instalações do local de trabalho. Outras cláusulas garantem auxílios ou reembolso de despesas realizadas no tratamento médico especializado; abono de faltas decorrentes da manutenção de aparelhos ortopédicos; esforços de empresas e sindicatos visando à qualificação de trabalhadores com deficiência (DIEESE, 2006).

## CONSIDERAÇÕES FINAIS

Basta olhar ao nosso redor, para nosso próprio ambiente de trabalho, para ver que as pessoas com deficiência têm pouco ou nenhum acesso a postos de trabalho, e muito menos a postos qualificados, de chefia, comando ou direção. Essa realidade precisa ser alterada, em primeiro lugar pela implementação dos direitos das pessoas com deficiência, em especial do direito à acessibilidade, para que haja participação plena e eficaz, com a concessão do poder e da palavra aos trabalhadores com deficiência. E a partir daí, no convívio do trabalho e na busca por melhores condições é que podemos ter mudanças ambientais mais radicais e emancipatórias.

# CAPÍTULO 30
## O MEIO AMBIENTE DO TRABALHO DOS PROFISSIONAIS DA ÁREA DE SAÚDE

*Larissa Lopes Matos*

## INTRODUÇÃO

Os profissionais de saúde são sujeitos da relação jurídica labor-ambiental, submetidos a diversos aspectos da poluição labor-ambiental, entendida como "o desequilíbrio sistêmico no arranjo das condições de trabalho, da organização do trabalho ou das relações interpessoais havidas no âmbito do meio ambiente laboral que, tendo base antrópica, gera riscos intoleráveis à segurança e à saúde física e mental do ser humano" conforme lições de Ney Maranhão (2017, p. 13).

Nesse contexto de poluição no ambiente laboral, é importante lembrar que desde a Revolução Industrial que se luta por melhores condições ambientais de trabalho – algo que tem reflexo direto na qualidade de vida dos trabalhadores e, consequentemente, da sociedade, evitando, inclusive, a propagação de doenças infectocontagiosas.

Tema de bastante relevância em relação aos profissionais de saúde e que toma uma importância premente, diante do contexto da pandemia causada pelo novo coronavírus, identificado como a causa de um conjunto de casos de pneumonia em Wuhan, uma cidade na província de Hubei, na China, de onde se espalhou rapidamente (MCINTOSH, 2020), instalando um cenário de pandemia.

Para tanto, abordar-se-ão neste capítulo alguns assuntos relacionados às condições labor-ambientais dos profissionais de saúde, como: as condições de trabalho; os acidentes de trabalho, os aspectos relacionados ao estresse no ambiente de trabalho, as condições de trabalho especialmente no contexto da pandemia de coronavírus, bem como os direitos sociais desses trabalhadores.

## 30.1. AS CONDIÇÕES GERAIS DE TRABALHO DOS PROFISSIONAIS DE SAÚDE

O trabalho, como categoria social, está sujeito a múltiplas condicionantes, sendo que as condições de trabalho e suas patologias estão relacionados a diversas variáveis. Portanto, é difícil falar sobre um mundo do trabalho apartado do mundo fora do trabalho (OLIVEIRA; MUROFUSE, 2001, p. 110), pois há um só meio ambiente, sendo o meio ambiente do trabalho parte do meio ambiente extralaboral em que ele interfe, seja de forma positiva, seja de forma negativa.

No caso dos profissionais de saúde, as condições de trabalho foram muito alteradas ao longo do tempo, passando dos cuidados e processos simplificados para o contato com instrumentos mais complexos, com consequente necessidade de diversificação e especialização da força de trabalho (OLIVEIRA; MUROFUSE, 2001, p. 111), diante das alterações tecnológicas.

Contudo, mesmo em face das inovações tecnológicas, é certo que esses trabalhadores ainda lidam com agentes químicos, físicos, biológicos, ergonômicos, aliados a outros fatores que colocam intensa carga mental, decorrente de memorização complexa e das mudanças nas condições de risco do paciente, além do confronto com o sofrimento (OLIVEIRA; MUROFUSE, 2001, p. 111), oriundo do trato com pacientes doentes, que podem vir a falecer – todo esse caldo negativo é motor de propensão a riscos de acidentes e doenças do trabalho.

Nessa diretriz, é importante destacar que os trabalhadores da área de saúde estão expostos com frequência a diversos agentes biológicos, pois entram em contato com sangue e outros fluídos orgânicos contaminados por uma imensa variedade de patógenos desencadeadores de inúmeras doenças, tanto é que o ambiente hospitalar é um local tipicamente insalubre – o que torna o meio bem propício a acidentes de trabalho.

## 30.2. ACIDENTES DO TRABALHO EM RELAÇÃO AOS PROFISSIONAIS DE SAÚDE

O acidente do trabalho é o que ocorre pelo exercício do trabalho a serviço de empresa ou de empregador doméstico ou pelo exercício do trabalho dos segurados referidos no art. 11, VII, da Lei nº 8.213/1991, provocando lesão corporal ou perturbação funcional que cause a morte ou a perda ou redução, permanente ou temporária, da capacidade para o trabalho (art. 19, *caput*, da Lei nº 8.213/1991).

Ainda, a referida lei considera acidente do trabalho a doença profissional, entendida a produzida ou desencadeada pelo exercício do trabalho peculiar a determinada atividade e constante da respectiva relação elaborada pelo antigo Ministério do Trabalho e da Previdência Social, hoje uma secretaria do Ministério da Economia; bem como a doença do trabalho, entendida a adquirida ou desencadeada em função de condições especiais em que o trabalho é realizado e com ele se relacione diretamente (art. 20, I e II, Lei nº 8.213/1991), havendo, ainda, os casos equiparados a acidente de trabalho, conforme art. 21, do mesmo diploma legal.

Frente às adversidades do meio ambiente laboral, os profissionais de saúde estão propensos a acidentes de trabalho, principalmente pelo contato com agentes biológicos. É o que se extrai do estudo apresentado por Hanne Alves Bakkea e Nelma Mirian Chagas de Araújo (2010, p. 672), que citando algumas pesquisas, aduzem:

> O risco biológico é o que se apresenta com maior intensidade entre os profissionais que prestam assistência à saúde. Este fato foi constatado nesta pesquisa: os acidentes que envolveram material biológico (material pérfuro-cortante e fluídos corporais) corresponderam a 76% das ocorrências neste hospital (Figura 3). Em um hospital em São Paulo, os acidentes de trabalho com material biológico envolvendo material perfuro-cortante e fluídos corporais representaram 50,9% das notificações (RUIZ; BARBOZA; SOLER, 2004).
> 
> (...) o material pérfuro-cortante ocasionou mais da metade dos acidentes de trabalho entre os profissionais de saúde do hospital estudado, totalizando 22 notificações. Os acidentes envolvendo este tipo de material não se referem apenas à manipulação destes objetos para a realização de intervenção terapêutica, mas também a sua manipulação e descarte e incluem ocorrências com agulhas e peças cirúrgicas. Este comportamento foi semelhante ao detectado por outras pesquisas sobre acidentes de trabalho em hospitais: a pesquisa de Ruiz, Barboza e Soler (2004) identificou como principal fonte da ocorrência de acidentes o material pérfuro-cortante, que representou 40,4% do total de acidentes no hospital (348 notificações); no estudo de Cassoli (2006), houve 875 ocorrências, o que equivaleu a 80,2% das exposições a material biológico; no Estado do Rio de Janeiro, durante os anos 1997 a 2004, foram reportados 15.035 acidentes com material biológico nos hospitais da cidade, – aproximadamente 90% das exposições foram percutâneas e ocorreram devido ao re-encapeamento de agulhas, à realização de procedimentos cirúrgicos e ao manuseio de equipamento e, à manipulação do

lixo, durante o descarte do material pérfuro-cortante em recipientes adequados e com punção venosa percutânea (RAPPARINI et al., 2007). Segundo Marziale, Nishimura e Ferreira (2004), os acidentes com material pérfuro-cortante infectados com sangue são responsáveis por 80 a 90% das transmissões de doenças infecciosas entre trabalhadores de saúde.

Inclusive, as referidas autoras apontam que o turno da manhã teve relativamente maior número de ocorrências de acidentes de trabalho, seguido do noturno e do da tarde, relacionando o fato à maior intensidade do ritmo de trabalho no período, pois no turno matutino há mais procedimentos terapêuticos de administração de medicamentos e de coleta de material para exames do que em outros turnos (BAKKEA; ARAÚJO, 2010, p. 674).

Tudo isso leva a uma preocupação cada vez mais frequente na Medicina do Trabalho, com relação à prevenção e remediação dos acidentes de trabalho em hospitais, devido ao grande número de trabalhadores da saúde que se acidentam em suas atividades profissionais. Nesse sentido, é importante registrar as lições de Rogério José Guindani e Rosalvo Candemil Júnior (2013, p. 5):

> A precariedade do sistema de saúde do país contribui com o problema, uma vez que não investe no preparo desses trabalhadores, nem no ambiente de trabalho, no sentido de qualificá-los para a prevenção dos acidentes. Esses casuais acontecimentos com o próprio material de trabalho podem ocasionar a contaminação do trabalhador por vírus importantes como, por exemplo, o HIV, causador da AIDS, e o da hepatite, que são transmissíveis pelo contato direto com fluidos corporais, bem como o vírus da tuberculose e o influenza. O contato diário dos trabalhadores da saúde com substâncias de risco, representa um perigo para a saúde dos mesmos que pode ser evitado, desde que sejam tomadas certas precauções do tipo: lavagem das mãos, atenção para eventuais picadas de objetos pontiagudos, utilização de vestimenta adequada quando maior a probabilidade do contato, cuidados com a higiene do ambiente de trabalho, entre outros.
>
> O investimento do sistema de saúde em treinamento dos trabalhadores do ramo, em vacinação e em medicamentos para os mesmos, consiste em uma medida necessária e de suma importância, não só para controlar as infecções e promover a saúde dos trabalhadores de hospitais, mas também de interesse direto da sociedade, que se beneficia dos serviços prestados por essas entidades e por esses profissionais.

Entretanto, alguns profissionais resistem em cumprir os protocolos de segurança. Nessa diretriz, Renata Desordi Lobo (2015, p. 56), em sua tese de doutoramento, ao tratar do H1N1, apontou que os médicos foram os mais contaminados, ao passo que com a equipe de enfermagem, geralmente com mais contato com os pacientes, isso não ocorreu. Para ela, uma possível explicação é a resistência de alguns profissionais médicos em seguir as recomendações.

Ainda, apontou que outro estudo avaliou a aderência ao uso de equipamento de proteção individual (EPI), durante a pandemia de influenza, e níveis baixos de uso do EPI principalmente entre os médicos. Quando foi avaliado o conhecimento através de um questionário sobre o uso do EPI, foi verificada uma alta proporção de respostas corretas nessa mesma categoria profissional (97%). Entretanto, somente 37% dos médicos seguiram as recomendações (LOBO, 2015, p. 57).

Especificamente em relação aos enfermeiros, Rosana Amora Ascari, Suiane dos Santos Schmitz, Olvani Martins da Silva (2013, p. 23-31), explicam que devido à sobrecarga e condições de trabalho, somadas à baixa remuneração, as doenças ocupacionais vêm acometendo, em especial, os profissionais da enfermagem. Entretanto, apesar de representarem o maior contingente entre as categorias de trabalhadores que compõe a saúde nas instituições, não têm merecido a correspondente atenção dos gestores, no sentido de promover qualidade de vida e saúde (ASCARI; SCHMITZ; SILVA, 2013, p. 26-31).

É importante abordar esse quadro dramático de precarização da classe, porque ele implica em consequências negativas não só para o indivíduo, como para a sociedade. Afinal, enfermeiros e técnicos de enfermagem que têm baixos salários, ocupação de postos muitas vezes sem vínculo e com sonegação de direitos trabalhistas, precisam trabalhar em diversos hospitais ou postos de saúde para manter um padrão remuneratório que lhes oferte uma vida mais digna.

E, nesse trânsito, esses profissionais, além de poderem levar a contaminação de um lugar para outro, ficam mais exaustos, contribuindo, por conseguinte, com os índices de adoecimento e acidente de trabalho.

Nessa linha de raciocínio, é valoroso tratar do estresse alusivo ao exercício das atividades desses profissionais.

## 30.3. O ESTRESSE DOS PROFISSIONAIS DE SAÚDE: CAUSAS E CONSEQUÊNCIAS

O excesso laboral, cognitivo e a sobrecarga emocional gerados pela natureza das tarefas e suas condições de execução são pólvoras para as doenças mentais, que afetam o indivíduo e comprometem o exercício do labor. Nesse sentido, explicam Márcia Astrês Fernandes, Leone Maria Damasceno Soares e Joyce Soares e Silva (2018, p. 219) que "a carga de trabalho está ligada aos riscos ocupacionais, interagindo com corpo e mente do trabalhador de tal forma que se o corpo sofre, a mente também sofre".

Ainda, ensinam:

> Há diversos fatores que contribuem para que ocorram transtornos mentais relacionados ao trabalho, entre eles: sobrecarga e jornadas excessivas de trabalho, padrão de sono e vigília comprometidos, baixa remuneração, mais de um vínculo e processos de trabalho. Trabalhadores submetidos à alta exigência no ambiente de trabalho tendem a desenvolver mais dores musculoesqueléticas em algumas regiões do que aqueles submetidos a baixas exigências. Além disso, esse público tem apresentado mais variáveis psicossociais em regiões centrais do que em outras. A aceleração do ritmo laboral por conta do aumento da carga de atividades somado ao déficit de pessoal e ao nível de dependência dos pacientes correspondem a um fator de risco para dores localizadas.
>
> As pressões psicológicas que os trabalhadores são submetidos no ambiente laboral podem se originar também da quantidade de trabalho a executar, dentro de um período de tempo insuficiente, em descompasso com a habilidade do trabalhador. Além disso, quem apresenta distúrbios psíquicos menores (sintomas de ansiedade, depressão ou somatização) tem mais chances de reduzir sua capacidade para o trabalho. O trabalho é uma atividade que propõe uma relação direta entre o físico e o psíquico, podendo representar equilíbrio e satisfação ou causar tensão e adoecimento físico e mental do trabalhador, por meio do estresse organizacional. (FERNANDES; SOARES; SILVA, 2018, p. 222)

O estresse decorrente do trabalho desses profissionais traz consequências de ordem pessoal e profissional, podendo alterar a percepção de como lidar com a própria segurança, bem como com os procedimentos de segurança em suas rotinas profissionais relacionadas aos pacientes.

Sobre o tema, Veridiana Schulz Wurdig (2014, p. 221), ao enfatizar que o trabalho na área da saúde é, reconhecidamente, uma das ocupações com alto risco de estresse e adoecimento, afirma que:

Cada vez mais é essencial a avaliação e a implantação de procedimentos que visem a proteção do trabalhador da área da saúde, sob o ponto de vista psicológico. A própria natureza do trabalho executado faz com que tais profissionais lidem diretamente, por exemplo, com a vida e a morte, processo que envolve não só o doente, mas também a sua família. A participação de médicos, enfermeiros, técnicos e auxiliares neste processo e a forma como cada um lida com as situações que se apresentam no dia a dia reflete-se, de forma muito contundente, na maneira de executar tarefas e ainda de lidar com as próprias emoções. Somam-se a isso os problemas relacionados a condições de trabalho oferecidas, número reduzido de pessoal, mau gerenciamento administrativo e jornadas duplas de trabalho, tão comuns nesta área.

O intenso volume de atividades, a responsabilidade com a assistência e segurança de um número elevado de pacientes, acrescido de pressão psicológica para o cumprimento de trabalho mais célere, somado ao déficit de pessoal e problemas com equipamentos e materiais, além dos postos de trabalho inadequados, resultam no aumento da frequência de dores musculoesqueléticas, que contribuem para o surgimento de distúrbios psíquicos menores, que podem levar a um problema mais grave em longo prazo (FERNANDES; SOARES; SILVA, 2018, p. 222).

Num estudo coletivo, Eder Pereira Rodrigues, Urbanir Santana Rodrigues, Luciana de Matos Mota Oliveira, Rodrigo Cunha Sales Laudano e Carlito Lopes Nascimento Sobrinho atestam que alguns dos fatores que colaboram para o surgimento de problemas relacionados à saúde mental estão relacionados ao desgaste físico, emocional e mental gerado pelo trabalho, com destaque para os transtornos mentais comuns, que causam insônia, ansiedade, depressão, irritabilidade, dificuldade de concentração, esquecimento, fadiga e queixas somáticas (RODRIGUES *et al.*, 2014, p. 297).

Ainda, comentam que os resultados dos estudos revelaram alta carga de trabalho, baixa remuneração, mais de uma inserção de trabalho e vínculo de trabalho estabelecido por contratos precários (RODRIGUES *et al.*, 2014, p. 214) – um rio de problemas que deságua nas queixas e diagnósticos de problemas mentais e posturais.

Conhecer e medir a carga de trabalho dos profissionais de saúde pode contribuir para a gestão eficiente e eficaz das organizações de saúde, sendo a carga de trabalho excessiva a principal causa de estresse e insatisfação, como explica Irene Mari Pereira (2017).

## 30.4. OS PROFISSIONAIS DE SAÚDE FRENTE À PANDEMIA DO NOVO CORONAVÍRUS

Já não bastassem os diversos fatores apontados para a causa de estresse dos profissionais de saúde, aparece a pandemia da COVID-19 como elemento impulsionador dos índices de adoecimentos, mortes e estresse em relação aos profissionais de saúde, que estão na linha de frente do tratamento dos pacientes com a doença, estando mais expostos e vulneráveis à carga viral do SARS-CoV-2.

Um quadro de debilidade que se instala diante de um vírus sem remédio para combatê-lo e cujos estudos sobre o tema ainda são incipientes – tudo isso ocasiona medo, pânico e angústias, diante de tantas incertezas científicas e perante os índices mundiais de casos e mortes, que já chegam à soma de 3.679.499 de casos confirmados, 254.199 mortes e 215 países atingidos (OMS, 2020).

Some-se a isso, um cenário piorado pela falta de equipamentos de proteção (*v.g.* álcool em gel, sabão, luvas, óculos, escudos faciais e gorros), pela ausência de testes para certificar a doença e pelo desfalque dos profissionais de saúde (GARRET JÚNIOR, 2020)[1] – como demonstra um Relatório da OMS que aponta um déficit de 6 milhões de profissionais de enfermagem, por exemplo, no mundo (OMS, 2020).

Sobre o tema, a Organização Mundial da Saúde (OMS) preparou um documento destacando os direitos e responsabilidades dos trabalhadores de saúde, incluindo as medidas específicas necessárias para proteger a segurança e a saúde no trabalho, pois estes profissionais estão na linha de frente da resposta ao surto de COVID-19 e, como tal, expostos a riscos que incluem exposição a patógenos, longas horas de trabalho, sofrimento psicológico, fadiga, esgotamento profissional, estigma e violência física e psicológica (OMS, 2020).

Assim, segundo a OMS (2020), são direitos dos trabalhadores de saúde: exigir, por parte dos empregadores, a responsabilidade geral de garantir todas as medidas preventivas e de proteção necessárias à segurança e saúde no trabalho; o fornecimento de informações, instruções e treinamento sobre segurança e saúde ocupacional; treinamento de atualização sobre prevenção de infecções e controle; uso, colocação e descarte de objetos pessoais e equipamento de proteção; fornecimento de suprimentos adequados de equipamentos de proteção coletiva e individual, como máscaras, luvas, óculos, aventais, desinfetante para as mãos, sabão e água, material de limpeza em quantidade suficiente para aqueles que cuidam de pacientes suspeitos ou doentes de COVID-19, de modo que os trabalhadores não incorram em despesas do seu próprio bolso; familiarizar o pessoal com atualizações técnicas sobre COVID-19 e fornecer ferramentas apropriadas para avaliar, fazer triagem, teste e tratamento de pacientes; e fornecer medidas de segurança apropriadas, conforme necessário; aconselhar os profissionais de saúde na autoavaliação, além de aconselhar a ficarem em casa quando estiverem doentes; manter horas de trabalho adequadas com intervalos; consultar profissionais de saúde sobre segurança no trabalho; notificar a inspeção do trabalho de casos de doenças profissionais; permitir que os profissionais de saúde exerçam o direito de sair de uma situação de trabalho que possua justificativa razoável de perigo iminente e grave para sua vida ou saúde e proteger os profissionais de saúde que exercem esse direito de quaisquer consequências indevidas; não exigir que os profissionais de saúde retornem ao trabalho em situação que houver um sério risco de vida ou saúde, até que sejam tomadas as medidas adequadas; honrar o direito a compensação e reabilitação para os profissionais de saúde infectados com COVID-19, após a exposição no local de trabalho, considerada uma doença profissional decorrente de exposição profissional; fornecer acesso à saúde mental e aconselhamento psicológico; e possibilitar a cooperação entre gestão e saúde dos trabalhadores e seus representantes.

Esses direitos previstos no documento da OMS tomam uma grande importância diante de estudos que demonstram, segundo a Nota Técnica nº 7/2020 da Secretaria de Saúde do Estado do Rio Grande do Norte, que 15% dos profissionais de saúde podem ser infectados pelo SARS--Cov-2 (item 1.6 da Nota).

Especialmente, no tocante aos riscos a que estão submetidos os profissionais de saúde, em relação ao coronavírus, é importante destacar o estudo feito pela *OSHA – Occupational Safety and Health*. A *OSHA* é uma agência do Departamento de Trabalho dos Estados Unidos que cuida

---

1 No dia 17 de abril, São Paulo já estava com 1.557 profissionais de saúde afastados por coronavírus, entre casos confirmados e suspeitos, segundo matéria da Revista Exame. *In*: GARRET JÚNIOR, Exame, 17 abr. 2020. Disponível em: https://exame.abril.com.br/brasil/sao-paulo-tem-1-557-profissionais-de-saude-afastados-por-coronavirus/. Acesso em: 07 maio 2020.

da Administração da Segurança e Saúde Ocupacional no país. Nesse contexto de pandemia, ela classificou os riscos de contágio no trabalho da seguinte forma (OSHA, 2020, p. 18-20):

> 1) Trabalhos com risco de exposição muito alto – são aqueles com alto potencial de exposição a fontes conhecidas ou suspeitas de COVID-19 durante procedimentos médicos, post-mortem ou laboratoriais específicos. Os trabalhadores desta categoria incluem: profissionais de saúde (por exemplo, médicos, enfermeiros, dentistas, paramédicos, técnicos de emergência médica) executando procedimentos de geração de aerossóis (por exemplo, intubação, procedimentos de indução de tosse, broncoscopias, alguns procedimentos e exames dentários ou coleta invasiva de amostras) em COVID conhecido ou suspeito; profissionais de saúde ou de laboratório que colhem ou manipulam amostras de pacientes com COVID-19 conhecidos ou suspeitos (por exemplo, manipulação de culturas de pacientes com COVID-19 conhecidos ou suspeitos); trabalhadores do necrotério realizando autópsias, que geralmente envolvem procedimentos de geração de aerossóis, nos corpos de pessoas que são conhecidas por terem ou suspeitas de ter COVID-19 no momento de sua morte;
>
> 2) trabalhos com alto risco de exposição – são aqueles com alto potencial de exposição a fontes conhecidas ou suspeitas de COVID-19. Os trabalhadores desta categoria incluem: equipe de assistência e assistência médica (por exemplo, médicos, enfermeiros e outros funcionários do hospital que precisam entrar nos quartos dos pacientes) expostos a pacientes conhecidos ou suspeitos de COVID-19; trabalhadores de transporte médico (por exemplo, operadores de veículos de ambulância) que transportam pacientes conhecidos ou suspeitos de COVID-19 em veículos fechados; trabalhadores mortuários envolvidos na preparação (por exemplo, para enterro ou cremação) dos corpos das pessoas;
>
> 3) trabalhos de risco de exposição média – incluem aqueles que exigem contato frequente e/ou próximo com (ou seja, a menos de 2 metros) de pessoas que podem estar infectadas com SARS-CoV-2, mas que não são pacientes suspeitos ou conhecidos de COVID-19. Em áreas sem transmissão contínua da comunidade, os trabalhadores desse grupo de risco podem ter contato frequente com viajantes que podem retornar de locais internacionais com ampla transmissão de COVID-19. Nas áreas em que há transmissão comunitária em andamento, os trabalhadores dessa categoria podem ter contato com o público em geral (por exemplo, escolas, ambientes de trabalho de alta densidade populacional, algumas configurações de varejo de alto volume);
>
> 4) trabalhos com menor risco de exposição (cautela) são aqueles que não exigem contato com pessoas conhecidas como infectadas com SARS-CoV-2, ou suspeitas de estarem infectadas com SARS-CoV-2, nem contato frequente com o público em geral (ou seja, a menos de 2 metros). Os trabalhadores desta categoria têm contato profissional mínimo com o público e outros colegas de trabalho.

A classificação de riscos da OSHA é um elemento que serve para corroborar a presunção de que a doença adquirida por um profissional de saúde é oriunda do local de trabalho. Isso não significa concluir que todo profissional de saúde, que porventura apareça doente de COVID-19, adquiriu a doença no trabalho[2], mas apenas que há uma forte presunção nesse sentido.

Cabe esclarecer, todavia, que a empresa é responsável pela adoção e uso das medidas coletivas e individuais de proteção da segurança e saúde do trabalhador[3], constituindo contravenção penal, punível com multa, caso deixe de cumprir as normas de segurança e higiene do trabalho (art. 19, § 2º, Lei nº 8.213/1991).

---

[2] Até porque o estado de transmissão comunitária do coronavírus (covid-19) foi reconhecido no art. 1º, da Portaria nº 454, de 20 de março de 2020.
[3] A propósito, vide art.16 da Convenção 155 da OIT; art. 7º, XXII, CF/88; art.157, inciso I, da CLT; art.19, § 1º, Lei nº 8.213/1991; e art. 338 do Decreto nº 3.048/1999.

Em razão disso, o empregador, seja ente público ou privado, é obrigado a fornecer todos os equipamentos de proteção para o trabalhador (*v.g.*: máscaras, luvas, álcool em gel e capacete), sendo obrigatória, ainda, a fiscalização e treinamento dos trabalhadores quanto ao uso e manuseio dos equipamentos.

Nesse sentido, a Nota Técnica Conjunta nº 02/2020 - PGT/CODEMAT/CONAP, do MPT orienta a atuação dos seus membros, em especial das Coordenadorias Regionais da CODEMAT e da CONAP, sem prejuízo das medidas preconizadas na Nota Técnica Conjunta nº 01/2020 PGT/CODEMAT/CONAP, da seguinte forma:

> Recomendar aos empregadores, sindicatos patronais, sindicatos profissionais que representem setores econômicos considerados de risco muito alto, alto ou mediano (OSHA), que observem as medidas de segurança que devem ser adotadas nas empresas, como FORNECER lavatórios com água e sabão; FORNECER sanitizantes (álcool 70% ou outros adequados à atividade); ADOTAR medidas que impliquem em alterações na rotina de trabalho, como, por exemplo, política de flexibilidade de jornada quando os serviços de transporte, creches, escolas, dentre outros, não estejam em funcionamento regular e quando comunicados por autoridades; ESTABELECER política de flexibilidade de jornada para que os trabalhadores atendam familiares doentes ou em situação de vulnerabilidade a infecção pelo coronavírus e para que obedeçam a quarentena e demais orientações dos serviços de saúde; NÃO PERMITIR a circulação de crianças e demais familiares dos trabalhadores nos ambientes de trabalho que possam representar risco à sua saúde por exposição ao novo coronavírus, seja aos demais inerentes a esses espaços; SEGUIR os planos de contingência recomendados pelas autoridades locais em casos de epidemia, tais como: permitir a ausência no trabalho, organizar o processo de trabalho para aumentar a distância entre as pessoas e reduzir a força de trabalho necessária, permitir a realização de trabalhos a distância; ADOTAR outras medidas recomendadas pelas autoridades locais, de molde a resguardar os grupos vulneráveis e mitigando a transmissão comunitária; ADVERTIR os gestores dos contratos de prestação de serviços, quando houver serviços terceirizados, quanto à responsabilidade da empresa contratada em adotar todos os meios necessários para conscientizar e prevenir seus trabalhadores acerca dos riscos do contágio do novo coronavírus (SARS-COV-2) e da obrigação de notificação da empresa contratante quando do diagnóstico de trabalhador com a doença (COVID-19).

Em contrapartida, segundo a OMS (2020), cabe aos profissionais de saúde: seguir as normas de segurança e saúde ocupacionais estabelecidas, evitando expor outras pessoas aos riscos; participar de ações fornecidas pelo empregador com relação aos treinamentos pertinentes às questões de segurança e saúde ocupacional; usar protocolos fornecidos para avaliar, triar e tratar pacientes; tratar os pacientes com respeito, compaixão e dignidade; manter a confidencialidade do paciente; seguir os relatórios de saúde pública estabelecidos em relação aos procedimentos de casos suspeitos e confirmados; colocar, usar, retirar e descartar o EPI adequadamente; automonitorar sinais de doença, devendo manter o autoisolamento e relatar a doença aos empregadores, se ocorrer.

## 30.5. O TRABALHADOR DO SETOR SAÚDE E SEUS DIREITOS SOCIAIS RELATIVOS AO MEIO AMBIENTE DO TRABALHO SAUDÁVEL

O ordenamento jurídico brasileiro é composto de diversas normas que tutelam o meio ambiente do trabalho, tais como as Convenções nºs 148, 155 e 161, ambas da OIT e todas ratificadas pelo Brasil; a Declaração de Estocolmo sobre meio ambiente humano (1972) e as normas constantes na Constituição de 1988 (art. 7º, XXII, XXIII, XXVIII e XXXIII; art. 200, VIII; art. 225, *caput*).

Nesse sentido, enfatiza-se que a Declaração de Estocolmo (ONU, 1972) reza que "a proteção e o melhoramento do meio ambiente humano é uma questão fundamental que afeta o bem-estar dos povos e o desenvolvimento econômico do mundo inteiro, um desejo urgente dos povos de todo o mundo e um dever de todos os governos". Ainda, prevê no princípio 1 que:

> O homem tem o direito fundamental à liberdade, à igualdade e ao desfrute de condições de vida adequadas em um meio ambiente de qualidade tal que lhe permita levar uma vida digna e gozar de bem-estar, tendo a solene obrigação de proteger e melhorar o meio ambiente para as gerações presentes e futuras (...)

Princípio este que se aplica tranquilamente ao meio ambiente do trabalho e que se coaduna com as disposições da Convenção nº 148, da OIT, que trata da proteção dos trabalhadores contra os riscos profissionais devidos à contaminação do ar, ao ruído e às vibrações no local de trabalho, devendo a legislação nacional, nos termos do art. 4º da referida Convenção, "(...) dispor sobre a adoção de medidas no local de trabalho para prevenir e limitar os riscos profissionais devidos à contaminação do ar, ao ruído e às vibrações, e para proteger os trabalhadores contra tais riscos".

Para tanto, os empregadores serão responsáveis pela aplicação das medidas prescritas (art. 6º, Convenção nº 148, da OIT), devendo, o estado de saúde dos trabalhadores expostos ou que possam estar expostos aos riscos profissionais devidos à contaminação do ar, ao ruído e às vibrações no local de trabalho, ser objeto de controle, a intervalos apropriados, segundo as modalidades e nas circunstâncias fixadas pela autoridade competente. Este controle deverá compreender um exame médico anterior ao emprego e exames periódicos, conforme determine a autoridade competente (art. 11, Convenção nº 148, da OIT).

Na mesma linha, é a Convenção nº 155, da OIT, que trata da segurança e saúde dos trabalhadores, prevendo em seu art. 16 que:

> deverá ser exigido dos empregadores que, na medida que for razoável e possível, garantam que os locais de trabalho, o maquinário, os equipamentos e as operações e processos que estiverem sob seu controle são seguros e não envolvem risco algum para a segurança e a saúde dos trabalhadores.

Outrossim, especialmente sobre os serviços de saúde do trabalho, existe a Convenção nº 161, da OIT, determinando que todo membro deve instituir, progressivamente, serviços de saúde no trabalho para todos os trabalhadores, entre os quais se contam os do setor público, e os cooperantes das cooperativas de produção, em todos os ramos da atividade econômica e em todas as empresas; as disposições adotadas deverão ser adequadas e corresponder aos riscos específicos que prevalecem nas empresas (art. 3º).

Além disso, tem-se a Constituição Federal de 1988, que prevê a redução dos riscos inerentes ao trabalho, por meio de normas de saúde, higiene e segurança (art. 7º, XXII), bem como o adicional de remuneração para as atividades penosas, insalubres ou perigosas, na forma da lei (art. 7º, XXIII).

Da mesma forma, dispõe sobre a existência do seguro contra acidentes de trabalho, a cargo do empregador, sem excluir a indenização a que este está obrigado, quando incorrer em dolo ou culpa (art. 7º, XXVIII), proibindo o trabalho noturno, perigoso ou insalubre a menores de dezoito e de qualquer trabalho a menores de dezesseis anos, salvo na condição de aprendiz, a partir de quatorze anos (art. 7º, XXXIII).

Ademais, a Constituição Federal de 1988 deixa expressa a tutela do meio ambiente do trabalho, ao dispor que compete ao Sistema Único de Saúde (SUS) colaborar na proteção do meio ambiente, nele compreendido o do trabalho (art. 200, VIII), prevendo, ainda, que todos têm direito ao meio ambiente ecologicamente equilibrado (art. 225, *caput*).

Igualmente, tratando sobre segurança e saúde do trabalhador, a CLT tem diversos dispositivos relacionados ao tema, como as férias, controle de jornada, deixando expresso no art. 157, inserido no capítulo específico de segurança e medicina do trabalho, que cabe às empresas cumprir e fazer cumprir as normas de segurança e medicina do trabalho; instruir os empregados, através de ordens de serviço, quanto às precauções a tomar no sentido de evitar acidentes do trabalho ou doenças ocupacionais; adotar as medidas que lhes sejam determinadas pelo órgão regional competente; e facilitar o exercício da fiscalização pela autoridade competente; cabendo, por outro lado, ao empregado observar as normas de segurança e medicina do trabalho e colaborar com a empresa na aplicação dessas normas (art. 158, CLT), fazendo jus ao recebimento de adicionais pelo exercício de atividades insalubres e perigosas (tema tratado nos arts. 189 a 197, CLT).

Por fim, somada a este extenso conjunto de normas que tutela a saúde e segurança do trabalhador, não se pode olvidar a NR-32 (Norma Regulamentadora), que trata especificamente da segurança e saúde no trabalho em serviços de saúde, e tem por finalidade estabelecer as diretrizes básicas para a implementação de medidas de proteção à segurança e à saúde dos trabalhadores dos serviços de saúde, bem como daqueles que exercem atividades de promoção e assistência à saúde em geral (32.1.1.), entendendo-se por serviços de saúde qualquer edificação destinada à prestação de assistência à saúde da população, e todas as ações de promoção, recuperação, assistência, pesquisa e ensino em saúde em qualquer nível de complexidade (32.1.2.).

Para aplicação da referida NR, que prevê Programa de Prevenção de Riscos Ambientais (PPRA – 32.2.2), considera-se risco biológico a probabilidade da exposição ocupacional a agentes biológicos (32.2.1), considerando-se agentes biológicos os microrganismos, geneticamente modificados ou não; as culturas de células; os parasitas; as toxinas e os príons (32.2.1.1).

Ainda, prevê que em toda ocorrência de acidente envolvendo riscos biológicos, com ou sem afastamento do trabalhador, deve ser emitida a Comunicação de Acidente de Trabalho – CAT (32.2.3.5), devendo as medidas de proteção ser adotadas a partir do resultado da avaliação, previstas no PPRA (32.2.4.1), sendo que, no caso de exposição acidental ou incidental, as medidas de proteção devem ser adotadas imediatamente, mesmo que não previstas no PPRA (32.2.4.1.1).

A referida NR traz diversas medidas de proteção, entre elas está a previsão de que os quartos ou enfermarias destinados ao isolamento de pacientes portadores de doenças infectocontagiosas devem conter lavatório em seu interior (32.2.4.3.1), bem como está estabelecido que o uso de luvas não substitui o processo de lavagem das mãos, que deve ocorrer, no mínimo, antes e depois de usá-las (32.2.4.3.2).

Sobre as vestimentas, a NR estabelece que todos trabalhadores com possibilidade de exposição a agentes biológicos devem utilizar vestimenta de trabalho adequada e em condições de conforto (32.2.4.6), que deve ser fornecida sem ônus para o empregado (32.2.4.6.1).

Além disso, determina que os trabalhadores não devem deixar o local de trabalho com os equipamentos de proteção individual e as vestimentas utilizadas em suas atividades laborais (32.2.4.6.2), cabendo ao empregador providenciar locais apropriados para fornecimento de vestimentas limpas e para deposição das usadas (32.2.4.6.3).

Do mesmo modo, está claramente expresso que os equipamentos de proteção individual (EPI) descartáveis ou não, deverão estar à disposição em número suficiente nos postos de trabalho, de forma que seja garantido o imediato fornecimento ou reposição (32.2.4.7), cabendo ao empregador garantir a conservação e a higienização dos materiais e instrumentos de trabalho; e providenciar recipientes e meios de transporte adequados para materiais infectantes, fluidos e tecidos orgânicos (32.2.4.8).

## CONSIDERAÇÕES FINAIS

Os profissionais de saúde, como sujeitos da relação jurídica labor-ambiental, estão submetidos a diversos aspectos da poluição labor-ambiental – tema que, sobremaneira, chama atenção no atual cenário da pandemia da COVID-19.

Isso porque, mesmo diante das inovações tecnológicas, esses trabalhadores ainda seguem bastante expostos a variados agentes químicos, físicos, biológicos, ficando propensos a acidentes de trabalho – sem que seja dada uma importância efetiva ao cumprimento das normas ambientais do trabalho.

Somado a isso, ainda existe o dramático quadro de precarização, especialmente em relação a enfermeiros e técnicos de enfermagem, que têm baixos salários e vínculo precários, sendo obrigados a transitar em mais de um hospital, o que contribui, por conseguinte, com os índices de adoecimento e acidente de trabalho, em razão do excesso laboral, cognitivo e da sobrecarga emocional a que são submetidos – um cenário piorado pela falta de equipamentos de proteção individual, notadamente nesse período de pandemia.

Nesse sentido e considerando a vastidão de normas de proteção à saúde e segurança do trabalhador, deve-se refletir sobre como ele pode superar as falibilidades narradas acima.

O ordenamento jurídico tem diversos mecanismos que tentam primar pelo cumprimento dos dispositivos que tratam da saúde e segurança do trabalhador, como o direito de greve (ambiental), as atuações dos sindicatos, a rescisão indireta do contrato de trabalho, a previsão de indenizações, as atribuições previstas em relação às atuações do Ministério Público do Trabalho (MPT), o papel dos auditores fiscais, entre outros.

Entretanto, muito além do direito, existe a necessidade de se formar uma consciência ambiental, através da educação ambiental. Isso é essencial para a concretização dos preceitos constitucionais e efetivação das normas previstas nos pactos internacionais sobre meio ambiente – papel que não incumbe somente ao poder público, mas a todos os atores sociais.

Afinal, a mobilização pela conscientização ambiental não se perfaz somente pelo manejo de instrumentos estatais, mas sim pelo vetor da consciência coletiva à causa ambiental.

Isto está, inclusive, no art. 225, *caput*, CF/88, que impõe ao Poder Público e à coletividade o dever de defender e preservar o meio ambiente para as presentes e futuras gerações – solidariedade intergeracional que é primordial no estado democrático de direito (art. 1º, *caput*, CF/88), pois está intimamente ligada ao desenvolvimento sustentável (art. 225, *caput*; art. 170, VI, todos da CF/88), que busca conciliar o desenvolvimento econômico à preservação ambiental – ideia há muito discutida no Relatório Brundtland (1987).

Talvez assim, promovendo a educação ambiental em todos os níveis e fomentando comportamentos pró-ambiental com a participação de todos (governo, empresas e sociedade), se crie uma cultura de importância em relação às normas que regem o meio ambiente do trabalho e, a partir daí, se consiga alterar a realidade atual.

# CAPÍTULO 31
## SEGURANÇA E SAÚDE NO TRABALHO DOMÉSTICO

*João Diogo Urias dos Santos Filho*

### 31.1. A CASA, AMBIENTE DE TRABALHO

O que acontece se, numa fábrica, um trabalhador, carregando uma caixa com as mãos, vai subir uma escada, mas, se desequilibra, cai e quebra uma costela? Em boa parte dos casos, no contexto brasileiro atual, ele será encaminhado para assistência médica, o RH da empresa emitirá uma CAT, ele será afastado do trabalho e receberá auxílio-doença do INSS durante o período afastado. Terá, também, estabilidade provisória pelo período de um ano após seu retorno (art. 118 da Lei nº 8.213/1991) e, a depender do caso, também direito a indenização material e extrapatrimonial por sequelas.

Há uma razão, como se sabe, por trás da concessão de todos esses direitos: o empregador está se utilizando da força de trabalho daquele indivíduo em sua atividade e para seu benefício e, portanto, tem o dever de proteger sua saúde e segurança enquanto ele está executando serviços à disposição de suas ordens (art. 7º, XXII, da CF/88).

Mas, e se a mesma queda ocorrer com uma empregada doméstica que carregava uma pilha de roupas para passar? O que acontecerá? Ou, se o caseiro de um sítio leva um coice de um cavalo? Ou, se o cuidador de um idoso contrai uma doença infectocontagiosa?

Acidentes acontecem, doenças são contraídas (e com maior probabilidade se as condições para eles forem propícias). Esse é um fato que vale tanto para fábricas, quanto para casas. Não há diferença. Também não muda o fato de que o empregador está se utilizando da força de trabalho daquele indivíduo. Mas, parece que, até este momento, no Brasil, os infortúnios domésticos não são tratados com a mesma importância.

Numa pesquisa publicada na Revista de Saúde Pública da USP há algum tempo, em 2003, pesquisadores do Instituto de Saúde Coletiva da UFBA colheram dados sobre acidentes não fatais sofridos por mulheres empregadas domésticas. E, conforme concluíram os pesquisadores, os "dados revelam não apenas que mulheres se acidentam no trabalho em frequência elevada, mas também que é apenas aparente a segurança do emprego em serviços domésticos, que apresenta risco mais elevado do que as demais ocupações". Enquanto a incidência de acidentes de trabalho não fatais em outros tipos de ocupação foi de 4,5%, a incidência entre trabalhadoras domésticas foi de 7,3%. Os pesquisadores estimaram que aproximadamente 351 mil casos de acidentes de trabalho acontecem a cada ano nesta categoria de trabalhadoras (SANTANA *et al.*, 2003, p. 68, 71). E:

> embora grande parte dos acidentes não tenha tido severidade suficiente para produzir incapacidade permanente, levou ao afastamento das atividades por cerca de duas (22,7%) ou mais semanas (18,2%). Ainda neste grupo de trabalhadoras, nota-se também que a maioria dos casos ocorreu na casa do patrão e foi causada principalmente por quedas (52,6%) e contato com substâncias em altas temperaturas (...). A gravidade desses acidentes revela-se no fato de

que embora 81% não tenham deixado efeito permanente, 22,7% motivaram o afastamento do trabalho por duas semanas, e 18,2% por mais de duas semanas. (SANTANA *et al.*, 2003, p. 71)

No entanto:

> é flagrante a invisibilidade do trabalho das empregadas domésticas nos estudos de saúde ocupacional e nas políticas de saúde do trabalhador, em que pesem os avanços no seu reconhecimento profissional e conquista de direitos trabalhistas, especialmente benefícios sociais. Permanece a falta de mecanismos de segurança, proteção à saúde e prevenção de doenças e agravos ocupacionais. Isto não surpreende, considerando-se as origens históricas do emprego doméstico demarcadas pelo trabalho dos escravos no Brasil Colonial, no qual a posse do corpo do trabalhador por parte do "senhor" não lhe conferia responsabilidade ou obrigação com o cuidado à saúde ou prevenção de problemas de saúde dos seus subordinados.
>
> Além da subenumeração dos acidentes de trabalho devido a problemas de reconhecimento e registro, estatísticas sobre eles no Brasil são parciais por se restringirem aos trabalhadores com contrato formal. Isto porque a principal fonte de registro, a CAT, tem propósitos mais administrativos do que de vigilância epidemiológica, sendo empregada prioritariamente para o sistema de seguridade social. Portanto não abrangem os trabalhadores do setor informal da economia, como também aqueles que não dispõem de registro oficial de contrato do trabalho, que compõem a maioria das mulheres que desempenham atividades em serviços domésticos, conforme mostrado no presente estudo. (SANTANA *et al.*, 2003, p. 71)

De fato, concordamos com a hipótese dos pesquisadores de que a aparente invisibilidade do quadro da infortunística do labor doméstico se sustenta, culturalmente, "na concepção de que entre elas os acidentes de trabalho seriam 'naturais', posto que as residências dos patrões, local onde comumente acontecem, não são vistas na perspectiva dos ambientes laborais" (SANTANA *et al.*, 2003, p. 71).

Entretanto, essas condições de risco precisam ser reconhecidas, especialmente porque, como frisa o grupo do Instituto de Saúde Coletiva, "**são passíveis de medidas de prevenção como todos os acidentes de trabalho**" (SANTANA *et al.*, 2003, p. 72, grifo nosso).

A casa, para a empregada doméstica e para o empregado doméstico, é um ambiente de trabalho como outro qualquer. É o local onde eles passam seu cotidiano produtivo e obtêm seu sustento. E é por isso que, embora muito tardiamente, foi reconhecido constitucionalmente o direito do trabalhador doméstico à *"redução dos riscos inerentes ao trabalho, por meio de normas de saúde, higiene e segurança"*, pela Emenda Constitucional nº 72, de 2013 (art. 7º, XXII c.c. parágrafo único).

E, portanto, é amparável pelo Direito Ambiental do Trabalho, que é o "sistema normativo que tutela o *meio ambiente de trabalho* (de forma imediata) e a saúde dos trabalhadores (de forma indireta)" (ROCHA, 2002, p. 276, grifo nosso). Ou seja, é o sub-ramo do Direito cujo foco de ação imediata é o **ambiente de trabalho**, ou seja, o "conjunto de condições, leis, influências e interações de ordem física, química, biológica e psicológica, que incidem sobre o homem em sua atividade laboral" (FELICIANO, 2013, p. 13).

Há vantagens em se caracterizar a questão da segurança e saúde da empregada doméstica e do empregado doméstico como **labor-ambiental**: como acontece nos outros contextos, o enfoque ambiental favorece uma **visão contextual e mais completa** dos infortúnios. Pois, ao considerar as "condições, leis, influências e interações de ordem física, química, biológica e psicológica", fica claro, por exemplo, que uma queimadura num fogão não deve ser considerada como "apenas uma queimadura de fogão". O fogão da casa do patrão é, realmente, um objeto diferente do ponto de vista da trabalhadora doméstica em comparação com o ponto de vista dos donos da casa. Ele é instrumento de trabalho. Ao lidar com ele, a pessoa está no seu cotidiano laboral, executando ordens e serviços em condição subordinada. E isso envolve diversos fatores como, por exemplo, cansaço, fadiga, uma possível carga alta de trabalho, repetição, tédio e pressões psicológicas. Ferir-se com uma panela fazendo um almoço de domingo para os filhos é absolutamente diferente de ferir-se numa panela fazendo o almoço da família do patrão de terça-feira. É trabalho.

Partindo desses pressupostos e na intenção de contribuir, com parâmetros práticos para o problema da infortunística labor-ambiental doméstica, faremos uma exposição concisa do tratamento dado à segurança e saúde do trabalhador doméstico pelo ordenamento jurídico brasileiro. Abordaremos, em primeiro lugar, os direitos e deveres labor-ambientais no âmbito do emprego doméstico e, em segundo, uma questão mais complexa, que é a da prova da responsabilidade no caso de sinistros.

## 31.2. DIREITOS E DEVERES LABOR-AMBIENTAIS NO ÂMBITO DO EMPREGO DOMÉSTICO

A positivação de direitos e deveres labor-ambientais no âmbito do emprego doméstico sofreu um importante avanço no ano de 2013, com a Emenda Constitucional nº 72 (que foi apelidada, à época, de "PEC das Domésticas"), que estendeu à categoria dos domésticos direitos que, até então, não lhes eram garantidos, como o direito ao limite de jornada de oito horas diárias e o direito de pagamento de horas extras no caso de extrapolação deste limite. E, depois, como decorrência desta mudança constitucional, foi editada a Lei Complementar nº 150/2015, que regulamentou de maneira mais completa esta categoria de contrato de trabalho.

Relativamente às questões de segurança e saúde, o primeiro e mais importante direito labor-ambiental do empregado doméstico é o previsto no art. 7º, inciso XXII, da Constituição: o direito à *"redução dos riscos inerentes ao trabalho, por meio de normas de saúde, higiene e segurança"*.

Seu foco é, evidentemente, a **prevenção**, com o objetivo de evitar a ocorrência de acidentes e a contração de doenças ou lesões. E sua realização prática, pelo empregador doméstico, se dá pela tomada efetiva de medidas de segurança, numa execução que consiste em duas etapas: primeira, identificar os riscos existentes no cotidiano concreto do trabalhador e, segunda, realizar efetivas ações de prevenção, com treinamentos e fornecimento de equipamentos.

Assim, por exemplo, para que o empregador cumpra seu dever de prevenção efetiva dos riscos existentes no cotidiano laboral de uma empregada doméstica do tipo "empregada da família", ele deve, em primeiro lugar, identificar todas as atividades executadas por ela em seu cotidiano, definindo como elas são executadas, onde elas são executadas e quais são os instrumentos necessários. E, após esse mapeamento, realizar ações como, por exemplo, fornecer luvas para limpeza de sanitários, ou garantir que as escadas nas quais a empregada passará cotidianamente, inclusive carregando objetos, são seguras e equipadas com corrimão.

Da mesma forma, o empregador de um caseiro deve fornecer botinas de borracha para que o trabalhador execute serviços em estábulos de animais, ou o empregador de um cuidador de idosos deve fornecer luvas de proteção para que não haja contato direto das mãos do trabalhador com as fezes do idoso nos momentos de higienização.

Enfim, como é típico na ciência da segurança laboral, a análise de riscos deve acontecer de forma concreta, caso a caso, assim como a definição das medidas preventivas. E esse ônus ao empregador doméstico que, tradicionalmente, era considerado como um empregador "não profissional", vai na mesma linha, justamente, de outras novas responsabilidades surgidas após as inovações legislativas mencionadas, como o dever de manter controle de horários, nesse movimento que foi chamado de "profissionalização do emprego doméstico" (LEITE, 2013).

Outro dever dos empregadores domésticos, que também tem certo caráter preventivo, é o previsto no inciso III do art. 34 da Lei Complementar nº 150/2015, que consiste no pagamento de **seguro contra acidentes de trabalho** no valor de 0,8% do salário do empregado.

O pagamento é feito, conforme prevê o dispositivo, pelo recolhimento mensal do Simples Doméstico, juntamente com outras contribuições. A arrecadação é destinada ao Instituto Nacional de Seguridade Social e visa financiar eventual afastamento por auxílio-doença acidentário.

Um direito que não foi expressamente estendido aos empregados domésticos é o previsto no inciso XXIII do art. 7º da Constituição, que consiste no direito de *"adicional de remuneração para as atividades penosas, insalubres ou perigosas"*.

Não é impossível que atividades domésticas sejam insalubres ou perigosas. Algumas casas de tamanho grande, por exemplo, têm jardineiros fixos. E eles podem ter de manusear cotidianamente venenos para insetos e outros líquidos nocivos. Nessas circunstâncias, um empregado celetista tem direito de receber adicional de insalubridade, pois está exposto a *"agentes nocivos à saúde, acima dos limites de tolerância fixados em razão da natureza e da intensidade do agente e do tempo de exposição aos seus efeitos"* (art. 189 da CLT).

Entendemos que não há razão juridicamente legítima para diferenciar o empregado doméstico que se encontra na mesma situação, pois isso se afiguraria discriminatório. Portanto, caso as circunstâncias fáticas estejam presentes, ao empregado doméstico deve ser garantido o pagamento de adicional de insalubridade ou de periculosidade, por aplicação analógica do inciso XXIII do art. 7º da Carta Magna.

Questão importante é definir quais são os direitos garantidos ao empregado doméstico no caso de **sinistro**, ou seja, no caso de **ocorrência de acidente de trabalho** ou de **contração de doença profissional**.

É importante ressaltar que o a Lei Complementar nº 150/2015 modificou dispositivos da Lei nº 8.213/1991, que regulamenta os benefícios do Regime Geral da Previdência Social e que prevê direitos e deveres importantes relacionados à proteção social do trabalhador que teve seu corpo lesado em razão do trabalho.

Em primeiro lugar, para incluir a relação contratual doméstica na **definição de acidente de trabalho** estabelecida no artigo 19:

> Art. 19. Acidente do trabalho é o que ocorre pelo exercício do trabalho a serviço de empresa ou de empregador doméstico ou pelo exercício do trabalho dos segurados referidos no inciso VII do art. 11 desta Lei, provocando lesão corporal ou perturbação funcional que cause a morte ou a perda ou redução, permanente ou temporária, da capacidade para o trabalho.

Além disso, foi expressamente prevista a importante obrigação, para o empregador doméstico, de *"***comunicar o acidente de trabalho à Previdência Social*** até o primeiro dia útil seguinte *ao da ocorrência e, em caso de morte, de imediato, à autoridade competente, sob pena de multa variável entre o limite mínimo e o limite máximo do salário de contribuição"* (art. 22). (Grifamos.)

Esta comunicação, como se sabe, é formalizada pelo documento denominado "Comunicação de Acidente de Trabalho" (CAT) e, se não for realizada pelo empregador, também *"podem formalizá-la o próprio acidentado, seus dependentes, a entidade sindical competente, o médico que o assistiu ou qualquer autoridade pública"* (§ 2º).

É um documento importante, pois é ele que determina, na prática, que eventual afastamento previdenciário será caracterizado imediatamente (e sem intervenção judicial) como acidentário. Isso reflete no reconhecimento direto de outros direitos, como o recebimento de FGTS durante o afastamento.

O outro direito importantíssimo previsto na Lei nº 8.213/1991 é a **estabilidade provisória de 12 meses**, estabelecida no **art. 118**. Estabilidade que, como se sabe, foi reconhecida como constitucional pelo TST (Súmula 378) e que pode ser concedida mesmo *a posteriori*, no caso de reconhecimento judicial de doença profissional que guarde relação de causalidade com a execução do contrato de emprego. E é um direito estendido aos domésticos, seja porque assim decorre do texto expresso da lei, que se refere a todos os "segurados", seja porque não há, em nosso entendimento, razão juridicamente legítima para diferenciação.

Além disso, por último, será direito do trabalhador doméstico vítima de acidente de trabalho ou de doença profissional, da mesma forma que o empregado celetista, ser **indenizado** pelos danos sofridos, caso se revele que o empregador teve **responsabilidade** pelo sinistro, com fundamento nos dispositivos civilistas que regulamentam a responsabilidade civil (notadamente, os arts. 186 e 927 e seguintes do Código Civil).

As indenizações, como se sabe, podem se destinar a reparar danos materiais, morais e/ou estéticos, cumulativamente (Súmulas 37 e 387 do SJT). Os danos materiais podem incluir despesas com tratamento, lucros cessantes e pensão vitalícia por perda de capacidade de trabalho (arts. 949 e 950 do CC).

Quantos aos danos morais, vale lembrar que há firme entendimento jurisprudencial no sentido de que ele é presumido. É o que assentou, por exemplo, a Ministra Maria Helena Mallmann neste acórdão recente proferido em julgamento de Agravo de Instrumento de Recurso de Revista:

> No que se refere à ocorrência do dano, esta Corte já firmou posicionamento no sentido de que o que se exige para configuração do direito ao recebimento de indenização por dano moral decorrente de doença ocupacional é a prova da patologia, ou seja, dos fatos dos quais decorrem o pedido e não a prova do abalo imaterial, pois este se verifica *in re ipsa* – sendo presumido o ferimento à dignidade moral. (TST, AIRR 2162-03.2010.5.02.0077, 2ª T., Rel. Maria Helena Mallmann, j. 10/06/2020, publ. em 19/06/2020.)

Há uma questão relacionada aos direitos indenizatórios, entretanto, que traz consigo **dificuldades práticas específicas do âmbito doméstico**: a questão da **prova da culpa** pelo infortúnio e, com ela, do reconhecimento da responsabilidade (ou não) do empregador.

E, por entendermos que essa é a questão labor-ambiental doméstica que mais pode trazer dificuldades em debates judiciais, dedicaremos um último capítulo separado a ela.

## 31.3. A RESPONSABILIDADE POR DANOS LABOR-AMBIENTAIS E A PROVA DA CULPA E DO NEXO CAUSAL

Como já dissemos, o ambiente de trabalho doméstico é peculiar. Não é uma fábrica, ou uma loja, ou um escritório. Não é um ambiente adaptado para o fato de que todas as pessoas presentes estão executando atividades produtivas. É uma casa, um ambiente íntimo e privado.

E isso traz dificuldades práticas relacionadas à questão da **prova da culpa** por eventuais infortúnios.

Como sabemos, o dever de indenizar pressupõe a presença dos elementos da responsabilidade civil. Que, a princípio, são: **dano**, **nexo causal** e **culpa** (arts. 927 e 186 do CC/2002; art. 7º, XXVIII, da CF/88). No contexto trabalhista a culpa do empregador por acidentes e doenças tem uma configuração especial, pois ele, como controlador da atividade econômica que assume seus riscos (art. 2º da CLT), tem o dever de **criar as condições seguras e reduzir os riscos** cumprindo **normas de saúde, higiene e segurança** (art. 7º, inc. XXII, e art. 157 da CLT). Disso decorre que, no caso de sinistros, caberá ao empregado comprovar que o patrão foi negligente para com esse seu dever.

Essa mecânica é aplicável às relações de trabalho domésticas.

No entanto, é certo que, na prática, comprovar a culpa (ou a ausência dela) no âmbito doméstico será, em geral, mais difícil para ambas as partes.

Imaginemos, por exemplo, um acidente no qual óleo quente foi derramado no rosto de uma trabalhadora doméstica, gerando queimaduras graves e marcas permanentes em seu rosto. Imaginemos que a empregada ajuíze uma ação e, nela, alegue que o evento causador do acidente foi o ato de uma criança, filha de seu patrão, que estava brincando na cozinha e, ao passar correndo, a fez derrubar o recipiente. Imaginemos, por outro lado, que o empregador alegue que isso não aconteceu e que ela estava sozinha na cozinha no momento do acidente.

Como comprovar esses fatos?

Posto este problema, analisaremos algumas teses doutrinárias, entendimentos jurisprudenciais, tecnologias e mecanismos processuais que são relacionados à questão do desvelamento processual dos fatos, com o objetivo de verificar se são aplicáveis a infortúnios ocorridos no trabalho doméstico.

Em primeiro lugar, ressaltamos que a investigação sobre as causas geradoras de infortúnios sempre é mais acurada quando se utiliza do que chamamos, em escrito anterior (URIAS, 2013), de **método contextual** de análise, que é o método investigativo mais adequado para o Direito Ambiental do Trabalho, em comparação com o que chamamos, neste texto mencionado, de método tradicional metafísico de investigação.

Trata-se de um método de análise que, diferentemente do tradicional, **parte da consideração do contexto concreto** em que se dá o problema, em vez de se basear no encadeamento lógico de conceitos essenciais abstratos e descontextualizados, os quais seriam aplicáveis aos casos da realidade por subsunção.

Utilizando-se desse método, ao defrontar-se com um caso como o que descrevemos acima, o analista (que pode ser um perito, um advogado ou um juiz) não iniciará sua investigação fragmentando o caso em atos isolados. Ele procurará, em primeiro lugar, desenhar todo o contexto concreto em que os fatos aconteceram. Assim, por exemplo, não se contentará em perguntar apenas se havia, ou não, uma criança na cozinha naquele momento. Ele procurará entender, antes de qualquer coisa, como era a estrutura do local, se as portas ficavam fechadas ou abertas, quais eram os cuidados dos pais relativamente à presença de crianças na cozinha, se as crianças ficavam sozinhas na casa com a empregada, porque a empregada estava carregando uma panela com óleo quente em suas mãos, se essa ação, que é arriscada, era cotidiana, se havia uma alternativa mais segura para executar o mesmo trabalho e assim por diante. Tudo com o objetivo de entender, de fato e plenamente, **qual era o risco** de aquele acidente acontecer e, portanto, **por que**, de fato e plenamente, ele aconteceu.

Em segundo lugar, cabe indagar se uma tese com presença relativamente forte na jurisprudência brasileira, que é o da **culpa presumida do empregador**, é aplicável no âmbito doméstico. Segundo esta tese, conforme define o Professor e Ministro Maurício Godinho Delgado, "tratando-se de doença ocupacional, profissional ou de acidente do trabalho, essa culpa é presumida, em virtude de o empregador ter o controle e a direção sobre a estrutura, a dinâmica, a gestão e a operação do estabelecimento em que ocorreu o malefício". (TST, RR-10297-77.2014.5.01.0081, 3ª T., Rel. Maurício Godinho Delgado, j. 19/02/2020, publ. em 21/02/2020)

Entendemos que essa tese é aplicável ao trabalho doméstico, pois, apesar de o local de trabalho não ser um estabelecimento empresarial, é certo que o empregador tem o controle e o poder de decisão sobre toda a estrutura do ambiente. A empregada doméstica, por exemplo, não tem o poder de escolher qual ferro de passar usará, ou escolher não descer a escada com pilhas de roupas, ou mesmo se as crianças poderão ingressar na cozinha. Da mesma forma, um caseiro de sítio não tem o poder de escolher qual facão utilizará, ou de quais cavalos tratará. É o empregador quem tem esse controle e tem, também, o dever de avaliar os riscos e evitá-los. Por isso, entendemos que sua culpa é presumida. Ou seja, cabe a ele comprovar fatos que demonstrem que ele não agiu de forma negligente.

Outro mecanismo que tem resultado prático semelhante é o de **inversão do ônus da prova**, mecanismo processual que, desde 2017, com a Lei nº 13.467, está previsto expressamente no art. 818 da CLT.

Entendemos que a chamada **tecnologia da melhor aptidão para a prova** (FELICIANO, 2016, p. 729-36), em especial, pode ser aplicada em determinados casos. Segundo esta tecnologia, que foi expressamente incluída pelo legislador brasileiro no art. 818, § 1º, da CLT, e no que interessa a esta discussão, o juiz poderá atribuir o encargo de comprovar os fatos ao empregador se, no caso concreto, o empregado se deparar com a "*impossibilidade ou [...] excessiva dificuldade de cumprir o encargo*" ou, pelo contrário, se o patrão tiver "*maior facilidade de obtenção da prova do fato contrário*".

Há uma probabilidade real de o empregador doméstico ter acesso mais fácil a elementos comprobatórios em comparação com o empregado. Um exemplo evidente é o da existência de câmeras de segurança na casa que tenham registrado fatos importantes. Se for esse o caso, entendemos que há motivação legítima para que o ônus da prova recaia sobre ele, para que comprove que os fatos não aconteceram como alegado na petição inicial da ação, sob pena de esses serem considerados verdadeiros.

Por último, procuraremos definir as teses de **responsabilidade objetiva** que podem, também, ter aplicabilidade a sinistros domésticos. Segundo a teoria da responsabilidade objetiva, como se sabe, a responsabilização do causador de um dano deriva apenas da comprovação do dano e do nexo causal (com o trabalho, no caso). De modo que independe de comprovação de culpa.

Pelo que nos consta, duas teses de responsabilidade objetiva têm presença significativa na jurisprudência trabalhista brasileira atual. A **tese do risco inerente**, com presença fortíssima, fundamentada no **art. 927, parágrafo único, do Código Civil**. E a tese da causalidade sistêmica, fundada no **art. 14, § 1º, da Lei nº 6.983/1981**.

A tese do risco inerente foi, inclusive, fixada recentemente pelo STF, em julgamento de Recurso Extraordinário. Esses foram os termos:

> O artigo 927, parágrafo único, do Código Civil é compatível com artigo 7º, inciso 28 da Constituição Federal, sendo constitucional a responsabilização objetiva do empregador por danos decorrentes de acidentes de trabalho nos casos especificados em lei ou quando a atividade normalmente desenvolvida por sua natureza apresentar exposição habitual a risco especial, com potencialidade lesiva e implicar ao trabalhador ônus maior do que aos demais membros da coletividade. (RE 828.040)

A indagação, no entanto, é: há possibilidade de que uma atividade **doméstica** apresente "por sua natureza exposição habitual a risco especial, com potencialidade lesiva e implicar ao trabalhador ônus maior do que aos demais membros da coletividade"?

Pois bem, acreditamos que sim. Na verdade, essa possibilidade já foi reconhecida em nossos tribunais. Vejamos os seguintes trechos das decisões desses dois casos:

> ACIDENTE DO TRABALHO. VAQUEIRO. (...) o sinistro deuse quando o autor, que era vaqueiro, tentava resgatar o corpo de uma novilha morta e sofreu queda da qual resultou fratura no pé. (...) foi necessário descer do cavalo para amarrar o corpo da novilha morta. No momento chovia muito e o animal assustouse com um trovão e desferiu coice no autor, provocando a fratura. (...) considero que o trabalho com animal vivo envolve risco acentuado, dada a impossibilidade de prever as alterações de comportamento que qualquer evento imprevisto poderá provocar, tal como ocorreu no caso em apreço. (...) Se a atividade desenvolvida pelo trabalhador importa risco que lhe é inerente, o empregador deverá responder pelos danos advindos independentemente de sua culpa pelo infortúnio. Tal diretriz há de ser observada quando a atividade perigosa envolver probabilidade de risco acima do normal, ou seja, há de ser reconhecido o risco quando a ocorrência do acidente constituir hipótese muito provável, havendo até mesmo a expectativa de que venha a ocorrer um infortúnio. Ao atribuir ao empregador a responsabilidade objetiva no caso de atividade de risco, o legislador confere ao empregado proteção extra, pois incentiva maior cuidado do empresário com as condições de trabalho. A responsabilidade surge, portanto, nos casos em que a atividade impõe a uma determinada pessoa uma exposição ao perigo em grau muito superior àquele a que se sujeitam os demais membros da coletividade. Tal situação restou perfeitamente configurada no caso em tela. O autor, para executar as atribuições próprias do vaqueiro, necessitava utilizar montaria. Considerando que qualquer animal pode apresentar comportamento agressivo em caso de estímulo externo fora do controle do autor, não havia meios de prevenir aquele tipo de reação, embora seja certo que os efeitos do coice poderiam ser minimizados se o autor contasse com calçado adequado. Concluo, por isso, que os elementos dos autos convencem quanto à efetiva execução de atividade de risco, de molde a fazer incidir a regra do artigo 927, parágrafo único, do Código Civil. (TRT-3. Proc. nº 0000865-42.2010.5.03.0041-RO, 7ª T., Rel. Des. Antônio Gomes de Vasconcelos j. 14/06/2012.)
> 
> RESPONSABILIDADE OBJETIVA. ATIVIDADE DE RISCO. ÁREA RURAL. MANUTENÇÃO IRREGULAR DE ARMAMENTO E MUNIÇÃO. LATROCÍNIO. MORTE DE CASEIRO. Quando o acidente do trabalho resultar de uma atividade que, **por sua natureza, ofereça risco acentuado** ao trabalhador, a responsabilidade deve ser analisada com base na **teoria objetiva**, bastando somente a prova do dano e do nexo causal, não havendo a necessidade de perquirir acerca da culpa decorrente de ato ilícito comissivo ou omissivo do empregador. É nesse senti-

do o parágrafo único do artigo 927 do CC. (...) A prova testemunhal não deixa dúvidas de que o **local de trabalho do autor era propenso a furto de animais**, tanto que o outro empregado da fazenda já tinha comunicado tal fato à polícia. Assim, entendo que o reclamado responde objetivamente pela morte do seu ex-empregado, uma vez que o trabalho desenvolvido por este equipara-se à atividade de risco, mormente em se considerando que atuava em á**rea de abigeato, exposto a risco elevado de violência**. Trata-se de risco superior ao risco normal de uma relação de emprego, justamente porque **sua função era defender o patrimônio do reclamado**. O próprio fato de **haver armas na residência** é um indicativo de que o local era passível de furtos, não sendo crível que as armas serviriam para espantar cachorros. E não só, ao **deixar as munições e armas na casa do reclamante o empregador potencializou o risco**, haja vista que é notório que a existência de armas, cujo conhecimento pode se dar por diversas formas, atrai a realização de crimes, tanto que foi só o que roubaram. Assim, não há prova de culpa exclusiva da vítima. Não se cogita, ainda, de caso fortuito, na medida em que o risco da atividade era conhecido, **já tendo a propriedade sofrido abigeato**. Incumbia ao reclamado prover um ambiente seguro ao seu empregado. (TRT-4. Proc. nº 0020351-71.2017.5.04.0871. ROT, 8ª T., Rel. Des. Gilberto Souza dos Santos, j. 23/11/2018.)

Como visto, nos dois casos, circunstâncias especiais levaram à conclusão de que a atividade do trabalhador, embora doméstica (e rural, nos dois casos) oferecia, por sua natureza, risco acentuado.

Acreditamos que esse mesmo raciocínio pode ser aplicado a diversos outros contextos de sinistros laborais domésticos. Citamos como exemplos: uma empregada doméstica que trabalha na casa de um delegado de polícia que, por sua atividade junto a organizações criminosas, foi ameaçado de morte, e é baleada por assaltantes; um cuidador de um deficiente físico que tenha comportamentos violentos e sofra um ferimento decorrente de um ataque deste; um cuidador de um idoso que tenha uma doença infectocontagiosa específica e venha a contrair esta doença.

Em todos esses exemplos, em nosso entendimento, "a atividade normalmente desenvolvida por sua natureza apresenta exposição habitual a risco especial, com potencialidade lesiva e implica ao trabalhador ônus maior do que aos demais membros da coletividade".

A outra tese de aplicação juslaboral da teoria da responsabilidade objetiva do empregador é a da causalidade sistêmica, defendida pelo Professor Guilherme Guimarães Feliciano, entre outros grandes nomes. Segundo o jurista, os acidentes de trabalho podem ser diferenciados entre acidentes de "**causalidade tópica**", que são aqueles eventos isolados, desconectados de qualquer fator presente no ambiente de trabalho, e acidentes de **"causalidade sistêmica"**, que são eventos resultantes de fatores ambientais, ou seja, de "desequilíbrio na disposição ou na combinação dos fatores de produção" (2013, p. 22).

No âmbito teórico do Direito Ambiental do Trabalho, entretanto, esse desequilíbrio – que é a causa sistêmica, ambiental ou estrutural de tais acidentes – ganha uma qualidade especial. Ele passa a ser considerado como **poluição do meio ambiente de trabalho**. Sendo o empregador o causador dessa poluição, deve ele ser considerado um **poluidor**.

Disso decorre que, no caso de acidente de causalidade sistêmica, o empregador se equipara a um **poluidor ambiental**. Por isso, incide nos casos de acidentes de causalidade sistêmica o art. 14, § 1º, da Lei nº 6.938/1981, que determina: "*é o poluidor obrigado, independentemente da existência de culpa, a indenizar ou reparar os danos causados ao meio ambiente e a terceiros, afetados por sua atividade*".

Acreditamos que esta tese seja aplicável sempre que houver prova de que o empregador descumpriu seus deveres de prevenir riscos laborais. Inclusive no âmbito doméstico.

A propósito, inclusive, entendemos que há elementos de aplicação desta tese na própria decisão citada acima, do Tribunal Regional do Trabalho da 4ª Região. Nesta decisão, é certo que, apesar de o julgador ter apontado expressamente o parágrafo único do artigo 927 como fundamento, também considerou elementos circunstanciais para definição da responsabilização objetiva. O empregador ter deixado armas na casa do reclamante, por exemplo. E essa estrutura argumentativa se aproxima mais da lógica da tese da causalidade sistêmica; ou seja, o empregador teria causado, pelo modo como dispôs os "fatores ambientais", um desequilíbrio circunstancial no ambiente de trabalho que, por si, elevou o risco ao qual estava submetido o empregado.

Para citar outro exemplo, retomando aquele caso hipotético que desenhamos mais acima, da queimadura com óleo quente: suponhamos que seja constatado, na instrução da demanda, que os empregadores deixavam, todos os dias, a empregada sozinha na casa, durante 6 horas, com a responsabilidade de cuidar de três crianças menores de 10 anos. Além disso, exigiam que ela cozinhasse e, também, fizesse a manutenção diária do lar, limpando banheiros e lavando roupas, por exemplo. Neste caso, é razoável concluir que tal empregador, ao impor uma carga muito alta de serviços à empregada, somada à dificuldade peculiar decorrente dos cuidados com as crianças, criou um contexto ambiental desequilibrado e dotado de um nível de risco de infortúnios mais elevado do que o normal. E, portanto, nessas circunstâncias, o evento poderia ser caracterizado como um acidente de causalidade sistêmica, de modo que o empregador, por ter descumprido seus deveres de criação de um ambiente seguro e saudável para a trabalhadora que contratou para prestar serviços em sua casa, atraiu para si sua responsabilização objetiva.

## CONSIDERAÇÕES FINAIS

No ano de 2013, histórico para a categoria dos domésticos, foram reconhecidos direitos básicos que, até então, lhes haviam sido negados. Cabe, entretanto, prosseguir caminhando com esta evolução, para que, cada vez mais, mudanças reais cheguem à realidade cotidiana desses trabalhadores. E é certo que o desenvolvimento de parâmetros e soluções labor-ambientais, necessários para garantir a proteção da saúde e da integridade física desses trabalhadores que sofrem "acidentes invisíveis", deve fazer parte dessa evolução.

# SEÇÃO VI

# DIREITO AMBIENTAL DO TRABALHO. INTERFACES ENTRE DIREITO E CIÊNCIA: UM DIREITO EM CONSTRUÇÃO. NANOTECNOLOGIA E RELAÇÕES DE TRABALHO

# CAPÍTULO 32
## NANOTECNOLOGIA E OUTROS ASPECTOS DA PRODUÇÃO DO SÉCULO XXI

*Flávio Leme Gonçalves*
*Gabriela Marcassa Thomaz de Aquino*

### 32.1. BREVE PANORAMA DA NANOTECNOLOGIA

Segundo a National Nanotechnology Iniciative, o termo nanotecnologia foi cunhado pela primeira vez, pelo pesquisador Norio Taniguchi, em 1974, como forma de diferenciar a engenharia em escala micrométrica ($10^{-6}$) das escalas menores, nanométricas ($10^{-9}$). Tal escala, por ser tão pequena, acaba sendo difícil de se compreender; para se ter noção, em uma polegada existem 25.400.000 nanômetros e, uma folha de jornal, corresponde a cerca de 100.000 nanômetros de espessura.

Com o passar dos anos, a nanotecnologia se tornou uma importante estratégia tecnológica. Em 2016, no Fórum Econômico Mundial, houve a divulgação de uma lista das dez tecnologias emergentes que seriam capazes de melhorar a vida das pessoas, transformando as indústrias e salvaguardando o planeta. Das dez tecnologias apresentadas, oito estavam relacionadas ao uso de nanotecnologia: nanossensores, internet das nanocoisas, nanobaterias, materiais 2D, materiais fotovoltaicos, inteligência artificial, optogenética e engenharia de sistemas metabólicos.

Diante da importância da nanotecnologia no desenvolvimento de tecnologias futuras, a Organização Internacional do Trabalho (OIT) desenvolveu um estudo sobre os riscos emergentes e as novas formas de prevenção em um mundo do trabalho em transformação. Nesse estudo, a OIT conceituou da seguinte forma o termo nanotecnologia:

> As nanotecnologias referem-se à manipulação de substâncias numa escala de 1 a 100 nanómetros e baseiam-se numa modificação das propriedades físicas dessas substâncias. As nanopartículas podem ter influência sobre as propriedades mecânicas dos materiais, tais como a sua dureza e a sua elasticidade. Entende-se por nanopartícula um objeto de pequenas dimensões que se comporta como uma unidade integral quanto à sua transferência e às suas propriedades. As nanopartículas são também classificadas em função do seu tamanho: em termos de diâmetro, as partículas finas vão de 100 a 2500 nanómetros, enquanto as ultrafinas medem entre 1 e 100 nanómetros. (OIT, 2010, p. 3)

> A Organização Internacional do Trabalho (OIT) ressalta ainda que os riscos na utilização da nanotecnologia ainda são pouco conhecidos, de modo que, torna-se complicado calcular o número de trabalhadores expostos.

No Brasil, a área de desenvolvimento de nanotecnologia também é considerada estratégica. O documento "Estratégia Nacional de Ciência, Tecnologia e Inovação 2012-2015" traça como objetivo do país o desenvolvimento de processos e produtos utilizando-se nanomateriais visando o aumento da competitividade da indústria brasileira.

Considerando a prioridade dessa área de nanotecnologia no país, em 05 de abril de 2012, por meio da Portaria nº 245 o Ministério da Ciência, Tecnologia, Inovações e Comunicações instituiu o Sistema Nacional de Laboratórios em Nanotecnologias (SisNano) como um dos elementos do Programa Nacional de Nanotecnologias. O SisNano tem seus objetivos elencados no art. 2º desta portaria, mas pode-se destacar de modo geral o objetivo de otimizar a infraestrutura, o desenvolvimento de pesquisa básica e aplicada e as atividades ligadas à inovação em nanoescala, buscando o avanço acelerado do país nessa área estratégica, fazendo com que o Brasil se equipare com os países mais adiantados nas formas de operação adequadas à participação de todos os atores relevantes nesse processo.

Os laboratórios de pesquisa do SisNano são divididos em duas categorias: os laboratórios estratégicos do Ministério da Ciência, Tecnologia e Inovações e Comunicações e os laboratórios associados. A primeira categoria é ligada ao MCTIC, no qual a utilização de equipamentos é disponibilizada a usuários externos (acadêmico e empresarial) em uma fatia nunca inferior a 50% do tempo de máquinas; a segunda categoria são laboratórios que integram um conjunto de sistemas e equipamentos em nanociência localizados nas Universidades e Institutos de Pesquisa, onde a fração mínima de 15% do tempo dos equipamentos durante o horário das atividades é disponibilizada a usuários externos à instituição.

Sobre esses laboratórios, o relatório com a Estratégia Nacional de Ciência, Tecnologia e Inovação para o período de 2016 2019 trouxe a seguinte distribuição geográfica que demonstra que o estado de São Paulo é o principal polo de desenvolvimento dessa tecnologia no país:

**Figura 1** – Distribuição regional dos laboratórios estratégicos e associados que formam o SisNANO

Fonte: Estratégia Nacional de Ciência, Tecnologia e Inovação (2016-2019).

Em 2013, todas as iniciativas de desenvolvimento de nanotecnologia no país foram concentradas na Iniciativa Brasileira de Nanotecnologia (IBN), tendo como um dos objetivos promover a competitividade da indústria brasileira. Tal iniciativa teve como alicerce, segundo informações disponibilizadas pelo Ministério da Ciência, Tecnologia, Inovações e Comunicações, as atividades de pesquisa e desenvolvimento realizadas nos laboratórios do Sistema Nacional de Laboratórios em Nanotecnologias (SisNano).

A Iniciativa Brasileira de Nanotecnologia (IBN) envolve diversos atores governamentais, entre eles: o Ministério da Ciência, Tecnologia, Inovações e Comunicações (MCTIC), o Ministério do Meio Ambiente (MMA), o Ministério da Agricultura, Pecuária e Abastecimento (MAPA), o Ministério da Defesa (MD), o Ministério da Educação (MEC), o Ministério de Minas e Energia (MME), o Ministério da Saúde (MS), o Ministério das Relações Exteriores (MRE), Ministério da Economia (ME), a Agência Brasileira de Desenvolvimento Industrial (ABDI), o Conselho Nacional de Desenvolvimento Científico e Tecnológico (CNPq), o Centro de Gestão e Estudos Estratégicos (CGEE), a Financiadora de Estudos e Projetos (FINEP) e o Banco Nacional de Desenvolvimento Econômico e Social (BNDES).

A grande quantidade de atores envolvidos na iniciativa foi justificada pela necessidade de assegurar a otimização de investimentos públicos, evitar a duplicação de esforços e permitir a identificação e avaliação dos avanços dos impactos gerados pela nanotecnologia no país.

Outro pilar da Iniciativa Brasileira de Nanotecnologia (IBN) é o SibratecNANO, operado pela Fundação de Desenvolvimento da Pesquisa (FUNDEP), e funciona como instrumento de aproximação, articulação e financiamento de projetos cooperativos entre micro, pequenas, médias, grandes empresas e as Instituições Científicas e Tecnológicas que fazem parte do SisNano.

Embora o uso de nanotecnologia ainda esteja em desenvolvimento já é possível perceber um crescimento desse mercado no mundo e no Brasil. Segundo a Agência Brasileira de Desenvolvimento Industrial (ABDI), estima-se que a nanotecnologia deve envolver quase 13 mil empresas de 56 países que, juntas, movimentam US$ 3 trilhões anuais, valor que deve saltar para US$ 5 trilhões, em 2020. No Brasil, o faturamento das 52 empresas fornecedoras de nanotecnologia ultrapassa os R$ 175 milhões, com um crescimento de 27% ao ano.

Segundo o Panorama de Nanotecnologia, produzido pela Agência Brasileira de Desenvolvimento Industrial (2013, p. 32), as pesquisas desenvolvidas no país indicam que as oportunidades de negócios em nanotecnologia tendem a surgir nos mercados de cosméticos, produtos provenientes da indústria química e petroquímica, plásticos, borrachas e ligas metálicas.

Segundo Ivandick Cruzelles Rodrigues (2019, p. 57), a grande revolução trazida pela nanotecnologia é baseada nas mudanças das propriedades físicas e químicas sofridas pela matéria, de modo que, em escala nanométrica, determinados materiais possam ser mais resistentes, mais flexíveis, mais duráveis, refletir melhor a luz ou conduzir melhor a eletricidade. Os riscos associados a essa mudança na propriedade física e química dos materiais, no entanto, ainda são pouco conhecidos.

## 32.2. OS RISCOS NA UTILIZAÇÃO DA NANOTECNOLOGIA

Para Ulrich Beck (2011, p. 23), a produção social de riqueza, na modernidade tardia, é acompanhada sistematicamente pela produção social de riscos. Essa distribuição de riscos está ligada a duas condições:

> Ela consuma-se, em primeiro lugar- como se pode reconhecer atualmente-, quando e na medida em que, através do nível alcançado pelas forças produtivas humanas e tecnológicas, assim como pelas garantias e regras jurídicas e do Estado Social, é objetivamente reduzida e socialmente isolada a autêntica carência material. Em segundo lugar, essa mudança categorial deve-se simultaneamente ao fato de que, a reboque das forças produtivas exponencialmente crescentes no processo de modernização, são desencadeados riscos e potenciais de autoameaça numa medida até então desconhecida. (BECK, 2011, p. 23)

Para o autor, essa nova fase da modernidade coincide com o novo paradigma da sociedade de risco, de modo que o processo de modernização passa a ser "reflexivo", convertendo-se a si mesmo em tema e em problema.

O autor (BECK, 2011, p. 27 e 28) identifica cinco teses que estabelecem essa autoameaça civilizatória do processo de modernização. São elas:

1. Produção de riscos relacionados ao avanço e desenvolvimento das forças produtivas. Esses riscos, segundo o autor, desencadeiam danos sistematicamente definidos e, por vezes, irreversíveis. Permanecem, na maioria das vezes, sendo invisíveis. Percebe-se, já nessa primeira tese, a aproximação dessa produção de riscos com os riscos identificados na utilização de nanotecnologia, que, por se desenvolver em uma escala invisível a olho nu e com matérias com características diferentes das partículas em seu estado natural, é capaz de desencadear danos permanentes.

2. Com o incremento dos riscos, surgem situações sociais de ameaça. Essas ameaças, segundo o autor, impactam seguindo a lógica da desigualdade de posições de estrato e classes sociais, mas, cedo ou tarde, acabam chegando àqueles que as produzem e que com elas lucram. Na situação do uso de nanotecnologia, as ameaças de seu uso tendem a impactar primeiramente os trabalhadores, que têm contato direto com as partículas, no entanto, também impactará os empresários, seja por meio de ações judiciais, seja pela queda de valores das ações da empresa, investigação governamental, aplicação de sanções.

3. Os riscos fazem parte da sociedade capitalista e são necessidades insaciáveis da economia. Assim, a modernização está atrelada à criação de riscos. Dessa forma, no que se refere à questão da nanotecnologia e de outras tecnologias no geral, é preciso compreender como serão desenvolvidos protocolos de segurança e como serão responsabilizados os danos advindos desse risco criado pela modernização.

4. Os riscos afetam toda a sociedade e, primeiramente, as camadas sociais mais baixas. A existência do risco está atrelada ao conhecimento desse risco, dessa forma, o conhecimento adquire uma nova relevância política. No contexto nanotecnológico, o maior conhecimento acerca dos riscos causados por essa nova tecnologia será capaz de instituir novos parâmetros de proteção e protocolos para a sua utilização.

5. Os riscos socialmente conhecidos tornam-se políticos, quando a esfera pública passa a reger a intimidade do gerenciamento empresarial. Assim, o que existe nessa sociedade de risco não é somente uma disputa aos problemas de saúde resultantes das ameaças produzidas, mas também os efeitos sociais, econômicos e políticos, na medida em que podem ocasionar a reorganização do poder e da responsabilidade. Como dito no tópico anterior, na questão da nanotecnologia, a instituição de

novos parâmetros de proteção e a responsabilização pelo não cumprimento dessas normas.

Percebe-se que o avanço na utilização da nanotecnologia se encaixa dentro dessa lógica da modernidade "reflexiva", na medida em que é uma tecnologia promissora em diversas áreas, incluindo em pesquisas médicas e farmacológicas, e também traz consigo riscos ainda pouco conhecidos, que podem se tornar uma ameaça, sobretudo, para aqueles que estão diretamente expostos a ela.

A Organização Mundial da Saúde (2017, p. 29) divulgou um relatório sobre a proteção de trabalhadores dos riscos relacionados às nanopartículas e identificou que a toxicidade dessas nanopartículas está relacionada ao tipo de material, tamanho, forma, atividade biológica etc. Também mencionou a existência de estudos em que a toxicidade das nanopartículas (ultrafinas) são maiores que as partículas finas de um mesmo material, na mesma quantidade.

Embora os estudos relacionados aos riscos das nanopartículas ainda sejam escassos, a Agência Internacional de Pesquisas em Câncer (2010, p. 190 e 254), vinculada à Organização Mundial da Saúde, já reconheceu algumas nanopartículas como possivelmente cancerígenas, como: nanotubos de carbono do tipo MWCNT-7, negro fumo e o dióxido de titânio. No caso do dióxido de titânio, estudos comprovaram que essas partículas ultrafinas (nanoescala) apresentavam maior toxicidade quando comparadas às partículas finas.

Considerando os riscos causados pelo uso de nanotecnologia, a Fundação Centro Nacional de Segurança, Higiene e Medicina do Trabalho (Fundacentro) iniciou, em 2007, o projeto "Estudo preliminar dos impactos da nanotecnologia para a saúde dos trabalhadores". Diante de alguns resultados, em 2018, a Fundacentro emitiu a Nota Técnica nº 1/2018, para informar a sociedade sobre esses riscos e recomendar ações para evitar ou ao menos minimizar os riscos advindos do uso da tecnologia.

Para a Fundacentro (2018, p. 5), o primeiro passo para o controle dos impactos da nanotecnologia na saúde dos trabalhadores está justamente no conhecimento acerca das características do nanomaterial. Diante da dificuldade de conhecer todos os impactos dessa tecnologia, a Fundacentro recomenda o exame periódico dos trabalhadores que têm contato com os nanomateriais, seguindo as seguintes etapas: Realização de exame médico inicial e coleta de histórico médico e ocupacional; Exames médicos periódicos em intervalos regularmente programados, incluindo testes específicos quando justificados; Exames médicos mais frequentes e detalhados, conforme indicado com base nos resultados desses exames; Exames pós-incidentes e exame médico após aumento descontrolado ou não rotineiro em exposições como derrames; Capacitação dos trabalhadores para reconhecerem sintomas que podem advir da exposição em atividades com nanomateriais; Elaboração de relatório escrito sobre os achados médicos; Estabelecimento das ações do empregador em resposta à identificação de perigos potenciais.

Mesmo com essas precauções, a Fundacentro ainda recomenda a existência de duas formas de aplicação do princípio da precaução. A primeira forma, restritiva, baseada na premissa "primeiramente, não cause danos", onde é preferível a não ação quando a ação pode causar danos. A segunda forma, ativa, tem como premissa "fazer mais e não menos", no sentido de aplicar esforços adequados para mitigar riscos e assumir responsabilidades por riscos potenciais.

Além disso, ressalta que a aplicação do princípio da precaução envolve os seguintes fundamentos: Devem ser tomadas ações de precaução antes mesmo da certeza científica sobre causas e efeitos; devem ser definidas metas; devem ser pesquisadas e avaliadas alternativas.

Este é o entendimento do Supremo Tribunal Federal (RE nº 627.189, Rel. Min. Dias Toffoli) identificando que incidirá o princípio da precaução sempre que houver incerteza científica, pois

> O princípio da precaução é um critério de gestão de risco a ser aplicado sempre que existirem incertezas científicas sobre a possibilidade de um produto, evento ou serviço desequilibrar o meio ambiente ou atingir a saúde dos cidadãos, o que exige que o estado analise os riscos, avalie os custos das medidas de prevenção e, ao final, execute as ações necessárias, as quais serão decorrentes de decisões universais, não discriminatórias, motivadas, coerentes e proporcionais. (RE 627.189, Rel. Min. Dias Toffoli)

Os encargos da prova sobre a segurança e as responsabilidades financeiras devem recair sobre os proponentes da nova tecnologia; deve ser estabelecido o dever de monitorar, compreender, investigar, informar e agir; deve ser fomentado o desenvolvimento de métodos e critérios de tomada de decisão mais democráticos (i.e., participação).

## 32.3. RESPONSABILIDADE CIVIL DECORRENTE DE DANOS GERADOS DURANTE A RELAÇÃO DE EMPREGO

Não é exagero afirmar que há relação direta entre o desenvolvimento de determinada sociedade e a responsabilização daquele que causa dano a outrem. O desenvolvimento da responsabilidade civil confunde-se, por assim dizer, com a própria evolução do direito enquanto instrumento de pacificação social. Se, nos primórdios da humanidade, era possível haver vingança privada em face de dano injustamente sofrido, nas sociedades modernas há a máxima de que, idealmente, não deve haver dano sem a correspondente reparação.

Vem daí a conclusão de que idealmente a reparação *in natura* **é a única capaz de verdadeiro restabelecimento do** *status quo ante*. Contudo, pela complexidade das relações sociais e com a vasta evolução tecnológica, os danos se tornam cada vez mais complexos, não raro, de difícil ou impossível restituição da realidade ao estado anterior ao fato danoso. Em decorrência da impossibilidade de reparação *in natura*, resta apenas a indenização pecuniária para amenizar o desequilíbrio das relações sociais provocado pelo evento danoso.

Também é sedimentado o entendimento de que a reparação de danos e indenização tem a função de desestímulo do ofensor, de modo a tornar sua conduta danosa mais custosa do que as cautelas para se evitar que o dano ocorra. Não fosse assim, ocorreria a inversão da lógica do sistema, privilegiando aquele que, dolosa ou culposamente, causa danos a terceiros, o que ocasionaria inegável estímulo à inobservância do ordenamento jurídico e privilegiaria a conduta antijurídica em detrimento do patrimônio jurídico dos ofendidos:

> También son funciones de Derecho de daños: constituir instrumento de regulación social, que educa para no dañar ni ser dañado; impedir los comportamientos antisociales; distribuir la carga de riesgos de la manera más adecuada posible; garantizar los derechos de las personas a su intangibilidad y resarcir los perjuicios injustos que se les infieran. (RAIMUNDO SIMÃO DE MELO *apud* MATILDE ZAVALA GONZALEZ, p. 235)

A responsabilidade civil se subdivide em duas vertentes: a subjetiva e a objetiva. Naquela, há de ser demonstrada, por quem sofreu o dano, a existência concomitante de três requisitos específicos, a saber: o dano, o nexo de causalidade entre o dano e a conduta do responsável civilmente e, por fim, o dolo ou culpa.

Já na responsabilidade civil objetiva, não se exige a presença da culpa ou dolo, sendo atribuído o dever de reparação se houver dano e nexo de causalidade.

O Código Civil regulamenta a matéria em seus arts. 186 e 187 determinando que aquele que, ainda que abusando de direito legítimo, causar dano a outrem comete ato ilícito e, por isso, fica obrigado a repará-lo, se agir com culpa. Assim, a regra geral é a responsabilidade civil do tipo subjetiva, no direito brasileiro.

No âmbito das relações de trabalho, especialmente a relação de emprego (arts. 2º e 3º da CLT), há características especiais decorrentes da própria subordinação jurídica do empregado, inserido que é na organização empresarial.

O art. 7º, XXII e XXVIII assegura especialmente ao trabalhador o direito à redução dos riscos inerentes ao trabalho, respondendo o empregador pelos danos causados ao empregado.

Sebastião Geraldo de Oliveira alerta para o seguinte fato:

> No entanto, a complexidade da vida atual, a multiplicidade crescente dos fatores de risco, a estonteante revolução tecnológica, a explosão demográfica e os perigos difusos ou anônimos da modernidade acabavam por deixar vários acidentes ou danos sem reparação, uma vez que a vítima não lograva demonstrar a culpa do causador do prejuízo, ou seja, não conseguia se desincumbir do ônus probatório quanto aos pressupostos da responsabilidade civil. (p. 114)

De forma avessa ao primado de pacificação social, a necessidade de comprovação de culpa do causador do dano acaba, em casos específicos, aumentando o próprio prejuízo experimentado pela vítima. Para dar conta desta realidade, o direito evoluiu no sentido de poder responsabilizar aquele que causa dano a outrem, sendo, em tais casos específicos, desnecessária a comprovação, pela vítima, de qualquer juízo de culpa.

No direito brasileiro, a responsabilidade objetiva será aplicada sempre que a lei assim determinar ou quando a própria atividade normalmente desenvolvida pelo responsável pelo dano importar em risco para direitos de terceiros, a teor do art. 927, parágrafo único, do Código Civil.

A redação da norma acertadamente não pretende, pois, elencar as diversas e incontáveis atividades que podem, por sua natureza, implicar em risco para direitos de terceiros. Os requisitos jurídicos para aplicação da teoria do risco, portanto, é tarefa do jurista que aferirá a presença dos requisitos previstos na norma citada. Nada obsta, entretanto, que legislação especifique a incidência da responsabilidade civil sem culpa para certos casos, como por exemplo, de danos ambientais (Lei nº 6.938/1981), energia nuclear (CF, art. 21, XXIII, "d"), aquelas previstas no Código de Defesa do Consumidor.

Se determinada atividade empresarial importar a seus empregados risco especial no meio ambiente de trabalho, o sistema normativo aponta para a norma do art. 927 e seu parágrafo único, ou seja, a responsabilidade sem a perquirição de culpa. Ademais, a compatibilidade do sistema de responsabilidade civil objetiva do empregador está respaldada em decisão do Supremo Tribunal Federal (RE 828.040), fixando a seguinte tese de repercussão geral:

> O art. 927, parágrafo único, do Código Civil é compatível com o art. 7º, XXVIII, da Constituição Federal, sendo constitucional a responsabilização objetiva do empregador por danos decorrentes de acidentes de trabalho, nos casos especificados em lei, ou quando a atividade normalmente desenvolvida, por sua natureza, apresentar exposição habitual a risco especial, com potencialidade lesiva e implicar ao trabalhador ônus maior do que aos demais membros da coletividade, nos termos do voto do Ministro Alexandre de Moraes (Relator), vencido o

Ministro Marco Aurélio. Ausente, por motivo de licença médica, o Ministro Celso de Mello. Presidência do Ministro Dias Toffoli. Plenário, 12.03.2020. (BRASIL, STF, RE 828.040)

Diante deste entendimento consolidado pelo Supremo Tribunal Federal, pouca ou nenhuma dúvida existirá quando o caso já estiver "especificado em lei", já que a própria lei em questão prevê a incidência da responsabilidade civil objetiva, mas o debate deverá se aprofundar quanto ao conteúdo jurídico das atividades empresariais que "normalmente" desenvolvidas, "por sua natureza", apresentam "exposição habitual a risco especial" de modo a "implicar ao trabalhador ônus maior do que aos demais membros da coletividade".

Os questionamentos ganham ainda maior complexidade quando riscos inerentes à atividade do empregador, como é o caso das nanotecnologias, sequer possuem riscos totalmente conhecidos pelo atual estágio do desenvolvimento científico. Como já delineado acima, as nanotecnologias, em verdade, representam uma verdadeira revolução científica já que todo conhecimento de materiais em escala macro deve ser restabelecido, quando em escala nanométrica. Daí a necessidade de se criar novos ramos da ciência para compreender os fenômenos em nanoescala, como nanomedicina e nanotoxicologia.

Sob o ponto de vista jurídico-laboral, é do empregador o risco inerente ao negócio, também é dele o dever objetivo de cuidado e informação às pessoas (e aos entes públicos) envolvidas em empreendimento. Nesse contexto, incide o plexo de normas jurídicas de proteção à saúde do trabalhador no meio ambiente de trabalho com uso de nanotecnologias que, apesar de não haver norma específica sobre estas, não pode ser menos protegido diante da (aparente) lacuna normativa.

Em saúde e segurança do trabalho, o debate que normalmente surge refere-se às normas regulamentadoras quando se analisam agentes com potencial impacto na saúde e segurança de trabalhadores, obrigando estes ao cumprimento estrito dos limites de tolerância, equipamentos de proteção individual e coletiva ali descritos podendo, inclusive, serem alterados via mero Decreto do Presidente da República. Nas palavras de Homero Batista Mateus da Silva (2009, p. 3), as Normas Regulamentadoras, em termos formais são "o regulamento do regulamento" mas ganham *status* de grande relevo em processos e laudos periciais cujo objetivo é, no mais das vezes, aferir se os limites legais foram atendidos ou não. Entretanto, no caso de riscos incertos e futuros, como é o das nanotecnologias, não há qualquer fonte jurídica formal de limites de tolerância ou qualquer regulamentação para o meio ambiente de trabalho, o que poderia fazer o jurista menos atento a concluir – segundo o princípio da legalidade – que não há qualquer proibição, logo, é permitido.

Especialmente em relação às nanotecnologias, não há sequer razoabilidade se exigir limites de tolerância para *todas* as substâncias, moléculas ou mesmo suas combinações que são, virtualmente, impossíveis. O processo de regulamentação não deve ter a ambição de ser taxativo em se tratando de matéria tão vasta, sob pena de rapidamente se tornar defasada e norma, pela rapidez que a ciência avança, ou ainda restringir o que não se deve, por ausência de conhecimento mais profundo. Não menos certo é o fato da impossibilidade de se aferir concretamente os riscos a que trabalhadores estão expostos, como afirmam Maurício de Carvalho Góes e Wilson Engelmann (2015, p. 156):

> No entanto, o problema reside na característica particular das nanopartículas. Viu-se anteriormente que as nanopartículas possuem alta reatividade e alta mobilidade em escala atômica

> e molecular. Tais propriedades podem alterar significativamente as propriedades de outros materiais compostos por nanopartículas. Esse cenário leva a um quadro de total incerteza e insegurança quanto aos efeitos das nanopartículas, pois ainda se desconhece o resultado ou os efeitos concretos que as propriedades atômicas desses elementos podem gerar noutros elementos de combinação molecular.

Em outras palavras, ainda que haja limites de tolerância para determinada substância ou produto em escala macro, tais limites são absolutamente inócuos para escala nano já que em tais dimensões as características físico-químicas são totalmente alteradas.

Com efeito, juridicamente, em cenário de ausência de norma específica em saúde e segurança no trabalho, ganha destaque o conjunto normativo geral e inescapável, que protege a saúde do trabalhador contra danos causados no meio ambiente do trabalho, desde as normas constitucionais voltadas à saúde, integridade física, direito à redução de riscos inerentes ao trabalho (art. 7º, XXII, da CF), passando pelo direito ao meio ambiente saudável (art. 225 da CF), sendo certo que a ordem social tem como base o primado do trabalho, e tem como objetivo o bem-estar e justiça sociais (art. 193 da CF). Sendo as nanotecnologias inseridas no meio ambiente do trabalho como parte da produção, a utilização de tais tecnologias não pode ser motivo de escusas – ou ausência de responsabilidade civil – em caso de concretização de danos decorrentes dos riscos que ela impõe.

Como danos ambientais são, em regra, irreversíveis ou de difícil reparação, cabe a aplicação dos princípios da prevenção e da precaução para evitá-los.

## 32.4. RESPONSABILIZAÇÃO PELO USO DE NANOTECNOLOGIA

Como já explicitado, as nanotecnologias impõem grande potencial benéfico à humanidade. Sem embargo, não se ignora que há incerteza científica quanto aos seus potenciais efeitos deletérios. É da própria natureza das nanotecnologias o seu enorme potencial de solução de problemas modernos, como a despoluição de ambientes degradados, a manufatura de materiais importantes para a humanidade, o desenvolvimento de medicamentos ou equipamentos de saúde e, de outro lado, a incerteza científica intrinsicamente relacionada às propriedades não totalmente conhecidas. Em síntese "suas virtudes são seus vícios" (FELICIANO, 2017).

As questões jurídicas que se colocam não são simples, portanto. Especialmente no que se refere à responsabilidade civil decorrente de danos causados ao ser humano trabalhador, no meio ambiente de trabalho com uso de nanotecnologias, não há norma jurídica positivada voltada para o novo segmento. Especialmente destacamos que é justamente a população trabalhadora a mais exposta, pela exposição "notoriamente mais recorrente" (SANTOS, 2016, p. 445), se comparada a outras, como aquela que apenas se depara com o produto final, pronto para consumo. Não se ignora, ainda, que dentre cada grupo ou categoria de trabalhadores, deve haver medidas específicas para gerenciamento de risco nanotecnológico, conforme sua própria necessidade. O que releva saber é inaptidão, para afastar riscos nanotecnológicos, das normas regulamentadoras e demais legislação pensada para riscos conhecidos, previsíveis e certos.

A análise proposta, pois, decorre do fato de a responsabilidade civil estar em constante evolução, já que a forma de organização dos meios de produção sofre vertiginosa mudança nas últimas décadas, como resultado – dentre outros fatores – pelo uso extensivo de nanotecnologias, alterando diariamente o chão de fábrica, o que acaba por impor a empregadores e empregados nova realidade capaz de refletir, necessariamente, nos deveres e direitos recíprocos.

Em outras palavras, como se trata de tecnologias promissoras e já amplamente utilizadas, por um lado, mas com a inerente incerteza científica quanto aos riscos envolvidos, por outro, a minuciosa análise da responsabilidade civil decorrente de eventuais danos causados pelo uso dessa mesma tecnologia se mostra fundamental para o direito. Em tais casos, como não é dado ao Estado-Juiz a possibilidade do *non liquet* (Constituição Federal, art. 5º, XXXV), a hermenêutica jurídica deve assegurar construção segura da decisão capaz de pacificar adequadamente as relações sociais.

No caso específico das nanotecnologias, não raro, sequer há mudança das substâncias envolvidas, mas apenas o tamanho (superfície de contato) das mesmas e conhecidas matérias. Neste cenário, se o que não é proibido deve ser permitido, haverá quem sustente a absoluta ausência de ilegalidade na conduta que fez nascer o dano. Ou, ainda, em havendo dano quando do uso de nanotecnologias não se está diante de risco previsto, o que afastaria a possibilidade de se evitá-lo.

Contudo, se não nos parece razoável simplesmente vedar o uso de tecnologias, cuja característica imanente é a impossibilidade de calcular os riscos envolvidos em sua utilização (PYRRHO e SCHRAMM, 2012 *apud* SANTOS, 2016), se mostra juridicamente válida a incidência de quem assumiu o risco do negócio, como princípio de equidade, já que aquele que lucra com o risco, deve por ele ser responsabilizado – *ubi emolumentum, ibi ônus; ubi commoda, ibi incommoda*.

A incerteza científica, ademais, é um dos pilares que faz incidir o princípio da precaução (FELICIANO, 2017) no que se refere aos danos no meio ambiente do trabalho, fundada na incerteza. Em termos epistemológicos, a incerteza científica não se coaduna com o mero receio subjetivo de dano (risco de que haja risco em determinada atividade), mas o fundado receio, pelos próprios achados científicos de que a atividade tem potencial de risco grave. No caso concreto das nanotecnologias, o atual estado da ciência já nos permite afirmar que há riscos novos, embora (ainda) não sejam totalmente conhecidos.

Portanto, seria falacioso afirmar que a norma jurídica do parágrafo único do art. 927 do Código Civil visa apenas os riscos conhecidos. Ao contrário, a proteção se dá em virtude de riscos aumentados ou criados, atingindo especialmente certas populações quando comparadas a outras não expostas às condições especiais. A título de exemplo, desde o longínquo ano de 1992, a comunidade científica já alertava sobre substâncias que potencialmente se comportariam de forma similar ao asbesto, no caso o nanotubo de carbono (MAYNARD, 2014).

No caso das nanotecnologias, em se concretizando o dano, por ineficazes os meios de precaução ou prevenção de agravos à saúde do trabalhador, responderá o causador sem necessidade de aferição de culpa, se determinado grupo de trabalhadores estiver inserido em meio de produção com risco aumentado quando comparado às demais pessoas da coletividade, por força do art. 927, parágrafo único, do Código Civil, declarado compatível com as normas de direito do trabalho, conforme decisão do Supremo Tribunal Federal no RE 828.040.

Àquele que decide empreender em ramo de vanguarda, que conscientemente explora atividade cujos riscos estão envoltos à incerteza científica, por certo, não deve ser escusável a delegação aos trabalhadores dos mesmos riscos, inerentes à própria decisão de explorar a avançada tecnologia.

# SEÇÃO VII

## MEIO AMBIENTE DO TRABALHO: POLÍTICAS PÚBLICAS. DIMENSÃO ADMINISTRATIVA. DIMENSÃO PREVIDENCIÁRIA

# CAPÍTULO 33
## OS TRÊS PODERES E AS POLÍTICAS PÚBLICAS PARA O MEIO AMBIENTE DO TRABALHO

*Daniela de Lima Amorim*
*Ingrid Sora*
*Vitor Vitorello de Freitas Mariano da Silva*

## INTRODUÇÃO

A Constituição da República Federativa do Brasil de 1988 foi promulgada com a missão de restaurar o regime democrático no País, de realizar o bem-estar dos cidadãos e de fazer cumprir a igualdade material entre os mesmos, buscando um patamar mínimo civilizatório, capaz de angariar a existência digna a todos, e de superar a realidade díspar, historicamente construída e culturalmente desdobrada, desde o período colonial aos dias atuais.

Tal afirmação pode ser facilmente verificada no inciso III, do seu art. 3º (*"erradicar a pobreza e a marginalização e reduzir as desigualdades sociais e regionais"*), bem como em seu art. 170, *caput*, em que se pretende *"assegurar a todos existência digna, conforme os ditames da justiça social"* (VICENTE; ALEXANDRINO, 2010, p. 383).

Daí se denota, portanto, que a Lei Maior incluiu um capítulo inovador como elemento essencial à concretização deste patamar supracitado, qual seja, o capítulo dos direitos sociais (SOUZA, 2009), capítulo este, inclusive, alçado à condição de "direitos e garantias fundamentais".

Ocorre que existe um grande hiato entre aquilo previsto formalmente em lei e aquilo que é efetivamente concretizado pelo Poder Público. Com efeito, a materialização dos direitos sociais depende da disponibilidade financeira do Estado, de modo que estão sujeitos à denominada cláusula de "reserva do possível" (VICENTE; ALEXANDRINO, 2010, p. 103).

Dessa maneira, fica simples perceber que a efetivação dos direitos fundamentais de segunda geração, quais sejam, os direitos sociais, demanda uma escolha política para quais setores haverá liberação e implementação de verbas públicas. Ao fim do dia, a ação decisória sobre a alocação dos recursos públicos, no sentido de que as diretrizes constitucionais e legais saiam do papel e adquiram materialidade, pode ser denominada de políticas públicas (OLIVEIRA, 2010a, p. 283).

Ora, considerando que a adoção de políticas públicas é uma escolha governamental, resta evidente que a sua natureza e a sua capacidade de promoção dependem, visceralmente, dos líderes estatais em questão (FIGUEIREDO, 2001). Isto, por óbvio, dentro de uma margem de razoabilidade jurídica, porque – independente do titular da representação política e dos seus vieses ideológicos – não pode o Poder Público se furtar à realização das prestações fundamentais positivas, ainda que a limitação de recursos seja uma contingência a ser abalizada. No particular, conforme posição já adotada pelo Supremo Tribunal Federal (ADPF 45 – MC), a recusa de cumprimento dos direitos sociais, econômicos e culturais não pode se operar de forma artificial e dissimulada, cumprindo-se demonstrar, de forma real e simultânea, a inexistência de disponibilidade financeira do Estado e uma pretensão material irrazoável.

Assim, no desenho institucional brasileiro, as funções de formular e implementar políticas públicas são atribuições típicas dos Poderes Legislativo e Executivo. O Poder Judiciário, por sua vez, tem papel atuante quando os órgãos estatais competentes forem omissos em suas obrigações institucionais, de modo a comprometer a integridade de direitos individuais ou coletivos de ordem constitucional, inclusive as normas constitucionais programáticas, como os direitos sociais[1].

Sobre essas normas, saliente-se, nada obstante designadas de programáticas, elas, pela moldura global do constitucionalismo moderno e pelo princípio da máxima efetividade das normas constitucionais, devem ser compreendidas como sendo dotadas de imperatividade e aptas à geração de efeitos (CUNHA, 2004, p. 75).

E, dentre as normas constitucionais programáticas, é importante dar o devido destaque ao art. 200, inciso VIII, da Constituição Federal[2], eis que a referida norma coloca como garantia constitucional "*a proteção do meio ambiente, nele compreendido o do trabalho*". Nessa medida, então, o presente artigo se ocupará das políticas públicas realizadas pelo Estado com relação à temática do meio ambiente do trabalho, analisando, para tanto, a atuação dos Três Poderes do Estado brasileiro.

Como visto, tais políticas públicas podem ser desenvolvidas no âmbito dos diferentes poderes da República – Executivo, Legislativo e Judiciário. Essas ações, portanto, são promovidas por pessoas jurídicas de direito público ou por pessoas jurídicas de direito privado com delegação estatal. Impera destacar, por oportuno, que, quando uma entidade privada realizar a implementação de uma política pública, ela não pode visar somente o lucro, sendo obrigada sempre a respeitar, em primeiro plano, a satisfação dos interesses da sociedade (SOUTO MAIOR, 2017, p. 524).

Dito isto e considerando a amplitude do tema epigrafado, este texto poderia açambarcar políticas públicas outras, desenvolvidas por Estados e Municípios especialmente afetados por gravames labor-ambientais, como ocorre nas localidades brasileiras, onde há o dilema da crisotila (ou amianto), ou, em certos municípios agrícolas, onde se verifica o problema da pulverização de agrotóxicos etc. Este estudo, porém, faz uma abordagem panorâmica, perpassando pelos Três Poderes da República, identificando, junto aos mesmos, as principais linhas de atuação, no particular, sem qualquer pretensão de exaurimento temático.

Em suma, este artigo abordará as diferentes políticas públicas adotadas pelo Estado brasileiro sobre a temática do meio ambiente do trabalho, e, para tanto, se valerá da metodologia de abordagem dedutiva, por meio da técnica de pesquisa bibliográfica para análise das políticas públicas (BUCCI, 2015), seguindo o método de descrição.

---

1   Conforme ADPF 45-9 – Distrito Federal, julgamento em 29/04/2004.
2   "*Art. 200. Ao sistema único de saúde compete, além de outras atribuições, nos termos da lei:*
(...).
*VIII - colaborar na proteção do meio ambiente, nele compreendido o do trabalho.*"

## 33.1. O PODER EXECUTIVO

A Constituição de 1988 trouxe novas formulações institucionais para o Estado brasileiro, afetando enormemente a questão das políticas públicas, eis que boa parte destas alterações acarretou a chamada federalização de políticas públicas e remodelou o papel dos entes federados na produção destas políticas (SOUZA, 2009).

Nesse sentido, é evidente que a adoção de políticas públicas relativas à proteção do meio ambiente do trabalho pode ser produzida em qualquer nível dos entes federativos, quais sejam, União, Estados e Municípios. Nesse caminho, o Poder Executivo federal pode atuar na (des)regulamentação do meio ambiente do trabalho por diferentes frentes.

Uma delas é por meio de propostas legislativas elaboradas por órgãos do governo e edição de medidas provisórias[3]. Outra é a implementação de campanhas, semanas e jornadas de saúde e segurança do trabalho, por meio das empresas públicas e sociedades de economia mista, com o objetivo de educar os trabalhadores e os cidadãos e, somado a isso, prevenir a ocorrência de acidentes do trabalho e doenças ocupacionais, sendo imperioso destacar o papel fundamental da FUNDACENTRO (Fundação Jorge Duprat e Figueiredo), o qual será pormenorizado mais adiante.

Quanto à promoção de campanhas, é importante dar o devido destaque à CANPAT (Campanha Nacional de Prevenção de Acidentes do Trabalho), cujo objetivo é implementar uma cultura de prevenção de acidentes do trabalho em todo o País. A origem deste modelo de proteção ao meio ambiente do trabalho está ligada à Semana de Prevenção de Acidentes do Trabalho, instituída em 1953, sendo que em 1971 a CANPAT adquiriu caráter permanente (CANPAT, 2019).

No âmbito do Poder Executivo, merece ênfase o Programa Políticas Públicas em Saúde e Segurança do Trabalho que tem por objetivo o estudo das políticas públicas brasileiras em saúde e segurança do trabalho, dentre as quais, destacam-se as diretrizes da Política Nacional de Segurança e Saúde no Trabalho – PNSST, instituída pelo Decreto nº 7.602, de 07 de novembro de 2011.

Além disso, o Poder Executivo pode atuar na seara do meio ambiente do trabalho por meio dos seus órgãos ministeriais (Ministério da Economia – Secretaria do Trabalho e da Previdência –; Ministério da Saúde; Ministério do Meio Ambiente), que serão tratados em tópicos próprios.

De qualquer modo, no que tange à legislação atinente ao meio ambiente do trabalho vinculada aos ímpetos do Poder Executivo federal, verifica-se um verdadeiro desmonte do setor, sob o argumento de *"modernização"* (ALVES, 2017) das relações trabalhistas e previdenciárias, pelo menos nos últimos 3 (três) anos.

O autor uruguaio RODRIGUEZ (1993, p. 33) já nos alertava sobre a possível *"destruição"* dos direitos sociais *stricto sensu* (direitos trabalhistas) referindo-se à flexibilização ou modernização das relações de trabalho:

> De modo que, embora não nos assuste a inserção de uma dose adicional de flexibilização, tampouco parece justificado o entusiasmo que desperta um tema do qual nossa disciplina está muito próxima e lhe é receptiva.
>
> Temos afirmado que são aceitáveis muitas das questões levantadas propondo uma solução mais flexível ou introduzindo algo mais que flexibilização numa solução. O que parece ina-

---

3    Com fulcro no art. 62 da Constituição Federal.

ceitável é a filosofia que respalda e está por detrás de todas propostas, que passa do que se tem chamado de flexibilidade de adaptação para uma flexibilidade de desregulamentação.

No fundo, os fomentadores deste movimento invocam uma fundamentação que vai além do aceitável. Já se disse que é preciso suprimir todos os rigores que possam desestimular o investidor. Ora, a supressão de todos os rigores leva à destruição do Direito do Trabalho, pois toda nossa disciplina foi edificada com base em alguma rigidez.

Os exemplos são diversos. A Reforma Trabalhista (Lei nº 13.467, de 13 de julho de 2017), proposta pelo Governo de Michel Temer e aprovada, de forma relâmpago, em menos de 06 (seis) meses, inseriu na CLT o art. 611-B, parágrafo único, dispondo expressamente que *"regras sobre duração do trabalho e intervalos não são consideradas como normas de saúde, higiene e segurança do trabalho para os fins do disposto neste artigo"*.

Ao revés desta capitulação legal, muitos estudos concluem que o excesso de jornada é uma das principais causas de fadiga no trabalho e, consequentemente, uma vez verificado na realidade cotidiana do trabalhador, aumentam-se os riscos de ocorrência de acidentes laborais (BRANDÃO, 2009).

Assim, sob o falso pretexto de *"modernização"* das relações trabalhistas, a legislação nega fatos óbvios, indo contra a natureza dos acontecimentos e causando falta de proteção de um meio ambiente do trabalho equilibrado.

Já em 2019, foi editada a Medida Provisória nº 905, de 11 de novembro, que instituiu o chamado *"Contrato de Trabalho Verde e Amarelo"*, mais uma vez, uma nova medida de flexibilização da legislação trabalhista, sob o pretexto da desburocratizar o sistema, diminuir encargos e gerar empregos.

Dentre as disposições normativas deste texto legal, seu art. 19 tentou criar o *"Programa de Habilitação e Reabilitação Física e Profissional, Prevenção e Redução de Acidentes de Trabalho"*. Os artigos seguintes traziam diretrizes sobre a implementação do programa e sua maneira de financiamento.

Tal medida poderia trazer alguns avanços à proteção do meio ambiente do trabalho, eis que o referido programa se apresentava normativamente com um viés protetivo, entretanto, é certo que a referida MP acabou "caducando", uma vez que o Senado não a pautou para votação e seu prazo de vigência acabou por expirar. Desta forma, o referido programa foi de curtíssima duração e não cumpriu a missão a que se propunha.

Impera destacar, por oportuno, que a despeito da referida MP instituir o programa supracitado, outras disposições normativas implicavam uma missão oposta à proteção do meio ambiente do trabalho. Por exemplo, por meio dela, houve a revogação da alínea "d" do art. 21 da Lei nº 8.213, de 24 de julho de 1991[4], deixando de considerar, como acidente do trabalho, qualquer acidente ocorrido quando o trabalhador se desloca do serviço até sua residência, ou vice-versa, e, consequentemente, retirando do trabalhador sua possível estabilidade acidentária.

---

4 *"Art. 21. Equiparam-se também ao acidente do trabalho, para efeitos desta Lei:*

*(...)*

*d) no percurso da residência para o local de trabalho ou deste para aquela, qualquer que seja o meio de locomoção, inclusive veículo de propriedade do segurado."*

Outra alteração se deu no art. 86, § 6º, da Lei nº 8.213, de 24 de julho de 1991[5], instituindo lista a ser elaborada pela Secretaria Especial de Previdência e Trabalho do Ministério da Economia, para definir quais são as hipóteses de possibilidade do recebimento do auxílio acidente. Essa previsão legislativa foi revogada pela Medida Provisória nº 955, de 20 de abril de 2020. Via de consequência, se o caso de ter prosperado uma tal medida, seria possível que, mesmo se o trabalhador comprovasse a redução de sua capacidade laborativa, ele poderia não receber o benefício acidentário, por ausência de previsão na lista supracitada.

Outras medidas poderiam ser citadas – como a redução do valor do auxílio-acidente –, mas o objetivo aqui é demonstrar que, em matéria de políticas públicas de implementação de medidas capazes de fazer valer um meio ambiente do trabalho equilibrado, o Poder Executivo não tem obtido bons resultados.

Com efeito, não se pode deixar de realizar algumas colocações sobre a atuação do Poder Executivo na seara do meio ambiente do trabalho em meio à pandemia do coronavírus.

Entrementes, dentre as medidas adotadas pelo Governo Federal, em razão do escopo da presente discussão, é necessário dar o devido destaque à Medida Provisória nº 927, de 22 de março de 2020[6]: seu art. 29[7] dispôs expressamente que a contaminação pelo coronavírus não será considerada doença ocupacional, salvo se demonstração do nexo causal e, além disso, seu art. 31, *caput*[8], determinou que Auditores Fiscais do Trabalho do Ministério da Economia devem atuar de maneira meramente orientadora, retirando, no particular, seus poderes fiscalizatórios.

Muito embora o Governo Federal tenha editado, nesses termos, uma tal medida provisória, o Supremo Tribunal Federal, após o ajuizamento de sete Ações Diretas de Inconstitucionalidade (ADI's), proferiu decisão liminar suspendendo a eficácia tanto do art. 29, como do art. 31, ambos, já se viu, da MP nº 927/2020. De qualquer maneira, demonstra-se uma grande despreocupação, por parte dos atuais ocupantes da esfera administrativa do Governo Federal, quanto às questões atinentes à proteção do meio ambiente do trabalho.

Como é cediço, o Direito do Trabalho possui natureza absolutamente imperativa, de modo que medidas como esta, adotada pela MP 927/2020, se encontram em latente conflito com o princípio da proibição do retrocesso social (FELICIANO, 2013, p. 139). Dessa forma, a possibilidade de resolução dos problemas sociais, mesmo com a pandemia do coronavírus, deve ser encontrada dentro da Constituição e, não, fora dela (FÜRST, 2020).

---

5    Com a redação da MP 905/2019: *"Art. 86. O auxílio-acidente será concedido, como indenização, ao segurado quando, após a consolidação das lesões decorrentes de acidente, resultarem sequelas que impliquem redução da capacidade para o trabalho que habitualmente exerça, conforme situações discriminadas no regulamento.*

*(...)*

*6º As sequelas a que se refere o caput serão especificadas em lista elaborada e atualizada a cada três anos pela Secretaria Especial de Previdência e Trabalho do Ministério da Economia, de acordo com critérios técnicos e científicos."*

6    Dispõe sobre as medidas trabalhistas para enfrentamento do estado de calamidade pública reconhecido pelo Decreto Legislativo nº 6, de 20 de março de 2020, e da emergência de saúde pública de importância internacional decorrente do coronavírus (covid-19), e dá outras providências.

7    *"Art. 29. Os casos de contaminação pelo coronavírus (covid-19) não serão considerados ocupacionais, exceto mediante comprovação do nexo causal."*

8    *"Art. 31. Durante o período de cento e oitenta dias, contado da data de entrada em vigor desta Medida Provisória, os Auditores Fiscais do Trabalho do Ministério da Economia atuarão de maneira orientadora, exceto quanto às seguintes irregularidades: (...)."*

Nesses termos, a adoção de políticas públicas não pode se dar por meio de "flexibilizações", "modernizações" ou "desregulamentações", mas, sim, por meio de atuação positiva, categórica e regulamentadora do Estado, sob pena de tornar letra morta os ditames constitucionais, sobretudo com relação ao meio ambiente do trabalho (OLIVEIRA, 2010a, p. 283):

> A lógica da decisão sobre destino de recursos deixa de ter como centro o global do Estado, dirigindo-se aos problemas sociais. O Estado, modernamente, deve ser inclusivo, não só democratizando as instituições, mas, essencialmente, a sociedade. Logo, o direcionamento dos recursos não mais pode ser efetuado às classes organizadas e mandantes, mas aos que necessitam do amparo do Estado. Este deixa de atender às oligarquias dominantes, calcadas na indústria e no agronegócio, para o sentido de terem as políticas públicas o caráter compensatório do abandono a que as classes menos favorecidas foram relegadas.

### 33.1.1. O Ministério da Economia – Secretaria do Trabalho e da Previdência

Após a extinção do Ministério do Trabalho, em janeiro de 2019, a pauta trabalhista passou a ser conduzida pelo Ministério da Economia, especificamente pela Secretaria do Trabalho e da Previdência. Sua atuação se dá, de forma majoritária, em ações inerentes à fiscalização do Trabalho e à concessão de benefícios previdenciários. Além disso, também administra as ações de perícia e reabilitação profissional do segurado acidentado ou adoecido no trabalho.

Em consonância com o mesmo discurso da Reforma Trabalhista, a Secretaria do Trabalho e da Previdência, sob o pretexto de "*modernização*", vem desregulamentando as normas relativas à saúde e segurança do trabalho (BRASIL, 2019). Referido órgão, por exemplo, revisou a Norma Regulamentadora nº 12, que trata sobre a segurança do trabalho em máquinas e equipamentos. Segundo os revisores, a NR-12 foi criada na década de 1970, com sua última revisão em 2010, de modo que seu texto original seria extremamente complexo e de difícil execução. Aliado a isso, aumentaria os custos dos empreendedores sem revertê-los em efetiva proteção aos trabalhadores. Segundo a plataforma digital do órgão, um "estudo realizado pela Secretaria de Política Econômica (SPE) do Ministério da Economia aponta que a revisão da NR 12 poderá reduzir até R$ 43,4 bilhões em custos para o agregado da indústria, refletindo em aumento entre 0,5% e 1% da produção industrial (BRASIL, 2019)".

A despeito de existir menção à prevenção e redução dos acidentes do trabalho, não há menção de nenhum estudo, por parte da Secretaria do Trabalho e da Previdência, capaz de demonstrar a manutenção da saúde e da segurança do trabalho com a referida "*modernização*" e, além disso, não há qualquer obrigatoriedade da suposta economia de recursos ser destinada (ou, pelo menos, uma parcela dela) à proteção dos trabalhadores. No limite e em essência, a referida "*modernização*" se apresenta, mesmo, como uma maximização do lucro em detrimento à saúde e segurança do trabalho.

A situação se repete com as Normas Regulamentadoras nº 03 (embargo e interdição), nº 24 (condições de higiene e conforto nos locais de trabalho) e nº 28 (fiscalização e penalidades) (BRASIL, 2019).

Na pandemia do coronavírus, a saúde e segurança do trabalhador também foram desprestigiadas pelo mesmo órgão público federal. A Subsecretaria de Inspeção do Trabalho (SIT), vinculada à Secretaria Especial de Previdência e Trabalho do Ministério da Economia, elaborou um ofício, em 27 de março de 2020, a ser enviado aos empregadores de todo o Brasil, com uma série de recomendações em relação à saúde e à segurança dos trabalhadores baseadas, em tese, em normas trabalhistas e em indicações do Ministério da Saúde (BRASIL, 2020).

No referido ofício, salta aos olhos a existência de um capítulo destinado à *"suspensão de exigências administrativas em SST"*, no qual consta, em seu item 34, que *"fica suspensa a obrigatoriedade de realização de exames médicos ocupacionais, clínicos e complementares (...)"* e, em seu item 37, que *"fica suspensa a obrigatoriedade de realização de treinamentos periódicos e eventuais dos atuais empregados, previstos em normas regulamentadoras de segurança e saúde do trabalho"*.

Em poucas palavras, portanto, em meio a uma grave pandemia, quando mais se precisa proteger a saúde e a segurança no trabalho, o Ministério da Economia opta por relativizar e suspender as normas – as poucas que ainda existem – sobre tais aspectos. Com efeito, mais uma vez frustra-se a possibilidade de implementação de normas de proteção ao meio ambiente do trabalho, demonstrando o quão difícil é sua concretização (FELICIANO, 2013, p. 145):

> Segundo Ferrajoli (2000: 940 e ss.), é relativamente fácil delinear um modelo garantista em abstrato, enunciando os seus princípios, reconhecendo-os na Constituição e deslegitimando com relativa certeza as normas infraconstitucionais que se apartam deles. A grande dificuldade está em modelar as técnicas legislativas e judiciais adequadas para assegurar efetividade aos mesmos princípios e aos direitos que eles consagram. Esse segundo passo exige mais que engenho intelectual e científico; exige a lealdade dos poderes públicos (Executivo, Legislativo e Judiciário) às instituições, por um lado, e por outro a maturidade democrática das forças políticas e sociais. Nessa esteira de entendimento, fazer valer os direitos sociais constitucionalizados com argamassa normogenética para esculpir um sistema jurídico infraconstitucional coerente com os desideratos do Estado Social, a despeito de conjunturas econômicas e das opções ideológicas alternativas (sejam elas infraconstitucionais, preconstitucionais ou alienígenas) – não é uma questão econômica; é sobretudo uma questão política.

Então, nessa medida, cumpre destacar que, entre outras, albergando as antigas funções do extinto Ministério do Trabalho e substituindo-o quanto às mesmas, nos termos da Lei nº 13.844, de 18 de junho de 2019, a Secretaria de Relações do Trabalho passa a desempenhá-las, através da sua atual estruturação administrativa. No bojo destas, a inspeção do trabalho, que é figura de assento constitucional, prevista no art. 21, inciso XXIV, da Constituição Federal, como, também, na Convenção 81, da Organização Internacional do Trabalho, nos arts. 626 a 642, da CLT, e no Decreto nº 4.552, de 27 de dezembro de 2002, que aprova o Regulamento da Inspeção do Trabalho.

A inspeção trabalhista é exercida por servidor público federal, concursado para o cargo de Auditor-Fiscal do Trabalho. Cuida-se de uma atividade administrativa de caráter vinculante, baseada na orientação das empresas, no entendimento e, quando o caso, na imposição de multas, com vistas ao efetivo cumprimento da legislação trabalhista. Por esse motivo, sempre foi muito adversada, encontrando-se, em seu desenvolvimento histórico, fases, primeiro, carecedoras de concretização prática; depois, intercalando-se conforme as forças políticas de cada época, fases de maiores incidência e repercussão práticas e por fases de forte resistência e combate à mesma pelos empresários atuantes no território nacional, que consideram onerosas as medidas de proteção ao trabalhador, como, também, a sua saúde e segurança no trabalho. Eis o estágio atual, onde, inclusive, como já se introduziu acima, encontram-se extintos o Ministério do Trabalho e o Ministério da Previdência Social.

Na atualidade, referidas pastas governamentais são parte do Ministério da Economia, reduzidas à Secretaria Especial de Previdência e Trabalho, que, por sua vez, se subdivide em duas outras secretarias, a Secretaria da Previdência e a Secretaria do Trabalho. Esta última, a seu tempo, também fracionada em 02 (duas) coordenações e 02 (dois) departamentos. Os departamentos são, respectivamente, o Departamento de Fiscalização do Trabalho – DEFIT e o Departamento de Segurança e Saúde do Trabalhador – DSST.

Por tais departamentos, mesmo ao sabor das atuais medidas políticas que as descaracterizam e desmantelam, o Governo Federal cumpre suas atribuições legais de inspeção e fiscalização do trabalho. E, no presente organograma, os Auditores-Fiscais do Trabalho do Departamento Nacional de Saúde e Segurança do Trabalho são responsáveis, entre outras medidas, pela gestão desta matéria em todo território nacional, devendo planejar, supervisionar, orientar, coordenar e controlar a execução de atividades de prevenção e de intervenção inerentes à mesma. Igualmente, eles coordenam a CANPAT, atuam na edição e na atualização das Normas Regulamentadoras e cadastram as empresas que utilizam substâncias arriscadas ou que exijam regramento legal específico (BRASIL, 2020).

### 33.1.2. Fundação Jorge Duprat Figueiredo (FUNDACENTRO)

A então denominada Fundação Centro Nacional de Segurança, Higiene e Medicina do Trabalho foi instituída pela Lei nº 5.161, de 21 de outubro de 1966, promulgada no Governo de Castelo Branco. Vinculada ao Poder Executivo, a FUNDACENTRO é fruto da preocupação nacional e internacional com o crescente número de acidentes do trabalho no Brasil.

O desenvolvimento industrial e de obras de infraestrutura, a partir de meados da década de 1950, passou a gerar crescimento no número de acidentes do trabalho no Brasil, o que levou o Governo Federal a manifestar interesse, ainda no início da década de 1960, pela visita de um técnico da OIT ao Brasil para averiguar as condições de higiene e segurança do trabalho no país (FUNDACENTRO, 2020).

Em 1962, sobreveio a visita técnica da OIT na cidade de São Paulo, apurando a necessidade de criação de um Centro de Investigação sobre segurança, higiene e medicina do trabalho. Dois anos mais tarde, o então Ministro do Trabalho e Previdência Social, Arnaldo Lopes Süssekind, durante Convenção em Genebra, apresenta à OIT a necessidade de criação do Centro Regional Latino-Americano de Higiene e Segurança do Trabalho, bem como sugere a visita ao Brasil de uma comissão técnica da Organização Internacional do Trabalho – OIT, com o escopo de verificar as condições de segurança e saúde nos principais centros industriais do país (FUNDACENTRO, 2020).

A união do esforço nacional ao suporte técnico internacional da OIT fez surgir, em 1966, a FUNDACENTRO, cujo objetivo era:

> *criação e manutenção de um Centro Nacional de Segurança, Higiene e Medicina do Trabalho, que terá por objetivo principal e genérico a realização de estudos e pesquisas pertinentes aos problemas de segurança, higiene e medicina do trabalho* (art. 1.º, da Lei nº 5.161, de 21 de outubro de 1966).

Seu primeiro presidente foi Jorge Duprat Figueiredo, que permaneceu à frente da Instituição por quase 10 anos (de dezembro de 1968 a setembro de 1978, quando veio a falecer). Como forma de homenageá-lo, foi alterado o nome da Instituição para Fundação Jorge Duprat Figueiredo, por meio da Lei nº 6.618, de 16 de dezembro de 1978 (FUNDACENTRO, 2020).

Dentre as políticas públicas desenvolvidas pela fundação, ao longo de sua história, destacam-se abaixo algumas das principais, que marcaram as duas primeiras décadas de sua existência:

- Em 1969, a Fundacentro assume a coordenação da 23ª Semana de Prevenção de Acidentes instituída pelo Decreto nº 811, de 30 de março de 1962 (FUNDACENTRO, 2020);
- Em 1970, iniciam-se as atividades do Laboratório de Equipamentos de Proteção Individual, em um projeto-piloto para óculos e capacetes. No mesmo ano, a Fundação celebra convênio com a Faculdade de Saúde Pública da USP e promove o primeiro curso de higiene do trabalho (FUNDACENTRO, 2020);
- Em 1971, a Fundacentro participa de pesquisa pioneira juntamente com a Faculdade de Saúde Pública da USP, para a "verificação da ocorrência da bissinose entre os trabalhadores da indústria de fiação e tecelagem do algodão em São Paulo-SP" e no mesmo ano há a criação do Grupo Especial de Prevenção de Acidentes na Construção Civil (GEPAC) (FUNDACENTRO, 2020);
- Em 1973, a Fundação inicia a coordenação e execução de cursos de formação e especialização na área da segurança e medicina do trabalho, em convênio com várias faculdades, escolas e entidades, nas capitais de vários estados e, no mesmo ano, é lançada a Revista Brasileira de Saúde Ocupacional – RBSO (FUNDACENTRO, 2020). Ainda em 1973, a Fundacentro se torna o Centro Nacional do Centro Internacional de Informações de Segurança e Higiene do Trabalho (CIS), entidade sem fins lucrativos criada pela OIT, que tem por missão a disseminação sistemática e rápida de informações sobre segurança e saúde do trabalho (FUNDACENTRO, 2020);
- Em 1977, é realizado o convênio entre o Ministério do Trabalho e a Fundacentro, cujo fruto é o Programa Nacional de Educação em Segurança e Saúde Ocupacional Rural, visando conscientizar as entidades que atuam no setor acerca da importância da prevenção de riscos e doenças ocupacionais (FUNDACENTRO, 2020);
- Em 1978, é implantado o "Projeto Formação da Consciência Prevencionista do Trabalho entre Escolares do 1° Grau" e, no mesmo ano, ocorre a elaboração das Normas Regulamentadoras, aprovadas pela Portaria nº 3.214, do Ministério do Trabalho, o que modifica inteiramente a forma de disciplina e sistematização das normas de saúde e segurança do trabalho, a partir de então, condensadas em um único documento legal. A fundamental participação da Fundacentro se deu por meio de 19 técnicos que compuseram o grupo de elaboração das NR's (FUNDACENTRO, 2020);
- Em 1981, a Fundação realiza estudo de âmbito nacional sobre o trabalho infantil e da mulher em condições de desequilíbrio do ambiente laboral (FUNDACENTRO, 2020);
- Em 1984, é implantado o setor de psicologia ocupacional na Divisão de Medicina do Trabalho da Fundação, permitindo à entidade conduzir estudos sobre acidentes e as doenças relacionadas ao trabalho, sob o enfoque da psicodinâmica do trabalho (FUNDACENTRO, 2020);
- De 1984 a 1990, a Fundacentro foi a sede do Centro Latino-Americano de Segurança e Medicina do Trabalho (CLASET), órgão vinculado à OIT (FUNDACENTRO, 2020);

- Em 1986, é iniciado o Programa Nacional de Prevenção de Pneumoconioses (PNPP), cujo objetivo é proteger a saúde dos trabalhadores expostos às poeiras pneumoconióticas (FUNDACENTRO, 2020).

Esta pequena digressão histórica, que relata algumas das principais contribuições da Fundacentro para a difusão do conhecimento acerca de saúde e segurança do trabalho, bem como para o desenvolvimento de pesquisas e elaboração de programas efetivos de prevenção, foi necessária para demonstrar a sua fundamentalidade dentro da sistemática de políticas públicas, no âmbito do meio ambiente laboral.

Por meio de unidades descentralizadas, atualmente, a Fundacentro está presente em todo o país e, pelo ineditismo de seus estudos, ocupa a liderança das pesquisas sobre saúde e segurança do trabalho na América Latina, mantendo câmbio com países da Europa, das Américas, além do Japão e Austrália, em "*ações que envolvem desde trabalhos na área de educação até o desenvolvimento de projetos de sistemas de gestão ambiental*" (FUNDACENTRO, 2020).

Embora em seu nascedouro tenha sido considerada pessoa jurídica de direito privado – conforme seu primeiro estatuto aprovado pelo Decreto nº 62.172/1968 –, hoje em dia, a Fundacentro tem natureza de pessoa jurídica de direito público, vinculada ao Ministério da Economia, com a finalidade, conforme se verifica no art. 2º do seu atual Estatuto (Decreto nº 10.096, de 06 de novembro de 2019) e não é responsável apenas por elaborar estudos e pesquisas sobre higiene, segurança, meio ambiente e medicina do trabalho, como, especificamente:

> *I – pesquisar e analisar o meio ambiente do trabalho e do trabalhador, para a identificação das causas dos acidentes e das doenças no trabalho;*
>
> *II – realizar estudos, testes e pesquisas relacionados com a avaliação e o controle de medidas, métodos e de equipamentos de proteção coletiva e individual do trabalhador;*
>
> *III – desenvolver e executar programas de formação, aperfeiçoamento e especialização de mão de obra profissional, relacionados com as condições de trabalho nos aspectos de saúde, segurança, higiene e meio ambiente do trabalho e do trabalhador;*
>
> *IV – promover atividades relacionadas com o treinamento e a capacitação profissional de trabalhadores e empregadores;*
>
> *V – prestar:*
>
> *a) apoio técnico aos órgãos responsáveis pela política nacional de segurança, higiene e medicina do trabalho; e*
>
> *b) orientação a órgãos públicos, entidades privadas e sindicais, com vistas ao estabelecimento e à implementação de medidas preventivas e corretivas de segurança, higiene e medicina do trabalho;*
>
> *VI – realizar estudos que visem ao estabelecimento de padrões de eficiência e qualidade referentes às condições de saúde, segurança, higiene e meio ambiente do trabalho e do trabalhador; e*
>
> *VII – exercer outras atividades técnicas e administrativas que lhe sejam cometidas pelo Ministro de Estado da Economia.*

Nos dias atuais, a Fundacentro possui os seguintes programas, que promovem políticas públicas de educação, conscientização, atendimento, estudos e pesquisas: Programa de Educação, Segurança e Saúde no Trabalho no Setor de Transportes, implementado a partir de 2012; Programa Prevenção e Controle da Exposição Ocupacional a Agentes Ambientais (AGAMB); Programa de Segurança no Processo de Trabalho – PROSPT; Programa Organização, Gestão do Trabalho e Adoecimento – PROORT; Programa de Engenharia de Segurança do Trabalho na Indústria da Construção – PROESIC; Programa de Segurança Química – PSQ; Programa Nacional de Educação em Segurança do Trabalhador – PROEDUC, implantado a partir de 1997; EpiClin-Poeiras, que sucede o Programa Nacional de Eliminação da Silicose Brasil (PNES-B) que atuou de 2002 a 2017; Programa Políticas Públicas em Saúde e Segurança do Trabalho (FUNDACENTRO, 2020).

O Programa Políticas Públicas em Saúde e Segurança do Trabalho tem por objetivo o estudo das políticas públicas brasileiras em saúde e segurança do trabalho, dentre as quais destacam-se as diretrizes da Política Nacional de Segurança e Saúde no Trabalho – PNSST, instituída pelo Decreto nº 7.602, de 07 de novembro de 2011 (FUNDACENTRO, 2020).

Nesse sentido, a Fundacentro figura expressamente como um dos atores sociais responsáveis pela implementação das diretrizes da Política Nacional e, para tanto, consta no Decreto nº 7.602, de 07 de novembro de 2011, a sua incumbência de implementar as políticas públicas de saúde e segurança do trabalho por meio das seguintes estratégias:

> 1. elaborar estudos e pesquisas pertinentes aos problemas que afetam a segurança e saúde do trabalhador;
>
> 2. produzir análises, avaliações e testes de medidas e métodos que visem à eliminação ou redução de riscos no trabalho, incluindo equipamentos de proteção coletiva e individual;
>
> 3. desenvolver e executar ações educativas sobre temas relacionados com a melhoria das condições de trabalho nos aspectos de saúde, segurança e meio ambiente do trabalho;
>
> 4. difundir informações que contribuam para a proteção e promoção da saúde do trabalhador;
>
> 5. contribuir com órgãos públicos e entidades civis para a proteção e promoção da saúde do trabalhador, incluindo a revisão e formulação de regulamentos, o planejamento e desenvolvimento de ações interinstitucionais; a realização de levantamentos para a identificação das causas de acidentes e doenças nos ambientes de trabalho; e
>
> 6. estabelecer parcerias e intercâmbios técnicos com organismos e instituições afins, nacionais e internacionais, para fortalecer a atuação institucional, capacitar os colaboradores e contribuir com a implementação de ações globais de organismos internacionais.

Portanto, as atividades da Fundacentro incluem pesquisa, atendimento, educação, elaboração de políticas públicas, todos, em diálogo com diferentes organismos governamentais e privados, nacionais e internacionais, em busca da efetivação dos mandamentos da Convenção da OIT nº 155, dos quais o Brasil é signatário.

Em meio à atual pandemia mundial do coronavírus (Covid-19), a Fundacentro elaborou a cartilha "PREVENÇÃO À COVID-19. Proteção respiratória: orientações de uso frente à Covid-19", com base em trabalho já apresentado em 2008 acerca da proteção respiratória contra agentes biológicos (NICOLAI et al., 2020). Ainda, a Revista Brasileira de Saúde Ocupacional lançou chamada de artigos em maio de 2020 sobre a Covid-19 e saúde do trabalhador.

Por fim, em colaboração com a Organização Internacional do Trabalho e a Organização Mundial da Saúde, a Fundacentro está desenvolvendo pesquisa sobre os riscos à saúde e segurança dos profissionais da área de saúde durante a pandemia de Covid-19 (FUNDACENTRO, 2020).

### 33.1.3. Ministério da Saúde

O Ministério da Saúde aborda as questões relativas ao meio ambiente do trabalho por meio do SUS (Sistema Único de Saúde). E, sobre o SUS, resumidamente, pode-se dizer que é um sistema público de saúde, baseado nos princípios da universalidade de acesso, da gratuidade, da igualdade e da democracia, para promoção, proteção e recuperação da saúde e da qualidade de vida dos cidadãos. O SUS decorre da Constituição Federal (arts. 196 e 198), e é regulamentado pela Lei nº 8.080, de 19 de setembro de 1990, também chamada de Lei Orgânica da Saúde, e pela Lei nº 8.142, de 28 de dezembro de 1990.

Seu modelo de gestão é descentralizado, mais a cargo dos municípios, sem embargo da participação da União e dos Estados, garantindo-se cooperação técnica e transferência automática e intergovernamental das verbas necessárias à sua finalidade, isto, se atendidas certas condições legais pelas unidades federativas das diferentes esferas (arts. 33 e s. da Lei nº 8.080, de 19 de setembro de 1990).

Igualmente, o SUS tem gestão participativa, contando em cada esfera de governo, sem embargo das funções específicas do Poder Legislativo, com instâncias colegiadas, a saber, a Conferência de Saúde e o Conselho de Saúde, este, de caráter permanente e deliberativo, com composição colegiada, da qual participam representantes governamentais, prestadores de serviço, profissionais de saúde e usuários (art. 1.º, II, §§ 1.º e 2.º, da Lei nº 8.142, de 28 de dezembro de 1990).

Além das intervenções clássicas de saúde, o SUS também promove vacinação e operações de vigilância sanitária, baseando-se em uma concepção de autocuidado, preventiva de agravos, enquanto diretriz de políticas públicas. Em seu campo de atuação, também está incluída a saúde do trabalhador (art. 6º, I, c, da LOS), entendida, enquanto tal, como sendo o conjunto de atividades que se destina à promoção e proteção da saúde dos trabalhadores, como, também, à recuperação e reabilitação da saúde dos que foram submetidos a riscos, doenças e acidentes, em razão do trabalho (art. 6º, § 3º). De acordo com este mesmo dispositivo legal, a saúde do trabalhador abrange:

> *I – assistência ao trabalhador vítima de acidentes de trabalho ou portador de doença profissional e do trabalho;*
>
> *II – participação, no âmbito de competência do Sistema Único de Saúde (SUS), em estudos, pesquisas, avaliação e controle dos riscos e agravos potenciais à saúde existentes no processo de trabalho;*
>
> *III – participação, no âmbito de competência do Sistema Único de Saúde (SUS), da normatização, fiscalização e controle das condições de produção, extração, armazenamento, transporte, distribuição e manuseio de substâncias, de produtos, de máquinas e de equipamentos que apresentam riscos à saúde do trabalhador;*
>
> *IV – avaliação do impacto que as tecnologias provocam à saúde;*
>
> *V – informação ao trabalhador e à sua respectiva entidade sindical e às empresas sobre os riscos de acidentes de trabalho, doença profissional e do trabalho, bem como os resultados de fiscalizações, avaliações ambientais e exames de saúde, de admissão, periódicos e de demissão, respeitados os preceitos da ética profissional;*
>
> *VI – participação na normatização, fiscalização e controle dos serviços de saúde do trabalhador nas instituições e empresas públicas e privadas;*
>
> *VII – revisão periódica da listagem oficial de doenças originadas no processo de trabalho, tendo na sua elaboração a colaboração das entidades sindicais; e*
>
> *VIII – a garantia ao sindicato dos trabalhadores de requerer ao órgão competente a interdição de máquina, de setor de serviço ou de todo ambiente de trabalho, quando houver exposição a risco iminente para a vida ou saúde dos trabalhadores.*

Com efeito, desdobra sua atuação pelos diferentes entes federativos para a realização da PNSTT (Política Nacional de Saúde do Trabalhador e da Trabalhadora), que, nos termos do art. 2º da Portaria nº 1.823, de 28 de agosto de 2012:

> (...) tem como finalidade definir os princípios, as diretrizes e as estratégias a serem observados pelas três esferas de gestão do Sistema Único de Saúde (SUS), para o desenvolvimento da atenção integral à saúde do trabalhador, com ênfase na vigilância, visando a promoção e a proteção da saúde dos trabalhadores e a redução da morbimortalidade decorrente dos modelos de desenvolvimento e dos processos produtivos.

No âmbito nacional, a atuação do Ministério da Saúde na temática do meio ambiente do trabalho ocorre pelas regulações da RENAST (Rede Nacional de Atenção Integral à Saúde do Trabalhador) e do CNS (Conselho Nacional de Saúde).

Um exemplo recente da atuação da RENAST é a regulamentação da Lei nº 13.979, de 06 de março de 2020, por meio do Decreto nº 10.282, de 20 de março de 2020, definindo quais são os serviços públicos e as atividades essenciais em meio à pandemia do coronavírus (FIOCRUZ, 2020).

Outrossim, uma das presentes atuações do CNS – e que merece o devido destaque – é a recomendação de observância do Parecer Técnico nº 128/2020, que dispõe sobre as orientações ao trabalho e atuação dos trabalhadores e trabalhadoras, no âmbito dos serviços de saúde, durante a Emergência em Saúde Pública de Importância Nacional, em decorrência da Doença por Coronavírus – COVID-19 (BRASIL, 2020). Dentre as recomendações do parecer técnico, consta expressamente que:

> (...) profissionais de saúde estão na linha de frente da resposta a COVID-19, estão expostos a riscos de contato com patógenos, longas horas de trabalho, sofrimento psicológico, fadiga, desgaste profissional, estigma e violência física e psicológica. O risco de colapso dos sistemas de saúde aumenta muito com os agravos à saúde dos trabalhadores provocados pelo próprio trabalho. Portanto, são fundamentais medidas de preservação física e psicológica dos trabalhadores.

Ora, tal recomendação, realizada por técnicos da saúde, entra em conflito com as próprias diretrizes do Ministério da Economia, uma vez que, por ação deste órgão, como visto alhures, houve a suspensão de: 1) exigências administrativas em saúde e segurança do trabalho; 2) realização de exames médicos ocupacionais, clínicos e complementares; 3) obrigatoriedade de realização de treinamentos periódicos e eventuais dos atuais empregados, previstos em normas regulamentadores de segurança e saúde do trabalho.

Em outras palavras, são diretrizes conflitantes entre si, que mostram descompasso nas medidas administrativas do Governo Federal; que acabam por enfraquecer a proteção do meio ambiente do trabalho e que descaracterizam a atividade especializada desse Conselho Nacional de Saúde, enquanto instância administrativa máxima, de composição colegiada, para a deliberação, fiscalização e monitoramento das políticas públicas de saúde encetadas pelo SUS, entre as quais, as referentes à saúde do trabalhador.

Dentro da competência do Ministério da Saúde há, ainda, os CEREST (Centros de Referência em Saúde do Trabalhador), que, no âmbito da RENAST –responsável por sua estruturação –, promovem ações com o objetivo de melhorar as condições de trabalho e a qualidade de vida dos trabalhadores e trabalhadoras por meio de práticas de prevenção e vigilância desses Centros.

Para tanto, os CEREST promovem a integração da rede de serviços de saúde do SUS, no âmbito de sua área de abrangência, seja estadual, regional ou municipal (art. 7º, § 1º, da Portaria nº 2.728, de 11 de novembro de 2009, do Ministério da Saúde), sendo que, para a criação de CEREST de abrangência municipal, condiciona-se a uma população superior a 500 mil habitantes. De acordo com a divulgação da página on-line do RENAST (2006, p. 20), os CEREST devem estar localizados:

> (...) em cada uma das capitais, regiões metropolitanas e municípios sede de polos de assistência, das regiões e micror-regiões de saúde[9], com a atribuição de dar suporte técnico e científico às intervenções do SUS no campo da saúde do trabalhador, integradas, no âmbito de uma determinada região, com a ação de outros órgãos públicos.

Resumidamente, a função dos CEREST é dar subsídios técnicos para o SUS, nas ações de prevenção, promoção, diagnóstico, tratamento, reabilitação e vigilância em saúde dos trabalhadores urbanos e rurais, independentemente do vínculo empregatício e do tipo de inserção no mercado de trabalho, à luz do que disciplina o art. 7º, da Portaria nº 2.728, de 11 de novembro de 2009, do Ministério da Saúde.

Por sua vez, o Manual de Gestão e Gerenciamento da RENAST dispõe que as atividades dos CEREST devem estar articuladas com os serviços da rede do SUS e outros setores do governo que possuem relação com a Saúde do Trabalhador, devendo orientar e fornecer meios para que os agravos relacionados à saúde e trabalho possam ser atendidos pelo SUS de forma integral e hierarquizada (RENAST, 2006).

Para tanto, suas atribuições incluem desempenhar funções de suporte técnico, educação permanente, coordenação de projetos de promoção, vigilância e assistência à saúde dos trabalhadores e trabalhadoras; dar apoio para o desenvolvimento de ações de saúde do trabalhador na atenção primária em saúde, bem como nos serviços especializados e de urgência e emergência; além de atuar como centro articulador e organizador de ações intra e intersetoriais de saúde do trabalhador, assumindo a retaguarda técnica especializada para o conjunto de ações e serviços do SUS e se tornando o polo de ações e experiências de vigilância em saúde, nos termos do quanto previsto no art. 14, da Portaria nº 1.823, de 23 de agosto de 2012, do Ministério da Saúde.

Em especial, observe-se que cabe aos CEREST desenvolver um Plano de Ação – que visa operacionalizar as determinações da Portaria GM/MS nº 2.437, de 07 de dezembro de 2005 –, o qual possa criar e executar políticas públicas relacionadas à área de Saúde dos Trabalhadores, sendo que as ações desenvolvidas pelos CEREST são planejadas de forma integrada pelas equipes de saúde do trabalhador, no âmbito das Secretarias de Saúde e das Secretariais Municipais de Saúde.

Especialmente, os CEREST não podem assumir funções ou atribuições correspondentes aos SESMT (Serviços Especializados de Segurança e Medicina do Trabalho) ou similar, do setor público ou privado, nos termos do art. 7º, § 4º, da Portaria nº 2.728, de 11 de novembro de 2009, do Ministério da Saúde.

Atente-se, ainda, para o fato de que, para atender ao objetivo de incluir ações de saúde dos trabalhadores e trabalhadoras no SUS, bem como na cultura local, os CEREST devem ter infor-

---

9   Utilize-se como definição de Região de Saúde aquela prevista no art. 2º, inciso II, do Decreto nº 7.508/2011, qual seja: espaço geográfico contínuo constituído por agrupamentos de Municípios limítrofes, delimitado a partir de identidades culturais, econômicas e sociais e de redes de comunicação e infraestrutura de transportes compartilhados, com a finalidade de integrar a organização e o planejamento de ações e serviços de saúde.

mações e dados disponíveis e atualizados de sua área de abrangência – como Mapa de Risco; Mapa de Acidentes de Trabalho; Indicadores Sociais, Econômicos, de Desenvolvimento e IDH; e informações sobre capacidade instalada do SUS (RENAST, 2006, p. 43).

Sobre a atuação e cobertura dos CEREST, em 2018, 73,3% de regiões de saúde têm cobertura de pelo menos um CEREST regional. Todavia, necessário é frisar que, de acordo com apontamento do Departamento de Vigilância em Saúde Ambiental e Saúde do Trabalhador, do Ministério da Saúde, no mesmo ano, o modelo de cobertura de 1 (um) CEREST para cada Região de Saúde, demonstra que atualmente um dos problemas que o modelo atual dos CEREST enfrenta é a não promoção de equidade.

Foi identificado que, em muitos casos, há um CEREST Regional com responsabilidade por uma População Economicamente Ativa (PEA) de 2 milhões, e outros de 50 mil, recebendo o mesmo valor mensal (R$ 30 mil); sendo ainda que não há a figura jurídica "Região de Saúde", de modo que o repasse de recurso do CEREST Regional é para o Fundo Municipal de Saúde do município sede (Gestão Municipal) ou Fundo Estadual de Saúde (Gestão Estadual), e, muitas vezes, gestores municipais utilizam o recurso exclusivamente para ações no município sede e vários municípios não conseguem executar o recurso destinado ao CEREST ou o utilizam em ações que não são de vigilância em saúde dos trabalhadores e trabalhadoras.

No âmbito estadual, além dos CEREST, há os Conselhos de Saúde, no âmbito nacional (Conselho Nacional de Saúde), Conselho Estadual de Saúde e Conselhos Municipais de Saúde, além do Conselho Distrital de Saúde, inerente ao Distrito Federal. Trata-se de órgãos colegiados – compostos por usuários do sistema, representantes do governo, prestadores de serviços e profissionais de saúde –, de caráter permanente, paritário e deliberativo do SUS, em cada esfera de Governo.

Nos termos da Resolução nº 333, de 04 de novembro de 2003, os Conselhos são instâncias privilegiadas de proposição, discussão, acompanhamento, deliberação, avaliação e fiscalização da implementação da Política de Saúde, e se confere aos mesmos (Conselhos de Saúde) competências para implementar medidas de defesa dos princípios do SUS, para atuar na formulação e controle da execução da política de saúde, bem como para definir diretrizes de elaboração dos planos de saúde pública e, sobre eles, deliberar, estabelecer estratégias e procedimentos de acompanhamento da gestão do SUS, proceder revisão periódica desses planos de saúde, dentre outros poderes, fiscalizando a administração dos Fundos de Saúde.

Mais especificamente, dentre os objetivos dos Conselhos, é possível citar a contribuição para a gestão no âmbito dos princípios do SUS, no que envolve riscos sociais e epidemiológicos da população, bem como avaliar as ofertas de serviço do SUS, envolvendo a promoção, proteção e recuperação da saúde da coletividade e de grupos de risco.

No âmbito municipal, é possível citar também o Programa ESF (Estratégia Saúde da Família), previsto na Portaria nº 2.436, de 21 de setembro de 2017 – que dispõe sobre a PNAB (Política Nacional de Atenção Básica) –, art. 4º, que busca promoção da qualidade de vida da população e intervenção nos fatores que colocam a saúde em risco, fortalecendo-se como uma forma de acesso ao SUS.

O Programa eSF, baseado na qualidade de vida, no princípio da territorialização e do trabalho em equipes, é composto por equipe médica ("Equipes de Saúde da Família" – ESF) de atuação relacionada à UBS (Unidade Básica de Saúde) local, valendo-se, para tanto, de uma atuação mais próxima entre os profissionais e a comunidade. Cada equipe deve ser responsável por, no máximo, 4.000 pessoas.

Somada à atuação dessa equipe médica, é possível identificar a atuação também dos Núcleos de Apoio à Saúde da Família (NASF), criados pelo Ministério da Saúde em 2008, e regulamentados pela Portaria nº 2.488, de 21 de outubro de 2011 – trata-se de equipe médica que atua de forma integrada às eSF, permitindo, assim, realizar discussões de casos clínicos, atendimento compartilhado entre profissionais, tanto na Unidade de Saúde, como nas visitas domiciliares, bem como a construção conjunta de projetos terapêuticos e de apoio técnico-pedagógico voltados às ações integradas de saúde. As equipes do NASF podem ser compostas por educadores físicos, fisioterapeutas, fonoaudiólogos, psicólogos, nutricionistas, médicos homeopatas, entre outros profissionais de saúde.

Destaque-se também a atuação de Agentes Comunitários de Saúde (PACS) dentro do Programa, responsáveis por orientar as famílias quanto à utilização dos serviços de saúde disponíveis e por acompanhar, por meio de visita domiciliar, todas as famílias e indivíduos sob sua responsabilidade, desenvolvendo ações educativas, visando à promoção da saúde, à prevenção das doenças e ao acompanhamento das pessoas acometidas de agravos à saúde.

Atualmente, de acordo com informações do Governo Federal, 5.598 Municípios são atendidos pelo Programa.

### 33.1.4. Ministério do Meio Ambiente

As políticas públicas que promovem o direito ao meio ambiente do trabalho hígido e equilibrado estão restritas, no âmbito do Poder Executivo, aos Ministérios da Saúde e da Economia, por intermédio da Secretaria do Trabalho e Previdência.

O próprio Decreto nº 7.602, de 07 de novembro de 2011, que instituiu a Política Nacional de Segurança e Saúde do Trabalhador, destaca o Ministério da Saúde e os extintos Ministérios da Previdência Social e do Trabalho e Emprego como responsáveis pela sua implementação, ficando completamente silente sobre o papel do Ministério do Meio Ambiente.

No âmbito do Ministério do Meio Ambiente, as políticas públicas são voltadas, de regra, para a preservação do meio ambiente geral e, não, do meio ambiente do trabalho, particularmente. Referidas políticas públicas se realizam por intermédio de diferentes órgãos, entre os quais encontram-se o IBAMA – Instituto Brasileiro do Meio Ambiente e dos Recursos Naturais Renováveis – e o ICMBio – Instituto Chico Mendes de Conservação da Biodiversidade. Ambos são autarquias federais, criadas por leis específicas e vinculadas ao Ministério do Meio Ambiente, sendo que o primeiro executa a Política Nacional de Meio Ambiente e o segundo, a gestão e o manejo das Unidades de Conservação Nacional.

Na ponta, em contato com as comunidades, como parte de seus objetivos, IBAMA E ICMBio realizam atividades pedagógicas para preservação ambiental, as quais, tangencialmente, de modo muito superficial, podem perpassar pelas temáticas da saúde e da segurança do trabalhador, dialogando, portanto, com o meio ambiente do trabalho. Isto pode ocorrer, por exemplo, quando se promovem programas de educação ambiental e eles dizem respeito à agricultura familiar, ou à produção e consumo sustentável.

Ainda, as ações fiscalizatórias realizadas pelo IBAMA podem resultar na constatação de um meio ambiente de trabalho insalubre e desequilibrado, gestando o embrião de uma ação do

Poder Público, em prol da garantia do direito à saúde e segurança do trabalho. A título exemplificativo, cite-se a possibilidade de se apurar, durante as operações conduzidas pelos órgãos ambientais, a ocorrência do crime de redução a condição análoga à de escravo dos trabalhadores indígenas ou migrantes de regiões mais pobres aos quais são ofertadas oportunidades de emprego, sem saberem que serão submetidos a condições insalubres, com excesso de jornada, falta de higiene básica e servidão por dívida.

Nota-se, assim, que a comunicação dos órgãos fiscalizatórios do Poder Público, entre si, garante a efetividade do direito ao meio ambiente hígido e equilibrado, nele incluído o meio ambiente do trabalho, conforme previsto nos arts. 200, VIII e 225, da Constituição Federal de 1988.

O reconhecimento da natureza integral e interdependente da Terra tornou necessário o comprometimento de todos os Estados em prol da proteção da integralidade do sistema global de meio ambiente, quando da Declaração do Rio sobre Meio Ambiente e Desenvolvimento (ONU, 1992). Tal comprometimento sedimenta uma compreensão holística de meio ambiente e, consequentemente, acarreta a imprescindibilidade da atuação conjunta dos órgãos do Poder Público brasileiros incumbidos da proteção ao meio ambiente, para que, efetivamente, se consiga atingir tal finalidade. O meio ambiente do trabalho não se trata de um elemento isolado, mas, sim, interligado com as demais esferas ambientais, de modo que todos se afetam em uma relação multifatorial de causas e efeitos, sendo primordial a atuação dos órgãos de proteção ambiental no sentido de alcançar o meio ambiente como um todo e, não, de forma fracionada, como ocorre rotineiramente.

### 33.2. PODER LEGISLATIVO

A promoção de políticas públicas de proteção ao meio ambiente do trabalho também pode ser realizada pelo Poder Legislativo, através de novas leis ou do aprimoramento das já existentes.

De um modo geral, como já dito, pelo menos nos últimos 03 (três) anos, a temática do meio ambiente do trabalho carece da devida atenção legislativa. A bem da verdade, sua atuação tem sido pelo viés negativo como se denota das aprovações recentes das reformas trabalhista (Lei nº 13.467, de 13 de julho de 2017) e previdenciária (Emenda Constitucional nº 103, de 12 de novembro de 2019).

De qualquer maneira, mesmo o Poder Legislativo editando leis que contemplem a proteção do meio ambiente do trabalho, suas implementações dependem de atuação do Poder Executivo e fiscalização do Poder Judiciário, que, por vezes, acabam por ficarem omissos.

Como exemplo do afirmado, existe na legislação brasileira a Lei nº 12.645, de 16 de maio de 2012, a qual institui a figura do cipeiro escolar, para promover a saúde e segurança do trabalho nas escolas. Como se vê, a lei almeja a preparação e conscientização das futuras gerações de trabalhadores. Entretanto, não é preciso grandes digressões para perceber que tal comando legal somente existe no papel.

Dentre as inúmeras propostas legislativas, o denominado "*Estatuto do Trabalho*" (BRASIL, 2018) merece algum destaque, uma vez que traz um título exclusivamente destinado a tratar das questões relativas ao meio ambiente do trabalho. Além de trazer um conceito para o meio ambiente do trabalho[10], traça diretrizes de proteção aos trabalhadores em sua máxima medida.

---

10 "*Art. 17. São direitos de todos os trabalhadores a fruição de um meio ambiente de trabalho seguro e saudável, sem que lhe caibam ônus de qualquer natureza para esse fim, bem como a resistência à realização de quaisquer*

O "Estatuto do Trabalho" constitui sugestão legislativa apresentada à Comissão de Direitos Humanos e Legislação Participativa, do Senado Federal, no dia 10 de maio de 2018, sob o tombo SUG 12/2018 (BRASIL, 2018). Cuida-se de proposta social reativa à chamada Reforma Trabalhista e, ao contrário desta, referido Estatuto do Trabalho é fruto de ampla discussão com a sociedade, com 20 (vinte) audiências públicas realizadas, além da oitiva de trabalhadores, empresários, técnicos e membros da magistratura trabalhista nacional e estrangeira.

Sua apresentação ao Senado Federal foi consignada, conjuntamente, pela ANAMATRA – Associação Nacional de Magistrados da Justiça do Trabalho, pela ANPT – Associação Nacional de Procuradores do Trabalho, pelo SINAIT – Sindicato Nacional dos Auditores Fiscais do Trabalho e pela ALJT – Associação Latino-Americana de Juízes do Trabalho (BRASIL, 2018).

Com efeito, esta sugestão legislativa traz certa materialidade aos ditames constitucionais de proteção dos direitos sociais *stricto sensu* (direitos trabalhistas), porque, mesmo que ainda não constitua fonte positiva do Direito do Trabalho, traz à baila inquietude pública e geral de diferentes setores técnicos, profissionais e econômicos da sociedade brasileira, inspirando doutrina, jurisprudência com posições progressistas e críticas à Reforma Trabalhista.

### 33.3. PODER JUDICIÁRIO

Como já abordado, o Poder Judiciário tem um importante papel: é o poder atuante quando os órgãos estatais competentes forem omissos em suas obrigações institucionais, comprometendo a integridade de direitos individuais ou coletivos de ordem constitucional, inclusive as normas constitucionais programáticas, como os direitos sociais[11].

Como preceitua MELO (2006, p. 160), quando o direito à sadia qualidade de vida não é observado no meio ambiente de trabalho, havendo risco à incolumidade física e psíquica de obreiros e obreiras, há uma série de ações individuais e coletivas à disposição dos legitimados ativos específicos, como, por exemplo, ação civil pública. Contudo, de acordo com DUARTE (2015):

> O excesso de judicialização não contribui para resolver o problema da efetivação dos direitos que dependem, para sua concretização, da elaboração e implementação de políticas públicas. Isso porque não é possível compreender a categoria das políticas públicas apenas sob a ótica do Judiciário, segundo a lógica da justiça comutativa, intersubjetiva, da relação entre iguais, sem levar em conta uma análise dos fundamentos, dos elementos, das etapas e do papel dos atores essenciais que concorrem para o delineamento deste conceito.

Destaque-se que, por outro lado, o Poder Judiciário conta com política pública própria, voltada ao equilíbrio do meio ambiente do trabalho e à promoção da saúde e segurança de

---

tarefas que impliquem riscos à sua saúde e segurança.

§ 1º São nulas as disposições de acordo individual ou coletivo que contrariem o disposto no caput.

§ 2º Adotam-se, para fins da proteção aos bens jurídicos tutelados neste Capítulo, as definições contidas no art. 3º, incisos I a V, da Lei 6.938, de 31 de agosto de 1981, bem como o conceito amplo de saúde entendido como um estado de completo bem-estar físico, mental e social e não somente ausência de afecções e enfermidades.

§ 3º Considera-se meio ambiente do trabalho o microssistema de condições, leis, influências e interações de ordem física, química, biológica ou psicológica que incidem sobre o homem no seu local de trabalho ou em razão de sua atividade laboral, esteja ou não submetido ao poder hierárquico de outrem.

§ 4º Integram o conceito de meio ambiente do trabalho seguro e saudável a observância das regras sobre a organização, duração e intervalos do trabalho, bem como a imposição de ritmo de trabalho razoável e a redução de fatores que possam interferir negativamente na saúde do trabalhador."

11  Conforme ADPF 45-9 – Distrito Federal, julgamento em 29/04/2004.

trabalhadores e trabalhadoras, por meio do Programa Trabalho Seguro – Programa Nacional de Prevenção de Acidentes de Trabalho –, de iniciativa do Tribunal Superior do Trabalho (TST) e do Conselho Superior da Justiça do Trabalho (CSJT), instituído pela Resolução nº 96 do CSJT, de 23 de março de 2012.

Em parceria com instituições públicas e privadas, o Programa busca formular e executar projetos e ações nacionais voltados à prevenção de acidentes de trabalho, valorização da saúde da vida dos trabalhadores e trabalhadoras e a fortalecer a Política Nacional de Segurança e Saúde no Trabalho (PNSST).

Seu principal objetivo é contribuir diretamente para a diminuição do número de acidentes de trabalho registrados no Brasil, voltando-se, assim, a promover uma articulação entre instituições públicas federais, estaduais e municipais, com aproximação da sociedade civil, nas figuras de empregados e empregadas, sindicatos, CIPAs (Comissões Internas de Prevenção de Acidentes) e instituições de pesquisa e ensino, para promover conscientização da sociedade sobre o tema e o desenvolvimento de uma cultura de prevenção de acidentes de trabalho.

De acordo com a Resolução nº 96 do CSJT, o Programa apresenta diretrizes fundamentais, quais sejam: **(1)** colaborar na implementação de políticas públicas de defesa do meio ambiente, da segurança e da saúde no trabalho e de assistência social às vítimas de acidentes de trabalho; **(2)** incentivar o diálogo com a sociedade e instituições públicas e privadas, principalmente por meio de parcerias; **(3)** desenvolver ações educativas, pedagógicas e de capacitação profissional em todos os níveis de ensino; e **(4)** incentivar o compartilhamento e divulgação de dados e informações sobre saúde e segurança no trabalho entre as instituições parceiras.

Ainda, **(5)** promover estudos e pesquisas sobre causas e consequências dos acidentes de trabalho no Brasil e temas conexos, com o fito de auxiliar no diagnóstico e desenvolvimento de ações de prevenção e de redução dos custos sociais, previdenciários, trabalhistas e econômicos decorrentes de acidentes de trabalho; **(6)** adotar ações e medidas necessárias ao cumprimento das normas internas e internacionais ratificadas pelo Brasil acerca de saúde, segurança e meio ambiente de trabalho, bem como aperfeiçoamento da legislação vigente; **(7)** incentivar a tramitação prioritária de processos relativos a acidentes de trabalho e ajuizamento de ações regressivas de culpa ou dolo do empregador, citando-se, para tanto, como medida geral, a Recomendação Conjunta GP. CGJT nº 01, de 03 de maio de 2011.

Atente-se, ainda, ao fato de que o Programa também objetiva desenvolver um banco de dados e informações compartilhado entre os órgãos da Administração Pública, para a formação de um quadro único, acerca dos dados referentes a acidentes de trabalho.

Focando no cumprimento de seus objetivos, o Programa conta com os seguintes parceiros e colaboradores: Fundacentro, Previdência Social, Ministério da Saúde, Ministério Público do Trabalho (MPT), Advocacia-Geral da União (AGU), Serviço Social da Indústria (SESI), Associação Nacional dos Magistrados da Justiça do Trabalho (ANAMATRA), Federação Brasileira de Bancos (FEBRABAN), Sindicato dos Metalúrgicos do ABC, Associação dos Magistrados Brasileiros (AMB), Associação Nacional de Medicina do Trabalho (ANAMT).

Ademais, o Protocolo de Cooperação Técnica, criado pela União por intermédio do Tribunal Superior do Trabalho e Conselho Superior da Justiça do Trabalho, com objeto de conjugar esforços entre os partícipes para implementação de programas e ações nacionais voltadas à prevenção de acidentes de trabalho e ao fortalecimento da PNSST, encontra-se aberto à adesão de instituições públicas ou privadas, disciplinando que são obrigações dos partícipes a criação de comitês interinstitucionais para propor, planejar e acompanhar os programas e ações pactuados; implementação de políticas públicas permanentes em defesa do meio ambiente, segurança e saúde no trabalho; promoção de estudos e pesquisas sobre os temários abordados pelo programa; fomento de ações educativas e pedagógicas para sensibilização da sociedade e efetividade das normas que versem sobre saúde, segurança e meio ambiente de trabalho; e criação e alimentação de um banco de dados comum com informações necessárias sobre implementação de programas e ações e acompanhamento de acidentes de trabalho. Destaque-se que os partícipes do protocolo arcam com os respectivos custos para implementação do Programa.

De acordo com o Planejamento Estratégico do CSJT 2015-2020, é meta instituída, pelo Comitê Gestor do Programa, o acompanhamento da divulgação de informações constantes nos Portais de Transparência mantidos pelos Tribunais Regionais do Trabalho, com base na Resolução CSJT nº 107, de 29 de junho de 2012, combinada com o art. 6º, da Resolução CSJT nº 68, de 21 de junho de 2010, e com a Resolução CNJ nº 102, de 15 de dezembro de 2009.

Sobre as ações do Programa, citem-se, como exemplo, as atuações programadas para julho/2020, com atividades focadas no ambiente virtual – diante do atual contexto de epidemia –, por meio de *posts* digitais, com informações para a conscientização social e com dados sobre acidentes de trabalho no Brasil, além da promoção de uma campanha nacional com palestras on-line semanais e engajamento em redes sociais com dados e informações, objetivando a prevenção de riscos de trabalho em meio a pandemia.

O Programa possui também uma indicação de "boas práticas" – iniciativas exitosas no que se refere a Trabalho Seguro –, incluindo, ilustrativamente, capacitação de magistrados em Saúde, Segurança e Medicina do Trabalho, formação de base de dados para tutela de interesses coletivos, composição de acervo bibliográfico e produção e material educativo.

Também cabe destacar, como medida adotada pelo Programa, a Recomendação Conjunta GP.CGJT nº 02, de 28 de outubro de 2011, que orienta a todos os magistrados da Justiça do Trabalho o encaminhamento de cópia de sentenças e acórdãos que reconheçam conduta culposa do empregador em acidente de trabalho, para a respectiva unidade da Procuradoria-Geral Federal (PGF). Isto, para fins de eventual promoção de ações judiciais regressivas, do Estado brasileiro, em desfavor desses empregadores, os quais, deixando de lado medidas preventivas de acidentes e adoecimentos do trabalho, ocasionam consideráveis prejuízos à seguridade social.

Em suma, por suas diferentes frentes, o Programa tem contado com diversos parceiros e tutelado a integridade física e mental de milhões de trabalhadores e trabalhadoras.

## CONSIDERAÇÕES FINAIS

Por meio das políticas públicas aqui analisadas e de seus mecanismos de atuação, é possível inferir que a implementação de melhorias no meio ambiente do trabalho é de responsabilidade de todos os Poderes da República. Como visto, em razão do modelo organizacional do País, as funções mais proativas de criação e desenvolvimento de políticas públicas neste setor recaem precipuamente nos Poderes Legislativo e Executivo.

Entretanto, em razão de evidentes retrocessos sociais na esfera do meio ambiente do trabalho, o Poder Judiciário tem sido constantemente acionado, trazendo-lhe um certo protagonismo de atuação. Ao mesmo tempo que isso demonstra uma fiscalização frequente e firme em torno da proteção de direitos constitucionais, tal fato também evidencia a omissão estatal no objetivo de se alcançar um meio ambiente laboral equilibrado.

De qualquer maneira, mostra-se imperiosa a adoção de políticas públicas de implementação de avanços consideráveis no ambiente do trabalho, sob pena de jamais alcançarmos um patamar mínimo civilizatório, eis que os preceitos constitucionais (direitos sociais *strictu sensu*) somente ficariam no papel e jamais adquiririam materialidade.

Portanto, é evidente a necessidade de que pesquisadores da área jurídica se debrucem sobre o tema, analisem as políticas públicas existentes no detalhe e identifiquem suas principais lacunas, para que, a partir disso, se repensem as políticas ou sejam criadas novas, com outras abordagens, tornando-as mais eficazes e democráticas, para que se alcance a finalidade principal de tutela da saúde e segurança de trabalhadores e trabalhadoras.

# CAPÍTULO 34
## IMPACTOS PRESENTES E FUTUROS DO DIREITO AMBIENTAL DO TRABALHO NO DIREITO PREVIDENCIÁRIO

*Noa Piatã Bassfeld Gnata*

## INTRODUÇÃO

Entre tantos matizes que o Direito Ambiental do Trabalho revela nesta obra, incumbe debater também sua relação com o direito previdenciário.

Assumindo que o direito previdenciário se propõe a constituir renda de subsistência para trabalhadores expostos aos riscos sociais constitucionalmente protegidos, e que dentre estes riscos sociais estão riscos causados pela atividade laboral desenvolvida em determinado ambiente de trabalho, podemos assumir também que o direito ambiental do trabalho é pressuposto *sine qua non* do acesso ao direito previdenciário no que se concerne à prova, em concreto, da exposição do trabalhador àqueles riscos sociais, para avaliar a elegibilidade para acesso à renda previdenciária.

Para além disso, o direito ambiental do trabalho se revela como política pública, em essência, de natureza previdenciária mais genuína que a do próprio direito previdenciário, pois enquanto este remedia – mediante entrega de dinheiro – a exposição consumada do trabalhador aos riscos sociais, aquele tem a potencialidade de prevenir, evitar e regulamentar a exposição dos trabalhadores a tais riscos, dirimindo assim a necessidade de afastamento do trabalho e busca pela renda previdenciária substitutiva do salário.

Neste capítulo apresentaremos – para os fins manualísticos desta obra – as prestações previdenciárias e securitárias derivadas do contrato de trabalho e relacionadas com o Direito Ambiental do Trabalho, para em seguida debater alguns pontos do Direito Ambiental do Trabalho que são determinantes para a realização do Direito Previdenciário e, por fim, dialogar com os prospectos possíveis para o futuro da tutela da saúde e segurança no trabalho, caso venha a se completar a aprovação das reformas trabalhistas e previdenciárias em debate no cenário nacional.

Depreende-se do núcleo do microssistema do direito previdenciário, contido nos arts. 6º; 201 e seguintes da Constituição da República, que os riscos sociais protegidos pelo direito pátrio são a saúde, incapacidade temporária ou permanente para o trabalho, a idade avançada, a maternidade, o desemprego involuntário, o nascimento de filhos, o recolhimento à prisão e a morte da ou do trabalhador (com a redação dada pela EC 103/2019).

Afiguram-se potencialmente relacionados com o Direito Ambiental do Trabalho, a nosso ver, a saúde, a incapacidade temporária ou permanente para o trabalho e a morte.

## 34.1. PROTEÇÃO PREVIDENCIÁRIA DOS TRABALHADORES EXPOSTOS A AGENTES NOCIVOS À SAÚDE

O Regime Geral de Previdência Social – RGPS, previsto no art. 201 da Constituição da República e instituído pela Lei nº 8.213/1991, a Lei de Benefícios da Previdência Social – LBPS, é composto por benefícios e serviços, previstos no art. 18 da LBPS, já parcialmente revogado por normas constitucionais posteriores.

Os benefícios eram, originalmente, as aposentadorias por invalidez, idade, tempo de serviço e especial, os auxílios em razão de acidente, doença e recolhimento à prisão, os salários em razão do nascimento e do crescimento dos filhos (salário-família e salário-maternidade) e a pensão por morte. Os serviços, por sua vez, o social e a reabilitação profissional.

### 34.1.1. Disciplina constitucional

Se, por ocasião da promulgação da EC nº 20/1998, que instituiu a espécie e os requisitos da aposentadoria por tempo de contribuição, a aposentadoria por tempo de serviço já havia sido revogada sem supressão de texto, mais recentemente, por ocasião da promulgação da EC nº 103/2019, também os benefícios incapacitários e acidentários tiveram a técnica apurada pelo novo texto constitucional.

Se antes os riscos protegidos eram a *doença* e a *invalidez*, após quase trinta anos de acúmulo da doutrina e da jurisprudência em matéria previdenciária o constituinte derivado os alterou para *incapacidade temporária e permanente para o trabalho* (arts. 40, §1º, I, quanto aos servidores públicos, e 201, I, da CR, quanto aos demais trabalhadores em geral).

Não obstante, também restringiu o alcance da caracterização ou comprovação da exposição dos trabalhadores a agentes nocivos – físicos, químicos ou biológicos – para o fim de realização do direito à aposentadoria *especial* (aposentadoria antecipada em dez, quinze ou vinte anos, em razão da gravidade do risco à saúde ocasionado pela exposição a tais agentes nocivos) daqueles que têm a agressão à saúde, à integridade física e a redução da expectativa de sobrevida como aspectos intrínsecos à realização da atividade laboral.

Isso porque vedou a possibilidade dessa caracterização ou comprovação *por categoria profissional ou ocupação*, ou seja, *em abstrato*, critério vigente até as publicações dos Decretos regulamentadores das Leis nºs 9.032/1995 e 9.528/1997, que por sua vez instituíram a necessidade de prova da exposição habitual e permanente, ou seja, *efetiva e em concreto*, mediante comprovação pelos meios típicos (os relatórios oficiais SB-40, DSS-8030 e finalmente o Perfil Profissiográfico Previdenciário – PPP, emitido com base em Laudo Técnico de Condições Ambientais de Trabalho – LTCAT). Salta aos olhos que a vedação de caracterização em abstrato trazida pela Reforma de 2019 tem o mesmo efeito prático das leis que regulamentaram a caracterização em concreto da atividade especial, quase vinte e cinco anos depois de suas vigências.

Antes de tal vedação, a norma constitucional delegava a disciplina de tal caracterização ou comprovação para lei complementar, em cuja falta, no início da década de 1990, elevaram-se as densidades normativas dos decretos pré-constitucionais regulamentadores da matéria.

Os anexos ao Decreto nº 53.831/1964 e ao Decreto nº 73.080/1979 induziam presunção absoluta de exposição a agentes nocivos à saúde, em abstrato, a diversas categorias profissionais, e tiveram suas vigências consolidadas pela jurisprudência previdenciária para atividades realizadas até a publicação dos decretos reguladores das Leis nºs 9.032/1995 e 9.528/1997, o que implicou o reconhecimento do direito ou à aposentadoria especial ou à conversão de tempo especial em tempo comum, para fins de concessão ou revisão de aposentadorias por tempo de contribuição, para uma quantidade significativa de trabalhadores nas últimas décadas[1].

O reconhecimento como *especiais*, para fins do direito prático de antecipação de aposentadoria, de atividades realizadas até 1995 ou 1997, a depender da categoria profissional específica, poderiam se enquadrar na presunção absoluta induzida pelos referidos decretos pré-constitucionais, e as realizadas depois disso já dependiam de prova concreta (sem caracterização por categoria profissional), pelos meios de prova típicos (relatório oficial emitido com base em laudo técnico), antes da Reforma de 2019.

A expectativa que se cria, com a vedação expressa trazida pela redação dada ao art. 201, par. 1º, II da CR pela EC nº 103/2019 é quanto ao seu possível efeito sobre atividades realizadas antes da vigência das Leis nºs 9.032/1995 e 9.528/1997.

Isso porque a Previdência Social, na prática administrativa, e a Procuradoria Federal da União, em sua representação judicial, nunca internalizaram o regime jurídico de eficácia do enquadramento por categoria por presunção absoluta previsto nos decretos pré-constitucionais imposto coercitivamente pelo judiciário, reivindicando sobre a matéria outra compreensão do direito intertemporal, ou seja, a eficácia da norma vigente na data da concessão da aposentadoria, e não na época da realização da atividade laboral.

A estratégia político-legislativa da União ao inserir esta vedação expressa no projeto da Emenda Constitucional, que resultou na norma em comento, visa à apresentação de uma carta-coringa para derrubar o próprio critério de interpretação do direito intertemporal, como questão prejudicial.

A disputa de narrativas que sucederá a extensão desta vedação é aparentemente previsível, dado que os marcos das Leis nºs 9.032/1995 e 9.528/1997 foram exaustivamente enfrentados pelo judiciário, sendo pacíficas no Superior Tribunal de Justiça e no Supremo Tribunal Federal as compreensões sobre a dinâmica do direito intertemporal na matéria, prevalecendo, sobre o direito, a caracterização da atividade especial, o critério da norma vigente na data da realização da atividade[2].

Por meio da EC nº 103/2019, o legislador ainda inseriu o § 10 ao art. 201, prevendo que *"Lei complementar poderá disciplinar a cobertura de benefícios não programados, inclusive os decorrentes de acidente do trabalho, a ser atendida concorrentemente pelo Regime Geral de Previdência Social e pelo setor privado"*.

A possibilidade de proteção previdenciária concorrente entre o regime geral e o setor privado dos riscos imprevisíveis é um passo determinante no processo de privatização e mercantilização da previdência e da seguridade social, que abordamos nas perspectivas teórica e política em trabalho recente (GNATA, 2018), e na perspectiva jurídica objetiva, no tópico relativo aos benefícios acidentários, adiante.

---

1  Sobre a dinâmica da comprovação e reconhecimento da atividade especial para fins previdenciários, ver: LADENTHIN, Adriane Bramante de Castro. **Aposentadoria Especial – Teoria e prática**. 5. ed. rev. e atual. de acordo com a EC nº 103/19. Curitiba: Juruá, 2020; e RIBEIRO, Maria Helena Carreira Alvim. **Aposentadoria Especial – Regime Geral da Previdência Social** – Atualizado com a Reforma da Previdência. 10. ed. rev. e atual. de acordo com a Emenda Constitucional nº 103/19. Curitiba: Juruá, 2020.
2  Sobre a sedimentação jurisprudencial do direito intertemporal em matéria previdenciária, ver GNATA, N. P. B. Direito Intertemporal em matéria previdenciária. In: SAVARIS, José Antônio (coord.) **Direito Previdenciário:** problemas e jurisprudência. 2. ed. Curitiba: Alteridade, 2015. p. 467-502

Outro ponto relevante da reforma de 2019 foi a inserção do § 14 ao art. 201 da CR, para o fim de vedar a contagem de tempo de contribuição fictício também no regime geral de previdência social, extinguindo com isso a figura da conversão de tempo especial em tempo comum para fins de concessão de aposentadoria por tempo de contribuição, quando o segurado não alcança tempo especial puro suficiente para concessão de aposentadoria especial. Prevista no art. 57, § 5º da Lei nº 8.213/1991, esta possibilidade garantia, na prática, a antecipação da concessão de aposentadoria por tempo de contribuição na medida do período de exposição do trabalhador a agentes nocivos à sua saúde ao longo da vida.

Se a aposentadoria por tempo de contribuição exigia 35 anos de contribuição do homem, por exemplo, e a aposentadoria especial exigia 25 anos de exposição efetiva a determinado agente nocivo, caso o segurado somasse 10 anos de exposição àquele agente nocivo (tempo especial) e outros 21 anos sem exposição a agentes nocivos (tempo comum), aqueles dez anos seriam convertidos em tempo comum (mediante multiplicação pelo índice de conversão 1,4), resultando 14 anos fictícios que, somados aos outros 21, alcançariam os 35 exigidos para a concessão de aposentadoria por tempo de contribuição, ainda que tendo trabalhado apenas 31 anos de fato[3].

Este artifício deixa de ser possível para trabalhadores que ingressarem no sistema após a entrada em vigor da EC nº 103/2019, admitindo-se para eles exclusivamente a aposentadoria especial pura ou a aposentadoria por tempo de contribuição sem aproveitamento de qualquer tempo fictício. Protege-se, entretanto, apesar desta nova regra, a situação transitória daqueles que exerceram atividades especiais antes da vigência da referida Emenda nº 103/2019, que ainda podem aproveitar o artifício em razão delas, nos termos do seu art. 25, *caput*, que dispõe:

> *Será assegurada a contagem de tempo de contribuição fictício no Regime Geral de Previdência Social decorrente de hipóteses descritas na legislação vigente até a data de entrada em vigor desta Emenda Constitucional para fins de concessão de aposentadoria, observando-se, a partir da sua entrada em vigor, o disposto no* **§ 14 do art. 201 da Constituição Federal**. (g.n.)

A norma se completa, especificamente em relação à conversão de tempo especial em comum, no § 2º do mesmo art. 25, que esmiúça:

> *Será reconhecida a conversão de tempo especial em comum, na forma prevista na Lei nº 8.213, de 24 de julho de 1991, ao segurado do Regime Geral de Previdência Social que comprovar tempo de efetivo exercício de atividade sujeita a condições especiais que efetivamente prejudiquem a saúde, cumprido até a data de entrada em vigor desta Emenda Constitucional, vedada a conversão para o tempo cumprido após esta data.*

A seguir percorremos a disciplina transitória da EC nº 103/2019, no que se relaciona diretamente com os benefícios decorrentes do ambiente de trabalho.

### 34.1.2. Disciplina transitória da EC nº 103/2019

A Reforma de 2019 ainda trouxe disposições específicas sobre a aposentadoria especial sem reprodução de texto na Constituição da República, válidas até lei complementar que regulamente as novas diretrizes.

---

3    Ver nota 2.

### 34.1.2.1. Requisitos para concessão de aposentadoria especial para servidores públicos federais e trabalhadores do regime geral

A primeira delas é o estabelecimento, por meio da redação do art. 19, § 1º, I da EC nº 103/2019, do requisito etário na aposentadoria especial para os trabalhadores do regime geral, que assim como a aposentadoria por tempo de contribuição, não exigia idade mínima no regime geral de previdência social:

> § 1º Até que lei *complementar disponha sobre a redução de idade mínima ou tempo de contribuição prevista nos* **§§ 1º e 8º do art. 201 da Constituição Federal**, *será concedida aposentadoria:*
>
> *I – aos segurados que comprovem o exercício de atividades com efetiva exposição a agentes químicos, físicos e biológicos prejudiciais à saúde, ou associação desses agentes, vedada a caracterização por categoria profissional ou ocupação, durante, no mínimo, 15 (quinze), 20 (vinte) ou 25 (vinte e cinco) anos, nos termos do disposto nos* **arts. 57 e 58 da Lei nº 8.213, de 24 de julho de 1991,** *quando cumpridos:*
>
> *a) 55 (cinquenta e cinco) anos de idade, quando se tratar de atividade especial de 15 (quinze) anos de contribuição;*
>
> *b) 58 (cinquenta e oito) anos de idade, quando se tratar de atividade especial de 20 (vinte) anos de contribuição; ou*
>
> *c) 60 (sessenta) anos de idade, quando se tratar de atividade especial de 25 (vinte e cinco) anos de contribuição; [...]. (Grifamos.)*

Como solução transitória para as pessoas que já estavam na iminência de adquirir o direito a aposentadoria especial sem o requisito etário por ocasião da promulgação da EC nº 103/2019, o legislador inseriu, tanto para trabalhadores do regime geral quanto para os servidores públicos federais, o critério de pontuação resultante da soma do tempo de contribuição com a idade, em técnica semelhante à utilizada anteriormente tanto no Regime Próprio de Servidores (a exemplo do art. 3º da EC nº 47/2005, apesar de sua técnica ruim que não relevava as frações de meses e dias, mas apenas anos inteiros) quanto no Regime Geral de Previdência Social (a exemplo do art. 29-C da Lei nº 8.213/1991, com a redação dada pela Lei nº 13.183/2015), no seu art. 21:

> *Art. 21. O segurado ou o servidor público federal que se tenha filiado ao Regime Geral de Previdência Social ou ingressado no serviço público em cargo efetivo até a data de entrada em vigor desta Emenda Constitucional cujas atividades tenham sido exercidas com efetiva exposição a agentes químicos, físicos e biológicos prejudiciais à saúde, ou associação desses agentes, vedada a caracterização por categoria profissional ou ocupação, desde que cumpridos, no caso do servidor, o tempo mínimo de 20 (vinte) anos de efetivo exercício no serviço público e de 5 (cinco) anos no cargo efetivo em que for concedida a aposentadoria, na forma dos arts. 57 e 58 da Lei nº 8.213, de 24 de julho de 1991, poderão aposentar-se quando o total da soma resultante da sua idade e do tempo de contribuição e o tempo de efetiva exposição forem, respectivamente, de:*
>
> *I – 66 (sessenta e seis) pontos e 15 (quinze) anos de efetiva exposição;*
>
> *II – 76 (setenta e seis) pontos e 20 (vinte) anos de efetiva exposição; e*
>
> *III – 86 (oitenta e seis) pontos e 25 (vinte e cinco) anos de efetiva exposição.*
>
> *§ 1º A idade e o tempo de contribuição serão apurados em dias para o cálculo do somatório de pontos a que se refere o caput.*

A solução transitória, voltada exclusivamente para segurados filiados antes da promulgação da EC nº 103/2019, abranda os requisitos etários de 55, 58 e 60 anos de idade para aposentadoria especial nas atividades para as quais são exigidos 15, 20 ou 25 anos de contribuição, respectivamente, resultando em 51, 56 e 61 anos, por exemplo, para quem alcançar o tempo mínimo de atividade especial exigido, mas podendo alcançar idades significativamente menores quanto maior tiver sido o tempo de efetiva exposição aos agentes nocivos, não havendo efetivo piso etário para concessão do benefício.

Em ambas as normas, tanto a substitutiva da lei complementar vindoura, que instituiu o requisito etário, quanto a transitória para os já filiados, que não o exige, o legislador vedou expressamente, nos requisitos de elegibilidade, a caracterização por categoria profissional ou ocupação.

### 34.1.2.2. Caracterização do tempo especial anterior à vigência da Lei nº 9.032/1995 em aposentadorias concedidas já sob a égide da EC nº 103/2019

É de se acrescentar, outrossim, que a interpretação sistemática do direito vigente sobre a caracterização da atividade especial na data da realização do trabalho, em detrimento da data de entrada de requerimento da concessão de aposentadoria, conforme exposta no tópico anterior, pode parecer desafiada pela norma constitucional transitória.

Isso porque, sob a égide da Lei nº 8.213/1991, com a redação dada a seus arts. 57 e 58 pelas Leis nºs 9.032/1995, 9.528/1997 e 9.732/1998, a exigência da comprovação da exposição efetiva do trabalhador, em concreto, aos agentes nocivos, era matéria de direito probatório, na norma específica do art. 57, § 3º, enquanto agora, nas redações dos arts. 19 e 21 da EC nº 103/2019, a vedação da caracterização por presunção se elevou à própria norma de elegibilidade para aposentadoria especial.

Na prática, essa celeuma só se aplicaria ao direito de trabalhadores com períodos de atividade especial anteriores aos termos iniciais de eficácia das Leis nºs 9.032/1995 e 9.528/1997 em aposentadorias concedidas após a vigência da EC nº 103/2019, não havendo ainda baliza nos tribunais regionais ou superiores sobre ela, dado recém-nascimento da norma nova. A nosso ver, à luz da sedimentação da hermenêutica do direito intertemporal, é de se reiterar a consolidação do direito vigente na época da realização do trabalho. É como ensinam José Antônio Savaris e Mariana Gonçalves (2018, p. 159):

> Para se saber se uma atividade é especial ou não, deve-se verificar a lei vigente no tempo do trabalho. São os critérios legais vigentes no momento do labor que determinam se uma dada atividade é comum ou especial. (...) Segundo a jurisprudência do STJ, por força do princípio *tempus regit actum*, a caracterização da natureza de uma atividade – se especial ou não – é regida pela lei vigente ao tempo da prestação do serviço, não sendo possível nem mesmo a retroação da lei com critérios mais protetivos à saúde do trabalhador. (...) Por isso, entendeu ser inaplicável o critério que estabelece a nocividade do trabalho exposto a ruídos de 85dB, disposto pelo Decreto nº 4.882/2003, para as atividades exercidas no período compreendido entre 05/03/1997 e 18/11/2003, quando se encontrava em vigor norma revogada que exigia o nível de 90dB para a caracterização da atividade como especial.

### 34.1.2.3. Aposentadoria especial dos servidores públicos não federais

Quanto ao direito de aposentadoria especial dos servidores públicos não federais, que não foi regulado na negociação do processo legislativo da EC nº 103/2019 e, até então, tinha aplicação subsidiária das normas do regime geral de previdência social por força da compreensão da matéria no Supremo Tribunal Federal – STF, a EC nº 103/2019, em seu art. 21, § 3º, apenas traz remissão à solução já existente até que advenha lei complementar específica, acrescentando apenas, também aqui, a vedação de caracterização em abstrato:

> § 3º Aplicam-se às aposentadorias dos servidores dos Estados, do Distrito Federal e dos Municípios cujas *atividades sejam exercidas com efetiva exposição a agentes químicos, físicos e biológicos prejudiciais à saúde, ou associação desses agentes, vedada a caracterização por categoria profissional ou ocupação, na forma do § 4º-C do art. 40 da Constituição Federal, as normas constitucionais e infraconstitucionais anteriores à data de entrada em vigor desta Emenda Constitucional, enquanto não promovidas alterações na legislação interna relacionada ao respectivo regime próprio de previdência social.*

O entendimento do STF sobre a matéria foi pacificado na Súmula Vinculante nº 33, segundo a qual: "Aplicam-se ao servidor público, no que couber, as regras do regime geral da previdência social sobre aposentadoria especial de que trata o art. 40, § 4º, inciso III da Constituição Federal, até a edição de lei complementar específica". Tal compreensão resultou do debatido e julgado nos seguintes precedentes:

> A aposentadoria especial de servidor público portador de deficiência é assegurada mediante o preenchimento dos requisitos previstos na legislação aplicável à aposentadoria especial dos segurados do Regime Geral de Previdência Social, até que seja editada a lei complementar exigida pelo art. 40, § 4º, II, da CF/1988. (...) 2. A eficácia do direito à aposentadoria especial objeto do art. 40, § 4º, da CF/1988 exige regulamentação mediante lei complementar de iniciativa privativa do presidente da República, de modo que cabe ao Supremo Tribunal Federal, *ex vi* do art. 102, I, 'q', da Lei Maior, o julgamento do mandado de injunção impetrado com o objetivo de viabilizar o seu exercício. (MI 4.158 AgR-segundo, rel. Min. Luiz Fux, j. 18-12-2013, *DJE* 34 de 19/02/2014.)
>
> **Mandado de Injunção. Aposentadoria Especial do Servidor Público. Art 40, § 4º, da CF/1988. Ausência de Lei Complementar a disciplinar a matéria. Necessidade de integração legislativa.** 1. Servidor público. Investigador da polícia civil do Estado de São Paulo. Alegado exercício de atividade sob condições de periculosidade e insalubridade. 2. Reconhecida a omissão legislativa em razão da ausência de lei complementar a definir as condições para o implemento da aposentadoria especial. 3. Mandado de injunção conhecido e concedido para comunicar a mora à autoridade competente e determinar a aplicação, no que couber, do art. 57 da Lei 8.213/1991. (MI 795, rel. Min. Cármen Lúcia, j. 15-4-2009, *DJE* 94 de 22/05/2009.)

### 34.1.2.4. *Valor da aposentadoria por incapacidade permanente acidentária*

O legislador alterou sensivelmente as regras de cálculo das aposentadorias do regime geral de previdência social, revogando as previsões da Lei nº 8.213/1991 e instituindo, até que advenha lei complementar, regras provisórias que fixam novas bases de cálculo e novos índices de proporcionalidade para as diferentes espécies de benefícios. Para os benefícios programados, em regra, passa a incidir, sobre a média aritmética de todas as remunerações havidas desde julho de 1994, a proporcionalidade de 60% (sessenta por cento) mais 2% (dois por cento) por ano trabalhado além dos 15 ou dos 20 anos, para mulheres ou homens, no regime geral, nos termos do art. 26, § 2º da EC 103/2019:

> *Art. 26. Até que lei discipline o cálculo dos benefícios do regime próprio de previdência social da União e do Regime Geral de Previdência Social, será utilizada a média aritmética simples*

> dos salários de contribuição e das remunerações adotados como base para contribuições a regime próprio de previdência social e ao Regime Geral de Previdência Social, ou como base para contribuições decorrentes das atividades militares de que tratam os arts. 42 e 142 da Constituição Federal, atualizados monetariamente, correspondentes a 100% (cem por cento) do período contributivo desde a competência julho de 1994 ou desde o início da contribuição, se posterior àquela competência.
>
> (...)
>
> § 2º O valor do benefício de aposentadoria corresponderá a 60% (sessenta por cento) da média aritmética definida na forma prevista no caput e no § 1º, com acréscimo de 2 (dois) pontos percentuais para cada ano de contribuição que exceder o tempo de 20 (vinte) anos de contribuição (...)

A caracterização do nexo acidentário – o contexto labor-ambiental – se torna determinante, após a reforma, para obtenção de aposentadoria por invalidez permanente no valor da integralidade da média das remunerações históricas do segurado, nos termos do § 3º, II do mesmo art. 26 da EC nº 103/2019:

> § 3º O valor do benefício de aposentadoria corresponderá a 100% (cem por cento) da média aritmética definida na forma prevista no caput e no § 1º:
>
> II – no caso de aposentadoria por incapacidade permanente, quando decorrer de acidente de trabalho, de doença profissional e de doença do trabalho.

A causalidade labor-ambiental, em qualquer de suas modalidades (seja oriunda de liame fático ou normativo), portanto, é decisiva para verificação da extensão da proteção previdenciária nas hipóteses de incapacidade permanente para o trabalho, e tem reflexo direto no valor da renda da aposentadoria correlata.

### 34.1.3. Exegese do reconhecimento da atividade especial

A exposição do trabalhador a agentes nocivos a sua saúde é hipótese em abstrato e fato concreto gerador de efeitos de normas trabalhistas, tributárias, previdenciárias, administrativas e, dependendo das circunstâncias, eventualmente cíveis e criminais. Para o relevo deste trabalho, importa identificar e distinguir as trabalhistas e previdenciárias.

Se, no âmbito trabalhista, tal exposição, em determinadas circunstâncias, pode dar ao trabalhador direito ao recebimento de adicionais de insalubridade e/ou periculosidade, por exemplo, no âmbito previdenciário a verificação do direito à caracterização do respectivo período como sendo de atividade especial depende também da sua frequência.

Ainda que, a depender da intensidade da exposição, o trabalhador possa merecer adicionais em seus valores máximos, o período só será considerado especial, para fins previdenciários, mediante prova da sua habitualidade e permanência, ou seja, não ocasionalidade e não intermitência, como critérios normativos da *efetividade* da exposição, nos termos do art. 57, § 3º da Lei nº 8.213/1991, com redação dada pela Lei nº 9.032/1995:

> § 3º A concessão da aposentadoria especial dependerá de comprovação pelo segurado, perante o Instituto Nacional do Seguro Social – *INSS*, do tempo de trabalho permanente, não ocasional nem intermitente, em condições especiais que prejudiquem a saúde ou a integridade física, durante o período mínimo fixado.

O legislador não fixou apenas os requisitos para caracterização da exposição efetiva aos agentes nocivos, mas também previu a identificação dos agentes nocivos mensuráveis no ambiente de trabalho e determinou a forma típica de comprovação das circunstâncias, por meio do art. 58, *in totum*, da Lei nº 8.213/1991, com redação dada pelas Leis nºˢ 9.528/1997 e 9.732/1998:

> Art. 58. A relação dos agentes nocivos químicos, físicos e biológicos ou associação de agentes prejudiciais à saúde ou à integridade física considerados para fins de concessão da aposentadoria especial de que trata o artigo anterior será definida pelo Poder Executivo. (Redação dada pela Lei nº 9.528, de 1997)
>
> § 1º A comprovação da efetiva exposição do segurado aos agentes nocivos será feita mediante formulário, na forma estabelecida pelo Instituto Nacional do Seguro Social - INSS, emitido pela empresa ou seu preposto, com base em laudo técnico de condições ambientais do trabalho expedido por médico do trabalho ou engenheiro de segurança do trabalho nos termos da legislação trabalhista. (Redação dada pela Lei nº 9.732, de 11.12.98)
>
> § 2º Do laudo técnico referido no parágrafo anterior deverão constar informação sobre a existência de tecnologia de proteção coletiva ou individual que diminua a intensidade do agente agressivo a limites de tolerância e recomendação sobre a sua adoção pelo estabelecimento respectivo. (Redação dada pela Lei nº 9.732, de 11.12.98)
>
> § 3º A empresa que não mantiver laudo técnico atualizado com referência aos agentes nocivos existentes no ambiente de trabalho de seus trabalhadores ou que emitir documento de comprovação de efetiva exposição em desacordo com o respectivo laudo estará sujeita à penalidade prevista no art. 133 desta Lei. (Incluído pela Lei nº 9.528, de 1997)
>
> § 4º A empresa deverá elaborar e manter atualizado perfil profissiográfico abrangendo as atividades desenvolvidas pelo trabalhador e fornecer a este, quando da rescisão do contrato de trabalho, cópia autêntica desse documento.

Salta aos olhos, na espécie, o *tipo legal* de prova da caracterização da atividade especial, previsto no § 1º do art. 58 acima, qual seja o formulário padrão (consolidado o formato de Perfil Profissiográfico Previdenciário previsto no § 4º) elaborado com base em laudo técnico de condições ambientais de trabalho emitido por agente com capacidade específica para tanto.

É deste ponto que partem as celeumas nos casos concretos e ganha relevo determinante o trânsito no direito ambiental do trabalho.

A experiência aponta um sem-número de situações anômalas em que os meios de prova são insuficientes para retratar fidedignamente o ambiente de trabalho, seja pela falta de cumprimento da obrigação prevista no § 3º acima, seja pela manutenção de laudos fabricados no interesse das empresas, sem medição adequada de todos os agentes nocivos eventualmente presentes.

Isso porque acusar a presença de agentes nocivos à saúde dos trabalhadores implica incidir, diretamente, no custo da atividade econômica, dados os prováveis deveres trabalhistas – o já referido pagamento de adicionais de insalubridade e/ou periculosidade – e tributários – como os adicionais à contribuição patronal previdenciária pelo grau de insalubridade e risco de acidentes do trabalho, além de medidas de proteção individuais e coletivas da saúde e da segurança dos trabalhadores.

Conhecer todos os possíveis agentes nocivos, as normas regulamentadoras da intensidade e qualidade da exposição dos trabalhadores a tais agentes e, especialmente, as peculiaridades concretas do estabelecimento em que as atividades se realizam, é fundamental para avaliar o grau de fidedignidade dos laudos técnicos de condições ambientais de trabalho, especialmente quando estes não apontam a exposição ou apontam exposição abaixo dos níveis toleráveis a agentes provavelmente presentes, não ou mal medidos no caso concreto[4].

Nos casos em que a documentação profissiográfica previdenciária e de condições ambientais de trabalho não reflita a real situação de fato quanto à exposição a agentes nocivos à saúde dos trabalhadores, a prova da caracterização da atividade especial pode se dar por meio de perícias ambientais diretas na instrução dos processos individuais, na justiça previdenciária, ou por meio de perícias indiretas, resultantes de provas ambientais emprestadas de processos administrativos (autuações de órgãos de fiscalização e controle sanitário, por exemplo) ou judiciais (trabalhistas que tenham discutido o direito aos adicionais de insalubridade e/ou periculosidade, por exemplo) findos, especialmente quando tenham versado sobre períodos pregressos de trabalho realizado em empresas que já tenham encerrado suas atividades.

Como lembra Carla Theodoro:

> A prova documental deverá ser mais valorizada no processo trabalhista, sendo apta a influenciar o juiz a não determinar provas inúteis, como perícia, em especial, quando já há prova documental relativa ao ambiente laboral desequilibrado, ou quando há evidências de acidentes e danos à saúde dos trabalhadores. (...) Podemos, neste sentido, invocar a OJ 278 da SDI-1 que permite a utilização de prova emprestada quando não for possível a realização da perícia em caso de fechamento da empresa, podendo o julgador utilizar-se de outros meios de prova, sendo esta uma clara exceção à regra da obrigatoriedade da perícia técnica, o que demonstra que o art. 195 não é tão intocável quanto se dissemina, não possuindo um núcleo tão duro quanto a doutrina e jurisprudência lhe designam, a sua releitura é fundamental para a concretização dos direitos fundamentais do trabalhador, sendo absolutamente razoável a demonstração dos fatos alegados por outros meios de prova em direito autorizadas, em especial, a prova documental como substituto do rigor legal da designação da perícia técnica. (THEODORO, 2017, p. 247)

Quando o laudo técnico aponta apenas a presença de ruído abaixo dos limites legais, por exemplo, é possível fazer perícia para avaliar a intensidade do ruído, quando a atividade for atual, ou para avaliar a presença de outro agente nocivo não reportado, como calor excessivo, poeira tóxica ou carcaças e dejetos de roedores, por exemplo (agentes físicos, químicos ou biológicos próprios do ambiente de trabalho em concreto).

Nessa esteira, quando o trabalho não for atual e for possível produzir perícia indireta em razão da existência de documentos históricos, incumbe discernir a prova *da exposição* ao agente nocivo da prova da *habitualidade* e *permanência* desta exposição, adjetivações que resultam condições *sine qua non* para a caracterização da atividade especial. Isso porque o processo administrativo ou judicial contemporâneo ao período das atividades via de regra comprova a exposição dos trabalhadores aos agentes nocivos para fins administrativos (multa da autoridade sanitária, por exemplo) ou judiciais (condenação trabalhista, no exemplo dado acima), mas nem sempre versa sobre a intensidade e frequência da exposição, para fins das adjetivações determinantes, ou seja, para comprovar que a exposição era habitual e permanente, não ocasional e não intermitente.

Esta última prova pode se fazer por outros meios de instrução, inclusive prova oral, dado que a prova emprestada já configura o início de prova material documental de que trata o art. 55, § 3º, da Lei nº 8.213/1991. Importa reconhecer, ainda, as situações em que a exposição ao agen-

---

4 Ver nota 45 da página 579.

te nocivo é condição sem a qual não é fisicamente possível exercer a atividade laboral, como fones de ouvido em relação a trabalhadores de subsolo, por exemplo, que precisam se comunicar para conseguir realizar suas atividades. Ou, ainda, quanto a todo e qualquer ambiente *do qual não se possa sair* durante a jornada de trabalho, a não ser durante os intervalos, por exemplo.

Nessas e em todas as hipóteses em que a exposição ao agente nocivo é condição sem a qual não é *fisicamente possível* a realização da atividade, é de se estabelecer a presunção de habitualidade e permanência da exposição, para fins de reconhecimento e caracterização da atividade especial. Trata-se de presunção relativa, que só deve induzir efeitos após a convolação do contraditório, podendo ser ilidida na defesa da empresa ou da autarquia previdenciária, mediante assistência técnica, via de regra, realizável durante a instrução dos autos.

Outra questão determinante, ainda, para comprovação da caracterização ou não da atividade especial, para além da presença de agentes nocivos à saúde dos trabalhadores no ambiente laboral, é verificar a prova da utilização de equipamentos de proteção individual e coletiva, bem como a avaliação da efetiva mitigação ou neutralização da nocividade em razão dessa utilização. Como bem condensa Pedro Pannuti (2019, p. 120):

> O último ponto de discussão deste trabalho é quanto ao uso de EPI, somente será considerada a ação de EPI em demonstração ambiental emitida a partir da MP nº 1.729/98, posteriormente convertida na Lei nº 9.732/98, e apenas quando restar comprovado que elimine ou neutralize a nocividade e seja respeitada a Norma Regulamentadora nº 6 do MTE, que prevê atendimento às medidas de proteção coletiva ou ambiental. Dito de outra forma, os EPI informados devem cumprir concomitantemente as exigências do Ministério do Trabalho: tentativas de implementação de medidas de proteção coletiva, justificando o EPI apenas por inviabilidade técnica ou por caráter complementar ou emergencial; observação das condições de funcionamento e uso ininterrupto do EPI ao longo do tempo, conforme especificação técnica do fabricante; observação do prazo de validade, conforme certificado de comprovação; observação da periodicidade na troca definida pelos programas ambientais.

Não comprovadas essas imposições, faz efeito o Enunciado nº 21 do Conselho de Recursos da Previdência Social (CRPS):

> O simples fornecimento de equipamento de proteção individual de trabalho pelo empregador não exclui a hipótese de exposição do trabalhador aos agentes nocivos à saúde, devendo ser considerado todo o ambiente de trabalho[5].

É digno de nota, ainda, o julgado pelo Supremo no Tribunal Federal no ARE 664335, enumerado como Tema 555 em sede de repercussão geral, quanto à caracterização da atividade especial por exposição ao ruído acima dos níveis de tolerância, ainda que com utilização regular de equipamentos de proteção individual:

> ARE 664335 - I – O direito à aposentadoria especial pressupõe a efetiva exposição do trabalhador a agente nocivo a sua saúde, de modo que, se o Equipamento de Proteção Individual (EPI) for realmente capaz de neutralizar a nocividade, não haverá respaldo constitucional à aposentadoria especial; II – Na hipótese de exposição do trabalhador a ruído acima dos limites legais de tolerância, a declaração do empregador, no âmbito do Perfil Profissiográfico Previdenciário (PPP), da eficácia do Equipamento de Proteção Individual (EPI), não descaracteriza o tempo de serviço especial para aposentadoria.

---

5   CRPS, Data da publicação: 18/11/1999.

Os demais capítulos dessa obra, na esteira da doutrina e da jurisprudência aplicadas à casuística do direito ambiental do trabalho, são essenciais para alicerçar a instrução de pretensões previdenciárias que envolvam a caracterização da atividade especial em situações concretas anômalas de documentação ambiental trabalhista.

## 34.2. IMPACTO DO DIREITO AMBIENTAL DO TRABALHO NA PROTEÇÃO PREVIDENCIÁRIA DAS INCAPACIDADES TEMPORÁRIA E PERMANENTE PARA O TRABALHO

Sob a égide da Lei nº 8.213/1991 (Lei de Benefícios da Previdência Social – LBPS), regulada pelo Decreto nº 3.048/1999 (Regulamento da Previdência Social – RPS), até a promulgação da EC nº 103/2019, os benefícios previdenciários aplicáveis à incapacidade para o trabalho eram o auxílio-doença (arts. 18, I, *e* e 59 e s. da LBPS) e a aposentadoria por invalidez (arts. 18, I, *a* e 42 e s. da LBPS), decorrentes ou não de acidente de qualquer natureza, e o auxílio-acidente (arts. 18, I, *h* e 86 da LBPS).

A partir da entrada em vigência da EC nº 103/2019, em razão da alteração da denominação dos riscos sociais correlatos e dos próprios benefícios incapacitários, o auxílio-doença dá lugar ao *auxílio por incapacidade temporária*, e a aposentadoria por invalidez dá lugar à *aposentadoria por incapacidade permanente*, a serem concedidos conforme os novos critérios constitucionais transitórios, aplicação no que compatível da LBPS e com início de regulamentação costurada por meio do Decreto nº 10.410, de 30/06/2020, que alterou estruturalmente o RPS para dar aplicação imediata à referida Emenda à Constituição.

As incapacidades e os benefícios incapacitários são adjetivados como *previdenciários* ou *acidentários*, em razão da ausência ou da presença da circunstância de acidente de qualquer natureza, assim entendidos inclusive acidentes do trabalho e situações equiparadas a ele, doenças profissionais e doenças do trabalho.

O reconhecimento da natureza acidentária da incapacidade, matéria decisivamente informada pelo direito ambiental do trabalho, pode ter relevantes efeitos no direito previdenciário do trabalhador.

### 34.2.1. Dispensa do período de carência

Um deles é a verificação, no caso concreto, da exigência ou não do *período de carência* para elegibilidade ao benefício previdenciário. É lição comezinha do direito previdenciário que os requisitos para concessão dos benefícios, em regra, dividem-se em *genéricos* e *específicos*. Os *específicos* são aqueles diretamente relacionados com cada risco social que buscam cobrir. Os requisitos *genéricos*, comuns a quase todas as espécies, por sua vez, são a *qualidade de segurado* e a *carência*.

O período de carência exigido para os benefícios incapacitários na LBPS é de 12 (doze) contribuições mensais indispensáveis para que o segurado faça jus ao benefício, nos termos do seu art. 25, I.

Tratando-se de benefícios incapacitários "*nos casos de acidente de qualquer natureza ou causa e de doença profissional ou do trabalho (...)*", entre outras hipóteses[6] previstas no art. 26,

---

6 "...bem como nos casos de segurado que, após filiar-se ao RGPS, for acometido de alguma das doenças e afecções especificadas em lista elaborada pelos Ministérios da Saúde e da Previdência Social, atualizada a cada

II, da LBPS, a concessão dos benefícios, quando verificadas a qualidade de segurado e a incapacidade para o trabalho, se dará independente de carência. Resume Fábio Zambitte Ibrahim:

> O valor é o mesmo para ambos (91% do salário-de- benefício), mas há diferenças importantes: o auxílio-doença acidentário sempre dispensará carência, enquanto o comum nem sempre (só em acidentes não relacionados ao trabalho e nas doenças de maior gravidade e extensão); só o auxílio-doença acidentário gera a estabilidade provisória ao empregado; a competência para julgamento de lides acidentárias é sempre da Justiça dos Estados (art. 129 da Lei 8.213/91), enquanto o auxílio-doença comum compete à Justiça Federal e, por último, somente os empregados, domésticos e avulsos e segurados especiais é que têm direito ao auxílio-doença acidentário, pois somente estes são abrangidos pelo SAT – Seguro de Acidentes de Trabalho (os demais segurados – contribuintes individuais e facultativos sempre receberão o auxílio-doença comum)[7].

Nesse contexto, então, é possível a concessão de benefícios incapacitários acidentários mesmo no transcurso do primeiro ano de atividade do trabalhador, na qual tenha ingressado ou reingressado no sistema previdenciário.

A dispensa do período de carência também se aplica quando o acidente de qualquer natureza ou de doença profissional ou do trabalho acarretar a morte do segurado instituidor, em relação à pensão para cônjuge ou companheiro(a), que em situações não gravadas pelo contexto acidentário tem como requisito o recolhimento de 18 (dezoito) contribuições mensais e a comprovação de 02 (dois) anos de casamento ou de união estável (art. 77, § 2º-A da LBPS, com a redação dada pela Lei nº 13.135/2015).

### 34.2.2. Direito ao auxílio-acidente

A caracterização do contexto acidentário, informada decisivamente pelo direito ambiental do trabalho e que tangencia diversos pontos dos demais capítulos desta obra, também pode ser relevante para a concessão do auxílio-acidente, instituído no art. 86 da LBPS, benefício que se distingue dos benefícios incapacitários por não ser substitutivo do salário, mas ter caráter indenizatório, em razão da consolidação das lesões decorrentes de acidente de qualquer natureza, quando resultarem sequelas que impliquem redução da capacidade para o trabalho que habitualmente exerce:

> O auxílio-acidente não é, a rigor, um benefício por incapacidade laboral, visto que o segurado receberá esta prestação ainda que apto a exercer qualquer atividade remunerada. Ele é pago a título de indenização pela redução da capacidade para o trabalho habitual ocasionada por sequelas decorrentes de acidente de qualquer natureza ou causa. (SAVARIS; GONÇALVES, 2018, p. 310)

O auxílio-acidente implica prestação equivalente à metade da média aritmética das remunerações históricas do trabalhador, com duração desde a data da cessação do auxílio-doença (consolidação das lesões com recuperação parcial da capacidade laborativa) e até a data ime-

---

3 (três) anos, de acordo com os critérios de estigma, deformação, mutilação, deficiência ou outro fator que lhe confira especificidade e gravidade que mereçam tratamento particularizado" (art. 26, II da Lei nº 8.213/1991).
7 O autor ainda acrescenta efeito trabalhista da caracterização da natureza acidentária do afastamento: "(...) caso o segurado empregado, incluindo o doméstico, tenha recebido auxílio-doença acidentário, isto é, decorrente de acidente do trabalho, ao término deste, com o respectivo retorno à atividade, gozará de estabilidade provisória de 12 meses (art. 118 da Lei nº 8.213/91)" (IBRAHIM, Fábio Zambitte. **Curso de Direito Previdenciário**. 21. ed. Niterói: Ímpetus, 2015. p. 651-652).

diatamente anterior à concessão de aposentadoria. O Governo Federal tentou alterar substancialmente o seu regime jurídico, inclusive quanto à duração, por meio da Medida Provisória nº 905, de 11 de novembro de 2019, que em 2020 acabou perdendo a vigência sem ser convertida em lei.

Enquanto os demais benefícios cobrem incapacidades totais – temporária ou permanente –, o auxílio-acidente cobre a redução parcial da capacidade, em razão da consolidação de lesões físicas, configurando agravo que tenha nexo com o acidente de qualquer natureza, inclusive doenças profissionais ou do trabalho.

O regime jurídico da caracterização do acidente de trabalho, da consideração de doenças profissionais ou do trabalho como acidentes de trabalho e da equiparação a acidente de trabalho de acidentes ocasionados em determinadas circunstâncias tem topografia nos arts. 19 a 21-A da LBPS. Na hipótese normativa de cabimento do auxílio-acidente (art. 86 da LBPS) o legislador não inseriu a expressão 'inclusive doença profissional ou do trabalho', com o fim de estender a proteção a lesões consolidadas e que impliquem redução da capacidade laborativa não em razão de fatos específicos geradores de lesões traumáticas – os tais *acidentes*, como compreendidos na coloquialidade leiga.

A técnica legislativa, entretanto, não exclui a proteção previdenciária na hipótese de doenças que se instalam progressivamente e, instaladas, deixam sintomas crônicos permanentes, tendo causalidade trabalhista indisfarçável ou estabelecida pela própria lei. A falta do *acidente*, como evento deflagrador da proteção previdenciária, portanto, não afasta a possibilidade de entrega do auxílio-acidente no caso de verificação de doenças profissionais ou do trabalho, que por serem consideradas ou equiparadas a acidentes do trabalho, estão contidas na hipótese do acidente *de qualquer natureza* (inclusive a trabalhista), conforme expôs Felipe Kugler (2015, p. 258):

> Importante esclarecer que, no momento em que a norma estabelece que o benefício é devido após consolidação de lesões decorrentes de acidente de qualquer natureza, admite a concessão da prestação nos casos em que não há um acidente propriamente dito. É que, nos termos dos arts. 20, I e II, e 21, III, ambos da Lei nº 8.213/91, existem doenças consideradas acidente de trabalho por equiparação, por mera ficção jurídica. (...) Nessas situações, muito embora não se esteja diante de um acidente, na concepção usual do vocábulo, tais doenças são a ele equiparadas. Portanto, estará preenchido o requisito específico para a concessão do auxílio-acidente caso, após consolidação das lesões eventualmente deixadas por aquelas doenças, houver sequelas com redução ou perda da capacidade laboral para a atividade habitualmente exercida.

O art. 21-A, anote-se ainda, induz o chamado Nexo Técnico Epidemiológico Previdenciário – NTEP entre o trabalho e o agravo, sendo regulamentado pelo art. 337, § 3º e pela Lista C do Anexo II do RPS, em função da entidade mórbida (pela classificação CID-10) e as atividades profissionais (classificadas pelo CNAE)[8]. Esta dinâmica induz presunção relativa do caráter acidentário e imputa à tomadora dos serviços a prova da inexistência de causalidade, invertendo o ônus probatório. Nas palavras de Paulo Rogério Oliveira e Anardech Barbosa-Branco:

---

8 Sobre a técnica da configuração e dos efeitos do Nexo Técnico Epidemiológico Previdenciário: OLIVEIRA, Paulo Rogério Albuquerque; BARBOSA-BRANCO, Anadergh. **Nexo Técnico Epidemiológico Previdenciário – NTEP. Fator Acidentário de Prevenção – FAP:** um novo olhar sobre a saúde do trabalhador. São Paulo: LTr, 2009.

Vislumbra-se com o NTEP uma resultante positiva à diminuição dos agravos à saúde do trabalhador com a garantia da menor burocratização dos procedimentos para concessão de benefícios por parte do INSS ao eximir o segurado das provas diagnósticas, com o NTEP que resgata e introduz, no campo da Saúde do Trabalhador, a figura da empresa empregadora que passa a ocupar o polo passivo da relação jurídica ambiental-sanitária-previdenciária na condição de diretamente responsável.

É de concluir que a ocorrência de acidente de qualquer natureza, inclusive de acidente de trabalho, ou de doença profissional ou do trabalho, que tenha causalidade direta ou, senão, causalidade meramente normativa com o agravo, que imponha ao trabalhador lesões consolidadas que acarretem a redução da capacidade laborativa, dar-lhe-á direito ao auxílio-acidente.

Notável, ainda, é a seletividade legal na proteção acidentária, tendo a LBPS a excluído dos contribuintes individuais, segurados facultativos e trabalhadores domésticos (art. 18, §1º). Para Daniel Machado da Rocha e José Paulo Baltazar Junior (2014, p. 391):

> Na via administrativa, somente podem postular essa prestação os segurados relacionados no §1º do art. 18 da Lei de Benefícios: segurado empregado, avulso e especial. Considerando o fato de o benefício, na sua redação original, apenas ser devido nos casos em que caracterizado o acidente de trabalho, a restrição no âmbito subjetivo até poderia ser compreendida. Entretanto, a partir da extensão promovida para os acidentes de qualquer natureza, a limitação subjetiva torna-se difícil de ser justificada.

Tal situação ganha contornos dramáticos no contexto de substituição paradigma jurídico da relação de emprego pelo da relação terceirizada e/ou eventual de trabalho 'autônomo', em setores da economia em que há sinistralidade relevante, como lembra Grijalbo Coutinho (2017, p. 701):

> Com efeito, envolto pela mais absoluta precariedade laboral, o terceirizado brasileiro atua majoritariamente nas atividades de risco cercadas do máximo de perigo. Basta comparar os números da terceirização geral no Brasil, ou em diversos setores econômicos, com os quantitativos de terceirizados no setor elétrico brasileiro, na Petrobras e na área de segurança e vigilância patrimoniais. No setor elétrico, o número de terceirizados supera em 30% o de empregados próprios (...) Na Petrobras, (...) a quantidade de terceirizados vai além de três vezes o número de empregados efetivos. Na segurança e na vigilância, quase 90% da mão de obra utilizada pelos patrões é terceirizada, percentual incrementado pelo histórico da legislação específica que regula a matéria desde o início dos anos 1980. (...) Eletricidade, inflamáveis, extração de petróleo e utilização de armas de fogo, na divisão do trabalho privado brasileiro, estão destinadas, como atividades eminentemente de risco, a serem precipuamente operadas por trabalhadores terceirizados (...).

Este cenário se acentua progressivamente, acrescente-se, com a transposição do paradigma da terceirização para o da intermediação de mão de obra por plataformas digitais, que enquadra os trabalhadores exclusivamente como contribuintes individuais, sem os expor à precarização da proteção previdenciária em relação a todos os riscos sociais, como debateremos no tópico seguinte.

## 34.3. EFEITOS ESTRUTURAIS DAS REFORMAS SOBRE A PROTEÇÃO RELATIVA AO AMBIENTE DO TRABALHO

Dentre os debates fundamentais do direito do trabalho está o anseio pela modernização dos seus paradigmas jurídicos, apresentada como *dada* a presença de novas relações não compatíveis com o tipo do contrato de emprego (GOULART, 2012), na justificação política tanto de decisões capitais nos tribunais superiores – como a legalização da terceirização da atividade-fim do trabalho temporário pelo Supremo Tribunal Federal[9] – quanto das reformas (e tentativas) legislativas – como a Lei nº 13.467/2017 e as Medidas Provisórias nºs 905, 927 e 936 – e contratuais (como a intermediação do trabalho por plataformas digitais, a chamada *uberização*) (ZIPPERER, 2019).

A nosso ver, as soluções judiciais, legais e contratuais propostas até então, no afã de modernizar o direito do trabalho, apesar de se empenharem na simplificação burocrática, otimização dos custos dos negócios e promoção do maior patamar de liberdade – e menor patamar de responsabilidade – dos tomadores dos serviços envoltos pelos 'novos' tipos contratuais, em diversos nichos da economia, não apresentam, minimamente, nem projetos e nem ideias para a manutenção, ou mesmo sequer para a sobreexistência – no entremeio da simplificação burocrática e da promoção da liberdade e dinamismo da economia – dos patamares de proteção da saúde e da segurança dos trabalhadores nas relações de trabalho, bem como dos patamares de proteção previdenciária e securitária nas respectivas relações de custeio de benefícios programáveis (aposentadorias, públicas ou privadas) e de risco (seguros públicos ou privados).

Caso não sejam promovidas soluções efetivas, por meio de políticas públicas que renovem o pacto constitucional de solidariedade social trabalhista e previdenciária, à luz dos princípios constitucionais da base diversificada de custeio e da universalidade do atendimento, o futuro do direito ambiental do trabalho e do direito previdenciário, no contexto da terceirização da gestão e securitização dos riscos do trabalho para os próprios trabalhadores (PASSOS, 2013), será em lugar de memória e luto, sendo previsível sua extinção progressiva e cada vez mais restrita aos setores em que permanecerem compulsórias a reponsabilidade ambiental e a coercitividade do direito ambiental do trabalho. Os setores em que elas desaparecem, entretanto, continuam se expandindo progressivamente (MAEDA, 2017, p. 83 e s.), e empurram dezenas de milhões de brasileiros para a marginalização jurídica (SOUTO MAIOR; GNATA, 2013).

Também ainda eram desconhecidas, à época da conclusão deste trabalho, as derivações futuras da pandemia mundial ocasionada pelo coronavírus – ou por pandemias que a sucedam, dada a imprevisibilidade do futuro – sobre o direito ambiental do trabalho.

Apresentam-se como baliza e norte os apontamentos de Guilherme Guimarães Feliciano e Paulo Lemgruber Ebert (2020):

> Nessa esteira, como dizíamos, a omissão patronal no que concerne à antecipação, à prevenção e ao combate efetivo dos riscos representados pela entronização do coronavírus em seus estabelecimentos — e isso se aplica a todas as atividades que envolvam trabalhadores, sejam

---

9  "O Plenário do Supremo Tribunal Federal (STF) julgou constitucional a Lei da Terceirização (Lei 13.429/2017), que permitiu a terceirização de atividades-fim das empresas urbanas. Por maioria de votos, foram julgadas improcedentes cinco Ações Diretas de Inconstitucionalidade (ADIs 5685, 5686, 5687, 5695 e 5735) que questionavam as mudanças nas regras de terceirização de trabalho temporário introduzidas pela lei. O julgamento foi realizado na sessão virtual encerrada no dia 15/06". Brasília: Supremo Tribunal Federal, 17/06/2020. Disponível em: http://www.stf.jus.br/portal/cms/verNoticiaDetalhe.asp?idConteudo=445728. Último acesso em 22/07/2020.

> ou não empresariais — sujeita-os, nos termos do artigo 14, § 1º, da Lei nº 6.938/81 à responsabilização objetiva (i.e., independentemente da existência ou comprovação da culpa subjetiva de prepostos do empregador) por todos os danos físicos e psíquicos que, por conta da Covid-19, vierem a acometer os trabalhadores contagiados com o SARS-Cov-2, inclusive em função da inobservância das diretrizes sanitárias amplamente divulgadas para a contenção dos contágios. (...) Quanto ao nexo causal propriamente dito, mormente após a suspensão da eficácia do artigo 29 da MP nº 927/2020 pelo STF (ADI nº 6.342/DF), havendo evidências de que o trabalhador infectado com o SARS-Cov-2 expôs-se à contaminação em função do seu trabalho, ou mesmo na situação de trabalhadores ativados em empresas nas quais já se detectou a contaminação comunitária intramuros —, pode-se desde logo presumir o nexo de causalidade entre a afecção e a atividade laboral (CLT, artigo 818, §1º), cabendo ao empregador fazer a prova contrária. (...) Por fim, convém recordar que a Convenção nº 155 da OIT, em resguardo aos relevantíssimos bens jurídicos por ela protegidos (e igualmente tutelados pelos artigos 7º, XXII, e 225, *caput*, da Constituição Federal), legitima a paralisação do trabalho por parte dos próprios obreiros, *ex vi* de seus artigos 13 e 19, «f», ante a constatação de um risco grave e iminente à sua vida ou à sua saúde, tal como a transmissão comunitária do coronavírus no meio ambiente de trabalho. Esse direito de resistência, se exercido coletivamente, configurará clara hipótese de greve ambiental, à qual não se aplica a regra do artigo 7º, *caput, in fine*, da Lei 7.783/1989, pois 'tem por finalidade resguardar a segurança, a saúde e a higiene do trabalhador em face da degradação ambiental". (...) Por tudo o que se viu, é certo que o contágio pelo SARS-Cov-2 configura, no atual contexto de transmissão comunitária e de circulação irrestrita do vírus, um novo risco biológico e social, que interfere sistematicamente no equilíbrio do meio ambiente humano, tanto em sua dimensão natural como em sua dimensão artificial (e, portanto, também no meio ambiente do trabalho). Essa nova realidade demanda dos empregadores, gestores que são de seus próprios espaços produtivos, a implementação de todas as medidas antecipatórias destinadas a neutralizar ou minimizar os impactos do coronavírus.

Tratando-se os contextos epidêmicos e pandêmicos, como o ocasionado pelo Coronavírus em 2019, de riscos ambientais a que os trabalhadores podem se expor tanto no trabalho quanto fora dele, é de se presumir que a exposição ao contato social é *concausa* que colabora para o contágio, obrigando-se os tomadores de serviço a impor – e a documentar e comprovar a imposição de – todos os cuidados recomendados pelas autoridades sanitárias nas atividades essenciais, assim entendidas as que pressupõem a continuação da prestação dos serviços no período de isolamento social recomendado.

A caracterização da natureza acidentária de qualquer contágio deverá, portanto, ser presumida sempre que não comprovada pelos tomadores de serviço a adoção dessas medidas no período de vigência dos Decretos federais, estaduais e municipais que disciplinem a cessação e a continuidade das respectivas atividades, em coerência ampla com a lógica da presunção relativa e a inversão do ônus probatório induzida pela adoção do Nexo Técnico Epidemiológico Previdenciário na LBPS e no RPS, para fins de concessão de benefícios e promoção de responsabilidade ou mesmo de direito de regresso da Previdência Social perante as empresas, quando for o caso.

## CONSIDERAÇÕES FINAIS

A tutela adequada do Direito Ambiental do Trabalho, coletiva ou individual, é constitutiva do direito previdenciário acidentário individual das coletividades de trabalhadores expostos aos riscos ambientais do trabalho, sendo decisiva para o acesso aos direitos às aposentadorias especial e por incapacidade permanente, bem como ao auxílio-acidente e ao auxílio por incapacidade temporária, além dos efeitos típicos sobre o contrato de trabalho, à configuração do direito de reparação de danos para fins de indenização e outras possíveis derivações administrativas, regulatórias, tributárias ou criminais, a depender do caso concreto.

O processo de reformas dos direitos sociais, com efeito determinante sobre a proteção previdenciária dos riscos ambientais do trabalho, é uma face de extrema relevância, mas também bastante restrita, recortada para os fins específicos deste trabalho, de uma realidade muito mais ampla, bem descrita por Patrícia Maeda (2017):

> A precarização do trabalho, no sentido de perda dos direitos conquistados e de reposição da precariedade, é resultado direto da reestruturação produtiva, que, por sua vez, fundada em princípios como o da flexibilidade, implica modelos de contratação de forma atípica – contrato temporário, subcontratação ou terceirização, contrato a tempo parcial ou com horário flexível – e no agravamento das condições de trabalho, de modo que temos verificado nas formas de organização do trabalho uma forte tendência ao que preferimos denominar precarização do emprego e das condições de trabalho. Essa racionalidade de curto prazo desconsidera a saúde do trabalhador, extraindo de seu trabalho todo o mais-valor o mais rápido possível; corrói a lealdade e o compromisso nas relações de trabalho; e degrada o ambiente de trabalho.

Nesse contexto, o risco político de superação do paradigma jurídico da relação de emprego pelas relações de terceirização e intermediação de trabalho autônomo prejudica: a) a capacidade de gestão e fiscalização das condições ambientais de trabalho, b) uma série de reflexos nos controles de jornada, remuneração e demais direitos trabalhistas, e c) a proteção previdenciária acidentária, dado que o auxílio-acidente, benefício previdenciário acidentário típico, passa a ser legalmente sonegado, o que se agrava com a percepção de que esta superação inicia por categorias efetivamente expostas aos riscos ambientais, sem soluções securitárias substitutivas. Situação que acentua o retrocesso do patamar de desenvolvimento econômico e social do país.

# SEÇÃO VIII

# FORMAÇÃO HUMANA E REPERCUSSÕES NA TUTELA LABOR-AMBIENTAL

# CAPÍTULO 35
EDUCAÇÃO AMBIENTAL: PASSO ESSENCIAL À CONCRETIZAÇÃO DOS DITAMES CONSTITUCIONAIS E CUMPRIMENTO DOS PACTOS INTERNACIONAIS

*Larissa Lopes Matos*

## 35.1. CONSCIÊNCIA AMBIENTAL: CONCEITO E IMPORTÂNCIA

Nada mais propício do que escrever sobre consciência ambiental num período em que os debates em torno da questão ambiental passam a ser, injustificadamente, objeto de intolerância, rispidez e até mesmo ódio por parte de uma parcela que, de modo desarrazoado, não consegue ter a dimensão de que a defesa do meio ambiente é a defesa da própria vida.

A expressão "consciência ambiental" foi bem trabalhada por José Enrique Báez Gómez (2016, p. 363-388), quando publicou um artigo intitulado *La conciencia ambiental en España a princípios del siglo XXI y el impacto de la crisis económica sobre la misma*.

Nele, o autor abordou as lições de Gómez Benito que ensinou ser a consciência ambiental "o conjunto integrado de diferentes tipos de respostas de indivíduos (grupos) relacionados com os problemas de qualidade e conservação do meio ambiente ou natureza"; bem como os ensinamentos de Chuliá Rodrigo, que definiu o termo como "o conglomerado de afetos, conhecimentos, disposições e ações individuais e coletivas relacionado aos problemas ecológicos e defesa da natureza".

Ainda, José Enrique Báez Gómez apontou cinco dimensões da conscientização ambiental abordadas por Gómez Benito e Chuliá Rodrigo, quais sejam: 1) a sensibilidade ambiental ou dimensão afetiva – é o interesse, envolvimento, preocupação ou receptividade a problemas ambientais, bem como a percepção de sua seriedade e urgência de suas soluções; 2) a dimensão cognitiva – é o conhecimento dos problemas ambientais, que inclui as causas e efeitos do problema, as áreas afetadas, os agentes responsáveis pelo problema e as soluções; 3) a terceira dimensão é a disposição – é a disposição de aceitar proibições, limitações ou multas do governo relacionadas a certas práticas que são prejudiciais ao meio ambiente; 4) a quarta dimensão é a ação individual, chamada de "indivíduo ativo" por Chuliá Rodrigo – são os comportamentos ambientais de natureza privada e cotidiana, como consumo, reciclagem, uso de transporte público etc.; 5) a quinta dimensão é a ação coletiva, que Chuliá Rodrigo chama de "ativo coletivo", relacionada à participação em ações coletivas ocasionais e/ou participação em organizações pró-ambientais (GÓMEZ, 2016, p. 363-388).

Isto é, para Gómez Benito e Chuliá Rodrigo, a consciência ambiental envolve o interesse e preocupação com o tema, o conhecimento dos problemas ambientais, os limites, os comportamentos e ações dos indivíduos em prol do meio ambiente.

Completando o conceito, Afonso, Zanon, Locatelli e Afonso (2016, p. 109), explicam que:

> A consciência ambiental é definida por Schlegelmilch, Bohlen e Diamantopoulos (1996) como um construto multidimensional composto por elementos cognitivos, atitudinais e

comportamentais. Autores como Bedante e Slongo (2004) definem a consciência ambiental como a disposição ou voluntariedade de um indivíduo de tratar os assuntos relativos ao meio ambiente de maneira contrária ou favorável. Assim, indivíduos com níveis de consciência ambiental mais elevada fundamentariam suas decisões de acordo com o impacto que elas exercem no meio ambiente.

Vale destacar que em seu artigo intitulado *La conciencia medioambiental de los españoles en los noventa,* a professora Elisa Chuliá Rodrigo (1995), que inspirou o trabalho de José Enrique Báez Gómez, deixa claro que a sociedade civil é uma das principais responsáveis pela condição do meio ambiente, pois é composta por indivíduos que podem influenciar a temática da proteção da natureza através de quatro mecanismos: 1) voto; 2) consumo; 3) apoio material; e 4) comportamentos individuais cotidianos. É através da qualidade de eleitor e consumidor que os cidadãos contribuem para moldar a oferta dos partidos políticos e das empresas.

Para tanto, o cidadão deve estar bem informado e ter conhecimento sobre a realidade ambiental que o cerca – é o que determina o princípio da informação ambiental, decorrente do princípio da participação. Nesse sentido, lembro que o art. 225, § 1º, VI, CF/88 determina que incumbe ao poder público *"promover a educação ambiental em todos os níveis de ensino e a conscientização pública para a preservação do meio ambiente".*

Citando Schiffman & Kanuk e Kassarjian, os autores Deus, Dias Afonso e Afonso (2014), aduzem que:

> O conhecimento se adquire pela combinação da experiência direta e da respectiva informação originária de várias fontes (Schiffman & Kanuk, 2000). Kassarjian (1971) identificou que a exposição direta ao problema ambiental é um fator impulsionador para a tomada de consciência ambiental e para o desenvolvimento de atitudes ecológicas dos consumidores.

É a partir do conhecimento que se pode construir e fomentar comportamentos pró-ambiental, ou seja, condutas conscientes, ponderadas e prudentes que reflitam o respeito à conservação do meio ambiente humano.

## 35.2. A NECESSIDADE DE SE DEBATER SOBRE O TEMA

A Constituição brasileira é rica em preceitos relacionados ao direito ambiental. Contudo, apesar das diversas normas que tutelam o meio ambiental, não existe no País uma efetiva formação de uma consciência ambiental.

Assim, o que se pretende é colocar o tema em debate para que se possa impulsionar reflexões acerca da sua relevância. Até porque a sociedade vive tempos de flexibilização de normas ambientais e, portanto, precisa, pensar e ponderar criticamente sobre o meio ambiente que deseja viver. Para isso, é preciso ter consciência ambiental, a fim de que seja possível refletir, agir, exigir e argumentar sobre seus direitos e deveres ambientais.

Nesse ponto, é importante esclarecer que a formação da consciência ambiental não ocorrerá somente por imposição de normas jurídicas, mas sim por políticas educacionais e condutas proativas que precisam ser impulsionadas por todos os atores sociais – cidadãos e governo – seja na esfera federal, estadual ou municipal.

Aqui é importante lembrar sobre as políticas de governo em prol do meio ambiente, pois elas, ao mesmo tempo que podem sensibilizar a população, imprimem uma noção de respeito e relevância do tema – portanto, cabe ao poder público elevar o patamar de seriedade que se deve ter com o meio ambiente, sendo inconcebível rebaixá-lo com atitudes que vulneram o debate.

É bom ressaltar, contudo, que a mobilização pela conscientização ambiental não se perfaz somente pelo manejo de instrumentos estatais, mas sim pelo vetor da consciência coletiva à causa ambiental – concepção extraída do artigo de Patrícia Bressan sobre juridicidade socioambiental (BRESSAN, 2017, p. 163-180).

Inclusive, em relação à participação dos atores sociais, frise-se que o art. 225, *caput*, CF/88, é bastante claro ao impor ao Poder Público e à coletividade o dever de defender e preservar o meio ambiente para as presentes e futuras gerações.

Essa solidariedade intergeracional, primordial num estado democrático de direito (art. 1º, *caput*, CF/88), está intimamente ligada ao desenvolvimento sustentável (art. 225, *caput*; art.170, VI, todos da CF/88), que busca conciliar o desenvolvimento econômico à preservação ambiental – ideia há muito discutida no Relatório Brundtlandt (1987), que "abriu um imenso debate na academia sobre o significado de desenvolvimento sustentável" (NASCIMENTO, 2012, p. 51).

Nesse sentido, Elimar Pinheiro do Nascimento (2012, p. 51) afirma que a noção de sustentabilidade reflete a percepção da finitude dos recursos naturais. Outrossim, explica que nos embates ocorridos nas reuniões de Estocolmo (1972) e Rio (1992), percebeu-se que a pobreza é também provocadora de agressões ambientais, devendo, então, a sustentabilidade contemplar a equidade social e a qualidade de vida dessa geração e das próximas.

Corroborando a ideia, a primeira parte da redação do item 4 da citada Declaração de Estocolmo (Declaração da Conferência das Nações Unidas sobre o Meio Ambiente Humano – 05 a 16 de junho de 1972) aduz:

> Nos países em desenvolvimento, a maioria dos problemas ambientais estão motivados pelo subdesenvolvimento. Milhões de pessoas seguem vivendo muito abaixo dos níveis mínimos necessários para uma existência humana digna, privada de alimentação e vestuário, de habitação e educação, de condições de saúde e de higiene adequadas.

Além disso, destaque-se que a questão da sustentabilidade ambiental perpassa pela dignidade da pessoa humana (art. 1º, III, CF/88), que impõe a necessidade de o homem desfrutar de um ambiente equilibrado, saudável e seguro – em se tratando de segurança, até mesmo a própria Declaração Universal dos Direitos Humanos (1948), no art. 3º, menciona que "todo ser humano tem direito à vida, à liberdade e à segurança pessoal".

Nessa senda, o item 2 da mencionada Declaração de Estocolmo deixa expresso que "a proteção e o melhoramento do meio ambiente humano é uma questão fundamental que afeta o bem-estar dos povos e o desenvolvimento econômico do mundo inteiro, um desejo urgente dos povos de todo o mundo e um dever de todos os governos".

Ainda nessa temática, é possível visivelmente extrair do Princípio 1 da citada Declaração que o homem tem o direito fundamental de desfrutar de condições de vida adequadas em um meio ambiente de qualidade, tendo a solene obrigação de proteger e melhorar o meio ambiente para as gerações presentes e futuras.

## 35.3. MUDANÇA DE PARADIGMA E MARCOS HISTÓRICOS DO DIREITO AMBIENTAL

A visão antropocêntrica e o comportamento predatório do homem no mundo foram se mostrando anacrônicos, diante dos desgastes presentes na relação homem e meio ambiente, fazendo-o repensar a forma como lida e se apropria dos recursos naturais. Foi a partir desse momento que surgiram várias normas no âmbito internacional que tiveram reflexos na confecção das normas brasileiras relacionadas à tutela ambiental.

Taciana Marconatto Damo Cervi (2012, p. 21-104) enfatiza que a degradação do meio ambiente global levou a sociedade a reconhecer que os mecanismos do desenvolvimento produziram um planeta tecnologicamente avançado, mas ambientalmente degradado. Ainda, destaca que a exploração excessiva e despreocupada deu origem a grandes problemas ambientais, fruto de um desenvolvimento desequilibrado.

Nesse sentido, a mesma autora explica que houve uma transição societal, cuja sociedade saiu de um paradigma fundado no patriarcalismo, na produção capitalista, no consumismo individualista e mercadorizado, para um paradigma que tem delineado traços importantes através de atitudes individuais ou de grupos que tendem a inspirar seguidores (CERVI, 2012, p. 21-104).

Rosângela Angelin (2012, p. 31-46) deixa bem claro que a visão antropocêntrica em relação ao meio ambiente está cedendo espaço para encarar o meio ambiente natural como um espaço holístico do desenvolvimento dos seres humanos, que fazem parte da natureza e dependem desta para a manutenção da vida humana no planeta.

Ideia que se coaduna com o pensamento de que "a consciência moderna assume, enquanto resultado de uma consciência histórica, uma posição reflexiva com relação a tudo o que lhe é transmitido pela tradição", conforme ensina Haide Maria Hupffero (2012, p. 111) ao citar Gadamer (2002) – ela ainda detalha que "ter consciência histórica é compreender os vínculos do homem-natureza com as gerações que nos precederam, bem como, que as decisões tomadas no presente estabelecem e determinam vínculos com as futuras gerações" (HUPFERRO, 2012, p. 111).

Afonso, Zanon, Locatelli e Afonso (2016, p. 108) ensinam que:

> Segundo Callenbach et al. (1993), a preocupação com o meio ambiente evoluiu a partir da obra de Rachel Carson, Silent Spring (Primavera Silenciosa), publicada nos Estados Unidos em 1960, ocasionando intensa mudança de atitude do povo americano e aumentando a cobrança de ações de políticos quanto às leis de proteção ambiental.

Nesse diapasão, explica Haide Maria Hupffero (2012, p. 111) que "o ser humano da era pós-industrial começa a dar sinais de recusar a seguir ingenuamente uma tradição de descaso com a natureza e ao seu poder ilimitado de dominação e dilapidação dos bens ambientais" – o que demonstra a busca do homem por uma relação mais harmoniosa com a natureza.

Nesse contexto, a Conferência das Nações Unidas sobre Meio Ambiente Humano, ocorrida em Estocolmo (1972), aparece como marco jurídico da tutela ambiental, ao colocar a temática ambiental em evidência na agenda internacional, aguçando, assim, uma percepção quanto à necessidade jurídica de proteção do meio ambiente – a partir dessa Declaração o Brasil promulga a Lei de Política Nacional do Meio Ambiente (Lei nº 6.938/1981) e, posteriormente, insere um capítulo na Constituição de 1988 só para tratar do meio ambiente.

Na década de 1970, cabe destacar, houve diversas Conferências, tais como: Convenção para a preservação da poluição marinha por despejo de resíduos e outras matérias (Londres, 1972); Convenção Internacional para a prevenção de poluição causada por navios (Londres, 1973); Convenção sobre o comércio internacional de espécies ameaçadas da fauna selvagem e da flora (Washington, 1973); Convenção sobre a proteção do ambiente marinho na área do Mar Báltico (1974); Tratado sobre poluição transfronteiriça a longa distância (Genebra, 1979); e Convenção sobre a conservação da vida selvagem e dos hábitats naturais (Berna, 1979) (ARANTES, 2016, p. 261-293).

Outro marco normativo histórico foi a Conferência das Nações Unidas realizada no Brasil (Rio de Janeiro) conhecida como ECO-92. Ela retomou temas da Declaração de Estocolmo, debateu a escassez de recursos naturais e o desenvolvimento sustentável – este último já objeto de discussão no relatório Brundtland. Dela resultou a Agenda 21, documento que visa o planejamento participativo em busca do desenvolvimento sustentável, exigindo cooperação dos países desenvolvidos para acelerar o desenvolvimento sustentável dos países em desenvolvimento, combate à pobreza, mudança nos padrões de consumo etc. (ONU, 1992).

Um pouco depois, surgiu o Protocolo de Kyoto (1997) – um tratado complementar à Convenção-Quadro das Nações Unidas sobre Mudança do Clima, definindo metas de redução de emissões para os países desenvolvidos, que entrou em vigor no Brasil em 16 de fevereiro de 2005 (BRASIL, 2020).

Ainda, pode-se apontar a Convenção de Aarhus sobre Acesso à Informação, Participação do Público no Processo de Tomada de Decisão e Acesso à Justiça em Matéria de Ambiente, adotada em 25 de junho de 1998, na cidade dinamarquesa de Aarhus, durante a 4ª Conferência Ministerial Ambiente para a Europa (PORTUGAL, 2020). É um importante instrumento para a democracia ambiental. Contudo, o Brasil não é país signatário, por se tratar de documento normativo voltado à Europa.

Igualmente importante é a Agenda 2030 (do ano de 2015), que traz em seu bojo 17 (dezessete) Objetivos de Desenvolvimento Sustentável (ODS), que incluem, por exemplo, a erradicação da pobreza, a igualdade de gênero, a energia acessível e limpa, o trabalho decente e bem-estar.

Outrossim, na 21ª Conferência das Partes da UNFCCC, em Paris, foi adotado um acordo visando a redução de emissões de gases de efeito estufa, que foi ratificado pelo Brasil, vigorando por meio do Decreto nº 9.073/2017, que promulga o Acordo de Paris sob a Convenção-Quadro das Nações Unidas sobre Mudança do Clima, celebrado em Paris, em 12 de dezembro de 2015, e firmado em Nova Iorque, em 22 de abril de 2016.

Em suma, o catálogo normativo internacional é vasto e aborda a temática da tutela ambiental e do desenvolvimento sustentável nas 3 diversas vertentes: social, natural e econômica.

Contudo, o Brasil vem inobservando diversos desses pactos ao não priorizar o meio ambiente nas políticas de governo, o que se reflete nas flexibilizações das leis ambientais nacionais (MELO, 2019), no orçamento destinado às causas ambientais[1], bem como nas fiscalizações ambientais e órgãos de controle (VALENTE, 2019), numa conduta que espelha a ausência de consciência ambiental já do próprio poder público, que deveria ser o primeiro a fomentar e inspirar ações ambientalmente aceitáveis, nos termos previstos na nossa Constituição – que será a seguir explorada.

---

1 Conforme se extrai do Decreto nº 9.711/2019, que dispõe sobre a programação orçamentária e financeira, e estabelece o cronograma mensal de desembolso do Poder Executivo federal para o exercício de 2019.

## 35.4. O DIREITO AMBIENTAL NA CONSTITUIÇÃO DE 1988

Ingo Sarlet e Tiago Fensterseifer (2017, p. 38) explicam que a proteção e promoção do ambiente desponta como um novo valor constitucional, em que se pode falar de um esverdear da Teoria da Constituição e do Direito Constitucional, bem como da ordem jurídica como um todo, expressão cunhada por Pereira da Silva.

Por evolver o direito à vida e a qualidade de vida, o passeio constitucional pela questão ambiental já parte do art. 1º, *caput* e III, CF/88, que tratam, respectivamente, do Estado democrático de direito e do princípio da dignidade humana, vetor do ordenamento jurídico brasileiro e, por isso, situado topograficamente no início da nossa Constituição.

Após, pode-se apontar o art.5º, *caput*, CF/88 como norma que se relaciona com a questão ambiental, pois traz em seu bojo o princípio da igualdade, que impõe o tratamento de todos de forma isonômica, vedando condutas discriminatórias.

Nesse ponto, destaca-se que o meio ambiente humano também abarca o meio ambiente do trabalho, estando o trabalho decente (um dos objetivos da Agenda 2030 para o desenvolvimento sustentável) relacionado ao cumprimento da Convenção 111 da OIT, sobre discriminação em matéria de emprego e profissão, ratificada pelo Brasil (Decreto nº 62.150/1968).

Além disso, não se pode olvidar que a igualdade de gênero é também um dos objetivos para o desenvolvimento sustentável constantes na Agenda 2030.

Seguindo o passeio pela constituição em matéria ambiental, é possível apontar os arts. 6º e 7º, da CF/88, como essenciais ao cumprimento das ODS previstas na Agenda 2030, pois tratam de direitos fundamentais sociais e trabalhistas, que servem para alcançar as metas de acabar com a pobreza em todas as suas formas, em todos os lugares (ODS1), acabar com a fome (ODS2), assegurar uma vida saudável e promover o bem-estar para todos (ODS3), garantir a educação inclusiva e equitativa e de qualidade, e promover oportunidades de aprendizagem ao longo da vida (ODS4) e reduzir a desigualdade dentro dos países e entre eles (ODS10).

Nesse diapasão, vale ressaltar que o meio ambiente é humano e, portanto, deve envolver metas de caráter econômico e social, a fim de proporcionar uma vida digna, escopo maior da nossa Constituição.

Também em matéria ambiental, encontram-se alguns incisos nos arts. 23 e 24, CF/88 que tratam da competência. O art. 23, VI, CF/88, por exemplo, estabelece ser competência comum da União, dos Estados, do Distrito Federal e dos Municípios proteger o meio ambiente e combater a poluição em qualquer de suas formas; ao passo que o art. 24, VIII, CF/88 afirma que compete à União, aos Estados e ao Distrito Federal legislar concorrentemente sobre responsabilidade por dano ambiental.

Já o art. 129, III, CF/88 estabelece ser função institucional do Ministério Público promover o inquérito civil e a ação civil pública, para a proteção do patrimônio público e social, do meio ambiente e de outros interesses difusos e coletivos – o que não impede a ação popular em matéria ambiental que pode ser interposta pelo cidadão (art. 5º, LXXIII).

Outrossim, a Constituição impõe o cumprimento da função social da empresa à defesa do meio ambiente (art. 170, VI, CF/88) – é o que se pode chamar de função socioambiental da empresa. Isto é, cabe a esta incorporar práticas e tecnologias compatíveis com a ideia de desenvolvimento sustentável, promovendo ações e adotando políticas que valorizem as questões ambientais e sociais – o mesmo se aplicando à propriedade rural (art. 186, II, CF/88).

Inclusive, o cumprimento da função socioambiental se coaduna com os princípios orientadores sobre empresas e direitos humanos elaborados pelo professor John Ruggie, aprovados em 2011 pelo Conselho de Direitos Humanos da Organização das Nações Unidas (ONU – HUMAN RIGTHS, 2011, p. 3-35).

Os referidos princípios, num total de 31, são o resultado de seis anos de trabalho e foram elaborados para implementar os parâmetros "proteger, respeitar e reparar", cuja ideia de proteção abarca a obrigação dos Estados de proteger os direitos humanos; o respeito se refere à responsabilidade das empresas de respeitar os direitos humanos; e a reparação é sobre a necessidade de que existam recursos adequados e eficazes, em caso de descumprimento destes direitos pelas empresas.

Voltando a caminhada pela Constituição, vale lembrar que há o capítulo que trata do Sistema Único de Saúde (SUS), onde está previsto que compete a este ente colaborar na proteção do meio ambiente, nele compreendido o do trabalho (art. 200, VIII, CF/88).

Nesse sentido, é essencial registrar que o meio ambiente do trabalho, objeto de duas importantes convenções da OIT (Convenção 148 e Convenção 155, ambas ratificadas pelo Brasil), é uma das espécies do gênero meio ambiente humano, que se subdivide em meio ambiente natural, artificial, cultural e do trabalho.

Diante da jusfundamentalidade do tema, vale ainda mencionar que o meio ambiente do trabalho foi objeto de discussão no centenário da OIT (2019), cujos especialistas da ONU instaram a Organização a apoiar condições de trabalho seguras e saudáveis como um direito fundamental.

Assim, na Declaração Centenária da OIT para o Futuro do Trabalho ficou estabelecida a inserção, em curto espaço de tempo, da temática no quadro de princípios fundamentais da OIT (2019, p. 3-9).

Seguindo na análise, vale destacar o Capítulo VI da Constituição, que é somente destinado ao meio ambiente. Nele consta o art. 225, *caput*, que estabelece ser o meio ambiente ecologicamente equilibrado um direito do Poder Público e da coletividade, que devem defendê-lo e preservá-lo para as presentes e futuras gerações (princípio da solidariedade intergeracional).

Nesse passo, o § 1º do referido artigo impõe ao Poder Público diversas condutas, entre elas, no inciso IV, a exigência de dois importantes instrumentos para a instalação de obra ou atividade potencialmente causadora de significativa degradação do meio ambiente, que são o estudo prévio de impacto ambiental e o seu respectivo relatório; ao mesmo tempo que deixa claro que cabe ao Poder Público promover a educação ambiental em todos os níveis de ensino e a conscientização pública para a preservação do meio ambiente (inciso VI).

Da mesma forma, seguindo na tutela ambiental, o artigo ainda normatiza questões importantes como áreas de proteção especial (art. 225, § 4º, CF/88) e sanções decorrentes das condutas e atividades consideradas lesivas ao meio ambiente (art. 225, §§ 2º e 3º, CF/88).

Percebe-se, então, que o elenco de normas sobre o meio ambiente na Constituição de 1988 é amplo, exigindo dos atores sociais atitudes que concretizem os preceitos constantes nesse diploma.

Para tanto, é preciso educar e difundir o conhecimento em torno da temática ambiental, para que se possa formar uma consciência ambiental e, portanto, colocar em prática o que já está previsto em diversas normas, seja de âmbito internacional, seja de âmbito constitucional.

## 35.5. A EDUCAÇÃO AMBIENTAL COMO INSTRUMENTO PARA A FORMAÇÃO DA CONSCIÊNCIA AMBIENTAL

A Lei nº 9.795/1999, que dispõe sobre a educação ambiental, institui a Política Nacional de Educação Ambiental e dá outras providências, traz no bojo do art. 1º o conceito de educação ambiental, entendida como "os processos por meio dos quais o indivíduo e a coletividade constroem valores sociais, conhecimentos, habilidades, atitudes e competências voltadas para a conservação do meio ambiente, bem de uso comum do povo, essencial à sadia qualidade de vida e sua sustentabilidade".

Ainda, o art. 2º da citada Lei deixa expresso que "a educação ambiental é um componente essencial e permanente da educação nacional, devendo estar presente, de forma articulada, em todos os níveis e modalidades do processo educativo, em caráter formal e não-formal".

Rosana Angelin (2012, p. 31-46) ensina que oficialmente o termo "Educação Ambiental" foi empregado na Conferência sobre Educação na Universidade de Keele (Inglaterra/1965), sendo esse ponto também discutido na Conferência das Nações Unidas sobre o Meio Ambiente (Estocolmo/1972), quando se apresentou a necessidade de ser proporcionada a educação ambiental para cidadãos. Contudo, os objetivos, princípios e estratégias da Educação Ambiental foram determinados somente na Conferência sobre Meio Ambiente em Tilisi (Geórgia/1977). E, 10 anos mais tarde, realizou-se a Conferência Internacional sobre Educação e Formação Ambiental em Moscou, quando foram definidas estratégias que serviram como fundamento para a orientação ambiental em diversos países, entre eles o Brasil.

A autora ainda explica, com base na Lei em tela, que a educação ambiental está assentada em um processo pedagógico, participativo e contínuo, visando uma conscientização crítica, tanto no aspecto individual, quanto coletivo, baseada no desenvolvimento de valores sociais, conhecimentos, habilidades, atitudes e competências voltados para a preservação ambiental, abrangendo uma visão "antropocêntrica alargada", interdisciplinar e democrática da proteção ambiental (ANGELIN, 2012, p. 31-46).

Conjugando as lições acima com a norma constitucional que impõe ao Poder Público promover a educação ambiental (art. 225, § 1º, VI, CF/88), bem como com o art. 225, *caput*, CF/88 que determina ser o meio ambiente equilibrado um dever de todos, além do art. 170, VI, CF/88 que condiciona a empresa ao cumprimento da função social, é possível concluir que o processo pedagógico de conscientização ambiental é dever que cabe a todos, incluídos nessa missão o Poder Legislativo, o Poder Judiciário, o Poder Executivo, as Empresas, Escolas particulares e cidadãos.

Afinal, também se educa por meio de normas (atividade legiferante), como se educa por meio de sanções advindas do Judiciário (ao julgar e condenar aqueles que provocam danos ao meio ambiente), ou através de políticas públicas sanitárias, em escolas públicas e campanhas públicas que se convertam em ações afirmativas para o meio ambiente, que podem claramente ser promovidas pela União, Estados e Municípios, considerando a competência ambiental atribuída a esses entes pela Constituição (art. 23, CF/88).

Nesse sentido, vale citar Dagmar Albertina Gemelli (2015, p. 26-46), que se utilizando das lições do Professor Juarez Freitas, afirma:

> Juarez Freitas (2012, p. 198) salienta que a administração pública deve atuar "como protagonista no processo de mudança visando à inserção de uma cultura de – sustentabilidade perene –, de ações planejadas e sopesadas em contraste com a insaciabilidade patológica calcada no hiperconsumismo compulsivo". Por isso, a administração pública, por meio do seu poder de compras, deve procurar promover o desenvolvimento de políticas públicas, programas e projetos voltados para a redução dos impactos ambientais e para a valorização dos direitos humanos. Inclui-se nessas ações estabelecer critérios de sustentabilidade nos editais de licitações públicas.

Da mesma forma, é possível promover ações pedagógicas voltadas ao meio ambiente equilibrado dentro das empresas, que podem implementar governanças corporativas nesse sentido, bem como nas escolas e dentro dos lares – um desses exemplos é a compensação ambiental que pode ser executada por uma empresa ou condomínio de apartamentos para ressarcir o meio ambiente dos impactos de suas atividades, seja plantando árvores, seja cuidando de canteiros, seja separando o lixo reciclável. Isto é, alternativas não faltam para boas condutas em prol do meio ambiente sustentável.

Até porque, conforme explicam Antônio Soler e Eugênia Antunes Dias (2016, p. 146-164), "se a crise ecológica é uma criação humana, pode também ser desfeita por essa mesma humanidade", entendida crise ecológica como decorrente de práticas e valores dominantes que permeiam as relações sociais e suas inevitáveis conexões com a natureza no ambiente natural e construído.

Inclusive, a própria Lei nº 9.795/1999 estabelece, ao longo de seis incisos que integram o art. 3º, que a educação ambiental incumbe ao Poder Público, às instituições educativas, aos órgãos integrantes do Sistema Nacional de Meio Ambiente – Sisnama, aos meios de comunicação de massa, às empresas, entidades de classe, instituições públicas e privadas e à sociedade como um todo.

São eles os responsáveis à efetivação dos objetivos constantes no art. 5º da referida Lei, quais sejam: I) o desenvolvimento de uma compreensão integrada do meio ambiente em suas múltiplas e complexas relações, envolvendo aspectos ecológicos, psicológicos, legais, políticos, sociais, econômicos, científicos, culturais e éticos; II) a garantia de democratização das informações ambientais; III) o estímulo e o fortalecimento de uma consciência crítica sobre a problemática ambiental e social; IV) o incentivo à participação individual e coletiva, permanente e responsável, na preservação do equilíbrio do meio ambiente, entendendo-se a defesa da qualidade ambiental como um valor inseparável do exercício da cidadania; V) o estímulo à cooperação entre as diversas regiões do País, em níveis micro e macrorregionais, com vistas à construção de uma sociedade ambientalmente equilibrada, fundada nos princípios da liberdade, igualdade, solidariedade, democracia, justiça social, responsabilidade e sustentabilidade; VI) o fomento e o fortalecimento da integração com a ciência e a tecnologia; VII) o fortalecimento da cidadania, autodeterminação dos povos e solidariedade como fundamentos para o futuro da humanidade.

É ponderoso aclarar que a informação e disseminação de conhecimento em torno da temática ambiental cumpre o relevante papel de concretizar o princípio da participação democrática, que pode ser extraído do art. 1º, *caput*; art. 5º, LXXIII; e art. 225, *caput*, todos da CF/88.

Ingo Sarlet e Tiago Fensterseifer (2017, p. 126-128) ensinam que do princípio da participação decorrem dois elementos fundamentais: informação e educação ambiental, estando o primeiro previsto nos arts. 6º, §§ 3º e 10, da Política Nacional do Meio Ambiente, além dos arts. 225, § 1º, VI; 220 e 221 da CF/88, ao passo que o segundo está expresso no art. 225, § 1º, VI, CF/88.

Nesse passo, os autores concluem que educar ambientalmente significa: a) reduzir custos; b) efetivar o princípio da prevenção[2]; c) fixar a ideia de consciência ecológica; d) incentivar a realização do princípio da solidariedade; e) efetivar o princípio da participação.

Portanto, é necessário que as políticas de governo e as ações dos demais atores sociais se voltem a esses aspectos, sendo inadmissível qualquer conduta antagônica.

## CONSIDERAÇÕES FINAIS

É fato que vivemos numa sociedade de riscos, apontada dessa forma desde 1986 pelo famoso Ulrich Beck (2011). Para minorá-los, é preciso pôr em prática um conjunto de conhecimentos, sensibilidades, ações e comportamentos que compõem a educação ambiental e promovem a consciência ambiental.

Logicamente, isso depende do fomento de uma educação e política que construam ideias ponderadas, responsáveis e inteligentes no trato da vida humana, refletindo o respeito à conservação do meio ambiente humano – e isso é dever de todos.

Os ditames e princípios constitucionais, além do respeito aos tratados internacionais sobre meio ambiente, só serão concretizados quando houver efetivo debate, esclarecimento, informação e mobilização no manejo de instrumentos e soluções que defendam e preservem o meio ambiente humano para as presentes e futuras gerações – não se podendo tolerar políticas que flexibilizem normas ambientais em prol do desenvolvimento a qualquer custo. Afinal, o bem maior é a vida e é ela que deve ser preservada.

Logo, é preciso efetivar políticas que alcancem a noção de sustentabilidade na sua raiz, diminuindo a pobreza, contemplando a equidade social e a qualidade de vida, numa visão que seja ecocêntrica, e não antropocêntrica com reflexos predatórios – num processo de conscientização que se aparte da dilapidação ilimitada e irrefreável dos bens ambientais – tudo isso em busca de uma relação mais harmoniosa do homem com a natureza.

Assim, promover a educação ambiental em todos os níveis, fomentando comportamentos 'pró-ambiental' que se ajustem ao cumprimento das normas constitucionais e pactos internacionais, é medida que se faz necessária e premente para preservação da vida humana.

Não obstante, só será possível conseguir isso com a participação de todos – empresas, governo e sociedade – cada um dentro da sua esfera de competência, habilidade e realidade, mas fazendo o seu papel, seja na condição de indivíduo ou como ente coletivo.

---

2   Celso Antônio Pacheco Fiorillo, no seu *Curso de Direito Ambiental Brasileiro*, editora Saraiva, 14ª edição, na página 120 expõe: "A nossa Constituição Federal de 1988 expressamente adotou o princípio da prevenção, ao preceituar, no *caput* do art. 225, o dever do Poder Público e da coletividade de proteger e preservar o meio ambiente para as presentes e futuras gerações". Ainda, segue aduzindo: "A prevenção e a preservação devem ser concretizadas por meio de uma consciência ecológica, a qual deve ser desenvolvida através de uma política de educação ambiental".

Se esse trabalho for feito, certamente haverá a realização dos ditames constitucionais e cumprimento de diversos pactos internacionais.

É o que se espera e o que se faz urgente.

# SEÇÃO IX

# TUTELA LABOR-AMBIENTAL NA PERSPECTIVA DO DIREITO COLETIVO DO TRABALHO

# CAPÍTULO 36
## SINDICATO E MEIO AMBIENTE DO TRABALHO

*Danilo Uler Corregliano*

### 36.1. O PROBLEMA

Neste capítulo, nossas atenções se voltam para as complexas relações entre o sindicato e o meio ambiente do trabalho. Ou seja, queremos investigar o modo com que o sindicato, no Brasil das primeiras décadas do século XXI, lida com a pauta labor-ambiental, bem como as condicionantes que atuam para o "retorno" desta temática ambiental à entidade sindical.

Por intuição, e não mais que isso, poderíamos dizer que neste imbricamento se encontram duas das principais matérias da regulação trabalhista, cada uma em sua subárea (rendendo-se aqui, provisoriamente, às didáticas divisões do Direito do Trabalho): no direito individual do trabalho, não seria despropositado dizer que as questões atinentes à saúde, segurança e higiene do trabalho figuram como robustos pilares do edifício regulatório destinado à difícil (senão impossível) composição dos interesses mais antagônicos das sociedades capitalistas contemporâneas – os interesses entre capital e trabalho; e, nos domínios do direito coletivo do trabalho, são os sindicatos os principais atores que atraem a quase totalidade das preocupações analíticas e pragmáticas.

Ainda refletindo livre e introdutoriamente sobre a arena em que os dois fenômenos se encontram e se estranham, sugestiva é a interação genética do sindicalismo com os temas de direito ambiental. Se estiver correto o diagnóstico feito por alguns estudiosos, o principal componente objetivo que explica a entrada do proletariado na cena política mundial, enquanto entidade mais ou menos estável e organizada, pode ser encontrado na espúria combinação entre as péssimas condições de trabalho, a elevada infortunística (mutiladora e ceifadora de vidas humanas) e as extenuantes jornadas de trabalho criadoras de mais valor absoluto (com larga utilização de mão de obra infantil), além da exploração unificada de trabalhadores numa mesma unidade produtiva e a convivência das famílias nos bairros operários, nos poucos momentos de desconexão que restavam ao operariado inglês (SOUTO MAIOR, 2011, p. 138). De modo que foram alguns temas de direito ambiental do trabalho as faíscas que ativaram tanto as primeiras irrupções e revoltas do proletariado fabril europeu quanto as nascentes organizações coletivas que em seguida corporificariam o sindicato.

Perderia relevância o inter-relacionamento entre os fenômenos se o problema labor-ambiental fosse coisa do passado. Porém, não é bem assim que as coisas se passam. O alto índice de infortúnios e letalidade no trabalho empurram (ou deveriam empurrar) a temática do ambiente de trabalho para cima na lista das prioridades sociais. Pudera, pois, apenas considerando os gastos sociais, os dados internacionais apontam um desperdício de cerca de 4% do PIB anual em razão de acidentes de trabalho no mundo: das despesas previdenciárias no Brasil, de 2012 a 2018 já acumulamos R$ 15,6 bi de auxílio-doença por acidente de trabalho (código B91), R$ 22 bi de aposentadoria por invalidez por acidente de trabalho (código B92), R$ 11,4 bi de pensão por morte por acidente de trabalho (código B93) e R$ 16,8 bi de auxílio-acidente por acidente de trabalho (código B94). Preocupante estatística representa, para essa série histórica, um acumulado de 4 milhões de acidentes e doenças do trabalho (SMARTLAB, 2020).

Apesar desse registro na certidão de nascimento das entidades sindicais e da importância social do ambiente de trabalho, temos falhado em olvidar ou não conferir a devida atenção ao relacionamento entre as organizações sindicais e a pauta labor-ambiental. Injusto seria dizer que a totalidade dos estudos especializados são completamente omissos à problemática de que agora nos ocupamos; mais adequado seja, talvez, aferir a pouca densidade conceitual e normativa daquela pauta na teoria, o que talvez seja um reflexo das práticas sindicais (VICENSI, 2020, p. 157-158).

Dentre as auspiciosas exceções que, afinadas ao espírito de nossos tempos, já desenvolveram reflexões ligadas às que aqui nos propomos, encontramos na pena de Raimundo Simão de Melo (2014, p. 86 e s.) a oportuna lembrança da cabeça do art. 225 da Constituição Federal, que estende à coletividade a incumbência de defesa e preservação do meio ambiente[1]. E, com a integração dada pelo inciso VIII do art. 200 do diploma constitucional[2], chegaremos à inelutável conclusão mediante a qual o meio ambiente laboral deve ser preservado e defendido também pelo sindicato, levando-se em conta que este obviamente faz parte da coletividade. Aliás, da assim chamada coletividade (ou sociedade civil, em termos mais clássicos), pela sua colocação estratégica nos mais decisivos conflitos da contemporaneidade, é o sindicato quem tem ou deveria ter melhores condições para a defesa do meio ambiente, nele compreendido o do trabalho.

Seja como for, debrucemo-nos sob este intrigante inter-relacionamento entre o sindicato e o meio ambiente do trabalho e encontremos neste campo uma nascente de problemas científicos que nos parece mais urgente e atual, relacionada às possibilidades do sindicato brasileiro em promover um meio ambiente equilibrado e hígido.

Todavia, para que possamos dar conta dessas reflexões, sentimo-nos impelidos a encarar o sindicato brasileiro como ele é, em sua história e estrutura atual, seus pressupostos e efeitos. Somente com uma adequada caracterização do sindicato e do sindicalismo brasileiros poderemos saber o que esperar dos sindicatos em matéria ambiental e, por conseguinte, qual deverá ser o espaço dedicado às entidades sindicais nos estudos labor-ambientais. E, dentre as diversas possibilidades de enquadramento analítico do fenômeno sindical no Brasil, afigura-nos com maior grau de profundidade crítica a tese da *estrutura sindical de Estado*. Façamos, pois, esse indispensável *détour*.

## 36.2. OS CARACTERES DO SINDICATO DE ESTADO[3]

Quando reivindicamos a ideia de sindicato de Estado, com vistas à compreensão do problema ambiental no trabalho, estamos em diálogo com a tese de doutoramento de Armando Boito Jr., defendida perante o Departamento de Sociologia da USP em 1989 e, posteriormente, publi-

---
1 **Art. 225, CF/88**. *Todos têm direito ao meio ambiente ecologicamente equilibrado, bem de uso comum do povo e essencial à sadia qualidade de vida, impondo-se ao Poder Público e à coletividade o dever de defendê-lo e preservá-lo para as presentes e futuras gerações.*
2 **Art. 200, CF/88**. *Ao sistema único de saúde compete, além de outras atribuições, nos termos da lei: [...]* ***VIII*** *– colaborar na proteção do meio ambiente, nele compreendido o do trabalho.*
3 Parte das reflexões aqui travadas desenvolvemos em CORREGLIANO, Danilo Uler. **O direito e as greves por fora**. Belo Horizonte: RTM, 2020, p. 171-90.

cada em formato de livro (BOITO JR., 1991)[4]. Retomaremos, nas próximas linhas, os principais argumentos constitutivos dessa tese, para que possamos, em sequência, concretizar a análise para a formação social brasileira do século XXI.

### 36.2.1. A tese e suas antíteses

De modo mais ou menos resumido, poderíamos dizer que em *O Sindicalismo de Estado no Brasil* o autor procurou colocar em seus devidos termos o papel da estrutura na conformação das práticas sindicais. Apesar de não desprezar a eficácia própria dessas práticas, Boito Jr. levantou fortes argumentos e evidências para comprovar os limites intransponíveis à ação sindical em meio a uma estrutura sindical de tipo corporativo e seu consequente sindicalismo, cuja legitimidade é retirada mais do Estado que do apoio ativo das classes trabalhadoras.

Em que pese a distância temporal que nos separa daquela tese, percebemos que a problemática ali tratada permanece atual: dentre os mais recentes e proeminentes estudos sobre o sindicalismo brasileiro, alguns tendem a priorizar a ação sindical, como se os problemas do sindicato e sindicalismo brasileiros guardassem relação mais às escolhas estratégicas das lideranças e menos às injunções estruturais. Por exemplo, acreditando que a crise das lideranças fosse a especificidade da crise sindical em relação à crise política brasileira dos anos 2015-16, Adalberto Cardoso (2015, p. 503) aposta na matriz explicativa das escolhas práticas dos atores sociais, dando pouca atenção aos fatores estruturais que determinam e enquadram tais práticas. Neste modo de enxergar as coisas, mesmo reconhecendo que a relação do sindicato com o Estado produz um efeito desmobilizador, tais leituras vislumbram situações em que a conjuntura política e as práticas sindicais poderiam encontrar um raio mais ou menos livre de ação capaz de contornar os limites da estrutura sindical, direcionando-se as benesses materiais e simbólicas da estrutura em prol dos trabalhadores enquanto classe social em luta.

É o que se passa também pela leitura de José Dari Krein e Hugo Dias (2017, p. 6), ao admitirem implicitamente a plasticidade de uma estrutura sindical que se adapta a distintos contextos,

> passando a servir tanto para o movimento sindical tornar-se, por exemplo, um agente político importante em momentos históricos – como ocorreu no processo de redemocratização do país –, quanto para reprimir, calar e controlar os sindicatos, em momentos políticos desfavoráveis aos trabalhadores. Ou seja, a mesma regulamentação pode ser utilizada para garantir uma série de salvaguardas para a ação coletiva como para permitir a existência de entidades sem representatividade, que sobrevivem com as taxas compulsórias e a unicidade sindical.

Acompanhando de perto a hipótese de Boito Jr., tal flexibilidade estrutural somente seria possível conceber no caso de o aparelho sindical ser um órgão autônomo e independente ao Estado, externamente controlado por ou subordinado a este. Todavia, pelos vários indícios que esse autor apresenta em sua tese, tal exterioridade seria uma ilusão que não nos permite ver o sindicato como ele realmente é: um órgão estatal, ou seja, uma parte do Estado. E a consequência prática dessa premissa é profunda: não bastaria simplesmente ocupar os postos dos sindicatos, tornando possível, na prática, a revogação dos mecanismos de dominação desde uma desarticulação interna; apesar de a ação sindical possuir sua própria eficácia, a ponto de fazer diferença a "tonalidade" daqueles que encabeçam o sindicato, por ser o sindicato um "ramo subalterno do

---

4 Registre-se que o estudo jurídico que, pioneiramente, reivindicou a tese de Boito Jr. foi a tese de doutoramento já publicada: BARISON, Thiago. **A estrutura sindical de Estado no Brasil e o controle judiciário após a Constituição de 1988**. São Paulo: LTr, 2016, *passim*.

aparelho de Estado" que subordina o sindicato à cúpula da burocracia estatal (BOITO JR., 1991, p. 26), a estratégia deveria ser mesmo a aniquilação desta estrutura – ou, em termos clássicos, o definhamento do Estado com seu esvaziamento político.

E mais: é possível que parte dos estudos que não encaram o sindicato como parte do Estado, com todas as consequências que desse dado emanam, estejam a confundir os efeitos da estrutura com a estrutura mesma. De modo que não se afigura muito rigoroso afirmar que: as destituições de diretorias sindicais pelo Ministério do Trabalho nos períodos de exceção (o que hoje, em tempos de incompleta e volátil democracia, corresponderiam à autoritária ingerência do sistema de controle judicial sobre a atividade sindical[5]); a imposição de estatutos padrão; as formas de tutela ministerial (hoje judicial) sobre as eleições sindicais, que disparata ao seu alvedrio destituições e nomeações de chapas concorrentes nos pleitos eleitorais; e a conhecida fragmentação de sindicatos profissionais sejam elementos estruturais do sindicato e do sindicalismo, senão contingências da estrutura (BOITO JR., p. 39).

Assim, a estrutura sindical de Estado, em um sentido "forte", seria uma totalidade de relações emanadas das práticas, das representações ideológicas, das normas e dos aparelhos institucionalizados, que se cristalizaram a partir da instalação da estrutura sindical no bojo do aparelho estatal, em posição subordinada.

Trocando em miúdos, a esfera organizativa da classe trabalhadora foi *constituída* pelo Estado: não foram os trabalhadores que se auto-organizaram, conquistaram representatividade e legitimidade e arrancaram do Estado seu campo de liberdade. Ao revés, foi o Estado quem constituiu o atual sindicato, atribuiu-lhe legitimidade, deu-lhe estrutura material através das hoje extintas contribuições compulsórias (art. 578, CLT) e permitiu a alocação de um conjunto de trabalhadores (categoria) para obrigatoriamente fazer parte de sua base. Tal facilidade averbada na certidão de nascimento do sindicato de Estado no Brasil, porém, não veio sem uma ardilosa contrapartida, qual seja a vulnerabilidade perante o poder instituidor, uma vez que:

> é o atrelamento a esses parâmetros jurídico-institucionais e a tal cultura legalista da parte dos trabalhadores e de suas lideranças o que permitirá, noutra conjuntura, ao aparelho de Estado exercer uma gestão autoritária da estrutura sindical, destituindo diretorias eleitas e nomeando interventores. Pode parecer um absurdo que a legalidade viabilize a exceção. Contudo, bem vistas as coisas, um semelhante golpe de força só pode retirar sentido e legitimidade de um campo referencial de legalidade que o justifique exatamente em termos excepcionais. (BARISON, 2016, p. 24)[6]

---

5 Tivemos a oportunidade de discutir a construção desse sistema de controle judicial em CORREGLIANO, Danilo Uler. **O sistema de controle judicial do movimento grevista no Brasil**: da greve dos petroleiros de 1995 aos dias atuais. 176f. Dissertação (Mestrado em Ciências) – Faculdade de Direito, Universidade de São Paulo. São Paulo, 2014.
6 Ideia essa desenvolvida a partir da tese de Boito Jr., para quem não haveria mais a "destituição punitiva e exemplar de diretorias sindicais combativas pelo governo, mas a necessidade de reconhecimento do sindicato pelo Estado, que é o que torna possível a cassação de mandato ou a destituição de uma diretoria sindical eleita" (BOITO JR., 2005, p. 51).

## 36.2.2. Uma antítese que merece discussão

Aqui propomos uma indispensável pausa. Antes de prosseguirmos para as particularidades destas determinações genéricas do sindicato de Estado, cientes da polêmica que tal debate ainda gera, cumpre-nos enfrentar um tipo de reserva que se apresentou dentre os estudiosos do tema.

José Rodrigo Rodriguez acusou de abstrata a abordagem crítica à estrutura sindical de Estado capitaneada por Boito Jr., como se ela desconsiderasse a prática social de seu horizonte, "radicalizando algum aspecto da realidade tomado como se fosse o todo" (RODRIGUEZ, 2003, p. 2005). Pela ponderação de Rodriguez, credita-se à estrutura sindical muito mais do que ela é responsável, olvidando-se que a pulverização sindical também possui aspectos positivos, como a inclusão de setores marginalizados do mercado, além do fato de poucos sindicatos sobreviverem exclusivamente das contribuições sindicais compulsórias.

Para Rodriguez, a tese do sindicalismo de Estado desprezaria o papel que essa estrutura desempenhou na resistência contra o desmonte neoliberal. A premissa para tal assertiva seria a superação do paradigma de ruptura com a ordem capitalista, vez que "a estrutura sindical parece ser um dos entraves mais importantes ao desmonte neoliberal dos direitos sociais" (RODRIGUEZ, 2003, p. 210). Em suma, aponta o referido autor que qualquer "mudança abrupta" no sentido da derrogação do sindicato único e instituição do pluralismo irrestrito, que é justamente o desdobramento da crítica à estrutura sindical de Estado, jogaria inevitavelmente água nos moinhos da precarização dos direitos trabalhistas.

Porém, nota-se uma subliminar desconfiança na capacidade da classe trabalhadora em se organizar. Perguntamo-nos: num ambiente de efetiva liberdade sindical, quais seriam os obstáculos intrínsecos à auto-organização dos setores marginalizados do mercado? Óbices presentes no mercado de trabalho, como o elevado desemprego, sempre jogarão contra a auto-organização, mas nada no sistema atual parece ter favorecido aquela inclusão, e nada no sistema do pluralismo irrestrito parece impedi-la. O fundo do argumento parece rodar sobre o mesmo eixo: os trabalhadores não conseguem se auto-organizar e não sabem o que é melhor para si mesmos, sendo necessário um impulso externo do Estado Protetor. Nada que não encontramos nos clássicos do direito do trabalho.

Igualmente, não consegue Rodriguez provar em que medida a estrutura sindical de Estado brecou o avanço do capital para a reversão das conquistas do proletariado. Não lhe ocorreu que a regressão neoliberal, no que tange à perda de direitos trabalhistas, ocorrera em grande parte da década de 1990, após a pontual reforma da estrutura sindical de Estado que manteve seus pilares essenciais. E, não podendo prever porque publica seu estudo em 2003, a regressão continuou nos anos 2000 sob esta mesma estrutura sindical, que se mostrou ineficiente para se contrapor à precarização. Atualmente, a mesma incapacidade do sindicalismo obreiro se deu diante da Reforma Trabalhista (Lei nº 13.467/2017), o mais amplo processo concentrado de retirada de direitos trabalhistas.

Nas entrelinhas, Rodriguez divisa a figura do pelego como mera casualidade, e não como efeito necessário da estrutura sindical de Estado, como ator social que aderiu pacificamente ao neoliberalismo. Assim, essa estrutura, ao criar o peleguismo, vem se colocando como mais um dos mecanismos de hegemonia neoliberal. A crítica de Rodriguez não parece válida porque, no neoliberalismo, há uma combinação entre estatismo e antiestatismo, mínima proteção e depleção dos direitos sociais; adotam-se medidas antiestatistas somente naquilo que convém ao bloco dominante, porque:

> os críticos da intervenção estatal nas relações de trabalho utilizam-se da estatização do sindicalismo para ter acesso ao movimento sindical. Isto é, a despeito do discurso contra o intervencionismo em geral, sabem, na prática, diferenciar, muito bem, a intervenção do Estado que limita a exploração capitalista, isto é, os direitos sociais que criticam e combatem, da intervenção do Estado que limita e tutela a organização dos trabalhadores, isto é, a estrutura sindical corporativa que aceitam e defendem. (BOITO JR., 1999, p. 95)

Por isso que, no essencial, essa estrutura é tão longeva. Sujeitou-se às reformas indispensáveis à sua sobrevivência sem que se alterasse seu papel na limitação e moderação da luta sindical (BOITO JR., 1991, p. 43-91). Seria um erro, assim, atribuir uma virtude de resistência dessa estrutura diante do neoliberalismo, justamente porque ela foi partícipe do processo neoliberal de retirada de direitos. Por isso que os governos neoliberais de Fernando Collor e Fernando Henrique Cardoso nunca levaram a sério a proposta de extinção dessa estrutura (MENDES, 2012, p. 48).

### 36.2.3. As particularidades da estrutura sindical de Estado

Pronto. Voltemos às particularidades dessa estrutura.

Levando-se em conta o arranjo institucional mais recente, com a retirada da compulsoriedade da contribuição sindical a partir da nova redação do art. 578 da CLT, dada pela Lei nº 13.467/2017, podemos apontar a investidura e a unicidade sindicais como os dois principais pilares de sustentação dessa estrutura. A investidura seria a concessão estatal para o funcionamento do sindicato (expressa na antiga carta sindical, hoje registro sindical, tal como patenteado pelo art. 8º, I, da Constituição Federal de 1988[7]). Já a unicidade, fórmula constitucionalmente consagrada pelo art. 8º, II, seria o "monopólio legal da representação sindical concedido pelo Estado, ao sindicato oficial" (BOITO JR., 1991, p. 28), admitindo-se apenas um sindicato por categoria em determinada circunscrição territorial. Neste sentido, a ideia de categoria seria uma criação artificial que faria com que se espelhassem as categorias profissional e a econômica (SANTOS, 2014, p. 199).

E o saldo da combinação dos caracteres gerais e específicos desse tipo de sindicato poderia ser um só: à medida que o sindicato cola no Estado, se distancia e se "afrouxa" dos trabalhadores. Neste cenário, é plenamente justificável a postura obreira de crença na salvação do Estado para a resolução de seus problemas: a solução heterônoma se sobrepõe às hipóteses autônomas para a solução dos conflitos e/ou criação de direitos; são preferíveis as mediações nas Seções de Dissídios Coletivos dos Tribunais (torcendo-se para que a outra parte aceite o dissídio coletivo) às ações de pressão, negociação direta e autotutela. Afinal, é na órbita estatal que o trabalhador encontra seu sindicato.

Ainda na esteira de Boito Jr., da combinação institucional do sindicato de Estado só poderíamos esperar um tipo de sindicalismo com: a) frágil vida associativa; b) adesão passiva da base e; c) atuação minada pela busca de intervenção estatal. Quanto à fragilidade da vida associativa, oportuno foi o alerta de José Ibrahim sobre as então vigentes contribuições sindicais compulsó-

---

7   Segundo Yamamoto (2016, p. 260), após a Constituição de 1988, o registro sindical, "é a nova roupa da investidura sindical que permanece como fundamento da estrutura. Ao invés da embolorada Carta, agora se têm o moderno registro, o qual, inclusive, é pleiteado e concedido pela internet".

rias, eis que a "sobrevivência do sindicato não depende da sua representatividade e número de associados, pois, tenha ele dez sócios ou mil, o dinheiro vem de qualquer jeito – e descontado em folha de pagamento de todos os trabalhadores, sejam eles sindicalizados ou não" (IBRAHIM, 1986, p. 40). Em segundo lugar, máxime do citado afrouxamento, tudo se passa de fora para dentro, com o sindicato representando os trabalhadores em negociações coletivas precedidas por assembleias que nem sempre contam com massiva participação – e, em caso de greve, os trabalhadores a ela aderem passivamente. Finalmente, vislumbra-se a moderação na luta dos trabalhadores porque o raio de ação do sindicato é limitado pelo desejo de obter a "intervenção salvadora e protetiva" do Estado (aqui, seria típica a "greve demonstrativa à guisa de súplica", enquanto queixas dirigidas ao Estado, pedindo sua proteção, e não a luta propriamente em face do empregador ou do Estado).

Nesses termos, dizer que o sindicato de Estado se afrouxa em relação aos trabalhadores e modera sua luta não parece desproposital. O sistema da unicidade colabora para que a classe trabalhadora não decida sobre os rumos da própria organização sindical, restando-lhe aderir ao único aparelho a que está vinculada sua categoria. Trata-se de uma adesão compulsória que, dada pelo enquadramento da atividade preponderante do empregador (ou, excepcionalmente, pelas categorias diferenciadas), consolida o afastamento do trabalhador em relação ao seu sindicato, restando àquele creditar à burocracia estatal a solução para os próprios problemas.

Pois bem. Já sabemos a qual tipo de sindicato, em sua concreção histórica, é colocado o desafio labor-ambiental. Vejamos agora, de perto, tal desafio, para que possamos responder com segurança: poderá o sindicato (de Estado) promover um meio ambiente do trabalho equilibrado?

## 36.3. AS VICISSITUDES DO MEIO AMBIENTE DO TRABALHO E AS ORGANIZAÇÕES SINDICAIS: PODERÁ O SINDICATO DE ESTADO PROMOVER UM MEIO AMBIENTE DE TRABALHO EQUILIBRADO?

A regulação jurídica do conflito entre capital e trabalho, que legitima o processo de venda e uso da mercadoria força de trabalho, funda-se em dois pilares fundamentais: a remuneração e a limitação da jornada. Tal ocorre porque "a relação de assalariamento é mercantil e juridicamente, no limite, uma quantidade de trabalho – a jornada, mais ou menos extensa, mais ou menos intensa – trocada por uma quantidade de remuneração [...]" (BARISON, 2018, p. 160). Prova disso é a atração temática desses pilares dentre os estudos no direito do trabalho.

Porém, existe, do ponto de vista regulatório, um pano de fundo que envolve as questões remuneratórias e de duração do trabalho, como se fosse o cimento sob os quais tais pilares se erigiram: é o piso do meio ambiente do trabalho. De modo brevíssimo, exemplificando tal analogia, se um sistema de pagamento exclusivo por produção ou metas inatingíveis provoca transtornos na higidez laboral (e o caso dos pagamentos por produtividade no corte da cana avultam como uma exemplificativa tragédia), com maior evidência as restrições às jornadas longas, extenuantes e com pausas insuficientes figuram como importante tópico das preocupações ambientais do trabalho.

É bem verdade que, nos últimos anos, tais preocupações vêm ganhando crescentemente espaço nas discussões, pesquisas acadêmicas e, relativamente, na esfera jurisdicional, apesar de não se observar o mesmo apreço no âmbito legislativo e fiscalizatório do Poder Executivo. Seja como for, e ainda nos servindo de metáforas imprecisas, parece razoável tratar o meio ambiente do trabalho como um sujeito que, se ainda não adquiriu maioridade, pelo menos já se emancipou. O que nos conduz à necessária busca pelas suas especificidades, a começar pelos domínios conceituais.

### 36.3.1. O meio ambiente de trabalho

Tem-se inspirado no inciso I do art. 3º da Lei nº 6.938/1981 (Lei da Política Nacional do Meio Ambiente) para uma definição doutrinária do meio ambiente do trabalho, enquanto um *"conjunto de condições, leis, influências e interações de ordem física, química e biológica, que permite, abriga e rege a vida em todas as suas formas"*, adaptando-se o conceito para o local em que o trabalhador exerce sua atividade laboral (SANTOS, 2000) – sendo precisamente este o abrigo daquela forma de vida do homem em sociedade.

Quanto à localização doutrinária do meio ambiente do trabalho, calcando-se no supracitado art. 200, VIII, da Constituição Federal, oportuna é a árvore conceitual endossada por Guilherme Guimarães Feliciano, alocando tal dimensão ao lado do meio ambiente natural (as interações entre água, ar, solo, flora e fauna), do meio ambiente artificial (meio urbano e meio rural) e meio ambiente cultural (FELICIANO, 2006, p. 119-120) – noção essa vizinha da ideia de *Gestalt* ou, em nosso modo de ver, *totalidade* que envolve e implica o meio ambiente natural e as ações humanas.

Afinado à legislação ambiental e ao acúmulo doutrinário é que o mesmo Feliciano, em outra ocasião, definirá o meio ambiente do trabalho como "o conjunto (= sistema) de condições, leis, influências e interações de ordem física, química, biológica e psicológica que incidem sobre o homem em sua atividade laboral, esteja ou não submetido ao poder hierárquico de outrem" (FELICIANO, 2013, p. 13).

Ainda nessa dimensão conceitual, ciente da inter-relação entre meio ambiente em geral e do trabalho é que Sebastião Geraldo de Oliveira (1998, p. 79) entenderá a impossibilidade de alcançarmos "a qualidade de vida sem ter qualidade de trabalho", sendo desarrazoado ignorarmos o meio ambiente do trabalho para a aferição de um meio ambiente equilibrado e sustentável.

Contudo, mais importante que o conceito (ou nos lembrando que alguns conceitos são instrumentais), talvez a busca aqui empreendida esteja relacionada a compreender os sentidos e as intencionalidades que essa locução proporciona.

É por isso que a bússola será sempre a promoção de um meio ambiente de trabalho ecologicamente equilibrado, entendendo-se como tal o local de trabalho infenso ao *trabalho perverso* (insalubre, penoso e perigoso), aos acidentes de trabalho, às doenças do trabalho e ocupacionais e aos riscos do trabalho (SILVA, 2017). Como é intuitivo, tais riscos sempre existirão, mas o estado atual das técnicas de produção e circulação de mercadorias tornou possível a sua mitigação e, em algumas situações, a quase neutralização – este é, aliás, o imperativo de absorção da tecnologia preconizado pelo inciso V do art. 9º da Lei nº 6.938/1981[8].

Não poderíamos deixar de consignar, aqui, a ampliação do problema a partir da consideração dos fatores psicossociais do trabalho, enquanto campo de interação entre o meio ambiente laboral, o conteúdo do trabalho, a gestão organizacional e capacidades dos trabalhadores; em outras palavras, as "interações trabalho, ambiente e sociedade" (JUNIOR; FELICIANO, 2015, p. 60) que podem causar danos psicológicos ou físicos. Neste quadro, inserem-se a carga de

---

8   Art. 9º *São instrumentos da Política Nacional do Meio Ambiente: [...] V – os incentivos à produção e instalação de equipamentos e a criação ou absorção de tecnologia, voltados para a melhoria da qualidade ambiental; [...]*.

trabalho e a pressão (exigências psicológicas), o controle ou decisão sobre as tarefas, a relação social entre os colegas de trabalho, a correspondência entre o esforço e retribuição e a isonomia no tratamento.

Dentre os aprendizados e desdobramentos práticos que colhemos dessa problemática, ainda a valiosa lição de Feliciano parece insubstituível, notadamente quando ele sistematiza as seis perspectivas de direitos subjetivos que decorrem de um meio ambiente equilibrado (FELICIANO, 2013, p. 13 e s.):

a) *direito à vida e à integridade psicossomática*: como o trabalhador adere ao contrato de trabalho à mesma proporção que se insere no ambiente laboral, com autonomia da vontade mitigada em razão da relação de desigualdade real, dependência econômica e subordinação jurídica, a sua ativação em trabalhos perversos somente poderia se dar em último caso, ou seja, quando a eliminação dos riscos, penosidades ou agentes nocivos fosse impossível pelo estado da técnica. Aí então seria admissível a monetização compensatória (PADILHA, 2002, p. 61), que não retira – mas patenteia – a responsabilização objetiva do empregador (sem prejuízo das reparações criminais e administrativas), como sói acontecer quando a legislação ambiental cruza com um poluidor[9]. Quanto a este último aspecto, embora não seja nosso escopo, citemos o recente Tema 932 julgado pelo STF:

> O artigo 927, parágrafo único, do Código Civil é compatível com o artigo 7º, XXVIII, da Constituição Federal, sendo constitucional a responsabilização objetiva do empregador por danos decorrentes de acidentes de trabalho, nos casos especificados em lei, ou quando a atividade normalmente desenvolvida, por sua natureza, apresentar exposição habitual a risco especial, com potencialidade lesiva e implicar ao trabalhador ônus maior do que aos demais membros da coletividade (STF, 2020, *on-line*).

b) *direito à promoção da correção dos riscos ambientais*: esfera subjetiva do empregado habilitadora de canais internos de denúncias e participação ativa nas regulamentações internas da empresa afeitas à material ambiental (PCMSO, PPRA e CIPA, por exemplo); em outras palavras, uma esfera democrática para a elaboração e execução das políticas de saúde, higiene e segurança no trabalho;

c) *direito de denúncia pública*: tal como consagrado, para o meio rural, o direito dos trabalhadores em "denunciar à autoridade competente a existência de atividades em condições de riscos graves e iminentes" (NRR-1, item 1.10), essa esfera se sintoniza com os princípios da prevenção e precaução. Admite-se, inclusive, o embargo de obra ou interdição do estabelecimento (art. 161 da CLT c/c NR-3);

d) *direito à informação*: sem dúvidas, a assimetria de informação (e, portanto, de poder) é uma marca de nascença dos contratos de trabalho, eis que estão na gênese da exploração da força de trabalho sob o capitalismo. Por isso que, com vistas a equalizar juridicamente tal desigualdade, a esfera da informação pode ser crucial para a preservação da vida e integridade dos trabalhadores, notadamente em situações de exposição a agentes nocivos à saúde;

e) *direito de resistência*: em nome da dignidade do trabalhador, permite-se até mesmo a autotutela, tal como previsto no art. 229, § 2º, da Constituição do Estado de São Paulo: "*Em con-

---

9   **Art. 14, § 1º, Lei 6.938/1981.** *Sem obstar a aplicação das penalidades previstas neste artigo, é o poluidor obrigado, independentemente da existência de culpa, a indenizar ou reparar os danos causados ao meio ambiente e a terceiros, afetados por sua atividade. O Ministério Público da União e dos Estados terá legitimidade para propor ação de responsabilidade civil e criminal, por danos causados ao meio ambiente.*

dições de risco grave ou iminente no local de trabalho, será lícito ao empregado interromper suas atividades, sem prejuízo de quaisquer direitos, até a eliminação do risco". Em outras palavras, a possibilidade da greve ambiental trabalhista, cujo exercício poderia até mesmo ser feito por apenas um indivíduo;

f) *direito à indenidade*: esfera do ressarcimento econômico pelos danos patrimoniais e extrapatrimoniais experimentados no ambiente de trabalho, o que, invariavelmente, atrairá o debate acerca da responsabilização do empregador, enquanto poluidor-pagador.

Diante dessas dimensões do problema que nos ocupa, vejamos agora como o sindicato (isto é, o sindicato de Estado) se porta.

### 36.3.2. O sindicato de Estado e o meio ambiente do trabalho

Didaticamente, há quem aponte uma trajetória das lutas coletivas dos trabalhadores em prol da preservação da vida e integridade dos trabalhadores (REBOUÇAS, 1983, p. 22): a) sobrevivência; b) reparação dos acidentes; c) identificação e reparação das doenças do trabalho; d) saúde no trabalho e; e) saúde do trabalho. Se as três primeiras guardam uma referência monetizadora, o quarto momento representou uma preocupação de prevenção do adoecimento e acidentes com vistas à manutenção da saúde da força de trabalho (e da produção, é claro). Já o quinto aspecto representaria um salto qualitativo, em que os trabalhadores relacionariam as moléstias do trabalho aos aspectos mais gerais da sociedade em que estão imersos: encampa-se uma discussão sobre a organização empresarial e sobre o próprio modelo de sociedade, admitindo-se a ação transformadora. Como veremos na sequência, o sindicalismo brasileiro tem respondido timidamente a esses desafios, apesar de suas limitações estruturais para assumir a quinta e definitiva perspectiva de luta.

Quando nos debruçamos sobre as formas coletivas de tutela do meio ambiente do trabalho, abraçando o processo de democratização da empresa capitalista com a crescente participação dos trabalhadores em sua gestão (entendido tal processo não como fator disruptivo do modelo capitalista de produção, senão como freio à superexploração e consolidação do próprio modelo), vem-nos à lembrança o estudo de Julio Cesar Neffa (1981) sobre uma interessante experiência peruana de envolvimento dos trabalhadores na gestão da empresa, o que garantiu um saldo positivo para os propósitos de resguardo da saúde e segurança no trabalho: afinal, a cogestão tornou possível aos trabalhadores a participação em decisões sensíveis que influenciam o modo com que o trabalho é realizado, o ritmo, as pausas etc. Porém, os limites de tal modelo, em nossa livre interpretação, parecem remeter ao relativo isolamento dessas experiências, o que poderia ter sido contornado pelas trocas de experiências e mútuo fortalecimento com outras experiências e com as próprias agremiações sindicais.

Em verdade, deveria ser o sindicato um ator primordial nos embates para a democratização da empresa, colaborando e sendo alimentado pelas organizações nos locais de trabalho, fato esse que engendraria virtuosidades para um equilibrado meio ambiente do trabalho. Mesmo que a organização no local de trabalho seja uma bandeira histórica do proletariado brasileiro, percebemos que uma solução institucional atomista e isolacionista no tocante às representações seria de todo ineficaz para os interesses dos trabalhadores e, consequentemente, para a promoção de um meio ambiente sadio. Essa foi, infelizmente, a solução encampada pela Reforma Trabalhista que, supostamente cumprindo os desígnios do art. 11 da CF/88[10], inseriu o Título IV-A na CLT.

Ou seja, a criação de comissões de empregados sem qualquer proteção do "guarda-chuva" sindical, correrá o risco de aumentar o poder patronal sobre os trabalhadores e envilecer o meio ambiente laboral. Temos razões de sobra para desconfiar que esse será o infeliz desfecho da iniciativa, mantendo as comissões "imunizadas" da influência sindical e subordinadas ao poder patronal, tendo em consideração o inciso V do art. 510-B da CLT, que insere nas atribuições da comissão de empresa a garantia de *"tratamento justo e imparcial aos empregados, impedindo qualquer forma de discriminação por motivo de sexo, idade, religião, opinião política ou **atuação sindical**"* (g.n.). O que seria e como seria interpretada essa vedação de discriminação pela atuação sindical? A impossibilidade de os sindicatos contribuírem para as comissões e vice-versa? Comentando a respeito, Barison (2018, p. 165) apresenta a mesma desconfiança:

> [o]s empregadores sabem que auto-organização dos trabalhadores implica uma autodisciplina, que garante unidade de ação e força de pressão e negociação; e sabem que essa autodisciplina é conquista com meios de pressão não só sobre os empregadores, mas sobre os demais assalariados que resistem à ação sindical. O piquete é a forma mais clara, manifesta, de pressão sindical dos trabalhadores sobre si próprios, para garantir a força do movimento. Nesse contexto, resta claro que o inciso V do art. 510-B visa utilizar a comissão de empresa como contrapoder à organização de tipo sindical dos trabalhadores, contrapoder que daria legitimidade à ação dissuasória do patronato, supostamente em defesa da não discriminação por atuação sindical, a exemplo da argumentação antigrevista calcada no "direito ao trabalho" dos fura-greves. Em nome de uma falsa democracia no local de trabalho em contraposição à coação sindical, pretende-se garantir a coação patronal.

O art. 510-C, § 1º não deixa dúvidas quanto ao intento de isolar os sindicatos nesse processo, vedando-se a interferência tanto destes quanto das empresas nas comissões eleitorais para a formação das comissões. Ora, a quem interessa tamanha "independência", senão ao próprio poder patronal, que possuirá mecanismos mais sutis para o controle da força obreira, como o próprio poder diretivo e a ameaça de dispensa, dada a impossibilidade de recondução na representação nos dois anos seguintes[11]? Num só golpe de força, retira-se do sindicato a sua função precípua de se contrapor ao poder da empresa e dos trabalhadores o direito de decidirem se querem ou não a ajuda sindical. A suposta democracia no local de trabalho se impôs com formatação antidemocrática – à semelhança da constituição do sindicato de Estado. Aliás, tal proposta somente viceja em um cenário institucional acostumado com contumaz ingerência estatal.

Daí que retiramos uma primeira conclusão para este ponto: a antidemocrática democracia no local de trabalho tem tudo para dar errado: se à bandeira histórica da organização local se creditava a possibilidade de melhoria das condições de trabalho a partir de uma fiscalização *in loco*, as chances de essas comissões de empresa figurarem como extensões do poder empresarial são consideráveis.

---

10   **Art. 11, CF/88.** *Nas empresas de mais de duzentos empregados, é assegurada a eleição de um representante destes com a finalidade exclusiva de promover-lhes o entendimento direto com os empregadores.*
11   **Cf. art. 510-D, § 3º, da CLT.** Se a proteção ao emprego é de um ano após o mandato da representação, a teor do § 3º, então o empregador possui 1 ano para demitir os empregados que fizerem seu serviço de modo mais correto quando empossados, isto é, afrontarem o poder patronal. Todavia, a proteção se dá apenas contra dispensa arbitrária, *"entendendo-se como tal a que não se fundar em motivo disciplinar, técnico, econômico ou financeiro"*. Dada uma natural assimetria de informações, como o Poder Judiciário poderia aferir se tal motivo não se confirma na realidade?

Se a perniciosa institucionalização de representação no local de trabalho inaugurada pela Reforma Trabalhista já possui estes defeitos de nascença, algum alento poderíamos esperar das setentistas normas regulamentadoras que abrem brechas para a participação sindical. Alvissareira sempre foi a previsão do item 9.3.5.1.c da NR-9, abrindo-se a possibilidade de estipulação, pela vontade coletiva, de critérios legais mais rigorosos (e, portanto, mais benéficos aos trabalhadores) em se tratando de tolerância a agentes nocivos[12]. Vislumbra-se, inclusive, a possibilidade de a norma coletiva criar limites de novos agentes não previstos em norma ministerial ou legal. No mais, abalizada doutrina aponta outras aparições da entidade sindical em matéria afeita às normas regulamentadoras: item 7.1.2 da NR-7, que dispõe sobre a periodicidade dos exames médicos (hipótese revogada pela recente Portaria SEPRT nº 6.734, de 09 de março de 2020); Anexo 2, item 4.3.c da NR-17, sobre a verificação dos padrões de qualidade do ar nos edifícios; item 31.5 da NR-31, acerca dos exames médicos dos trabalhadores rurais (SILVA, 2015, p. 30-31). Todavia, sempre houve um abismo entre a previsão normativa e a assunção dos atores sociais de tais possibilidades.

Registremos, pois, um segundo aprendizado: a institucionalização de proteções e garantias em matéria ambiental, por mais perfeita e tecnicamente acabada que seja, pouco impacto teria se não houvesse um ambiente coletivo favorável à sua implementação. Só um sindicato e um sindicalismo livres teriam as melhores condições para puxar a abstração normativa para a realidade concreta.

E isso diz respeito também à promessa do art. 229, § 4º, da Constituição do Estado de São Paulo, donde se assegura a "cooperação dos sindicatos de trabalhadores nas ações de vigilância sanitária desenvolvidas no local de trabalho". Podemos estar com uma visão parcial do sindicalismo atual, mas por quais motivos não encontramos ações ostensivas de fiscalização nos locais de trabalho, encabeçadas pelos sindicatos paulistas? Ou mesmo as previsões dessa faculdade em normas coletivas, senão apenas as entradas para afixação de cartazes? Tal aspecto fiscalizatório seria essencial para, por exemplo, denunciar as empresas que se colocam no mercado com responsabilidade socioambiental (e se vendem como tal), mas que, na prática, mantêm os ambientes laborais poluídos – prática esta conhecida doutrinariamente como *greenwashing* (FREIRE; VERBICARO; MARANHÃO, 2020; p. 127-145).

E nem seríamos tão imprudentes assim de propor um canal aberto de denúncias dessa natureza, dado que, conhecendo um pouco acerca dos padrões do sistema de controle judicial da atividade sindical obreira, não ficaríamos surpresos com a procedência de ações indenizatórias pelos danos extrapatrimoniais supostamente praticados pelos sindicatos em face das empresas.

Seja como for, o segundo aprendizado não poderia ser interpretado como um niilismo imobilista, negando qualquer iniciativa legal ou institucional. Pelo contrário, e esse seria nosso terceiro "achado": com vistas a fortalecer as soluções coletivas dos problemas, harmonizando e pacificando as relações de trabalho, indispensável seria a criação de uma arquitetura jurídica que privilegiasse a função fiscalizatória das entidades sindicais dos trabalhadores. E, resguardando essa esfera fiscalizatória autônoma, essa função poderia se relacionar com os instrumentos

---

12   9.3.5.1 Deverão ser adotadas as medidas necessárias suficientes para a eliminação, a minimização ou o controle dos riscos ambientais sempre que forem verificadas uma ou mais das seguintes situações: [...] c) quando os resultados das avaliações quantitativas da exposição dos trabalhadores excederem os valores dos limites previstos na NR-15 ou, na ausência destes os valores limites de exposição ocupacional adotados pela ACGIH - American Conference of Governmental Industrial Higyenists, ou aqueles que venham a ser estabelecidos em negociação coletiva de trabalho, desde que mais rigorosos do que os critérios técnico-legais estabelecidos;

de ética internos às empresas (normas de *compliance* trabalhista, por exemplo), produzindo um sinérgico campo de promoção de equilíbrio labor-ambiental.

Mesmo com a compreensão dos dirigentes sindicais quanto à importância do meio ambiente de trabalho – o que é revelado parcialmente a partir de uma pesquisa de campo que avaliou o comprometimento e envolvimento de cinco sindicatos paulistas com a temática do adoecimento mental relacionado ao trabalho e as medidas que as entidades tomam ou deveriam tomar para enfrentar tal problema (SILVA; BERNARDO; SOUZA, 2016) –, percebemos no dia a dia da vida sindical que tais matérias, apesar de aparecerem nas pautas de reivindicações, são facilmente esquecidas durante a própria negociação ou após. E parece que tal "esquecimento" se intensificou com o sindicato pós-reforma.

Antes de retornarmos aos impactos da reforma trabalhista, sejamos claros: remetendo-se à discussão acerca do sindicalismo de Estado, não parece razoável e suficiente "culpar" individualmente os dirigentes sindicais que se "esquecem" dessa pauta nas campanhas salariais. Como fizemos questão de sublinhar, esse fenômeno é efeito estrutural, e não causa em si. Ou seja, parece factível supor que o desapreço à matéria ambiental figura como efeito da estrutura sindical de Estado, juntamente com a fragilidade associativa, com a postura passiva que espera uma intervenção salvadora e protetora do Estado e com o afrouxamento das lideranças em relação às bases. Aliás, esse último fator explica bastante a desconexão em matéria ambiental – os sindicatos nem sempre têm condições de saber o que ocorre em sua base, e as greves por fora do sindicato, que tiveram lugar na segunda década deste século, são paradigmáticas.

Consignemos, assim, essa quarta consideração: pode ser mesmo um efeito estrutural do sindicato corporativo, vinculado à cúpula da burocracia estatal, a priorização de pautas imediatamente econômicas, em desatenção às questões políticas e ambientais (estas, talvez, no meio do caminho entre as pautas econômicas e políticas).

Pois bem, voltamos à "reforma". Em matéria sindical, como não se espantar com o parágrafo único do art. 611-B da CLT? Ao estatuir que as "*[r]egras sobre duração do trabalho e intervalos não são consideradas como normas de saúde, higiene e segurança do trabalho para os fins do disposto neste artigo*", somos ofendidos em nossa inteligência e bom senso. Trocando em miúdos, aquilo que sempre foi uma obviedade, qual seja a consideração da duração do trabalho e das pausas como questão labor-ambiental, numa canetada ilógica sofreu um ricochete. Da mesma maneira, permitir a alteração do grau de insalubridade (art. 611-A, XII, CLT), sabendo que tal matéria está inserida no capítulo "Da Medicina e Segurança do Trabalho" (cf. arts. 60 c/ 189, CLT) e, portanto, impassível de flexibilização, correu para o mesmo *nonsense*.

É preciso que visualizemos a tragédia que se anuncia: sem fontes de receita, o que restará a algumas entidades sindicais senão assinar servilmente acordos e convenções coletivas com essas cláusulas imorais que reduzem intervalos intrajornada e reclassificam o grau de insalubridade, em troca de algumas migalhas assistenciais? De fato, nem deveríamos nos preocupar com essas barbaridades, se contássemos com um sindicato combativo, autônomo em relação ao Estado e colado nas bases que escolheram livremente tal representação.

Quinto aprendizado: ressalvada a relativa eficácia das contingências conjunturais, o aprofundamento das medidas flexibilizadoras ou a resistência à precarização dependem do tipo estrutural de sindicato. Por isso o motivo de preocupação.

Por último, quanto às ações judiciais coletivas que são ou poderiam ser empreendidas pelos sindicatos, é conferida especial atenção às ações envolvendo direitos coletivos da categoria. No tema em apreço, seriam admissíveis aquelas ações em que o sindicato, na qualidade de substituto processual, persegue tutelas inibitórias e/ou indenizatórias diante de situações de assédio moral estrutural ou organizacional (relacionado a estratégias empresariais que, visando a maximização da produtividade, instituem quadros exacerbadamente competitivos que desequilibram o meio ambiente laboral – e os resultados são conhecidos: estresse, ansiedade, insônia, depressão, síndrome de *burnout*).

Fato este que ganha extrema relevância quando o tempo de trabalho avança sobre o tempo de vida dos trabalhadores a partir das tecnologias de informação e comunicação (MORAIS; NASCIMENTO, 2019, p. 11-122). É bem verdade que, a depender do caso e do direito violado, o Judiciário Trabalhista poderá oferecer resistência ao conhecimento da ação que envolva direitos individuais homogêneos, conferindo interpretação restritiva ao art. 513, "a", da CLT[13]. Neste sentido, colhendo o estado atual do entendimento judicial a respeito, parece mesmo que o conhecimento jurisdicional da defesa sindical dos direitos individuais homogêneos dependerá de origem comum da violação do direito, com predominância da esfera comum sobre a individual (TST, 2011), o que reduz sensivelmente tal atuação.

Todavia, mesmo em se considerando as possibilidades formais de ações judiciais manejadas pelo sindicato em matéria ambiental (art. 8º, III, CF/88), imperioso será reconhecer que a Reforma Trabalhista, ao desidratar as fontes de receita do sindicato e aumentar os riscos econômicos em caso de improcedência, jogou para um plano impossível o exercício fático da hipótese do par. 2º do art. 195 da CLT: "*Arguida em juízo insalubridade ou periculosidade, seja por empregado, **seja por Sindicato em favor de grupo de associado**, o juiz designará perito habilitado na forma deste artigo [...]*" (g.n.). De modo que a substituição processual em matéria ambiental virou uma escolha de risco – estaríamos a um passo de absurdamente permitirmos empresas (escritórios advocatícios-empresa) financiando os sindicatos em ações coletivas, em sistemática próxima às privatísticas *class action* do modelo americano? Seja como for, nesse cenário pós-reformas de austeridade, aparece-nos um recente paliativo que, se vingar em âmbito nacional, poderia minimizar os justificados pudores do sindicato no ingresso de tais medidas ambientais – a Tese Jurídica Prevalecente nº 14 do TRT-9:

> **Sindicato. Substituto processual. Isenção de custas. Aplicabilidade do Art. 87 da Lei 8.078/90 (CDC) e do Art. 18 da Lei 7.347/85 (LACP).** Devida a concessão dos benefícios da justiça gratuita à pessoa jurídica dos sindicatos que atuarem na condição de substituto processual, com base na aplicação do artigo 87 da Lei 8.078/90 (CDC) e do artigo 18 da Lei 7.347/85 (LACP). *DEJT* 14, 15 e 18/03/2019 (TRT-9, 2019, *on-line*).

Seja como for, no aspecto processual todas as esperanças se voltam para a adoção desse entendimento regional pelo restante do Judiciário Trabalhista. E vejamos como estamos sonhando... baixo. Um pouco consternados, a crença na bondade do Poder Judiciário apareceu como o nosso sexto aprendizado. Como dito alhures, quem dá, tira. Se a estrutura organizativa dos trabalhadores foi "dada", a sua esfera de atuação conviverá com a ameaça constante de suspensão.

---

13 **Art. 513, CLT**. *São prerrogativas dos sindicatos: a) representar, perante as autoridades administrativas e judiciárias os interesses gerais da respectiva categoria ou profissão liberal ou interesses individuais dos associados relativos à atividade ou profissão exercida; [...]*. Em que pese o Enunciado 77, II da 1ª Jornada de Direito Material e Processual do Trabalho (TST/ANAMATRA/CONEMATRA/ENAMATRA): "*Cabe aos sindicatos a defesa dos interesses e direitos metaindividuais (difusos, coletivos e individuais homogêneos) da categoria, tanto judicialmente quanto extrajudicialmente*".

## CONSIDERAÇÕES FINAIS

Seria tergiversação chegar até aqui e dizer que, apesar de tudo isso, não guardamos um certo pessimismo quanto às possibilidades de o sindicato brasileiro promover um meio ambiente do trabalho saudável, hígido, sustentável ou, em síntese, equilibrado. Até porque a primeira parte do trabalho inevitavelmente joga um balde de água fria às pretensões ilimitadas de direcionamento das práticas sindicais rumo a políticas disruptivas ou, para o nosso caso, efetivamente protetivas da saúde da classe trabalhadora.

Por outro lado, não seríamos responsáveis se descartássemos completamente a importância da organização sindical – e que fique bem claro, a crítica aqui tecida (ou melhor, endossada) jamais se propôs a tal irracionalidade. A uma, porque a ausência da proteção proveniente da organização e representação coletiva dos trabalhadores já foi vista na história como uma tragédia, permitindo-se as mais cruéis e esmagadoras formas de gestão do trabalho pela indústria moderna. A duas, porque vemos atualmente os efeitos produzidos pela inorganicidade de alguns setores de trabalhadores – e não sai de nossa cabeça a imagem dos entregadores de aplicativos, sujeitos às precárias condições de trabalho, muito mais agravadas pela pandemia do COVID-19[14].

O que deve ser retirado de lição da noção de estrutura sindical de Estado é uma certa calibragem na crítica: se pretendermos que o sindicato e o sindicalismo assumam tarefas ousadas, devemos colocar em questão a própria estrutura, elegendo-a como alvo a ser destruído. Tal estrutura, reprodutora de formas de dominação à medida que é parte do aparelho de Estado como ramo subalterno, não serve para a classe trabalhadora em suas lutas mais decisivas, bem como se mostra insuficiente para a proteção do meio ambiente de trabalho. Por que isso? Exploramos seis indícios:

1. Sendo parte do Estado, a estrutura sindical legitima mecanismos antidemocráticos que hipocritamente criam uma falsa democracia no local de trabalho e esvaziam essa importante pauta da classe trabalhadora. Dissemos que se trata de falsa democracia porque, ao que tudo indica, infensas à influência sindical, essas comissões de empresa criadas pela Reforma Trabalhista poderão funcionar como *longa manus* do poder empresarial.

2. Mesmo com a institucionalização de proteções e garantias em matéria ambiental (normas regulamentadoras, jurisprudência progressiva, legislação etc.), somente um ambiente coletivo robusto poderia fazer valer a promessa da norma. Ou seja, como dissemos acima, um sindicato e um sindicalismo livres teriam as melhores condições para puxar a abstração normativa para a realidade concreta.

3. Com vistas a fortalecer as soluções coletivas dos problemas, harmonizando e pacificando as relações de trabalho, indispensável seria a criação de uma arquitetura jurídica que privilegiasse a função fiscalizatória das entidades sindicais dos trabalhadores que não se diluísse naquelas comissões *retro* mencionadas. E, resguardando essa esfera fiscalizatória autônoma, essa função poderia se relacionar com os instrumentos de ética internos às empresas (normas de *compliance* trabalhista, por exemplo), produzindo um sinérgico campo de promoção de equilíbrio labor-ambiental.

---

14 Apesar desse histórico, parece que um passo foi dado na data em que escrevemos essa conclusão (1º/07/2020), com o "breque dos apps", verificando-se paralisações de entregadores de aplicativos pelo país: https://revistaforum.com.br/brasil/breque-dos-apps-em-greve-entregadores-de-aplicativos-fecham-rua-no-centro-de-sp/.

4. A priorização de pautas eminentemente econômicas, em desatenção às questões políticas e ambientais, entendidas estas como intermediárias entre as pautas econômicas e políticas, pode figurar como substrato do sindicato de Estado.

5. Apesar da relativa eficácia das contingências conjunturais, como o aprofundamento das medidas flexibilizadoras ou a resistência à precarização dependem do tipo estrutural de sindicato, poderemos assistir à cena em que o sindicato trocará a defesa da vida e saúde dos trabalhadores pela sua própria sobrevivência.

6. As possibilidades de o sindicato atuar judicialmente em defesa do meio ambiente laboral minguam, seja porque a jurisprudência tem se mostrado resistente à admissão da atuação sindical em se tratando de direitos individuais homogêneos, seja porque o risco econômico será grande e a entidade poderá não ter condições para arcar com os custos processuais em caso de insucesso da ação.

Seja como for, sigamos otimistas na ação: toda a forma de defesa da saúde da classe trabalhadora é muito bem-vinda, porque pode figurar como parte de processos de luta mais decisivos. Fiquemos com essa hipótese; ressalvada a relativa eficácia das contingências conjunturais, o aprofundamento das medidas flexibilizadoras ou a resistência à precarização dependem do tipo estrutural de sindicato.

# CAPÍTULO 37
## NORMA COLETIVA COMO INSTRUMENTO DO MEIO AMBIENTE DO TRABALHO HÍGIDO

*Ana Carolina Bianchi Rocha Cuevas Marques*
*Paulo de Carvalho Yamamoto*
*Victor Emanuel Bertoldo Teixeira*

## INTRODUÇÃO

O texto em estudo trata das possibilidades e limites da negociação coletiva na seara relativa ao Meio Ambiente do Trabalho (MAT), tecendo críticas ao panorama normativo estabelecido pela Lei nº 13.467/2017 e expondo situações práticas.

### 37.1. MEIO AMBIENTE DO TRABALHO POR INTEIRO: UMA VISÃO SOCIOJURÍDICA

A Constituição Cidadã estabeleceu importante marco normativo para o desenvolvimento doutrinário do Direito Ambiental. A destinação de um capítulo constitucional próprio para tratar do Meio Ambiente motivou esforço para o desenvolvimento de metodologia apropriada para tratar de tais fenômenos.

A doutrina apontou uma principiologia específica, abarcando os Princípios do acesso equitativo aos recursos naturais, da prevenção, da informação, da participação, do poluidor-pagador e, sobretudo, da precaução (MACHADO, 2007, p. 63). A legislação, por sua vez, já era orientada pela Política Nacional do Meio Ambiente (Lei nº 6.938/1981). A jurisprudência, por seu turno, chega a reconhecer, em alguns casos, que o imperativo do desenvolvimento sustentável impõe limites à atividade econômica[1].

---

1 Conforme registrou o Min. Celso de Mello em voto proferido há mais de uma década: "Todos têm direito ao meio ambiente ecologicamente equilibrado. Trata-se de um típico direito de terceira geração (ou de novíssima dimensão), que assiste a todo o gênero humano [...]. Incumbe, ao Estado e à própria coletividade, a especial obrigação de defender e preservar, em benefício das presentes e futuras gerações, esse direito de titularidade coletiva e de caráter transindividual [...]. O adimplemento desse encargo, que é irrenunciável, representa a garantia de que não se instaurarão, no seio da coletividade, os graves conflitos intergeracionais marcados pelo desrespeito ao dever de solidariedade, que a todos se impõe, na proteção desse bem essencial de uso comum das pessoas em geral. [...] A incolumidade do meio ambiente não pode ser comprometida por interesses empresariais nem ficar dependente de motivações de índole meramente econômica, ainda mais se se tiver presente que a atividade econômica, considerada a disciplina constitucional que a rege, está subordinada, dentre outros princípios gerais, àquele que privilegia a 'defesa do meio ambiente' (CF, art. 170, VI), que traduz conceito amplo e abrangente das noções de meio ambiente natural, de meio ambiente cultural, de meio ambiente artificial (espaço urbano) e de meio ambiente laboral. [...]. Os instrumentos jurídicos de caráter legal e de natureza constitucional objetivam viabilizar a tutela efetiva do meio ambiente, para que não se alterem as propriedades e os atributos que lhe são inerentes, o que provocaria inaceitável comprometimento da saúde, segurança, cultura, trabalho e bem-estar da população, além de causar graves danos ecológicos [...]. O princípio do desenvolvimento sustentável, além de impregnado de caráter eminentemente constitucional, encontra suporte legitimador em compromissos internacionais assumidos pelo Estado brasileiro e representa fator de obtenção do justo equilíbrio entre as exigências da economia e as da ecologia, subordinada, no entanto, a invocação desse postulado, quando ocorrente situação de conflito entre

A leitura atenta e coerente do texto normativo da Constituição da República impõe um cuidado hermenêutico que, na feliz expressão de Eros Grau, impede que ela seja "interpretada em tiras" (2012, p. 161). Assim, os fundamentos e objetivos da República (arts. 1º, IV e 3º), a previsão de Direitos Fundamentais Sociais (art. 7º, XXII), o estabelecimento dos pilares de nossa Ordem Econômica (art. 170) e de nossa Ordem Social (art. 193), e, sobretudo, a organização do Sistema Único de Saúde (art. 200, VIII), bem como o direito a um meio ambiente equilibrado (art. 225), exigem que o intérprete do ordenamento jurídico pátrio atue com dedicação para proteger o Meio Ambiente por inteiro, "nele compreendido o do trabalho".

Partindo-se desta visão global da sistemática do Direito brasileiro, ao se deparar com a questão ambiental, Guilherme Guimarães Feliciano sintetiza a doutrina nacional – apoiando-se, entre outros, em José Afonso da Silva (2019) – afirmando que:

> Doutrinariamente, o Meio Ambiente do Trabalho aparece ao lado do meio ambiente natural (constituído pelos elementos físicos e biológicos nativos do entorno: solo, água, ar atmosférico, flora, fauna e suas interações entre si e com o meio); do meio ambiente artificial (constituído pelo espaço urbano construído, que compreende o conjunto de edificações – espaço urbano fechado – e o dos equipamentos públicos – espaço urbano aberto; alguns autores referem, ainda, o meio ambiente rural, relativo ao espaço rural construído; do meio ambiente cultural (constituído pelo patrimônio histórico, artístico, arqueológico, paisagístico e turístico, que agregou valor especial pela inspiração de identidade perante os povos), sendo todos manifestações particulares da entidade meio ambiente [...]. (FELICIANO, 2002, p. 167)[2]

Diante do arcabouço constitucional, a legislação deve ser lida de modo a concretizar a percepção segundo o qual o MAT é parte constitutiva do meio ambiente[3].

### 37.1.1. A origem do MAT

Como é comum acontecer quando tratamos de Direitos Fundamentais, o fenômeno que temos positivado não consubstancia uma "invenção" do constituinte, pelo contrário, sua inscrição no Texto de 1988 apenas dá vazão a uma reivindicação histórica da classe trabalhadora que por décadas pulsou em nossa sociedade até que fosse reconhecida pela Lei Maior – ainda que sob terminologia algo nova, é verdade.

A inquietação dos trabalhadores com o MAT sempre esteve no cerne da luta da classe trabalhadora por melhores condições de trabalho, antecipando-se à discussão da tutela do Meio

---

valores constitucionais relevantes, a uma condição inafastável, cuja observância não comprometa nem esvazie o conteúdo essencial de um dos mais significativos direitos fundamentais: o direito à preservação do meio ambiente, que traduz bem de uso comum da generalidade das pessoas, a ser resguardado em favor das presentes e futuras gerações" (ADI-MC 3540).
2  A própria legislação serve de apoio à tal conceituação abrangente, definindo meio ambiente como o *"conjunto de condições, leis, influências e interações de ordem física, química e biológica, que permite, abriga e rege a vida em todas as suas formas"* (art. 3º, I, da Lei nº 6.938/1981).
3  Neste sentido, além do já citado art. 200, VIII da CF/88, segundo o qual: *"Art. 200. Ao sistema único de saúde compete, além de outras atribuições, nos termos da lei: VIII – colaborar na proteção do meio ambiente, nele compreendido o do trabalho"*, temos também o art. 191 da Constituição do Estado de São Paulo: *"O Estado e os Municípios providenciarão, com a participação da coletividade, a preservação, conservação, defesa, recuperação e melhoria do meio ambiente natural, artificial e do trabalho, atendidas as peculiaridades regionais e locais e em harmonia com o desenvolvimento social e econômico"*.

Ambiente[4] e expondo o caráter de vanguarda da construção jurídica oriunda de tal combate, qual seja, o Direito do Trabalho[5].

No Brasil, já na época da Primeira República, o operariado organizado apresentava queixas sobre jornada, salário, higiene no local de trabalho, autoritarismo da chefia, dispensas em massa após greves e por atuação sindical (HALL; PINHEIRO, 1979, p. 132-8). Isso é observado, por exemplo, na greve geral de 1917 em São Paulo, que resultou, dentre outros, na criação de um Código Sanitário do Estado (Lei nº 1.596/1917) e no Decreto nº 3.724 de 1919, que, em âmbito nacional, regulamentava "*as obrigações resultantes dos acidentes no trabalho*" (SOUTO MAIOR, 2017, p. 128).

Aliás, quanto ao Código Sanitário – c/c Decreto nº 2.918/1918, que o regulamenta – tínhamos uma legislação que tratava de situações como o trabalho de adolescentes, grávidas e lactantes, bem como impunha regras sobre inspeção do trabalho, instalações de banheiros, proteção em maquinários, defesa contra gases, poeiras e vapores, inclusive com a necessidade de modificação do processo produtivo em caso de lesão à saúde dos trabalhadores. Quanto ao Decreto nº 3.724/1919 tínhamos uma legislação sobre acidentes do trabalho que adotava para tais casos a teoria do risco profissional, garantindo, portanto, a indenização ao trabalhador, independente de verificação da culpa patronal[6].

Ao lado destas disposições emanadas diretamente do Poder Público, não se pode esquecer que, motivada por situações como acidentes de trabalho, salários miseráveis, jornadas extenuantes e trabalho de crianças e adolescentes, a atuação dos trabalhadores nas negociações coletivas gerava impacto profundo na teoria jurídica, marcada, até então, por seu caráter essencialmente liberal e individualista. Tanto assim que, em 1917, o jurista Clóvis Beviláqua anotou que "a locação de serviços dá origem a uma forma anormal de contracto, o contracto colletivo, concordado entre patrões e syndicatos profissionais" ou entre as entidades de trabalhadores e patronal, "a fim de se fixarem os salarios, as horas de trabalho e outras condições julgadas necessarias" (BEVILÁQUA, 1917, p. 400).

Muito antes do estabelecimento de regramento amplo e generalizado sobre a relação de emprego e da consolidação do Direito do Trabalho, a atuação da classe trabalhadora contra as

---

4  Fundada em 1919, a OIT desde seu início preocupa-se com doenças e acidentes do trabalho, como é verificado do Tratado de Versalhes. Entretanto, a preocupação global com o Meio Ambiente tem início em meados do século XX. Em 1949, houve a Conferência Científica da ONU sobre a Conservação e Utilização de Recursos, em Lake Sucess, nos Estados Unidos, que foi o primeiro grande evento internacional sobre meio ambiente. Posteriormente, em 1972, houve a Conferência das Nações Unidas sobre o Meio Ambiente Humano, em Estocolmo, na Suécia. Consagrando a preocupação ambiental, finalmente, em 1992, foi realizada a Conferência das Nações Unidas sobre o Meio Ambiente e Desenvolvimento, conhecida como Cúpula da Terra, realizada no Rio de Janeiro.
5  Segundo Ronaldo Lima dos Santos, o direito fundamental ao MAT sadio possui natureza de direito difuso, dado o seu caráter transindividual e indivisível, o que é inerente a toda espécie de meio ambiente. É de toda a sociedade, inclusive das futuras gerações, o interesse jurídico na preservação da vida e higidez dos trabalhadores, ainda que sua violação possa acarretar danos a estes últimos de ordem individual, individual homogênea ou coletiva (SANTOS, 2019, p. 85).
6  A legislação de fato era de vanguarda, uma vez que até hoje a necessidade de aferição de culpa do empregador na hipótese de acidente do trabalho é ainda discutida no Brasil, como pode ser visto no julgamento, em 12/03/2020, pelo Pleno do STF do RE 828.040, ocasião em que fixado o seguinte entendimento: "O artigo 927, parágrafo único, do Código Civil é compatível com o artigo 7º, XXVIII, da Constituição Federal, sendo constitucional a responsabilização objetiva do empregador por danos decorrentes de acidentes de trabalho, nos casos especificados em lei, ou quando a atividade normalmente desenvolvida, por sua natureza, apresentar exposição habitual a risco especial, com potencialidade lesiva e implicar ao trabalhador ônus maior do que aos demais membros da coletividade". Reflexão interessante sobre o histórico da legislação acidentária, bem como a crítica ao desenvolvimento de uma doutrina do ato inseguro pode ser encontrada no texto de Alessandro da Silva (2015).

mazelas de sua exploração já antecipava a preocupação a respeito daquilo que hoje a doutrina denomina de MAT.

### 37.1.2. Visitando as fronteiras do MAT

Avancemos, portanto, investigando o que seria este fenômeno social que por tanto tempo palpitou – e segue palpitando – no mundo do trabalho.

A partir dos estudos e do instrumental teórico e metodológico que desenvolvemos no bojo do Grupo de Pesquisa Trabalho e Capital (GPTC-USP), coordenado pelo Professor Jorge Luiz Souto Maior, propomos reconhecer o Meio Ambiente do Trabalho como o conjunto de condições que envolvam a interação entre os meios de produção e a força de trabalho, bem como destas entre si, com vistas a garantir sua reprodução[7].

Como se pode notar, a definição proposta pretende a descrição do fenômeno social, tarefa essencial e pressuposta à interpretação jurídica do mesmo fenômeno. Vale dizer: a proposição exposta se insere, portanto, no campo da descrição social, algo que julgamos imprescindível antes que possamos adentrar ao campo da prescrição jurídica[8].

Ao indicarmos "meios de produção", estamos fazendo referência às "instalações, máquinas, instrumentos, matérias (brutas ou primas) e insumos (energia, combustível etc.)" (NETTO; BRAZ, 2012, p. 108). Com isso, temos que o MAT abrange, dentro do processo de trabalho, tanto a interação entre trabalhadores (portadores da força de trabalho[9]) e os variados meios de produção, quanto a relação entre os trabalhadores entre si. É de destacar, portanto, que estamos fazendo uso de uma noção de meios de produção bastante abrangente[10], capaz de abrigar o conjunto de coisas (capital constante) envolvidas na prestação do trabalho.

Assim, ao indicar a interação entre os dois fatores de produção (meios de produção e força de trabalho) a definição alcança as principais questões que se impõem ao Direito Ambiental do Trabalho, como, por exemplo, os acidentes de trabalho (Lei nº 8.213/1991, art. 19), as doenças

---

7   A definição que propomos ainda é objeto de reflexão para os autores, sujeita, como não poderia deixar de ser, a críticas acadêmicas. O Dr. Gabriel Franco da Rosa – com quem os autores dialogaram sobre algumas das ideias deste texto e, por isso mesmo, deixamos registrado nosso agradecimento, isentando-o de qualquer responsabilidade pelo conteúdo – apontou que a finalidade de se garantir a reprodução da força de trabalho talvez não faça parte da descrição do MAT. De toda sorte, ainda que reflexões mais aprofundadas exijam alterar a concepção apresentada, acreditamos que tal definição segue sendo útil para os propósitos do objeto da presente obra coletiva.

8   Ao tratar do tema, José Afonso da Silva afirma que o MAT é "o local em que se desenrola boa parte da vida do trabalhador, cuja qualidade de vida está, por isso, em íntima dependência da qualidade daquele ambiente" (2019, p. 11). Ney Maranhão, por sua vez, define o MAT como "a resultante da interação sistêmica de fatores naturais, técnicos e psicológicos ligados às condições de trabalho, à organização do trabalho e às relações interpessoais que condiciona a segurança e a saúde física e mental do ser humano exposto a qualquer contexto jurídico-laborativo" (2016, p. 112). Adentrando, por sua vez, a caracterização jurídica, Ronaldo Lima Santos destaca que o "direito ao meio ambiente de trabalho sadio relaciona-se diretamente com os demais direitos humanos, mais notoriamente, com o direito à vida, à segurança e à saúde" (2019, p. 89). Aliás, pontue-se que, segundo a Constituição da OMS, a saúde "é um estado de completo bem estar físico, mental e social, e não consiste apenas na ausência de doença ou de enfermidade".

9   Nas palavras de Marx: "as máscaras econômicas das pessoas não passam de personificações das relações econômicas, como suporte [*Träger*] das quais elas se defrontam umas com as outras" (MARX, 2013, p. 160).

10  Tal postura metodológica faz-se necessária diante do objeto em estudo, o MAT. Situação semelhante ocorre quando José Afonso da Silva propõe definição de meio ambiente: "O conceito de meio ambiente há de ser, pois, globalizante, abrangente de toda a Natureza original e artificial, bem como os bens culturais, correlatos" (SILVA, 2019, p. 20).

ocupacionais[11] (art. 20) e a exposição a riscos químicos, físicos, biológicos e ergonômicos (FELICIANO, 2002, p. 179).

Recorde-se ainda que, segundo a Convenção nº 155 da OIT, a saúde no trabalho diz respeito *"não só a ausência de afecções ou de doenças, mas também os elementos físicos e mentais que afetam a saúde e estão diretamente relacionados com a segurança e a higiene no trabalho"* (arts. 3º e 5º)[12].

Não obstante, ao falarmos de "conjunto de condições que envolvem a interação" pretendemos ir além, somando ao conceito a proteção da totalidade de situações que envolve a prestação do trabalho, o que permite abrigar tópicos como, por exemplo, penosidade, limite de exposição, ergonomia e, principalmente, permite que adentremos ao campo da cadência do trabalho, vale dizer, do ritmo em que ele é prestado.

Assim, a definição de MAT que propusemos abarca questões jurídicas como jornada (ordinária e extraordinária), intervalos, descansos e férias. Vale lembrar que todos os institutos acima citados possuem como fundamento teleológico, indubitavelmente, a necessidade de se garantir período de tempo para que o trabalhador recupere a capacidade de seguir entregando a força de trabalho que lhe foi contratada[13], ou seja, exatamente aquilo que propusemos como "com vistas a garantir sua reprodução".

Por fim, um último elemento de nossa proposta é a interação, no bojo do processo de trabalho, entre diferentes portadores de força de trabalho entre si. É que não são poucos os abusos sofridos pelos trabalhadores, quer por parte de seus superiores hierárquicos, quer por parte de seus colegas[14]. Com isso, o MAT também abrange as relações muitas vezes perversas que são

---

11   Ao debruçar-se sobre os incisos I (doença profissional) e II (doença do trabalho) do referido artigo, Sebastião Geraldo de Oliveira anota a "dificuldade doutrinária para estabelecer uma linha divisória nítida entre as duas espécies de patologias decorrentes do trabalho" (OLIVEIRA, 2019, p. 54-5).
12   Conforme o art. 5º da Convenção 155 da OIT, a política de segurança e saúde dos trabalhadores e de MAT deve ter em vista as seguintes esferas de atuação: "a) projeto, teste, escolha, substituição, instalação, arranjo, utilização e manutenção dos componentes materiais do trabalho (locais de trabalho, meio ambiente de trabalho, ferramentas, maquinário e equipamentos; substâncias e agentes químicos, biológicos e físicos; operações e processos); b) relações existentes entre os componentes materiais do trabalho e as pessoas que o executam ou supervisionam, e adaptação do maquinário, dos equipamentos, do tempo de trabalho, da organização do trabalho e das operações e processos às capacidades físicas e mentais dos trabalhadores; c) treinamento, incluindo o treinamento complementar necessário, qualificações e motivação das pessoas que intervenham, de uma ou outra maneira, para que sejam atingidos níveis adequados de segurança e higiene; d) comunicação e cooperação a níveis de grupo de trabalho e de empresa e em todos os níveis apropriados, inclusive até o nível nacional (...)".
13   Muitos autores escreveram sobre tal tema. Interessante reflexão pode ser encontrada na obra de Maurício Godinho Delgado (2019, p. 1025-6) ou ainda no clássico *Instituições de Direito do Trabalho* (SÜSSEKIND *et al.*, 1999, p. 801).
14   É possível identificar aquilo que chamamos de "interação entre diferentes portadores da força de trabalho" com o que Ney Maranhão denomina de "interações socioprofissionais travadas no cotidiano do trabalho", ou seja, as "relações interpessoais", a exemplo de chefias, colegas e clientes, o que abrange o tratamento de questões como o assédio moral (2016, p. 91). Acerca deste fenômeno, Augusto César Leite de Carvalho afirma que "A CLT não conceitua o assédio moral, nem o regula expressamente. (...) Referimo-nos, como se pode notar, ao assédio moral, que em outros países é conhecido como *harassment, mobbing, bullying, acoso moral, bossing, ijime* etc. (...) Não se trata de uma conduta grosseira mas particularizada, ou de um ato solitário de violência contra o empregado, ou mesmo da espoliação em dado momento da sua força de trabalho. Sem embargo de tais hostilidades gerarem igualmente danos extrapatrimoniais, na caracterização do assédio moral é dado relevante a inserção da conduta abusiva na rotina da empresa, vale dizer: o assédio moral é conduta abusiva, reiterada e insidiosa que contamina o bem-estar do ambiente laboral – ou melhor, a 'saúde ambiental'. Não à toa parte da doutrina prefere denominá-lo 'terror psicológico', atenta ao aspecto de o assédio moral minar a resignação do assediado, submetendo-o à prova de quanto ele suporta além dos limites que seriam razoáveis no seio de uma relação assimétrica de trabalho. (...) O que os diferencia é a nocividade do conjunto de ações semelhantes e repetidas com o propósito de contagiar

desenvolvidas entre as pessoas que lá estão vendendo a única coisa que possuem: a força de trabalho. A título exemplificativo: um superior hierárquico que humilha os trabalhadores que estão sob sua subordinação, sob o ponto de vista que estamos propondo, está contribuindo para o desequilíbrio daquele MAT – ideia que acreditamos ser compatível com o conceito de "poluição labor-ambiental" que Guilherme Feliciano apresenta (2002, p. 179).

### 37.1.3. Preenchendo o conteúdo jurídico do MAT

Acima, esforçamo-nos para construir um conceito de MAT que desse conta da descrição de seus elementos e relações, a partir da observação da dinâmica social contemporânea. Não obstante, o fator decisivo para a positivação dos institutos jurídicos não é propriamente a correção de suas formas, mas, antes, a situação político-social concreta de um determinado período histórico. Cabe à doutrina debater os conceitos jurídicos, adequando seus institutos à realidade corrente. Em que pese tal exercício ter o condão de orientar a concretização do texto normativo em norma propriamente dita por meio da atividade jurisdicional, o avanço doutrinário por si só não resulta necessariamente em avanço legal[15].

Tal descompasso entre elaboração teórica e matéria legislativa pode ser notada na realidade nacional quando refletimos sobre a disposição do ordenamento jurídico pátrio (pelo menos quanto aos textos em vigor) em relação ao MAT. O enfraquecimento político da classe trabalhadora organizada, quer em sua manifestação concreta social (a pressão que vem a partir das ruas e dos locais de trabalho), quer em sua formatação institucional (sua representação formal), que observamos nos últimos anos, deixou terreno aberto para o incessante esforço de esvaziamento de Direitos e Garantias Fundamentais Sociais.

Como não poderia deixar de ser, o conteúdo jurídico do MAT também foi afetado pelo avanço das forças retrógradas que vivenciamos na sociedade brasileira. A seguir tentaremos demonstrar tal esvaziamento.

## 37.2. PROTEÇÃO E DESTRUIÇÃO DO MAT: POTÊNCIAS E LIMITES DA NEGOCIAÇÃO COLETIVA

Iniciamos o texto mostrando que as questões ambientais exigiram o desenvolvimento teórico de uma metodologia própria. Com base no conjunto da obra constitucional, identificamos o MAT como parte integrante do Meio Ambiente. Diante da realidade contemporânea, buscamos investigar as balizas sociais do MAT, para tanto, propusemos sua definição objetiva. Contudo, reconhecemos que, apesar de nossos esforços para o descrever junto a todos os seus elementos integrantes, há um descompasso entre o desenvolvimento teórico e as escolhas legislativas positivadas. Como dito, tal discrepância é resultado da maneira em que, em um determinado período histórico, estão dispostas as forças sociais antagônicas, em outras palavras: a lei será resultado da correlação de forças naquele momento específico da luta de classes. Assim, ficamos diante de

---

as relações que se desenvolvem no âmbito da empresa, seja para tornar insustentável o vínculo de trabalho na perspectiva de trabalhadores dos quais o empregador pretende desvincular-se, seja para estimular vantagens comparativas entre empregados além do que medianamente se poderia exigir, seja enfim por qualquer outra razão desdenhosa da dignidade da pessoa humana ou destoante do dever de lealdade que deve motivar os atores nos negócios jurídicos que virtualmente protagonizem" (CARVALHO, 2019, p. 391-2).

15  Não resulta necessariamente em avanço legal e, por isso, é possível completar: normativo. É que o texto produzido pela atividade legiferante, ainda que não imponha uma solução exclusiva, de alguma forma estabelece limites à interpretação/aplicação do direito.

um impasse: as construções teóricas fundamentadas, mesmo amparadas no texto constitucional, são derrogadas pela mesquinhez dos interesses que dominam os espaços institucionais[16]. A dura realidade se impõe. E, pior: por vezes o Judiciário chancela, acabando por naturalizar as aberrações legislativas que na prática esfacelam o projeto de sociedade acordado na Constituição.

Algo bastante semelhante ocorre com a negociação coletiva[17]. Segundo o festejado autor mexicano Mário de la Cueva, o Direito Coletivo do Trabalho deve ser abordado como uma unidade triangular indivisível, na qual convergem e se apoiam três elementos: a associação profissional, a negociação coletiva e a greve. Esta tríade conforma, assim, a base das relações coletivas de trabalho, não permitindo sua concepção de maneira segmentada ou isolada, sob pena de se violar o Princípio de Justiça Social (CUEVA, 1979, p. 257).

Ao investigarmos o fenômeno da negociação coletiva a partir do mesmo marco teórico que utilizamos para definir o MAT, teremos que o primeiro objetivo da negociação coletiva, sem dúvida, é fixar o preço da força de trabalho. Não obstante, tendo em vista a inclinação do Direito para capturar uma grande diversidade de fenômenos sociais, a negociação vai muito além da discussão salarial[18], podendo – e devendo – envolver questões afetas ao MAT.

O caráter autônomo[19] da norma coletiva de trabalho apenas deixa ainda mais evidente a importância da correlação de forças no processo de elaboração normativa: se um Congresso Nacional produz leis trabalhistas cada vez mais retrógradas, da mesma maneira, sindicatos profissionais pouco representativos terão grandes dificuldades em conseguir avanços econômicos e ambientais para a categoria.

Temos, assim, o seguinte paradoxo no qual o operador do Direito brasileiro deve tentar se equilibrar: a Constituição Federal – que está em posição normativa hierarquicamente superior às demais leis brasileiras – estabelece um projeto de sociedade consagrando um mínimo de direitos de trabalhadores urbanos e rurais, e, ainda, abrigando, também, "outros que visem à melhoria de sua condição social" (art. 7º, *caput*); infraconstitucionalmente, em um consórcio reacionário, Legislativo e Executivo elaboram leis e Medidas Provisórias para esvaziar o conteúdo dos

---

16 A disparidade entre a representação de tais espaços institucionais e a sociedade brasileira é ainda mais calamitosa. Segundo o relatório "Novo Congresso Nacional em Números", do Departamento Intersindical de Assessoria Parlamentar (DIAP), na legislatura 2019 a 2023, 133 parlamentares se autodeclararam "empresários" quando questionados sobre a ocupação principal; de outro lado, apenas um parlamentar se autodeclarou "industriário" e outro "motorista". Enquanto isso, autodeclararam-se "policial militar" (13), "militar" (3), "policial federal" (1) e "subtenente do Exército" (1), um total de 18 parlamentares (2019, p. 12).
17 A negociação coletiva recorrentemente é vislumbrada como "técnica que trabalhadores e empregadores podem usar para autocomposição dos seus conflitos" (NASCIMENTO, 2013, p. 396).
18 A referência a "inclinação do Direito para capturar" revela certa afinidade com o marco teórico oferecido por Bernard Edelman, quer em seu *O direito captado pela fotografia* (1976), quer em seu *A Legalização da Classe Operária* (2016).
19 Segundo Amauri Mascaro do Nascimento, a negociação coletiva pode ser definida como um poder, com assento constitucional (arts. 7º, XVI e 8º, VI), conferido às organizações dos trabalhadores, para definição, em conjunto com um empregador ou empregadores específicos (acordo coletivo, art. 611, *caput*, da CLT) ou em conjunto com as organizações patronais (convenções coletivas, art. 611, § 1º, da CLT), sobre, principalmente, condições de trabalho vigentes para os empregados de um ou mais empregadores, ou seja, um poder para fixação de instrumentos jurídicos por meio dos quais emanam normas relativas às relações de trabalho. Por isso, são chamadas de normas autônomas em contraposição às normas heterônomas, que emanam diretamente da autoridade estatal. Em uma concepção restrita, a negociação coletiva é simplesmente o "procedimento de concretização", cristalizado posteriormente nos instrumentos do acordo coletivo de trabalho e da convenção coletiva de trabalho, da autonomia coletiva, que consiste naquele poder "conferido aos representantes institucionais dos grupos sociais de trabalhadores e empregadores de criar vínculos jurídicos regulamentadores das relações de trabalho" (2013, p. 400).

Direitos Fundamentais Sociais que a Constituição Cidadã positivou; tal legislação muitas vezes é chancelada pelo Judiciário[20]. Sintetizando: o legal, apesar de inconstitucional, tem sido aceito – a barbárie está naturalizada, ao arrepio do projeto constitucional.

Diante do absurdo quadro normativo, esboçaremos, a seguir, algumas possibilidades de se tentar, apesar de todas as circunstâncias hostis expostas, implementar um MAT hígido, por meio da negociação coletiva. Sem descuidar da importância da atuação da inspeção do trabalho e do Ministério Público do Trabalho, desde já é de se destacar o fato de que o maior ou menor sucesso para a efetivação de medidas que aperfeiçoem o MAT tende a depender[21] da capacidade de conscientização, mobilização e da qualidade da participação dos atores representados pelas entidades sindicais.

### 37.2.1. Princípio Protetivo e negociado sobre o legislado

Do ponto de vista da lógica jurídica, o Direito do Trabalho surge para promover um rebalanceamento (formal, não material) da relação entre trabalho e capital. Assim, é de se reconhecer o Princípio Protetivo como pedra fundante da obra juslaboral. Segundo Américo Plá Rodriguez, tal Princípio "se expressa sob três formas distintas": regra do *in dubio, pro operário*[22]; regra da norma mais favorável; regra da condição mais benéfica (1978, p. 41-42).

Quanto à regra da norma mais favorável, o jurista uruguaio afirma que "enquanto inverte a hierarquia das normas empregadas até agora, tem enorme transcendência prática, que faz recordar aquela que, na concepção do firmamento, teve em sua época a revolução copérnica" (p. 52). De fato, o Direito do Trabalho teve que desenvolver metodologia própria para, rompendo o formalismo que impõe a rígida hierarquia normativa, criar um sistema dinâmico que fomentasse a Justiça Social. Nas palavras de Mário de la Cueva: "La ley constituye un mínimo, es el punto de partida que no puede disminuirse, pero no representa el derecho que necesariamente ha de regir las relaciones obrero-patronales" (1979, p. 303).

Com isso, a negociação coletiva é vista como mecanismo democrático de participação da sociedade na criação de normas, à luz do princípio protetivo, com especial relevância da regra da norma mais favorável, servindo para incrementar a proteção trabalhista mínima estabelecida pelos diplomas de origem estatal. Destarte, a sistemática trabalhista sempre impôs que a norma

---

20 Em alguns momentos, o próprio Judiciário lidera o retrocesso. Foi o que ocorreu, por exemplo, com a mitigação, pelo STF, no caso dos chamados planos de demissão incentivada, do art. 477, § 2º, da CLT, no bojo do RE 590.415, de relatoria do Min. Roberto Barroso. Apesar de o empregador agir em desconformidade com a jurisprudência cristalizada na OJ 270 da SDI-I do TST, o STF chancelou a prática patronal, em julgamento que, pouco tempo depois, foi citado como fundamento para o parecer do então Deputado Federal Rogério Marinho (PSDB-RN) – atualmente, Ministro do Desenvolvimento Regional do governo Bolsonaro – em defesa da "Reforma Trabalhista", mais especificamente do artigo 611-B, reivindicando que tal dispositivo estabeleceria "um marco regulatório com as matérias que não podem ser objeto de negociação, por serem direitos que se enquadram no conceito de indisponibilidade absoluta, preservando-se, dessa forma, o que se convencionou denominar de patamar civilizatório mínimo dos trabalhadores" (BRASIL, 2016). A esse respeito, *vide* ainda o levantamento de julgados trabalhistas no STF realizado por SOUTO MAIOR (2017, p. 518-28), que também traça a reconstrução jurisprudencial do Direito do Trabalho pelo TST a partir da década de 90 (p. 625-51).
21 Na verdade, a implementação de um MAT hígido deveria ser uma preocupação elementar de todos os empregadores, por força inclusive dos imperativos, por exemplo, do desenvolvimento sustentável, no entanto, infelizmente, não é o que verificamos na maioria das situações vivenciadas no Brasil.
22 O doutrinador uruguaio utiliza uma fórmula do brasileiro Cesarino Jr. para explicar tal regra: "Sendo o Direito Social, em última análise, o sistema legal de proteção dos economicamente fracos (hipossuficientes), é claro que, em caso de dúvida, a interpretação deve ser sempre a favor do economicamente fraco, que é o empregado, se em litígio com o empregador" (*apud* RODRIGUEZ, 1978, p. 29).

negociada se sobrepusesse à norma legislada, obedecendo, como não poderia deixar de ser, ao patamar mínimo civilizatório reconhecido legalmente (art. 7º, *caput*, da Constituição e arts. 619 e 620 da CLT, na redação anterior à Lei nº 13.467/2017).

Mesmo assim, há tempos, a lógica neoliberal, com vistas a minar os fundamentos do Direito do Trabalho pátrio, empenha-se em difundir o discurso do "negociado sobre o legislado", porém, neste específico (e equivocado) sentido segundo o qual a norma coletiva teria poder para rebaixar o piso de direitos que a própria legislação, inclusive constitucional, consolidou[23].

Neste particular, não se pode deixar de mencionar que a suposta defesa da negociação coletiva pelo patronato não é algo atemporal, oscilando a depender da correlação de forças. Conforme salienta Luiz Werneck Vianna, o empresariado industrial, nos anos trinta e quarenta do século XX, tece elogios às leis sociais varguistas, inclusive em relação aos seus aspectos restritivos do movimento sindical e da greve, não sendo mais levantadas "barreiras político-ideológicas", embora polemize quanto à aplicação e aos seus "ônus".

Por outro lado, havia recusa às negociações coletivas, razão pela qual aquilo que "fora concebido para ser um mero sistema elementar (...) transformou-se no seu único direito" (VIANNA, 2015, p. 172-7 e 221). De fato, a estrutura corporativa sindical inaugurada naquela época ficou praticamente intocada até a Constituição de 1988, inclusive no período da Ditadura Militar, que, como cediço, amparou a burguesia e foi amparada por esta[24]. No período ditatorial, nem mesmo reajustes salariais poderiam ser dispostos livremente em negociação coletiva[25], consoante o art. 623 da CLT, com a redação dada pelo Decreto-Lei nº 229/1967.

### 37.2.2. Negociando o ambiente e a humanidade

Quanto ao objeto deste texto, cumpre analisarmos mais detidamente os arts. 611-A e 611-B inseridos na CLT pela citada Lei nº 13.467[26], cuja singela leitura revela desde logo que, à luz da teoria exposta no tópico anterior, o tratamento de aspectos relativos ao MAT é de todo retrógrado e flagrantemente contraditório[27].

Os dispositivos enxertados indicam aquilo que a norma coletiva poderia negociar abaixo do patamar mínimo legal (art. 611-A) e aquilo que constituiria "objeto ilícito", ou seja, os direitos que não poderiam sofrer supressão ou redução (art. 611-B). A partir do MAT, selecionamos alguns dispositivos que merecem nossa atenção:

---

23  A malfadada Lei nº 13.467/2017, anunciada como arauto da modernidade ao privilegiar esta concepção de "negociado sobre o legislado", afasta a atuação sindical, por exemplo, quando do rompimento do vínculo empregatício e em diversas situações envolvendo a jornada de trabalho.
24  A propósito, *vide*, por exemplo, GORENDER, 1988, p. 101-2.
25  Desenvolvemos este argumento em artigo publicado no livro "O mito: 70 anos da CLT – um estudo preliminar" (MARQUES; YAMAMOTO, 2015).
26  Discutimos a denominação de tal lei em artigo de 2017 (YAMAMOTO, 2017).
27  A nova redação do art. 394-A autorizava até mesmo o trabalho de gestante em ambiente insalubre, o que foi julgado inconstitucional na ADI 5938.

## Tabela 1 – CLT, art. 611-A x CLT, art. 611-B

| Pode ser rebaixado segundo a Reforma | Não pode ser rebaixado segundo a Reforma |
|---|---|
| **CLT, Art. 611-A** | **CLT, Art. 611-B** |
| Art. 611-A. A convenção coletiva e o acordo coletivo de trabalho têm prevalência sobre a lei quando, entre outros, dispuserem sobre:<br>I - pacto quanto à jornada de trabalho, observados os limites constitucionais;<br>II - banco de horas anual;<br>III - intervalo intrajornada, respeitado o limite mínimo de trinta minutos para jornadas superiores a seis horas;<br>VIII - teletrabalho, regime de sobreaviso, e trabalho intermitente;<br>IX - remuneração por produtividade, incluídas as gorjetas percebidas pelo empregado, e remuneração por desempenho individual;<br>X - modalidade de registro de jornada de trabalho;<br>XI - troca do dia de feriado;<br>XII - enquadramento do grau de insalubridade;<br>XIII - prorrogação de jornada em ambientes insalubres, sem licença prévia das autoridades competentes do Ministério do Trabalho; | Art. 611-B. Constituem objeto ilícito de convenção coletiva ou de acordo coletivo de trabalho, exclusivamente, a supressão ou a redução dos seguintes direitos:<br>VI - remuneração do trabalho noturno superior à do diurno;<br>IX - repouso semanal remunerado;<br>X - remuneração do serviço extraordinário superior, no mínimo, em 50% (cinquenta por cento) à do normal;<br>XVII - normas de saúde, higiene e segurança do trabalho previstas em lei ou em normas regulamentadoras do Ministério do Trabalho;<br>XVIII - adicional de remuneração para as atividades penosas, insalubres ou perigosas; |

É de se destacar que o inciso XVII do art. 611-B atribui como objeto ilícito de convenção coletiva ou de acordo coletivo de trabalho a supressão ou a redução de direitos ligados a *"normas de saúde, higiene e segurança do trabalho previstas em lei ou em normas regulamentadoras do Ministério do Trabalho"*. Paradoxalmente, o parágrafo único do mesmo artigo afirma que *"regras sobre duração do trabalho e intervalos não são consideradas como normas de saúde, higiene e segurança do trabalho"*, ou seja: a garantia que o texto oferece em um inciso, é prontamente retirada no parágrafo seguinte.

E, pior: o art. 611-A é obstinado a esvaziar a proteção ao MAT. Segundo tal texto, norma coletiva poderia rebaixar o patamar mínimo que a lei impõe quanto à jornada de trabalho, banco de horas anual, intervalo intrajornada, teletrabalho, sobreaviso, remuneração por produtividade, modalidade de registro de jornada de trabalho, troca do dia de feriado, enquadramento do grau de insalubridade, prorrogação de jornada em ambientes insalubres e sem licença prévia das autoridades competentes do Ministério do Trabalho (incisos I, II, III, VIII, IX, X, XI, XII, XIII).

Para que consigamos acomodar o conteúdo do art. 611-B, XVII, da CLT, bem como de outros dispositivos trazidos pela Reforma Trabalhista à sistemática constitucional-trabalhista é preciso integrar o texto normativo ao contexto em que a norma será aplicada. Vejamos, portanto, observações da realidade do mundo do trabalho brasileiro, bem como particularidades de nosso sistema jurídico para tentar compreender tal contexto.

Segundo dados oficiais colhidos pelo Observatório de Segurança e Saúde no Trabalho (SMARTLAB, 2020), entre 2012 e 2018, foram notificados 4.503.631 acidentes de trabalho, sendo que no mesmo período, 16.455 desses acidentes resultaram em morte, ou seja, a cada 3 horas, 43 minutos e 42 segundos um brasileiro teve sua vida ceifada em seu próprio trabalho.

Tais números colocam o Brasil como um dos líderes do ranking mundial de acidentes e doenças relacionadas ao trabalho.

Outro dado importante da realidade nacional é a alta rotatividade e a falta de segurança no emprego, tendo no desemprego e no trabalho informal precarizado um incessante espectro a assombrar cotidianamente a classe trabalhadora brasileira. Tal insegurança serve como inibidora[28] na batalha dos trabalhadores a respeito de "melhorias do ambiente de trabalho" (OLIVEIRA, 2011, p. 161).

Há, ainda, o baixo patamar da massa salarial brasileira que, orbitando em torno do salário mínimo, acaba impulsionando o interesse individual de cada empregado por adicionais que tentam reparar o dano causado à sua saúde, quer seja o adicional de hora extra, quer seja o de periculosidade ou insalubridade. Em outras palavras: o salário recebido em troca da força de trabalho e do tempo vendido pelas trabalhadoras e pelos trabalhadores da décima segunda maior economia mundial não é suficiente para sustentar suas famílias, é preciso vender também a própria saúde.

Tal fato não passa despercebido pelo patronato e pelos legisladores que se aproveitam da miséria nacional, estimulando a lamentável estratégia de monetizar os riscos oriundos de agentes agressivos no trabalho, apenas impondo remuneração superior para o empregado sujeito a tais condições.

Segundo Sebastião Geraldo de Oliveira, a "tendência moderna" é aquela que, a respeito de trabalhos insalubres ou perigosos, caminha ou para sua vedação ou para a redução do tempo de trabalho conjugada com "melhorias contínuas no ambiente de trabalho" (OLIVEIRA, 2011, p. 156). Saliente-se que a "menor exposição diária, combinada com um período de repouso mais dilatado, permite ao organismo humano recompor-se da agressão, mantendo-se a higidez" (2011, p. 156).

### 37.2.3. Anotações para receita de limonada meio amarga

Segundo o ditado popular, quando a vida te dá um limão, deve-se tentar fazer uma limonada. O problema que enfrentamos aqui é que os limões oferecidos pelo texto da Lei nº 13.467 parecem ter passado do ponto. De toda sorte, a seguir anotaremos algumas sugestões para tentar salvar tais frutos duvidosos em receitas que resultem em um refresco possivelmente potável.

#### 37.2.3.1. Art. 611-B, XVII

Uma vez apresentado o contexto do MAT, a única interpretação juridicamente válida possível do art. 611-B, XVII, é aquela que o reconhece como impeditivo de negociações coletivas que estabeleçam condições degradantes ao MAT, cuja definição foi exposta no tópico anterior[29].

#### 37.2.3.2. Enquadramento da insalubridade (art. 611-A, XII)

Do ponto de vista jurídico, para além da CF/88 e da CLT, temos as Convenções da OIT – com destaque para a nº 148 e a nº 155 – bem como as Normas Regulamentadoras (NRs) decreta-

---

28 De fato, ainda não foi editada a Lei Complementar prevista no art. 7º, I, da Constituição.
29 No próprio voto do Relator do referido RE 590.415 ficou consignado o seguinte: "estão protegidos contra a negociação *in pejus* os direitos que correspondam a um 'patamar civilizatório mínimo', como a anotação da CTPS, o pagamento do salário mínimo, o repouso semanal remunerado, as normas de saúde e segurança do trabalho, dispositivos antidiscriminatórios, a liberdade de trabalho etc.".

das para regulamentar a Lei nº 6.514/1977, que alterou diversos dispositivos a respeito de saúde e segurança no trabalho.

Tal sistema de proteção ao MAT exige que os dispositivos normativos sejam atualizados periodicamente, "para fazer frente aos avanços científicos (descobertas médicas, alterações dos níveis de tolerância) e para incluir as novas atividades econômicas e os novos processos produtivos" (SILVA, 2015, p. 28). Segundo Homero Batista da Silva, "52% dos limites de tolerância dos agentes químicos, fixados pelo Anexo 11 da NR 15" estão "defasados em relação aos patamares mundialmente aceitos, alguns dos quais com diferenças superiores a 100%" (2015, p. 107).

Nessa linha, o art. 611-A, XII, somente pode ser lido no sentido de que a negociação coletiva pode apenas enquadrar o grau de insalubridade em nível superior àquele previsto pelas normas emanadas diretamente do poder público[30].

### 37.2.3.3. *Prorrogação da jornada em ambiente insalubre (art. 611-A, XIII)*

Retomando a analogia que oferecemos, o texto do art. 611-A, XIII nos oferece um limão podre, ou seja, não pode ser salvo. Consagrando a degradação do MAT, tal dispositivo não escapa da inconstitucionalidade por possibilitar "superexposição do trabalhador a agentes físicos, químicos e biológicos acima dos limites de tolerância", cujo cálculo leva em conta a jornada padrão de oito horas, de sorte que eventual compensação em outro dia ou semana não afasta danos irreparáveis à saúde obreira (SILVA, 2018, p. 449-50).

### 37.2.3.4. *A precarização não tem intervalo[31] (arts. 611-B, par. ún.; 59-A; 611-A, III, VIII e XI)*

O desprezo da legislação em comento ao MAT não se esgota em tal ponto. O parágrafo único do art. 611-B revela a prepotência do legislador, que se julgou suficientemente poderoso para tentar falsificar a realidade por meio da legislação.

Afirma Godinho Delgado que a "modulação da duração do trabalho é parte integrante de qualquer política de saúde pública, uma vez que influencia, exponencialmente, a eficácia das medidas de medicina e segurança do trabalho adotadas na empresa" (2019, p. 1026). O incremento do tempo de trabalho "acentua, drasticamente, as probabilidades de ocorrência de doenças profissionais ou acidentes do trabalho" e, por outro lado, a sua redução "diminui, de maneira significativa, tais probabilidades" (DELGADO, 2019, p. 1026). Do mesmo modo, "as normas jurídicas concernentes a intervalos intrajornadas também têm caráter de normas de saúde pública" (DELGADO, 2019, p. 1121). Elementares para recuperação das energias da pessoa trabalhadora, os intervalos intrajornadas são "instrumento relevante de preservação da higidez física e mental do trabalhador ao longo da prestação diária de serviços" (DELGADO, 2019, p. 1129). Não é diferente com o intervalo interjornadas, que, ao possibilitar revigoramento das energias da pessoa, também é voltado a "preocupações voltadas à saúde, higiene e segurança do

---

30  Não é outro o entendimento do TST: "considerando que o adicional de insalubridade constitui direito vinculado à saúde e à segurança do trabalho, assegurado por norma de ordem pública, nos termos dos artigos 192 da CLT e 7º, XXII e XXIII, da Constituição Federal, o direito ao seu pagamento integral quando houver exposição ao agente insalubre em grau máximo não pode ser objeto de nenhuma redução ou limitação por negociação coletiva, diante do seu caráter indisponível" (ARR-20906-12.2015.5.04.0531, Relatora Min. Dora Maria da Costa).
31  O nome deste item é inspirado no texto que publicamos denominado "Na Reforma Trabalhista a precarização não tem intervalo para descanso" (MARQUES, 2017).

obreiro", bem como à necessidade de o trabalhador poder desenvolver atividades não relacionadas ao trabalho em sua vida (DELGADO, 2019, p. 1137).

Aliás, as próprias "normas regulamentadoras do Ministério do Trabalho", prestigiadas pelo art. 611-B, XVII, impõem esse entendimento. A propósito da NR-17, importante ter em vista as ponderações de Homero Batista Mateus da Silva:

> Esse entendimento mais amplo da segurança do trabalho, capaz de abranger simultaneamente o estudo do conforto físico e químico do ambiente de trabalho, mas também da necessidade de limitação de jornadas e fixação de pausas para o revigoramento das energias, justifica a preocupação do Ministério do Trabalho no quesito da ergonomia. A NR 17 (parte integrante da mencionada Portaria 3.214/1978), que originalmente contemplava apenas disposições sobre mobiliário adequado ao trabalho, traz hoje dezenas de especificações técnicas sobre número de toques de um digitador no teclado, vedação a metas de produtividade em situações de esforços repetitivos, limitações de jornada, fixação de pausas adicionais para algumas ocupações como operador de televendas e operador de caixa de supermercado e até mesmo referências sobre o direito de ir ao banheiro no curso da jornada. (SILVA, 2015, p. 32)

Conforme já salientado, tais temáticas "estão umbilicalmente ligadas à própria gênese do direito do trabalho, como fatores diretos de tutela da saúde e segurança do ser humano que trabalha". Consequentemente, "guardam relação direta com o resguardo do direito fundamental a um meio ambiente laboral sadio e equilibrado (arts. 7º, *caput* e XXII, 200, VIII, e 225, *caput*)", de sorte que "a disposição legal em comento é manifestamente inconstitucional" (SOUZA JÚNIOR *et al.*, 2018, p. 405).

Por isso, igualmente é inconstitucional a supressão do intervalo intrajornada inserida pela Lei nº 13.467 na CLT por meio do art. 59-A, que trata da escala de doze horas de trabalho seguidas de trinta e seis horas de descanso, por meio de negociação coletiva ou disposição em contrato individual de trabalho. Também pelos mesmos motivos, está maculada de inconstitucionalidade a autorização para redução de intervalo intrajornada por negociação coletiva prevista no inciso III do art. 611-A, da CLT. Não se pode esquecer que a própria CLT estabelece o modo pelo qual pode ser realizada a diminuição do intervalo intrajornada no art. 71, § 3º, confirmando que o assunto é matéria de interesse público.

Há grande relevância no repouso remunerado em feriados, porquanto consistem em datas comemorativas cívicas ou religiosas para a comunidade em geral. Portanto, a leitura do inciso XI do art. 611-A da CLT deve ter em vista que a troca dos dias de feriados pode impedir que o empregado desfrute com a comunidade e a família do repouso remunerado esperado em data específica.

A negociação coletiva deveria vedar tal prática ou estabelecer, ao menos, que ela não possa ocorrer de modo indiscriminado, bem como que haja prévia fixação de sua ocorrência no próprio diploma negociado e não a critério do empregador, de sorte que o empregado saiba desde o estabelecimento da norma coletiva da troca em questão.

Considerando a aceitação pelos tribunais da aplicação analógica do art. 244, § 4º, da CLT, para empregados em geral (S. 428 do TST), bem como que a pessoa trabalhadora não tem disponibilidade plena de si quando em sobreaviso, a negociação coletiva poderia vedar a utilização de tal expediente pelo empregador ou, ao menos, limitar a possibilidade de sua ocorrência, majorar o valor das horas em sobreaviso, assim como diminuir o período máximo no qual o empregado pode ficar aguardando o chamado para o serviço.

Ao mesmo tempo, a negociação coletiva deveria fixar rotina de exames médicos e de avaliação psicológica para verificação se a utilização do sobreaviso não está lesando na prática a integridade do trabalhador.

De toda forma, tal debate deve servir de motor para que sejam repensadas as discussões sobre o tratamento jurídico conferido à jornada de trabalho após mais de três décadas de vigência da CRFB.

### 37.2.3.5. O extraordinário habitual (art. 611-A, II)

Em que pese a limitação da jornada fixada na Constituição e o Direito Fundamental ao MAT hígido, "permanece transitando na contramão da história a prática nociva e reiterada do elastecimento da jornada, tornando rotineiro o que deve ser rigorosamente excepcional", tanto que é comum o paradoxo das "horas extras habituais" (OLIVEIRA, 2011, p. 180). Tal quadro, conforme alertado por Sebastião Geraldo de Oliveira, "contribui para o crescente número de doenças ocupacionais que as estatísticas oficiais estão apontando", não se podendo deixar de destacar que o excesso de horas extras pode caracterizar culpa patronal no que se refere ao "advento de doenças relacionadas ao trabalho" (2011, p. 180).

Importante salientar também que a "jornada exaustiva" pode ocorrer mesmo sem a realização de horas extras, na hipótese de haver exigência de "um ritmo de trabalho intenso, especialmente nas atividades que requerem mais concentração ou naquelas onde o desgaste físico e mental é muito acentuado" (OLIVEIRA, 2011, p. 181).

As práticas de negociação coletiva demandam, pois, urgente revisão, para que aspectos relativos ao MAT sejam verdadeiramente levados a sério.

Nesse sentido, o art. 611-A, II, da CLT, deve ser lido como convite não só à majoração do adicional de horas extras, mas principalmente à redução de jornada e não à ampliação desta, uma vez que a própria legislação já dispõe de várias exceções autorizativas de horas suplementares em diversos regimes de compensação, cuja utilização poderia ser limitada pelos diplomas negociados.

A título de ilustração, o banco de horas, mencionado pelo art. 611 A, II, deve ser fixado de modo, ao menos, a mitigar os danos causados pelo regime do art. 59, § 2º, da CLT, se a categoria não preferir sua proibição.

A jornada prolongada e variável do banco de horas causa, por exemplo, como salientado por Sebastião Geraldo de Oliveira, "além do prejuízo para a saúde do trabalhador", comprometimento do convívio familiar, do lazer e da formação pessoal (2011, p. 181). Por incentivar as horas extras, Jorge Luiz Souto Maior traça a inconstitucionalidade do banco de horas (2000, p. 329).

De toda forma, diante de sua aceitação pelos tribunais, a negociação coletiva poderia estabelecer que: primeiro o trabalhador goze de descanso para depois haver o trabalho suplementar; o cômputo das horas extraordinárias leve em conta o real valor da hora extra, ou seja, com o adicional de, no mínimo, 50% (art. 7º, XVI, da Constituição), juros e correção monetária; o módulo seja inferior àquele anual; fique proibida a aplicação do § 5º do art. 59, igualmente inserido pela Lei nº 13.467; seja fixada rotina de exames médicos e de avaliação psicológica, para verificação se a utilização do banco de horas não está lesando na prática a integridade do trabalhador; fique estipulada a responsabilização objetiva do empregador que adotar o banco de horas no caso de doenças ou acidentes do trabalho; fique vedada sua utilização caso haja doenças ou acidentes no local de trabalho.

Do mesmo modo, a generalização da escala 12x36, pelo art. 59-A da CLT, também inserido pela Lei nº 13.467, deve ser objeto de atenção pela negociação coletiva, diante de sua aceitação pelos tribunais (S. 444 do TST e ADI 4842).

A negociação coletiva, nesse contexto, não pode deixar de atentar-se a eventuais doenças ou acidentes no local de trabalho, podendo impedir a escala em questão na hipótese da ocorrência de tais acontecimentos, e estabelecer a responsabilidade objetiva do empregador caso o empregado sofra lesão à sua saúde. Além disso, a negociação coletiva poderia impedir tal escala fora dos diplomas negociados.

### 37.2.3.6. *Registro da jornada (art. 611-A, X)*

Considerando que falta conscientização de empregados e empregadores sobre a importância da proteção à saúde obreira (OLIVEIRA, 2011, p. 162-3), a negociação coletiva, à luz da previsão do inciso X do art. 611-A da CLT, pode impor modalidade de registro de jornada de trabalho que seja a mais idônea e transparente possível, de sorte que a jornada laborada seja verdadeiramente computada, bem como inspeção do trabalho, entidades sindicais, trabalhadores e chefias possam ter acesso de modo fácil e simplificado a tal informação.

### 37.2.3.7. *Salário por produtividade (art. 611-A, IX)*

São notórios os malefícios do salário por produção à saúde obreira, como a realidade dos cortadores de cana revela[32]. Conforme exposto por José Martins Catharino, essa modalidade

> induz o operário a produzir mais do que normalmente seria capaz, prejudicando-lhe a saúde, inconveniente que geralmente é relativo por força das normas sobre duração do trabalho. Determina a baixa do nível de qualidade da produção. Torna mais difícil e custosa a determinação do salário. Pode, em certos casos, ocasionar oscilações no "quantum" da remuneração por motivos alheios à vontade e à capacidade do operário. A maior desvantagem do salário por unidade de obra decorre da possibilidade de ser fixado um preço tal por peça ou unidade que exija do operário uma capacidade produtiva excepcional para ganhar um salário razoável, equivalente ao que perceberia um operário remunerado por tempo. (CATHARINO, 1994, p. 154-5)[33]

Nesse diapasão, o art. 611-A, IX, deve ser lido como chamado à negociação coletiva para vedação deste tipo remuneração, mormente para atividades que demandem grande esforço físico, ou, ao menos, a imposição de limites e de um patamar mínimo que não exija esforço demasiado para obtenção da remuneração esperada pelo trabalhador, incrementando a proteção do art. 7º, VII, da Constituição e do art. 483, "g", da CLT.

---

32 A propósito, *vide* de um dos presentes autores RODRIGUES, R. N. ; TEIXEIRA, Victor Emanuel B. ; SOARES, H. V. O custo social dos empregos verdes: o caso concreto dos cortadores de cana. **Revista do Departamento de Direito do Trabalho e da Seguridade Social**, v. 7, p. 277-302, 2016.

33 Este tema há séculos foi tratado por pensadores como Adam Smith e Karl Marx. No final do século XVIII, o primeiro já indicava que aqueles remunerados por produção "manifestam uma tendência para se ultrapassarem a si mesmos e arruinarem a saúde e constituição física em poucos anos" (SMITH, 1984, p. 68). Ele ainda descreve a ocorrência de doenças ocasionadas pelo excesso de trabalho (SMITH, 1984, p. 68-69). São apontadas especificidades do salário por peça em *O Capital*. Aliada aos sentimentos de maior independência, autocontrole, liberdade e individualidade, a concorrência entre os trabalhadores é acirrada, diante do estímulo ao prolongamento da jornada e à intensificação do trabalho (MARX, 1985, p. 140-141).

Ao mesmo tempo, o diploma negociado poderia impor: rotina de exames médicos e de avaliação psicológica, para verificação se tal modalidade de remuneração não está lesando na prática a integridade do trabalhador; responsabilização objetiva do empregador que adotar a remuneração por produção no caso doenças ou acidentes do trabalho; vedação de sua utilização caso haja doenças ou acidentes no local de trabalho. Além disso, a negociação coletiva poderia impedir tal prática senão nas hipóteses e limites fixados nos diplomas negociados.

### 37.2.3.8. *Teletrabalho (art. 611-A, VIII e arts. 75-A e s.)*

O teletrabalho impõe desafios superiores para manutenção do MAT hígido, uma vez que o local de trabalho acaba por ficar misturado com a própria residência obreira. A negociação coletiva deve dissipar eventuais dúvidas geradas pela redação dos arts. 75-A e subsequentes, da CLT, também inseridos pela Lei nº 13.467/2017, impondo expressamente que o empregador, até por força do art. 2º da CLT, é quem deve arcar com todos os custos do teletrabalho e ficar responsável pela manutenção do MAT hígido, notadamente no que se refere ao mobiliário adequado e à exigência de serviços em horários compatíveis com a possibilidade de a pessoa trabalhadora manter a rotina demandada pelas exigências domésticas e familiares.

A negociação coletiva não pode ainda perder a oportunidade de afirmar que o teletrabalho é sujeito aos limites constitucionais da jornada de trabalho, ao contrário do dito pelo art. 62, III, da CLT, igualmente inserido pela Lei nº 13.467, já que a tecnologia, inerente a este modo de prestação de serviços, reforça o controle patronal sobre todas as atividades do trabalhador, inclusive pela verificação constante e mais acentuada do ritmo de trabalho exigido.

### 37.3. AVALIAÇÃO DE SITUAÇÕES PRÁTICAS

As sugestões do tópico anterior podem ser lidas como demasiadamente pretensiosas. Entretanto, algumas experiências revelam que não são algo cerebrino. Aliás, a própria Convenção 155 da OIT conclama a participação de empregadores e trabalhadores na concretização do meio ambiente de trabalho hígido.

Como aponta Homero Batista Mateus da Silva, até mesmo as NRs prestigiam o "uso do poder do instrumento normativo para concretizar normas genéricas para atender às especificidades de cada ambiente de trabalho" (SILVA, 2015, p. 28).

A propósito: a) o item 9.3.5.1.c da NR-09, permite a estipulação em negociação coletiva de limites de tolerância mais benéficos à saúde em relação àqueles previstos na legislação de higiene ocupacional; b) o item 7.1.2, da NR-09 permite ampliação por negociação coletiva dos patamares mínimos e gerais a serem observados na execução do PCMSO; c) o item 4.3.c do anexo 2 da NR-17 permite estipulação em negociação coletiva de exigências superiores no que se refere à qualidade do ar; d) os itens 31.5.1.3.1 e 31.6.4.1 da NR-31 permitem à negociação coletiva tratar da frequência de exames médicos e do número de profissionais no SESTR.

Raimundo Simão de Melo recorda da "negociação nacional tripartite sobre a prevenção e exposição ocupacional ao benzeno", em 1995, que culminou no Anexo 13-A da NR-15 (MELO, 2013, p. 87). O benzeno é elemento cancerígeno e a norma em questão decorreu das discussões travadas entre patronato, trabalhadores e Estado.

O autor não deixa de mencionar ainda que as alterações promovidas na CLT pela Lei nº 12.619/2012, a respeito da saúde e segurança de motoristas, igualmente foram fruto da negociação tripartite, entre trabalhadores, empregadores e Estado, mas acabaram por culminar em protestos de caminhoneiros, contra as inovações legislativas (MELO, 2013, p. 89).

Houve novas modificações neste particular pela Lei nº 13.103/2015, que, por exemplo, inseriu o § 8º no art. 235-D, permitindo que a negociação coletiva fixe condições de trabalho para "adequadas condições de viagem e entrega ao destino final", na hipótese de transporte de cargas vivas, perecíveis e especiais em longa distância ou em território estrangeiro.

O referido autor recorda ainda das seguintes situações:

> assinatura das convenções coletivas de 1995, sobre segurança em máquinas injetoras de plásticos, entre trabalhadores e empregadores do setor químico do Estado de São Paulo, de 1996, sobre saúde e segurança no setor de transportes urbanos de São Paulo - Capital e, no ano de 2003, da Convenção Coletiva de Trabalho que trata da segurança e saúde do trabalhador no setor elétrico no Estado de São Paulo, resultado de negociação tripartite entre trabalhadores, empregadores e governo (2013, p. 87).

Destaque-se também o Compromisso Nacional para Aperfeiçoar as Condições de Trabalho na Cana-de-Açúcar, firmado em 2009 entre diversos órgãos do governo federal, UNICA (União da Agroindústria Canavieira do Estado de São Paulo), CONTAG (Confederação Nacional dos Trabalhadores da Agricultura) e a FERAESP (Federação dos Empregados Rurais Assalariados do Estado de São Paulo). Embora reconheça a necessidade de se progredir, inclusive em relação à transparência da aferição da produção e à saúde e segurança do trabalho, o compromisso não questiona a remuneração por produção em si[34].

Diante do cenário tecido pela "Reforma Trabalhista" de 2017, apesar de todos os ataques representados pela possibilidade de se negociar e de prevalecer o negociado sobre o legislado em temas que compõem o MAT, conforme já sustentado, ainda é possível encontrarmos exemplos de negociações coletivas que conseguem avançar na proteção, com relação aos patamares legais anteriormente garantidos e que sob a justificativa de modernização foram vilmente atacados pela Lei nº 13.467/2017.

A Convenção Coletiva dos Químicos de São Paulo (2019/2021) garante, por exemplo, adicional de horas extraordinárias e adicional noturno superiores à previsão constitucional e legal para os referidos temas:

> CLÁUSULA 13ª – HORAS EXTRAORDINÁRIAS – A) As horas extraordinárias prestadas de segunda-feira a sábado serão pagas com **acréscimo de 70% sobre o valor da hora normal**. B) Todas as horas extras prestadas durante o descanso semanal remunerado, sábados compensados ou dias já compensados ou feriado serão acrescidas de 110%; portanto, o empregado que prestar serviço nessa situação fará jus a: 1) pagamento do descanso semanal remunerado, de acordo com a lei; 2) horas trabalhadas; e 3) 110%, a título adicional, sobre as horas trabalhadas. C) Quando houver convocações domiciliares, serão garantidos os mesmos percentuais previstos nesta cláusula, nos respectivos dias, respeitado o pagamento mínimo equivalente a quatro horas extraordinárias, bem como o intervalo legal de 11 horas ininterruptas entre uma jornada e outra.
>
> CLÁUSULA 14ª – ADICIONAL NOTURNO – O adicional noturno previsto na CLT (artigos 73 e seguintes) será de 40% de acréscimo em relação à hora diurna, aplicando-se, também, aos casos de trabalho noturno em turnos de revezamento, excetuando-se as empresas abrangidas pela Lei 5.811/72. Fica mantido o adicional previsto nesta cláusula para o funcionário indi-

---

34 Após duas prorrogações, o compromisso se encerrou em abril de 2013, sob críticas em termos de amplitude e efetividade (HASHIZUME, 2013).

cado pela empresa para participar de curso profissionalizante ou de aperfeiçoamento técnico que seja ministrado no período diurno, limitado a 30 dias por ano. Ficam ressalvadas condições mais favoráveis já existentes nas empresas.

Mais que a repercussão pecuniária, a previsão de adicionais que remunerem horas extraordinárias e jornadas noturnas superiores aos pisos previstos na legislação desincentivam que tais práticas se tornem corriqueiras, levando-se em consideração as características de nossa massa salarial. As jornadas extraordinárias e em horários distintos dos biologicamente convencionais devem ser encaradas como exceção e só ser praticadas em condições que justifiquem tal excepcionalidade.

Na mesma convenção coletiva, verifica-se que há a reafirmação da necessidade de serem observadas as normas de saúde e segurança do trabalho, com relação à prevenção de acidentes de trabalho, utilização de equipamentos de proteção coletiva e individual, estabelecimento de CIPA, realização de exames médicos periódicos e atendimento de primeiros socorros. Também se encontram recomendações referentes ao meio ambiente de trabalho em sua forma mais convencional, previsão de recusa a trabalhar sob a iminência ou constatação de risco e também recomendação quanto à prevenção de assédio moral, outro tema adjacente ao meio ambiente do trabalho:

> CLÁUSULA 67ª – MEIO AMBIENTE – Recomenda-se que a empresa considere a inclusão na programação da Sipat de uma informação adequada sobre ações ou programas relacionados à proteção do meio ambiente, do qual tome parte ou considere necessário para conscientizar os empregados; e a empresa poderá, quando aplicável, adicionar às informações necessárias para a prevenção de acidentes e doenças aspectos relacionados à proteção do meio ambiente. [...]
>
> CLÁUSULA 68ª – DIREITO DE RECUSA AO TRABALHO POR RISCO GRAVE OU IMINENTE – Quando o trabalhador, no exercício de sua função, entender que sua vida ou integridade física se encontram em risco, pela falta de medidas adequadas de proteção no posto de trabalho, poderá suspender a realização da respectiva operação (o próprio trabalho), comunicando imediatamente tal fato ao seu superior hierárquico, a um membro da Cipa e ao setor de segurança, higiene e medicina do trabalho da empresa, cabendo a este último investigar eventuais condições inseguras, sem prejuízo das atribuições da Cipa, previstas na NR 5. O retorno à operação se dará após a liberação do posto de trabalho pelo referido setor, que a comunicará de imediato à Cipa. [...]
>
> CLÁUSULA 82ª – RECOMENDAÇÃO – ASSÉDIO MORAL – Recomenda-se que o tema "assédio moral" seja objeto de campanha interna de esclarecimento por parte das empresas, com o objetivo de tornar de conhecimento de todos a sua relevância ética, legal e social.

A mesma convenção coletiva dos químicos de São Paulo e também a convenção dos bancários, esta de abrangência nacional, possuem previsões de complementação de auxílios-doença previdenciário e acidentário que também representam um avanço quanto ao mínimo que deve ser garantido pelos empregadores. No caso da convenção dos bancários, há previsões expressas de extensão de vantagens em relações homoafetivas.

Por outro lado, em convenção coletiva do SIEMACO (Sindicato dos Trabalhadores em Empresas de Prestação de Serviços de Asseio e Conservação e Limpeza Urbana de São Paulo) para o biênio 2020/2021 é possível encontrar a seguinte previsão para a categoria de trabalhadores de empresas de serviços em controle de pragas, dedetização etc.:

> CLÁUSULA 30ª – PRORROGAÇÃO DA JORNADA DE TRABALHO EM ATIVIDADES INSA-
> LUBRES – Quando necessárias, as prorrogações independem de licença prévia da autoridade
> competente.

A Convenção Coletiva dos Comerciários de São Paulo para o biênio de 2019/2020 traz a seguinte previsão sobre a compensação de horários de trabalho:

> COMPENSAÇÃO DE HORÁRIO DE TRABALHO (BANCO DE HORAS) – A compensação da duração diária de trabalho, obedecidos os preceitos legais, fica autorizada e atendidas as seguintes regras:
>
> A) Manifestação de vontade por escrito, por parte do empregado, assistido o menor pelo seu representante legal, em instrumento individual ou plúrimo, no qual conste o horário normal de trabalho e o período compensável das horas excedentes;
>
> B) Não estarão sujeitas a acréscimo salarial as horas suplementares trabalhadas, limitadas a 2 horas por dia, desde que compensadas dentro de 180 dias, contados a partir da data-base, iniciando-se novo período a cada 6 meses subsequentes, ficando vedado o acúmulo individual de saldo de horas extras superior a 100 horas, nesse mesmo período;
>
> C) Fica assegurada a possibilidade de transferência para o semestre posterior, do saldo máximo, positivo ou negativo, de até 20 horas;
>
> D) O saldo não compensado das horas suplementares, existentes no dia 31 de agosto de 2019, deverá ser liquidado, excepcionalmente em até 180 dias contados da data de assinatura da presente convenção.

Importante ressaltar que as cláusulas elencadas nos dois últimos exemplos são autorizadas pela literalidade da "reforma" empreendida em 2017 na legislação trabalhista e basicamente replicam o conteúdo dos arts. 611-A, XIII e 59, §§ 2º e 5º da CLT.

No caso do exemplo da compensação do banco de horas por acordo individual, desde que limitado ao período de 6 meses, verifica-se a dispensa da participação do sindicato, o que enfraquece ainda mais as possibilidades de resistência por parte dos empregados, novamente considerando-se as características da nossa massa salarial, na qual a maioria dos postos de trabalho são precários e os baixos salários e pouca qualificação da mão de obra tornam mais fácil a substituição daqueles que tentarem resistir.

Pensando no cenário de fortalecimento patronal, reforçado com a "Reforma Trabalhista", o Estado, para equilibrar a negociação coletiva, deve atuar com vistas a impor um patamar civilizatório mínimo. Não é o que temos visto na realidade brasileira do ponto de vista legal. Operadores do direto precisam se basear nos princípios orientadores do Direito do Trabalho para interpretá-lo sem perder de vista as balizas constitucionais.

Ainda que supere os limites do presente texto, cumpre pontuar que a pandemia causada pela COVID-19 agravou e acelerou a adoção e implementação da agenda flexibilizadora. Diante do fortalecimento do poder patronal imposto pelas MPs 927[35] e 936, a negociação coletiva pode ser um dos mecanismos mais importantes para manutenção da higidez do MAT, até porque a "entronização e a circulação do coronavírus nos espaços laborais constitui um nítido suposto de poluição labor-ambiental" (EBERT; FELICIANO, 2020).

---

35 O plenário do STF (ADIs nºs 6342, 6344, 6346, 6352, 6354, 6375) suspendeu liminarmente a eficácia do art. 29, segundo o qual "os casos de contaminação pelo coronavírus (covid-19) não serão considerados ocupacionais, exceto mediante comprovação do nexo causal".

Não por outro motivo que o Ministério Público do Trabalho (Nota técnica conjunta nº 06/2020 – PGT/CONALIS) preconiza ser essencial o diálogo social tripartite, incentivado pela OIT, como forma de manter a proteção do empregado e da ocupação, bem como a sustentabilidade das atividades econômicas (BRASIL, 2020).

Grupos de trabalhadores mais organizados até conseguem, por meio de força que possuem nas negociações coletivas, impedir retrocessos e até avançar em pontos específicos, mas a grande maioria dos trabalhadores que sofre com a pulverização de categorias e perda da capacidade organizativa dos sindicatos tem ficado cada vez mais desprotegida, principalmente em momentos como o que atualmente enfrentamos e que desvelam a profunda desigualdade, que é estrutural em nossa sociedade.

## CONSIDERAÇÕES FINAIS

Como vimos, a negociação coletiva pode ser um instrumento útil para a implementação de melhorias no MAT. Não obstante, assim como a preservação de um meio ambiente equilibrado é tarefa de toda a humanidade, a construção de um MAT hígido não pode ser visto como pauta de uma única classe social. É de interesse de toda a sociedade que o trabalho se desenvolva da maneira mais saudável possível. Enquanto não houver união de esforços para tal interesse comum, o MAT ficará ao alvitre das dinâmicas políticas, sociais e econômicas de cada momento histórico.

# CAPÍTULO 38
## GREVE AMBIENTAL

*Alexandre Alliprandino Medeiros*
*Maurício Evandro Campos Costa*

## INTRODUÇÃO

Há alguns anos são feitos estudos sobre o meio ambiente de trabalho, impulsionados, sobretudo, pela previsão encerrada nos incisos II e VIII do art. 200 da Constituição Federal (CF). No contexto da perseguição de graus satisfatórios de saúde, o constituinte deu o necessário destaque à inclusão do trabalhador e seu *habitat* no conceito mais amplo de meio ambiente, onde se inserem também a fauna e a flora.

De fato, se o meio ambiente ecologicamente equilibrado, bem de uso comum do povo e patrimônio essencial para a sadia qualidade de vida, foi alçado a direito constitucional (art. 225 da CF) cuja defesa e preservação para as gerações presentes e futuras foram impostos ao Poder Público e a toda coletividade, não havia mesmo como deixar à margem as questões inerentes ao trabalho, principalmente quando se sabe que o ser humano tem o trabalho como fonte de sustento e, portanto, de vida e dignidade.

São várias as normativas que, calcadas em fundamentos constitucionais, visam proteger a saúde do trabalhador no meio ambiente de trabalho. Todavia, quando os propósitos sinalizados na Lei Maior Brasileira e na legislação infraconstitucional não são levados a efeito, ou seja, quando as regras em questão são violadas ou ameaçadas de lesão, enfim, quando o direito à sadia qualidade de vida no ambiente de trabalho não é observado, qual a postura a ser adotada? O que deve ser feito quando há grave e iminente risco à incolumidade física e psíquica dos trabalhadores? Qual seria a maneira mais efetiva de solucionar este problema?

Sentimentos de justiça e mesmo exercícios de razão levam à conclusão de que seria inaceitável tolerar a manutenção do desrespeito ao direito à saúde e à vida do trabalhador, enfim, conviver com o risco e suas consequências acidentárias para somente depois buscar alguma sorte de reparação.

A Organização das Nações Unidas para Educação, Ciência e Cultura (UNESCO) em um dos *considerando* de sua Declaração Universal sobre Bioética, publicada em 2005, apregoou, entre outras coisas, a *confiança na capacidade única dos seres humanos de refletir sobre a sua existência e o seu meio ambiente, identificar a injustiça, evitar o perigo, assumir responsabilidades, procurar cooperação e dar mostras de um sentido moral que dá expressão a princípios éticos* (UNESCO, 2005). Estes propósitos, por certo, hão de subsidiar as soluções para os impasses acima colocados.

Na relação entre capital e trabalho, onde as forças são manifestamente desproporcionais, e em um universo no qual, cada vez mais, as decisões gerenciais, ao convergirem prioritariamente para questões econômicas, impõem prejuízos ao cuidado com a saúde humana, mostra-se oportuna a reflexão sobre mecanismos que sirvam, em alguma medida, de contraponto importante a essas decisões. Daí a greve ambiental.

A paralisação das atividades, como é sabido e consabido, direito de índole constitucional também, tem se demonstrado, em situações mais extremadas, como o mecanismo mais efetivo de sensibilização empresarial à busca da preservação de padrões mínimos de dignidade operária. Nesta perspectiva não há como alijar o instituto de matérias afetas à proteção da vida e da saúde do trabalhador.

A greve ambiental, entretanto, possui características que, por assim dizer, fazem-na descolar um pouco da ideia comum e do conceito jurídico formal da Lei de Greve. Bem por isso alguns apresentam objeções acadêmicas de que essa espécie de movimento não seria greve, mas mero exercício de um direito de resistência.

Independentemente das discussões jurídicas em questão é necessário compreender que o uso do recurso à greve ambiental, instituto apoiado juridicamente até em normas internacionais devida e oportunamente internalizadas no plano do Direito Pátrio, consubstancia ferramenta relevante à busca da qualidade de vida do operário.

O objetivo das linhas que se seguirão é minudenciar as variáveis fáticas e jurídicas que legitimam a greve ambiental no Brasil, qualificando-a, ao fim e ao cabo, com um autêntico mecanismo de busca de dignidade humana sob o viés da proteção jurídica da vida e da saúde do trabalhador.

## 38.1. A GREVE

Para o exato entendimento das especificidades da greve ambiental são necessárias algumas abordagens sobre o instituto da greve em si. É o que se fará doravante.

### 38.1.1. História

Sob uma perspectiva histórica é interessante lembrar que na França a Lei Le Chapelier, de 1791, proibia qualquer forma de agrupamento. O Código Penal de Napoleão, de 1810, na França, bem assim o *Combination Act*, de 1799 e 1800, na Inglaterra, tipificavam a greve como crime sujeito à pena de multa. Em 1825, na Inglaterra, e em 1864, na França, a legislação retirou o caráter criminal da simples coalização, passando a tolerar as greves pacíficas. Em 1947, na Itália, a greve passou a ser reconhecida como um direito.

Arnaldo Süssekind e Segadas Vianna (1997, p. 1193), ao tratarem da história da greve, fazem remissões a tempos mais remotos:

> [...] Bouère, em seu livro sobre o direito de greve, fixando ponto de vista semelhante ao nosso, admite, entretanto, que se verificaram verdadeiras greves no Império Romano a partir do século III ao IV de nossa era, mas ele próprio reconhece que essas greves e coalizões não se relacionavam com a "locatio operarum", cujo papel foi muito limitado no Direito Romano. Nesse tempo os imperadores instituíram e fortaleceram os "coléglos", "associações de patrões e operários", tornando-os obrigatórios e hereditários, com o objetivo de evitar a dispersão dos integrantes de certas profissões e, assim, assegurar atividades consideradas essenciais. Parece bem provável que uma verdadeira greve ocorreu no tempo de Aurélio, entre os operários fabricantes de moedas que trabalhavam para o Estado e, por essas e outras manifestações, foram expedidas regulamentações especiais abrangendo várias classes.

No âmbito da Organização Internacional do Trabalho (OIT) embora não exista Convenção ou Recomendação que trate de forma específica sobre a greve, até pelos diferentes regimes normativos vigentes nos países-membros (muitos ainda a verem, na greve, um caráter prejudicial à ordem pública e à economia) há orientações para que eventuais limitações normativas ao exercício do recurso à greve, sobretudo em questões relacionadas a serviços essenciais e funções públicas, sejam razoáveis. Mesmo a expressão "recurso" foi uma alternativa usada pela OIT para agradar a todos os países-membros, na medida em que alguns não admitiram o uso do vocábulo "direito" (à greve).

No Brasil, a greve também foi inicialmente considerada um delito (Código Penal de 1890). As Constituições de 1824 e 1890 não trataram sobre o assunto. O mesmo se verificou na Constituição de 1934. Na Constituição de 1937 a greve foi prevista como recurso antissocial, nocivo ao trabalho, ao capital, e incompatível com os superiores interesses da produção nacional. Na Constituição de 1946, contudo, a greve passou a ser reconhecida como um direito. Essa situação foi mantida na Constituição de 1967, nada obstante ela contemplasse a proibição de paralisações nos serviços públicos e nas atividades essenciais previstas em lei. A partir da Constituição de 1988 a greve passou a ser tida como um direito social e fundamental (art. 9º).

### 38.1.2. Conceito e natureza jurídica

Greve possui uma conceituação complexa. Caracteriza-se, primeiro, como fato social, que se realiza materialmente e sob determinados contornos.

A greve, tradicionalmente, é tida como uma paralisação coletiva do trabalho.

Segundo Arnaldo Süssekind, e sob a perspectiva dos fenômenos sociais, a greve é:

> (i) manifestação sociopolítica de índole revolucionária, que corresponde à insubordinação concertada de pessoas com interesses comuns, visando à modificação ou substituição de instituições públicas ou de sistemas legais; (ii) como procedimento jurídico-trabalhista, a pressão exercida pelos trabalhadores contra empresários, visando ao êxito da negociação coletiva em relação a aspectos jurídicos, econômicos ou ambientais de trabalho. (SÜSSEKIND, 1993, p. 1993)

Amauri Mascaro Nascimento, de uma forma mais rigorosa e limitativa do conceito, ensina que:

> A greve só se configura se observados os seus aspectos formais, previstos nas legislações. A greve não é um fato, mas um ato jurídico, sujeito à forma prescrita em lei, o que elimina o movimento que os franceses chamam de *greve selvagem*, que eclode abruptamente, sem qualquer observância dos requisitos de forma e fora da órbita sindical. A esse movimento não se poderá dar outra qualificação jurídica, ainda que os seus fins sejam justos, a não ser a de ato de indisciplina. (NASCIMENTO, 2011, p. 1369)

A greve, portanto, teve a regulação ordinária e comum a toda situação concreta que passa a ter um tratamento jurídico. Ela adquiriu, com o tempo, a relevância que justificou a regulamentação jurídica própria do Direito.

Há aqueles que veem a greve como uma liberdade, não sujeita, desse modo, a qualquer embaraço legal. Nas palavras de Sergio Pinto Martins,

> Enquadra-se inicialmente a greve como liberdade, decorrente do exercício de uma determinação lícita. Sob o ponto de vista da pessoa, do indivíduo, podemos considerá-la como uma

liberdade pública, pois o Estado deve garantir seu exercício. No que diz respeito à coletividade, seria um poder. (MARTINS, 2000, p. 746)

Vólia Bomfim Cassar, por sua vez, sustenta que a greve:

> É direito potestativo, porque exercido de acordo com a oportunidade e conveniência do grupo. Coletivo, pois é no grupo que o exercício do direito de greve alcançará seu objetivo final. É um superdireito porque reconhecido constitucionalmente como direito fundamental. Portanto, greve é um direito potestativo fundamental coletivo. (CASSAR, 2015, p. 1253)

No Brasil, prevalece o reconhecimento de que a greve é um direito.

Há conceituações cunhadas na perspectiva da classificação dos conflitos coletivos de trabalho, que são aqueles que têm por objeto a busca de melhores condições de trabalho, a envolver trabalhadores e empregadores, ou os entes coletivos que os representam. Sob essa feição, a greve seria uma forma de autotutela ou autodefesa porque os próprios sujeitos buscariam solucionar seus interesses mediante persuasão, sobreposição ou harmonização de vontades.

### 38.1.3. Efeitos da greve nos contratos de trabalho

Quanto aos efeitos nos contratos de trabalho a greve é comumente classificada como hipótese de suspensão (art. 7º da Lei nº 7. 783/1989 – Lei de Greve). Essa classificação gera muitas discussões acadêmicas, principalmente naquilo que envolve a supressão do pagamento dos salários do período da greve, procedimento que pode frustrar o exercício do direito.

A história dos movimentos de paralisações, no entanto, prova que na maioria das vezes, exatamente nas deliberações verificadas ao desfecho dos movimentos, há acertamentos dessa importante questão, com atribuição de efeitos interruptivos ao interstício ou, o que é mais comum, com a inclusão do período como débito de dias e horas de trabalho para os fins de compensações. E esses acertamentos, é importante dizer, encontram respaldo legal no próprio art. 7º da Lei de Greve, parte final do *caput*.

Conforme seja a greve legítima ou não há também determinados efeitos nos contratos de trabalho. Sabe-se que a remissão ao exercício lícito da greve tem por objetivo cumprir o desiderato da coibição de abusos, aliás, conforme objetivamente previsto no final do § 2º do art. 9º da CF.

A abusividade, além de sujeitar os grevistas à responsabilidade trabalhista, civil, criminal e administrativa pelo abuso (art. 15 da Lei de Greve) frustra a percepção dos efeitos benéficos oriundos de uma greve legítima, tal como a vedação à resolução dos contratos de trabalho (parágrafo único do art. 7º da Lei nº 7.783/1989). **Este entendimento encontra-se inclusive respaldado pela Orientação Jurisprudencial nº 10 da Seção Especializada de Dissídios Coletivos do Tribunal Superior do Trabalho**[1].

---

1   10. GREVE ABUSIVA NÃO GERA EFEITOS. É incompatível com a declaração de abusividade de movimento grevista o estabelecimento de quaisquer vantagens ou garantias a seus partícipes, que assumiram os riscos inerentes à utilização do instrumento de pressão máximo. Disponível em: http://www3.tst.jus.br/jurisprudencia/OJ_SDC/n_bol_01.html#TEMA10. Acesso em: 30 dez. 2016.

## 38.1.4. Instrumentalidade

A greve é um direito fundamental do trabalhador. Embora detenha natureza individual, ele é normalmente exercido de forma coletiva.

O recurso à greve detém natureza instrumental porque se caracteriza como ferramenta manejada para a concretização de outros direitos e interesses tidos como necessários à boa consecução dos contratos de trabalho. É por isso que José Afonso da Silva leciona que o direito de greve é uma garantia constitucional. Não seria, segundo ele, "... um simples direito fundamental dos trabalhadores, mas um direito fundamental de natureza instrumental...", meio disponibilizado aos trabalhadores "...não como um bem auferível em si, mas como um recurso de última instância para a concretização de seus direitos e interesses" (SILVA, 2005, p. 304)[2].

A lição de Amauri Mascaro Nascimento sobre a instrumentalidade é bastante objetiva:

> Em todas essas definições há, como traço comum, o caráter instrumental da greve, meio de pressão que é. Ela não é mais que um dos meios, entre outros que se destinam a compor os conflitos, mais violentos. Os trabalhadores, quando combinam a paralisação dos serviços, não têm por finalidade a paralisação mesma. Por meio dela é que procuram um fim. O fim formaliza-se como acordo, decisão ou laudo arbitral. É nítida a diferença entre a greve e o ato de decisão em que culminará do mesmo modo que entre o meio e o fim. (NASCIMENTO, 2011, p. 1368-1369)

A instrumentalidade do direito à greve é detectável na própria cabeça do art. 9º da CF, pela remissão quanto aos interesses a serem defendidos:

> Art. 9º É assegurado o direito de greve, competindo aos trabalhadores decidir sobre a oportunidade de exercê-lo e sobre os interesses que devam por meio dele defender. § 1º A lei definirá os serviços ou atividades essenciais e disporá sobre o atendimento das necessidades inadiáveis da comunidade. § 2º Os abusos cometidos sujeitam os responsáveis às penas da lei. (BRASIL, 1989)

Vale destacar, entretanto, que o texto referido, ao reportar-se ao caráter da instrumentalidade, silencia sobre quais seriam os interesses, os direitos a serem tutelados por esse direito à paralisação reivindicatória.

A pergunta que se coloca nesse contexto é a seguinte: a greve é uma ferramenta que visa assegurar a manutenção ou aquisição de quais direitos? E uma resposta mais apressada viria assim: direitos trabalhistas. Acontece que responder esse questionamento não é uma ação tão fácil e tão singela como parece.

Leitura dos arts. 1º e 2º da Lei 7.783/1989, abaixo reproduzidos, demonstra o quão difícil é a questão:

> Art. 1º É assegurado o direito de greve, competindo aos trabalhadores decidir sobre a oportunidade de exercê-lo e sobre os interesses que devam por meio dele defender. Parágrafo único. O direito de greve será exercido na forma estabelecida nesta Lei. Art. 2º Para os fins desta Lei considera-se legítimo exercício do direito de greve a suspensão coletiva, temporária e pacífica, total ou parcial, de prestação pessoal de serviços a empregador. (BRASIL, 1989)

---

2   SILVA, José Afonso da. **Curso de direito constitucional positivo**. 25. ed. São Paulo: Malheiros, 2005, p. 304.

Vê-se, com isso, que a própria Lei de Greve impõe determinadas restrições. Prescreve uma forma de exercício para o movimento, consequências de ser tido como ilegítimo. Apresenta um conceito analítico de greve e faz referência expressa à figura específica, e exclusiva, do empregador, o que em tese poderia ensejar a declaração da ilicitude de uma paralisação que se relacione a problemas não solvíveis, por assim dizer, pelo tomador direto dos serviços, que contrata pessoas via Consolidação das Leis do Trabalho (CLT).

Feitas essas considerações, impõe-se trazer à baila novamente a questão relacionada à instrumentalidade do direito, agregando-se um segundo questionamento também: afora as questões das conhecidas greves onde se postulam aumentos salariais, haveria outros interesses importantes a serem tutelados por intermédio da greve? Há limites a esses interesses a serem defendidos pela greve?

Preparado está, com essas perguntas, o terreno para a abordagem específica do instituto da greve ambiental. É o que se fará a partir do próximo capítulo.

## 38.2. UMA GREVE TODA ESPECIAL

Iniciamos esta parte tal como encerramos o tópico precedente, ou seja, com uma pergunta, desta feita com a especificidade que nos remeterá ao assunto central destas discussões: é possível que a greve tenha o escopo de reivindicar melhores condições ambientais de trabalho?

A paralisação do trabalho é, de fato, possível. Se há perigo à vida, à saúde, o trabalhador cessa atividade e pronto, ou seja, sem grandes traumas ou delongas. Mas é possível a paralisação individual, o acionamento do aparato sindical, a demanda individual ou coletiva em face do empregador, tomador dos serviços ou pessoa relacionada e responsável pelo risco, e, principalmente, a tutela específica e emanada do Poder Judiciário, inclusive com fulcro nas normas e entendimentos jurisprudenciais que versam sobre a greve, quando o movimento tem o objetivo de reivindicar melhores condições ambientais de trabalho.

Às respostas.

### 38.2.1. Objeto e conceito. Saúde e meio ambiente de trabalho

A Constituição brasileira não restringe o objeto da greve. A Lei de Greve também não. Sobre o assunto foi redigido o Enunciado nº 06, na 1ª Jornada de Direito Material e Processual da Justiça do Trabalho, evento havido em 23/11/2007 em Brasília, no ambiente do Tribunal Superior do Trabalho:

> **Greves atípicas realizadas por trabalhadores. Constitucionalidade dos atos.** Não há, no texto constitucional, previsão reducionista do direito de greve, de modo que todo e qualquer ato dela decorrente está garantido, salvo os abusos. A Constituição da República contempla a greve atípica, ao fazer referência à liberdade conferida aos trabalhadores para deliberarem acerca da oportunidade da manifestação e dos interesses a serem defendidos. A greve não se esgota com a paralisação das atividades, eis que envolve a organização do evento, os piquetes, bem como a defesa de bandeiras mais amplas ligadas à democracia e à justiça social. (PORTAL PESQUISAS, 2008)

Há entendimentos, contudo, de que a greve somente pode abranger aspectos relacionados a direitos trabalhistas típicos, restritos, o que poderia significar óbice importante às chamadas "greves políticas" ou "de solidariedade", como protesto em razão de determinados contextos políticos e econômicos vividos no país ou região, bem assim aquelas organizadas em favor de categorias distintas, como forma de aumento quantitativo e qualitativo da força de coalizão, do tom da pressão.

Ementa de acórdão sobre greve havida na Pontifícia Universidade Católica de São Paulo (PUC-SP), na forma a seguir transcrita, bem demonstra como a propalada restrição se dá na prática:

> **Recurso Ordinário. Dissídio de Greve. Nomeação para Reitor da Pontifícia Universidade Católica de São Paulo – PUC. Candidata menos votada em Lista Tríplice. Observância do Regulamento. Protesto com motivação política. Abusividade da paralisação.** 1. A Constituição da República de 1988, em seu art. 9º, assegura o direito de greve, competindo aos trabalhadores decidir sobre a oportunidade de exercê-lo e os interesses que devam por meio dele defender. 2. Todavia, embora o direito de greve não seja condicionado à previsão em lei, a própria Constituição (art. 114, § 1º) e a Lei nº 7.783/1989 (art. 3º) fixaram requisitos para o exercício do direito de greve (formais e materiais), sendo que a inobservância de tais requisitos constitui abuso do direito de greve (art. 14 da Lei nº 7.783). 3. Em um tal contexto, os interesses suscetíveis de serem defendidos por meio da greve dizem respeito a condições contratuais e ambientais de trabalho, ainda que já estipuladas, mas não cumpridas; em outras palavras, o objeto da greve está limitado a postulações capazes de serem atendidas por convenção ou acordo coletivo, laudo arbitral ou sentença normativa da Justiça do Trabalho, conforme lição do saudoso Ministro Arnaldo Süssekind, em conhecida obra. 4. Na hipótese vertente, os professores e os auxiliares administrativos da PUC se utilizaram da greve como meio de protesto pela não nomeação para o cargo de reitor do candidato que figurou no topo da lista tríplice, embora admitam que a escolha do candidato menos votado observou as normas regulamentares. Portanto, a greve não teve por objeto a criação de normas ou condições contratuais ou ambientais de trabalho, mas se tratou de movimento de protesto, com caráter político, extrapolando o âmbito laboral e denotando a abusividade material da paralisação. Recurso ordinário conhecido e provido, no tema. PROCESSO Nº TST-RO-51534-84.2012.5.02.0000, D.J. 22/08/14, Rel. Min. Walmir Oliveira da Costa (TST, 2014, *on-line*).

Interessante, no caso, foi o voto divergente do Ministro Maurício Godinho Delgado, que além de declarar que a Constituição Federal admite a greve política quando ela guarde alguma relação com o mundo do trabalho, exortou seus pares para a realidade de que a questão debatida era mais trabalhista que política, na medida em que tangia à participação dos trabalhadores na direção da instituição educacional.

Aliás, é possível, também, identificar mais uma nítida característica trabalhista na situação, qual seja, aquela que diz respeito ao relacionamento entre superior e subordinados, que invariavelmente repercute, individual e coletivamente, no desenvolvimento dos contratos de trabalho, até mesmo na sanidade psicológica decorrente, mormente quando nomeado para Reitora candidata que não conseguiu a maioria dos votos na comunidade acadêmica.

De qualquer maneira, e a ementa do caso PUC legitima isto, todo os direitos relacionados a um adequado meio ambiente de trabalho podem sim ser tutelados instrumentalmente pela greve porquanto inequivocamente relacionados à relação de trabalho. Com esses dizeres, portanto, a pergunta mais importante, formulada linhas acima, é respondida.

Faz-se necessário, contudo, a apresentação de todos os fundamentos que subsidiam a citada resposta.

Desde a Revolução Industrial foi possível, de maneira mais marcante, visualizar a existência de pretensões coletivas relacionadas ao meio ambiente do trabalho. Pleitos referentes à diminuição da jornada, que alcançava até 18 horas por dia, surgiam de forma cada vez mais recorrente. A primeira Convenção da Organização Internacional do Trabalho tratou do tema, vale ressaltar.

Todavia, com a evolução do capitalismo, mesmo os sindicatos passaram a empunhar mais fortemente como principal bandeira apenas questões relacionadas ao reajuste salarial. E as matérias mais intimamente afetas à saúde e à vida caminharam para a perigosa dimensão da precificação. Deu-se, na prática, o fenômeno denominado monetização do risco, com a proeminência do pagamento de adicionais em detrimento da eliminação dos agentes agressores à incolumidade dos trabalhadores. Foi, e ainda é, muito comum deparar-se com ferrenhas discussões sobre pagamento de adicionais ou aumento de seus valores, com paradoxal resignação à manutenção dos agentes insalutíferos, penosos e perigosos.

A Constituição Federal assegura a todos: (i) redução dos riscos inerentes ao trabalho, por meio de normas de saúde, higiene e segurança (art. 7º, XXII); (ii) um meio ambiente saudável e equilibrado (art. 225, *caput*, da CF/88) nele incluído o meio ambiente do trabalho (art. 200, II e VIII, da CF/88).

O dito meio ambiente do trabalho não está circunscrito unicamente ao local onde o trabalhador exerce as suas atividades. Ele extrapola os muros da empresa e é constituído de todos os elementos que compõem as condições materiais, imateriais, físicas ou psíquicas de trabalho de uma pessoa, inclusive os locais onde se dão as repercussões sociais da atividade trabalhista na vida de cada operário.

Sebastião Geraldo de Oliveira (1998, p. 82) e Sandro Nahmias Melo (2006, p. 163) avalizam essas noções de meio ambiente do trabalho, afirmando, sobre ele, que:

> E não é só o ambiente físico, mas todo o complexo de relações humanas na empresa, a forma de organização do trabalho, sua duração, os ritmos os turnos, os critérios de remuneração, as possibilidades de progresso, a satisfação dos trabalhadores etc. ... a mera observância de normas de ergonomia, luminosidade, duração de jornada de trabalho, previstas em lei, não autoriza – por si só – a conclusão por higidez no meio ambiente do trabalho. Um trabalho realizado em condições extremas, estressantes poderá ser tão ou mais danoso ao meio ambiente do trabalho que o labor realizado em condições de potencial perigo físico. O dano à saúde psíquica – por suas peculiaridades – dificilmente tem seu perigo imediato identificado o que, todavia, não subtrai o direito do empregado a se insurgir contra práticas que sejam danosas à sua saúde psíquica.

Uma adequada compreensão desse meio ambiente demanda, ainda, a invocação da ideia de saúde, não somente a propagada pela Organização Mundial da Saúde (OMS) – um estado completo de bem-estar físico, mental e social, e não somente a ausência de doença ou enfermidade, tida como utópica para muitos (dado que o "completo" bem-estar seria inatingível) mas também, em associação ou em substituição, o conceito de saúde sustentado por Dejours desde os anos oitenta, a saber, como o produto de uma luta contínua, diária, rumo à conquista de padrões de sanidade cada vez maiores, ou seja, saúde como resultado de um processo de enfrentamento das adversidades antepostas: "a saúde, para cada homem, mulher ou criança, é ter meios de traçar um caminho pessoal e original, em direção ao bem-estar físico, psíquico e social" (DEJOURS, 1986, p. 10).

Considerando que um meio ambiente do trabalho sadio e equilibrado detém natureza de direito fundamental, a greve (direito social constitucional e instrumental) há de ser deflagrada justamente nas hipóteses de agressão à sanidade desse meio. Competirá aos trabalhadores decidir a oportunidade e os interesses a serem reivindicados nesse particular.

Considerado o cenário em questão, é dizer, a apologia da ausência de restrição aos movimentos paredistas, bem assim apresentados os conceitos de meio ambiente do trabalho e saúde, na objetiva determinação da natureza de fundamentalidade que circundam os direitos à higidez desse meio ambiente, à vida, e mesmo à greve para os instrumentalizar, surgem, ainda que de maneira não uniforme, os conceitos doutrinários mais abalizados de greve ambiental.

Mariella Carvalho de Farias Aires (2008, p. 149) afirma que "o direito de greve ambiental teria natureza jurídica de garantia fundamental a serviço do trabalhador, visando à tutela de sua saúde e de sua segurança, ou, em última análise, de sua vida. É direito secundário, utilizado para fazer valer o primário, qual seja, a vida".

Raimundo Simão de Melo (2004, p. 107) conceitua greve ambiental como "a paralisação coletiva ou individual, temporária, parcial ou total da prestação de trabalho a um tomador de serviços, qualquer que seja a relação de trabalho, de quaisquer agressões que possam prejudicar a segurança, a saúde e a integridade física e psíquica dos trabalhadores".

É relevante destacar a menção que Melo faz à integridade psíquica. É que atualmente demonstra-se cada vez mais comum, e necessária, a deflagração de greves em razão de ambientes de trabalho repletos de práticas constantes de assédio moral.

### 38.2.2. Finalidade

Analisando mais detidamente os conceitos apresentados, percebe-se alguns eixos de tratamento dignos de nota. O primeiro deles diz respeito à finalidade.

A finalidade da greve ambiental é implementar adequadas condições ambientais laborais, assim consideradas todas aquelas que se relacionem aos aspectos materiais, imateriais, físicos ou psíquicos do ambiente em que os serviços se verificam, exatamente para que saúde e vida obreira sejam protegidas. Neste ponto, portanto, a greve ambiental difere da comum. É que esta, como regra, toca pretensões econômicas por excelência.

### 38.2.3. Abrangência

O segundo aspecto a ser estudado é o da abrangência.

A greve ambiental não é e não pode ser direito restrito a empregados porque o que se tutela é a saúde e a vida de quem trabalha, independentemente do liame jurídico ou fático que une o prestador e o tomador dos serviços, ou que une ambos, isolada ou conjuntamente, a outras pessoas, inclusive organismos públicos.

O texto encerrado no art. 2º da Lei de Greve, com remissão específica a empregador, deve, no particular, ser melhor interpretado, e definitivamente inserido em um sistema normativo que tem, na Constituição da República, seu fundamento de validade.

Fiorillo, quanto a esses assuntos, observou que a Constituição de 1988 não restringiu o direito ao meio ambiente de trabalho saudável aos empregados, bem assim sublinhou que quando o constituinte quis se referir de forma específica à relação de emprego pautada em subordinação (regida pela CLT) ele, clara e objetivamente, o fez. Exemplo disso seria o quanto prescrito no art. 7º, I (FIORILLO, 2013, p. 291).

Assim, toda vez que existir trabalho, ofício ou profissão relacionados à ordem econômica, com riscos à incolumidade do prestador da atividade, há de incidir em seu favor as normas destinadas à garantia de um meio ambiente do trabalho saudável. Como decorrência, a greve ambiental não será exercida em desfavor somente de um empregador, tal como conceituado no art. 2º da CLT, mas também contra qualquer tomador de serviços, público ou privado, que exponha o trabalhador a risco. E não é só isso. Mesmo que uma determinada pessoa, física ou jurídica, pública ou privada, não explore diretamente o trabalho de alguém, mas viole, por suas ações e/ou omissões, deveres que de alguma maneira vilipendiem o meio ambiente de trabalho, elas poderão ser chamadas à responsabilidade e, pois, arcarem com os ônus de uma paralisação de feição ambiental. É o que pode se dar, por exemplo, quando uma empresa vizinha àquela em que determinada pessoa trabalha polua o meio ambiente natural e do trabalho (com agentes químicos ou físicos) ou quando o Poder Público, instado a tanto, não toma as medidas sanitárias que lhe competia executar. Ou ainda quando uma empresa produza equipamentos de proteção sem a observação das normas técnicas destinadas a garantir a eficiência do material. Os exemplos são inúmeros.

## 38.2.4. Titularidade

Um terceiro eixo de tratamento da greve ambiental toca às questões relativas à titularidade e ao exercício concreto do direito.

O exercício do direito fundamental à greve, regra geral, se dá de maneira coletiva. O direito à greve pertence ao indivíduo, mas a sua deflagração material, tradicionalmente, compete ao ente coletivo. Em outras palavras, a doutrina clássica sustenta que a greve é um direito subjetivo, onde o titular é o grevista individualmente considerado, mas advoga que o seu exercício necessita da manifestação da vontade do sujeito coletivo legitimado para iniciar a medida. Sem isso não poderia haver o dito estado de greve.

Amauri Mascaro Nascimento, abordando o instituto sob uma concepção tradicional e mais generalizada, dizia que:

> O que caracteriza doutrinariamente a greve é a recusa de trabalho que rompe com o quotidiano, bem como o seu caráter coletivo. Não há greve de uma só pessoa. Nem haverá, também, sem o elemento subjetivo, a intenção de se pôr fora do contrato para obter uma vantagem trabalhista. (NASCIMENTO, 2011, p. 1369)

Contudo, naquilo que diz respeito ao direito de greve ambiental, e aqui está uma especialidade importante dessa sorte de greve, a doutrina admite a possibilidade da deflagração por apenas uma pessoa.

Segundo Mariella Carvalho de Farias Aires:

> Em se tratando de direito de greve ambiental, com muito mais razão, apenas um único trabalhador pode ser titular do direito quando se recusar a continuar trabalhando em um meio ambiente do trabalho que ofereça risco real e grave, atual ou iminente à sua saúde ou à sua segurança, pois, em última análise, ele estaria reivindicando mais do que um meio ambiente do trabalho saudável e seguro, estaria defendendo seu direito à vida. E, em virtude da importância do direito aqui defendido, não se justifica a necessidade de espera da manifestação do sindicato para que se possa falar em existência de direito de greve. (AIRES, 2008, p. 149)

Os defensores dessa posição entendem que o risco grave e iminente à saúde e à vida do trabalhador justificam a desnecessidade da participação sindical e da mobilização coletiva para a iniciação do movimento, bem assim fazem apologia à prescindibilidade do desencadeamento prévio de todas aquelas formalidades necessárias para o início do movimento paredista tradicional.

### 38.2.4.1. *Fundamentos legais*

Como exemplos de fundamentos jurídicos que dão amparo à possibilidade de greve ambiental, a doutrina se reporta a algumas Constituições Estaduais e mesmo ao art. 13 da Convenção da OIT.

Corrente doutrinária importante, entretanto, entende ser impossível a greve ambiental individualmente encetada. Para ela a paralisação das atividades por um trabalhador caracteriza o próprio direito de resistência individual, contrário às condições laborais que prejudiquem a vida e a saúde do ofendido. Os que defendem esse entendimento se sustentam no texto da Norma Regulamentadora nº 09, do Ministério do Trabalho e Emprego (MTE), que em seu item 9.6.3 prescreve o seguinte:

> 9.6.3 - O empregador deverá garantir que, na ocorrência de riscos ambientais nos locais de trabalho que coloquem em situação de grave e iminente risco um ou mais trabalhadores, os mesmos possam interromper de imediato as suas atividades, comunicando o fato ao superior hierárquico direto para as devidas providências. (BRASIL, 1978)

O art. 161, § 6º, da CLT admite também a paralisação do trabalho. Neste caso, entretanto, exige-se a confecção de laudo técnico pela autoridade competente, com a constatação prévia de que de fato há grave e iminente risco para o trabalhador, portanto, uma formalidade prévia que talvez pode, por conta do tempo, significar risco à saúde e à vida de muitos.

Defender a existência da possibilidade de uma greve individual, ainda que fundamentada na violação de um direito à sanidade ambiental laboral, sugere, por assim dizer, certa desnaturação da concepção clássica do instituto da greve. Há, todavia, utilidades práticas importantes a legitimarem esse posicionamento, que é, além da chamada de atenção para uma questão que pode até consubstanciar risco para outros trabalhadores, garantir a proteção legal atinente à impossibilidade da resolução do contrato de trabalho do grevista e mesmo a utilidade de dar concretude aos Princípios da Prevenção e Precaução.

Frise-se, além do mais, que a admissão da possibilidade dessa greve individual somente faria convergir para o sujeito titular do direito a ação material real para a salvaguarda de um direito que, ontologicamente, já é seu. Na prática, não é algo que causa tantos transtornos assim, pelo menos sob o pressuposto de um exercício responsável do direito (sem abusos).

Embora a suspensão do pagamento dos salários do período da greve não seja uma garantia ao trabalhador nem em caso de greve coletivamente deflagrada, vale lembrar que, em algumas unidades da Federação, existirão efeitos interruptivos do contrato nos casos de paralisações motivadas por causas ambientais trabalhistas. É o que se verifica no Estado de São Paulo, isso conforme prescrição contida no art. 229, § 2º, de sua Constituição:

> Compete à autoridade estadual, de ofício ou mediante denúncia de risco à saúde, proceder à avaliação das fontes de risco no ambiente de trabalho, e determinar a **adoção** das devidas providências para que cessem os motivos que lhe deram causa. [...] § 2º Em condições de risco

*grave ou iminente no local de trabalho, será lícito ao empregado interromper suas atividades, sem prejuízo de quaisquer direitos, até a eliminação do risco.* (ESTADO DE SÃO PAULO, 1989 – g.n.)

Não existe uma previsão específica de greve ambiental com características próprias na Constituição Federal. Essa construção demanda o manejo adequado de alguns diplomas legais existentes no ordenamento jurídico brasileiro, entre eles a própria Constituição do Estado de São Paulo, dispositivo acima mencionado.

Diploma importante e que serve de subsídio à doutrina da greve ambiental é a Convenção nº 155 da OIT, seja em razão de sua abrangência nacional, dada sua ratificação pelo Poder Legislativo e correspondente internalização[3], seja por sua força inerente. Esta Convenção, é importante gizar, é um tratado de Direitos Humanos que ingressou na ordem jurídica nacional antes da Emenda Constitucional nº 45/2004, e que em virtude do § 2º do art. 5º da CF, possui hierarquia de norma materialmente constitucional, fazendo parte, portanto, do bloco da constitucionalidade material. Considerando, ainda, que sua construção teve origem no seio de uma instituição internacional, composta de países-membros espalhados por todo o mundo, não há como não admitir a existência de uma maior envergadura e, pois, uma qualificada autoridade na sua cogente inserção ao ordenamento jurídico nacional.

No contexto do aqui propugnado, vale transcrever os dispositivos da mencionada normativa, os mais relevantes a este estudo:

> Art. 13. Em conformidade com a prática e as condições nacionais deverá ser protegido, de consequências injustificadas, todo trabalhador que julgar necessário interromper uma situação de trabalho por considerar, por motivos razoáveis, que ela envolve um perigo iminente e grave para sua vida ou sua saúde. [...] Art. 19. Deverão ser adotadas disposições, em nível de empresa, em virtude das quais: [...] f) o trabalhador informará imediatamente o seu superior hierárquico direto sobre qualquer situação de trabalho que, a seu ver e por motivos razoáveis, envolva um perigo iminente e grave para sua vida ou sua saúde; enquanto o empregador não tiver tomado medidas corretivas, se forem necessárias, não poderá exigir dos trabalhadores a sua volta a uma situação de trabalho onde exista, em caráter contínuo, um perigo grave ou iminente para sua vida ou sua saúde. [...] Art. 21. As medidas de segurança e higiene do trabalho não deverão implicar nenhum ônus financeiro para os trabalhadores. (ORGANIZAÇÃO INTERNACIONAL DO TRABALHO – OIT, 1981)

Vê-se, nos dispositivos em questão, que o trabalhador não pode sofrer qualquer punição pelo exercício do direito à paralisação por conta de origens ambientais. Essa condição consubstancia uma proteção equivalente à estabilidade, circunstância de fato indispensável. Sem ela o trabalhador não paralisaria suas atividades, nem individual nem coletivamente, justamente porque haveria receio de sofrimento de represálias.

Ponto relevante é também o que está no bojo do citado art. 13, mais especificamente, a remissão à interrupção. A interrupção difere conceitual e legalmente das hipóteses de suspensão (*vide* Título IV, Capítulo IV, da CLT – Da suspensão e da Interrupção), a saber, a impossibilidade do prejuízo a salários e demais vantagens do período relativo à ausência da prestação de serviços.

---

[3] Esta Convenção, no plano internacional, foi aprovada na 67ª reunião da Conferência Internacional do Trabalho, havida em Genebra, 1981. Ela entrou em vigor no plano internacional em 11/08/1983. No Brasil, a Convenção nº 155 da OIT foi ratificada em 18/05/1992, aprovada pelo Decreto Legislativo nº 02/1992 e promulgada pelo Decreto nº 1.254/1994.

O art. 13 da Convenção nº 155 da OIT, consequentemente, é disposição mais benéfica que a regra literal disposta no art. 15 da Lei de Greve, de sorte que nos casos específicos da paralisação envolvendo questões ambientais ele deve prevalecer sobre eventual entendimento que propugne pela aplicação literal do art. 7º da Lei 7.783/1989.

Mesmo para aqueles que sustentam haver, no caso, não um direito à greve, mas sim ao de uma resistência individual, é possível sustentar que o art. 13 da Convenção nº 155 da OIT, combinado com as prescrições da Norma Regulamentadora nº 09 do MTE, ao tratarem, em tese, sobre essa resistência, acabam por salvaguardar, por via transversa, a proteção contra a despedida do trabalhador, inclusive garantindo os seus salários, tudo a justificar a desnecessidade da construção de uma teoria sobre greve ambiental individual. Todavia, pelas razões já apresentadas, e até pelo maior impacto que o instituto da greve detém, parece não ser este o melhor entendimento.

A Constituição do Estado de Sergipe também traz previsão específica de interrupção dos contratos de trabalho em casos de questões relacionadas ao desrespeito a condições de higidez nos ambientes de trabalho. O art. 199, III, do indigitado diploma prescreve que:

> *A saúde ocupacional é parte integrante do Sistema Único de Saúde, assegurada aos trabalhadores mediante: [...] III - direito de recusa ao trabalho em ambiente sem controle adequado de risco,* **com garantias de permanência no emprego**. (ESTADO DE SERGIPE, 1989 – g.n.)

A Constituição do Estado de Rondônia possui previsão quase idêntica:

> *Art. 244. A saúde ocupacional é parte integrante do sistema estadual de saúde, sendo assegurada aos trabalhadores, mediante: [...] III - recusa ao trabalho em ambiente insalubre ou perigoso, ou que represente graves e iminentes riscos à saúde quando não adotadas medidas de eliminação ou proteção contra eles, assegurada a permanência no emprego.* (ESTADO DE RONDÔNIA, 1989)

E o mesmo se verificou com a Constituição do Estado do Rio de Janeiro:

> *Art. 293. Ao sistema único de saúde compete, além de outras atribuições estabelecidas na Lei Orgânica da Saúde: [...] X - desenvolver ações visando à segurança e à saúde do trabalhador, integrando sindicatos e associações técnicas, compreendendo a fiscalização, normatização e coordenação geral na prevenção, prestação de serviços e recuperação, mediante: [...] d) direito de recusa ao trabalho em ambientes sem controle adequado de riscos, assegurada a permanência no emprego.* (RIO DE JANEIRO, 1989)

A Constituição cearense, além da garantia de emprego, foi específica quanto à impossibilidade de redução salarial. Veja como ficou redigido o art. 248, XIX, "c":

> *Compete ao sistema único estadual de saúde, além de outras atribuições: [...] XIX - atuar em relação ao processo produtivo, garantindo: [...] c) direito de recusa ao trabalho em ambientes que tiverem seus controles de riscos à vida e à saúde em desacordo com as normas em vigor,* **com a garantia de permanência no emprego, sem redução salarial**. (ESTADO DO CEARÁ, 1989 – g.n.)

Essa impossibilidade de redução salarial que a Constituição do Ceará trata como garantia, aliás, demonstra-se harmônica com o estabelecido pelo art. 21 da Convenção nº 155 da OIT. Dá concretude, em outras palavras, à impossibilidade de o trabalhador suportar, por conta do desrespeito às condições de sanidade do meio ambiente de trabalho, restrições de natureza econômica.

O Código de Saúde Paulista (Lei Complementar Estadual nº 791/1995) repetindo a prescrição da Constituição do Estado de São Paulo, prevê a paralisação das atividades em razão de grave risco ambiental (§ 1º, art. 35).

Esses dispositivos estaduais todos podem ser utilizados de maneira mais ampla nas unidades da Federação que não tiverem previsão similar. O art. 8º da CLT permite isso. Basta um bom manejo do indigitado ferramental jurídico.

O estudo desses fundamentos todos não é um mero exercício jurídico e acadêmico. Serve antes para subsidiar ações concretas dos trabalhadores sujeitos a graves e iminentes riscos a suas saúdes e vidas, e mais, como elementos necessários a balizar decisões sobre legalidade ou ilegalidade de movimentos dessa estirpe. Observe, como exemplo disto, a ementa ora transcrita, do Tribunal do Trabalho da 2ª Região:

> **Dissídio coletivo de greve. Risco de vida em ambiente de trabalho.** A Constituição do Estado de São Paulo, em seu artigo 229, parágrafo 2º, autoriza expressamente a interrupção das atividades laborativas pelo empregado em condições de risco grave ou iminente no local de trabalho. Afastada a abusividade da greve. (TRT-2 - DC: 20305200300002008 SP 20305-2003-000-02-00-8, Rel. Plinio Bolivar de Almeida, j. 28/08/2003, SDC Turma, publ. 05/09/2003) (TRT-2, 2003, *on-line*).

### 38.2.5. Requisitos para o exercício

Por fim, sob o viés de um quarto eixo temático de tratamento dessa greve toda especial, podem ser analisados os requisitos para o seu exercício.

Raimundo Simão de Mello (2004, p. 111) divide a greve ambiental em duas espécies.

a) Greve ambiental de riscos comuns – aquela em que se reivindicam melhores condições gerais de trabalho, tal como se dá com pleito de implantação de Programa de Prevenção de Riscos Ambientais (PPRA), criação de Comissão Interna de Prevenção de Acidentes (CIPA) e de eliminação de agentes que trazem prejuízo à saúde após longo prazo. Nesse caso, até por conta da inexistência de situação de urgência, leciona, devem ser cumpridos todos os requisitos da Lei de Greve, inclusive o exercício coletivo do direito: frustração da negociação prévia, convocação de assembleia geral da categoria profissional, aviso prévio ao empregador e à população e atendimento às necessidades inadiáveis;

b) Greve ambiental de risco grave e iminente – movimento deflagrado em razão de iminente risco à vida e à saúde, diante da lesão grave de direitos fundamentais dos trabalhadores e da própria população que porventura também esteja exposta ao risco. Aqui, diz, caberia o exercício individual do direito e incidiria a desnecessidade da observação das formalidades prévias e próprias da Lei nº 7.783/1989, quando então influenciariam decisivamente a postura de paralisação os próprios Princípios da Prevenção e da Precaução, típicos da doutrina jurídica ambientalista.

#### 38.2.5.1. *Conceito de risco grave iminente*

Neste ponto se faz necessário uma abordagem acerca do conceito de risco grave e iminente porque algumas situações de risco são fácil e objetivamente detectáveis, mas muitas não são dotadas destas características, embora detenham os atributos da iminência e da gravidade.

Quando, por exemplo, se está diante de um empregador que deliberadamente se nega a fornecer a seus empregados cinto de segurança para trabalhos em locais de grande altura percebe-se, com tranquilidade, o risco à vida do trabalhador e, no ponto, não há dúvida sobre a iminência e gravidade da situação.

A Ergonomia da Atividade, contudo, prova que parcela muito grande de acidentes detêm riscos graves e iminentes detectados em situações ditas "de normalidade". São os "acidentes latentes", muitas vezes graves e iminentes, cujas análises das causas, dos riscos, demandam estudos e observações mais prolongadas, a consideração da realidade de cada trabalho, da variabilidade humana etc., um profundo conhecimento do cotidiano de um profissional. E isso serve de exortação para que trabalhadores, associações de classe e todos aqueles que se envolvam com o mundo do trabalho busquem, de fato, conhecer a realidade das coisas de uma maneira mais efetiva, elevada, e queiram, enfim, usar as ferramentas técnicas que podem realmente evitar danos.

Sobre a falibilidade das técnicas utilizadas por engenheiros e técnicos de segurança do trabalho na identificação e na correção de situações de riscos, e mesmo sobre o caminho correto a seguir, Assunção e Lima (2003, p. 1778-1782), com o apoio da Ergonomia, ensinaram o seguinte:

> Os engenheiros e técnicos de segurança são treinados para aplicar técnicas, não para desvendar casos, interpretar e propor novas explicações e evidenciar a complexa trama causal dos acidentes. De modo geral, somos treinados a ver os acidentes como eventos anormais, e não a ver nos eventos normais do cotidiano a origem potencial e latente dos acidentes. A prevenção encontra-se, assim, diante de um paradoxo: os "acidentes normais" reduzem a prática de segurança a uma ação meramente corretiva; só analisamos e agimos após o fato ocorrido. Os engenheiros se tornam bombeiros correndo atrás do prejuízo e apagando incêndios. Podemos ainda falar de prevenção se é necessário esperar que certos tipos de acidentes ocorram para somente então admitir sua possibilidade? Se a resposta é afirmativa, então é necessário reconhecer que a casualidade passa uma rasteira na causalidade e voltamos às explicações dos acidentes como fatalidade, a fortuna contra a qual os homens nada podem fazer. Na prática, os acidentes que continuam ocorrendo, apesar dos programas de prevenção, são considerados como decorrentes da fatalidade, de eventos fortuitos imprevistos e imprevisíveis. No entanto, é bem possível que, tal como em uma crônica de uma morte anunciada, eles tenham se manifestado através de sinais aos quais não foi atribuída nenhuma importância. Os engenheiros de segurança e as técnicas convencionais não são capazes de explicar esses eventos, nem de aprender com eles, o que seria possível caso a análise evidenciasse alguns princípios gerais, permitindo se antecipar a outros acidentes que possuem uma mesma natureza. Há, aqui, uma defasagem entre a produção de novos conhecimentos, teorias e metodologias de análise e sua assimilação pela prática. A pesquisa própria, isto é, por iniciativa dos técnicos e engenheiros, e a incorporação de novas teorias à prática de prevenção avançam lentamente e apenas como casos isolados. A aprendizagem constante, o interesse em investigar as causas dos acidentes, a preocupação em desvendar a trama complexa dos acidentes normais, em vasculhar o palheiro em busca das agulhas que são os incidentes e os mecanismos de regulação cotidianos, em identificar e desarmar as bombas-relógio que são os acidentes latentes, nada disso instiga os prevencionistas que se limitam a aplicar as normas para deixar a sua consciência jurídica dormir em paz. [...] Um dos aspectos que ajuda a explicar a diferença entre o trabalho prescrito e o trabalho real é que a atividade se realiza sempre em contextos específicos. Apesar da tentativa de se controlar todos os fatores intervenientes na produção, sempre ocorrem incidentes e variações que mudam a situação de trabalho: a matéria-prima não é fornecida a tempo ou na qualidade desejada; as ferramentas se desgastam, as máquinas se desregulam ou quebram; colegas faltam ou entram novatos na equipe; os modelos de produtos se modificam etc. Mesmo se todos esses parâmetros fossem controlados e mantidos dentro de margens de segurança aceitáveis, ainda assim haveria algo que sempre muda, o próprio trabalhador: hoje está mais

cansado do que ontem, não dormiu direito, está preocupado com a falta de dinheiro, neste ano está evidentemente mais velho do que no ano anterior, mas também mais experiente, aprendeu como fazer esta montagem que era considerada difícil, desenvolveu mais uma habilidade etc. Portanto, longe de ser um conjunto de regras conhecidas de antemão, a atividade é um conjunto de regulações contextualizadas, no qual tomam parte tanto a variabilidade do ambiente quanto a variabilidade própria ao trabalhador. Por isso, para se entender o que é o trabalho de uma pessoa, é necessário observar e analisar o desenrolar de sua atividade em situações reais, em seu contexto, procurando identificar tudo o que muda e faz o trabalhador tomar micro decisões a fim de resolver os pequenos mas recorrentes problemas do cotidiano da produção. Estas situações são tão numerosas, e dependentes das circunstâncias, que os trabalhadores as esquecem tão logo o que as motivou desapareça. Por esta razão, a análise ergonômica do trabalho requer um longo tempo de observação, acompanhando o trabalhador durante a realização de suas tarefas e em situações variadas.

Daí porque é necessário, na análise do que é ou não iminente, do que consubstancia grave situação de risco inclusive para a decisão sobre uma greve ambiental, um olhar todo especial, inclusive aquele volvido para as situações normalmente detectáveis no ambiente de trabalho, para os ditos macetes, para as estratégias levadas a efeito singularmente por cada trabalhador para fazer frente às exigências físicas e psicológicas que lhes são impostas, enfim, alargar o olhar da situação concreta de trabalho para que o instrumento aqui estudado possa, o mais possível, ser usado de maneira precavida e preventiva.

Sabe-se que os requisitos exigidos para a deflagração da greve, dispostos na lei própria, visam garantir a manutenção de direitos do empregador e da própria população afetada pela paralisação dos serviços. Contudo, nenhuma dessas exigências poderá justificar o risco imposto ao direito à saúde e à vida de um trabalhador.

No caso específico de greve em atividades essenciais cuja paralisação coloca em risco a vida da própria população, tal como se dá em serviços essenciais (ligados à saúde – serviços realizados em hospitais, clínicas etc., a título de exemplo), haverá um conflito de direitos fundamentais. Em situações como essas não há como fugir do exercício de ponderações, de juízos fundamentados no Princípio da Razoabilidade, onde são aferidas a necessidade, a utilidade da medida e a proporcionalidade das ações no caso específico. De qualquer maneira, não será justo exigir do trabalhador, em situações como essas, a exposição de sua vida, de sorte que a solução do impasse há de passar, necessária e urgentemente, pela superação da lesão do direito à vida e à saúde do trabalhador, para que o serviço seja imediatamente restabelecido, solvendo-se, ao depois, as questões relativas às responsabilidades econômicas decorrentes.

### 38.2.5.2. *Princípios da Prevenção e da Precaução*

Há pouco fez-se menção à circunstância de que a greve ambiental pode ser deflagrada de maneira individual, bem assim que as posturas, no particular, seriam influenciadas pelos Princípios da Prevenção e da Precaução.

Para a boa compreensão disso tudo é importante tecer algumas considerações sobre esses princípios. Recorre-se, para tanto, à transcrição de parte de trabalho recentemente publicado em livro comemorativo dos trinta anos de fundação do Tribunal do Trabalho da 15ª Região:

> A prevenção, elevada a Princípio na Declaração de Estocolmo, entendida como toda forma de rastreamento, diagnóstico e adoção de medidas tendentes à preservação de eclosão de eventos que possam macular a integridade biopsicossocial do trabalhador, a atuar no cenário

daquilo que é previsível e passível de enfrentamento ou contingenciamento deve necessária e fortemente se imiscuir em toda sorte de ação, e em todo universo da atividade produtiva trabalhista, independentemente do liame legal ou contratual que rege a Relação Homem-Trabalho, e sempre na cadeia sequencial e gradual que visa (a) eliminar ou ao menos isolar o agente danoso, (b) adotar medidas coletivas de proteção e ou organização da atividade produtiva, (c) consubstanciar formas adequadas de concessão, fiscalização e uso de mecanismos de proteção individual aptos a neutralizar a ação dos agentes de agressão à saúde e, por último, somente quando ineficazes ou impossíveis todas as medidas anteriores, bem assim quando a atividade (perigosa, insalubre ou penosa) ainda que de risco for indispensável à organização e à vida comunitária (d) a elevação patrimonial da atividade, mediante imposição de adicionais de remuneração como forma de pagamento pela atividade insalubre, perigosa ou penosa. A precaução, por sua vez, encerrada no tópico 15 da Declaração do Rio de Janeiro, também como princípio, incide na incerteza ou na dúvida científica sobre a danosidade de determinada atividade trabalhista e preconiza que no contexto em questão, ou seja, quando a técnica não for suficientemente bastante para dizer, com precisão, sobre a sanidade ou insanidade de uma espécie de trabalho (pelo produto a manipular ou pela forma empregada no processo produtivo) a decisão há de ser sempre a da cessação da atividade (quando já em curso) ou a inércia na sua iniciação. Em outras palavras, a dúvida científica há de interferir no seguimento da atividade, e não como legitimação para sua continuidade. Igualmente à prevenção, não existe critério razoável a justificar incida este princípio somente sobre a atividade trabalhista celetizada ou estatutária, mas sobre toda e qualquer atividade humana trabalhista. Em suma, se os riscos são conhecidos, trata-se de preveni-los. Se não o são (incerteza científica) a decisão correta (precavida) é a de não se sujeitar a eles. Enquanto a prevenção relaciona-se com a adoção de medidas que identifiquem, corrijem e ou evitem danos previsíveis, a precaução intui evitar uma situação de risco ainda não absolutamente delimitado pela Ciência. (MEDEIROS; LOPES, 2016, p. 118)

## 38.3. CASOS CONCRETOS

Após o tratamento doutrinário da questão é interessante a abordagem de algumas situações concretas que foram debatidas em tribunais do país e/ou veiculadas na mídia jornalística. Essa abordagem demonstrará como é necessário o arcabouço teórico acima reproduzido para que se consiga um tratamento mais equânime da questão afeta à greve ambiental.

Reproduz-se, primeiro, uma ementa de decisão relativa a trabalhadores do segmento do transporte rodoviário:

> **Greve Ambiental. Requisitos da Lei nº 7.783/1989. Ausência das Formalidades Legais.** Ainda que se possa considerar que a paralisação dos trabalhadores em transportes rodoviários de cargas de Pouso Alegre e Região buscava preservar a saúde do trabalhador, o fato alegado pelo Sindicato profissional como elemento desencadeador do movimento – o pernoite dos motoristas em colchões, dentro dos baús dos caminhões – não pode ser reputado como de extremo perigo, a ponto de justificar a deflagração da greve sem a inobservância das formalidades exigidas pela Lei nº 7.783/1989. De um lado, a forma de pernoite descrita não era a única alternativa dos motoristas, em face do que dispõe a Convenção Coletiva de Trabalho em vigor. Por outro lado, a documentação constante dos autos dá conta de que o pernoite em colchões nos baús dos caminhões não foi o motivo único e determinante para a eclosão do movimento, havendo outras reivindicações, inclusive em relação ao plano de saúde. Assim, conquanto pudesse ser justa a tentativa dos trabalhadores de obter melhores condições de trabalho, não se pode considerar justificável que o Sindicato tenha deixado de observar ou de nortear os atos de seus representados, permitindo que o movimento de greve fosse iniciado sem o cumprimento das exigências previstas na Lei de Greve (negociações prévias, realização de assem-

bleia de trabalhadores e comunicação prévia ao empregador). Acrescenta-se que a greve foi deflagrada na vigência da Convenção Coletiva de Trabalho 2014/2015, não sendo constatadas as exceções que poderiam afastar a abusividade do movimento, nos termos do parágrafo único do art. 14 da Lei de Greve. Mantém-se, portanto, a abusividade da greve declarada pelo Regional. Recurso ordinário conhecido e não provido. (TST, RO 10178-77.2015.5.03.0000, Rel, Min. Dora Maria da Costa, Seção Especializada em Dissídios Coletivos, j. 14/12/2015, publ. no *DEJT* de 18/12/2015). (TST, 2015, *on-line*)

Observa-se, pela ementa em questão, que houve deflagração de greve ambiental e mesmo menção judicial sobre a possibilidade, em casos graves, da iniciação dessa sorte de movimento sem a observação de todos os requisitos da Lei de Greve. Note-se que a manutenção da decisão do Tribunal Regional pelo Tribunal Superior do Trabalho, com o reconhecimento da abusividade da greve, não teve como fundamento a impossibilidade de desencadeamento de greve ambiental, mas sim o entendimento de que as formalidades da Lei nº 7.783/1989 deveriam ser observadas porque na situação concreta a greve não possuía um caráter de urgência e de risco de vida aptos a dispensá-las.

A greve ambiental não é, no Brasil, instituto muito utilizado. Na verdade, o que se vê é que muitas vezes a pretensão ambiental se junta às demais pretensões de ordem remuneratória com o propósito de fortalecer o movimento paredista, os pleitos de natureza financeira, e não como uma ação concreta e deliberada de solução das questões relativas ao meio ambiente do trabalho. E as pretensões remuneratórias, no bojo de todas as coisas, parecem sempre prevalecer em detrimento daquela relacionada à condição ambiental, quase sempre deixada para segundo plano. É a monetização da saúde.

Como exemplo dessa realidade, pode ser citado o que aconteceu com os agentes da Fundação Casa de São Paulo (PORTAL G1, 2016), que ao final do primeiro semestre de 2016 entraram em greve para postular, basicamente, aumento salarial. No conjunto das reivindicações houve reclamações relativas às agressões provindas dos adolescentes durante o horário de trabalho, além das várias sortes de assédios. Durante o movimento de paralisação os serviços essenciais e as visitas aos adolescentes foram mantidos.

A paralisação atingiu todo o Estado de São Paulo e foi precedida de uma assembleia com os trabalhadores. A greve foi deflagrada por tempo indeterminado e o conjunto total de reivindicações atingiu o número de 70 reivindicações. Havia, na pauta, discussões sobre condições de segurança interna e externa. Tinham como principal pauta, no entanto, o reajuste salarial de 40%.

Os servidores também pediram outras melhorias nas condições de trabalho até porque no quesito segurança a quase totalidade dos agentes não dispunha de proteção alguma, malgrado as constantes reclamações à direção.

O Tribunal do Trabalho da 2ª Região fixou o reajuste salarial em 11,7% sobre os salários dos referidos agentes, isso após greve que durou mais de mês.

O curioso é que a greve, iniciada com pretensões salariais e ambientais (estas, as ligadas à segurança física e psíquica dos agentes), enfraqueceu-se e se findou cabalmente após a fixação do reajuste salarial. Nenhuma deliberação concreta e afeta à segurança dos agentes se consumou e o movimento de paralisação, mesmo nesta situação, foi encerrado.

A greve ocorrida em razão do acidente no voo 447 da Air France, em que o avião caiu no Oceano Atlântico quando fazia a rota Rio de Janeiro–Paris, em 31 de maio de 2009, vitimando

228 pessoas, é mais um caso concreto digno de estudo. A notícia foi assim veiculada pela Inforpress, e encerrada em trabalho acadêmico produzido por Sandro Nahmias Melo (2012, p. 76):

> Pilotos da Air France recusam voar em aparelhos A330 e A340. Paris, 09 jun. 2009 (Inforpress) – Um grupo de pilotos da Air France recusou, segunda-feira, 08, voar nos aviões A-330 e A-340, a menos que dois dos três monitores externos de velocidade e altitude (sondas Pitot) fossem substituídos. A reação dos pilotos vem na sequência das suspeições referentes ao acidente ocorrido com o Airbus A- 330, do voo Rio – Paris, que apontam para eventuais falhas técnicas no sistema de sondas de velocidades, e das afirmações da Air France segundo as quais o gelo e as altitudes elevadas têm, por vezes, levado a perdas de informações necessárias ao voo. Na nota emitida pelos pilotos lê-se que uma das mensagens automáticas enviadas pelo avião antes do seu desaparecimento indica uma falha nas sondas Pitot. No entanto, a importância destes aparelhos no voo 447 da Air France continua imprecisa. A exigência da substituição das sondas Pitot foi feita por uma união de pilotos que representa 12 por cento dos pilotos da companhia aérea francesa. (Fonte: Inforpress).

Apesar da ausência da utilização da nomenclatura, o que os pilotos da Air France fizeram foi uma autêntica greve ambiental porque foi paralisada a atividade em razão exclusiva do risco existente à segurança e à vida dos trabalhadores, e isso por conta de riscos provindos do aparelho utilizado nas viagens. Observe-se que no caso não houve pauta econômica.

É ilustrativa, ainda, a nota da Air France abaixo transcrita. Nessa nota, registrou-se que há informação de que a troca dos tubos de Pitot, sensores de velocidade dos aviões A330, havia sido sugerida pela Airbus há um ano. E o chefe da investigação do acidente confirmou que o A330 sinistrado não teve os seus sensores trocados, ou seja, que ele voava com o equipamento que em altas altitudes tendia a congelar. Eis a explicação da companhia quanto aos fatos, conforme divulgado pelo Jornal do Brasil:

> Voo Air France 447. Devido às dúvidas na imprensa em relação às sondas "Pitot" (sonda "Pitot" é o instrumento que permite medir a velocidade aerodinâmica da aeronave) a Air France esclarece: 1) Os defeitos de funcionamento das sondas Pitot do A320 levaram o fabricante a editar em setembro de 2007 uma recomendação de troca das sondas. Esta recomendação também se aplica aos aviões de longo-curso que utilizam as mesmas sondas e sobre os quais foi observado um número irrelevante de incidentes do mesmo tipo. Vale lembrar que uma recomendação do fabricante dá ao operador a liberdade de aplicar a troca totalmente, parcialmente ou não trocar. Por outro lado, quando envolve a segurança, o fabricante, em conjunto com as autoridades, emite um boletim obrigatório (*mandatory service bulletin*) reforçado por uma "instrução de navegabilidade" (*Airworthiness directive*). A recomendação de trocar as sondas é aplicada pela Air France nos A330 onde tais incidentes por ingestão de água a baixa altitude foram observados. Ela não foi aplicada nos A340/330 por não terem sido constatados tais incidentes. 2) A partir de maio de 2008 a Air France observa incidentes de perda de informações anemométricas em voo em velocidade de cruzeiro nos A340 e A330. Estes eventos são analisados com a Airbus, como decorrentes de fluxo de gelo nas sondas, com a pane desaparecendo em alguns minutos. Discussões com o fabricante foram então estabelecidas por ocasião de reuniões técnicas. A Air France pediu uma solução para reduzir ou eliminar a aparição destes incidentes. Em resposta, o fabricante indicou que o modelo recomendado para o A320 não foi concebido para prevenir os incidentes ocorridos em velocidade de cruzeiro em alta altitude e relembrou às tripulações os procedimentos operacionais já bastante conhecidos. No primeiro trimestre de 2009, os testes em laboratório mostraram que a nova sonda poderia trazer uma melhoria significativa ao problema de gelo em altas altitudes em relação à sonda anterior. Para confirmação final, a Airbus propôs uma experimentação em voo, em situação real. Sem aguardar esta experimentação, a Air France decidiu trocar todas as

sondas de sua frota A330/340 e este programa de troca foi lançado em 27 de abril de 2009. Sem pressupor uma ligação com as causas do acidente, a Air France acelerou este programa de troca e relembrou as instruções em vigor emitidas pelo fabricante para fazer face à perda potencial das informações anemométricas. (Fonte: Jornal do Brasil). (MELO, 2012, p. 77).

No caso em tela não se esperou por comprovações científicas da verdadeira queda do avião para a tomada das providências necessárias. Aplicou-se concretamente o Princípio da Precaução, embora em momento temporal tardio para evitar a tragédia havida em maio de 2009.

## CONSIDERAÇÕES FINAIS

Meio ambiente do trabalho e meio ambiente natural fazem parte de um todo indissociável e constituem patrimônio essencial para a sadia qualidade de vida. A defesa e preservação do meio ambiente compete ao Poder Público e às pessoas das presentes e futuras gerações.

Ainda que se reconheça que o dinheiro e os valores que nele estão encerrados gerem ações que vão de encontro às aspirações de saúde e segurança do trabalhador, impõe-se, inclusive com a inspiração provinda das declarações da UNESCO (Declaração Universal sobre Bioética, 2005), a confiança de que o homem, após séria reflexão sobre sua existência e sobre o meio ambiente de trabalho, e movido por um sentido moral e princípios éticos, identificará as injustiças e fará as escolhas certas, evitando o perigo, assumindo responsabilidades e buscando formas cooperativas de solucionar as situações críticas de riscos ambientais trabalhistas.

É inaceitável esperar as consequências danosas da agressão ao meio ambiente do trabalho para somente depois buscar formas de reparação. A greve ambiental, consubstanciada na paralisação temporária das atividades profissionais, é recurso jurídico colocado à disposição de todo e qualquer trabalhador em situações de risco à sua saúde e vida, mesmo em favor daqueles que não têm vínculo de trabalho regido pela CLT, e é exercitável em face de toda e qualquer pessoa que se aproveite do trabalho humano ou tenha deveres relacionados à manutenção da incolumidade física e psíquica do operariado. Portanto, a greve ambiental pode se dirigir a outras pessoas, distintas do tomador direto dos serviços, inclusive mediante solidariedade de trabalhadores de outras categorias.

Essa espécie de greve pode abranger riscos chamados de "comuns" ou "graves e iminentes". A greve ambiental fundada nestes, diante da urgência, pode ser deflagrada inclusive por um único trabalhador, sem necessidade do cumprimento das formalidades previstas na Lei de Greve. Já a baseada em questões de riscos "comuns" haverá de observar as formalidades previstas na Lei nº 7.783/1989.

Como toda greve, a ambiental também se sujeita à avaliação de abusividade. Se for legítima ela não poderá ser motivo de resolução do contrato de trabalho e, diante de previsão contida na Convenção nº 155 da OIT e em várias constituições estaduais (aplicáveis extensivamente a outras federações com a autorização do art. 8º da CLT) não poderá ensejar descontos de salários e demais vantagens relativas aos dias da paralisação, ou seja, engendra efeitos interruptivos nos contratos de trabalho daqueles que aderirem ao movimento.

A greve ambiental, no Brasil, é um direito social e fundamental, de matiz constitucional. Detém natureza instrumental porque é por intermédio dele que outros direitos serão realizados, no caso, os inerentes à preservação da saúde e da vida do trabalhador.

Para o exercício concreto e não abusivo do direito à greve ambiental é necessário compreender adequadamente alguns conceitos, a saber, o de meio ambiente do trabalho, o de risco grave e iminente, bem assim o conceito de saúde. Faz-se indispensável, ainda, o perfeito entendimento dos Princípios da Prevenção e da Precaução, sobretudo deste último.

O meio ambiente do trabalho é constituído pelo local onde a pessoa trabalha, dentro ou fora do ambiente físico da empresa. É consubstanciado ainda por todos os elementos que compõem as condições materiais, imateriais, físicas ou psíquicas de trabalho de uma pessoa, inclusive os locais onde se dão as repercussões sociais da atividade trabalhista na vida de cada operário singularmente considerado.

Saúde, para além de um estado completo de bem-estar físico, mental e social (e não somente a ausência de doença ou enfermidade), situação para muitos tida como utópica (dado que o "completo" bem-estar seria inatingível), é, em associação ou em substituição a esse conceito, o resultado de um processo de enfrentamento das adversidades enfrentadas pelo homem, a disponibilização de meios para que cada pessoa possa traçar seu caminho pessoal e original rumo ao mencionado bem-estar.

Risco grave e iminente é aquele atual que, identificado de maneira clara e objetiva, com facilidade ou após estudo técnico ergonômico mais acurado, demanda ação urgente. É situação extremamente harmônica ao instituto da greve ambiental porque, quando detectado, não pode ficar à mercê do tempo necessário ao cumprimento das formalidades previstas na Lei nº 7.783/1989.

O Princípio da Prevenção carrega em si os desideratos do rastreamento, do diagnóstico e da adoção de medidas tendentes à preservação de eclosão de eventos que possam macular a integridade biopsicossocial do trabalhador. Atua no cenário daquilo que é previsível e passível de enfrentamento ou contingenciamento e se concretiza pela eliminação ou isolamento do agente danoso, pela adoção de medidas coletivas de proteção e ou organização da atividade produtiva, pela concessão, fiscalização e uso de mecanismos de proteção para neutralizarem a agressão à saúde e, quando isto não for possível, e a atividade indispensável, pela imposição de elevação dos custos da atividade insalubre ou perigosa, mediante aplicação de adicionais de remuneração.

O Princípio da Precaução incide na incerteza ou na dúvida científica sobre a danosidade de determinada atividade trabalhista e preconiza que, quando a técnica não for suficientemente bastante para dizer, com precisão, sobre a sanidade ou insanidade de uma espécie de trabalho, a decisão há de ser sempre a de cessação da atividade.

Enquanto a prevenção relaciona-se com a adoção de medidas que identifiquem, corrijam e ou evitem danos previsíveis, a precaução intui evitar uma situação de risco ainda não absolutamente delimitado pela Ciência.

Esses princípios hão de subsidiar as decisões sobre greves ambientais e, igualmente, devem nortear as avaliações administrativas e jurídicas quando iniciadas discussões sobre eventuais abusividades nos movimentos paredistas.

**O instituto da greve ambiental, especialmente a que toca riscos graves e iminentes**, não é muito utilizado no Brasil, seja por conta da falta de uma melhor compreensão sobre as balizas jurídicas correspondentes, seja porque os bens tutelados, vida e saúde, não contêm expressão econômica imediata. É, todavia, um autêntico mecanismo de busca de dignidade humana, e mais, de elevação do homem que está inserido no mundo do trabalho, e que nesse contexto busca o seu sustento, bem assim a subsistência daqueles que dele dependem.

# SEÇÃO X

# MEIO AMBIENTE DO TRABALHO: ENDEMIAS, EPIDEMAIS E PANDEMIAS

# CAPÍTULO 39
## CORONAVÍRUS E MEIO AMBIENTE DO TRABALHO

*Guilherme Guimarães Feliciano*
*Paulo Roberto Lemgruber Ebert*

### 39.1. A PANDEMIA GLOBAL: ESCALADA DO DESALENTO

Nos primeiros dias de 2020, o mundo soube do surto endêmico de uma nova forma de coronavírus – o *SARS-CoV-2* –, à altura restrito à cidade de Wuhan, capital da província da China central, entrecortada pelos rios Yangtzé e Han. Ao contrário de seus análogos já conhecidos (a SARS e a MERS, p. ex.[1]), a doença provocada pelo *SARS-Cov-2* – conhecida como *COVID-19* – tinha por características sintomáticas a manifestação mais intensa e duradoura de coriza, febre, diarreia, vômito, falta de apetite, perda do olfato e do paladar, aguda dificuldade respiratória e dores no corpo que poderiam evoluir para um quadro de pneumonia grave.

Desde a fase epidêmica, combater o avanço da síndrome se tornou a preocupação prioritária da Organização Mundial da Saúde, que logo a classificou como "emergência de saúde pública de importância internacional" (= *"public health emergency of international concern"*, ou PHEIC), no mais elevado nível de alerta do Regulamento Sanitário Internacional. Na dicção de Tedros Adhanom Ghebreyesus (diretor-geral da OMS) e de Roberto Azevêdo (diretor-geral da OMC):

> [o] objetivo do Regulamento Sanitário Internacional é prevenir, proteger contra, controlar e proporcionar uma resposta de saúde pública à disseminação internacional de doenças de modo proporcional aos riscos à saúde pública, com vista a minimizar a interferência no tráfego e no comércio internacionais. As regras da OMC fornecem aos governos as flexibilidades necessárias para enfrentar situações de escassez de suprimentos médicos essenciais e/ou desafios de saúde pública. No entanto, qualquer medida tomada para promover a saúde pública deve ser "direcionada, proporcional, transparente e temporária", em consonância com os recentes apelos dos líderes mundiais. Os governos devem evitar medidas que possam interromper as cadeias de fornecimento e impactar negativamente as pessoas mais pobres e vulneráveis, notadamente em países em desenvolvimento e menos desenvolvidos que são tipicamente dependentes de importações de medicamentos e equipamentos médicos. (AZEVÊDO; GHEBREYESUS, 2020)[2]

---

1   Identificaram-se, até este momento, sete variedades de coronavírus humanos (HCoVs), entre eles o SARS-COV (causador da SARS, ou Síndrome Respiratória Aguda Grave), o MERS-COV (causador da MERS, ou Síndrome Respiratória do Oriente Médio) e o SARS-CoV-2 (vírus causador da COVID-19). Cfr. "Folha informativa - COVID 19", 14 maio 2020. Disponível em https://www.paho.org/bra/index.php?option=com_content&view=article&id=6101:covid19&Itemid=875. Acesso em: 14 maio 2020.

2   Em tradução livre, cujo original em Inglês é: *"The purpose of the International Health Regulations is to prevent, protect against, control and provide a public health response to the international spread of disease in ways that are commensurate with public health risks, with a view to minimizing interference with international traffic and trade. WTO rules provide governments with the flexibilities they may need to address essential medical supply shortages and/or public health challenges. But any measure taken to promote public health that restricts trade should be 'targeted, proportionate, transparent and temporary', consistent with recent calls from world leaders. Governments need to avoid measures that can disrupt supply chains and negatively impact the poorest and most vulnerable,*

A sigla COVID-19 combina a expressão anglófona "*Coronavirus disease*" com o ano de surgimento da moléstia (2019). Nas semanas e meses seguintes, o surto ganharia o *status* de epidemia, atingindo as demais metrópoles chinesas e extrapolando as fronteiras daquele país em direção ao Japão e à Coreia do Sul para, então, se dispersar por todo o mundo, no embalo do frenético trânsito de pessoas e de bens a caracterizar a economia globalizada do século XXI. Em 11 de março de 2020 era reconhecida como uma **pandemia**: doença de alto poder de contágio, que se espalha velozmente ao longo das fronteiras nacionais, alcança vários Estados nacionais e tende à contaminação planetária (GREENBERG *et al.*, 2005, p. 18 e s.)[3].

No final de fevereiro, após a COVID-19 se propagar em solo europeu, foram registrados os primeiros casos no Brasil. No decorrer do mês de março, os doentes já eram contados aos milhares e os mortos às centenas, restando ao Ministério da Saúde reconhecer – e anunciar – a ocorrência de transmissão comunitária em todo o território nacional. Em termos epidemiológicos, tal estágio é caracterizado pela dispersão autônoma da doença em uma determinada região geográfica e pela impossibilidade de identificação e de controle a respeito de sua cadeia de contágio[4]. No momento em que encerramos a redação deste derradeiro capítulo (última semana de dezembro de 2020), o Brasil ultrapassa a marca dos 189 mil mortos pelo novo coronavírus (no início de maio, eram 12 mil); no mundo, somam-se mais de 1.730.000 óbitos[5].

## 39.2. A PANDEMIA, A CONSTITUIÇÃO E O MEIO AMBIENTE DO TRABALHO. CORONAVÍRUS E POLUIÇÃO LABOR-AMBIENTAL. A MP Nº 927/2020

A partir do momento em que se reconhecia nacionalmente o fenômeno da transmissão comunitária, a dispersão do coronavírus adquiriu outro patamar, tornando-se uma questão efetivamente *ambiental*, na medida em que a circulação do micro-organismo nos espaços naturais e artificiais que abrigam a população em geral passou a consubstanciar *risco biológico sistêmico*

---

*notably in developing and least developed countries that are typically reliant on imports of medicines and medical equipment*". A declaração conjunta foi publicada após o reconhecimento do estado de pandemia global.

3   As pandemias – de que são (ou foram) exemplos a peste negra (século XIV, dizimando cerca de 200 milhões de pessoas em 10 anos), a gripe espanhola (que matou aproximadamente 50 milhões de pessoas entre 1918 e 1920) e a própria SIDA (modalidade de "pandemia duradoura", que já infectou 38 milhões de pessoas no mundo) – diferem conceitualmente das epidemias, das endemias e dos surtos. A *epidemia* espalha-se dentro dos limites de um mesmo país, superando os números ordinários de contágio esperados pelas organizações nacionais de saúde. A *endemia* atinge determinada região com frequência (a chamada "faixa endêmica"), afetando basicamente os habitantes daquela região, não raro em condições de sazonalidade (*e.g.*, a febre amarela em municípios da região Norte do Brasil); nos termos do art. 20, II, § 1º, "d", da Lei 8.213/1991, descaracteriza a patologia como doença do trabalho, "*salvo comprovação de que é resultante de exposição ou contato direto determinado pela natureza do trabalho*" (= demonstração/presunção de nexo etiológico). O *surto*, enfim, extrapola os números ordinários de contágio, mas alcança espaços geográficos restritos e tende a ter curta duração, sem sazonalidades (*e.g.*, um surto de sarampo em determinado grupo escolar).

4   Segundo o conceito epidemiológico definido pelo próprio Ministério da Saúde, a transmissão comunitária compreende "[a] incapacidade de relacionar casos confirmados através de cadeias de transmissão para um grande número de casos ou pelo aumento de testes positivos através de amostras sentinela (testes sistemáticos de rotina de amostras respiratórias de laboratórios estabelecidos.)" Disponível em: http://maismedicos.gov.br/images/PDF/2020_03_13_Boletim-Epidemiologico-05.pdf. Acesso em: 28 mar. 2020.

5   A propósito, *vide*: https://en.wikipedia.org/wiki/Template:COVID-19_pandemic_data (Acesso em 03/11/2020); "Covid: Brasil ultrapassa 12 mil mortos e atinge marca de 881 mortes em 24 h". Disponível em: https://noticias.uol.com.br/saude/ultimas-noticias/redacao/2020/05/12/coronavirus-covid19-casos-mortes-brasil--12-maio.htm (Acesso em 14/05/2020); https://covid.saude.gov.br/ (Acesso em 24/12//2020); e, ainda, https://covid19.who.int/ (Acesso em 24/12/2020).

e *agravado*[6]. No estágio de transmissão comunitária, qualquer indivíduo está sujeito, em maior ou menor grau, a adquirir a COVID-19 nos lugares em que frequenta; e, mais, a transportar o agente transmissor para outros espaços, de modo que o vírus passou a ser um vetor biológico de base antrópica (porque disseminado pelo ser humano) passível de interferir negativamente na qualidade de vida da coletividade e de seus integrantes[7].

Nesse contexto, o *meio ambiente do trabalho*, a compreender o sistema formado pelas condições físicas, psíquicas e organizacionais que circundam os indivíduos no desempenho de suas atividades profissionais, passou a figurar como um possível espaço de entronização e circulação do novo coronavírus, de modo que aquele risco agravado, presente na generalidade dos espaços naturais e artificiais, também passou a integrá-los e a condicionar decisivamente a qualidade de vida dos trabalhadores ali inseridos[8].

Pode-se afirmar, portanto, que a entronização e a circulação do novo coronavírus nos espaços laborais constitui, em um contexto de transmissão comunitária de base antrópica (i.e., por meio de seres humanos), um nítido suposto de *poluição labor-ambiental*, na medida em que tal possibilidade acaba por instituir naqueles espaços um estado de "desequilíbrio sistêmico no

---

6  Sobre o caráter *sistêmico* (ou, mais, *gestáltico*) dos fenômenos de natureza ambiental, cfr., por todos, SOARES, Guido Fernando Silva. **As Responsabilidades no Direito Internacional do Meio Ambiente**. Campinas: Komedi Editores, 1995, *passim*. E, no campo labor-ambiental, v. FELICIANO, Guilherme G. Meio Ambiente do Trabalho: aspectos gerais e propedêuticos. *In*: **Revista do Tribunal Regional do Trabalho da Décima Quinta Região**. São Paulo: LTr, 2002, , n. 20, p.166-170; FELICIANO, Guilherme G. Saúde e segurança no trabalho: o meio ambiente do trabalho e a responsabilidade civil patronal. *In*: THOME, Candy Florencio; SCHWARZ, Rodrigo Garcia (org.). **Direito Individual do Trabalho: Curso de revisão e atualização**. São Paulo: Elsevier, 2011, p. 287-306.

7  Sobre a correlação entre meio ambiente e qualidade de vida, Michel Prieur assevera que "[h]oje estamos em vias de consolidar as reflexões formuladas há muito pelos naturalistas e ecologistas, no sentido de que o homem enquanto espécie viva faz parte de um sistema complexo de relações e de interações com seu meio natural. Disso resulta que toda ação humana tem o condão de acarretar efeitos diretos e indiretos. Sendo assim, o meio ambiente é o conjunto de fatores que exercem influência sobre o meio em que vive o homem. [...] Esse termo genérico carece, no entanto, de ser aperfeiçoado e complementado por uma série de outros vocábulos usualmente empregados em sentidos frequentemente próximos, a saber, *ecologia, natureza, qualidade de vida* e *lugar de vida*.

[...] A expressão [*qualidade de vida*] tornou-se uma espécie de complemento necessário à própria definição de *meio ambiente*. Ela quer exprimir o desejo de se buscar os aspectos qualitativos da vida em detrimento dos aspectos quantitativos (nível de vida) e de exprimir, de modo claro, que o conceito de meio ambiente não diz respeito tão somente à *natureza*, mas também ao homem no que concerne às suas relações sociais, de trabalho e de lazer" (PRIEUR, Michel. **Droit de l'environnement**. 5ᵉ Édition. Paris: Dalloz, 2004. p. 1-4). No original: "*Aujourd'hui éclate au grand jour ce qui résultait depuis fort longtemps des réflexions des naturalistes et écologues, à savoir que l'homme comme espèce vivante fait partie d'un système complexe de relations et d'interrelations avec son milieu naturel. Il en résulte que toute action humaine a des effets directs ou indirects insoupçonnés. De ce fait, l'environnement est l'ensemble des facteurs qui influent sur le milieu dans lequel l'homme vit. [...] Ce terme général mérite cependant d'être précisé et complété par une série d'autres vocables couramment utilisés dans sens souvent voisins : écologie, nature, qualité de la vie, cadre de vie. [...] La formule [qualité de la vie] est devenue une sorte de complément nécessaire à l'environnement. Elle veut exprimer la volonté d'une recherche du qualitatif après les déceptions du quantitatif (niveau de vie) et bien marquer que l'environnement concerne non seulement la nature mais aussi l'homme dans ses rapports sociaux, de travail, de loisirs*".

8  Segundo o conceito formulado por Norma Sueli Padilha, "[o] meio ambiente do trabalho compreende o hábitat *laboral* onde o ser humano trabalhador passa a maior parte de sua vida produtiva provendo o necessário para a sua sobrevivência e desenvolvimento por meio do exercício de uma atividade laborativa [e] abrange a segurança e a saúde dos trabalhadores, protegendo-o contra todas as formas de degradação e/ou poluição geradas no ambiente de trabalho. [...] Na leitura principiológica dos valores protegidos pelo art. 225 do Texto Constitucional, não resta dúvida que entre 'todos', inclui-se o ser humano na sua qualidade de trabalhador, pois no exercício desta condição submete diariamente sua saúde e energia vitais a um ambiente que, embora artificialmente construído, deve também proporcionar-lhe sadia qualidade de vida, por meio de controle de agentes degradadores que possam afetar sua saúde em todos os seus múltiplos aspectos" (PADILHA, Norma Sueli. **Fundamentos constitucionais do direito ambiental brasileiro**. Rio de Janeiro: Elsevier, 2010, p. 373-375).

arranjo das condições de trabalho [e] da organização do trabalho", de modo a ocasionar aos indivíduos ali ativados "riscos intoleráveis à segurança e à saúde física e mental [...] arrostando-lhes, assim, a sadia qualidade de vida" (MARANHÃO, 2017, p. 234). Ou, na esteira da Lei nº 6.938/1981 – como preferimos (de modo a evitar polêmicas conceituais[9]) –, um estado de "degradação da qualidade ambiental resultante de atividades que direta ou indiretamente [...] prejudiquem a saúde, a segurança e o bem-estar da população [e] criem condições adversas às atividades sociais e econômicas" (art. 3º, III, "a" e "b").

No ordenamento jurídico brasileiro, com efeito, *o direito ao meio ambiente equilibrado*, como consagrado pelo art. 225, *caput*, da Constituição, abrange todos os aspectos naturais, artificiais e culturais – logo, físicos e imateriais – que circundam os seres humanos e que interferem na sua sadia qualidade de vida, incluindo-se aí aqueles que integram e condicionam o trabalho por eles desempenhado. Nesse sentido, o próprio Supremo Tribunal Federal (2015) já teve a oportunidade de reconhecer expressamente que *"a existência digna [...] perpassa necessariamente pela defesa do meio ambiente (art. 170, VI, da CRFB/88), nele compreendido o meio ambiente do trabalho (art. 200, VIII, da CRFB/88)"*.

E como corolário do direito ao meio ambiente do trabalho equilibrado ("*ex vi*" do art. 225, *caput*, c.c. arts. 193 e 200, VIII, da Constituição Federal), a *lex legum* consagrou, no seu art. 7º, XXII, o direito social jusfundamental à *"redução dos riscos inerentes ao trabalho"*, que **(a)** realiza no plano laboral o princípio jurídico-ambiental da melhoria contínua – ou, como prefere Sebastião Geraldo de Oliveira (2011, p. 148), princípio do "risco mínimo regressivo" –, **(b)** é titularizado por todos os trabalhadores em atividade no território nacional (ou, fora dele, se em conexão com o ordenamento jurídico brasileiro[10]), sejam ou não subordinados, e **(c)** traduz-se, para os empresários, nos deveres de antecipação, de planejamento e de prevenção dos riscos labor-ambientais. Tais deveres demandam, em síntese, a adoção de todas as medidas e instrumentos disponíveis no mercado, de acordo com o estado da técnica, que sejam economicamente viáveis e tecnologicamente aptos a promover a eliminação ou a mitigação das ameaças à vida, à

---

9   Em relação ao conceito de Ney Maranhão, p. ex., entendemos que a "intolerabilidade" dos riscos não pode ser um elemento do *conceito* de poluição labor-ambiental; antes, é uma *consequência* da configuração do estado labor-ambiental de degradação antrópica, na medida em que poderemos ter desequilíbrio labor-ambiental, com os efeitos do art. 14, par. único, da Lei 6.938/1981 – responsabilidade civil objetiva –, *mesmo nos casos em que o empregador observe rigorosamente os limites de tolerância da legislação relativa à saúde e à segurança no trabalho* (CLT, decretos, NRs etc.), caso aos riscos artificialmente criados se somem, p. ex., riscos externos de origem natural (*e.g.*, na combinação deletéria entre as substâncias liberadas ou os materiais fornecidos, por um lado, e as condições atmosféricas do local, por outro). Cite-se, como exemplo, caso julgado pelo primeiro Autor deste artigo, junto à 1ª Vara do Trabalho de Taubaté/SP, em que certo vigilante havia sido atingido por uma descarga elétrica atmosférica, durante ronda noturna externa, por conta – entre outros fatores – de botas com biqueiras de aço que lhe foram fornecidas pelo empregador. Nesse exemplo, não se pode afirmar que o fornecimento das botas tenha engendrado, por parte do empresário – o "sujeito poluidor" ao qual se imputa o resultado lesivo –, um risco "intolerável" para o empregado ou para o meio ambiente. Porque, todavia, houve a degradação das condições de segurança labor-ambiental com a *combinação* dos riscos internos e externos – e, logo, deu-se o estado de poluição –, é que se pode afirmar, "*a posteriori*" (e não "*a priori*"), que tais riscos *combinados* foram juridicamente intoleráveis. Essa objeção foi apresentada a Maranhão à altura da defesa de sua Tese de Doutorado (que originou o livro), em qualificada banca composta pela Universidade de São Paulo para esse fim.
10   V., *e.g.*, Lei nº 7.064/1982, art. 3º, II, *in verbis*: "*A empresa responsável pelo contrato de trabalho do empregado transferido* [para o exterior] *assegurar-lhe-á, independentemente da observância da legislação do local da execução dos serviços:* [...] *II – a aplicação da legislação brasileira de proteção ao trabalho, naquilo que não for incompatível com o disposto nesta Lei, quando mais favorável do que a legislação territorial, no conjunto de normas e em relação a cada matéria*".

integridade psicofísica e à saúde dos trabalhadores, de modo a *precaver* e *prevenir* a ocorrência de quaisquer vicissitudes[11].

Em linha com tal diretriz constitucional, a Convenção nº 155 da OIT, ratificada pelo Brasil (Decreto nº 1.254/1994) – e, a nosso viso, internalizada com força de *supralegalidade* (mercê da intelecção do RE nº 466.343 e do RE nº 349.703, entre outros[12]) –, estabelece em seus arts. 16 a 18 que as empresas são obrigadas a garantir a segurança de seus processos operacionais com relação à integridade psicofísica de seus trabalhadores, bem como a implementar todas as medidas cabíveis, segundo a melhor técnica disponível, para elidir ou minimizar os riscos existentes em seus ambientes de trabalho, incluindo-se, aí, a elaboração de procedimentos destinados a lidar com situações de urgência[13].

Logo, à luz do conceito de meio ambiente do trabalho contemplado pela Constituição Federal de 1988, bem como dos dispositivos constitucionais e convencionais que asseguram a sua higidez com vista ao resguardo da vida, da saúde e da segurança dos trabalhadores, convém repisar: **o ingresso do novo coronavírus nos locais de trabalho, em um contexto de transmissão comunitária, configura um efetivo risco a desestabilizar o equilíbrio das condições de trabalho e a qualidade de vida dos trabalhadores**, configurando típica hipótese de **poluição labor-ambiental** (CF, art. 200, VIII, c.c. Lei *nº* 6.983/1981, art. 3º, III, "a" e "b"), uma vez consumada a contaminação interna.

Note-se, ademais, que, de acordo com a mesma Lei nº 6.938/1981, o poluidor é classificado em seu art. 3º, IV, objetivamente, como "a pessoa física ou jurídica, de direito público ou privado, responsável, direta ou indiretamente, por atividade causadora de degradação ambiental". Daí porque, oportunizando a entronização e a circulação do novo coronavírus no meio ambiente artificialmente organizado, em condições de transmissão comunitária, há risco proibido ou "intolerável" – i.e., risco não inerente à atividade e desaprovado pela ordem jurídica – que convola o empregador em poluidor, para os fins do referido art. 3º, IV (ainda que indiretamente,

---

11 A *precaução*, como se sabe, diz com a tutela jurídica de proteção antecipada que atua nos contextos de *incerteza científica* (veja-se o Princípio 15 da Declaração do Rio de Janeiro de 1992), enquanto a *prevenção* diz com essa mesma tutela em contextos ordinários, de modo a evitar a consumação de danos ambientais. A nosso ver, o conceito de precaução é, por assim dizer, uma "especialização" do conceito de prevenção. Cfr., por todos, FELICIANO, Guilherme G. **Meio Ambiente do Trabalho...**, p.175-177; WERNER, Sascha. ***Das Vorsorgeprinzip: Grundlagen, Maßstäbe und Begrenzungen. In: Umwelt- und Planungsrecht***. Heidelberg: Verlagsgruppe Hüthig Jehle Rehm, 2001, Band 21, n. 9, p. 335-340; ROCHA, Júlio César de Sá. **Direito ambiental do trabalho. Mudanças de paradigma na tutela à saúde do trabalhador**. 2. ed. São Paulo: Atlas, 2013, p. 238.
12 Ambos deram origem à Súmula Vinculante nº 25, pela qual "[é] *ilícita a prisão civil de depositário infiel, qualquer que seja a modalidade de depósito*". Tal como o art. 5º, LXVII, porém, o art. 7º, XXII, também se encontra no Título II da Constituição e encerra direito humano fundamental. No primeiro dos arestos citados (voto vencedor), lê-se o seguinte: "[...] diante do inequívoco caráter especial dos tratados internacionais que cuidam da proteção dos direitos humanos, não é difícil entender que a sua internalização no ordenamento jurídico, por meio do procedimento de ratificação previsto na CF/1988, tem o condão de paralisar a eficácia jurídica de toda e qualquer disciplina normativa infraconstitucional com ela conflitante. [...]" (RE 466.343**,** rel. Min. Cezar Peluso**,** voto do Min. Gilmar Mendes, Plenário, j. 03/12/2008, *DJE* 104 de 05/06/2009, Tema 60).
13 *"Art. 16 — 1. Deverá ser exigido dos empregadores que, na medida que for razoável e possível, garantam que os locais de trabalho, o maquinário, os equipamentos e as operações e processos que estiverem sob seu controle são seguros e não envolvem risco algum para a segurança e a saúde dos trabalhadores.*

*Art. 17 — Sempre que duas ou mais empresas desenvolverem simultaneamente atividades num mesmo local de trabalho, as mesmas terão o dever de colaborar na aplicação das medidas previstas na presente Convenção.*

*Art. 18 — Os empregadores deverão prever, quando for necessário, medidas para lidar com situações de urgência e com acidentes, incluindo meios adequados para a administração de primeiros socorros."*

à maneira das entidades financiadoras, licenciadoras ou "oportunizadoras" em geral[14]), haja ou não "culpa" no fato da contaminação interna. Daí porque os tomadores de serviços em geral se encontram obrigados, por força dos arts. 7º, XXII e 225, caput, da Constituição Federal e dos arts. 16 a 18 da Convenção nº 155 da OIT, a implementar programas e medidas concretas de prevenção destinadas a eliminar ou minimizar as ameaças derivadas do novo coronavírus.

E, nessa precisa ordem de ideias, entendíamos serem inconstitucionais, por malferimento ao art. 7º, XXII, da Constituição (risco mínimo regressivo), os arts. 15, 16, 17, 29 e 31 da Medida Provisória nº 927, de 22/03/2020. O art. 29 da MP 927/2020, em particular, era a mais cintilante das pérolas que coroavam a pantomima ensaiada naquele diploma, quanto à finalidade de proteção do trabalhador (já que o objetivo de preservação do emprego, externado no caput do art. 1º, há de ser necessariamente o de preservar o emprego decente[15]) e de respeito à ordem constitucional (já que o art. 2º enuncia, como perímetro de validade para os acordos individuais escritos – e, supõe-se, para todas as possibilidades engendradas pela medida provisória – "os limites estabelecidos na Constituição").

Com efeito, se no início de março de 2020 o Ministério da Saúde reconhecia publicamente o estado de transmissão comunitária do SARS-Cov-2 em todo o território nacional, como poderia ser razoável que o Poder Executivo federal editasse, no final do mesmo mês, um ato normativo apto a suspender "a obrigatoriedade de realização dos exames médicos ocupacionais, clínicos e complementares, exceto dos exames demissionais" (e esses, ademais, apenas se não houver exame demissional realizado há menos de cento e oitenta dias), consoante art. 15, caput e § 3º, da MP nº 927/2020? Como tal suspensão – que aumenta sensivelmente os riscos de internalização do novo coronavírus nos ambientes corporativos (quando o comando constitucional vai na direção da redução de riscos) – poderia colaborar para com o achatamento das curvas de contaminação, cada vez mais exponenciais em todo o país (caminhando-se, como dissemos alhures, para ser o epicentro global da pandemia) (FELICIANO; TRINDADE, 2020)? O que dizer, nesse contexto, da responsabilidade do empregador que, dispensando o exame médico admissional – como autoriza o art. 15 –, vier a inserir, em seus quadros de pessoal, trabalhador contaminado pelo SARS-Cov-2 que, ao tempo da admissão, apresentava boa parte dos sintomas da COVID-19? Poderá ulteriormente se eximir da responsabilidade civil derivada da contaminação dos demais empregados.

---

14  Poluidor indireto é aquele que "não executa a atividade diretamente causadora do dano", mas contribui para a lesão, desde que se vincule por um necessário "dever de segurança"; e tal será o caso, se entendermos que o empregador não "causa" a contaminação (porque o vírus já está circulando externamente, em condições de contaminação comunitária), mas a *oportuniza*, já que o meio ambiente de trabalho se transforma em uma "caixa de ressonância" contaminatória. Cfr. BECHARA, Erika. A responsabilidade civil do poluidor indireto e a obrigação *propter rem* dos proprietários de imóveis ambientalmente degradados. *In*: **Cadernos Jurídicos da Escola Paulista da Magistratura**. São Paulo: TJSP, março-abril/2019 (ano 20), n. 48, p. 143 e s. V. também BENJAMIN, Antônio Herman. Responsabilidade pelo dano ambiental. *In*: **Revista de Direito Ambiental**. São Paulo: Revista dos Tribunais, jan.-mar./2019, n. 9, *passim*.

15  E "trabalho decente", segundo a Organização Internacional do Trabalho, é todo trabalho produtivo e de qualidade, igualitariamente acessível e adequadamente remunerado, exercido em condições de liberdade, equidade, **segurança** e dignidade humana, apto a contribuir, qual condição fundamental, para a superação da pobreza, a redução das desigualdades sociais, a garantia da governabilidade democrática e o desenvolvimento sustentável. O conceito foi formalizado, na ordem jurídica internacional, em 1999, e depois reafirmado em 2008, na 97ª Conferência Internacional do Trabalho, com a aprovação da "Declaração da OIT sobre a justiça social para uma globalização equitativa" (Disponível em: https://www.ilo.org/wcmsp5/groups/public/---americas/---ro-lima/---ilo-brasilia/documents/genericdocument/wcms_336918.pdf. Acesso em 15/05/2020).

Entendemos que não (e, já por isso, a importância de que os coordenadores de PCMSO valham-se largamente da hipótese do art. 15, § 2º[16]). A MP nº 927/2020 não introduz qualquer "imunidade" contra a responsabilidade civil, ao contrário da recente MP nº 966/2020[17]; e, a nosso ver, nem poderia fazê-lo, do ponto de vista constitucional, mercê da norma do art. 7º, XXVIII, 2ª parte, da CRFB ("[...] seguro contra acidentes de trabalho, a cargo do empregador, sem excluir a indenização a que este está obrigado [...]"). Se, ademais, a responsabilidade civil se estabelece em razão da degradação das condições de higiene e de segurança biológica do meio ambiente do trabalho – pela introdução furtiva do novo coronavírus, oportunizada pela ausência de exames médicos admissionais ou mesmo periódicos[18] –, não caberá discutir a culpa do empregador, "ex vi" do art. 14, § 1º, da Lei nº 6.938/1981[19]. De nada lhe valerá afirmar, portanto, que apenas dispensou os exames médicos porque "a lei" – rectius: a MP nº 927/2020 – autorizava-o a fazê-lo (embora o autorize, de fato e de direito, para fins administrativos). Afinal, como bem pondera Leme Machado, "pode haver poluição ainda que se observem os padrões ambientais", i.e., ainda que o sujeito cinja-se estritamente aos limites da lei[20]. A ilicitude da poluição – inclusive a

---

16   "*Art. 15.* [...] § 2º. *Na hipótese de o médico coordenador de programa de controle médico e saúde ocupacional considerar que a prorrogação representa risco para a saúde do empregado, o médico indicará ao empregador a necessidade de sua realização*". A norma, com efeito, não deve ser entendida apenas na perspectiva individualista do empregado que será (ou não) submetido ao exame médico, mas também em perspectiva coletiva e epidêmica, no interesse de todos os trabalhadores que serão de algum modo expostos ao convívio com tal empregado.

17   Nos termos de seu art. 1º, agentes públicos só poderão ser responsabilizados civil ou administrativamente, por suas ações e omissões em condutas relacionadas à pandemia da COVID-19 (seja quanto ao "enfrentamento da emergência de saúde pública", seja ainda quanto ao "combate aos efeitos econômicos e sociais decorrentes da pandemia"), "se agirem ou se omitirem com dolo ou erro grosseiro". Por "erro grosseiro", ademais, a MP compreende "o erro manifesto, evidente e inescusável praticado com culpa grave, caracterizado por ação ou omissão com elevado grau de negligência, imprudência ou imperícia" (art. 2º), considerando-se os obstáculos e as dificuldades reais do agente público, a complexidade da matéria e das atribuições exercidas pelo agente público, a circunstância de incompletude de informações na situação de urgência ou emergência, as circunstâncias práticas que houverem imposto, limitado ou condicionado a ação ou a omissão do agente público e, por fim, o contexto de incerteza acerca das medidas mais adequadas para enfrentamento da pandemia da COVID-19 e das suas consequências, inclusive as econômicas (art. 3º). Em síntese, portanto, a Medida Provisória 966/2020 **afasta** qualquer possibilidade de responsabilidade objetiva, civil ou administrativa, dos agentes públicos de quaisquer poderes ou unidades federativas da República, desde que estejam no desempenho de atos relacionados à pandemia. Em relação à responsabilidade civil, não se trata propriamente de uma novidade, já que o próprio art. 37, § 6º, da CRFB caminha em sentido semelhante (a responsabilidade civil objetiva, no caso, será do *Estado* – ou melhor, das pessoas jurídicas de direito público e as de direito privado prestadoras de serviços públicos –, não do agente público, que só responde em caso de dolo ou culpa). Nada obstante, e mesmo assim, há quem divise inconstitucionalidades na MP 966/2020 – a nosso ver, com razão –, por não tratar dos casos de improbidade administrativa e por limitar as possibilidades do direito de regresso, por parte do Estado, a casos específicos de "culpa grave" (= "erro grosseiro", na definição do seu art. 3º). Cfr. **Juristas afirmam que MP 966 é inconstitucional e pode beneficiar Bolsonaro**. UOL Notícias, 14/05/2020. Disponível em: https://noticias.uol.com.br/politica/ultimas-noticias/2020/05/14/juristas-afirmam-que-mp-e-inconstitucional-e-pode-beneficiar-bolsonaro.htm. Acesso em: 15 maio 2020.

18   Sustentávamos, ao revés, que as linhas de crédito abertas pela MP 944/2020 pudessem ser ampliadas para permitir que as empresas incorporassem, a seus programas de controle médico e saúde ocupacional (PCMSO), ao menos durante o estado de calamidade pública reconhecido pelo Decreto Legislativo nº 6/2020 (até 31/12/2020), *exames laboratoriais ou farmacêuticos de testagem* para identificação da COVID-19 e/ou do novo coronavírus. Com essa medida, o Governo contribuiria efetivamente para com o achatamento das curvas de contaminação. Não é, porém, o direito posto.

19   *In verbis:* "*Sem obstar a aplicação das penalidades previstas neste artigo, é o poluidor obrigado, independentemente da existência de culpa, a indenizar ou reparar os danos causados ao meio ambiente e a terceiros, afetados por sua atividade. O Ministério Público da União e dos Estados terá legitimidade para propor ação de responsabilidade civil e criminal, por danos causados ao meio ambiente*".

20   "[...] Em último lugar considera-se como poluição o lançamento de materiais ou de energia com inobservância dos padrões ambientais estabelecidos [Lei nº 6.938/1981, art. 3º, III, "e"]. Essa colocação topográfica da alínea é importante: pode haver poluição ainda que se observem os padrões ambientais. A desobediência aos padrões

labor-ambiental – deriva do fato da degradação (Lei nº 6.938/1981, art. 3º, II: "alteração adversa das características do meio ambiente"), não apenas do descumprimento de leis, de atos normativos e/ou de posturas regulamentares e administrativas. E, por potencializar os contextos de degradação do meio ambiente de trabalho – opondo-se diametralmente, insista-se, às diretrizes normativas dos arts. 7º, XXII, e 225, caput, da CRFB –, os precitados artigos da MP nº 927/2020 (15, 16, 17, 29, 31) padeceriam de inconstitucionalidade "tout court" (ou, ao menos, desafiariam interpretações conforme à Constituição).

Nada obstante, o Supremo Tribunal Federal – a quem compete a função máxima de guardar a integridade do texto constitucional –, provocado a se manifestar sobre todos aqueles dispositivos, divisou inconstitucionalidade tão somente nos textos dos arts. 29 e 31; não nos demais preceitos. Com efeito, no último dia 29/04/2020, ao julgar a ADI nº 6342-MC/DF (ajuizada pelo Partido Democrático Trabalhista)[21], o Plenário do STF deliberou suspender tão somente a eficácia dos arts. 29[22] e 31[23] da MP nº 927/2020; quanto aos demais, referendou o indeferimento da medida cautelar, como pronunciado pelo Min. Marco Aurélio Mello em 26/03/2020. Assim, ainda que não concordemos com a decisão plenária – no que diz respeito aos arts. 15, 16 e 17 –, "omnium earum *iudicium habemus*" (ao menos neste momento).

## 39.3. HOLISMO, PREVENCIONISMO, SOLIDARISMO. DEVERES E RESPONSABILIDADES PATRONAIS

Como antecipamos – e ainda à luz da Convenção nº 155 da OIT –, as medidas a serem implementadas pelos empresários, no resguardo do meio ambiente laboral e da integridade psicofísica dos trabalhadores, não se limitam às determinações legais e regulamentares expedidas pelos governos federal, estadual, municipal e/ou distrital, abrangentes das medidas concretas esperadas para este momento crítico. Nem tampouco há plena exoneração de responsabilidades

---

ambientais constitui ato poluidor, mas pode ocorrer que, mesmo com a observância dos mesmos, ocorram os danos previstos nas quatro alíneas anteriores, o que, também, caracteriza a poluição com a implicação jurídica daí decorrente" (MACHADO, Paulo Affonso Leme. **Direito Ambiental brasileiro**. 6. ed. São Paulo: Malheiros, 1996, p. 358). O autor faz tais considerações ao desenvolver o *conceito de poluição*, reportando-se ao art. 3º, III, "a" a "d", da Lei nº 6.938/1981. E, como visto, a hipótese de responsabilidade civil objetiva da Lei nº 6.938/1981 também se aplica aos casos de degradação do meio ambiente do trabalho com lesões, na esteira do próprio art. 927, § 1º, 1ª parte, do Código Civil, como ainda da tese de repercussão geral fixada pelo Supremo Tribunal Federal, em 12/03/2020, para o RE nº 828.040 (rel. Min. Alexandre de Moraes). *In verbis*: "O artigo 927, parágrafo único, do Código Civil é compatível com artigo 7º, inciso 28 da Constituição Federal, sendo constitucional a responsabilização objetiva do empregador por danos decorrentes de acidentes de trabalho **nos casos especificados em lei** ou quando a atividade normalmente desenvolvida por sua natureza apresentar exposição habitual a risco especial, com potencialidade lesiva e implicar ao trabalhador ônus maior do que aos demais membros da coletividade" (g.n.).

21   E, com ela, outras ações com idêntico ou similar objeto, propostas pela Rede Sustentabilidade (ADI 6344), pela Confederação Nacional dos Trabalhadores Metalúrgicos (ADI 6346), pelo Partido Socialista Brasileiro (ADI 6348), pelo Partido Comunista do Brasil, pelo Partido Socialismo e Liberdade e pelo Partido dos Trabalhadores conjuntamente (ADI 6349), pelo Solidariedade (ADI 6352) e pela Confederação Nacional dos Trabalhadores da Indústria (ADI 6354).

22   "**Art. 29**. Os casos de contaminação pelo coronavírus (**covid-19**) não serão considerados ocupacionais, exceto mediante comprovação do nexo causal".

23   "**Art. 31.** Durante o período de cento e oitenta dias, contado da data de entrada em vigor desta Medida Provisória, os Auditores Fiscais do Trabalho do Ministério da Economia atuarão de maneira orientadora, exceto quanto às seguintes irregularidades: I – falta de registro de empregado, a partir de denúncias; II – situações de grave e iminente risco, somente para as irregularidades imediatamente relacionadas à configuração da situação; III – ocorrência de acidente de trabalho fatal apurado por meio de procedimento fiscal de análise de acidente, somente para as irregularidades imediatamente relacionadas às causas do acidente; e IV – trabalho em condições análogas às de escravo ou trabalho infantil".

(especialmente as administrativas e civis) apenas porque tais determinações foram observadas. Noutras palavras, será equivocado qualquer apego ao legalismo formal estrito – ensejador, nesta espécie, de um censurável reducionismo jurídico –, como será equivocado, para mais, propalar que somente as condutas positivadas de forma expressa nos textos normativos seriam exigíveis, ou ainda advogar a carência de respaldo legal para que se imponham quaisquer outras condutas de prevenção/precaução, mais abrangentes que as descritas (aliás, não descritas) na MP nº 927/2020 e na legislação correlata, aos empregadores e tomadores de serviços. Semelhante entendimento, típico das "síndromes de avestruz" que sazonalmente acometem lideranças brasileiras, não faz qualquer sentido em um ordenamento jurídico que reconhece força normativa aos princípios[24].

Bem ao revés, o que os arts. 16 a 19 da Convenção nº 155 da OIT (que, aliás, também é "lei" em sentido material) impõem aos empresários – com respaldo, igualmente, nos arts. 7º, XXII e 225, caput, da Constituição Federal – é o dever geral de proteção, de prevenção (= prevenção/precaução) e/ou de indenidade labor-ambiental, pelo(s) qual(is) compete aos gestores dos riscos das atividades econômicas (i.e., aos empresários e afins) o planejamento, a antecipação e a implementação das medidas que se mostrem necessárias, diante dos casos concretos, para evitar ou minimizar as situações de potencial contágio dos trabalhadores pelo novo coronavírus[25]. Essas obrigações derivam, ademais, do princípio constitucional da solidariedade, gerador de responsabilidades recíprocas entre as pessoas (CF, art. 3º, I e IV, 1ª parte), de deveres universais de proteção em relação aos sujeitos vulneráveis (CF, art. 3º, III, 1ª parte) e do reconhecimento da diversidade e da pluralidade social (CF, art. 3º, III, 2ª parte, e IV) (CASALI, 2006); tudo isso se projeta, no plano jurídico-ambiental, como compartilhamento dos deveres de defesa e de preservação do meio ambiente – inclusive o do trabalho – para as presentes e futuras gerações, nos quais são solidários o Poder Público e a coletividade (CF, art. 225, caput), incluindo empregados e empregadores.

Formuladas tais premissas, pode-se afirmar, em termos gerais, que a primeira obrigação dos empresários em face dos riscos de introdução e proliferação do novo coronavírus nos locais de trabalho consiste na elaboração de um plano abrangente, no âmbito do respectivo PCMSO,

---

24    Conforme assinala Gustavo Zagrebelsky, "[l]os principios (...) no imponen una acción conforme con el supuesto normativo, como ocurre con las reglas, sino una toma de posición conforme con su ethos en todas las no precisadas ni predecibles eventualidades concretas de la vida en las que se puede plantear, precisamente, una cuestión de principio. Los principios, por ello, no agotan en absoluto su eficacia como apoyo de las reglas jurídicas, sino que poseen una autónoma razón de ser frente a la realidad. [...] La realidad, al ponerse en contacto con el principio, se vivifica, por así decirlo, y adquiere valor. En lugar de presentarse como materia inerte, objeto meramente pasivo de la aplicación de las reglas, caso concreto a encuadrar en el supuesto de hecho normativo previsto en la regla – como razona el positivismo jurídico –, la realidad iluminada por los principios aparece revestida de cualidades jurídicas propias. El valor se incorpora al hecho e impone la adopción de tomas de posición jurídicas conformes con él (al legislador, a la jurisprudencia, a la administración, a los particulares y, en general, a los intérpretes del derecho. El ser iluminado por el principio aún no contiene en sí el deber ser, la regla, pero sí indica al menos la dirección en la que debería colocarse la regla para no contravenir el valor contenido en el principio" (ZAGREBELSKY, Gustavo. Trad. GASCÓN, Marina. **El derecho dúctil. Ley, derechos, justicia**. 6. ed. Madrid: Trotta, 2005, p. 118).

25    Nas palavras de Carlos Hugo Preciado Domènech, "[n]o sólo la libertad de organización del empresario, sino que también la libertad de emprender actividades peligrosas y la libertad de especificación de la prestación laboral y el poder de dirección del empresario se ven fuertemente limitados por la normativa de prevención de riesgos laborales.

[...] La prevención de riesgos se integra de esta forma en la adopción de toda decisión empresarial (...), y a todos los niveles de decisión y gestión de la empresa (...), por lo que se integra – limitándola – en el núcleo mismo de la libertad organizativa de la empresa" (DOMÈNECH, Carlos Hugo Preciado. **Teoría general de los derechos fundamentales en el contrato de trabajo**. Pamplona: Aranzadi, 2018, p. 534).

capaz de **(i)** antecipar e registrar as possibilidades de ingresso daquele micro-organismo em seus estabelecimentos; e **(ii)** prever as medidas coletivas e individuais de urgência a serem implementadas nas unidades produtivas com vista a debelar ou minimizar as possibilidades de contágio pelo SARS-Cov-2 por parte dos trabalhadores, na linha do que preleciona o art. 18 da Convenção nº 155 da OIT.

Nessa alheta, a NR-01 do extinto Ministério do Trabalho (e, atualmente, "da" Secretaria Especial de Previdência e Trabalho do Ministério da Economia), já com a nova redação conferida pela Portaria nº 6.730, publicada no Diário Oficial da União de 09/03/2020, estabelece textualmente, em seu item 1.4.1, que os empresários estão obrigados a avaliar e antecipar de maneira adequada e realista os riscos ambientais presentes nos locais de trabalho, bem como a agir concretamente para elidir ou minimizar tais riscos, por intermédio **(i)** da reorganização dos fatores de produção; **(ii)** do estabelecimento de medidas de proteção coletiva e **(iii)** do fornecimento de equipamentos de proteção individual[26].

Em segundo lugar, o dever geral de indenidade labor-ambiental subjacente aos sobreditos dispositivos constitucionais e convencionais impõe aos empresários a implementação "intramuros" das medidas comezinhas de planejamento emergencial nacionalmente preconizadas para toda a população, em observância às recomendações técnicas emanadas das autoridades sanitárias para o combate à proliferação do novo coronavírus. Isso significa adaptar, às necessidades e às condições labor-ambientais concretas, as orientações voltadas para o público em geral, uma vez que os riscos gerais de contaminação (= risco geral da vida) *incrementam-se* nos espaços coletivos de trabalho, onde os indivíduos partilham da mesma geografia e se valem de equipamentos e de insumos coletivos durante longos períodos. Nesse sentido, são plenamente válidas para os locais de trabalho as seguintes diretrizes sanitárias de aplicação universal:

> **(a)** o uso de equipamentos coletivos e individuais de segurança biológica, específicos para os riscos da pandemia, como são, notadamente, a instalação de recipientes fixos ou móveis de álcool gel (para uso coletivo) e o fornecimento de máscaras de proteção (não necessariamente de tipo cirúrgico) para o convívio em grupo;
>
> **(b)** o distanciamento mínimo de, aproximadamente, dois metros entre os trabalhadores, a fim de evitar a aspiração das gotículas de saliva e de coriza exaradas em tosses, espirros ou mesmo na expiração do ar;[27]

---

26 *"1.4.1 Cabe ao empregador: a) cumprir e fazer cumprir as disposições legais e regulamentares sobre segurança e saúde no trabalho; [...] e) determinar procedimentos que devem ser adotados em caso de acidente ou doença relacionada ao trabalho, incluindo a análise de suas causas; [...] g) implementar medidas de prevenção, ouvidos os trabalhadores, de acordo com a seguinte ordem de prioridade: I. eliminação dos fatores de risco; II. minimização e controle dos fatores de risco, com a adoção de medidas de proteção coletiva; III. minimização e controle dos fatores de risco, com a adoção de medidas administrativas ou de organização do trabalho; e IV. adoção de medidas de proteção individual."*

27 Veja-se, a propósito, que essas duas primeiras medidas configuram, para o Centro de Controle e de Prevenção de Doenças dos Estados Unidos da América (*Center for Disease Prevention and Control – CDC*), a principal medida de combate ao novo coronavírus,, conforme se lê no respectivo portal: "Não há, atualmente, vacina disponível para prevenir a doença ocasionada pelo Coronavirus (COVID-19). [...] A melhor maneira de prevenir tal doença é evitar a exposição ao vírus. [...] O vírus costuma se espalhar de indivíduo para indivíduo: - Entre pessoas que estão em contato próximo umas com as outras (dentro de uma distância de 6 pés - equivalente a 1,83 metros). - Por intermédio de gotículas aspiráveis produzidas quando uma pessoa infectada tosse ou espirra. Essas gotículas podem aterrissar nas bocas e nos narizes das pessoas que estiverem próximas ou possivelmente inaladas em direção aos pulmões". No original:

*"There is currently no vaccine to prevent coronavirus disease 2019 (COVID-19). […] The best way to prevent illness is to avoid being exposed to this virus. […] The virus is thought to spread mainly from person-to-person.*

**(c)** a instalação e a disponibilização massiva de equipamentos e insumos destinados à lavagem frequente das mãos (basicamente, pias, torneiras com água corrente, sabão e toalhas descartáveis);

**(d)** a ventilação dos ambientes e a otimização da circulação do ar, evitando-se o confinamento dos indivíduos em espaços enclausurados;

**(e)** a higienização constante das bancadas, dos equipamentos de uso coletivo e dos instrumentos individuais utilizados no desempenho das atividades regulares;[28]

**(f)** o afastamento imediato dos sujeitos integrantes dos chamados "grupos de risco" (portadores de comorbidades, pessoas com idade superior a sessenta anos, gestantes, diabéticos etc.);[29] e

**(g)** o afastamento imediato dos sujeitos portadores de sintomas que permitam razoavelmente supor a contaminação pelo SARS-Cov-2 (e por isso seriam tão relevantes os exames médicos admissionais, periódicos e complementares, como apontado *supra*)[30].

Ainda sobre essa gama de cuidados labor-ambientais indispensáveis (e, em particular, quanto à necessária higienização habitual dos equipamentos coletivos e individuais de trabalho), a Organização Internacional da Saúde destaca, em sua publicação dedicada à adequação dos locais de trabalho aos riscos advindos do novo coronavírus (*"Getting your workplace ready for COVID-19"*), que as pessoas podem se infectar, no meio ambiente do trabalho, a partir das gotículas de saliva ou de corrimento nasal depositadas no maquinário e no mobiliário de uso comum ou simplesmente por sua aspiração ainda no ar, o que reforça a necessidade do distanciamento de segurança entre os trabalhadores[31].

---

*Between people who are in close contact with one another (within about 6 feet). Through respiratory droplets produced when an infected person coughs or sneezes. These droplets can land in the mouths or noses of people who are nearby or possibly be inhaled into the lungs."* Disponível em: https://www.cdc.gov/coronavirus/2019-ncov/prepare/prevention.html. Acesso em: 24 mar. 2020.

28   De acordo com as orientações preventivas da Fundação Oswaldo Cruz (FIOCRUZ) para o combate ao novo coronavírus (relativamente à população em geral), deve-se: "- Lavar as mãos principalmente antes de comer e após tossir ou espirrar; - Se não tiver água e sabão, usar desinfetante para as mãos à base de álcool; - Evitar tocar nos olhos, nariz e boca com as mãos não lavadas; - Usar lenço descartável para higiene nasal; - Cobrir nariz e boca ao espirrar ou tossir com um lenço de papel descartável ou com a parte interna do cotovelo (nunca as mãos); - Não compartilhar objetos de uso pessoal, como talheres, pratos, copos ou garrafas; - Manter os ambientes bem ventilados; - Limpar e desinfetar objetos e superfícies tocados com frequência, como celulares; - Evitar contato com pessoas que apresentem sinais da doença; - Evitar sair de casa; - Evitar locais de muita aglomeração; - Pessoas doentes devem permanecer em casa e, caso a doença se agrave, procurar a unidade básica de saúde; - Grupos vulneráveis, como idosos, crianças, gestantes, pessoas com doenças crônicas ou com imunodeficiência, devem ficar mais atentos às manifestações clínicas; - Profissionais de saúde devem utilizar medidas de precaução padrão, de contato e de gotículas (máscara cirúrgica, luvas, avental não estéril e óculos de proteção)". Disponível em: https://portal.fiocruz.br/pergunta/como-se-prevenir-contra-o-coronavirus. Acesso em; 27 mar. 2020.

29   *Vide* nota n. 33, *supra*.

30   *Vide* nota n. 33, *supra*.

31   "**Como a COVID-19 se propaga**. Quando as pessoas infectadas com COVID-19 tossem ou exalam ar, elas soltam gotículas de fluido infectado. Muitas dessas gotículas caem em superfícies próximas e em objetos – tais como escrivaninhas, mesas ou telefones. As pessoas podem adquirir a COVID-19 ao tocarem nas superfícies ou nos objetos contaminados e quando tocam, na sequência, os olhos, nariz ou a boca. Se elas estão em distância situada no raio de um metro de alguém com COVID-19 elas podem ser contaminadas através da aspiração das gotículas exaradas com a tosse e a respiração do doente. Em outras palavras, a COVID-19 se propaga do mesmo modo que a gripe comum." No original: "***How COVID-19 spreads***. *When someone who has COVID-19 coughs or exhales they release droplets of infected fluid. Most of these droplets fall on nearby surfaces and objects - such as desks, tables or telephones. People could catch COVID-19 by touching contaminated surfaces or objects – and then touching their eyes, nose or mouth. If they are standing within one meter of a person with COVID-19 they can catch it by breathing in droplets coughed out or exhaled by them. In other words, COVID-19 spreads in a similar way to*

Em respaldo às imposições acima descritas – que, insista-se, deixam de ser meras "recomendações" sanitárias e se convolam em genuínas *obrigações jurídicas* para o empregador[32], mercê do risco profissional engendrado no interesse da atividade econômica (princípio da alteridade: CLT, art. 2º, *caput*) e do seu dever de garante do equilíbrio labor-ambiental (CRFB, arts. 7º, XXII, 225 e 200, VIII) –, a Organização Internacional do Trabalho editou, recentemente, o informe intitulado *"Las normas de la OIT y el COVID-19 (Coronavirus)"*, em que reitera as obrigações emanadas da Convenção nº 155 no sentido de que os empresários devem **(i)** implementar todas as medidas possíveis, segundo a melhor técnica, para reduzir ao mínimo os riscos inerentes à exposição ocupacional ao novo coronavírus, inclusive por intermédio do fornecimento de equipamentos de proteção individual; **(ii)** proporcionar aos trabalhadores as informações adequadas sobre tais riscos; **(iii)** estabelecer procedimentos de urgência para a situação geral da pandemia (ou, acrescentamos, para casos especiais concretamente identificados de contaminação comunitária intramuros); e **(iv)** notificar os casos de contaminação às autoridades sanitárias[33].

Nesse mesmo sentido, a *Occupational Safety and Health Administration* (OSHA-US), agência responsável pelas políticas de saúde e segurança do trabalho nos Estados Unidos da América, publicou diretrizes destinadas a promover a organização dos locais de trabalho diante dos riscos ocupacionais representados pelo novo coronavírus. Relevante notar que a referida agência aponta, como etapas para a prevenção, exatamente **(i)** o "desenvolvimento de um plano de prontidão e resposta a doenças infecciosas" e **(ii)** "a implementação de medidas básicas de prevenção de infecções" com base nas orientações emanadas das autoridades sanitárias[34], na linha do que foi

---

flu." Disponível em: https://www.who.int/docs/default-source/coronaviruse/getting-workplace-ready-for-covid-19.pdf. Acesso em: 24 mar. 2020.

32 Entenda-se bem essa afirmação: ainda que não haja dispositivo de lei estabelecendo textualmente que os locais de trabalho devem conter pias com água encanada e sabão ou equivalente para que os trabalhadores façam a higiene das mãos, ou tampouco impondo a obrigação patronal de fornecer máscaras de proteção contra gotículas de saliva, casos de contaminação pelo SARS-Cov-2 no meio ambiente de trabalho – que poderão ser inclusive *presumidos* (assim, p. ex., ante a existência de outros empregados já contaminados no mesmo ambiente), notadamente após a oportuna suspensão da eficácia do art. 29 da MP 927/2020 nos autos da ADI 6342-MC/DF – possivelmente levarão à **responsabilidade civil do empregador** pelos danos morais e materiais derivados daquela contaminação. Ao reconhecê-la, o que os juízes do Trabalho estarão afirmando, nas entrelinhas de seus julgados – ou mesmo textualmente, como parece ser o caso – é que *o dever geral de proteção **incluía** tais obrigações*, conquanto não expressas na legislação específica, qual deveres acessórios do contrato individual do trabalho (à maneira de outros tantos que a doutrina e a jurisprudência já conhecem bem, para empregado e/ou empregador, conquanto tampouco constem de cláusulas contratuais ou de dispositivos legais: o dever de informação, o dever de lealdade, o dever de não concorrência etc.).

33 "*Seguridad y salud en el trabajo. ¿Qué deberían hacer los empleadores durante el brote? [...] Los empleadores tendrán la responsabilidad global de asegurarse de que se adopten todas las medidas de prevención y protección factibles para reducir al mínimo los riesgos profesionales (Convenio sobre seguridad y salud de los trabajadores, 1981 (núm. 155). Los empleadores tienen la responsabilidad de suministrar, cuando sea necesario y en la medida en que sea razonable y factible, ropas y equipos de protección apropiados sin costo alguno para el trabajador. Los empleadores tienen la responsabilidad de proporcionar información adecuada y una formación apropiada en el ámbito de la SST; de consultar a los trabajadores sobre aspectos de SST relacionados con su trabajo; de prever medidas para hacer frente a situaciones de urgencia; y de notificar los casos de enfermedad profesional a la inspección del trabajo.*" (ORGANIZACIÓN INTERNACIONAL DEL TRABAJO. **Las normas de la OIT y el COVID-19.** Ginebra: OIT, 2020. Disponível em: https://www.ilo.org/wcmsp5/groups/public/---ed_norm/---normes/documents/publication/wcms_739939.pdf. Acesso em: 28 mar. 2020).

34 Segundo as diretrizes da OSHA: "Se ainda não existir, [o empregador deve] desenvolver um plano de preparação e resposta a doenças infecciosas que possa ajudar a orientar ações de proteção contra o COVID-19. [...] Fique a par das orientações das agências de saúde federais, estaduais, locais, tribais e/ou territoriais e considere como incorporar essas recomendações e recursos nos planos específicos do local de trabalho. [...] Siga as recomendações federais e estaduais, locais, tribais e/ou territoriais (SLLT) relativas ao desenvolvimento de planos de

abordado anteriormente, como decorrência – entre nós – dos arts. 7º, XXII e 225, *caput*, c.c. art. 200, VIII, da Constituição Federal, ou ainda da Convenção nº 155 da OIT.

Voltamos, pois, às considerações que vínhamos de apresentar no tópico anterior, à luz da gestão jurídica dos riscos e das consequentes responsabilidades. Caso tais obrigações essenciais não sejam observadas pelos empresários, ter-se-á a instalação de *risco proibido* nos ambientes de trabalho por eles administrados, com degradação ambiental de base antrópica que permite considerá-los *poluído* – inclusive para os efeitos da Lei nº 6.938/1981 –, comprometendo potencialmente a vida, a saúde, a integridade psicofísica e/ou o bem-estar não apenas dos trabalhadores (subordinados ou não), mas também de toda a comunidade de entorno, mormente no atual contexto de transmissão comunitária do novo coronavírus[35]. Os estabelecimentos de empresa não podem se transformar em "caixas de ressonância" infectológicas (v. nota n. 19, *supra*); ou tampouco em "criadouros de vírus", na expressão mais comum dos sanitaristas[36]. E a responsabilidade primeira por essa condição geral de assepsia, especialmente do ponto de vista jurídico, é precisamente do *empresário* (ou de quem a ele esteja equiparado: art. 2º, § 1º, da CLT).

---

contingência para situações que possam surgir como resultado de surtos como: Aumento da taxa de absenteísmo dos trabalhadores;

A necessidade de distanciamento social, turnos de trabalho escalonados, operações de redução de tamanho, prestação de serviços remotamente e outras medidas de redução de exposição. Opções para a realização de operações essenciais com uma força de trabalho reduzida, incluindo treinamento cruzado de trabalhadores em diferentes tarefas, a fim de continuar as operações ou prestar serviços de pico. Cadeias de suprimentos interrompidas ou atrasos nas entregas. [...]

Para a maioria dos empregadores, a proteção dos trabalhadores dependerá da ênfase em medidas básicas de prevenção de infecções. Conforme apropriado, todos os empregadores deverão implementar boas práticas de higiene e controle de infecções, incluindo: Promover a lavagem frequente e completa das mãos, inclusive o fornecimento aos trabalhadores, clientes e visitantes do local de trabalho de um local para lavar as mãos. Caso o sabão e água corrente não estejam disponíveis imediatamente, fornecer esfregões para as mãos à base de álcool que contenham pelo menos 60% de álcool. Incentivar os trabalhadores a ficarem em casa se estiverem doentes. Incentivar a etiqueta respiratória, incluindo em relação a tosses e espirros. Fornecer aos clientes e ao público tecidos e recipientes para lixo.

Os empregadores devem explorar se podem estabelecer políticas e práticas, como locais de trabalho flexíveis [...] e horários flexíveis de trabalho (por exemplo, turnos alternados), para aumentar a distância física entre funcionários e entre os funcionários e outras pessoas, se as autoridades de saúde estaduais e locais recomendarem o uso de estratégias de distanciamento social. [...] Manter práticas regulares de limpeza, incluindo a limpeza e desinfecção de rotina de superfícies, equipamentos e outros elementos do ambiente de trabalho. [...] Espera-se que os produtos [...] sejam eficazes contra o SARS-CoV-2 com base em dados para vírus mais difíceis de matar. Siga as instruções do fabricante para usar todos os produtos de limpeza e desinfecção (por exemplo, concentração, método de aplicação e tempo de contato, EPI. [...] Os empregadores deverão desenvolver políticas e procedimentos para que os funcionários relatem quando estão doentes ou apresentem sintomas do COVID-19. Onde apropriado, os empregadores deverão desenvolver políticas e procedimentos para isolar imediatamente as pessoas que apresentam sinais e/ou sintomas do COVID-19 e treinar os trabalhadores para implementá-los. [...] Tomar medidas para limitar a disseminação das secreções respiratórias de uma pessoa que pode ter COVID-19. Forneça uma máscara facial, se possível e disponível, e peça à pessoa para que a use. [...] Proteger os trabalhadores em contato próximo (ou seja, a menos de um metro e oitenta) com uma pessoa doente ou que tenha contato prolongado/repetido com essas pessoas. [...] Instalação de filtros de ar de alta eficiência. Aumento das taxas de ventilação no ambiente de trabalho.

Instalação de barreiras físicas, como proteções de plástico transparente" (OCCUPATIONAL SAFETY AND HEALTH ADMINISTRATION. **Diretrizes para a preparação dos locais de Trabalho para o COVID-19.** Trad. SINAIT (Sindicato Nacional dos Auditores Fiscais do Trabalho). Brasília: SINAIT, 2020. p. 9-14. V. também **Coronavirus Resources**. Disponível em: https://www.osha.gov/SLTC/covid-19/. Acesso em: 15 maio 2020.

35 Sobre o dever geral de proibição de exposição de terceiros aos riscos, cfr. LARENZ, Karl. Trad: BRIZ, Jaime Santos. **Derecho de obligaciones**. Madrid: Editorial Revista de Derecho Privado, 1959, t. II, p. 591-592).

36 Cfr., *e.g.*, https://www.em.com.br/app/noticia/bem-viver/2020/04/07/interna_bem_viver,1136140/em-tempos-de-pandemia-do-coronavirus-tapete-pode-ser-criadouro-do-mic.shtml. Acesso em: 15 maio 2020.

Nessa esteira, como dizíamos, a omissão patronal no que concerne à antecipação, à prevenção e ao combate efetivo dos riscos representados pela entronização do novo coronavírus em seus estabelecimentos – e isso se aplica a *todas as atividades* que envolvam trabalhadores, sejam ou não empresariais[37] – sujeita-os, nos termos do art. 14, § 1º, da Lei nº 6.938/1981, à **responsabilização objetiva** (i.e., independentemente da existência ou comprovação da culpa subjetiva de prepostos do empregador) por todos os danos físicos e psíquicos que, por conta da COVID-19, vierem a acometer os trabalhadores contagiados com o SARS-Cov-2, inclusive em função da inobservância das diretrizes sanitárias amplamente divulgadas para a contenção dos contágios.

Um obstáculo relevante para a aferição dessa responsabilidade apresentou-se com teor do art. 29 da MP nº 927/2020, ao estabelecer que *"os casos de contaminação pelo coronavírus (covid-19) não serão considerados ocupacionais, exceto mediante comprovação do nexo causal"*. Criava-se uma inexplicável inversão do ônus da prova em desfavor do trabalhador, na contramão da tendência universal do Direito Previdenciário (cada vez mais permeável às presunções de causalidade, como se vê, p. ex., no art. 21-A da Lei 8.213/1991, que trata do nexo técnico epidemiológico). Mas, como esclarecido, a sua eficácia foi suspensa pelo Excelso Pretório, em sessão do último dia 29 de abril, exatamente porque fugiria da finalidade maior da MP 927/2020 – na dicção do Min. Alexandre de Moraes, "compatibilizar o valor social do trabalho, perpetuando o vínculo trabalhista, com a livre iniciativa, mantendo, mesmo que abalada, a saúde financeira de milhares de empresas" – e engendraria injustificáveis dificuldades para trabalhadores dos mais diversos segmentos, inclusive os ativados em atividades essenciais (Decreto nº 10.282/2020), constantemente expostos a intensos riscos de contaminação. Em termos conceituais e práticos, todavia, o referido art. 29 em nada obstaria a aplicação do art. 14, § 1º, da Lei nº 6.938/1981, já que esse último dispositivo diz com a inexigibilidade forense de se demonstrar o elemento subjetivo da ação ou omissão do imputado (= dolo ou culpa por negligência, imperícia ou imprudência), não com a questão do nexo de causalidade[38] (ou, mais largamente, com o nexo de imputação normativa).

Quanto ao nexo causal propriamente dito, uma vez suspensa a eficácia do precitado art. 29, remanesce o regime probatório anterior, que bem pode deitar raízes, a nosso ver, no art. 20, § 1º, "d", da Lei nº 8.213/1991, para efeitos previdenciários ou trabalhistas. Por esse derradeiro dispositivo, não se considera doença do trabalho, para os fins do art. 20, II, da Lei nº 8.213/1991, "a doença endêmica adquirida por segurado habitante de região em que ela se desenvolva, ***salvo comprovação de que é resultante de exposição ou contato direto determinado pela natureza do trabalho***" (g.n.). A premissa tem plena aplicação ao caso de *pandemias*, que afinal não diferem ontologicamente das endemias, se não pelas dimensões geográfica e temporal (*vide* nota n. 5, *supra*): "*ubi eadem ratio ibi idem ius*". Daí que, havendo evidências de que o trabalhador infectado com o SARS-Cov-2 expôs-se à contaminação em função do seu trabalho – pense-se, *e.g.*, na condição de médicos, enfermeiros e técnicos ou auxiliares de enfermagem, na linha de frente do combate ao coronavírus (Decreto nº 10.282/2020, art. 3º, § 1º, I), ou mesmo na situação de trabalhadores ativados em empresas nas quais já se detectou a contaminação comunitária

---

37 A Convenção OIT n. 155 aplica-se a todas as áreas de atividade econômica (art. 1.1); e, nos termos do seu art. 3.a, "a expressão 'áreas de atividade econômica' abrange todas as áreas em que existam trabalhadores empregados, inclusive a administração pública".

38 *Vide*, nesse sentido, JOSSERAND, L. **De la responsabilité du fait des choses inanimés.** Paris: Arthur Rousseau Éditeur, 1897, p. 7-53; SALEILLES, R. **Les accidents de travail et la responsabilité civile. Essai d´une théorie objective de la responsabilité délictuelle.** Paris: Arthur Rousseau Éditeur, 1897, p. 75-79.

intramuros –, pode-se desde logo *presumir* o nexo de causalidade entre a afecção e a atividade laboral (CLT, art. 818, § 1º), cabendo ao empregador fazer a prova contrária.

De outra parte, a ausência de cuidados objetivos por parte dos empresários pode sujeitá-los, no plano pessoal, até mesmo à responsabilidade penal, por incursos, *e.g.*, nos tipos penais dos arts. 267 e 268 do Código Penal, que tratam respectivamente dos crimes de "causar epidemia, mediante a propagação de germes patogênicos" e de "infringir determinação do poder público, destinada a impedir introdução ou propagação de doença contagiosa", ou ainda na contravenção penal do art. 19, § 2º, da Lei nº 8.213/1991 ("[...] deixar a empresa de cumprir as normas de segurança e higiene do trabalho")[39]. Nessas hipóteses, por evidente, à condenação criminal antepõem-se algumas garantias típicas do Direito Penal e Processual Penal, como as da taxatividade penal (*"nullum crimen, nulla poena sine lege certa"*), da proibição de analogia *"in malam partem"* (*"nullum crimen, nulla poena sine lege stricta"*) (TOLEDO, 1991, p. 171), da personalidade da pena e do *"favor rei"* (*"in dubio pro reo"*, inclusive no campo probatório: CPP, art. 486, VII). Mas, ainda assim, a possibilidade jurídica da reprimenda penal é inegável, para os casos extremos em que os empresários intencionalmente se recusam a implementar medidas comezinhas destinadas a minimizar os riscos de propagação do novo coronavírus, ou a providenciar o fechamento compulsório de seus estabelecimentos em hipóteses de risco grave e iminente.

E, na mesma ordem de ideias, diante de quadros críticos de franca contaminação comunitária intramuros e/ou de risco grave e iminente para a vida, a saúde e/ou a integridade física dos trabalhadores, a **suspensão de atividades empresariais**, imposta administrativamente (CLT, art. 161, *caput*[40]) ou mesmo judicialmente (Enunciado nº 60 da I Jornada de Direito Material e Processual do Trabalho[41]) é medida que se impõe, encontrando respaldo não apenas no precitado art. 161 consolidado, como também no art. 14, IV, da Lei nº 6.938/1981 e, acima deles, no próprio art. 170 da Constituição Federal, a estruturar a ordem econômica brasileira sobre os princípios do "valor social do trabalho", da "função social da propriedade" e da "defesa do meio ambiente", e a lhe atribuir, como finalidade precípua, não a mera obtenção de resultados financeiros à custa

---

39 Conquanto entendamos, em relação a esse último tipo penal (contravencional), haver inconstitucionalidade por violação à taxatividade penal. Cfr. FELICIANO, G. G. Refundando o Direito Penal do Trabalho: Primeiras Aproximações. *In*: **Revista da Faculdade de Direito da Universidade de São Paulo**. São Paulo: FDUSP, jan./dez. 2009, v. 104, p. 339-375.

40 "**Art. 161**. O Delegado Regional do Trabalho, à vista do laudo técnico do serviço competente que demonstre grave e iminente risco para o trabalhador, poderá interditar estabelecimento, setor de serviço, máquina ou equipamento, ou embargar obra, indicando na decisão, tomada com a brevidade que a ocorrência exigir, as providências que deverão ser adotadas para prevenção de infortúnios de trabalho."

41 "60. INTERDIÇÃO DE ESTABELECIMENTO E AFINS. AÇÃO DIRETA NA JUSTIÇA DO TRABALHO. REPARTIÇÃO DINÂMICA DO ÔNUS DA PROVA. I – A interdição de estabelecimento, setor de serviço, máquina ou equipamento, assim como o embargo de obra (**artigo 161 da CLT), podem ser requeridos na Justiça do Trabalho (artigo 114, I e VII, da CRFB), em sede principal ou cautelar, pelo Ministério Público do Trabalho, pelo sindicato profissional (artigo 8º, III, da CRFB) ou por qualquer legitimado específico para a tutela judicial coletiva em matéria labor-ambiental (artigos 1º, I, 5º, e 21 da Lei 7.347/85), independentemente da instância administrativa. II – Em tais hipóteses, a medida poderá ser deferida [a] 'inaudita altera parte'**, em havendo laudo técnico preliminar ou prova prévia igualmente convincente; **[b] após audiência de justificação prévia (artigo 12, *caput*, da Lei 7.347/85), caso não haja laudo técnico preliminar, mas seja verossímil a alegação, invertendo-se o ônus da prova, à luz da teoria da repartição dinâmica, para incumbir à empresa a demonstração das boas condições de segurança e do controle de riscos**". A redação original do enunciado fora proposta, à altura, pelo primeiro Autor do presente artigo.

da vida e da segurança dos trabalhadores e da coletividade em geral, mas sim a *existência digna de todos*[42].

Por fim, convém recordar que a Convenção nº 155 da OIT, em resguardo aos relevantíssimos bens jurídicos por ela protegidos (e igualmente tutelados pelos arts. 7º, XXII, e 225, *caput*, da Constituição Federal), legitima a **paralisação do trabalho** por parte dos próprios obreiros, "*ex vi*" de seus arts. 13[43] e 19, "f"[44], ante a constatação de um risco grave e iminente à sua vida ou à sua saúde. É também o que reza, no Estado de São Paulo, o art. 229, § 2º, da Constituição estadual[45]. Será justamente esse o caso se os trabalhadores estiverem diante do risco iminente de transmissão comunitária do coronavírus no meio ambiente de trabalho, dada a inegável gravidade da COVID-19 (seja pelas altíssimas taxas de transmissibilidade, seja pela relativa letalidade – especialmente nos grupos de risco –, seja ainda pela inexistência de vacina conhecida).

Esse direito de resistência, se exercido coletivamente, configurará clara hipótese de *greve ambiental*, à qual não se aplica a regra do art. 7º, caput, in fine, da Lei nº 7.783/1989, eis que assegurados aos trabalhadores a integralidade dos direitos trabalhistas do período ("sem prejuízo de quaisquer direitos"), independentemente de negociação coletiva ou do exercício do poder normativo da Justiça do Trabalho. A greve ambiental é, nessa vereda, a manifestação coletiva de um direito constitucional de resistência que "*tem por finalidade resguardar a segurança, a saúde e a higiene do trabalhador em face da degradação ambiental*" (ARAÚJO; YAMAMOTO, 2017, v. 3, p. 296).

## 39.4. A PANDEMIA E AS DESONERAÇÕES PATRONAIS

Algumas palavras, enfim, sobre as possibilidades de desoneração jurídica que a pandemia pode criar para os próprios empregadores.

Uma vez que a pandemia do SARS-Cov-2 preordena um estado global de degradação das condições sanitárias – logo, um problema *ambiental*, como desde logo assumimos –, cujas ori-

---

42  Sobre o dispositivo constitucional em apreço, Ana Frazão observa que "[a] função social da empresa é um conceito que foi consolidado não apenas para impedir o exercício anti-social da atividade empresarial, mas para direcioná-lo ao atendimento das finalidades sociais, inclusive mediante a imposição de deveres à empresa. (...) A função social da empresa traz em si uma proposta de reumanização, a fim de que os indivíduos possam ser reconhecidos como valores supremos e não como meros instrumentos da atividade econômica. [...] A função social da empresa é o corolário de uma ordem econômica que, embora constituída por vários princípios, possui a finalidade comum de assegurar a todos uma existência digna, conforme os ditames da justiça social. Daí porque diz respeito à responsabilidade da empresa não apenas perante seus concorrentes e os consumidores, mas também perante a sociedade como um todo" (LOPES, Ana Frazão de Azevedo. **Empresa e Propriedade. Função Social e Abuso de Poder Econômico.** São Paulo: Quartier Latin, 2006, p. 181-183).
43  "*Art. 13. Em conformidade com a prática e as condições nacionais deverá ser protegido, de conseqüências injustificadas, todo trabalhador que julgar necessário interromper uma situação de trabalho por considerar, por motivos razoáveis, que ela envolve um perigo iminente e grave para sua vida ou sua saúde.*"
44  "*Art. 19. Deverão ser adotadas disposições, em nível de empresa, em virtude das quais: [...] f-) o trabalhador informará imediatamente o seu superior hierárquico direto sobre qualquer situação de trabalho que, a seu ver e por motivos razoáveis, envolva um perigo iminente e grave para sua vida ou sua saúde; enquanto o empregador não tiver tomado medidas corretivas, se forem necessárias, não poderá exigir dos trabalhadores a sua volta a uma situação de trabalho onde exista, em caráter contínuo, um perigo grave ou iminente para sua vida ou sua saúde.*"
45  "*Art. 229. Compete à autoridade estadual, de ofício ou mediante denúncia de risco à saúde, proceder à avaliação das fontes de risco no ambiente de trabalho e determinar a adoção das devidas providências para que cessem os motivos que lhe deram causa. [...] § 2º Em condições de risco grave ou iminente no local de trabalho, será lícito ao empregado interromper suas atividades, sem prejuízo de quaisquer direitos, até a eliminação do risco.*"

gens ainda não estão sequer esclarecidas[46], pode-se bem identificá-la como um fenômeno de **força maior**, inclusive para o empregador, eis que presentes os requisitos objetivo (= inevitabilidade do evento) e subjetivo (= ausência de culpa na produção do acontecimento), além de se conhecer a *causa* do evento (geralmente, fatos da natureza; e, na espécie, o próprio SARS-Cov-2)[47].

Em vista disso, travou-se profícuo debate doutrinário sobre ser ou não, a pandemia, hipótese de força maior para os efeitos dos arts. 501 e 502 da CLT[48]. Adiante, à vista dos inúmeros atos emanados por autoridades públicas – administrativos, legislativos e, mais recentemente, judiciários[49] – determinando o fechamento de estabelecimentos ou até mesmo o *"lockdown"*[50], discutiu-se mais, se se poderia reconhecer, em tais contextos, o *"factum principis"*, para os efeitos do art. 486 da CLT[51]. E, nesse encalço, encontram-se à disposição do leitor entendimentos para todos os gostos, predominando os que reconhecem a força maior – afinal, a própria MP nº 927/2020 di-lo textualmente (art, 1º, par. único[52]) –, mas não o fato do príncipe[53].

O debate é relevante, na medida em que a identificação de um ou outro instituto traduz relevantíssimos efeitos no Direito do Trabalho. Na dicção de Quevedo (2020),

> Não existe incompatibilidade entre o evento força maior e a caracterização do fato do príncipe. Pelo contrário. Constantes são as referências ao art. 486, CLT, como força maior causada pelo agente da administração pública. A diferença entre a força maior e o fato do príncipe se dá na ausência de responsável imputável no primeiro, hipótese em que os prejuízos são divididos entre empregado e empregador, onde o empregador paga 50% da indenização rescisória e o empregado recebe apenas 50% do que teria direito. Na hipótese do fato do príncipe,

---

46    Cfr., e.g., https://saude.abril.com.br/medicina/coronavirus-pandemia-zoonose/. Acesso em: 16 maio 2020.
47    Cfr. DINIZ, Maria Helena. **Curso de Direito Civil brasileiro**. 7. ed. São Paulo: Saraiva, 1993, vol. 7, p. 79-80. Na *força maior*, ao contrário, a causa do dano é "*ab initio*" desconhecida (*e.g.*, a explosão da aeronave em pleno voo) ou provém de fato de terceiro (*e.g.*, greves, motins, comoções políticas etc. Daí porque temos dito que na força maior predomina o elemento da *inevitabilidade* (vide o art. 501, caput, da CLT), enquanto que no caso fortuito predomina o elemento da *imprevisibilidade*.
48    Pelo art. 501, caput, "[e]ntende-se como força maior todo acontecimento inevitável, em relação à vontade do empregador, e para a realização do qual este não concorreu, direta ou indiretamente". Já o art. 502 dispõe que, "[o]correndo motivo de força maior que determine a extinção da empresa, ou de um dos estabelecimentos em que trabalhe o empregado, é assegurada a este, quando despedido, uma indenização na forma seguinte: I - sendo estável, nos termos dos arts. 477 e 478; II - não tendo direito à estabilidade, metade da que seria devida em caso de rescisão sem justa causa; III - havendo contrato por prazo determinado, aquela a que se refere o art. 479 desta Lei, reduzida igualmente à metade."
49    Veja-se, nesse sentido, a medida liminar deferida pela Vara de Interesses Difusos e Coletivos da Comarca da Ilha de São Luís do Maranhão, em 30/04/2020, nos autos do Processo nº **0813507-41.2020.8.10.0001**, a pedido do Ministério Público maranhense, determinando o bloqueio total ("*lockdown*") de atividades naquela capital, em que 100% (cem por cento) dos leitos de unidades de terapia intensiva estavam já ocupados por pacientes portadores da COVID-19. Cfr. **Juiz ordena *lockdown* em São Luís, no Maranhão**. Conjur, 30/04/2020. Disponível em: https://www.conjur.com.br/2020-abr-30/juiz-ordena-lockdown-todo-maranhao. Acesso em: 16 maio 2020.
50    O "*lockdown*" é a forma mais rigorosa de distanciamento social impositivo, envolvendo a restrição de circulação de pessoas em espaços públicos e o fechamento generalizado de todos os estabelecimentos e locais de convívio coletivo, ressalvadas as atividades essenciais.
51    "**Art. 486.** *No caso de paralisação temporária ou definitiva do trabalho, motivada por ato de autoridade municipal, estadual ou federal, ou pela promulgação de lei ou resolução que impossibilite a continuação da atividade, prevalecerá o pagamento da indenização, que ficará a cargo do governo responsável.*"
52    "**Art. 1º** [...] Parágrafo único. O disposto nesta Medida Provisória se aplica durante o estado de calamidade pública reconhecido pelo Decreto Legislativo nº 6, de 2020, e, para fins trabalhistas, constitui hipótese de força maior, nos termos do disposto no art. 501 da Consolidação das Leis do Trabalho, aprovada pelo Decreto-Lei nº 5.452, de 1º de maio de 1943."
53    Cfr., por todos, QUEVEDO, Luiz Fernando. **A contenção ao coronavírus e o *factum principis* no direito do trabalho**. Consultor Jurídico, 04/04/2020. Disponível em: https://www.conjur.com.br/2020-abr-04/contencao-coronavirus-ofactum-principisno-direito-trabalho. Acesso em: 16 maio 2020.

o empregador fica isento do pagamento da indenização rescisória, enquanto o empregado deverá receber 100% da indenização, que passa a ser responsabilidade do ente responsável pelo ato. Neste sentido: TST-14900.59.2001.5.15.0050, 3ª Turma, publicado em 28/08/2009.

A nosso ver, todavia, a discussão está mal posta em muitos desses ensaios doutrinários. Vejamos brevemente o porquê.

Em primeiro lugar, o fato de o estado de calamidade pública reconhecido pelo Decreto Legislativo nº 06/2020 ter sido "equiparado" à hipótese de força maior, nos termos do art. 501 da CLT (*ut* art. 1º, par. único, da MP nº 927/2020), não significa necessariamente que a indenização rescisória – a saber, aquela do art. 18 da Lei nº 8.036/1990 (a que corresponde a hipótese do art. 502, II), correspondente a 40% sobre os depósitos do FGTS devidos durante o lapso contratual, ou então aquela do art. 479 da CLT (para contratos por prazo determinado) – será reduzida à metade. Para que o empregador tenha direito a tal redução, deve estar presente a hipótese do art. 502, *caput*, da CLT, a saber, o motivo de força maior ("*in casu*", a pandemia) deve *determinar* a extinção da empresa ou de um de seus estabelecimentos (aquele em que trabalhe o empregado cujo contrato foi rescindido). O emprego do verbo "determinar", no *caput* do art. 501 consolidado, desafia aqui interpretação estrita: deve se estabelecer uma *relação de necessidade* entre a pandemia e o fechamento do estabelecimento ou a extinção da empresa (assim, *e.g.*, se se demonstrar que a queda abrupta, persistente e abrangente da demanda tornou a empresa ou o estabelecimento inviável economicamente, obrigando-a inclusive à recuperação judicial ou à autofalência, *ut* arts. 105 a 107 da Lei nº 11.101/2005). Afinal, trata-se de uma hipótese legal que *restringe* um direito social fundamental do trabalhador (art. 7º, I, da CRFB, c.c. art. 10, I, do ADCT); e, bem sabemos desde os clássicos, "*odiosa restringenda, favorabilia amplianda*" ("restrinja-se o odioso, amplie-se o favorável").

Ao fim e ao cabo, será o juiz do Trabalho a dizer, concretamente, se naquele específico caso litigioso deu-se ou não a hipótese do art. 502, II ou III, da CLT, ainda que não haja dúvidas quanto à configuração da força maior, mercê do art. 501. De resto, vale lembrar que, em todo caso, **(a)** "[a] *imprevidência do empregador exclui a razão de força maior*" (art. 501, § 1º), e, mais importante, **(b)** "[à] *ocorrência do motivo de força maior que não afetar substancialmente, nem for suscetível de afetar, em tais condições, a situação econômica e financeira da empresa não se aplicam as restrições desta Lei referentes ao disposto neste Capítulo*".

Em segundo lugar, quanto ao "*factum principis*" (CLT, art. 486), parece-nos equivocado afirmar que não se configura, em hipótese alguma, porque o ato de autoridade que determina o fechamento dos estabelecimentos não é discricionário, mas "vinculado" a uma hipótese de força maior. Esse argumento não impressiona, a uma, porque os conceitos de força maior e de fato do príncipe não se excluem reciprocamente, como visto há pouco (ao contrário, o fato do príncipe pode mesmo ser entendido como uma *espécie* do gênero "força maior" (BELFORT, 2020); ou, mais adequadamente, do gênero "caso fortuito"); a duas, porque o art. 486 da CLT não exige, em parte alguma, o caráter "discricionário" do ato, bastando que provenha de autoridade municipal, estadual ou federal; e, a três, porque os atos administrativos e legislativos que têm determinado o fechamento de estabelecimentos são decerto *discricionários*, na medida em que há irrecusável apreciação subjetiva das circunstâncias concretas da pandemia no âmbito da unidade federativa, sob o pálio da oportunidade e da conveniência; afinal, "discricionário" não é propriamente o ato, mas "*a apreciação a ser feita pela autoridade quanto aos aspectos tais ou quais"* (BANDEIRA DE MELLO, 2007, p. 947-948)[54]. Não por outra razão, aliás, há casos de municípios contíguos, sujeitos às mesmas condições de risco sanitário, que adotaram políticas diametralmente opostas quanto à suspensão do comércio em geral. Poder-se-ia falar em ato administrativo vinculado se, p. ex., os prefeitos e governadores baixassem decretos para simplesmente fazer cumprir um decreto presidencial de estado de sítio (CF, arts. 21, V, 49, IV, 137, I, e 139, III e IV). Não foi o caso.

Daí porque, tecnicamente, atos administrativos municipais ou estaduais que determinam o fechamento de estabelecimentos podem, em tese, configurar conceitualmente o *"factum principis"*. Mas isto tampouco significa que a pessoa jurídica de direito público de que promana o ato deva necessariamente responsabilizar-se pela totalidade dos valores rescisórios dos empregados demitidos (v., *e.g.*, TST, RR 14900.59.2001.5.15.0050, 3ª Turma, publ. 28/08/2009). A questão, mais uma vez, diz com a *relação de necessidade* entre o fato do príncipe e as rescisões contratuais, até mesmo porque, sendo espécie do gênero "força maior/caso fortuito", o regramento da hipótese não pode se distanciar do próprio art. 502 da CLT. Assim, a responsabilidade da pessoa jurídica de direito público pressupõe, em todo caso, a *impossibilidade de continuação da atividade* (e, implícita a ela, a *impossibilidade de preservação dos vínculos empregatícios*). Se o empregador puder fazer frente às dificuldades econômicas oriundas da paralisação temporária do trabalho com as medidas trabalhistas complementares da Lei nº 14.020/2020 (que sucedeu a Medida Provisória nº 936/2020)[55], por exemplo, **deverá** valer-se delas, antes de cogitar demitir. Se, ao revés, por capricho ou decisão gerencial – e não por *necessidade* –, preferir demitir, não poderá seguramente evocar a norma do art. 486, *caput, in fine*, da CLT, para se exonerar dos pagamentos rescisórios pertinentes.

Se, porém, o juiz do Trabalho entender plausível o *"factum principis"* como tese de defesa, restar-lhe-á providenciar a intimação do representante legal da pessoa jurídica de direito público, nos termos do art. 486, § 1º, da CLT, para que, no prazo de trinta dias, alegue o que entender devido. Sob o novo Código de Processo Civil (2015), a hipótese não é de "chamamento à autoria", mas de *denunciação da lide* (CPC, art. 125, II). E alegando o Estado, em juízo, o que de direito, entendemos que o processo judicial segue na própria Justiça do Trabalho – sem "remessa ao Juiz Privativo da Fazenda" (CLT, art. 486, § 3º) –, ante os lindes de competência material instaurados pelo art. 114, I, da Constituição de 1988, na redação da EC nº 45/2004. Noutras palavras, o par. 3º do art. 486 consolidado não foi recepcionado pela nova ordem constitucional.

## CONSIDERAÇÕES FINAIS

Por tudo o que se viu, é certo que o contágio pelo SARS-Cov-2 e o consequente acometimento pela COVID-19 configuram, no atual contexto de transmissão comunitária e de circulação irrestrita do vírus, um *novo risco biológico e social*, que interfere sistematicamente no equilíbrio do meio ambiente humano, tanto em sua dimensão natural como em sua dimensão artificial (e, portanto, também no meio ambiente do trabalho). Essa nova realidade demanda dos

---

54  Para Celso Antônio Bandeira de Mello, o poder discricionário da autoridade pública corresponde à "margem de liberdade conferida pela lei ao administrador a fim de que este cumpra o dever de integrar com sua vontade ou juízo a norma jurídica, diante do caso concreto, segundo critérios subjetivos próprios, a fim de dar satisfação aos objetivos consagrados no sistema legal" (p. 414).
55  A saber, o pagamento do Benefício Emergencial de Preservação do Emprego e da Renda, a redução proporcional de jornada de trabalho e de salários e/ou a suspensão temporária do contrato de trabalho (art. 3º, I a III).

empregadores, gestores que são de seus próprios espaços produtivos, a implementação de todas as medidas antecipatórias destinadas a neutralizar ou minimizar os impactos do novo coronavírus. Eis o seu dever de indenidade labor-ambiental, inexo aos contratos individuais de trabalho.

Por outro lado, internalizado o SARS-Cov-2 no meio ambiente de trabalho, transformando o estabelecimento em uma caixa de ressonância infectológica, configura-se um estado de degradação labor-ambiental, originado pelo elemento humano (= base antrópica), que a legislação define como *poluição* (Lei nº 6.938/1981, art. 3º). Sob tais circunstâncias, o empregador passa a responder civilmente pelos danos experimentados por seus trabalhadores, caso desenvolvam a COVID-19, independentemente da existência ou da prova de culpa "*lato sensu*" (= responsabilidade civil objetiva, *ut* art. 14, § 1º, da Lei nº 6.938/1981); e, havendo dolo ou culpa, poderá responder pessoalmente até mesmo por ilícitos penais. Na esfera administrativa, ademais, abrem-se ensanchas para a interdição do estabelecimento (CLT, art. 161); e, na esfera coletiva, para a chamada greve ambiental (Convenção OIT nº 155, arts. 13 e 19, "f").

Para evitar tais consequências, empregadores em geral devem lançar mão de medidas de planejamento e de ação tão excepcionais e ingentes quanto a própria pandemia, transcendendo a lógica do custo-benefício (monetização) para colimar sobretudo o resguardo, na maior medida possível, da vida, da saúde e da integridade psicofísica dos seus trabalhadores[56].

Resta encerrar este capítulo – e este Curso – com John F. Kennedy, que em certa ocasião atribuiu equivocadamente a Dante Alighieri a afirmação de que, na arquitetura do inferno, "*os lugares mais quentes são reservados àqueles que escolheram a neutralidade em tempo de crise*". Não há, n'"*A Divina Comédia*", uma passagem com essas exatas características; há, sim, referência ao vestíbulo onde ficariam os que, no episódio da rebelião de Lúcifer, não se rebelaram, nem foram fieis a Deus ("*non furon ribelli né fur fedeli*"). De todo modo, a frase passou à posteridade e merece a nossa reflexão. Ante a laicidade do Estado, cidadãos devem ser sobretudo fiéis à Constituição; e, a partir dela, compreender as leis e organizar deontologicamente a realidade. As famílias do mundo choram, neste momento, mais de trezentos e sete mil mortos. Na viragem de 2021, em alguns países – como no Brasil –, a pandemia já esboça uma "segunda onda" de contaminação. Outras milhares de mortes virão. Neste momento, não cabem atalhos de neutralidade. A vontade primígena das constituições democráticas é a promoção da dignidade humana; e, portanto, a preservação da vida. Tempos de crise não são tempos para o arrefecimento de direitos fundamentais; antes, são tempos para a sua redobrada afirmação[57]. Juristas e tribunais devem

---

56  Há, a propósito, importante estudo capitaneado por especialistas do *Imperial College* do Reino Unido, sobre as estratégias de combate à propagação do novo coronavírus diante de seu possível impacto em diversos países (dentre eles o Brasil). Cfr. WALKER, Patrick *et al*. **The Global Impact of COVID-19 and Strategies for Mitigation and Suppression**. Abdul Latif Jameel Institute for Disease and Emergency Analytics, Imperial College London (2020), *passim*.

57  "[...] Vale ressaltar que, embora se compreenda a insistência governamental e de certos setores econômicos em acelerar os acordos individuais, superestimando supostas consequências deletérias decorrentes da liminar concedida, em especial o 'engessamento' das negociações, o fato é que constituiria precedente perigosíssimo afastar a vigência de normas constitucionais asseguradoras de direitos e garantias fundamentais, diante do momento de calamidade pública pelo qual passamos. Isso só poderia ocorrer – e mesmo assim em escala limitada e sob supervisão do Congresso Nacional – durante a decretação dos Estados de Defesa ou de Sítio, escrupulosamente delimitados nos art. 136 e 137 da Lei Maior. [...] Ora, a experiência tem demonstrado que **justamente nos momentos de adversidade é que se deve conferir a máxima efetividade às normas constitucionais, sob pena de graves e, não raro, irrecuperáveis retrocessos**. De forma tristemente recorrente, a história da humanidade tem revelado que, precisamente nessas ocasiões, **surge a tentação de suprimir – antes mesmo de quaisquer outras providências – direitos arduamente conquistados ao longo de lutas multisseculares. Primeiro, direitos coletivos, depois sociais e, por fim, individuais**. Na sequência, mergulha-se no caos! [...] **A Constituição – é claro – não foi pensada para

compreender essa fatídica verdade, porque a utilidade última do Direito é mesmo a perpetuação da vida e do nosso modo de ser. E a alternativa aos resistentes será, o mais das vezes, o recolhimento prematuro aos vestíbulos da obsolescência.

---

vigorar apenas em momentos de bonança. Ao contrário, o seu fiel cumprimento se faz ainda mais necessário em **situações de crise**, nas quais, na feliz metáfora de Jon Elster, ela serve como o mastro a que se prendeu Ulisses para que não se perdesse em meio ao canto das sereias, pois representa a derradeira barreira de proteção dos valores básicos da sociedade contra paixões ou interesses de uma maioria ocasional (Ulisses liberto: estudos sobre racionalidade, pré-compromisso e restrições. São Paulo: UNESP, 2009)" (STF, ADI 6363 MC-ED/DF, rel. Min. Ricardo Lewandowski, j. 13/04/2020 – *g.n.*).

# CAPÍTULO 40
## A VACINA CONTRA A COVID-19 NAS RELAÇÕES DE TRABALHO

*Guilherme Guimarães Feliciano*
*José Antônio Ribeiro de Oliveira Silva*

## INTRODUÇÃO

A humanidade atravessa um período histórico sem precedentes. Ainda que já se tenha defrontado com várias outras pandemias, algumas mais reconhecidas (como a da gripe espanhola, de 1918) e outras nem tanto (como a pandemia da AIDS, com a qual aprendemos a conviver), por certo que a pandemia de Covid-19 tem gerado uma situação caótica, em nível universal, como jamais se viu. Em nosso país, como dito, a pandemia já dura desde março de 2020 (SILVA, 2020, on-line).

Mais recentemente, porém, notícias alvissareiras trouxeram luzes de esperança. Em 17/01/2021, finalmente, a Agência Nacional de Vigilância Sanitária (ANVISA), em decisão colegiada unânime, pautada por critérios científicos, autorizou, ainda que em caráter emergencial, o uso das vacinas CoronaVac (produzidas pelo Instituto Butantan em parceria com o laboratório chinês Sinovac) e AstraZeneca (a ser produzida em parceria da Fiocruz com a Universidade de Oxford) no território brasileiro (G1.GLOBO, on-line).

É certo, por outro lado, que a vacinação terá de seguir um calendário nacional, atendendo prioridades, e provavelmente não será possível vacinar todos os brasileiros neste ano. Daí porque ainda serão necessárias todas as medidas de prevenção amplamente divulgadas, inclusive o isolamento social e até mesmo o lockdown em situações mais graves.

Sabemos bem o quanto tais medidas – necessárias, repise-se – têm influenciado negativamente na atividade de produção e circulação de bens e serviços; e, em especial, no dito setor terciário (comércio e serviços), por envolver atividades nas quais se lida diretamente com o público em maior amplitude. Da mesma forma, no campo das relações de trabalho, os reflexos imediatos do isolamento social são absurdamente intensos, trazendo à tona o tema da centralidade do trabalho humano.

Nessa linha, veem-se empresas que não conseguem honrar as obrigações trabalhistas de seus empregados, em razão da abrupta queda de demanda; e, bem assim, trabalhadores informais que ficam à mercê de programas governamentais, autônomos que se veem completamente sem renda e uma infinidade de situações de empobrecimento da população. Como dissemos em outros contextos, a Covid-19 não é uma doença "democrática", diversamente do que algumas vozes mais desavisadas chegaram a sugerir. Com efeito, a doença tem ceifado mais agudamente as vidas de pretos, pardos e pobres[1], além da maior letalidade entre homens e idosos (e, já por

---

[1] No Brasil, baseando-se em cerca de 30 mil casos notificados de Covid-19 (dados do Ministério da Saúde coletados até 18/05/2020), o Núcleo de Operações e Inteligência e Saúde da PUC-RJ identificou que, dentre os

isso, chegamos a designá-la como doença sindêmica – e não endêmica – em outros escritos) (FELICIANO, MAENO, CARMO, HENRIQUES, 2021).

De outra mirada, deve-se ter em consideração a situação de inúmeros trabalhadores que não podem parar, por prestarem labor em atividades consideradas essenciais à manutenção da mínima organização social e, sobretudo, ao imediato socorro às vítimas do insidioso vírus, em hospitais, farmácias e congêneres. E que, por isso mesmo, estão muito mais expostos ao contágio.

Nessa senda, para que as atividades econômicas retornem ao pleno funcionamento e haja a manutenção dos empregos, bem como para que os tantos desempregados possam ter alento na procura por vagas de trabalho, com mínima segurança sanitária, exigem-se esforços concentrados, coligados e coordenados de Estado, empresas e sociedade civil, na precisa direção do que dispõem os arts. 196, 197 e 225, *caput*, da Constituição da República. Com efeito, tanto o direito ao meio ambiente ecologicamente equilibrado – incluído o do trabalho – como o direito à saúde pública são direitos de natureza pública, difusa e intergeracional, que encimam os interesses individuais e de classes (inclusive para os efeitos do art. 8º, *caput*, *"in fine"*, da CLT).

Eis o que nos leva ao primeiro grande debate no tema aqui ventilado: a obrigatoriedade da vacina. Não há dúvida de que a vacinação em massa da população – ainda que segundo um cronograma preestabelecido – torna-se, nesse momento, a medida mais eficiente para a superação da pandemia. O mundo todo está engajado nessa tarefa, tendo à frente, neste momento, Israel (27,1%[2]), Emirados Árabes Unidos (19%), Reino Unido (6,4%), Estados Unidos (3,7%) e Itália (1,9%) (BBC, 18 jan. 2021). Trata-se, portanto, de uma seriíssima questão de saúde pública; e de saúde dos trabalhadores, em particular, pois o Estado e as empresas devem oferecer a máxima proteção ao bem maior dos trabalhadores: sua saúde laboral, extensão física de seu próprio direito à vida, o mais essencial de todos. Trata-se do dever acessório de indenidade psicofísica, pelo qual:

> [...] no exercício de suas atividades econômicas ou sociais, e na medida dos respectivos riscos (inerentes, criados e/ou incrementados), o empregador tem o dever de adotar todas as medidas necessárias à tutela da integridade psicofísica e moral dos seus trabalhadores, de acordo com a legislação em vigor, as particularidades do trabalho prestado, a experiência subministrada pela observação do que ordinariamente acontece e a evolução do estado da técnica. (FELICIANO, 2021)

Nessa medida, portanto, ao menos na perspectiva deontológica, a vacinação é medida que se impõe, no macrocosmo (sociedade civil) e nos seus microcosmos (como são, por exemplo, as comunidades laborais). Mas há, por outro lado, os limites das liberdades públicas; e entre nós, em particular, a premissa constitucional de que "ninguém será obrigado a fazer ou deixar de fazer alguma coisa senão em virtude de lei" (art. 5º, II).

Disto emerge uma questão trabalhista de primeira grandeza, que, dissemos há pouco, começa a preocupar os atores jurídicos: a empresa pode obrigar o seu empregado a tomar a vacina

---

infectados, quase 55% dos pretos e pardos morreram, contra 38% dos brancos, sobretudo em razão do menor acesso a bons serviços de saúde. Mesma variação se observa em função da escolaridade: pessoas sem escolaridade tiveram taxa de letalidade três vezes maior do que a de pessoas com nível superior (71,3% contra 22,5%). Correlações similares foram demonstradas nos Estados Unidos da América (APM Research Lab) e no Reino Unido (Office of National Statistics). Disponível em: https://www.uol.com.br/vivabem/noticias/bbc/2020/07/12/por-que-o-coronavirus-mata-mais-as-pessoas-negras-e-pobres-no-brasil-e-no-mundo.htm. Acesso em: 08 jan. 2021.

2   O percentual refere-se às doses de vacina já administradas para cada 100 pessoas na população do respectivo país. O Brasil ainda não aparece na lista.

contra a Covid-19? Ou, o que é o mesmo, pode o empregado se recusar a tomar essa vacina, na perspectiva da sua condição hierárquica na relação de emprego? E, se acaso não houver o direito de recusa, o empregador poderá dispensá-lo por justa causa, já que a recusa seria injustificada?

Esta subseção tem, portanto, o objetivo de investigar as teses que podem ser utilizadas para a solução dessas questões, bem como o de apontar possíveis caminhos hermenêuticos que nos levem a bem equacioná-las, em um contexto de genuína colisão de direitos fundamentais. Para tanto, entram em jogo e discussão os seguintes aspectos: **(i)** a extensão da proteção ao meio ambiente de trabalho; **(ii)** o direito de recusa do trabalhador; **(iii)** o poder empregatício no que toca às medidas de proteção; **(iv)** a proporcionalidade para a solução da colisão de direitos; e **(v)** a busca de uma solução equânime.

### 40.1. O MEIO AMBIENTE DE TRABALHO: MEDIDAS DE PROTEÇÃO

De saída, convém recordar que todas as pessoas têm, em nosso país, o direito mais que fundamental à proteção do meio ambiente em geral. Veja-se o teor do art. 225, *caput*, da CRFB/88, já reportado anteriormente:

> *Todos têm direito ao meio ambiente ecologicamente equilibrado, bem de uso comum do povo e essencial à sadia qualidade de vida, impondo-se ao Poder Público e à coletividade o dever de defendê-lo e preservá-lo para as presentes e futuras gerações.*

Quanto ao meio ambiente de trabalho, José Afonso da Silva aponta para a necessidade de lhe reservar um tratamento especial, porque se trata do local em que o trabalhador passa boa parte de sua vida, sendo que sua qualidade de vida está, por isso mesmo, em íntima dependência com a qualidade daquele ambiente (SILVA, 2004, p. 70).

Não por outra razão, há uma estreita relação entre o meio ambiente geral e o do trabalho, a qual encontra eco na assertiva de que a saúde do trabalhador é espécie do gênero direito à saúde, razão pela qual o art. 200, inciso VIII, da CF elenca, dentre as atribuições do SUS, a de colaborar na proteção do meio ambiente, nele compreendido o do trabalho. O mesmo se dá em inúmeras constituições estaduais (*e.g.*, Constituição do Estado de São Paulo, art. 223, VI; Constituição do Estado do Rio Grande do Sul, art. 243, XV; Constituição do Estado do Ceará, art. 248, XVII; Constituição do Estado de Minas Gerais, art. 190, VIII; Constituição do Estado de Goiás, art. 153, VII; Constituição do Estado do Pará, art. 270, XIV; e assim sucessivamente). E, como bem aponta a doutrina, a proteção ao meio ambiente laboral pressupõe atividades de prevenção (e precaução) de acidentes e adoecimentos ocupacionais, para o que se faz necessário o cumprimento de uma extensa normativa, começando pela Constituição, passando pelas normas internacionais – destacando-se aqui as Convenções nºs 148, 155 e 161 da OIT –, passando ainda por toda a legislação infraconstitucional (tanto a geral, como a Lei nº 6.938/1981, como a específica, como a CLT, no capítulo V do seu título II) e desaguando nas famosas Normas Regulamentadoras (NRs) do antigo Ministério do Trabalho (e Emprego), atualmente Secretaria Especial de Previdência e Trabalho, ligada ao Ministério da Economia, no governo de plantão.

Ora, se o ambiente de trabalho integra o meio ambiente geral, também no estabelecimento do empregador o trabalhador tem o direito de esperar condições que lhe assegurem uma boa qualidade de trabalho e, por via de consequência, de vida. Já por isso, é cada vez mais recorrente o conceito híbrido de qualidade de vida no trabalho (ou "QVT"), de crescente interesse na Ciência da Administração, que:

> [...] pode ser dividido e fundamentado em três conjuntos de diretrizes para investigação do tema:
> Ponto de vista social: congrega o trabalho na vida das pessoas e suas diversas implicações (econômica, política, tecnológica e cultural). Busca harmonizar o bem-estar do trabalhador e a satisfação dos clientes/cidadãos sem se abster dos imperativos de eficiência e eficácia.
> Ponto de vista das organizações: utiliza e vê a QVT como uma forma de compreender e combater ou amenizar diversos problemas existentes nos ambientes corporativos.
> Ponto de vista acadêmico: busca a reflexão sobre o papel e o campo de intervenção das ciências do trabalho e da saúde, o que é fundamental para a evolução da abordagem clássica de QVT. (KLEIN, PEREIRA, LEMOS, 2019)[3]

O dever, porém, não se cinge à pessoa do empregador. Ao revés, compete ao Estado fiscalizar o cumprimento dessas normas de proteção por parte do empregador. Não por outra razão, tanto a Secretaria de Inspeção do Trabalho (SIT), atualmente ligada ao Ministério da Economia, como também o Ministério Público do Trabalho têm políticas internas e esforços sistêmicos dedicados especificamente à preservação do equilíbrio do meio ambiente de trabalho (veja-se, respectivamente, o CANPAT – Campanha Nacional de Prevenção de Acidentes de Trabalho – e o CGSST – Coordenação-Geral de Segurança e Saúde no Trabalho –, junto à SIT, e o CODEMAT – Coordenadoria Nacional de Defesa do Meio Ambiente do Trabalho –, junto ao MPT).

Enfim, quanto àqueles precitados diplomas, que são fontes formais do Direito Ambiental do Trabalho, os que produzem efeitos mais concretos na proteção à saúde do trabalhador são mesmo as NRs, em especial as seguintes, por sua generalidade (SILVA, 2014, p. 61-63):

> 1ª) NR-01 – totalmente modificada pela Portaria nº 6.730, de 09 de março de 2020, que instituiu o Programa de Gerenciamento de Riscos – PGR, a ser implantado pelas organizações empresariais, por estabelecimento, a fim de: a) evitar os riscos ocupacionais que possam ser originados no trabalho; b) identificar os perigos e possíveis lesões ou agravos à saúde; c) avaliar os riscos ocupacionais indicando o nível de risco; d) classificar os riscos ocupacionais para determinar a necessidade de adoção de medidas de prevenção; e) implementar medidas de prevenção, de acordo com a classificação de risco e na ordem de prioridade estabelecida na alínea "g" do subitem 1.4.1; e f) acompanhar o controle dos riscos ocupacionais (item 1.5.3.2); além disso, as organizações devem "considerar as condições de trabalho, nos termos da NR-17", extensa normativa sobre a ergonomia no ambiente de trabalho (item 1.5.3.2.1);
>
> 2ª) NR-03 – diante de laudo técnico do serviço competente que demonstre grave e iminente risco para os trabalhadores, o Auditor Fiscal do Trabalho poderá interditar estabelecimento, setor de serviço, máquina ou equipamento, ou ainda embargar obra; ademais, ele poderá determinar "a necessidade de paralisação das atividades relacionadas à situação de risco e a adoção imediata de medidas de prevenção e precaução para o saneamento do risco" (item 3.4.3.1), para a prevenção de acidentes e doenças do trabalho;
>
> 3ª) NR-04 – as empresas públicas e privadas que possuem empregados regidos pela CLT têm a obrigação de manter Serviços Especializados em Engenharia de Segurança e em Medicina do Trabalho – SESMT, "com a finalidade de promover a saúde e proteger a integridade do trabalhador no local de trabalho" (item 4.1), com a devida participação de profissionais da área, conforme o risco da sua atividade principal e a quantidade de empregados (Quadros 1 e 2);

---

3 Citando, no particular, Mauro César Ferreira.

4ª) NR-05 – os empregadores são obrigados a organizar e manter funcionando em seus estabelecimentos uma Comissão Interna de Prevenção de Acidentes – CIPA, cujo objetivo é "a prevenção de acidentes e doenças decorrentes do trabalho", a fim de "tornar compatível permanentemente o trabalho com a preservação da vida e a promoção da saúde do trabalhador" (item 5.1), dependendo do número de empregados;

5ª) NR-06 – é obrigatório o fornecimento gratuito de equipamento de proteção individual – EPI, adequado ao risco e em perfeito estado de conservação e funcionamento (item 6.3), independentemente da quantidade de empregados;

6ª) NR-07 – os empregadores estão obrigados a elaborar e implementar o Programa de Controle Médico de Saúde Ocupacional – PCMSO, com o objetivo de promoção e preservação da saúde dos seus empregados "em relação aos riscos ocupacionais, conforme avaliação de riscos do Programa de Gerenciamento de Risco – PGR da organização" (item 7.1.1), bem como a indicar um "médico do trabalho responsável pelo PCMSO" (item 7.4.1, "c");

7ª) NR-17 – os empregadores estão obrigados a adotar parâmetros que "permitam a adaptação das condições de trabalho às características psicofisiológicas dos trabalhadores, de modo a proporcionar um máximo de conforto, segurança e desempenho eficiente" (item 17.1), quanto ao levantamento de peso, transporte e descarga de materiais, iluminação, ritmo e intensidade de trabalho (inclusive na digitação), organização do trabalho etc.;

8ª) NR-24 – os empregadores estão adstritos à observância de "condições mínimas de higiene e de conforto a serem observadas pelas organizações, devendo o dimensionamento de todas as instalações regulamentadas por esta NR ter como base o número de trabalhadores usuários do turno com maior contingente" (item 24.1.1), o que determina, p. ex., o número e as características das instalações sanitárias em cada local de trabalho; e

9ª) NR-38 – os empregadores deverão implementar o já referido Programa de Gerenciamento de Riscos, que deve gerir basicamente os mesmos riscos alcançados pelo PPRA, porém de modo mais abrangente, abarcando outros riscos antes ignorados ao nível da NR-09 (e, para sinalizar essa maior "abrangência", ter-se-ia optado por excluir o termo "ambiental", o que nos parece equivocado).

Bem se vê, então, que há uma extensa normativa que precisa ser cumprida pelos empregadores, sob a fiscalização do Estado, para que se evitem, ao máximo, acidentes típicos e adoecimentos ocupacionais, que geram inúmeros danos aos trabalhadores – morte, incapacidades etc. –, com prejuízo ao erário – benefícios previdenciários a serem custeados por toda a sociedade – e aos empregadores, que podem, inclusive, ser condenados à reparação desses danos em ações indenizatórias promovidas pelos trabalhadores e em ações regressivas de ressarcimento ajuizadas pela União/PGF (Lei nº 8.213/1991, art. 120, I).

Seria despiciendo afirmar que, por isso mesmo, o empregador tem o poder-dever de exigir que seus empregados cumpram efetivamente essas normas de proteção, fazendo sua parte nessa ação coletiva para a prevenção de acidentes e adoecimentos. Daí porque, p. ex., ele tem o poder de exigir a utilização de todos os EPIs colocados à disposição dos trabalhadores e, conforme o caso, dos equipamentos de proteção coletiva – EPCs; a resistência do trabalhador, nesse particular, configura inclusive infração disciplinar (art. 158, parágrafo único, da CLT).

Desse dispositivo, aliás, extrai-se a conclusão de que os trabalhadores têm, por sua vez, a obrigação – e bem assim, no campo da ordem pública social, o dever – de cumprir todas as diretrizes passadas pelo empregador, em matéria de saúde e segurança do trabalho, bem como o de usar adequadamente os equipamentos de proteção que são colocados à sua disposição, como resulta claríssimo do item 1.4.2 da NR-01, a seguir transcrito:

> [...] Cabe ao trabalhador:
>
> a) cumprir as disposições legais e regulamentares sobre segurança e saúde no trabalho, inclusive as ordens de serviço expedidas pelo empregador;
>
> b) submeter-se aos exames médicos previstos nas NR;
>
> c) colaborar com a organização na aplicação das NR; e
>
> d) usar o equipamento de proteção individual fornecido pelo empregador.

E, com efeito, o trabalhador pode ser inclusive dispensado com justa causa, sob a hipótese do art. 482, "h", da CLT (ou, a depender da hipótese, alíneas "a", "b", "e" ou "j"), se não cumprir as determinações do empregador nesse sentido. Veja-se, a propósito, o quanto disposto no item 1.4.2.1 da mesma NR-01: "Constitui ato faltoso a recusa injustificada do empregado ao cumprimento do disposto nas alíneas do subitem anterior". E na alínea "d" está justamente a obrigação de usar os EPIs fornecidos a tempo e modo pelo empregador.

## 40.2. O DIREITO DE RECUSA DO TRABALHADOR PARA A PROTEÇÃO DA SUA SAÚDE

Obviamente, o trabalhador não tem apenas obrigações quando o assunto é proteção à sua saúde laboral. Ele tem inúmeros direitos, não somente a prestações por parte do empregador – dentre elas os treinamentos necessários, a transmissão das informações mais completas possíveis e o fornecimento dos equipamentos de proteção adequados –, mas também a abstenções.

Nesse leque de abstenções, o direito mais significativo do trabalhador no meio ambiente de trabalho é o que diz respeito ao seu poder de recusar-se a trabalhar em local sem a devida segurança ou sem a devida proteção aos riscos ocupacionais. O direito de recusa do trabalhador – ou, como dissemos alhures, o direito de resistência (FELICIANO, 2002) – pode ser considerado um direito fundamental, conquanto não esteja previsto expressamente na Carta Maior. Ele emana do catálogo aberto de direitos fundamentais, em especial porque o *caput* do art. 7º da CF assegura a todos os trabalhadores a integração, ao seu rol de direitos essenciais, de outros direitos que melhorem sua condição social; e, bem assim, do próprio art. 5º, § 2º, da Constituição, que preordena a existência de um "bloco de constitucionalidade" fora do texto constitucional formal e agrega o direito positivado pelo art. 13 da Convenção nº 155 da Organização Internacional do Trabalho, ratificada pelo Brasil (Decreto nº 1.254/1994). Reza o preceito (que deve ser lido combinadamente com o art. 19, "f", do mesmo convênio):

> Em conformidade com a prática e as condições nacionais deverá ser protegido, de consequências injustificadas, todo trabalhador que julgar necessário interromper uma situação de trabalho por considerar, por motivos razoáveis, que ela envolve um perigo iminente e grave para sua vida ou sua saúde.

Essa redação, a propósito, está em consonância com o Anexo LI do Decreto nº 10.088, de 05 de novembro de 2019, que consolidou os atos normativos editados pelo Poder Executivo Federal, reunindo, num só repertório, as convenções e recomendações da Organização Internacional do Trabalho ratificadas pela República Federativa do Brasil, conforme a ordem cronológica de sua promulgação (art. 2º).

No caso, trata-se de um direito que vai além de qualquer clausularidade contratual ou da própria dimensão social do trabalho, porque o direito de recusa a laborar em condições iminente ou gravemente perigosas visa à proteção da própria vida do trabalhador; ou, no mínimo, de sua saúde (integridade física e psíquica). Não por outra razão, a NR-01, em sua nova redação, passou a enunciar com clareza solar esse direito fundamental. Veja-se:

> 1.4.3 O trabalhador poderá interromper suas atividades quando constatar uma situação de trabalho onde, a seu ver, envolva um risco grave e iminente para a sua vida e saúde, informando imediatamente ao seu superior hierárquico.
>
> 1.4.3.1 Comprovada pelo empregador a situação de grave e iminente risco, não poderá ser exigida a volta dos trabalhadores à atividade enquanto não sejam tomadas as medidas corretivas.

Com efeito, o direito de recusa está diretamente relacionado ao princípio da indisponibilidade dos direitos laborais, dentre eles avultando o direito à proteção da saúde do trabalhador. Na lição de Maurício Godinho Delgado, esse direito é de indisponibilidade absoluta. Leia-se:

> Absoluta será a indisponibilidade, do ponto de vista do Direito Individual do Trabalho, quando o direito enfocado merecer uma tutela de nível de interesse público, por traduzir um patamar civilizatório mínimo firmado pela sociedade política em um dado momento histórico. É o que ocorre, como já apontado, ilustrativamente, com o direito à assinatura de CTPS, ao salário mínimo, à incidência das normas de proteção à saúde e segurança do trabalhador. (DELGADO, 2019, p. 253)

Logo, o trabalhador tem o direito absolutamente indisponível de exigir a aplicabilidade, pelo empregador, das normas de proteção à sua saúde, o que implica dizer, por via oblíqua, que, se não cumpridas essas normas, e mormente quando houver risco grave e iminente de acidentes e adoecimentos, ele terá o direito de se recusar à continuidade da prestação de serviços, resistindo licitamente ao poder hierárquico. É, aliás, o direito fundamental que também está na base do art. 160 da CLT e da NR-03 (embora, nesse caso, sob o pálio da ação administrativa).

Noutras palavras, o direito de resistência impõe limites ao poder diretivo do empregador, de tal forma que o dever de subordinação do empregado deixa de ser exigível quando ele se deparar com situações que impliquem riscos graves e/ou iminentes à sua vida ou à sua saúde. E, como já afirmado, esse direito de recusa encontra campo bastante fértil quando o empregador nao lhe fornece os equipamentos de proteção que se fizerem necessários à neutralização dos efeitos nocivos do ambiente laboral.

Passemos, pois, a pensá-lo para o nosso atual tema e contexto.

A rigor, o direito de resistência torna-se ainda mais nítido em época de pandemia, diante do altíssimo risco de contágio. A transmissibilidade do vírus SARS-CoV-2 é alarmante; e os seus níveis de letalidade são igualmente acentuados, se considerados os chamados "grupos de risco" (e, agora, as novas cepas virais, como a sul-africana). Na realidade, o SARS-CoV-2 não é, até o presente momento, completamente compreendido pelas ciências médicas; mas, na perspectiva da saúde coletiva e dos seus predicamentos classificatórios, tem se revelado um vírus de alta capacidade de disseminação, de alta infectividade, de média patogenicidade, de média virulência e de poder imunogênico ainda duvidoso (o que se traduz nas dificuldades constatadas durante os esforços de sintetização de vacinas, inclusive quanto ao seu "prazo de validade") (FELICIANO, MAENO, CARMO, HENRIQUES, 2021). E, no caso brasileiro, deve-se agregar a esse dado universal, de base biológica, o dado político-sociológico: o Brasil não se preparou adequadamente para enfrentar a pandemia. O caos por que passa a saúde pública brasileira, em especial nas cidades de Manaus (AM) e Belém (PA), é sinal evidente disso; e, mais, é sinal inexorável de que os trabalhadores têm, sim, o direito de se recusar a trabalhar em ambiente no qual o empregador não forneça os itens de segurança necessários e não exija o cumprimento – por colegas de trabalho e clientes – de todas as medidas recomendadas (dentre as quais o fornecimento e uso de máscaras, de álcool gel, o distanciamento mínimo, o isolamento dos infectados etc.). Já o dissemos em outra ocasião:

> [...] Por fim, convém recordar que a Convenção nº 155 da OIT, em resguardo aos relevantíssimos bens jurídicos por ela protegidos (e igualmente tutelados pelos artigos 7º, XXII, e 225, *caput*, da Constituição Federal), legitima a paralisação do trabalho por parte dos próprios obreiros, "*ex vi*" de seus artigos 13 e 19, "f", ante a constatação de um risco grave e iminente à sua vida ou à sua saúde. É também o que reza, no Estado de São Paulo, o art. 229, § 2º, da Constituição estadual. Será justamente esse o caso se os trabalhadores estiverem diante do risco iminente de transmissão comunitária do coronavírus no meio ambiente de trabalho, dada a inegável gravidade da COVID-19 (seja pelas altíssimas taxas de transmissibilidade, seja pela relativa letalidade – especialmente nos grupos de risco –, seja ainda pela inexistência de vacina conhecida). [...] Esse direito de resistência, se exercido coletivamente, configurará clara hipótese de greve ambiental, à qual não se aplica a regra do art. 7º, *caput*, "*in fine*", da Lei 7.783/1989, eis que assegurados aos trabalhadores a integralidade dos direitos trabalhistas do período ("sem prejuízo de quaisquer direitos"), independentemente de negociação coletiva ou do exercício do poder normativo da Justiça do Trabalho. A greve ambiental é, nessa vereda, a manifestação coletiva de um direito constitucional de resistência que "tem por finalidade resguardar a segurança, a saúde e a higiene do trabalhador em face da degradação ambiental".
> (FELICIANO, LEMGRUBER, 2020)

Mesmo nas atividades essenciais, que não podem ser interrompidas durante a pandemia, como hospitais e tantas outras, os trabalhadores têm o direito indisponível de recusa ao trabalho, para protegerem a si próprios, seus familiares e os membros da comunidade em que vivem, em condições de risco grave e/ou iminente à sua vida ou integridade. Até porque, comprovado o risco intenso de contágio, a abstenção de trabalho não poderia ser considerada ato ilícito: consubstanciaria um ato de legítima defesa da vida (e da saúde) própria e, por extensão, das pessoas próximas – mesmo à falta das normas do art. 13 da Convenção nº 155 da OIT e do item 1.4.3 da NR-01, diga-se –, aplicando-se, nesse caso, a regra do art. 188 do Código Civil de 2002. Afinal, não configuram atos ilícitos "os praticados em legítima defesa ou no exercício regular de um direito reconhecido" (inciso I do art. 188).

Contudo, questão diametralmente oposta é a de se saber se o trabalhador, tendo a ele sido oferecida uma medida de proteção, pode se recusar a adotá-la. Quando recomendável uma cirurgia ao trabalhador, especialmente para a reparação de danos estéticos decorrentes de acidente do trabalho, sabe-se que, pelo alto risco de morte que envolve o procedimento específico, ele pode recusar-se à cirurgia oferecida. Agora, em meio a uma pandemia que segue em aclive, e tendo sido aprovada uma vacina com grau bastante de eficácia pelos órgãos de controle (no caso da Coronavac, eficácia geral de 50,38%; no caso das vacinas da Pfizer, Moderna e AstraZeneca, 95%, 94,1% e 70%, respectivamente), que será disponibilizada gratuitamente ao trabalhador pelo Sistema Único de Saúde, pode ele se recusar a tomar a vacina, invocando a sua liberdade de agir e/ou de expressão e pensamento? Ou aqui estaríamos diante de situação distinta e absolutamente nova, a exigir, portanto, solução criativa (e nova) dos atores jurídicos?

É o que iremos analisar no próximo tópico.

## 40.3. COLISÃO DE DIREITOS EM TORNO DA VACINAÇÃO: DIREITO DE RECUSA *VS.* PODER HIERÁRQUICO PATRONAL

Diante de tudo o quanto visto até esta parte, a primeira noção que se pode desenvolver é a de que o direito de recusa do trabalhador em matéria ambiental se relaciona à prevenção contra os riscos graves e iminentes de acidentes e adoecimentos. Daí que, se o risco de agravo à sua saúde provém exatamente da grande possibilidade de contágio – mesmo com a adoção das medidas (paliativas) recomendadas antes da aprovação de vacinas – e agora temos vacinas aprovadas pela ANVISA, o risco grave e iminente de adoecimento viria da falta de vacinação e não de sua obrigatoriedade. Logo, essa recusa teria de ser pensada em outra perspectiva: a da sua liberdade de agir (CRFB, art. 5º, II), ou ainda a da sua liberdade de pensamento e de opinião (CRFB, art. 5º, IV). Daí porque, como já ponderamos de início, há também aspectos políticos, filosóficos e até religiosos – dentre outros de convicção pessoal –, que podem ser invocados pelos trabalhadores que não querem se submeter à vacinação.

Como, então, resolver essa difícil equação? Se o empregador tem de tomar todas as medidas ao seu alcance, inclusive as de precaução, que incluem as novidades tecnológicas e/ou científicas, para a preservação da saúde dos seus empregados, seria até lógico que pudesse, então, exigir a vacinação, como pode exigir o uso correto de qualquer equipamento de proteção. Não obstante, algumas objeções podem ser opostas, nessa colisão do poder-dever-direito do empregador com o direito de recusa do empregado.

O próprio Supremo Tribunal Federal já chegou a enfrentar essa questão, recentemente, exatamente em relação à Covid-19 (o que teve eminente valor político, já que autoridades públicas – e, entre elas, o Presidente da República – insistiam em posições negacionistas e insuflações antissanitárias), porém em termos mais gerais. E o fez justamente à luz da Lei nº 13.979/2020, que *"[d]ispõe sobre as medidas para enfrentamento da emergência de saúde pública de importância internacional decorrente do coronavírus responsável pelo surto de 2019"* e estabelece, no seu art. 3º, III, "d", a possibilidade de as autoridades públicas adotarem, no âmbito de suas competências, *"determinação de realização compulsória de [...] vacinação e outras medidas profiláticas"*.

Digamos com mais vagar.

### 40.3.1. Há direito de recusa à vacinação?

A objeção mais séria diz respeito à (não) obrigatoriedade do uso das vacinas, aprovadas em caráter emergencial (e precário).

Quanto a essa questão, como antecipamos, o STF já se manifestou no julgamento das Ações Diretas de Inconstitucionalidade (ADIs) 6.586 e 6.587, propostas diante do teor da Lei nº 13.979/2020, e do Agravo em Recurso Extraordinário (ARE) nº 1.267.879, no qual se discutia o direito de recusa à imunização por convicções filosóficas ou religiosas.

Contra a compulsoriedade da vacinação, antevista no precitado art. 3º, III, "d", da Lei nº 13.979/2020 – sancionada sem veto pelo Presidente Jair Bolsonaro, que depois passou a criticar tal obrigatoriedade –, foram ajuizadas as ADIs 6.586 e 6.587, cuja relatoria coube ao Ministro Ricardo Lewandowski. Em síntese, o voto do Relator foi pela constitucionalidade da vacinação compulsória, desde que não seja forçada ao nível físico ("manu militari"), como se infere da conclusão do voto:

> Isso posto, voto pela parcial procedência das ADIs 6.586/DF e 6.587/DF, para conferir interpretação conforme à Constituição ao art. 3º, III, *d*, da Lei 13.979/2020, de maneira a estabelecer que:
>
> (I) a vacinação compulsória não significa vacinação forçada, por exigir sempre o consentimento do usuário, podendo, contudo, ser implementada por meio de medidas indiretas, as quais compreendem, dentre outras, a restrição ao exercício de certas atividades ou à frequência de determinados lugares, desde que previstas em lei, ou dela decorrentes, e (i) tenham como base evidências científicas e análises estratégicas pertinentes, (ii) venham acompanhadas de ampla informação sobre a eficácia, segurança e contraindicações dos imunizantes, (iii) respeitem a dignidade humana e os direitos fundamentais das pessoas; (iv) atendam aos critérios de razoabilidade e proporcionalidade, e (v) sejam as vacinas distribuídas universal e gratuitamente; e
>
> (II) tais medidas, com as limitações acima expostas, podem ser implementadas tanto pela União como pelos Estados, Distrito Federal e Municípios, respeitadas as respectivas esferas de competência.

Com efeito, ninguém pode ser constrangido diretamente a comparecer a um posto de vacinação, tampouco levado à força para se vacinar; não obstante, como se trata de uma questão de saúde pública, o Estado, em todas as esferas de governo, pode adotar medidas indiretas para estimular todos à vacinação, impondo aos recalcitrantes medidas restritivas (de direitos), "como multa, impedimento de frequentar determinados lugares e de se fazer matrícula em escola" (IBDFAM, on-line).

Portanto, não há falar em direito de recusa à vacinação como direito absoluto, não sendo possível invocar liberdade de agir – até porque, na perspectiva do art. 5º, II, da CRFB, há lei prevendo a compulsoriedade – e tampouco liberdade de consciência e de pensamento – o que inclui as convicções filosóficas, ideológicas e religiosas – em apoio ao caráter absoluto do direito de recusa. Tanto é assim que a tese de repercussão geral fixada no ARE nº 1.267.879 foi a seguinte:

> É constitucional a obrigatoriedade de imunização por meio de vacina que, registrada em órgão de vigilância sanitária, tenha sido incluída no plano nacional de imunizações; ou tenha sua aplicação obrigatória decretada em lei; ou seja objeto de determinação da União, dos estados, do Distrito Federal ou dos municípios com base em consenso médico-científico. Em tais casos, não se caracteriza violação à liberdade de consciência e de convicção filosófica dos pais ou responsáveis, nem tampouco ao poder familiar.

O mesmo se dá, a propósito, em vários outros ordenamentos jurídicos. Cite-se, como exemplo, a *Legge* 201/1992 da República Italiana, a prever, com base no princípio da solidariedade social, uma indenização em favor dos sujeitos lesados por complicações irreversíveis, a cargo de quem se recuse a se submeter a programas nacionais de vacinação obrigatória e também a vacinas necessárias "por motivo de trabalho", ainda que não obrigatórias (art. 1º, comma 4: *"[...] persone che, per motivi di lavoro o per incarico del loro ufficio o per potere accedere ad uno Stato estero, si siano sottoposte a vaccinazioni che, pur non essendo obbligatorie, risultino necessarie"*) E, a esse respeito, a *Corte Costituzionale* italiana manifestou-se, na *sentenza* nº 107/2012, pela constitucionalidade, no sentido de que:

> [...] sarebbe, infatti, irragionevole che la collettività possa, tramite gli organi competenti, imporre o anche solo sollecitare comportamenti diretti alla protezione della salute pubblica senza che essa poi non debba reciprocamente rispondere delle conseguenze pregiudizievoli per la salute di coloro che si sono uniformati.

Eis, pois, as medidas indiretas de constrição ou "convencimento", perfeitamente constitucionais – como entre nós já definido à vista das ADIs nºs 6.586 e 6.587 –, ainda que não seja possível forçar fisicamente à vacinação. Isto obviamente tem repercussões no âmbito laboral, como se dirá. Afinal, se o empregador – ou os demais empregados – poderiam inclusive se ressarcir pelos danos derivados da contaminação provocada por quem conscientemente se recusa à vacinação, com maior razão poderá(ão) prevenir/precaver tais danos, a bem da própria lógica jurídica ínsita ao direito ambiental e da saúde pública.

Uma segunda objeção que poderia ser levantada, seria aquela atinente à ausência de lei específica determinando a vacinação das pessoas em geral e dos trabalhadores, em particular (há, como visto, apenas uma autorização geral para a autoridade pública, no imo da Lei nº 13.979/2020). Com efeito, na primeira tese fixada no julgamento das ADIs supra referidas, exigiu-se a previsão legal; caso ausente, foi "facultada a recusa do usuário", sendo certo que as "medidas indiretas" para estimular a vacinação, como "a restrição ao exercício de certas atividades ou à frequência de determinados lugares", por exemplo, deveriam estar "previstas em lei" ou ser "dela decorrentes".

Contudo, é exatamente essa parte final da assertiva que permite a plena exigibilidade da vacinação por parte das empresas, em seus espaços de trabalho, porque o empregador tem uma pesada carga de obrigações e deveres que deve observar, em cumprimento a toda a exaustiva legislação de proteção do meio ambiente laboral – descrita apenas nos seus aspectos mais importantes no início deste texto –, sob pena de, inclusive, responder pelos danos decorrentes de acidente do trabalho e adoecimentos ocupacionais (art. 7º, incisos XXII e XVIII, da CF). Ora, a proibição de entrada, nos prédios privados das empresas, dos trabalhadores – e clientes – que, tendo a vacina a seu dispor, gratuitamente, recusam-se a se vacinar, é medida indireta "decorrente" do extenso manancial legislativo presente nas NRs e tantas outras normas impositivas. É, inclusive, uma medida para a proteção dos demais trabalhadores da empresa, já que nem todos poderão tomar a vacina a um só tempo (à vista da própria escassez de doses – que no Brasil só se explica pela incúria das autoridades nacionais –, haverá um escalonamento que leva em conta os níveis de exposição, as taxas de risco e as faixas etárias, dentre outros fatores).

Noutras palavras – e como dito há pouco –, não há nenhuma exigência de se aguardar uma lei específica determinando a vacinação compulsória, até porque a autorização legal geral já existe (*vide* a Lei nº 13.979/2020 e seu art. 3º, III, "d", permitindo a "*determinação de realização compulsória*" da vacinação, por qualquer dos entes federativos, no âmbito de suas competências). E, insista-se, o STF – o guardião da Constituição – já declarou a constitucionalidade dessa norma. Portanto, se o empregador tem de adotar até mesmo medidas de precaução (para além da mera prevenção), ele já tem, pelas NRs – das quais "decorre" o poder-dever-direito de exigir de todos os seus empregados o uso de quaisquer equipamentos idôneos de proteção e, na mesma esteira, a atenção a todas as técnicas e/ou medidas de proteção –, o poder de exigir a vacinação do trabalhador para que este possa ingressar no espaço privado de sua empresa. Em síntese, se é dever patronal o de preservar o meio ambiente de trabalho e o de evitar que ele se transforme em um "covidário" particular (FELICIANO, LEMGRUBER, 2020), também é seu dever impedir situações de risco coletivo, incluindo a proibição de que trabalhadores que se recusem à vacinação compareçam e ingressem no ambiente corporativo.

Como se não bastasse, já há, na legislação trabalhista, exigência de vacinação de determinados trabalhadores, pois seus serviços são prestados em ambientes com alto risco de contágio.

A NR-32, que disciplinou sobre "as diretrizes básicas para a implementação de medidas de proteção à segurança e à saúde dos trabalhadores dos serviços de saúde, bem como daqueles que exercem atividades de promoção e assistência à saúde em geral", tem importante norma a esse respeito. O item 32.2.4.17.1 dessa NR torna obrigatório o fornecimento de vacinas aos trabalhadores, pelo empregador. Veja-se: "A todo trabalhador dos serviços de saúde deve ser fornecido, gratuitamente, programa de imunização ativa contra tétano, difteria, hepatite B e os estabelecidos no PCMSO". Aqui temos uma norma extremamente importante, porque a legislação de regência permitiu que as próprias empresas, em seu PCMSO, prevejam determinados tipos de vacina que seriam necessárias em sua atividade, vacinas que, então, passariam a ser exigíveis dos empregados, desde que estes tenham (i) plena ciência dessa exigência e que (ii) a vacina seja totalmente gratuita.

Nessa mesma linha, a Portaria nº 1986/GM/MS, de 25 de outubro de 2001, adotou "a vacinação obrigatória dos trabalhadores das áreas portuárias, aeroportuárias, de terminais e passagens de fronteira", bem como dos "tripulantes ou pessoal dos meios de transporte que procedam de áreas endêmicas e de países com transmissão de febre amarela, segundo a situação epidemiológica e avaliação de risco" (arts. 1º e 2º). Além disso, a Portaria nº 597, de 08 de abril de 2004, do Ministério da Saúde, no § 5º de seu art. 5º, disciplina sobre a obrigatoriedade de qualquer empregador, no ato da contratação de empregados, exigir o comprovante de vacinação. Veja-se: "Para efeito de contratação trabalhista, as instituições públicas e privadas deverão exigir a apresentação do comprovante de vacinação, atualizado de acordo com o calendário e faixa etária estabelecidos nos Anexos I, II e III desta Portaria" (CONJUR, on-line).

Há, porém, duas possíveis exceções.

A primeira, a nosso ver, dar-se-ia diante da possibilidade de sucedâneo bastante dos efeitos preventivos da vacinação no meio ambiente de trabalho, às integrais expensas do trabalhador, em atenção ao subprincípio da necessidade (que, como se sabe, deve informar, no nível fático, os juízos de proporcionalidade em contextos de colisão de direitos fundamentais). Se, à míngua de legislação específica impondo a vacinação (porque, diga-se ainda uma vez, a Lei nº 13.979/2020 apenas autoriza essa imposição), e diante de sua objeção de consciência, o trabalhador se dispusesse a assumir os custos de apresentar ao empregador, a cada 48 horas (prazo médio de utilidade dos testes de Covid-19 de tipo RT-PCR), um novo teste negativo para SARS-Cov-2, às suas próprias expensas (e o preço médio hoje, no Brasil, é de R$ 340,00), poderia ser admitido ao local de trabalho. Esse seria, a propósito, o único modo de, em se recusando à vacinação por razões de crença, convicção ou ideologia, preservar o emprego (porque, de outro modo, não se poderia tampouco exigir do empregador que assegurasse o emprego e os salários, se o trabalhador voluntariamente se coloca em condições de inaptidão para trabalhar em ambientes coletivos). Voltaremos a isso adiante.

A segunda diz respeito à integridade pessoal do trabalhador, que se recusa à vacinação não por objeção de consciência, mas para a sua autopreservação. Assim será, *e.g.*, se o trabalhador demonstrar ao empregador, por documentos médicos hábeis (ao nível da certeza ou da elevada probabilidade), que a vacinação pode lhe causar pessoalmente abalos sérios à saúde (em razão de alergias, doenças autoimunes e situações similares)[4]. Nesse caso, havendo a prova devida – e, ocasionalmente, com a própria chancela judicial, se necessária, a ser buscada na Justiça do

---

4   Agradecemos, no particular, a interlocução com a advogada Rosana Pilon Muknicka, da Schmidt, Valois, Miranda, Ferreira e Agel Advogados, que nos participou essa possibilidade excetiva, com a qual concordamos.

Trabalho –, incidirá analogicamente a hipótese do art. 15 do Código Civil, pela qual *"[n]inguém pode ser constrangido a submeter-se, com risco de vida, a tratamento médico ou a intervenção cirúrgica"*. E, sendo assim, caberá ao empregador providenciar alternativa de trabalho em isolamento (*e.g.*, home office), ou então conferir ao trabalhador afastamento, com remuneração (= interrupção do contrato individual de trabalho) ou sem remuneração (= suspensão do contrato individual de trabalho), por analogia com as hipóteses dos arts. 475 e 476 da CLT, a depender da situação concreta (ou seja, se o trabalhador lograr ou não obter algum benefício previdenciário diante dessa condição), até que a pandemia esteja debelada.

### 40.3.2. O poder de dispensa com justa causa e as alternativas patronais

Se o empregador, pelo menos em algumas atividades, pode exigir a vacinação de seus empregados, não cumprida a determinação, poderia haver a dispensa por justa causa?

Examinando a questão, outras surgem para a formação do raciocínio. De que adiantaria a normativa prever a obrigatoriedade de fornecimento de vacinas pelo empregador, se o trabalhador pudesse se recusar à vacinação? De que adiantaria exigir-se comprovante de vacinação dos trabalhadores na sua contratação, se durante o contrato de trabalho, em meio a uma pandemia sem precedentes, eles pudessem se recusar a tomar uma vacina devidamente aprovada pelas autoridades sanitárias?

Daí que, pelo menos nessas atividades anunciadas no item anterior, nas quais o risco de contágio do próprio trabalhador, de seus colegas de trabalho e das pessoas em geral é bem mais elevado – por envolver trabalho em áreas com a presença de muitas pessoas, permanentemente –, torna-se plenamente possível ao empregador exigir a vacinação contra Covid-19. Não pode haver dúvida, portanto, de que em todos os "serviços de saúde" – como em hospitais, clínicas etc. –, e naqueles que "exercem atividades de promoção e assistência à saúde em geral" – como farmácias, laboratórios etc. –, será obrigatória a vacinação, principalmente se o PCMSO da empresa o exigir.

Também haverá essa obrigatoriedade para todos os trabalhadores dos portos, aeroportos e "terminais e passagens de fronteira". E, no setor de transportes, de todos os tripulantes e do "pessoal dos meios de transporte" que proceda de áreas endêmicas e pandêmicas. Como a pandemia de Covid-19 é universal, a exigência se faz para os trabalhadores de quaisquer meios de transporte – aeroviário, rodoviário, marítimo – que viajem a outros países e retornem ao Brasil. Por analogia, poderíamos sustentar que também haveria a exigibilidade de todos os trabalhadores dos setores dos transportes que se ativem no transporte interurbano. Há, ainda, atividades econômicas nas quais o controle sanitário é muito intenso, como nos frigoríficos, nos quais, então, pode-se exigir a vacinação. Também nos prédios públicos – para o empregador público – e, por extensão, em locais de muita aglomeração, como shopping center, estádios e outros.

De modo que haverá, de início, uma grande quantidade de empresas, em várias categorias econômicas, nas quais será possível exigir a vacinação contra Covid-19 de seus empregados. Para outras, talvez seja prudente aguardar uma legislação mais direta, conquanto se trate de uma evidente questão de saúde pública. A depender da hipótese, a fonte formal da obrigação poderá ser um próprio ato regulamentar do empregador, mercê do poder hierárquico patronal (que, como se sabe, desdobra-se em quatro poderes mais específicos: modulatório, fiscalizatório, sancionatório e – justamente – regulatório); e, no conflito de interesses, restará recorrer ao Poder

Judiciário (mais uma vez, a Justiça do Trabalho) para se estabelecer se a restrição imposta pelo ato regulamentar privado é ou não constitucional, legal e proporcional.

Resta saber, então, se ao menos nos casos supra, poderá o empregador despedir o empregado por justa causa, se este se negar a tomar a vacina.

Pois bem, a doutrina e a jurisprudência trabalhistas têm posicionamento firme no sentido de que o empregador pode, no uso das medidas disciplinares colocadas à sua disposição, aplicar punições ao empregado que não cumpre a ordem de uso de equipamentos de proteção, de forma gradativa, até culminar com a dispensa por justa causa. Veja-se, *verbi gratia*:

> [...] O art. 158, da CLT, em seus dois incisos, preconiza que cabe ao empregado observar as normas concretas de medicina e segurança do trabalho vigentes em seu local de prestação de serviços, colaborando com o empregador na observância das regras tratadas no Capítulo V, da Consolidação das Leis do Trabalho. No mesmo norte, o parágrafo único do referido artigo da CLT destaca especificamente que a recusa injustificada ao uso de equipamentos de proteção individual fornecidos pela empresa consiste em ato faltoso do empregado. Trata-se, como se percebe, de essenciais regras legais que impõem deveres gerais de cautela aos empregados na consecução das ordens de serviço voltadas à preservação da saúde e da integridade do empregado no ambiente de trabalho. [...] A injustificada quebra destas regras, a meu ver, poderá levar à justa causa do empregado, tendo em conta gravidade de que se revestem atitudes insubordinadas ou indisciplinadas que arriscam a integridade física e a saúde do próprio trabalhador e/ou de seus colegas, prepostos ou terceiros alheios à relação de trabalho. Assim sendo, em casos concretos em que se debate a eventual recusa do empregado a utilizar determinado equipamento de proteção, deve-se verificar a efetiva e robusta justificativa para tal rejeição ao uso de EPIs e, caso contrário, deve-se avaliar se, por conta de algum ato deliberado do empregado, houve a efetiva quebra de confiança entre as partes, por meio de ato de indisciplina ou insubordinação do trabalhador, conforme previsão taxativa da alínea "h", do art. 482, da CLT, como fator justificador e revelador da proporcionalidade da justa causa aplicada. No caso em análise, houve mais de uma tentativa da reclamada em resolver o problema da parte recorrente, sem que esta demonstrasse efetivo interesse em solucionar o impasse. Muito pelo contrário, houve conduta reprovável da parte reclamante em jogar o equipamento sugerido pela ré no chão, afastando qualquer possibilidade de resolução harmoniosa e bilateral do impasse. Ademais, destaco que o ato de recusa ao recebimento de equipamento de proteção não contou com justificativa concreta do recorrente, pois o autor não demonstrou documentalmente a necessidade médica que impediria o uso dos EPIs fornecidos pela reclamada. No mesmo passo, após a última tentativa da reclamada em apresentar opções de equipamentos à parte autora, o ato de arremessar e se desfazer descortês e abruptamente do equipamento de proteção na data de 08/12/2017, conforme circunstâncias apontadas pela testemunha do réu, bem denota o dolo da parte autora que inequivocamente levou à quebra de confiança entre as partes, sendo, a meu ver, fator suficiente à quebra do liame contratual por justa causa, tendo a ruptura contratual sido levada a efeito de maneira imediata e proporcional à gravidade do fato. (TRT-9 – ROPS-0000117-42.2018.5.09.0015-PR, 6ª Turma, Rel. Paulo Ricardo Pozzolo, j. em 27/02/2019)

> Resolução de contrato de trabalho é a mais severa das penalidades previstas na CLT e, como tal, somente deve ser aplicada ou merecer acolhida do Judiciário, quando a falta imputada a uma das partes for de gravidade suficiente para inviabilizar a continuidade das relações. O contrato de trabalho pressupõe, como dever básico do empregado, que este cumpra suas obrigações nos estritos termos da lei. Assim, o empregado que descumpre norma de segurança do trabalho ao não usar o EPI e não observar os procedimentos de segurança necessários ao bom desempenho de sua função, mormente sendo eletricitário, comete falta grave passível de demissão por justa causa. (TRT-1 - RO  01006698020185010421-RJ, Rel. Fernando Antonio Zorzenon da Silva, j. em  02/07/2019)

**Dispensa por justa causa. Recusa do empregado ao uso de EPI's**. A reiterada recusa do reclamante em usar os Equipamentos de Proteção e Segurança (EPI's) representa falta gravíssima, autorizando a resolução do contrato por justa causa, sem que houvesse excesso do empregador. A inércia patronal levaria à indesejável reincidência de atitudes dessa natureza, colocando em risco não só a integridade física do próprio reclamante, como atraindo para a reclamada possível responsabilização civil por eventuais danos materiais e morais. (TRT-3 - RO 01721201108703004 0001721-28.2011.5.03.0087, Rel. Convocado Manoel Barbosa da Silva, 9ª Turma, publ. em 21/08/2013, 20/08/2013, *DEJT*, p. 132)

Neste sentido, com efeito, víamos supra que a alínea "b" do parágrafo único do art. 158 da CLT diz constituir *"ato faltoso do empregado a recusa injustificada: [...] b) ao uso dos equipamentos de proteção individual fornecidos pela empresa"*. Parece claro, pois, que, diante dessa situação-limítrofe, em não havendo alternativa, restará ao empregador a dispensa com justa causa, geralmente pela hipótese do art. 482, "h", da CLT, também já reportada supra.

A propósito, também a doutrina estrangeira vem reconhecendo a ruptura do contrato individual do trabalho, entre várias alternativas (e após medidas menos drásticas, como a prévia suspensão disciplinar), como uma possibilidade, dentro do espectro de teores do poder hierárquico, para o tratamento jurídico do empregado que se recusa à vacinação. Leia-se, p. ex., com Roberto Riverso (conselheiro da *Cassazione* italiana), reportando-se ao art. 20 do *"Testo unico sulla sicurezza sul lavoro"*[5]:

> [...] Agli obblighi del datore corrispondono quindi quelli del lavoratore, la cui regolamentazione si ritrova nell'art. 20 del TU 81/2008 che li ricomprende all'interno di un amplissimo catalogo. Tra l'altro, la norma prevede proprio l'obbligo di contribuire all'adempimento degli obblighi previsti a tutela della salute e sicurezza sui luoghi di lavoro; osservare le disposizioni e le istruzioni impartite dal datore di lavoro. E per quanto qui rileva, soprattutto quello di prendersi cura della propria salute e di quelli dei colleghi e di tutti gli altri soggetti presenti sul luogo di lavoro, su cui ricadono gli effetti delle sue azioni o omissioni. [...]
>
> In materia di vaccini anti Covid il punto è proprio questo: il lavoratore è già obbligato, secondo l'art. 20, a prendersi cura non soltanto della propria salute e sicurezza, ma anche di quella di tutti gli altri soggetti (colleghi o meno) presenti sul luogo di lavoro, su cui ricadono gli effetti

---

5 **Decreto-legge 81/2008, art. 20:** *"Obblighi dei lavoratori. 1. Ogni lavoratore deve prendersi cura della propria salute e sicurezza e di quella delle altre persone presenti sul luogo di lavoro, su cui ricadono gli effetti delle sue azioni o omissioni, conformemente alla sua formazione, alle istruzioni e ai mezzi forniti dal datore di lavoro. 2. I lavoratori devono in particolare: a) contribuire, insieme al datore di lavoro, ai dirigenti e ai preposti, all'adempimento degli obblighi previsti a tutela della salute e sicurezza sui luoghi di lavoro; b) osservare le disposizioni e le istruzioni impartite dal datore di lavoro, dai dirigenti e dai preposti, ai fini della protezione collettiva ed individuale; c) utilizzare correttamente le attrezzature di lavoro, le sostanze e i preparati pericolosi, i mezzi di trasporto, nonché i dispositivi di sicurezza; d) utilizzare in modo appropriato i dispositivi di protezione messi a loro disposizione; e) segnalare immediatamente al datore di lavoro, al dirigente o al preposto le deficienze dei mezzi e dei dispositivi di cui alle lettere c) e d), nonché qualsiasi eventuale condizione di pericolo di cui vengano a conoscenza, adoperandosi direttamente, in caso di urgenza, nell'ambito delle proprie competenze e possibilità e fatto salvo l'obbligo di cui alla lettera f) per eliminare o ridurre le situazioni di pericolo grave e incombente, dandone notizia al rappresentante dei lavoratori per la sicurezza; f) non rimuovere o modificare senza autorizzazione i dispositivi di sicurezza o di segnalazione o di controllo; g) non compiere di propria iniziativa operazioni o manovre che non sono di loro competenza ovvero che possono compromettere la sicurezza propria o di altri lavoratori; h) partecipare ai programmi di formazione e di addestramento organizzati dal datore di lavoro; i) sottoporsi ai controlli sanitari previsti dal presente decreto legislativo o comunque disposti dal medico competente. 3. I lavoratori di aziende che svolgono attività in regime di appalto o subappalto, devono esporre apposita tessera di riconoscimento, corredata di fotografia, contenente le generalità del lavoratore e l'indicazione del datore di lavoro. Tale obbligo grava anche in capo ai lavoratori autonomi che esercitano direttamente la propria attività nel medesimo luogo di lavoro, i quali sono tenuti a provvedervi per proprio conto."*

> delle sue azioni o omissioni. Ed un'omissione doverosa potrebbe essere considerata anche quella che, nel corso di una pandemia devastante, che ha già prodotto milioni di morti, attiene al vaccino efficace quando sussista il rischio biologico, quanto meno aggravato e qualificato.
>
> Sembrerebbe contraddittorio sostenere, da una parte, che, nell'ambito del rapporto di lavoro, l'ordinamento preveda il criterio della massima di sicurezza tecnologicamente fattibile per il datore, esteso fino alla prescrizione dei vaccini e, dall'altra parte, abbia lasciato libero il lavoratore di non vaccinarsi. Si tratterebbe di una affermazione incoerente che pare minare la forza cogente del sistema di sicurezza delineato dall'ordinamento; la cui portata, peraltro, va sempre estesa anche in forza del principio di eguaglianza, da cui discende che a parità di rischio occorre garantire parità di protezione nell'ambiente di lavoro, come ha affermato la Corte costituzionale in numerose occasioni. [...]
>
> In conclusione, in mancanza della vaccinazione da parte del lavoratore il datore potrebbe lamentare la violazione di un obbligo contrattuale o, in ogni caso, la mancanza oggettiva della idoneità del lavoratore a svolgere il lavoro in condizioni di sicurezza (anche per il protrarsi della assenza in caso di sospensione). Il provvedimento adottabile dal datore, col concorso del medico competente, che in questa fase meglio si adatta alla situazione pare essere, in base all'ordinamento, la sospensione del lavoratore e la valutazione di ulteriori provvedimenti organizzativi conservativi del rapporto.
>
> I due ambiti (disciplinare ed oggettivo) sono sottoposti a regole diverse (anche procedurali) e vanno sempre mantenuti distinti, fermo restando che un'eventuale verifica in ambito processuale rimane legata ai motivi addotti a supporto del provvedimento datoriale.
>
> Certamente esiste il diritto della libertà di cura superabile solo dalla legge. Ma un'obiezione di questa natura depotenzia il vincolo che per il lavoratore deriva pur sempre dalla legge, dall'art. 20 del TU, e che lo obbliga all'osservanza di qualsiasi misura di sicurezza prevista dalla migliore scienza.
>
> Come già detto, nell'ambito del rapporto di lavoro il lavoratore deve essere tutelato, per legge, anche contro la sua volontà; e soprattutto vanno tutelati i colleghi ed i terzi dai rischi discendenti dalla sua volontà. Questo sembra il punto di caduta dinanzi alla drammatica realtà, da cui nessuno può prescindere.
>
> *In questa diversa prospettiva il nodo che si discute sembrerebbe già risolto dalla legge in una chiave solidaristica: il lavoratore non può, in nome del proprio diritto alla libertà di cura, decidere di mettere a repentaglio l'incolumità altrui.*" (RIVERSO, 2021)

É também como pensamos, embora não haja, no Brasil, norma similar à do artigo 20 do *D. Legs. 81/2008* italiano. Aliás, este seria um bom ensejo para que o Capítulo V do Título II da CLT fosse finalmente atualizado, à luz dos arts. 196, 197, 200, VIII, e 225 da Constituição, como também à vista da evolução do estado da técnica e do próprio paradigma jurídico-ambiental, que deve passar a reger as questões de saúde e segurança do trabalho.

De outra parte, interessa referir que, muito recentemente (25/01/2021), o Parlamentou Europeu aprovou a Resolução nº 2.361/2021, ainda disponível em versão provisória (PACE, 2021), definindo, entre outros aspectos, que a vacina para a Covid-19 não poderá ser obrigatória, como tampouco poderá haver discriminação em relação a quem não queira tomá-la. Com efeito, lê-se no seu item 7:[6]

---

[6] A transcrição no idioma original (inglês) é relevante para a perfeita intelecção do problema – conquanto estejamos no âmbito de um Curso –, considerando-se as potenciais divergências de tradução que inclusive se verificaram, no meio doutrinário nacional, a partir da publicação da resolução pelo Parlamento Europeu (assim, *e.g.*, quanto às possíveis acepções dos vocábulos *"mandatory"* e *"forced"*, sendo que apenas o primeiro é utilizado no texto provisório dado a conhecer em meados de janeiro de 2021).

[…] 7. Scientists have done a remarkable job in record time. It is now for governments to act. The Assembly supports the vision of the Secretary General of the United Nations that a Covid-19 vaccine must be a global public good. Immunisation must be available to everyone, everywhere. The Assembly thus urges member States and the European Union to:

7.1. with respect to the development of Covid-19 vaccines:

7.1.1. ensure high quality trials that are sound and conducted in an ethical manner in accordance with the relevant provisions of the Convention on human rights and biomedicine (ETS No. 164, Oviedo Convention) and its Additional Protocol concerning Biomedical Research (CETS No. 195), and which progressively include children, pregnant women and nursing mothers;

7.1.2. ensure that regulatory bodies in charge of assessing and authorising vaccines against Covid-19 are independent and protected from political pressure;

7.1.3. ensure that relevant minimum standards of safety, efficacy and quality of vaccines are upheld;

7.1.4. implement effective systems for monitoring the vaccines and their safety following their roll-out to the general population, also with a view to monitoring their long-term effects;

7.1.5. put in place independent vaccine compensation programmes to ensure compensation for undue damage and harm resulting from vaccination;

7.1.6. pay special attention to possible insider trading by pharmaceutical executives, or pharmaceutical companies unduly enriching themselves at public expense, by implementing the recommendations contained in Resolution 2071 (2015) on Public health and the interests of the pharmaceutical industry: how to guarantee the primacy of public health interests?

7.1.7. overcome the barriers and restrictions arising from patents and intellectual property rights, in order to ensure the widespread production and distribution of vaccines in all countries and to all citizens;

7.2. with respect to the allocation of Covid-19 vaccines:

7.2.1. ensure respect for the principle of equitable access to health care as laid down in Article 3 of the Oviedo Convention in national vaccine allocation plans, guaranteeing that Covid-19 vaccines are available to the population regardless of gender, race, religion, legal or socio-economic status, ability to pay, location and other factors that often contribute to inequities within the population;

7.2.2. develop strategies for the equitable distribution of Covid-19 vaccines within member States, taking into account that the supply will initially be low, and prepare for how to expand vaccination programmes when the supply expands; follow the advice of independent national, European and international bioethics committees and institutions, as well as of WHO, in the development of these strategies;

7.2.3. ensure that persons within the same priority groups are treated equally, with special attention to the most vulnerable people such as older persons, those with underlying conditions and health care workers, especially those who work closely with persons who are in high-risk groups, as well as people who work in essential infrastructure and in public services, in particular in social services, public transport, law enforcement, and schools, as well as those who work in retail;

7.2.4. promote equity in access to Covid-19 vaccines between countries by supporting international efforts such as the Access to Covid-19 Tools Accelerator (ACT Accelerator) and its COVAX Facility;

7.2.5. refrain from stockpiling Covid-19 vaccines which undermines the ability of other countries to procure vaccines for their populations, ensure stockpiling does not translate to escalating prices for vaccines from those who stockpile to those who cannot, conduct auditing and due diligence to ensure rapid deployment of vaccines at minimum cost based on need not market power;

7.2.6. ensure that every country is able to vaccinate their health-care workers and vulnerable groups before vaccination is rolled out to non-risk groups, and thus consider donating vaccine doses or accept that priority be given to countries which have not yet been able to do so, bearing in mind that a fair and equitable global allocation of vaccine doses is the most efficient way of beating the pandemic and reducing the associated socio-economic burdens;

7.2.7. ensure that Covid-19 vaccines whose safety and effectiveness has been established are accessible to all who require them in the future, by having recourse, where necessary, to mandatory licences in return for the payment of royalties;

7.3. with respect to ensuring high vaccine uptake:

7.3.1. ensure that citizens are informed that the vaccination is NOT mandatory and that no one is politically, socially, or otherwise pressured to get themselves vaccinated, if they do not wish to do so themselves;

7.3.2. ensure that no one is discriminated against for not having been vaccinated, due to possible health risks or not wanting to be vaccinated;

7.3.3. take early effective measures to counter misinformation, disinformation and hesitancy regarding Covid-19 vaccines;

7.3.4. distribute transparent information on the safety and possible side effects of vaccines, working with and regulating social media platforms to prevent the spread of misinformation;

7.3.5. communicate transparently the contents of contracts with vaccine producers and make them publicly available for parliamentary and public scrutiny;

7.3.6. collaborate with non-governmental organisations and/or other local efforts to reach out to marginalised groups;

7.3.7. engage with local communities in developing and implementing tailored strategies to support vaccine uptake;

7.4. with respect to Covid-19 vaccination for children:

7.4.1. ensure balance between the rapid development of vaccination for children and duly addressing safety and efficacy concerns and ensuring complete safety and efficacy of all vaccines made available to children, with a focus on the best interest of the child, in accordance with the United Nations Convention on the Rights of the Child;

7.4.2. ensure high quality trials, with due care for relevant safeguards, in accordance with international legal standards and guidance, including a fair distribution of the benefits and risks in the children who are studied;

7.4.3. ensure that the wishes of children are duly taken into account, in accordance with their age and maturity; where a child's consent cannot be given, ensure that agreement is provided in other forms and that it is based on reliable and age appropriate information;

7.4.4. support UNICEF in its efforts to deliver vaccines from manufacturers that have agreements with the COVAX Facility to those who need them most;

7.5. with respect to ensuring the monitoring of the long-term effects of the COVID-19 vaccines and their safety:

7.5.1. ensure international co-operation for timely detection and elucidation of any safety signals by means of real-time global data exchange on adverse events following immunisation (AEFIs);

7.5.2. use vaccination certificates only for their designated purpose of monitoring vaccine efficacy, potential side-effects and adverse events;

7.5.3. eliminate any gaps in communication between local, regional and international public health authorities handling AEFI data and overcome weaknesses in existing health data networks;

7.5.4. bring pharmacovigilance closer to health-care systems;

7.5.5. support the emerging field of adversomics research which studies inter-individual variations in vaccine responses based on differences in innate immunity, microbiomes and immunogenetics. [...]

Chama a atenção, em particular, o subitem 7.3, pelo qual, com relação às políticas voltadas para a alta absorção da vacina pelas populações nacionais, pretende-se assegurar que "os cidadãos sejam informados de que a vacinação não é obrigatória e de que ninguém será pressionado política ou socialmente, ou de qualquer outra forma, para se vacinar", se não desejar a imunização (7.3.1); e, bem assim, garantir que "ninguém seja discriminado por não ter sido vacinado", seja porque a vacina apresenta possíveis riscos à saúde do recusante (exceção de que tratamos acima), seja porque o recusante simplesmente não quer ser vacinado. Sobre essa normativa, é importante registrar três aspectos. A uma, as resoluções do Parlamento Europeu exprimem a posição do colegiado acerca de questões europeias de grande relevância, geralmente em bases diretrizes, com o propósito de influenciar as deliberações da Comissão Europeia ou do Conselho da Europa, além de alertar a opinião pública europeia; logo, não têm caráter normativo estrito. A duas, o texto não faz qualquer referência específica à condição jurídica do empregador que, tendo o dever de preservar a higidez do meio ambiente do trabalho, tem diante de si um trabalhador que, por mera escusa de consciência (de ordem religiosa, filosófica, ideológica etc.), recusa-se a ser vacinado, estando já em condições de sê-lo (mercê dos planos nacionais de imunização, com as suas respectivas cadências). Veja-se que, antes mesmo de ser um meio de "pressão" ("*pressure*"), as medidas que acima alvitrávamos – inclusive de ordem disciplinar – são alternativas limítrofes para a eliminação/redução de um risco labor-ambiental grave (convergindo, entre nós, para a norma-princípio do art. 7º, XXII, da CRFB), se não houver sucedâneo possível (princípio da proporcionalidade). E, a três, especialmente para efeitos judiciais, de todo modo não teria aplicação a hipótese do art. 8º, *caput*, da CLT (que reporta o "direito comparado" entre as fontes possíveis do Direito do Trabalho nacional), porque já não há, no caso brasileiro, qualquer lacuna: a vacinação não pode ser forçada ("manu militari"), mas pode ser obrigatória – inclusive com a adoção de medidas indiretas de indução –, como decidiu o STF nas já referidas ADIs 6.586 e 6.587. Ora, se não há lacuna, não cabe sequer em tese a heterointegração com recurso às fontes de direito comparado, de modo que a questão se torna meramente acadêmico-reflexiva (FELICIANO, 2010, *passim*).

## 40.4. A "RATIO DECIDENDI" NO QUE CONCERNE ÀS CHAMADAS ATIVIDADES ESSENCIAIS: A BUSCA DA EQUIDADE. BREVES REFLEXÕES SOBRE NORMAS-REGRAS DE NEXO CAUSAL EM SEDE DE PANDEMIAS

Conquanto já tenhamos exposto as considerações mais necessárias sobre as intrincadas questões que nos propusemos a dissecar nesta subseção, impende tecermos breves notas sobre os trabalhadores das atividades essenciais, mormente porque o E. STF, quando do julgamento das ações diretas de inconstitucionalidade ajuizadas contra a MP 927 – ADIs nºs 6.342, 6.344, 6.346, 6.348, 6.349, 6.352 e 6.354: 7 (sete) ADIs, portanto –, por seu Plenário, referendou a decisão liminar do Relator originário, considerando constitucionais todas as regras questionadas, exceto as dos arts. 29 e 31 dessa MP.

Com efeito, segundo o Ministro Alexandre de Moraes, a disposição seca do art. 29 da MP nº 927 ofendia inúmeros trabalhadores de atividades essenciais, pois estes continuam expostos ao risco acentuado diante da pandemia de Covid-19, e teriam sua situação jurídica probatória extremamente dificultada numa eventual ação trabalhista em que fossem à Justiça do Trabalho postular a indenização de danos decorrentes da Covid-19, adquirida por ocasião da prestação de serviços ao empregador (SILVA, 2020, on-line).

Em suma, pelo menos nas atividades essenciais, não seria justo exigir um pesado encargo de prova sobre os ombros dos trabalhadores, que teriam de demonstrar o nexo causal entre o seu trabalho e a Covid-19, sem qualquer presunção que lhes fosse favorável, seja em razão da natureza de seu trabalho, seja porque para eles, trabalhadores das atividades essenciais, o nexo causal deve ser presumido, diante do risco extenso e intenso ao qual estão submetidos (SILVA, 2020, on-line; FELICIANO, MAENO, CARMO, HENRIQUES, 2021).

Pois bem. Pode-se bem extrair dessa argumentação jurídica do voto divergente do Ministro Alexandre de Moraes uma *ratio decidendi* que conduziria a um precedente importante do STF em matéria de saúde do trabalhador. Enunciemo-lo: em contextos de pandemias (ou de sindemias, ou ainda de epidemias), não é razoável impor ao trabalhador, por meio de norma de urgência, um tratamento diferenciado quanto ao ônus probatório da contração de doença ocupacional (SILVA, 2020, on-line).

É, com efeito, uma preciosa premissa.

Ensina Cesar Zucatti Pritsch (2020, p. 119-130 e 137), com apoio na doutrina de Goodhart, que a "ratio decidendi" (o núcleo da decisão judicial que pode servir de paradigma decisório para decisões futuras) é inferida a partir dos fatos tidos pela Corte como essenciais ou determinantes (*material facts*), de modo que a conclusão jurídica é ordenada pelo órgão julgador a partir de tal moldura fática. Em suma, "fatos necessários (*material facts*) + conclusão jurídica". Portanto, havendo a repetição futura do mesmo contexto fático, seja no controle de constitucionalidade de norma prevendo abstratamente as mesmas hipóteses fáticas, seja em caso concreto dependente dos mesmos fatos essenciais, a mesma conclusão jurídica do precedente deverá ser aplicada.

Em tal contexto, decompondo o precedente em estudo, temos os seguintes fatos essenciais (aqui, hipóteses fáticas abstratamente previstas na norma sujeita ao controle concentrado de constitucionalidade, o art. 29 da MP 927):

> A) a contaminação do empregado pelo coronavírus (Covid-19);
>
> B) uma norma negando a natureza ocupacional, salvo comprovação do nexo causal – portanto, impondo ao empregado o ônus da prova; e, portanto,
>
> C) uma norma afastando a presunção de nexo causal, mesmo para trabalhadores de atividades essenciais, sujeitos a elevada exposição ao contágio.

*Resultado*: a inconstitucionalidade de qualquer norma definidora de ônus da prova em matéria de doença ocupacional, que exija do trabalhador o ônus de comprovar o nexo causal entre o trabalho e a doença, quando estiver a laborar com elevada exposição ao contágio, como nas atividades essenciais (SILVA, 2020, on-line).

Essa "ratio decidendi" conduz, a nosso ver, a uma tese potencialmente vinculante, mercê do próprio art. 489 do CPC. Noutras palavras, presentes as mesmas hipóteses fáticas no futuro, o resultado haverá de ser o mesmo: se o Governo Federal editar outra MP dificultando o acesso à justiça (direito fundamental à prova) por parte do trabalhador que alega ter adquirido doença ocupacional, criando situações de prova diabólica, ou mesmo se o Congresso Nacional editar uma lei nesse sentido, em situações de pandemia ou similares (sindemias, epidemias), a norma será inconstitucional (SILVA, 2020, on-line).

*De forma muito resumida*: nenhuma norma pode impor ao trabalhador que labora em atividades essenciais, em contextos de crises sanitárias (quando tais atividades são mais necessárias), o ônus de provar relação de causa e efeito entre o seu trabalho e a doença que o acometeu. Esse nexo de causalidade deve ser, no mínimo, presumido, cabendo ao empregador o ônus de demonstrar a situação inversa, ou seja, que, apesar da presunção favorável ao trabalhador, a doença foi adquirida em outro local ou momento, não durante a prestação de serviços. Para afastar tal presunção, poderia o empregador alegar e provar, por exemplo, que, não obstante todas as recomendações de isolamento social, o trabalhador continuou a frequentar lugares com aglomeração de pessoas: festas, churrascos, reuniões de família etc. E mesmo assim, a remanescer a dúvida, ela haveria de se resolver em favor do trabalhador.

Com efeito, o juiz não deve ser um mero aplicador de leis, tampouco conformar-se com interpretações dadas como irrecusáveis. Antes, deve basear-se na lógica do razoável (Recaséns Siches), haja vista que o intérprete deve buscar, sempre, uma solução que seja razoável, adequada e que promova a justiça do caso concreto, de modo que a lógica do razoável é a versão contemporânea da equidade (SILVA, 2020, on-line).

Esse precedente não afasta, ademais, outras hipóteses de presunção do nexo causal em doenças ocupacionais, na esfera trabalhista, derivadas de aplicações analógicas dos arts. 20, § 1º, "d", *in fine*, e 21-A, *caput*, ambos da Lei nº 8.213/1991, p. ex. (v. FELICIANO, LEMGRUBER, 2020). Essas outras hipóteses, porém, não serão objeto da presente subseção.

Contudo, na esteira do que afirmamos desde o início, essa presunção favorável aos trabalhadores de atividades essenciais somente poderá ser aplicável se eles não se recusarem a tomar a vacina contra a Covid-19, quando ela se tornar disponível para sua faixa etária – ou grupo de risco –, fornecida gratuitamente pelo Governo ou até mesmo pelo empregador. O direito de recusa, principalmente nas atividades essenciais, não se torna proporcional. É dizer, se o trabalhador se recusar, injustificadamente a tomar a vacina, poderemos estabelecer uma presunção reversa, de ausência do nexo causal (ou concausal), se ele vier a contrair a insidiosa doença contra a qual todos nós devemos lutar, por se tratar de uma gravíssima questão social e de saúde pública.

## CONSIDERAÇÕES FINAIS

Quando estão em jogo liberdades públicas, como a liberdade de pensamento, a liberdade de crença e a liberdade de ação (inclusive como dimensão negativa do princípio da legalidade), o pensamento genuinamente democrático sempre sugere a mínima restrição possível. E assim deve ser. Se, por outro lado, o que está em causa, no outro extremo da balança, é a saúde pública e o meio ambiente humano (e, no particular, o meio ambiente de trabalho), é preciso, por um lado, exercitar juízos de ponderação, que sempre devem considerar a compleição concreta de cada litígio trazido à apreciação do intérprete. De outra banda, impende sempre ter em mente que, em qualquer equacionamento pela via do princípio da proporcionalidade, o núcleo essencial dos direitos fundamentais em colisão deve ser preservado. O constitucionalismo alemão identificou essa esfera de proteção, a partir do art. 19, 2, da *Grundgesetz* alemã, com a expressão "*Wesensgehaltgarantie*" (= garantia do conteúdo essencial). Mesma garantia se identifica no art. 18º, 3, da Constituição da República Portuguesa. É o que está dito, enfim, nas entrelinhas do art.

8º, *caput*, da CLT, ao dispor que, no âmbito do Direito do Trabalho, "*[a]s autoridades administrativas e a Justiça do Trabalho [...] decidirão [...] sempre de maneira que nenhum interesse de classe ou particular prevaleça sobre o interesse público*". E a tutela do interesse jusfundamental coletivo é, sempre, uma questão de ordem pública.

Nessa medida, conquanto a tônica contemporânea do Direito do Trabalho seja a de preservar e potencializar o exercício dos direitos fundamentais e das liberdades públicas do trabalhador individualmente considerado nos lindes da empresa (assim, *e.g.*, com a liberdade de associação, com a liberdade de expressão, com a liberdade de religião e de culto, com o direito à honra e à imagem etc.), essa medida exige um grão de sal quando se trata de vacinação pública, notadamente em contextos pandêmicos – ou sindêmicos –, como o que atualmente se vive. Em tal situação, havendo autorização legislativa geral, inclusive para a vacinação obrigatória (Lei nº 13.979/2020), e diante do dever acessório geral de indenidade psicofísica que vincula todo e qualquer empregador, por força do próprio art. 2º, *caput*, da CLT (mas também de toda a normativa correlativa, incluindo a legislação ambiental geral, as convenções internacionais do trabalho e as normas regulamentadoras do extinto Ministério do Trabalho), se é certo que o empregador não pode "obrigar" seu empregado a se vacinar, tampouco pode ser obrigado a recebê-lo no meio ambiente de trabalho (presencialmente considerado), se, diante de uma campanha nacional de imunização, o trabalhador se recusa à vacinação, por razões de consciência, crença ou filosofia/ideologia.

A obrigatoriedade estrita da vacinação (i.e., a sua imposição normativa) pode derivar, ademais, de fontes formais as mais variadas, como reconheceu o STF no julgamento das ADIs 6.586 e 6.587: legislação federal, estadual, distrital e municipal; e, no mesmo diapasão, o próprio regulamento específico de empresa, que também é fonte formal do Direito do Trabalho no Brasil. Em todas essas situações, a vacinação não pode ser imposta "manu militari" ao trabalhador, por força da concordância prática entre os direitos fundamentais que entram em colisão nesse contexto; mas serão lícitas todas as "medidas indiretas" que de alguma maneira possam persuadir para o ato de vacinação. No universo jurídico-laboral, à falta de outras ferramentas, servirão a tal propósito as sanções disciplinares legalmente previstas, com a progressividade necessária, até mesmo à vista do art. 158, I e II, da CLT: a advertência, a suspensão e, no limite, a dispensa com justa causa (notadamente pela hipótese do art. 482, "h", da CLT). Mas, por outro lado, podem-se antever exceções à inoponibilidade das recusas individuais: assim, *e.g.*, no caso de sucedâneos adequados que previnam o risco labor-ambiental (*e.g.*, testes negativos periódicos de SARS--Cov-2, às expensas do trabalhador), ou ainda no caso de risco grave e pessoal (por aplicação analógica do art. 15 do CC).

Deve-se registrar, enfim, que, nesse período caótico que purga a humanidade, aos trabalhadores das atividades essenciais o Direito tem de oferecer a máxima proteção. São eles que sustentam, em grande medida, a debilitada economia nacional, direta e indiretamente; e, acima de tudo, são eles que prestam a imprescindível atenção sanitária às vítimas do vírus em hospitais, farmácias e demais estabelecimentos de saúde, bem como nas tantas atividades realmente essenciais (ressalvando-se, por evidente, os inexplicáveis excessos lançados no art. 3º do Decreto nº 10.802/2020 e suas modificações ulteriores, por obra e graça do negacionismo reinante na Presidência da República: academias de esportes, salões de beleza, locação de veículos...). E, não por outra razão, os ministros do STF decidiram que a norma do art. 29 da caducada MP 927/2020 é ofensiva aos trabalhadores de atividades essenciais, os quais estão expostos a intenso risco de contaminação e trabalhando inclusive em sobrejornada, mormente no setor da saúde pública. Como disseram os ministros, a se exigir a comprovação cabal do nexo causal, esses trabalhadores teriam uma dificuldade excessiva em se desincumbir do ônus da prova, o que seria, na verdade, exigir-lhes processualmente a produção de uma prova diabólica.

Contudo, por coerência, essa presunção favorável aos trabalhadores de atividades essenciais somente poderá ser aplicável se eles não se recusarem, injustificadamente, a tomar a vacina contra a Covid-19, quando ela se tornar disponível para eles, de forma gratuita. Destarte, se o trabalhador se recusar a tomar a vacina, poderemos estabelecer uma presunção reversa, de ausência do nexo causal, se ele vier a contrair a Covid-19, doença contra a qual todos – trabalhadores, empresários, sociedade em geral – devemos lutar, por se tratar de uma gravíssima questão de saúde pública, e porque não dizer, também de ordem social e econômica.

Vivemos num tempo de crise(s). Sanitária, sim; mas também crise econômica, crise política, crise ética, crise jurídica. Encerramos, então, com a advertência de Gramsci em seus *Cadernos do Cárcere* (1926-1937): "A crise consiste precisamente no fato de que o velho está morrendo e o novo não pode nascer; nesse interregno, uma grande variedade de sintomas mórbidos aparece". Agora, não será diferente. Saibamos, no imo do Direito, reconhecer – e repudiar – o que é mórbido; identificar e referendar o que é justo e razoável, com a necessária moderação; e, por essas veredas, abrir caminho para um "novo" minimamente virtuoso.

# CAPÍTULO 41
## NOVO CORONAVÍRUS, ESTIGMA E DISCRIMINAÇÃO LABORAL. COVID-19 E DANO MORAL TRABALHISTA

*Guilherme Guimarães Feliciano*
*Paulo Roberto Lemgruber Ebert*

## INTRODUÇÃO

Desde o início da pandemia do novo coronavírus (SARS-CoV-2) nos primeiros meses de 2020, o mundo do trabalho vem sofrendo inúmeros impactos que, em condições normais, demorariam anos, senão décadas, para ocorrer. Apenas para dar alguns exemplos, escolas e universidades tiveram de implementar de imediato sistemas de ensino remoto, assim como diversas empresas do ramo de serviços foram forçadas a se valer do teletrabalho para continuar operando em um contexto refratário ao labor presencial.

Paralelamente a isto, diversas outras atividades desempenhadas tradicionalmente de modo presencial permaneceram inalteradas, tanto na intensidade quanto nos modos de operação, seja em função de suas próprias características estruturais, a impossibilitar o trabalho remoto, ou mesmo da resistência de seus gestores às medidas de isolamento e de restrição operacional impostas pelo Poder Público.

Dentre tais atividades, se inserem aquelas que por sua importância capital não podem ser prestadas remotamente, tais como as operações regulares dos estabelecimentos de saúde (hospitais, consultórios, postos de atendimento ao público, laboratórios, clínicas etc.), os serviços essenciais à comunidade (eletricidade, telefonia, água, gás etc.) e outras que, mesmo podendo atuar com restrições, permaneceram operando sob o beneplácito (ou, muitas vezes, sob a omissão) do Poder Público, tais como certos setores da indústria e do comércio, especialmente nas cidades mais populosas[1].

O desempenho de tais atividades no contexto de uma pandemia persistente, gerada por um agente biológico altamente contagioso e mutável (o novo coronavírus – SARS-CoV-2), que circula indiscriminadamente em todos os ambientes e gera uma doença potencialmente letal (a Covid-19), traz para os trabalhadores dos setores ora mencionados o risco factível de contaminação em seus locais de trabalho, com as possíveis consequências deletérias advindas de tal evento[2]. .

E dentre as consequências decorrentes da presença do novo coronavírus (SARS-CoV-2) no meio ambiente de trabalho para os indivíduos que ali desempenham suas atividades profissionais, há uma que merece especial atenção justamente por conta de seu elevado potencial lesivo

---

[1] No Brasil, as atividades essenciais estão elencadas no Decreto nº 10.282, de 20/03/2020, destinado à regulamentação da Lei nº 13.979, de 06/02/2020.
[2] Vide, a propósito:
FELICIANO, Guilherme Guimarães; EBERT, Paulo Roberto Lemgruber. Coronavírus e meio ambiente de trabalho: de pandemias, pantomimas e panaceias. *In:* SCHIAVI, Mauro. **O Direito do Trabalho em tempos de Coronavírus**. Campinas: Lacier, 2020, p. 263-297.

para a integridade psíquica dos indivíduos, qual seja, o estigma social inerente à Covid-19, agravado em função da ocupação do sujeito.

O tema será abordado nas linhas subsequentes, à luz da responsabilidade dos gestores do meio ambiente do trabalho (os tomadores de serviços, em geral, e os empregadores, em particular) pelo controle dos riscos representados pela circulação do novo coronavírus no meio ambiente de trabalho e das repercussões jurídicas que a materialização dos efeitos do estigma daí decorrente traz para os indivíduos.

## 41.1. A CIRCULAÇÃO OCUPACIONAL DO NOVO CORONAVÍRUS COMO ESPÉCIE DE POLUIÇÃO LABOR-AMBIENTAL E A DINÂMICA DOS DANOS DELA DECORRENTES. O *EFEITO DOMINÓ*

Desde que o novo coronavírus atingiu a categoria epidemiológica de *transmissão comunitária*, tornou-se ele uma questão efetivamente *ambiental*, porquanto a circulação daquele micro-organismo nos espaços naturais e artificiais que abrigam a população em geral passou a consubstanciar um *risco biológico sistêmico* e *agravado*[3].

Nesse estágio, qualquer indivíduo está sujeito, em maior ou menor medida, a adquirir a Covid-19 nos lugares em que frequenta e a transportar o agente transmissor para outros espaços, de modo que o vírus passou a ser um vetor biológico de base antrópica (porque disseminado pelo ser humano) passível de interferir negativamente na qualidade de vida da coletividade e de seus integrantes[4].

Em tal contexto, o *meio ambiente do trabalho*, a compreender o sistema formado pelas condições físicas, psíquicas e organizacionais que circundam os indivíduos no desempenho de suas atividades profissionais, passou a figurar como um possível espaço de ingresso e de circulação do novo coronavírus, de modo que aquele risco agravado, presente na generalidade dos espaços naturais e artificiais, também passou a integrá-los e a condicionar decisivamente a qualidade de vida dos trabalhadores ali inseridos[5].

Pode-se afirmar, portanto, que a entronização e a circulação do novo coronavírus nos espaços laborais constitui um nítido suposto de *poluição labor-ambiental*, na medida em que tal possibilidade acaba por instituir naqueles espaços um estado de "*desequilíbrio sistêmico no arranjo das condições de trabalho [e] da organização do trabalho*", de modo a ocasionar aos indivíduos ali ativados "*riscos intoleráveis à segurança e à saúde física e mental [...] arrostando-lhes, assim, a sadia qualidade de vida*"[6].

O caráter antijurídico do risco inerente à introdução e à circulação do novo coronavírus no meio ambiente de trabalho se constata nas situações em que o gestor deste último (os

---

3   De acordo com o conceito epidemiológico definido pelo próprio Ministério da Saúde, a transmissão comunitária compreende:

"[a] incapacidade de relacionar casos confirmados através de cadeias de transmissão para um grande número de casos ou pelo aumento de testes positivos através de amostras sentinela (testes sistemáticos de rotina de amostras respiratórias de laboratórios estabelecidos)". Disponível em: http://maismedicos;gov.br/images/PDF/2020_03_13_Boletim Epidemiologico-05.PDF. Acesso em: 31 jan. 2021.

4   PRIEUR, Michel. **Droit de l´environnement**. 5ᵉ Édition. Paris: Dalloz, 2004, p. 1-4.

5   Sobre o conceito de meio ambiente do trabalho, *vide*:

PADILHA, Norma Sueli. **Fundamentos constitucionais do direito ambiental brasileiro**. Rio de Janeiro: Elsevier, 2010, p. 373-375.

6   MARANHÃO, Ney. **Poluição labor-ambiental**. Rio de Janeiro: Lumen Juris, 2017, p. 234.

tomadores de serviços e os empregadores) não observam, em concreto, os deveres objetivos impostos pelos arts. 16 a 18 da Convenção nº 155 da OIT no sentido de anteciparem, planejarem e prevenirem os riscos conhecidos e ainda não completamente mapeados nos espaços por eles administrados[7].

De modo ainda mais direto, o art. 3º, § 7º, da Lei nº 13.979/2020 deixa assente que *"na execução dos serviços públicos e das atividades essenciais de que trata este artigo devem ser adotadas todas as cautelas para redução da transmissibilidade da covid -19"*.

Ao se absterem de tomar as medidas de *prevenção* e de *precaução* exigidas pelo ordenamento jurídico em face dos riscos representados pela circulação ocupacional do novo coronavírus, os gestores labor-ambientais acabam por materializar, em concreto, a hipótese de *poluição* delimitada objetivamente no art. 3º da Lei nº 6.938/1981 como sendo a *"degradação da qualidade ambiental resultante de atividades que direta ou indiretamente [...] prejudiquem a saúde, a segurança e o bem-estar da população [e] criem condições adversas às atividades sociais e econômicas"*[8].

Com a materialização em concreto da *poluição* caracterizada pela introdução e pela circulação de agente biológico notoriamente nocivo à saúde humana, tem-se configurado um desequilíbrio sistêmico que representa, ao mesmo tempo, um *dano* imediato ao macrobem atingido (no caso, a higidez do meio ambiente do trabalho) de titularidade difusa e um *risco* relacionado à ocorrência de prejuízos individuais de natureza patrimonial ou extrapatrimonial para os trabalhadores individualmente considerados[9].

---

7   "Art. 16 — 1. Deverá ser exigido dos empregadores que, na medida que for razoável e possível, garantam que os locais de trabalho, o maquinário, os equipamentos e as operações e processos que estiverem sob seu controle são seguros e não envolvem risco algum para a segurança e a saúde dos trabalhadores.

(...)

Art. 17 — Sempre que duas ou mais empresas desenvolverem simultaneamente atividades num mesmo local de trabalho, as mesmas terão o dever de colaborar na aplicação das medidas previstas na presente Convenção.

Art. 18 — Os empregadores deverão prever, quando for necessário, medidas para lidar com situações de urgência e com acidentes, incluindo meios adequados para a administração de primeiros socorros."

8   Sobre a obrigação legal de prevenção de riscos ocupacionais, Morane Keim-Bagot observa que:

"Tal obrigação [de prevenção de riscos] impõe ao empregador um itinerário preventivo que transcende em muito as disposições sociais concernentes à saúde e à segurança. O empregador deve, assim, prevenir os riscos que constituem ameaças aos seus trabalhadores, devendo implementar todas as medidas necessárias em vistas a assegurar a saúde e a segurança destes últimos.

(...)

Não é a ocorrência dos riscos que configura a inobservância ao dever de segurança, mas sim a ocorrência do risco sem que o empregador o tenha detectado adequadamente ou quando deixou de implementar as medidas destinadas a evitá-los."

No original:

« Cette obligation [de prévention des risques] induit une démarche préventive de l'employeur qui excede le seul respect des dispositions sociales concernant la santé et la sécurité. L'employeur doit prevenir les risques que menacent ses salariés en prenant toutes les mesures nécessaires pour assurer leur santé et leur sécurité.

(...)

Ce n'est pas la survenance du risque qui constitue le manquenement à l'obligation de sécurité, c'est la survenance du risque alors que l'employeur ne l'a pas detecte en amont, ou n'a pas mis en œuvre les moyens permettant de l'éviter. » (KEIM-BAGOT, Morane. **De l'accident du travail à la maladie: la métamorphose du risque professionel**. Paris: Dalloz, 2015, p. 246).

9   ZAMAGNI, Stefano. **Responsabili. Come civilizzare il mercato**. Bologna: Il Mulino, 2019, p. 23.

Desse modo, a *poluição* caracterizada pela circulação ocupacional do novo coronavírus configura o elemento que estará na origem dos danos a interesses *difusos, coletivos* e *individuais homogêneos* relacionados à parcela do meio ambiente laboral em questão que afetam, respectivamente, situações jurídicas titularizadas (i) por coletividades indeterminadas dispersas no espaço e no tempo, muitas vezes por gerações; (ii) por grupos espacial e temporalmente delimitados ou delimitáveis e (iii) por indivíduos afetados, de modo singular, por uma lesão comum a todos eles[10].

Nesse sentido, a *poluição labor-ambiental* ocasionada pela circulação ocupacional do novo coronavírus, em uma analogia a ter por base o famoso *efeito dominó*, representa o impacto que se confere à primeira peça do conjunto que, uma vez derrubada, fará tombar as demais em uma sequência indefinida. Nessa alegoria, os blocos subsequentes configuram os bens jurídicos dos trabalhadores individualmente considerados que vão sendo sucessivamente lesados em decorrência daquele impulso originário.

A alegoria do *efeito dominó* ilustra de maneira precisa a relação de homogeneidade que permeia os interesses individuais dos trabalhadores expostos aos riscos subjacentes à circulação ocupacional do novo coronavírus. É esta última, exatamente, o impulso que ocasiona os sucessivos danos aos bens jurídicos patrimoniais e extrapatrimoniais titularizados por aqueles sujeitos, ou, melhor dizendo, a *origem comum* de todos os prejuízos por eles experimentados pelo simples fato de estarem inseridos em um meio ambiente do trabalho degradado[11]..

Os danos individuais que têm a circulação ocupacional do novo coronavírus por origem comum são tão variados quanto as possibilidades de afetação do patrimônio material e imaterial dos trabalhadores a ela expostos, de modo a englobar, tanto as lesões aos interesses pessoais traduzíveis em pecúnia, na medida em que afetam, diretamente, o conjunto formado pelos bens materiais e pelas expectativas financeiras dos sujeitos quanto os prejuízos ocasionados aos interesses da pessoa humana em seus aspectos corporais e psíquicos, bem assim em suas interações sociais e familiares (ou seja, os aspectos concernentes à *personalidade*).

Especificamente com relação aos *danos extrapatrimoniais*, a tônica a pautar o seu reconhecimento e a sua reparação é a posição central que o primado da *dignidade humana* ocupa no ordenamento jurídico pátrio, a irradiar, a partir daí, suas diretrizes em direção de todos os segmentos do Direito, dentre eles o sistema da responsabilidade civil. Para este último, a *dignidade humana* indicará, exatamente, que nenhuma lesão ou ameaça a qualquer aspecto da *personalidade* será negligenciado pelo arcabouço normativo[12].

Quer isto dizer, objetivamente, que no amplo conjunto formado pelos *danos extrapatrimoniais* juridicamente reconhecidos como tais, a lesão que desencadeará a correspondente reparação poderá afetar qualquer aspecto da *personalidade*, cujas manifestações são tão variadas quanto são multiformes os valores, as necessidades, as características e as histórias pessoais que

---

10  MILARÉ, Édis. **Direito do ambiente**. 11. ed. São Paulo: Revista dos Tribunais, 2018, p. 323.
11  LEONEL, Ricardo de Barros. **Manual do processo coletivo**. 4. ed. São Paulo: Malheiros Editores, 2017, p. 116.
12  Pois, afinal, conforme já advertia Pontes de Miranda:
"No suporte fáctico de qualquer fato jurídico, de que surge direito, há, necessariamente, alguma pessoa, como elemento do suporte [e] no suporte fáctico do fato jurídico de que surge o direito de personalidade, o elemento subjetivo é *ser humano*, e não ainda pessoa: a personalidade resulta da entrada do ser humano no mundo jurídico" (MIRANDA, Francisco Cavalcante Pontes de. **Tratado de direito privado. Tomo VII**. Rio de Janeiro: Borsoi, 1955, p. 5).

definem cada indivíduo como ser humano e que, por isso mesmo, são dignas de reconhecimento e de tutela pelo ordenamento jurídico, como consectário da ideia de *dignidade humana*[13].

É justamente sob tal pano de fundo que os danos à personalidade dos trabalhadores submetidos à circulação ocupacional do novo coronavírus em decorrência do estigma social inerente à Covid-19 serão abordados no item subsequente.

## 41.2. O ESTIGMA INERENTE À COVID-19 E A MATERIALIZAÇÃO DO DANO MORAL

Quando uma situação de *poluição labor-ambiental* se manifesta sob a forma de patologia ocupacional, ela ocasiona, de imediato, o sofrimento psíquico decorrente não só da tristeza em si pela contração de severas doenças associadas à exposição a determinados agentes nocivos, como também da angústia em face da possível intensificação dos sintomas e do sentimento de incerteza diante dos efeitos da moléstia em sua integridade psicofísica e em seu futuro pessoal. Há, nesse caso, uma lesão direta às esferas da personalidade compreendidas pela *intimidade*, com evidentes reflexos na *vida privada*[14].

Tal lesão compreende, exatamente, o *dano moral propriamente dito* (ou *dano moral subjetivo*), representado pela dor psíquica e pela perda da paz que as patologias ocupacionais tendem a ocasionar na esfera da intimidade do indivíduo. Há, na deflagração de tal prejuízo, uma nítida ruptura da integridade psíquica do sujeito, causada tanto pela percepção pessoal e do temor a respeito dos possíveis efeitos da doença em seu organismo, quanto pelos estigmas sociais dela decorrentes[15].

---

13   Nesse particular, Pietro Perlingieri assevera que:

"A tutela da pessoa não pode ser fracionada em isoladas *fattispecie* concretas, em autônomas hipóteses não comunicáveis entre si, mas deve ser apresentada como problema unitário, dado o seu fundamento representado pela unidade do valor da pessoa. Este não pode ser dividido em tantos interesses, em tantos bens, em isoladas ocasiões, como nas teorias atomísticas.

A personalidade (...) está na base de uma série aberta de situações existenciais, nas quais se traduz a sua incessantemente mutável exigência de tutela. (...) Não existe um número fechado de hipóteses tuteladas: ou da pessoa sem limites, salvo aqueles colocados no seu interesse e naqueles de outras pessoas. A elasticidade torna-se instrumento para realizar formas de proteção também atípicas, fundadas no interesse à existência e no livre exercício da vida de relações.

Nenhuma previsão especial pode ser exaustiva e deixaria de fora algumas manifestações e exigências da pessoa que, mesmo com o progredir da sociedade, exigem uma consideração positiva. O fato de a personalidade ser considerada como valor unitário, tendencialmente sem limitações, não impede que o ordenamento preveja, autonomamente, algumas expressões mais qualificantes como, por exemplo, o direito à saúde (...), ao estudo, (...) ao trabalho. (...). O juiz não poderá negar tutela a quem peça garantias sobre um aspecto da sua existência que não tem preespecífica, porque aquele interesse já tem uma relevância ao nível de ordenamento e, portanto, uma tutela também em via judicial" (PERLINGIERI, Pietro. Trad. Maria Helena De Cicco. **Perfis do direito civil. Introdução ao direito civil constitucional**. 2. ed. Rio de Janeiro: Renovar, 2002, p. 155-156).

14   Sobre o impacto dos danos à integridade psicofísica nos direitos da personalidade, Maria Celina Bodin de Morais observa que:

"Na esfera cível (...) a integridade psicofísica vem servindo a garantir numerosos direitos da personalidade (vida, nome, imagem, honra, privacidade, corpo, identidade pessoal), instituindo, hoje, o que se poderia entender como um amplíssimo 'direito à saúde', compreendida esta como completo bem-estar psicofísico e social" (MORAES, Maria Celina Bodin de. **Danos à pessoa humana. Uma leitura civil-constitucional dos danos morais**. Rio de Janeiro: Renovar, 2003, p. 94).

15   Nas palavras de Rogério Donnini:

"O dano moral subjetivo possui a acepção tradicional de dano moral, consistente na violação de um direito da personalidade e, como resultado, provoca a perturbação de ânimo do ofendido, que resulta, normalmente, em dor, sofrimento, aflição, diante do ato lesivo praticado pelo agente. Esse estado de ânimo representa, bem de ver, a

## 41 – NOVO CORONAVÍRUS, ESTIGMA E DISCRIMINAÇÃO LABORAL. COVID-19 E DANO MORAL TRABALHISTA
*Guilherme Guimarães Feliciano/Paulo Roberto Lemgruber Ebert/*

Nas hipóteses a envolver a circulação ocupacional do novo coronavírus, a esfera da intimidade dos trabalhadores a ele expostos nos respectivos segmentos do meio ambiente laboral onde desempenham suas atividades é afetada sobremaneira em razão do estigma social concernente à doença ocasionada pelo referido agente biológico (Covid-19).

Convém recordar, nesse sentido, que a Covid-19 foi reconhecida pelo Supremo Tribunal Federal, por ocasião do julgamento das Medidas Cautelares nas ADIs nºs 6.342/DF, 6.344/DF, 6.346/DF, 6.348/DF, 6.349/DF, 6.352/DF e 6.354/DF, como uma patologia ocupacional, haja vista, justamente, a presença constante do risco inerente à circulação do *novo Coronavírus* em diversos ambientes de trabalho, agravado em função da transmissão comunitária constatada no País desde março de 2020[16].

Assim, aqueles trabalhadores que desempenham atividades profissionais cujas características envolvem um risco maior de contaminação por Covid-19 tendem a sofrer um estigma maior não apenas em seus próprios ambientes de trabalho, por colegas ou superiores hierárquicos, mas também em seu entorno social, cultural e familiar.

Dentre os trabalhadores que vêm sendo fortemente estigmatizados em razão da circulação ocupacional do novo coronavírus destacam-se os profissionais da saúde em atuação na linha de frente do enfrentamento da Covid-19 nos estabelecimentos hospitalares, que, desde o início da pandemia, vêm convivendo com a repulsa social decorrente do temor implantado no imaginário coletivo a sugerir que tais indivíduos seriam potenciais vetores de transmissão daquele agente biológico[17].

---

consequência do dano, pois a transgressão a um ou mais direitos da personalidade consiste na lesão denominada dano moral subjetivo" (DONNINI, Rogério. **Responsabilidade civil na pós-modernidade**. Porto Alegre: Sérgio Antônio Fabris Editor, 2015, p. 104-105).

16 BRASIL: SUPREMO TRIBUNAL FEDERAL. MEDIDAS CAUTELARES NAS AÇÕES DIRETAS DE INCONSTITUCIONALIDADE Nº 6.342/DF, 6.344/DF, 6.346/DF, 6.348/DF, 6.349/DF, 6.352/DF e 6.354/DF. RELATOR: Ministro Alexandre de Moraes. Plenário. Julgamento em 06/05/2020. Acórdão pendente de publicação.

17 Nesse sentido, os pesquisadores nepaleses Rakesh Singh e Madhusudan Subedi, ao tratarem das situações vivenciadas pelos profissionais de saúde ainda no início da pandemia, observam que:

"Vários profissionais de saúde em atividade na linha de frente dos hospitais e dos laboratórios vêm sendo discriminados por funcionários de hotéis e vêm encontrando dificuldades em obter comida e abrigo. (...) Além disso, profissionais ativados em ocupações não relacionadas à COVID-19 vêm demonstrando posturas discriminatórias em relação aos profissionais de saúde da linha-de-frente, através de comportamentos como a recusa em conversar com tais indivíduos e em comer nos mesmos restaurantes. Outrossim, vizinhos e pessoas da comunidade vêm demonstrando uma certa desaprovação com relação ao fato de profissionais da saúde em atuação na linha-de-frente residirem em sua vizinhança, mesmo quando tais trabalhadores realizam suas atividades com todas as precauções necessárias. Mesmo profissionais do campo da psiquiatria encontraram dificuldades em seus locais de trabalho, inicialmente, em razão da desinformação e do medo relacionados à COVID-19.

Reportagens da mídia relataram incidentes similares a envolverem profissionais da saúde em outros países, tais como a Índia, os Estados Unidos e a Austrália, onde eles chegaram a ser agredidos, ameaçados e despejados de suas casas.

(...)

Infelizmente, os trabalhadores da área de saúde estão sendo rotulados, isolados e discriminados em razão do estigma relacionado à COVID-19. Além disso, ao mesmo tempo em que a COVID 19 produz efeitos na saúde mental da população em geral, os trabalhadores da saúde vêm enfrentando, igualmente, desafios relacionados à integridade psíquica.(...) Anteriormente considerado uma distinção honrosa, o jaleco branco se tornou um símbolo a indicar indivíduos infectados e profanos. Não obstante, não apenas casos ativos de COVID-19 e trabalhadores da saúde, como também aqueles indivíduos que se recuperaram da referida doença vêm enfrentando discriminação. Muitos dos pacientes recuperados foram proibidos de ingressar em suas comunidades diante da percepção generalizada de que eles poderiam se reinfectar e transmitir o vírus para os demais indivíduos".

No original:

Não obstante, uma série de outros profissionais ativados em setores que mantiveram o funcionamento de suas estruturas na forma presencial e onde subsiste o intenso contato com o público (p. ex.: comércio, bancos, transporte aéreo e terrestre, entregas postais, aplicativos de deslocamento urbano de pessoas e de mercadorias etc.), bem como em algumas indústrias tidas por essenciais, vêm sendo, igualmente, estigmatizados, de modo a experimentarem significativos abalos em sua personalidade.

Tem-se, como exemplo de tal situação, os trabalhadores das indústrias frigoríficas que em razão da organização produtiva e do condicionamento das estruturas físicas das fábricas (caracterizadas por serem ambientes enclausurados, artificialmente frios, úmidos, pouco ventilados e aglomerados) representam o meio ideal para a circulação ocupacional do novo coronavírus[18].

Dada a dispersão de grandes plantas frigoríficas pelo interior do Brasil – especialmente nas regiões Sul e Centro-Oeste –, a congregarem milhares de trabalhadores dispostos lado a lado, foram elas as responsáveis, em grande medida, pela interiorização do novo coronavírus a partir dos grandes surtos de Covid-19 ocorridos entre seus funcionários, que foram amplamente noticiados pela imprensa[19].

---

"*Several frontline healthcare providers working in hospitals and laboratories are discriminated by staffs at hotels and are facing difficulties finding food and shelter (...). Further, people and even some healthcare workers involved in non-COVID responses have been showing discrimination towards the frontline healthcare providers through behaviors such as refusal to talk to them and depicting disapproval to eat in the same cafeterias. In addition, neighbors and people in the community have been showing a kind of displeasure to allow the frontline healthcare providers reside in their home despite of the fact that healthcare workers are working with all necessary precautions. Even healthcare professional in the field of psychiatry was found to have faced difficulty at workplace initially due to incomplete information and fear associated towards COVID-19.*

*There have been similar incidences with reports from news headlining attacks to healthcare providers in other countries as well including India, the USA, Australia; where they are even being beaten, threatened and evicted from their homes (...).. Unfortunately, the healthcare providers are being labelled, set apart and are facing loss of status and discrimination because of stigma attached with COVID-19. Additionally, while there are several effects of COVID-19 on mental health of the general population, the healthcare providers are too facing mental health challenges (Tandon, 2020). Once white coat, considered as an honored cloth, has now been tagged a symbol of infected and profane stuff. Moreover, not only active cases of COVID-19 and healthcare providers, but also those who have recovered from the disease are facing discrimination. Many of the recovered patients have been denied to enter in the community with the perception that they may be re-infected and transmit the virus to others*" (SINGH, Rakesh; SUBEDI, Madhusudan. **COVID-19 and stigma: Social discrimination towards frontline healthcare providers and COVID-19 recovered patients in Nepal.** *In*: **Asian jornal of psychiatry**, 53 (2020) 102222).

18   Cf., a propósito:

EBERT, Paulo Roberto Lemgruber; AMARAL, Veronica Quihillaborda Irazabal. COVID-19 e frigoríficos. Crônica de uma tragédia sanitária anunciada. *In*: PADILHA, Norma Sueli; VILLATORRE, Marco Antonio César. **O mundo do trabalho contemporâneo e os reflexos econômicos e sociais da pandemia pela COVID-19**. São Paulo: Matrioska, 2020, p. 161-178.

19   https://www.suinoculturaindustrial.com.br/imprensa/com-19-funcionarios-infectados-por-coronavirus-frigorifico-e-interditado-em/20200427-093342-a850. Acesso em 01/02/2021;

https://valorinveste.globo.com/mercados/renda-variavel/empresas/noticia/2020/05/19/abatedouro-da-jbs-e-interditado-em-santa-catarina.ghtml. Acesso em 01/02/2021;

https://g1.globo.com/economia/agronegocios/noticia/2020/05/25/brf-diz-que-340-funcionarios-em-concordia-testaram-positivo-para-coronavirus.ghtml. Acesso em 01/02/2021;

https://economia.uol.com.br/noticias/redacao/2020/06/02/rio-grande-do-sul-frigorificos-coronavirus-mpt.htm. Acesso em 01/02/2021;

https://www.nsctotal.com.br/noticias/cerca-de-12-mil-funcionarios-da-brf-chapeco-testaram-positivo-para-covid-19. Acesso em 01/02/2021;

https://economia.uol.com.br/noticias/reuters/2020/07/03/testes-em-massa-em-fabricas-da-jbs-e-brf-em-cidade-do-centro-oeste-revelam-mais-de-1000-casos-de-covid-19.htm. Acesso em: 09/11/2020.

Com isto, os trabalhadores dos frigoríficos passaram a ser vistos por seus familiares, amigos e pela comunidade em geral como indivíduos que integram a estrutura das empresas que se tornaram os maiores focos de contaminação por Covid-19 em suas respectivas regiões e, consequentemente, como possíveis transmissores do *novo Coronavírus*.

Tal situação, tende a fazer com que os trabalhadores em referência sejam discriminados pelos indivíduos integrantes de seu círculo familiar, social e comunitário, de modo a lhes acarretar a perda da paz de espírito, bem como o convívio irremediável com sensações de dor, tristeza e angústia a afetarem sua intimidade. Nisso reside, exatamente, o *dano moral* decorrente do estigma a eles impostos por seus empregadores em decorrência da inobservância aos deveres legais de antecipação, prevenção e controle dos riscos inerentes à circulação ocupacional do novo coronavírus cuja reparação encontra respaldo no art. 5º, V e X, da Constituição Federal[20].

De outro turno, o estigma inerente à contração de Covid-19 ou, em alguns casos, à mera exposição ocupacional ao novo coronavírus em decorrência de falhas sistêmico-organizacionais na gestão do meio ambiente laboral pode conduzir à discriminação dos próprios trabalhadores envolvidos por seus superiores hierárquicos. Nesse sentido, pode-se imaginar situação em que o empregador (p. ex., um frigorífico), ao saber da existência de casos meramente suspeitos em um determinado setor operacional da planta, opta pela demissão sem justa causa de todos aqueles obreiros.

Pode-se imaginar, igualmente, situação em que o empregador, ciente dos riscos inerentes à sua estrutura operacional, opta por promover a rescisão unilateral e injustificada dos contratos de trabalho dos trabalhadores integrantes dos chamados *grupos de risco* para a contração de Covid-19, ainda que não tenham manifestado sintomas compatíveis com a doença, no ensejo de evitar que os referidos obreiros venham a se contaminar, no futuro[21].

Em tais circunstâncias, a dispensa (ou qualquer outra conduta prejudicial ao trabalhador a ter por motivação a existência de possível ou provável doença ocupacional atribuída a este último) será considerada discriminatória e reputada nula de pleno direito, ensejando, portanto, a aplicação do art. 1º da Lei nº 9.029/1995 e da Convenção nº 111 da OIT, devidamente ratificada pelo Brasil[22].

---

https://revistagloborural.globo.com/Noticias/Criacao/noticia/2020/07/sindicato-estima-que-20-dos-trabalhadores-de-frigorificos-do-brasil-ja-contrairam-covid-19.html. Acesso em 10/08/2020;

https://oglobo.globo.com/sociedade/casos-de-covid-19-em-frigorificos-do-rs-sobem-40-em-menos-de-1-mes-diz-mpt-1-24530039. Acesso em 09/11/2020.

20 Nas palavras de Clayton Reis:

"Trata-se de uma lesão que atinge os valores físicos e espirituais, a honra, nossas ideologias, a paz íntima, a vida nos seus múltiplos aspectos, a personalidade da pessoa, enfim, aquela que afeta de forma profunda não bens patrimoniais, mas que causa fissuras no âmago do ser, perturbando-lhe a paz de que todos nós necessitamos para nos conduzir de forma equilibrada nos tortuosos caminhos da existência" (REIS, Clayton. **Avaliação do dano moral**. 4. ed. Rio de Janeiro: Forense, 2002, p. 205).

21 Cf., a propósito:

VALENTE, Ricardo Trajano; CALCINI, Ricardo. **Dispensa discriminatória e a de estigma de grupos de risco da COVID-19.** Disponível em: https://migalhas.uol.com.br/depeso/336953/dispensa-discriminatoria-e-a-de-estigma-dos-grupos-de-risco-da-covid-19. Acesso em 01/02/2021.

22 "CONVENÇÃO Nº 111 – OIT - Art. 1 — 1. Para os fins da presente convenção o termo 'discriminação' compreende:

a) toda distinção, exclusão ou preferência fundada na raça, cor, sexo, religião, opinião política, ascendência nacional ou origem social, que tenha por efeito destruir ou alterar a igualdade de oportunidade ou de tratamento em matéria de emprego ou profissão;

E sendo a Covid-19 uma doença que traz consigo notório estigma social, em função de sua altíssima transmissibilidade e de seus potenciais efeitos no organismo humano – igualmente notórios –, o caráter discriminatório da dispensa (ou das demais condutas prejudiciais ao trabalhador passíveis de serem perpetradas pelo empregador) será presumido, mormente diante do amplo temor público concernente à atual pandemia, de modo a ensejar a aplicação da Súmula nº 443 do Tribunal Superior do Trabalho[23].

Para além do direito à reintegração, nos termos do art. 1º da Lei nº 9.029/1995, o trabalhador afetado pelos atos discriminatórios a terem por motivação o estigma social inerente à Covid-19 fará jus à reparação pelo dano moral resultante do impacto nocivo de tais condutas em sua integridade psíquica e, mais precisamente, na esfera de sua personalidade[24].

Em síntese, a simples circulação ocupacional do novo coronavírus, especialmente no âmbito de atividades mais propensas à contaminação por Covid-19, traz consigo um considerável estigma social que se torna ainda mais forte quando a inobservância, por parte dos gestores labor-ambientais, aos deveres de antecipação, prevenção e controle impostos pelos arts. 16 a 18 da Convenção nº 155 da OIT, acaba por ampliar os riscos inerentes à contração da referida patologia e faz com que o público em geral associe os trabalhadores de determinadas empresas ou profissões como possíveis vetores de transmissão daquele agente biológico.

Tal estigma que é inerente à própria Covid-19 e que muitas vezes é potencializado pela inexistência de medidas de prevenção e de controle a cargo dos gestores labor-ambientais acaba por resultar, invariavelmente, na discriminação dos trabalhadores não apenas em seus círculos sociais, familiares e comunitários, como também nos próprios locais de trabalho, vindo a gerar abalos em sua integridade psicofísica traduzíveis, juridicamente, na figura do dano moral.

---

b) qualquer outra distinção, exclusão ou preferência que tenha por efeito destruir ou alterar a igualdade de oportunidades ou tratamento em matéria de emprego ou profissão que poderá ser especificada pelo Membro interessado depois de consultadas as organizações representativas de empregadores e trabalhadores, quando estas existam, e outros organismos adequados."
(...)
"LEI FEDERAL Nº 9.029/95 - Art. 1º Fica proibida a adoção de qualquer prática discriminatória e limitativa para efeito de acesso a relação de emprego, ou sua manutenção, por motivo de sexo, origem, raça, cor, estado civil, situação familiar ou idade, ressalvadas, neste caso, as hipóteses de proteção ao menor previstas no inciso XXXIII do art. 7º da Constituição Federal."
23 "Súmula nº 443.
DISPENSA DISCRIMINATÓRIA. PRESUNÇÃO. EMPREGADO PORTADOR DE DOENÇA GRAVE. ESTIGMA OU PRECONCEITO. DIREITO À REINTEGRAÇÃO
Presume-se discriminatória a despedida de empregado portador do vírus HIV ou de outra doença grave que suscite estigma ou preconceito. Inválido o ato, o empregado tem direito à reintegração no emprego.
24 Nesse sentido, Paulo Eduardo de Oliveira observa que:
"Existem doenças que, em virtude da gravidade ou da ignorância popular, trazem grande dose de discriminação por parte das pessoas como ocorreu com a tuberculose, lepra, sífilis e, mais recentemente, com a AIDS.
Sendo o empregado, geralmente, pessoa leiga, a simples divulgação de que determinada pessoa da empresa é portadora de tais doenças já é suficiente para gerar anseio, dúvida e discriminação no local de trabalho.
(...)
A questão é bastante complexa, porém, entende-se que poderá configurar-se o dano pessoal, se restar demonstrado que a não contratação ou a demissão ocorreu por motivo da moléstia em momento em que o candidato ou o empregado poderia perfeitamente trabalhar" (OLIVEIRA, Paulo Eduardo Vieira de. **O dano pessoal no direito do trabalho.** 2. ed. São Paulo: LTr, 2010, p. 100-101).

## CONSIDERAÇÕES FINAIS: O ESTIGMA DA COVID-19 E A "CONSTITUCIONALIDADE" DA SÚMULA 443 DO C. TST

Dentre os efeitos nocivos decorrentes da circulação ocupacional do novo coronavírus e da poluição labor-ambiental potencializada pela inobservância patronal aos deveres de antecipação, prevenção e controle dos riscos biológicos a ela inerentes, convém destacar a amplificação do estigma social relacionado intrinsecamente à Covid-19 e sua materialização sob a forma de discriminação a afetar os trabalhadores infectados pelo Sars-Cov-2. Esse efeito está longe de ser desprezível, como já reportado; e, portanto, merece os rigores da Súmula nº 443 do C. TST, por estrita analogia *juris*. A questão, porém, é polêmica, e os tribunais o dirão oportunamente. No momento em que fechamos a edição deste *Curso*, a Justiça do Trabalho começa a se debruçar a respeito, com decisões favoráveis e contrárias a esta tese. Em sentido favorável, cite-se, entre outras, a sentença prolatada em setembro de 2020 pela 12ª Vara do Trabalho de Manaus (Proc. 0000514-85.2020.5.11.0012, juiz sentenciante Antonio Correa Francisco, j. 28/09/2020), em que se reconhecia a dispensa discriminatória, evocavam-se a Lei 9.029/1995 e a Súmula 443 do C. TST e se condenava a empresa a indenizar o empregador, por danos morais, em R$ 10.000,00 (dez mil reais), com os seguintes argumentos (entre outros):

> [...] a recusa injustificada do cumprimento das obrigações contratuais e rescisórias, além dos danos pecuniários e materiais, tutelados pelas normas ordinárias da CLT, geram um dano imaterial ao trabalhador, na medida em que se encontra totalmente sem respostas às preocupações alimentares individuais e familiares. Neste caso, a conduta ilícita (art. 186 do CC) da parte reclamada foi evidenciada, demonstrando preocupante desprezo aos direitos de seu empregado, recusando-se até a justificar um motivo razoável para não cumprir seu ônus social de respeito à dignidade da pessoa do trabalhador e de suportar, integralmente, os riscos de sua atividade econômica, sem transferência dos eventuais prejuízos (neste caso, a manutenção do contrato de trabalho em momento de tamanha incerteza social, epidemiológica e financeira, mormente pela circunstância de o empregado ter sido infectado, pela COVID-19, em plena vigência do contrato de trabalho).

Com efeito, os abalos psicológicos experimentados pelos trabalhadores que contraem a Covid-19, sobre serem presumíveis *"in re ipsa"* – notadamente porque o Sars-Cov-2 é um vírus de alta capacidade de disseminação, de alta infectividade, de média patogenicidade e de média virulência, cujas circunstâncias de letalidade são ainda mal conhecidas (FELICIANO, MAENO, CARMO, HENRIQUES, 2021) –, incrementam-se na medida do estigma social deflagrado e da consequente discriminação associada (igualmente presuntiva, agora à luz da inteligência da precitada Súmula 443). São indeléveis, como efeitos individualizados da poluição labor-ambiental ocasionada pelos empregadores e/ou tomadores de serviços que, ao ignorar as diretrizes concernentes à antecipação, à prevenção e ao controle dos riscos representados pela circulação ocupacional do novo coronavírus, de acordo com as melhores técnicas disponíveis (princípio da melhoria contínua), contribuíram decisivamente para transformar o meio ambiente de trabalho em uma caixa de ressonância infectológica (ou, como dissemos alhures, em um "covidário" laboral).

Acrescente-se, ainda a esse propósito, que, no mês de janeiro de 2021, a Procuradoria-Geral da República apresentou, nos autos da ADPF nº 648/DF (ajuizada pela Confederação Nacional da Indústria), parecer circunstanciado favorável à inconstitucionalidade da multicitada Súmula nº 443 do C. TST, opinando pelo parcial provimento do pedido. Para o então Procurador-Geral da República, Antônio Augusto Brandão de Aras, o verbete em questão – que, repise-se, presume ser discriminatória a dispensa de empregado acometido de HIV ou outra doença grave que suscite estigma ou preconceito (como é o caso da Covid-19) – ofenderia a sistemática processual de distribuição do ônus da prova, por dispensar a análise individualizada de cada situação levada à Justiça do Trabalho, e assim ofenderia, por via de consequência, o princípio constitucional do devido processo legal (CRFB, art. 5º, LIV). Em contrapartida, na visão do *Parquet*, "[a] invalidação do enunciado impugnado garante que haja análise individualizada das lides trabalhistas, evitando-se determinação genérica de produção de prova negativa – inviável em muitas situações – para afastar a alegação de dispensa arbitrária pelo empregador". E, por tudo isso, o parecer pedia inclusive a invalidação de todas as decisões da Justiça do Trabalho que ainda não houvessem transitado em julgado e que estivessem exclusivamente amparadas na Súmula 443, sem análise individualizada. Não se discutia, por outro lado, qualquer vezo de inconstitucionalidade da Lei 9.029/1995, que perfaz um dos fundamentos legais do verbete em discussão. Eis a ementa do parecer:

Arguição de descumprimento de preceito fundamental. Súmula/TST 443. Decisões do Tribunal Superior do Trabalho. Doenças graves estigmatizantes. Dispensa do empregado. Discriminação presumida. Cabimento de ADPF contra Súmula do TST. Conteúdo geral e abstrato. Alargamento das hipóteses de doenças tidas como estigmatizantes. Conflito de Legalidade. Inversão do ônus da prova. Ofensa ao devido processo legal. Conhecimento parcial da arguição. Procedência do pedido nessa parte. 1. É cabível o ajuizamento de arguição de descumprimento fundamental contra súmula do Tribunal Superior do Trabalho que presume discriminatória a dispensa de empregado com doença grave estigmatizante, em razão de seu conteúdo geral e abstrato e de sua potencial lesão a preceito fundamental, dado o caráter persuasivo que exerce para a solução de casos concretos. Precedente: ADPF 501/DF. 2. O exame da validade do alargamento das hipóteses que caracterizam doença estigmatizante perpassa pela análise da legislação federal aplicável, que estabelece rol não taxativo de condutas possivelmente discriminatórias, não ensejando violação direta à Constituição Federal. 3. Viola o princípio do devido processo legal presumir discriminatória a conduta do empregador ao dispensar o empregado acometido de doença grave estigmatizante, com a consequente inversão do ônus da prova. 4. A invalidação do enunciado impugnado garante que haja análise individualizada das lides trabalhistas, evitando-se determinação genérica de produção de prova negativa – inviável em muitas situações – para afastar a alegação de dispensa arbitrária pelo empregador. 5. A ordem de reintegração do empregado em caso de dispensa arbitrária ampara-se em previsão legal expressa, não impugnada na arguição, e cuja validade é reconhecida pela requerente quando comprovada a arbitrariedade da dispensa. — Parecer pelo conhecimento parcial da arguição e, nessa extensão, pela procedência do pedido, a fim de que seja declarado inconstitucional o enunciado da Súmula 443 do TST no que presume discriminatória, de maneira genérica, a despedida de empregado acometido de "doença grave que suscite estigma ou preconceito", bem como invalidadas as decisões da Justiça do Trabalho, não transitadas em julgado, que, amparadas exclusivamente no enunciado referido e sem análise individualizada da situação submetida a seu exame, presumem discriminatórias dispensas de empregados nessa condição.

Assim, porém, não nos parece.

Do ponto de vista estritamente formal, causa espécie que sigam tendo espaço, no âmbito do Supremo Tribunal Federal, as teses de inconstitucionalidade de súmulas e outros verbetes jurisprudenciais, se é certo que (a) o predicamento da inconstitucionalidade adere às *fontes formais do direito* (v., *e.g.*, o art. 102, III, "b", "c" e "d", da Constituição) – o que significa que, se a fonte (ou a interpretação que dela se extrai) contraria a Constituição, simplesmente *não existe*, nos lindes do ordenamento em vigor, aquela norma jurídica válida originalmente suposta –, e se (b) está dado que "*[s]úmulas e outros enunciados de jurisprudência editados pelo Tribunal Superior do Trabalho e pelos Tribunais Regionais do Trabalho não poderão restringir direitos legalmente previstos nem criar obrigações que não estejam previstas em lei*" (CLT, art. 8º, § 2º, na redação da Lei nº 13.467/2017); isto é, não são "leis em sentido material", ou, ainda mais tecnicamente, não são fontes formais de direito. Tais discussões, a rigor, deveriam ser travadas exclusivamente na esfera do controle difuso de constitucionalidade, na perspectiva deontológica da (in)constitucionalidade da *tese* (e da norma jurídica por ela suposta), porque não há, a rigor, *fonte formal* para se declarar abstratamente inconstitucional.

Causa ainda espécie, seguindo no plano da admissibilidade formal da ADPF, que o STF possa, neste caso, afastar-se de antiga e consolidada jurisprudência segundo a qual não cabe o controle abstrato de constitucionalidade e sequer o reconhecimento da repercussão geral se, para se concluir pela violação da garantia do devido processo legal, é imprescindível o exame de normas de natureza infraconstitucional (ARE 748.371-RG/MT, rel. Min. GILMAR MENDES, Tema 660)[25]. Ora, as normas de repartição do ônus da prova são normas *infraconstitucionais* (v., *e.g.*, os arts. 373 do CPC e 818 da CLT), cujas fontes não admitiriam análise direta, sob o prisma da constitucionalidade em abstrato, a partir da cláusula-garantia do art. 5º, LIV, da CRFB. É, aliás, precisamente o caso da Súmula 443 do C. TST, à vista do § 1º do art. 8º da CLT (que passou a positivar a repartição dinâmica do ônus da prova no processo do trabalho).

Por fim, e mais gravemente, admitir a tese perfilhada pela CNI e agora pela PGR significaria regredir dez anos na jurisprudência trabalhista consolidada, gerando retrocesso social e insegurança jurídica; seria desconhecer a possibilidade da cognição judicial de discriminações "*prima facie*", por presunção ou verossimilhança, o que já está assentado, há meio século, nos tribunais de todo o mundo ocidental, incluído o país mais liberal do mundo (v., *e.g.*, para o ano de 1973, *U. S. Supreme Court*, McDonnell Douglas v. Green, 411 U.S. 792, 802) (FELICIANO, 2017); e será, no limite, atentar obliquamente contra o que dispõem os arts. 1º, III e IV, 1ª parte, e 4º, II, da Constituição. No momento em que encerramos esta subseção, a expectativa é a de que o Excelso Pretório não caminhe por essas veredas.

---

25   Mais recentemente, veja-se (maio/2020): "AGRAVO INTERNO. RECURSO EXTRAORDINÁRIO. VIOLAÇÃO AO DEVIDO PROCESSO LEGAL, AO DIREITO ADQUIRIDO, AO ATO JURÍDICO PERFEITO E À COISA JULGADA. OFENSA CONSTITUCIONAL REFLEXA. REAPRECIAÇÃO DE PROVAS. INADMISSIBILIDADE. SÚMULA 279 DO STF. 1. O STF, no julgamento do ARE 748.371-RG/MT (Rel. Min. GILMAR MENDES, Tema 660), rejeitou a repercussão geral da violação ao direito adquirido, ao ato jurídico perfeito, à coisa julgada ou aos princípios da legalidade, do contraditório, da ampla defesa e do devido processo legal, quando se mostrar imprescindível o exame de normas de natureza infraconstitucional. 2. Tendo o acórdão recorrido solucionado as questões a si postas com base em preceitos de ordem infraconstitucional, não há espaço para a admissão do recurso extraordinário, que supõe matéria constitucional prequestionada explicitamente. 3. A argumentação do recurso extraordinário traz versão dos fatos diversa da exposta no acórdão, de modo que seu acolhimento passa necessariamente pela revisão das provas. Incide, portanto, o óbice da Súmula 279 desta Corte (Para simples reexame de prova não cabe recurso extraordinário). 4. Agravo Interno a que se dá parcial provimento, para julgar prejudicado o Recurso Extraordinário unicamente em relação à alegada ofensa ao art. 93, IX, da Constituição" (STF, AgR-RE 1248677/PR, Proc. n. 0322097-74.1997.4.04.0000, rel. Min. ALEXANDRE DE MORAES, j. 15/04/2020, 1ª Turma, publ. DJe-118 13/05/2020).

Nesses termos, e por todo o exposto, diante da materialização das lesões à integridade psicofísica dos trabalhadores que contraem a Covid-19 no meio ambiente do trabalho (ou em razão dele), caberá prover a integral reparação dos danos materiais e, ademais, dos danos extrapatrimoniais decorrentes da agressão a seus direitos personalíssimos (saúde, integridade física, tranquilidade psíquica etc.), como também, *"a fortiori"*, dos danos morais advindos da própria discriminação experimentada em concreto, nos termos do art. 5º, V, da Constituição Federal e do art. 944 do Código Civil, atentando-se à técnica processual ínsita à inteligência da Súmula 443 do C. TST. Serão nulos, ademais, os atos patronais de descontinuação da relação de emprego motivados pelo estigma inerente à Covid-19, nos termos do art. 1º da Lei nº 9.029/1995, do art. 9º da CLT e da própria Convenção nº 111 da OIT.

# REFERÊNCIAS

**A**

ABDI. **Nano, um mercado de macro-oportunidades**. Disponível em: https://www.abdi.com.br/postagem/nano-um-mercado-de-macrooportunidades. Acesso em maio/2020.

ABDI. **Panorama nanotecnologia**. Disponível em: https://conhecimento.abdi.com.br/conhecimento/Publicaes1/Panorama%20de%20Nanotecnologia.pdf. Acesso em maio/2020.

ABEA. **Emprego apoiado**. Set. 2020. Disponível em: http://www.empregoapoiadoabea.org.br/emprego_apoiado/. Acesso em: 17 jul. 2019.

ABERGO. **O que é ergonomia**. Disponível em: http://www.abergo.org.br/internas.php?pg=o_que_e_ergonomia. Acesso em: 25 jun. 2020.

ABREA. **Estudo da Asbestose no município de Leme**. São Paulo: ABREA, [s.d.]. Disponível em: https://www.abrea.com.br/not%C3%ADcias/publica%C3%A7%C3%B5es/151-estudo-da-asbestose-no-mun%C3%ADcipio-de-leme-sp.html. Acesso em: 18 dez. 2019.

ADAO. **Asbestos Timeline**. Disponível em: http://www.asbestosdiseaseawareness.org/education/timeline. Acesso em: 18 dez. 2019.

AFONSO, T.; ZANON, M. A. G.; LOCATELLI, R. L.; AFONSO, B. P. D. Consciência ambiental, comportamento pró-ambiental e qualidade de gerenciamento de resíduos em serviços de saúde. Journal of Environmental Management and Sustainability – JEMS. **Revista de Gestão Ambiental e Sustentabilidade – GeAS**. Vol. 5, N. 3. Set. /Dez. 2016, p. 109.

AGRICOLA, G. **De re metallica**. Tradução para o inglês de Herbert Clark Hoover e Lou Henry Hoover. London: The mining magazine, 1912. Disponível em: https://ia800201.us.archive.org/27/items/georgiusagricola00agririch/georgiusagricola00agririch.pdf. Acesso em: 11 fev. 2017.

AGUIAR, M. B.; LUCIANO, L. Avaliação dos riscos de contaminação relacionados com a superpopulação de Columbia Viva (pombos) em trabalhadores portuários avulsos. In: **Revista Brasileira de Pesquisa em Saúde**, 2011; 13(3): 43-49.

AIRES, M. C. de F. Direito de greve ambiental no ordenamento jurídico brasileiro. **Revista de Direito do Trabalho**, v. 34, n. 129, jan.-mar., 2008, p. 147-174.

AITH, F. Políticas públicas de Estado e de governo: instrumentos de consolidação do Estado Democrático de Direito e de promoção e proteção dos direitos humanos. In: BUCCI, M. P. D. (Org.). **Políticas públicas – reflexões sobre o conceito jurídico**. São Paulo: Saraiva, 2006.

ALCHORNE, A. de O. de A.; ALCHORNE, M. M. de A.; SILVA, M. M. Dermatoses ocupacionais. **Revista Anais Brasileiros de Dermatologia**. São Paulo, v. 85, n. 2, p. 137-147, 2010.

ALEXY, R. **Theorie der Grundrechte**. 3. Aufl. Frankfurt am Main: Suhrkamp, 1996.

ALGRANTI, E. et al. Asbesto e carcinoma broncogênico: pesquisa de fibras em tecido pulmonar de três pacientes portadores de carcinoma broncogênico. **Revista da Associação Paulista de Medicina**, Brasil, v. 107, p. 133-138, 1989.

ALGRANTI, E. et al. Prevention of Asbestos Exposure in Latin America within a Global Public Health Perspective. In: **Annals of Global Health**, Boston: Boston College, 2019. Disponível em: http://doi.org/10.5334/aogh.2341. Acesso em: 18 dez. 2019.

ALGRANTI, E. Mesotelioma maligno (pleura, peritôneo, pericárdio ou *tunica vaginalus testis*). In: MENDES, R. (Org.). **Dicionário de Saúde e Segurança do Trabalhador**. São Paulo: Proteção, 2018.

ALIAGA, M. C. K. L.; LEIVAS, L. L. A substituição do agente químico amianto nos ambientes de trabalho. In: FELICIANO, G. F.; EBERT, P. R. L. (Coord.). **Direito Ambiental do Trabalho**: Apontamentos para uma teoria geral, vol. 4. São Paulo: LTr, 2018.

ALMEIDA FILHO, N. M. Contextos, impasses e desafios na formação de trabalhadores em Saúde Coletiva no Brasil. **Ciência & Saúde Coletiva**, v. 18, n. 6, p. 1677-1682. Rio de Janeiro: 2013. Disponível em: https://www.scielosp.org/article/csc/2013.v18n6/1677-1682/. Acesso em: 10 ago. 2020.

ALMEIDA, I. M. Trajetória da análise de acidentes: o paradigma tradicional e os primórdios da ampliação da análise. **Interface**, vol. 10, n. 19, p. 185-202; 2006.

ALMEIDA, I. M.; VILELA, R. A. G; SILVA, A. J. N; MENDES, R. W. B. Vigilância e prevenção de acidentes de trabalho – reflexões e práticas do SIVAT Piracicaba/SP. In: CORRÊA, M. J. M.; PINHEIRO, T. M. M.; MERLO, A. R. C. **Vigilância em Saúde do Trabalhador no Sistema Único de Saúd**e: teorias e práticas. Belo Horizonte: Coopmed, 2013.

ALMEIDA, M. C. V. de. et al. **Trabalhador portuário**: perfil de doenças ocupacionais diagnosticadas em serviço de saúde ocupacional. Disponível em: http://www.scielo.br/pdf/ape/v25n2/a18v25n2.pdf. Acesso em: 14 nov. 2016.

ALMEIDA, V. H. de. A efetividade das políticas de saúde e qualidade de vida no trabalho: um estudo de caso em telemarketing. **Revista Trabalhista Direito e Processo**. Brasília, v. 10, n. 40. p. 159-72.

ALMEIDA, V. H. de. **Consumo e trabalho: impactos no meio ambiente do trabalho e na saúde do trabalhador.** 2013. 241 f. Tese (Doutorado em Direito) – Faculdade de Direito, Universidade de São Paulo, São Paulo.

ALVES, D. R. **Os direitos sociais da Constituição Portuguesa e sua conexão com o direito da União Europeia.** Disponível em: http://repositorio.uportu.pt:8080/bitstream/11328/1222/1/Dir%20sociais%2025_05.doc. Acesso em: 19 fev. 2017.

AMÂNCIO, J. B.; BONCIANI, M.; URQUIZA, S. D. Avaliação radiológica de trabalhadores da indústria de fibrocimento do Estado de São Paulo. **Revista Brasileira de Saúde Ocupacional**, v. 16, 1988, p. 51-55.

AMARAL, D. de F. **Direito ao meio ambiente.** Lisboa: INA, 1994, apresentação.

AMBROSIO, G. O nexo causal entre depressão e trabalho. **Revista LTr - Legislação do Trabalho**, São Paulo, v. 02, ano 77, p. 193-204, fev. 2013.

AMERICAN SOLAR ENERGY SOCIETY. **Renewable energy and energy efficiency**: economic drivers for the 21st century. Roger Bezdek, Principal Investigator, Management Information Services, Inc. for the American Solar Energy Society, 2007.

ANAMATRA. Disponível em: www.anamatra.org.br.

ANCEL, M. **Utilidades e métodos do direito comparado**: elementos de introdução geral do estudo comparado dos direitos. Porto Alegre: Sérgio A. Fabris, Ed., 1980.

ANDRADE, L. O adicional de insalubridade como instrumento de monetização da saúde do trabalhador. **Revista LTr**, vol. 67, n. 08, agosto/2003, p. 952-960.

ANGELIN, R. A educação ambiental na construção participativa de um meio ambiente saudável. **Revista Direito e Justiça: reflexões sociojurídicas**, [S. l.], v. 10, n. 14, p. 31-46, abr. 2012. ISSN 21782466. Disponível em: http://srvapp2s.santoangelo.uri.br/seer/index.php/direito_e_justica/article/view/667/328. Acesso em: 8 out. 2019.

ANJOS, B. R. dos; LEITE, C. V. A. *In*: **Congresso Brasileiro de Processo Coletivo e Cidadania**, 2013, Ribeirão Preto. Anais do I Congresso Brasileiro de Processo Coletivo e Cidadania da Universidade de Ribeirão Preto: 25 anos da Constituição. Ribeirão Preto: Unaerp, p. 170-175, 2013. Disponível em: http://www9.unaerp.br/revistas/index.php/cbpcc. Acesso em: 2 jul. 2020.

ANTUNES, P. de B. **Dano ambiental**: uma abordagem conceitual. Rio de Janeiro: Lumen Juris, 2000.

ANTUNES, P. de B. **Direito Ambiental**. Rio de Janeiro: Lumen Juris, 1996 (1. ed.), 2010 (12. ed.), 2012 (14. ed.), 2013 (15. ed.).

ANTUNES, R. **Os sentidos do trabalho**: ensaio sobre a afirmação e a negação do trabalho. São Paulo: Boitempo, 1999; 2009 (2. ed.), 2010 (3. ed.).

ARANGUREN, A. A. **La responsabilidad internacional del estado por violación de derechos humanos**: apreciaciones sobre el Pacto de San Jose. Revista Vasca de Administración Pública. España: 1996.

ARANTES, E. B. O direito ambiental contemporâneo e a superação da perspectiva antropocêntrica. **Revista ESMAT**, [S. l.], v. 3, n. 3, p. 261-293, set. 2016. ISSN 2447-9896. Disponível em: http://esmat.tjto.jus.br/publicacoes/index.php/revista_esmat/article/view/105/110. Acesso em: 8 out. 2019.

ARAÚJO, A. R. de. **O assédio moral organizacional**. São Paulo: LTr, 2012.

ARAÚJO, F. S.; YAMAMOTO, P. de C. Greve Ambiental e Direito de Resistência: a autotutela dos trabalhadores em defesa da sanidade no ambiente de trabalho. *In*: FELICIANO, G. G.; URIAS, J.; MARANHÃO, N. (Org.). **Direito Ambiental do Trabalho**: Lineamentos para uma teoria geral. 1. ed. São Paulo: LTr, 2017, v. 3.

ARAÚJO, L. A. D; PRADO, A. R. de A. **Acessibilidade como condição**: vagas reservadas e a decisão do TST. Disponível em: http://www.conjur.com.br/2016-jun-22/acessibilidade-condicao-vagas-reservadas-decisao-tst.

ARAÚJO, N. de. **Direito Internacional Privado**. 3. ed. Rio de Janeiro: Renovar, 2006.

ASCARI, R. A.; SCHMITZ, S. dos S.; SILVA, O. M. da. Prevalência de doenças ocupacionais em profissionais da enfermagem: revisão de literatura. **Revista UNINGÁ**, vol. 15, n. 2, p. 26-31 (jul.- set. 2013).

ASCENSÃO, J. O. **O Direito**. 13. ed. Coimbra: Almedina, 2005.

ASH, L. **70 anos após a guerra, estupro coletivo das alemãs ainda é episódio pouco conhecido**. BBC News, Berlim, 08 Mai. 2015. Disponível em: https://www.bbc.com/portuguese/noticias/2015/05/150508_estupro_berlim_segunda_guerra_fn. Acesso em: 23 mai. 2021.

ASSOCIAÇÃO NACIONAL DE MEDICINA DO TRABALHO - ANAMT. **A inclusão de pessoas com deficiência**: o papel de médicos do trabalho e outros profissionais de saúde e segurança. Daniela Bortman [*et al.*]; Marcia Bandini (org.). Curitiba-PR, 2015.

ASSUNÇÃO, A. A.; LIMA, F. de P. A. A contribuição da ergonomia para a identificação, redução e eliminação da nocividade do trabalho. *In*: MENDES, R. **A patologia do trabalho**. 2. ed. Belo Horizonte: Atheneu, 2003, p. 1767-1789.

# REFERÊNCIAS

ATIVIDADE, E. D. 1 Vídeo (3:36 min). **Série sobre a NR 17 - PARTE 1 - A Elaboração da Norma**. Publicado pelo canal Ergonomia da Atividade, 2017. Disponível em: https://www.youtube.com/watch?v=MNALGeg-t-M&t=67s. Acesso em: 30 jun. 2020.

AZEVÊDO, R.; GHEBREYESUS, T. A. **Joint statement**. 20/04/2020. Disponível em: https://www.who.int/news-room/detail/20-04-2020-joint-statement-by-wto-director-general-roberto-azevêdo-and-who-director-general-tedros-adhanom-ghebreyesus.

## B

BAKKEA, H.A.; ARAÚJO, N. M. C. de. Acidentes de trabalho com profissionais de saúde de um hospital universitário. **Produção**, v. 20, n. 4, out.-dez. 2010, p. 669-676 DOI: 10.1590/S0103-65132010005000015.

B. ÁLVAREZ, L. O. Concepto de medio ambiente. *In*: ÁLVAREZ, L. O.; GARCÍA, C. A. (Dir.). **Tratado de derecho ambiental**. Valencia: Tirant lo Blanch, 2013.

BANDEIRA DE MELLO, C. A. **Curso de Direito Administrativo**. 22. ed. São Paulo: Malheiros, 2007.

BARADAN, S.; DIKMEN, S. U.; KALE, O. A. **Impact of human development on safety consciousness in construction**. International Journal of Occupational Safety and Ergonomics, London, v. 25, issue 1, p. 40-50, 2019.

BARBOSA, M. **Maia vai engavetar projeto de governo que muda Lei de Cotas**. 04/12/2019. Disponível em: https://congresso emfoco.uol.com.br/legislativo/maia-vai-engavetar-projeto-do-governo-que-muda-lei-de-cotas/. Acesso em: 21 jul. 2020.

BARRETO, M. Assédio moral: trabalho, doenças e morte. *In*: MAENO, M. *et al*. **Compreendendo o assédio moral no ambiente de trabalho**. São Paulo: Fundacentro, 2013.

BARROS, A. M. **Curso de direito do trabalho**. 10. ed. São Paulo: LTr, 2016.

BARROSO, L. R. (Org.). **A Nova Interpretação Constitucional**: Ponderação, Direitos Fundamentais e Relações Privadas. 2. ed. Rio de Janeiro: Renovar, 2006.

BARROS, V. A.; PADILHA, N. S. Construção sustentável e meio ambiente do trabalho. **Revista do Direito do Trabalho e Meio Ambiente do Trabalho**. Curitiba, v. 2, n. 2, p. 58-78, jul.-dez. 2016.

BARSANO, P. R.; BARBOSA, R. P. **Segurança do trabalho**: guia prático e didático. 1. ed. São Paulo: Érica, 2012.

BARUKI, L. V. **Riscos psicossociais e saúde mental do trabalhador**: por um regime jurídico preventivo. São Paulo: LTr, 2015.

BAUMAN, Zygmund. **Modernidade líquida**. Trad. Plínio Dentzien, São Paulo: Zahar, 2021.

BECHARA, E. A responsabilidade civil do poluidor indireto e a obrigação *propter rem* dos proprietários de imóveis ambientalmente degradados. *In*: **Cadernos Jurídicos da Escola Paulista da Magistratura**. São Paulo: TJSP, março-abril/2019 (ano 20). n. 48.

BECK, U. **Sociedade de Risco**: rumo a uma outra modernidade. Trad. Sebastião Nascimento. São Paulo: Editora 34, 2011.

BELFORT, F. **Factum principis e cessação do contrato**. 16/05/2020. Disponível em: http://www.oprogressonet.com/blogs/prof-doutor-fernando-belfort/factum-principis-e-cessacao-de-contrato/100436.html. Acesso em: 16 maio 2020.

BENJAMIN, A. H. de V. e. **O meio ambiente na Constituição Federal de 1988**. Informativo Jurídico da Biblioteca Ministro Oscar Saraiva, vol. 19, n. 1, jan./jun. 2008. Disponível em: http://www.stj.jus.br/publicacaoinstitucional/index.php/informativo/article/viewFile/449/407. Acesso em: 18 fev. 2017.

BENJAMIN, A. H. de V. e. Responsabilidade civil pelo dano ambiental. **Revista de Direito Ambiental**, São Paulo: RT, v. 3, n. 9, 1998.

BERNARDO, M. H.; NOGUEIRA, F. R. C. e BULL, S. Trabalho e saúde mental: repercussões das formas de precariedade objetiva e subjetiva. **Arq. bras. psicol**. [on-line]. vol. 63, n. SPE, p. 83-93, 2011.

BERTOLIN, P. T. M.; FREITAS, M. Os 100 anos da Organização Internacional do Trabalho: a síntese possível. *In*: MARTINS FILHO, I. G. S. *et al*. (Coord.). **Revista de Direito do Trabalho**, ano 45, vol. 207, nov./2019, p. 35-61.

BESEN, G. R. A questão da coleta seletiva formal. *In*: JR., P. A. (Coord.); JARDIM, A.; YOSHIDA, C.; FILHO, J. V. M. (Org.). **Política Nacional, Gestão e Gerenciamento de Resíduos Sólidos. Coleção Ambiental**. São Paulo: Editora Manole, 2012.

BETTI, A. P. **Emprego apoiado**. São Paulo: Agbook, 2011.

BETTI, A. P. **Perspectivas do emprego apoiado. Formação em ação**. Governo do Paraná, 2017.

BEVILÁQUA, C. **Código Civil dos Estados Unidos do Brasil commentado – Vol. IV**. São Paulo: Francisco Alves, 1917.

BITENCOURT, C. L.; QUELHAS, O. L. G. Histórico da evolução dos conceitos de segurança. *In*: ENCONTRO NACIONAL DE ENGENHARIA DE PRODUÇÃO, Niterói. **Anais eletrônicos**... Niterói: ABEPRO, 1998. Disponível em: http://www.abepro.org.br/biblioteca/ENEGEP1998_ART369.pdf. Acesso em: 17 jan. 2017.

BLUEGREEN ALLIANCE. **About us**. Disponível em: http://www.bluegreenalliance.org/about. Acesso em: 6 jul. 2015.

BOBBIO, N. **A era dos direitos**. 16. ed. Rio de Janeiro: Editora Campus, 1992.

BOBBIO, N. **Teoria do ordenamento jurídico**. Tradução de Maria Celeste Cordeiro Leite dos Santos. 6. ed. Brasília: Editora Universidade de Brasília, 1995.

BOITO JR., A. **Política neoliberal e sindicalismo no Brasil**. São Paulo: Editora Xamã, 1999.

BOITO JR., A. Reforma e persistência da estrutura sindical. *In*: BOITO JR., A. (Org.). **O sindicalismo brasileiro nos anos 80**. Rio de Janeiro: Paz e Terra, 1991.

BOITO JR., A. **Sindicalismo de Estado no Brasil**. São Paulo/Campinas: Hucitec/Unicamp, 1991.

BONAVIDES, P. **Curso de Direito Constitucional**. 26. ed. atual. São Paulo: Malheiros Editores, 2011.

BOOKCHIN, M. **Ecologia social e outros ensaios**. Tradução de Antônio Cândido Franco e outros. Rio de Janeiro: Achiamé, 2010.

BORSI, U.; PERGOLESI, F. **Trattato di diritto del lavoro**. Padova: CEDAM, 1938.

BOUCINHAS FILHO, J. C. Reflexões sobre as normas da OIT e o modelo brasileiro de proteção à saúde e à integridade física do trabalhador. **Revista LTr**, São Paulo, v. 76, n. 11, p. 1355-1364, nov. 2012. Disponível em: http://www.lex.com.br/doutrina_23686422_REFLEXOES_SOBRE_AS_NORMAS_DA_OIT_E_O_MODELO_BRASILEIRO_DE_PROTECAO_A_SAUDE_E_A_INTEGRIDADE_FISICA_DO_TRABALHADOR.aspx. Acesso em: 6 ago. 2020.

BRANDÃO, C. M. Jornada excessiva de trabalho provoca acidentes. **Conjur**, 20 out. 2009. Disponível em: https://www.conjut.com.br/2009-out-20/jornada-excessiva-trabalho-provoca-acidentes-tira-dignidade. Acesso em: 20 set. 2020.

BRANDÃO, C. M. Proteção jurídica à saúde do trabalhador: uma necessária (re)leitura constitucional. **Revista LTr**, vol. 74, n. 1, p. 24-29. Jan. 2010.

BRASIL. **Apresentação**. Ministério da Saúde: Conselho Nacional de Saúde. Disponível em: http://conselho.saude.gov.br/apresentacao/apresentacao.htm. Acesso em: 14 jun. 2020.

BRASIL. Câmara dos Deputados Federais. **Projeto de Lei nº 5.746, de 12 de maio de 2005**. Altera o art. 198 da Consolidação das Leis do Trabalho, aprovada pelo Decreto-Lei nº 5.452, de 1º de maio de 1943, que dispõe sobre o peso máximo que um trabalhador pode remover individualmente. Em tramitação. Disponível em: https://www.camara.leg.br/proposicoesWeb/fichadetramitacao?idProposicao=296515. Acesso em: 27 jun. 2020.

BRASIL. Câmara dos Deputados. **Projeto de Lei nº 2.190/2019**. Disponível em: https://www.camara.leg.br/proposicoesWeb/fichadetramitacao?idProposicao=2197424. Acesso em: 6 out. 2020.

BRASIL. Câmara dos Deputados. **Projeto de Lei nº 6.159, de 11 de novembro de 2019**. Disponível em: https://www.camara.leg.br/proposicoesWeb/fichadetramitacao?idProposicao=2230632. Acesso em: 12 dez. 201.

BRASIL. Câmara dos Deputados. **Projeto de Lei nº 6.787**. Comissão Especial. Relator Deputado Rogério Marinho. Brasília, DF, 2017. Disponível em: http://www.camara.gov.br/proposicoesWeb/prop_mostrarintegra?codteor=1544961&filename=PRL+1+PL678716+%3D%3E+PL+6787/2016. Acesso em: 17 maio 2020.

BRASIL. **CANPAT (Campanha Nacional de Prevenção de Acidentes do Trabalho)**. Ministério da Economia. Disponível em: https://enit.trabalho.gov.br/portal/images/Arquivos_SST/SST_Canpat/SST_Canpat_2019/CANPAT--2019-Publico-externo.pdf. Acesso em: 9 jun. 2020.

BRASIL. Comissão de Meio Ambiente e Desenvolvimento Sustentável. **Dossiê Amianto Brasil**. Brasília: Câmara dos Deputados, 2010. Disponível em: https://www.camara.leg.br/proposicoesWeb/prop_mostrarintegra;jsessionid=-6D7A48F5E37BF9E0890451F24A3A6917.node1?codteor=769516&filename=REL+1/2010+CMADS. Acesso em: 18 dez. 2019.

BRASIL. **Conselho Nacional de Saúde**. Disponível em: http://conselho.saude.gov.br/pratica/pratica.htm#apresentacao. Acesso em: 7 jun. 2020.

BRASIL. Conselho Nacional de Saúde. Ministério da Saúde. **Recomendações 2020**. Set. 2020. Disponível em: http://conselho.saude.gov.br/recomendacoes-cns/1103-recomendac-a-o-no-020-de-07-de-abril-de-2020. Acesso em: 20 set. 2020.

BRASIL. Constituição (1988). **Constituição da República Federativa do Brasil**. Brasília, DF: Presidência da República: Casa Civil – Subchefia para Assuntos Jurídicos. Disponível em: http://www.planalto.gov.br/ccivil_03/Constituicao/Constituicao.htm. Acesso em: 17 mai. 2021.

BRASIL. **Declaração do Rio sobre meio ambiente e desenvolvimento**. Disponível em: https://cetesb.sp.gov.br/proclima/wp-content/uploads/sites/36/2013/12/declaracao_rio_ma.pdf. Acesso em: 4 jun. 2020.

BRASIL. **Decreto nº 811, de 30 de março de 1962**. Institui a Campanha Nacional de Prevenção de Acidentes. Diário Oficial da União, Brasília, DF, 02/04/1962. Seção 1, pág. 3732.

# REFERÊNCIAS

BRASIL. **Decreto nº 1.254, de 29 de setembro de 1994**. Promulga a Convenção nº 155, da Organização Internacional do Trabalho, sobre Segurança e Saúde Trabalhadores e o Meio Ambiente de Trabalho. Diário Oficial da União, 1994.

BRASIL. **Decreto nº 3.298 de 20 de dezembro de 1999**. Disponível em: http://www.planalto.gov.br/ccivil_03/decreto/D3298.htm. Acesso em: 12 dez. 2019.

BRASIL. **Decreto nº 4.552, de 27 de dezembro de 2002**. Aprova o Regulamento da Inspeção do Trabalho. Disponível em: http://www.planalto.gov.br/ccivil_03/decreto/2002/D4552.htm. Acesso em: 26 jun. 2020.

BRASIL. **Decreto nº 6.949, de 25 de agosto de 2019**. Disponível em: http://www.planalto.gov.br/ccivil_03/_ato2007-2010/2009/decreto/d6949.htm, Acesso em: 6 dez. 2019.

BRASIL. **Decreto nº 7.030, de 14 de dezembro de 2009**. Convenção de Viena. Disponível em: https:// http://www.planalto.gov.br/ccivil_03/_ato2007-2010/2009/decreto/d7030.htm.

BRASIL. **Decreto nº 7.602, de 7 de novembro de 2011**. Dispõe sobre a Política Nacional de Segurança e Saúde no Trabalho – PNSST. Disponível em: http://www.planalto.gov.br/ccivil_03/_ato2011-2014/2011/decreto/d7602.htm. Acesso em: 29 jun. 2020.

BRASIL. **Decreto nº 10.096, de 6 de novembro de 2019**. Aprova o Estatuto e o Quadro Demonstrativo dos Cargos em Comissão e das Funções de Confiança da Fundação Jorge Duprat Figueiredo, de Segurança e Medicina do Trabalho – Fundacentro, remaneja, substitui e transforma cargos em comissão e funções de confiança. Diário Oficial da União, Brasília, DF, 07 de novembro de 2019. Seção 1, pág. 10.

BRASIL. **Decreto nº 18.871, de 13 de agosto de 1929. Código Bustamante**. Disponível em: https://www2.camara.leg.br/legin/fed/decret/1920-1929/decreto-18871-13-agosto-1929-549000-publicacaooriginal-64246-pe.html. Acesso em: 27 jul. 2020.

BRASIL. **Decreto nº 62.172, de 25 de janeiro de 1968**. Aprova os Estatutos da Fundação Centro Nacional de Segurança, Higiene e Medicina do Trabalho. Diário Oficial da União, Brasília, DF, 29/01/1968. Seção 1, pág. 929.

BRASIL. **Decreto-lei nº 4.657, de 4 de setembro de 1942**. Aprova a Lei de Introdução à Norma do Direito Brasileiro. Disponível em: http://www.planalto.gov.br/ccivil_03/decreto-lei/del4657compilado.htm. Acesso em: 27 jul. 2020.

BRASIL. **Decreto-lei nº 5.452 de 1º de maio de 1943**. Aprova a Consolidação das Leis do Trabalho. Disponível em: http://www.planalto.gov.br/ccivil_03/decreto lei/Del5452compilado.htm. Acesso em: 17 mai. 2021.

BRASIL. **Emenda Constitucional nº 1, de 1969**. Disponível em: https://www2.camara.leg.br/legin/fed/emecon/1960-1969/emendaconstitucional-1-17 - outubro-1969-364989-publicacaooriginal-1-pl.html. Acesso em: 11 dez. 2019.

BRASIL. **Emenda Constitucional nº 12, de 1978**. Disponível em: https://www2.camara.leg.br/legin/fed/emecon/1970-1979/emendaconstitucional-12-17-outubro-1978-366956-publicacaooriginal-1-pl.html.

BRASIL. **Escola Nacional da Inspeção do Trabalho**. Normas Regulamentadoras. Disponível em: https://enit.trabalho.gov.br/portal/index.php/seguranca-e-saude-no-trabalho/sst-menu/sst-normatizacao/sst-nr-portugues?view=default. Acesso em: 24 maio 2020.

BRASIL. **Estratégia Saúde da Família (ESF).** Ministério da Saúde. Disponível em: https://www.saude.gov.br/acoes-e-programas/saude-da-familia/sobre-o-programa. Acesso em: 7 jun. 2020.

BRASIL. **Implantação da Estratégia.** Ministério da Saúde: Estratégia Saúde da Família (ESF). Disponível em: https://www.saude.gov.br/acoes-e-programas/saude-da-familia/implantacao-da-estrategia. Acesso em: 14 jun. 2020.

BRASIL. **Instrução Normativa INSS/DC nº 98, de 5 de dezembro de 2003**. Aprova Norma Técnica sobre Lesões por Esforços Repetitivos – LER ou Distúrbios Osteomusculares Relacionados ao Trabalho – DORT. Brasília: DOU de 10/12/2003.

BRASIL. **Lei nº 5.161, de 21 de outubro de 1966**. Autoriza a instituição da Fundação Centro Nacional de Segurança, Higiene e Medicina do Trabalho e dá outras providências. Diário Oficial da União, Brasília, DF, 25/10/1966. Seção 1, pág. 12300.

BRASIL. **Lei nº 6.019, de 3 de janeiro de 1974**. Dispõe sobre o Trabalho Temporário nas Empresas Urbanas, e dá outras providências. DOU, Brasília, DF, 04/01/1974. Disponível em: http://www.planalto.gov.br/ccivil_03/leis/L6019.htm. Acesso em: 27 jun. 2020.

BRASIL. **Lei nº 6.514, de 22 de dezembro de 1977**. Altera o Capítulo V, do Título II, da Consolidação das Leis do Trabalho, relativo à segurança e medicina do trabalho e dá outras providências. Disponível em: http://www.planalto.gov.br/ccivil_03/LEIS/L6514.htm. Acesso em: 30 jun. 2020.

BRASIL. **Lei nº 6.618, de 16 de dezembro de 1978**. Dispõe sobre a alteração da denominação da Fundação Centro Nacional de Segurança, Higiene e Medicina do Trabalho. Diário Oficial da União, Brasília, DF, 19/12/1978. Seção 1, pág. 20373.

BRASIL. **Lei nº 6.938, de 31 de agosto de 1981**. Dispõe sobre a Política Nacional do Meio Ambiente, seus fins e mecanismos de formulação e aplicação, e dá outras providências. Disponível em: http://www.planalto.gov.br/ccivil_03/LEIS/L6938.htm. Acesso em: 17 mai. 2021.

BRASIL. **Lei nº 7.102, de 20 de junho de 1983**. Dispõe sobre segurança para estabelecimentos financeiros, estabelece normas para constituição e funcionamento das empresas particulares que exploram serviços de vigilância e de transporte de valores, e dá outras providências. DOU, Brasília, DF, 21/06/1983. Disponível em: http://www.planalto.gov.br/ccivil_03/LEIS/L7102.htm. Acesso em: 27 jun. 2020.

BRASIL. **Lei nº 7.783, de 28 de junho de 1989**. Dispõe sobre o exercício do direito de greve, define as atividades essenciais, regula o atendimento das necessidades inadiáveis, da comunidade, e dá outras providências. Diário Oficial da União, Brasília, DF, 28/06/1989. Disponível em: http://www.planalto.gov.br/ccivil_03/leis/L7783.htm. Acesso em: 5 jan. 2017.

BRASIL. **Lei nº 8.213, de 24 de julho de 1991**. Dispõe sobre os Planos de Benefícios da Previdência Social e dá outras providências. Planalto, Brasília, 24/07/1991. Disponível em: http://www.planalto.gov.br/ccivil_03/leis/l8213cons.htm. Acesso em: 28 jun. 2020.

BRASIL. **Lei nº 8.863, de 28 de março de 1994**. Altera a Lei nº 7.102, de 20 de junho de 1983. DOU, DF, Brasília, 29/03/1994. Disponível em: http://www.planalto.gov.br/ccivil_03/leis/ L8863.htm. Acesso em: 5 jun. 2020.

BRASIL. **Lei nº 8.949, de 9 de dezembro de 1994**. Acrescenta parágrafo ao art. 442 da Consolidação das Leis do Trabalho (CLT) para declarar a inexistência de vínculo empregatício entre as cooperativas e seus associados. Brasília: DOU, 12 dez. 1994. Disponível em: http://www.planalto.gov.br/ccivil_03/leis/L8949.htm. Acesso em: 7 jun. 2020.

BRASIL. **Lei nº 9.433, de 8 de janeiro de 1997**. Disponível em: http://www.planalto.gov.br/ccivil_03/LEIS/L9433.htm. Acesso em: 3 jun. 2020.

BRASIL. **Lei nº 9.605, de 12 de fevereiro de 1998**. Disponível em: http://www.planalto.gov.br/ccivil_03/LEIS/L9605.htm. Acesso em: 3 jun. 2020.

BRASIL. **Lei nº 9.795, de 27 de abril de 1999**. Dispõe sobre a educação ambiental, institui a Política Nacional de Educação Ambiental e dá outras providências. Disponível em: http://www.planalto.gov.br/ccivil_03/leis/l9795.htm. Acesso em: 17 mai. 2021.

BRASIL. **Lei nº 11.105, de 24 de março de 2005**. Disponível em: http://www.planalto.gov.br/ccivil_03/_Ato2004-2006/2005/Lei/L11105.htm. Acesso em: 3 jun. 2020.

BRASIL. **Lei nº 11.428, de 22 de dezembro de 2006**. Disponível em: http://www.planalto.gov.br/ccivil_03/_Ato2004-2006/2006/Lei/L11428.htm Acesso em: 3 jun. 2020.

BRASIL. **Lei nº 12.187, de 29 de dezembro de 2009**. Disponível em: http://www.planalto.gov.br/ccivil_03/_Ato2007-2010/2009/Lei/L12187.htm Acesso em: 3 jun. 2020.

BRASIL. **Lei nº 12.305, de 2 de agosto de 2010**. Disponível em: http://www.planalto.gov.br/ccivil_03/_ato2007-2010/2010/lei/l12305.htm. Acesso em: 3 jun. 2020.

BRASIL. **Lei nº 12.608, de 10 de abril de 2012**. Disponível em: http://www.planalto.gov.br/ccivil_03/_Ato2011-2014/2012/Lei/L12608.htm. Acesso em: 3 jun. 2020.

BRASIL. **Lei nº 13.146, de 6 de julho de 2015**. Disponível em; http://www.planalto.gov.br/ccivil_03/_ato2015-2018/2015/lei/l13146.htm. Acesso em: 11 dez. 2019.

BRASIL. **Lei nº 13.153, de 16 de abril de 2015**. Disponível em: http://www.planalto.gov.br/ccivil_03/_ato2015-2018/2015/lei/l13153.htm. Acesso em: 3 jun. 2020.

BRASIL. **Lei nº 13.429, de 31 de março de 2017**. Disponível em: www.planalto.gov.br/ccivil_03/_ato2015-2018/2017/lei/L13429.htm. Acesso em: 7 jun. 2020.

BRASIL. **Lei nº 13.467, de 13 de julho de 2017**. DOU, Brasília, DF, 14/07/2017. Disponível em: http://www.planalto.gov.br/ccivil_03/_ato2015-2018/2017/lei/L13467.htm. Acesso em: 7 jun. 2020.

BRASIL. Ministério da Economia. **Governo moderniza NR de Segurança e Saúde no trabalho**. Jul. 2019. Disponível em: https://www.gov.br/economia/pt-br/assuntos/noticias/2019/07/governo-moderniza-normas-regulamentadoras-de-seguranca-e-saude-no-trabalho. Acesso em: 20 set. 2020.

BRASIL. Ministério da Economia. Secretaria da Previdência. **Tabelas do Anuário estatístico de acidentes do trabalho de 2018**. Brasília: MTPS, 2020. Disponível em: https://www.gov.br/previdencia/pt-br/assuntos/saude-e-seguranca-do-trabalhador/dados-de-acidentes-do-trabalho/arquivos/aeat-2018_tabelas-v2.zip. Acesso em: 6 jul. 2020.

BRASIL. Ministério da Saúde. **Atenção à saúde dos trabalhadores expostos ao chumbo metálico**. Brasília: Editora do Ministério da Saúde, 2006.

BRASIL. **Ministério da Saúde declara transmissão comunitária nacional**. Disponível em: https://www.saude.gov.br/noticias/agencia-saude/46568-ministerio-da-saude-declara-transmissao-comunitaria-nacional. Acesso em: 27 abr. 2020.

# REFERÊNCIAS

BRASIL. Ministério da Saúde. Gabinete do Ministro. **Portaria nº 1.823, de 23 de agosto de 2012**. Institui a Política Nacional de Saúde do Trabalhador e da Trabalhadora. Saúde legis: sistema de legislação da saúde. Disponível em: http://bvsms.saude.gov.br/bvs/saudelegis/gm/2012/prt1823_23_08_2012.html. Acesso em: 14 dez. 2018.

BRASIL. Ministério da Saúde. **Notícia: LER e DORT são as doenças que mais acometem, aponta estudo**. Publ. 30/04/2019. Disponível em: https://www.saude.gov.br/noticias/agencia-saude/45404-ler-e-dort-sao-as-doencas--que-mais-acometem-os-trabalhadores-aponta-estudo. Acesso em: 30 jun. 2020.

BRASIL. Ministério do Meio Ambiente. **Convenção Quadro das Nações Unidas sobre o Clima**. Disponível em: https://www.mma.gov.br/clima/convencao-das-nacoes-unidas/protocolo-de-quioto.html. Acesso em: 3 out. 2020.

BRASIL. Ministério do Trabalho e Emprego. FUNDACENTRO. **Estratégia Nacional para Redução dos Acidentes do Trabalho 2015-2016**. Brasília, 2015. Disponível em: http://www.anamt.org.br/site/upload_arquivos/legislacao_2016_1412016135523 7055475.pdf. Acesso em: 20 jul. 2020.

BRASIL. Ministério do Trabalho e Emprego. FUNDACENTRO. **Pontos de verificação ergonômica**. (2. ed.). São Paulo: 2018. Disponível em: http://www.planalto.gov.br/ccivil_03/LEIS/L6514.htm. Acesso em: 25 jun. 2020.

BRASIL. Ministério do Trabalho e Emprego. **Introdução à higiene ocupacional**. São Paulo: Fundacentro, 2004.

BRASIL. Ministério do Trabalho e Emprego. M294 **Manual de aplicação da Norma Regulamentadora nº 17**. (2. ed.), Brasília: MTE, SIT, 2002. BRASIL. Disponível em: https://enit.trabalho.gov.br/portal/images/Arquivos_SST/SST_Publicacao_e_Manual/CGNOR---MANUAL-DE-APLICAO-DA-NR-17.pdf. Acesso em: 26 jun. 2020.

BRASIL. Ministério do Trabalho e Emprego. **Manual de Auxílio na Interpretação e Aplicação da Norma Regulamentadora nº 36**: Segurança e Saúde no Trabalho em Empresas de Abate e processamento de Carnes e Derivados. Brasília, setembro de 2017. Disponível em: https://sit.trabalho.gov.br/portal/images/manuais/manualNR36.pdf. Acesso em: 20 jun. 2020.

BRASIL. Ministério do Trabalho e Emprego. **Portaria MTb nº 3.214, de 8 de junho de 1978**. Aprova as Normas Regulamentadoras - NR - do Capítulo V, Título II, da Consolidação das Leis do Trabalho, relativas à Segurança e Medicina do Trabalho. NR 11. Disponível em: http://www.oficionet.com.br/arquivos_links/MinisterioTrabalhoEmprego/NR_11.pdf. Acesso em: 17 mai. 2021.

BRASIL. Ministério do Trabalho e Emprego. **Portaria MTE nº 555, de 18/04/2013**. Aprova a NR-36: Segurança e Saúde no Trabalho em Empresas de Abate e Processamento de Carnes e Derivados. Disponível em: https://enit.trabalho.gov.br/portal/images/Arquivos_SST/SST_NR/NR-36.pdf. Acesso em: 25 jun. 2020.

BRASIL. Ministério do Trabalho e Emprego. **Saúde e segurança no trabalho no Brasil**: aspectos institucionais, sistemas de informação e indicadores. 2. ed. São Paulo: IPEA; Fundacentro, 2012.

BRASIL. **Momento é de esperança, diz Temer sobre modernização trabalhista**. Presidência da República. Planalto. Fev. 2018. Disponível em: http://www2.planalto.gov.br/mandatomicheltemer/acompanhe-planalto/noticias/2017/07/momento-e-de-esperanca-diz-temer-sobre-modernizacao-trabalhista. Acesso em: 20 set. 2020.

BRASIL. Normas de segurança e saúde no trabalho são modernizadas. **Presidência da República. Planalto**. Jul. 2019. Disponível em: https://www.gov.br/planalto/pt-br/acompanhe-o-planalto/noticias/2019/07/normas-de-seguranca-e-saude-no-trabalho-sao-modernizadas. Acesso em: 20 set. 2020.

BRASIL. **Nota técnica conjunta nº 06/2020** – PGT/CONALIS. Brasília: 2020. Disponível em: https://mpt.mp.br/pgt/noticias/nt-6-2020-conalis-mpt.pdf. Acesso em: 21 maio 2020.

BRASIL. **NR 9 – Programa de prevenção de riscos ambientais**. Portaria GM nº 3.214, de 08/06/1978. Ministério do Trabalho e Emprego, Diário Oficial de 06 jul. 1978. Disponível em: http://trabalho.gov.br/images/Documentos/SST/NR/NR-09atualizada2014III.pdf. Acesso em: 6 jan. 2017.

BRASIL. **Palácio do Planalto**. Disponível em: http://www2.planalto.gov.br/mandatomicheltemer/acompanhe-planalto/noticias/2017/07/momento-e-de-esperanca-diz-temer-sobre-modernizacao-trabalhista. Acesso em: 9 jun. 2020.

BRASIL. **Palácio do Planalto**. Disponível em: https://www.gov.br/economia/pt-br/assuntos/noticias/2020/abril/economia-produz-documento-sobre-saude-e-seguranca-dos-trabalhadores-durante-a-pandemia. Acesso em: 9 jun. 2020.

BRASIL. **Palácio do Planalto**. Disponível em: https://www.gov.br/economia/pt-br/assuntos/noticias/2019/09/governo-moderniza-mais-tres-normas-sobre-saude-e-seguranca-do-trabalhador. Acesso em: 9 jun. 2020.

BRASIL. **Palácio do Planalto**. Disponível em: https://www.gov.br/economia/pt-br/assuntos/noticias/2019/07/governo-moderniza-normas-regulamentadoras-de-seguranca-e-saude-no-trabalho. Acesso em: 9 jun. 2020.

BRASIL. **Palácio do Planalto**. Disponível em: https://www.gov.br/planalto/pt-br/acompanhe-o-planalto/noticias/2019/07/normas-de-seguranca-e-saude-no-trabalho-sao-modernizadas. Acesso em: 9 jun. 2020.

BRASIL. **Política Nacional de Atenção Básica. Ministério da Saúde**. Disponível em: bvsms.saude.gov.br/bvs/publicacoes/politica_nacional_atencao_basica.pdf. Acesso em: 14 jun. 2020.

BRASIL. Presidência da República. **ONU surgiu para garantir a paz e segurança no mundo**. Pub. 21 set. 2019. Disponível em: https://www.gov.br/planalto/pt-br/acompanhe-o-planalto/noticias/2019/09/onu-surgiu-para-garantir-a-paz-e-seguranca-do-mundo#:~:text=O%20organismo%20foi%20fundado%20em,como%20pela%20maioria%20dos%20signat%C3%A1rios. Acesso em: 23 mai. 2021.

BRASIL. **Sala de Apoio à Gestão Estratégica**. Ministério da Saúde. Disponível em: https://sage.saude.gov.br/paineis/psf/lista_mun.php?output=html&ufs=&ibges=&cg=&tc=&re_giao=&rm=&qs=&ufcidade=Brasil&qt=5570%20munic%C3%ADpios&pop=206114067&cor=005984&nonono=html&title=&mes=mar%C3%A7o&mess=3&anos=2017&codPainel=31&codPainel=31. Acesso em: 14 jun. 2020.

BRASIL. **Senado Federal**. Disponível em: https://www12.senado.leg.br/noticias/audios/2018/05/sugestao-de-estatuto-do-trabalho-e-apresentada-em-subcomissao. Acesso em: 9 jun. 2020.

BRASIL. **Situação atual da organização, distribuição e financiamento dos Centros de Referência em Saúde do Trabalhador (Cerest)**. Ministério da Saúde, 30/08/2018. Disponível em: https://www.google.com/search?q=quantos+cerest+existem+no+Brasil+&ie=utf-8&oe=utf-8&client=firefox-b-ab. Acesso em: 14 jun. 2020.

BRASIL. Supremo Tribunal Federal. **Ação de Descumprimento de Preceito Fundamental (ADPF) nº 45-9**. Rel. Ministro Celso de Mello, 29/04/2004.

BRASIL. Supremo Tribunal Federal. **Ação Direta de Inconstitucionalidade nº 4.842**, Tribunal Pleno, Rel. Ministro Edson Fachin, 14/09/2016.

BRASIL. Supremo Tribunal Federal. **Ação Direta de Inconstitucionalidade nº 5.938**, Tribunal Pleno, Rel. Ministro Alexandre de Moraes, 29/05/2019.

BRASIL. Supremo Tribunal Federal. **ADI 5.938**, Rel. Ministro Alexandre de Moraes, j. em 29/05/2019, publ. 23/09/2019. Disponível em: http://www.stf.jus.br/portal/peticaoInicial/verPeticaoInicial.asp?base=ADIN&s1=5938&processo=5938. Acesso em: 22 maio 2020.

BRASIL. Supremo Tribunal Federal. **ADIs 5.685, 5.686, 5.687, 5.695 e 5.735**, Rel. Min. Gilmar Mendes, DJE nº 159, divulgado em 24/06/2020.

BRASIL. **Supremo Tribunal Federal**. Disponível em: www.stf.jus.br. Acesso em: 29 fev. 2017.

BRASIL. **Supremo Tribunal Federal**. Disponível em: http://www.stf.jus.br/portal/cms/verNoticiaDetalhe.asp?idConteudo=445728. Acesso em: 11 jul. 2020.

BRASIL. **Supremo Tribunal Federal**. Disponível em: http://www.stf.jus.br/portal/cms/verNoticiaDetalhe.asp?idConteudo=363127. Acesso em: 18 jul. 2020.

BRASIL. Supremo Tribunal Federal. **Medida Cautelar em Ação Direta de Inconstitucionalidade nº 3.540**, Tribunal Pleno, Rel. Ministro Celso de Mello, 01/09/2005.

BRASIL. Supremo Tribunal Federal. **Medidas Cautelares nas Ações Diretas de Inconstitucionalidade nºs 6.342/DF, 6.344/DF, 6.346/DF, 6.348/DF, 6.349/DF, 6.352/DF e 6.354/DF**, Rel. Ministro Alexandre de Moraes. Plenário, j. em 06/05/2020. Acórdão pendente de publicação.

BRASIL. Supremo Tribunal Federal. **Recurso Extraordinário com Repercussão Geral nº 828.040/MS**, Rel. Ministro Alexandre de Moraes, DJ de 19/03/2020.

BRASIL. Supremo Tribunal Federal. **Recurso Extraordinário nº 590.415**, Tribunal Pleno, Rel. Ministro Roberto Barroso, 30/04/2015.

BRASIL. Supremo Tribunal Federal. **Recurso Extraordinário nº 828.040**, Tribunal Pleno, Rel. Ministro Alexandre de Moraes, 12/03/2020.

BRASIL. Supremo Tribunal Federal. **Tema 932** - Possibilidade de responsabilização objetiva do empregador por danos decorrentes de acidentes de trabalho, Rel. Min. Alexandre de Moraes. Disponível em: http://www.stf.jus.br/portal/jurisprudenciaRepercussao/verAndamentoProcesso.asp?incidente=4608798&numeroProcesso=828040&classeProcesso=RE&numeroTema=932.

BRASIL. **Tribunal Regional do Trabalho da 2ª Região**. DC: 20305200300002008 SP 20305-2003-000-02-00-8, Rel. Plinio Bolívar de Almeida, j. em 28/08/2003, SDC Turma, publ. 05/09/2003. Portal Jus Brasil, 2003. Disponível em: http://www.jusbrasil.com.br/busca?q=RISCO+DE+VIDA+EM+AMBIENTE+DE+TRABALHO. Acesso em: 6 jan. 2017.

BRASIL. **Tribunal Regional do Trabalho da 2ª Região**. Recurso Ordinário nº 0001079-39.2015.5.02.0444, Rel. Desembargador Nelson Bueno do Prado, 16ª Turma, DJ de 05/10/2016.

BRASIL. **Tribunal Regional do Trabalho da 2ª Região**. Recurso Ordinário nº 0001318732014502002, Rel. Desembargador Jomar Luz de Vassimon Freitas, 5ª Turma, DJ de 18/10/2016.

BRASIL. **Tribunal Regional do Trabalho da 17ª Região**. Recurso Ordinário nº 0114400-11.2012.5.17.0001, Rel. Desembargador Marcello Maciel Mancilha, 2ª Turma, DJ de 01/07/2015.

# REFERÊNCIAS

BRASIL. Tribunal Superior do Trabalho. 8ª Turma. **Acórdão**. Proc. nº RR-56500-95.2007.5.09.0671, Rel. Min. Dora Maria da Costa, DEJT, 18/02/2011.

BRASIL. **Tribunal Superior do Trabalho**. Agravo de Instrumento no Recurso de Revista nº 23300-90.2008.5.17.0008, Rel. Min. Kátia Magalhães Arruda, 6ª Turma, DJ de 03/06/2016.

BRASIL. **Tribunal Superior do Trabalho**. Agravo de Instrumento no Recurso de Revista nº 330-82.2012.5.15.0050, Rel. Min. Maurício Godinho Delgado, 3ª Turma, DJ de 19/08/2016.

BRASIL. **Tribunal Superior do Trabalho**. Agravo de Instrumento no Recurso de Revista nº 1773-11.2011.5.15.0145, Rel. Min. Dora Maria da Costa, 8ª Turma, DJ de 04/09/2015.

BRASIL. **Tribunal Superior do Trabalho**. Agravo de Instrumento no Recurso de Revista nº 2658-50.2010.5.02.0362, Rel. Desembargador Convocado Marcelo Lamego Pertence, 1ª Turma, DJ de 01/07/2016.

BRASIL. Tribunal Superior do Trabalho. **Apresentação**. Trabalho Seguro. Disponível em: http://www.tst.jus.br/web/trabalhoseguro/apresentacao4. Acesso em: 14 jun. 2020.

BRASIL. **Tribunal Superior do Trabalho**. ARR nº 20906-12.2015.5.04.0531, 8ª Turma, Rel. Ministra Dora Maria da Costa, 23/08/2019.

BRASIL. Tribunal Superior do Trabalho. **Boas práticas**. Trabalho Seguro. Disponível em: http://www.tst.jus.br/web/trabalhoseguro/boas-praticas. Acesso em: 14 jun. 2020.

BRASIL. **Tribunal Superior do Trabalho**. Disponível em: http://www.tst.jus.br.

BRASIL. Tribunal Superior do Trabalho. **Gestores do Programa Trabalho Seguro alinham ações para o mês de julho**. Disponível em: http://www.tst.jus.br/web/trabalhoseguro/programa/-/asset_publisher/0SUp/content/id/26473735?_com_liferay_asset_publisher_web_portlet_AssetPublisherPortlet_INSTANCE_0SUp_redirect=http%3A%2F%2Fwww.tst.jus.br%2Fweb%2Ftrabalhoseguro%2Fprograma%3Fp_p_id%3Dcom_liferay_asset_publisher_web_portlet_AssetPublisherPortlet_INSTANCE_0SUp%26p_p_lifecycle%3D0%26p_p_state%3Dnormal%26p_p_mode%3Dview%26_com_liferay_asset_publisher_web_portlet_AssetPublisherPortlet_INSTANCE_0SUp_cur%3D0%26p_r_p_resetCur%3Dfalse%26_com_liferay_asset_publisher_web_portlet_AssetPublisherPortlet_INSTANCE_0SUp_assetEntryId%3D26473735. Acesso em: 14 jun. 2020.

BRASIL. **Tribunal Superior do Trabalho**. Incidente de Recursos Repetitivos nº IRR 1325-18.2012.5.04.0013. J. em 01/08/2019, Publ. DEJT 13/09/2019. Disponível em: https://tst.jusbrasil.com.br/jurisprudencia/756736977/irr-13251820125040013/inteiro-teor-756736978?ref=serp. Acesso em: 29 jun. 2020.

BRASIL. Tribunal Superior do Trabalho. **Medidas Gerais**. Trabalho Seguro. Disponível em: http://www.tst.jus.br/web/trabalhoseguro/medidas-gerais. Acesso em: 14 jun. 2020.

BRASIL. Tribunal Superior do Trabalho. **Parceiros**. Trabalho Seguro. Disponível em: http://www.tst.jus.br/web/trabalhoseguro/parceiros. Acesso em: 14 jun. 2020.

BRASIL. Tribunal Superior do Trabalho. **Protocolo de Cooperação Técnica**. Trabalho Seguro. Disponível em: www.tst.jus.br/documents/1199940/1201592/Protocolo+de+Coopera%C3%A7%C3%A3o+T%C3%A9cnica.pdf. Acesso em: 14 jun. 2020.

BRASIL. **Tribunal Superior do Trabalho**. Recurso de Revista nº 366-08.2012.5.09.0660, Rel. Min. Luiz Philippe Vieira de Mello Filho, 7ª Turma, DJ de 15/04/2016.

BRASIL. **Tribunal Superior do Trabalho**. Recurso de Revista nº 49500-82.2009.5.17.0014, Rel. Desembargadora Convocada Cilene Ferreira Amaro Santos, 4ª Turma, DJ de 11/11/2016.

BRASIL. **Tribunal Superior do Trabalho**. Recurso de Revista nº 91700-02.2009.5.09.0411, Rel. Min. José Roberto Freire Pimenta, 2ª Turma, DJ de 02/12/2016.

BRASIL. Tribunal Superior do Trabalho. **Regulamentação**. Trabalho Seguro. Disponível em: http://www.tst.jus.br/web/trabalhoseguro/regulamentacao1. Acesso em: 14 jun. 2020.

BRASIL. Tribunal Superior do Trabalho. **Súmula nº 331**. Brasília: DJ, 19-21 nov. 2003. Disponível em: http://www3.tst.jus.br/jurisprudencia/Sumulas_com_indice/Sumulas_Ind_301_350.html#SUM-331. Acesso em: 23 jun. 2020.

BRASIL. Tribunal Superior do Trabalho. **Trabalho Seguro**. Programa Nacional de Prevenção de Acidente de Trabalho. Biblioteca. Normas. Disponível em: http://www.tst.jus.br/web/trabalhoseguro/normas. Acesso em: 17 mai. 2021.

BRESSAN, P. Juridicidade socioambiental: paradigmas e paradoxos. o marco da consciência ambiental às avessas e o paradoxo da destruição criativa. **Revista ESMAT**, [S.l.], v. 9, n. 13, p. 163-180, dez. 2017. ISSN 2447-9896. Disponível em: http://esmat.tjto.jus.br/publicacoes/index.php/revista_esmat/article/view/197/183. Acesso em: 7 out. 2019.

BRONSTEIN, A. **International and comparative labour law**. Current challenges. Houndmills: Palgrave Macmillan/ILO, 2009.

BROWNLIE, I. **Principles of public international law**. 6. ed. Oxford: Oxford University Press, 2003.

BUCCI, M. P. D. Quadro de referência de uma Política Pública: primeiras linhas de uma visão jurídico-institucional. *In*: BERTOLIN, P. T. M. e SMANIO, G. P. **O Direito na Fronteira das Políticas Públicas**. São Paulo: Páginas & Letras Editora e Gráfica, 2015.

BUCKLEY, M. *et al*. **Migrant work and employment in the construction sector**. Geneva: ILO, 2016. Disponível em: https://www.ilo.org/wcmsp5/groups/public/---ed_protect/---protrav/---migrant/documents/publication/wcms_538487.pdf. Acesso em: 28 jun. 2020.

BUREAU OF LABOR STATISTICS. **Measuring Green Jobs**. 2013, p. 1. Disponível em: http://www.bls.gov/green/home.htm. Acesso em: 6 jul. 2015.

## C

CABRAL, A. A. **Direito ambiental do trabalho na sociedade do risco**. Curitiba: Juruá, 2016.

CABRAL, A. A.; SILVA, E. A. da. Responsabilidade civil do empregador em decorrência de desequilíbrio no meio ambiente do trabalho. *In*: FREITAS JÚNIOR, A. R. de. **Responsabilidade Civil nas Relações de Trabalho**. Questões atuais e controvertidas. São Paulo: LTr, 2011.

CALDWELL, L. K. Uma política mundial para o meio ambiente. *In*: MASRIERA, M. (Org.). **Luta contra a poluição**. Rio de Janeiro: Fundação Getúlio Vargas, 1976.

CAMARGO, T. R. L.; MELO, S. N. **Princípios de direito ambiental do trabalho**. São Paulo: LTr, 2013.

CAMBIAGHI, S. S. **Desenho Universal – métodos e técnicas para arquitetos e urbanistas**. São Paulo: Editora Senac São Paulo, 2007.

CANADÁ. **Canadian Environmental Protection Act**, 1999. Disponível em: http://www.oas.org. Acesso em: 5 abr. 2014.

CANARIS, Claus-Wilhelm. **Direitos fundamentais e direito privado**. Trad. Ingo Wolfgang Sarlet, Paulo Mota Pinto. Coimbra: Almedina, 2003.

CANÇADO TRINDADE, A. A. **Direitos humanos e o meio ambiente**: paralelo dos sistemas de proteção internacional. Porto Alegre: Sérgio Antônio Fabris, 1993.

CANCLINI, N. G. **Culturas híbridas**: estratégias para entrar e sair da modernidade. São Paulo: Editora EDUSP, 1998.

CANELLA, R. B.; CANELLA, S. E. (Orgs.). **Direito Previdenciário**: atualidades e tendências. Londrina: Thoth, 2019.

CAÑIZARES, F. de S. **Introducción al derecho comparado**. Barcelona: Instituto de Derecho Comparado, 1954.

CANOTILHO, J. J. G. **Direito Constitucional e Teoria da Constituição**. Coimbra: Almedina, 1999 (3. ed.), 2006 (7. ed.).

CANOTILHO, J. J. G. **Judicialização da ecologia ou ecologização do direito**. Revista jurídica do urbanismo e do ambiente. Coimbra, n. 4, 1995.

CANOTILHO, J. J. G. **Proteção do ambiente e direito de propriedade (crítica de jurisprudência ambiental)**. Coimbra: Coimbra Editora, 1995.

CAPPELLETTI, M. El derecho comparado: método y finalidades. *In*: **Dimensiones de la justicia en el mundo contemporáneo**: cuatro estudios de derecho comparado. México: Porrúa, 1993.

CAPRA, F. **A teia da vida**: uma nova compreensão científica dos sistemas vivos. Tradução de Newton Roberval Eichemberg. São Paulo: Cultrix, 2006.

CARDOSO, A. M. Dimensões da crise do sindicalismo brasileiro. *In*: **Caderno CRH**, v. 28, n. 75, Salvador, set.-dez./2015. Disponível em: http://dx.doi.org/10.1590/S0103-49792015000300004.

CARMO, P. S. do. **A ideologia do trabalho**. São Paulo: Moderna, 1992.

CARNEIRO, R. J. das M. Sobre a possibilidade de enquadramento do grau de insalubridade por meio de negociação coletiva. Análise crítica da previsão contida no art. 611-A, XII, da CLT. In MIESSA, É.; CORREIA, H. (Orgs.). **A Reforma Trabalhista e seus Impactos**. Salvador: Juspodivm, 2017. p. 743-776.

CAROTENUTO, A. *et al*. Psychological stress in seafarers: a review. **International Maritime Health**, 2012; 63, 4:188-194.

CARVALHO, A. C. L. de. **Direito do Trabalho**: curso e discurso. 3. ed. São Paulo: LTr, 2019.

CARVALHO, F. E. **Trabalho portuário avulso. Antes e depois da Lei de Modernização dos Portos**. São Paulo: LTr, 2005.

CASALI, G. M. O princípio da solidariedade e o artigo 3º da Constituição da República Federativa do Brasil. **Revista Eletrônica Direito e Política**. Itajaí: Univali, set.-dez./2006. vol. 1. n. 1. Disponível em: http://siaibib01.univali.br/pdf/guilherme%20%20machado%20casalli%20revista%20de%20direiro.pdf. Acesso em: 16 maio 2020.

CASSAR, V. B. **Direito do Trabalho**. 11. ed. São Paulo: Método, 2015; 2016 (12. ed.).

CASSESE, A. **International law**. 2. ed. Oxford: Oxford University Press, 2005.

# REFERÊNCIAS

CASTLEMAN, B. I. As condutas criminosas na indústria do amianto. *In*: FELICIANO, G. F.; EBERT, P. R. L. (Coord.). **Direito Ambiental do Trabalho**: Apontamentos para uma teoria geral, v. 4. São Paulo: LTr, 2018.

CASTRO, J. de. Subdesenvolvimento: causa primeira de poluição. *In*: MASRIERA, M. (Org.). **Luta contra a poluição**. Rio de Janeiro: Fundação Getúlio Vargas, 1976.

CASTRO, J. V. de. Poluição Labor-ambiental. *In*: **Direito ambiental do trabalho**: apontamentos para uma teoria geral, vol. 3. FELICIANO, G. G. [*et al.*], coordenadores. São Paulo: LTr, 2017.

CATHARINO, J. M. **O novo sistema portuário brasileiro**. Rio de Janeiro: Destaque, 1994.

CATHARINO, J. M. **Tratado Jurídico do Salário**. São Paulo: LTr/EDUSP, 1994 (fac-símile de 1951).

CAVALCANTE, S. R. **O papel da Justiça do Trabalho na prevenção e reparação dos acidentes e doenças ocupacionais**. Tese (Doutorado em Ciências) – Faculdade de Saúde Pública. São Paulo: Universidade de São Paulo, 2016.

CAVALCANTE, S. R.; VILELA, R. A. G.; SILVA, A. J. A construção da saúde do trabalhador e a necessária articulação interinstitucional: da medicina do trabalho à almejada participação social. **Revista Jurídica Trabalho e Desenvolvimento Humano**, Campinas, v. 1, n. 1, p. 39-56, dez. 2018. Disponível em: http://revistatdh.org/index.php/Revista-TDH/article/view/19/7. Acesso em: 8 ago. 2020.

CAVALLIER, F. Natureza e cultura. *In*: **As grandes noções da filosofia (autores vários)**. Lisboa: Instituto Piaget, 2002.

CEE – COMUNIDADE ECONÔMICA EUROPEIA. **Diretiva 92/57/CEE**. 2019. Disponível em: https://eur-lex.europa.eu/legal-content/PT/TXT/HTML/?uri=CELEX:01992L0057-20190726&from=EN. Acesso em: 3 jul. 2020.

CELLI JUNIOR, U.; MEIRELLES, E. de A.; POLIDO, F. B. P. **Direito internacional, humanismo e globalidade**: Guido Fernando Silva Soares/Paulo Borba Casella. São Paulo: Atlas, 2008.

CENTER FOR AMERICAN PROGRESS. **Growing green jobs in america's urban centers**. 2011. Disponível em: https://www.americanprogress.org/issues/green/report/2011/09/21/10344/growing-green-jobs-in-americas-urban-centers/. Acesso em: 6 jul. 2015.

CERIGUELI, M. J. **NR-36: Norma regulamentadora de segurança e saúde no trabalho em empresas de abate e processamento de carnes e derivados**. São Paulo: LTr, 2013.

CERVI, T. M. D. O direito ambiental e a transição paradigmática. **Revista Direito e Justiça**: reflexões sociojurídicas, [S.l.], v. 10, n. 15, p. 21-104, abr. 2012. ISSN 21782466. Disponível em: http://srvapp2s.santoangelo.uri.br/seer/index.php/direito_e_justica/article/view/684/344. Acesso em: 7 out. 2019.

CÉZAR, K. R. **Pessoas com deficiência intelectual**: inclusão trabalhista: lei de cotas. São Paulo: LTr, 2012.

CHADE, J. **Por reforma trabalhista, OIT coloca Brasil em 'lista suja' de violações**. Estadão, 28 maio 2018. Disponível em: https://economia.estadao.com.br/noticias/geral,por-reforma-trabalhista-oit-coloca-brasil-em-lista-suja-de-violacoes,70002327317.amp. Acesso em: 28 maio 2020.

CHAGAS, A. M. de R.; SALIM, C. A.; SERVO, L. M. S. (Orgs.) **Saúde e segurança no trabalho no Brasil**: aspectos institucionais, sistemas de informação e indicadores. 2. ed. São Paulo: IPEA – Fundacentro, 2012.

CHIASSONI, P. **Técnica da interpretação jurídica. Breviário para juristas**. Tradução de Daniel Mitidiero *et al*. São Paulo: Thomson Reuters Brasil, 2020.

CHIMIRCI, A.; OLIVEIRA, E.A.R. de. **Introdução à segurança e saúde no trabalho**. 1. ed. Rio de Janeiro: Guanabara Koogan, 2016.

CIDADE DO MÉXICO. **CETESB**. Disponível em: https://cetesb.sp.gov.br/analise-risco-tecnologico/grandes-acidentes/cidade-do-mexico/. Acesso em: 9 set. 2020.

CIDH – COMISSÃO INTERAMERICANA DE DIREITOS HUMANOS. **Relatório nº 25/18**. OEA/Ser/L/V/II.167. Doc. 29. 02 mar. 2018. Disponível em: OAS.org/es/cdih/decisiones/corte/2018/12428FondoPt.pdf. Acesso em: 22 set. 2020.

CNI – CONFEDERAÇÃO NACIONAL DA INDÚSTRIA. **Sondagem especial: construção civil**. Brasília, ano 1, n. 1, abr./2011.

COMISSÃO MUNDIAL SOBRE MEIO AMBIENTE E DESENVOLVIMENTO. **Nosso futuro comum**. Rio de Janeiro: Fundação Getúlio Vargas, 1991.

CONSOLINO, A. M. G.; SALGADO, E. C. V. C; LEÃO, M. A. B. G. Interdisciplinaridade, saúde e trabalho: uma análise de publicações em bases científicas. **Revista Ciências Humanas**, v. 5, n. 1-2, p. 190-210. Taubaté: UNITAU, 2012. Disponível em: https://www.rchunitau.com.br/index.php/rch/article/view/48/41. Acesso em: 1 ago. 2020.

CONSTANTINESCO, L. **Tratado de derecho comparado**. Madrid: Tecnos, 1981. v. 1.

CONSTANTINESCO, L. **Tratado de direito comparado**: introdução ao direito comparado. Rio de Janeiro: Renovar, 1998.

CONTI, P. H. K. Apresentação: Meio Ambiente do Trabalho. **Revista Eletrônica do TRT do Paraná**, vol. 2, n. 23, p. 7-8. Out. 2013. Disponível em: https://ead.trt9.jus.br/moodle/pluginfile.php/24241/mod_resource/content/1/

Revista%20Eletr%C3%B4nica%20(OUT%202013%20-%20n%C2%BA%2023%20-%20Meio%20Ambiente%20de%20Trabalho).pdf. Acesso em: 20 jul. 2020.

COPENHAGEN CLIMATE COUNCIL. **Green jobs and the clean energy economy**. Thought Leadership Series: Copenhagen, 2009.

CORREGLIANO, D. U. **O direito e as greves por fora**. Belo Horizonte: RTM, 2020.

CORREGLIANO, D. U. **O sistema de controle judicial do movimento grevista no Brasil: da greve dos petroleiros de 1995 aos dias atuais**. 176f. Dissertação (Mestrado em Ciências) – Faculdade de Direito, Universidade de São Paulo. São Paulo, 2014.

COSTA, A. M.; GONÇALVES, L. K.; ALMEIDA, V. H. Meio ambiente do trabalho e proteção jurídica do trabalhador: (re)significando paradigmas sob a perspectiva constitucional. *In*: **Direito Ambiental do Trabalho – Apontamentos para uma teoria geral**, vol. 1, São Paulo: LTr, 2013, p. 123-142.

COSTA, D.; LACAZ, F.A.C.; JACKSON FILHO, J.M.; VILELA, R.A.G. Saúde do Trabalhador no SUS: desafios para uma política pública. **Rev. Bras. Saúde Ocup.**, São Paulo, v. 38, n. 127, p. 11-30, 2013.

COSTA, M. B. da. **Terceirização e meio ambiente do trabalho**: um olhar sob a perspectiva da poluição labor-ambiental. São Paulo: USP/Faculdade de Direito, 2019.

COUTINHO, G. F. Terceirização e acidentes de trabalho: uma inexorável relação geradora de mutilações e mortes. *In*: SEVERO, V. S.; SOUTO MAIOR, J. L. (Coord.). **Resistência III**: o direito do trabalho diz não à terceirização. São Paulo: Expressão Popular, 2017, p. 701.

CRETELLA NETO, J. **Curso de direito internacional do meio ambiente**. São Paulo: Saraiva, 2012.

CRIVELLI, E. **Direito Internacional do Trabalho Contemporâneo**. São Paulo: LTr, 2010.

CRUZ, E. P. **Acidentes com origem elétrica causaram 622 mortes em 2018**. Publ. Agência Brasil e, 02 maio 2019. Disponível em: https://agenciabrasil.ebc.com.br/geral/noticia/2019-05/acidentes-com-origem-eletrica-causaram--622-mortes-em-2018#:~:text=Em%202018%2C%20foram%20registrados%201.424,2013%2C%20in%C3%ADcio%20da%20s%C3%A9rie%20hist%C3%B3rica. Acesso em: 7 set. 2020.

CSB. Chemical Safety Board. **About the CBS**. [s.d.]. Disponível em: https://www.csb.gov/about-the-csb/. Acesso em: 10 ago. 2020.

CUEVA, M. de la. **El nuevo derecho mexicano del trabajo**. Ciudad de Mexico: Porrúa, 1979.

CUNHA, T. H. L. da. **A efetivação dos direitos sociais por meio da atuação preventiva: a exigência de licenciamento social**. Tese (Doutorado). Faculdade de Direito, Universidade de São Paulo, São Paulo, 2013.

**D**

DALLARI, D. de A. **Direitos humanos e cidadania**. 2. ed. São Paulo: Moderna, 2004.

DALLEGRAVE NETO. J. A. **Responsabilidade Civil no Direito do Trabalho**. 3. ed., 2. tir. São Paulo: LTr, 2009.

DANIELLOU, F.; SIMARD, M.; BOISSIÈRES, I. **Fatores humanos e organizacionais da segurança industrial**: um estado da arte. Toulouse: FONCSI, 2010.

DANTAS, F. T. A investigação de acidentes aeronáuticos e a apuração da responsabilidade penal. **Revista Conex - SIPAER**, v. 4, n. 1, p. 33-40, set.-out. 2012. Disponível em: https://www.efai.com.br/uploads/artigos/a_investigacao_de_acidentes_e_apuracao_da_responsabilidade_penal.pdf. Acesso em: 10 ago. 2020.

DANTAS, I. Direito comparado como ciência. **Revista de Informação Legislativa**, Brasília, ano 134, n. 34, abril/junho 1977.

DAVID, R. **Os grandes sistemas do direito contemporâneo**. São Paulo: Martins Fontes, 1986. p. 3.

DAVID, R. **Tratado de derecho civil comparado** – introducción al estudio de los derechos extranjeros y al método comparativo. Madrid: Revista de Derecho Privado, 1950. v. 1.

DE CAPITANI, E. M. et al. Mesotelioma maligno de pleura com associação etiológica a asbesto: A propósito de três casos clínicos. **Revista da Associação Médica Brasileira**, 43, 1997, p. 265-272.

DECONCIC – DEPARTAMENTO DA INDÚSTRIA DA CONSTRUÇÃO. FIESP – Federação das Indústrias do Estado de São Paulo. **Transformações do perfil dos profissionais e das ocupações na cadeia produtiva da construção (2007-2018)**. São Paulo, 2019. Disponível em: https://www.fiesp.com.br/observatoriodaconstrucao/publicacoes--do-deconcic/#new_tab. Acesso em: 30 jun. 2020.

DEJOURS, C. **A loucura do trabalho**: estudo de psicopatologia do trabalho. Ana Isabel Paraguay e Lúcia Leal Ferreira (trad.). 5. ed. ampl. São Paulo: Cortez-Oboré, 1992.

DEJOURS, C. **A loucura do trabalho**: estudo de psicopatologia do trabalho. São Paulo: Oboré Editorial, 1987.

DEJOURS, C. Por um novo conceito de saúde. **Revista Brasileira de Saúde Ocupacional**, 14 (54): abr./jun., 1986, p. 7-11.

DEJOURS, C. (sous le direction de). Plaisir et souffrance dans le travail. *In*: HIRATA, H.; KERGOAT, D. **Rapports sociaux de sexe etpsychopathologie du travail**. Paris: Éditions de l'Association pour l'ouverture du Champ D'investigation Psychopathologique (AOCIP), 1988. p. 131-163.

DEJOURS, C. Trad. Ana Isabel Paraguay; Lúcia Leal Ferreira. **A loucura do trabalho. Estudo de psicopatologia do trabalho**. 6. ed., 2. reimpr. São Paulo: Cortez/Oboré, 2018.

DELGADO, G. N.; AMORIM, H. S. A inconstitucionalidade da terceirização na atividade-fim: o valor social da livre iniciativa e a função social da empresa. *In*: TEIXEIRA, M. O.; RODRIGUES, H.; COELHO, E. d'Á. (Orgs.). **Precarização e terceirização**: faces da mesma realidade. São Paulo: Sindicato dos Químicos-SP, 2016.

DELGADO, G. N.; AMORIM, H. S. **Os limites constitucionais da terceirização**. São Paulo: LTr, 2014.

DELGADO, M. G. **Curso de Direito do Trabalho**. São Paulo: LTr, 2003 (2. ed.), 2017 (16. ed.), 2019 (18. ed.).

DEPARTAMENTO INTERSINDICAL DE ASSESSORIA PARLAMENTAR (DIAP). **Novo Congresso Nacional em Números (2019-2023)**. Brasília: DIAP, 2019. Disponível em: https://www.diap.org.br/index.php/publicacoes/send/65-novo-congresso-nacional-em-numeros-2019-2023/961-novo-congresso-nacional-em-numeros-2019-2023-2023. Acesso em: 15 maio 2020.

DEPARTAMENTO INTERSINDICAL DE ESTATÍSTICA E ESTUDOS SOCIOECONÔMICOS. DIEESE. **Estudos e pesquisas**, n. 50, março de 2010. Disponível em: https://www.dieese.org.br/estudosepesquisas/2010/estPesq50TercerizacaoEletrico.pdf. Acesso em: 13 set. 2020.

DERANI, C. **Direito ambiental econômico**. 2. ed. São Paulo: Max Limonad, 2001.

DERANI, C. **Direito ambiental econômico**. 3. ed. São Paulo: Saraiva, 2008.

DÉRIOT, G.; GODEFROY, J. P. **Rapport d'information fait au nom de la mision commune d'information sur le bilan et las conséquences de la contamination pour l'amiante**. Disponível em: https://www.senat.fr/rap/r05-037-1/r05- 037-11.pdf. Acesso em: 18 dez. 2019.

DEUS, E. G. S. Q. de; AFONSO, B. P. D.; AFONSO, T. Consciência ambiental, atitudes e intenção de uso das sacolas plásticas não-recicláveis. Journal of Environmental Management and Sustainability – JEMS. **Revista de Gestão Ambiental e Sustentabilidade – GeAS**, v. 3, n. 1, jan.-abr. 2014.

DICIONÁRIO AURÉLIO. Disponível em: **https://dicionariodoaurelio.com/meio**. Acesso em: 16 abr. 2017.

DIEESE – Estudos e Pesquisas. **A Saúde do Trabalhador no Processo de Negociação Coletiva no Brasil**, maio de 2015. Disponível em: http://www.dieese.org.br/estudosepesquisas/2015/estpesq76saudeTrabalhador.pdf.

DIEESE – Estudos e Pesquisas. **Negociações Coletivas de Trabalho – Garantias a Trabalhadores com Deficiência**, fevereiro de 2006. Disponível em: http://www.dieese.org.br/estudosepesquisas/2006/estpesq17_pessoasdeficientes.pdf.

DINIZ, M. H. **Curso de Direito Civil brasileiro**. 7. ed. São Paulo: Saraiva, 1993. v. 7.

DIREITO DAS PESSOAS COM DEFICIÊNCIA NO MERCADO DE TRABALHO. **Folha Dirigida**. 10 set. 2019. Disponível em: https://folhadirigida.com.br/empregos/empregos/direito-das-pessoas-com-deficiencia-no-mercado-de-trabalho. Acesso em: 17 jul. 2020.

D'ISEP, C. F. M. Políticas Públicas ambientais: da definição à busca de um sistema integrado de gestão ambiental. *In*: D'ISEP, C. F. M.; JUNIOR, N. N.; MEDAUAR, O. (Coord.). **Políticas Públicas Ambientais**: estudos em homenagem ao professor Michel Prieur. São Paulo: Revista dos Tribunais, 2009.

DOLINGER, J. **Direito internacional privado. Parte Geral**. 7. ed. Rio de Janeiro: Renovar, 2003.

DOLINGER, J. & TIBURCIO, C. **Direito Internacional Privado**. Rio de Janeiro: Forense, 2018.

DOLL, R. Mortality from lung cancer in asbestos workers. **British Journal of Industrial Medicine**, *12*:81-6, 1995.

DOMÈNECH, C. H. P. **Teoría general de los derechos fundamentales en el contrato de trabajo**. Pamplona: Aranzadi, 2018.

DUARTE, C. S. D. Para além da Judicialização: a necessidade de uma nova forma de abordagem das Políticas Públicas. *In*: BERTOLIN, P. T. M. e SMANIO, G. P. O **Direito na Fronteira das Políticas Públicas**. São Paulo: Páginas & Letras Editora e Gráfica, 2015.

DUBOS, R. A biosfera – um delicado equilíbrio entre homem e natureza. *In*: MASRIERA, M. (Org.). **Luta contra a poluição**. Rio de Janeiro: Fundação Getúlio Vargas, 1976.

DULITZKY, A. **Derechos humanos em Latinoamérica y el sistema interamericano modelos para (des)armar**. Coleção Constitución y Derechos. Poder Ejecutivo del Estadode Querétaro. México: Instituto de Estudios Constitucionales del Estado de Querétaro, 2017 (E-book edição Kindle).

DWORKIN, R. **Taking Rights Seriously**. Cambridge: Harvard University Press, 1978.

# E

EBERT, P. R. L.; AMARAL, V. Q. I. Covid-19 e frigoríficos. Crônica de uma tragédia sanitária anunciada. *In*: PADILHA, N. S.; VILLATORRE, M. A. C. **O mundo do trabalho contemporâneo e os reflexos econômicos e sociais da pandemia pela Covid-19**. São Paulo: Matrioska, 2020.

EBERT, P. L. R. A tragédia do amianto – uma lição sobre gestão de riscos labor-ambientais a ser aprendida. **Rev. Trib. Reg. Trab. 3ª Reg.**, Belo Horizonte, v. 65, n. 100, t. I, p. 139-184, jul.-dez. 2019.

EBERT, P. R. L.; FELICIANO, G. G. Coronavírus e meio ambiente de trabalho: o "novo normal" no juslaboralismo. **Conjur**, 2020. Disponível em: https://www.conjur.com.br/2020-jun-01/feliciano-ebert-coronavirus-meio-ambiente-trabalho. Acesso em: 6 jun. 2020.

EBERT, P. L. R.; LOPES, J. G. P. A responsabilidade objetiva das indústrias do cimento-amianto na legislação brasileira. **Revista do Departamento de Direito do Trabalho e da Seguridade Social da Faculdade de Direito da USP** – São Paulo, v. 7, n. 1, jul. 2015/jun. 2016, p. 86-106.

EBERT, P. R. L. Meio ambiente do trabalho: conceito, responsabilidade civil e tutela. **Revista LTr**, v. 76, p. 1333-1354, 2012.

EDELMAN, B. **A legalização da classe operária**. São Paulo: Boitempo, 2016.

EDELMAN, B. **O direito captado pela fotografia**. Coimbra: Centelha, 1976.

EDMONDS, E. L. Education and Eartly Factory Inspectors. *In*: **The Vocational Aspect of Education**, Taylor & Francis, jul. 2007. Disponível em: http://dx.doi.org/10.1080/03057875880000131. Acesso em: 27 fev. 2017.

EHRENBERG, A. **La fatigue d'être soi. Depression et société**. Paris: Odile Jacob, 2000.

EL-SHERIEF-CAPITAIN, M. S.; ELNABAWY, M. N. Impact of fatigue on seafarer's performance. **International journal of research in Engeneering & Technology**. Vol. 3, Issue 10, Oct 2015, 87-100.

EMPREGO APOIADO FAVORECE A INSERÇÃO DE PESSOAS COM SÍNDROME DE DOWN NO MERCADO DE TRABALHO. Jul. 2020. CEESD. Disponível em: http://www.ceesd.org.br/emprego-apoiado-favorece-insercao-de-pessoas-com-sindrome-de-no-mercado-de-trabalho/. Acesso em: 20 jul. 2020.

ENGENHEIROS DO HAWAII. **O papa é pop**. Música. 15 Jun. 1990, BMG – RCA Records.

ENGESTRÖM, Y.; PUONTI, A.; SEPPÄNEN, L. Spatial and temporal expansion of the object as a challenge for reorganizing work. *In*: NICOLINI, D.; GHERARDI, S.; YANOW, D. (editors). **Knowing in organizations**: A practice based approach. Armonk: M.E. Sharpe, 2003. p. 151-186.

ENGESTRÖM, Y. The Future of Activity Theory: A Rough Draft. *In*: SANNINO, A, DANIELS, H.; GUTIÉRREZ, K.D. (Editors). **Learning and Expanding with Activity Theory**. Cambridge: Cambridge University Press, 2009. p. 303-28.

ENGISCH, K. **Introdução ao pensamento jurídico**. Tradução de J. Baptista Machado. 7. ed. Lisboa: Fundação Calouste Gulbekian, 1996.

ENIT. ESCOLA NACIONAL DA INSPEÇAO DO TRABALHO. **Segurança e Saúde no Trabalho**. Set. 2020. Disponível em: https://enit.trabalho.gov.br/portal/index.php/seranca-e-saude-no-trabalho?view=default. Acesso em: 20 set. 2020.

ESPÍNOLA, E.; ESPÍNOLA FILHO, E. **A Lei de Introdução ao Código Civil Brasileiro Vol. 3º**. 3. ed. Rio de Janeiro: Renovar, 1999.

ESTADO DE RONDÔNIA. **Constituição do Estado de Rondônia**. Assembleia Legislativa do Estado de Rondônia, 28 set. 1989. Disponível em: http://www.seplan.ro.gov.br/Uploads/Arquivos/PDF/ConstituicaoEstadual(1).pdf. Acesso em: 6 jan. 2017.

ESTADO DE SÃO PAULO. **Constituição do Estado de São Paulo**. Assembleia Legislativa do Estado de São Paulo, 05 out. 1989. Disponível em: http://www.al.sp.gov.br/StaticFile/documentacao/cesp_completa.htm. Acesso em: 6 jan. 2017.

ESTADO DE SERGIPE. **Constituição do Estado de Sergipe**. Assembleia Legislativa do Estado de Sergipe, 05 out. 1989. Disponível em: http://www.al.se.gov.br/wp-content/uploads/2016/03/constituicao_do_estado_de_sergipe_2007.pdf. Acesso em: 6 jan. 2017.

ESTADO DO CEARÁ. **Constituição do Estado do Ceará**. Assembleia Legislativa do Estado do Ceará, 05 out. 1989. Disponível em: https://www2.senado.leg.br/bdsf/bitstream/handle/id/70432/CE_Ceara.pdf?sequence=1. Acesso em: 6 jan. 2017.

ESTADO DO RIO DE JANEIRO. **Constituição do Estado do Rio de Janeiro**. Assembleia Legislativa do Estado do Rio de Janeiro, 05 out. 1989. Disponível em:

EUROFOUND AND THE INTERNATIONAL LABOUR OFFICE (2017). **Working anytime, anywhere**: The effects on the world of work, Publications Office of the European Union, Luxembourg, and the International Labour Office, Geneva. Disponível em: http://eurofound.link/ef1658. Acesso em: 27 jul. 2020.

EUROPA. **Convenção 80/934/CEE. Convenção de Roma**. 19 jun. 1980. Disponível em: https://eur-lex.europa.eu/legal-content/EN/ALL/?uri=celex%3A41980A0934. Acesso em: 27 jul. 2020.

EUROPEAN AGENCY FOR SAFETY AND HEALTH AT WORK. **Green jobs and occupational safety and health**: foresight on new and emerging risks associated with new technologies by 2020. Luxembourg, 2013. Disponível em: https://osha.europa.eu/en/tools-and-publications/publications/reports/foresight-green-jobs-key-technologies. Acesso em: 25 fev. 2017.

EUROPEAN COMMISSION. **Exploiting the employment potential of green growth. Commission Staff Working Document accompanying the document "Communication from the Commission to the European Parliament, the Council, the European Economic and Social Committee and the Committee of the Regions — Towards a job-rich recovery"**. Strasbourg, 2012. Disponível em: http://eur-lex.europa.eu/LexUriServ/LexUriServ.do?uri=SWD:2012:0092:FIN:EN:PDF. Acesso em: 6 jul. 2015.

EVES, D. **Two steps forward, one step back. A brief history of the origins, development and implementation of health and safety law in the United Kingdom, 1802-2014**. London: NOSHC, apr. 2014. Disponível em: www.historyofosh.org.uk/brief/index.html. Acesso em: 17 jan. 2017.

**F**

FARAH, B. **A depressão no ambiente de trabalho**: prevenção e gestão de pessoas. São Paulo: LTr, 2016.

FARIAS, T. Q. **O conceito jurídico de meio ambiente**. Disponível em: http://www.ambitojuridico.com.br. Acesso em: 28 abr. 2015.

FELICIANO, G. G. Assédio e inversão do ônus da prova: breves considerações. **Revista do TST**. São Paulo: Lex, abr./jun. 2017, v. 83, n. 2.

FELICIANO, G. G. **Aula proferida na disciplina no dia 24 de março de 2014, como exposição teórica integrante da disciplina "Saúde, Ambiente e Trabalho**: Novos Rumos da Regulação Jurídica do Trabalho I", ministrada perante os alunos de Pós-graduação (Mestrado/Doutorado) da Faculdade de Direito da Universidade de São Paulo – Largo São Francisco.

FELICIANO, G. G. **Curso crítico de direito do trabalho**: Teoria Geral do Direito do Trabalho. São Paulo: Saraiva, 2013.

FELICIANO, G. G. Meio ambiente do trabalho (aspectos gerais e propedêuticos). **Revista do Tribunal do Trabalho da 15ª Região**, n. 20. São Paulo: LTr, 2002. p. 160-203. Disponível em: https://juslaboris.tst.jus.br/bitstream/handle/20.500.12178/109018/2002_feliciano_guilherme_meio_ambiente.pdf?sequence=1&isAllowed=y. Acesso em: 15 maio 2020.

FELICIANO, G. G. Meio ambiente do trabalho. In: FELICIANO, G. G. **Tópicos avançados de direito material do trabalho. Atualidades forenses. v. 1**. São Paulo: Editora Damásio de Jesus, 2006.

FELICIANO, G. G. Nanotecnologia e meio ambiente do trabalho: sobre a tutela jusfundamental do trabalhador em horizontes de incerteza. **Revista LTr**, 81-11/1307, 2017.

FELICIANO, G. G. O meio ambiente do trabalho e a responsabilidade civil patronal: reconhecendo a danosidade sistêmica. In: FELICIANO, G. G.; URIAS, J. (Orgs.). **Direito ambiental do trabalho**: apontamentos para uma teoria geral. São Paulo: LTr, 2013. v. 1.

FELICIANO, G. G. **Por um processo realmente efetivo**: tutela processual de direitos humanos fundamentais e inflexões no "Due processo of law". São Paulo: LTr, 2016.

FELICIANO, G. G. Refundando o Direito Penal do Trabalho: Primeiras Aproximações. **Revista da Faculdade de Direito da Universidade de São Paulo**, São Paulo: FDUSP, jan.-dez. 2009, v. 104.

FELICIANO, G. G. Saúde e segurança no trabalho: o meio ambiente do trabalho e a responsabilidade civil patronal. In: THOME, C. F. & SCHWARZ, R. G. (Org.), **Direito Individual do Trabalho**: curso de revisão e atualização (p. 287-306). Rio de Janeiro: Elsevier, 2011.

FELICIANO, G. G. **Teoria da imputação objetiva no direito penal ambiental brasileiro**. São Paulo, LTr, 2005.

FELICIANO, G. G. Tutela inibitória em matéria labor-ambiental. **Rev. TST**, Brasília, vol. 77, n. 4, out.-dez. 2011, p. 141.

FELICIANO, G. G. Tutela processual dos direitos humanos nas relações de trabalho. In **Caderno de Doutrina e Jurisprudência da Ematra XV**, v. 1, n. 6, nov.-dez. 2005.

FELICIANO, G. G.; EBERT, P. R. L. Coronavírus e meio ambiente de trabalho: de pandemias, pantomimas e panaceias. In: SCHIAVI, M. **O Direito do Trabalho em tempos de Coronavírus**. Campinas: Lacier, 2020.

FELICIANO, G. G; EBERT, P. R. L. **Coronavírus e o meio ambiente do trabalho**: 'novo normal' no juslaboralismo. Disponível em: https://www.conjur.com.br/2020-jun-01/feliciano-ebert-coronavirus-meio-ambiente-trabalho. Acesso em: 2 jun. 2020.

FELICIANO, G. G.; MAENO, M.; CARMO, J. C. do; HENRIQUES, C. M. P. Sobre a natureza da covid-19 para fins trabalhistas, previdenciários e civis: trazendo luzes a algumas confusões conceituais. Caráter ocupacional, nexo de causalidade, responsabilidade civil e outros temas. **Revista LTr**: Legislação do Trabalho. São Paulo: LTr, fev./2021. v. 85. n. 2.

FELICIANO, G. G.; MORAES, P. D. A. de. Normas de saúde e segurança do trabalho na era Bolsonaro: a "modernização" das normas regulamentadoras. Veleidades, possibilidades, constitucionalidade. **Revista Síntese Trabalhista e Previdenciária**, Porto Alegre, a. 29, n. 363, p. 9-26, set. 2019.

FELICIANO, G. G.; PASQUALETO, O. de Q. F. Amianto, meio ambiente do trabalho e responsabilidade civil do empregador. **Revista da Faculdade de Direito da Universidade de São Paulo**, São Paulo, v. 112, p. 163-186, jan.-dez. 2017.

FELICIANO, G. G.; PASQUALETO, O. de Q. F. Amianto, meio ambiente do trabalho e responsabilidade civil do empregador. **Revista Direito das Relações Sociais e Trabalhistas**, Brasília, v. 3, n. 2, p. 134-158, jul.-dez. 2017.

FELICIANO, G. G.; TRINDADE, R. COVID-19 e direitos humanos: sob as luzes de Filadélfia. **Migalhas**, 10 maio 2020. Disponível em: https://www.migalhas.com.br/depeso/326480/covid-19-e-direitos-humanos-sob-as-luzes-de-filadelfia. Acesso em: 15 maio 2020.

FENSTERSEIFER, T. **Direitos fundamentais e proteção do ambiente**: a dimensão ecológica da dignidade humana no marco jurídico-constitucional do estado socioambiental de direito. Porto Alegre: Livraria do Advogado Editora, 2008.

FERNANDES, M. A.; SILVA, D. R. A.; IBIAPINA, A. R. de S.; SILVA, J. S. Adoecimento mental e as relações com o trabalho: estudo com trabalhadores portadores de transtorno mental. **Rev. Bras. Med. Trab.**, São Paulo, v. 16, n. 3, 2018. Disponível em: https://www.rbmt.org.br/details/361/pt-BR/adoecimento-mental-e-as-relacoes-com-o-trabalho--estudo-com-trabalhadores-portadores-de-transtorno-mental. Acesso em: 26 jun. 2020.

FERNANDES, M. A.; SOARES, L. M. D.; SILVA, J. S. e. Transtornos mentais associados ao trabalho em profissionais de enfermagem: uma revisão integrativa brasileira. **Rev. Bras. Med. Trab.**, *16*(2): 218-224, abr.-jun. 2018.

FERRAZ, C. V. e LEITE, G. S. **Lei Brasileira de Inclusão e o "novo" conceito de deficiência**: será que agora vai "pegar"? Disponível em: http://www.justificando.com/2015/08/20/lei-brasileira-de-inclusao-e-o-novo-conceito-de-deficiencia-sera-que-agora-vai-pegar/. Acesso em: 11 dez. 2019.

FERRAZ JÚNIOR, T. S. **Introdução ao estudo do direito. Técnica, decisão, dominação**. 5. ed. São Paulo: Atlas, 2007.

FERREIRA, A. B. de H. **Aurélio Júnior**: dicionário escolar da língua portuguesa. Curitiba: Positivo, 2011.

FERREIRA, A. B. de H. **Novo Aurélio: século XXI** – o dicionário da língua portuguesa. 3. ed. Rio de Janeiro: Nova Fronteira, 1999, p. 985. Verbete *gestaltismo*.

FERREIRA, M. C. A ergonomia da atividade se interessa pela qualidade de vida no trabalho? Reflexões empíricas e teóricas. In **Cadernos de Psicologia Social do Trabalho**, 2008, vol. 11, n. 1, p. 83-99.

FIGUEIREDO, A. C. **Executivo e Legislativo na nova ordem constitucional**. Argelina Cheibub Figueiredo e Fernando Limongi (Orgs.). 2. ed. Rio de Janeiro: Editora FGV, 2001.

FIGUEIREDO, G. J. P. **Curso de direito ambiental**. 4. ed. São Paulo: Revista dos Tribunais, 2011; 2013 (6. ed.).

FIGUEIREDO, G. J. P. **Direito ambiental e a saúde dos trabalhadores**: controle da poluição, proteção do meio ambiente, da vida e da saúde dos trabalhadores no Direito Internacional, na União Europeia e no Mercosul. 2. ed. São Paulo: LTr, 2007.

FILGUEIRAS, V. A. **Estado e direito do trabalho no Brasil**: regulação do emprego entre 1988 e 2008 [tese]. Salvador: Faculdade de Filosofia e Ciências Humanas, Universidade Federal da Bahia, 2012.

FIOCRUZ. **Radiação. Público**. Disponível em: http://www.fiocruz.br/biosseguranca/Bis/lab_virtual/radiacao.html. Acesso em: 13 set. 2020.

FIORILLO, C. A. P. **Curso de direito ambiental brasileiro**. São Paulo: Saraiva, 2000 (1. ed.), 2006 (7. ed.), 2008 (9. ed.), 2009 (10. ed.), 2012 (13. ed.), 2013 (14. ed.), 2017 (17. ed.), 2018 (18. ed.).

FIORILLO, C. A. P. **Curso de direito ambiental**. São Paulo: Saraiva, 2002.

FIORILLO, C. A. P. **O direito de antena em face do direito ambiental no Brasil**. São Paulo: Saraiva, 2000.

FIRJAN – FEDERAÇÃO DAS INDÚSTRIAS DO ESTADO DO RIO DE JANEIRO. **Construção civil: desafios 2020**. São Paulo, 2014. Disponível em: https://www.firjan.com.br/construcao-civil/desafios.htm. Acesso em: 29 jun. 2020.

FONSECA, M. M. da. **Redução da Jornada de Trabalho**. São Paulo: LTr, 2012.

FÓRUM ECONÔMICO MUNDIAL. **These are the top 10 emerging technologies of 2016**. Disponível em: https://www.weforum.org/agenda/2016/06/top-10-emerging-technologies-2016/. Acesso em maio 2020.

FRANK, A.L. The History of the extraction and uses of asbestos. *In*: DODSON, R.F.; HAMMAR, S. P. (Eds.). **Asbestos**: risk assessment, epidemiology and health effects. 1st ed. Boca Raton: Taylor & Francis, 2006.

FREIRE, G. O. R.; VERBICARO, D.; MARANHÃO, N. Greenwashing no meio ambiente do trabalho e a nova dimensão do branding empresarial. **Revista de Direito do Trabalho**, v. 209. Rio de Janeiro: Revista dos Tribunais On-line, jan. 2020.

FREITAS JR., A. R. de. Os direitos sociais como direitos humanos num cenário de globalização econômica e de integração regional. *In*: PIOVESAN, F. **Direitos humanos, globalização econômica e integração Regional**. Flávia Piovesan (Coord.). São Paulo: Max Limonad, 2002.

FREITAS, J. **Sustentabilidade: direito ao futuro**. Belo Horizonte: Fórum, 2011; 2012 (2. ed.).

FREITAS, M. G. **Controle da pressão anular de fundo na perfuração de poços de petróleo - Rejeição de pertubação**: *Kick* de Líquido, 2013. Disponível em: http://www.ufrrj.br/posgrad/cpeq/paginas/docs_teses_dissert/dissertacoes2013/MarcelaGaldinoFreitas.pdf. Acesso em: 13 jan. 2017.

FREITAS, V. P. de. **Direito administrativo e meio ambiente**. 3. ed. Curitiba: Juruá, 2001.

FRIEDMANN, G. **O futuro do trabalho**. (Trad.). São Paulo: Editora Moraes, 1968.

FUNDACENTRO – Fundação Jorge Duprat Figueiredo, de Segurança e Medicina do Trabalho. **Recomendações Técnicas de Procedimentos. 2002-2007**. Disponível em: http://www.fundacentro.gov.br/biblioteca/recomendacao-tecnica-de-procedimento. Acesso em: 3 jul. 2020.

FUNDACENTRO. **Manual técnico da NR-29. Segurança e saúde no trabalho portuário**. São Paulo: Fundacentro, 2014.

FUNDACENTRO. **Nota Técnica nº 1/ 2018**. Disponível em: ttp://www.fundacentro.gov.br/arquivos/projetos/Nota%20tecnica%20%2001-2018%20Corrigida%20e%20Revisida.pdf. Acesso em maio 2020.

FÜRST, H. Vedação de retrocesso em situação de pandemia. 02 abr. 2020. **Migalhas**. Disponível em: https://migalhas.uol.com.br/depeso/323466/vedacao-de-retrocesso-em-situacao-de-pandemia. Acesso em: 2 out. 2020.

# G

GALDINO, A.; SANTANA, V. S.; FERRITE, S. Os Centros de Referência em Saúde do Trabalhador e a notificação de acidentes de trabalho no Brasil. *In* **Cad. Saúde Pública**, Rio de Janeiro, v. 28, n. 1, jan. 2012. Disponível em: http://www.scielo.br/scielo.php?script=sci_arttext&pid=S0102-311X2012000100015&lng=pt&nrm=iso. Acesso em: 3 abr. 2012.

GARCIA, G. F. B. **Curso de Direito do Trabalho**. 9. ed. São Paulo: Editora Método, 2015.

GARCIA, G. F. B. **Meio ambiente do trabalho. Direito, segurança e medicina do trabalho**. 4. ed. São Paulo: Editora Método, 2014.

GARCIA JÚNIOR. **Riscos à saúde dos trabalhadores nas operações portuárias**. Disponível em: http://www.antaq.gov.br/Portal/pdf/Palestras/Forum_Saude_Seguranca_Trabalhador_Portuario_2014/Antonio_Carlos_Riscos_a_Saude_no_Trabalho_Portuario.pdf. Acesso em: 16 jan. 2017.

GARRET JR., G. São Paulo tem 1.557 profissionais de saúde afastados por coronavírus. **Revista Exame**. Disponível em: https://exame.abril.com.br/brasil/sao-paulo-tem-1-557-profissionais-de-saude-afastados-por-coronavirus/ Acesso em: 7 maio 2020.

GARZON, M. **Direito garantido: Ergonomia. TST notícias**. Disponível em: http://www.tst.jus.br/radio-outras-noticias/-/asset_publisher/0H7n/content/direito-garantido-ergonomia, acesso em 25/06/2020.

GAULEJAC, V. de. Trad.: STORNIOLO, I. **Gestão como doença social. Ideologia, poder gerencialista e fragmentação social**. São Paulo: Ideias & Letras, 2014.

GAVIN, R. S. **Depressão, estresse a ansiedade: um enfoque sobre a saúde mental do trabalhador**. 2013. 108f. Dissertação (Mestrado) – Departamento de Enfermagem Psiquiátrica e Ciências Humanas da Escola de Enfermagem de Ribeirão Preto da Universidade de São Paulo.

GEMELLI, D. (2015). O Princípio da Prevenção e Precaução nas Licitações Sustentáveis. **Revista Controle – Doutrina e Artigos**. Disponível em: https://doi.org/10.32586/rcda.v13i1.20. Acesso em: 7 out. 2019.

GEMIGNANI, T. A. A.; GEMIGNANI, D. Meio ambiente de trabalho. Precaução e Prevenção. Princípios norteadores de um novo padrão normativo. **Revista Eletrônica do TRT do Paraná**, vol. 5, n. 2, p. 24-48, mar. 2012. Disponível em: http://www.mflip.com.br/pub/escolajudicial//index.jsp?edicao=1236. Acesso em: 20 jul. 2020.

GIANNASI, F. Asbesto (amianto). *In*: MENDES, R. (Organizador). **Dicionário de Saúde e Segurança do Trabalhador**. São Paulo: Proteção, 2018.

GIRAUDO, M. *et al*. **Occupational injuries in times of labour market flexibility**: the different stories of employment-secure and precarious workers, BMC Public Health, v. 16, 2016.

GLOYNE, S. R. Two cases of squamous carcinoma of the lung occurring in asbestosis. **Tubercle**, v. 17, 1935, p. 5-10.

GODOY, C. L. B. de. **Responsabilidade civil pelo risco da atividade. Uma cláusula geral no Código Civil de 2002**. 2. ed. São Paulo: Saraiva, 2010.

GÓES, M. de C.; ENGELMANN, W. **Direito das nanotecnologias e o meio ambiente do trabalho**. Porto Alegre: Livraria do Advogado Editora, 2015.

GOMES, A. C. M. et al. **Mergulho profundo e os riscos ergonômicos no setor petrolífero offshore na Bacia de Campos dos Goytacazes-RJ**. Disponível em: http://www.abepro.org.br/biblioteca/enegep2013_tn_sto_180_027_23295.pdf. Acesso em: 13 jan. 2017.

GOMES, C. A. **Direito ambiental:** o ambiente como objeto e os objetos do direito do ambiente. Curitiba: Juruá, 2010.

GOMES, H. P. **Construção civil e saúde do trabalhador**: um olhar sobre as pequenas obras. Tese (doutorado em Ciências na área de Saúde Pública) – Escola Nacional de Saúde Pública Sérgio Arouca, Rio de Janeiro, 2011.

GOMES, L. F.; PIOVESAN, F. (Coords.) **O sistema interamericano de proteção dos direitos humanos e o direito brasileiro**. São Paulo: Revista dos Tribunais, 2000.

GÓMEZ, J. E. B. La conciencia ambiental en España a princípios del siglo XXI y el impacto de la crisis económica sobre la misma. 2016. DOI (Digital Object Identifier) 10.5565/rev/papers.2145. **Papers: revista de sociologia**, Vol. 101, Núm. 3 (Julio -Setembre 2016), p. 363-388.

GONÇALVES, D. C.; GONÇALVES, I. C.; GONÇALVES, E. A. **Manual de Segurança e Saúde no Trabalho**. 6. ed. São Paulo: LTr, 2015.

GONÇALVES, E.; GARCIA, G.; FUSCO, N.; VESP, T. Tragédia em Mariana: para que não se repita. **Revista Veja**. Disponível em: http://veja.abril.com.br/complemento/brasil/para-que-nao-se-repita. Acesso em: 14 maio 2016.

GORENDER, J. **A burguesia brasileira**. 7. ed. São Paulo: Brasiliense, 1988.

GORZONI, P. P. **Como funcionam os explosivos**. Revista Super Interessante. Publ. 31/08/2002. Disponível em: https://super.abril.com.br/ciencia/como-funcionam-os-explosivos/#. Acesso em: 7 set. 2020.

GOULART, R. F. **Trabalhador Autônomo e Contrato de Emprego**. Curitiba: Juruá, 2012.

GRANZIERA, M. L. M. **Direito Ambiental**. São Paulo: Atlas, 2009; 2011 (2. ed.).

GRAU, E. R. **A ordem econômica na Constituição de 1988 (interpretação e crítica)**. 15. ed. São Paulo: Malheiros, 2012.

GREENBERG, R. S.; DANIELS, S. R.; FLANDERS, W. D.; ELEY, J. W.; BORING, III, J. R. **Epidemiologia Clínica**. Trad. BURNIER, J. 3. ed. Porto Alegre: Artmed, 2005.

GUEDES, M. N. Assédio moral e straining. **Revista LTr**, 74-02/165, v. 74, n. 2, fev. 2010.

GUEDES, M. N. **Terror psicológico no trabalho**. 3. ed. São Paulo: LTr, 2008.

GUÈRIN, F.; LAILLE, A.; DANIELLOU, F.; DURAFFOURG, J.; KERGUELEN, A. **Compreender o trabalho para transformá-lo. A prática da Ergonomia**. SZNELWAR, L. (trad.). São Paulo: Edgard Blucher, 2001.

GUERRA, S.; GUERRA, S. **Curso de direito ambiental**. 2. ed. São Paulo: Atlas, 2014.

GUGEL, M. A. **Pessoas com deficiência e o direito ao trabalho**. Florianópolis: Obra Jurídica, 2007.

GUIMARÃES, L. A. M. Fatores psicossociais de risco no trabalho. In **Anais do 2º Congresso Internacional sobre Saúde Mental no Trabalho** – Artigos de Palestrantes. Goiânia, 2006, p. 99. Disponível em: http://www.prt18.mpt.gov/eventos/2006/saude_mental/anais/artigos/Liliana_A.M.Guimaraes.pdf. Acesso em: 15 jun. 2020.

GUINDANI, R. J.; CANDEMIL JÚNIOR, R. **Infecção hospitalar em trabalhadores da saúde**. TCC (especialização). Universidade Federal de Santa Catarina. Associação Catarinense de Medicina. Curso de Especialização em Medicina do Trabalho. Disponível em: https://repositorio.ufsc.br/handle/123456789/104975. Acesso em: 7 maio 2020.

**H**

HALL, M. M.; PINHEIRO, P. S. **A classe operária no Brasil**: Documentos (1889 a 1930) – O movimento operário - v. 1. São Paulo: Alfa Omega, 1979.

HASHIZUME, M. **Acordo e certificações sobre trabalho na cana perdem validade**. Repórter Brasil, 2013. Disponível em: https://reporterbrasil.org.br/2013/07/acordo-e-certificacoes-sobre-trabalho-na-cana-perdem-validade/. Acesso em: 20 maio 2020.

HELD, D. **Democracy and the Global Order: from the modern state to cosmopolitan governance**. Polity Press, 1995.

HIGA, F. C. **Responsabilidade civil**: a perda de uma chance no direito do trabalho. São Paulo: Saraiva, 2012.

HIRATA, Carolina. **Caso Fazenda Brasil Verde**. Pub. 26 fev. 2020. Gran Cursos Online. Disponível em: https://blog.grancursosonline.com.br/caso-fazenda-brasil-verde/#:~:text=O%20caso%20ent%C3%A3o%20se%20refere,CDPH%20%E2%80%93%20agora%20transformado%2C%20a%20partir. Acesso em: 24 mai. 2021.

HIRATA, H. **Nova divisão sexual do trabalho? Um olhar voltado para a empresa e a sociedade**. São Paulo: Boitempo, 2002.

HIRIGOYEN, M. F. Trad: KÜHNER, M. H. **Assédio moral. A violência perversa no cotidiano**. 6. ed. Rio de Janeiro: Bertrand Brasil, 2003.

# REFERÊNCIAS

HIRONAKA, G. M. F. N. **Responsabilidade pressuposta**. Belo Horizonte: Del Rey, 2005.

HOFFMANN, S. **Pesquisa sobre violência sexual na Segunda Guerra só está no começo**. DW Cultura, 07 mar. 2015. Disponível em: https://www.dw.com/pt-br/pesquisa-sobre-viol%C3%AAncia-sexual-na-segunda-guerra-s%-C3%B3-est%C3%A1-no-come%C3%A7o/a-18289839. Acesso em: 23 mai. 2021.

HOUAISS, A.; VILLAR, M. de S.; FRANCO, F. M. de M. (Dir.). **Dicionário Houaiss da língua portuguesa**. Instituto Antônio Houaiss. Rio de Janeiro: Editora Objetiva, 2001, p. 1449. Verbetes *Gestalt* e *gestaltismo*.

HUBERMAN, L. **História da riqueza do homem**. Tradução de Waltensir Dutra. 21. ed. Rio de Janeiro: Guanabara, 1986.

HUPFFERO, H. M. Degradação ambiental e consciência da história efeitual: contribuições de Hans-Georg Gadamer ao diálogo intergeracional. v. 11, n. 131 (2012): **Revista Espaço Acadêmico**, nº 131, abril de 2012, p. 111.

HUSEK, C. R. **Curso básico de direito internacional público e privado do trabalho**. São Paulo: LTr, 2017.

## I

IARC. **Carbon black, titanium dioxide, and talc**. Disponível em: https://publications.iarc.fr/111. Acesso em maio 2020.

IBGE – INSTITUTO BRASILEIRO DE GEOGRAFIA E ESTATÍSTICA. **Pesquisa anual da Indústria da Construção 2018 – PAIC 2018**. Rio de Janeiro: IBGE, v. 28, p. 1-4, 2018.

IBGE – INSTITUTO BRASILEIRO DE GEOGRAFIA E ESTATÍSTICA (IBGE), **Pesquisa Nacional de Saúde 2013: Percepção de estado de saúde, estilo de vida e doenças crônicas**. Rio de Janeiro: IBGE, 2014. Disponível em: ftp://ftp.ibge.gov.br/PNS/2013/pns2013.pdf. Acesso em: 20 jun. 2020.

IBGE – INSTITUTO BRASILEIRO DE GEOGRAFIA E ESTATÍSTICA. **Pesquisa nacional por amostra de domicílios contínua: características adicionais do mercado de trabalho**. Rio de Janeiro, 2019. Disponível em: https://biblioteca.ibge.gov.br/visualizacao/livros/liv101694_informativo.pdf. Acesso em: 29 jun. 2020.

IBGE – INSTITUTO BRASILEIRO DE GEOGRAFIA E ESTATÍSTICA. **Tabela 1620 – série encadeada do índice de volume semestral. 1º trimestre de 2020**. Brasília, 2020. Disponível em: https://sidra.ibge.gov.br/tabela/1620#/n1/all/v/all/p/201901,201902,201903,201904,202001/c11255/all/d/v583%201/l/v,p,t+c11255/resultado. Acesso em: 29 jun. 2020.

IBGE – INSTITUTO BRASILEIRO DE GEOGRAFIA E ESTATÍSTICA. **Tabela de Classificação Nacional de Atividades Econômicas** – Cnae Versão 2.0. Brasília, 2020a. Disponível em: https://cnae.ibge.gov.br/?option=com_cnae&view=estrutura&Itemid=6160&chave=&tipo=cnae&versao_classe=7.0.0&versao_subclasse=9.1.0. Acesso em: 26 jun. 2020.

IBRAHIM, F. Z. **A Previdência Social no Estado Contemporâneo**: Fundamentos, Financiamento e Regulação. Niterói: Ímpetus, 2011.

IBRAHIM, F. Z. **Curso de Direito Previdenciário**. 21. ed. Niterói: Ímpetus, 2015.

IBRAIM, J. **O que todo cidadão deve saber sobre comissões de fábrica**. São Paulo: Global, 1986.

INOUE, K. S. Y; VILELA, R. A. G. O poder de agir dos Técnicos de Segurança do Trabalho: conflitos e limitações. **Rev. Bras. Saúde Ocup.**, São Paulo, v. 39, n. 130, p. 136-149, dez 2014. Disponível em: http://www.scielo.br/pdf/rbso/v39n130/0303-7657-rbso-39-130-136.pdf. Acesso em: 20 jul. 2020.

INSTITUTO NACIONAL DO CÂNCER. **Posicionamento do Instituto Nacional do Câncer José Alencar Gomes da Silva acerca dos agrotóxicos**. Disponível em: http://www1.inca.gov.br/inca/Arquivos/comunicacao/posicionamento_do_inca_sobre_os_agrotoxicos_06_abr_15.pdf. Acesso em: 18 jan. 2017.

INSTITUTO SINDICAL DE TRABAJO, AMBIENTE Y SALUD (ISTAS). **Organización del trabajo, salud y riesgos psicosociales**: Guía del delegado y delegada de prevención. Barcelona, Paralelo Edición, 2006. Disponível em: http://istas.net/web/abreenlace.asp?idenlace=2616. Acesso em: 12 jun. 2020.

INTERNATIONAL LABOUR FORCE (ILO). **Workplace stress: A collective challenge**. Genebra, Suíça, 2016. Disponível em: http://www.ilo.org/wcmsp5/groups/public/---ed_protect/---protrav/---safework/documents/publication/wcms_466547.pdf. Acesso em: 27 jun. 2020.

INTERNATIONAL LABOUR OFFICE. **Mental Health in the workplace**. Geneva: OIT, 2000.

INTERNATIONAL LABOUR ORGANIZATION (ILO). **In the face of a pandemic: Ensuring safety and health at work**. Genebra: 2020.

INTERNATIONAL MARITIME ORGANIZATION (IMO). **Guidance on fatigue mitigation and management**. MSC/Circ. 1014, June 2001. London: International Maritime Organization, 2001.

IRIART, J. A. B. *et al*. Representações do trabalho informal e dos riscos à saúde entre trabalhadoras domésticas e trabalhadores da construção civil. **Revista Ciência e Saúde Coletiva**, São Paulo, v. 13, n. 1, p. 165-178, 2008.

## J

JACKSON FILHO, J. M.; VILELA, R. A. G; GARCIA, E. G., ALMEIDA, I. M. Sobre a aceitabilidade social dos acidentes do trabalho e o inaceitável conceito de ato inseguro. **Rev. Bras. Saúde Ocup.**, São Paulo, v. 38, n. 127, p. 6-8, 2013. Disponível em: http://www.scielo.br/scielo.php?script=sci_arttext&pid=S0303-76572013000100001. Acesso em: 20 jul. 2020.

JARDIM, P. G.; LIRA, R. J. de. A Codemat em três momentos: o presente, o passado e o futuro. In: JARDIM, P. G.; LIRA, R. J. de. **Meio ambiente do trabalho aplicado**: homenagem aos 10 anos da Codemat. São Paulo: LTr, 2013.

JOSSERAND, L. **De la responsabilité du fait des choses inanimés**. Paris: Arthur Rousseau Éditeur, 1897.

JUNIOR, F. M. A. A monetização do trabalho, antinomia constitucional e a base de cálculo do adicional de insalubridade. **Revista do Tribunal Regional do Trabalho da 8ª Região**, v. 41, n. 81, jul.-dez. 2008, p. 65-78.

JUNIOR, F. M. A.; FELICIANO, G. G. Meio ambiente do trabalho, fatores psicossociais e o direito luso-brasileiro. In: BRANCO, P. G. G.; VICTOR, S. A. F. (Orgs.). **Estado de Direito, direitos fundamentais e combate à corrupção – interfaces Portugal/Brasil**. Brasília: IDP, 2015.

JURADO, D. J. V. **La disciplina ambiental de las actividades industriales**. Madrid: Tecnos, 1994.

JUSTIÇA GLOBAL. **Corte Interamericana condena Brasil por mortes em Fábrica de Fogos no Recôncavo Baiano**. 26 out. 2020. Disponível em: http://www.global.org.br/blog/corte-interamericana-condena-brasil-por-mortes-em-fabrica-de-fogos-no-reconcavo-baiano/. Acesso em: 25 mai. 2021.

## K

KAZAN-ALLEN, L. **Asbestos en Colombia**. Disponível em: http://www.ibasecretariat.org/lka-asbestos-in-colombia-2012.php. Acesso em: 18 dez. 2019.

KEIM-BAGOT, M. **De l'accident du travail à la maladie: la métamorphose du risque professionel**. Paris: Dalloz, 2015.

KELSEN, H. **Teoria geral das normas**. Tradução de José Florentino Duarte. Porto Alegre: Safe, 1986.

KOEHLER, F.A.L. A jurisprudência da Corte Europeia de Direitos Humanos como paradigma para a concretização do conceito de razoável duração do processo. **Direito Federal**: revista da AJUFE, Brasília, v. 28, n. 95, p. 109-139, jul./dez. 2015. Disponível em: http://ajufe.org.br/images/bkp/ajufe/arquivos/downloads/frederico-augusto-leopoldino-koehler-a-jurisprudncia-da-corte-europeia-de-direitos-humanos-como-paradigma-para-a-concretizao-do-conceito-de-razovel-durao-do-processo-410151512.pdf. Acesso em: 24 mai. 2021.

KREIN, J. D.; DIAS, H. Os caminhos do sindicalismo nos anos 2000. In **Revista de ciências do trabalho**, n. 8. São Paulo: Dieese, ago./2017. Disponível em: https://rct.dieese.org.br/index.php/rct/article/view/141/pdf. Acesso em: 3 out. 2020.

KUGLER, F. B. Campo de proteção do auxílio-acidente. In: SAVARIS, J. A. (Coord.) **Direito Previdenciário: problemas e jurisprudência**. 2. ed. Curitiba: Alteridade, 2015. p. 258.

## L

LADENTHIN, A. B. de C. **Aposentadoria Especial – Teoria e prática**. 5. ed. rev. e atual. de acordo com a EC 103/19. Curitiba: Juruá, 2020.

LANIOL, V. To finish with the First World War. Diplomatic Practices. **EHNE**. Disponível em: https://ehne.fr/encyclopedia/themes/european-humanism/diplomatic-practices/paris-peace-conference-1919 Acesso em: 22 mai. 2021.

LARENZ, K. (Trad.: BRIZ, J. S.). **Derecho de obligaciones. Tomo II**. Madrid: Editorial Revista de Derecho Privado, 1959.

LAZZERI, T. Fogo, artifícios, dor. **TAB Uol**. Publicado em 29 jun. 2020. Disponível em: https://tab.uol.com.br/edicao/fogos-de-artificio/#cover. Acesso em: 9 set. 2020.

LEÃO, L. H. C.; VASCONCELLOS, L. C. F. Cadeias produtivas e a vigilância em saúde, trabalho e ambiente. **Saúde Soc.**, v. 24, n. 4, p. 1.232-1.243. São Paulo, 2015.

LEÃO XIII. Sumo Pontífice. **Rerum Novarum**. Roma: Vaticano, 1891. Disponível em: http://www.vatican.va/content/leo-xiii/pt/encyclicals/documents/hf_l-xiii_enc_15051891_rerum-novarum.html. Acesso em: 22 mai. 2021.

LEITE, C. H. B. Tutela coletiva inibitória para proteção do meio ambiente do trabalho saudável. In: FELICIANO, G. G.; URIAS, J.; MARANHÃO, N.; SEVERO, V. S. (Coord.). **Direito Ambiental do Trabalho**: apontamentos para uma teoria geral. (2). São Paulo: LTr, 2015, p. 137-151.

LEITE, E. **Domésticos: o longo caminho para a profissionalização**. Estadão, 26 mar. 2013. Disponível em: https://acervo.estadao.com.br/noticias/acervo,domesticas-o-longo-caminho-para-a-profissionalizacao,8959,0.htm. Acesso em: 7 jun. 2020.

LEITE, J. R. M.; AYALA, P. de A. **Dano ambiental: do individual ao coletivo extrapatrimonial**: teoria e prática. 4. ed. São Paulo: Revista dos Tribunais, 2011.

LEITE, J. R. M.; CANOTILHO, J. J. G. **Direito constitucional ambiental brasileiro**. 6. ed. São Paulo: Saraiva, 2015.

# REFERÊNCIAS

LEMOS, P. F. I. Aspectos de Direito e ética Ambiental: configuração do dano ambiental no contexto atual. *In*: NETO, J. A. (Org.). **Sustentabilidade & produção**: teoria e prática para uma gestão sustentável. São Paulo: Atlas, 2011.

LEONEL, R. de B. **Manual do processo coletivo**. 4. ed. São Paulo: Malheiros Editores, 2017.

LEORATO, S.; DALLACOSTA, F. M. **Saúde Coletiva: um desafio interdisciplinar e intersetorial**. UNIOESC: 2016. Disponível em: http://www.uniedu.sed.sc.gov.br/wp-content/uploads/2016/09/unoesc-SAMARA-LEORATO.pdf. Acesso em: 7 ago. 2020.

LEVI, L. Factores psicosociales, estrés y salud. *In*: STELLMAN, J. M., directora de edición. **Enciclopedia de Salud y Seguridad en el Trabajo**. Madrid: Organización Internacional del Trabajo, v. 2, 1998.

LIMA JÚNIOR, J. M.; LÓPEZ-VALCÁRCEL, A.; DIAS, L. A. **Segurança e saúde no trabalho da construção**: experiência brasileira e panorama internacional. Brasília: OIT – Secretaria Internacional do Trabalho, 2005.

LIRA, R. J. de (Coord.). **Meio ambiente do trabalho equilibrado**: homenagem aos dez anos da CODEMAT. São Paulo: LTr, 2013.

LLORY, M.; MONTMAYEUL, R. **O acidente e a organização**. Belo Horizonte: Fabrefactum, 2014.

LOBO, R. D. **Fatores de risco para aquisição de influenza A (H1N1) pdm09 entre os profissionais de saúde**. São Paulo, 2015. Tese (doutorado). Faculdade de Medicina da Universidade de São Paulo.

LOPES, A. F. de A. **Empresa e Propriedade. Função Social e Abuso de Poder Econômico**. São Paulo: Quartier Latin, 2006.

LOPEZ, T. A. **Princípio da precaução e evolução da responsabilidade civil**. São Paulo: Quartier Latin, 2010.

LORENZETTI, R. L. **Teoría del derecho ambiental**. Buenos Aires: Aranzadi, 2010.

LOSCHI, M. **Pessoas com deficiência: adaptando espaços e atitudes**. 20 set. 2017. Agência IBGE Notícias. Brasil. Disponível em: https://agenciadenoticias.ibge.gov.br/agencia-noticias/2012-agencia-de-noticias/noticias/16794-pessoas-com-deficiencia-adaptando-espacos-e-atitudes. Acesso em: 21 jul. 2020.

**M**

MACHADO, P. A. L. **Direito ambiental brasileiro**. São Paulo: Malheiros Editores, 1996 (6. ed.), 1998 (7. ed.), 2007 (15. ed.), 2012 (20. ed.), 2013 (21. ed.), 2018 (26. ed.).

MAEDA, P. **A era dos zero direitos**: trabalho decente, terceirização e contrato zero-hora. São Paulo: LTr, 2017.

MAENO, M. **Perícia ou imperícia: laudos da justiça do trabalho sobre LER/DORT**. 2018. 400f. Tese (Doutorado em Saúde Pública) – Faculdade de Saúde Pública, Universidade de São Paulo, São Paulo, 2018.

MAGALHÃES, J. C. de. **Direito econômico internacional**. 2. ed. Curitiba: Juruá, 2006.

MALLAMO, M. A. G. Morbidade nos trabalhadores da indústria da construção na área de clínica médica. Estudo de 9.958 casos. **Revista Brasileira de Saúde Ocupacional**, São Paulo, v. 24, n. 91/92, p. 57-66, 1998.

MARANHÃO, N. **Meio Ambiente do Trabalho**: Descrição Jurídico-Conceitual. Direitos, Trabalho e Política Social, Cuiabá, n. 3, v. 2, jul.-dez., 2016. p. 80-117. Disponível em: http://periodicoscientificos.ufmt.br/ojs/index.php/rdtps/article/view/8774. Acesso em: 15 maio 2020.

MARANHÃO, N. Meio Ambiente do Trabalho: descrição jurídico-conceitual. **Revista de Direito do Trabalho: RDT**, São Paulo, v. 42, n. 170, p. 139-165, jul.-ago. 2016.

**MARANHÃO, N.** Meio Ambiente do Trabalho: descrição jurídico-conceitual. **Revista Jus Navigandi**, ISSN 1518-4862, Teresina, ano 22, n. 4996, 6 mar. 2017. Disponível em: https://jus.com.br/artigos/56263. Acesso em: 14 abr. 2017.

MARANHÃO, N. Meio Ambiente do Trabalho: descrição jurídico-conceitual. **Revista LTr**, vol. 80, nº 04, abril de 2016.

MARANHÃO, N. **Poluição Labor-Ambiental**: Abordagem conceitual da degradação das condições de trabalho, da organização do trabalho e das relações interpessoais travadas no contexto laborativo. Rio de Janeiro: Lumen Juris, 2018.

MARANHÃO, N. **Poluição Labor-Ambiental: Abordagem Conceitual**. Tese de Doutorado. São Paulo: Universidade de São Paulo, 2016. Disponível em: http://www.lex.com.br/doutrina_27301129_MEIO_AMBIENTE_DESCRICAO_JURIDICO_CONCEITUAL.aspx.

MARANHÃO, N. Poluição labor-ambiental: aportes jurídicos gerais. **Revista Nova Hileia**, v. 2, n. 2, jan.-jun. 2017.

MARANHÃO, N. **Poluição labor-ambiental**. Rio de Janeiro: Lumen Juris, 2017.

MARINHO, G. **Caso da explosão da Fábrica de Fogos será julgado pela Corte**. Global.org. Publicado em 1 out. 2018. Disponível em: http://www.global.org.br/blog/brasil-no-banco-dos-reus-caso-da-explosao-da-fabrica-de-fogos-de-santo-antonio-de-jesus-sera-julgado-pela-corte-interamericana-de-direitos-humanos/. Acesso em: 13 set. 2020.

MARQUES, A. C. B. R. C. Na Reforma Trabalhista a precarização não tem intervalo para descanso. *In*: SOUTO MAIOR, J. L.; SEVERO, V. S. (Org.). **Resistência: aportes teóricos contra o retrocesso trabalhista**. São Paulo: Expressão Popular, 2017, p. 335-43.

MARQUES, A. C. B. R. C.; YAMAMOTO, P. de C. Trabalhadores, ditadura e greve: uma interpretação crítica da influência do movimento operário para a transição democrática brasileira. *In*: SOUTO MAIOR, J. L.; YAMAMOTO, P. de C.; MACHADO, G. S. S. (Org.); **O Mito: 70 anos da CLT – um estudo preliminar**. São Paulo: LTr, 2015, p. 168-74.

MARTINS, B. S.; FONTES, F. (Orgs.). **Deficiência e emancipação social: para uma crise da normalidade**. Coimbra: Edições Almedina, junho de 2016.

MARTINS, S. P. **Convenções da OIT**. 2. ed. São Paulo: Atlas, 2013.

MARX, K. **O Capital**: Crítica da Economia Política: Livro I: o processo de produção do capital. Tradução de Rubens Enderle. São Paulo: Boitempo, 2013.

MARX, K. **O Capital**: Crítica da Economia Política, Vol. 1, Livro Primeiro, Tomo 2. Tradução de Regis Barbosa; Flavio Kothe. 2. ed. São Paulo: Nova Cultural, 1985.

MATEO, R. M. **Manual de derecho ambiental**. 3. ed. Elcano: Aranzadi, 2003.

MATIAS, J. L. N.; MATTEI, J. **Aspectos comparativos da proteção ambiental no Brasil e na Alemanha**. Disponível em: http://www.repositorio.ufc.br/bitstream/riufc/12049/1/2014_art_jlnmatias.pdf. Acesso em: 18 fev. 2017.

MAYNARD, A. D. **A decade of uncertainty. Nature Nanotechnology**, Macmillan Publisher Ltd., 2014.

MAZZEO, A. **Casale Monferrato is not the City of Asbestos; Casale Monferrato is the City that Fights Against Asbestos!.** Dissertação de mestrado. Amsterdam: Universidade de Amsterdam, 2012. Disponível em: http://amma.socsci.uva.nl/theses/mazzeo%20agata.pdf. Acesso em: 18 dez. 2019.

MAZZILLI, H. N. **A defesa dos interesses difusos em juízo**: meio ambiente, consumidor, patrimônio cultural, patrimônio público e outros interesses. 25. ed. São Paulo: Saraiva, 2012.

MAZZUOLI, V. de O. **Coletânea de direito internacional – Constituição Federal**. 6. ed. rev., ampl. e atual. São Paulo: Revista dos Tribunais, 2012.

MAZZUOLI, V. de O. **Curso de Direito Internacional Privado**. Rio de Janeiro: Forense, 2019.

MAZZUOLI, V. de O. **Curso de direito internacional público**. São Paulo: Revista dos Tribunais, 2006.

McDONALD, J. C. *et al*. Mesothelioma and asbestos fiber type. Evidence from lung tissue analyses. **Cancer**, v. 63, n. 8, p. 1544-1547, 1989.

MCINTOSH, K. **Coronavirus disease 2019 (COVID-19)**: Epidemiology, virology, clinical features, diagnosis, and prevention. Disponível em: https://www.uptodate.com/contents/coronavirus-disease-2019-covid-19-epidemiology-virology-clinical-features-diagnosis-and-prevention?search=TRNASMISS%C3%83O%20COVID&source=search_result&selectedTitle=10~150&usage_type=default&display_rank=10. Acesso em: 7 maio 2020.

MEDEIROS, A. A.; LOPES, E. F. A dignidade da pessoa como elo imprescindível entre o homem, o trabalho e os ideais da prevenção e da precaução no contexto do trabalho seguro. *In*: SANTOS, L. F. S.; GIORDANI, F. A. da M. P.; TOLEDO FILHO, M. C. (Coords.). **O direito do trabalho e o processo do trabalho no século XXI**: livro comemorativo dos 30 anos do TRT da 15ª Região. São Paulo: LTr, 2016. p. 105-122.

MEDEIROS, J. A. D.; RODRIGUES, C. L. P. A existência de riscos na indústria da construção civil e sua relação com o saber operário. *In* Encontro Nacional de Engenharia de Produção, XXI, 2001, Salvador. **Anais**... Salvador: ABEPRO, 2001.

MEDEIROS, R. C. **Sistema Africano de Direitos Humanos**: uma análise crítica dos órgãos regionais de proteção. Monografia para conclusão do Curso de Direito. Orientador: Paulo César Villela Souto Lopes Rodrigues, BSB: UnB, 2017. Disponível em: https://bdm.unb.br/bitstream/10483/18571/1/2017_RafaelChiariniMedeiros.pdf. Acesso em: 24 mai. 2021.

MELLO FILHO, L. P. V. de; DUTRA, R. Q. Centralidade da pessoa humana na Constituição versus centralidade do cidadão trabalhador: o desafio de reler o trabalho a partir da Constituição Federal de 1988. *In* **Diálogos entre o Direito do Trabalho e o Direito Constitucional**. São Paulo: Saraiva, 2014, p. 553-588.

MELO, D. R. C. de. **Manual de Meio Ambiente do Trabalho**. São Paulo: LTr, 2010.

MELO, L. Ritmo de liberação de agrotóxicos em 2019 é o maior já registrado. **G1-Globo.com**. 26 maio 2019. Disponível em: https://g1.globo.com/economia/agronegocios/noticia/2019/05/26/ritmo-de-liberacao-de-agrotoxicos-em-2019-e-o-maior-ja-registrado.ghtml. Acesso em: 3 out. 2020.

MELO, R. S. de. **Ações acidentárias na Justiça do Trabalho**. 2. ed. São Paulo: LTr, 2012.

MELO, R. S. de. Aspectos da Reforma Trabalhista sobre o meio ambiente do trabalho e a saúde do trabalhador. *In*: TREMEL, R.; CALCINI, R. (Orgs.). **Reforma Trabalhista**. Campina Grande: EDUEPB, 2018, p. 707-733.

# REFERÊNCIAS

MELO, R. S. de. **Direito Ambiental do Trabalho e a Saúde do Trabalhador**: responsabilidades legais, dano material, dano moral, dano estético, indenização pela perda de uma chance, prescrição. 4. ed. São Paulo: LTr, 2010; 2013 (5. ed.).

MELO, R. S. de. **Meio ambiente do trabalho no setor rural**. Disponível em: http://wwwp.feb.unesp.br/jcandido/higiene/artigos/rural.htm. Acesso em: 12 nov. 2016.

MELO, S. N. **Meio ambiente do trabalho**: direito fundamental. São Paulo: LTr, 2001.

MELO, S. N. Meio ambiente do trabalho e greve ambiental. **Hileia: Revista de Direito Ambiental da Amazônia**, ano 4, n. 7. Manaus: Edições Governo do Estado do Amazonas/Secretaria de Estado da Cultura/Universidade do Estado do Amazonas, 2006. p. 151-166.

MELO, S. N. Princípio da precaução e o meio ambiente de trabalho. In **Temas contemporâneos de direito ambiental**. José de Menezes Fonseca, Seguei Aily Franco de Camargo (org.). Manaus: UEA Edições, 2012, p. 71-81.

MELO, S. N.; RODRIGUES, K. R. de A. L. **Direito à desconexão do trabalho**: com análise crítica da reforma trabalhista (Lei n. 13.467/2017). São Paulo: LTr, 2018.

MENDES, A. M.; FERREIRA, M. C. Contexto de Trabalho. In: SIQUEIRA, M. M. M. **Medidas do comportamento organizacional**: ferramentas de diagnóstico e gestão. Porto Alegre: Artmed, 2008.

MENDES, M. C. **Neoliberalismo e sindicalismo de Estado no Brasil**. Dissertação (Mestrado em Ciências Sociais) – Pontifícia Universidade Católica. São Paulo, 2012.

MENDES, R. **A patologia do trabalho**. 2. ed. Belo Horizonte: Atheneu, 2003, p. 1767-1789.

MENDES, R. Asbesto (amianto) e doença: revisão do conhecimento científico e fundamentação para uma urgente mudança da atual política brasileira sobre a questão. In **Cadernos de Saúde Pública**, v. 17, p. 07-29, 2001.

MENDES, R.; DIAS, E. C. Da medicina do trabalho à saúde do trabalhador. **Revista de Saúde Pública**, v. 25, n. 5, p. 341-349, São Paulo: USP, 1991. Disponível em: http://www.scielo.br/pdf/rsp/v25n5/03.pdf. Acesso em: 15 abr. 2017.

MENDES, R. W. B. **Apropriação Sistêmica de Inovações Tecnológicas para a Prevenção**: o Caso do Controle de Poeira em Mineradoras de Granito. [Tese de Doutorado] Engenharia de Produção, Universidade Federal do Rio de Janeiro, Rio de Janeiro, 2014.

MEREWETHER, E. R. A; PRICE, C. W. **Report on Effects of Asbestos Dust on the Lungs and Dust Suppression in the Asbestos Industry**. H.M. Stationary Office. Home Office, London, 1930.

MESSING, K. **La santé des travailleuses. La science est-elle aveugle?** Montréal-Toulouse: Éditions du Remue-Ménage Octarès, 1998.

MIGALHAS. **Vedação de retrocesso em situação de pandemia**. Disponível em: https://www.migalhas.com.br/depeso/323466/vedacao-de-retrocesso-em-situacao-de-pandemia. Acesso em: 9 jun. 2020.

MILARÉ, É. **Dicionário de Direito Ambiental**. 1. ed. e-book. São Paulo: Revista dos Tribunais, 2015.

MILARÉ, É. **Direito do ambiente**. São Paulo: Revista dos Tribunais, 2005; (9. ed., 2014; 11. ed., 2018).

MILARÉ, É. **Direito do Ambiente**: a gestão ambiental em foco: doutrina, jurisprudência, glossário. 6. ed. São Paulo: Revista dos Tribunais, 2009.

MILARÉ, É. **Direito do ambiente**: a gestão ambiental em foco: doutrina, jurisprudência, glossário. 7. ed. rev. e atual.

MINAYO-GOMEZ, C. Avanços e entraves na implementação da Política Nacional de Saúde do Trabalhador. **Rev. Bras. Saúde Ocup.**, São Paulo, v. 38, n. 127, p. 21-25, 2013.

MINISTÉRIO DA CIÊNCIA, TECNOLOGIA, INOVAÇÕES E COMUNICAÇÕES (MCTIC). **Estratégia Nacional de Ciência, Tecnologia e Inovação 2012-2015**: balanço das atividades estruturantes 2011. Disponível em: -publicacoes/21/ENCTI_Balanco_2011.pdf. Acesso em: maio 2020.

MINISTÉRIO DA CIÊNCIA, TECNOLOGIA, INOVAÇÕES E COMUNICAÇÕES (MCTIC). **Estratégia Nacional de Ciência, Tecnologia e Inovação: 2016-2019**. Disponível em: http://www.propesq.unir.br/uploads/76767676/arquivos/Estrat_gia_Nacional_de_Ci_ncia__Tecnologia_e_Inova__o_2016_2019_1248378469.pdf. Acesso em maio 2020.

MINISTÉRIO DA FAZENDA, **1º boletim quadrimestral sobre benefícios por incapacidade**: adoecimento mental e trabalho, a concessão de benefícios por incapacidade relacionados a transtornos mentais e comportamentais entre 2012 e 2016. Brasília: Secretaria da Previdência, 2017. Disponível em: http://www.previdencia.gov.br/wp-content/uploads/2017/04/1%C2%BA-boletim-quadrimestral.pdf. Acesso em: 28 jun. 2020.

MIRANDA, F. C. P. de. **Tratado de direito privado. Tomo VII**. Rio de Janeiro: Borsoi, 1955.

MIRA Y LOPEZ, E. **Manual de psicologia jurídica**. São Paulo: Vida Livros, 2009.

MORAES, A. **Direito Constitucional**. 13. ed. São Paulo: Atlas, 2003.

MORAES, M. C. B. de. **Danos à pessoa humana. Uma leitura civil-constitucional dos danos morais**. Rio de Janeiro: Renovar, 2003.

MORAES, P. D. A. de. A dignidade do trabalhador e o meio ambiente do trabalho no setor de transporte. **Revista do Tribunal Superior do Trabalho**, São Paulo, SP, v. 80, n. 1, p. 78-87, jan.-mar. 2014.

MORAIS, A. O.; NASCIMENTO, G. A. F. O assédio moral organizacional na era da conexão permanente. **Revista do TRT 15**, v. 55, jul.-dez. 2019.

MORI, D.; FAVA, M. N. A causa de pedir nas demandas que envolvem adicionais de periculosidade e insalubridade. *In*: DEVONALD, S. R. P. G.; NAHAS, T. C. (Coord.). **Desafios para alcançar o trabalho seguro no Brasil**. São Paulo: LTr, 2015: 180-189.

MORIN, E. **A cabeça bem feita: repensar a reforma, reformar o pensamento**. Rio de Janeiro: Bertrand Brasil, 2001.

MPT – Ministério Público do Trabalho. **MPT Pardal** – Saiba como utilizar o aplicativo, 2015. Disponível em: https://mpt.mp.br/pgt/noticias/mpt-pardal-saiba-como-utilizar-o-aplicativo. Acesso em: 10 ago. 2020.

MPT. Disponível em: **www.pgt.mpt.mp.br**.

MURRAY, H. M. **Departmental Committee on Compensation for Industrial Diseases. Minutes of Evidence. Appendices and Index**. London: Wyman and Sons, 1907.

**N**

NAGAI, R. *et al.* Conhecimentos e práticas de adolescentes na prevenção de acidentes de trabalho: estudo qualitativo. **Rev. Saúde Pública**, vol. 41, n. 3, p. 404-411. São Paulo, 2007.

NASCIMENTO, A. M. do. **Curso de Direito do Trabalho**. 26. ed. São Paulo: Saraiva, 2011 (28. ed., 2013).

NASCIMENTO, A. M. do. **Curso de Direito do Trabalho**: história e teoria geral do direito do trabalho: relações individuais e coletivas do trabalho. São Paulo: Saraiva.

NASCIMENTO, E. P. do. Trajetória da sustentabilidade: do ambiental ao social, do social ao econômico. **Estud. av.**, 2012, vol. 26, n. 74, p. 51-64. ISSN 0103-4014, p. 51.

NATIONAL NANOTECHNOLOGY INITIATIVE. **Nanotechnology 101 – Definition**. Disponível em: http://www.nano.gov/nanotech-101/what/definition. Acesso em maio 2020.

NEFFA, J. C. Improvement of working conditions and environment: a Peruvian experiment with new forms of work organization. *In*: **International Labour Review**. v. 120, n. 4. Jul./Ago 1981.

NERY JR., N. O processo do trabalho e os direitos individuais homogêneos: um estudo sobre a ação civil pública trabalhista. **Revista LTr** - Legislação do Trabalho, v. 64, n. 2.

NERY JR., N. **Princípios do processo civil na Constituição Federal**. 5. ed. São Paulo: Revista dos Tribunais, 1999.

NETO, N. W. CIPA – Comissão Interna de Prevenção de Acidentes. **NR-5 Implementando e Mantendo**. Santa Cruz do Rio Pardo/SP: Viena, 2013.

NETTO, J. P.; BRAZ, M. **Economia política**: uma introdução crítica. 7. ed. São Paulo: Cortez, 2011.

NEWHOUSE, M. L.; THOMPSON, H. Mesotelioma of pleura and peritoneum following exposure to asbestos in the London area. **Occupational and Environmental Medicine**, v. 22, n. 4, 1965, p. 261-269.

NICOLAI, S. H. de A.; AQUINO, J. D. de; VENTURA, F. de F.; BENEVIDES, E. A. de S. (Org.). **PREVENÇÃO À COVID-19**. Proteção respiratória: orientações de uso frente à Covid-19. São Paulo: Fundacentro, 2020.B. Disponível em: file:///D:/Meus%20Documentos/Downloads/CARTILHA_DE_PROTECAO_RESPIRATORIA_flv%20(1).pdf. Acesso em: 15 jul. 2020.

NOGUEIRA, C. M. **As trabalhadoras do telemarketing no Brasil: uma nova divisão sexual do trabalho?** XXVI Congreso de la Asociación Latinoamericana de Sociología. Guadalajara: Asociación Latinoamericana de Sociología, 2007.

NOGUEIRA, C. M. **O trabalho duplicado**: a divisão sexual no trabalho e na reprodução – um estudo das trabalhadoras do telemarketing. São Paulo: Expressão Popular, 2006.

NOGUEIRA, D. P. *et al.* Asbestose no Brasil: um risco ignorado. **Rev. Saúde Pública**, v. 9, n. 3, São Paulo, set. 1975.

NOGUEIRA, D. P. Introdução à segurança, higiene e medicina do trabalho. *In* **Curso de medicina do trabalho**. São Paulo: Fundacentro, 1979.

NOHARA, I. P. **Direito administrativo**. 9. ed. São Paulo: Atlas, 2019 (livro digital).

NOSHC – National Occupational Safety and Health Committee. **History of Occupational Safety and Health**: Timeline. [2016]. Disponível em: http://www.historyofosh.org.uk/timeline.html. Acesso em: 17 jan. 2017.

NOTÍCIAS STF. **Suspenso julgamento de ações que questionam proibição ao uso do amianto**. Disponível em: http://www.stf.jus.br/portal/cms/verNoticiaDetalhe.asp?idConteudo=352117&caixaBusca=N. Acesso em: 4 jun. 2020.

NOVAIS, A. J. P. dos R. **Os princípios constitucionais estruturantes da República Portuguesa**. Coimbra: Coimbra Editora, 2004.

NUSDEO, F. Economia do Meio Ambiente. *In*: CAFFÉ, A.; JUNIOR, A. P. (Ed.). **Curso Interdisciplinar de Direito Ambiental. Coleção Ambiental**. 1. ed. São Paulo: Editora Manole: 2005a.

# REFERÊNCIAS

OCCUPATIONAL SAFETY AND HEALTH ADMINISTRATION. **Diretrizes para a preparação dos locais de Trabalho para o COVID-19**. Trad. SINAIT (Sindicato Nacional dos Auditores Fiscais do Trabalho). Brasília: SINAIT, 2020.

OCCUPATIONAL SAFETY AND HEALTH ADMINISTRATION. **Green Job Hazards**. Disponível em: https://www.osha.gov/dep/greenjobs/index.html. Acesso em: 6 jul. 2015.

OEA – ORGANIZAÇÃO DOS ESTADOS AMERICANOS. **Pacto Internacional sobre Direitos Econômicos Sociais e Culturais**, 1966. Disponível em: https://www.oas.org/dil/port/1966%20Pacto%20Internacional%20sobre%20os%20Direitos%20Econ%C3%B3micos,%20Sociais%20e%20Culturais.pdf. Acesso em: 15 jul. 2020.

OFFE, C. **La sociedad del trabajo, problemas estructurales y perspectivas de futuro**. Tradução de Jame Nicolás. Madrid: Alianza Editorial, 1992.

OIT – ORGANIZAÇÃO INTERNACIONAL DO TRABALHO. **Centenary Declaration for the future of Work**. International Labour Conference. Provisional Record. 108th Session, Geneva. 20 Jun. 2020. Disponível em: https://www.ilo.org/wcmsp5/groups/public/---ed_norm/---relconf/documents/meetingdocument/wcms_711288.pdf. Acesso em: 3 out. 2020.

OIT – ORGANIZAÇÃO INTERNACIONAL DO TRABALHO. **Construction: a hazardous work**. Geneva: OIT, 2015. Disponível em: https://www.ilo.org/global/topics/safety-and-health-at-work/areasofwork/hazardous-work/WCMS_356576/lang--en/index.htm. Acesso em: 29 jun. 2020.

OIT – ORGANIZAÇÃO INTERNACIONAL DO TRABALHO. **Convenção nº 127**. Aprovada na 51ª reunião da Conferência Internacional do Trabalho. Genebra, 1967. Disponível em: https://www.ilo.org/brasilia/convencoes/WCMS_235578/lang--pt/index.htm. Acesso em: 20 jun. 2020.

OIT – ORGANIZAÇÃO INTERNACIONAL DO TRABALHO. **Convenção nº 155**. Disponível em: https://www.ilo.org/brasilia/convencoes/WCMS_236163/lang--pt/index.htm. Acesso em: 17 mai. 2021.

OIT – ORGANIZAÇÃO INTERNACIONAL DO TRABALHO. **Convenção nº 161**. Disponível em: https://www.ilo.org/brasilia/convencoes/WCMS_236240/lang--pt/index.htm. Acesso em: 11 jul. 2020.

OIT – ORGANIZAÇÃO INTERNACIONAL DO TRABALHO. **Convenção nº 187**. Disponível em: https://www.ilo.org/brasilia/convencoes/WCMS_242947/lang--pt/index.htm. Acesso em: 18 jul. 2020.

OIT – ORGANIZAÇÃO INTERNACIONAL DO TRABALHO. **Convenção sobre Saúde de Segurança dos Trabalhadores, 1981**. Organização Internacional do Trabalho. Genebra, Suíça. Disponível em: file:///C:/Users/alexandremedeiros/Downloads/OIT_ _Organizao_Internacional_do_Trabalho_-_Escritrio_no_Brasil_-_Seguranca_e_Sade_dos_Trabalhadores_-_2011-07-28.pdf. Acesso em: 23 nov. 2016.

OIT – ORGANIZAÇÃO INTERNACIONAL DO TRABALHO. Disponível em: **http://www.ilo.org/safework/events/safeday/lang--en/index.htm**.

OIT – ORGANIZAÇÃO INTERNACIONAL DO TRABALHO. **Documento Final do Centenário da OIT**. Disponível em: https://www.ilo.org/wcmsp5/groups/public/---europe/---ro-geneva/---ilo-lisbon/documents/publication/wcms_706928.pdf. Acesso em: 15 jul. 2020.

OIT – ORGANIZAÇÃO INTERNACIONAL DO TRABALHO. **Gestão de Questões Relativas à Deficiência no Local de Trabalho**. Tradução de Edilson Alkmin Cunha; revisão técnica de João Baptista Cintra Ribas. Brasília: OIT, 2006.

OIT – ORGANIZAÇÃO INTERNACIONAL DO TRABALHO. **Promovendo o trabalho decente**. Convenção nº 155. Saúde e Segurança dos Trabalhadores. Aprovada na 67ª reunião da Conferência Internacional do Trabalho em Genebra, 1981. Disponível em: https://www.ilo.org/brasilia/convencoes/WCMS_236163/lang--pt/index.htm. Acesso em: 30 jun. 2020.

OIT – ORGANIZAÇÃO INTERNACIONAL DO TRABALHO. **Proteção dos trabalhadores num mundo do trabalho em transformação**. Genebra, 2015. Disponível em: http://www.ilo.org/public/portugue/region/eurpro/lisbon/pdf/relatorio104_vi_pt.pdf. Acesso em: 1 mai. 2018.

OIT – ORGANIZAÇÃO INTERNACIONAL DO TRABALHO. **Riscos emergentes e novas formas de prevenção num mundo de trabalho em mudança**. Disponível em: https://www.portaldaenfermagem.com.br/downloads/cartilha--novas-formas-prevencao-trabalho.pdf. Acesso em: mai. 2020.

OIT – ORGANIZAÇÃO INTERNACIONAL DO TRABALHO. **Segurança e saúde no centro do futuro do trabalho – tirando partido de 100 anos de experiência**. Genebra, 2019.

OIT – ORGANIZAÇÃO INTERNACIONAL DO TRABALHO. **Seguridad y salud en la construcción**. Repertorio de recomendaciones prácticas de la OIT. Ginebra, Oficina Internacional del Trabajo, 1992.

OIT – ORGANIZAÇÃO INTERNACIONAL DO TRABALHO. **The construction industry in the twenty first century**: Its image, employment prospects and skill requirements. Geneva: ILO, 2001. Disponível em: https://www.ilo.org/global/publications/ilo-bookstore/order-online/books/WCMS_PUBL_9221126226_EN/lang--en/index.htm. Acesso em: 2 jul. 2020.

OIT – ORGANIZACIÓN INTERNACIONAL DEL TRABAJO. **Las normas de la OIT y el COVID-19**. Ginebra: OIT, 2020.

OKAMOTO, P. S.; SALERNO, M. S.; MELHADO, S. A coordenação de projetos subcontratados na construção civil. **Revista Gestão e Tecnologia de Projetos**, São Paulo, v. 9, n. 1, p. 123-142, jan.-jun. 2014.

OLDENBURG, M. et al. Seafaring stressors aboard merchant and passenger ships. **International Journal of Public Health**, 2009; *54*:96-105.

OLIVEIRA, B. R. G. de; MUROFUSE, N. T. Acidentes de trabalho e doença ocupacional: estudo sobre o conhecimento do trabalhador hospitalar dos riscos à saúde de seu trabalho. **Rev. latino-am. enfermagem**, Ribeirão Preto, v. 9, n. 1. p. 109-115, jan. 2001.

OLIVEIRA, D. de P. R. de. **Sistema, organização e métodos**. 13. ed. São Paulo: Atlas, 2002.

OLIVEIRA, D. E. Carcinogênese. *In*: MENDES, R. (Organizador). **Dicionário de Saúde e Segurança do Trabalhador**. São Paulo: Proteção, 2018.

OLIVEIRA, P. E. V. de. **O dano pessoal no direito do trabalho**. 2. ed. São Paulo: LTr, 2010.

OLIVEIRA, P. R. A.; BARBOSA-BRANCO, A. **Nexo Técnico Epidemiológico Previdenciário – NTEP. Fator Acidentário de Prevenção – FAP**: um novo olhar sobre a saúde do trabalhador. São Paulo: LTr, 2009.

OLIVEIRA, P. R. A. **Nexo técnico epidemiológico previdenciário – NTEP e o fator acidentário de prevenção – FAP**: um novo olhar sobre a saúde do trabalhador [tese]. Brasília: Faculdade de Ciências da Saúde da UnB, 2008. Disponível em: http://repositorio.unb.br/handle/10482/5303. Acesso em: 8 ago. 2020.

OLIVEIRA, R. F. de. **Curso de Direito Financeiro**. 3. ed. São Paulo: Revista dos Tribunais, 2010a.

OLIVEIRA, S. G. de. Estrutura Normativa da Segurança e Saúde do Trabalhador no Brasil. **Revista do Tribunal Regional do Trabalho da 3ª Região**, v. 45, n. 75, p. 107-130, jan.-jun. 2007. Disponível em: http://www.trt3.jus.br/escola/download/revista/rev_75/Sebastiao_Oliveira.pdf. Acesso em: 12 fev. 2017.

OLIVEIRA, S. G. de. **Indenizações por acidente de trabalho ou doença ocupacional**. São Paulo: LTr, 1996 (1. ed.), 2010 (5. ed.), 2011 (6. ed.), 2013 (7. ed.), 2014 (8. ed.), 2016 (9. ed.), 2018 (10. ed.), 2019 (11. ed.).

OLIVEIRA, S. G. **Proteção jurídica à saúde do trabalhador**. 6 ed. rev. e atual. São Paulo: LTr, 2011.

OLIVEIRA, T. B. de. **A estrutura sindical de Estado no Brasil e o controle judiciário após a Constituição de 1988**. São Paulo: LTr, 2016.

OLIVEIRA, T. B de. Estrutura sindical de Estado e a reforma trabalhista. *In*: SILVA, S. G. C. L. da; *et al*. (Orgs.). **Reformas institucionais de austeridade, democracia e relações de trabalho**. São Paulo: LTr, 2018.

OLIVEIRA, V. F. de; ALMEIDA, N. N. de. Retrospecto e atualidade da formação em engenharia. *In* Conselho Federal de Engenharia, Arquitetura e Agronomia; Instituto Nacional de Estudos e Pesquisas Educacionais Anísio Teixeira. Trajetória e estado da arte da formação em engenharia, arquitetura e agronomia. Brasília: INEP, 2010.

OLIVEIRA, P. E. V. de. **Assédio moral no trabalho**: caracterização e consequências. São Paulo: LTr, 2013.

OMS – ORGANIZAÇÃO MUNDIAL DA SAÚDE. **Coronavírus (COVID-19)**. Disponível em: https://covid19.who.int/ Acesso em: 27 abr. 2020.

OMS – ORGANIZAÇÃO MUNDIAL DA SAÚDE. **Coronavirus disease (COVID-19) outbreak**: rights, roles and responsibilities of health workers, including key considerations for occupational safety and health. Disponível em: https://www.who.int/publications-detail/coronavirus-disease-(covid-19)-outbreak-rights-roles-and-responsibilities--of-health-workers-including-key-considerations-for-occupational-safety-and-health. Acesso em: 7 maio 2020.

OMS – ORGANIZAÇÃO MUNDIAL DA SAÚDE. **Coronavírus**. Disponível em: https://www.who.int/health-topics/coronavirus#tab=tab_1. Acesso em: 27 abr. 2020.

OMS – ORGANIZAÇÃO MUNDIAL DA SAÚDE. **Indicadores de Saúde – definições básicas** [s.d.]. Disponível em: https://www.paho.org/hq/index.php?option=com_content&view=article&id=14401:health-indicators-conceptual--and-operational-considerations-section-1&Itemid=0&limitstart=1&lang=pt. Acesso em: 7 ago. 2020.

OMS – ORGANIZAÇÃO MUNDIAL DA SAÚDE. **Relatório da OMS aponta déficit de 6 milhões de profissionais de enfermagem no mundo**. Disponível em: https://nacoesunidas.org/relatorio-da-oms-aponta-deficit-de-6-milhoes-de-profissionais-de-enfermagem-no-mundo/. Acesso em: 7 maio 2020.

OMS – ORGANIZAÇÃO MUNDIAL DA SAÚDE. **Rights, roles and responsibilities of health workers, including key considerations for occupational safety and health: Interim guidance**. World Health Organization 2020. Some rights reserved. This work is available under the CC BY-NCSA 3.0 IGO licence. Tradução livre.

OMS – ORGANIZAÇÃO MUNDIAL DA SAÚDE. **Ten chemicals of major public health concern**. Disponível em: https://www.who.int/ipcs/assessment/public_health/chemicals_phc/en/. Acesso em: 27 abr. 2020.

OMS – ORGANIZAÇÃO MUNDIAL DA SAÚDE; BANCO MUNDIAL. **Relatório mundial sobre a deficiência**. Trad. Lexicus Serviços Linguísticos. São Paulo: SEDPCD, 2012.

# REFERÊNCIAS

OMS – ORGANIZAÇÃO MUNDIAL DA SAÚDE. **Constituição da Organização Mundial de Saúde, 1946**. Disponível em: http://www.direitoshumanos.usp.br/index.php/OMS-Organiza%C3%A7%C3%A3o-Mundial-da-Sa%-C3%BAde/constituicao-da-organizacao-mundial-da-saude-omswho.html. Acesso em: 17 jul. 2020.

Disponível em: https://nacoesunidas.org/onu-define-recomendacoes-para-protecao-dos-direitos-humanos-nas-atividades-empresariais/. Acesso em: 3 out. 2020.

ONU – ORGANIZAÇÃO DAS NAÇÕES UNIDAS. **Agenda 21 da Conferência das Nações Unidas sobre Meio Ambiente e Desenvolvimento**. 1992b. Disponível em: https://www.mma.gov.br/responsabilidade-socioambiental/agenda-21/agenda-21-global. Acesso em: 17 mai. 2021.

ONU – ORGANIZAÇÃO DAS NAÇÕES UNIDAS. **Declaração da Conferência das Nações Unidas sobre o Meio Ambiente Humano. 1972**. Disponível em: http://www.direitoshumanos.usp.br/index.php/Meio-Ambiente/declaracao-de-estocolmo-sobre-o-ambiente-humano.html. Acesso em: 17 mai. 2021.

ONU – ORGANIZAÇÃO DAS NAÇÕES UNIDAS. **Declaração de Estocolmo de 1972**. Disponível em: http://www.direitoshumanos.usp.br/index.php/Meio-Ambiente/

ONU – ORGANIZAÇÃO DAS NAÇÕES UNIDAS. **Declaração do Rio sobre Meio Ambiente e Desenvolvimento**. 1992a. Disponível em: https://nacoesunidas.org/acao/meio-ambiente/. Acesso em: 17 mai. 2021.

ONU – ORGANIZAÇÃO DAS NAÇÕES UNIDAS. Disponível em: http://www.un.org/. Acesso em fev. 2017.

ONU – ORGANIZAÇÃO DAS NAÇÕES UNIDAS. Disponível em: https://nacoesunidas.org/pos2015/. Acesso em: 20 jul. 2020.

ONU – ORGANIZAÇÃO DAS NAÇÕES UNIDAS (HUMAN RIGHTS). **Guiding principles on business and human rights – implementing the United Nations "protect, respect and remedy" framework**. New York and Geneva, 2011; p. 3-35.

ONU – ORGANIZAÇÃO DAS NAÇÕES UNIDAS. **Pacto Internacional dos Direitos Econômicos, Sociais e Culturais**. Resolução n. 2.200-A (XXI) da Assembleia Geral das Nações Unidas, em 16 de dezembro de 1966 e ratificada pelo Brasil em 24 de janeiro de 1992.

ONU – ORGANIZAÇÃO DAS NAÇÕES UNIDAS. **Transformando Nosso Mundo: A Agenda 2030 para o Desenvolvimento Sustentável**. 2015. Disponível em: https://nacoesunidas.org/pos2015/agenda2030/. Acesso em: 17 mai. 2021.

O QUE SÃO RADIAÇÕES IONIZANTES. **Sociedade Brasileira de Radioterapia. Público**. Set. 2020. Disponível em: https://sbradioterapia.com.br/publico/o-que-sao-radiacoes-ionizantes/. Acesso em: 9 set. 2020.

ORGANIZAÇÃO MUNDIAL DA SAÚDE. Disponível em: **http://www.paho.org/bra/index.php?option=com_content&view=article&id=378%3Asaude-trabalhador&catid=990%3Aprincipal&Itemid=595**. Acesso em: 5 dez. 2016.

ORGANIZAÇÃO PAN-AMERICANA DE SAÚDE. **Saúde do Trabalhador**. Disponível em: https://www.paho.org/bra/index.php?option=com_content&view=article&id=378:saude-do-trabalhador&Itemid=685. Acesso em: 7 jun. 2020.

ORGANIZAÇÃO PARA A COOPERAÇÃO E O DESENVOLVIMENTO ECONÔMICO et al. **Green jobs and skills: the local labour market implications of addressing climate change**. Working document CFE/LEED/OECD, 2010. Disponível em: www.oecd.org/dataoecd/54/43/44683169.pdf?contentId=44683170. Acesso em: 5 jul. 2015, p. 21.

ORTÍZ, A. C. M. **La prevención de riesgos laborales, una cuestión también de responsabilidad social corporativa**. Barcelona: Proteus, 2013.

OSHA. OCCUPATIONAL SAFETY AND HEALTH ADMINISTRATION. **Guidance on Preparing Workplaces for COVID-19**. Apple Books, 2020. Tradução livre.

OST, F. **A natureza à margem da lei: a ecologia à prova do direito**. Tradução de Joana Chaves. Lisboa: Instituto Piaget, 1995.

OVÍDIO, F. **Aspectos do direito comparado**. Disponível em: http://www.revistas.usp.br/rfdusp/article/view/67009/69619. Acesso em: 20 fev. 2017.

OXFORD. **Advanced Learner's Dictionary of Current English**. Eighth edition. Oxford: Oxford University Press, 2010.

**P**

PACHECO, V. G. **Gênero, saúde e trabalho: fatores que interagem no desenvolvimento de LER em trabalhadores telefônicos**. 2002. 236f. Dissertação (Mestrado em Psicologia Social) – Faculdade de Filosofia e Ciências Humanas, Universidade Federal de Minas Gerais, Belo Horizonte, 2002.

PADILHA, N. S. **Do meio ambiente do trabalho equilibrado**. São Paulo: LTr, 2002.

PADILHA, N. S. **Fundamentos constitucionais do direito ambiental brasileiro**. Rio de Janeiro: Elsevier, 2010.

PADILHA, N. S. Meio ambiente do trabalho equilibrado: um direito fundamental do trabalhador. In **Diálogos entre o Direito do Trabalho e o Direito Constitucional**. São Paulo: Saraiva, 2014, p. 505-528.

PADILHA, N. S. Meio Ambiente do Trabalho: espaço de diálogo interdisciplinar. **Revista do Tribunal Regional do Trabalho da 15ª Região**, n. 36, p. 135-164, jan.-jun. 2010.

PADILHA, N. S. Meio ambiente do trabalho: o diálogo entre o direito do trabalho e o direito ambiental. *In*: FELICIANO, G. G.; URIAS, J. (Coords.). **Direito ambiental do trabalho**: apontamentos para uma teoria geral. São Paulo: LTr, 2013. v. 1.

PADILHA, N. S. Meio ambiente do trabalho: um direito fundamental do trabalhador e a superação da monetização do risco. **Revista do Tribunal Superior do Trabalho**, Brasília, vol. 79, n. 4, out. 2013.

PADILHA, N. S. O equilíbrio do meio ambiente do trabalho: direito fundamental do trabalhador e espaço interdisciplinar entre o Direito do Trabalho e o Direito Ambiental. **Revista do Tribunal Superior do Trabalho**, São Paulo, v. 77, n. 4, p. 231-258, out.-dez. 2011. Edição Comemorativa dos 70 anos da Justiça do Trabalho.

PASQUALETO, O. de Q. F. **A proteção do trabalhador nos trabalhos verdes**. 2016. 171f. Mestrado – Faculdade de Direito da Universidade de São Paulo, São Paulo, 2016.

PASSOS, F. L. dos. **Previdência Social e Sociedade Pós-Industrial**. Curitiba: Juruá, 2013.

PAZ, E. M. **Introducción al derecho civil comparado**. Buenos Aires: Abeledo-Perrot, 1960.

PEGATIN, T. de O. **Estratégia para análise de efeitos dos curtos tempos de ciclo na funcionalidade de membros superiores em trabalhadores e atividades semiautomatizadas**. Dissertação (Mestrado em Engenharia de Produção). Universidade Tecnológica Federal do Paraná. Ponta Grossa, Paraná, 2009. 104 p.

PEINADO, H. S. (Org.). **Segurança e Saúde do Trabalho na Indústria da Construção Civil**. São Carlos: Scienza, 2019.

PENG, L.; CHAN, A. H. S. Adjusting work conditions to meet the declined health and functional capacity of older construction workers in Hong Kong. **Safety Science**. V. 127, jul. 2020.

PEREIRA, A. C.; SILVA, G. Z. da; CARBONARI, M. E. E. **Sustentabilidade, responsabilidade social e meio ambiente**. São Paulo: Saraiva, 2011.

PEREIRA-GLODEK, C.; TOMASEVICIUS FILHO, E. Capacidade de agir e o direito ao trabalho da pessoa com deficiência: análise da Lei nº 13.146/2015 e o relato de uma experiência alemã sobre o tema. *In*: PEREIRA, F. Q.; MORAIS, L. C. de C.; LARA, M. A. [Org.]. **A teoria das incapacidades e o estatuto da pessoa com deficiência**. 2. ed. Belo Horizonte: D'Plácido, 2018.

PERLINGIERI, P. Trad. Maria Helena De Cicco. **Perfis do direito civil. Introdução ao direito civil constitucional**. 2. ed. Rio de Janeiro: Renovar, 2002.

PESSINI, L.; BARCHIFONTAINE, C. de P. de. **Fundamentos da bioética**. São Paulo: Paulus, 1996.

PIERNAS, C. J. **El método del derecho internacional público**: una aproximación sistémica y transdisciplinar. Madrid: Instituto de Estudios Internacionales y Europeos, 1995.

PIMENTA, J.R.F. Tutelas de urgência no processo do trabalho: o potencial transformador das relações trabalhistas das reformas do CPC brasileiro. **Revista do TRT da 15ª Região**, n. 24, jun. 2004. Disponível em: https://juslaboris.tst.jus.br/bitstream/handle/20.500.12178/106770/2004_pimenta_jose_tutela_urgencia.pdf?sequence=1&isAllowed=y. Acesso em: 8 ago. 2020.

PINTO, C. P. A.; FLEURY, R. C. **A modernização dos portos e as relações de trabalho no Brasil**. Doutrina, legislação e jurisprudência. Porto Alegre: Síntese, 2004.

PIOCHÉ-ROQUES, A. **Les risques psychosociaux au travail. État des lieux et perspectives**. Paris : L'Harmattan, 2016.

PIOVESAN, F. **O sistema interamericano de proteção dos direitos humanos e o direito brasileiro**. Coordenação: GOMES, L. F.; PIOVESAN, F. São Paulo: Revista dos Tribunais, 2000.

PIOVESAN, F. C.; QUETES, R.B.; FERRAZ, M. O. K. Violações aos direitos humanos dos trabalhadores e os sistemas regionais de proteção. (Anuário de Pesquisa e Extensão Unoesc) **Joaçaba**, v. 19, n. 1, p. 87-112, jan./abr. 2018.

PLÁ RODRIGUEZ, A. **Princípios de direito do trabalho**. Trad. Wagner D. Giglio. São Paulo: LTr, 1996.

POFFO, Í. R. F. **Gerenciamento de riscos socioambientais no Complexo Portuário de Santos na ótica ecossistêmica**. São Paulo: Universidade de São Paulo, 2007.

POHLMANN, J. C. **Assédio moral organizacional. Identificação e tutela preventiva**. São Paulo: LTr, 2014.

POLDI, R. M. V.; BORGES, L. H.; DALBELLO-ARAUJO, M. Trabalho e saúde sob a ótica de domésticas e pedreiros do município da Serra, ES. *In* **Cadernos de Psicologia Social do Trabalho**, São Paulo, v. 14, n. 2, p. 161-177, 2011.

PONTES, A. G. V.; RIGOTO, R. M. Saúde do trabalhador e saúde ambiental: potencialidades e desafios de articulação entre universidade, SUS e movimentos sociais. **Rev. Bras. de Saúde Ocup.**, São Paulo, v. 39, n. 130, p.

# REFERÊNCIAS

161-174, 2014. Disponível em: https://www.scielo.br/pdf/rbso/v39n130/0303-7657-rbso-39-130-161.pdf. Acesso em: 3 ago. 2020.

PORTAL **Jus Brasil**. Disponível em: http://www.jusbrasil.com.br/jurisprudencia/busca?q=GREVE+GERAL+DOS+-TRANSPORTES+COLETIVOS. Acesso em: 6 jan. 2017.

PORTAL G1. **Justiça determina que funcionários da Fundação Casa voltem ao trabalho**. São Paulo, 25 maio 2016. Disponível em: http://g1.globo.com/sao-paulo/noticia/2016/05/justica-determina-que-funcionarios-da-fundacao--casa-voltem-ao-trabalho.html. Acesso em: 6 jan. 2017.

PORTAL LEX ML. Disponível em: http://www.lexml.gov.br/urn/urn:lex:br:tribunal.superior.trabalho;secao.dissidios.coletivos:acordao;ro:2014-06-09;51534-2012-0-2-0. Acesso em: 6 jan. 2017.

PORTAL **Pesquisas – Direito do Trabalho e Processual do Trabalho** (Maria da Gloria Perez Delgado Sanches). Primeira jornada do Direito do Trabalho: enunciados aprovados. Disponível em: http://pesquisasdiritodotrabalho.blogspot.com.br/2008/01/primeira-jornada-do-direito-do-trabalho.html. Acesso em: 6 jan. 2017.

PORTUGAL. **Agência Portuguesa do Ambiente. Convenção da Comissão Económica para a Europa das Nações Unidas (CEE/ONU) sobre Acesso à Informação, Participação do Público no Processo de Tomada de Decisão e Acesso à Justiça em Matéria de Ambiente (Convenção de Aarhus)**. Disponível em: https://apambiente.p t/index.php?ref=16&subref=142&sub2ref=726&sub3ref=727. Acesso em: 3 out. 2020.

PORTUGAL. AUTORIDADE PARA AS CONDIÇÕES DE TRABALHO. **Segurança e Saúde no Trabalho no Setor da Pesca**: Riscos profissionais e medidas preventivas nas diferentes artes de pesca. Lisboa: ACT, 2015.

POSSIBOM, W. L. P. **PCMSO-PPRA: PCA – PPPR – PGRSS: métodos para a elaboração dos programas**. São Paulo: LTr, 2008.

PRIEUR, M. **Droit de l'environnement**. Paris: Dalloz, 1996 (3. éd.), 2004 (5. éd), 2011 (6. éd.).

PRUNES, J. L. F. **Trabalho perverso**. Curitiba: Juruá, 2000. v. I, II.

PYRRHO, M., SCHRAMM, F.R. A moralidade da nanotecnologia. In **Cad. Saúde Pública**, Rio de Janeiro, 2012, 28(11): 2023-2033.

## Q

QUEIROGA et al. Amianto. In: LUZ, A. B. da, LINS, F. (Org.). **Rochas & Minerais Industriais: Usos e especificações**. Rio de Janeiro: Centro de Tecnologia Mineral Ministério da Ciência e Tecnologia do Ministério da Ciência e Tecnologia (CETEM-MCT), 2005.

QUEVEDO, L. F. A contenção ao coronavírus e o factum principis no direito do trabalho. **Consultor Jurídico**, 04 abr. 2020. Disponível em: https://www.conjur.com.br/2020-abr-04/contencao-coronavirus-ofactum-principisno--direito-trabalho. Acesso em: 16 maio 2020.

## R

RADIAÇÃO. Fiocruz. **Biossegurança. Laboratório virtual. Público**. Set. 2020. Disponível em: http://www.fiocruz.br/biosseguranca/Bis/lab_virtual/radiacao.html. Acesso em: 9 set. 2020.

RAMAZZINI, B. **As doenças dos trabalhadores**. Tradução de Raimundo Estrêla. São Paulo: Fundacentro, 2000; 2016 (4. ed.).

RAMOS FILHO, W.; LOGUÉRCIO, J. E.; MENEZES, M. de A. (Orgs.). **Terceirização no STF**: elementos do debate constitucional. Bauru: Canal 6, 2015.

REALE, M. **Filosofia do direito**. 20. ed. São Paulo: Saraiva, 2002.

REALE, M. **Memórias**. São Paulo: Saraiva, 1987. v. 1.

REALE, M. **Primado dos valores antropológicos**. Publicado em 28/02/2004. Disponível em: www.miguelreale.com.br. Acesso em: 5 jun. 2020.

REBOUÇAS, A. J. de A. (Coord.). **Insalubridade: morte lenta no trabalho**. São Paulo: Oboré, 1983.

REDE NACIONAL DE ATENÇÃO INTEGRAL À SAÚDE DO TRABALHADOR. **Manual de gestão e gerenciamento**. São Paulo, SP: [s. n.], 2006. 82p. Disponível em: http://renastonline.ensp.fiocruz.br/recursos/manual-gestao-gerenciamento-rede-nacional-atencao-integral-saude-trabalhador. Acesso em: 17 dez. 2018.

REIS, C. **Avaliação do dano moral**. 4. ed. Rio de Janeiro: Forense, 2002.

REIS, N. **Contratos especiais de trabalho**. Rio de Janeiro: Freiras Bastos, 1955.

RENAST ON-LINE. **Centro de Referência em Saúde do Trabalhador (CEREST)**. Disponível em: https://renastonline.ensp.fiocruz.br/temas/centro-referencia-saude-trabalhador-cerest. Acesso em: 7 jun. 2020.

REQUIÃO, R. **Curso de direito comercial**. 20. ed. São Paulo: Saraiva, 1991. v. 1.

REZEK, J. F. **Direito internacional público**: curso elementar. 10 ed. rev. e atual. São Paulo: Saraiva, 2005.

RIBAS, J. **Preconceito contra as pessoas com deficiência**: as relações que travamos com o mundo. São Paulo: Cortez, 2007.

RIBEIRO, C. A. **Meio Ambiente do Trabalho. Responsabilidade civil por dano moral coletivo na atividade frigorífica**. Curitiba, Juruá, 2017.

RIBEIRO, M. H. C. A. **Aposentadoria Especial – Regime Geral da Previdência Social** – Atualizado com a Reforma da Previdência. 10. ed. rev. e atual. de acordo com a Emenda Constitucional no 103/19. Curitiba: Juruá, 2020

RIOS, A. de O. et al. Doenças em trabalhadores da pesca. In **Revista Baiana de Saúde Pública**, Salvador, v. 35, n. 1, p. 175-188, jan.-mar. 2011.

RIVA, M. A.; LAFRANCONI, A.; D'ORSO, M. I.; CESANA, G. Lead Poisoning: Historical Aspects of a Paradigmatic "Occupational and Environmental Disease". In: **Safety and Health at Work**, Elsevier, v. 3, p. 11-16, mar. 2012. Disponível em: https://www.ncbi.nlm.nih.gov/pmc/articles/PMC3430923/. Acesso em: 29 jan. 2017.

RIVAS, A. M. **Trabajo y pobreza. Cuando trabajar no es suficiente para vivir dignamente**. Madrid: HOAC, 2016.

ROCHA, D. M. da; JÚNIOR. B. **Comentários à Lei de Benefícios da Previdência Social: Lei nº 8.213/91**. 12. ed. São Paulo: Atlas, 2014.

ROCHA, F. R. da. **Efetividade do direito fundamental ao meio ambiente de trabalho seguro e adequado**: a responsabilidade civil do tomador de serviços. São Paulo: LTr, 2016.

ROCHA, J. C. de S. da. **Direito ambiental do trabalho**: mudanças de paradigma na tutela jurídica à saúde do trabalhador. São Paulo: LTr, 2002.

ROCHA, J. C. de S. da. **Direito ambiental do trabalho**: mudanças de paradigma na tutela jurídica à saúde do trabalhador. 2. ed. São Paulo: Atlas, 2013.

ROCHA, J. C. de S. da. **Direito Ambiental e meio ambiente do trabalho**: dano, prevenção e proteção jurídica. São Paulo: LTr, 1997.

ROCHA, J. C. de S. da. O direito do trabalhador e o meio ambiente: tutela ao meio ambiente e à saúde no trabalho. In: ROSSI, A.; CRESTANA, S.; CASTELLANO, E. G. (Ed**.**). **Direito Ambiental. Direitos fundamentais e direito ambiental**. Vol. 2. Embrapa. Brasília, 2015.

ROCHA, L. S. Da epistemologia jurídica normativista ao construtivismo sistêmico. In: ROCHA, L. S.; SCHWARTZ, G.; CLAM, J. **Introdução à teoria do sistema autopoiético do direito**. Porto Alegre: Livraria do Advogado, 2005.

RODGERS JR., W. H. **Environmental law**. St. Paul: West, 1977.

RODRIGO, E. C. **La conciencia medioambiental de los españoles en los noventa**. Volume 12 de ASP Research Paper: 1995.

RODRIGUES, I. C. **Da responsabilidade civil por danos decorrentes de exposição ocupacional aos nanomateriais**: um estudo dos métodos integrativos no direito do trabalho brasileiro. 2019. 414 fls. (Tese de Doutorado) – Faculdade de Direito, Universidade de São Paulo, São Paulo, 2019.

RODRIGUES, M. A. **Direito ambiental esquematizado**. 5. ed. São Paulo: Saraiva Educação, 2018.

RODRIGUES, R. N.; TEIXEIRA, V. E. B.; SOARES, H. V. O custo social dos empregos verdes: o caso concreto dos cortadores de cana. **Revista do Departamento de Direito do Trabalho e da Seguridade Social**, v. 7, p. 277-302, 2016.

RODRIGUEZ, A. P. **Princípios de direito do trabalho**. São Paulo: LTr, EDUSP, 1978.

RODRIGUEZ, A. P. **Princípios do Direito do Trabalho**. Tradução Wagner Drdla Giglio. São Paulo: EDUSP/LTr, 1993.

RODRIGUEZ, J. R. **A dogmática da liberdade sindical: direito, política e globalização**. Rio de Janeiro: Renovar, 2003.

ROMAR, C. T. M.; REIS, D. R. Meio ambiente do trabalho: a realidade dos acidentes de trabalho na construção civil. **Revista de Direito do Trabalho**, São Paulo: Revista dos Tribunais, v. 156, p. 201-223, mar.-abr. 2014.

ROSENVALD, N. **As funções da responsabilidade civil. A reparação e a pena civil**. São Paulo: Atlas, 2013.

ROSSI, G. **A lã da salamandra**. A verdadeira história da catástrofe do amianto em Casale Monferrato. São Paulo: Editora Instituto José Luís e Rosa Sundermann, 2010.

RUSSOMANO, G. M. **Os conflitos espaciais de leis no plano das relações trabalhistas**. Rio de Janeiro: José Konfino, 1964.

RUSSOMANO, M. V. **Princípios gerais de direito sindical**. Rio de Janeiro: Forense, 1995.

**S**

SAAD, E. G. O engenheiro e o Programa de Prevenção de Riscos Ambientais. **LTr - Suplemento Trabalhista**, São Paulo, a. 33, n. 111, p. 659-666, 1997.

SAAD, E. G. O trabalhador brasileiro e a OMC: a insalubridade e a Constituição Federal. **LTr: legislação do trabalho. suplemento trabalhista**. São Paulo. v. 37. n. 38. p. 199-203. 2001.

SACHS, I. **Estratégias de Transição para o Século XXI – Desenvolvimento e Meio Ambiente**. São Paulo: Studio Nobel – Fundap, 1993.

# REFERÊNCIAS

SACHS, I. O desafio do meio ambiente. *In*: VIEIRA, P. F. (Org.). **Rumo à ecossocioeconomia**: teoria e prática do desenvolvimento. São Paulo: Cortez, 2007.

SADY, J. J. **Direito do Meio Ambiente de Trabalho**. São Paulo: LTr, 2000.

SAKO, E. S. A. **Direito e processo do trabalho**: ônus da prova, v. 10: insalubridade e periculosidade – edição do autor. – Cornélio Procópio, PR, 2019. 1 livro digital.

SALEILLES, R. **Les accidents de travail et la responsabilité civile. Essai d'une théorie objective de la responsabilité délictuelle**. Paris: Arthur Rousseau Éditeur, 1897.

SALIBA, T. M.; CORRÊA, M. A. C. **Insalubridade e periculosidade**: aspectos técnicos e práticos, 13. ed. São Paulo: LTr, 2014.

SALIM, A. P. N. A teoria do risco criado e responsabilidade objetiva do empregador em acidentes de trabalho. **Rev. Trib. Trab. 3ª Reg.**, Belo Horizonte, v. 41, n. 71, p. 97-110, jan.-jun. 2005.

SÁNCHEZ, J. M. S. **La expansión del derecho penal**: aspectos de la política criminal en las sociedades postindustriales. Madrid: Civitas, 1999.

SANTANA, V.; AMORIM, A.; OLIVEIRA, R.; XAVIER, S.; IRIART, J.; BELITARDO, L. Emprego em serviços domésticos e acidentes de trabalho não fatais. **Revista de Saúde Pública**, v. 37, n. 1, p. 65-74, 1 fev. 2003.

SANTANA, V. S. *et al*. Acidentes de trabalho: custos previdenciários e dias de trabalho perdidos. **Rev. Saúde Pública**, vol. 40, n. 6, p. 1004-1012, 2006.

SANTIAGO, A. **Perigos na radiação ionizante. Radiação na prática**. Disponível em: https://radioprotecaonapratica.com.br/2017/11/28/perigos-da-radiacao-ionizante/#:~:text=A%20radia%C3%A7%C3%A3o%20pode%20provocar%20basicamente,a%20exposi%C3%A7%C3%A3o%20prolongada%20ao%20sol. Acesso em: 9 set. 2020.

SANTOS, A. M. *et al*. Impactos comparativos do setor da construção civil sobre o emprego no Brasil: 2002-2009. **Revista de Ciências Humanas**, Viçosa, v. 11, n. 1, p. 24-35, jan.-jun. 2011.

SANTOS, A. R. M. **O Ministério do Trabalho e Emprego e a Saúde e Segurança no Trabalho**. *In*: CHAGAS, A. M. R.; SALIM, C. A.

SANTOS, A. S. R. Meio ambiente do trabalho: considerações. **Revista Jus Navigandi**, ISSN 1518-4862, Teresina, ano 5, n. 45, 1 set. 2000. Disponível em: https://jus.com.br/artigos/1202.

SANTOS, G. A. dos. **Os impactos das alterações do clima no direito ambiental do trabalho**: a saúde coletiva do trabalhador a céu aberto e na construção civil. 2016. Dissertação (Mestrado em Direito) – Universidade Católica de Santos, Santos, 2016.

SANTOS, L. F. dos. Meio ambiente do trabalho no campo. **Revista do Tribunal Regional do Trabalho da 15ª Região**, n. 40, 2012. Disponível em: http://portal.trt15.jus.br/documents/124965/125459/Rev40_art1/629da545-ee-54-4346-b9a9-cb31f20269ee. Acesso em: 12 nov. 2016.

SANTOS, L. F. dos. Meio ambiente do trabalho no campo. **Revista do Tribunal Regional do Trabalho da 15ª Região**, Campinas, SP, n. 40, p. 25-62, jan.-jun. 2012.

SANTOS, N. dos; NOLASCO, L. G. A ênfase sobre conduta ética e os fatores incerteza e a condição humana inerentes às nanotecnologias. **Rev. Fac. Direito UFMG**, Belo Horizonte, n. 69, p. 441-475, jul.-dez. 2016.

SANTOS, R. L. dos. Evolução histórico-normativa da tutela jurídica do meio ambiente do trabalho e instrumentos de proteção. *In*: JARDIM, P. G.; SANTOS, R. L. dos. **Sindicatos e ações coletivas**: acesso à justiça, jurisdição coletiva e tutela dos interesses difusos, coletivos e individuais homogêneos. 4. ed. São Paulo: LTr, 2014.

SANTOS, R. L. dos. **Sindicatos e ações coletivas**: acesso à justiça, jurisdição coletiva e tutela dos interesses difusos, coletivos e individuais homogêneos. 5. ed. São Paulo: LTr, 2019.

SÃO PAULO, PORTAL DO GOVERNO. **Motos geram 80% das internações em acidentes de trânsito**. Disponível em: https://www.saopaulo.sp.gov.br/ultimas-noticias/motos-respondem-por-80-das-internacoes-pelos-acidentes-de-transito/#:~:text=Em%202018%2C%20foram%20realizadas%2026.229,motocicletas%20e%204.036%2-0a%20ve%C3%ADculos. Acesso em: 9 set. 2020.

SARAIVA NETO, P. **A eficácia dos direitos fundamentais**: uma teoria geral dos direitos fundamentais na perspectiva constitucional. 10. ed. rev. atual. e ampl. Porto Alegre: Ed. Livraria do Advogado, 2009.

SARAIVA NETO, P. **O direito fundamental ao meio ambiente sadio e equilibrado**: evolução e reconhecimento constitucional no Brasil. p. 3. Disponível em: http://www.portaldeperiodicos.unisul.br/index.php/U_Fato_Direito/article/view/1035. Acesso em: 19 fev. 2017.

SARLET, I. W.; FENSTERSEIFER, T. **Direito ambiental**: introdução, fundamentos e teoria geral. São Paulo: Saraiva. 2014.

SARLET, I. W.; FENSTERSEIFER, T. **Direito constitucional ambiental**. São Paulo: Editora Revista dos Tribunais, 2017.

SARLET, I. W.; FENSTERSEIFER, T. **Princípios do Direito Ambiental**. São Paulo: Saraiva, 2014.

SARLET, I. W. O direito fundamental ao meio ambiente do trabalho saudável. **Rev. TST**, Brasília, vol. 80, n. 1, jan.-mar. 2014. Disponível em: http://www.tst.jus.br/documents/1295387/13796106/2014_revista_tst_v80n_1.pdf. Acesso em: 18 fev. 2017.

SARLET, I. W. **Princípios do Direito Ambiental**. 2. ed. Versão digital [n.p.]. São Paulo: Saraiva, 2017.

SASSAKI, R. K. Inclusão: acessibilidade no lazer, trabalho e educação. **Revista Nacional de Reabilitação (Reação)**, São Paulo, Ano XII, mar.-abr. 2009, p. 10-16.

SASSAKI, R. K. **Inclusão**: construindo uma sociedade para todos. 7. ed. Rio de Janeiro: WVA, 2006.

SAVARIS, J. A. (Coord.) **Direito Previdenciário**: problemas e jurisprudência. 2. ed. Curitiba: Alteridade, 2015.

SAVARIS, J. A.; GONÇALVES, M. A. F. **Compêndio de Direito Previdenciário**. Curitiba: Alteridade, 2018.

SCHINESTSCK, C. R. **A importância da visão integrativa e humanista do meio ambiente do trabalho para a proteção da saúde dos trabalhadores** [dissertação]. São Paulo: Faculdade de Direito, PUC/SP, 2009.

SCHINESTSCK, C. R. A tutela da saúde do trabalhador e os novos rumos traçados pelo direito ambiental do trabalho. *In*: THOME, C. F., SCHWARTZ, R. G. (Orgs.). **Direito Individual do Trabalho**. Rio de Janeiro: Elsevier, 2011, p. 307-320.

SCHINESTSCK, C. R. A tutela inibitória coletiva como instrumento de efetivação do direito ao meio ambiente do trabalho equilibrado. *In*: FELICIANO, G. G. et al. (coord.) **Direito ambiental do trabalho**: apontamentos para uma teoria geral, v. 3. São Paulo: LTr, 2017. p. 181-212.

SCHWAB, K. **The fourth industrial revolution**. New York: Crown Business, 2017.

SECONCISP – **Serviço Social da Construção. Afastamentos do trabalho**. São Paulo, 2019. Disponível em: https://www.seconci-sp.org.br/materia/noticias/afastamentosdotrabalho. Acesso em: 2 jul. 2020.

SÉGUIN, E. **O direito ambiental**: nossa casa planetária. 3. ed. Rio de Janeiro: Forense, 2006.

SELIGMANN-SILVA, E. O assédio moral no trabalho. *In*: MAENO, M. et al. **Compreendendo o assédio moral no ambiente de trabalho**. São Paulo: Fundacentro, 2013.

Sem autor: **1962**. FUNDACENTRO. Disponível em: http://www.fundacentro.gov.br/arquivos/link/noticias/1962_atualizado%2024.10.16_20170425165936.pdf. Acesso em: 15 jul. 2020.

Sem autor: **1964**. FUNDACENTRO. Disponível em: http://www.fundacentro.gov.br/arquivos/link/noticias/1964_atualizado%2024.10.16_20170425170134.pdf. Acesso em: 15 jul. 2020.

Sem autor: **1969**. FUNDACENTRO. Disponível em: http://www.fundacentro.gov.br/arquivos/link/noticias/1969_atualizado%2024.10.16_20170425170603.pdf. Acesso em: 15 jul. 2020.

Sem autor: **1970**. FUNDACENTRO. Disponível em: http://www.fundacentro.gov.br/arquivos/projetos/1970(3).pdf. Acesso em: 15 jul. 2020.

Sem autor: **1971**. FUNDACENTRO. Disponível em: http://www.fundacentro.gov.br/arquivos/link/noticias/1971_atualizado%2014.05.15b_20170425171756.pdf. Acesso em: 15 jul. 2020.

Sem autor: **1972**. FUNDACENTRO. Disponível em: http://www.fundacentro.gov.br/arquivos/link/noticias/1972_atualizado%2020.06.16_20160622111818.pdf. Acesso em: 15 jul. 2020.

Sem autor: **1973**. FUNDACENTRO Disponível em: http://www.fundacentro.gov.br/arquivos/link/noticias/1973_atualizado%2020.06.16_20160620173959.pdf. Acesso em: 15 jul. 2020.

Sem autor: **1977**. FUNDACENTRO. Disponível em: http://www.fundacentro.gov.br/arquivos/projetos/1977(2).pdf. Acesso em: 15 jul. 2020.

Sem autor: **1978**. FUNDACENTRO. Disponível em: http://www.fundacentro.gov.br/arquivos/link/noticias/1978_atualizado%2030.03.16_20170425172817.pdf. Acesso em: 15 jul. 2020.

Sem autor: **1981**. FUNDACENTRO. Disponível em: http://www.fundacentro.gov.br/arquivos/link/noticias/1981_20170927121647.pdf. Acesso em: 15 jul. 2020.

Sem autor: **1982**. FUNDACENTRO. Disponível em: http://www.fundacentro.gov.br/arquivos/link/noticias/1982_20170927121715.pdf. Acesso em: 15 jul. 2020.

Sem autor: **1984**. FUNDACENTRO. Disponível em: http://www.fundacentro.gov.br/arquivos/link/noticias/1984_20170927121754.pdf. Acesso em: 15 jul. 2020.

Sem autor: **1986**. FUNDACENTRO. Disponível em: http://www.fundacentro.gov.br/arquivos/link/noticias/Linha%20do%20tempo_1986_31out2017_20171108191009.pdf. Acesso em: 15 jul. 2020.

Sem autor: **História**. FUNDACENTRO. Disponível em: http://www.fundacentro.gov.br/institucional/historia. Acesso em: 15 jul. 2020.

Sem autor: **Jorge Duprat Figueiredo**. FUNDACENTRO. Disponível em: http://www.fundacentro.gov.br/resgate-historico/jorge-d-figueiredo. Acesso em: 15 jul. 2020.

# REFERÊNCIAS

Sem autor: **Pesquisa coleta dados sobre SST dos profissionais de saúde durante pandemia de Covid-19**. FUNDACENTRO. Disponível em: http://www.fundacentro.gov.br/noticias/detalhe-da-noticia/2020/5/pesquisa-coleta-dados-sobre-sst-dos-profissionais-de-saude-durante-pandemia-de-covid-19. Acesso em: 15 jul. 2020.

Sem autor: **Programa Políticas Públicas em SST - PPSST**. FUNDACENTRO. Disponível em: http://www.fundacentro.gov.br/politicas-publicas-em-sst/apresentacao. Acesso em: 15 jul. 2020.

Sem autor: **Programas**. FUNDACENTRO. Disponível em: http://www.fundacentro.gov.br/projetos/em-destaque. Acesso em: 15 jul. 2020.

SENADO FEDERAL. **Atividade Legislativa. PL nº 1.027, de 2020**. Disponível em: https://www25.senado.leg.br/web/atividade/materias/-/materia/133210. Acesso em: 1 jul. 2020.

SERRANO, J. L. **Principios de derecho ambiental y ecología jurídica**. Madrid: Editorial Trotta, 2007.

SERVO, L. M. S. **Saúde e segurança no trabalho no Brasil**: aspectos institucionais, sistemas de informação e indicadores. São Paulo: IPEA: FUNDACENTRO, 2012.

SESI. Serviço Social da Indústria. **Programa Nacional de Segurança e Saúde no Trabalho para a Indústria da Construção**. 2020. Disponível em: http://www.portaldaindustria.com.br/sesi/canais/seguranca-e-saude-no-trabalho-sesi/o-programa/. Acesso em: 3 jul. 2020.

SESI. Serviço Social da Indústria. **Segurança e saúde no trabalho para a indústria da construção**. V. I. Brasília: SESI/DN, 2015.

SEVERO, V. S. Meio ambiente do trabalho: uma visão sistêmica de um direito humano e fundamental. *In*: FELICIANO, G. G.; URIAS, J.; MARANHÃO, N.; SEVERO, V. S. (Coord.). **Direito ambiental do trabalho**: apontamentos para uma teoria geral. São Paulo: LTr, 2015. v. 2.

SEVERO, V. S.; SOUTO MAIOR, J. L. (Coord.) **Resistência III**: o direito do trabalho diz não à terceirização. São Paulo: Expressão Popular, 2017.

SEVERO, V. S.; SOUTO MAIOR, J. L. (Coord.). **Resistência**: aportes teóricos contra o retrocesso trabalhista. São Paulo: Expressão Popular, 2017.

SEVERO, V. S.; SOUTO MAIOR, J. L; MOREIRA, R. M. **Dumping Social nas Relações de Trabalho**. 2. ed. São Paulo: LTr, 2017.

SILVA, A. da. **Crítica do nexo causal na responsabilidade por acidentes do trabalho e doenças ocupacionais**. Dissertação de Mestrado – Faculdade de Direito, Universidade de São Paulo, São Paulo, 2015.

SILVA, A.J.N.; CAVALCANTE, S.R.; MENDES, R.W.B.; VILELA, R.A.G. Acidente de trabalho no setor elétrico: reflexões para ação interinstitucional coordenada e preventiva. **Rev. Trib. Reg. Trab. 3ª Reg**., Belo Horizonte, v. 65, n. 100, t. I, p. 217-260, jul./dez. 2019.

SILVA, A. S. da. A teoria dos sistemas de sentido de Niklas Luhmann e epistemologia jurídica. *In*: SILVA, A. S. da; SANTOS, G. F. (Orgs.). Sociedade, direito e decisão em Niklas Luhmann. **Anais do Congresso Internacional em homenagem a Cláudio Souto**. Recife: Editora Universitária/UFPE, 2009. p. 122.

SILVA, G. E. do N. e. **Direito ambiental internacional**. Rio de Janeiro: Editora Thex, 1995. p. 30.

SILVA, H. B. M. da. **CLT comentada**. 1. ed. São Paulo: Revista dos Tribunais, 2016.

SILVA, H. B. M. da. **CLT comentada**. 2. ed. São Paulo: Thomson Reuters Brasil, 2018.

SILVA, H. B. M. da. **Curso de direito do trabalho aplicado**, v. 3: saúde e segurança do trabalho. 2. ed. São Paulo: Revista dos Tribunais, 2015.

SILVA, H. B. M. da. **Curso de direito do trabalho aplicado**, v. 3: segurança e medicina do trabalho. Rio de Janeiro: Elsevier, 2009.

SILVA, H. M. B. da. Novos horizontes da segurança do trabalho: trabalho decente é trabalho seguro. *In*: FILHO, J. C. B.; BERARDO, C. F. (Org.). **Novos dilemas do trabalho, do emprego e do processo do trabalho**. São Paulo: LTr, 2012, p. 110-126.

SILVA, J. A. da. **Curso de direito constitucional positivo**. 25. ed. São Paulo: Malheiros, 2019.

SILVA, J. A. da. **Direito Ambiental Constitucional**. São Paulo: Malheiros, 1995 (2. ed.), 2010 (8. ed.), 2013 (10. ed.), 2019 (11. ed.).

SILVA, J. A. da. **Manual de direito ambiental**. 17. ed. São Paulo: Saraiva Educação, 2019.

SILVA, J. A. O. da. **Acidente do trabalho. Responsabilidade Objetiva do empregador**. 3. ed. São Paulo: LTr, 2014.

SILVA-JÚNIOR, J. S.; FISCHER, F. M. Afastamento do trabalho por transtornos mentais e estressores psicossociais ocupacionais. **Revista Brasileira de Epidemiologia**, São Paulo, v. 18, n. 4, p. 735-744, dez. 2015.

SILVA, M. E. R. A. da; TOLEDO, A. de P. Vínculo substancial e as bandeiras de conveniência: consequências ambientais decorrentes dos navios com registros abertos. **Revista de Direito Internacional**, Brasília, v. 13, n. 2, 2016, p. 159-177.

SILVA, M. P. da; BERNARDO, M. H.; SOUZA, H. A. Relação entre saúde mental e trabalho: a concepção de sindicalistas e possíveis formas de enfrentamento. **Revista Brasileira de Saúde Ocupacional**, n. 41. e. 23. 2016. Disponível em: http://dx.doi.org/10.1590/2317-6369000003416.

SILVA, R. A. R. da; ALMEIDA, M. C. de. Terceirização e quarteirização: indicativos estratégicos para implementação. *In* **Encontro anual da Associação Nacional de Pós-Graduação e Pesquisa em Administração**, 21. ed. Rio das Pedras: ANPAD, 1997.

SILVA, T. M. R. e. Trabalho perverso. **Revista Nova Hileia**, v. 2, n. 1, jan.-jun. 2017. Disponível em: http://periodicos.uea.edu.br/index.php/novahileia/article/download/880/773/.

SILVEIRA, A. M.; LUCCA, S. R. de. Estabelecimento de nexo causal entre adoecimento e trabalho: a perspectiva clínica e individual. *In*: MENDES, R. (Org.). **Patologia do Trabalho**, 3. ed. São Paulo: Atheneu, 2013.

SILVEIRA, C. A. Acidentes de trabalho na construção civil identificados através de prontuários hospitalares. **Revista Escola de Minas - International Engineering Journal**, Ouro Preto, v. 58, n. 1, p. 39-44, jan.-mar. 2005.

SILVEIRA, D. **G1-Globo.com**. 5 dez. 2018. Em dois anos, Brasil perdeu mais de 2,3 milhões de postos de trabalho formal. Disponível em: https://g1.globo.com/economia/noticia/2018/12/05/em-dois-anos-brasil-perdeu-mais-de-23-milhoes-de-postos-de-trabalho-formal.ghtml. Acesso em: 12 dez. 2019.

SINGH, R.; SUBEDI, M. Covid-19 and stigma: Social discrimination towards frontline healthcare providers and Covid-19 recovered patients in Nepal. *In*: **Asian jornal of psychiatry**, 53 (2020) 102222.

SIQUEIRA, G. **Uma bomba plantada contra a economia e os direitos sociais!** Blog do Fred, 5 maio 2015. Disponível em: www.anamatra.org.br/uploads/banner/clipagem-anamatra.pdf. Acesso em: 10 maio 2016.

SIRVINSKAS, L. P. **Manual de direito ambiental**. 11. ed. São Paulo: Saraiva, 2013.

SIX, F. A construção: o canteiro de obras no centro do processo de concepção-realização. In FALZON, P. (editor). **Ergonomia**. Tradução: Giliane Maria Joséphine Ingratta *et al*. São Paulo: Blücher, 2014.

SMARTLAB. **Observatório de Segurança e Saúde no Trabalho**. Disponível em: https://smartlabbr.org/sst. Acesso: 25 jun. 2020.

SMITH, A. **Investigação sobre a natureza e as causas da riqueza das nações**. Tradução de Conceição Jardim Maria do Carmo Cary; Eduardo Lúcio Nogueira; Rolf Kuntz. 3. ed. São Paulo: Abril Cultural, 1984.

SOARES, G. F. S. **A proteção internacional do meio ambiente**. Barueri: Manole, 2003.

SOARES, G. F. S. **As Responsabilidades no Direito Internacional do Meio Ambiente**. Campinas: Komedi Editores, 1995.

SOARES, G. F. S. **Curso de direito internacional público**. São Paulo: Atlas, 2002.

SOARES, G. F. S. **Direito internacional do meio ambiente**: emergência, obrigações e responsabilidades. São Paulo: Atlas, 2001.

SOARES, J. F. S. *et al*. Percepção dos trabalhadores avulsos sobre os riscos ocupacionais no porto do Rio Grande, Rio Grande do Sul, Brasil. *In* **Cad. Saúde Pública**, Rio de Janeiro, 24(6):1251-1259, jun, 2008.

SOLER, A.; DIAS, E. A. A educação ambiental na crise ecológica contemporânea. **Revista Acesso Livre**, Volume 5, Number 5, 2016, p. 146-164(19).

SOLINO, M. de N. da F. **Trabalho em convés de navios químicos: um estudo sobre os riscos à saúde**. Rio de Janeiro: Escola Nacional de Saúde Pública, 1998. Disponível em: http://www.arca.fiocruz.br/handle/icict/5254. Acesso em: 16 jan. 2017.

SOUTO MAIOR, J. L. **Curso de Direito do Trabalho**: teoria geral do Direito do Trabalho. v. I. Parte I. São Paulo: LTr, 2011.

SOUTO MAIOR, J. L.; GNATA, N. P. B (Coord.). **Trabalhos Marginais**. São Paulo: LTr, 2013.

SOUTO MAIOR, J. L. **História do direito do trabalho no Brasil**: curso de direito do trabalho, vol. I, parte II. São Paulo: LTr, 2017.

SOUTO MAIOR, J. L. **O direito do trabalho como instrumento de justiça social**. São Paulo: LTr, 2000.

SOUZA, C. **Federalização de políticas públicas no Brasil: papel das regras e do contexto**. Palestra proferida na cidade de Córdoba, em 19 de junho de 2009, na VII Jornada de Agenda Regional: Federalismo Político e Federalismo Fiscal. Las Relaciones Intergubernamentales en Perspectiva Comparada.

SOUZA, I. F. de; BARROS, L. de A.; FILGUEIRAS, V. A. (Orgs.). **Saúde e segurança do trabalho**: curso prático. Brasília: ESMPU, 2017. Disponível em: http://abet-trabalho.org.br/wp-content/uploads/2018/12/MANUAL-ESPMU-saude-e-seguranca-do-trabalho-2017.pdf. Acesso em: 29 jun. 2020.

SOUZA JÚNIOR, A. U. de; SOUZA, F. C. de; MARANHÃO, N.; AZEVEDO NETO, P. T. **Reforma trabalhista**: análise comparativa e crítica da Lei nº 13.467/2017 e da Med. Prov. nº 808/2017, 2. ed. São Paulo: Rideel, 2018.

SOUZA, Z. A. de. Organização Internacional do Trabalho – OIT. **Revista da Faculdade de Direito de Campos**, ano VII, n. 9, p. 425-465, dez. 2006. Disponível em: http://fdc.br/Arquivos/Mestrado/Revistas/Revista09/Artigos/Zoraide.pdf. Acesso em: 25 set. 2016.

STEIGLEDER, A. M. **Responsabilidade civil ambiental**: as dimensões do dano ambiental no direito brasileiro. 3. ed. Porto Alegre: Livraria do Advogado, 2017.

SUNDSTROM, E. Work environments: offices and factories. *In*: STOKOLS, D.; ALTMAN, I. (Eds.). **Handbook of Environmental Psychology**. New York: Wiley, 1987. v. 1.

SUPIOT, A. (Trad. TERRÉ, J.). **El espíritu de Filadelfia. La justicia social frente al mercado total**. Barcelona: Península, 2011.

SÜSSEKIND, A. *et al*. **Instituições de Direito do Trabalho** – vols. I e II. 18. ed. São Paulo: LTr, 1999.

SÜSSEKIND, A. L. **Convenções da OIT**. 2. ed. ampl. e atual. São Paulo: LTr, 1998.

SÜSSEKIND, A. L. **Direito internacional do trabalho**. 2. ed. São Paulo: LTr, 1987.

SÜSSEKIND, A. L. *et al*. **Instituições de direito do trabalho, vol. I**. 21. ed. atual. por Arnaldo Süssekind e João de Lima Teixeira Filho. São Paulo: LTr, 2003.

SZNELWAR, L. S.; LANCMAN, S.; UCHIDA, S.; PEREIRA, L.; BARROS, J. O. **Trabalhar na magistratura, construção da subjetividade, saúde e desenvolvimento profissional**. Brasília: Conselho Nacional de Justiça, 2015.

**T**

TAKAHASHI, M. A. B. C. *et al*. Precarização do Trabalho e Risco de Acidentes na construção civil: um estudo com base na Análise Coletiva do Trabalho (ACT). **Revista Saúde e Sociedade**, São Paulo, v. 21, n. 4, p. 976-988, 2012.

TELLES, P. C. da S. **História da engenharia no Brasil: séculos XVI a XIX**. 2. ed. V. I. Rio de Janeiro: Clavero, 1994.

TELLO, N. R. **La constitucionalización del derecho fundamental a conciliar la vida personal y laboral**. Granada: Comares, 2018.

TEUBNER, G. **O direito como sistema autopoiético**. Tradução de José Engrácia Antunes. Lisboa: Fundação Calouste Gulbekian, 1989.

THE UNITED STATES CONFERENCE OF MAYORS. **Current and potential green jobs in the U.S economy**. Global Insight: Lexington, 2008.

TOLEDO, F. de A. **Princípios Básicos de Direito Penal**. 4. ed. São Paulo: Saraiva, 1991.

TRINDADE, W. L. da. **Riscos do trabalho: (normas, comentários, jurisprudência)**. São Paulo: LTr, 1998.

TWEEDALE, G. **Magic mineral to killer dust. Turner & Newall and the asbestos hazard**. Oxford: Oxford University Press, 2000.

**U**

UNESCO. **Organização das Nações Unidas para a Educação, Ciência e Cultura. Declaração Universal sobre Bioética e Direitos Humanos**. Tradução: Comissão Nacional da UNESCO em Lisboa. 2006. Disponível em: http://unesdoc.unesco.org/images/0014/001461/146180por.pdf. Acesso em: 24 nov. 2016.

UNICAMP. **Manual sobre Ergonomia**. Diretoria Geral de Recursos Humanos. Serviço especializado em segurança e medicina do Trabalho. Maio de 2001. Disponível em: http://www.dgrh.unicamp.br/documentos/manuais/man_dsso_ergonomia.pdf. Acesso em: 25 jun. 2020.

UNITED KINGDOM. **Corporate Manslaughter and Corporate Homicide Act**. 2007. Disponível em: https://www.legislation.gov.uk/ukpga/2007/19/contents. Acesso em: 16 jul, 2019.

UNITED KINGDOM. **Employment Rights Act**. 1996. Disponível em: https://www.legislation.gov.uk/ukpga/1996/18/contents. Acesso em: 27 jul. 2020.

UNITED NATIONS ENVIRONMENT PROGRAMME. **Green jobs: towards decent work in a sustainable, low-carbon world**. 2008. Disponível em: http://www.unep.org/PDF/UNEPGreenjobs_report08.pdf. Acesso em: 25 fev. 2017.

UNITED STATES DEPARTMENT OF LABOUR. **A woman's guide to green jobs**. Washington, 2009.

UNITED STATES. **Fair Labor Standard Act 1938**. Disponível em: https://www.govinfo.gov/content/pkg/USCODE-2011-title29/html/USCODE-2011-title29-chap8.htm. Acesso em: 27 jul. 2020.

UNIVERSIDADE DE SÃO PAULO. Biblioteca Virtual de Direitos Humanos. Organização das Nações Unidas – ONU. **Agenda 21. Eco 92 ou Rio 92**. Disponível em: http://www.direitoshumanos.usp.br/index.php/Table/Agenda-21-ECO-92-ou-RIO-92/. Acesso em: 2 out. 2010.

URIAS, J. Indivíduo ou ambiente? Para um novo caminho de enfrentamento da infortunística do trabalho. *In*: FELICIANO, G. G.; URIAS, J. **Direito Ambiental do Trabalho**: apontamentos para uma teoria geral. São Paulo: LTr, 2013.

USSIER, J. L. A defesa do meio ambiente do trabalho e da saúde do trabalhador pelo Ministério Público estadual. **Justitia**, n. 57, vol. 171, jul./set. 1995.

## V

VALENTE, R. Sob Bolsonaro, multas contra desmatamento caem 23% - **Folha de São Paulo**, 30 jul. 2019. Disponível em: https://www1.folha.uol.com.br/ambiente/2019/07/sob-bolsonaro-multas-contra-desmatamento-caem-23.shtml. Acesso em: 3 out. 2020.

VALENTE, R. T.; CALCINI, R. **Dispensa discriminatória e a de estigma de grupos de risco da Covid-19**. Disponível em: https://migalhas.uol.com.br/depeso/336953/dispensa-discriminatoria-e-a-de-estigma-dos-grupos-de-risco-da--covid-19.

VASCONCELLOS, L. C. F. Vigilância em Saúde do Trabalhador: decálogo para uma tomada de posição. **Rev. Bras. Saúde Ocup.**, São Paulo, v. 43, supl. 1, 2018. Disponível em: http://www.scielo.br/pdf/rbso/v43s1/2317-6369-rbso-43-s01-e1s.pdf. Acesso em: 12 out. 2018.

VENDRAME, A. C. **Implicações legais na emissão do PPP e do LTCAT**: não produza provas contra si mesmo. São Paulo: LTr, 2005.

VIANNA, L. W. **Liberalismo e sindicato no Brasil**. 3. ed. Rio de Janeiro: Paz e Terra, 1989.

VICENSI, R. F. A atuação do sindicato como substituto processual e seus impactos sociais. *In*: RAFANHIM, C. S.; MELO, R. S. de; NICOLADELI, S. L. **Tutela coletiva trabalhista**: entre a teorização programática e a tensão pragmática. Belo Horizonte: RTM, 2020.

VICENTE, D. M. **Direito Comparado**. Coimbra: Almedina, 2018.

VICENTE, P.; ALEXANDRINO, M. **Resumo de direito constitucional descomplicado**. 3. ed. São Paulo: Forense, 2010.

VIDAL, M. C. **Introdução à ergonomia**. Universidade do Brasil. COPPE – UFRJ. OIEA. International Ergonomics Association. GENTE. Grupo de Ergonomia e Novas Tecnologias. PETROBRAS. Ano 2000. Disponível em: http://www.ergonomia.ufpr.br/Introducao%20a%20Ergonomia%20Vidal%20CESERG.pdf. Acesso em: 25 jun. 2020.

VILELA, E. M.; MENDES, I. J. M. Interdisciplinaridade e saúde: estudo bibliográfico. **Revista Latino-americana de Enfermagem**, [S. l.], v. 11, n. 4, p. 525-31, jul.-ago. 2003.

VILELA, R. A. G.; ALMEIDA, I. M.; MENDES, R. W. B. Da vigilância para prevenção de acidentes de trabalho: contribuição da ergonomia da atividade. **Ciênc. Saúde Colet.**, vol. 17, n. 10, p. 2817-2830, 2012.

VILELA, R. A. G. **Desafios da Vigilância e da Prevenção de Acidentes do Trabalho**. São Paulo: LTr, 2003.

VILELA, R. A. G.; IGUTI, A. M.; ALMEIDA, I. M. Culpa da vítima: um modelo para perpetuar a impunidade nos acidentes do trabalho. *In* **Cad. Saúde Pública**, Rio de Janeiro, v. 20, n. 2, p. 570-579, abr. 2004. Disponível em: http://www.scielo.br/scielo.php?script=sci_arttext&pid=S0102-311X2004000200026&lang=pt. Acesso em: 3 ago. 2020.

VILELA, R. A. G.; LAAT, E.F.; LUZ, V. G.; SILVA, A.J.N.; TAKAHACHI, M. A. C. Pressão por produção e produção de riscos: a "maratona" perigosa do corte manual de cana-de-açúcar. **Revista Brasileira de Saúde Ocupacional**, São Paulo, v. 40, n. 131, p. 30-48, jan.-jun. 2015.

## W

WAGNER, J. C.; SLEGGS, C. A.; MARCHAND, P. **Diffuse pleural mesothelioma and asbestos exposure in the North Western Cape Province**. British Journal of Industrial Medicine, v. 17, n. 4, p. 260-271, 1960.

WALKER, P. G. T.; WHITTAKER, C.; WATSONET, O. et al. **The Global Impact of COVID-19 and Strategies for Mitigation and Suppression**. London: WHO Collaborating Centre for Infectious Disease Modelling, MRC Centre for Global Infectious Disease Analysis, Abdul Latif Jameel Institute for Disease and Emergency Analytics, Imperial College London, 2020.

WANDELLI, L. V. Da psicodinâmica do trabalho ao direito fundamental ao conteúdo do próprio trabalho e ao meio ambiente organizacional saudável. **Revista Eletrônica do Curso de Direito da UFSM**, v. 10, n. 1/2015.

WEHMAN, P. e MOON, M. S. **Vocational Rehabilitation and supported employment**. Baltimore: Paul H. Brookes, 1988.

WEIL, D. **The Fissured Workplace**: why work became so bad for so many and what can be done to improve it. Cambridge: Harvard, 2017.

WEISS, E. Intergeneration equity: a legal framework for global environmental change. *In*: **Environmental change and international law**: New challenges and imensions. Edited by Edith Brown Weiss. Tokyo: United Nations University Press, 1992.

WERNER, S. Das Vorsorgeprinzip: Grundlagen, Maßstäbe und Begrenzungen. *In*: **Umwelt- und Planungsrecht**. Heidelberg: Verlagsgruppe Hüthig Jehle Rehm, 2001. Band 21. n. 9.

WORLD HEALTH ORGANIZATION. **Depression and Other Common Mental Disorders**: Global Health Estimates. Geneva: World Health Organization, 2017.

WORLD HEALTH ORGANIZATION. **Guidelines on protecting workers from potential risks of manufactured nanomaterials**. Disponível em: https://apps.who.int/iris/bitstream/handle/10665/259671/9789241550048-eng.pdf;jsessionid=1EDBF8CF88F761D28599A9D262CABB54?sequence=1 Acesso em maio 2020.

WORLD HEALTH ORGANIZATION. **Mental Health Atlas Profile: Brazil**. 2011. Disponível em: http://www.who.int/mental_health/evidence/atlas/profiles/bra_mh_profile.pdf?ua=1. Acesso em: 11 jun. 2020.

WURDIG, V. S. Stress e doenças ocupacionais relacionadas ao trabalho executado por profissionais da área da saúde. **Revista Saúde e Desenvolvimento**, vol. 6, n. 3, jul./dez. 2014.

**Y**

YAMAMOTO, P. de C. Qual Liberdade? O cinismo como figura retórica da Reforma Trabalhista: o caso da contribuição sindical. *In*: SOUTO MAIOR, J. L.; SEVERO, V. S. (Org.). **Resistência: aportes teóricos contra o retrocesso trabalhista**. São Paulo: Expressão Popular, 2017, p. 425-34.

YAMAMOTO, P. de C. **Trabalhadores unidos, direito em ação**: crítica da legalização da classe operária brasileira sob o sindicalismo de Estado pós-88. Dissertação (Mestrado em Direito do Trabalho) – São Paulo: Faculdade de Direito, Universidade de São Paulo, 2016.

**Z**

ZAGREBELSKY, G. (Trad.: GASCÓN, M.). **El derecho dúctil. Ley, derechos, justicia**. 6. ed. Madrid: Trotta, 2005.

ZAMAGNI, S. **Responsabili. Come civilizzare il mercato**. Bologna: Il Mulino, 2019.

ZIPPERER, A. G. **A intermediação de trabalho via plataformas digitais**: repensando o Direito do Trabalho a partir das novas realidades do século XXI. São Paulo: LTr, 2019.

ZOOCHIO, Á. CIPA: **Histórico, organização, atuação**. São Paulo: Atlas, 1980.